국제경영 제8판

글로벌화의 도전

국제경영 제8판

글로벌화의 도전

International Business: The Challenges of Globalization

John J. Wild, Kenneth L. Wild 지음
김동순, 김보영, 변선영, 양오석, 박종민 옮김

Σ 시그마프레스

국제경영 : 글로벌화의 도전 제8판

발행일 | 2019년 1월 2일 1쇄 발행

저　자 | John J. Wild, Kenneth L. Wild
역　자 | 김동순, 김보영, 변선영, 양오석, 박종민
발행인 | 강학경
발행처 | (주)시그마프레스
디자인 | 송현주, 고유진
편　집 | 김성남, 문수진

등록번호 | 제10-2642호
주소 | 서울특별시 영등포구 양평로 22길 21 선유도코오롱디지털타워 A401~403호
전자우편 | sigma@spress.co.kr
홈페이지 | http://www.sigmapress.co.kr
전화 | (02)323-4845, (02)2062-5184~8
팩스 | (02)323-4197

ISBN | 979-11-6226-088-3

International Business
The Challenges of Globalization, Eighth Edition

Authorized translation from the English language edition, entitled INTERNATIONAL BUSINESS: THE CHALLENGES OF GLOBALIZATION, 8th Edition, 9780133866247 by WILD, JOHN J.; WILD, KENNETH L., published by Pearson Education, Inc, publishing as Prentice Hall, Copyright ⓒ 2016

* 책값은 뒤표지에 있습니다.
* 이 도서의 국립중앙도서관 출판예정도서목록(CIP)은 서지정보유통지원시스템 홈페이지(http://seoji.nl.go.kr)와 국가자료공동목록시스템(http://www.nl.go.kr/kolisnet)에서 이용하실 수 있습니다.(CIP제어번호 : CIP2018038548)

역자 서문

4차 산업혁명의 출현으로 다국적기업의 국제경영은 더욱 복잡하게 전개될 것으로 생각된다. 또한 글로벌 경쟁에서 살아남기 위해 다국적기업들은 제조업과 정보통신기술(ICT)을 융합해 경쟁력을 제고할 것으로 기대된다. 이러한 기업환경의 급격한 변화에 따라 학생들은 글로벌화의 도전에 따른 능력을 키워야 할 것이다.

우리 역자들은 국제경영 분야의 좋은 교재 개발의 필요성을 공감하면서도, 동시에 국제적으로 높은 평가를 받고 있는 원서의 번역을 모색하게 되었다. 이러한 가운데 *International Business: The Challenges of Globalization*의 역서를 내면서 이 책이 국제경영에 대한 새로운 접근법으로 전 세계적으로 여러 국가에서 번역이 되어 널리 교재로 사용된다는 데 주목하였다. 이 책은 국제경영학에 관한 전반적이고 명확한 이론적인 체계를 담고 있으며, 실제 국제경영 사례를 많이 제시함으로써 독자들이 국제경영의 현실에 쉽게 접근할 수 있도록 하였다.

또한 시각적인 형태로 사진, 삽화 등을 사용하여 국제경영 공부를 좀 더 재미있게 할 수 있도록 디자인되어 있어, 독자들에게 국제경영학이라는 학문에 대해 흥미롭게 도전할 수 있도록 동기를 부여한다. 더 나아가 국제경영에서 사람의 중심적인 역할과 문화적인 측면을 포괄적으로 다루고 있으며, 현실 상황에 대한 논의를 포함하는 동시에 이론적인 측면도 잘 설명하고 있다.

역자들은 원서의 내용을 올바르게 전달하려고 노력하였으나 아직도 여러 오류가 있을 것으로 생각하며 향후 개정판에서 계속 보완을 해 나갈 예정이다. 또한 한국의 국제경영 학계와 기업 실무계의 용어 통일 등 많은 조정 작업이 필요할 것으로 생각하였지만 이후의 개정판 작업으로 미루고 마무리를 하였다.

이 책의 출판을 위해 많은 기여를 한 정태규 박사와 윤혜남 박사, 그리고 원고의 편집 및 교정에 수고를 아끼지 않은 (주)시그마프레스 편집부에 감사드리며, 끝으로 이 책을 사용하시는 강호제현의 지도와 편달을 부탁드린다.

2019년

역자들을 대표하여

김동순

저자 서문

이 책을 만나게 된 것을 환영한다. 이전 판과 마찬가지로 이 책은 광범위한 시장조사, 각 장에 대한 리뷰, 그리고 여러 교육자와 학생들로부터의 교신에 따른 결과이다. 미국과 세계 각국에서 이 책을 채택해 준 수많은 교육자와 학생들이 국제경영에 대한 우리의 새로운 접근법에 뜻을 같이해 주어 기쁘다.

이 책은 국제경영의 전반적이고도 정확한 체계를 담고 있다. 실제 사례와 매력적인 특징들이 국제경영이라는 개념을 실생활로 가져와 모든 학생이 국제경영에 다가설 수 있도록 한다. 이번 판의 주요 목표는 출간된 교재 중 가장 읽을거리가 많고, 현대적이며 정확한 국제경영을 독자들에게 전달하는 것이다.

이 책은 국제경영 공부를 통해 흥미진진한 여행을 하는 수단이다. 학생들이 국제경영에 재미있게 도전하도록 동기를 부여한다. 또한 국제경영에서 사람들의 중심 역할과 그들의 문화를 포괄적으로 다룬다. 각 장에는 현실 상황에 대한 논의가 포함된 한편, 근본적인 이론은 배경에 나타나도록 배치하였다. 전문용어는 일관되게 사용되었고, 각 이론들은 직설적이고 정확한 용어로 설명하였다. 시각적인 형식은 혁신적이면서 절묘하지만 사진, 삽화와 각 부분들은 과하지 않게 사용되었다. 그 결과 읽기 쉽고 군더더기 없는 디자인이 완성되었다.

제8판의 달라진 점

- 제1장에서 주제의 흐름을 재구성하였다.
- 제2장에 '세계 작업 현장의 문화'라는 새로운 절을 추가하였다.
- 제2장에서 여섯 번째이자 최신의 Hofstede 모형을 다루었다.
- 제3장과 제4장을 정치경제체제로 통합하여 재편성하였다.
- 제8장에서 지역 통합의 범위를 토론으로 다루었다.

각 장의 달라진 점

- 제1장에서는 주제의 흐름을 개선하기 위해 세계화 범위 및 세계경영환경이 재구성되었다. 또한 제1장은 학습목표에 있어서 새로운 디자인을 보여 주며 각각의 학습목표는 제1장의 각 절과 장 요약 부분과 직접 연결된다.
- 제2장에서는 학습자의 이해를 돕기 위해 기업 경영에 있어서 문화의 역할이 개선되었다. 이 장에는 '세계 작업 현장의 문화'라는 제목의 새로운 절이 포함되었는데, 여기에서는 각기 다른 문화권의 사람들이 시간, 직업, 문화적 변화 및 물질 문화를 어떻게 바라보는지를 다룬다. 독자의 의견을 받아들여 복잡한 Hofstede 수치를 각 Hofstede 차원의 국가별 점수로

대체하였다. 또한 여섯 번째 범주인 Hofstede의 마지막 특성인 관대 및 억제를 포함하고 있다.

- 전체적으로 가장 중요한 변화는 종전의 제3장과 제4장의 재작업이다. 이제 제3장은 제4장으로부터 경제체제라는 주제를 흡수함으로써 정치, 법률 및 경제체제를 정치경제의 통합 시스템으로서 다룬다. 이러한 변화는 자료를 통합 시스템으로 가르치고자 하는, 보다 응용화된 접근 방식에 대한 교수들의 선호를 반영한다. 이에 따라 제4장에서는 이전 판보다 국가의 경제발전을 보다 직접적으로 다루고 정치적 위험과 국제 관계를 포함하는 이전 판 제3장의 관련 주제들을 포함한다.
- 제8장에서는 지역경제 통합의 범위를 간소화하였으며, ALADI(중남미통합연합)로 알려진 무역 블록은 제외하였다. 지역 통합의 장단점을 편익과 문제점으로 제시하는 대신에, 지역 통합 효과에 대한 토론 자료를 제시하였다. 이러한 변경은 이 자료에 대해 교수와 학생들의 보다 활발한 제시 요구를 반영한 것이다.
- 모든 장은 최신의 자료 출처와 참고문헌 출처를 담고 있다. 예를 들어 제5장의 〈표 5.1〉은 세계 최상위 상품 및 서비스 수출국의 최신 순위를 보여 주며, 〈표 5.2〉는 세계의 다른 지역 간 상품 거래액의 갱신된 수치를 제공한다.
- 이번 판은 전 세계에서 널리 행해지는 사건과 보조를 맞추고 있다. 가능한 곳이면 어디든지, 최근 사건을 각 장을 여는 기업 프로필, 표와 그림, 글상자, 본문 내 사례 그리고 각 장 끝의 마무리 사례에 포함시켰다.

국제경영의 전형적인 특징

문화는 앞부분에 그리고 자주 등장한다

문화는 모든 국제경영 활동의 근본적인 요소이다. 이 책은 문화를 제시함으로써 학생들에게 다른 나라 사람들의 삶에 대해 민감해지도록 해 준다. 문화는 일찌감치(제2장) 나타나며, 문화적으로 풍부한 각 장의 도입부와 문화가 어떻게 국제경영에 영향을 미치는가에 대한 생생한 사례를 활용하는 본문을 통해 통합되어 나타난다. 이러한 방식으로 문화를 다루면, 개념과 현실 세계와의 관계를 보여 주기 때문에 학생들이 각 장의 자료에 관심을 갖게 된다.

매우 읽기 쉽다

국제경영의 첫 번째 과정을 위한 책이 성공하려면 학생들에게 다가갈 수 있어야 한다. 이 책은 개념적 자료와 특화된 경영 활동을 구체적이고 직접적인 용어로 기술하고 적절하게 설명한다. 예를 들어 제5장에서 고액연봉의 CEO가 자신의 온수 욕조를 직접 설치해야 할지 또는 전문 기술자가 그 일을 수행해야 할지를 논의함으로써 절대우위와 비교우위의 개념을 소개한다. 복잡한 자료를 이해하기 쉬운 방식으로 제시하여 학생들이 자료를 더 잘 익히도록 한다.

고유한 방식으로 통합되어 있다

국제경영은 별개의 비즈니스 기능과 환경의 힘을 단순히 모아 놓은 것이 아니다. 여기에서 보여 주는 모델(제1장에서 자세히 설명)은 국제경영 요소가 어떻게 관련되어 있는지를 학생들이 이해할 수 있게 해 주는 고유한 틀이다. 그것은 국가경영환경, 국제경영환경 및 국제경영 관리를 함

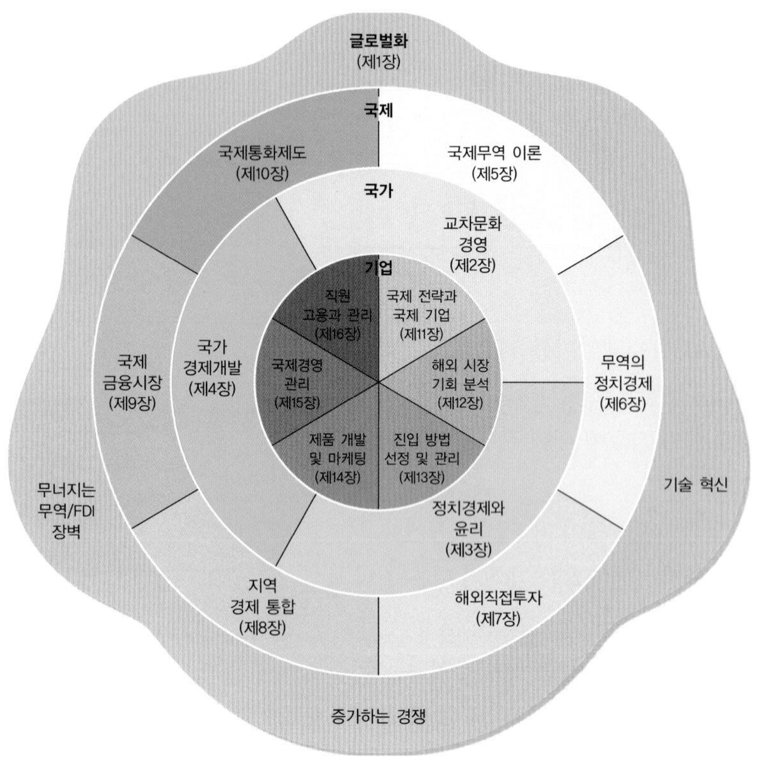

께 엮어 주는 역동적인 통합 시스템을 묘사한다. 또한 세계화의 특성(새로운 기술과 무역 및 투자에 대한 장벽 감소)이 보다 큰 경쟁을 만들어내고 있음을 보여 준다.

혁신적인 교수법

이 책의 교수법은 경쟁과는 거리가 멀다.

- **장을 여는 기업 프로필**은 실세계 사례의 렌즈를 통해 여과된, 각 장의 내용의 간략하고 읽기 쉬운 도입부이다. 교수들은 관심이 높은 기업에 대한 프로필이 학생들로 하여금 페이지를 넘기면서 각 장을 읽도록 동기를 부여한다고 말한다. 애플, 펩시코, 인포시스, 닌텐도, 라이언에어, 마블 및 레드불을 포함하여 프로필이 제공된 기업들은 업계 선두를 달리고 있으며 학생들에게는 본질적으로 흥미로운 대상이다.
- **글로벌 지속가능성**은 경제적 · 사회적 · 환경적 지속가능성과 관련된 특별한 화제를 제공한다. 오늘날 기업은 번성하는 시장이 강한 경제, 점점 커 가는 사회 및 건강한 환경에 의존한다는 것을 알고 있다. 화제는 지속가능한 개발에 기여하는 요소, 취약한 사회를 파괴하는 내전의 종식 및 기업이 자사의 공급망을 보다 환경친화적으로 만드는 방법 등이다.
- **문화 이슈**는 문화와 각 장의 주요 화제 사이의 관계를 나타낸다. 예를 들어 제2장은 세계적인 사고방식을 개발하고 문화적 편견을 지양하는 기업인의 중요성을 제시한다. 또 다른 장에서는 세계화가 문화에 미치는 영향에 대한 토론 내용을 제시할 뿐만 아니라, 기업가들이 지역 문화에 대한 지식을 활용하여 성공하는 방법을 보여 준다.
- **경영자의 서류가방**은 국제 비즈니스를 수행하는 기업들이 직면하는 이슈에 대해 다룬다. 여기에서는 사업가 혹은 중소기업들이 당면한 문제뿐만 아니라 세계적인 대기업들의 이슈에 대해서도 다루고 있다. 국제경영 활동을 위한 기업의 재정적인 부분을 어떻게 해결할 것인가, 수출에 대한 대금을 어떻게 받을 것인가, 해외 사업에 있어서 개인 치안 문제에 대하여 어떻게 생각할 것인가 등의 주제를 담고 있다.
- **학습목표**는 학생들이 꼭 알아야 하며 각 장 끝부분에 요약되어 있는 주요 학습내용에 초점을 맞추고 있다. 학습목표는 이해를 돕기 위해 장의 시작 부분과 '이 장의 요약'에 나와 있다.
- **퀵 스터디**는 학생들이 다음 내용을 공부하기 전에 해당 절에서 배운 주요 용어들을 다시 한 번 확인해 보고 스스로 점검할 수 있도록 구성되었다.
- **경영을 위한 요점**은 장을 마치면서 본문에서 다룬 주제들이 기업과 경영자의 정책과 전략 그리고 해외에서의 활동에 어떠한 영향을 끼치는지 설명해 준다.
- 제1장의 부록에 나오는 **세계지도**는 학생들의 세계 지리에 대한 지식을 확인할 수 있도록 구성되었고, 이 책 전체에 걸쳐 참고 자료로서의 역할을 한다.

- 각 장의 시작 부분에 나오는 '돌아보기', '이 장 잠깐 보기', '미리 보기'에서는 학생들이 각 장이 어떻게 연결되었는지 알 수 있는 로드맵을 제시한다.

능동적 학습을 위한 도구

우리는 학생들과 강사들의 변화하고 있는 니즈 및 바람에 발맞추어 계속해서 장 마무리 과제 및 연습문제를 개선해 나가고 있다. 엄선된 과제들은 학생들의 지식과 주요한 이론을 현실에 적용할 수 있는가를 시험하기 위하여 국제경영의 전체적인 범위를 다룬다. 책에 수록된 과제들은 때론 학생들의 의사결정 능력을 향상시키기 위한 실험적인 내용을 담고 있다. 이러한 과제들은 다음과 같다.

글로벌 지속가능성 3대 시장, 3대 전략

기업은 진입하는 시장의 미묘한 차이에 따라 경영 전략을 맞추어야 한다. 70억 명의 세계 인구는 세 가지 다른 유형의 시장에 살고 있다.

- **선진시장** 이 시장은 세계에 자리 잡은 소비자 시장으로서 약 10억 명의 인구가 포함된다. 구성원은 확고한 중산층이고 사람들이 원하는 거의 모든 제품을 소비할 수 있다. 사회기반시설은 고도로 개발되어 있고 효율적이다.
- **신흥시장** 이 시장은 약 20억 명의 사람이 살고 있으며 선진국을 따라잡기 위해 경주하고 있다. 구성원은 높은 급여를 받기 위해 도시로 이주하고 있으며 도시의 사회기반시설은 과부하 상태이다. 소득 증가로 인해 자원과 기초 생활품에 대한 수요가 증가하고 있다.
- **전통시장** 거의 40억 명이 살고 있는 이 시장은 세계화가 이루어지지 않고 있다. 구성원은 대부분 비도시민이고 사회기반시설은 매우 부족하고 신용거래나 담보거래도 없다. 사람들은 거의 법률 보호를 받지 못하고 부패가 만연해 있다.

경영 전략과 마찬가지로 지속가능성 전략도 현지 여건을 반영한다. 이 세 가지 시장에서 지속가능성을 위한 기업 경영 사례는 다음과 같다.

- **토요타**는 *선진시장*의 환경에 초점을 맞추었다. 가솔린-전기 하이브리드 기술에 대한 광범위한 연구 끝에 토요타는 프리우스를 출시했다. 올해의 트렌드 카로서 프리우스는 토요타의 최고 수익을 올렸으며 '친환경' 이미지를 주었다.
- **슈리 시멘트**는 인도라는 *신흥시장*에서 흔하지 않게 저비용 에너지를 접했다. 그래서 세계에서 에너지 효율성이 가장 높은 제품 제조 공정을 개발했다. 세계의 시멘트 선두기업들은 요즈음 에너지 사용에 있어서 혁신을 배우기 위해 슈리사를 방문하고 있다.
- 미국의 **블로머 초콜릿**은 *전통시장*의 코코아 농부들과 매우 긴밀하게 협력한다. 블로머는 안전농업 실천, 환경 관리 및 에이즈 바이러스 자각에 대한 농민 교육으로 인해 열대우림연합의 '지속가능 표준 세터' 상을 수상했다.

출처 : Jeremy Jurgens and Knut Haanæs, "Companies from Emerging Markets Are the New Sustainability Champions," *The Guardian* (www.guardian.co.uk), October 12, 2011; Stuart L. Hart, *Capitalism at the Crossroads, Third Edition* (Upper Saddle River, NJ: Wharton School Publishing, 2010); Daniel C. Esty and Andrew S. Winston, *Green to Gold* (New Haven, CT: Yale University Press, 2006).

- **얘기해 보자** : 수업 내 토론 혹은 숙제로서 사용이 가능하다. 이곳에 나온 연습문제들은 현재 사업가들, 국제경영인, 정책 수립자, 고객 등이 직면하고 있는 중요한 이슈들에 대해서 다루고 있다.
- **윤리적 도전** : 주어진 상황에 의거하여 학생들이 스스로를 경영인, 정부인사, 혹은 다른 어떤 사람의 입장이 되어 의사결정을 내리도록 한다.
- **팀 협력 활동** : 교과서의 내용을 넘어서서, 학생들이 그룹을 만들어 인터뷰를 수행하고, 다른 국가를 조사하고, 수업 내 토론을 함께 진행할 수 있는 프로젝트들을 포함한다. 이러한 프로젝트들은 다른 문화권의 학생과 팀이 되어 함께 공부할 때 새로운 관점에 대해 배울 수 있도록 구성되었다.
- **시장진입전략 프로젝트(MESP)** : 학생들이 다른 국가를 미래 시장이라고 여기고 조사할 수 있는 모의실험으로서, 팀의 구성원으로서 이를 공부하며 학생들은 다른 국가를 연구 · 분석하고 어떤 행동을 해야 하는지 이야기할 수 있다.
- **국제경영 실전 사례** : 학생들이 각 장별로 소개된 실제 기업이 가지고 있는 이슈, 문제점, 기회 등을 분석해 볼 수 있도록 한다.

국제경영 실전 사례 두 문화 이야기

아시아의 많은 문화는 정체성 위기에 처해 있다. 사실 그들은 두 가지 세계 사이에서 분열되고 있다. 한 방향은 농업 기반 공동체와 확대 가족에서 파생된 전통적인 가치 체계이다. 즉 친척이 서로 돌봄으로써 국영 복지 제도가 불필요한 문화 요소이다. 다른 방향은 제조 및 금융을 기반으로 하는 경제로부터 등장하는 새로운 가치이다. 이는 노동자들이 직장을 찾기 위해, 때로는 가족 구성원을 돌보기 위해 가족을 떠나 멀리 있는 도시로 종종 이주해야 하는 문화의 요소이다.

수십 년 동안 서구의 다국적기업들은 상대적으로 저렴한 노동력을 이용하기 위해 동남아시아 전역에 공장을 설립했다. 나중에 현지 기업들이 생겨났고 그들만으로 경쟁력 있는 세계적인 주역이 되었다. 수십 년 만에 엄청난 경제성장률 때문에 가능하다고 생각했던 것 이상으로 생활 수준을 높였다. 말레이시아와 태국의 젊은이들은 '서구' 브랜드의 유혹을 느꼈다. 구찌 핸드백(www.gucci.com), 할리데이비슨 오토바이(www.harley-davidson.com) 및 기타 세계적인 브랜드는 성공의 상징으로 자리매김했다. 많은 부모들은 10대 자녀들이 브랜드를 의식하는 것이 가족 전체가 성공했다는 것을 의미한다고 생각했다.

성장하는 소비자 사회에도 불구하고 젊은 세대의 여론 조사는 가족에 대한 존경과 집단에 대한 조화와 같은 전통적 가치에 대해 확고부동한 자세를 보여 준다. 예를 들어, 홍콩의 청소년들은 자신이 얼마나 열심히 공부해야 하는지, 가족과 윗사람을 어떻게 대해야 하는지, 친구를 선택하는 방법에 대해 부모가 조언해야 한다고 전적으로 믿는다.

이제 세계화가 인도를 엄습하고 있다. 아웃소싱 일자리가 폭발적으로 증가하면서 인도의 기술전문대학과 대학교 졸업생들 사이에 사회적 혁명이 일어났다. 인도의 전통적인 하이테크 서비스 직무와는 달리, 젊은 콜센터 직원은 서구의 소비자와 직접 접촉하면서 뱃살 빼는 기계 및 다이어트 약과 같은 아이템에 대한 문의에 응답한다. 때로는 방갈로르 및 뭄바이와 같은 대도시에 있는 자택으로부터 멀리 떨어져 있는 이러한 젊은, 대부분 여성 직원들에게 그 일은 돈, 독립성, 자유를 의미한다. 이 노동자들은 미국의 억양과 지리에 대한 훈련 외에도 가족, 물론 및 인간관계에 관한 새로운 아이디어를 배우고 있다.

콜센터 업무는 전적으로 캐나다, 유럽 또는 미국의 소비자가 깨어 있는 시간인 인도의 야간에 수행되기 때문에 부모들은 이를 의심스러워 한다. 비니타 베누고팔은 부모님이 반대하자, 주간 '정규직'을 위해 콜센터 일을 그만두었다. 비니타는 이전에 함께하던 직장 동료의 가치관이 바뀌고 있으며, 그들 사이에 데이트와 동거 관계가 흔하다고 말한다. 인도 전통은 젊은 사람이 적어도 (일반적으로 부모가 선택한 사람과) 결혼하기 전까지는 부모와 함께 살도록 지시한다. 아마도 인도의 가치 이동을 촉진하는 것은 세계 경기침체기에도 좋은 급여조건을 받아들여 집으로 되돌아갈 수 없는 변호사와 같은 서구 전문가들의 유입이다.

루파 무르티는 콜센터 및 비영업 부서 서비스를 제공하는 인도 회사에서 근무한다. 회계학 학위를 가지고 있는 루파는 고향인 마이소르에서 방갈로르로 이주했다. 그녀는 매달 400달러를 벌었는데, 이는 그녀의 아버지가 정부에서 은퇴하기 전에 받은 것의 몇 배나 되었다. 그녀는 머리카락을 짧게 자르고 디자이너 라벨이 붙은 서양식 복장을 입는 대신 고향에서 입었던 헐겁게 맞춘 전통적인 옷인 살와르 카미즈를 벗었다.

그녀는 고향집에서는 술을 안 마셨으며 통금 시간이 오후 9시였지만, 지금은 지오프리스라는 마실리와 럼주를 즐기는 술집과 교외의 디스코장에 종종 간다. 누군가를 만나고 있지만 부모님은 허락하지 않을 것이라고 고백하면서 그녀는 "인도인인 부모님에게 남자 친구 같은 것에 대해 이야기하는 것은 어렵다"고 덧붙였다. 그녀는 때때로 콜센터에 전화를 거는 사람들의 삶을 부러워하지만 그녀의 직업이 자신이 성공하도록 돕기를 희망한다고 말했다. "나는 작은 마을의 소녀일지 몰라도, 앞으로 마이소르로 돌아갈 방법은 없다"고 그녀는 말했다. 많은 관측통들은 아시아가 근대화를 수용하면서도 전통적인 가치관을 유지할 수 있는지 궁금해한다.

글로벌 사고 질문

2-14. 당신이 아시아에서 사업하는 국제 기업을 위해 일한다면, 이러한 문화가 겪고 있는 긴장을 완화하기 위해 제안할 만한 것이 있는가? 구체적으로 기술하라.

2-15. 어느 나라에서건 사회적 병폐는 보통 여러 가지 요인에서 비롯된다. 세계화가 아시아에서 이혼, 범죄 및 마약 남용 비율이 더 높아지는 데 무슨 역할을 하고 있다고 생각하는가?

2-16. 광범위하게 정의된 아시아는 불교, 유교, 힌두교, 이슬람 및 기타 여러 종교를 실천하는 세계 인구의 60% 이상을 차지한다. '아시아의 가치'에 대한 유효한 토론을 계속하는 것이 가능하다고 생각하는가? 설명하라.

출처 : Heather Timmons, "Outsourcing to India Draws Western Lawyers," *New York Times* (www.nytimes.com), August 4, 2010; Lisa Tsering, "NBC Picks up Series 'Outsourced' for Fall 2010," *Indiawest.com* website (www.indiawest.com), May 27, 2010; Saritha Rai, "India Outsourcing Workers Stressed to The Limit," *Silicon.com* website (www.silicon.com; now www.techrepublic.com), August 26, 2009; Sol E. Solomon, "Vietnam's IT Way to Social Progress," *Bloomberg Businessweek* (www.businessweek.com), May 19, 2008.

요약 차례

차례

Part 1 국제경영환경

Chapter 1 글로벌화

Part 2 국가경영환경

Chapter 2 교차문화 경영

Chapter 3 정치경제와 윤리

Chapter 4 국가 경제개발

Part 3 국제무역과 국제투자

Chapter 5 국제무역 이론

Chapter 6 무역의 정치경제

Chapter 7 해외직접투자

Chapter 8 지역 경제 통합

Part  국제금융제도

Chapter 9 국제금융시장

Chapter 10 국제통화제도

Part 5 국제경영관리

Chapter 11 국제 전략과 국제 기업

Chapter 12 해외 시장 기회 분석

Chapter 13 진입 방법 선정 및 관리

Chapter 14 제품 개발 및 마케팅

Chapter 15 국제경영관리

Chapter 16 직원 고용과 관리

국제경영

글로벌화의 도전

제1장
글로벌화

학습목표

이 장을 공부한 후에 다음을 할 수 있어야 한다.

1. 국제경영 활동을 하는 기업들의 유형을 확인한다.
2. 글로벌화가 시장과 생산에 어떻게 영향을 미치는지를 설명한다.
3. 글로벌화를 유도하는 요소들을 상세히 기술한다.
4. 일자리와 임금에 대한 글로벌화의 영향력에 관한 논쟁을 요약한다.
5. 소득불균등에 대한 논쟁을 요약한다.
6. 문화, 주권, 환경에 대한 논쟁을 요약한다.
7. 글로벌 경영 환경과 그 주요 구성요소를 서술한다.

이 장 잠깐 보기

이 장은 국제경영의 범위를 정의하고 가장 중요한 주제를 소개한다. 우리는 오늘날 국제경영 활동에 있어서 핵심 참가자를 확인하는 것부터 시작한다. 그다음 시장과 생산에 대한 글로벌화의 영향을 서술하고, 글로벌화의 확대를 유도하는 요소들을 서술한다. 이어서 우리는 글로벌화에 대한 논쟁 가운데 주요 주장들을 상세히 분석한다. 이 장의 마무리는 통합된 글로벌 경영환경에서 발생하고 있는 국제경영 활동을 묘사하는 모델을 검토하는 것으로 이루어진다.

미리 보기

제2부는 제2장, 제3장, 제4장과 더불어 국내 경영환경의 주요 양상을 소개한다. 제2장은 국가 간 주요 문화적 차이를 다루고, 제3장은 정치경제 시스템을 검토하며 윤리철학과 사회적 책임을 다룬다. 제4장은 국가 경제발전에 관한 이슈들을 보여 준다.

애플의 글로벌 iMpact

캘리포니아 주 쿠퍼티노 — 애플(www.apple.com) 아이폰은 전 세계 스타일을 중시하는 사람들을 흥분시키고 아이템이 어떻게 디자인되어야 하는지를 바꾸어 놓았다. 뷰티와 단순함에 초점을 둠으로써 아이폰은 '사용자중심 디자인'을 사업의 선전구호로 삼고 있다.

꾸준히 아이폰과 그 자매제품인 아이패드(iPad)의 기량을 확장하고 있는 새로운 애플리케이션(또는 '앱스')이 매일 탄생하고 있다. 애플의 앱 스토어(App Store)는 100만 개가 넘는 다양한 출시품목을 뽐내고 있고, 이 출시품목의 절반가량이 아이패드 사용을 위해 최적화되어 있다. 사람들은 자신의 실질적인 관심에 따라 앱을 다운로드할 수 있다. 아이클라우드는 파일이 지속적으로 변화를 반영해 사용자가 애플 디바이스를 만들 수 있게 함으로써 편리함과 유연성을 더하였다.

출처 : ⓒ Radius Images/Corbis

글로벌화는 애플이 약간의 변경이나 아무런 변경 없이도 많은 모델을 전 세계에서 생산하고 판매할 수 있게 만든다. 이러한 접근법은 애플의 생산 비용과 마케팅 비용을 감소시키고 글로벌 브랜드 전략을 지원한다. 애플은 16개국에 있는 400개 이상의 아웃렛과 40개국에 있는 온라인 매장을 통해 제품을 판매하고 있다.

애플이 2014년 2월 남아메리카에 진입하였을 때 브라질의 리우데자네이루에 첫 번째 매장을 개점하였다. 브라질은 스마트폰 판매에 있어서 해당 지역 내에서 가장 큰 소비시장이며 전 세계 5대 시장 가운데 하나이다. 글로벌화의 편익에도 불구하고 애플은 여전히 다른 시장에서는 가격책정을 세분화하는 이슈에 직면해 있다. 예를 들어 미국에서는 700달러인 스마트폰이 브라질에서는 1,076달러에 판매된다. 이처럼 높은 가격은 수입관세, 연방 및 주 판매세로 인한 *custo 브라질*(브라질 비용) 때문에 발생한다. 브라질에서 생산된 오래된 애플 제품의 가격은 더 높은 노동비용과 더 비싼 임대비용이 반영되어 있다.

아이튠즈 유(iTunes U)는 애플이 대학교에 제공하는 무료 호스팅 서비스인데 교육 자료에 대한 24/7 접근을 제공한다. 학생들은 강의나 기타 콘텐츠를 자신의 이동장치에 다운로드하여 외부장치 연결로 청취할 수 있다. 캠퍼스에서 가방을 메고 아이폰을 청취하고 있는 학생을 본다면, 그 학생은 자신이 제일 좋아하는 재생목록이나 강의를 듣고 있는 것이다. 이 장을 읽으면서, 글로벌화가 우리의 삶을 어떻게 만들어가는지, 글로벌 기업의 활동을 어떻게 변화시키는지 살펴보자.[1]

우리는 각자 일상적인 루틴을 겪으면서 국제경영 거래에 따른 결과를 경험한다. 오늘 아침 당신을 잠에서 깨운 제너럴 일렉트릭(GE)(www.ge.com)의 알람시계와 라디오는 **중국**에서 생산되었다. 당신의 귀를 시끄럽게 하는 뉴스는 **영국** BBC 라디오(www.bbc.co.uk)가 제작한 것이다. 당신은 **인도네시아**에서 만든 아디다스(www.adidas.com) 슬리퍼를 신고 있고, **북마리아나 제도**에서 만든 애버크롬비 & 피치(www.abercrombie.com) 티셔츠를 입고 있으며 **멕시코**에서 만든 아메리칸 이글(www.ae.com)의 청바지를 입고 있다. 외출할 때는 **미국**에서 디자인되고 **일본**, **한국**, **대만**, 그리고 그 외 다른 국가에서 가져온 부품으로 **중국**에서 조립된 애플 아이폰에서 배터리 충전기를 뽑는다. 당신은 **앨라배마**에서 만든 **한국** 현대(www.hmmausa.com) 차에 타서 아이폰을 손에 쥐고 **영국** 밴드 콜드플레이(www.coldplay.com)의 노래를 튼다. 당신은 **콜롬비아**와 **에티오피아**에서 수확한 커피 원두로 내린 커피와 함께 배터리를 충전하기 위해 스타벅스(www.starbucks.com)로 차를 운전해 간다. 당신의 하루는 겨우 한 시간짜리지만 사실상 이미 전 세계를 여행한 셈이다. 당신이 지금 입고 있는 겉옷이나 가방, 시계, 지갑 등의 'Made in' 꼬리표를 살펴보면 엄청나게 많은 국제경영 거래의 모습을 보여 줄 것이다.

국제경영
두 개 이상의 국경을 넘어 이루어지는 상업적 거래

수입품
해외에서 구매하거나 한 국가로 이동된 제품과 서비스

수출품
해외로 판매되거나 한 국가 밖으로 이동된 제품과 서비스

국제경영(international business)은 2개국 이상의 국경을 넘어 이루어지는 상업적 거래이다. 당신은 국제경영의 증거를 찾기 위해 작은 마을 밖으로 발걸음을 옮기지 않아도 된다. 당신이 어디에 살고 있건 관계없이 당신은 **수입품**(imports) — 해외에서 구입하거나 한 국가로 이동된 제품과 서비스 — 으로 둘러싸여 있을 것이다. 당신의 전 세계 거래 상대방은 의심의 여지없이 당신 나라의 **수출품**(exports) — 해외로 판매되거나 한 국가 밖으로 이동된 제품과 서비스 — 을 사용하면서 하루 중 일부를 보낼 것이다. 매년 전 세계 국가가 18조 4,000억 달러의 제품과 4조 3,000억 달러의 서비스를 수출한다. 이 수치는 월마트(www.walmart.com) 매장의 연간 글로벌 수익의 48배에 달한다.[2]

사람들은 사회 내 국제경영의 역할을 매우 다른 양상으로 보게 되고, 매우 다른 관점에서 글로벌화에 접근할 수 있다. 기업하는 사람은 글로벌화를 더 낮은 비용 입지에서 제품과 서비스를 획

우리는 중국 상하이의 푸동 신지역에 있는 루자쭈이 금융 및 무역지대의 고층빌딩 사진에서 글로벌화의 전반적인 결과를 본다. 수년에 걸친 놀라운 경제 성장으로 상하이는 중국 시장에 진입하는 기업들에게 있어서 핵심 도시로 부상하였다. 푸동은 국제무역과 금융센터로서 상하이를 활성화하기 위해 개발되었다. 푸동은 이제 근대적이고 범세계주의적인 지대이다. 글로벌화는 당신이 사는 도시와 주의 경제적 상황을 어떻게 변화시켰는가?

출처 : © Keren Su/Corbis

득할 수 있는 기회로 보거나 신시장을 비집고 들어가는 기회로 본다. 경제학자는 일자리와 생활 수준에 내한 글로벌화의 충격을 고찰하는 기회로 본다. 환경론자는 글로벌화가 생태학에 어떻게 영향을 미치는지에 관심을 갖는다. 인류학자는 글로벌화가 인간집단의 문화에 미치는 영향을 검토하고자 한다. 정치학자는 다국적기업 대비 정부의 힘에 대한 글로벌화의 충격에 관심을 갖는다. 그리고 조직원(고용자)은 글로벌화를 새로운 직장을 위한 기회로 보거나 현 직장에 대한 위협으로 본다. 우리가 주변 사건들을 바라보는 상이한 시각은 글로벌화를 값지고 복잡한 주제가 되게끔 만든다.

기술이 글로벌 커뮤니케이션과 여행 비용을 감소시키면서 글로벌화는 점차 다른 문화의 관습과 관례에 대한 노출을 증가시키고 있다. 지구 반대편에서도 개인과 기업이 온라인으로 우리에게 자기들 제품을 팔고 우리 제품을 구매할 수 있다. 글로벌화는 무역과 투자장벽을 낮춤으로써 치열해진 경쟁 속에 기업들이 더 경쟁적으로 변하게끔 만든다.

이 장은 국제경영 내 핵심 참가자들을 검토하는 것으로 시작된다. 이후 시장과 생산에 대한 글로벌화의 강한 영향력을 서술하고 글로벌화의 확대를 부추기는 요소를 설명한다. 그다음 글로벌화 논쟁에 관한 주요 요점을 다룬다. 또한 글로벌 경영환경의 통합된 모델을 제시함으로써 왜 국제경영이 특별한지를 설명한다. 마지막으로, 이 장 끝에 있는 부록은 이 장의 토론을 위한 입문서로 사용하거나, 이 책의 나머지 장 전체를 관통하는 참고문헌으로 사용하도록 세계지도를 포함하고 있다.

국제경영의 핵심 참가자

다양한 유형과 규모 및 산업에 속한 기업들은 아직 참여의 정도가 다양하기는 하지만 국제경영에 참여하게 된다. 대기업이 전 세계에 위치한 많은 공장을 갖고 있는 반면 작은 가게주인은 어쩌면 해외 공급자로부터 수입만 할지도 모른다. 여전히 부국 출신의 대기업들이 국제경영을 장악하고 있다. 그러나 신흥시장(브라질, 중국, 인도, 남아공 등) 출신 기업들은 지금 글로벌 시장 점유율을 위해 열심히 경쟁하고 있다. 중소기업 또한 기술발전으로 인해 점차 국제경영 활동에 나서고 있다.

다국적기업

다국적기업(multinational corporation, **MNC**)은 여러 국가에 해외직접투자(마케팅이나 제조업 자회사 형태로)를 하고 있는 기업이다. 다국적기업은 진출한 지역과 국가를 위해 상당 수준의 일자리, 투자, 세수를 산출한다. 마찬가지로 다국적기업은 기업활동을 폐쇄하거나 규모를 축소함으로써 수천 명의 사람들이 일터를 떠나게 할 수 있다. 다국적기업 간 인수합병은 일반적으로 수십억 달러의 가치를 지니며 점차 신흥시장에 위치한 기업들이 이에 참여하고 있다.

다국적기업(MNC)
여러 국가에 해외직접투자를 하는 기업

일부 기업은 소국이나 섬나라 시민들보다 더 많은 조직원들을 고용하고 있다. 예를 들어 월마트의 조직원은 220만 명에 달한다. 국가가 산출하는 제품과 서비스의 가치와 글로벌 500대 기업들의 수익을 비교해 보면 다국적기업의 엄청난 경제적 영향력을 엿볼 수 있다. 〈그림 1.1〉은 국가생산량(GDP로 측정)에 따른 국가 순위에서 뽑힌 전 세계 10대 대기업(수익으로 측정)을 보여준다. 월마트(www.walmart.com)가 국가라면 부국으로 분류되고 노르웨이 다음으로 세 번째 자리를 차지할 것이다. 세계 500번째 대기업인 리코(www.ricoh.com)가 산출한 수익 230억 달러도

그림 1.1
세계 대기업과 일부 국가와의 비교

출처 : Based on data obtained from "Fortune Global 500: The World's Largest Corporations," *Fortune*, July 23, 2012, pp. F1-F7; World Bank data set available at data.worldbank.org

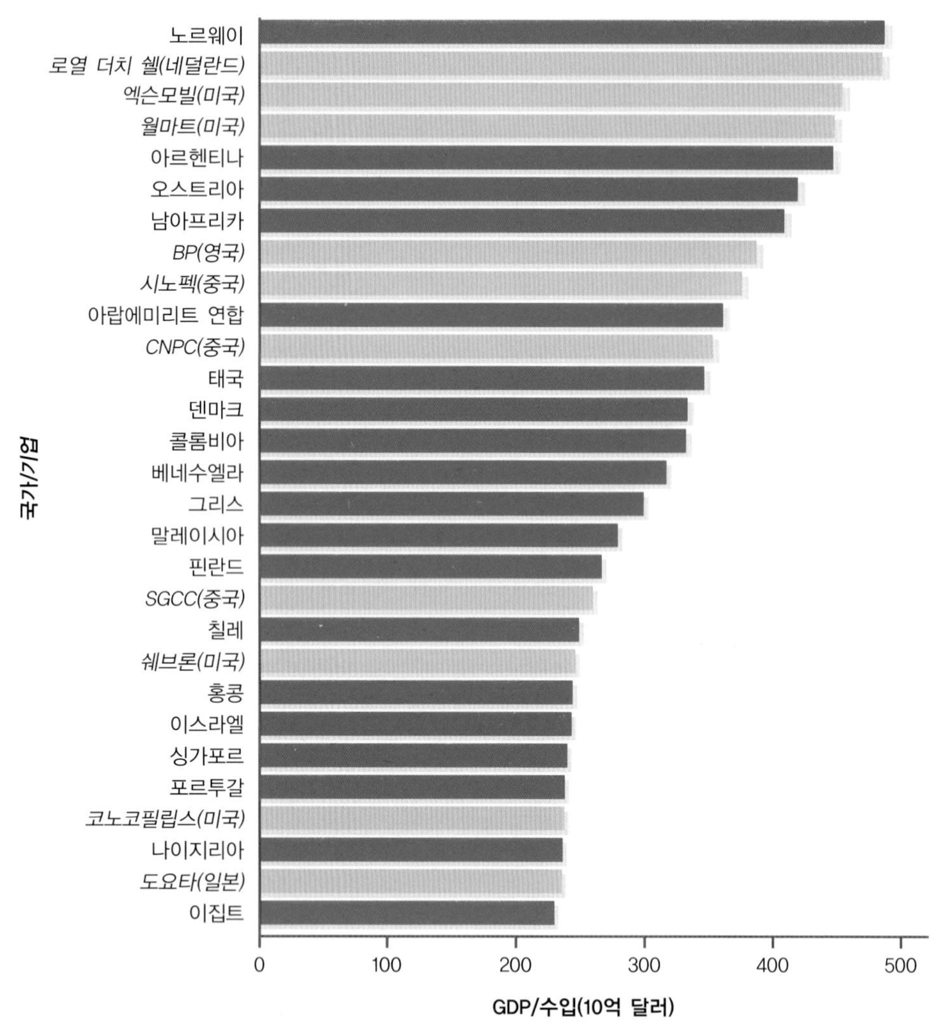

많은 국가들의 연간 산출량을 초과한다.[3]

기업가와 소기업

본-글로벌 기업
창업 초기부터 글로벌 관점을 채택하고 국제경영 활동에 참여하는 기업

국제경영을 위한 경쟁은 새로운 정체, 즉 **본-글로벌 기업**(born global firm)—창업 초기부터 글로벌 관점을 채택하고 국제경영 활동에 참여하는 기업—을 탄생시켰다. 이들 기업은 3년 이내에 국제적 경쟁자가 된다. 본-글로벌 기업은 혁신적 문화를 지니며 지식기반 조직 능력을 보유하는 성향이 있다. 그리고 지금과 같은 글로벌 시대에 기업은 흔히 기술의 도움을 받아 일찍 수출을 시작하고 빠르게 성장한다.

전통적인 제품을 판매하는 소규모 기업들은 비용을 낮추고 글로벌 커뮤니케이션의 어려움을 해소하는 데 있어서 기술로부터 편익을 얻는다. 오하이오 주 콜럼버스의 벨러스 프로덕트(www.vellus.com)는 애완동물 치장용 제품을 만들어 판다. 약 20년 전에 스페인 개 사육자가 바레인에 있는 한 남자로부터 벨러스 제품에 관한 정보를 요청받은 후에 벨러스의 첫 번째 유통업체가 되었다. "이와 같은 [비즈니스 거래]가 발생하는 방식은 나를 엄청 감동시킨다"라고 벨러스 대표인 Sharon Kay Doherty가 말한 바 있다. 현재 이 기업은 31개국에 유통업체를 갖고 있다. 벨러스는 국제화를 이루자마자 전체 수익의 절반 이상을 해외매출로부터 벌어들이면서 글로벌 기업을 닮

아가고 있다.[4]

니시틸 제품을 판매하는 기업에게 진자유통은 진통적인 유통채널에 대한 효과적인 대인이 된다. 이탈리아의 Alessandro Naldi의 위크엔드(Weekend) 웹사이트(en.firenze.waf.it)는 방문자들이 피렌체 시내에 있는 바가지 가격을 물리는 여행객 상점에 대한 점수로 찾는 것보다 더 많은 진품 피렌체 제품을 제공한다. 피렌체 출신인 Naldi는 투스카니의 작은 공장에서만 생산되는 고품질의 진품 이탈리아 상품을 팔기 위해 자신의 사이트를 설립했다. 이탈리아에서 위크엔드는 호주, 캐나다, 일본, 멕시코, 미국 등 먼 곳으로부터 매월 평균 20만 명의 방문객 수를 기록하고 있다.[5]

퀵 스터디 1

1. 전 세계 국가가 매년 수출하는 제품과 서비스의 가치는 얼마일까?
2. 여러 국가에 마케팅이나 제조 자회사를 두고자 직접투자를 하는 기업을 무엇이라 부르는가?
3. 본-글로벌 기업은 창업 초기부터 국제경영 활동에 참여하는데 그 밖에 또 무엇을 하는가?

무엇이 글로벌화인가?

역사적으로 제품, 사람, 자본을 국경을 넘어 절대적으로 통제하는 것은 국가이다. 그러나 오늘날 경제는 서로 엉키면서 점차 복잡해지고 있다. 이러한 상호의존은 제품, 서비스, 돈, 사람, 아이디어가 국경을 넘어 더 자유롭게 이동한다는 의미이다. **글로벌화**(globalization)는 이처럼 국가기관과 경제 간의 경제적, 문화적, 정치적, 기술적 상호의존의 확대를 향한 경향에 붙여준 이름이다. 글로벌화는 **탈국가화**(의미가 약해지는 국가 경계)로 특징되고 **국제화**(국가 경계를 넘어 협력하는 정체)와는 다른 것이다.

글로벌화
국가기관과 경제 간의 경제적, 문화적, 정치적, 기술적 상호의존의 확대를 향한 경향

작금의 글로벌화를 맥락 속에서 생각해 보자. 1800년대 중반에서 1920년대까지를 1차 글로벌화 시대라 한다.[6] 그 당시 노동의 이동가능성은 매우 높았고, 1800년대만 해도 매년 유럽을 떠나는 사람이 30만 명에 달했으며, 1900년 이후에는 매년 100만 명의 사람이 유럽을 떠났다.[7] 1914년 이전까지 전쟁 기간 외에는 국가가 해외 여행 시 여권조차 요구하지 않았다. 오늘날처럼 부국의 노동자들은 고임금, 저임금 국가로부터의 일자리 경쟁을 두려워했다.

무역과 자본은 1차 글로벌화 시대 동안 그 이전보다 더 자유롭게 이동했다. 부국 출신의 대기업은 원자재를 얻고 온갖 제품을 생산하기 위해 먼 곳에 설비를 세웠다. 대형 화물 선박이 원거리 시장에 제품을 운반하기 위해 해양을 누볐다. 대서양 횡단 케이블(1866년 완공)로 유럽과 미국 간 뉴스가 예전보다 빨리 전달되었다. 1차 글로벌화 시대를 이끈 동력은 증기선, 전신, 철도, 그리고 이후 전화와 항공기 등을 포함한다.

1차 글로벌화 시대는 제1차 세계대전, 러시아 혁명, 대공황이 발발하면서 갑자기 멈춰 섰다. 1900년대 초 치열한 무역 경쟁과 규제 없는 이민으로 회귀하면서 고관세와 이민 장벽이 도입되었다. 제1차 세계대전 이전에는 일반적이었던 상품, 자본, 사람의 대이동이 소량의 이동으로 제한되었다. 제1차 세계대전 시작부터 냉전 종식 때까지 75년 동안 세계는 분단되어 있었다. 동서 간 지리적 분열이 있었고 공산주의와 자본주의 간 이념적 분열이 있었다. 제2차 세계대전 이후 서양은 점진적인 경제적 이득을 경험하였지만 상품, 자본, 사람의 국제적 흐름은 자본주의와 공산주의체계 및 지리적 영역으로 제한되었다.

1989년으로 되돌아가 보면 베를린을 동서로 나눴던 장벽이 붕괴되었다. 중앙유럽과 동유럽 국

가들이 차례차례 공산주의를 거부했고 민주주의 체제와 자유시장 경제체제를 향해 전진하기 시작했다. 절대치로 보자면 국제자본 흐름이 제1차 세계대전 이전 수준까지 회복된 것은 1990년대에 이르러서의 일이었지만 글로벌 경제는 결국 **재탄생**하였다. 이러한 2차 글로벌화 시대의 동력은 인공위성, 광섬유, 마이크로칩, 인터넷 등을 포함한다.

글로벌화가 심오한 효과를 발휘하는 두 가지 경영 영역인 **시장**과 **생산**의 글로벌화를 탐색해 보자.

시장의 글로벌화

시장의 글로벌화는 전 세계 시장 바이어들의 선호가 수렴되는 것을 의미한다. 이 경향은 소비재, 산업재, 비즈니스 서비스를 포함하여 많은 제품 카테고리에서 일어나고 있다. 의복 소매업 L.L. Bean(www.llbean.com), 신발 제조업체 나이키(www.nike.com), 전자제품사 비지오(www.vizio.com)는 **글로벌 제품**—본질적으로 어떤 변화도 없이 모든 국가에서 판매되는 제품—을 판매하는 몇 개의 기업에 불과하다. 예를 들어 아이패드는 고도로 표준화된 디자인과 애플의 글로벌 마케팅 전략과 글로벌 브랜드로 인해 글로벌 제품으로 평가된다.

글로벌 제품과 글로벌 경쟁은 반도체(인텔, 필립스), 항공기(에어버스, 보잉), 건설장비(캐터필러, 미쓰비시), 자동차(도요타, 폴크스바겐), 금융서비스(씨티그룹, HSBC), 항공 여행(루프트한자, 싱가포르항공), 회계 서비스(언스트&영, KPMG), 소비재(P&G, 유니레버), 패스트푸드(KFC, 맥도날드) 등을 포함하여 많은 산업과 시장의 특징이 되고 있다. 시장의 글로벌화는 기업에게 제공하는 편익 때문에 국제경영에 있어서 중요하다. 이들 편익을 각각 간략하게 살펴보자.

마케팅 비용 감소 글로벌 제품을 판매하는 기업은 마케팅 활동을 **표준화**함으로써 비용을 줄일 수 있다. 샴푸와 같은 글로벌 소비재를 판매하는 기업은 글로벌 시장을 위한 동일한 제품을 만들 수 있고, 각 시장에서 사용되는 언어를 고려하여 상이한 포장을 디자인할 수 있다. 기업은 모든 시장을 위해 광고의 비주얼 구성요소를 동일하게 유지하고 TV 광고를 현지 언어로 더빙하고 프린트 광고를 현지 언어로 번역함으로써 비용을 더 절약할 수 있다.

신시장 기회 창조 글로벌 제품을 판매하는 기업은 본국 시장이 작거나 포화상태가 되면 해외에서 기회를 탐색할 수 있다. 중국은 미국 전체 인구보다 더 많은 5억 이상의 인터넷 사용자로 인해 온라인 사업을 위한 잠재력이 매우 크다. 그러나 미국의 70% 이상의 사람들이 웹을 활발하게 누비는 것과 달리 중국은 겨우 38%만이 인터넷을 사용한다.[8] 시간이 흘러 더 많은 중국 시민들이 제품을 탐색하고 구매하기 위해 온라인을 방문할 것이다. 이처럼 방대한 청중이라는 매력은 상대적으로 작은 국가 출신의 기업들이 중국 시장에서의 사업을 탐색하게끔 만든다.

불균등 소득흐름 조정 보편적이지만 계절조정적인 매력을 지닌 제품을 판매하는 기업은 해외판매를 자신의 소득흐름을 조정하는 데 사용할 수 있다. 내수판매를 해외판매로 보충함으로써 기업은 계절 간 매출 변동폭을 줄이거나 없앨 수 있으며 현금흐름을 견실하게 만들 수 있다. 예를 들어 선탠, 자외선 차단제를 생산하는 기업은 패션을 번갈아가며 남반구와 북반구의 여름 시즌과 제품유통을 필적시킬 수 있다—이로써 이들 글로벌하지만 대단히 계절적인 제품으로부터 소득을 견실하게 만든다.

로컬 바이어의 니즈 글로벌 시장의 잠재적 편익을 추구하는 경영자는 바이어의 니즈를 간과하지 않으려고 기업의 제품과 시장 간 필적을 지속적으로 모니터링(추적관찰)해야 한다. 변형된 제품을 고객에게 제공하는 편익은 표준화 상품의 편익보다 중요하다. 예를 들어 청량음료, 패스트푸드, 기타 소비재 등은 전 세계적으로 시장에 지속적으로 침투하는 글로벌 제품들이다. 그러나 때로는 이들 제품들이 현지 기호에 더 맞게 다소 변형되기도 한다. 남부 일본에서 코카콜라(www.cocacola.com)는 더 달콤한 맛이 나는 펩시(www.pepsi.com)와 경쟁하기 위해 전통적인 제조법에 설탕을 가미한다. 소가 신성시되고 소고기 소비가 금기시되는 인도에서는 맥도날드(www.mcdonalds.com)가 'Maharaja Mac'—참깨를 뿌린 두 장의 순양고기 패티와 일반 토핑의 롤빵(번)—을 시장에 내놓았다.

글로벌 지속가능성 다국적기업이 고려해야 하는 또 다른 니즈는 **지속가능성**(sustainability)—자신의 니즈에 상응하면서 미래 세대의 능력을 위협하지 않고 현재의 니즈를 충족시키는 개발—을 위한 전 세계 시민들의 니즈이다.[9] 오늘날 대부분의 기업들은 증가하는 투명성과 정밀성 환경에서 경영 활동을 펼치고 있다. 소셜미디어의 부상은 부분적으로 이러한 경향을 유발한 요소이다. 관심이 있는 개인과 비정부기구는 환경이나 사회를 해치는 기업을 비판하는 데 인터넷 매체를 신속하게 사용한다.

지속가능성
자신의 니즈에 상응하면서 미래 세대의 능력을 위협하지 않고 현재의 니즈를 충족시키는 개발

수년 동안 진보적인 기업들은 '줄이자, 재사용하자, 재활용하자'라는 표어를 사용해왔다. 이는 자원과 쓰레기 사용을 **줄이고**, 한 번 쓰고 버리지 않고 자원을 **재사용하고**, 줄이거나 재사용될 수 없는 것을 **재활용하자**는 것이다. 매우 헌신적인 경영자와 기업은 '다시 디자인하고 다시 상상하자'라는 표어를 덧붙여 지속가능한 공동체를 장려한다. 이는 지속가능성을 위해 제품과 공정을 **다시 디자인하고** 제품이 환경에 미칠 영향을 줄일 수 있도록 디자인을 **다시 상상한다**는 의미이다.[10] 지속가능한 기업 행위를 더 강조하는 내용을 살펴보려면 글상자 '글로벌 지속가능성 : 세 개의 시장, 세 개의 전략'을 참조하라.

생산의 글로벌화

생산의 글로벌화는 기업이 제품과 서비스를 위한 비용최소화를 달성하거나 품질최적화를 달성하게 하는 입지로 생산활동을 분산시키는 것을 말한다. 이는 서비스의 국제적 아웃소싱뿐만 아니라 핵심 생산 투입물(원자재 또는 조립을 위한 제품 등)의 구매까지 포함한다. 자 이제 생산의 글로벌화로부터 기업이 얻는 편익을 살펴보자.

저비용 노동자 확보 글로벌 생산활동은 기업이 저비용 노동 확보를 통해 총 생산비용을 줄이게 해 준다. 수십 년 동안 기업들은 장난감, 소형 전자기기, 저렴한 전자제품, 섬유 등을 포함하여 온갖 종류의 제품을 대량생산하기 위해 저임금 국가에 공장을 설립했다. 저비용 입지로 생산을 이전하는 것은 전통적으로 **제품 생산**만을 의미하지만, 회계와 연구 등과 같은 **서비스 생산**에도 점차 적용되고 있다. 대부분의 서비스가 소비지에서 생산되어야 하지만, 일부 서비스는 노동비가 더 저렴한 멀리 떨어진 입지에서 제공될 수 있다. 많은 유럽과 미국 기업들은 60%까지 비용을 절감하기 위해 인도처럼 먼 곳으로 고객 서비스와 그 외 비핵심 사업체를 이전했다.

기술전문지식에 대한 접근 기업은 또한 기술적 노하우로부터 편익을 얻고자 제품과 서비스를 해외에서 생산한다. 필름 로먼(www.filmroman.com)은 TV 시리즈 '심슨네 가족들'을 생산하지만 대한민국 서울에 있는 AKOM 프로덕션 컴퍼니(www.akomkorea.com)에게 핵심 자세(poses)와 단계별 프레임 방향을 제공한다. AKOM은 나머지 자세를 채우고 이를 애니메이션과 연결한다.

글로벌 지속가능성 세 개의 시장, 세 개의 전략

기업은 진입한 시장의 미묘한 차이에 맞게 경영전략을 맞춘다. 전 세계 70억 인구가 세 가지 상이한 시장 유형 속에 살고 있다.

- **선진시장** 이는 *10억*가량 되는 확고한 세계 소비자 시장을 포함한다. 인구는 탄탄한 중산층이며 사람들은 자신들이 원하는 대부분의 제품을 소비할 수 있다. 인프라가 잘 발달되어 있고 효율적이다.
- **신흥시장** 인구가 *20억* 정도 되는 이 시장은 선진국을 따라잡으려 하고 있다. 인구는 임금이 높은 도시로 이주하고 있고 도시 인프라는 과부하 상태이다. 소득 상승은 자원과 기초 제품을 위한 글로벌 수요를 증가시킨다.
- **전통시장** 글로벌화는 약 *40억* 인구로 이루어진 이들 시장을 우회했다. 인구는 대부분 시골에 살고 인프라는 매우 낙후하며 신용이나 담보가 적다. 사람들은 거의 법적 보호를 받지 못하며 부패가 만연하다.

경영전략처럼 지속가능성 전략은 현지 상황을 반영한다. 이들 세 가지 시장 내 지속가능성을 향한 경영 사례는 다음과 같다.

- **도요타** 선진시장에서의 환경에 초점을 둔다. 가솔린-전기 하이브리드 기술에 노력을 기울인 결과 Toyota는 Prius를 출시했다. 올해의 트렌드 자동차로서 Prius는 이윤 극대화를 실현시켰고 '녹색' 이미지를 창출했다.
- **스리 시멘트**(Shree Cement) 인도 신흥시장에서는 저비용 에너지를 확보하는 데 제한적이다. 그래서 제품생산을 위해 세계에서 가장 에너지 효율적인 프로세스를 개발하였다. 지금은 세계를 선도하는 시멘트 회사들이 에너지 사용 혁신을 배우고자 Shree를 방문한다.
- **블로머 초콜릿** 미국 회사로 전통시장에서 코코아 농장과 밀접하게 협력한다. 블로머는 안전한 농장운영, 환경 청지기, HIV 인식 등을 농장주들에게 교육한 공로로 열대우림동맹(Rainforest Alliance)의 '지속가능한 표준설정자(Sustainable Standard-Setter)' 상을 수상하였다.

출처 : Jeremy Jurgens and Knut Haanæs, "Companies from Emerging Markets Are the New Sustainability Champions," *The Guardian* (www.guardian.co.uk), October 12, 2011; Stuart L. Hart, *Capitalism at the Crossroads, Third Edition* (Upper Saddle River, NJ: Wharton School Publishing, 2010); Daniel C. Esty and Andrew S. Winston, *Green to Gold* (New Haven, CT: Yale University Press, 2006).

그러나 과정마다 충돌이 있다고 애니메이션 감독 Mark Kirkland는 말한다. 한밤중에 걸려온 전화에서 Kirkland는 한국인들에게 사격을 어떻게 묘사할지 설명했다. Kirkland는 "한국에서는 총이 허용되지 않는다. 총 소지는 불법이다."라고 말한다. "그래서 내게 전화한다[물어본다]: 총이 어떻게 가능하냐고." Kirkland와 그 외 사람들은 고기술을 지닌 대한민국 애니메이션 제작자들과 접촉하기 위해서 이런 문화적 차이와 적절치 않은 시간에 걸려오는 전화를 받아들인다.[11]

생산 투입물에 대한 접근 생산의 글로벌화는 기업들이 본국에서는 불가능하거나 더 비싼 자원을 확보할 수 있게 해 준다. 천연자원에 대한 필요는 많은 기업들을 국제시장으로 인도한다. 예를 들어 일본은 적은 양의 천연자원을 보유하고 있는–특히 숲–작고 인구밀도가 높은 섬나라이다. 그러나 일본의 최대 기업인 닛폰 세이시는 손쉽게 목재 펄프를 수입한다. 이 기업은 호주, 캐나다, 미국에 대규모 숲과 관련된 공정설비를 소유하고 있다. 이는 기업에게 필수자원을 얻게 해 줄 뿐만 아니라 제지 제작 공정 초기 단계를 통제할 수 있게 해 준다. 그 결과 기업은 개방시장에서 일어나는 펄프 구매에 따른 가격과 공급 변동으로부터 자유로운 핵심 재료(목재 펄프)의 완만한 흐름을 보장받는다. 이처럼 제조업에서 사용되는 더 값싼 에너지 자원에 접근하기 위해 수많은 일본 기업들이 에너지 비용이 일본보다 낮은 중국과 베트남에 생산시설을 입지시키고 있다.

퀵 스터디 2

1. 글로벌화는 국가의 제도와 경제가 어떻게 변화되도록 영향을 미치는가?
2. 기업들은 시장의 글로벌화로부터 어떤 *편익*을 얻는가?
3. 지속가능성은 현 니즈를 만족시키는 동시에 어떤 것들을 유발하지 않는가?

글로벌화를 주도하는 요소

시장과 생산의 글로벌화를 이끈 두 가지 주요 요소가 있다. **무역과 투자에 대한 장벽 와해와 기술혁신**이 그것이다. 이들 두 요소는 다른 어느 것보다도 글로벌 경영환경을 정상화함으로써 국가 간 경쟁을 증가시킨다. 더 큰 경쟁은 기업들을 더 높은 수준의 다툼과 협력으로 몰아간다. 시간과 거리로 격리된 로컬 산업은 점차 수천 마일 떨어져 있는 대형 글로벌 기업에 대한 접근이 가능해지고 있다. 일부 중소형 로컬 기업은 경쟁력을 유지하기 위해 어쩔 수 없이 다른 기업이나 더 큰 글로벌 기업과 협력하게 된다. 다른 로컬 사업은 맹공격하는 경쟁에서 살아남기 위해 자신에게 새로운 활기를 불어넣는다. 그리고 글로벌 차원에서는 예전 경쟁자들이 전 세계에 위치하고 있는 다른 기업들에게 도전하는 일에 합류하면서 합동(consolidation)이 일어나고 있다. 자 이제 글로벌화를 주도하는 두 가지 요소의 중심 역할을 살펴보도록 하자.

무역과 투자에 대한 장벽 와해

1947년 23개국(12개 선진국과 11개 개도국) 정치 리더들이 **GATT**(General Agreement on Tariffs and Trade)－국제무역에 대한 관세 및 비관세 장벽을 줄여 자유무역을 촉진하고자 고안됨－를 설립하면서 역사를 만들었다. **관세**는 본질적으로 무역 상품에 부과되는 세금이고, **비관세 장벽**은 수입 상품의 양을 제한한다. 조약은 초기에는 성공적이었다. 40년이 지난 후 세계 상품무역은 20배 성장하였고 평균 관세는 40%에서 5%로 하락했다.

GATT
국제무역에 대한 관세 및 비관세 장벽을 줄여 자유무역을 촉진하고자 고안된 조약

GATT 조약이 1994년 개정되면서 다시 현저한 프로세스가 진행되었다. 조약을 체결한 국가들은 상품무역에 대한 평균 관세를 더 낮추었고 농산물에 대한 보조금(정부 재정지원)도 낮추었다. 조약 개정은 **지적재산권**에 대한 분명한 정의를 제시했다. 이는 저작권보호(컴퓨터 프로그램, 데이터베이스, 음향녹음, 영화를 포함), 상표, 서비스 상표, 특허(거래영업비밀, 노하우 포함) 등에 대한 보호조치를 제시했다. GATT의 주요 결함은 세계 무역 규칙을 집행하는 힘이 부족하다는 것이었다. 따라서 **세계무역기구**(World Trade Organization)의 탄생은 GATT 개정의 극대화와 같은 것이다.

세계무역기구 **세계무역기구**(World Trade Organization, **WTO**)는 국제무역 규칙을 집행하는 국제기구이다. WTO(www.wto.org)의 세 가지 주요 목표는 자유무역 흐름을 돕고, 시장개방을 확대하도록 협상하고, 회원국들 간 무역분쟁을 해결하는 것이다. WTO의 무역분쟁 해결 권력은 전신인 GATT와 구별되는 점이다. 다양한 WTO 협정은 근본적으로 공정하고 개방적인 무역정책을 유지한다는 약속을 이행하는 회원국 간 계약이다. 위반자는 WTO 지침에 따라 무역정책을 교정해야 하고 그렇지 않으면 과태료와 무역제재(벌금)를 받게 된다. 위반국을 처벌하는 능력 때문에 WTO의 분쟁 해결 시스템은 글로벌 무역 시스템의 진정한 중추이다. WTO는 GATT의 제도를 대신하였지만 전신인 GATT 협정의 모든 것을 흡수하였다. 따라서 GATT 제도는 더 이상 공식적으로 존재하지 않는다. 오늘날 WTO는 159개 회원국과 25개 '옵저버' 국가로 구성되어 있다.

세계무역기구(WTO)
국제무역 규칙을 집행하는 국제기구

WTO는 2001년 카타르 도하에서 새로운 협상 라운드를 출범했다. 갱신된 라운드는 무역장벽을 더 낮추고 특히 빈국을 돕기 위해 고안되었다. 부국이 자국의 농부들에게 지불하는 농업보조금은 매일 10억 달러에 달한다－이는 빈국에 대한 부국의 총 원조 예산의 6배가 넘는 규모이다.

러시아 칼루가 지역의 고용자들이 한국 삼성전자가 소유하고 있는 생산 시설의 LED TV 조립라인에서 일하고 있다. 오늘날 기업은 선호하는 기업 환경을 쫓아 세계 어디든지 진출할 수 있다. 미국 기업들은 컴퓨터 코드를 작성하고 최종 생산품을 미국 고객에게 이메일로 송부하는 일을 중국 기업에게 하청계약을 한다. 이런 방식으로 기업은 비용을 낮추고, 효율성을 증가시키며, 경쟁력을 키울 수 있다. 그 밖에 기술과 글로벌 능력은 국제경영 활동을 어떻게 촉진할까?

출처 : © Lystseva Marina/ITAR-TASS photo/Corbis

빈국 수출의 70%가 농산품과 섬유제품이기 때문에 부국은 이들 산업과 그 외 노동집약적 산업을 더 개방하려는 경향을 보였다. 빈국은 빈국들 간 관세를 줄일 것을 권장받았고, 글로벌 무역체제에 통합될 수 있도록 도움을 받도록 되어 있었다.

도하(Doha) 라운드가 2004년 말 체결되었지만 협상은 매우 느리게 진행되고 있었다. 2013년 12월 협상자들이 국경의 번거로운 절차를 줄이고 국제적으로 관세 및 상품 이동을 위한 표준을 설정함으로써 '무역촉진'을 개선하기로 동의하였다. 도하 라운드가 보여 준 첫 번째 눈에 띄는 업적은 가장 평범한 협정이라는 점이다. 지금도 농산품무역 문제, 관세 또는 쿼터에 대해서는 협정이 체결되지 못했다.[12]

세계은행
국가 경제발전 노력을 위한 재정을 제공하기 위해 만들어진 단체

국제통화기금(IMF)
환율을 규제하고 국제통화체제의 규칙을 이행하기 위해 만들어진 단체

그 외 국제기구 두 개의 다른 기구가 글로벌화를 촉진하는 데 있어서 선도적 역할을 수행하고 있다. **세계은행**(World Bank)은 국가 경제발전 노력을 위한 재정을 제공하기 위해 만들어진 단체이다. 세계은행(www.worldbank.org)의 주요 목적은 제2차 세계대전 이후 유럽 재건을 재정지원하기 위한 것이었다. 세계은행은 이후 개도국의 재정 수요로 초점을 바꾸었고 오늘날 아프리카, 남아메리카, 동남아시아 등에 있는 경제발전 프로젝트를 재정지원하고 있다.

국제통화기금(International Monetary Fund, **IMF**)은 환율을 규제하고 국제통화체제의 규칙을 이행하기 위해 만들어진 단체이다. 국제통화협력을 촉진하는 것은 IMF(www.imf.org)의 목적 가운데 하나이다. 국제무역의 확대와 균형적 성장을 촉진하고, 경쟁적 환율평가절하를 피하고, 일시적 재정 자원이 회원국들에게 가능하도록 하는 것도 목적에 속한다.

지역무역협정 WTO와 더불어 소규모 국가군은 무역을 촉진하고 국경 간 투자를 늘려 자신들의 경제를 통합하고 있다. 예를 들어 북아메리카 자유무역협정(NAFTA)은 3개국(캐나다, 멕시코, 미국)을 자유무역지대로 통합했다. 더 야심 찬 유럽연합(EU)은 28개국을 통합했다. 아시아-태평양경제협력체(APEC)는 태평양 주변 자유무역지대를 만들려는 21개국으로 구성되어 있다. 이들

소규모 무역협정의 목적은 WTO의 목적과 유사하지만 본질적으로 지역적이라는 특징이 있다. 더욱이 일부 국가는 최근 진 세계 무역협정에 대한 저항으로 지역적 협약을 권장한다.

무역 및 국가총생산 WTO 협정과 지역협약은 모두 세계무역과 국경 간 투자를 확실하게 촉진한다. 무역이론은 무역개방이 국가의 총생산을 확대시킨다고 말한다. 〈지도 1.1〉은 최근 10년 동안 국가총생산이 현저하게 성장하였음을 보여 준다. 중국, 인도, 러시아 등 최근 무역을 더 개방한 국가의 경제성장이 그렇지 않은 다른 국가에 비해 더 큰 것으로 나타났다. 아프리카의 경험은 혼합적인 반면 많은 남아메리카 국가들도 빠르게 성장하고 있다. 최근 글로벌 금융위기에 따른 경제성장률 하락에도 불구하고 무역과 총생산 간 이러한 관계는 지속되고 있다.

여기서 잠시 이 책 여기저기서 만나게 되는 몇 가지 용어를 정의해 보자. **국내총생산**(Gross domestic product, **GDP**)은 1년간 국내경제에 의해 생산된 제품과 서비스의 가치를 말한다. GDP는 수출, 수입, 기업의 국제영업활동을 통해 산출된 국가 소득을 포함한다. 우리는 개별 국가의 GDP 수치를 합쳐서 세계 GDP 차원을 논할 수 있다. GDP는 **국가총생산**(Gross National Product, **GNP**)—1년간 한 국가의 국내 및 국제 활동에 의해 산출된 제품과 서비스의 가치—보다 다소 협소한 수치이다. 한 국가의 **1인당 GDP**(GDP per capita) 또는 **1인당 GNP**(GNP per capita)는 간단하게 GDP와 GNP를 해당 국가 인구로 나눈 값이다.

국내총생산(GDP)
1년간 국내경제에 의해 생산된 제품과 서비스의 가치

국가총생산(GNP)
1년간 한 국가의 국내 및 국제 활동에 의해 산출된 제품과 서비스의 가치

1인당 GDP, 1인당 GNP
GDP와 GNP를 해당 국가 인구로 나눈 값

기술혁신

무역과 투자 장벽 감소가 글로벌화를 촉진함에도 불구하고 기술은 가속화되고 있다. 정보기술과 운송 방법의 혁신은 자료, 상품, 장비를 전 세계적으로 더 쉽고, 더 빠르고, 더 저렴하게 이동할 수 있게 한다. 소비자는 인터넷상에서 정보를 수집하고 보내고 온갖 종류의 제품과 서비스를 구매하면서 전 세계로 뻗어나가는 기술을 사용한다. 기업은 원거리로부터 원료와 제품을 획득하고 해외에 제품과 서비스를 판매하는 기술을 사용한다.

기업이나 소비자는 거래 기술을 사용할 때 **e-비즈니스**(e-commerce)에 참여하게 된다—제품을 구매하고 판매하거나 교환하는 데 그리고 파트너와 협력하는 데 컴퓨터 네트워크를 사용한다. e-비즈니스는 기업이 단순히 완제품을 수입하고 수출하는 것이 아니라 제품을 해외에서 생산하는 일을 더 쉽게 만들어 준다. 글로벌화에 대한 심각한 충격을 지닌 몇 가지 혁신을 검토해 보자.

e-비즈니스
제품을 구매하고 판매하거나 교환하는 데 그리고 파트너와 협력하는 데 컴퓨터 네트워크를 사용

이메일과 화상회의 국경과 시간대를 넘는 영업활동은 경영 활동을 조정하고 통제하는 일을 복잡하게 만든다. 그러나 기술은 정보흐름을 빠르게 만들고 조정과 통제 업무를 쉬워지게 한다. 이메일은 경영자들이 국제영업활동을 지속하고 중요한 사안에 빠르게 반응할 수 있게 해 주는 필수적 도구이다.

화상회의는 경영자들이 서로 다른 장소에서 가상적인 면대면 만남을 가질 수 있게 해 준다. 화상회의가 25~30% 연간 성장률을 보이는 근본적 이유는 정보를 보내는 대역폭(의사소통 채널)의 비용이 더 저렴하고, 장비가 더 저렴하고, 비즈니스 출장 비용이 상승하고 있기 때문이다. 화상회의 장비는 5천 달러에서 34만 달러 정도이다. 화상회의가 필요하지 않은 기업은 로컬 회의센터의 장비를 임대하는 것이 더 저렴할 수 있다.[13] 컴퓨터, 태블릿, 스마트폰상의 화상회의를 원한다면 기초 서비스가 월 9달러밖에 안 하는 iMeet(www.imeet.com)를 사용하면 된다.[14] 물론 가장 간단한 화상회의는 스카이프(www.skype.com)나 애플(www.apple.com)의 페이스타임 앱을 무료로 다운로드해서 사용할 수 있다.

지도 1.1
국가총생산 성장

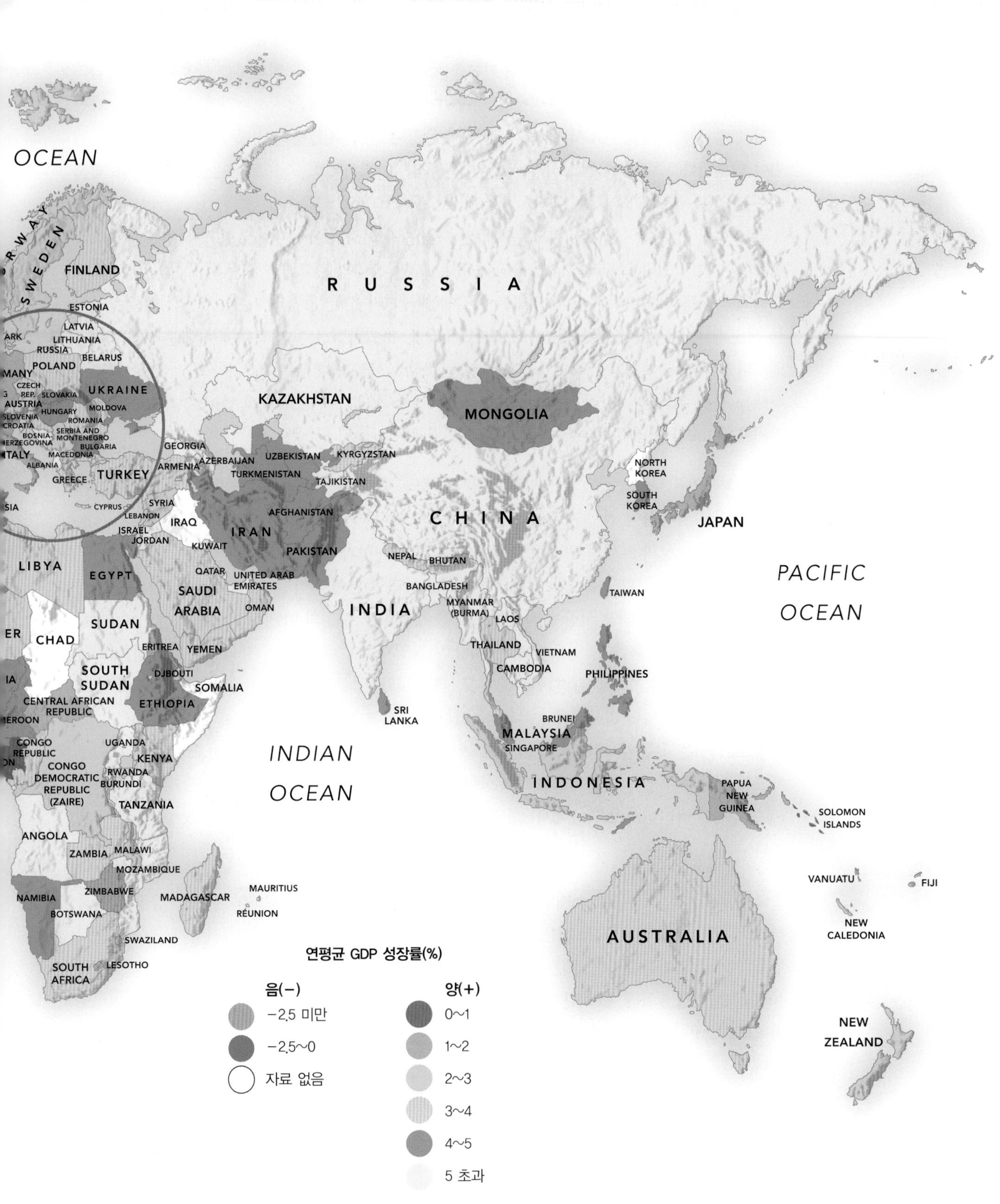
OCEAN
NORWAY
SWEDEN
FINLAND
RUSSIA
ESTONIA
LATVIA
LITHUANIA
RUSSIA
BELARUS
POLAND
CZECH REP.
SLOVAKIA
UKRAINE
AUSTRIA
HUNGARY
MOLDOVA
SLOVENIA
CROATIA
ROMANIA
BOSNIA-HERZEGOVINA
SERBIA AND MONTENEGRO
BULGARIA
ITALY
MACEDONIA
ALBANIA
GREECE
TURKEY
GEORGIA
ARMENIA
AZERBAIJAN
KAZAKHSTAN
MONGOLIA
UZBEKISTAN
KYRGYZSTAN
TURKMENISTAN
TAJIKISTAN
NORTH KOREA
SOUTH KOREA
JAPAN
SYRIA
CYPRUS
LEBANON
ISRAEL
JORDAN
IRAQ
IRAN
AFGHANISTAN
CHINA
KUWAIT
PAKISTAN
NEPAL
BHUTAN
LIBYA
EGYPT
QATAR
UNITED ARAB EMIRATES
SAUDI ARABIA
OMAN
BANGLADESH
INDIA
MYANMAR (BURMA)
LAOS
TAIWAN
PACIFIC OCEAN
SUDAN
CHAD
ERITREA
YEMEN
THAILAND
VIETNAM
CAMBODIA
PHILIPPINES
SOUTH SUDAN
DJIBOUTI
SOMALIA
CENTRAL AFRICAN REPUBLIC
ETHIOPIA
SRI LANKA
BRUNEI
MALAYSIA
SINGAPORE
CONGO REPUBLIC
UGANDA
KENYA
INDIAN OCEAN
CONGO DEMOCRATIC REPUBLIC (ZAIRE)
RWANDA
BURUNDI
TANZANIA
INDONESIA
PAPUA NEW GUINEA
SOLOMON ISLANDS
ANGOLA
ZAMBIA
MALAWI
MOZAMBIQUE
VANUATU
FIJI
NAMIBIA
ZIMBABWE
MADAGASCAR
MAURITIUS
RÉUNION
BOTSWANA
NEW CALEDONIA
SWAZILAND
AUSTRALIA
SOUTH AFRICA
LESOTHO
NEW ZEALAND
연평균 GDP 성장률(%)
음(−)
−2.5 미만
−2.5~0
자료 없음
양(+)
0~1
1~2
2~3
3~4
4~5
5 초과

인터넷 기업은 인터넷을 사용해 원거리 위치에서 경영자와 빠르고 저렴하게 접속할 수 있다—예를 들어 생산 기획을 점검하고, 판매전략을 수정하고, 유통 장애를 점검할 수 있다. 기업은 또한 인터넷을 사용하여 예상능력을 향상시키고, 재고를 낮추고, 공급업체와의 의사소통을 개선하는 등 장기적 목표를 달성할 수 있다. 특히 글로벌 마케팅 도구로 인터넷을 사용하는 소기업의 경우 국제적 소비자층을 접하는 비용을 낮출 수 있다. 게다가 제품이 소비자에게 전달되는 과정에서 수많은 중간재를 감소시켜 사후생산 비용을 낮추는 인터넷 능력이 발달하면서 추가적인 편익이 발생한다. 중간재를 감소시키는 것은 책, 음악, 여행서비스, 소프트웨어 등 모든 종류 제품의 온라인 판매자에게 이득이 된다.

일부 혁신 기업들은 전 세계적으로 똑똑한 사람들의 신선한 아이디어를 얻고자 온라인 경쟁을 사용한다. 이노센티브(www.innocentive.com)는 30만 창의적 사고력을 지닌 사람들의 글로벌 네트워크를 사용하여 어려운 문제에 대한 해결책을 찾고자 하는 기업과 기관을 연결시켜 준다. 이들 생명과학, 엔지니어링, 화학, 수학, 컴퓨터 과학, 기업가정신 등의 분야에서 전문지식을 지닌 엔지니어, 과학자, 발명가, 기업가들은 엄청난 재정 보상을 반대급부로 전 세계에서 가장 어려운 문제를 풀기 위해 경쟁한다. 이노센티브는 모두에게 개방되어 있고, 7개 언어로 가능하며, 5천 달러에서 100만 달러에 이르는 현금 보상금을 지불한다.[15]

기업 인트라넷과 엑스트라넷 기업 내부 웹사이트와 정보 네트워크(인트라넷)는 조직원들이 개인 컴퓨터를 사용하여 회사 자료에 접근할 수 있게 해 준다. 본보 카 코퍼레이션(www.volvocars.com) 인트라넷상의 효율적 마케팅 도구는 분기별 마케팅과 매출 정보 데이터베이스이다. 본부가 전사적 마케팅 기획을 볼보의 인트라넷에 제출하면 순환이 시작된다. 전 세계 각 자회사의 마케팅 경영자는 이후 해당 시장에 적용할 활동을 선택하고 자신의 마케팅 기획을 개발하며, 이를 데이터베이스에 제출한다. 이로써 모든 시장의 경영자들이 다른 모든 자회사의 마케팅 기획을 볼 수 있고 자신의 기획에 관련된 관점을 도입할 수 있다. 본질적으로 전체 시스템은 볼보의 모든 시장에 걸쳐 우수모범사례를 공유할 수 있는 도구로 기능한다.

엑스트라넷은 유통업체와 공급업체에게 기업 데이터베이스를 볼 수 있게 하고 주문을 내리고 재고를 마련하는 일을 전산적으로 자동화할 수 있게 해 준다. 이들 네트워크는 글로벌 기업들이 (공급업체와 바이어와의 관계에서) 내부 및 외부 상황에 빠르고 더 적절하게 대응할 수 있게 해 준다.

운송 기술의 진보 전 세계 소매업자는 완제품을 창고에 비축하고 원료와 중간재를 공장에 공급하기 위해 수입에 의존한다. 해운업 혁신은 해운업의 효율성과 믿음을 높여 시장과 생산을 글로벌화하는 데 기여한다. 과거에는 화물선이 한 번에 한 개의 화물 운반대(pallet)를 하역함으로써 10일 동안 입항했었다. 그러나 오늘날 화물은 최종 목적지에서 신속하게 궤도차나 트럭 섀시로 하역되는 20~40피트 컨테이너로 선적하기 때문에 700피트 화물선이 단 15시간 만에 하역 처리된다.

화물선 운영은 위성 위치확인시스템(GPS)을 사용하여 공해상에서 선박 이동을 정확히 찾아내는 컴퓨터 차트 덕분에 이제 더 간편하고 안전해졌다. GPS를 전파식별(RFID) 기술과 접목하면 출발항에서 목적지까지 개별 컨테이너를 지속적으로 추적관찰할 수 있다. RFID는 컨테이너 문이 열렸는지 닫혔는지 이송되는 동안 살필 수 있고, 컨테이너가 계획된 경로에서 이탈할 경우 경보를 보낼 수 있다.

이와 같은 발달은 또한 휴렛팩커드(www.hp.com)가 새로운 업무용 저비용 컴퓨터 서버를 구축하면서 글로벌화로 인한 편익을 입세 해 준다. HP는 다섯 개 환태평양 국가와 인도에 걸쳐 특화된 제조업 시스템을 통해 디자인과 생산활동을 확산시킨다. 이로써 기업은 노동비, 세금, 선적 지연을 최소화하고 신제품을 디자인하고, 개발하고, 유통할 때 생산성을 최대화할 수 있다. 기업은 이러한 혁신적인 생산과 유통 기술을 사용하여 국제적 운영에 따른 비효율성을 줄이고 경쟁력을 제고한다.

글로벌화 측정

직관적으로 세계는 점차 더 작아지고 있다고 느끼지만, 연구자들은 글로벌화를 과학적으로 측정하는 방법을 고안해 왔다. 글로벌화 지수 하나는 KOF 스위스 경제기구(www.kof.ethz.ch)가 고안했다. 이 지수는 세 가지 국면으로 된 23개 변수로 국가 순위를 측정한다 – 경제적 글로벌화(무역과 투자량, 무역과 자본제약), 사회적 글로벌화(정보와 아이디어의 전파), 정치적 글로벌화(타국과의 정치협력).[16]

다양한 변수를 조합한 글로벌 지수는 단일 범주에서 발생하는 순환을 관통하고 폭넓은 글로벌화의 본성을 파악하고자 한다. 〈표 1.1〉은 KOF 글로벌 지수로 본 상위 10대 국가를 나타내준다. 순위에 오른 소국을 포함하여 유럽 국가가 10대 국가 중 9개 상위 순위를 차지한다. 도시국가인 싱가포르는 상위 10대 국가 중 유일한 아시아 국가이다. 미국은 32위를 기록하고 있고, 경제적 글로벌화에서는 87위, 사회적 글로벌화에서는 28위, 정치적 글로벌화에서는 18위를 차지했다. 흔히 대국이 글로벌 지수의 상위권을 차지하는 것은 아닌데 이는 대규모 본국시장이 있다고 해서 이들 국가의 대외 무역과 투자에 대한 의존도가 낮은 것은 아니기 때문이다.

전 세계 최저 수준 글로벌화 국가는 전 세계 인구의 절반가량 되며, 아프리카, 동아시아, 남아시아, 라틴아메리카, 중동 등에 위치하고 있다. 최저 수준 글로벌화 국가 중 일부는 끊임없는 정치적 불안과 부패로 특징지어진다(방글라데시, 인도네시아, 베네수엘라). 그 외 대규모 농업부문으로 특화된 국가들은 선진국의 무역장벽에 직면해 있고, 가격휘발성이 높은 상품시장으로 알려

표 1.1 글로벌화 상위 10

	순위			
국가	전반	경제	사회	정치
아일랜드	1	2	2	25
벨기에	2	6	7	3
네덜란드	3	5	5	15
오스트리아	4	11	3	4
싱가포르	5	1	1	79
덴마크	6	19	9	12
스웨덴	7	12	14	7
포르투갈	8	16	12	9
헝가리	9	9	23	22
스위스	10	10	16	32

출처 : 2014년 KOF 글로벌화 지수(2014.04.16)에 기반(www.globalization.kof.ethz.ch)

져 있다(브라질, 중국, 인도). 일부 국가는 석유 수출에 대한 의존도가 높지만 에너지 시장은 불규칙한 가격으로 병들어 있다(이란, 베네수엘라). 케냐는 가뭄, 테러, 관광업을 망치는 난해한 비자 규정 문제를 겪고 있다. 마지막으로, 전체 중동과 더불어 터키, 이집트는 폭력과 사회적 불안, 무역과 투자에 대한 높은 장벽, 정부의 심각한 경제 간섭 등의 문제를 겪고 있다. 글로벌 연결망을 심화시키기 위해 이들 국가는 경제, 사회, 정치 환경을 개선해 나갈 필요가 있다.

퀵 스터디 3

1. 글로벌화의 확산을 돕는 글로벌 기구는 무엇인가?
2. 글로벌화를 가속화하는 기술혁신에는 무엇이 있는가?
3. 글로벌화 차원에서 어떤 국가가 상위를 차지하는가?

일자리와 임금에 대한 논쟁

지금까지 우리는 글로벌화가 기업과 국가에게 어떻게 도움이 되는지를 살펴보았다. 그러나 모든 사람이 글로벌화를 긍정적인 효과를 지닌 것으로만 보지는 않는다. 다음 페이지에서는 글로벌화를 긍정적으로 보는 견해와 반대되는 주장들을 서술하고 있다. 글로벌화에 대한 논쟁을 이끄는 양측은 각자의 주장을 지지하는 사회 및 경제적 연구 결과를 추켜세우는 경향이 있다. 그러나 글로벌화에 대한 연구를 출판한 많은 기구들은 발견된 사실의 객관적 고려를 어렵게 만들 수 있는 정치적 의제를 지녔다. 한 집단의 목표는 분석할 자료 선택, 연구 시기, 검토 대상 국가 등에 영향을 미칠 수 있다.

그럼에도 불구하고 우리는 선진국과 개도국 모두에게 중요한 주제를 가지고 글로벌화 논쟁을 펼친다 — 일자리와 임금에 대한 글로벌화의 영향.

글로벌화에 대한 반대

글로벌화를 반대하는 집단은 생활수준을 잠식시키고 삶의 방식을 해친다고 비난한다. 특히 이들은 글로벌화가 선진국의 **일자리를 없애고 임금을 낮추며**, 개도국의 **노동자들을 착취한다**고 말한다. 이들 주장을 하나하나 살펴보자.

선진국의 일자리 소멸 일부 집단은 **글로벌화가 선진국의 제조업 일자리를 없앤다**고 주장한다. 이들은 국제적 기업들에게 있어서 비용에서 임금이 중요한 의미를 갖는 해외 개도국으로 보수가 좋은 제조업 일자리를 이전하는 관행을 비난한다. 이들은 'Made in China'라는 상표를 '여기서 만들지 않음(Not Made Here)'으로 번역할 것을 주장한다. 중국산(또는 다른 저임금 국가) 수입제품이 TV, 스포츠용품 등의 소비자가격을 낮춘다고 비판하지만, 이들은 일자리를 잃는 노동자들에 비하면 아무것도 아니라고 말한다.

이들 주장을 상세히 살펴보자면, 글로벌화 비평가들은 코스트코(www.costco.com), 월마트(www.walmart.com)와 같은 대형할인점들의 활동을 지적한다. 이들 대형할인점의 힘과 글로벌화의 상징은 잘 알려져 있다. 어떤 사람은 집요하게 저비용 제품을 추구함으로써 이들 대형할인점들이 공급업체가 중국이나 다른 저임금 국가로 이전하게 만든다고 말한다.

선진국 임금 저하 반대 집단들은 **글로벌화가 점차 임금을 낮추는 노동자 해체를 야기한다**고 말한다.

이들은 제조업 일자리가 부국에서 상실되면 새로운 일자리(새로운 직장을 찾는다고 가정하자면)의 소득은 예전 일자리보다 낮아진다고 주장한다. 글로벌화를 반대하는 사람들은 이 같은 일이 고용자의 충성도, 고용자의 도덕성, 고용보장을 낮춘다고 말한다. 이들은 이 일로 사람들이 글로벌화를 두려워하고 무역장벽을 추가적으로 낮추는 것을 꺼리게 된다고 말한다.

대형할인점들은 또한 이 토론으로 빈축을 사고 있다. 글로벌화 비평가들은 강력한 할인점들이 저임금 국가 제조업체들이 더 낮은 수익을 수용하도록 지속적으로 강제해서 소비자에게 저렴한 가격을 제공할 수 있다고 말한다. 이와 같은 기업 관행의 결과, 글로벌화 비평가들은 강력한 할인점들이 전 세계 임금과 근무 조건을 하락시킨다고 주장한다.

개도국 노동자 착취 비평가들은 글로벌화와 국제 아웃소싱이 저임금 국가 노동자를 착취한다고 주장한다. 글로벌화에 대한 주목할 만한 비평가로 Naomi Klein은 서구 기업들의 아웃소싱 콜센터 업무를 격렬하게 반대한다. Klein은 이들 업무가 젊은 아시아인들이 자신의 국적을 위장하게 만들고, 중서부 억양을 모방하게 하고, 전 세계의 반인 미국 소비자들이 깨어 있을 때 야근을 하게끔 강요한다고 말한다.[17]

〈그림 1.2〉는 서구 기업들이 본국 업무의 일부를 신흥시장에 아웃소싱할 수 있음을 보여 준다. 이와 같은 경제적 불균등이 존재하는 한, 국제 아웃소싱은 계속해서 인기를 끌 것이다. 미국 프로그래머의 월급은 리투아니아를 포함한 일부 동유럽 국가 프로그래머 월급의 거의 4배에 달한다.

글로벌화 비평가들은 또한 기업이 노동 규제가 엄격하지 않아 최소비용이 가능한 개도국으로 운영설비를 입지한다고 말한다. 이들은 국제적 기업들을 유치하기 위해 국가가 경쟁하면서 이로 인해 모든 국가 노동자들의 협상력과 노동법이 축소된다고 주장한다.

글로벌화를 위해

글로벌화 지지자들은 생활수준을 개선하고 새로운 삶의 방식을 가능하게 만든다고 본다. 이들은 글로벌화가 모든 국가의 부와 효율성을 높이고, 선진국의 노동시장 유연성을 산출하며, 개도국 경제를 개선한다고 주장한다. 이와 같은 주장을 하나하나 살펴보자.

모든 국가의 부와 효율성을 제고 글로벌화 지지자들은 글로벌화가 모든 국가의 부와 효율성을 높인다고 믿는다. 이들은 국제무역 개방이 국가 생산을 증가시키고(효율성을 제고시켜), 1인당 소득을 높인다고(저축을 소비자로 이어지게 해서) 주장한다. 예를 들어 강력한 글로벌 소매업자들은 소매 공급사슬로부터 비효율성을 줄여 인플레이션을 낮추고 생산성을 높이도록 기여한다. 일부

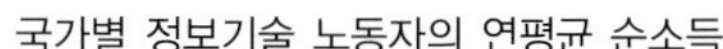

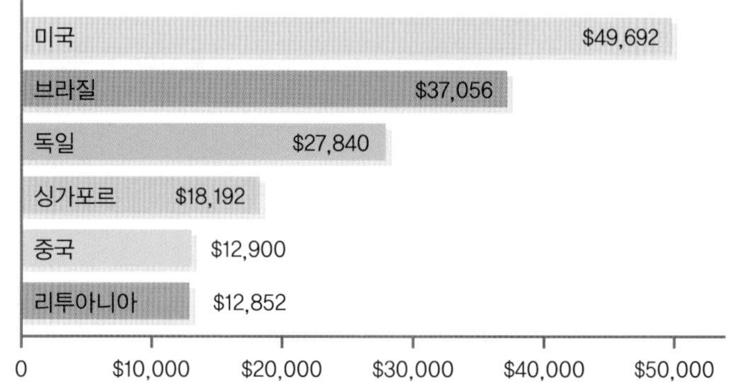

그림 1.2
IT 노동자의 월급 비교

출처 : Based on data obtained from the *International Average Salary Income Database*(www.worldsalaries.org)

경제학자들은 모든 나머지 자유무역장벽들을 제거하면 전 세계 소득이 현저하게 늘어나고 개도국에게 편익을 제공할 것이라고 내다본다.

선진국 노동시장 유연성 산출 글로벌화 지지자들은 글로벌화는 선진국의 노동시장 유연성을 산출하여 긍정적 효과를 낳는다고 믿는다. 일부는 노동자 해체 또는 경제 전반에 걸쳐 일자리 이동이 일어날 때를 지칭하는 '휘젓기(churning)'로부터 편익이 따른다고 주장한다. 유연한 노동시장은 노동자들이 고평가되고 수요가 높아지는 경제부문으로 신속하게 재배치될 수 있게 해 준다. 이는 또한 고용자들, 특히 젊은 노동자들이 부정적 효과가 적은 일자리로 쉽게 전환할 수 있게 해준다. 예를 들어 한 젊은이가 초기 고용주와 함께 경험과 기술을 습득하고 나서 고용자와 고용주 간의 더 나은 조합을 제공하는 다른 일자리로 이동할 수 있다.

개도국 경제발전 글로벌화 옹호자들은 글로벌화와 국제 아웃소싱이 개도국의 경제발전을 돕는다고 주장한다. 인도는 처음에는 저임금에, 교육수준이 높고, 영어를 구사하는 기술자들 때문에 소프트웨어 개발 사업을 위한 입지로서 매력적이었다. 이후에는 의사나 법률가가 되지 않은 젊은 졸업생들이 온갖 종류의 고객 서비스를 제공하는 전화 콜센터에서 밝은 미래를 모색했다. 최근에는 비즈니스 프로세스 아웃소싱 부문(금융, 회계 임금 및 수당 서비스를 포함)에서의 일자리가 인도에서의 생활수준을 높이는 직업이다.

오늘날, 격렬한 글로벌화의 진행으로 콜센터 직무가 필리핀으로 이전하고 있다. 젊은 필리핀인들은 뛰어난 교육을 받고 탄탄한 영어 실력과 미국 문화에 대한 이해, 그리고 중립적 억양을 보유하고 있다. 사실, 위프로(www.wipro.com)와 같은 최고 인도 기업들은 현재 필리핀에서 견고한 경영 활동을 진행 중이며 인도 내 다른 노동자에게 지급하는 것보다 많은 월급을 지급하고 있다. 이 기업의 일자리는 결코 저임금이 아니며 탄탄한 중산층 일자리를 대표한다.[18]

국제노동기구(ILO)(www.ilo.org)는 강성 노조가 있는 국가들이 수출가공지대(EPZs) — 무관세 수입과 수출을 허용하는 특구 — 에 대한 투자 상실을 겪었다는 사실에 대한 증거를 찾지 못했다. 그리고 세계은행은 EPZ가 고용안정과 복지가 좋을수록 더 많은 해외투자를 유치한다는 사실을 발견했다.[19] 이 증거는 경제개방과 해외투자가 개도국 경제를 발전시킨다는 사실을 보여 준다.

일자리와 임금 논쟁 요약

모든 집단이 글로벌화가 한 국가의 일부 일자리를 없앴지만 국가경제 내 다른 부문에서 일자리를 창조한다는 사실에 동의하는 듯하다. 그래도 일부 사람들은 자신의 일자리를 잃고 새로운 고용을 찾지만 다른 사람들은 새로운 직장을 찾기가 매우 어려울 수 있다. 이들 두 논쟁 집단 간의 진정한 차이는 국가경제에 발생하는(그럴 수도 있고 아닐 수도 있는) 전반적 이득이 개인이 겪는(그럴 수도 있고 아닐 수도 있는) 상실감에 준한다는 사실 여부에 대한 것이다. 글로벌화를 지지하는 자들은 개인의 고통이 집단이득에 준한다고 말하고, 글로벌화를 비판하는 자들은 그렇지 않다고 말한다.

퀵 스터디 4

1. 일자리와 임금에 대한 논쟁에서 글로벌화 반대자들의 주장은 무엇인가?
2. 일자리와 임금에 대한 논쟁에서 글로벌화 지지자들의 주장은 무엇인가?

소득불균등 논쟁

아마도 글로벌화를 둘러싸고 맴도는 논쟁 가운데 소득불균등에 대한 글로벌화의 효과에 관한 논쟁보다 더 복잡한 논쟁은 없을 것이다. 이에 우리는 이 논쟁의 세 가지 주요 관점인 국가 내 불균등, 국가 간 불균등, 그리고 글로벌 불균등에 초점을 둔다.

국가 내 불균등

불균등 논쟁의 첫 번째 관점은 글로벌화가 국가 내 사람들 간 소득불균등을 증가시키는지다. 글로벌화를 반대하는 사람들은 자유무역과 투자가 국제적 기업들이 선진국 고임금 공장을 폐쇄하고 저임금 개도국으로 이전하게 만든다고 말한다. 이들은 이것이 부국 내 화이트칼라와 블루칼라 직업 간 임금격차를 증가시킨다고 주장한다.

선진국과 **개도국**에 관한 두 개의 연구가 이 주장과 모순되는 증거를 찾았다. 첫 번째 연구는 약 30년간 38개국에 관한 것으로 불균등 증가에 관한 주장을 지지해 준다. 이 연구는 한 국가가 무역개방을 확대할수록 전체 인구 가운데 빈곤층 40%가 소득 성장이 감소하였고, 다른 소득층의 소득성장이 증가하였음을 발견했다.[20] 두 번째 연구는 40년간 80개국에 관한 것으로 불균등 증가에 관한 주장을 지지하지 못했다. 이 연구는 빈곤층 소득이 경제성장과 더불어 일대일로 증가하고 빈곤층은 국제무역으로부터 편익을 얻는다고 결론 지었다.[21] 이들 두 연구의 혼합된 분석 결과는 선진국과 개도국 간 불균등을 검토하는 다양한 연구에서 나타나는 전형적인 모습이다.

개도국만 연구한 두 개의 연구는 앞선 분석 결과와 잘 부합한다. 한 연구는 1% 국가총생산 대비 무역비율의 증가가 평균 소득 수준을 0.5~2%까지 증가시켰다는 사실을 밝혔다. 다른 연구는 빠르게 무역통합이 이루어지는 경제(그리고 기간)에서는 빈곤층 소득이 평균 소득 성장과 보조를 맞추지만 개방이 감소하는 기간 동안에는 뒤처진다는 사실을 보여 주었다.[22] 이들 두 개의 연구 결과는 글로벌 경제로 통합되면서 개도국(훨씬 이득이 큰 국가)들은 극빈층의 소득을 증가시킬 수 있다고 제안한다.

발전하고 있는 새로운 접근법은 빈곤과 박탈이라는 다층적 견해를 취한다. 이 접근법을 지지하는 사람들은 소득에만 초점을 두는 것은 문제가 있는데 고소득이 복지개선과 영양섭취로 반드시 이어지는 것은 아니라고 말한다. 이 새로운 접근법은 10가지 기본 요소를 검토한다—가족용 주택에 제대로 된 화장실이 있고 전기서비스를 공급받는지, 아이들은 학교를 다니는지, 가족 구성원들이 잘 먹지 못하거나 깨끗한 식수를 얻으려고 30분 이상을 걸어가야 하는지 등. 지표의 30% 이상이 부족한 것으로 나타나면 그 가정은 빈곤층으로 분류된다. 이 새로운 접근법은 빈곤 지역 간 중요한 차이를 보여 준다. 예를 들어 물질에 관한 측정은 사하라 이남 아프리카의 빈곤에 있어서 중요한 요소이고, 영양부족은 남아시아에서 더 큰 비중을 차지하는 요소이다.[23]

국가 간 불균등

불균등 논쟁의 두 번째 관점은 글로벌화가 **부국**과 **빈국** 간 평균 소득 격차를 확대시키고 있는지 여부이다. 고소득 국가의 평균 소득을 중간 소득과 저소득 국가의 평균 소득과 비교하면 격차가 확대되고 있음을 알 수 있다. 그러나 **평균**은 국가 간 차이를 숨긴다.

자세히 들여다보면, 부국과 빈국 간 격차는 모든 곳에서 발생하는 것은 아니다. **어떤 빈국 집단은 부국과의 격차가 좁혀지고 있고, 다른 빈국 집단은 더 뒤처지고 있다.** 예를 들어 중국은 1인당 GDP

이 사진에서 우리는 캄보디아 바탐방 근처 상케르 강 제방 옆에 옆면이 골이 진 철판으로 된 가정용 주택을 볼 수 있다. 캄보디아는 다른 국가보다 글로벌화에 의한 편익이 크지 않은 '전통적' 시장이다. 여기에 사는 가족의 역경과 같은 생활조건은 경제발전에 따른 편익을 더 폭넓게 분배할 것을 요청한다. 기업과 정부가 이처럼 힘든 생활조건을 견뎌내는 사람들의 삶을 개선할 수 있을까?

출처 : ⓒ Guenter Fischer/imageBROKER/Corbis

로 측정할 때 미국과의 소득 격차가 좁아지고 있지만 아프리카와 미국의 격차는 확대되고 있다. 7~9%의 연간 경제성장률이라는 중국의 발전은 의심할 여지 없이 세계 경제와 통합된 결과이다. 또 다른 신흥시장인 인도 역시 글로벌화를 수용함으로써 미국과 소득 격차를 좁히고 있다.[24]

글로벌화를 수용한 개도국은 개인소득이 늘고 있고, 기대수명도 길어지고 있으며 교육시스템도 개선되고 있다. 더욱이 세계무역과 투자를 환영한 탈공산주의 국가들은 높은 1인당 GDP를 경험했다. 그러나 세계 경제와 단절을 결정한 국가들은 상황이 악화되었다.

글로벌 불균등

불균등 논쟁의 세 번째 관점은 늘어나고 있는 **글로벌 불균등**이다 — 전 세계 곳곳에 살고 있는 모든 사람들 사이에 확대되고 있는 소득불균등. 최근 한 연구는 빈곤 감소에 관한 장밋빛 기대를 묘사하고 있다. 이 연구는 하루에 1달러(일반 빈곤 측정치)가 안 되는 돈으로 살아가는 전 세계 인구 비중이 지난 30년 동안 17%에서 7%(이는 대략 2억 명의 빈곤층 수치 감소에 해당함)로 떨어졌다고 밝혔다.[25] 세계은행에 의해 자주 인용되는 한 연구는 하루에 1달러가 안 되는 돈으로 살아가는 세계 인구 비중이 지난 20년 동안 33%에서 18%로, 빈곤층 수치로 보면 15억 명에서 11억 명으로 감소했다고 밝혔다.[26]

다양한 이유에서, 현실은 이들 두 연구 결과 사이에 위치하고 있다. 예를 들어 세계은행 연구는 개도국 인구 수치만 사용한 것과 달리 첫 번째 연구는 모든 조건이 같다면 빈곤 추정치를 낮추는 전 세계 인구를 분석에 사용했다. 중요한 것은 하락폭에 대해서는 비록 합의가 없지만 대부분의 전문가들이 글로벌 불균등은 낮아지고 있다는 데 동의하고 있다는 점이다.

사하라 이남 아프리카, 남아시아, 또는 그 외 지역에서 하루에 1달러가 안 되는 돈으로 살아간다는 것은 우리로서는 이해하기 어려운 일이 아니다. 아프리카 대륙은 가장 시급한 문제 지역이다. 전 세계 인구의 13%에 해당하는 사람들이 사는 아프리카는 전 세계 GDP 가운데 겨우 3%를 차지한다. 전 세계 인구 가운데 그렇게 많은 사람들이 그런 조건으로 살아가는 동안 부국은 한

가롭게 앉아 있을 수 없다고 생각한다.

전 세계 빈곤층을 돕기 위해 무엇을 할 수 있을까? 무엇보다, 부국은 빈국에게 제공하는 해외 원조 규모를 늘릴 수 있다—원조국 GDP 비중으로 본 해외 원조는 역사적으로 낮은 수준을 보이고 있다. 둘째, 부국은 악성채무빈국(HIPCs)의 채무부담을 일부 탕감하는 과정을 가속화할 수 있다. 악성채무빈국 이니셔티브가 전 세계 최빈국의 채무부담을 줄이고자 이행되고 있다. 이 이니셔티브는 이들 국가들이 채무이자지불 대신 사회보장 서비스에 재정을 지출할 수 있게 해 줄 것이며 글로벌 경제와의 통합을 더 확대할 수 있게 해 줄 것이다.[27]

소득불균등 논쟁 요약 **국가 내 불균등**에 대한 논쟁의 경우, 여러 연구 결과에 따르면 개도국은 글로벌화를 수용하고 글로벌 경제에 통합됨으로써 자국 빈곤층의 소득을 올릴 수 있다. **국가 간 불균등** 논쟁의 경우, 세계무역과 투자를 개방한 국가가 부국보다 더 빠르게 성장하는 것으로 나타났다. 반면 글로벌 경제로부터 보호주의를 고집하는 국가는 상황이 더 나빠지는 경향을 보인다. 마지막으로, **글로벌 불균등**에 대한 논쟁에서는 전문가들이 비록 최근 수십 년 동안 불균등이 감소했다는 사실에는 동의하지만 하락폭에 대해서는 합의하지 못하고 있다.

퀵 스터디 5

1. 글로벌화는 개도국이 자국 빈곤층 소득을 올리도록 도울 수 있다고 말하는 증거들은 불균등 논쟁 가운데 어디에 해당하는가?
2. *국가 간 불균등* 논쟁에서 증거에 따르면 무역과 투자를 개방한 개도국들에게 어떤 일이 일어나고 있는가?
3. *글로벌 불균등* 논쟁을 살펴보면, 전문가들이 동의하고 있는 사실은 무엇인가?

문화, 주권, 환경에 대한 논쟁

글로벌화 논쟁은 몇 가지 추가적인 이슈를 검토하지 않으면 완벽할 수 없다. 지금부터 한 국가의 문화, 주권, 물리적 환경에 대한 글로벌화의 효과를 살펴보도록 하자.

글로벌화와 문화

국가문화는 국민의 가치, 태도, 관습, 신념, 의사소통을 형상화하는 강한 틀이다. 글로벌화가 인간집단 간 문화적 차이는 없애고 문화적 독특성을 강화하는지 여부는 뜨거운 논쟁거리이다.

글로벌화 반대자들은 글로벌화가 세계를 단일화하고 문화적 다양성을 파괴한다고 말한다. 이들은 칙칙하고 새로운 세계에서 우리 모두가 같은 브랜드 가게에서 구매한 같은 옷을 입을 것이고, 같은 브랜드 레스토랑에서 같은 음식을 먹을 것이며, 같은 제작사가 만든 같은 영화를 보게 될 것이라고 말한다. 비난은 늘 전형적으로 미국에 기반한 소비재 부문의 대형 다국적기업에게 정면으로 쏟아진다.

지지자들은 글로벌화가 우리 모두 다른 환경과 기량으로부터 편익을 얻게 해 준다고 주장한다. 무역은 각 국가들이 가장 효율적으로 생산할 수 있는 제품과 서비스를 생산하는 데 특화할 수 있게 해 준다. 이에 국가는 무역을 통해 생산하지는 않지만 원하는 제품과 서비스를 서로 획득할 수 있다. 이 방식으로, 프랑스는 여전히 세계에서 가장 좋은 와인을 생산하고, 남아프리카는 전 세계 다이아몬드 중 상당량을 생산하며, 일본은 세계에서 가장 정밀한 자동차를 디자인하

문화 이슈 문화 논쟁

문화에 대한 글로벌화의 영향에 관한 논쟁은 강한 견해를 환기시킨다. 이 논쟁에 관한 몇 가지 주요 주장은 다음과 같다.

- **물질적 욕망** 비평가들은 글로벌화가 물질적 욕망을 자극하는 광고를 통해 국가의 '코카콜라-식민지화'를 촉진한다고 말한다. 그들은 또한 글로벌 소비재 기업들이 현지 기업들을 몰아냄으로써 문화다양성(특히 개도국의)을 파괴한다고 주장한다.
- **예술적 영향** 그러나 증거에 따르면 개도국이 번창하고 있으며 개도국의 음악, 예술, 문학의 영향력이 지난 세기 성장했음을(줄지 않고) 보여 준다. 예를 들어 아프리카 문화는 피카소, 비틀스, 스팅을 포함한 예술가들의 작품에 영향을 미쳤다.
- **서구 가치** 국제경영 활동은 인터넷, 글로벌 미디어, 업무출장 증가, 현지 마케팅 등을 통해 더 멀리, 더 넓게 퍼져가고 있다. 비평가들은 현지 가치와 전통이 '서구' 가치를 촉진하는 미국 기업들에 의해 대체되고 있다고 말한다.
- **선을 위한 세력** 긍정적 측면에서 글로벌화는 두 가지 중요한 가치인 관용과 다양성을 촉진하는 경향이 있다. 지지자들은 반대 관점에 더 관용적이어야 하며 사람들 간 다양성을 환영해야 한다고 말한다. 이 견해는 글로벌화를 세상에서 선을 위한 강한 힘으로 해석한다.
- **심화 가치** 글로벌화는 소비가 구매와 경제적 이념을 수렴하게 만들지만 이는 문화의 피상적 측면일 뿐이다. 문화의 본질을 구현하는 심화 가치는 글로벌 소비자 문화에 더 저항적이다.
- **더 알고 싶다면?** Global Policy Forum(www.globalpolicy.org), Globalization 101(www.globalization101.org), 또는 The Globalist(www.theglobalist.com)의 웹사이트를 방문하라.

출처 : "Economic Globalizationa and Culture; A Discussion with Dr. Francis Fukuyama," Merrill Lynch Forum website (www.ml.com); "Globalization Issues," The Globalization website (www.sociology.emory.edu/globalization/index.html); Cultural Diversity in the Era of Globalization," UNESCO Culture Sector website (www.unesco.org/culture).

고 있다. 이에 다른 국가들은 이들 국가와 제품 및 서비스 무역을 함으로써 자신들이 생산하지 않는, 혹은 생산할 수 없는 와인, 다이아몬드, 자동차를 향유한다. 문화와 글로벌화 간 상호작용에 대해 더 학습하려면 글상자 '문화 이슈 : 문화 논쟁'을 참조하라.

글로벌화와 국가주권

국가주권은 일반적으로 국민국가는 (1) 자주적이고, (2) 자유롭게 정부를 선택할 수 있으며, (3) 타국의 문제에 간섭할 수 없고, (4) 국경 간 이동을 통제할 수 있으며, (5) 구속력 있는 국제협정에 가입할 수 있다는 생각과 관련된다. 반대자들은 글로벌화가 국가주권을 침식하고 지방 및 중앙정부의 권한을 침해한다고 주장한다. 지지자들은 글로벌화가 전 세계에 민주주의를 확산시키고 국가주권은 장기적 관점에서 봐야 한다고 말함으로써 이에 동의하지 않는다.

글로벌화 : 민주주의를 위협한다? 글로벌화를 반대하는 주요 주장은 국가 정부를 대신해서 초국가적 기구에 권한을 위임한다는 점이다. WTO, IMF, UN 등이 선출된 것이 아니라 임명된 대표에 의해 운영된다는 사실에는 논쟁이 없다. 그러나 논쟁이 되는 것은 이들 기구가 주권국가의 시민들에게 지나치게 자신들의 의지를 부과하는지 여부에 대한 사실이다. 비평가들은 이런 기구들이 국가, 지역, 지방정부의 정치 및 법적 권한을 침해함으로써 민주주의와 개인의 자유를 약화시킨다고 주장한다.

글로벌화에 반대하는 사람들은 또한 시민을 대신하여 구속력 있는 국제협정에 관여하는 국가 정치기구의 권한에 대해 이의를 제기한다. 예를 들어 미국의 국가 및 지방정부는 NAFTA를 창립하는 데 역할을 하지 않았다. 그래도 WTO 규칙은 미국 연방정부가 지방 및 주정부가 WTO 조항을 준수하도록 강제하는 모든 가능한 행동(선제적 입법을 제정하거나 자금지원을 끊는 것을 포함)을 취할 것을 요구한다. 시위자들은 이런 요구사항들이 지방 및 주정부의 권리와 권한을 직접적으로 공격한다고 말한다.[28]

글로벌화 : 민주주의의 수호자? 글로벌화 지지자들은 글로벌화의 놀라운 결과들이 전 세계에 민주주의를 확산시키고 있다고 주장한다. 최근 수십 년 동안 많은 국가의 사람들이 더 좋은 교육을 받고, 더 나은 정보력과 더 많은 권한위임을 받았다. 지지자들은 글로벌화가 민주주의를 쇠퇴의 소용돌이로 몰아간 것이 아니라 오히려 전 세계에 민주주의를 확산시키는 데 중요한 역할을 했다고 말한다.

글로벌화의 후원자들은 또한 국가주권 이슈에 대한 장기적 관점을 취하는 것이 유익하다고 주장한다. 정부가 해결하지 못하는 이슈를 관리하는 노력을 오랫동안 포기해 왔기 때문에 주권국가의 권한 범위의 변화를 목격한다는 것은 새로운 일이 아니다. 1600년대 중반, 유럽 정부는 종교를 통제하려는 시도가 전반적인 정치적 안정을 침해하기 때문에 종교에 대한 권한을 포기했다. 또한 1832년 그리스, 1913년 알바니아, 1990년대 옛 유고슬라비아가 국제적 인정을 대가로 소수민족을 보호해야 했다. 그리고 지난 50년 넘게 UN은 대학살, 고문, 노예, 난민, 여권, 아동권리, 강제노동, 인종차별 등과 같은 가치 있는 이슈에 있어서 현저한 발전을 이루어냈다. 이들 이슈에 대한 주권 상실처럼 글로벌화 지지자들은 일부 경제적 이슈에 대한 주권 상실은 사실상 더 큰 이익을 향상시킨다고 말한다.[29]

글로벌화와 환경

일부 환경단체는 글로벌화가 환경 조건과 규정에 있어서 '밑바닥 경주'를 야기한다고 말한다. 그래도 연구에 따르면 오염집약적인 미국 기업들이 환경표준이 더 엄격한 국가에 투자하는 경향이 있다. 아르헨티나, 브라질, 말레이시아, 태국 등을 포함한 많은 개도국들이 해외투자 환경을 자유화하면서도 동시에 더 엄격한 환경 규정을 제정하고 있다. 대규모 글로벌 기업들이 취약한 환경보호법을 가진 국가로 이전하려 한다면, 그들은 수십 년 동안 이들 국가에 투자하지는 않을 것이다. 폐쇄적이고 보호주의적인 국가가 환경을 보호하면서 개방주의를 지향하는 국가보다 빈곤해진다는 사실에 대한 추가적인 증거로 NAFTA 이전의 멕시코, 군사통치 하의 브라질, 옛 공산주의 국가 바르샤바 조약 등이 포함된다—이들 모두 매우 좋지 못한 환경 기록을 갖고 있다.

경영자의 서류가방 글로벌 성공을 위한 핵심

99센트 햄버거(맥도날드)에서 1억 5천만 달러 점보 비행기(보잉)에 이르기까지 모든 것을 만드는 글로벌 기업의 경영자들은 익숙하지 않은 시장에서 경쟁할 때 장벽을 극복해야만 한다. 글로벌 경영자들은 경영 접근법상의 공통된 맥락을 인지하고 다음과 같은 충고를 제안한다.

- **효과적으로 의사소통하라** 비즈니스 관계와 매너에서 나타나는 문화적 차이는 글로벌 비즈니스의 중심이며 교차문화적 역량이 필요하다. 효과적인 글로벌 경영자는 유연성, 존경, 공감 등을 발휘하지만 독특성과 모호성도 환영한다.
- **고객을 알아야 한다** 성공적인 경영자는 기업의 색다른 제품이 국제적 고객들의 니즈를 충족시키는 방법을 이해한다. 그래서 그들은 이들 니즈를 충족시키는 제품을 고객맞춤형으로 제작하기에 충분한 유연성과 능력을 기업이 유지해야 한다고 확신한다.
- **글로벌 인식을 강조하라** 좋은 글로벌 경영자는 해외시장을 애초부터 비즈니스 전략에 통합시킨다. 이들은 제품과 서비스는 글로벌 시장에 맞게 디자인되어야 하고 글로벌 시장은 내수시장의 철 지난 제품을 위한 덤핑장소로 이용되어서는 안 된다고 확신한다.
- **효과적으로 판매하라** 세계는 알고 있어야 당신의 '더 나은 쥐덫'을 사려고 당신의 집을 문턱이 닳도록 드나들 것이다. 잘못된 마케팅은 훌륭한 제품을 사라지게 만들 수 있고 국제적 마케팅 실수는 원치 않는 언론의 집중보도를 받을 수 있다. 글로벌 최고경영자는 질 좋은 제품을 훌륭한 마케팅과 접목시킨다.
- **글로벌 시장을 모니터링하라** 성공적인 경영자는 변화하는 정치적, 법적, 사회경제적 조건을 찾기 위해 비즈니스 환경을 빈틈없이 지켜본다. 이들은 정확한 정보 획득을 최우선 과제로 삼는다.

즉 경제적 개방과 글로벌화는 환경표준을 저하시킨다는 주장을 반박하는 증거들이다.

글로벌화 지지자들은 서구 기업들이 느슨한 환경법을 활용하여 해외에서 제품을 생산하고 본국으로 역수출한다고 주장한다. 이 주장은 사실적 근거가 없고 기업에 대한 잘못된 이미지를 영속시킨다. 사실 미국 기업의 5% 이하의 기업들이 저비용 자원을 획득하기 위해 개도국에 투자를 하고 완제품을 다시 미국으로 역수출한다.

대부분의 글로벌 기업들은 오늘날 (다른 이유를 제외하고) 제품과 서비스를 위한 미래 시장을 확대하고자 하기 때문에 타당한 환경법을 지지한다. 기업들은 건강한 미래 시장은 비즈니스 확대를 위한 지속가능한 접근법을 요구한다는 사실을 인지하고 있다. 오늘날 기업은 흔히 생산기반뿐만 아니라 미래시장으로서 잠재력 차원에서 입지를 검토한다. 경영자들이 오늘날 국제시장을 존중함으로써 어떻게 성공하였는지 이에 대한 추가적인 통찰력을 살펴보려면 앞 페이지의 글상자 '경영자의 서류가방 : 글로벌 성공을 위한 핵심'을 참조하라.

퀵 스터디 6

1. 글로벌화를 반대하는 사람은 글로벌화가 국가문화에 대해 어떤 일을 야기한다고 말하는가?
2. 국가주권을 고려하자면 글로벌화 반대자들은 무슨 일이 일어났다고 말하는가?
3. 물리적 환경을 고려하자면 글로벌화 지지자들은 무엇이라고 주장하는가?

글로벌 경영 환경

우리가 이미 이 장에서 보았듯이 국제경영은 순수한 국내 맥락에서의 경영과 크게 다르다. 가장 분명한 대조는 서로 다른 국가들이 완전히 다른 사회와 상업 환경을 보유할 수 있다는 사실이다. 무엇이 국제경영을 특별하게 만드는지 설명하는 가장 좋은 방법은 이 책에 독특한 모델을 도입하는 것이다—우리가 **글로벌 경영 환경**이라고 부르는 모델이 그것이다. 이 모델은 네 가지 특별한 요소를 엮어 준다.

1. 글로벌화의 힘
2. 국제경영 환경
3. 많은 국가 경영 환경
4. 국제 기업 경영

〈그림 1.3〉의 모델은 **글로벌 경영 환경**을 구성하는 각 요소와 하위부문을 보여 준다. 국제경영이 이러한 글로벌 체제 내에서 일어난다고 생각하면 국제경영 및 특정 요소들 간 상호관계의 복잡성을 이해하는 데 도움을 준다. 글로벌 경영 환경의 네 가지 주요 구성요소를 각각 살펴보자.

글로벌화는 무수한 방식으로 우리 사회와 상업 활동을 변환하는 강력한 힘이다. 글로벌화와 이를 창조하는 압력은 〈그림 1.3〉에서 보여 주는 각 요소들에 침투한다. 그 과정에서 글로벌화의 동력(기술혁신, 낮아지는 무역과 투자 장벽)은 글로벌 경영 환경의 모든 면에 영향을 미친다. 경영자들이 전 세계를 기회로 보기 시작하면서 글로벌화의 동태적 본성은 어디서나 모든 기업들에게 경쟁 증가를 창조한다. 본국과 해외에서 기업은 글로벌화가 유발한 근본적인 사회 및 상업 변화에 대해 바짝 경계해야 한다.

국제경영 환경은 기업이 절묘한 방식과 그렇지 않은 방식으로 사업하는 방법에 영향을 미친다.

구멍 뚫린 국경을 향한 장기적 추세로부터 알 수 있듯이 국제경영 환경에서 사건으로부터 완전히 독립적인 비즈니스는 없다. 글로벌화의 동력은 무역, 투자, 자본의 흐름을 성장시키고 더욱 뒤엉키게 만든다—이는 흔히 기업들로 하여금 생산기반과 신시장을 동시에 탐색하게 만든다. 오늘날 기업은 기업활동에 영향을 줄 수 있기 때문에 국제경영 환경의 동맥에서 손을 떼지 말아야 한다.

각 국내 경영 환경은 국경 내 경영 활동을 정의하는 독특한 문화적, 정치적, 경제적, 법적 특성으로 구성되어 있다. 이러한 국가 특성군은 국가마다 대단히 상이할 수 있다. 그러나 국가가 개방하고 글로벌화를 포용하면서 경영 환경이 변화하고 있다. 글로벌화는 한 사회의 다양한 요소를 통해 제기되는 강력한 시너지와 막대한 긴장을 야기할 수 있다. 기업 경영자는 제품과 관행을 요구에 맞추면서 그런 뉘앙스에 귀를 기울여야 한다.

국제 기업 경영은 순수 국내 경영과 매우 상이하다. 기업은 그들이 영업하고자 선택한 모든 시장에서 규칙을 준수해야 한다. 그러므로 국제경영의 맥락은 국내 경영 환경의 속성에 의해 정의된다. 널리 확산된 생산 및 마케팅 활동 때문에 오늘날 기업은 국제경영 환경 내 원거리에 사는 사람들과 상호작용한다. 결국 경영자와 해당 기업은 글로벌화의 통합력 때문에 자신들이 활동하는 국가에 대해 잘 알아야만 한다. 비즈니스는 글로벌화, 국가 경영 환경, 국제경영 환경을 밀착 모니터링함으로써 자신들의 활동에 영향을 줄 수 있는 사건과 세력을 예측하고자 노력해야 한다.

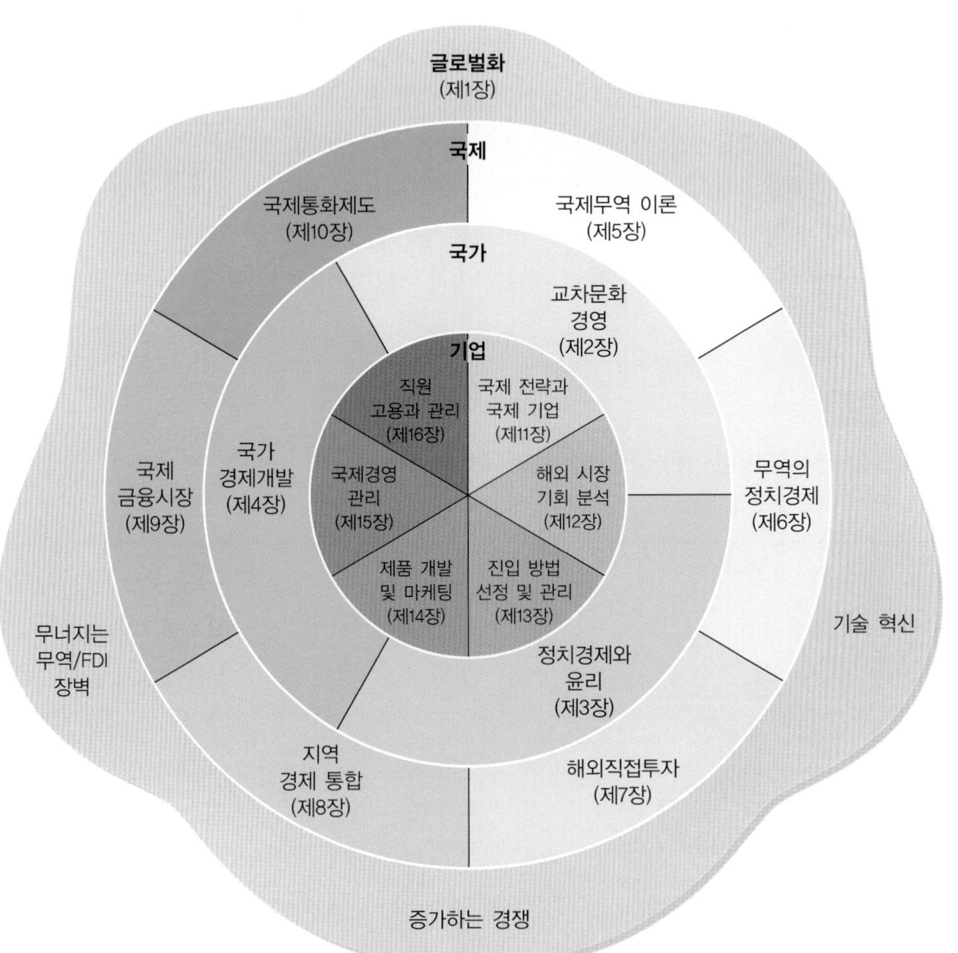

그림 1.3
글로벌 경영 환경

국제경영을 향한 길

이 책에서 국제경영에 대한 논의는 〈그림 1.3〉에 묘사된 글로벌 경영 환경 모델을 따른다. 이 장에서 우리는 **글로벌화**가 세계를 변화시키는 모습과 글로벌 경영 환경의 구성요소가 서로 엮이는 모습을 학습했다. 글로벌화가 국가 맥락으로 깊이 침투하면서 국제경영은 모든 면에서 영향을 받고 있다.

제2부(제2장에서 제4장)에서 우리는 **국가 경영 환경**이 국가 간에 얼마나 다른지를 고찰한다. 우리는 사람들의 태도, 가치, 신념, 제도가 서로 어떻게 다른지, 그리고 이것이 비즈니스에 어떻게 영향을 미치는지를 고찰한다. 제2부는 또한 국가 간 정치, 경제, 법률제도가 어떻게 다른지를 다룬다. 이 문제는 교과서 내용 초기에 다루게 되는데 이는 이러한 국가 간 차이가 기업이 비즈니스 관행과 전략을 해외에서 수정해야 하는 방식과 같은 이어지는 주제와 토론을 구조화하는 데 도움이 되기 때문이다.

제3부(제5장에서 제8장)와 제4부(제9장과 제10장)에서는 **국제경영 환경**의 주요 구성요소를 서술했다. 내용은 무역과 투자 이론 그리고 왜 정부가 이들 두 가지 국제 비즈니스 유형을 권하거나 권하지 않는지에 관한 토론을 검토하는 것으로 시작하였다. 전 세계 지역경제통합 과정을 검토하고 국제 비즈니스를 위한 시사점을 요약한다. 마지막으로 글로벌 금융시장 내 사건들이 국제 비즈니스에 어떻게 영향을 미치는지, 글로벌 통화체제가 어떻게 작동하는지에 대해 토론한다.

제5부(제11장에서 제16장)에서는 **국제경영**이 순수 국내 기업 경영과 다른 면을 다룬다. 기업이 국제전략을 어떻게 수립하고 국제 비즈니스를 위해 어떻게 조직을 이루고, 추구하는 시장을 어떻게 분석하고 선택하는지를 설명한다. 상이한 잠재적인 진입모드를 탐색하고 기업이 특별한 국가, 지역, 또는 전 세계를 위한 제품을 개발하고 마케팅하는 방법을 탐색한다. 이어서 글로벌 기업이 때로는 광대한 국제 영업을 어떻게 경영하는지를 다룬다. 이 책은 글로벌 기업들이 글로벌 비즈니스 환경 내 인적자원을 어떻게 관리하는지를 토론하는 것으로 마친다.

이 장은 당신에게 국제경영 연구를 소개할 뿐이다—당신이 나머지를 탐색하며 즐기기를 바란다!

퀵 스터디 7

1. 국제경영을 이해하는 데 도움을 주는 네 가지 요소는 어디서 발생하는가?
2. 국제 기업 경영은 순수 국내 경영과 어떻게 다른가?

경영을 위한 요점

이 장의 주요 주제는 세계 국가경제가 점차 글로벌화 과정을 통해 엮인다는 사실이다. 한 국가의 문화적, 정치적, 경제적, 법적 사건들이 점차 다른 국가에 사는 사람들의 삶에 영향을 미친다. 기업은 자신들이 경영활동을 펼치는 국가 내 변화가 사업에 미치는 영향에 주목해야 한다. 이 절에서 우리는 글로벌화의 주요 비즈니스 시사점을 간략하게 검토한다.

글로벌화의 편익 활용

글로벌화를 반대하는 자들은 임금과 환경보호에 부정적 영향을 미치며, 정치적 자유를 하락시키고, 부패를 증가시키며, 다양한 집단에 대한 불공평한 보상이 이루어진다고 말한다. 그래도 대부분의 글로벌화된 국가들은 공정성 면에서 높은 수준을 보이며, 가장 건전한 천연자원 보호, 가장 포괄적인 정치체제, 가장 낮은 부패 수준을 보인다는 증거가 있다. 가장 글로벌화된 국가에 사는 사람들은 또한 가장 건강하고 오랜 삶을 살며, 여성들은 가장 사회적, 교육적, 경제적 진보를 달성하고 있다.

글로벌화가 성취한 것에 관한 논쟁 중 하나는 글로벌화의 장단점에 대한 논의다. 떠오르는 논쟁점은 글로벌화의 냉철하고 덜 순진한 개념이다. 논쟁의 각 측은 글로벌화가 사람들의 삶에 긍정적 영향을 미칠 수 있다고 이해하지만 글로벌화는 그 자체만으로 세계 빈곤층의 고통을 완화하지는 못한다고 이해한다. 논쟁의 양측은 비용을 최소화하면서 글로벌화의 편익을 활용하고자 협력한다.

강화되는 경쟁

글로벌화의 두 가지 주도 세력(낮은 무역과 투자 장벽, 증가하는 기술혁신)은 이전에는 고립된 시장으로 기업을 유도하고 전 세계적으로 점차 경쟁적인 압력으로 인도한다. 그리고 혁신은 속도가 늦추어질 기색이 없다.

연산력 비용이 지속적으로 하락하고 신기술이 개발되면서, 기업은 광범위하게 확산된 마케팅 활동과 생산 설비를 더 손쉽게 관리하고 비용을 낮추는 방법을 찾을 것이다. 기술개발은 더 전문적인 일자리와 저비용 입지에 아웃소싱하는 사례를 강화할지도 모른다. 경쟁이 격렬해지면서 글로벌 기업은 공급업체와 고객과의 협력을 증가시키고 있다.

임금과 일자리

부국의 일부 노동집단은 글로벌화가 기업으로 하여금 임금과 편익 차원에서 '밑바닥 경쟁'에 합류하게끔 만든다고 주장한다. 그러나 투자를 유치하기 위해 입지는 적정 수준의 사회적, 정치적, 경제적 안정을 지닌 환경 속에 저비용, 적정 숙련노동자를 제공해야 한다.

빠른 시장과 생산의 글로벌화는 제품 납품을 복잡한 엔지니어링 과제로 만들고 있다. 기업이 아웃소싱 활동으로 비용을 절감하면서 공급 및 유통채널이 더 길어지고 더 복잡해졌다. 기업 로지스틱스 부서와 글로벌 기업을 돕는 로지스틱스 전문 기업은 긴 공급사슬을 풀고, 항로를 모니터링하고, 날씨를 예측한다. 고임금 로지스틱스 직무는 글로벌화가 야기한 노동시장을 '휘저어 놓은' 고부가가치 고용을 대표한다.

정책 의제

글로벌화의 부정적 효과를 완화하기 위해 선진국과 개도국에 의해 무수한 활동이 취해졌다. 세계은행은 부국들에게 (1) 개도국으로부터의 수출에 대한 시장을 개방하고, (2) 빈국의 수출에 피해를 입힌 농업보조금을 감축하고, (3) 개발원조(특히 교육과 보건 부문에서)를 확대할 것을 요청한다. 세계은행은 빈국에게는 변화하는 경제 환경 속에 투자 분위기를 개선하고 빈민층을 위한 사회보장을 개선할 것을 요구한다.

Peterson Institute for International Economics(www.iie.com)는 부국을 위한 두 가지 전면 정책 의제를 제안한 바 있다. 국내 수준에서는 (1) 노동자들이 글로벌화에 대응할 수 있도록 돕기 위한 직무훈련을 수립하고, (2) 글로벌화에 의해 저임금 일자리를 택하도록 강요받는 노동자들을 위해 '임금보험'을 제공하고, (3) 실업자의 경우 건강보험비용을 보조하고, (4) 교육과 평생학습을 개선하도록 제안한다. 국제 수준에서는 (1) 노동기준을 더 강화하고, (2) 국제무역과 환경협정 간 관계를 분명히 하고, (3) 무역협정에 따른 환경에 관한 시사점을 재검토할 것을 제안한다.

이 장의 요약

LO1. 국제경영 활동을 하는 기업의 유형을 확인하라.

- 대부분의 국제경영은 경제적 규모가 크고 흔히 수십억 달러에 달하는 가치를 다루는 대형 다국적기업(MNC)에 의해 수행된다.
- 본-글로벌 기업들은 글로벌 관점을 채택하고 국제경영을 거의 창업 초기부터 수행한다. 이들은 혁신적 문화, 지식기반 능력을 보유하고 있으며 3년 안에 글로벌 경쟁자가 되는 경향이 있다.
- 선도적 기업가와 소기업은 높은 광고 및 유통비용이라는 난관을 극복하도록 돕는 인터넷과 다른 기술로부터 편익을 얻는다.

LO2. 글로벌화가 시장과 생산에 어떻게 영향을 미치는지 설명하라.

- 글로벌화는 국가기구와 경제 간 경제적, 문화적, 정치적, 기술적 상호의존도가 높아지는

경향이다.

- 시장의 글로벌화는 기업이 (1) 마케팅 활동을 표준화함으로써 비용을 줄이고, (2) 내수시장이 작거나 포화상태가 되면 국제시장을 탐색하고, (3) 수익흐름을 조정하는 일을 돕는다.
- 생산의 글로벌화는 기업이 (1) 저비용 노동을 획득하고 가격 경쟁력을 갖추도록, (2) 기술 노하우를 획득할 수 있게, (3) 본국에는 없는 값비싼 천연자원을 획득할 수 있게 도와준다.

LO3. 글로벌화를 유도하는 요소들을 상세히 기술하라.

- 글로벌화를 주도하는 주요 세력 중 하나는 **무역과 투자 장벽 붕괴**이다.
- 장벽 철거를 돕는 세력에는 WTO, 세계은행, IMF, **지역무역공동체**가 포함된다.
- 또 다른 세력으로는 **기술혁신**이 있다. 특별한 혁신은 이메일, 화상회의, 기업 인트라넷과 익스트라넷, RFID 및 GPS와 같은 운송기술 진보 등이 포함된다.

LO4. 일자리와 임금에 대한 글로벌화의 영향력에 대한 논쟁을 요약하라.

- 글로벌화 반대자는 (1) 선진국 일자리를 붕괴시켜 개도국으로 이전시키고, (2) 선진국의 임금, 일자리 안정, 조직원 도덕성과 충성도를 낮추며, (3) 아웃소싱 서비스 일자리 부문에서 개도국 노동자들을 착취하고, (4) 노동자들의 협상력을 감소시킨다고 말한다.
- 글로벌화 지지자는 (1) 소비가 소득을 제고하는 효율성과 생산성 향상을 자극하며, (2) 필요한 곳에 노동자를 신속하게 이전시키는 노동시장의 유연성을 자극하고, (3) 몹시 필요한 일자리를 개도국으로 아웃소싱하여 생활수준을 상승시키며, (4) 노동자의 권리를 사실상 강화한다고 말한다.

LO5. 소득불균등에 대한 논쟁을 요약하라.

- **국가 내 불균등**을 고려하자면 개도국은 글로벌 경제로 통합됨으로써 빈곤층들을 위한 소득을 상승시킬 수 있다는 증거가 있다.
- **국가 간 불균등**에 대한 논쟁에서 연구에 따르면 보호주의 경제는 상황이 더 나빠지는 것과 달리 세계무역과 투자를 포용한 국가는 부국보다 더 빠르게 성장할 수 있다.
- **글로벌 불균등**의 경우, 불균등이 최근 수십 년 동안 하락폭이 상이하기는 해도 하락하였다는 사실에 동의하는 경향을 보인다.

LO6. 문화, 주권, 환경에 대한 논쟁을 요약하라.

- 비평가들이 말하기를 증거에 따르면 글로벌화 시대에 개도국의 **문화**가 번창하고 있으며 뿌리 깊은 문화 요소들은 쉽게 포기되지 않는다.
- **국가주권** 관점에서 글로벌화는 민주주의를 침해하지 않으며 전 세계로 확산되도록 돕고 많은 글로벌 이슈들이 진전되도록 지원한다.
- **환경** 관점에서 글로벌화는 '밑바닥 경쟁'을 야기하지 않으며 오히려 건강한 미래 시장을 조성하는 선제조건으로서 기업들이 지속가능성을 포용하도록 권고한다.

LO7. 글로벌 경영 환경과 그 주요 구성요소를 서술하라.

- 〈그림 1.3〉에 나온 모델은 **글로벌화**가 국제 비즈니스 활동의 모든 국면에 영향을 준다고 묘사하고 있다.
- 글로벌화는 무역, 투자, 자본의 흐름을 더 복잡하게 만들고, **국제경영 환경**은 기업이 운영되는 방식에 영향을 미친다.

- 서로 다른 국가 경영 환경은 각 국가 내 경영 활동을 정의하는 독특한 문화적, 정치적, 경제적, 법적 속성을 구성한다.
- 국제경영은 거의 모든 면에서 순수 국내 기업 경영과 다르다.

핵심 용어

국가총생산(GNP)
국내총생산(GDP)
국제경영
국제통화기금(IMF)
글로벌화
다국적기업(MNC)
본-글로벌 기업
세계무역기구(WTO)
세계은행
수입품
수출품
지속가능성
1인당 GDP 또는 1인당 GNP
e-비즈니스(e-커머스)
GATT

얘기해 보자 1

오늘날 국제사업가는 생산과 판매 기회에 대해 글로벌하게 생각해야 한다. 많은 글로벌 경영자들은 다른 문화 속에서 살며 일하고 있는 자신을 발견하게 될 것이다. 그리고 선도적 기업가는 들어보지도 못한 곳으로 비행기를 타고 날아가기도 한다.

1-1. 기업이 국제시장을 위한 경영자를 준비하기 위해 무엇을 할 수 있는가?

1-2. 선도적 기업가와 한계적 자원을 지닌 소기업은 어떻게 준비할 수 있는가?

얘기해 보자 2

과거에는 국가 정부가 국제무역과 투자에 대한 장벽을 낮추는 협정을 통해 글로벌화의 속도에 영향을 미쳤다.

1-3. 현재 빠른 변화는 글로벌 경제를 관리하는 정부의 능력을 추월하고 있는가?

1-4. 향후 국제경영에 있어서 정부의 중요성이 커질 것인가?

윤리적 도전

당신은 해외 의복 제조업체와 작업을 계약한 미국 의류회사 CEO이다. 계약업체의 고용자가 20시간 근무와 최저임금 이하의 임금지불, 과잉수용된 생활조건, 물리적으로 폭력적인 감독관과 여권을 몰수당해 그만둘 수 없는 상황을 보고한다. 현지 공무원들은 노동법이 엄격하게 집행됨에도 불구하고 남용이 만연하고 있다고 말한다. 당신은 법을 위반한 해외 공장에 조사관을 파견하지만 조사관들은 노동법 위반을 밝혀내지 못한다. 노동시민단체는 감독관이 조사관에게 노동조건에 대해 거짓말하라고 노동자에게 지시했고, 만약 이야기한다면 먹을 것도 안 주고 임시 감옥에 기한부로 가두겠다고 위협했다고 주장한다.

1-5. 당신은 무슨 일이 있는지 진실을 알기 위해 모니터링 체제를 이행해야 하는가?

1-6. 당신은 노동조건을 개선하도록 공장을 도울 것인가, 해당 국가로부터 사업을 철수할 것인가, 아니면 그냥 아무것도 안 할 것인가?

1-7. 당신의 행동은 공장 소유주와의 관계에 어떻게 영향을 미치겠는가? 그리고 해당 국가에서 사업을 하는 당신의 능력에는 어떻게 영향을 미치겠는가?

팀 협력 활동

당신과 학우들은 값싼 선글라스를 생산하는 회사를 소유하고 있다고 가정해 보자. 생산비용을 낮추기 위해 당신은 공장을 선진국에서 좀 더 비용효과적인 지역으로 이전하기로 결정한다.

1-8. 국가 경영 환경 중 어떤 요소가 생산입지를 이전하려는 당신의 결정에 영향을 미치는가?

1-9. 생산과 마케팅 글로벌화의 측면 가운데 어떤 측면에서 이전 이후 당신의 회사에 편익을 줄 것이라고 기대하는가?

시장진입전략 프로젝트(MESP)

몇몇 급우들과 함께 당신이 흥미를 갖는 국가를 하나 선정하라. MESP 보고서를 작성하기 위해 당신의 팀이 조사한 국가에 대해 다음 질문에 답하라.

1-10. 그 국가는 대형 다국적기업의 본국기반인가?

1-11. 글로벌화는 그 국가의 일자리와 임금, 소득불균등, 문화, 주권, 물리적 환경에 대해 어떤 영향을 미치는가?

1-12. 글로벌화 수준 차원에서 그 국가는 순위가 어떻게 되는가?

1-13. 그 국가는 신시장 또는 생산기반을 찾는 기업에게 어떤 편익을 제공할 수 있는가?

스스로 연구하기

1-14. 국제화를 추진할 때 기업은 오늘날 운영을 위한 잠재적인 입지뿐만 아니라 잠재적인 시장으로서 새로운 입지를 찾는다. 기업은 시장과 생산의 글로벌화로부터 어떤 특별한 편익을 얻을 수 있는가? 설명하라.

1-15. 글로벌화 반대자들은 일자리와 임금, 소득불균등, 문화, 주권, 환경 등에 있어서 많은 부정적 결과가 초래된다고 말한다. 이들 각 주제에 있어서 글로벌화는 어떤 긍정적 결과를 가져다주는가?

국제경영 실전 사례 MTV 글로벌화 추진

버글스의 노래가, "비디오가 라디오 스타를 죽일까?"라고 묻는 것처럼, 아마도 전 세계 10대들을 MTV 네트워크(www.mtv.com) 보다 음악 TV를 시청하게 만든 기업은 없다. "글로벌하게 생각하고, 로컬하게 행동하라"는 격언을 적용하자면, 기업은 음악, 뉴스, 엔터테인먼트의 혼합을 162개국 이상의 34개 언어로 6억 4천만 가정에 서비스한다. 스타일과 포맷이 대개 미국 청소년 문화에 의해 주도됨에도 불구하고, 내용은 현지 시장에 적합하게 디자인되어 있다. MTV는 청중과 함께 결코 나이 들지 않으며 18~24세 사이의 젊은이들을 실망시키지 않는다.

1981년 처음 출범한 MTV는 6년 만에 미국 6,100만 명의 청중을 지휘했다. 그러나 느린 수요에 대응하기 위해 회사는 MTV Europe(www.mtv.tv)과 MTV Australia(www.mtv.com.au)를 출범해 음악의 글로벌 혁명을 이루었다. 유럽에서의 경험을 통해 MTV는 프로그램을 혼합하여 '로컬 다양성을 지닌 글로벌 국가 브랜드'가 되고자 개선했다. 처음에는 모든 유럽 국가에 동일한 제품을 마케팅하는 범유럽적 접근법을 취했다. MTV는 영국과 미국 음악(둘 다 유럽 전역에서 최고 순위를 차지했다)을 기초로 방송했고, 영어를 말하는 유럽 '비디오자키'를 활용했다. 유럽 네트워크는 엄청난 벼락치기 성공이었다.

그러나 7년 후 MTV는 성공의 피해자가 되었다. 갑자기 특정 국가의 언어, 문화, 현 사건에 상응하는 내용을 디자인하는 새로운 신흥 경쟁자 집단과 경쟁해야 했다. 성공적인 경쟁자 중 하나는 독일의 VIVA(www.viva.tv)였는데 이들은 1993년 출범했고 MTV Europe보다 많은 독일 비디오자키와 독일 예술가들을 피처링했다. MTV 네트워크 경영자들은 MTV가 여전히 가장 인기가 많았기 때문에 크게 신경 쓰지 않았다. 그러나 그들은 새로운 국가 네트워크에게 경쟁력(그리고 일부 고객들)을 잃고 있음을 깨달았다. 그래서 기업의 최고경영자들은 기업의 전략을 재평가해야 했다.

MTV 이사들은 우선 MTV를 국가 기지로 나누는 아이디어를 거부했다. 왜냐하면 그들은 글로벌 브랜드 정체성을 형성하는 데 거의 20년을 소비했기 때문이었다. 그러나 회사는 점차 국가 전략에 따라 앞으로 나아가야 한다고 결정했다. 왜냐하면 신기술이 MTV로 하여금 글로벌하게 생각하고 최소 비용으로 지역중심적으로 행동할 수 있게 만들었기 때문이다. 돌파구는 디지털 압축 기술이었다. 이 기술은 단일 인공위성 피드로 다중 서비스를 제공할 수 있게 해 주기 때문이었다. 회사가 3~4개 서비스를 제공할 때 신기술은 6~8개를 방송할 수 있다는 의미이다.

오늘날 전 세계 10대들은 MTV 케이크를 가질 수 있고 먹을 수도 있다. 독일 10대들은 MTV Germany(www.mtv.de)가 보여 주는 독일에서 만든 독일어 프로그램을 본다—미국, 영국, 국제 음악, 코미디의 후한 도움과 더불어. MTV 채널을 공유하는 유럽 국가들은 문화적 유사성을 공유하는 국가들이다—Nordic nations(www.mtve.com)과 같은. 이처럼 많은 라틴아메리카 국가들이 MTV Latin America(www.mtvla.com)를 시청하는 반면, 브라질 10대들은 브라질에서 만들고 MTV Brazil(www.mtv.uol.com.br)에서 보여 주는 포르투갈 언어 프로그램을 본다. 범유럽의 날 기간 동안 MTV를 꺼리던 국가 광고회사가 지금은 목표지향적인 광고를 10대 소비자들에게 방영할 수 있다.

기술은 알려지지 않은 음악가를 생각지도 못한 팬 기반에 접근할 수 있게 해 주었다. 동시에 예술가들이 자신의 음악을 팔고 유명해지는 전통적인 수단을 무용지물로 만든다. 고군분투하는 예술가들을 돕기 위해 MTV는 2012년 새로운 웹사이트(www.artists.mtv.com)를 출범했다. 유명한 음악가와 그렇지 못한 음악가 모두 자신의 홈페이지에서 음악을 팔고 살 수 있으며 공연을 예약할 수 있다. 팬들은 또한 가상 사례금 박스를 사용하여 공연자에게 '사례금'을 줄 수 있다.

MTV가 대중문화의 달에 깃발을 꽂은 이후 35년 동안 MTV 세대는 성공가도를 달렸다. TV 기지를 따라 명명된 세대인데 이는 전 세계 문화적 영향력을 말해 주는 증거이다. 오늘날 MTV는 미국 기지가 스크립트 쇼와 리얼리티 쇼를 포함하여 전통적인 TV 네트워크의 전형적인 프로그램을 추가하면서 자신을 개조하고 있다. MTV 미국 라인업은 지금 'Faking It', 'Finding Carter', 'Eye Candy', 'Teen Mom' 등과 같은 쇼를 포함한다. MTV가 신세대를 계속 유치할 수 있는지 확인하려면 다음 시간에도 채널 고정!

글로벌 사고 질문

1-16. 일부 사람들은 MTV에 나오는 다량의 미국 문화에 노출되어 있는 개도국의 10대들이 자기 사회에 대한 정체성이 줄어들 것이라고 말한다. 반면 다른 사람들은 그냥 재미있는 TV라고 말한다. 당신은 미국 스타일의 프로그램과 광고를 개도국에 방송하는 것이 부정적 측면이 있다고 생각하는가?

1-17. 디지털 압축 기술은 MTV가 글로벌 네트워크를 통해 프로그램을 구성할 수 있도록 만들었다. 기업들이 글로벌하게 생각하고 지역중심적으로 행동하도록 돕는 그 밖의 다른 기술혁신에는 무엇이 있는가?

출처 : David Bauder, "Programming Vet Guiding Changes at MTV," *The Fayetteville Observer* (www.fayobserver.com), May 6, 2014; Sabrina Ford, "MTV Unveils New Website for Fans to Reach Artists," *Reuters* (www.reuters.com), March 15, 2012; "Madrid Rocks!! MTV Selects Madrid as Host City for 2010 MTV EMAs," *PR Newswire* (www.prnewswire.com), March 16, 2010; Marcus Dowling, "The Day the 'Music' Died," *The Couch Sessions* (www.thecouchsessions.com), February 12, 2010.

부록 세계지도

글로벌화가 전 세계에 퍼지면서 국제경영자들은 국가입지를 알고 국가 간 거리를 안다면 더 좋은 정보에 기반하여 결정을 내릴 수 있다. 뒤에 나오는 지도는 다양한 세계지도를 보여 주며 당신이 비즈니스의 글로벌 풍경을 이해하도록 돕게끔 디자인되어 있다. 우리는 당신이 익숙하지 않은 도시나 국가의 이름을 맞닥뜨리게 될 때 당신의 기억을 떠올리도록 이 지도를 자주 살펴보기를 권한다.

이 부록에 나온 각 지도에 익숙해진 후 다음 20개의 질문에 답해 보기 바란다. 각 질문에서 모든 가능한 복수의 답을 선택할 수 있다.

지도 실습

1. 다음 중 어느 나라가 대서양과 접해 있는가?
   a. 볼리비아
   b. 호주
   c. 남아공
   d. 일본
   e. 미국
2. 다음 중 어느 나라가 아프리카에 있는가?
   a. 가이아나
   b. 모로코
   c. 이집트
   d. 파키스탄
   e. 니제르
3. 다음 중 어느 나라가 태평양과 접해 있지 않은가?
   a. 호주
   b. 베네수엘라
   c. 일본
   d. 멕시코
   e. 페루
4. 프라하는 어느 나라의 수도인가?
   a. 우루과이
   b. 체코 공화국
   c. 포르투갈
   d. 튀니지
   e. 헝가리
5. 당신의 시장에서 일본으로 당신의 제품을 옮기는 운송비용이 높다면, 다음 중 어느 나라로 제조설비를 입지시키는 것이 최적이겠는가?
   a. 태국
   b. 필리핀
   c. 남아공
   d. 인도네시아
   e. 포르투갈
6. 서울은 어느 나라의 수도인가(수도는 붉은 점으로 표시되어 있음)?
   a. 베트남
   b. 캄보디아
   c. 말레이시아
   d. 중국
   e. 대한민국
7. 터키, 루마니아, 우크라이나, 러시아는 __________해라고 불리는 물줄기와 국경을 접하고 있다.
8. 태국과 국경을 접하고 있는 나라는?
   a. 캄보디아
   b. 파키스탄
   c. 싱가포르
   d. 말레이시아
   e. 인도네시아
9. 다음 중 주요 대양 또는 바다와 국경을 접하고 있지 않는 나라는?
   a. 오스트리아
   b. 파라과이
   c. 스위스
   d. 니제르
   e. 상기한 모든 국가
10. 오슬로는 어느 나라의 수도인가?
    a. 독일
    b. 캐나다
    c. 브라질
    d. 호주
    e. 노르웨이
11. 칠레는 어디에 위치하고 있는가?
    a. 아프리카
    b. 아시아
    c. 북반구
    d. 남아메리카
    e. 중앙유럽
12. 사우디아라비아와 국경을 접하고 있는 국가는?
    a. 요르단
    b. 쿠웨이트
    c. 이라크
    d. UAE
    e. 상기한 모든 국가
13. 스웨덴과 에스토니아 사이에 위치한 물줄기는 ________해이다.
14. 다음 중 지중해에 위치한 나라는?
    a. 이탈리아
    b. 크로아티아
    c. 터키
    d. 프랑스
    e. 포르투갈
15. 다음 중 시드니(호주)와 도쿄(일본) 간 거리보다 더 가까운 것은 어디인가?
    a. 도쿄와 케이프 타운(남아공)
    b. 시드니와 홍콩(중국, SAR)

c. 도쿄와 런던(영국)

d. 시드니와 자카르타(인도네시아)

e. 상기한 모든 경우

16. 마드리드는 어느 나라의 수도인가?

a. 마다가스카르
b. 이탈리아
c. 멕시코
d. 스페인
e. 미국

17. 다음 중 중앙아시아에 위치하지 않는 나라는?

a. 아프가니스탄
b. 우즈베키스탄
c. 투르크메니스탄
d. 카자흐스탄
e. 수리남

18. 당신이 파키스탄에 있는 생산설비로부터 당신 제품을 호주에 있는 시장으로 선적하고 있다면 그 제품들은 __________해를 지날 것이다.

19. 파푸아 뉴기니, 기니비사우, 기니는 동일한 국가에 대한 대안적 이름이다.

a. 참

b. 거짓

20. 다음 중 섬나라인 나라는?

a. 뉴질랜드

b. 마다가스카르

c. 일본

d. 호주

e. 상기한 모든 국가

해답

(1) c. 남아공, e. 미국, (2) b. 모로코, c. 이집트, e. 니제르, (3) b. 베네수엘라, (4) b. 체코 공화국, (5) a. 태국, b. 필리핀, d. 인도네시아, (6) e. 대한민국, (7) 블랙(Black), (8) a. 캄보디아, d. 말레이시아, (9) e. 상기한 모든 국가, (10) e. 노르웨이, (11) d. 남아메리카, (12) e. 상기한 모든 국가, (13) 발틱(Baltic), (14) a. 이탈리아, c. 터키, d. 프랑스, (15) a. 도쿄와 케이프 타운(남아공), c. 도쿄와 런던(영국), (16) d. 스페인, (17) e. 수리남, (18) 인도(Indian), (19) b. 거짓, (20) e. 상기한 모든 국가.

자기평가

당신이 15개 이상 맞추었다면 잘하신 겁니다! 당신은 국제 비즈니스 출장을 위해 잘 준비된 상태입니다. 당신이 8개 이하로 맞추었다면 제2장으로 가기 전에 이 지도책을 다시 학습하기를 바랍니다.

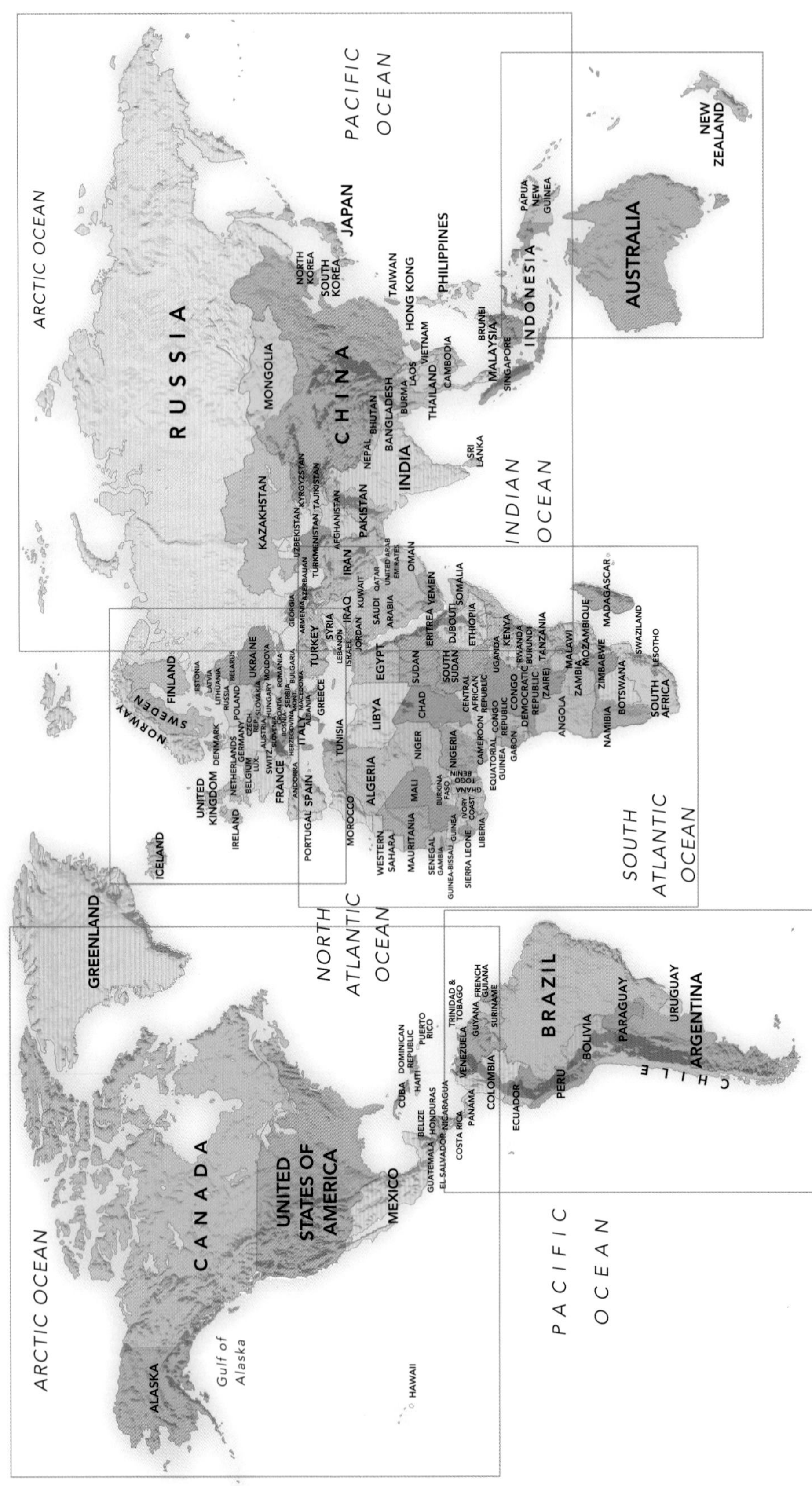
ARCTIC OCEAN
PACIFIC OCEAN
NORTH ATLANTIC OCEAN
SOUTH ATLANTIC OCEAN
INDIAN OCEAN
Gulf of Alaska
ALASKA
CANADA
UNITED STATES OF AMERICA
MEXICO
HAWAII
GREENLAND
ICELAND
CUBA
HAITI
DOMINICAN REPUBLIC
PUERTO RICO
BELIZE
HONDURAS
GUATEMALA
EL SALVADOR
NICARAGUA
COSTA RICA
PANAMA
COLOMBIA
VENEZUELA
GUYANA
SURINAME
FRENCH GUIANA
TRINIDAD & TOBAGO
ECUADOR
PERU
BRAZIL
BOLIVIA
PARAGUAY
URUGUAY
ARGENTINA
CHILE
NORWAY
SWEDEN
FINLAND
UNITED KINGDOM
IRELAND
DENMARK
NETHERLANDS
BELGIUM
GERMANY
POLAND
FRANCE
SPAIN
PORTUGAL
ITALY
GREECE
TURKEY
UKRAINE
RUSSIA
KAZAKHSTAN
MONGOLIA
CHINA
INDIA
PAKISTAN
AFGHANISTAN
IRAN
IRAQ
SYRIA
SAUDI ARABIA
EGYPT
LIBYA
ALGERIA
MOROCCO
TUNISIA
MALI
NIGER
CHAD
SUDAN
SOUTH SUDAN
ETHIOPIA
SOMALIA
KENYA
TANZANIA
ANGOLA
NAMIBIA
BOTSWANA
ZIMBABWE
MOZAMBIQUE
MADAGASCAR
SOUTH AFRICA
NIGERIA
JAPAN
NORTH KOREA
SOUTH KOREA
TAIWAN
HONG KONG
PHILIPPINES
VIETNAM
THAILAND
CAMBODIA
MALAYSIA
SINGAPORE
INDONESIA
PAPUA NEW GUINEA
AUSTRALIA
NEW ZEALAND
SRI LANKA
BANGLADESH
NEPAL
BHUTAN

지도 A.1
세계지도

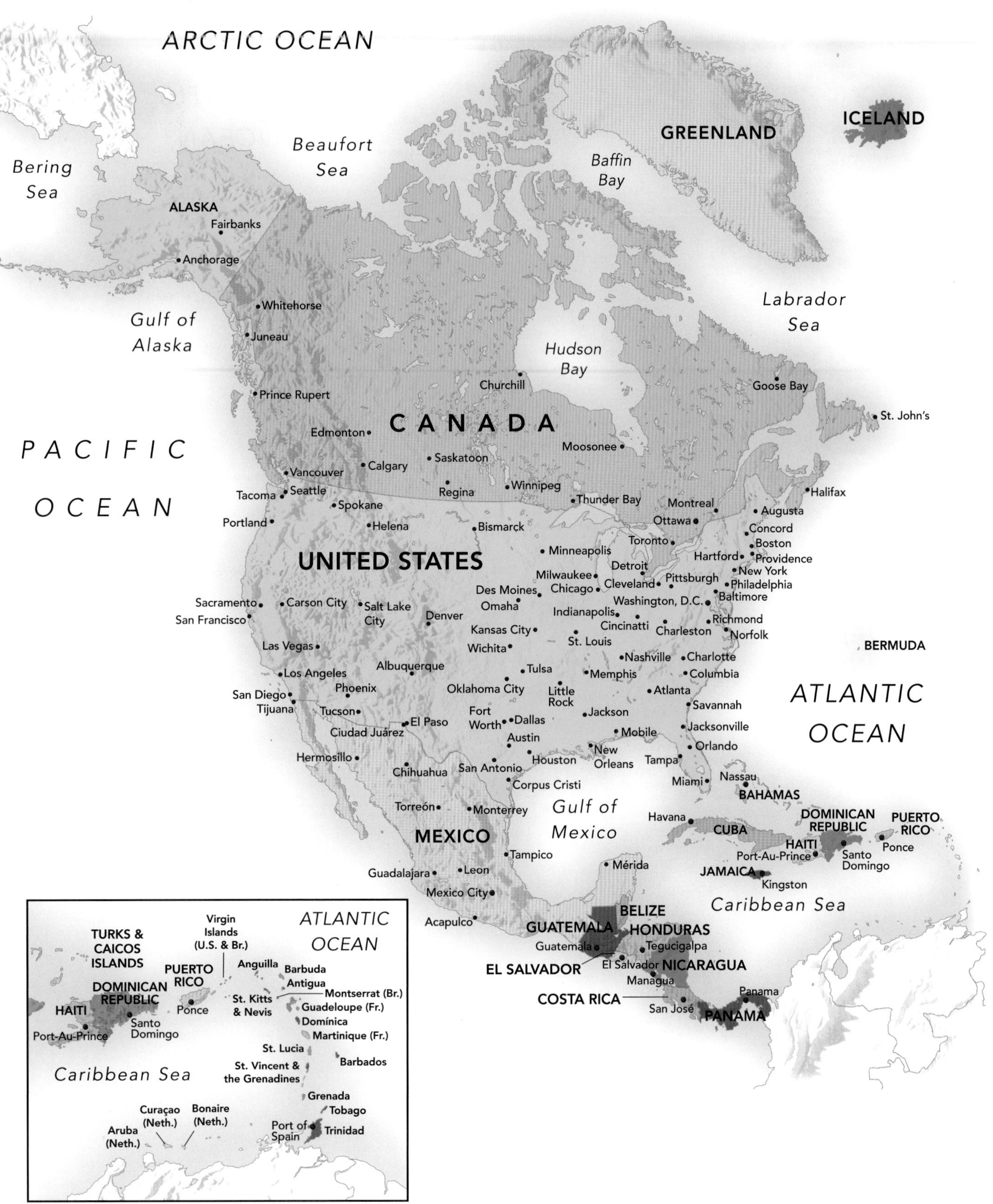
ARCTIC OCEAN
GREENLAND
ICELAND
Beaufort Sea
Bering Sea
Baffin Bay
ALASKA
Fairbanks
Anchorage
Whitehorse
Juneau
Gulf of Alaska
Labrador Sea
Hudson Bay
Churchill
Goose Bay
Prince Rupert
St. John's
CANADA
Edmonton
Moosonee
PACIFIC OCEAN
Saskatoon
Calgary
Vancouver
Seattle
Tacoma
Regina
Winnipeg
Thunder Bay
Halifax
Montreal
Spokane
Portland
Helena
Bismarck
Ottawa
Augusta
Concord
Toronto
Boston
Minneapolis
Hartford
Providence
UNITED STATES
Detroit
New York
Milwaukee
Pittsburgh
Philadelphia
Des Moines
Chicago
Cleveland
Baltimore
Omaha
Washington, D.C.
Sacramento
Carson City
Salt Lake City
Indianapolis
San Francisco
Denver
Cincinnati
Richmond
Kansas City
Charleston
St. Louis
Norfolk
Las Vegas
Wichita
BERMUDA
Nashville
Charlotte
Albuquerque
Tulsa
Memphis
Columbia
Los Angeles
Phoenix
Oklahoma City
Little Rock
Atlanta
ATLANTIC OCEAN
San Diego
Tijuana
Tucson
Savannah
Fort Worth
Dallas
Jackson
El Paso
Ciudad Juárez
Mobile
Jacksonville
Austin
Orlando
Hermosillo
New Orleans
Tampa
Houston
Chihuahua
San Antonio
Miami
Nassau
Corpus Cristi
BAHAMAS
Torreón
Monterrey
Gulf of Mexico
DOMINICAN REPUBLIC
PUERTO RICO
Havana
CUBA
MEXICO
HAITI
Ponce
Tampico
Port-Au-Prince
Santo Domingo
Mérida
JAMAICA
Guadalajara
Leon
Kingston
Mexico City
Caribbean Sea
BELIZE
Acapulco
GUATEMALA
HONDURAS
Guatemala
Tegucigalpa
EL SALVADOR
El Salvador
NICARAGUA
Managua
COSTA RICA
Panama
San José
PANAMA
TURKS & CAICOS ISLANDS
Virgin Islands (U.S. & Br.)
ATLANTIC OCEAN
PUERTO RICO
Anguilla
Barbuda
Antigua
DOMINICAN REPUBLIC
Montserrat (Br.)
HAITI
St. Kitts & Nevis
Ponce
Guadeloupe (Fr.)
Santo Domingo
Dominica
Port-Au-Prince
Martinique (Fr.)
St. Lucia
Barbados
St. Vincent & the Grenadines
Caribbean Sea
Grenada
Curaçao (Neth.)
Bonaire (Neth.)
Tobago
Aruba (Neth.)
Port of Spain
Trinidad

지도 A.2
북아메리카

Caribbean Sea
CURAÇAO (Neth.)
Barranquilla
Maracaibo
Caracas
Port of Spain
TRINIDAD & TOBAGO
Cartagena
Barquisimeto
Valencia
Cumaná
Maturín
Montería
Cúcuta
San Cristóbal
Ciudad Bolívar
Ciudad Guayana
Bucaramanga
Georgetown
Medellín
GUYANA
Paramaribo
Manizales
Mackenzie
Buenaventura
Ibagué
Bogotá
VENEZUELA
Cayenne
Cali
Neiva
SURINAME
FRENCH GUIANA
Popoyán
Pasto
COLOMBIA
ECUADOR
Quito
Ambato
Guayaquil
Manaus
Belém
São Luís
Fortaleza
Teresina
Iquitos
Chiclayo
Trujillo
Natal
Campina Grande
Recife
Caruaru
PERU
BRAZIL
Callao
Lima
Cuzco
BOLIVIA
Salvador
Itabuna
Arequipa
La Paz
Brasilia
Goiânia
Santa Cruz
Arica
Sucre
Potosí
Campo Grande
Uberlândia
Uberaba
Iquique
Belo Horizonte
Araraquara
Bauru
Campinas
Juiz de Fora
PARAGUAY
Niterói
São Paulo
Rio de Janeiro
Santos
Antofagasta
Asunción
Ponta Grossa
Curitiba
Salta
San Miguel de Tucumán
CHILE
Posadas
Corrientes
Santiago del Estero
Santa Maria
Pôrto Alegre
Córdoba
Pelotas
San Juan
Santa Fe
Rio Grande
Paraná
Viña del Mar
Río Cuarto
Rosario
URUGUAY
Valparaíso
Mendoza
Santiago
Rancagua
Buenos Aires
La Plata
Montevideo
Talcahuano
Concepción
Bahia Blanca
Temuco
Valdivia
ARGENTINA
FALKLAND/MALVINAS ISLANDS (UK)
Port Stanley
Tierra del Fuego
NORTH ATLANTIC OCEAN
PACIFIC OCEAN
SOUTH ATLANTIC OCEAN

지도 A.3
남아메리카

ARCTIC OCEAN
Reykjavik
ICELAND
Norwegian Sea
FAEROE IS. (Denmark)
SHETLAND IS. (U.K.)
ORKNEY IS. (U.K.)
ATLANTIC OCEAN
Arkhangel'sk
Oulu
SWEDEN
FINLAND
NORWAY
Bergen
Oslo
Helsinki
RUSSIA
St. Petersburg
Stockholm
Tallinn
ESTONIA
Nizhniy Novgorod
SCOTLAND
Glasgow
Edinburgh
North Sea
NORTHERN IRELAND
Belfast
IRELAND
Dublin
Cork
Liverpool
Manchester
UNITED KINGDOM
WALES
Cardiff
Birmingham
ENGLAND
London
Göteborg
Baltic Sea
LATVIA
Riga
Moscow
DENMARK
Copenhagen
Malmo
LITHUANIA
Vilnius
Smolensk
RUSSIA
Gdansk
Minsk
Hamburg
Amsterdam
The Hague
NETHERLANDS
GERMANY
Berlin
Poznan
POLAND
BELARUS
Kursk
English Channel
Le Havre
Brussels
BELGIUM
Dortmund
Bonn
Leipzig
Lódz
Warsaw
Kiev
Kharkov
Paris
LUX.
Frankfurt
Prague
CZECH REPUBLIC
Krakow
L'vov
St. Nazaire
Nantes
Strasbourg
Stuttgart
SLOVAKIA
UKRAINE
Rostov
Bay of Biscay
FRANCE
LIECH.
Munich
Zurich
Bern
Vienna
Bratislava
AUSTRIA
MOLDOVA
Graz
Budapest
Chisinau
SWITZERLAND
HUNGARY
Bordeaux
La Coruña
SLOVENIA
ROMANIA
Odessa
Bilbao
Lyon
Milan
Ljubljana
Zagreb
Timisoara
ITALY
Venice
CROATIA
Sevastopol
Porto
Toulouse
Nice
Genoa
Bologna
BOSNIA-HERZEGOVINA
Belgrade
Bucharest
Black Sea
PORTUGAL
Andorra la Vella
ANDORRA
Marseilles
MONACO
Florence
SAN-MARINO
Sarajevo
SERBIA
BULGARIA
Madrid
Adriatic Sea
MONTENEGRO
Sofia
Lisbon
Barcelona
Corsica
Podgorica
SPAIN
Rome
Skopje
Valencia
Tirana
MACEDONIA
Istanbul
Seville
Palma
Sardinia
Naples
Bari
ALBANIA
Thessaloniki
Malaga
Murcia
BALEARIC IS.
Tyrrhenian Sea
Taranto
Gibraltar
Cartagena
GREECE
Mediterranean Sea
Palermo
Messina
Ionian Sea
Athens
Sicily
Valletta
MALTA
Iráklion
Crete
CYPRUS

지도 A.4
유럽

ARCTIC OCEAN
Bering Sea
Murmansk
Nordvik
St Petersburg
EUROPEAN RUSSIA
Moscow
RUSSIA
Sea of Okhotsk
Lensk
KURIL IS.
Yekaterinburg
Volgograd
Istanbul
Black Sea
Ankara
TURKEY
GEORGIA
Tbilisi
Yerevan
Caspian Sea
Aral Sea
Omsk
Novosibirsk
Irkutsk
Lake Baikal
Khabarovsk
Astana
Harbin
Vladivostok
LEBANON
Beirut
SYRIA
ARMENIA
AZERBAIJAN
KAZAKHSTAN
Ulaanbaatar
Changchun
Sea of Japan
Jerusalem
Damascus
Baku
UZBEKISTAN
Lake Balkhash
MONGOLIA
Shenyang
NORTH KOREA
Tokyo
ISRAEL
Amman
IRAQ
TURKMENISTAN
Bishkek
Pyongyang
JAPAN
JORDAN
Tehran
Tashkent
KYRGYZSTAN
Beijing
Seoul
Osaka
Baghdad
Hamadan
Ashkhabad
SOUTH KOREA
Dushanbe
TAJIKISTAN
Nagasaki
Basra
IRAN
AFGHANISTAN
CHINA
KUWAIT
Kuwait
Kabul
East China Sea
BAHRAIN
Xi'an
Shanghai
Red Sea
Jeddah
Riyadh
Manama
Peshawar
Islamabad
Wuhan
Mecca
Doha
QATAR
Lahore
SAUDI ARABIA
UAE
Abu Dhabi
PAKISTAN
Chengdu
Fuzhou
Delhi
NEPAL
BHUTAN
Chonqing
Changsha
T'ai-pei
PACIFIC OCEAN
Muscat
Karachi
New Delhi
TAIWAN
Hyderabad
Katmandu
Thimphu
Sana'
YEMEN
OMAN
Guangzhou
Hong Kong
BANGLADESH
Kunming
Macau
Arabian Sea
Calcutta
Dhaka
Mandalay
Hanoi
Mumbai (Bombay)
INDIA
BURMA
South China Sea
LAOS
Bay of Bengal
Hue
Manila
Hyderabad
Yangon
THAILAND
Da Nang
PHILIPPINES
Bangkok
CAMBODIA
Chennai (Madras)
INDIAN OCEAN
Phnom Penh
VIETNAM
Ho Chi Minh City (Saigon)
MOLUCCA IS.
Colombo
SRI LANKA
BRUNEI
George Town
MALAYSIA
Kuala Lumpur
SINGAPORE
Pontianak
INDONESIA
Jakarta
EAST TIMOR

지도 A.5
아시아

Mediterranean Sea
Red Sea
Gulf of Guinea
ATLANTIC OCEAN
INDIAN OCEAN
Madeira
Canary Is.
Tangier
Rabat
Casablanca
Meknès
Marrakesh
Oran
Algiers
Annaba
Constantine
Tunis
TUNISIA
Tripoli
MOROCCO
ALGERIA
In Salah
LIBYA
Marzuq
Benghazi
Alexandria
Cairo
Suez
El Faiyum
Asyut
EGYPT
Aswan
El Aaiun
WESTERN SAHARA
F'Dérik
MAURITANIA
Nouakchott
MALI
Tombouctou
NIGER
CHAD
SUDAN
Port Sudan
Atbarah
Kassala
Asmera
ERITREA
Khartoum
El Obeid
SOUTH SUDAN
DJIBOUTI
Djibouti
Socotra
Berbera
Addis Ababa
ETHIOPIA
SOMALIA
Mogadishu
Kismayu
SENEGAL
Dakar
Banjul
GAMBIA
Bissau
GUINEA BISSAU
GUINEA
Conakry
Freetown
SIERRA LEONE
Monrovia
LIBERIA
Bamako
BURKINO FASO
Ouagadougou
Niamey
Kano
Kaduna
NIGERIA
Abuja
Ibadan
Lagos
GHANA
BENIN
TOGO
IVORY COAST
Lomé
Accra
Abidjan
Porto Novo
Ndjamena
CAMEROON
Douala
Yaoundé
Malabo
EQUATORIAL GUINEA
São Tomé & Principe
Libreville
GABON
CENTRAL AFRICAN REPUBLIC
Bangui
Ango
UGANDA
Kampala
Kisangani
KENYA
Nairobi
Mbandaka
RWANDA
Kigali
Mwanza
CONGO
Brazzaville
Kinshasa
Matadi
DEMOCRATIC REPUBLIC OF THE CONGO
Bujumburo
BURUNDI
Mombasa
SEYCHELLES
TANZANIA
Dar-es-Salaam
Luanda
ANGOLA
Benguela
Huambo
Namibe
Lubumbashi
COMOROS
MALAWI
Lilongwe
ZAMBIA
Lusaka
Moçambique
Antisiranana
Blantyre
Mahajanga
Harare
MOZAMBIQUE
Livingstone
ZIMBABWE
Beira
Antananarivo
NAMIBIA
Francistown
Bulawayo
MADAGASCAR
Mauritius
Windhoek
BOTSWANA
Fianarantsoa
Réunion
Gaborone
Pretoria
Maputo
Johannesburg
Mbabane
Maseru
SWAZILAND
Durban
SOUTH AFRICA
LESOTHO
East London
Cape Town
Port Elizabeth

지도 A.6
아프리카

BORNEO
SULAWESI
Banjarmasin
INDONESIA
Ujung Pandang
Jayapura
PAPUA NEW GUINEA
NEW BRITAIN
SOLOMAN ISLANDS
Bay of Biscay
Mataram
Dili
EAST TIMOR
Kupang
Arafura Sea
Port Moresby
Honiara
Timor Sea
Darwin
Katherine
INDIAN OCEAN
Wyndham
Derby
Coral Sea
Cairns
VANUATU
Port-Vila
Townsville
Tennant Creek
Port Headland
Mackay
Nouméa
NEW CALEDONIA (France)
Rockhampton
Alice Springs
Carnarvon
AUSTRALIA
Brisbane
PACIFIC OCEAN
Lismore
Geraldton
Coff's Harbour
Kalgoorlie
Port Macquarie
Port Augusta
Broken Hill
Perth
Fremantle
Newcastle
Great Australian Bight
Dubbo
Sydney
Bunbury
Elizabeth
Adelaide
Wollongong
Wagga Wagga
Canberra
Albany
Ballarat
Melbourne
Geelong
Auckland
NEW ZEALAND
Tasman Sea
Launceston
TASMANIA
Hobart
Wellington
Christchurch
Dunedin

지도 A.7
오세아니아

제2장

교차문화 경영

학습목표

이 장을 공부한 후에 다음을 할 수 있어야 한다.

1. 문화와 문화적 지식의 필요를 설명한다.
2. 가치와 행동의 문화적 중요성을 요약한다.
3. 문화 속 사회 구조와 교육의 역할에 대해 설명한다.
4. 세계의 주요 종교가 어떻게 경영에 영향을 미칠 수 있는지 서술한다.
5. 국제경영에서 개인적 의사소통의 중요성을 설명한다.
6. 국제 업무환경에서 기업과 문화가 어떻게 상호작용하는지 서술한다.

돌아보기

제1장은 국제경영에 대해 소개했다. 시장과 생산에 대한 글로벌화의 영향, 글로벌화 확장을 주도하는 동력원, 그리고 글로벌화에 대한 논쟁을 둘러싼 각각의 주요 논점에 대해 설명했다. 또한 국제경영 활동을 펼치고 있는 기업들의 종류를 설명했다.

이 장 잠깐 보기

이 장은 국제경영에서 문화의 역할이 지닌 중요성에 대해 소개한다. 우리는 문화의 주요 요소와 그들이 어떻게 비즈니스 정책과 관행에 영향을 미치는지 탐색한다. 우리는 문화를 학습하는 다른 체제와 그들이 어떻게 국제경영에 적용되는지 배운다.

미리 보기

제3장에서는 국가의 정치경제에 대해 설명한다. 또한 윤리와 사회적 책임이 어떻게 국제경영에 영향을 미치는지 탐색한다.

돼지고기는 넣지 말아주세요!

독일 본—"아이들과 어른들은 하리보의 행복한 세상을 좋아한다!" 이 문장은 하리보의 젤리 판매를 세계적으로 이끌었다. 독일 하리보(www.haribo.com)는 그 이름을 기업의 창립자인 **Ha**ns **Ri**egel **Bo**nn으로부터 따왔다. 옆 사진에 보이듯이 독일 하리보 공장 밖에서 하리보의 CEO Hans Riegel Bonn 주니어가 실제 크기의 하리보 젤리 곰 옆에 있다. Hans와 그의 형제 Paul은 1920년 아버지가 시작한 작은 젤리 사업을 글로벌 브랜드로 키워냈다.

출처 : © ROLF VENNENBERND/epa/Corbis

골드 베어스, 호러 믹스와 같은 상품명들과 함께 하리보 캔디는 소다병과 반딧불을 포함한 46가지 다양한 모양을 가지고 있다. 이는 다른 나라의 어린이들이 구매하는 독일의 첫 번째 수출품이다. 하리보는 국내외 18개 공장으로부터 하루에 1억 개 이상의 젤리를 생산하며 105개 국가에 공급한다. 그러나 성공에도 불구하고 하리보는 매년 잠재적으로 20억 달러의 가치를 지닌 전 세계 하위문화의 요구를 충족시키지 못했다. 그 장본인은 바로 젤리에 끈적이는 고무 같은 질감을 주기 위한 돼지고기 소재의 물질이며 이는 무슬림과 유대인들이 해당 젤리를 수입금지 품목으로 만들게 했다.

이에 기업은 돼지고기 소재 젤라틴이 없는 젤리를 만들기 위한 4개년 미션에 착수했다. "처음에는 빵에 바를 수 있는 마멀레이드를 만들었다."고 새 상품을 자신의 브랜드명으로 배송하는 영국의 수출업자 Neville Finlay가 보고했다. 그는 "또 다른 놀라운 일은 수영장에 제품을 가득 채우고 그 위로 트럭이 지나갈 수 있다는 점"이라고 덧붙였다. 하리보는 결과적으로 흔히 샐러드 드레싱과 소스에 사용되는 박테리아 소재의 혼합물로 그 방법을 찾아냈다.

이후 로컬 공급자는 국제경영에서 흔히 일어나는 언어적 실수를 저질렀다. 히브리어를 쓰는 지역으로 가는 캔디의 첫 번째 패키지 인쇄가 거꾸로 되어 있었다. 히브리어는 영어와는 다르게 오른쪽에서 왼쪽으로 읽는다. 그러나 오늘날 생산은 순조롭게 이루어진다. 하리보는 심지어 종교적 관습을 준수함을 확실히 하기 위해 코셔(kosher) 젤리는 유대인 랍비를, 할랄(halal) 젤리는 무슬림 성직자들을 이용해 성분과 해외 수출품을 검사한다. 이 장을 읽으며 문화가 국제경영에 영향을 미칠 수 있는 모든 방법과 어떻게 기업이 세계의 문화에 영향을 끼치는지 생각해 보라.[1]

이 장은 국제경영 활동과 국가의 경영 환경 사이의 연관관계를 설명하는 세 가지 요소 중 첫 번째를 다룬다. 우리는 이 주제에 대해 이전에 논의했었는데 이 관계가 상업이 국가 안에서 이루어지는 방향을 결정하는 데 도움을 주기 때문이다. 성공적 국제경영은 상업 환경의 여러 측면에 대한 사람들의 깊은 이해에서 비롯된다. 이 장은 국제경영 활동에 대한 문화의 영향력에 대해 탐구한다. 제3장은 정치경제와 윤리의 역할을 제시하며 제4장에서는 국가의 경제발전을 탐구한다. 국가의 전반적인 사업 환경의 평가는 보편적으로 국제 상업 활동의 주인으로서 그 국가의 잠재력을 분석하는 첫 번째 단계이다. 이것은 다음과 같은 몇 가지 중요한 문제들을 대두시킨다 —사람들이 어떤 언어를 쓰는가? 기후가 어떠한가? 현지 사람들은 비즈니스에 관한 새로운 아이디어와 새로운 방식에 대해 개방적인가? 정부 공직자와 사람들이 우리의 비즈니스를 원하는가? 정치적 상황은 우리의 자산과 직원이 수용할 수 없을 정도의 위험에 처하지 않을 만큼 충분히 안정적인가? 이런 종류의 질문에 대한 답(그리고 소득수준과 인건비와 같은 목록에 대한 통계자료)은 기업이 사업을 할 장소로서 그 지역의 매력도를 평가할 수 있게 해 준다.

우리는 모든 국제 상업 활동에서의 그 중추적 역할 때문에 국제경영 환경에 대해 논의할 때 첫 번째로 문화를 거론한다. 우리가 작은 수출입 비즈니스를 운영하는 기업가에 관해서나 혹은 100개국 이상을 포괄하는 거대한 글로벌 기업 등 누구에 대해 관해서 토론을 하든지 간에, 사람은 모든 경영 활동의 중심이다. 전 세계에서 비즈니스를 하려고 모인 사람들은 각기 다른 배경과 추측, 기대, 그리고 의사소통 방식을 지니며 각각의 것들은 문화의 핵심 부분이다.

우리는 이 장을 문화를 정의하고 문화적 지식의 필요를 이해하는 것으로 시작한다. 그다음 우리는 일반적으로 문화 안의 가치, 태도, 매너, 그리고 관습의 중요성을 학습한다. 그 뒤 사회 단체, 교육, 종교, 그리고 언어를 포함하는 문화의 주요 구성요소를 검토한다. 끝으로 문화의 다양성이 어떻게 국제 업무환경을 복잡하게 하는지 살펴보면서 이 장을 마친다.

문화란 무엇인가?

문화
특정 집단에 의한 가치, 신념, 규칙, 그리고 제도의 집합

다른 국가를 여행할 때 우리는 종종 사람들이 살고 일하는 방식의 차이를 인식한다. 미국에서 저녁은 보통 6시 정도에 먹는다. 스페인에서는 저녁 8시나 9시가 될 때까지 먹지 않는다. 미국에서는 대부분의 사람들이 일주일에 한두 번 큰 마트에서 장을 본다. 이탈리아 사람들은 거의 매일 작은 지역 식료품점에서 장을 보는 경향이 있다. 근본적으로 우리는 문화의 차이를 경험하고 있다. **문화**(culture)는 특정 집단에 의한 가치, 신념, 규칙, 그리고 제도의 집합이다. 문화는 사람들에 대한 고도로 복잡한 묘사이다. 그것은 영국의 하이티(high tea)부터 바베이도스의 열대 기후, 브라질의 마르디 그라까지 모든 것을 포함한다.

맞든 틀리든 우리는 문화에 대해 말할 때 민족 국가(nation-state)의 개념을 내세우는 경향이 있다. 즉 우리는 주로 영국과 인도네시아 문화라는 말이 마치 모든 영국 사람과 인도네시아 사람의 문화라는 말과 동일한 것처럼 여긴다는 것이다. 우리는 민족 문화에 대해 생각하도록 교육받았기 때문에 이런 행동을 한다. 그러나 이것은 지나친 일반화이다. 예를 들면 영국 인구는 영국인과 스코틀랜드인, 웨일스인으로 이루어져 있다. 그리고 인도네시아의 외딴 곳에 있는 사람들은 발전 지역 사람들이 의욕적으로 경제발전 프로젝트를 추구하고 있을 때, 나무 꼭대기에 집을 지었다. 민족 문화 속 다양성을 좀 더 자세히 살펴보자.

민족 문화

민족 국가는 중요한 사건과 사람의 업적을 보존하기 위해 박물관과 유적지를 세우며 민족 문화의 개념을 지지하고 촉진한다. 또한 민족 국가는 민족 문화 유산을 지키기 위해 비즈니스에도 개입한다. 예를 들면 대부분의 국가들은 영화 제작이나 방송과 같은 경제에 민감한 부분들을 문화적으로 통제한다. 프랑스인들은 그들의 언어가 영어로 더럽혀지고 방송이 미국 프로그램의 영향을 받는 것이 두렵다고 지속적으로 표명하고 있다. 영어의 침입을 막기 위해 프랑스 법은 제품 포장과 상점 간판에 영어 사용을 제한하고 있다. 청취율이 가장 높은 시간대에 적어도 40%의 방송국 프로그램이 프랑스 예술가들을 위해 준비된다. TV 방송에도 비슷한 법이 적용된다. 프랑스 정부는 심지어 한 지역 미국 대학 캠퍼스에게 영어 웹사이트에 프랑스어 번역판을 제공하지 않았다는 이유로 벌금을 징수했다.

도시도 마찬가지로 주로 경제적 이유로 민족 문화 관광지를 발전시키는 데 관여한다. 도시에서의 생활양식 향상은 기업을 유지하는 데 도움을 줄 수 있고 최고의 직원을 쉽게 유지할 수 있다는 점에서 이익이 된다. Frank Gehry가 디자인한 스페인 빌바오에 있는 구겐하임 박물관(www.guggenheim-bilbao.es)은 오래된 바스크식의 산업 도시를 소생시켰다. 그리고 홍콩 정부는 아시아 다른 곳에 위치할 수도 있는 비즈니스들을 끌어들이기 위해 홍콩 디즈니를 지음으로써 국가의 문화 관광지를 강화했다.

하위 문화

더 넓고 지배적인 문화 안에서 특정한 방식의 삶을 공유하는 집단을 **하위 문화**(subculture)라고 부른다. 하위 문화는 언어, 인종, 라이프스타일, 가치, 태도, 혹은 다른 특성에서 지배적인 문화와는 다를 수 있다.

하위 문화
더 넓고 지배적인 문화 안에서 특정한 방식의 삶을 공유하는 집단

비록 모든 국가에 하위 문화가 존재하지만, 이는 종종 우리의 민족 문화에 대한 인상에 묻혀버

하위 문화의 일원은 그들 스스로를 그들의 스타일(옷, 머리, 타투 등)로 정의하며 소비주의에 대항할 수 있다. 영국 캠던 구역은 그곳의 역사적 시장과 고딕이나 펑크, 이모(emo)와 같은 새로운 하위 문화가 모인 장소로 유명하다. 유튜브와 페이스북 같은 비즈니스는 하위 문화가 세계적으로 빠르게 퍼지도록 도울 수 있다. 세계적 하위 문화를 대상으로 하는 제품을 판매하는 기업에는 어떤 것이 있을까?

출처 : © Ludovic Maisant/Hemis/Corbis

린다. 예를 들어 중국 문화를 묘사할 때, 중국의 인구는 50개 이상의 전혀 다른 민족 집단을 포함하고 있다는 사실을 자주 간과한다. 제품 디자인, 포장, 그리고 광고에 관한 결정은 각 집단의 독특한 문화를 고려해서 내려져야 한다. 마케팅 캠페인에 있어서도 상하이와 광저우 지방의 중국어는 내륙지방의 그것과는 다르다는 것을 인지해야 한다. 모두가 공식 만다린어에 유창한 것은 아니다.

또한 미국에도 많은 하위 문화가 존재한다. 프리토레이(www.fritolay.com)는 라틴풍 버전의 레이즈와 도리토스 칩을 개발하던 초기 시절, 4,600만 미국 라티노들을 설득하는 데 애를 먹었다. 그러나 곧 프리토레이는 사브리타(Sabritas)라는 멕시코 자회사로부터 네 가지 유명한 브랜드를 미국 시장으로 들여왔다. 도박은 성공이었다. 사브리타 브랜드의 판매는 2년 동안 1억 달러 이상 2배로 올랐다.

문화적 경계선이 항상 정치적 경계선과 일치하지는 않는다. 다시 말해 하위 문화는 때때로 국경을 넘어 존재한다. 다른 국가에 살고 있지만 같은 하위 문화를 공유하는 사람들은 그들의 이웃 시민들보다 더 많은 공통점을 가질 수 있다. 이런 하위 문화는 라이프스타일에 기반한 구매 패턴이나 글로벌 캠페인에 의해 마케팅될 수 있는 가치를 공유할 수도 있다.

물리적 환경

지형의 특성은 한 문화 안에서 개인적인 의사소통에 영향을 미친다. 가항 하천과 평평한 평원 같은 표면적 특징은 여행 및 다른 사람과의 교제를 촉진한다. 반대로 위험한 산맥과 가항하기 어려운 넓은 물줄기는 교제를 막는다. 산맥과 어마어마한 고비사막은 중국 영토의 3분의 2를 차지한다. 이런 산맥에 오랫동안 사는 집단은 고유의 삶의 방식을 가지고 고유의 언어로 이야기한다. 비록 수년 전 만다린어가 국어로 결정되었지만 산과 사막, 그리고 광활한 중국의 지역은 아직도 만다린어의 확산을 저해한다.

또한 지역의 물리적 환경은 소비자의 제품 니즈에 영향을 미친다. 예를 들어 대부분의 산지 지역에서는 스쿠터 엔진이 가파른 비탈길을 오르기에는 너무 작기 때문에 혼다 스쿠터(www.honda.com) 시장이 매우 작다. 그런 지역은 좀 더 튼튼하며 기동성 있고, 더 강력한 엔진을 가진 오프로드 식의 오토바이를 판매하는 기업에게 적합한 시장일 것이다.

기후는 사람의 정착지와 운송 시스템 개발에 영향을 준다. 호주는 두 개의 넓은 사막의 극심한 더위와 건조한 기후, 그리고 북동쪽에 있는 정글 기후로 인해 정착지가 해안가로 몰려 있다. 연안 해역을 통한 높은 내륙 운송비와 연계하여 이 조건들은 여전히 원거리 도시 간 상품유통에 이용되고 있다. 기후는 또한 작업습관을 결정하는 역할도 한다. 남유럽과 북아프리카, 중동지역 국가는 여름 햇빛의 열기가 이른 오후 시간대부터 극도로 올라간다. 이런 이유로 사람들은 종종 7~8월에는 오후에 한두 시간 정도 휴식을 취한다. 사람들은 저녁 7시나 8시에 일을 다시 시작하기 전 이 시간에 짧게 낮잠을 자거나 볼일을 본다. 이런 지역에서 운영을 하는 기업들은 반드시 이 지역 전통에 적응해야 한다.

문화 지식의 필요

문화의 시각적 묘사는 빙하와 유사할 것이다. 우리가 볼 수 있는 문화적 특징은 전체와 비교해 볼 때 매우 작은 부분이다. 문화 구성의 대부분은 숨겨져 있으며 표면 아래 남아 있다. 문화의 본질을 밝히고 그것의 깊은 이해를 발전시키기 위해서는 지식, 노력, 이해, 경험이 필요하다.

민족중심주의 회피 우리는 다른 문화에 대해 무의식 속에서 본의 아니게 부정확한 인식을 품을 수 있다. **민족중심주의**(ethnocentricity)는 자신의 민족이나 문화가 타사보다 우월하다는 믿음이다. 민족중심주의는 심각하게 국제 비즈니스 프로젝트를 망칠 수 있다. 그것은 사람들이 다른 문화를 그들의 기준에서 보게 만들고 결국 다른 문화의 좋은 특성을 무시하게 된다. 민족중심주의는 이 장에서 다시 얘기하게 되겠지만, 해외 자회사가 새로운 비즈니스 영업을 시행하려다 실패한 많은 기업의 이야기에서 찾아볼 수 있다. 실패는 경영자가 현지 문화의 근본적 측면을 간과할 때 일어난다. 이것은 현지 사람들, 정부 혹은 비정부 집단으로부터 반발을 일으킬 수 있다. 공급자와 구매자가 점차 세계를 하나의 연결된 시장으로 대하면서 경영자는 민족중심주의의 편견을 지워야 한다. 어떻게 기업이 민족중심적이지 않은 관점을 길러낼 수 있는지에 관해 읽고 싶다면 아래의 글상자 '문화 이슈 : 글로벌 마인드셋 만들기'를 참조하라.

민족중심주의
자신의 민족이나 문화가 타자보다 우월하다는 믿음

문화적 교양 개발 글로벌화가 진행되면서 국제경영과 관련된 사람들은 어느 정도 문화적 교양의 덕을 보게 되었다. **문화적 교양**(cultural literacy)은 사람이 그 문화 안에서 행복하고 효과적으로 일할 수 있게 하는 문화에 대한 구체적 지식이다. 문화적 교양은 직원을 관리하고 제품을 홍보하고 다른 국가에서 협상을 진행할 수 있는 사람의 능력을 향상시킨다. P&G(www.pg.com)와 애플(www.apple.com)은 경쟁우위를 가지고 있을 수 있다. 왜냐하면 소비자들은 이 회사들의 매우 잘 알려진 브랜드명을 알고 존경하기 때문이다. 그렇지만 문화적 차이는 종종 비즈니스를 현지 취향과 선호에 맞추기 위해 몇 가지 관점에서 변동이 있기도 하다. 현지의 필요와 욕구를 보완하는 문화적으로 교양이 있는 경영자는 기업을 더 고객에게 가까이 다가서게 하며 기업의 경쟁력을 향상시킨다.

문화적 교양
사람이 그 문화 안에서 행복하고 효과적으로 일할 수 있게 하는 문화에 대한 구체적 지식

글로벌화는 상당 수준 문화를 수렴한다. 연예인이 될 수 있는 기회를 위해 야심 찬 가수들이 경쟁하는 성공적인 TV 쇼 '아메리칸 아이돌'은 글로벌 팝 문화의 한 예다. 미국 쇼는 본래 영국의 쇼인 '팝 아이돌'에 기반한 세계 39개 복제품 중 하나이다. 같은 기업이 '어프렌티스'라는 다

문화 이슈 글로벌 마인드셋 만들기

글로벌화의 시대에 기업은 민족중심주의라는 장막 없이 일할 수 있는 직원이 필요하다. 여기 경영자가 글로벌 마인드셋을 개발할 수 있는 몇 가지 방법이 있다.

- **문화적 적응력** 경영자는 다른 문화권에서 온 사람들과 일할 때 그들의 행동을 바꿀 수 있는 능력이 필요하다. 이를 위한 첫 번째 단계는 친숙하지 않은 문화에 대한 자신의 지식을 개발하는 것이다. 두 번째 단계는 이 지식을 사용하여 문화적 기대에 맞춰 행동을 변화시키는 것이다. 글로벌 마인드셋을 가진 경영자는 다른 사람을 문화적으로 편견이 없는 상태에서 평가할 수 있으며 다국적 팀을 고무하고 이끌 수 있다.
- **간극 메우기** 극명한 차이는 서양 경영진의 아이디어가 동양 문화에 적용될 때 이론과 현실 사이에서 나타날 수 있다. 세계적으로 미국 경영 원칙은 액면가로 받아들여지지만 미국 비즈니스 관습은 그렇지 않다. 예를 들면 아시아에서 서양 경영자들은 '협력적 리더십'의 실천을 좀 더 아시안 경영 스타일에 따라 시행하려 노력할 수 있다.
- **글로벌 마인드 형성하기** 기업은 경영자의 글로벌 적성을 측정하기 위해 성격 테스트 기술을 적용할 수 있다. 글로벌 마인드셋 테스트는 개인의 개방성과 유연성, 국적 원칙의 이해, 그리고 전략적 실행력을 평가한다. 그것은 또한 어떤 방면에 트레이닝이 필요한지 확인하고 추천 프로그램 목록을 생성한다.
- **유연성이 열쇠** 이슈가 행동의 문제일수록 현지 문화의 영향력은 커진다. 일본과 한국 경영자는 미국 경영자보다 의사결정 과정에서 지침을 기다리고 동료와 상의하는 성향이 강하다. 중동으로 발령 난 서양 경영자들은 성공하기 위해 엄격한 계급제 안에서 일하는 법을 배워야 한다. 그리고 다른 사람들을 존경하는 것이 보편적 가치이긴 하나 존경은 나라마다 다르게 정의된다.
- **더 알고싶다면?** Center for Creative Leadership(www.ccl.org), The Globalist(www.theglobalist.com), Transnational Management Associated(www.tmaworld.com)의 웹사이트를 방문하라.

른 세계적으로 성공한 TV 플랫폼을 홍보하고 개발하는 것을 도와주었다.[2]

그러나 가까운 시일 내 모든 사람이 비슷한 라이프스타일, 가치, 그리고 태도를 공유하는 하나의 글로벌 문화로 동질화될 가능성은 거의 없다. 그것은 마치 우리가 떠오르고 있는 글로벌 문화의 징후를 보는 것만큼이나 자주 우리는 하나의 문화 안에서 독특한 새로운 관습을 발견하는 것처럼 보인다. 그리고 이것은 우리에게 문화를 정의하는 데 있어 역사와 전통이 지닌 중추적 역할을 상기시킨다. 비록 문화적 전통이 글로벌화로부터 지속적인 더 큰 압력을 받고 있지만 그들의 변화는 그들이 사회 깊이 자리 잡고 있기 때문에 갑작스럽게 일어나기보다는 점진적으로 이루어질 것이다.

이 장에서 개념과 예시를 읽으면서 자신의 **문화적 교양**을 개발하는 동시에 **민족중심주의**적인 반응을 피하려고 해 보라. 문화적 교양은 많은 국제경영 논쟁의 중심이기 때문에 당신은 이 책을 통해 이를 논쟁점과 마주하게 될 것이다. 이 책의 마지막 장(제16장)에서 우리는 기업이 직원의 문화적 교양을 개발하기 위해 사용하는 문화 교육의 특정 유형들을 탐구한다.

퀵 스터디 1

1. 하위 문화는 주요 문화와 어떻게 다른가?
2. 자신의 문화가 타자의 것보다 우월하다는 믿음을 무엇이라 부르는가?
3. 사람이 문화 안에서 행복하고 효과적으로 일할 수 있게 하는 문화에 대한 구체적 지식을 무엇이라 부르는가?

가치와 행동

지금까지 문화의 정의는 대부분의 사람들이 직관적으로 이해할 수 있는 것이었다. 우리는 다른 국가 사람들이 다르게 행동하고 모든 문화는 독특한 가치와 행동을 가진 사람들의 집합이라는 개념에 익숙하다. 그러나 문화는 사람들이 아름답고 맛있다고 생각하는 것과 그들 속의 믿음, 그들의 전통적인 관습, 그리고 그들의 주변과 서로가 관계되는 방식을 포함한다. 지금부터 사회의 구성을 완전히 이해하기 위해 '빙산'의 표면 아래로 내려가보자(그림 2.1 참조).

그림 2.1
문화의 구성요소

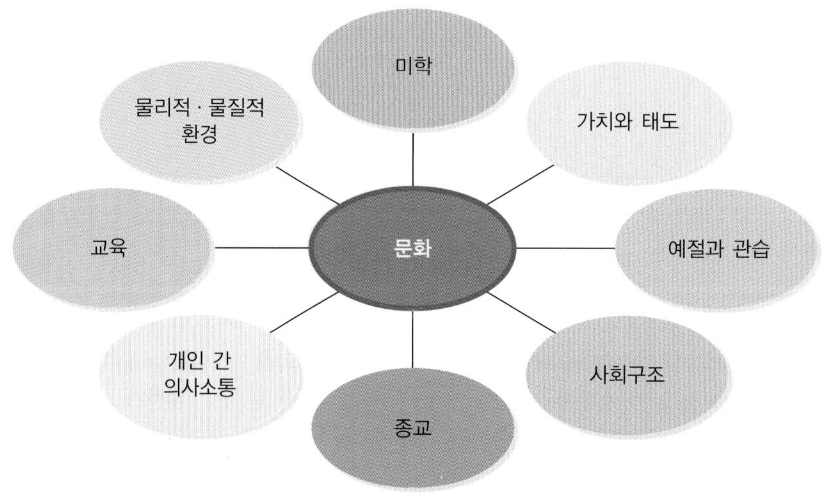

가치

사람들이 감정적으로 연결된 생각, 믿음, 그리고 관습을 **가치**(value)라고 부른다. 가치는 정직, 자유, 책임감과 같은 개념을 포함한다. 가치는 비즈니스에서 중요한데, 왜냐하면 사람들의 근로 윤리와 물질 소유욕에 영향을 미치기 때문이다. 예를 들면 싱가포르 사람들은 근면과 물질적 성공에 가치를 두는 반면 그리스 사람들은 현대적 라이프스타일과 여가생활에 가치를 둔다. 영국과 미국은 개인적 자유를 가치 있게 생각한다. 일본과 한국은 집단 일치에 가치를 둔다.

가치
사람들이 감정적으로 연결된 생각, 믿음, 그리고 관습

다른 문화로부터 가치를 유입하는 것은 필사적으로 저항받을 수 있다. 많은 무슬림은 마약, 술, 그리고 특정 종류의 음악과 문학은 보수적 가치를 손상시킨다고 믿는다. 이것이 아랍 세계의 리얼리티 TV 프로그램이 짧게 방영되는 이유다. 바레인에서는 미혼의 젊은 남녀가 한 지붕 아래 사는 내용을 담은 프로그램 형식을 사람들이 반대하면서 현지판 '빅브라더'가 취소되었다. 레바논 프로그램인 'Hawa Sawa(On Air Together)'는 '떨어뜨리는' 형식(젊은 남자가 데이트 상대를 고르기 위해 여자들을 떨어뜨린다)이 너무 서양식이라고 인식되어 방영이 중단되었다. 그리고 인도네시아 국가 경찰청은 레이디 가가의 콘서트 티켓이 매진되었음에도 불구하고 그녀의 공연을 허가하지 않았다. 그녀는 그곳 당국에 의해 거절당한 첫 번째 외국 아티스트다. 보수적인 무슬림 집단은 가가를 "저속하며 국가 젊은 층의 윤리를 타락시키고 사탄을 숭배한다."고 비난 했다.[3]

태도

태도는 사람의 근원적 가치를 반영한다. **태도**(attitude)는 개인이 물체나 개념에 대해 품는 긍정적이거나 부정적인 평가, 느낌, 경향이다. 예를 들어 만일 어떤 사람이 "나는 일본 정화 의식이 공용 욕조에서 벗고 있는 것을 포함하기 때문에 마음에 들지 않아."라고 말했을 때 서양인은 태도를 표현할 것이다. 여기서 이 서양인은 정숙함에 가치를 두고 노출에 관해 보수적인 신념을 가지고 있을 수 있다.

태도
개인이 물체나 개념에 대해 품는 긍정적이거나 부정적인 평가, 느낌, 경향

가치와 비슷하게 태도는 부모, 선생, 종교적 지도자를 포함한 역할 모델로부터 학습된다. 또한 태도는 문화적 상황에서 만들어지기 때문에 국가마다 다르다. 그러나 가치와는 다르게(유일하게 중요한 부분으로 고려됨) 태도는 사람들이 삶에 있어서 중요하고 중요하지 않은 모든 측면에 대해 나타낸다. 그리고 가치는 시간이 지나도 꽤 굳건한 반면 태도는 좀 더 유연하다.

'유럽인'의 태도는 서로 다른 국적의 기업이 합병되고, 산업이 통합되며, 유럽연합 안에서 국민들이 더 가까이 함께 커가면서, 유럽 전역의 젊은이들의 심리로 빠져들었다. 많은 유럽의 젊은이들은 스스로를 그들 고유 국가로 정의하는 만큼 스스로를 '유럽인'이라고 생각한다. 아직도 젊은 유럽인들의 근원적 가치는 그들의 부모와 비슷하게 남아 있는 경향이 있다.

미학

예술에서(음악, 미술, 무용, 연극, 건축 포함) '좋은 취향'으로 고려되는 것, 특정 표현으로 인해 떠오른 형상, 그리고 특정 색깔의 상징성을 **미학**(aesthetics)이라고 한다. 다시 말해 문화가 가치를 두는 예술, 형상, 상징, 색깔 등을 포함한다.

미학
예술에서 '좋은 취향'으로 고려되는 것, 특정 표현으로 인해 떠오른 형상, 그리고 특정 색깔의 상징성

미학은 기업이 다른 문화권에서 비즈니스를 할 때 중요하다. 광고, 제품 포장, 그리고 심지어 적절한 작업복의 색깔을 선택하는 것이 성공 확률을 높일 수 있다. 예를 들어 기업은 중동에서

상품과, 상품 포장, 혹은 광고에 초록색을 포함시킴으로써 긍정적 감정으로 연결하는 이점을 누릴 수 있다. 반면 대부분 아시아에서는 초록색이 병과 관련되어 있다. 유럽, 멕시코, 미국에서는 죽음과 추모의 색이 검은색이다. 그리고 일본과 대부분의 아시아에서는 흰색이다.

음악은 문화 안에 깊이 내재되어 있으며 올바르게 사용되었을 때 홍보를 위한 재치 있고 창의적인 첨가물이 될 수 있다. 만일 잘못 사용되었을 경우 지역 주민들에게 반감을 살 수 있다. 빌딩이나 다른 구조물의 설계는 특정 모형이나 형태의 상징성을 나타내는 문화적 실수를 피하기 위해 고찰되어야 한다.

미학의 중요성은 인터넷을 사용하여 세계로 나아가는 만큼이나 크다. 기업이 인터넷에서 글로벌화되는 방법을 가르치는 많은 회사들이 존재한다. 이 회사들은 주로 색 설계, 이미지, 그리고 슬로건과 같은 문화적 선호도를 반영하기 위해 어떻게 웹사이트를 개선해야 하는지에 관해 전문적 가이드를 제공한다. 전문 회사의 조언은 특히 창업자나 소규모 경영에 유용한데, 왜냐하면 다른 문화에 정통한 사내 직원이 거의 없기 때문이다.

올바른 행동

다른 문화권에서 비즈니스를 할 때 어떤 것이 올바른 행동인지 이해하는 것은 중요하다. 최소한, 매너와 관습을 이해하는 것은 경영자가 난처한 실수를 하거나 불쾌한 상황을 만드는 것을 피하게 도와준다. 한편 깊이 있는 지식은 다른 문화권에서 협상할 수 있고, 효과적으로 제품을 홍보하고, 글로벌 경영 능력을 길러 준다. 매너와 관습의 몇 가지 중요한 차이점에 대해 탐구해 보자.

매너
문화에 맞는 올바른 행동, 말하기, 옷차림

매너 문화에 맞는 올바른 행동, 말하기, 옷차림을 **매너**(manner)라고 한다. Jack Ma는 알리바바(www.alibaba.com)를 중개상과 무역 회사의 중간 과정을 줄이면서 공급자와 소비자가 효율성을 증가시키는 방향으로 설립하였다. 그러나 그는 중국 고객들이 문화의 분열을 넘어 서양 문화권의 사람들과 비즈니스를 하기 위해선 비즈니스 에티켓에 관한 훈련이 필요하다는 것을 일찍 깨달았다. 그래서 알리바바는 고객들이 좀 더 고객들과 이야기하고 편안하게 대화할 수 있도록 고객들을 교육시키는 비즈니스 매너 세미나를 열었다.[4]

미국에서 식사를 하며 비즈니스를 진행하는 것은 흔한 관행이다. 그러나 멕시코에서는 주최측이 먼저 그렇게 하지 않는 한 식사자리에서 비즈니스 얘기를 꺼내는 것은 예의에 어긋난다. 마찬가지로 미국에서 건배사는 격의 없고 가벼운 유머와 함께 하는 편이다. 건배사를 철학적이고 열정적으로 해야 하는 멕시코에서 가벼운 건배사는 반감을 살 수 있다.

관습
한 문화 안에서 세대 간에 전해져 온 특정한 상황에서의 행동 방식이나 습관

관습 특정한 상황에서의 행동 방식이나 습관이 세대 간에 전해져 왔을 때 그것은 **관습**(custom)이 된다. 관습은 특정 상황에서 올바른 습관이나 행동을 정의하는 데 있어 매너와 차이가 있다. 예를 들면 20세가 되면 젊은 남녀에게 파티를 열어 주는 것도 하나의 관습이다.

민속 관습
주로 몇 세대 이상까지 거슬러 올라가며 동족 집단에 의해 행해져 내려오는 행동

유명한 관습
한 외래 집단이나 여러 집단에 의해 공유되는 행동

민속과 유명한 관습 **민속 관습**(folk custom)은 주로 몇 세대 이상까지 거슬러 올라가며 동족 집단에 의해 행해져 내려오는 행동이다. 중국에서 용선 축제를 여는 것이나 터키의 밸리 댄스 모두 민속 관습이다. **유명한 관습**(popular custom)은 한 외래 집단이나 여러 집단에 의해 공유되는 행동이다. 유명한 관습은 한 번에 하나 혹은 두 개나 그 이상의 문화 안에 존재할 수 있다. 청바지를 입는 것이나 골프를 치는 것은 모두 세계적으로 유명한 관습이다. 다른 지역으로 퍼진 민속 관습은 유명한 관습으로 발전한다. 그들의 매력에도 불구하고 유명한 관습은 문화 안에서 보수

적이거나 외국인을 싫어하는 사람들에 의해 위협으로 비춰질 수도 있다.

우리는 민속과 유명한 음식의 차이를 구분할 수 있다. 예를 들어 유명한 서양 스타일의 패스트푸드는 세계에서 빠르게 민속 음식을 대체하고 있다. '버거와 감자튀김'(미국)과 '피쉬 앤 칩스'(영국)의 광범위한 수용은 많은 아시아 국가들, 특히 젊은 사람들 사이에서 깊게 자리 잡은 음식 전통을 바꾸고 있다. 일본과 한국에서는 오늘날 이런 유명한 음식은 집에서 먹는 식사의 한 부분이 되어 가고 있다.

선물 주는 관습 정부 협력자와 기업 사이에 사소한 선물을 주는 것은 많은 국가에서 관례적인 일이지만 올바른 선물의 종류는 다양하다. 예를 들어 러시아, 프랑스, 독일과 같은 국가에 있는 협력자에게 칼은 관계의 단절을 의미하므로 선물로 주어선 안 된다. 일본에서 선물은 섬세하게 포장되어야만 하므로 경의를 표하기 위해선 훈련받은 사람에게 부탁하는 것이 현명하다. 또한 선물을 주는 사람이 선물이 작고 받는 사람에게 걸맞지 않다고 말하는 것이 일본 관습이며 받는 사람은 주는 사람 앞에서 선물을 열지 않는 것이 관습이다. 이 전통은 사소한 선물이라는 뜻이 아니라 단지 관습일 뿐이다.

문화는 뇌물을 주거나 혹은 받는 것에 대한 법적 · 윤리적 규정에서 다르다. 비즈니스 협력자에게 큰 선물은 특히 의심스럽다. 기업이 비즈니스적 호의를 얻기 위해 정부 협력자에게 큰 선물을 주는 것을 금지하는 미국 해외 부패 행위 방지법은 국내 그리고 국외에서 운영하고 있는 미국 기업들에게 적용된다. 그래도 많은 문화권에서 뇌물은 수 세기 동안 진부한 사회 구조로 엮여 들어가고 있다. 어떤 문화권에서는 큰 선물이 계약을 얻고, 시장에 진입하고, 경쟁자로부터 안전을 보장하는 효과적인 방법이다. 해외 비즈니스를 할 때 매너와 관습에 관해 추가적인 요점을 보려면 아래 글상자 '경영자의 서류가방 : 세계 여행자의 미팅 가이드'를 참조하라.

경영자의 서류가방 세계 여행자의 미팅 가이드

대형 다국적기업들은 전 세계에서 생활하고, 일하며 여행하는 것이 편한 최고 경영자들이 필요하다. 여기 경영자들을 위해 다른 문화권에서 온 동료들과 만날 때 따라야 하는 몇 가지 가이드라인이 있다.

- **친숙함** 너무 빨리 친해지려는 시도를 피하라. '의사' 혹은 '미스터'라는 명칭을 사용하라. 상대방이 권할 때만 이름으로 바꿔 불러야 하며 사람의 이름을 줄여 부르지 말라.
- **개인 공간** 문화는 어디까지가 두 사람 사이의 적당한 거리인지를 드러낸다. 라틴아메리카 사람들은 거리를 매우 가깝게 하며 남자들 사이에 포옹은 비즈니스에서 흔한 일이다.
- **종교적 가치** 당신의 매너가 사람들의 반감을 사지 않도록 조심하라. 전 국무장관인 Madeline Albright는 종교인인 이스라엘과 팔레스타인의 두 지도자들에게 키스한 일로 '키싱 대사'라는 별명을 얻게 되었다.
- **명함** 아시아에서 명함은 개인의 연장선으로 고려된다. 일본에서 명함은 보편적으로 인사를 한 이후 두 손을 뻗은 채로 상대방을 보고 이야기하며 교환한다. 명함을 서둘러 지갑에 넣거나 서류가방에 던져 넣지 말고 전체 회의 동안 테이블 위에 올려놓아라.
- **코미디** 유머는 많은 경우 제대로 전달되지 않을 수 있으니 조심해서 사용해야 한다. 재담이나 말장난 혹은 현지 사람들은 지식이 거의 없을지도 모르는 당신 국가에서 일어난 사건에 기반 농담을 피하라.
- **보디랭귀지** 당신의 팔을 의자 뒤로 걸면서 '뻗지' 말고 너무 경직되지도 말아라. 사람들이 당신을 믿을 수 없다고 여기지 않도록 사람들의 눈을 바라보라. 그렇지만 도전적으로 너무 집중해서 노려보진 말라.

퀵 스터디 2

1. 가치의 예로 무엇이 있는가?
2. 보수적 그룹은 어떤 관습에 맞서는가?
3. 미국 기업이 국내외에서 선물을 주는 것을 법으로 금한 것을 무엇이라 부르는가?

사회 구조와 교육

사회 구조
그 집단과 기관, 그들의 사회적 위치와 그들 간의 관계에 대한 시스템, 그리고 집단의 자원이 유통되는 과정을 포함한 문화의 근본 조직

사회 구조(social structure)는 문화의 근본 조직을 구현하는 데 그 집단과 기관, 그들의 사회적 위치와 그들 간의 관계에 대한 체제, 그리고 집단의 자원이 유통되는 과정을 포함한다. 사회 구조는 생산 입지 선택, 홍보 방법, 비즈니스 진행 비용을 포함한 많은 비즈니스 결정에 영향을 미친다. 문화마다 차이가 있는 사회 구조의 세 가지 중요한 구성요소는 사회 집단 단체, 사회적 지위, 사회 유동성이다.

사회 집단 단체

사회 집단
서로 동일시하고 소통하는 둘 혹은 그 이상의 사람들의 집단

모든 문화의 사람들은 그들을 다양한 사회 집단과 연관시킨다. **사회 집단**(social group)은 서로 동일시하고 소통하는 둘 혹은 그 이상의 사람들의 집단이다. 사회 집단은 각 개인의 정체성과 자아상의 확립에 기여한다. 모든 비즈니스 활동에 영향을 미치는 특히 중요한 두 가지 역할을 수행하는 두 집단은 가족과 성별이다.*

가족 가족 집단은 두 가지 유형으로 나뉜다.

- 핵가족은 직계가족으로 구성되어 있는데 가족과 형제, 자매를 포함한다. 이 가족의 개념은 호주, 캐나다, 미국, 그리고 유럽에서 만연하다.
- 대가족은 핵가족의 확장으로 조부모와 이모, 삼촌, 사촌, 그리고 결혼으로 관계된 친인척을 추가한다. 대부분의 아시아, 중동, 북아프리카, 그리고 라틴아메리카에서 중요한 사회 집단이다.

대가족은 그 개념이 익숙하지 않은 비즈니스인들에게 몇 가지 흥미로운 상황을 제시할 수 있다. 어떤 문화권에서는 소유주와 경영자가 대가족 사람들이 일하는 회사로부터 물품과 재료들을 얻는다. 가격과 품질이 그러한 가족 결의를 무시하기에 충분한 동기가 아니기 때문에 가족 간 합의에 진입할 기회를 얻는 것은 어려울 수 있다.

대가족 문화 안에서 경영자와 다른 직원들은 대개 회사 안에서 가족들의 일을 찾아주려 한다. 이런 관례(친인척 등용)는 서양의 회사에서 인력 관리에 어려움을 초래할 수 있으며 일반적으로 이 관행에 대한 명백한 정책을 설립해야 한다.

성별 성별은 남자 혹은 여자와 관련되고 기대되는 사회적으로 학습된 습관을 말한다. 그것은 옷 스타일이나 활동 선호도와 같은 행동과 태도를 포함한다. 이것은 사람이 남성 혹은 여성이라는 생물학적 사실을 나타내는 성과는 다르다.

---

* 편의를 위해 두 '집단'을 함께 본다. 엄밀히 말하면 성은 집단이 아니다. 사회학자들은 그것을 어떤 형태의 지위를 공유하는 사람이라는 하나의 카테고리로 분류한다. 집단 회원에게 중요한 것은 상호 교류이다. 카테고리 안의 개인은 그들이 그 지위에 있는 유일한 사람이 아니라는 것을 알지만 대부분은 다른 사람에게 이방인으로 남는다.

많은 국가가 직장에서의 양성 평등에 있어서 큰 발전을 이루었지만 어떤 국가들은 그렇지 않다. 직장에서 여성에게 공평한 기회 제공이 거부되는 국가에서 여성의 실업률은 같은 직업에서 남자에 비해 2배가 되며 그들의 연봉은 남자의 절반이다. 여자의 월급은 매우 낮고 보육비는 너무 비싸서 엄마들이 집에서 아이들을 돌보는 게 더 이치에 맞다. 아이들을 돌보는 것과 집안일을 하는 것 또한 해당 국가에서는 가족 모두의 일이 아닌 여자의 일로 간주되는 경향이 있다.

사회적 지위

다른 사회 구조의 중요한 측면은 문화가 지위, 즉 사회 구조 안에서의 위치에 따라 인구를 나누는 방법이다. 어떤 문화는 몇 개의 카테고리를 가지고 있지만 나머지는 그 종류가 많다. 사회 계층이나 등급으로 사람들을 분류하는 과정을 **사회 계층화**(social stratification)라고 부른다.

사회 계층화
사회 계층이나 등급으로 사람들을 분류하는 과정

주로 사회적 지위를 결정하는 요소는 가족의 유산, 소득, 그리고 직업이다. 대부분의 산업국가에서는 왕족과 정부 공직자, 최고경영진들이 상위 사회 계층을 차지한다. 과학자, 의사와 고등 교육과 관련된 다른 직업들이 중간 계층을 차지한다. 그 아래는 직업 교육자나 중등 교육자, 숙련된 기술자나 종교계 직업을 가지고 있는 사람들이 있다. 각 계층은 꽤 안정적이지만 구성은 시간이 지남에 따라 바뀔 수 있다. 예를 들어 유교(중국의 주요 종교)가 상업이 아닌 학자의 삶을 강조했기 때문에 중국 문화는 몇 세기 동안 상인들을 못마땅하게 생각했다. 그러나 현대 중국에서는 비즈니스를 통해 부와 권력을 얻은 사람들이 젊은 세대들에게 중요한 역할 모델로 생각된다.

사회 유동성

더 높은 사회 계층으로 옮기는 것은 어떤 문화 안에서는 쉽지만 다른 문화 안에서는 어렵거나 불가능하다. **사회 유동성**(social mobility)은 개인이 문화의 '사회적 사다리'를 타고 오르내릴 수 있는 용이성이다. 오늘날 대부분의 세계 시민들을 위해 두 가지 시스템인 카스트 제도 혹은 계급 제도 중 하나가 사회 유동성을 규제한다.

사회 유동성
개인이 문화의 '사회적 사다리'를 타고 오르내릴 수 있는 용이성

카스트 제도 **카스트 제도**(caste system)는 사회적 이동의 기회 없이 사람들이 사회 계층이나 혹은 카스트 안에서 타고나는 사회 계층화 제도이다. 인도는 전형적인 카스트 문화의 예시이다. 인도 헌법은 카스트에 의한 차별을 공식적으로 금하고 있지만 그 영향력은 지속되고 있다. 사회적 교류는 카스트 안에서 거의 일어나지 않으며 본인의 카스트 외의 사람과 결혼하는 것도 금기시된다. 일과 승진의 기회는 이 제도 안에서 정해지며 특정 직업은 각 카스트의 사람들을 위해 준비되어 있다. 예를 들어 낮은 카스트의 사람들은 높은 카스트에 있는 사람을 감독할 수 없는데, 왜냐하면 개인적 충돌이 불가피할 것이기 때문이다.

카스트 제도
사회적 이동의 기회 없이 사람들이 사회 계층이나 혹은 카스트 안에서 타고나는 사회 계층화 시스템

카스트 제도는 서양 기업들이 인도 시장에 진입할 때 어려운 윤리적 결정을 하도록 강요한다. 기업은 인도의 현지 노동 정책을 받아들일 것인지 본국으로부터 가져올 것인지 선택해야 한다. 글로벌화가 인도 문화로 더 깊게 침투하면서, 국가의 사회 제도와 국제 기업들 모두 많은 어려움에 직면할 것이다.

계급 제도 **계급 제도**(class system)는 개인의 능력과 행동이 사회적 지위와 유동성을 결정하는 사회적 계층화 제도이다. 이것은 오늘날 전 세계적으로 사회적 계층화의 가장 흔한 형태이다. 그러나 계급 제도는 허락되는 유동성의 정도에 따라 다양하다. 높은 계급 의식 문화는 적은 유동성을

계급 제도
개인의 능력과 행동이 사회적 지위와 유동성을 결정하는 사회적 계층화 제도

제공하며 놀랄 것도 없이 계급 충돌이 더 자주 일어난다. 예를 들어 서유럽 전역에서는 부유한 가문이 사회적 유동성을 제약하면서 몇 세대에 걸쳐 힘을 보유해 왔다. 서유럽 국가들은 가끔씩 비즈니스 비용을 증가시킬 수 있는 노동 관리 분쟁 형태의 계급 충돌을 처리해야 한다.

반대로, 계급 의식이 낮은 국가는 사회 유동성을 격려하며 충돌이 적다. 직장에서 더 협력적인 분위기는 사람들이 더 높은 사회적 지위가 그들의 역량 안에 있다고 느낄 때 확산되는 경향이 있다. 대부분의 미국 시민들은 근면이 그들의 생활 수준과 사회적 위상을 향상시킬 수 있다는 믿음을 공유한다. 사람들은 높은 위치가 큰 소득이나 부에 따른 것이라고 생각하며 가족 배경에는 관심이 없다.

교육

교육은 전통, 관습, 가치를 물려주는 데 있어 중요하다. 각 문화는 학교, 부모, 종교적 가르침, 그리고 집단 소속감을 통해 젊은 사람들을 가르친다. 가족과 다른 집단들은 어떻게 문화가 다른 사람들과 교류하는지에 대해 비공식적 교육을 제공한다. 대부분의 문화권에서 독해와 수학 같은 지적 능력은 공식 교육 환경에서 배운다.

정부가 제공하는 국민의 교육 수준 자료는 적당히 걸러서 받아들여야 한다. 많은 국가들이 자신들이 고안한 문맹 검사에 의존하기 때문에 국가 간의 비교는 어려울 수 있다. 비록 일부 국가는 공통 검사를 실시하지만, 나머지는 문맹이 아니란 증거로 서명만 요구한다. 그러나 미개발 시장이나 새로운 공장 입지를 찾기 위해 경영자들이 믿을 수 없는 기준에 의지하도록 강요할 수 있다. 〈표 2.1〉에서 볼 수 있듯이 일부 국가는 다른 나라에 비해 국가 식자율을 높이려면 갈 길이 멀다. 세계적으로 약 8억 명의 성인이 문맹으로 남아 있다. 그리고 세계 문맹률은 여성이 더 높지

표 2.1 선택 국가의 문맹률

국가	성인 문맹률 (15세 이상 성인의 %)
부르키나파소	71
파키스탄	45
나이지리아	39
모로코	33
캄보디아	26
이집트	26
짐바브웨	16
사우디아라비아	13
브라질	10
페루	10
콜롬비아	6
멕시코	6
포르투갈	5
요르단	4
필리핀	4

출처 : Based on *The World Factbook* 2013-14. Washington, DC: Central Intelligence Agency, (https://www.cia.gov/library/publications/the-world-factbook/index.html).

만 남성과의 차이가 좁혀지고 있다.[5]

교육을 거의 받지 못한 시민이 있는 국가는 가장 낮은 임금을 받는 제조업을 유치한다. 기초 교육을 위한 우수한 프로그램을 가진 나라는 비교적 높은 임금을 받는 산업을 유치하는 경향이 있다. 직업 교육에 투자하는 국가는 대개 생산성 향상과 소득 증가로 보답받는다. 반면 기술과 숙련된 노동자가 있는 국가는 온갖 높은 임금을 받는 직업들을 유입한다.

아시아의 신흥국에서 나타나는 그들의 빠른 경제발전은 대부분 건실한 교육 제도 덕분이다. 그들은 초등과 중등 교육에서 엄격한 수학 교육에 초점을 맞춘다. 대학 교육은 어려운 과학에 집중하며 기술자, 과학자, 경영자를 교육하는 데 목표를 둔다.[6]

'두뇌 유출' 현상 국가 교육 제도의 질은 국가 경제발전 단계와 관련이 있다. **두뇌 유출**(brain drain)은 한 전문 분야, 지리적 영역, 혹은 국가에서 다른 곳으로 향하는 고학력자들의 유출이다. 지난 몇 년간 정치적 불안정과 경제적 어려움은 많은 인도네시아인들이 고향을 떠나 다른 국가, 특히 홍콩, 싱가포르, 미국으로 도망치도록 만들었다. 대부분의 인도네시아의 두뇌 유출은 서양에서 교육받은 금융과 공학 전문가들, 즉 경제개발을 위해 필요한 사람들 사이에서 일어났다.

두뇌 유출
한 전문 분야, 지리적 영역, 혹은 국가에서 다른 곳으로 향하는 고학력자들의 유출

많은 서유럽 국가들은 시장 경제로의 전환 초기에 두뇌 유출을 경험했다. 경제학자, 모든 분야의 기술자, 과학자, 연구원들이 가난에서 탈출하기 위하여 서구로 도망쳤다. 그러나 일부 국가들은 공산주의로부터의 긴 체제 전환을 지속하면서 전문가들을 본국으로 다시 끌어들였으며 이것은 역 두뇌 유출로 알려지고 있다.

퀵 스터디 3

1. 사회 구조가 구현하는 문화의 근본적 조직은 무엇을 포함하는가?
2. 한 사람과 그의 부모와 형제자매를 포함한 직계가족을 무엇이라 부르는가?
3. 한 전문 분야, 지리적 영역, 혹은 국가에서 다른 곳으로 향하는 고학력자들의 유출을 무엇이라 부르는가?

종교

인간의 가치는 보통 종교적 믿음에서 기원한다. 서로 다른 종교는 일과, 저축, 물질에 관한 서로 다른 시각을 가지고 있다. 왜 그들이 그렇게 하는지 정의하는 것은 다른 문화 안에서 비즈니스 관행을 이해하는 데 도움이 될 수 있다. 종교가 비즈니스에 미치는 영향을 이해하는 것은 종교 정부가 있는 국가에서 특히 중요하다.

〈지도 2.1〉(58~59쪽에 있는)은 세계의 주요 종교 분포를 보여 준다. 종교는 국가적 · 정치적 경계에 국한되지 않으며 동시 다발적으로 세계의 여러 지역에 존재할 수 있다. 또한 몇 개의 혹은 더 많은 종교가 한 국가 안에 존재하는 건 흔한 일이다. 다음 절에서 우리는 기독교, 이슬람교, 힌두교, 불교, 유교, 유대교, 그리고 신도에 대해 탐구한다. 그리고 이들 종교가 국제경영활동에 미치는 긍정적이고 부정적인 잠재적 효과를 살펴볼 것이다.

기독교

기독교는 약 2,000년 전에 팔레스타인에서 신이 그들의 구원자가 되기 위해 나사렛 예수를 보냈다고 믿는 유대인 사이에서 탄생했다. 비록 기독교가 300개가 넘는 교파를 가지고 있지만 대부

지도 2.1
세계의 종교

GREENLAND
ARCTIC
ALASKA
ICELAND
CANADA
UNITED KINGDOM
IRELAND
PACIFIC OCEAN
UNITED STATES OF AMERICA
NORTH ATLANTIC OCEAN
SPAIN
PORTUGAL
MOROCCO
ALGERIA
WESTERN SAHARA
MEXICO
HAWAII
CUBA
DOMINICAN REPUBLIC
JAMAICA
BELIZE
HAITI
PUERTO RICO
GUATEMALA
HONDURAS
EL SALVADOR
NICARAGUA
COSTA RICA
PANAMA
TRINIDAD & TOBAGO
VENEZUELA
GUYANA
FRENCH GUIANA
SURINAME
GALAPAGOS ISLANDS
COLOMBIA
ECUADOR
MAURITANIA
MALI
SENEGAL
GAMBIA
GUINEA-BISSAU
GUINEA
BURKINA FASO
SIERRA LEONE
IVORY COAST
LIBERIA
GHANA
TOGO
BENIN
NIGER
EQUATORIAL GUINEA
BRAZIL
PERU
BOLIVIA
PARAGUAY
CHILE
URUGUAY
ARGENTINA
FALKLAND/MALVINAS ISLANDS
SOUTH ATLANTIC OCEAN
SWEDEN
LATVIA
DENMARK
LITHUANIA
RUSSIA
NETHERLANDS
BELARUS
POLAND
BELGIUM
GERMANY
CZECH REP.
UKRAINE
LUXEMBOURG
SLOVAKIA
FRANCE
LICHTENSTEIN
AUSTRIA
HUNGARY
MOLDOVA
SWITZERLAND
SLOVENIA
CROATIA
ROMANIA
SAN MARINO
MONACO
BOSNIA-HERZEGOVINA
SERBIA AND MONTENEGRO
Black Sea
ANDORRA
BULGARIA
ITALY
MACEDONIA
ALBANIA
TURKEY
GREECE
ALGERIA
MALTA
CYPRUS
TUNISIA
LIBYA

OCEAN
NORWAY
SWEDEN
FINLAND
RUSSIA
ESTONIA
LATVIA
LITHUANIA
RUSSIA
BELARUS
POLAND
UKRAINE
CZECH REP.
SLOVAKIA
AUSTRIA
HUNGARY
MOLDOVA
SLOVENIA
ROMANIA
CROATIA
BOSNIA HERZEGOVINA
SERBIA AND MONTENEGRO
BULGARIA
ITALY
MACEDONIA
ALBANIA
GREECE
TURKEY
CYPRUS
KAZAKHSTAN
MONGOLIA
GEORGIA
ARMENIA
AZERBAIJAN
UZBEKISTAN
TURKMENISTAN
KYRGYZSTAN
TAJIKISTAN
NORTH KOREA
SOUTH KOREA
JAPAN
CHINA
SYRIA
LEBANON
ISRAEL
JORDAN
IRAQ
IRAN
AFGHANISTAN
KUWAIT
PAKISTAN
NEPAL
BHUTAN
LIBYA
EGYPT
QATAR
UNITED ARAB EMIRATES
SAUDI ARABIA
OMAN
BANGLADESH
INDIA
MYANMAR (BURMA)
LAOS
TAIWAN
PACIFIC OCEAN
CHAD
SUDAN
ERITREA
YEMEN
THAILAND
VIETNAM
CAMBODIA
PHILIPPINES
SOUTH SUDAN
DJIBOUTI
SOMALIA
ETHIOPIA
CENTRAL AFRICAN REPUBLIC
SRI LANKA
BRUNEI
MALAYSIA
SINGAPORE
CONGO REPUBLIC
CONGO DEMOCRATIC REPUBLIC (ZAIRE)
UGANDA
KENYA
RWANDA
BURUNDI
TANZANIA
INDIAN OCEAN
INDONESIA
PAPUA NEW GUINEA
SOLOMON ISLANDS
ANGOLA
ZAMBIA
MALAWI
MOZAMBIQUE
NAMIBIA
ZIMBABWE
BOTSWANA
MADAGASCAR
MAURITIUS
RÉUNION
SWAZILAND
LESOTHO
SOUTH AFRICA
VANUATU
FIJI
NEW CALEDONIA
AUSTRALIA
NEW ZEALAND
기독교
유대교
힌두교
이슬람교
불교
자연 종교
중국 종교
기타

분의 기독교는 로마 가톨릭, 개신교, 혹은 그리스 정교회에 속한다. 20억 명의 신도를 가진 기독교는 세계에 하나뿐인 가장 큰 종교이다. 로마 가톨릭은 신자들에게 신과 다른 것들보다 물질의 소유를 우위에 두는 것을 자제하라고 말한다. 개신교들은 구원은 신에 대한 믿음으로부터 오고 근면은 신에게 영광을 준다고 믿으며 그러한 교의는 '개신교의 근로 윤리'로 널리 알려져 있다. 많은 역사가들은 이 신념이 자본주의의 발전과 19세기 유럽의 자유 기업의 주요 요소였다고 믿는다.

기독교 조직은 때때로 비즈니스 정책에 영향을 주는 사회 명분에 관여한다. 예를 들어 일부 보수적 기독교 집단은 젊은이가 부모의 가르침을 거부한다고 묘사하는 데서 디즈니의 영화가 세계적으로 어린 관람자들의 도덕성 발달을 저해한다고 비판하며 월트 디즈니 기업(www.disney.com)을 거부해 왔다.

가톨릭 교회 자체는 널리 알려진 논쟁에 몰두하고 있다. 아일랜드계 유럽의 주요 저가 항공사 라이언에어(www.ryanair.com)는 한 광고 캠페인으로 로마 가톨릭교의 신경을 건드렸다. 그 광고는 파티마의 네 번째 비밀은 라이언에어의 낮은 요금이라고 말하는 교황(가톨릭교의 지도자)을 묘사했다. 교회는 전 세계적으로 교황에 대한 항공사의 모독을 고소하는 내용을 신문에 발표했다. 그러나 당황스럽게도 신문 발표는 라이언에어를 위해 엄청난 양의 무료 홍보를 한 꼴이 되었다.

현대(www.hyundai.com)는 월드컵 축구 경기 중에 TV 광고를 실어 가톨릭교를 자극했다. 광고는 아르헨티나의 '교회'를 보여주었다. 교회 안에는 스테인드글라스 창문이 있었는데 거기엔 축구공과 가시 왕관이 있는 축구공, 성찬식의 주최자 대신 피자조각을 받는 교구민이 그려져 있었다. 가톨릭교는 축구를 숭배하는 사람들의 이미지와 신성한 성찬식을 받는 그들의 전통을 조롱하는 것에 대해 분개했다. 현대는 의도치 않게 둔감했던 것을 깨달았다고 말하며 광고를 내건 지 이틀 만에 상영을 중단했다.[7]

이슬람교

12억 명의 신도와 함께 이슬람교는 세계에서 두 번째로 큰 종교이다. 예언자 마호메트는 서기 600년경 사우디아라비아에 위치한 신성도시인 메카에서 이슬람교를 창시했다. 이슬람교는 인도네시아를 포함한 일부 동남아시아 국가와 파키스탄, 중동, 중앙아시아, 북아프리카에서 번창했다. 무슬림 집중지역 또한 대부분의 유럽과 미국 도시에서 찾아볼 수 있다. **이슬람**은 '알라에 대한 복종'을 의미하며 **무슬림**은 '알라에게 복종하는 자'를 의미한다. 이슬람은 '다섯 개의 원칙'을 중심으로 삼는다. (1) 샤하다(*Shahada*, 신앙 고백) 암송, (2) 가난한 자에게 기부, (3) 매일 다섯 번 기도, (4) 신성한 **라마단**의 기간 동안 단식, (5) 일생에 한 번은 사우디아라비아의 도시인 메카로 하지(*Hajj*, 순례) 시행.

종교는 무슬림 소비자들이 받아들일 수 있는 물건과 서비스의 종류에 많은 영향을 미친다. 예를 들어 이슬람은 술과 돼지고기 소비를 금한다. 유명한 술 대체재는 탄산 음료, 커피, 그리고 차이다. 돼지고기의 대체재는 양고기, 소고기, 가금류를 포함한다. (모든 고기는 **할랄**의 요구조건을 충족하는 명시된 방식으로 도축되어야 한다.) 무슬림 국가 안에서 뜨거운 커피와 차는 의례적 역할을 하기 때문에 이 시장은 꽤 큰 편이다. 그리고 고리대금(대출에 이자를 붙이는 것)은 이슬람 법을 위반하는 것이기 때문에 신용카드 회사들은 이자 대신 관리비를 받으며 각 고객들의 대출 한도액은 보증금의 양으로 제한된다.

이슬람 법규로 통치하는 국가들(제3장 참조)은 때때로 학교와 같은 특정 장소나 특정 활동에서 성차별이 있나. 사우디아라비아에서 여자는 길거리에서 운전할 수 없다. 정통 이슬람 국가에서 남자는 가족이 아닌 이상 자신의 집에서 여자와 함께 시장 설문조사를 진행할 수 없다. 이슬람 문화권을 방문하는 여자는 이슬람의 신념과 관습에 대해 특히 민감해야 할 필요가 있다. 예를 들어 이란에서 이슬람 문화지도부 장관은 이란에 방문한 여성 기자에게 다음과 같은 주의서를 공표했다. "육체는 영혼을 위한 도구이며 영혼은 신의 노래이다. 신성한 도구는 성적인 의도로 사용되지 말아야 한다." 비록 히잡(이슬람식 복장) 문제는 현재 뜨겁게 논의되고 있지만, 이란인과 이란인이 아닌 여성 모두 공식적으로 머리와 몸을 가리는 옷과 스카프를 착용할 것으로 기대된다.

힌두교

힌두교는 신자의 90% 이싱인 9억 명의 신도가 현재 살고 있는 인도에서 약 4,000년 전에 설립되었다. 또한 힌두교는 네팔의 주 종교이며 방글라데시, 부탄, 스리랑카에서는 두 번째 종교이다. 일부 사람들에게 힌두교는 종교라기보다는 삶의 방식으로 인식되면서 힌두교는 알려진 어떠한 설립자도 없으며 중심 권력기관이나 정신적 지도자도 존재하지 않는다. 힌두교도 신앙의 근간은 초기 이 장에서 설명한 카스트 제도이다.

힌두교도들은 인간의 영혼은 죽으면 다시 태어난다는 환생설을 믿는다. 많은 힌두교도의 삶의 최종 목표는 해탈(moksha)이다. 이것은 환생의 윤회에서 탈출해 니르바나(nirvana)라고 불리는 영원히 행복한 상태에 진입하는 것이다. 힌두교도는 물질주의를 경멸하는 경향이 있다. 엄격한 힌두교도는 살아있는 생물을 먹거나 의도적으로 해치지 않는데 이는 인간의 영혼이 환생한 것일 수도 있기 때문이다. 힌두교도는 소를 신성한 동물로 여기기 때문에 소고기를 먹지 않는다. 그러나 우유 소비는 종교적 정화의 의미로 간주된다. 맥도날드(www.mcdonalds.com)와 같은 기업은 힌두교도의 신앙을 존중하기 위해서 인도 정부와 종교적 공직자들과 긴밀하게 일을 해야 한다.

인도에서 인도의 문화와 힌두교도 신앙을 보존한다는 명목하에 소비재를 파는 서양 기업들을 향해 몇 차례의 공격이 있었다. 펩시콜라(www.pepsi.com)와 같은 기업은 붕괴되었으며 심지어 현지 관료들은 일시적으로 KFC(www.kfc.com) 가게를 폐쇄했다. 현재 인도에서 잘 운영하고 있는 코카콜라(www.cocacola.com)도 한때 기업의 비밀 제조법을 공개하라는 당국의 요구에 굴복하는 대신 시장을 완전히 떠난 적이 있었다. 인도의 투자 환경은 최근 매우 발전했다. 그러나 노동자-경영진 관계는 때때로 생산성에 큰 영향을 주는 파업 단계까지 악화된다.

불교

불교는 약 2,600년 전에 인도에서 후일 부처라 불리는 시다르타 고타마(Siddhartha Gautama)라는 힌두교도 왕자에 의해 창시되었다. 오늘날 불교는 약 3억 8천만 명의 신도가 있으며 그들은 대부분 중국과 티베트, 한국, 일본, 베트남, 태국에 있고 미국과 유럽에도 분포하고 있다. 인도에서 창시되었지만 인도 내 불교신자는 비교적 적다. 힌두교와 다르게 불교는 인도 사회의 카스트 제도를 거부한다. 그러나 힌두교와 마찬가지로 불교는 물질적인 것보다 영적인 부분에 집중하는 삶을 권장한다. 또한 불교는 인간의 감각에서 기쁨을 추구하는 것은 고통을 초래한다고 가르친다. 공식적인 의식에서 불교도는 '세 가지 보석'으로 도피한다. 부처, 다르마(*dharma*, 그의 스승), 상가(*sangha*, 계몽자 단체)가 그것이다. 그들은 기부와 겸손, 다른 사람을 위한 연민, 폭력

불교는 신도들에게 물질적 욕심에서 벗어나 단순한 삶을 살라고 가르친다. 그러나 글로벌화가 아시아의 시장을 열게 되면서 서양 다국적기업의 제품들이 흘러 들어왔다. 여기 미얀마의 어린 불교 승려들이 노트북 주변에 모여 있다. 아시아의 문화가 전통적 가치와 신조를 보존하면서 현대화할 수 있다고 생각하는가?

출처 : ⓒ Scott Stulberg/Corbis

에 대한 자제, 일반적인 자기 관리를 통해 니르바나(환생 탈출)를 추구한다.

많은 절의 수도승들이 홀로 명상하는 삶과 학문에 전념하지만, 많은 다른 불교 승려들은 고통받는 인간의 짐을 더는 데 헌신한다. 그들은 아시아의 학교와 병원을 지원하고 세계 평화 운동에 활발히 참여한다. 티베트에서 아직 대부분의 사람들은 추방당한 달라이 라마가 불교 문화의 영적 · 정치적 지도자라고 알고 있다. 미국에서는 종교 단체와 인권 변호사들이 종교적 박해를 하는 국가들에 대해 미국 의회가 경제적 제재를 가하도록 지속적으로 압박하고 있다.

유교

공부자(kung-fu-dz, 영어로는 'Confusius'라고 발음됨)라는 이름의 한 망명한 정치인이자 철학자는 약 2,500년 전부터 중국에서 사상을 가르치기 시작했다. 오늘날 중국은 2억 2,500만 유교 신도들의 고향이다. 또한 유교적 사상은 일본과 한국, 그리고 싱가포르와 같은 많은 화교가 있는 나라들의 문화에 뿌리를 두고 있다.

한국의 비즈니스 관습은 엄격한 조직 구조와 권위에 대한 부동의 존경에서 유교적 사상을 반영한다. 한국 근로자들은 엄격한 명령 체계를 문제삼지 않는다. 그러나 한국 스타일의 경영방식을 해외 자회사에 적용하려고 했을 때 미국 임원들과 심각한 갈등이 있었고 베트남의 공장 근로자들과도 대립이 있었다.

어떤 관찰자들은 유교적 근로 윤리와 교육에 대한 헌신이 동아시아의 놀라운 경제 성장에 박차를 가했다고 주장한다. 그러나 다른 이들은 문화와 경제 성장의 연관성은 약하다고 대응한다. 그들은 경제와 역사, 전 세계적 요소가 적어도 문화만큼이나 중요하다고 주장한다. 그들은 중국의 지도자가 유교가 경제 성장을 저해했다고 믿었기 때문에 유교를 몇 세기 동안이나 신뢰하지 않았다고 말한다. 마찬가지로 많은 중국인들은 상인과 무역상들의 주 목적(돈을 버는 것)이 유교 신념을 위배하기 때문에 그들을 멸시했다. 그 결과 중국의 많은 사업가들이 성공적인 비즈니스를 위해 인도네시아, 말레이시아, 싱가포르, 태국으로 이동했다. 오늘날 해외에 거주하는 중국인들(그리고 대만인들)은 중국의 빠른 경제 성장을 재정적으로 돕고 있다.

유대교

3,000년 전부터 유대교는 단일교의 신앙을 전파한 첫 번째 종교였다. 오늘날 유대교는 전 세계적으로 대략 1,800만 명의 신도를 가지고 있다. 이스라엘에서 정통파('완벽한 엄수자') 유대교도는 전체 인구의 12%를 차지하며 경제부문에서 매우 중요하다. 예루살렘에는 심지어 정교회 사회의 안과 밖을 겨냥한 광고에 정통파 유대교도를 캐스팅하는 전문 모델 소개소도 있다. 모델은 학자와 랍비를 포함한다. 정교회의 원칙을 따라 광고에서 여자 모델은 수수한 옷을 입고 절대 남자 옆에 서지 않는다.

근로자와 인적관리 경영자는 유대 신앙의 중요한 날들을 알고 있어야 한다. 왜냐하면 안식일은 금요일 일몰부터 토요일 일몰까지 지속되기 때문에 근로 일정을 조정해야 할 수도 있기 때문이다. 독실한 유대인은 금요일 일몰 전에 집에 돌아가고 싶어 한다. 안식일날 그들은 일, 여행, 현금 소지를 하지 않는다. 몇 가지 다른 중요한 준수 사항은 로시 하샤나(Rosh Ha-Shanah, 9월 혹은 10월에 있는 이틀간의 유대교 신년제), 유월절(passover, 매년 3월 혹은 4월에 이집트 탈출을 축하하는 것), 그리고 하누카(Hanukkah, 주로 12월에 시리아 전쟁에서의 승리를 축하하는 것)이다.

판매자들은 엄격한 유대인들에게 금지된 음식을 고려해야만 한다. 돼지고기와 조개류(로브스터나 게와 같은)는 금지된다. 고기는 우유와 분리되어 저장되고 공급된다. 다른 고기는 shehitah라고 불리는 관습에 따라 도축되어야만 한다. 유대인의 식전통에 따라 준비된 고기는 코셔(kosher)라고 불린다. 대부분의 항공사는 유대인 승객들을 위해 코셔 식사를 제공한다.

신도

신도('신들의 길'이라는 뜻)는 일본의 고유 종교로서 생겨났다. 그러나 오늘날 신도는 일본에서 400만 명에 불과한 엄격한 지지자만을 가지고 있다. 오늘날 신도는 애국심을 전파하기 때문에 일본의 진짜 종교는 국수주의라는 말도 있다. 신도는 신실하고 윤리적인 행동과 다른 사람들에 대한 충성과 존경, 그리고 삶의 즐거움을 가르친다.

신도의 신념은 전통적 관습인 종신 고용(오늘날에는 줄어들고 있다)과 기업과 고객 사이의 확장된 전통적 신뢰를 통해 직장에 반영된다. 세계 시장에서 일본의 경쟁률은 충직한 인력과 낮은 이직률, 그리고 좋은 근로자-경영진 협력으로 인해 혜택을 보고 있다. 최근 몇 년 사이 일본 기업들이 놀라운 성공을 거두면서 서양 경영자들이 특정 측면을 가진 신도 근로 윤리의 정신을 모방하게 만들었다.

퀵 스터디 4

1. 기독교의 어떤 교파가 이름을 따서 지은 '근로 윤리'를 갖고 있는가?
2. 인도는 어떤 종교의 90%가 넘는 지지자들의 고향인가?
3. 달라이 라마는 어떤 종교의 정신적 · 정치적 지도자인가?

개인의 의사소통

의사소통
말과 글, 행동을 통해 생각과 감정, 지식, 그리고 정보를 전달하기 위한 체제

모든 문화의 사람들은 말과 글, 행동을 통해 생각과 감정, 지식, 그리고 정보를 전달하기 위해 **의사소통**(communication) 체제를 가지고 있다. 사용되는 언어에 대한 이해는 우리에게 왜 사람들이 그렇게 생각하고 행동하는지에 관한 이해를 높이는 데 도움이 된다. 보디랭귀지에 대한 이해는 우리가 의도치 않은 혹은 당황스러운 메시지를 전달하지 않도록 돕는다. 각각의 의사소통 형태에 관해 좀 더 자세히 알아보자.

말하고 쓰는 언어

말하고 쓰는 언어는 다른 나라를 여행할 때 우리가 알아채는 가장 명백한 차이점이다. 우리는 많은 대화를 엿듣고 관여하며 우리 방식을 찾기 위해 많은 표시와 문서를 읽는다. 언어에 대한 지식은 문화를 깊이 이해하기 위한 핵심이다.

언어적으로 인구는 대개 문화적, 사회적, 그리고 정치적으로 구별된다. 말레이시아의 인구는 말레이인(60%), 중국인(30%), 그리고 인도인(10%)으로 구성되어 있다. 말레이어가 공식적인 국어이긴 하지만 각각의 민족집단은 그들의 고유한 언어를 사용하며 전통을 이어가고 있다. 영국은 잉글랜드와 북아일랜드, 스코틀랜드, 웨일스를 포함한다. 아일랜드와 스코틀랜드의 모국어는 게일어(Gaelic)의 방언이며 웨일스에선 웨일스어(Welsh)가 영국 영어보다 더 오래되었다. 수십 년의 쇠퇴 끝에 게일어와 웨일스어는 라디오나 텔레비전, 그리고 학교 교육과정에서 다시 볼 수 있다.

오늘날 미디어의 세계적 확장과 관광 및 비즈니스를 위한 여행의 증가는 어떤 문화는 그들의 모국어를 잃을 가능성에 직면했다는 것을 의미한다. 사회적 지속가능성의 부족이 어떻게 세계의 언어를 위태롭게 할 수 있는지 알아보기 위해 아래 글상자 '글로벌 지속가능성 : 더 적은 언어로

글로벌 지속가능성 더 적은 언어로 말하기

올해 어느 날 세계 어딘가에서 남녀 노인이 죽을 것이고 그들과 함께 그들의 언어도 사라질 것이다. 수십 개의 언어가 오로지 한 명의 원어민만 살아 있는 상황에 처해 있다. 다음은 현실, 결과, 그리고 할 수 있는 일이다.

- **잃어 가는 것** 전 세계 대략 6,000여 개의 언어 가운데 약 90% 정도가 10만 명 이하의 사용자를 가진다. 이번 세기 말까지 세계 언어의 절반 이상이 사라질 것이다. 아마 1,000개 이하의 언어가 살아남을지도 모른다. 한 멸종위기의 언어는 2,500년 된 셈어인 아람어(Aramaic)이며 그것은 한때 중동의 주언어였다.
- **얻는 것** 소수의 언어가 죽어 나가지만 세 가지 언어인 만다린어, 스페인어, 영어의 사용자 수가 늘고 있다. 영어는 비즈니스, 고등 교육, 외교, 과학, 유명한 음악, 연예, 그리고 세계 여행에서 공통 언어로 부상했다. 70개국 이상이 영어에 특별한 지위를 부여하며 전 세계 인구 가운데 대략 4분의 1 정도가 영어가 유창하거나 능숙하다.
- **결과** 언어의 손실은 인간의 문화적, 정신적, 지적 삶의 풍부함을 감소시킬 수 있다. 우리가 잃어버리는 것은 기도문, 신화, 유머, 시, 의식, 대화 스타일, 그리고 감정과 행동, 관습에 관한 용어 등을 포함한다. 언어가 죽으면 모든 것이 다른 단어, 소리, 문법을 가진 새로운 언어로 표현되어야만 한다.
- **어떻게 할까?** 언어학자들은 인간의 문화 가운데 매우 가치 있는 부분이 사라질까 염려한다. 그래서 그들은 멸종 위기에 처한 언어들이 사라지기 전에 비디오, 오디오, 기록 문서들을 바쁘게 만들어 내고 있다. 지역사회들도 행동을 취하고 있다. 뉴질랜드 마오리 사회는 완전히 마오리 안에서 진행되고 그곳 어른들로 구성된 kohanga reo 혹은 '언어 둥지'라 불리는 보육원을 짓고 있다.
- **더 알고싶다면?** Enduring Voices(http://travel.nationalgeographic.com/travel/enduring-voices), Living Tongues(www.livingtongues.org), 그리고 Foundation For Endangered Languages (www.ogmios.org)의 웹사이트를 방문하라.

말하기'를 참조하라.

관리자의 영향 현지 언어를 이해하는 중요성은 인터넷에서 더욱 명백해지고 있다. 모든 웹페이지의 약 3분의 2가 영어로 되어 있으나 인터넷 사용자들의 4분의 3은 영어가 모국어가 아니다. 소프트웨어-솔루션 제공 기업은 영어권 국가에서 온 기업들이 그들의 웹사이트를 글로벌 e-비즈니스에 맞게 개선하도록 돕는다. 전 세계 문화에서 온 웹 서퍼들은 온라인에서 그들의 특정 선호와 취향, 구매 습관들을 가져온다. 멕시코시티, 파리 혹은 도쿄에서 고객에게 그들의 언어로 좋은 제품을 산 경험을 제공할 수 있는 기업은 경쟁력을 갖출 수 있다.

언어의 능숙함은 제조 공장에서 외국인 관리자가 현지 직원들을 감독할 때 중요하다. 멕시코에서 한 미국 관리자는 편안하고 문제 없어 보이던 그의 직원이 파업을 했을 때 혼란스러웠다. 문제는 다른 문화적 관점에 있었다. 멕시코 근로자들은 대개 문제 해결이나 직장의 불만에 먼저 나서지 않는다. 근로자들은 공장 관리자가 알고 있지만 그들의 근심거리를 신경쓰지 않는다고 결론 내렸는데, 그것은 그가 직원들에게 작업 환경에 대해 물어보지 않았기 때문이다.

중국 상하이에 있는 건강 식품 회사에서 일하는 미국에서 태어난 Thomas Kwan은 그곳에서도 비슷한 상황이 일어난다고 말한다. "미국인들은 그들의 상사에게 이의를 제기하고 일을 설명하는 것을 장려하는 반면 난 중국 직원에게 무엇을 생각하는지 물어봐야 하고 말을 하도록 독려해야 한다. 많은 (고국을 떠난) 경영자들이 중국에서 실패하는데 이는 중국인들이 생각하는 것을 말해 주지 않는다는 것을 이해하지 못하기 때문이다."라고 그가 말했다.[8]

판매자들은 10대의 관심, 가치, 태도, 그리고 관습에서 통찰력을 얻는다. 하보(www.habbo.com)는 10대들을 위한 세계에서 가장 큰 가상 아지트이며 그들이 서로 어떻게 소통하는지 배우기 위해 31개국 5만 명 이상의 10대들을 설문조사했다. 이 연구는 비록 10대의 72%가 이용하는 이메일 계정이 있지만 76%는 인스턴트 메시지를 통해 친구들과 개인적으로 소통한다는 것을 발견했다. 10대들은 이메일을 학교나 일, 가족과의 서신과 같은 비개인적 필요를 위해 남겨둔다. 그리고 물론, 10대들은 페이스북(www.facebook.com)을 통해 연락한다. 이런 관습에 대한 지식은 판매자들이 광고를 할 때 고객을 제대로 겨냥하도록 돕는다.[9]

언어 실책 광고 슬로건이나 회사 문서는 메시지가 의도한 대로 정확하게 받아들여지도록 신중하게 번역되어야 한다. 만일 주의해서 번역하지 않으면, 기업은 세계적 비즈니스 거래에서 언어의 실수를 저지를 수 있다. 스웨덴에서 켈로그(www.kellogg.com)는 브랜 버드(Bran Buds) 시리얼의 이름을 다시 지어야 했는데 스웨덴어로 대략 '불에 탄 농부'로 번역되었기 때문이다. 그리고 마이애미에는 로마 가톨릭 교회 교황의 미국 방문 대부분을 주도한 사업가가 있다. 그는 스페인어를 쓰는 가톨릭교인들을 위해 티셔츠를 인쇄하기 시작했는데 문구는 "나는 교황을 보았다(el Papa)"로 읽혀야 했다. 그러나 명사에 성별 오류가 생겨 티셔츠에 "나는 감자를 봤다(la Papa)"라고 선포하는 결과를 초래했다.[10] 다른 번역상의 실수 사례는 다음과 같다.

- "러시아의 유명한 작곡가, 예술가, 작가가 목요일을 제외하고 매일 매장되는 묘지에 오신 것을 환영합니다"라고 적힌 모스크바 호텔에 있는 영어 표시
- "당신이 가정부를 이용하도록 정중하게 요청합니다"라고 적힌 영어 사용 손님을 위한 도쿄 호텔의 표시
- 코펜하겐의 항공권 사무실에 영어로 "우리는 당신의 가방을 받아 모든 곳으로 보냅니다."

- 일본 칼 제조공장은 미국으로의 수출품에 이렇게 표시했다. "주의: 칼날을 매우 날카롭게 갈아라. 아동 접근 금지."
- 브래니프 항공사는 영어 슬로건 "깃털 안에서 날아라"를 스페인어로 "벗고 날아라"로 번역했다.

이와 같은 실수는 인간의 독점적 영역이 아니다. 기계 번역(컴퓨터 소프트웨어가 한 언어를 다른 언어로 번역하는 것)은 인터넷을 사용하는 영어가 모국어가 아닌 사람들 사이에서 크게 인기를 얻고 있다. 한 검색 엔진은 사용자가 영어와 아시아 언어로 인터넷에서 검색하고, 웹 페이지를 번역하고, 이메일을 한 언어로 쓰고 다른 언어로 보낼 수 있게 해 준다. 컴퓨터는 다음과 같은 번역을 시도했다. "중국 공산당은 사기업 소유주의 입당 금지를 해제해야 할지 토론 중이다(The Chinese Communist Party is debating whether to drop its ban on private-enterprise owners being allowed to join the party)." 그리고 그 결과는 중국어로 이렇게 나왔다. "중국 공산당은 병사 기업 소유주에게 허가된 입당 금지를 해제해야 할지 토론 중이다(The Chinese Communist Party is debating whether to deny its ban in join the Party is allowed soldier enterprise owners on.)" 여러 다른 번역기도 프랑스어로 "I don't care" ("Je m'en fou")가 "I myself in crazy," "I of insane," "Me me in madman" 등과 같이 나타났다.

링구아 프랑카
서로 다른 언어를 사용하는 두 그룹이 이해하는 세 번째 혹은 '연결' 언어

링구아 프랑카 **링구아 프랑카**(lingua franca)는 서로 다른 언어를 사용하는 두 그룹이 이해하는 세 번째 혹은 '연결' 언어이다. 원래 링구아 프랑카는 고대 무역 활동을 지원하기 위해 생겨났으며 아랍어, 그리스어, 터키어와 더불어 이탈리아어와 프랑스어의 조합을 포함한다. 전 세계 인구의 5%만이 영어를 모국어로 사용하지만 이것은 국제경영에서 사용되는 가장 일반적인 링구아 프랑카이며 프랑스어와 스페인어가 그 뒤를 따른다.

홍콩에서 사용되는 중국의 광둥어 사투리와 대만과 중국 본토에서 사용되는 만다린어는 서로 매우 달라서 링구아 프랑카가 흔히 선호된다. 그리고 인도의 공식 언어는 힌디어지만 많은 지방어 중 링구아 프랑카는 영어이며 그것은 한때 그곳이 영국 식민지였기 때문이다. 하지만 많은 젊은이들은 "힝글리쉬"(한 문장 안에서 힌디어, 타밀어, 영어 단어의 조합)로 표현되는 언어를 구사한다.

다국적기업은 많은 국가에서 그들의 고유 언어로 운영하기 때문에 종종 공식적인 내부 소통을 위해 링구아 프랑카를 선택한다. 내부 서신을 위해 영어를 사용하는 기업은 필립스(www.philips.com; 네덜란드 전자 기업), ABB(Asea Brown Boveri, www.abb.com; 스위스 거대 기업), 그리고 알카텔-루슨트(www.alcatel-lucent.com; 프랑스 통신 회사)를 포함한다. 일본 제일 인터넷 쇼핑 사이트 라쿠텐(www.rakuten.co.jp)은 인터넷에서 유명하기 때문에 공식적으로 영어를 채택했다. 모든 임원 회의는 영어로 진행되며 모든 내부 서류는 궁극적으로 영어로 쓰일 것이다.[11]

보디랭귀지

보디랭귀지
손짓이나 표정, 신체적 인사, 눈 맞춤, 개인 공간의 조작을 포함한 말 없는 신호를 통해 의사소통하는 언어

보디랭귀지(body language)는 손짓이나 표정, 신체적 인사, 눈 맞춤, 개인 공간의 조작을 포함한 말 없는 신호를 통해 의사소통한다. 말하는 언어와 비슷하게 보디랭귀지는 정보와 감정 모두를 전달하고 한 문화와 다른 문화 간에 굉장히 다르다. 예를 들어 이탈리아, 프랑스, 아랍, 베네수엘라 사람들은 활발한 손짓과 몸의 움직임을 통해 대화를 살리는 경향이 있다. 일본인과 한국인은 조금 더 조용하지만 그들의 보디랭귀지를 통해 많은 정보를 전달할 수 있다. 눈을 보는 것은

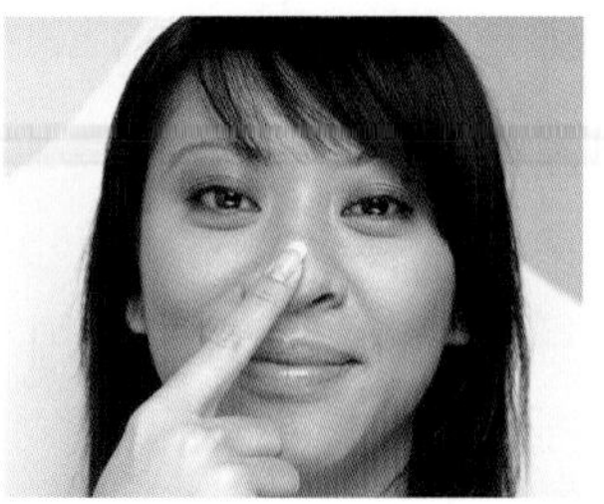

엄지와 검지 동그라미를 만드는 것은 대부분의 유럽과 미국에서는 "알겠다"라는 의미이다. 독일에서 그것은 무례한 제스처이다. 잉글랜드와 스코틀랜드에서 사람의 코를 치는 것은 "우리는 비밀이 있어."라는 의미이다. 웨일스에서 그것은 "넌 매우 참견쟁이야."를 의미한다. 관자놀이를 치는 것은 많은 서유럽 국가에서는 "넌 미쳤어."라는 것을 의미한다. 네덜란드에서 그것은 "넌 똑똑해."라는 의미이다.

출처 : ⓒ Klaus Mellenthin/photononstop/Corbis; ⓒ Ausloeser/Corbis; ⓒ Glowimages/Corbis

도리깨질하는 두 팔과 같은, 혹은 더 많은 의미를 전달할 수 있다.

대부분의 보디랭귀지는 미묘하며 그것을 인식하고 해석하는 데 시간이 걸린다. 예를 들어 국제경영에서 모든 중요한 악수에 대해 안내하는 것은 어려울 수 있다. 미국에서는 악수할 때 단단한 악력과 팔을 몇 번 움직이는 것이 보통 기준이다. 그러나 중동과 라틴아메리카에서는 손을 부드럽게 잡고 팔을 거의 흔들지 않는 것이 관습이다. 일본과 같은 다른 문화에서는 사람들은 전혀 악수를 하지 않으며 서로에게 허리 굽혀 인사한다. 존경의 인사는 다른 의미를 지니는데 보통 받는 사람에 따라 다르다. 동등한 기립 인사는 서로에게 15도 정도로 인사한다. 그러나 연장자를 위한 올바른 존경의 인사는 30도 정도가 필요하다. 반성과 사과의 인사는 45도 정도 되어야 한다.

근접은 다른 문화에서 사람을 만나게 될 때 고려해야 하는 보디랭귀지에서 매우 중요한 요소이다. 만약 상대방에게 너무 가까이 앉거나 서 있는다면(그들의 관점에서) 당신은 그들의 개인 공간을 침해하고 공격적으로 보일 수 있다. 너무 멀리 서 있다면 믿을 수 없는 사람으로 보일 위험이 있다. 북아메리카에서 19인치 정도의 거리는 두 사람 사이에서 괜찮다. 서유럽에선 14~16인치 정도가 적당해 보이나, 영국에서 온 사람은 24인치 정도를 선호할 수 있다. 한국과 중국 사람들은 36인치 정도 떨어져 있을 때 편안한 경향이 있다. 중동에서 온 사람들은 거리를 8~12인치로 좁힐 것이다.

물리적 제스처는 흔히 다른 문화권의 사람들 사이에 대부분 오해의 원인이 되는데 매우 다른 의미를 가지기 때문이다. 예를 들어 엄지손가락을 올리는 신호는 이탈리아와 그리스에서는 저속한 의미지만 미국에서는 "괜찮아", "좋아"라는 의미이다.

퀵 스터디 5

1. 모든 문화는 무엇을 전달하기 위해 사용하는 의사소통 체제를 가지고 있는가?
2. 서로 다른 언어를 사용하는 두 그룹이 이해하는 특별한 언어를 무엇이라 부르는가?
3. 보디랭귀지에 대한 흥미로운 사실은 무엇인가?

세계 직장의 문화

지금까지 이 장에서 문화의 주요 요소를 배우고 어떻게 각각의 요소가 국제경영에 영향을 끼치는지에 관해 전 세계에서 있었던 예시를 읽었다. 이제 사람들의 신념과 행동의 특정한 측면들이 전 세계 직장에서의 활동에 어떻게 영향을 미치는지에 관해 더 자세히 살펴보자.

시간에 대한 인식

많은 라틴아메리카나 지중해 문화의 사람들은 시간 사용에 대해 관대하다. 그들은 유연한 일정을 유지하고 확고한 효율성에 희생하기보다 시간을 즐기기를 원한다. 예를 들어 사업가들은 정해진 회의 시간 이후에 올 수 있으며 비즈니스에 대해 논의하기 전에 개인적인 신뢰를 쌓길 선호한다. 당연히 미국이나 북유럽보다 이런 세계에서는 비즈니스를 진행하는 데 보통 더 오래 걸린다.

반대로 일본이나 미국 사람들은 일반적으로 회의에 맞춰 정시에 도착하며 일정을 엄격하게 관리하고 더 오랜 시간 일한다. 시간을 효율적으로 사용하는 것에 대한 강조는 이 국가들 모두에서 근면의 근본이라는 가치를 반영한다. 그러나 일본과 미국 사람들은 일터에서 시간을 사용하는 방식이 종종 다르다. 예를 들어 미국 직원들은 일의 효율성을 위해 노력하고 만일 하루 일과가 끝난다면 일찍 퇴근하며 개인적 결과물을 생성하는 데 가치를 둔다. 하지만 일본에서는 효율성에 가치를 두지만 비즈니스가 더디게 진행되더라도 다른 사람들 눈에 바빠 보이는 것도 똑같이 중요하다. 일본 직원은 하루 업무가 예정보다 일찍 마감되더라도 일찍 퇴근하지 않는다. 일본 직원들은 상사와 동료들에게 자신의 헌신을 나타내고 싶어 하며 이런 태도는 집단의 유대, 충성, 화합을 생각하며 그것에 가치를 두는 데서 발생한다.

일에 대한 시각

어떤 문화는 강한 근로 윤리를 나타낸다. 다른 문화는 일과 휴식의 균형을 맞추는 데 더 중점을 둔다. 미국 사람들이 일하기 위해 사는 것과는 반대로 남프랑스 사람들은 살기 위해 일한다고 말한다. 프랑스인들은 일은 결과를 위한 수단인 반면 미국에서 일은 그 자체로 결과이다. 당연히 남프랑스의 라이프스타일은 더 느리다. 사람들은 편안하고 품격 있는 라이프스타일을 즐기기 위해 충분한 돈을 버는 데 집중하는 경향이 있다. 많은 근로자들이 한 달의 유급 휴가를 내고 국외로 나가는 8월 동안 비즈니스는 사실상 문을 닫는다.

문화 보급은 문화적 변화에 강력한 영향을 미친다. 전통 문화는 부유하고 산업화된 국가 사람들의 라이프스타일이 유입될 때 특히 취약하다. 위성 텔레비전과 인터넷은 다른 사회의 문화적 특색에 사람들을 노출시키는 데 매우 효과적이다. 보츠와나 마을에 있는 사람들이 위성 TV를 얻은 이후부터 세상을 다르게 볼 것이라 생각하는가?

출처 : © Tino Soriano/National Geographic Society/Corbis

유럽 국가에서 창업은 꽤 위험한 것으로 간주되며 벤처 사업을 위한 자본이 부족할 수 있다. 게다가 민약 사업이 파산하면 실패에 대한 낙인 때문에 사업가들은 미래 프로젝트를 위한 자금을 얻기 어려울 수도 있다. 이것은 최근 발전에도 불구하고 아직 진실로 남아 있다. 그러나 미국에서 이전 파산기록이 사업 계획서에 표시될 때 때로는 가치 있는 경험으로 고려되기도 한다. 미국 은행원이나 기업 자본가는 유망한 사업 계획서를 보면 보통 자금을 빌려 줄 의향이 있다. 오늘날 많은 유럽 국가들이 기업 활동을 장려하고 있다.

물질 문화

물건을 생산하고 서비스를 제공하기 위해 한 문화권에서 사용되는 모든 기술을 **물질 문화**(material culture)라고 부른다. 물질 문화는 흔히 국가 시장이나 산업의 기술적 진보 정도를 측정하는 데 사용된다. 일반적으로 기업은 해당 제품의 수요가 높거나 제품의 생산 공정을 진행할 수 있는 기반이 될 때 새로운 시장에 진입한다. 어떤 국가들은 현대 시회의 물질 문화를 이루는 가장 기본적인 요소가 부족하다. 그러나 기술은 글로벌 경제 피라미드의 바닥에 위치한 국가들이 국민을 빈곤의 수렁에서 빠져 나오게끔 도와준다.

물질 문화
물건을 생산하고 서비스를 제공하기 위해 문화에서 사용되는 모든 기술

물질 문화는 흔히 국가의 지리, 시장, 산업 전반에 걸쳐 불균형한 발전을 보여 준다. 예를 들어 상하이는 그 전략적 위치와 중국의 동해에 있는 최고의 항구이기 때문에 국제 무역의 중요한 역할을 오랫동안 맡아 왔다. 비록 총 인구수의 1%밖에 살지 않는 곳이지만 상하이는 중국 총생산의 5%를 차지하고 있으며 중국의 산업 생산과 금융 서비스 생산 부문의 점유율 12%를 차지한다. 마찬가지로 태국의 수도인 방콕은 전 국민의 10%밖에 차지하고 있지 않지만 GDP의 40%를 차지하고 있다. 한편 국토의 북쪽 지역은 대부분 농경지, 산림, 산으로 구성된 시골 지역으로 남아 있다.

문화적 변화

문화적 특색(cultural trait)은 손짓, 사물, 전통, 개념을 포함한 삶의 문화적 방법을 나타내는 모든 것이다. 이와 같은 특색은 일본에서 경의를 표하기 위해 허리 숙여 인사하는 것이나(제스처), 태국의 불교 사원(사물), 멕시코에서 기일을 기념하는 것(전통), 그리고 미국의 민주주의 실현(개념)을 포함한다.

문화적 특색
손짓, 사물, 전통, 개념을 포함한 삶의 문화적 방법을 나타내는 모든 것

문화적 특색이 한 문화권에서 다른 문화권으로 전파되는 과정을 **문화 보급**(cultural diffusion)이라 부른다. 새로운 특색이 문화에 받아들여지고 흡수되면서 자연스럽게 점진적으로 **문화 변화**가 일어난다. 글로벌화와 기술 진보는 문화 보급과 문화 변화 모두의 속도를 향상시킨다. 인터넷의 영향력 확산에 따른 오늘날 미디어의 전 세계적 보급과 유튜브와 페이스북과 같은 서비스는 문화 보급에 그 역할을 다하고 있다. 이런 힘들은 사람들을 다른 문화에 관한 생각이나 특색에 노출시킨다(종종 고립시킨다).

문화 보급
문화적 특색이 한 문화권에서 다른 문화권으로 전파되는 과정

기업이 문화를 바꿀 때 글로벌 기업들은 흔히 문화 변화의 대리인이 된다. 무역과 투자 장벽이 무너지면서, 예를 들어 미국 소비재와 연예기획사들은 새로운 시장으로 이동하고 있다. 종종 비평가들은 이들 기업의 제품을 수출할 때 미국이 **문화 제국주의**(cultural imperialism)를 실현한다고 비난한다. 문화 제국주의는 그 문화의 전통, 민중의 영웅, 가공품들을 타지에서 온 대용품으로 대체하는 것을 의미한다.

문화 제국주의
그 문화의 전통, 민중의 영웅, 가공품들을 타지에서 온 대용품으로 대체

문화 제국주의의 공포는 프랑스가 월트 디즈니 기업(www.disney.com)의 제품과 파리 디즈니랜드 테마파크를 반대하도록 만든다. 그들은 '미키와 그 친구들'이 프랑스 문화에서 온 전통적 캐릭터들을 대체할까 봐 두려워한다. 맥도날드 또한 종종 문화 제국주의로 인해 비난받는다. 일본의 아이들은 보통 맥도날드가 일본에서 발명되었고 미국으로 수출되었다고 생각하는 것으로 보도되었다. 중국 아이들은 '삼촌' 맥도날드를 '재미있고, 다정하고, 친절하고 이해심 많은' 사람으로 생각한다. 한편 러시아의 정치가들은 자신들의 문화가 '스니커화(Snickerization)'되는 것을 비난했다. 이 단어는 마즈 기업(www.mars.com)이 만든 스니커즈 초콜릿바의 인기를 나타내는 용어이다. 인도에서 미스 월드 선발대회가 열렸을 때 보수 집단은 서양 기업의 스폰서들이 소비주의와 여성을 성적 물건으로 묘사하는 메시지를 전달한다고 비난했다.

기업이 활동하는 문화에 대한 민감도는 기업들이 문화 제국주의라는 비난을 피할 수 있도록 도와줄 수 있다. 기업은 사람들의 필요를 채워 주는 것뿐만 아니라 어떻게 기업의 활동과 제품이 사람들의 전통적 방법과 관습에 영향을 미칠지에 관해서도 집중해야 한다. 문화에 미치는 그들의 영향을 비즈니스의 필연적인 결과로 보기보다 기업들은 그 영향을 완화하기 위해 몇 가지 단계를 밟을 수 있다. 예를 들어 깊은 신념이 있는 특이한 정책과 관행들은 조금씩 도입될 수 있다. 또한 경영자들은 노인과 같이 많은 선진국에서 주요 사회적 역할을 수행해 온 매우 존경받는 현지 사람들에게 조언을 구할 수도 있다. 그리고 비즈니스는 항상 현지 근로자들에게 문화적 특색과 깊이 연관되어 있는 제안된 변화의 장점을 매우 분명히 해야 한다.

다른 문화권으로 작업장을 바꾸는 미국 기업들은 근로자들이 대우받는 방식을 보여 준다. 미국 기업이 일감을 다른 국가로 아웃소싱할 때 어떻게 협력업체들이 직원을 대하는지에 관해 책임을 져야 한다. 그 과정에서 미국 기업들은 미국 작업장의 가치를 수출한다.

문화가 기업을 바꿀 때 문화는 종종 기업들이 경영 정책과 관행을 조정하도록 강요한다. 예를 들

해외 중국 아이들이 중국 톈진시 당국에서 열린 여름 캠프 '중국의 뿌리 여행'의 개막식에 참여하고 있다. 이 캠프는 매년 51개 국가와 종교에서 6,000여 명 이상의 해외 중국 청소년들을 모으고 있다. 이 캠프는 중국 청소년들을 중국 조상들의 문화적 전통 속에서 교육시키기 위해 만들어졌다. 주최자들은 중국 역사와 문화에 대해 더 잘 이해함으로써 이 청소년들이 이후 중국과 다른 국가들 간 훌륭한 문화적 소통인으로 자라기를 바라고 있다.

출처 : ⓒ Liu Dongyue/Xinhua Press/Corbis

어 미국에서 온 경영자는 흔히 다른 나라에서 온 직원들을 동기 부여하는 방법의 변화를 촉구하는 문화적 차이를 마주한다. 경영자들은 종종 상황 관리를 사용하는데 이는 관리자가 직원의 모든 과제와 일의 단계를 살펴보고 각 단계의 결과를 감시하는 시스템이다. 이 기술은 직원이 일의 범위를 완전히 이해하고 책임의 경계선을 명확히 하도록 돕는다.

문화 차이는 현지 문화에 맞춰 다른 문화가 변화하도록 강요한다. 베트남에서는 개인적인 비판은 직원이 동료들 사이에서 '체면을 잃지' 않도록 개인적으로 전달되어야 한다. 좋은 성과에 대한 개인적인 칭찬은 조심해서 공적으로나 사적으로 전달될 수 있다. 베트남인들은 집단 조화에 많은 가치를 두고 있어서 만일 다른 근무자들보다 우월함이 공개적으로 알려진다면 개인은 당황할 수 있다. 그리고 베트남의 전통과 농업기반 경제는 사람들의 시간 개념이 계절을 중심으로 돌아간다는 의미이다. 현지 '시계'는 시계가 아니라 계절풍이다. 서양 경영자들은 인내심을 기르고 비즈니스 활동을 장기적 관점으로 보는 것이 필요하다.

직장의 문화 공부

전 세계 직장에서 문화의 역할에 대해 논의할 때 우리는 문화를 구분하기 위해 개발된 두 가지 체계에 대해 논의할 필요가 있다. 이 체계는 가치, 태도, 사회 구조 등과 같은 특징들을 조사한다. 각각의 수단을 살펴보자.

Kluckhohn-Strodtbeck 분석틀 Kluckhohn과 Strodtbeck라는 이름의 두 연구원은 문화를 비교한 결과 여섯 개의 차원에 따라 나뉜다고 믿었다. **Kluckhohn-Strodtbeck 분석틀**(kluckhohn-strodtbeck framework)은 다음과 같은 각 질문을 통해 문화를 연구했다.[12]

Kluckhohn-Strodtbeck 분석틀
과거나 미래 사건에 집중하거나 개인의 행복에 대한 개인 혹은 집단의 책임감에 관한 신념과 같은 여섯 개 차원에 따라 문화적 차이를 연구한 체계

- 사람들은 환경이 그들을 통제한다고 믿는가, 아니면 자신들이 환경을 통제한다고 믿는가, 아니면 자신들이 자연의 한 부분이라고 믿는가?
- 사람들은 과거 사건에 중점을 두는가, 아니면 현재인가, 아니면 행동에 따른 미래 영향력에 중점을 두는가?
- 사람들은 관리하기 쉽고 신뢰받을 수 없는가, 아니면 자유롭고 책임감 있게 행동할 것이라고 믿을 수 있는가?
- 사람들은 삶에서 성취를 얻는가, 아니면 걱정 없는 삶을 원하는가, 아니면 정신적이고 명상적인 삶을 원하는가?
- 사람들은 개인의 행복에 대한 책임을 집단 혹은 개인 중 누가 져야 한다고 믿는가?
- 사람들은 대부분의 활동을 공적인 곳과 사적인 곳 중 어느 곳에서 행하기를 선호하는가?

사례 : 일본 문화 각 여섯 문제에 답함으로써 우리는 Kluckhohn-Strodtbeck 분석틀을 일본 문화에 적용할 수 있다.

1. 일본인은 사람과 환경 사이 반드시 유지되어야 하는 정교한 균형을 믿는다. 한 기업 제품의 알아채지 못한 결점이 이 제품을 사용하는 고객에게 안 좋은 영향을 끼친다고 가정해 보자. 많은 국가에서, 희생자들의 가족을 대표해 제조사에게 고액의 집단 소송이 발생할 것이다. 일본에서는 이런 일은 거의 일어나지 않는다. 일본 문화는 개인이 모든 상황을 제어할 수 있다고 생각하지 않으며 사고가 일어날 수 있다고 생각한다. 일본의 희생자들은 진심 어린 사과와 그런 일이 다시 일어나지 않게 하겠다는 약속, 그리고 비교적 적은 양의 피해 보상을 받

아들일 것이다.

2. **일본 문화는 미래를 강조한다.** 일본은 기업을 포함한 집단과 사람 간의 강한 유대를 강조하기 때문에 사람들 간 장기적 관계를 형성하는 것은 비즈니스를 할 때 필수적이다. 일본 기업들은 비즈니스 관계를 통해 가깝게 지내고 요구를 충족시켰는지 확인하기 위해 구매자와 지속적으로 연락한다. 또한 이 관계는 구매자가 미래에 보고자 하는 서비스와 제품 유형에 대해 공급자가 배우는 소통 경로의 토대를 형성한다.
3. **일본 문화는 사람들을 신뢰로 대한다.** 일본 기업 간 비즈니스 거래는 신뢰에 크게 기반을 둔다. 사업을 시행하기로 합의한 이후에는 제어할 수 없는 요소와 같은 극단적 상황이 아닌 이상 약속을 깰 수 없다. 이것은 만일 한쪽이 거래 약속을 지키지 못했을 때 '체면을 잃는' 것을 두려워하기 때문이다. 비즈니스 이외에도 사회는 신뢰에 대한 일본의 생각을 크게 반영한다. 범죄율이 상당히 낮으며 일본의 대도시의 거리는 밤에도 걷기에 매우 안전하다.
4. **일본인은 성과 중심적이며 스스로를 위한 것이기보다 직원이나 부서를 위한 것이다.** 일본 아이들은 학교에서 유지보수 작업에 참여하며 일찌감치 집단의 중요성에 대해 배운다. 그들은 바닥과 창문을 닦고, 칠판을 지우며 책걸상을 정리하는 일을 분담한다. 그들은 학교에서 배운 관습을 경영진과 근로자가 함께 회사의 목표를 위해 일하는 직장으로 가져간다. 일본 경영자들은 하위 직원의 생각을 고려한 다음에 결정을 내린다. 또한 재료 구매자, 엔지니어, 디자이너, 공장 감독관, 그리고 판매자는 제품 개발의 각 단계에서 서로 긴밀히 협조한다.
5. **일본 문화는 집단에 대한 개인의 책임감과 개인에 대한 집단의 책임감을 강조한다.** 이 특색은 오랫동안 일본 기업의 품질 보증서가 되었다. 전통적으로 하위 직원들은 근면과 충성, 그리고 최고경영자들은 고용 보장을 약속한다. 그러나 세계적으로 경쟁력을 갖추기 위해 일본 기업들은 일자리를 줄이고 생산공장을 중국, 베트남과 같은 저임금 국가로 옮겼다. 고용 보장의 전통이 사라지면서 현재 일본의 근로자들은 비 일본 기업을 위해 일하고 싶어 하며 어떤 이들은 계약직을 찾는다. 충성이라는 특색이 비즈니스에서 다소 사라졌지만 이것은 일본 사회, 특히 가족의 측면에서 매우 두드러지게 나타나는 특징으로 남아 있다.
6. **일본의 문화는 공개적인 경향이 있다.** 당신은 흔히 일본 경영자가 많은 직원들의 책상으로 둘러싸인 개방된 공간에서 일하는 것을 볼 것이다. 반대로 서양의 대표들은 주로 일터의 외곽에 위치한 벽으로 둘러진 사무실에 틀어박혀 있다. 이 특징은 일본 사회에 깊게 뿌리내리고 있다. 예를 들어 대중 목욕탕에서 목욕하는 일본의 전통을 생각해 볼 수 있다.

Hofstede 분석틀 철학자이자 연구자인 Geert Hofstede는 문화를 구분하는 다른 방법을 창안했다.[13] 그는 초기에 IBM 자회사(www.ibm.com)에서 일하는 40개국 출신 110,000명 이상의 직원들에 대한 연구로부터 **Hofstede 분석틀**(Hofstede framework)을 개발했다. 이후 연구는 체계를 확장시켜 현재는 총 여섯 개의 차원을 가지고 있다.[14]

Hofstede 분석틀
개인주의 vs 집단주의와 평등 vs 불평등과 같은 다섯 개의 차원에 따라 문화의 차이를 연구한 체계

1. **개인주의 vs 집단주의.** 이 차원은 개인과 집단 중 어떤 것을 문화가 강조하는지 그 정도를 나타낸다. 개인주의적 문화(이 차원에서 높은 점수를 받음)는 근면에 가치를 두고 기업가적 위험 감수를 권장한다. 그러므로 개발과 혁신을 촉진한다. 사람들에게 개인적 목표에 집중할 수 있는 자유가 주어지지만 그들은 행동에 대해 책임을 져야 한다. 이것이 서툰 경영 선택에 대한 책임이 정확히 해당 개인에게 부과되는 이유이다. 동시에 높은 개인주의는 직원의 높은 이직률에 대해 책임이 있을 것이다. 〈표 2.2〉에서 이 차원에서 높은 점수를 받은 국

표 2.2 Hofstede 차원의 국가

국가	개인주의	권력거리	불확실성 회피 지수	남성성	장기 지향성	쾌락추구
아르헨티나	46	49	86	56	20	62
호주	90	36	51	61	21	71
브라질	38	69	76	49	44	59
캐나다	80	39	48	52	36	68
칠레	23	63	86	28	31	68
중국	20	80	30	66	87	24
프랑스	71	68	86	43	63	48
독일	67	35	65	66	83	40
영국	89	35	35	66	51	69
홍콩	25	68	29	57	61	17
인도	48	77	40	56	51	26
일본	46	54	92	95	88	42
한국	18	60	85	39	100	29
멕시코	30	81	82	69	24	97
네덜란드	80	38	53	14	67	68
노르웨이	69	31	50	8	35	55
러시아	39	93	95	36	81	20
스페인	51	57	86	42	48	44
스웨덴	71	31	29	5	53	78
미국	91	40	46	62	26	68

출처 : Based on the dataset at (http://geerthofstede.com/dimension-data-matrix)

가들을 확인할 수 있다.

집단주의적 문화(이 차원에서 낮은 점수를 받음)의 사람들은 가족과 부서를 포함한 집단에 강한 유대감을 느낀다. 집단 화합을 유지하는 목적은 아마 가족 구조에서 가장 명백할 것이다. 집단주의 문화의 사람들은 개인적 목표보다는 공동체를 위해 일하려는 경향이 있으며 행동에 대해 집단에게 책임을 지운다. 집단은 각 일원의 행복을 위해 책임을 분담한다. 그러므로 집단주의적 문화에서 성공과 실패는 특정 개인이 모든 칭찬 혹은 비난을 받기보다 일원들 간 분담되는 경향이 있다. 모든 사회적, 정치적, 경제적, 법적 제도는 집단의 중요한 역할을 반영한다.

2. **권력거리 지수.** 이 차원은 사람들 사이에서 사회의 불평등을 수용하는 정도를 의미한다. 권력 거리가 큰 문화권은 하급자와 상급자 간 높은 불평등으로 규정되는 경향이 있다. 조직 또한 명성, 권력, 유산에서 기인한 힘으로 인해 더욱 수직적인 경향이 있다. 이것이 권력거리가 큰 문화의 대표와 최고경영진이 흔히 특별한 인식과 명성을 즐기는 이유이다. 반면 권력거리가 작은 문화는 상급자와 하급자 간 명성과 보상을 더 평등하게 나누며 높은 평등 단계를 보여 준다. 이 문화(비교적 높은 권력거리를 가진 문화)의 힘은 근면과 사업가적 원동력으로부터 기인하는 것처럼 보이며 좀 더 합법적인 것으로 간주된다.
3. **불확실성 회피.** 이 차원은 불확실성과 모호성을 피하려는 정도를 나타낸다. 불확실성 회피

성향이 큰 문화는 안전에 가치를 두며 강력한 규제 체계와 절차에 신뢰를 둔다. 당연하게도 불확실성 회피가 큰 문화권에서는 보통 이직률이 낮으며 직원의 행동을 규제하는 더 많은 공식적 규정이 있으며 변화를 꾀하기가 더 어렵다. 불확실성 회피에서 낮은 점수를 받은 문화는 변화와 새로운 아이디어에 더 개방적인 경향이 있다. 이것은 왜 이런 문화 유형에 있는 개인이 더 기업가적이고 조직이 다른 문화의 우수 경영 사례를 환영하는 경향이 있는지 설명해 준다. 사람들이 변화를 덜 두려워하기 때문이지만 이런 문화에서는 높은 이직률로 고생할 수 있다.

4. **남성성 vs 여성성.** 이 차원은 남성성과 여성성을 강조하는 정도를 담았다. Hofstede에 따르면 남성성에서 높은 점수를 받은 문화는 좀 더 전형적인 사업가적 원동력으로 해석되는 개인적 자기주장과 부의 축적에 의해 규정되는 경향이 있다. 이 차원(여성성에 높은 경향을 보이는)은 일반적으로 사람들이 물질적 소득과는 반대로 다른 사람들을 보살피는 것을 더 생각하므로 더 편안한 라이프스타일을 추구한다.
5. **장기 지향성.** 이 차원은 시간에 대한 사회의 인식과 의지와 힘 이외에 시간에 관한 어려움을 극복하는 태도를 나타낸다. 이는 동서양 문화 간 차이를 파악하기 위함이다. 높은 점수를 보이는 문화(강한 장기 지향성)는 전통, 절약, 인내, 개인적 수치심에 대한 존중에 가치를 둔다. 이런 문화는 사람들이 오늘날 근면에 대한 장기적 보상을 바라기 때문에 강한 직업윤리를 가지고 있는 경향이 있다. 낮은 점수를 보이는 문화는 개인적 안정성과 명성, 사회적 의무의 이행, 그리고 인사와 선물에 대한 보답으로 규정된다.
6. **쾌락추구 vs 절제.** 이 차원은 사회가 자유로운 표현을 허용하는 정도를 담는다. 쾌락추구 사회(이 차원에서 높은 점수를 받음)는 사람들이 오히려 자유롭게 삶을 즐기고 즐거움을 찾는 것과 관련된 인간의 욕구를 충족시키는 것을 허용한다. 대조적으로 절제 사회는 욕구에 대한 자유로운 충족을 억압하기 위해 다양한 범위의 사회 규범을 사용한다. 쾌락추구 사회는 개인의 행복, 여가, 자유, 개인의 통제에 가치를 두는 경향이 있다. 절제 사회는 이런 것들에 대해서는 신경을 덜 쓰며 삶의 특정 부분은 숙명이라고 믿는 경향이 있다. 쾌락추구 사회의 직원들은 솔직한 의견에 적극적일 것이며 만족하지 않는 일을 그만둘 가능성이 있다. 반면 쾌락추구 사회의 서비스 관련 직원들은 고객에게 진실된 미소와 친근한 태도를 제공할 것으로 기대된다. 하지만 이런 모습은 절제 사회에서는 인위적으로 보일 수 있다.[15]

퀵 스터디 6

1. 다른 문화권의 사람들은 흔히 무엇을 고려해서 다른 시각을 가지는가?
2. 문화 제국주의의 예시는 무엇인가?
3. Kluckhohn-Strodtbeck 분석틀은 사람들이 무엇을 하는지 여부를 직접적으로 고찰하지 않는가?
4. Hofstede 분석틀에서 '권력거리'는 무엇을 나타내는가?

경영을 위한 요점

글로벌화가 계속 기업들을 새로운 영역으로 이끌면서 현지 문화를 이해하는 것은 경쟁에서 기업을 유리하게 만든다. 민족주의적 사고를 피하므로 경영자들은 다른 문화의 좋은 측면을 무시하는 실수를 피할 수 있다. 반대로 현지의 필요와 욕구를 이해하는 문화적으로 능통한 경영자들은 기업을 고객에게 더 가까이 다가가게 하며 경쟁력을 높인다. 그들은 더욱 효과적인 판매자, 협상자, 생산 경영자가 될 수 있다. 문화가 국제경영 활동에 직접적으로 영향을 미치는 몇몇 영역을 탐구해 보자.

마케팅과 문화적 교양

해외 현지 시장에서 영업하는 많은 글로벌 기업들은 국가 문화를 지지하는 광고 가치를 활용하고 있다. 인도의 가장 중요한 역사적 기념물과 유적지 중 일부는 정부 유지 자금의 부족으로 무너지고 있다. 기업은 정부가 주요 유적지를 유지할 수 있게 도와주고 사람들의 선의를 얻는다.

이 장은 문화를 분류하는 데 Kluckhohn-Strodtbeck과 Hofstede 분석틀을 소개한다. 현지 문화는 제품을 위해 세계 시장을 탐색하는 기업에게 중요하다. 우리는 명품을 수출하는 데 있어 권력거리의 중요성을 볼 수 있다. 큰 권력거리를 가진 나라에는 사람들 간 높은 불평등을 받아들이며 명품을 구매할 수 있는 부유한 상위 계층이 사는 경향이 있다. 그러므로 비싼 보석이나 비싼 차, 심지어 요트와 같은 기업의 홍보 제품들은 상대적으로 가난한 나라에서 부유한 시장세분화를 찾을 수 있다.

근로 태도와 문화적 교양

근로 태도의 국가적 차이는 복잡하며 문화 이외에 다른 요소를 포함한다. 금전적 보상에 대한 인지된 기회는 어떤 문화에서든지 근로 태도의 강한 요소라는 데 의심의 여지가 없다. 연구에 따르면, 좋은 성과가 승진과 연봉의 상승으로 이어질 더 큰 가능성이 있을 때 미국과 독일 직원 모두가 긴 시간 일한다. 그러나 이것은 임금 변화의 폭이 적고 고용 보장과 실직 수당(무료 국가 의료 제도와 같은)이 큰 독일에서 비교적 적용되기 힘들 것으로 보인다. 따라서 독일 사회가 지닌 다른 측면은 적어도 직업 태도를 결정하는 데 있어서 문화만큼 중요하다. 문화적으로 능통한 경영자는 국가별 직장 태도의 복잡함을 이해하고 이 지식을 보상 제도에 결합시킨다.

망명자와 문화적 교양

문화 분류 논의에서 명시했듯이 매우 다른 문화에서 사는 사람들은 비슷한 비즈니스 상황에서 다르게 대응하는 경향이 있다. 이것이 사람을 익숙하지 않은 해외 문화권으로 보내는 기업이 문화적 차이를 걱정하는 이유이다. 예를 들어 유럽의 자동차 제조공장을 위해 일본과 일하는 노르웨이 경영자가 있고 주변엔 대부분 일본 동료들뿐이라면 그는 곧 결정을 내리고 행동을 취해야 할 시기에 좌절할 것이다. 그가 좌절하는 주요 원인은 일본의 불확실성 회피 지수가 노르웨이의 고유 점수보다 훨씬 더 높기 때문이다(표 2.2 참조). 일본인들의 불확실성에 대한 혐오는 본국 시장에서 필요한 것보다 더 많은 협의를 하게 만들었다. 좌절한 경영자는 결국 유럽으로 돌아가기 위해 일본을 떠났다.

젠더와 문화적 교양

일본에서 남자는 책임감 있는 지위를 대부분 맡고 있다. 여자는 일반적으로 사무 직원과 행정 조교를 20대 중반에서 후반까지 하며 결혼할 시기가 되면 가족을 보살피는 데 더 초점을 둔다. 이것이 아직까지 사실이지만 일본 비즈니스 사회에서 여성의 역할을 확대하려는 움직임이 진행 중이다. 여자는 일본 비즈니스의 약 4분의 1 가까이를 차지하지만 대부분 매우 소규모이고 경제적 영향력이 작다. 높은 성평등은 호주, 캐나다, 독일, 그리고 미국에서 만연하지만 이 국가들의 여성들은 비슷한 직위에서 여전히 남자보다 더 적은 경향이 있다.

이 장의 요약

LO1. 문화와 문화적 지식의 필요를 설명하라.

- 문화는 특정 집단에 의한 가치, 신념, 규칙, 그리고 제도의 집합이다. 근로 관습이나 제품 선호는 물리적 환경에 의해 영향을 받을 수 있다.
- 우리는 민족 국가와 한 문화를 가진 사람들을 동일시하는 경향이 있다. 그러나 대부분의 국가는 다양한 하위 문화의 발상지이다. 하위 문화는 더 넓고 지배적인 문화 안에서 특정한 방식의 삶을 공유하는 집단이다.
- 경영자들은 **민족중심주의**(자신의 민족과 문화를 다른 것보다 우월하게 보는 경향)를 피하고 **문화적 교양**(다른 문화에서 효과적으로 일하기 위해 필요한 구체적 지식)을 발전시키려 노력해야 한다.

LO2. 가치와 행동의 문화적 중요성을 요약하라.

- 문화의 **가치**와 **태도**는 근로 윤리와 물질적 욕구에 영향을 미치기 때문에 중요하다. 사람들이 가치를 두는 **미학**을 이해하는 것은 효율성을 향상시키며 실수를 피하도록 도울 수

있다.

- 매너는 문화권에서 올바른 것으로 인식되는 행동, 말하기, 옷차림이고, 관습은 특정한 상황에서의 올바른 행동이다. 이를 아는 것은 작업 수행률을 높일 수 있으며 의도치 않은 메시지를 보내는 것을 피할 수 있게 해 준다.

LO3. 문화 속 사회 구조와 교육의 역할에 대해 설명하라.

- **사회 구조**는 문화의 근본 조직을 구현한다. 그것은 비즈니스 비용과 입지 선정과 사용할 홍보 수단과 같은 비즈니스 결정에 영향을 미친다.
- **사회적 위상과 이동성**은 한 문화 내, 사람들의 물질적 욕망과 노동에 대한 강조를 인도한다. 기업은 또한 가족의 영향을 고려하고 사람들의 구매와 노동에 관한 결정에 있어서 젠더(성)를 고려한다.
- **교육 수준**은 노동력의 질과 사람들의 생활수준에 영향을 미친다. 임금은 사람들의 교육 수준에 따라 결정된다.

LO4. 세계 주요 종교가 어떻게 경영에 영향을 미칠 수 있는 서술하라.

- 여러 **종교**는 일, 저축, 재화를 다르게 본다. 개신교도들은 근면이 신을 찬양한다고 믿었고 이는 '개신교의 근로 윤리'로 알려져 있다.
- 엄격한 힌두교도는 물질주의를 경멸하며 카스트 제도를 믿는다. 이는 소비자 시장을 제약하고 근로 윤리에 영향을 미칠 수 있다. 서양 가게들은 반드시 힌두교도들이 채식주의자이거나 소고기를 먹지 않는다는 사실을 받아들여야 한다.
- 이슬람 정부는 많은 경우 알코올 섭취를 금지하기 때문에 커피와 차, 탄산 음료가 인기 있는 대체재이다. 유대교의 종교적 휴일은 반드시 준수해야 하며 음식은 신자들을 위한 코셔여야 한다.

LO5. 국제경영에서 개인적 의사소통의 중요성을 설명하라.

- **개인적 의사소통**은 말과 글, 행동을 통해 생각과 감정, 지식, 그리고 정보를 전달한다. 사람들의 대화 체계를 이해하는 것은 그들의 가치와 행동에 대한 통찰력을 제공한다.
- 언어 능통성은 외국인 경영자가 현지 직원들을 관리할 때 오해를 피할 수 있게 도와준다. 이는 또한 마케팅과 광고 효과에서 번역 실수를 피할 수 있도록 도와준다.
- 대부분의 보디랭귀지(개인 공간, 제스처, 악수를 포함)는 미묘하고 이해하는 데 시간이 걸린다. 영어는 글로벌 시대의 공통된 링구아 프랑카이다.

LO6. 국제 업무환경에서 기업과 문화가 어떻게 상호작용하는지 서술하라.

- 시간에 대한 인식, 일에 대한 시각, 물질 문화의 문화적 인식과 같은 특징들은 경영 스타일, 작업 계획, 보상 제도를 포함하는 비즈니스의 많은 부분에 영향을 미친다.
- **문화적 변화**는 **문화 보급**을 통해 사람들이 제스처, 사물, 전통 혹은 다른 문화에 대한 생각을 통합할 때 일어난다. 기업들은 신제품, 정책, 관행을 나라에 들여올 때 문화를 바꿀 수 있다.
- 문화를 비교하기 위해 사용된 두 가지 주요 체계는 **Kluckhohn-Strodtbeck 분석틀**과 **Hofstede 분석틀**이다. 이 체계들은 기업이 위험 부담, 혁신, 직업 이동성, 단체 협력, 임금 수준, 그리고 고용 관행을 포함한 문화의 많은 측면을 이해하도록 도와주었다.

핵심 용어

가치
계급 제도
관습
두뇌 유출
링구아 프랑카(공통어)
매너
문화
문화 보급
문화 제국주의
문화적 교양
문화적 특색
물질 문화
미학
민속 관습
민족중심주의
보디랭귀지
사회 계층화
사회 구조
사회 유동성
사회 집단
유명한 관습
의사소통
카스트 제도
태도
하위 문화
Hofstede 분석틀
Kluckhohn-Strodtbeck 분석틀

얘기해 보자 1

두 학생이 왜 국제경영을 공부하는지 논의하고 있다. "국제경영은 나에게 영향을 끼치지 않아."라고 첫 번째 학생이 주장했다. "난 해외가 아닌 여기서 일할거야." "나도 마찬가지야." 두 번째 학생이 동의했다. "게다가 어떤 문화는 정말 이상해. 더 빨리 우리 방식으로 비즈니스를 시작할수록 더 나아질 거야."

2-1. 이 학생들의 생각에 반박하기 위해 어떤 주장을 할 수 있는가?

얘기해 보자 2

당신과 몇몇 친구들이 새로운 세계 시장을 찾고 있는 회사의 최고경영자들이라고 상상해 보자. 회사 산업과 제품 라인을 선택하고 진입할 국가를 선택하라.

2-2. 기업에게 있어서 대규모의 생산을 통한 글로벌 효율성과 현지 제품 적응을 통한 문화적 반응이 균형을 이루는 것이 중요한가?

2-3. 본국과 유치국 간의 문화적 차이가 개인적 혹은 기업 관행의 대안책을 요구하는가?

윤리적 도전

당신은 인도에 소프트웨어 디자인 운영 공장을 세울 수 있는지 탐색하고 있는 미국 출신의 소프트웨어 기업의 영업 부회장이다. 보통 글로벌 기업은 인도 시장에 진입할 때 어떻게 카스트 제도가 경영 활동에 영향을 미칠 수 있는지 빠르게 배운다. 공식적으로 금지되었지만 카스트 제도는 많은 인도인들의 생활을 좌우한다. 당신은 비즈니스를 성공시킬 자신이 있지만 카스트 제도에 대해서는 강한 불안이 남아 있다.

2-4. 카스트 제도의 영향에도 불구하고 인도에 미국 경영 스타일을 도입·유지하는 것이 가능하다고 생각하는가?

2-5. 당신의 기업이 단순히 현지 경영 관행에 적응한다면 기업의 주주들은 어떤 기분일 것이라 생각하는가?

팀 협력 활동

네 명으로 이루어진 두 팀이 개인주의와 집단주의 문화의 장점과 단점에 대해 논의할 것이다. 각 팀의 첫 번째 학생이 말한 이후 두 번째 학생은 상대방의 논지에서 불일치와 허점을 찾으며 질문한다. 세 번째 학생이 이 논지에 관해 대답한다. 네 번째 학생은 각 측의 논지를 요약해 발표한다. 마지막으로 모든 학생들은 어느 팀이 더 설득력 있게 논지를 펼쳤는지 투표한다.

시장진입전략 프로젝트(MESP)

몇몇 급우들과 함께 당신이 흥미를 갖는 국가를 하나 선정하라. MESP 보고서를 작성하기 위해 당신의 팀이 조사한 국가에 대해 다음 질문에 답하라.

2-6. 국가 안에 거주하는 다양한 민족을 서술하라.
2-7. 사람들이 깊이 간직하는 몇 가지 가치를 나열하라.
2-8. 몇 가지 동일한 매너와 관습을 밝혀라.
2-9. 국가의 사회 구조를 넓은 범위에서 설명하라.
2-10. 시간과 일에 대한 사람들의 인식을 어떻게 설명할 수 있는가?
2-11. 문화적 변화에 대해 비교적 개방적인가, 폐쇄적인가?

스스로 연구하기

2-12. 2014년 이란의 종교적 정부는 WhatsApp 메시지 사이트의 방문을 금지했다. 정부 관계자의 말에 따르면 '미국 시오니스트(Zionist)'이자 유대인인 Mark Zuckerberg가 소유했기 때문이다. 이 규제는 사상과 정보를 빠르게 전파할 수 있는 소셜 미디어의 힘에 대한 정부의 두려움과 관계가 있을까? 설명하라.

2-13. 처음 스웨덴의 가구 회사 이케아가 새로운 디자인 영감을 위해 스칸디나비아 밖을 살펴보았을 때, 대상은 중국이었다. 결과물인 Trendig라 불리는 생산라인은 스웨덴과 중국 장인들 간의 문화적 협력이었다. 어떤 문화적 그리고 국제경영적 요소가 이케아가 중국에서 디자인 미학을 찾도록 고무했겠는가?

국제경영 실전 사례 두 문화의 꼬리

많은 아시아 문화가 존폐 위기에 처해 있다. 요컨대 아시아는 두 세계로 찢어지고 있다. 한 방향은 농경 기반의 사회와 대가족에서 기인한 전통적 가치 제도이다. 이것은 비교적 타인을 돌보는 문화의 요소이며 국가에서 운영하는 복지 제도가 불필요하다. 다른 한쪽 방향은 제조업, 그리고 금융 기반 경제에서 발생한 새로운 가치의 집합이다. 이것은 흔히 근로자가 직장을 찾기 위해 도시에서 멀리 떨어져야 하고 종종 가족을 떠나는 문화의 요소이다.

수년간 서양 다국적기업들은 비교적 값싼 노동력의 이점을 활용하기 위해 동남아시아 전역에 공장을 세웠다. 이후 현지 기업들이 급부상하여 경쟁력 있는 글로벌 시장참여자가 되었다. 엄청난 경제 성장률은 짧은 몇십 년 동안 생활수준을 생각 이상으로 향상시켰다. 말레이시아와 태국의 젊은 사람들은 '서양' 브랜드에 매력을 느꼈다. 구찌 핸드백(www.gucci.com), 할리데이비슨 오토바이(www.harley-davidson.com), 그리고 다른 글로벌 브랜드는 흔한 성공의 상징이 되었다. 많은 부모들은 10대 자녀 사이의 브랜드 의식이 가족의 성공을 알린다고 느낀다.

소비자 사회의 성장에도 불구하고 젊은이를 대상으로 한 설문은 그들이 가족에 대한 존경과 집단 조화와 같은 전통적 가치를 고수한다는 것을 보여 준다. 예를 들어 홍콩의 청년들은 자녀들이 얼마나 공부를 열심히 하는지, 어떻게 노인과 가족 일원을 대하는지, 그리고 친구 선택에 관해 부모와 이야기해야 한다고 전적으로 믿는다.

글로벌화는 현재 인도로 밀려오고 있다. 일자리 아웃소싱의 급증은 인도의 기술대학 졸업생 사이에서 사회적 혁명을 일으켰다. 인도의 전통적인 하이테크 서비스 직업과는 다르게 어린 콜센터 직원들은 서양 고객들과 직접 연락하고 배탈이나 다이어트 약과 같은 상품 문의에 응답한다. 대부분 여성 직원인 이들 청년들에게 일이란 돈, 자립, 자유를 의미한다. 여기서 자유란 종종 집에서 떠나 벵갈루루나 뭄바이와 같은 큰 도시에서 사는 것을 의미한다. 그러나 미국 억양이나 지리를 교육시키기 위해 이 근로자들은 가족, 물질주의, 관계에 관해 새로운 사고를 배운다.

부모들은 콜센터 일이 캐나다, 유럽, 혹은 미국에서 소비자들이 깨어 있는 시간에 맞추어 주로 인도에서 밤에 수행되어야 하기 때문에 그 일을 의심쩍어 한다. 비니사는 그녀의 부모님이 콜센터 일을 반대했을 때 '평범한' 주간 근무를 위해 일을 그만두었다. 비니사는 함께 일한 이전 동료들의 가치는 변화하고 있으며 그들 사이에 데이트나 동거는 흔하다고 말했다. 인도 전통은 젊은 성인들이 적어도 결혼하기(부모님이 정한 사람과) 전까지는 부모님과 함께 사는 것을 강요한다. 아마 인도의 가치관 변화를 촉진하는 것은 변호사나 세계 불황 때 고향에서는 찾을 수 없었던 보수가 좋은 직장을 선택한 사람들과 같은 서양 전문가들의 유입일지도 모른다.

루파는 콜센터와 창구 서비스를 제공하는 인도 기업에서 일한다. 루파는 회계 학위를 들고 고향 마이소르에서 벵갈루루로 이사했다. 그녀는 현재 한 달에 400달러를 버는데 이것은 아버지가 관직에서 은퇴하기 전에 벌었던 돈의 몇 배이다. 루파는 머리를 짧게 자르고 디자이너가 표기된 서양 의상을 선호하여 고향에서 입던 루즈핏의 전통복인 살와르 까미즈를 내던졌다.

그녀는 한때 음주를 삼갔고 집에서 통금시간은 밤 9시였지만 현재 루파는 드라이 마티니와 럼주를 즐기는 제퍼리스라는 술집과 더 클럽이라는 교외에 있는 디스코 클럽에 자주 간다. 루파는 그녀의 부모님이 반대할 만한 '누군가를 만난다'고 고백했다. 그리고 인도 부모님과 남자친구와 같은 주제에 대해 이야기하는 것은 어렵다는 말을 덧붙였다. 그녀는 가끔 상담 고객의 삶이 부럽지만 그녀의 직업이 성공을 도와줄 수 있길 바란다고 말했다. "전 시골소녀일지도 모르지만 제가 이후 마이소르로 돌아가는 길은 없을 거예요."라고 말했다. 많은 관찰자들은 아시아가 현대화를 포용하고 전통적 가치를 지킬 수 있을지 궁금해한다.

글로벌 사고 질문

2-14. 만일 당신이 아시아에서 사업을 하는 글로벌 기업에서 일한다면, 문화적 긴장을 풀어 주기 위해 제안할 말이 있는가? 자세히 서술하라.

2-15. 국가의 사회악은 보통 많은 요소로부터 발생한다. 잘 알려진 아시아의 높은 이혼율, 범죄율, 약물 오용률에서 글로벌화가 어떤 역할을 한다고 생각하는가?

2-16. 대략 아시아는 세계 인구의 60%로 구성되어 있다. 이들은 불교, 유교, 힌두교, 이슬람교, 그리고 셀 수 없이 많은 다른 종교를 갖고 있다. '아시아'의 가치관에 대해 유효한 논쟁이 이루어지는 것이 가능하다고 생각하는가?

출처 : Heather Timmons, "Outsourcing to India Draws Western Lawyers," *New York Times* (www.nytimes.com), August 4, 2010; Lisa Tsering, "NBC Picks up Series 'Outsourced' for Fall 2010," *Indiawest.com* website (www.indiawest.com), May 27, 2010; Saritha Rai, "India Outsourcing Workers Stressed to The Limit," *Silicon.com* website (www.silicon.com; now www.techrepublic.com), August 26, 2009; Sol E. Solomon, "Vietnam's IT Way to Social Progress," *Bloomberg Businessweek* (www.businessweek.com), May 19, 2008.

제3장

정치경제와 윤리

학습목표

이 장을 공부한 후에 다음을 할 수 있어야 한다.

1. 정치 제도의 각 형태가 지닌 주요 특징을 설명한다.
2. 세 가지 경제 제도가 어떻게 다른지 설명한다.
3. 각 법률 제도의 주요 요소를 요약한다.
4. 글로벌 기업이 직면한 국제 법률 문제를 요약한다.
5. 국제 윤리와 사회적 책임에 대한 주요 이슈를 설명한다.

돌아보기

제2장은 문화의 주요 요소를 탐구하고 이것이 비즈니스 관행과 어떻게 연관되는지 보여 주었다. 우리는 문화를 공부하는 다양한 방법과 이 방법들이 비즈니스에 어떻게 적용되는지 배웠다.

이 장 잠깐 보기

이 장은 초반에 국가의 정치경제를 탐구한다. 우리는 전 세계 정치, 경제, 법률 제도의 주요 유형들을 검토한다. 그리고 글로벌 기업의 주요 법적 문제를 살펴보고 윤리적 행동과 사회적 책임의 중요성을 탐구한다.

미리 보기

제4장에서는 개별 국가의 경제발전에 관해 설명한다. 대형 신흥시장에 대해 서술하고 경제가 자유 시장 체제로 변환하고 있는 나라들이 마주하는 주요 난관에 대해 탐구한다.

펩시의 글로벌 챌린지

출처 : © Imaginechina/Corbis

뉴욕 펄처 — 심각성에도 불구하고, 뉴욕 기업인 펩시코(www.pepsico.com)의 판매량은 거의 반세기 동안 놀랍게도 매년 13%씩 성장해 왔다. 판매 촉진을 위해 펩시코는 총매출의 40%를 차지하는 국제 판매에 집중하고 있으며 펩시코 시장 상위 10위 안에 들며 가장 빠른 성장을 보이는 세 국가 중 하나인 인도에 적극적으로 투자하고 있다. 펩시코는 인도 투자를 늘려 인도가 세 번째로 큰 투자국이 되기 전에 인도 정부의 허가가 필요했다. 또한 펩시코는 중국의 현지 기업과 전략적 동맹을 형성하며 현지 정책과 법률의 중요성을 존중한다는 것을 보여 줬다.

세계적으로 운영되는 기업들처럼 펩시코는 생소한 정치적, 경제적, 법률적 제도에 관해 조심스럽게 나가야만 했다. 만일 중국에서 펩시코의 병입공정이 물을 허용 범위 이상으로 배출한다면 중국 기관과 시민들의 분노를 사게 될 것이다. 마찬가지로 예를 들어 영국 규제기관은 제출된 건강보건 정보에 합당하지 않다면 펩시코의 Baked Lays라는 감자칩 브랜드를 매장에서 철수시킬 것이다. 펩시는 오늘날 현지에서 모범적인 시민이 되기를 기대한다는 것을 알고 있다.

펩시코의 CEO인 Indra Nooyi는 기업의 제품 라인을 더 건강한 방향으로 전환하고 있다. 그녀는 국제경영의 변화를 위해 '목적 있는 행동'이라는 모토를 소개했다. 그녀는 기업이 환경에 미치는 영향을 줄이고 직원을 보살피면서 더 건강한 스낵을 만드는 것과 이익추구 간 균형을 맞추길 바란다. 인도에서 나고 자란 Nooyi는 "세계가 마주한 몇몇 큰 문제를 다루는 데 있어 우리가 기업을 생산적 참가자로 사용하는 것"이 필수라고 믿는다.

Nooyi는 또한 펩시코가 '녹색성장' 계획의 시작을 돕도록 했다. 그녀는 물과 열관련 보존 프로젝트에 대한 투자가 가치 있는 시도가 될 수 있다는 것을 증명했다. 환경적 이점 외에도 이 프로젝트는 현재 매년 5,500만 달러를 절약하게 한다. Nooyi는 "오늘날 기업은 많은 국가 경제보다 규모가 크다. 우리는 작은 민주공화국이다. 우리는 효율성의 엔진이다. 만일 회사가 [책임감 있는] 것들을 하지 않는다면 누가 하겠는가?"라고 말했다. 이 장을 읽으면서 어떻게 기업이 윤리적 그리고 사회적 책임을 수행하면서 세계의 정치적, 경제적, 법률적 제도를 받아들이는지 생각해 보자.[1]

비즈니스맨은 해외로 나갈 때 한 번도 경험한 적 없는 사회적 · 경제적 환경과 마주할 수 있다. 제2장에서 우리는 다른 나라에서 온 사람들과 비즈니스를 할 때 직원이 문화적 지식이 있는 것이 얼마나 중요한지 배웠다. 다른 핵심적인 국제 비즈니스의 성공 요소는 다른 문화의 정치적, 경제적, 법률적 제도를 이해하는 것이다.

정치경제학

어떻게 국가가 정치적, 경제적, 법적 제도를 사용하여 국가의 일을 처리하는지에 관한 학문

정치경제학(political ecomony)은 어떻게 국가가 정치적, 경제적, 법적 제도를 사용하여 국가의 일을 처리하는지에 관한 학문이다. 국가의 정치경제는 어떻게 그 나라 사람들이 선호하는 정치적, 경제적, 법률적 이론을 자신들이 만든 관행과 제도에 대입하는지를 반영한다. 그러나 정치경제는 갑자기 만들어진 것이 아니다. 그것은 문화적 맥락에서 형성된 것이다. 그러므로 정치경제는 국가의 개방성, 개인주의, 평등, 투명성, 융통성, 기타 등등의 정도가 나라마다 다양하다.

개인주의는 개인의 관심이 집단의 후생보다 상위해야 한다는 믿음이다. 집단주의는 반대로 개인의 필요보다 집단의 우위를 강조한다. 제2장에서 배운 바와 같이 어떤 국가도 문화적 경향이 완전히 집단주의이거나 개인주의지는 않다. 마찬가지로 모든 국가의 정치경제는 고유한 개인과 집단 가치의 조화를 보여 준다. 다시 말해서 어떤 정치경제도 완전히 사회적 복지 부담에 대한 개인의 필요나 그 반대에 집중하지는 않는다.

글로벌 기업은 다양한 정치경제 제도가 어떻게 작동하는지 이해해야 한다. 이것은 전통 있는 기업과 해외 오프라인 자회사뿐만 아니라 인터넷기반 기업과 다양한 형태의 서비스 기업에 적용된다. 루퍼트 머독스 뉴스코퍼레이션(www.newscorp.com)은 중국의 비판 때문에 아시아 TV 방송국 프로그램에서 BBC 뉴스(www.bbc.co.uk)를 지웠다. 반스앤노블(www.barnesandnoble.com)과 아마존(www.amazon.com)은 영어판 나의 투쟁(*Mein Kampf*)의 독일 판매에 대해 독일 정부가 이의를 제기했을 때(독일어판만 파는 것은 불법이지만) 판매를 중지했다. 반스앤노블은 "검열에 관한 우리의 정책은 변함없다. 그러나 기업시민으로서 우리는 우리가 비즈니스를 하는 국가의 법률을 존중한다."라고 공지했다.[2]

독일 Parum의 주민이 구글의 Street View 프로젝트를 반대하는 카메라 금지 표지판을 들고 있다. Street View는 사람들의 얼굴과 차 번호판을 흐리게 함으로써 이미 검열을 했지만 그것으로 충분하지 않았다. 문제 중 하나는 구글의 카메라가 차 위에서 촬영하기 때문에 사생활 보호를 위해 만들어진 울타리와 벽을 넘어 볼 수 있다는 점이다. 구글은 독일에 대한 정책을 수정했고 자신의 사유지 사진이 온라인에 게시되길 원치 않는 사람들은 이미지를 흐리게 하도록 요청할 수 있는 옵션을 제공했다. 이 문제에 대한 개인적인 견해를 말해 보자.

출처 : ⓒ Jens Büttner/dpa/Corbis

구글(www.google.com)은 Stree View라 불리는 지도 서비스를 독일에 적용하고자 하는 계획을 비난한 시민과 독일 정치인들의 시위에 잘 대처해야 했다. 과거 독재 정권 시대 사생활을 고시했던 비밀 경찰에 대한 기억은 독일 국민들이 전 세계가 자신의 집과 정원을 인터넷에서 볼 수 있도록 허락하는 것을 두려워하게 만들었다.[3] 여러 정치경제가 기능하는 방식을 아는 것은 기업이 문제를 피하고 경영에 있어 더 효과적일 수 있다.

이 장에서 우리는 세계 정치적, 경제적, 법률적 제도의 주요 유형에서 나타나는 기본적인 차이에 관해 소개한다. 또한 국제경영 활동에 있어서 특별히 중요한 여러 법적 문제에 관해 논의한다. 그리고 윤리적 행동과 사회적 책임에 관한 주요 이슈를 보며 이 장을 마무리한다.

정치 제도

다른 나라의 정치 제도 환경을 이해하는 것은 그곳에서 국제경영을 하는 데 있어 위험을 줄일 수 있다. **정치 제도**(political system)는 국가가 통치하는 구조, 과정, 활동을 포함한다. 예를 들어 일본의 정치 제도는 각료들의 도움으로 정치를 운영할 총리를 선택하는 *Diet*(국회)의 특징이 있다. Diet는 나라의 법을 제정하는 선출 대표들이 상하원으로 구성되어 있다. 이 법은 일본에 살거나 방문하는 모든 사람들의 사생활뿐만 아니라 기업의 활동에도 영향을 끼친다.

정치 제도
국가가 통치하는 구조, 과정, 활동

정치 제도는 국민의 역사와 문화에 그 뿌리를 두고 있다. 인구수, 나이, 인종 구성, 1인당 소득과 같은 요소는 정치 제도에 영향을 미친다. 스위스 정치 제도는 모든 자격 있는 사회의 일원들에게 투표를 적극 권장한다. 공개선거의 방법으로 스위스 국민은 많은 국가 문제를 직접 투표로 해결한다. 스위스는 작은 지리적 공간에서 비교적 적은 인구만이 살기 때문에 이 제도가 통한다. 대부분의 민주주의 국가들은 이 관행과는 대비된다. 즉 모든 국민이 아닌 국민의 대표들이 국가 문제에 투표한다.

전 세계의 세 가지 정치적 이념을 수직선상에서 양쪽 측면과 중심에 하나씩 배열할 수 있다. 한 극단에는 **무정부주의**가 있다. 이것은 오직 개인과 민간 단체들만이 국가의 정치 활동을 통제해야 한다는 믿음이다. 무정부주의자들은 공공 정부가 개인의 자유를 짓밟기 때문에 불필요하며 쓸모없다고 본다.

다른 한쪽에는 **전체주의**가 있다. 이것은 개인의 삶의 모든 측면은 정치 제도에 의해 통제될 때 효과적이라는 믿음이다. 전체주의자는 개인의 자유를 무시하며 사람들을 정치 제도의 노예로 대한다. 국가는 가족, 종교, 비즈니스, 노동력과 같은 제도를 상회하는 최고 통치자가 된다. 전체주의 정치 제도는 공산주의나 파시즘과 같은 독재 정권을 포함한다.

양극단 사이에는 **다원주의**가 있다. 이것은 개인과 공공 집단 모두 국가의 정치 활동에 중요한 역할을 한다는 믿음이다. 각 집단(다양한 윤리, 인종, 계층, 생활양식 배경을 가진 사람들로 구성됨)은 다른 집단과 힘의 균형을 맞추기 위해 협력한다. 다원주의 정치 제도는 민주주의, 입헌군주제, 그리고 몇몇 귀족정치를 포함한다.

정치적 요소가 어떻게 국제경영에 영향을 미치는지 더 잘 이해하기 위해서 가장 일반적인 서로 다른 두 정치 제도인 전체주의와 민주주의에 관해 자세히 알아보자.

전체주의

전체주의
국민의 지지 없이 개인이 통치하고 사람들의 생활을 엄격히 통제하며 반대시각을 허용치 않는 정치 제도

전체주의(totalitarian system)에서는 국민의 지지 없이 개인이 통치하고 사람들의 생활을 엄격히 통제하며 반대시각을 허용치 않는다. 아돌프 히틀러하의 독일 나치와 이모시프 스탈린하의 전 소비에트 연방이 전체주의 정부의 역사적 예시다. 오늘날 북한은 가장 유명한 전체주의 정부의 예시다. 전체주의 지도자는 정치적 관점이 다른 사람들을 침묵하게 만들고자 정치 권력의 완전한 중앙 집권화가 필요하다. 그러나 '완전한' 형태의 전체주의는 정부가 모든 비판을 완전히 침묵시킬 수 없기 때문에 가능하지 않다.

전체주의 정부는 세 가지 공통점이 있다.

- **권위 강요** : 개인이나 집단은 국민의 명백한 혹은 함축적인 동의 없이 정치 제도를 형성한다. 지도자는 흔히 군사력이나 부정선거를 통해 권력을 얻고 유지한다. 간혹 그들은 합법적인 수단을 통해 힘을 얻게 되지만 임기가 끝난 이후에도 공직에 머물러 있다.
- **헌법상의 보호 결핍** : 전체주의 제도는 민주주의 관행과 연계되어 있는 헌법상의 보호를 시민들에게 제공하지 않는다. 표현의 자유, 정기적으로 열리는 선거, 보장된 시민권과 재산권, 그리고 소수인권과 같은 개념을 제한하고, 악용하며, 혹은 거부한다.
- **제한된 참여** : 정치적 대표는 정부에 호의적인 정당이나 위험을 일으키지 않는 정당으로 제한되어 있다. 대부분의 경우 정치적 반대는 완전히 금지되며 반정부 인사들은 가혹하게 처벌된다.

신정 정치
국가의 종교적 지도자가 정치적 지도자인 정치 제도

신정 전체주의
전체주의 종교적 지도자에 의해 통제되는 정치 제도

신정 전체주의 국가의 종교적 지도자가 정치적 지도자인 정치 제도를 **신정 정치**(theocracy)라고 부른다. 종교적 리더는 종교적 신앙에 기초하여 일단의 법과 규제를 집행한다. 전체주의 종교적 지도자에 의해 통제되는 정치 제도를 **신정 전체주의**(theocratic totalitarianism)라고 부른다.

이란은 유명한 신정 전체주의 국가의 예시이다. 이란은 군주제 통치가 폐지된 1979년의 혁명 때부터 이슬람 국가이다. 오늘날 많은 이란의 젊은이들은 너무 '서양스러운' 것으로 간주되는 사상이나 제품에 관한 엄격한 법을 포함해 공적 그리고 사적 생활에 엄격한 법이 적용되는 것에 환멸을 느끼는 듯하다. 그들은 종교적 신념에 의문을 제기하진 않겠지만 더 열린 사회를 갈망한다.

세속적 전체주의
지도자가 군대와 관료의 힘에 의지하는 정치 제도

세속적 전체주의 정치적 지도자가 군대와 관료의 힘에 의지하는 정치 제도를 **세속적 전체주의**(secular totalitarianism)라고 부른다. 이것은 사회주의, 부족주의, 우파주의(공산주의자, 부족민, 우익 당원)의 세 가지 형태가 있다.

공산 전체주의(여기서는 단순히 공산주의로 명시)하에서 정부는 정치적 · 경제적 힘을 모두 가지고 유지한다. 공산당은 정치 제도의 모든 측면을 통제하며 야당은 거의 목소리를 내지 못한다. 일반적으로 모든 정부 정책을 지지하기 위해 취임한 각 당의 의원이 필요하며 해임은 드물게 허가된다. **공산주의**(communism)는 하나의 강력한 공산당을 설립하고 사회주의를 실시함으로써 사회와 경제적 평등을 얻을 수 있다는 믿음이다. **사회주의**(socialism)는 정부가 모든 형태의 경제 활동을 소유하고 통제하는 제도를 말한다. 이것은 생산 수단(자본, 토지, 공장과 같은 것)과 경제적 생산, 그리고 상품의 판매가를 결정하는 힘에 대한 지배권을 정부에게 부여하는 것을 포함한다.

공산주의
하나의 강력한 공산당을 설립하고 사회주의를 실시함으로써 사회와 경제적 평등을 얻을 수 있다는 믿음

사회주의
사회와 경제적 평등이 정부의 지배권과 생산 수단 통제를 통해 얻어질 수 있다는 믿음

그러나 중요한 구분점은 사회주의에서 공산주의를 분리시킨다. 공산주의자는 마르크스와 레닌의 가르침을 따르고 자원에 대한 통제권을 장악하기 위해 폭력적인 개혁이 필요하다고 믿으며

정치적 반대자를 제거하길 원한다. 사회주의자들은 이 중 어떤 것도 믿지 않는다. 그러므로 공산주의자는 사회주의자이지만 사회주의자가 꼭 공산주의자인 것은 아니다.

부족 전체주의하에서 한 부족(혹은 민족 집단)은 국가 정체성을 공유하는 집단과 함께 다른 부족에게 자신들의 의지를 강요한다. 부족 전체주의는 부룬디와 르완다를 포함한 일부 아프리카 국가 정부로 규정된다. 유럽의 식민 세력이 아프리카를 지배했을 때 국경선이 그곳 사람들의 민족적 차이와는 무관하게 설치되었다. 서로 다른 민족이 같은 국가에 살게 되었고 반면 같은 민족의 일원이 다른 국가에 살게 되었다. 당시 특정 민족 집단은 다른 집단에 대해 정치적, 군사적 지배력을 획득했다. 민족 간의 반목은 자주 심각한 분쟁을 발생시켰다.

군사 분쟁에 빠진 국가들은 지속가능성 차원에서 막대한 자금을 지출해야 했다. 예를 들어 수십 년 동안의 내전은 많은 아프리카 국가들에게 막대한 인간, 사회, 환경관련 비용을 야기했다. 내전(특히 아프리카에서)의 희생 비용과 선진국들이 이 문제를 종지부를 찍도록 도와줄 수 있는 방안에 관해 탐구하려면 아래 글상자 '글로벌 지속가능성 : 내전에서 시민사회까지'를 참조하라.

우파 전체주의하에서 정부는 자산에 대한 개인의 재산권과 시장 기반 경제를 지지하지만 정치적 자유를 거의 허락하지 않는다. 지도자는 일반적으로 좌파 전체주의(사회주의)를 반대하며 경제 성장을 위해 노력한다. 아르헨티나, 브라질, 칠레, 파라과이는 모두 1980년대에 우파 전체주의 정부가 권력을 쥐고 있었다.

사회주의와 우파 전체주의의 내재된 반대속성에도 불구하고 중국의 정치 제도는 현재 두 이념이 조화를 이루고 있다. 중국의 지도자들은 정치 영역의 신조를 유지하면서 몇 가지 자본주의 경제적 특징들을 이용하여 높은 경제 성장을 꾀하고 있다. 중국 정부는 손실을 빚은 국영 기업들을

글로벌 지속가능성 | 내전에서 시민사회까지

오늘날 대부분의 전쟁은 한때 식민 지배를 받았거나 지배국에 의해 안정화된 국가에서 발생한다. 만일 이 국가들이 세계화를 통해 번영하려면 반드시 분쟁이 빈곤을 야기하고 빈곤이 분쟁을 야기하는 악순환을 깨뜨려야 할 것이다.

- **전쟁의 근원적 이유** 비록 부족 혹은 민족적 대립이 전형적인 내전의 이유로 지목되긴 하지만 가장 일반적인 원인은 빈곤, 낮은 경제 성장률, 원재료 수출에 대한 의존이다. 사실 가장 가난한 인구의 6분의 1이 세계 내전의 5분의 4를 겪고 있다. 아직도 종교적 차이가 민간 분쟁의 근본적 문제로 자리잡고 있다.
- **위기에 처한 것** 민족 분쟁이 콩고민주공화국의 동쪽 부니아의 격전의 뿌리였던 것으로 보인다. 그러나 헤마와 렌두 부족은 1999년 이웃인 우간다가 (광물이 많은 부니아를 통제하기 위해) 민병대를 무장시키기 시작하자 서로 싸우기 시작했다. 수단의 다르푸르 지역에서 아랍의 이슬람 교도들은 무슬림이 아닌 흑인과 전투를 벌였다. 누구에게 물어보느냐에 따라 분쟁은 목초지와 축산물 혹은 그 아래 있는 석유를 위한 싸움으로 시작된다. 반면 해외 투자자들은 예의주시하게 된다.
- **잃는 것** 평균적으로 민간 분쟁은 8년 동안 지속된다. 인간의 생명과 건강에 관한 끔찍한 비용을 제쳐두고라도 민간 분쟁에는 금전적 비용이 든다. 의료 체제의 붕괴와 강제 이주(상황을 악화시키며 질병을 전염시킴)로 인해 한 분쟁당 보건 비용은 50억 달러이다. 국내총생산(GDP)은 2.2% 떨어지며 기타 수입의 18%가 무기와 민병대에 사용된다. 전쟁 전 GDP의 105%까지 생산을 복구하는 완전한 경제 회복은 몇십 년이 걸릴 것이다.
- **해야 할 것** 1인당 소득이 2배가 되면 내전의 위험이 반으로 줄어들기 때문에 더 많은 지원금을 가난한 국가에 보내면 분쟁을 예방할 수 있을지도 모른다. 또한 분쟁 중인 국가가 군수품을 수출한 수익을 사용하는 것을 규제하거나 그 수출품에 대한 세계 시장 가격을 낮춤으로써 전쟁이 제한될 수도 있다. 마지막으로 국가들이 다시 내전으로 돌아가는 것을 막기 위해 전쟁이 끝난 후 의료와 교육 지원을 늘릴 수 있으며 혹은 평화를 유지하기 위해 외국 열강이 개입할 수 있다.
- **더 알고 싶다면?** 아프리카 경제 연구(www.csae.ox.ac.uk), 코펜하겐 컨센서스 센터(www.copenhagenconsensus.com), 세계은행의 분쟁 예방과 재건 팀(www.worldbank.org)의 웹사이트를 방문하라.

출처 : "A New Depth of Horror," *The Economist* (www.economist.com), April 26, 2014; "Unloved for Trying to Keep the Peace," *The Economist*, April 17, 2010, pp. 51-52; Paul Collier and Anke Hoeffler, *The Challenge of Reducing the Global Incidence of Civil War* (Oxford: Copenhagen Consensus, March 2004); Copenhagen Consensus Center website (www.copenhagenconsensus.com).

팔고 공장을 현대화하기 위해 필요한 투자를 촉구하고 있다. 그러나 중국 정부는 여전히 더 큰 정치적 자유를 요구하는 반대자들을 허용하지 않으며 완전한 언론의 자유를 허락하지 않는다.

전체주의 국가에서 비즈니스 수행 전체주의 국가에서 비즈니스를 수행하는 데 수반되는 비용과 이익은 무엇일까? 긍정적인 측면에서 글로벌 기업들은 활동에 대한 현지 정치적 반대자들에 대해 비교적 걱정이 적을 수 있다. 부정적 측면에서 기업은 정부 관계자에게 뇌물이나 사례금(리베이트)을 제공해야 할 수도 있다. 제공을 거절할 시 시장 접근경로를 잃거나 심지어 투자금액을 몰수당할 수 있다. 어떤 경우에라도 전체주의 국가에서 비즈니스를 하는 것은 위험한 계획이다. 미국과 같은 국가에서는 계약 분쟁 해결에 관한 법률이 상당히 구체적이다. 전체주의 국가에서는 법률이 애매하거나 존재하지 않을 수 있으며 막강한 행정 위치에 있는 사람들이 원하는 대로 법을 해석할 수 있다. 예를 들어 중국에서는 법이 어떻게 명시되어 있는지는 크게 중요하지 않고 다만 개인 관료가 어떻게 법을 해석하는지가 더 중요할 수 있다. 전체주의 국가의 변덕스러운 환경은 법이 어떻게 해석되고 특정 비즈니스 거래에 적용될지 기업이 알 수 없게 만든다.

전체주의 국가에서 경영하는 기업들은 간혹 유치국의 강압적인 정책으로 인해 상처받는 사람들에 대한 연민이 부족하다고 비난받는다. 경영자들은 전체주의 국가에 대한 투자를 자제할 것인지 – 그리고 잠재적 수익성 있는 기회를 놓칠 것인지 – 아니면 투자하고 잠정적으로 피해를 입게 될 공공성으로 인해 가장 큰 타격을 입을 것인지 반드시 결정해야 한다. 이런 논쟁에는 정답이 없으며 윤리적 딜레마를 탄생시킨다(이 장의 뒤쪽에서 다룬다).

민주주의

민주주의
정부 지도자가 국민 혹은 대표자의 많은 참여로 직접 선발되는 정치 제도

민주주의(democracy)는 정부 지도자가 국민 혹은 대표자의 많은 참여로 직접 선발되는 정치 제도이다. 민주주의는 전체주의와 거의 모든 측면에서 다르다. 현대 민주주의의 설립은 적어도 고대 그리스까지 거슬러 올라간다.

그리스인들은 순수 민주주의를 이행하고자 했다. 그것은 모든 시민이 자유롭고 적극적으로 정치 과정에 참여하는 것이다. 그러나 순수 민주주의는 몇 가지 이유로 가용한 제도보다는 이상에 더 가깝다. 어떤 사람들은 정치 과정에 참여하고자 하는 시간이나 욕구가 없다. 또한 인구수가 증가하고 거리와 시간의 장벽이 높아질수록 시민들이 완전하고 활발하게 참여하기가 더 불가능해진다. 마지막으로 순수 민주주의의 지도자는 직접 투표가 여론을 분쟁으로 이끌 수 있기 때문에 화합을 이루기 어렵거나 불가능하다는 것을 알게 될 것이다.

대의제 민주주의
시민들이 정치적 관점을 표현하기 위해 집단으로부터 한 개인을 선발하는 민주주의

대의제 민주주의 현실적인 이유로 대부분의 국가들은 시민들이 정치적 관점을 표현하기 위해 집단으로부터 한 개인을 선발하는 **대의제 민주주의**(representative democracy)에 의존한다. 대표자들은 국민을 통치하고 법률을 통과시키는 것을 돕는다. 시민들은 자신들이 허락한 대표자를 다시 선발하며 더 이상 대표하길 바라지 않는 사람들을 대체한다.

대의제 민주주의는 다음과 같은 것들을 제공하려 노력한다.

- 표현의 자유 : 대부분의 민주국가에서 헌법상의 권리인 표현의 자유는 처벌에 대한 두려움 없이 의견을 자유롭게 내는 권리를 부여한다.
- 기간제 선거 : 각 선발된 대표는 일정 기간 동안 복무하고 이후에 시민들(유권자)이 대표자를 유지할 것인지 결정한다. 기간제 선거의 두 예시로 미국 대통령 선거(4년마다 열린다)와 프

표현의 자유는 모든 민주주의 국가가 유지하려고 애쓰는 기본권이다. 필리핀의 저항자들이 온라인 비방자를 처벌하는 사이버 범죄법 통과로 인해 표현의 자유가 억압된다는 상징으로 검은 플래카드를 들고 있다. 법을 지지하는 사람들은 관련 기관이 온라인 사기를 억제하고, 신원 도용을 막고, 아이들에 대한 범죄를 막는 데 도움이 될 것이라고 말한다. 일반 시민들이 접하는 뉴스를 엄격하게 통제하고 제한하기 위해 일부 국가들은 온갖 종류의 미디어를 통해 해외방송 수신을 봉쇄한다. 표현의 자유가 사회에 편익을 제공할 수 있는 방법에는 무엇이 있을까?

출처 : ⓒ ac dimatatac/Demotix/Corbis

랑스 대통령 선거(5년마다 열린다)를 들 수 있다.

- **완전한 시민권과 재산권** : 시민권은 말의 자유, 정치 정당 결성의 자유, 공정한 재판의 자유를 포함한다. 재산권은 재산(집, 차, 기업 등) 소유주의 특권과 책임이다.
- **소수 인권** : 이론적으로 민주주의는 다양한 문화, 민족, 인종적 배경의 집단 간 평화적 공존을 유지하고자 노력한다. 이상적으로 집단이 아무리 작아도 각 집단에 합법적으로 같은 권리와 혜택이 주어진다.
- **비정치적 관료** : 관료제는 선발된 대표자들이 통과시킨 규정과 법률을 이행하는 정부의 한 부분이다. **정치화된 관료사회**에서 공무원들은 시민들의 대표자이기보다는 자신의 정치적 관점에 따라 결정을 실행하는 경향이 있다. 이것은 명백히 민주주의 과정의 목적과 다르다.

이와 같은 공통된 원칙에도 불구하고 국가는 대의제 민주주의의 시행에 있어 차이를 보인다. 예를 들어 영국에서는 **의회 민주주의**를 시행한다. 국가를 지리적 구역으로 나누고 각 구역의 사람들은 개인 후보보다는 정당끼리 겨루는 정당투표가 이루어진다. 그러나 선거에서 가장 많은 수의 입법부 의석을 가진 당이 자동적으로 국가를 운영할 권리를 얻게 되지는 않는다. 오히려 그 당은 반드시 **절대 다수**를 획득해야 한다. 선발된 당의 대표자 수가 모든 다른 당의 선발된 대표자 수를 반드시 능가해야 한다.

만일 가장 많은 대표자를 가진 당이 절대 다수가 아니라면 그들은 **연립 정부**를 형성하기 위해 하나 혹은 두 개의 다른 당과 합칠 수 있다. 연립 정부에서 정치 정당은 정부 책임을 나누며 권력을 공유한다. 연립 정부는 정치 정당이 많아 한 정당이 절대 다수를 얻기 어려운 이탈리아, 이스라엘, 네덜란드에서 주로 형성된다.

국가는 또한 각 정치 정당이 통솔하는 상대적 권력에서도 다르다. 일부 민주국가에서는 한 정

경영자의 서류가방 당신의 글로벌 안전 체크리스트

- **그곳에 갈 때** 사고는 이륙과 착륙 시에 발생 가능성이 높으므로 가능하면 직항을 타라. 공항의 공공장소에서는 여권 검사대 너머 더 안전한 구역인 체크인 구역으로 빠르게 이동하라. 유기된 가방은 공항 보안요원에게 보고하라.
- **이동할 때** 납치범은 일상을 관찰한다. 집, 사무실, 호텔을 나가는 출구를 다양하게 하고 출발하고 도착하는 시간을 다르게 하라. 창문을 닫고 문을 잠근 채로 운전하라. 가끔 다른 사람들과 차를 바꾸거나 하루는 택시를 타고 그다음에는 전차/지하철을 타라. 당신의 여정에 신중하라.
- **눈에 띄지 않기** 돈다발을 꺼내거나 거액의 돈으로 지불하여 주의를 끌지 말라. 시위를 피하라. 가능하다면 현지 사람처럼 옷을 입고 비싼 보석은 집에 놓고 나와라. 큰 소리로 대화해 다른 사람에게 들리는 것을 삼가라. 차를 임대하게 된다면 멋있는 것은 피하고 현지에서 흔한 모델을 골라라.
- **개인정보보호** 당신과 당신의 가족, 직원에 대한 질문에 대답할 때는 친절하지만 조심하라. 가능하면 대답을 짧고 모호하게 하라. 회사 번호만 주어야 하며 모든 가족들이 똑같이 해야 한다. 명단에 당신의 집이나 개인 휴대전화 번호를 쓰지 말라. 집 주소가 있는 물건을 지갑이나 가방에 가지고 다니지 말라.
- **주의할 것** 만일 현지인이 길이나 시간을 묻는다면 조심하라. 강도 짓을 위한 방법일 수 있다. 가능하다면 다른 사람들과 여행하고 어두워진 후 혼자 걷는 것을 피하라. 좁고 어두운 길을 피하라. 길을 잃는다면 당신이 어디 있는지 아는 것처럼 행동하고 행인이 아닌 기업 사업장에서 길을 물어라. 표시가 없거나 잘 안 되어 있는 택시 기사의 제안에 주의하라.
- **긴급 구조 절차 알기** 문제가 발생하기 전에 현지 긴급 구조 절차에 익숙해져라. 경찰서, 소방서, 호텔, 본국 영사관, 평판 좋은 택시의 번호를 집에 두고 항상 가지고 다녀라.

치 정당이 수십 년 동안 제도를 통제한다. 예를 들어 일본의 자유민주당(실제 보수주의)은 1950년대부터 거의 독점적으로 정권을 유지했다. 멕시코 문화혁명당(PRI)은 보수적인 국민행동당(PAN) 후보가 대통령직에 선출된 2001년까지 71년 동안 국가를 통치했다. 그러나 2012년 대통령 선거에서 PRI는 다시 자리를 되찾았다.[4]

민간 부문
수익을 추구하는 사기업으로 구성된 경제 환경 부문

자본주의
생산수단의 재산권이 개인과 사기업의 것이라는 믿음

민주국가에서 비즈니스 수행 민주주의는 우선적으로 개인의 재산권을 보호하는 법을 통해 안정적인 비즈니스 환경을 유지한다. 이론상 상업은 **민간 부문**(private sector)이 수익을 추구하는 사기업을 포함할 때 번영한다. **자본주의**(capitalism)는 생산수단의 재산권이 개인과 사기업의 것이라는 믿음이다. 자본주의는 흔히 자유 시장으로 표현된다.

참여 민주주의, 재산권, 자유 시장이 경제 성장을 격려하긴 하지만 항상 그렇지는 않다. 예를 들어 인도는 세계에서 가장 넓은 민주국가지만 최근까지 수년 동안 느린 경제 성장률을 보이고 있다. 한편 일부 국가는 진정한 민주주의가 아닌 정치 제도하에 빠른 경제 성장을 이루었다. 아시아의 네 마리 호랑이(홍콩, 싱가포르, 한국, 대만)는 진정한 민주주의의 실행 없이 강한 시장 경제를 설립했다.

비즈니스맨은 민주주의 국가든 혹은 전체주의 국가든 자신의 개인적 안전에 주의하는 것이 가장 중요하다. 확실히 기술과 교통의 발전은 세계적으로 비즈니스를 수월하게 만들었다. 그러나 세계화는 다른 동기를 갖고 있는 사람들의 효율성 또한 증가시켰고 사건은 거의 어디에서든 동시에 발생할 수 있다. 해외에서 비즈니스를 하는 중 눈에 띄지 않고 안전하게 있기 위해서 위의 글상자 '경영자의 서류가방 : 당신의 글로벌 안전 체크리스트'를 참조하라.

퀵 스터디 1

1. 어떤 특징이 다원주의라 불리는 정치 사상을 규정하는가?
2. 공산주의자는 자원에 대한 통제권을 장악하기 위해 폭력적인 개혁이 필요하다고 믿으며 정치적 반대자를 제거하길 원하고 또 어떤 것을 행하는가?
3. 대의제 민주주의는 국민들에게 무엇을 제공하기 위해 노력하는가?
4. 자본주의를 표현하는 다른 이름은 무엇인가?

경제 제도

국가 **경제 제도**(economic system)는 자원을 분배하고 상업 활동에 사용되는 구조와 과정으로 이루어져 있다. 모든 경제는 국가 문화를 반영하는 개인주의나 집단주의에 기반한 경제적 가치를 지향한다. 예를 들어 한 문화는 개인의 자유와 책임에 기초를 둔 이론을 선호하며 자본주의 경제 제도를 설립할 수 있다. 한편 다른 문화는 집단주의 사상에 가치를 두며 사회주의나 심지어 공산주의 제도를 설립할 수 있다.

경제 제도
자원을 분배하고 상업 활동에 사용되는 구조와 과정

우리는 국가 경제를 두 개의 극으로 나뉘는 수직선상에 배열할 수 있다. 척도의 한쪽 끝은 이론상 순수 중앙 계획 경제이며 다른 한쪽은 이론상 순수 시장 경제이고 그 중간에는 혼합 경제가 있다(그림 3.1 참조).

중앙 계획 경제

중앙 계획 경제(centrally planned economy)는 국가의 영지, 공장, 그 외 경제 자원을 국가가 소유하는 제도이다. 정부는 누가 무엇을 생산하는지와 제품, 노동력, 자본의 가격을 포함한 거의 대부분의 경제관련 결정을 내린다. 중앙 계획 부서는 공장과 다른 생산 공장의 생산목표를 구체적으로 정하며 심지어 가격까지 결정한다. 전 소비에트 연방을 예로 들면, 공산당 공무원들이 우유, 빵, 계란, 다른 생필품의 가격을 결정했다. 중앙 계획의 궁극적 목표는 국가 자원의 생산과 분배에 관한 완전한 통제권을 장악함으로써 넓은 범위의 정치적, 사회적, 경제적 목표를 달성하는 것이다.

중앙 계획 경제
국가의 영지, 공장, 그 외 경제 자원을 국가가 소유하는 제도이며 거의 대부분의 경제 활동을 계획한다.

중앙 계획 경제의 기원 중앙 계획 경제는 집단주의 사상에서 비롯되었다. 집단주의 문화가 개인의 목표보다 집단을 강조하는 것과 같이 중앙 계획 경제는 개인이 아닌 집단을 위한 경제 · 사회적 평등을 이루기 위해 노력한다.

독일의 철학자 칼 마드크스는 19세기에 중앙 계획 경제 사상을 보급했다. 마르크스는 산업혁명 이후와 유럽에서 노동자 계급이 겪는 어려움을 보면서 자신의 이론을 고안해냈다. 마르크스는 경제는 개선될 수 없고 단지 폐지되어야 하며 공정한 '공산주의' 제도로 교체되어야 한다고 주장했다.

마르크스 사상의 다른 형태는 폭력적 대변동과 더불어 20세기에 이행되었다. 혁명은 1917년 러시아에, 1940년대 후반 중국과 북한에, 1959년 쿠바에 전체주의 경제와 정치 제도를 정착시켰다. 1970년대 중앙 계획은 중앙과 동유럽(알바니아, 불가리아, 체코슬로바키아, 동독, 헝가리, 폴란드, 루마니아, 유고슬라비아), 아시아(캄보디아, 중국, 북한, 베트남), 아프리카(앙골라, 모잠비크), 라틴아메리카(쿠바, 니카라과) 등 지역의 경제 법률이었다.

중앙 계획의 쇠퇴 1980년대 후반, 많은 국가가 시장 기반 경제를 지지하여 공산주의 중앙 계획

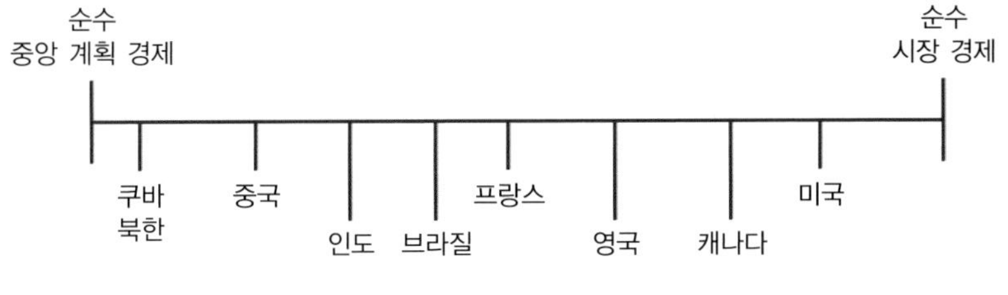

그림 3.1
경제 제도의 범위

을 해체하기 시작했다. 전 소비에트 연방이 **글라스노스트**(glasnost, 정치적 개방)와 **페레스트로이카**(perestroika, 경제 개혁)라는 두 가지 정책을 수행한 지 얼마 되지 않아 전체주의 정부는 무너졌다. 중앙과 동유럽의 공산주의 정부들도 직후 무너졌으며 오늘날 체코공화국, 헝가리, 폴란드, 루마니아, 우크라이나와 같은 국가들은 공화 정치를 이행하고 있다. 쿠바와 북한이 강경한 공산국가로 남아 있긴 하지만 현재 20년 전보다 훨씬 적은 수의 공산주의 국가들이 남아 있다. 이제 경제학자, 역사학자, 정치학자들이 말하는 중앙 계획 경제의 쇠퇴에 기여한 몇 가지 요소를 확인해 보자.

경제 가치 창조 실패 중앙 기획자들은 질 좋은 상품과 서비스를 가능한 가장 낮은 가격에 생산하는 일에 집중하지 않았다. 다시 말해서 그들은 소비자를 위해 경제 가치를 창조할 때 상업 활동이 성공한다는 것을 깨닫지 못했다. 그 과정에서 자립적이지 못한 상업 활동의 추구로 희소한 자원이 낭비되었다.

인센티브 제공 실패 경제 자원의 정부 소유는 그 자원으로부터 얻을 수 있는 결과를 최대화하고자 하는 비즈니스의 인센티브를 현저히 감소시켰다. 항공우주, 핵 개발, 다른 과학 분야(정부 과학자들이 앞서나가는 영역)를 제외하고는 새로운 기술, 신제품, 새로운 생산 방법을 개발하는 것에 대한 인센티브가 거의 없었다. 그 결과는 낮은 경제 성장이나 제로 경제 성장과 지속적인 낮은 생활수준이었다.

세계에서 가장 폐쇄적인 경제인 북한은 '은자의 왕국'이라는 칭호를 얻었다. 대부분의 경우 주체(자립) 정책이 북한 시민들에게 극도의 어려움을 야기하고 있다. 홍수와 가뭄의 동시 재발, 비료 부족, 농기계 결여 등이 조합하여 국가의 최대 식품생산 잠재력을 가로막는다. 그 결과 북한은 대부분 국민에게 식량을 공급하기 위해 해외 원조에 의지해야만 한다.

빠른 성장 달성 실패 공산주의 국가의 지도자들은 아시아의 네 마리 호랑이라 불리는 홍콩, 싱가포르, 한국, 대만의 높은 경제 성장률에 주목했다. 한때 세계에서 가난한 지역이었던 곳이 눈부신 성장을 빠르게 이루었다는 사실은 중앙 기획자들에게 가능성을 깨닫게 해 주었다. 그들은 개인의 재산권에 기반을 둔 경제 제도가 중앙 계획에 의해 방해받는 것보다 훨씬 더 많은 성장을 촉진한다는 것을 깨달았다.

다시 한 번 말하지만 북한은 우리에게 좋은 예시를 보여 준다. 1999년까지 10년 동안 북한 경제는 매년 하락했다. 국가의 지도자는 절박한 심정으로 조용히 제한된 자유 시장 개혁을 허락했으며 시골에 작은 상점들이 늘어났다. 아주 작지만 증가하고 있는 국경 주변의 중국 상인들과의 무역을 촉진하기 위해 길 모퉁이 환전 거래가 나타나기 시작했다. 빈곤한 북한 주민들은 휴대전화를 살 수 있었으며 남한의 드라마 DVD를 보며 더 나은 삶에 대한 희망을 찾았다. 그러나 국가 통화를 개혁하는 어리석은 시도는 자유 시장에 관한 북한의 실험에 심각한 타격을 주었다.[5] 적어도 현재 북한에서 관찰되는 자본주의 발전의 조짐은 남한과의 경계선에 있는 개성 공단에서 찾아볼 수 있다. 유일한 공업단지에 약 44,000명의 북한 공장 노동자들을 관리하기 위해 매일 약 500명의 남한 경영자들이 출입한다. 그러나 그 미래는 불확실하다. 왜냐하면 남북한 간 관계가 변동이 심한 가운데 많은 남한 기업들이 참가하는 프로젝트에서 손해를 보고 있기 때문이다.[6]

소비자 니즈 충족 실패 중앙 계획 경제의 시민들은 시장 경제에서 관찰되는 수준에 한참 못 미치는 생활수준에 지쳐 있다. 역설적이게도, 부의 분배에 관해 더 평등한 제도를 만들기 위한 수단으로 중앙 계획이 만들어졌음에도 불구하고 너무나 많은 중앙 기획자들은 충분한 식량, 주거지, 의료 서비스와 같은 기본적으로 필요한 것조차 제공하지 못했다. 온갖 종류의 상품과 서비스를 파는 지하(그림자) 경제가 번창했고 어떤 경우에는 '공식적' 경제보다 규모가 더 크기도 했다. 암시장에서 파는 상품의 가격은 정부가 정한 공식(그리고 인위적인) 가격보다 훨씬 높았다.

혼합 경제

혼합 경제(mixed economy)는 토지, 공장 그리고 그 외 경제적 자원이 정부와 개인의 소유로 동일하게 나뉘는 제도이다. 혼합 경제에서 정부는 중앙 계획 경제의 정부보다 더 적은 경제 자원을 소유한다. 그러나 혼합 경제에서 정부는 국가 안보와 장기적 안정에 중요하다고 간주되는 경제 부문을 통제하는 경향이 있다. 그런 부문은 주로 철강 제조업(군사 장비 생산을 위해), 석유와 가스 생산(지속적인 생산과 이용가능성을 보증하기 위해), 그리고 자동차 제조업(많은 노동력의 고용을 보장하기 위해)을 포함한다. 또한 많은 혼합 경제는 실직자를 도와주고 일반 국민에게 의료 서비스를 제공하기 위해 좋은 복지 제도를 유지한다.

혼합 경제
토지, 공장 그리고 그 외 경제적 자원이 정부와 개인의 소유로 동일하게 나뉘는 제도

혼합 경제는 세계 곳곳에서 찾아볼 수 있다. 유럽에서는 덴마크, 프랑스, 노르웨이, 스페인, 스웨덴이 있고, 아시아에서는 인도, 인도네시아, 말레이시아, 파키스탄, 한국이 있다. 남아메리카에는 아르헨티나가 있으며, 남아프리카에도 있다. 이 국가들은 경제를 중앙에서 계획하지는 않지만, 핵심 산업에 대규모 보조금을 주는 것을 포함하여 특별한 인센티브 수단과 경제에 대한 정부 참여를 통해 경제 활동에 영향을 준다.

혼합 경제의 기원 혼합 경제 지지자는 성공적인 경제 제도는 효율적이고 혁신적이어야 할 뿐만 아니라 지나친 개인주의나 조직의 탐욕으로부터 사회를 보호해야 한다고 주장한다. 목표는 가장 효과적인 정책 수단을 이용하여 낮은 실업률, 낮은 빈곤율, 지속적인 경제 성장, 그리고 부의 평등한 분배를 이루는 것이다.

혼합 경제 지지자는 유럽과 미국의 생산율과 성장률이 제2차 세계대전 이후 몇십 년 동안 거

오늘날 대부분의 선진 국가에서 농업은 하이테크 산업이지만, 북한에서는 여전히 노동 집약적이며 비효율적이다. 실패한 공산주의 경제 정책은 발전을 방해하며 실패 원인은 식량 생산을 증가시킬 수 있는 현대식 기계와 비료를 살 수 없는 무능력함이다. 끝이 없어 보이는 기근과 경제 붕괴는 북한의 기대 수명을 남자는 65세, 여자는 73세로 줄였다.

출처 : ⓒ KCNA/EPA/Newscom

의 동일하다는 점을 지적했다. 미국이 더 많은 일자리를 만들어냈지만 그것은 사회 불평등을 심화하는 비용을 지불하면서 이룩한 것이라고 지지자는 말한다. 그들은 혼합 경제 국가가 사회복지 제도를 폐지하지 말고 국가 경쟁력에 공헌하도록 현대화해야 한다고 주장한다. 오스트리아, 네덜란드, 스웨덴은 이 방법을 따르고 있다. 네덜란드에서는 노동 조합과 정부가 임금 제한, 노동 시간 단축, 예산 편성, 아르바이트와 비정규직에 대한 새로운 관용, 그리고 사회보장연금 정리와 관련한 큰 거래에 합의했다. 그 결과 네덜란드의 실업률은 7%를 유지하고 있다. 이와 대조적으로 유로화를 쓰는 모든 국가들의 평균 실업률은 약 12%이다.[7]

혼합 경제의 쇠퇴 많은 혼합 경제는 자유 시장과 더 유사하도록 스스로를 개편하고 있다. 재산을 정부가 소유하면 낭비를 없애고 혁신을 실행하고자 하는 인센티브가 적어지는 듯하다. 국가 수준의 광범위한 정부 재산권은 책임감의 결여, 비용의 증가, 느린 경제 성장을 초래하는 경향이 있다. 혼합 경제 내 많은 정부 소유의 기업들은 세계적 수준의 경쟁자로 살아남기 위해 많은 양의 세금 주입이 필요하며 곧 세금과 상품과 서비스의 가격을 인상시킨다. 정부 소유 기업을 매각하는 것은 시장기반 제도로의 전환을 지지하는 것이다.

민영화로의 움직임 전에 논의했듯이 많은 유럽 국가의 시민들은 미국의 낮은 실업률과 좁은 사회 안전망 구조보다 풍부한 사회보장기금과 높은 실업률의 조합을 더 선호한다. 예를 들어 프랑스 유권자들은 정부 소유 기업의 사회 복지와 고용 안정 등의 깊이 내재된 전통을 견고히 유지하고 있다. 많은 프랑스인들은 집단주의 경제의 사회보장과 결속 연금이 개인주의의 효율성이 주는 이점보다 더 낫다고 생각한다. 그러나 그런 태도는 경제 효율성 측면에서 많은 비용이 든다.

민영화
정부 소유 경제 자원을 개인 운영자에게 파는 정책

정부 소유 경제 자원을 개인 운영자에게 파는 것을 **민영화**(privatization)라고 부른다. 민영화는 이전에 정부 소유 기업에 제공되던 보조 재료, 노동력, 자본을 없애도록 돕는다. 또한 전문지식보다는 정치적 이유로 경영자를 임명하는 관행을 줄인다. 살아남기 위해서 새롭게 민영화된 기업들은 이제 자유 시장 세력의 대상이기 때문에 공정한 가격으로 경쟁적인 제품을 생산해야만 한다. 민영화의 종합적인 목표는 경제 효율성 증가, 생산성 증가, 생활수준 향상이다.

시장 경제

시장 경제
대부분의 국가 토지, 공장, 그리고 그 외 다른 경제적 자원들이 개인 혹은 기업에 의해 민간 소유인 경제 제도

공급
생산자가 특정한 가격에 제공하길 원하는 상품과 서비스의 양

수요
구매자가 특정한 가격에 구매하길 원하는 상품과 서비스의 양

시장 경제(market economy)에서 대부분의 국가 토지, 공장, 그리고 그 외 경제적 자원들은 개인 혹은 기업에 의해 민간 소유이다. 이것은 시장 경제에서 누가 무엇을 생산하는지와 제품, 노동력, 자본의 가격이 **공급**(supply)과 **수요**(demand)라는 두 가지 힘의 상호작용에 의해 결정된다는 의미이다.

- 공급 : 생산자가 특정한 가격에 제공하길 원하는 상품과 서비스의 양
- 수요 : 구매자가 특정한 가격에 구매하길 원하는 상품과 서비스의 양

공급과 수요는 상품 혹은 서비스에 따라 바뀌고 판매 가격도 그렇다. 제품의 가격이 낮을수록 수요는 커질 것이다. 가격이 높을수록 수요도 낮아질 것이다. 마찬가지로 제품의 가격이 낮을수록 생산자가 공급하는 양은 적어질 것이다. 가격이 높을수록 생산자가 제공하는 양은 커질 것이다. 이와 같은 관계에서 '가격 기제'(혹은 '시장 기제')라는 것이 공급과 수요를 좌우한다.

시장의 힘과 통제할 수 없는 자연적 힘도 제품 가격에 영향을 미친다. 예를 들어 초콜릿을 매우 좋아하는 사람은 코코아의 가격에 몇 가지 세력의 상호작용이 어떻게 영향을 미치는지 고려

해야 할 것이다. 미국과 영국, 일본과 같은 코코아 소비 대국들에서 코코아 소비가 갑자기 증가했다고 가정해 보자. 브라질, 가나, 코트디부아르와 같은 코코아 생산 국가에 진염병과 해충이 농작물에 해를 입힌다고 가정해 보자. 세계적으로 코코아의 수요가 생산을 능가하기 시작하면서 시장 압력은 수요 측(소비자)과 공급 측(생산자) 모두에게 가해진다. 세계의 코코아 보존량이 떨어지고 이후 코코아의 가격이 더 높아지게 된다.

시장 경제의 기원 시장 경제는 개인의 관심사가 집단의 관심사보다 우선해야 한다는 신념에 뿌리를 두고 있다. 이 관점에 따르면 개인이 특정한 방식으로 행동하여 인센티브와 보상을 받으면 전체 집단에게 이익이 된다. 사람들은 자기 소유의 재산 관리를 더 잘하고 공공 소유 제도하의 재산 관리에 대해서는 인센티브가 적다는 주장이 있다.

자유방임 경제 몇 세기 동안 세계를 지배한 경제 철학은 사회 재산의 정부 통제와 국제 무역에 대한 정부 개입을 지지했다. 그러나 1700년대 중반 국가 경제에 대한 새로운 접근법은 상업에 대한 정부의 간섭 축소와 개인의 경제적 자유 확대를 요구했다. 이 접근법은 "[개입 없이] 그들이 하게 허락하라."라는 프랑스어를 의역한 **자유방임주의** 제도로 알려졌다.

캐나다와 미국은 현대적 시장 경제의 예시이다. 이 나라들이 모두 개인주의적 문화를 가지고 있는 것은 우연이 아니다(비록 캐나다는 미국보다 덜 확산돼 있긴 하지만). 개인주의를 강조하는 것이 민주주의 형태의 정부를 발전시키는 것과 같이 이는 또한 시장 경제를 지지한다.

시장 경제의 특성 원활하고 올바르게 기능하기 위해 시장 경제는 세 가지를 요구한다. 그 세 가지는 **자유로운 선택**, **자유로운 경영**, **가격 신축성**이다.

- **자유로운 선택**은 개인에게 다른 구매 선택권을 준다. 시장 경제에서 소비자는 결정을 내리고 자유롭게 선택하는 데 있어 제한이 거의 없다. 예를 들어 새 차를 살 때 다양한 선택이 보장된다. 소비자는 다양한 딜러, 모델, 크기, 스타일, 색깔, 엔진 크기 및 변속 장치와 같은 기계적 특성을 고를 수 있다.
- **자유로운 경영**은 기업들이 생산할 상품과 서비스, 그리고 경쟁할 시장을 결정하는 능력을 준다. 기업들은 자유롭게 새롭고 색다른 비즈니스 라인으로 진입하거나, 추구하고자 하는 지리적 시장이나 고객 영역을 선택하며, 직원을 고용하고, 제품을 홍보할 수 있다. 그러므로 자신들에게 이익이 되는 관심사를 추구할 권리를 보장받는다.
- **가격 신축성**은 가격이 공급과 수요의 힘을 반영하여 오르고 내리도록 한다. 반대로 비시장 경제는 주로 규정된 가격을 정하고 유지한다. 가격기제에 대한 개입은 시장 경제의 근본적인 원칙을 위반한다.

시장 경제에서 정부의 역할 시장 경제에서 정부는 중앙 계획 혹은 혼합 경제에 비해 비즈니스에 직접 개입하는 일이 훨씬 적다. 그렇다 하더라도 시장 경제 정부는 네 가지 중요한 역할을 한다.

독점 금지법 시행 기업이 제품의 공급과 그에 따른 가격을 통제할 수 있을 때 독점으로 간주된다. **독점 금지법**(antitrust laws)은 기업이 가격을 고정하고 시장을 공유하며 불공정한 독점 이익을 얻지 못하게 방지한다. 이 법은 시장이 지속되고 많은 경쟁적인 기업과 함께 산업이 성장하도록 독려하고자 고안되었다. 경쟁적 산업에서 경쟁 세력은 가격을 낮게 유지시킨다. 독점 금지법을 시행함으로써 정부는 무역을 제약하는 독점과 소비자를 착취하고 상업의 성장을 저해하는 기

독점 금지법
기업이 가격을 고정하고 시장을 공유하며 불공정한 독점 이익을 얻지 못하게 방지하기 위해 고안된 법

업 간 단합을 방지한다.

미국 정부의 연방통상위원회(FTC)는 국가 시장의 경쟁적이고 효율적인 기능을 보장하고자 한다. 그러나 또한 FTC(www.ftc.gov)는 미국 시장이 영향을 받을 가능성이 있을 때 국외에서 제시된 거래를 평가할 수 있다. 예를 들어 FTC는 핀란드의 메초(www.metso.com)가 제안한 스웨덴의 스베달라와의 합병 제안을 검토한 바 있다. 그 당시 메초와 스베달라는 세계에서 가장 큰 암석 가공 장비 공급자였다. 세계 암석 가공 장비 시장에 미칠 잠재적 반경쟁적인 영향을 FTC가 감지하고, 합병 허용의 대가로 두 기업은 합병한 기업의 일부를 제3자에게 팔기로 동의했다.

재산권의 보호 시장 경제의 원활한 기능은 개인의 재산권을 지키는 법률 제도에 달려 있다. 개인의 재산권을 유지하고 보호함으로써 정부는 개인과 기업이 기술에 투자하고, 새로운 제품을 개발하고, 새로운 비즈니스를 시작하는 것과 같은 위험을 감수하도록 독려한다. 강력한 재산권 보호는 기업가의 자산과 미래 수익에 대한 권리가 법적으로 보호된다는 것을 기업가에게 보장한다. 이 보호는 또한 시장 경제가 번창할 수 있는 건강한 비즈니스 환경을 지지한다.

안정적인 재정과 금융 환경의 제공 불안정한 경제는 많은 경우 높은 인플레이션과 실업률로 형성된다. 이런 세력들은 비즈니스를 펼칠 지역으로서 한 국가의 적합성에 대한 일반적인 불확실성을 생성한다. 정부는 효과적인 **재정 정책**(세금과 국가 지출에 관한 정책)과 **통화 정책**(현금 공급과 이자율 통제 정책)을 통해 인플레이션을 통제하도록 도울 수 있다. 안정적인 경제 환경은 기업이 일반적인 비용, 수익, 그리고 비즈니스의 미래를 더 정확히 예측하도록 돕는다. 이러한 조건은 신제품 개발, 비즈니스 확장과 같은 미래 투자와 연관된 위험을 낮춘다.

정치적 안정 유지 시장 경제의 원활한 운영이나 미래의 존폐 여부는 안정적인 정부에 달려 있다. 정치적 안정은 비즈니스가 테러나 납치, 그 외 정치적 위협에 대한 걱정 없이 활동에 참여할 수 있도록 돕는다(정치적 위험과 안정에 대해 자세히 알고 싶다면 제4장 참조).

경제적 자유 지금까지 우리는 자유에 기반을 둔 시장 경제의 본질에 관해 논의했다. 자유란 선택의 자유, 경영의 자유, 가격결정의 자유, 정부의 직접 개입으로부터의 자유이다. 〈지도 3.1〉(96~97쪽)은 경제적 자유도에 따라 국가를 구분한다. 각 나라의 구분 기준은 무역 정책, 정부의 경제 개입, 재산권, 암시장, 임금과 가격 통제 등이다. 대부분의 선진국들은 완전히 혹은 거의 자유롭지만 대부분의 신흥시장과 개발도상국들은 훨씬 자유롭지 못하다.

이전에 우리는 정치적 자유와 경제 성장 간의 관계가 확실하지 않다는 것을 배웠다. 마찬가지로 경제적 자유도가 높은 국가는 생활수준이 높은 경향이 있고 자유도가 가장 낮은 국가들은 가장 낮은 생활수준을 보인다. 그러나 경제적 자유도가 높다고 1인당 소득도 높은 것은 아니다. 어떤 나라는 경제적 자유도가 매우 낮은 것으로 분류되는데도 훨씬 더 자유도가 높은 나라보다 1인당 소득이 더 높을 수 있다.

퀵 스터디 2

1. 중앙 계획 경제의 쇠퇴를 유발하는 요소는 무엇인가?
2. 어떤 경제 시스템이 낮은 실업률, 낮은 빈곤율, 지속적인 경제 성장, 그리고 부의 평등한 분배를 위해 노력하는가?
3. *자유방임* 경제는 정부가 상업에 개입하는 정도가 낮고, 그 밖에 무엇을 요구하는가?
4. 경제적 자유도가 가장 높은 나라들은 어떤 경향이 있는가?

법률 제도

국가 **법률 제도**(legal system)는 법률이 제정되고 시행되는 과정과 법원이 행동에 대한 책임이 있는 관계자들을 판결하는 방식을 포함한 일련의 법과 규제다. 많은 문화적 요소(사회 유동성, 종교, 개인주의에 대한 생각을 포함)는 국가의 법률 제도에 영향을 미친다. 마찬가지로 많은 법과 제도가 문화적 가치와 신념을 보호하기 위해 제정된다. 법률 제도가 국가마다 어떻게 다른지에 관한 몇 가지 예시로 아래의 글상자 '문화 이슈 : 규칙대로 하기'를 참조하라.

법률 제도
법률이 제정되고 시행되는 과정과 법원이 행동에 대한 책임이 있는 관계자들을 판결하는 방식을 포함한 일련의 법과 규제

국가의 정치 제도 또한 법률 제도에 영향을 미친다. 전체주의 정부는 경제적 자원의 공공 소유를 선호하고 경영 행위를 제한하는 법을 제정하는 경향이 있다. 대조적으로 민주주의는 강한 재산권 관련 법률로 기업활동을 격려하고 비즈니스를 보호하는 경향이 있다. 비즈니스 업무 당사자들의 권리와 책임 또한 나라마다 다르다. 따라서 정치 제도와 법률 제도는 자연적으로 연동된다. 국가의 정치 제도는 법률 제도를 고무하고 통과시키며 법률 제도는 정치 제도를 합법화하며 지지한다.

법률 제도는 빈번하게 정치 분위기와 **국수주의**(nationalism)의 고양으로부터 영향을 받는다. 국수주의는 국가의 관심과 발전에 대한 국민의 헌신이다. 국수주의는 보편적으로 강한 충성심과 문화에 대한 자부심과 관계가 있으며 흔히 국가 독립에 대한 목표와 관련되어 있다. 예를 들어 인도는 대부분의 비즈니스 법률이 국가가 '자급자족'을 위해 노력할 때 고안되었다. 그 결과 법률 제도는 글로벌 경쟁으로부터 현지 비즈니스를 보호하는 경향이 있다. 몇 년 전 인도는 많은 산업을 국유화하고 비즈니스 신청서를 까다롭게 심의했지만 오늘날 국가 정부는 비즈니스를 지지하는 법률을 시행하며 세계화를 받아들이고 있다. 간단한 소개와 함께 이제 **관습법, 민법, 신정법**의 주요 특성을 살펴보자.

국수주의
국가의 관심과 발전에 대한 국민의 헌신

문화 이슈 규칙대로 하기

다른 나라의 법률 제도를 이해하는 것은 문화적 차이에 대한 인식으로부터 시작된다. 여기 일부 국가 법률 환경의 단편적 모습을 살펴보자.

- **일본** 일본의 화합과 합의 기반의 문화는 법정 싸움을 최후의 수단으로 간주한다. 그러나 특허 분쟁의 증가와 국제적 합병의 증가로 일본은 변호사의 가치를 알아가고 있다. 변호사가 100만 명이 넘는 미국과 비교하면 일본은 22,000명에 그치고 있다. 그래서 일본은 매년 몇천 명의 새로운 변호사들을 배출하고 있다. 오늘날 일본 기업들은 한때 당사자들 간에 해결했을지도 모를 분쟁을 법정에서 다투고 있다.
- **사우디아라비아** 이슬람교는 사우디아라비아의 모든 측면에 스며들고 있으며 국가의 법률, 정책, 경제, 사회 발전에 영향을 미친다. 이슬람 법은 코란에 담긴 종교적 가르침에 기반을 두며 형사와 민사 사건 모두 관리한다. 사실 코란은 사우디아라비아의 헌법으로 간주된다. 왕과 각료 회의는 이슬람 법의 테두리 안에서 모든 행정부와 입법부를 운용한다.
- **중국** 중국의 공장 근로자는 때때로 군대식의 훈련, 언어폭력, 조롱을 견뎌야 한다. 그러나 무료 강연을 열고 노동자 사례에 관해 논쟁하는 변호사와 법학도들로부터 노동 집단은 더 높은 임금과 더 나은 작업 환경, 더 나은 주거 환경을 얻는다. 근로자들의 권리에 대한 보호가 부족해서 중국의 1억 6,900만 공장 노동자들이 더 나은 조건을 찾아 떠나고 있다.
- **더 알고 싶다면?** Law Library of Congress(www.loc.gov/law/help/guide/nations/japan.php), Royal Embassy of Saudi Arabia(www.saudiembassy.net), China Gate(en.chinagate.cn)의 웹사이트를 방문하라.

출처 : "Stability v. Rights : Balancing Act," *The Economist* (www.economist.com), January 18, 2014; David Barboza, "After Suicides, Scrutiny of China's Grim Factories," *New York Times* (www.nytimes.com), June 6, 2010; "Saudi Arabia : Our Women Must Be Protected," *The Economist,* April 24, 2008, pp. 64-65; "Japan : Lawyers Wanted. No, Really," *Bloomberg Businessweek* (www.businessweek.com), April 2, 2006.

지도 3.1
경제적 자유도에 따른 국가 분류

RUSSIA
NORWAY
SWEDEN
FINLAND
ESTONIA
LATVIA
LITHUANIA
DENMARK
RUSSIA
BELARUS
POLAND
GERMANY
CZECH REP.
SLOVAKIA
UKRAINE
AUSTRIA
HUNGARY
MOLDOVA
SLOVENIA
CROATIA
ROMANIA
BOSNIA-HERZEGOVINA
SERBIA AND MONTENEGRO
BULGARIA
ITALY
MACEDONIA
ALBANIA
GREECE
TURKEY
TUNISIA
CYPRUS
GEORGIA
ARMENIA
AZERBAIJAN
KAZAKHSTAN
MONGOLIA
UZBEKISTAN
KYRGYZSTAN
TURKMENISTAN
TAJIKISTAN
NORTH KOREA
SOUTH KOREA
JAPAN
SYRIA
LEBANON
ISRAEL
JORDAN
IRAQ
IRAN
AFGHANISTAN
CHINA
PAKISTAN
NEPAL
BHUTAN
KUWAIT
QATAR
UNITED ARAB EMIRATES
SAUDI ARABIA
OMAN
INDIA
BANGLADESH
MYANMAR (BURMA)
LAOS
HONG KONG
TAIWAN
PACIFIC OCEAN
LIBYA
EGYPT
NIGER
CHAD
SUDAN
ERITREA
YEMEN
DJIBOUTI
SOMALIA
NIGERIA
SOUTH SUDAN
CENTRAL AFRICAN REPUBLIC
ETHIOPIA
THAILAND
VIETNAM
CAMBODIA
PHILIPPINES
SRI LANKA
BRUNEI
MALAYSIA
SINGAPORE
UGANDA
KENYA
CONGO REPUBLIC
GABON
CONGO DEMOCRATIC REPUBLIC (ZAIRE)
RWANDA
BURUNDI
TANZANIA
INDIAN OCEAN
INDONESIA
PAPUA NEW GUINEA
SOLOMON ISLANDS
ANGOLA
ZAMBIA
MALAWI
MOZAMBIQUE
ZIMBABWE
NAMIBIA
BOTSWANA
MADAGASCAR
MAURITIUS
RÉUNION
SWAZILAND
SOUTH AFRICA
LESOTHO
AUSTRALIA
VANUATU
FIJI
NEW CALEDONIA
NEW ZEALAND
경제적 자유 수준
80~100%의 자유
70~79.9%의 자유
60~69.9%의 자유
50~59.9%의 자유
0~49.9%의 자유
순위 없음
MALTA
MAURITIUS

관습법

관습법
국가의 법률 역사(전통), 법원에서 있었던 과거 사례(판례), 법률이 특정한 상황에 적용되는 방법(용례 또는 관행)에 기초한 법률 제도

관습법의 관행은 11세기 영국에서 기원되었으며 세계 전역에 적용되었다. 따라서 미국의 법률제도는 (비록 민법의 몇몇 측면과 통합되었지만) 많은 면에서 관습법 전통에 기반하고 있다. **관습법**(common law) 법률 제도는 세 가지 요소를 반영한다.

- **전통** : 국가의 법률 역사
- **판례** : 법원에서 있었던 과거 사례
- **용례(관행)** : 법률이 특정한 상황에 적용되는 방법

사법 제도는 전통, 판례, 용례(관행)에 기초해 법을 해석하면서 사례들을 결정한다. 그러나 각각의 법은 어떤 사례에 어떤 것이 적용되는지에 따라 다소 다르게 해석될 수 있다. 그리고 각각의 새로운 해석이 나중 사례를 위한 판례를 만든다. 새로운 판례가 발생하면 모호한 용어를 명확하게 하기 위해, 혹은 이전에는 고려되지 않았던 상황에 맞추기 위해 법을 수정한다.

관습법 국가에서는 비즈니스 계약서가 긴 경향이 있는데(특히 미국에서) 이것은 분쟁 시 법의 가능한 많은 해석과 가능한 많은 대비책들을 고려해야 하기 때문이다. 기업들은 명료한 계약서를 고안하는 데 꽤 많은 시간을 쏟으며 법률 조언에 많은 돈을 투자한다. 긍정적인 측면에서 관습법 제도는 유동적이다. 모든 상황에 획일적으로 적용되기보다 법은 특정한 상황과 환경을 고려한다. 관습법 전통은 호주, 영국, 캐나다, 아일랜드, 뉴질랜드, 미국, 그리고 일부 아시아와 아프리카 국가에서 적용된다.

민법

민법
법전을 구성하는 일단의 자세한 규칙과 법령을 기반으로 하는 법률 제도

민법 전통의 기원은 기원전 5세기경 로마로 거슬러 올라갈 수 있다. 이것은 세계에서 가장 오래되고 가장 일반적인 법률 전통이다. **민법**(civil law) 제도는 법전을 구성하는 일단의 자세한 규칙과 법령을 기반으로 한다. 민법은 보통 특정한 법이 명시하는 것을 해석할 필요가 적으므로 관습법보다 대립이 적을 수 있다. 왜냐하면 모든 법률은 체계적이고 간결하며 계약서의 관계자들은 단지 법전의 명백한 단어 때문에 더 걱정하는 경향이 있다. 모든 의무, 책임, 특권은 관련 법전에서 바로 나온다. 따라서 법률 문제에 있어서 일반적으로 시간이 더 적게 들고 돈 낭비가 적다. 그러나 민법 제도는 특정 사건의 특별한 상황을 고려하지 못할 수 있다. 민법은 쿠바, 푸에르토리코, 퀘벡, 모든 중앙 및 남아메리카, 대부분의 서유럽, 그리고 아시아와 아프리카 대륙의 많은 국가에서 시행되고 있다.

신정법

신정법
종교적 가르침에 기반을 둔 법률 제도

종교적 가르침에 기반을 둔 법 전통을 **신정법**(theocratic law)이라 부른다. 유명한 신정법 법률 제도는 이슬람교, 힌두교, 유대교이다. 힌두법은 대부분의 법적 기능을 국가가 책정하도록 하는 인도의 1950년 헌법으로 제한되고 있지만, 문화적 · 정신적 힘으로 지속되고 있다. 마찬가지로 유대교는 강한 종교적 힘으로 남아 있지만 대부분의 유대 사회가 사법 자치권을 잃었던 18세기부터 법적 기능을 거의 갖고 있지 않다.

이슬람법은 오늘날 가장 넓게 시행되고 있는 신정 법률 제도이다. 이슬람법은 도덕과 윤리적 행동을 관장하는 초기 법전이었으며 이후 상업 거래까지 확장되었다. 투자 기업의 유형을 제한

하며 비즈니스 거래를 위한 지침을 제정하고 적용할 수 있다. 예를 들어 이슬람법에 따르면 은행은 예금에 이자를 주거나 대출에 이자를 부과할 수 없다. 그 대신 은행은 자금을 빌린 투자자들이 번 수익의 일정 부분을 가져가고 이 수익으로 예금자에게 돈을 지불한다. 마찬가지로 알코올과 담배 관련 제품 비즈니스는 이슬람법에 위배되므로 이슬람법을 따르는 기업들은 이들 기업들에게 투자할 수 없다.

퀵 스터디 3

1. 전통, 판례, 용례(관행)에 기초한 법을 해석하면서 재판을 결정하는 법률 제도는 무엇인가?
2. 법전을 구성하는 일단의 자세한 규칙과 법령을 기반으로 하는 법률 제도는 무엇인가?
3. 종교적 가르침에 기반을 둔 법률 전통을 무엇이라 부르는가?

세계 법률 문제

앞선 장에서 우리는 글로벌 기업들이 익숙하지 않은 정치 제도가 주는 장애물을 극복하는 방법을 살펴보았다. 기업들은 글로벌 시장에 있는 다른 법률 제도를 받아들여야 하는데 모든 국가가 수용하는 명료하게 정의된 국제 법전이 없기 때문이다. 법의 해석과 적용을 규격화하려는 시도가 있지만 법률제도 전체를 표준화하는 것을 포함하지는 않는다. 따라서 법률 제도의 차이로 인해 기업은 사업하는 각 국가에서 법률 전문가를 고용하는 비싼 관행을 지속할 수밖에 없다.

여전히 지적 재산권, 독점 금지법, 조세법, 계약 중재, 일반 무역 사항에 대한 국제 조약과 협정이 존재한다. 표준화를 촉진하는 국제 기구로 **국제 연합**(United Nations, UN; www.un.org)과 경제협력개발기구(OECD; www.oecd.org), 그리고 사법통일국제협회(www.unidroit.org)를 포함한다. 유럽 연합은 서유럽에서 상업을 활성화하기 위해 그 일원국가들의 법률 제도 일부를 표준화하고 있다. 국제 비즈니스에서 활발히 활동하는 기업들이 맞닥뜨린 주요 법적 문제들을 탐구해 보자.

국제 연합(UN)
제2차 세계대전 이후 세계에 평화와 안정을 증진시키는 리더십을 위해 형성된 국제 기구

지적재산

사람들의 지적 재능과 능력에서 비롯된 재산을 **지적재산**(intellectual property)이라고 부른다. 이것은 디자인, 소설, 컴퓨터 소프트웨어, 머신 툴 디자인, 코카콜라를 만드는 것과 같은 비밀 제조법을 포함한다.

지적재산
사람들의 지적 재능과 능력에서 비롯된 재산

대부분의 국가 법률 제도는 **재산권**(property rights)을 보호한다. 재산권은 자신이 생산해내는 자원과 수입에 대한 법적 권리이다. 다른 유형의 재산권과 비슷하게 지적재산은 거래되거나 요금이나 사용료를 대가로 인가될 수 있다. 지적재산권은 재산권을 침해받은 사람들에게 보상해 주기 위해 고안되었다.

재산권
자신이 생산해내는 자원과 수입에 대한 법적 권리

지적재산권은 국가마다 매우 다르다. 비즈니스 소프트웨어 제작사를 위한 거래 협회인 BSA(Business Software Alliance; www.bsa.org)는 전 세계의 소프트웨어 저작권 침해율 연구를 매년 진행한다. 미국 국내 시장에서 비즈니스 소프트웨어의 불법 복제가 20%를 차지하고(세계에서 가장 낮다), 그루지아에서 불법 소프트웨어는 93%를 차지한다. 세계적으로 비즈니스 소프트웨어 불법 복제는 평균적으로 42%이며 비즈니스 소프트웨어 제작자에게 연간 약 590조 달러의 손해를 입히고 있다.[8] 〈그림 3.2〉는 BSA 연구에 포함된 일부 국가들의 불법 복제율을 보여 준다.

그림 3.2
비즈니스 소프트웨어 불법 복제

출처 : Based on the Eighth Annual BSA and IDC Global Software Piracy Study (Washington, DC; Business Software Alliance, May 2012), pp. 8-9, available at www.bsa.org/globalstudy.

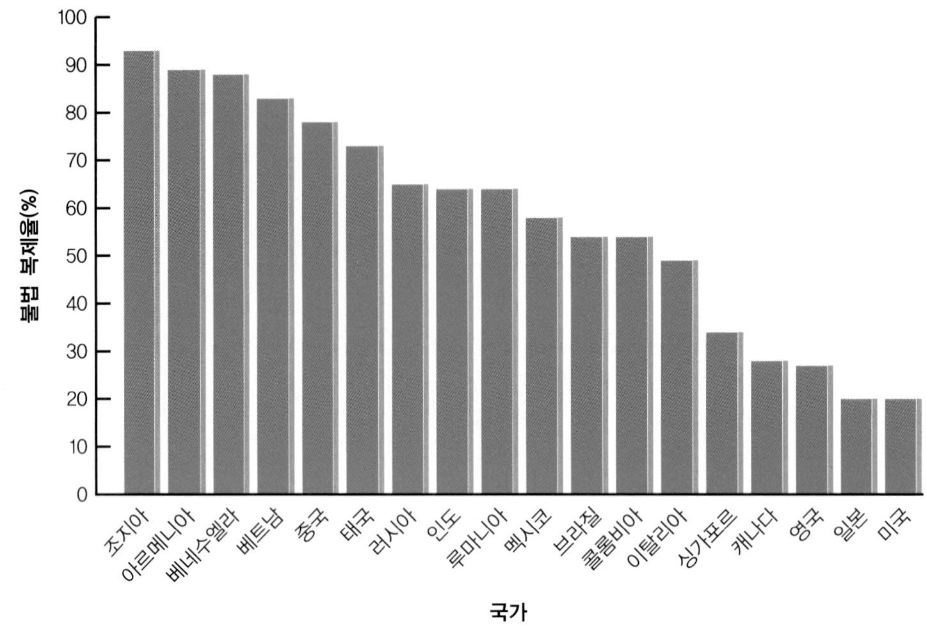

이 수치가 제시하는 것과 같이 일부 국가의 법률(혹은 그런 법률의 시행)은 일부 다른 국가의 법률보다 관대하다. 비록 불법 CD와 DVD 판매원들이 중국 길거리 키오스크에서 공공연히 활동하고 있지만 중국 정부는 최근 불법 복제 문제를 해결하고자 노력하기 시작했다.[9] 미국과 유럽연합의 소프트웨어 회사는 지속적으로 자국 정부에게 다른 국가들이 더 강력한 법을 도입하도록 압박하라고 로비하고 있다.

기술적으로 지적재산권은 **산업재산권**(특허나 상표의 형태로) 혹은 **저작권**을 발생시켰으며 소유자에게 제한된 독점권을 수여했다.

산업재산권
특허와 상표

산업재산권 **산업재산권**(industrial property)은 흔히 기업의 가장 가치 있는 자산인 특허와 상표를 포함한다. 산업재산권을 보호하는 법들은 발명과 창조 활동을 보상하기 위해 고안되었다. 산업재산권은 거의 100여개의 가맹 국가를 가진 산업재산권 보호를 위한 파리 협약(www.wipo.int) 아래 세계적으로 보호된다.

특허
발명품을 만들고, 사용하고, 혹은 판매하는 일에 있어서 다른 사람들을 배제할 수 있도록 제품 혹은 과정의 발명가에게 부여된 재산권

특허(patent)는 발명품을 만들고, 사용하고, 혹은 판매하는 일에 있어서 다른 사람들을 배제할 수 있도록 제품 혹은 과정의 발명가에게 부여된 재산권이다. 현재 미국 특허법은 1995년 6월 8일 이후로 효력이 발생하고 있으며 대부분의 선진국 체제와 부합한다. 규정은 국가 간 무역을 통제하는 국제 기구인 세계무역기구(WTO)의 조항이다. WTO(www.wto.org)는 일반적으로 20년 동안 특허를 부여한다. 20년의 기간은 특허권을 부여받은 시점이 아닌 국가 특허청에서 특허 신청서를 작성할 때부터 시작된다. 특허는 새롭고 실용적이지만 관련 기술 분야에서 보편적인 기술을 가진 개인에게는 너무 뻔하지 않은 모든 발명품에 대해 강구될 수 있다. 특허는 발명품을 추진하도록 기업을 독려하고 그 발명품을 소비자들이 이용할 수 있도록 하는데 특허는 기업의 연구와 발전을 위한 투자를 보호하기 때문이다.

상표
상품이나 제조사를 구분하는 단어나 상징 형태의 재산권

상표(trademark)는 상품이나 제조사를 구분하는 단어나 상징이다. 나이키(www.nike.com)는 '부메랑 모양(swoosh)'이 상표이며 '렉서스'(www.lexus.com)라는 이름도 마찬가지이다. 상표법은 제조사가 새로운 상품을 개발하는 데 투자할 수 있도록 인센티브를 준다. 이것은 또한 소비

자들이 특정 브랜드를 살 때 무엇을 기대할 수 있는지 알게 함으로써 소비자들에게 혜택을 준다. 다시 말해서 당신은 '몬스터'라는 상표가 붙은 제품의 맛이 '스프라이드'라는 상표의 것과 같을 것이라고 기대하지 않는다는 말이다.

상표 보호는 일반적으로 영구히 지속되며 제공된 단어나 상징은 지속적으로 구별된다. 역설적이게도 이 조건은 콜라(www.coca-cola.com)나 제록스(www.xerox.com)와 같은 기업들에게 문제가 된다. 이 기업들의 상표인 '콜라' 그리고 '제록스'는 관련 카테고리의 모든 제품을 위한 포괄적인 용어로 발전했다. 상표법은 표준화를 향한 움직임이 일고 있긴 하지만 나라마다 다르다. 예를 들어 유럽 연합은 모든 유럽 연합 국가에서 적용되는 기업에 대한 상표 침해를 단속하기 위한 상표 보호청을 개설했다.

샤넬(www.chanel.com), 크리스챤 디올(www.dior.com), 구찌(www.gucci.com)와 같은 상표를 소유한 디자이너는 조악한 위조 핸드백, 신발, 셔츠, 그리고 그 외 제품들로부터 오랫동안 시달려 왔다. 그러나 최근에는 특히 이탈리아에서 동일하거나 거의 동일한 질의 복제품들이 생겨나고 있다. 예를 들어 보석이나 브랜드 가죽 제품과 같은 명품의 이탈리아 소유주들은 작은 제조사에 생산을 아웃소싱한다. 이들은 그 분야의 장인들이기 때문에 고품질 제품의 여분을 위조하는 것은 어렵지 않다. 뉴욕에서 500달러인 프라다(www.prada.com) 가방의 모조품은 로마에서 100달러 이하로 살 수 있다. 밀란의 보석가게에서 불가리(www.bulgari.com)와 롤렉스(www.rolex.com) 상표의 가짜 시계를 300달러에 사서 매장에 2,500달러에 팔 수 있다.

저작권 **저작권**(copyright)은 원저작물의 창작자에게 출판이나 처분의 자유를 준다. 저작권은 일반적으로 잘 알려진 기호인 ⓒ와 날짜, 저작권자의 이름으로 표기된다. 저작권자는 다음과 같은 법적 권리를 가진다.

저작권
원저작물의 창작자에게 출판이나 처분의 자유를 주는 재산권

- 저작권이 있는 작품의 재생산
- 저작권이 있는 작품으로부터 새로운 작품 제작
- 저작권이 있는 작품의 복제품의 판매와 배포
- 저작권이 있는 작품의 상연
- 저작권이 있는 작품의 공개 전시

저작권자는 예술가, 사진가, 화가, 저자, 출판사, 작곡가, 소프트웨어 개발자를 포함한다. 1978년 1월 1일 이후 제작된 작품은 자동으로 창작자의 수명에 50년을 더한 기간 동안 저작권이 유지된다. 출판사는 출판 이후부터 75년 또는 창작 이후부터 100년 동안 저작권을 갖는다. 저작권은 미국이 회원으로 있는 국제 저작권 조약인 **베른 조약**(Berne Convention; www.wipo.int)과 1954년 국제 저작권 협정의 보호를 받는다. 50개국 이상이 하나 혹은 조약 모두를 따른다.

베른 조약
저작권을 보호하는 국제 조약

저작권은 생각 그 자체가 아닌 생각의 구체적인 표현을 기반으로 한다. 예를 들어 '타이타닉'이 가라앉는 영화의 아이디어는 누구도 저작권을 가지지 못한다. 그러나 그 주제에 대한 창작자의 처리과정이 표현되는 영화로 만들어지면 그 영화는 저작권을 가질 수 있다.

아마도 세계에서 가장 잘 알려진 'Happy Birthday to You'라는 곡은 사실 미국 저작권법에 의해 보호받고 있다. 이 곡은 1859년에 작곡되었으며 1935년에 저작권을 획득했다. 비록 이 곡의 75번째 저작권 생일날 저작권은 소멸되었지만 미국 의회는 이것을 2030년까지 연장했다. 타임 워너가 이 저작권을 소유하고 있으며 연장으로 인해 2,000만 달러를 얻게 될 것으로 기대된다.

제품 안정성과 책임

제조물책임
결함 있는 제품으로 인한 손상, 부상, 죽음에 대한 제조사, 판매자, 개인, 그리고 그 외 사람들의 책임

대부분의 국가에서는 제조된 제품이 반드시 지켜야 하는 기준을 세우는 제품 안전법이 있다. **제조물책임**(product liability)은 결함 있는 제품으로 인한 손상, 부상, 죽음에 대한 책임이 있는 제조사, 판매자, 개인, 그리고 그 외 사람들에게 적용된다.

선진국들은 가장 엄격한 제조물책임법을 가지고 있는 반면 개발도상국과 신흥국가들은 가장 약한 법을 가지고 있다. 비즈니스 보험 비용과 법정 비용은 피해 보상비용이 큰 제조물책임법이 강한 국가일수록 더 커진다. 마찬가지로 제조물책임법의 시행은 국가마다 다르다. 예를 들어 대부분의 선진 국가에서 담배 회사들은 종종 담배와 니코틴이 건강에 미치는 부정적인 영향으로 인해 공격받는다. 비평가들은 담배 산업이 법이 취약하고 많은 사람들이 담배가 위험한지 모르는 개발도상국의 여자와 아이들에게 공격적으로 홍보한다고 말한다.[10]

세금

국가 정부는 소득과 판매 세금을 다양한 목적으로 사용한다. 그들은 조세 수입을 공직자의 월급을 주고, 군사 시설을 짓고, 소득이 높은 사람들의 수입을 가난한 사람들에게 이전하는 데 사용한다. 국가는 또한 수입 비용을 올리고 가격에 민감한 소비자들에게 현지에서 제작한 제품에 이점을 제공하기 위해 수입에도 세금을 부과할 것이다.

국가는 '소비세'라고 불리는 간접세를 부과하는데 이것은 특정 제품을 사용하는 결과에 대한 비용을 지불하게 한다. 술, 담배와 같은 제품에 대한 소비세는 이러한 제품으로 인해 야기되는 질병을 치료하는 데 드는 의료 비용을 지불하는 데 사용된다. 동일한 맥락에서 휘발유세는 효율적인 교통과 배수를 위해 필요한 도로와 교량 수리를 위한 비용을 지불하는 데 사용된다.

부가가치세(VAT)
상품의 생산과 유통 과정에서 가치를 더하는 모든 관계자들에게 부과되는 세금

많은 국가는 **부가가치세**(value added tax, **VAT**)를 부과한다. 이것은 상품의 생산과 유통 과정에서 가치를 더하는 모든 관계자들에게 부과되는 세금이다. 미국은 이전에 한 번도 부가가치세를 시행해 본 적 없지만 상당한 국가의 부채 수준을 보면 부가가치세를 곧 부과할 것이라는 추측을 불러일으키고 있다. 부가가치세에 대한 지지자들은 이 세제가 생산자와 소비자 간의 소매업에 더 고르게 세금을 분배한다고 주장한다. 예를 들어 새우잡이는 매일 잡은 새우를 1파운드에 1달러로 판매하며 그 국가의 부가가치세는 10%라고 해 보자(표 3.1 참조). 새우잡이, 가공업자, 도매업자와 소매업자는 유통과정에서 제품에 더하는 가치에 대해 각각 0.10, 0.07, 0.11, 0.10달러의 세금을 낸다. 정부가 이미 가치사슬 관계자들로부터 세금을 걷었기 때문에 소비자는 구매 시점에서 추가적인 세금을 내지 않는다. 하지만 생산자와 유통업자는 세금 부담을 보상받기 위해 가격을 올려야만 하므로 여전히 소비자는 세금을 지불하게 된다. 가난한 자에게 과도하게 부담을 주지 않기 위해서 많은 국가들은 어린이 옷과 같은 특정 상품에는 부가가치세를 제외시킨다.

표 3.1 부가가치세(VAT)의 영향

생산 단계	판매가	부가가치	부가가치의 10%	총부가가치
새우잡이	$1.00	$1.00	$0.10	$0.10
가공업자	1.70	0.70	0.07	0.17
도매업자	2.80	1.10	0.11	0.28
소매업자	3.80	1.00	0.10	0.38

독점 규제

독점 규제법은 소비자들에게 다양한 종류의 제품을 공정한 가격에 제공하기 위해 노력한다. 미국과 유럽 연합은 세계에서 가장 엄격한 독점 규제자들이다. 일본 공정거래위원회는 독점 규제법을 시행했지만 벌금을 부과하기 위해선 범죄를 완벽하게 입증해야 하기 때문에 종종 비효율적이다.

강력한 독점 규제 국가의 기업들은 특정한 시장의 지정된 분야만 활동하기로 합의한 반면 시장 점유를 용납하는 본국 출신 경쟁업체들에 비해 자신들이 불이익을 받는다고 주장한다. 이것이 엄격한 독점 규제 국가의 기업이 특정 국제 거래를 위한 공제를 받기 위해 로비하는 이유이다. 소규모 기업들도 자신들이 독점 규제법 위반에 대한 걱정 없이 힘을 키울 수 있다면 대형 글로벌 기업과의 경쟁에 도움이 될 수 있다고 주장한다.

국제 독점 규제 기관이 부재한 가운데 글로벌 기업들은 비즈니스를 하는 각국의 독점 규제법에 대해 스스로 걱정해야만 한다. 사실 국가(혹은 국가 집단)는 해외 기업들이 현지에서 좋은 비즈니스 거래를 한다면 그들 간의 인수나 합병을 막을 수 있다. 이 일은 제너럴일렉트릭(GE; www.ge.com)과 허니웰(www.honeywell.com) 간의 430억 달러로 제안된 합병에서 실제로 일어났다. GE는 항공기 엔진 제조업을 허니웰이 보유한 항공 산업의 진보된 전자기기 생산사업과 합치고 싶어 했다. 두 기업 모두 미국에 근거를 두고 있지만 그들은 총 100,000명의 유럽인들을 고용했다. GE는 합병 전 단독으로 유럽에서 연간 250억 달러를 벌어들였다. 유럽 연합은 이 합병의 결과가 항공 산업의 경우 고객들에게 더 높은 금액을 지불하게 만들 것이라 믿었기 때문에 그 합병을 막았다.

퀵 스터디 4

1. 지적재산권의 예로 무엇이 있는가?
2. 산업재산권의 다른 유형은 무엇인가?
3. 결함 있는 제품으로 인한 손상, 부상, 죽음에 대해 제조사, 판매자, 개인, 그리고 그 외 사람들에게 적용되는 법을 무엇이라 부르는가?

윤리와 사회적 책임

우리는 제2장에서 기업이 세계로 진출할 때 기업의 경영자는 익숙하지 않은 많은 인간의 행동을 통제하는 문화적 규칙에 직면한다고 배웠다. 법률 제도가 합법적인 개인과 기업 행동의 경계선을 명확하게 정의하지만 윤리와 사회적 책임의 딜레마에는 부적절하다. 윤리적 문제와 사회적 책임은 서로 연관이 있지만 법적 문제와 같이 똑같지는 않다. 특정 문제에 대해 법적으로 문제가 없을 때 국제 비즈니스 팬들은 인간적인 윤리와 기업 책임의 애매한 영역에 발을 들이게 된다.

윤리적 행동(ethical behavior)은 올바른 태도와 도덕성에 관한 지침에 따른 개인적 행동이다. 윤리적 딜레마는 법적인 질문이 아니다. 법은 경영자들이 따라야 하는 법적으로 올바른 행동으로 이끌기 위해 존재한다. 윤리적 딜레마에서는 옳거나 그른 판단이 없다. 그러나 개인의 관점에 따라 윤리적 관점에서 동일한 타당성을 보일 수 있는 대안들이 있다.

윤리적 행동
올바른 태도와 도덕성에 관한 지침에 따른 개인적 행동

개별 경영자들이 윤리적으로 행동해야 하는 필요성 이외에도 기업은 **기업의 사회적 책임**(corporate social responsibility)을 지도록 기대된다. 이것은 투자자, 고객, 타 기업, 그리고 사회에 대한 헌신을 균형 있게 이행하기 위해 법적 의무 이상의 것을 행하는 관행이다. 기업의 사회적

기업의 사회적 책임
회사가 투자자, 고객, 타 기업, 그리고 사회에 대한 헌신을 균형 있게 이행하기 위해 법적 의무 이상의 것을 행하는 관행

책임(혹은 CSR)은 자선, 개발도상국 학교 설립, 세계환경보호 등 다양한 활동을 포함한다. 대부분의 양심적인 비즈니스 리더들은 기업의 미래는 건강한 노동인력과 세계의 환경에 달려 있다는 것을 깨닫고 있다. 예를 들어 청량음료 제조사는 온갖 환경 활동을 지지한다. 왜냐하면 깨끗한 식수를 충분히 공급하는 데 그들의 미래가 달렸다는 것을 이해하기 때문이다. 그러나 기업들은 홍보 캠페인이 CSR 원칙을 지키지 않는다면 해당 기업이 사회적으로 책임감 있는 것처럼 표현하지 말아야 한다.

우리는 CSR을 세 가지 단계의 활동으로 구성되어 있다고 생각할 수 있다. 첫 번째 단계는 기업이 특정한 사회적 대의명분에 돈을 기부하고 직원들의 시간을 기부하는 **전통적 박애**이다. 두 번째 단계는 기업이 글로벌 경영 활동에서 준수해야 할 행동 강령을 개발하고 더 투명한 운영을 하겠다고 합의하는 **위험 관리**와 연관이 있다. 세 번째 단계는 기업이 가치를 창조하고 경쟁력을 키우기 위해 주요 경영 활동에서 사회적 책임감을 높이는 **전략적 CSR**이다.[11]

윤리와 사회적 책임의 철학

비즈니스 윤리와 사회적 책임감에는 네 가지 철학이 있다. 경제학자 Milton Friedman이라는 지지자의 이름을 따서 지은 **프리드먼 주의**는 기업이 갖는 단 하나의 책임감은 법률 안에서 운영하는 동안 소유자(혹은 주주)의 수익을 최대화하는 것이라고 말한다.[12] 엄한 환경 보호법이 있는 국가에서 그런 법이 없는 국가로 오염 생산 공정을 옮기는 기업을 상상해 보자. Friedman의 철학에 찬성하는 경영자는 이 같은 결정을 좋게 생각할 것이다. 그들은 기업이 소유자의 수익 증대라는 기업의 의무를 다하며 현지 외국의 법을 준수하고 있다고 주장할 것이다. 많은 사람들은 이 논지에 동의하지 않고 이 논쟁은 기업이 CSR 의무를 수행하는지 그 여부를 논하는 것이 아니고 어떻게 기업이 CSR을 이행하는지에 관한 것이라 말한다.

문화 상대론적 관점에서 기업은 모든 신념 체계가 문화적 상황 안에서 결정되기 때문에 현지 윤리를 받아들여야 한다고 말한다. 문화 상대주의는 진실 그 자체를 관계 안에서 보며 옳고 그른 것은 특정한 상황 안에서 규명된다고 주장한다. "로마에서는 로마법을 따르라"라는 속담은 문화 상대주의의 진수를 보여 준다. 개발도상국 시장에 공장을 열고 현지 관습을 따르며 아동 노동자를 고용하는 기업을 고려해 보자. 문화 상대주의 경영자는 해당 기업이 올바르며 현지 행동 기준에 따라 행동하고 있다고 주장할 것이다. 많은 사람들은 이런 식의 윤리적 이성을 강하게 반대할 것이다.

강직한 도덕주의자 관점(righteous moralist view)은 본국의 윤리와 책임감이 다른 관점보다 우위에 있기 때문에 기업은 어디에서 운영하든지 간에 본국의 윤리를 유지해야 한다고 말한다. 선진국 출신 현지 경영자들이 공직자에게 뇌물을 주는 신흥시장으로 확장하는 기업을 상상해 보자. 본사가 뇌물 활동을 혐오하며 자회사 경영자에게 현지 공직자에게 뇌물을 주는 일을 자제하라고 지시했다고 가정하자. 이런 상황에서 본사는 강직한 도덕주의적 관점을 현지 경영자에게 적용하는 것이다.

공리주의 관점은 기업이 어디에서 운영하던지 간에 '좋은' 결과는 최대화하고 '나쁜' 결과는 최소화하는 방법으로 행동해야 한다고 말한다. 실용주의 경영자는 "나는 어떤 결과를 목표로 하는가?"라는 질문을 하고 "어떤 것이 모든 관계자에게 최고의 결과를 생산해내는 것"이라고 답을 한다. 다시 말해서 실용주의자들은 올바른 행동은 가장 많은 사람들에게 최고의 가치를 생산해내는 것이라고 말한다. 다시 한 번 신흥시장에서 현지 공직자들에게 뇌물을 주지 말라고 직원에게 지시한 강직한 도덕주의자 회사를 고려해 보자. 이제 한 경영자가 현지 공직자에게 뇌물을 준다면 기업이 공장을 확장하여 현지 사회에서 보수가 좋은 100개의 일자리를 창출할 수 있도록 허가를 받을 수 있다고 배웠다고 가정해 보자. 만일 경영자가 결과에 따른 피해보다 더 많은 사람들이 혜택을 볼 수 있는 상황에 기반해서 뇌물을 주었다면 그는 실용주의 윤리를 실행하고 있는 것이다.

기업이 윤리와 사회적 책임을 고려하여 정책을 만들 수는 있지만 매일같이 일어나는 문제들은 글로벌 경영자들에게 딜레마를 일으킬 수 있다. 이제 몇 가지 주요 문제에 대해 학습해 보자.

뇌물과 부패

다른 문화나 정치적 요소와 비슷하게 부패의 유행은 나라마다 다르다. 어떤 나라에서 뇌물은 유통 경로를 통해 기업의 제품을 홍보하기 위해 유통업자나 소매업자에게 일상적으로 행해진다. 뇌물은 중요한 계약을 따는 것과 퇴출되는 문제 사이에서 다른 의미를 가질 수 있다. 그러나 부패는 사회와 비즈니스에 해롭다. 부패는 자원을 비효율적으로 사용하게 만들고 경제 발전을 저해하며 공공 정책을 왜곡하고 국가 위상을 떨어뜨릴 수 있다.

〈지도 3.2〉는 국가의 인지된 부패 수준의 단계를 보여 준다. 국가의 부패인지지수(CPI)의 점수가 높을수록 글로벌 경영자들이 낮은 부패 수준을 인식한다. 이 지도에서 바로 눈에 띄는 것은 (러시아, 아프리카 대부분, 중동 지역과 같은) 가난한 저개발국일수록 부패가 심한 것으로 인지되는 경향이 있다는 점이다. 이것은 부패된 경제에 투자하기를 망설이는 글로벌 기업들의 측면을 보여 준다.

엔론이 연방 정보 기록에 수익이 과장되어 있음을 인정한 사건은 역사에 남을 만한 일이다. 엔론 주식의 가치가 없어졌을 때 투자자들은 우루루 도망쳤고 기업은 부도가 났다. 경영진은 월급과 보너스로 몇 년 동안 수백만 달러의 돈을 벌었지만 엔론의 일반 직원들은 기업이 해체되면서 퇴직금이 사라지고 말았다. 유럽 은행은 엔론과 그 자회사에 빌려준 돈 약 20억 달러를 잃었다. 이사회 회장인 Kenneth Lay(지금은 사망함)와 CEO Jeffrey Skilling은 기소되었다. 그리고 형사 고발은 엔론의 일에 관련된 서류를 찢은 혐의로 엔론의 회계 감사관이었던 아서 앤더슨이라는 회계 법인은 형사 고발되었다. 돌이킬 수 없는 심각한 명예 훼손을 당한 앤더슨 또한 부도가 났다.

엔론의 부도가 야기한 경제적 손실과 비즈니스 신뢰의 실추는 미국 의회가 기업 관리에 관한 Sarbanes-Oxley Act(Sarbox)법을 통과시키도록 촉진했다. 이 법은 기업의 새롭고 엄격한 회계 기준과 보고서 관행을 수립했다. 전 세계 정부, 회계 표준위원회, 타 규제자, 그리고 이해관계 집단들은 더 높은 회계 기준과 기업의 더욱 투명한 회계 보고서를 만들려는 싸움에서 승리했다. 글로벌 기업들은 회계 숫자를 날조하는 것, 기업의 자금 건전성을 부정확하게 전달하는 것, 옳음과 그름 사이의 애매한 영역에서 기업을 운영하는 것은 윤리적이지 못하며 불법이라는 메시지를 전달받았다.

일부 사람들은 법령을 준수하기 위해 기업이 마주하는 재정적인 부담 때문에 Sarbox는 개선되어야 한다고 믿는다. (Sarbox를 찬사하는) 규제자, 안전 전문가, 그리고 학자들은 자금 관리 이사와 논쟁한다. 그들 중 많은 수는 법률 비용이 편익을 넘어서기 때문에 법을 개선하거나 대체해야 한다고 말한다. 그러나 입법자들은 물러서지 않는다. 기업 이사회 이사들은 기업 운영에 훨씬 더 적극적이어야 하며 이제는 거의 진짜 직업이 되어버릴 지경이라고 한 기업 지배구조 전문가가 말한 바 있다.[13]

지도 3.2
부패인지지수(CPI)

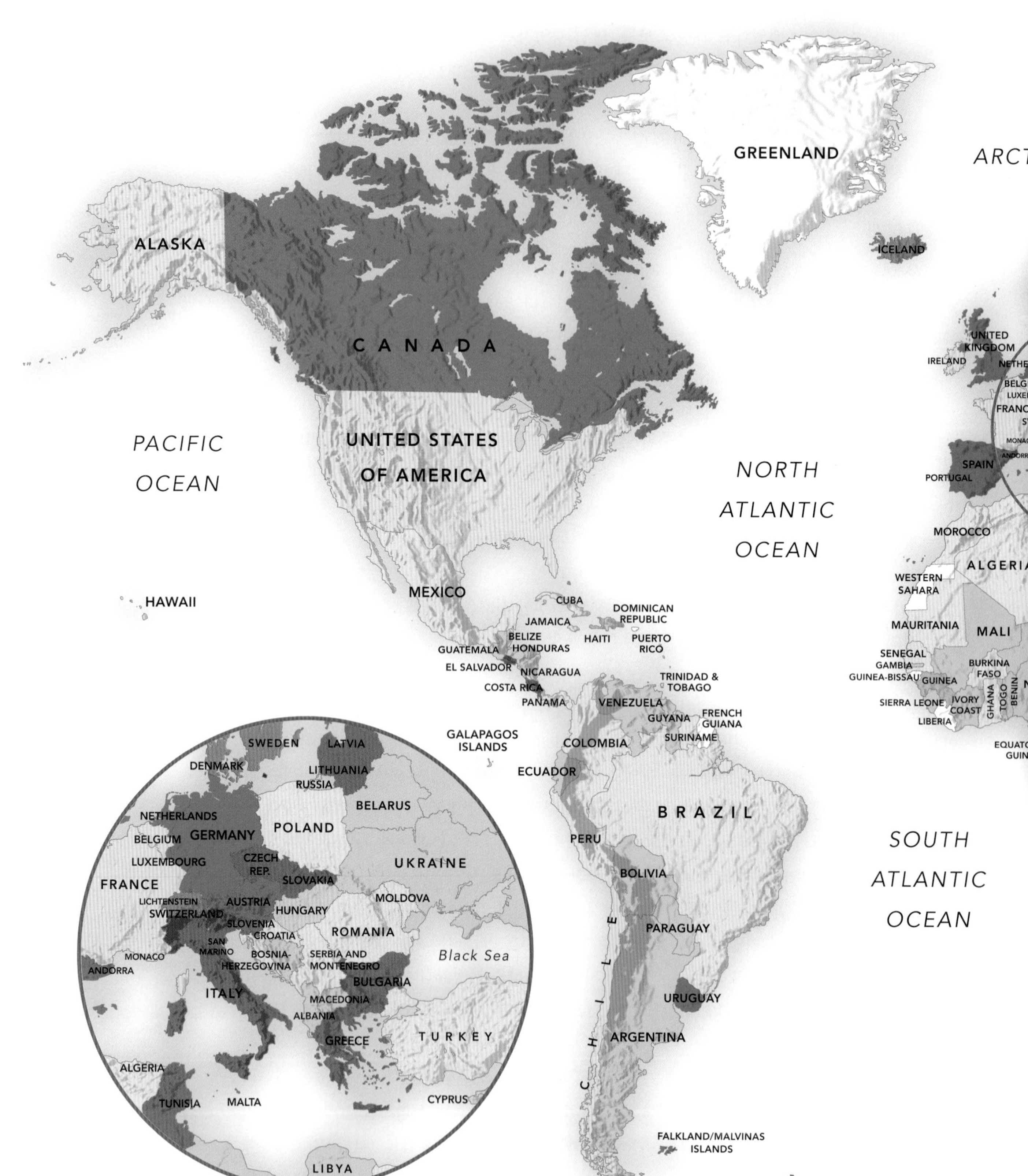

C OCEAN
NORWAY
SWEDEN
FINLAND
ESTONIA
LATVIA
LITHUANIA
RUSSIA
BELARUS
POLAND
UKRAINE
CZECH REP.
SLOVAKIA
AUSTRIA
HUNGARY
MOLDOVA
SLOVENIA
CROATIA
ROMANIA
BOSNIA-HERZEGOVINA
SERBIA AND MONTENEGRO
BULGARIA
ITALY
ALBANIA
MACEDONIA
GREECE
TURKEY
CYPRUS
GEORGIA
ARMENIA
AZERBAIJAN
R U S S I A
KAZAKHSTAN
UZBEKISTAN
KYRGYZSTAN
TURKMENISTAN
TAJIKISTAN
MONGOLIA
NORTH KOREA
SOUTH KOREA
JAPAN
AFGHANISTAN
C H I N A
SYRIA
LEBANON
ISRAEL
JORDAN
IRAQ
I R A N
KUWAIT
PAKISTAN
NEPAL
BHUTAN
LIBYA
EGYPT
QATAR
UNITED ARAB EMIRATES
SAUDI ARABIA
OMAN
BANGLADESH
MYANMAR (BURMA)
LAOS
INDIA
TAIWAN
PACIFIC OCEAN
SUDAN
CHAD
ERITREA
YEMEN
THAILAND
VIETNAM
CAMBODIA
PHILIPPINES
SOUTH SUDAN
DJIBOUTI
SOMALIA
ETHIOPIA
CENTRAL AFRICAN REPUBLIC
SRI LANKA
BRUNEI
MALAYSIA
SINGAPORE
CONGO REPUBLIC
UGANDA
KENYA
CONGO DEMOCRATIC REPUBLIC (ZAIRE)
RWANDA
BURUNDI
TANZANIA
INDIAN OCEAN
I N D O N E S I A
PAPUA NEW GUINEA
SOLOMON ISLANDS
ANGOLA
ZAMBIA
MALAWI
MOZAMBIQUE
ZIMBABWE
NAMIBIA
BOTSWANA
MADAGASCAR
MAURITIUS
RÉUNION
VANUATU
FIJI
NEW CALEDONIA
AUSTRALIA
SWAZILAND
SOUTH AFRICA
LESOTHO
NEW ZEALAND
CPI 점수
9.0~10.0
8.0~8.9
7.0~7.9
6.0~6.9
5.0~5.9
4.0~4.9
3.0~3.9
2.0~2.9
1.0~1.9
자료 없음

노동 환경과 인권

사회에 대한 책임을 이행하기 위해서 기업들은 자신의 직원과 비즈니스를 하는 기업 직원들의 행동을 감독해야 한다. 인권 운동가들의 압력은 양심적인 기업들이 행동 교범을 도입하고 글로벌 공급자들의 체계를 감시하도록 이끌었다. 리바이 스트라우스(www.levistrauss.com)는 계약 기관이 작업 환경 관리 규범을 사용하도록 처음 시도한 기업이다. 이 기업은 '고용 조건'이 맞는 파트너하고만 비즈니스를 하며 윤리적 행동, 환경과 법적 요구충족, 고용 기준, 그리고 사회 참여에 관한 최소한의 지침을 제시한다.[14]

나이키의 베트남 공급업자가 운영하는 한 공장에서 일어난 직원 학대에 대한 고발을 조사하는 노동자 단체와 인권 단체에 의해 알려진 한 사례를 살펴보자. 감독관이 규정된 신발을 신지 않았다는 이유로 공장을 뛰도록 강요했을 때 보고된 바에 의하면 56명의 여직원 중 12명이 기절했다. 나이키는 보고를 인정했으며 감독관을 정직시키는 과정에서 본국의 윤리관에 더 부합하는 관행을 시행하는 절차를 밟았다.

국제법은 오직 국가만이 인권 유린의 책임을 질 수 있다고 말한다. 그러나 시민운동 단체들은 외국인 불법행위 배상법(Alien Tort Claims Act)하에 인권 침해 의혹이나 학대에 관한 기업의 연루를 주장함으로써 미국 기업을 상대로 소송을 제기할 수 있다. 야후(www.yahoo.com)는 가지고 있던 정부에 반대하는 두 중국인들의 데이터를 중국 정부에게 넘긴 후 그들이 감옥에 수감되었을 때 이 법의 힘을 느꼈다. 야후는 수감된 두 남자의 가족들과 법정 밖에서 합의를 봤다. 그리고 문제에 대한 모든 책임을 부정했음에도 불구하고 지금은 쉐브론(www.chevron.com)의 일부인 미국 석유 회사 유노칼이 1990년대 미얀마에서 석유 파이프라인을 건설했을 때 정부군이 자행한 마을 사람들에 대한 학대 연루 의혹을 두고 법정 밖에서 합의했다.[15]

공정 무역 시행

스타벅스(www.starbucks.com)는 가난한 커피 생산국의 국민들이 겪는 곤경을 덜어 주기 위해 사회적으로 책임감 있는 태도로 운영하려고 노력한다. 스타벅스는 커피 농장 가족의 복지를 향상시키기 위해 학교, 의료시설, 그리고 커피 생산 공장을 설립함으로써 이런 노력을 시행한다. 회사는 또한 '공정 무역 커피'라 불리는 것을 판매한다. 공정 무역 제품은 기업이 더 공정하고, 의미 있으며, 지속가능한 방법으로 공급자와 일하는 것을 포함한다. 스타벅스에게 이것은 커피 농부들이 커피 농작물의 공정한 가격을 받도록 보장하고 친환경적인 방법으로 농장을 운영하도록 도와주는 것을 의미한다.[16]

Fair Trade USA(www.fairtradeusa.org)는 스타벅스 커피와 같은 공정 무역 제품의 증명서를 발부하는 독립적 비영리 단체이다. 국제 무역의 공정 무역 모델은 아프리카, 아시아, 라틴아메리카 전역 56개 개발도상국들에 사는 100만 명이 넘는 농부와 농장 노동자들에게 혜택을 주고 있다. 공정 무역 제품은 현재 커피, 차, 허브, 코코아, 초콜릿, 과일, 쌀, 설탕, 꽃, 꿀, 조미료를 포함한다. Fair Trade USA는 다음 기준을 충족하는 제품들에 대한 증명서를 발부한다.[17]

- **공정한 가격** : 생산자 집단은 보장된 최소가격을 받는다.
- **적합한 노동 환경** : 농장은 아이들을 고용하지 않으며 노동자들은 연합의 자유, 안전한 근로 환경, 최저 생활 임금을 받는다.
- **직접 무역** : 가능한 한 수입업자들은 중간 무역을 없애기 위해 생산자 집단으로부터 구매한다.

- **민주주의 사회 발전** : 농부들과 노동자들은 사회와 기업 발전 프로젝트를 위해 공정 무역 수입을 어떻게 사용할지 결정한다.
- **환경 지속가능성** : 농사 짓는 방법은 농부의 건강을 지키고 생태계를 보존한다.

환경

환경과 생태계에 관한 염려는 더 이상 정부 기관과 비정부 기관만의 문제가 아니다. 오늘날 기업들은 환경 파괴의 감소 그리고 운영 비용의 하락과 수익의 향상을 위해서 새로운 '친환경' 계획을 추구한다. **탄소 발자국**(carbon footprint)은 인간 활동으로 인한 (이산화탄소 단위로 측정된) 온실 가스에 따른 환경적 영향이다. 이것은 두 가지 요소로 이루어진다.[18]

탄소 발자국
인간 활동으로 인한 (이산화탄소 단위로 측정된) 온실 가스에 따른 환경적 영향

- **첫 번째 발자국** : (전기와 가솔린과 같은) 국내 에너지 소비와 교통을 포함한 화석 연료의 연소에서 오는 직접적 이산화탄소 배출
- **두 번째 발자국** : (제조부터 최종 폐기까지) 제품의 전체 수명주기로부터 오는 간접적 이산화탄소 배출

친환경 운동의 선두주자인 기업들은 제품을 생산하고 판매자에게 배송하는 과정에서 배출되는 이산화탄소의 그램을 나타내는 숫자를 제품에 표기하고 있다. 그 숫자는 상품을 생산하고 운송하는 데 사용되는 모든 재료, 화학물 등의 환경적 영향을 나타낸다. 예를 들어 영국의 1위 과자 판매 브랜드인 워커(www.walkers-crisps.co.uk)는 치즈와 양파 맛의 감자칩 혹은 크리스프의 상자에 '75g'이라는 스탬프를 찍는다. 이것은 상자를 생산하고 운송하는 데 배출되는 이산화탄소 75g을 의미한다. 신발과 의류 제조업체인 팀버랜드(www.timberland.com)는 다른 시스템을 시행하고 있다. 회사는 0부터 10까지 범위 내의 점수 라벨을 제품에 부착한다. '0'점은 제품을 생산하고 운송하는 데 2.5kg 이하의 이산화탄소를 배출한다는 의미이며 '10'점은 100kg의 이산화탄소를 의미한다. 이것은 대략 차로 386km를 주행하는 것과 동일한 양이다.[19]

탄소 발자국을 줄이는 유행을 이끄는 또 다른 기업으로 메리어트 인터내셔널(www.marriott.com)이 있다. 호텔의 직원 식당은 종이와 플라스틱 용기를 진짜 접시와 Spudware라는 생분해성

네덜란드 오스테르하우트의 첫 번째 전기차 과급기 주유소의 개막식에서 한 남자가 테슬라 자동차에 주유기를 꼽는다. 테슬라는 과급기가 20분도 채 안 걸려 절반 정도 충전할 수 있다고 말한다. 기업들은 우리 생태계에 미치는 현대 경제의 영향을 줄이기 위해 온갖 종류의 '친환경' 제품들을 만들기 위해 노력하고 있다. 자동차 생산업계 이외에도 환경적으로 책임감 있는 기업이 되기 위해 노력하는 기업의 유형은 어떤 것이 있는가?

출처 : © LEX VAN LIESHOUT/epa/Corbis

감자전분 소재 식기로 바꾸었다. 메리어트는 직원들에게 재사용 가능한 플라스틱 물병을 주고 집이나 회사에서 다 사용한 전구를 에너지 절약형 소형 형광등으로 교환해 준다. 그리고 이 기업은 직원들이 서류를 양면으로 프린트하고 사용하지 않는 전자제품의 스위치를 끄도록 상기시켜 주는 '친환경 대사'를 운영하고 있다.[20]

프랑스에서 세 번째로 큰 와인업체인 부아세 패밀리 이스테이츠(www.boisset.com)는 유리병의 에코 스마트 대체재를 사용하기 시작했다. 부아세는 주스와 우유에 흔히 사용되는 보관용기와 비슷한 알루미늄을 코팅한 판지를 사용한다. 제품이 산화되는 것을 방지하고 와인을 냉각시키기 쉽게 만드는 것 외에도 새로운 포장은 환경친화적이며 기업의 수익을 향상시킨다. 전에는 와인을 포장하는 데 필요한 빈 유리병을 와인 양조장까지 운반하는 데 28대의 트럭이 사용되었지만 지금은 빈 상자를 담은 한 대의 트럭이면 된다. 상자에 와인이 채워지면 이전에는 세 대의 트럭으로 옮겼던 것을 이제는 한 대면 충분하다. 상당한 양의 재료와 연료, 장비가 절약된다.[21]

국가 수준에서 독일 정부는 대부분의 다른 나라들보다 더욱 친환경적이다. 독일의 에너지법은 풍력과 태양 에너지 발전기 운영자가 20년간 시장 시세보다 더 수익을 낼 수 있도록 보장한다. 이 법은 독일 공기 역학 전문가와 연합해 독일을 사용가능한 에너지를 위한 글로벌 리더로 만들고 있다. 오늘날 독일의 60개 기업이 풍력 시스템에 전문화되어 있다. 전 동독은 많은 수의 기업이 태양 전지를 제조했기 때문에 솔라 밸리(Solar Valley)라는 별명을 얻었다. 독일의 친환경 에너지 부문의 직원은 235,000명 이상이며 연간 판매액이 330억 달러에 달한다.[22]

퀵 스터디 5

1. "로마에서는 로마법을 따르라"는 표현은 어떤 철학의 정수인가?
2. 부패의 잠재적 결과는 무엇을 포함하는가?
3. 공정 무역 보증을 받기 위해선 어떤 제품이 어떤 기준을 충족해야 하는가?
4. 인간 활동에서 기인한 온실 가스에 따른 환경적 영향을 무엇이라 부르는가?

경영을 위한 요점

국가 간 정치경제의 차이는 글로벌 기업들에게 기회와 위험 모두를 의미한다. 심지어 대부분의 안정적인 국가 경영 환경에서 일어나는 사건을 완전히 통제하는 것은 정치, 경제, 법률, 문화의 복잡한 연관성 때문에 힘들다. 이런 연관성을 이해하는 것은 익숙하지 않은 환경에서 경영을 하는 위험을 관리하는 첫 번째 단계이다.

전체주의 국가에서의 비즈니스 영향

기업에 대한 비영리 조직의 정치적 반대는 국가가 특정 상업 활동을 허가하는 전체주의 국가에서는 일어날 가능성이 거의 없다. 정부 기관에 대한 뇌물이 만연하기가 쉽고 제공을 거절하는 것은 일반적으로 선택사항이 아니다. 전체주의 국가에서의 비즈니스 활동은 본질적으로 위험하다. 전체주의 국가의 기업 법은 모호하거나 존재하지 않으며 법의 해석 또한 매우 주관적이다. 마지막으로 특정 집단은 전체주의 국가에서 혹은 그런 국가와 비즈니스를 하는 기업들이 강압적인 정권을 유지하도록 돕는다고 말하며 비판한다.

민주주의 국가에서 비즈니스 영향

민주주의는 개인의 재산권을 보호하는 법을 통해 안정적인 비즈니스 환경을 제공하는 경향이 있다. 상업은 수익을 창출하기 위해 존재하는 개인 소유 기업들로 민간 부문이 구성될 때 번영할 것이다. 비록 참여 민주주의, 재산권, 자유 시장이 경제 성장을 고무하는 경향이 있지만 항상 그렇지는 않다. 인도는 세계에서 가장 큰 민주주의 국가지만 경제 성장은 몇십 년 동안 매우 느리게 진행되고 있다. 반면 일부 국가는 완전한 민주주의가 아닌 정치 제도하에서 급격한 경제 성장을 이루고 있다.

어떤 유형의 정부가 비즈니스에 가장 적합한가?

비록 민주국가가 개인적인 시민의 자유와 재산권을 보호하기 위한 법을 통과시키지만 전체주의 정부 또한 그런 권리를 위해 노력할 수 있다. 차이점은 민주국가들이 그러한 권리를 보장하기 위해 노력하는 반면 전체주의 정부는 그들이 원할 때마다 그것들을 폐지할 수 있는 힘을 유지한다는 것이다. 국가의 경제 성장을 위해 우리는 민주주의가 높은 경제 성장률을 보장하지는 않고 전체주의 국가가 국가의 느린 경제 성장을 운명 짓는 것도 아니라고 말할 수 있다. 경제 성장률은 많은 추가적인 요소에 의해 영향을 받는다.

기업에 대한 법적 문제의 영향

국가의 정치경제는 법적 제도와 자연스럽게 연계되어 있다. 국가의 정치경제는 법률 제도에 영향을 주거나 지지하며 법률 제도는 정치경제를 지지하며 합법화한다. 유연한 경영 전략은 기업들이 국가의 정치경제 체제 안에서 운영될 수 있도록 돕는다. 만일 어떻게 그런 체제가 기업의 운영과 전략에 영향을 미치는지에 관해 잘 이해하고 있다면 경영자들은 혜택을 볼 것이다.

기업에 대한 윤리적 문제의 영향

아마도 최소 중간 크기의 모든 글로벌 기업은 기업의 사회적 책임(CSR)에 대한 정책을 가지고 있을 것이다. 전통적으로 기업은 오래된 자선 사업을 통해 CSR을 이행해 왔다. 사회 문제 해결을 위한 돈과 시간의 기부는 사회를 돕고 기업의 공공 이미지를 보강했다. 기업들은 이후 그들이 어디서 운영하든 좋은 시민이란 것을 확실히 하기 위해 국제경영 활동을 위한 행동 규범을 개발했다. 오늘날 기업들은 가치를 창조하고 경쟁력을 쌓기 위해 CSR을 이용할 수 있는 방법을 찾고 있다.

이 장의 요약

LO1. 정치 제도의 각 형태가 지닌 주요 특징을 설명하라.

- **전체주의 제도**에서는 국민의 지지 없이 통치하며 개인의 삶을 엄격하게 통제하며 반대 관점을 허용하지 않는다.
- **신정적 전체주의**는 제도가 종교와 전체주의적 신념에 기반한 법과 함께 하는 것을 의미한다. **세속적 전체주의** 정치 지도자는 통제를 위해 군대와 관료의 힘에 의지한다.
- **민주주의 제도**에서는 지도자가 국민이나 대표에 의해 선발된다. **대의제 민주주의**는 표현의 자유, 선거 기간제, 시민권과 재산권, 소수 인권, 비정치적 관료를 제공하기 위해 노력한다.

LO2. 세 가지 경제 제도가 어떻게 다른지 설명하라.

- **중앙 계획 경제**에서는 정부가 토지, 공장, 그 외 경제적 자원을 소유하고 대부분의 경제 활동을 계획한다. 경제와 사회 평등성은 최고이며 집단의 니즈는 개인의 니즈 상위에 있다.
- **혼합 경제**에서는 토지, 공장, 그 외 경제 자원이 개인과 정부 소유권으로 나뉜다. 효율성은 추구되지만 사회는 억제되지 않은 탐욕으로부터 보호된다.
- **시장 경제**에서 개인이나 기업이 대부분의 토지, 공장, 다른 경제적 자원을 소유한다. 개인이 인센티브와 보상을 받을 때 전체 집단이 혜택을 받는다고 생각된다. 정부는 뒤로 물러나 있으며 가격은 **수요**와 **공급**에 의해 결정된다.

LO3. 각 법률 제도의 주요 요소를 요약하라.

- **법률 제도**는 국가의 법이 시행되는 과정과 법원이 책임이 있는 관계자들을 판결하는 방법을 포함하는 일단의 국가 법률과 규제이다.
- **관습법**은 국가의 법적 역사(전통), 법원에서 다루어졌던 과거 사례(판례), 특정 상황에서 법이 적용되는 방법(용례 또는 관행)에 기반한 법률 제도이다.
- **민법**은 모든 의무와 책임감, 그리고 명예에 따르는 법전을 구성하는 자세한 일단의 법과 법령에 기반한 제도이다.
- **신정법**은 종교적 가르침에 기반을 둔 제도이다.

LO4. 글로벌 기업이 직면한 국제 법률 문제를 요약하라.

- 기업들은 특허, 상표, 저작권의 침해로부터 자신의 **재산권**(자원과 생산된 수익에 대한 법적 권리)과 **지적재산권**(지적 재능과 능력으로부터 나온 결과물)을 보호하도록 노력해야 한다.
- 기업들은 어디에서 영업하던지 제조물책임법(결함이 있는 상품으로 인해 야기된 피해, 부상, 죽음에 대한 책임)과 조세 조건을 알아야 한다.
- 기업은 **독점 규제법**(기업이 가격을 고정하고 시장을 분배하고 불공정한 독점적 혜택을 얻는 것으로부터 기업을 막기 위해 고안된 것)이 기업 운영에 영향을 미치는지 알아야 한다.

LO5. 국제 윤리와 사회적 책임에 대한 주요 이슈를 설명하라.

- 경영자들은 자주 유치국에서의 뇌물과 부패에 대한 다양한 관점에 직면하며 반드시 엄격한 회계 기준과 보고된 관례를 준수해야 한다.
- 기업들은 직원의 행동과 그들이 비즈니스를 하는 기업의 직원들을 감시함으로써 좋은 근로 환경을 보장하고 인권을 보호할 수 있다.
- 개발도상국에서 활동하는 기업들은 시장에서 공정 무역 관례를 독려함으로써 사회적 책임을 증진할 수 있다.
- 기업은 환경을 보호하면서 운영 비용을 줄이고 수익을 늘리는 '친환경' 계획을 추구할 수 있다.

핵심 용어

경제 제도
공급
공산주의
관습법
국수주의
국제 연합(UN)
기업의 사회적 책임
대의제 민주주의
독점 금지법
민간 부문
민법
민영화
민주주의
법률 제도
베른 조약
부가가치세(VAT)
사회주의
산업재산권
상표
세속적 전체주의
수요
시장 경제
신정 전체주의
신정법
신정 정치
윤리적 행동
자본주의
재산권
저작권
전체주의
정치 제도
정치경제학
제조물책임
중앙 계획 경제
지적재산
탄소 발자국
특허
혼합 경제

얘기해 보자 1

인터넷이 제공하는 정보에 대한 더 나은 접근은 거의 모든 일상생활에서 일을 하는 전통적인 방법을 붕괴시키고 있다. 당연히 정부는 이러한 변화 가운데 가장 느린 경제 부문인 것 같다.

3-1. 어떻게 인터넷이 북한과 같은 전체주의 정부를 바꾸었는가?

3-2. 민주적으로 기능하는 법을 바꾼 기술이 있는가? 설명하라.

얘기해 보자 2

전체주의 정부하에 인도네시아 경제는 30년 동안 강력하게 성장하고 있다. 반면 가장 큰 민주주의 경제인 인도는 최근까지도 몇십 년 동안 제대로 된 성장을 하지 못하고 있다.

3-3. 인도네시아 경제가 전체주의 정권 때문에 성장했다고 생각하는가?

3-4. 인도가 민주주의 정치 제도하에서 비교적 잘하지 못하고 있는 상황을 어떻게 설명할 수 있겠는가?

윤리적 도전

당신은 중국 상하이에서 독립한 컴퓨터 그래픽 기업의 소유자이다. 당신이 사업을 하는 데 필요한 정교한 비즈니스 애플리케이션 소프트웨어는 상하이와 온라인 컴퓨터 가게에서 2,900위안(약 350달러)에 팔린다. 그러나 1년에 5,000달러가 조금 넘는 수입으로 당신은 사업에 필요한 원본 그래픽 소프트웨어를 구매할 수 없다. 한 동료는 당신에게 필요한 소프트웨어를 가져다줄 수 있으며 더욱이, 단 30달러에 구해 주겠다고 한다. 그러나 당신은 필요한 다양한 프로그램을 만드는 글로벌 소프트웨어 기업에게 소프트웨어를 주문할 자금이 궁핍하다.

3-5. 당신의 개인적인 상황이 불법 소프트웨어를 구매하는 행동을 윤리적이라고 정당화해주는가?

3-6. 만일 신 정부가 불법 소프트웨어 사용자들에게 처벌을 내리기 위해 적극적으로 노력하고 있다는 말을 들으면 어떻게 하겠는가?

3-7. 소프트웨어 회사는 제품을 만든 사람이 그 제품을 부담할 수 없을 만큼 임금이 낮은 시장에 일을 하청주는 경우 그 일에 대해 책임을 져야 하는가?

팀 협력 활동

학생들은 네 명씩 두 팀으로 나뉘어 전체주의 국가에서 비즈니스를 하는 경우 직면하게 될 윤리에 관해 토론한다. 각 팀의 첫 번째 학생이 말한 이후 두 번째 학생은 상대방의 논지에서 불일치와 허점을 찾으며 질문한다. 세 번째 학생은 이 논지에 관해 대답한다. 네 번째 학생은 각 측의 논지를 요약해 발표한다. 마지막으로 모든 학생들은 어느 팀이 더 설득력 있게 논지를 펼쳤는지 투표한다.

시장진입전략 프로젝트(MESP)

몇몇 급우들과 함께 당신이 흥미를 갖는 국가를 하나 선정하라. MESP 보고서를 작성하기 위해 당신의 팀이 조사한 국가에 대해 다음 질문에 답하라.

3-8. 당신은 어떻게 국가의 정치적, 경제적, 법률적 제도를 구분할 것인가?

3-9. 정부가 국가 경제에 깊이 연관되어 있는가?

3-10. 법률 제도가 효율적이고 공정한가?

3-11. 정치경제가 그 국가가 잠재적 시장이 될 수 있다는 것을 제시하는가?

3-12. 정치경제의 부패 수준은 어떤가?

3-13. 글로벌 기업에 관련한 법이 아직 진행 중인가?

스스로 연구하기

3-14. 다음의 문장을 고려해 보자. "전체주의 정치 제도와 반대인 민주주의 정치 제도는 글로벌 기업이 비즈니스를 하기에 더 안정적인 환경을 제공한다." 당신은 이 말에 동의하는가? 이유는 무엇인가?

3-15. 많은 기업들은 사회적 책임을 표명하기 위해 환경적 혹은 '친환경'적 문제에 연관되어 있다. 어떻게 기업이 전략을 사회적 책임을 위한 노력과 연계할 수 있을까? 구체적인 예시를 들어 보라.

국제경영 실전 사례 세계화의 복제

세계 규모의 위조 제품 생산에 대해 문제를 제기할 때는 *caveat emptor*("구매자가 알게 하라")라는 오래된 라틴 문구를 생각할 필요가 있다. 정교한 위조품들은 유명한 브랜드의 고품질 위조품을 대량으로 찍어내기 위해 일상적으로 특허, 상표, 저작권들을 침해한다. 위조 상표의 양은 세계 무역에서 1년에 5~7% 사이 혹은 약 5,000억 달러 정도이다. 위조품들은 소프트웨어, 영화, 책, 음악 CD, 의약품을 포함한 많은 산업에서 나타난다. 가짜 컴퓨터 칩, 광대역 라우터, 그리고 컴퓨터 가격은 전자제품 산업 하나만 해도 매년 1,000억 달러 이상의 손해 비용을 내고 있다.

전통적으로 길거리 상인이나 뒷골목 시장에서 팔았던 위조업체들은 현재 최신 기술을 사용하고 있다. 기업이 하는 것만큼 그들은 정직하게 위조품을 유통하는 비용을 줄이기 위해 인터넷을 사용하고 있다. 일부 인터넷 사이트의 모든 상품은 위조이며 심지어 이베이(www.ebay.com)와 같은 합법적 웹사이트도 위조품을 걸러내는 데 어려움을 겪고 있다.

뉴욕의 소매상인 티파니앤컴퍼니(www.tiffany.com)는 이베이의 웹사이트에 그들의 위조품이 나타났을 때 이베이를 고소했다. 불만 속에서 티파니는 이베이에서 간헐적으로 구매되는 티파니라는 이름을 가진 186개의 보석 중 73%가 가짜라고 말했다. 티파니는 이베이가 위조품 판매로부터 상당한 수익을 내고 있으며 판매를 위한 포럼을 제공하고 홍보하기 때문에 이 사이트의 위조품 판매에 대해 책임을 져야 한다고 주장했다. 다른 한쪽은 온라인 판매자에게 판매하는 모든 물건에 대한 확실성을 증명하라고 요구하는 것은 비실용적이라고 말하며 동의하지 않고 있다.

위조품은 자동차 부품 시장에도 나타나고 있으며 해당 산업은 매년 위조품으로 120억 달러의 손해를 보고 있다. 자동차 제조업체들은 압축된 톱밥으로 만들어진 브레이크 안감과 염료가 들어간 값싼 기름과 다를 바 없는 변속기 유동액과 같은 해로운 모조품들의 목록을 만들었다. 합법적으로 보이는 상표가 붙은 상자들은 소비자가 모조와 진품 거래 간의 차이를 느끼기 어렵게 만든다. 이 문제는 오작동하는 모조품으로 인한 소송에 대한 염려와 진품 생산자의 소득이 줄어들 것이라는 걱정을 야기시킨다. 예를 들어 만일 누군가가 모조품으로 인해 사고를 당하게 된다면 합법적 제조사는 그 제품이 본인들 것이 아니라는 것을 증명해야 한다.

느슨한 위조 방지 규제와 신흥시장의 급속한 경제발전은 잠재적 지적 재산권의 덫이 비즈니스를 하는 기업을 기다린다는 것을 의미한다. 예를 들어 인도법은 국제 제약회사들에게 약을 제조하는 과정에 대해 5~7년의 특허를 주지만 그 약 자체에 대한 특허는 주지 않는다. 이것은 인도 기업들이 약간의 차이가 있는 약을 제조하기 위해 국제 제약회사가 특허를 받은 생산 과정을 수정하도록 한다.

중국에서는 지적재산권의 위조에 대한 정치적 보호가 꽤 일반적으로 남아 있다. 정부 기관, 정부를 위해 일하는 사람들, 심지어 중국 인민 해방군(중국의 국가 군대)은 위조상품을 대량으로 생산하는 공장을 운영한다. 글로벌 기업은 소송을 제기하는 것이 중국에서의 비즈니스 관계에 심각한 피해를 주기 때문에 중국에서는 위조품에 맞서기가 어렵다.

그러나 중국에서 지적재산권 침해에 대한 의견이 근본적으로 나뉘고 있다. 일부는 중국 법이 애매하게 정의되어 있고 시행하기 어렵다고 주장한다. 다른 한쪽은 중국의 지적재산권에 관한 법과 규정은 괜찮지만 시행을 제대로 하지 않아 높은 위조율이 나온다고 말한다. 놀랍게도 중국의 규제 기관은 종종 위조품의 침해 상표를 지우고 여전히 불량 상품을 팔도록 허락한다. 중국의 약한 지적재산권 보호법 때문에 피해를 입었다고 말하는 기술 회사로는 소프트웨어가 전반적으로 복제당했다고 주장하는 마이크로소프트(www.microsoft.com)와 시스코의 네트워크 소프트웨어를 사용하고 복제한 일로 중국 하드웨어 제작업체를 고소한 시스코시스템즈(www.cisco.com)를 포함한다.

글로벌 사고 질문

3-16. 국제 비즈니스 사회가 지적재산권을 지키기 위해 어떤 것을 할 수 있는가?

3-17. 글로벌 기업들은 단순히 잠재적으로 수익성이 큰 신흥시장에서 접근을 거부당할까 봐 위조품에 대해 말하기를 두려워하는가?

3-18. 최신 기술을 사용하면서 사람들은 원작품을 똑같이 복제할 수 있게 되었다. 인터넷과 최신 디지털 기술이 지적재산권 보호법에 어떻게 영향을 끼치는가?

3-19. 티파니 vs 이베이의 소송에 대한 정보를 찾아내고 양측의 주장과 누가 이겼는지 확인하라. 온라인 사이트의 위조품 판매에 대한 소송의 영향은 무엇인가?

출처 : Sarah E. Needleman and Kathy Chu, "Entrepreneurs Bemoan Counterfeit Goods," *Wall Street Journal* (www.wsj.com), April 28, 2014; "Counterfeit Drugs: Fake Pharma," *The Economist* (www.economist.com), February 15, 2012; Rachael King, "Fighting a Flood of Counterfeit Tech Products," *Bloomberg Businessweek* (www.businessweek.com), March 1, 2010; Andrew Willis, "Europe Awash in Counterfeit Drugs," *Bloomberg Businessweek* (www.businessweek.com), December 8, 2009; Rachel Metz, "eBay Beats Tiffany in Court Case over Trademarks," *USA Today* (www.usatoday.com) July 14, 2008.

제4장

국가 경제개발

학습목표

이 장을 공부한 후에 다음을 할 수 있어야 한다.

1. 경제개발과 그 측정 방법을 설명한다.
2. 경제체제 전환과 그것의 중요 장애물을 기술한다.
3. 다양한 정치적 위험요인들을 간략히 서술한다.
4. 어떻게 정치적 위험에 대응할 수 있는지 설명한다.
5. 중국과 러시아의 경제체제 전환 경험을 기술한다.

돌아보기

제3장은 전 세계적으로 국가들의 정치경제 및 정치적, 경제적, 법률적 제도들의 중요한 형태들을 탐구했다. 우리는 사회적 책임과 윤리적 행동의 중요성, 국제 기업들을 위한 법률적으로 중요한 이슈들도 검토했다.

이 장 잠깐 보기

이 장은 국가들의 경제발전과 발전을 측정하는 주요한 방법들을 제시한다. 그러고 나서 우리는 경제체제 전환기와 정치적 위험, 경제체제 전환기 경험을 가진 중국과 러시아의 경험들과 어떻게 관리할 수 있는지에 대해서 탐구한다.

미리 보기

제5장은 국제경영활동인 국제무역의 중요한 형태를 소개한다. 국제무역의 패턴과 왜 국가들이 무역을 하는지를 설명할 수 있는 여러 가지 이론에 대한 개념을 이해한다.

인도의 기술왕

인도 방갈로르 – 인포시스(www.infosys.com)는 고작 250달러의 초기 자본금으로 1981년에 창설되었다. 오늘날 이 회사는 16만 명의 직원과 82억 5,000만 달러의 수입을 거두는 인도의 IT 서비스 최고 공급자 중 하나이다. 인포시스와 다른 인도 회사들은 세계 기업에 높은 질의 소프트웨어와 자문서비스를 제공한다.

중국이 제조업 분야에서 가격을 전 세계적으로 낮춘 것처럼 인도 역시 서비스에 있어 같은 방법을 따르고 있다. 그러나 중국과 인도는 발전을 위한 두 가지 뚜렷한 별개의 길을 가고 있다. 중국은 투자에 문을 개방함으로써 경제를 발전시킨 반면, 인도의 자유무역은 구체적이지 않고 모호하여 국제적 기업들을 두렵게 만들었다. 이로 인해 인도는 자체 성장(organic growth)을 하게 되었고, 인포시스와 같이 지식에 기반한 국내기업들을 낳게 되었다.

출처 : ⓒ STRINGER/epa/Corbis

높은 세금과 부담되는 규정들에 대한 평가에도 불구하고, 인도는 민간기업, 민주정부, 그리고 서구적 회계 관행과 같은 경제시장의 기초를 오랫동안 쌓아 왔다. 그리고 이에 대한 자본시장은 중국의 자본시장보다 훨씬 효율적이고 투명하다. 또한 법률적 제도도 더 발전해 있다. 즉 중국은 상의하달(top-down) 방식의 경제개발 접근법을 택했다면, 인도는 반대되는 정치체제(인도는 민주주의, 중국은 그렇지 않음)를 반영한 하의상달(bottom-up) 방식의 경제개발을 추구했다.

인도는 제조업을 기반으로 하는 대신에 사람의 지적능력에 의존함으로써 경제적으로 진보하고 발전한 국가로 성장했다. 반면 중국은 천연자원에 의존하며, 저렴한 노동력을 기반으로 하는 제조업을 발전시켜 왔다. 최고의 성장전략 – 인도의 자생적 길 vs 중국의 투자적 길 – 은 국가 환경에 좌우된다. 이 장을 읽으면서 경제개발의 중요성과 어떻게 기업들이 국가의 생활수준을 개선하는 데 도움을 줄 수 있을지 숙고해 보길 바란다.[1]

경제개발
한 국가의 국민들의 경제적 후생, 삶의 질, 그리고 일반적인 복지 등이 증가하는 것을 의미

제2장에서 우리는 문화의 한 요소가 개인주의 또는 집단주의로 향하는 경향을 보았다. 제3장에서 우리는 정치경제의 형성에 사회사가 어떻게 영향을 미치는지를 보았다. 이 장에서는 경제복지 증진, 삶의 질 향상, 국민의 복지와 같은 정치경제와 **경제개발**(economic development) 사이에 연결점을 연구하게 된다. 나라마다 정치경제 제도가 다른 것처럼, 경제개발 수준도 마찬가지이다.

국가의 문화는 한 국가의 경제개발에 큰 영향을 줄 수 있다. 역으로 국가의 경제개발은 급진적으로 그 나라 문화에 많은 부분에 영향을 줄 수 있다. 개인주의 문화의 경제 제도는 개인사업자 주도의 보상과 인센티브를 제공해 주는 경향이 있다. 집단주의 문화는 인센티브와 보상을 적게 주는 경향이 있다. 예를 들면 개인주의적 문화에서는 기업가 정신의 기업들 — 새로운 사업 벤처를 운영하고 창조하는 것과 관련된 위험과 기회를 수용하는 사업가들 — 에게 상대적으로 낮은 세율을 적용하며, 그들의 활동을 장려하는 데 보상을 주는 경향이 있다.

우리는 경제개발의 수준에 따라 국가를 배치하는 방법으로 카테고리를 소개함으로써 이 장을 시작하려고 한다. 이후 우리는 국가 경제발전의 몇 가지 지표를 조사한다. 또한 우리는 전환기 국가들이 시장 기반을 어떻게 이행하고 있는지, 경제개발을 어떻게 장려하고 그들이 직면하고 있는 장애물들을 어떻게 헤쳐 나가고 있는지 살펴보게 된다. 우리는 두 개의 떠오르는 신흥시장들이 어떻게 경제개발 노력에 대처하고 있는지 살펴보고 이 장을 마무리하려고 한다.

경제개발

경제개발은 신체건강, 안전, 기대 수명, 교육 및 문맹퇴치, 빈곤, 핵심 인프라, 환경 지속가능성 등과 같은 사람들의 삶의 경제적 개선들이 포함된다. 따라서 이 개념은 양적 및 질적 특징을 모두 포함한다.

그러나 경제개발은 경제 성장을 필요로 하는데, 경제 성장이란 사회가 생산하는 재화와 서비스의 정량화가 지속적으로 증가하는 것을 뜻한다. 경제 성장은 생산성의 향상에 달려 있는데, 이는 단순히 산출물(창출된 것) 대 투입물(산출물을 창출하기 위해 사용된 자원)의 비율이다. 우리는 기업, 산업 또는 전체 경제의 생산성에 대해 초점을 둔다. 기업이 생산성을 높이려면 동일한 양의 투입으로 산출물의 가치를 증가시켜야 하고, 적은 투입으로 동일한 가치를 산출시켜야 한다. 경영활동은 모든 형태의 기업가적 활동과 혁신을 통해 생산성을 높인다.

국가 분류

국가 간의 정치경제적 차이는 경제발전에 있어서 큰 차이를 만들 수 있다. 개발은 국제적 기업들이 신흥시장에서 사업 기회를 추구함에 따라 점점 더 중요한 주제가 되었다. 이러한 국가들의 상당수의 인구가 가난하지만, 종종 경제발전을 위해 번창하는 중산층과 야심 찬 프로그램이 있다.

국가는 일반적으로 정량화할 수 있는 경제적 조치로 분류하면, 선진국과 신흥 공업국 또는 개발도상국으로 분류된다. 그러한 조치에는 국민 생산 수치, 농업에 할애된 경제 부분, 산업 제품의 수출액, 전반적인 경제 구조 등이 포함된다. 그러나 각 범주에 합의된 단일 국가 목록은 없으며, 경계선에 있는 국가들은 다른 목록에서 다르게 분류된다.

선진국
고도로 산업화되고 효율적이며 사람들이 삶의 질을 누리는 나라

선진국 고도로 산업화되고 효율적이며 사람들이 삶의 질을 누리는 나라, 즉 **선진국**(developed country)이다. 선진국 사람들은 보통 세계 최고의 교육 제도로 가장 좋은 의료 서비스와 혜택을 받는다. 대부분의 선진국들은 가난한 나라들이 그들의 경제와 생활수준을 향상시키도록 돕기 위한 원조 프로그램도 지원하고 있다. 이 범주에 속하는 국가들은 호주, 캐나다, 일본, 뉴질랜드, 미국, 그리고 모든 서유럽 국가들이 포함된다.

신흥 공업국 최근 산업 활동에서 국민 생산 및 수출 비율이 증가한 국가는 **신흥 공업국**(newly industrialized country, **NIC**)이다. NIC는 주로 아시아 및 라틴아메리카에 위치하며, 보통 아시아의 '네 마리 호랑이(홍콩, 한국, 싱가포르, 대만)'와 브라질, 중국, 인도, 말레이시아, 멕시코, 남아프리카, 태국이 해당한다. 분류에 사용되는 중심적 기준에 따라 아르헨티나, 브루나이, 칠레, 체코, 헝가리, 인도네시아, 필리핀, 폴란드, 러시아, 슬로바키아, 터키, 베트남을 포함한 많은 다른 나라들이 이 범주에 포함된다.

신흥 공업국(NIC)
최근 산업 활동에서 파생된 국가의 생산과 수출 비율이 증가한 국가

우리가 신흥 공업국들을 다른 신흥 공업국들과 결합하면 흔히 **신흥시장**(emerging markets)이라고 하는 카테고리로 분류할 수 있다. 일반적으로 신흥시장은 NIC와 연관된 운영 및 수출 역량의 일부(전부는 아님)가 개발되어 왔다. 그러나 신흥 공업국 및 신흥시장과 같이 분류된 정의의 특성에 대한 논쟁은 여전히 계속되고 있다.

신흥시장
새롭게 산업화될 잠재력이 있는 나라들이 부가된 신흥 공업국

개발도상국 사회 기반 시설이 가장 빈약하고 개인 소득이 가장 낮은 국가들을 **개발도상국**(developing country)(또는 저개발 국가)이라고 한다. 이러한 국가들은 주로 농업, 광물 채광, 석유 시추와 같은 한 개 또는 몇 개의 생산 분야에 크게 의존한다. 그들은 신흥 공업국이 될 가능성을 보여 줄 수도 있지만, 전형적으로 그렇게 하기 위해 필요한 자원과 기술이 부족하다. 개발도상국 범주에 드는 국가로는 아프리카, 중동의 많은 나라들, 동유럽과 아시아의 가장 가난했던 공산주의 국가들이 포함된다.

개발도상국
기반 시설이 빈약하고 개인 소득이 극히 낮은 국가, 저개발 국가라고도 한다.

개발도상국들(NIC 포함)은 때때로 고도의 **기술 이원론**(technological dualism)—일부 경제 분야에서 구식 기술을 다른 분야에 적용하여 결합하여 최신 기술을 사용—을 목적으로 특징지어지기도 한다. 이와는 대조적으로, 선진국들은 전형적으로 모든 제조업 분야에서 최신의 기술 발전을 포함하고 있다.

기술 이원론
다른 분야에서 사용되는 구식 기술을 결합하여 일부 경제 분야에서 최신 기술을 사용하는 것

잠재적 시장성을 탐색할 때, 관리자들은 한 국가의 경제발전 수준을 추정하기 위해 다양한 측정 조치를 사용할 수 있다. 하지만 이러한 측정 조치들은 장점과 단점을 가지고 있기 때문에, 여러 가지 측정 조치를 함께 검토하는 것이 현명하다. 이제 경제발전의 주요 지표를 살펴보자.

국민 생산

제1장에서 언급한 국내총생산(GDP)은 국내 경제가 1년 동안 생산한 모든 재화와 용역의 가치이다. 국민총생산(GNP)은 국내총생산(GDP)보다 더 작은 수치를 뜻하는데 이는 즉 수출, 수입, 기업의 국제적 운영으로부터 발생하는 한 나라의 수입을 제외하기 때문이다. 한 나라의 1인당 GDP는 한 사람당 한 나라의 수입을 측정하기 위해 단지 인구수로 나눈 것이다. 〈지도 4.1〉은 세계은행이 어떻게 1인당 GNP와 유사한 1인당 국민총소득(GNI)을 기준으로 국가를 분류하는지 보여 준다.

시장 관계자들은 종종 한 나라의 인구가 그들의 제품을 구매하기 시작할 만큼 충분히 부유한지를 결정하기 위해 GDP 또는 GNP 수치를 사용한다. 예를 들어 1년에 1인당 국내총생산이 약 1,500달러인 아시아 국가 미얀마는 매우 가난하다. 당신은 그 국가에서 비싼 의류를 판매하는

지도 4.1
국민총소득(GNI)

OCEAN
SWEDEN
FINLAND
ESTONIA
LATVIA
LITHUANIA
RUSSIA
BELARUS
POLAND
CZECH REP.
SLOVAKIA
UKRAINE
AUSTRIA
MOLDOVA
HUNGARY
ROMANIA
SLOVENIA
CROATIA
BOSNIA-HERZEGOVINA
SERBIA AND MONTENEGRO
BULGARIA
ITALY
MACEDONIA
ALBANIA
GREECE
TURKEY
CYPRUS
R U S S I A
KAZAKHSTAN
MONGOLIA
GEORGIA
ARMENIA
AZERBAIJAN
UZBEKISTAN
KYRGYZSTAN
TURKMENISTAN
TAJIKISTAN
NORTH KOREA
SOUTH KOREA
JAPAN
SYRIA
LEBANON
ISRAEL
JORDAN
IRAQ
IRAN
AFGHANISTAN
KUWAIT
PAKISTAN
C H I N A
NEPAL
BHUTAN
LIBYA
EGYPT
QATAR
UNITED ARAB EMIRATES
SAUDI ARABIA
OMAN
BANGLADESH
INDIA
MYANMAR (BURMA)
LAOS
TAIWAN
PACIFIC OCEAN
SUDAN
CHAD
ERITREA
YEMEN
THAILAND
VIETNAM
CAMBODIA
PHILIPPINES
SOUTH SUDAN
DJIBOUTI
SOMALIA
ETHIOPIA
CENTRAL AFRICAN REPUBLIC
SRI LANKA
BRUNEI
MALAYSIA
SINGAPORE
CONGO REPUBLIC
UGANDA
KENYA
INDIAN OCEAN
CONGO DEMOCRATIC REPUBLIC (ZAIRE)
RWANDA
BURUNDI
TANZANIA
INDONESIA
PAPUA NEW GUINEA
SOLOMON ISLANDS
ANGOLA
ZAMBIA
MALAWI
MOZAMBIQUE
VANUATU
FIJI
NAMIBIA
ZIMBABWE
MADAGASCAR
MAURITIUS
RÉUNION
BOTSWANA
NEW CALEDONIA
SWAZILAND
AUSTRALIA
SOUTH AFRICA
LESOTHO
NEW ZEALAND
GNI(미국 달러)
7,490 초과
2,350~7,490
1,110~2,350
430~1,110
430 미만
자료 없음

의류회사나 노트북을 마케팅하는 컴퓨터 회사들을 찾기 힘들 것이다. 하지만 몇몇 대형 개인 용품 업체들도 미얀마에서 확고한 자신의 영역을 점하고 있다. 콜게이트-팔몰리브(www.colgate.com), 유니레버(www.unilever.com)와 같은 회사들은 비누나 샴푸 같은 비교적 저렴하고 일상용품들을 제공하는, 그러면서 불확실하지만 유망한 시장의 전통적인 탐험가 회사들이다. 다국적 기업들이 그러한 시장에 진입하면서, 그들은 구매력이 가장 낮고, 세계에서 가장 가난한 집단인 BoP(Bottom of Pyramid) 집단에서 살아가는 사람들의 욕구를 충족시키기 위해 노력한다.

GDP와 GNP가 경제발전의 가장 인기 있는 지표지만 그들은 몇 가지 중대한 결점들을 가지고 있다.

비계정 거래 다양한 이유로 한 국가의 많은 거래가 GDP 또는 GNP에 포함되지 않는다. 다음과 같은 일부 활동들이 포함되지 않는다.

- 자원봉사
- 보수가 지급되지 않는 가사 활동
- 도박 및 암거래 등 불법 행위
- 현금으로 이루어진 신고되지 않은 거래들

일부의 경우, 보고되지 않은 경제[또는 그림자 경제(shadow economy)]가 너무 크고 성장하여 1인당 국내총생산(GDP)과 같은 공식적 통계는 거의 무의미하다. 정부 통계 자료는 공적인 환율과 암시장 환율의 차이로 인해 번창하는 그림자 경제가 감추어져 있다. 많은 부유한 국가들에서, 그림자 경제는 공식 경제 규모의 10분의 1에서 5분의 1 수준이다. 하지만 50개 이상의 국가에서 그림자 경제는 최소한 문서화된 GDP의 40% 상당의 규모이다. 예를 들어 조지아의 유라시아 국가에서, 신고되지 않은 거래는 보고된 거래의 73%에 달하는 것으로 추정된다. 따라서 조지아의 공식적인 GDP가 약 150억 달러라면, 그림자 경제는 거의 110억 달러의 가치가 있을 수 있다.

그림자 경제를 통해 흐르는 상품과 서비스의 한 가지 방법은 바터(barter)—돈 대신에 다른 상품과 서비스를 교환—를 통한 것이다. 대표적인 사례로, 펩시콜라(www.pepsi.com)는 소비에트 연방에서 17개의 잠수함, 순양함, 구축함을 음료수와 교환했다. 펩시는 고철로 이 군사 용품을 팔아 현금으로 전환했다.[2] 러시아 사람들은 여전히 통화 부족 때문에 바터 방식을 광범위하게 사용하고 있다. 또 다른 대표적이면서도 특이한 사례로 러시아 정부는 알타이 공화국에서 8,000명의 교사들에게 매월 15병의 보드카를 지급하기도 했다. 교사들은 이전에 급여의 일부를 화장지와 장례 용품으로 대체해 주겠다는 제안을 거절한 바 있다.[3]

경제 성장에 대한 의문 총생산 수치들은 한 국가의 경제가 성장하고 있는지 아니면 위축되고 있는지 여부를 우리에게 알려주지 않는다—그것은 단순히 1년의 경제적 생산량에 대한 스냅샷 수준에 불과하다. 관리자들은 이 데이터들이 미래에 예상되는 경제 성과에 대한 정보들로 보완이 되기를 원할 것이다. 적정한 GDP나 GNP 수치를 가진 나라는 기대 성장률이 높다면 더 많은 투자를 유치할 수 있다.

평균의 문제 1인당 수치들은 한 나라 전체의 평균 수치를 의미한다는 것을 상기하라. 이 수치들은 국가의 삶의 질을 평가하는 데는 도움이 되지만, 평균은 우리에게 발전에 대한 아주 상세한 그림을 제공하지는 않는다. 대부분의 나라에서 도시 지역은 농촌 지역보다 더 발전되어 있고 1인당 소득이 더 높다. 선진국의 경우, 항구나 다른 교통 시설 근처의 지역이 보통의 내부 지역보다 더 개발되어 있다. 이와 마찬가지로, 생산과 디자인에서 첨단 기술을 보유한 기업들을 자랑하는 산업단지는 한 나라의 소득에서 불균형적 할당을 야기할 수 있다.

예를 들어 중국의 국내총생산 혹은 1인당 GNP는 오해의 소지가 있다. 왜냐하면 중국의 상하이와 해안 지역은 중국의 내부 지역보다 훨씬 더 발달되어 있기 때문이다. 비록 고급차가 중국의 해안도시와 지역에서 판매되고 있다고 하더라도 자전거와 소박한 차량들은 여전히 중국의 내륙 지역에서 선택하고 있는 운송수단이다.

비교의 함정 총생산 수치를 사용하여 국가들을 비교하는 것은 오해의 소지가 있을 수 있다. 1인당 총생산을 비교할 때, 비교되고 있는 각 나라의 통화는 공식적인 환율로 또 다른 통화 단위로 변환되어야 한다. 하지만 공정 환율(official exchange)은 한 통화에 얼마나 많은 단위가 다른 통화의 단위로 구매되는지만 알려줄 뿐 그 통화로 자국에서 무엇을 살 수 있는지는 말해 주지 않는다. 따라서 자국 통화의 진정한 가치를 이해하기 위해서는 **구매력 평가 지수**라는 개념을 적용한다.

구매력 평가 지수

국가별로 생산량을 비교하기 위해 총생산 수치를 사용하는 것은 각 국가의 생활비 차이를 설명해 주지 못한다. **구매력**(purchasing power)은 한 나라의 통화 단위로 구매할 수 있는 재화와 용역의 가치이다. **구매력 평가 지수**(purchasing power parity, **PPP**)는 두 나라의 통화가 두 나라에서 동일한 '바구니(basket)'에 담긴 제품을 구매할 수 있는 상대적 능력이다. 바구니 안에 든 재화는 사과, 쌀, 비누, 치약 등과 같은 평범한 일상 용품을 대표한다. PPP의 1인당 총생산량 추정치는 우리가 실제로 무엇을 살 수 있는지를 보여 준다.

구매력
한 나라의 통화 단위로 구매할 수 있는 재화와 서비스의 가치

구매력 평가 지수(PPP)
두 나라의 통화로 동일한 상품을 살 수 있는 상대적인 능력

몇 개국의 부를 미국의 부와 비교할 경우, PPP를 반영한 1인당 GDP로 조정될 때 어떤 변화가 생기는지 살펴보자. 우리가 스위스 프랑을 공정 환율인 달러로 환산하면 1인당 GDP는 47,900달러로 추산할 수 있다. 이는 미국의 공식적인 1인당 GDP(39,700달러)보다 높은 수치다. 그러나 PPP를 통해 스위스의 1인당 국내총생산을 조정하면 34,700달러의 수정된 수치를 제공해 주는데, 이는 미국의 국내총생산 수치인 39,700달러보다 낮은 수치이다. 왜 다른가? PPP를 감안한 1인당 GDP는 스위스의 높은 생활비 때문에 더 낮게 나타나기 때문이다. 똑같은 제품이 담긴 바구니를 사는 것은 미국에서 사는 것보다 스위스에서 사는 것이 더 많은 비용이 든다. 체코의 경우는 정반대 현상이 발생한다. 체코의 경우 PPP를 감안한 1인당 GDP는 미국보다 훨씬 낮은 10,600달러에서 18,600달러로 올라가게 된다.[4] PPP와 관련된 내용은 제10장에서 더 상세하게 논하게 될 것이다.

인간개발

지금까지 구매력에 대한 국가 생산 수치를 조정하는 것은 국가들을 비교하기 위한 숫자로 표시된 측정치들이 제공된다는 것을 알았다. 하지만 이러한 수치들은 개발의 질적 측면은 담지 못한다. 또한 PPP 개념은 여러 가지 수준의 경제발전을 상당히 잘 보여 주고 있지만, 사람들의 전반적인 복지를 보여 주는 지표로는 부족하다. 〈표 4.1〉은 UN의 **인간개발지수**(human development index, **HDI**)에 따른 각국의 순위 수준을 보여 준다. 이는 정부가 국민에게 수명과 건강한 삶, 올바른 교육 및 생활수준을 공평하게 제공하는 정도를 말해 주는 것이다.

인간개발지수(HDI)
정부가 국민에게 수명과 건강한 삶, 교육, 그리고 적절한 생활수준을 공평하게 제공하는 범위의 척도

표 4.1 인간개발지수(HDI)

HDI 순위	국가	HDI 가치	1인당 GNI 순위	출생 시 평균 기대 수명
매우 높은 인간개발				
1	노르웨이	0.955	5	81.3
3	미국	0.937	9	78.7
5	독일	0.920	15	80.6
9	스위스	0.913	11	82.5
11	캐나다	0.911	16	81.1
20	프랑스	0.893	24	81.7
23	스페인	0.885	31	81.6
26	영국	0.875	21	80.3
45	아르헨티나	0.811	52	76.1
높은 인간개발				
55	러시아	0.788	55	69.1
61	멕시코	0.775	65	77.1
85	브라질	0.730	77	73.8
중간 인간개발				
101	중국	0.699	90	73.7
112	이집트	0.662	106	73.5
121	남아프리카	0.629	79	53.4
낮은 인간개발				
153	나이지리아	0.471	147	52.3
185	모잠비크	0.327	176	50.7

출처 : Based on data obtained from Human Development Report 2013 (New York: United Nations Development Programme, 2013), Table 1, pp. 144-146, available at www.undp.org

또한 〈표 4.1〉은 한 나라의 부와 HDI 사이에 존재하는 격차를 보여 준다. 예를 들어 미국은 GNI 지표상으로는 9위를 차지하고 있지만, 의료, 교육, 삶의 복지수준에서는 HDI 지표 3위에 위치하고 있다. 이 표에서 두드러지는 국가는 남아프리카공화국이다. 남아공은 1인당 국민소득이 79위를 차지하고 있지만 HDI 지표로는 121위에 해당한다. 아마도 가장 놀라운 것은 각 나라의 출생 시 기대 수명을 보여 주는 부분일 것이다. 1위를 차지한 노르웨이 사람들의 평균 수명은 마지막 순위인 모잠비크 사람들보다 약 31년가량 더 길다는 것을 알 수 있다.

우리가 논의했던 다른 측정치들과는 달리, HDI는 재정상의 부를 넘어서는 것이라고 할 것이다. 경제발전의 인간적 측면을 강조함으로써, 높은 국민 소득만으로는 인간의 발전을 보장하지 못함을 보여 주는 것이다. 그러나 국민 소득의 중요성이 과소평가되어서는 안 된다. 국가들은 좋은 학교를 짓고, 좋은 의료 서비스를 제공하고, 환경친화적인 산업을 지원하고, 삶의 질을 향상시키기 위해 각종 정책에 투자할 돈이 필요하기 때문이다.

퀵 스터디 1

1. 한 국가에서 국민의 경제적 복지, 삶의 질, 전반적인 복지의 증가를 무엇이라고 하는가?

2. 경제발전을 측정하기 위해 국가 총생산을 사용하는 경우의 단점은 무엇인가?
3. 인간개발지수는 한 국가 발전의 어떤 측면을 측정하는 것인가?

경제체제 전환

지난 20년 동안, 계획 경제 중심의 국가들은 그들 국가 스스로 더 강력한 시장 경제의 이미지로 보여져 왔다. **경제체제 전환**(economic transition)이라고 불리는 이러한 과정은, 한 나라의 근본적인 경제 조직을 바꾸고 완전히 새로운 자유 시장 제도를 만들어내는 것을 내포한다. 일부 국가는 다른 국가에 비해 전환을 더 많이 하지만, 이러한 과정은 대개 경제개발을 촉진하기 위한 몇 가지 주요 개혁 조치를 포함하고 있다.

경제체제 전환
국가가 기본적인 경제 조직을 바꾸고 새로운 자유 시장 제도를 만드는 과정

- 경제 안정화, 예산 적자 감축, 신용가능성(credit availability) 확대
- 공급과 수요가 반영된 가격 허용
- 사기업의 합법화, 국유 기업 매각, 재산권 지원
- 무역 및 투자 장벽 완화 및 통화의 전환 가능성 허용

중앙 계획에서 자유 시장 경제로의 전환은 엄청난 국제적 사업 기회를 창출한다. 하지만 수년간의 사회주의 경제 원칙에서 기인하는 어려움들은 시작부터 개발 노력을 방해하고, 몇몇 국가들은 여전히 높은 실업률을 견뎌내고 있다. 동유럽의 이전 중앙 계획 경제 국가들의 정부들은 생산성과 경쟁력을 높이고 생활수준을 높이기 위해 국영 기업들을 계속 팔고 있다. 과도기에 있는 국가들의 주요 장애물들을 살펴보면 다음과 같다.

경영 전문가

중앙 계획에서는 생산, 유통, 그리고 마케팅 전략 또는 그런 것들을 고안해 내기 위한 훈련된 사람들이 거의 필요하지 않았다. 중앙 정책 입안자들은 국가의 모든 측면의 상업적 활동들을 결정했다. 상업 활동을 위한 소비자의 요구를 조사할 필요도 없고 시장 조사를 할 필요도 없었다. 제품 가격 책정이나 운영, 재고, 유통 또는 물류 분야의 전문가가 필요로 하는 것에 대해서는 거의 신경 쓰지 않았다. 국영 기업의 공장장들은 중앙의 정책 기획자들이 정한 생산 요구 조건만 만족시키면 되었다. 실제로 일부 제품은 생산 현장을 파악하고 공장 밖으로 나가야 하는지를 모르기 때문에—누가 가져가는지 모르고, 공장장의 일도 아님—조립 라인에 그냥 쌓아 두는 데 그쳤다.

하지만 최근 몇 년 동안 경제 전환을 실시한 국가에서는 더 높은 질의 관리 능력을 보여 주고 있다. 이러한 추세의 원인으로는 교육 개선, 유학과 취업의 기회, 국내 투자하는 외국기업에 의한 근로관습 변화 등을 들 수 있다. 심지어 과거 공산주의 국가 출신의 일부 관리자들은 거대 다국적기업이 있는 서유럽과 미국에서 경영 기회를 찾고 있다.

자본금 부족

당연히, 경제적인 전환과 개발은 비용이 많이 든다. 이러한 과정을 원활하게 하기 위해 정부는 일반적으로 다음과 같은 프로세스에 많은 비용을 지출한다.

- 고속도로, 교량, 철도, 지하철을 포함한 통신 및 인프라 시스템 개발

- 주식 시장과 은행 시스템을 포함한 금융 기관 창출
- 시장경제 방식을 통한 교육

전환기에 있는 많은 국가의 정부들은 필요한 모든 투자를 감당할 수 없다. 따라서 세계은행, 국제통화기금(IMF), 아시아 개발 은행과 같은 국가 및 국제 기업, 정부, 국제금융기관을 포함한 외부 자본을 이용한다. 일부 전환기에 있는 국가들은 국제적인 대출 기관에 상당한 액수의 돈을 빚지고 있지만, 이것은 오늘날, 이전의 전환 경제 시대보다는 덜 심각하다고 할 수 있다.[5]

문화적 차이

경제체제 전환과 개발 개혁은 국민들에게 깊은 문화적 감명을 준다. 제2장에서 보았듯이, 몇몇 문화들은 다른 것들보다 변화에 더 개방적이다. 마찬가지로, 어떤 문화는 다른 것들보다 더 쉽게 경제적 변화를 환영한다. 전환(transition)은 개인의 책임, 인센티브 및 권리에 더 큰 중점을 두는 것으로서 정부에 대한 의존을 대체하게 한다. 하지만 복지 수당, 실업 수당, 정부 일자리의 갑작스러운 감소는 한 나라의 국민들에게 커다란 충격을 줄 수 있다.

전환기 국면에 있는 국가들의 문화에 현대적인 경영 기법들을 유입하는 것은 어려울 수 있다. 한국의 대우자동차는 중앙유럽에 진출할 당시 문화적 충돌에 직면했다. 한국의 경영 시스템은 기본적으로 엄격한 조직 구조(hierarchical structrue)와 강력한 직업윤리에 바탕을 두고 있다. 대우자동차의 공장 관리인들은 일찍부터 직원들을 맞이하고 일할 준비를 마쳤다. 그러나 대우자동차의 관리인들은 중앙유럽에 소재한 공장의 문화를 충분히 이해하지 못하여 문제가 발생하기 시작했다. 이에 대우자동차는 중앙유럽 근로자들을 한국 내 조립라인에 투입하고, 한국인 경영자와 기술자들을 중부 및 동부유럽에 파견근무 하도록 함으로써 문화적 격차를 해소하고자 노력했다.

지속가능성

중앙유럽과 동유럽에서는 과거 공산주의 정부의 경제적 · 사회적 정책들로 인해 자연환경에 재난을 가져왔다. 환경 파괴로 인한 직접적인 영향은 천식, 혈액 부족, 암을 포함한 높은 수준의 질병과 질환 발생으로 나타났으며, 이로 인해 작업장의 생산성은 떨어졌다. 전환기에 있는 국가들은 종종 그들이 얻는 이득보다 시장 경제의 부정적인 영향이 높아 시련을 경험하고 있다. 그러나 전환과 개발 노력이 계속됨에 따라, 더 많은 국민들이 시장 경제의 혜택을 누리기 시작한다.

중앙 계획하에 있던 국가들은 지속적인 최고 수준의 의료 시스템 계획을 수립해야만 했다. 특히 세계에서 가장 가난한 국가들에서 전염병이 퍼지는 것은 우려스러울 수밖에 없다. 에이즈, 결핵, 말라리아와 같은 질병들이 여전히 동남아시아와 동유럽, 그리고 다른 지역의 많은 사람들을 감염시키고 있다. 이러한 질병들은 인간과 경제적 손실, 사회적 붕괴와 정치적 불안정을 야기한다. 그러한 질병과 싸우는 데 필요한 의료비용은 지속가능한 개발(sustainable development)을 위한 노력을 현저히 저해할 수 있다. 세 가지의 치명적인 질병에 대한 비용에 대해 살펴보려면 글상자 '글로벌 지속가능성 : 공중 보건이 전 세계로 나아가다'를 참조하라.

퀵 스터디 2

1. 경제체제 전환 과정은 무엇을 포함하고 있는가?

2. 전환기에 있는 국가들의 주요 장애물은 무엇인가?
3. 전환은 정부에 대한 의존에서 무엇에 더 중점을 두는 것으로 대체하게 만들었는가?

정치적 위험

국내 · 외적으로 경영 활동을 하는 모든 기업들은 **정치적 위험**(political risk) — 한 사회가 지역 사업 활동에 부정적인 영향을 미치는 정치적 변화를 겪을 가능성 — 에 직면한다. 정치적 위험은 해외에서의 활동에 다른 방식으로 다양한 유형의 기업들에게 영향을 미친다. 이는 수출업자의 시장, 외국 제조업체가 소유한 생산 시설, 또는 자국에서 돈을 벌어들이는 외국기업에게 위협이 될 수 있다. 지역적 가치, 관습 및 전통을 확실하게 이해하는 것은 기업의 정치적 위험에의 노출을 줄이는 데 도움이 될 수 있다.

정치적 위험
한 사회가 지역 사업 활동에 부정적인 영향을 미치는 정치적 변화를 겪을 가능성

〈지도 4.2〉는 정치적 위험 수준이 국가마다 다르다는 것을 보여 준다. 정치적 위험 수준의 평가에 포함된 몇 가지 요인에는 정부 안정, 내부 및 외부 갈등, 정치에 대한 군사 및 종교적 개입, 부패, 법 및 질서, 정부 관료의 자질이 포함된다.

정치적 위험에 대한 두 개의 광범위한 범주는 각각의 영향을 받는 회사들의 범위를 반영한다. 거시적 위험은 모든 산업에서 모든 국내 · 외 기업들의 활동을 위협한다. 그 예로는 국가 내에서 기업 자산에 대한 지속적인 폭력 위협과 증가하는 정부 부패가 포함된다. 미시적 위험은 특정 산업계(혹은 더 좁게 정의된 집단) 내에서만 기업들을 위협한다. 예를 들어 철강 분야의 국제 무역

글로벌 지속가능성 | 공중 보건이 전 세계로 나아가다

인간의 고통을 넘어서서, 세 가지 전염병이 경제발전과 사회적 지속가능성을 가로막고 있다.

- **에이즈(HIV/AIDS)** 이 질병은 14세기 유럽을 강타한 역병만큼 많은 사람들을 죽였다. 에이즈는 이미 전 세계적으로 최소 2,200만 명의 목숨을 빼앗아 갔다. 그리고 적어도 4,000만 명이 HIV에 감염되었다. 아프리카에서만 2,000만 명이 죽고 3,000만 명이 감염되었다. 이 병으로 인해 일부 아프리카 국가에서 GDP 성장률이 2.6% 감소했으며, 남아공의 평균 가계 소득을 8%까지 낮추었다.
- **결핵(tuberculosis)** 결핵은 매년 170만 명의 사람을 사망하게 하고 또 다른 800만 명을 괴롭히고 있는 질병이다. 결핵 발병의 90% 이상은 저소득층 국가인 동남아시아와 동유럽, 사하라 이남 아프리카이다. 결핵은 경제적인 어려움과 빈약한 건강관리 시스템, 그리고 결핵에 대한 약물 내성이 강한 경우에 증가하고 있다.
- **말라리아(malaria)** 말라리아는 매년 100만 명의 사람들을 죽게 하고 간접적으로 300만 명에 이르는 사람들의 죽음을 야기한다. 말라리아는 베트남의 메콩 삼각주, 중앙아프리카공화국, 브라질의 아마존 분지에 널리 퍼져 있다. 중부 및 사하라 이남 아프리카의 경우에는 말라리아로 사망하는 경우가 90%를 차지하며(주로 어린이와 임산부), 5세 이하 어린이의 약 20%가 말라리아로 사망하고 있다. 가장 심각한 영향을 받은 아프리카 국가에서는 말라리아 치료나 예방에 소요되는 비용이 GDP의 1.3% 정도이다.
- **도전** 에이즈 퇴치를 위한 도전으로, 부자 나라들은 가난한 나라의 의사와 간호사를 훈련시키며 이에 대한 비용을 기부할 수 있다. 이를 통해 치료를 위한 연구에 더 많은 투자를 할 수 있을 것이다. 또한 결핵과 싸우기 위해, 더 많은 지원금으로 전액 치료를 위해 소요되는 기간인 6~8개월 동안 1인당 10달러밖에 들지 않는 약을 구입할 수 있을 것이다. 말라리아를 퇴치하기 위해서는, 모기장을 사용하지 않는 아프리카 어린이 98%에게 살충제 처리가 된 모기장을 배포하는 것이 더 좋다.
- **더 알고 싶다면?** Global Business Coalition(www.gbchealth.org), 에이즈, 결핵, 말라리아 퇴치를 위한 글로벌 펀드(www.theglobalfund.org), Malaria Foundation International(www.malaria.org), World Health Organization TB 관련 사이트(www.who.int/gtb)를 참조하라.

출처 : "Altogether Now," *The Economist* (www.economist.com), June 3, 2010; Tom Randall, "J&J, Sanofi, Pfizer Speed Testing for New Tuberculosis Drug," *Bloomberg Businessweek* (www.businessweek.com), March 18, 2010; "Twenty-Five Years of AIDS," *The Economist*, June 3, 2006, pp. 24-25; Malaria Foundation International (www.malaria.org), various reports.

지도 4.2
전 세계의 정치적 위험

OCEAN
SWEDEN
FINLAND
ESTONIA
LATVIA
LITHUANIA
RUSSIA
BELARUS
POLAND
UKRAINE
CZECH REP.
SLOVAKIA
MOLDOVA
HUNGARY
ROMANIA
BOSNIA-
SERBIA AND MONTENEGRO
BULGARIA
MACEDONIA
ALBANIA
GREECE
TURKEY
GEORGIA
ARMENIA
AZERBAIJAN
CYPRUS
SYRIA
LEBANON
ISRAEL
JORDAN
IRAQ
KUWAIT
IRAN
R U S S I A
KAZAKHSTAN
UZBEKISTAN
KYRGYZSTAN
TURKMENISTAN
TAJIKISTAN
AFGHANISTAN
PAKISTAN
MONGOLIA
C H I N A
NORTH KOREA
SOUTH KOREA
JAPAN
NEPAL
BHUTAN
BANGLADESH
INDIA
MYANMAR (BURMA)
LAOS
THAILAND
VIETNAM
CAMBODIA
TAIWAN
HONG KONG
PHILIPPINES
PACIFIC OCEAN
LIBYA
EGYPT
QATAR
UNITED ARAB EMIRATES
SAUDI ARABIA
OMAN
YEMEN
SUDAN
CHAD
ERITREA
SOUTH SUDAN
DJIBOUTI
SOMALIA
ETHIOPIA
CENTRAL AFRICAN REPUBLIC
CONGO REPUBLIC
UGANDA
KENYA
CONGO DEMOCRATIC REPUBLIC (ZAIRE)
RWANDA
BURUNDI
TANZANIA
ANGOLA
ZAMBIA
MALAWI
MOZAMBIQUE
ZIMBABWE
NAMIBIA
BOTSWANA
MADAGASCAR
MAURITIUS
RÉUNION
SWAZILAND
SOUTH AFRICA
LESOTHO
INDIAN OCEAN
SRI LANKA
BRUNEI
MALAYSIA
SINGAPORE
INDONESIA
PAPUA NEW GUINEA
SOLOMON ISLANDS
VANUATU
FIJI
NEW CALEDONIA
AUSTRALIA
NEW ZEALAND
위험 수준
매우 높음
높음
중간
낮음
매우 낮음
자료 없음

전쟁은 그들의 사업 활동에 투입되는 철강을 필요로 하는 회사와 철강 생산자의 운영에 영향을 미친다.

정치적 위험의 주요 원인은 다음과 같다.

- 갈등과 폭력
- 테러와 납치
- 재산 압류
- 정책 변경
- 국산부품사용요건

갈등과 폭력

국내 분쟁은 국제 기업들이 한 나라에 투자하는 것을 막고 확연하게 경제개발을 후퇴시킬 수 있다. 폭력적인 소동은 회사의 제품 제조와 유통, 재료와 장비 구입, 재능 있는 직원 채용 능력을 저하시킨다. 공개적인 갈등은 회사의 유형 자산인 사무실과 공장들과 직원들의 생명을 위협한다. 또한 갈등은 국가의 경제발전에 해를 끼친다.

갈등이 발생하는 데는 적어도 다음과 같은 세 가지 주요 원인이 있다. 첫째, 국민들이 자국의 정부에 대해 분개함으로 인해 발생할 수 있다. 평화적인 여야 간 갈등 해결에 실패하면 지도부 교체를 위한 폭력적인 시도가 이어질 수 있다. 엑슨모빌(www.exxonmobil.com)은 주 반군들이 폭력으로 복합 단지를 목표로 삼았을 때 인도네시아의 아체 지역에 있는 시설의 액체 천연 가스 생산을 중단했다.

둘째, 국가 간 영토 분쟁을 둘러싸고 갈등이 생길 수 있다. 예를 들어 인도와 파키스탄 사이 카슈미르 지역에 대한 분쟁은 그들 두 국민 사이에 여러 번 무력 충돌을 야기했다. 또한 에콰도르와 페루 사이의 국경 분쟁으로 이 남미 국가들은 세 번이나 전쟁에 참전하게 되었다.

셋째, 민족, 인종, 종교 단체들 간의 분쟁은 폭력적인 충돌로 이어질 수 있다. 인도네시아는 13,000개의 섬, 300개 이상의 민족 집단, 그리고 450개의 언어로 이루어져 있다. 몇 년 전에 인도네시아 정부는 인종 및 종교에 관계없이 사람들을 붐비는 중심 섬에서 인구가 적은 먼 섬으로 이동시켰다. 그들 사이의 폭력 사태는 후에 100만 명 이상의 사람들을 추방시키는 결과를 초래했다.

테러와 납치

테러리스트들의 활동은 정치적 표현을 위한 하나의 수단이다. 현재의 정치 · 사회적 상황에 불만족스러워하는 단체들은 때때로 공포와 파괴를 통한 변화를 강요하기 위해 테러 전술에 의존한다. 2001년 9월 11일, 세계는 그 어느 때와 비교할 수 없을 정도의 규모로 발생한 테러 행위를 목격했다. 두 대의 여객기가 뉴욕 세계무역센터 건물을 향해 비행했고, 그 결과 한 대의 비행기는 워싱턴 DC의 펜타곤과 충돌했으며, 한 대의 비행기는 펜실베이니아 필드와 충돌했다. 테러리스트 집단인 알카에다는 미국의 공격과 전 세계적으로 최근에 발생한 테러 공격에 책임이 있다고 주장했다. 이 테러 단체가 명시한 목표는 서구의 영향력을 무슬림 국가들로부터 몰아내고 이슬람 율법을 이행하는 것이다. 그러한 테러 행위들의 파괴적인 힘과 아프가니스탄과 이라크에서 일어난 값비싼 전쟁들은 많은 국가들에 엄청난 경제적 피해를 입혔다.

몸값을 얻기 위해 인질을 납치하는 것은 테러 단체의 활동에 자금을 대는 데 사용될 수도 있다. 규모가 큰 국제 기업들의 임원은 종종 납치범들의 주요 타깃이 되는데, 그들의 고용주들이 큰 몸값을 지불할 충분한 돈을 가지고 있기 때문이다. 라틴아메리카 국가들은 세계에서 가장 높은 비율로 납치 사건이 일어나고 있으며 멕시코시티는 가장 높은 납치율을 가진 도시들의 목록에서 상위권에 있다. 콜롬비아 보고타에 지사를 둔 회사의 연간 보안 비용은 125,000달러이며, 특히 반군이 통제하는 지역에서 영업을 하는 회사의 경우 최대 100만 달러가 들 수 있다. 최고경영자들은 콜롬비아에서 그들 회사의 보안책을 수립하는 데 그들 시간의 약 3분의 1을 소비하고 있다. 한 번에 5~10명의 직원을 라틴아메리카로 출장을 보내는 한 중소기업은 연간 약 5,000달러의 비용으로 1,000만 달러 규모의 유괴 및 몸값 보험을 들고 있다.[6]

고위 간부들이 납치율이 높은 국가에 출장 가야 하는 경우에는 사전 통보 없이 입국해 주요 인사 몇 명만 안전한 곳에서 만나 신속하고 조용하게 떠나야 한다. 일부 기업들은 납치에 대한 몸값을 받기 위한 보험을 들지만, 보안 전문가들은 그것보다 우선 사람들이 이러한 납치에 휘말리지 않도록 훈련시키는 것이 훨씬 더 좋은 투자라고 말한다.

재산 압류

정부는 때때로 그들의 국경 내에서 사업을 하는 회사들의 재산을 압류한다. 재산 압류는 **몰수**, **수용**, **국유화**의 세 가지 범주 중 하나로 분류된다.

회사의 재산을 무상으로 정부에 강제 양도하는 행위를 **몰수**(confiscation)라고 한다. 이전 소유자들은 대개 보상을 요구하거나 자산을 반환할 법적 근거가 없다. 1996년 Helms-Burton 법은 1959년 공산주의 혁명 당시 쿠바에 의해 압수된 재산을 사용하는 다른 나라 회사들을 미국 기업체들이 고소하도록 허용하고 있다. 예를 들어 쿠바 정부는 200억 달러에 달하는 6,000여 개의 회사의 요구에 직면해 있다. 하지만 미국 대통령은 다른 나라와의 관계에 해를 끼치지 않기 위해

몰수
보상 없이 회사에서 정부로 자산을 강제 이전하는 것

아르헨티나 부에노스아이레스에서 열린 의회 토론회에서 지지자들이 아르헨티나의 최대 석유 회사인 YPF의 수용을 환영하고 있다. 아르헨티나는 자국민과 국회의원들의 압도적인 지지를 받고 YPF의 51%를 국영화했지만 이런 움직임은 외국인 투자자들과 무역 파트너들을 동요하게 만들었다. 스페인 회사인 렙솔은 이 위기를 종식시키기 위해 요구했던 105억 달러에 훨씬 못 미치는 지분인 50억 달러를 받았다.

출처 : ⓒ ENRIQUE MARCARIAN/Reuters/Corbis

서 이 법을 반복적으로 시행하고 있다.[7]

수용
보상금을 받고 회사에서 정부로 자산을 강제 이전하는 것

보상금을 받고 회사에서 정부로 재산을 강제 이송하는 것을 **수용**(expropriation)이라고 한다. 보통 수용하는 정부에서 보상액을 결정한다. 법적 소송에 대한 틀이 없으며, 보상은 전형적으로 시장 가치보다 훨씬 낮다. 오늘날 정부는 몰수나 수용에 거의 의존하지 않고 있는데 이는 자신의 나라에 대한 투자를 저해할 수 있기 때문이다. 그러나 여전히 수용은 이루어지고 있다. 아르헨티나는 자신의 나라에서 가장 큰 에너지 회사인 YPF의 지분 51%를 수용했다. 이런 움직임은 아르헨티나를 국제적으로 고립시켰고 국제 투자자들에게 더 큰 불확실성을 야기했다. 부에노스아이레스 워터웍스와 아르헨티나항공은 아르헨티나에서 두 번째로 국영화된 이후 점점 더 많은 손실을 보았다.[8]

국유화
정부가 한 분야의 산업 전체를 장악하는 것

수용은 한 산업에서 한 개 또는 여러 개의 회사를 포함하는 반면에, **국유화**(nationalization)는 정부가 전체 산업을 탈취하는 것을 의미한다. 국유화는 몰수나 수용보다 더 빈번하게 나타난다. 국영화 대상이 될 가능성이 높은 것으로는 국가 안보에 중요한 산업과 막대한 수익을 창출하는 산업이 주로 포함된다. 베네수엘라 대통령인 Hugo Chavez는 베네수엘라의 전화, 전기, 석유 산업을 국유화했으며, 이후 더 많은 국유화 조치를 취하겠다고 위협했다. 다른 나라에서 온 기업들은 이런 움직임에 대응하기 위해 베네수엘라에 투자하지 않겠다고 나섰다. 일반적으로 정부는 다음의 경우에 산업을 국유화하고 있다.

- 이념적인 이유로 산업을 보호하기 위해 보조금을 사용한다.
- 정치적 영향력을 획득하기 위해 급격히 저조한 산업에 있는 현지 인력을 구한다.
- 낮은 세율을 부과하는 국가로 이전할 수 없도록 산업 이익을 관리한다.
- 민간기업이 감당할 수 없는 공공사업 등의 부문에 투자한다.

몰수, 수용, 국유화는 일자리를 늘리고 통화 준비금을 올리거나 정부나 경제를 돕는 데 단기적으로 영향을 미칠 수 있다. 그러나 이런 형태의 정치적 위험에 따른 장기적인 결과는 경제발전을 더디게 하고 결국 외국인 투자자들이 그 나라에 대한 투자를 꺼리게 만든다.

정책 변경

정부의 정책 변화는 새롭게 권한을 부여받은 정당들의 이상향을 포함한, 특별한 이해관계자로부터의 정치적 압력, 시민이나 사회적 불안을 포함한 다양한 영향의 결과이다. 하나의 공통적인 정책 수단은 소유권을 자국 회사로 제한하거나 외국기업의 소유권을 소수 지분으로 제한하는 것이다. 이런 종류의 정책은 펩시코(www.pepsico.com)가 인도에 처음 진출했을 때 자국기업의 지분율을 49%로 제한한 것이다. 만약 한 회사가 그러한 정책들 때문에 한 나라의 투자를 보류하기로 결정한다면, 그들은 경제발전을 저해하는 것으로 보여질 수 있다.

다른 정책 변화는 국경을 넘나드는 투자와 관련된 것과 같은 정치적 위험을 줄일 수 있다. 기술 분야의 침체에 직면한 대만의 기업인들과 정치인들은 중국에 'go slow, be patient'라는 내용의 정책 폐기를 요구했다. 이 정책은 중국 본토에 대한 투자를 5,000만 달러로 제한하고 국가 안보를 이유로 민감한 하부구조와 산업에 대한 투자를 금지하는 내용이었다. 대만 정부는 'active opening, effective management'라는 새로운 정책을 만들어 국경 간의 투자에 대한 규제를 줄였다. 이러한 조치들은 중국과 대만 간의 관계를 개선하고 경제발전을 촉진했다.

국산부품사용요건

국내 시장에서 생산자가 일정량의 재화나 용역을 제공받아야 한다는 내용의 준거법을 **국산부품사용요건**(local content requirements)이라고 한다. 이러한 요건은 기업들이 현지에서 구할 수 있는 원자재를 사용하거나, 현지 공급 업체로부터 부품을 조달하거나, 최소한의 현지 직원을 고용하도록 할 수 있다. 그들은 국제 기업들이 지역적인 사업 활동을 육성하고 지역이나 국가적인 실업을 완화하는 데 도움을 준다는 것을 확신한다. 국산부품사용요건은 또한 정부가 몰수나 수용과 같은 극단적인 수단에 의존하지 않고도 어느 정도 국제적 기업에 대한 지배권을 유지하도록 돕는다. 이러한 방법을 기술적으로 사용하면 국가의 경제개발을 돕지만, 부주의하게 사용하면 개발을 늦출 수 있다.

국산부품사용요건
특정한 양의 재화나 용역이 현지국 시장의 생산자들에 의해 제공되어야 한다는 내용으로 규정한 법률

또한 국산부품사용요건이 국제 기업의 장기적인 생존을 위협할 수 있다는 것을 인정해야 한다. 첫째로, 현지 직원을 고용해야 하는 회사는 미숙련 인력을 고용하거나 과잉 근로자를 고용하도록 강요받을 수 있다. 둘째로, 원자재나 부품을 현지국에서 취득하기 위해 설립된 회사는 생산비가 오르거나 제품 품질이 떨어지는 것을 발견할 수 있다.

퀵 스터디 3

1. 해외에서 정치적인 위험이 회사들에게 어떻게 영향을 미치는가?
2. 기업들이 해외에서 폭력과 갈등에 대해서 두려워하는 것은 궁극적으로 무엇을 위협하고 있기 때문인가?
3. 한 회사가 정부에게 기업자산을 강제양도하고 그 대가로 보상을 해 주는 것을 무엇이라고 하는가?

정치적 위험 관리

국제 기업들은 그들의 활동에 부정적인 영향을 미칠 수 있는 정치적 변화를 감시하고 예측하는 데서 이익을 얻고 있다. 국제 기업들에게 극도로 높은 위험에 시달리는 환경이라면 그곳에 투자하지 않는 것이 가장 현명한 선택일지도 모른다. 그러나 위험 수준이 적당하고 현지국 시장이 매력적인 경우에 국제 기업들은 정치적 위험을 관리할 수 있는 방법을 찾을 수 있다. 이런 식으로, 외국 기업들의 민간 부문 투자는 한 나라의 경제발전에 도움을 준다. 정치적 위험을 관리하는 세 가지 주요한 방법은 적응, 정보 수집, 그리고 정치적 영향력이다.

적응

적응(adaptation)이란 종종 지역 관리자들의 도움으로 경영 활동 전략에 위험을 통합하는 것을 의미한다. 기업들은 다음과 같은 네 가지 방법으로 위험을 통합할 수 있다.

첫째, 파트너십은 기업들의 사업 확장 계획에 도움을 준다. 그것들은 비공식적인 협정이 될 수도 있고 합작 투자, 전략적 제휴, 그리고 회사 주식의 순환출자를 포함할 수도 있다. 파트너 관계는 기업이 손실 위험을 나누는 데 도움이 되며, 특히 신흥시장에서 더욱 그러하다. 파트너가 현지 영업에서 지분을 소유하고 있다면 그들은 이익의 일부를 삭감받을 것이고, 현금을 빌려 주면 이자를 받을 것이다. 정치 세력이 업무를 방해하지 않도록 도와줄 수 있는 국내 파트너에는 기업, 노조, 금융 기관, 정부 기관 등이 포함되어 있다.

둘째, 현지화는 사업 운영, 제품 결합 또는 기타 다른 비즈니스 요소들의 수정을 수반한다. 심지어 회사 이름조차도 현지의 취향과 문화에 맞게 수정할 수 있다. MTV(www.mtv.com)는 지역

정치적 위험을 줄이는 한 가지 방법은 가난한 지역사회에 대한 개발 원조를 제공하는 것이다. 사진에 보이는 사람은 남아프리카공화국 요하네스버그에 위치한 버진 그룹(www.virgin.com)의 창립자 Richard Branson이다. Branson은 자신의 재단이 설립한 기업가정신학교(School of Entrepreneurship)를 방문하고 있다. 이 학교는 재정적으로 혜택을 받지 못하는 학생들에게 사실상 무료로 고등교육을 제공한다. Branson은 남아프리카 수익을 위한 것이 아니라 공화국 청소년들의 잠재력을 실현할 수 있도록 젊은 리더에게 영감을 불어넣고 격려하며 교육을 시키기 위해 노력하고 있다.

출처 : JON HRUSA/EPA/Newscom

적·국가적 취향에 맞게 프로그래밍을 현지화함으로써 현지의 문화적·정치적 이슈에 대한 민감성을 보여 주고 있다.

셋째, **개발 원조**는 국제 기업이 자국민의 삶의 질을 향상시키기 위해 주최국이나 지역을 지원하는 것을 허용한다. 예를 들어 유통 및 통신 네트워크를 개발하는 것은 기업과 국가 모두에게 이익이 된다. 로열더치쉘(www.shell.com)이라는 석유 회사는 케냐에서 가난한 마을 사람들의 수입을 늘리고 식량 보유를 3배로 늘리는 데 도움을 주었다.[9] 캐논(www.canon.com)은 일본 복사기 및 프린터 제조업체로, 지방정부가 사회적·정치적 개혁을 하도록 압박하기 위해 *kyosei*(협동정신)를 운영하고 있다.

넷째, 정치적 위험에 대한 **보험**은 위험한 사업 환경에 진입하려는 기업들에게 필수적이다. **해외민간투자공사**(Overseas Private Investment Corporation; www.opic.gov)는 해외 투자 기업들에 대한 손실 방지 및 프로젝트 파이낸싱을 제공할 수 있도록 미국 기업들을 보증하고 있다. 일부 정책은 지방정부가 국제 기업의 본국 통화로 환전하는 것을 제한할 때 기업을 보호하는 반면, 다른 정책들은 전쟁이나 테러와 같은 폭력적인 사건으로 발생하는 손실에 대비한다. 또 **미국수출보험협회**(Foreign Credit Insurance Association; www.fcia.com)는 여러 가지 방법으로 미국 수출업체에 손실이 발생하지 않도록 보장하고 있다.

정보 수집

국제 기업들은 그들이 정치적 위험을 예측하고 관리하는 데 도움이 될 정보를 수집하려고 한다. 기업들은 정확한 정치적 위험 예측을 수행하기 위해 사용하는 두 가지 출처가 있다. 지방의 문화와 정치에 대한 통찰력을 얻을 만큼 충분히 오랫동안 일해 온 **현직원들**(current employees)은 종종 좋은 정보원이 된다. 국제적인 임무를 수행하는 동안 의사결정권을 갖고 있었던 사람들은 아마도 지역 정치인들과 다른 관계자들과 접촉했을 것이다. 그러나 한 나라에서의 정치적 힘은 빠르고 극적으로 변할 수 있기 때문에 직원들의 국제적 경험이 최근 들어 더욱 중요하다.

둘째, 정치적 위험 서비스를 제공하는 전문 기관(agencies specialized in providing political risk services)의 도움을 받는데 이는 은행, 정치적 상담가, 뉴스 간행물 및 위험 평가 서비스와 같은 기관들이 국가적 수준과 정치적 위험의 원인을 상세히 기술한 보고서를 통해서 가능하다. 이러한 서비스에 대한 비용을 지불할 여유가 없는 작은 기업들은 특히 연방정부로부터 얻을 수 있는 많은 무료 정보 출처를 고려할 수 있다. 정부의 정보기관들은 훌륭하고 비용이 많이 들지 않는 정보원이다.

정치적 영향력

기업 경영자들은 각 국가적 사업 환경의 확립된 규칙과 규정 안에서 일해야 한다. 대부분의 국가에서 기업 법은 계속해서 새로운 법이 제정되고 수정되면서 빈번한 변화를 겪고 있다. 지역 정치에 영향을 미치기 위해서는 지역 국회의원과 정치인들을 직접적으로 접촉하거나 또는 로비스트를 통해 로비를 실시한다. **로비 활동**(lobbying)은 정치적인 문제에 대한 회사의 견해를 대표하기 위해 사람들을 고용하는 정책이다. 로비스트들은 회사와 관련된 사안에 대한 자신의 입장에 대해 영향력 있는 주장을 하기 위해 국내 공직자와 만난다. 로비스트들의 궁극적인 목표는 우호적인 입법을 하고 불리한 입법을 거부하는 것이다. 또 로비스트들은 회사가 경제발전, 지속가능성 노력, 직원 능력 등에 도움이 된다는 사실을 현지국 공무원들에게 납득시키기 위해 노력하고 있다.

로비 활동
정치적 문제에 대한 회사의 견해를 나타내기 위해 사람들을 포섭하는 정책

뇌물은 종종 정치적 영향력을 얻기 위한 도구로 이용된다. 수년 전, 록히드마틴(www.lockheedmartin.com)의 회장은 대규모 판매 계약을 따내기 위해서 일본 관리들을 매수했다. 이 사건을 계기로 1977년에 **해외부패방지법**(Foreign Corrupt Practices Act)이 통과되었는데 이 법은 미국 기업들이 정부 관료 또는 다른 국가의 정치인들에게 뇌물을 주는 것을 금지하고 있다. 뇌물은 돈, 선물 등의 '가치가 있는 것'이면 무엇이든 해당하므로, '재량적 결정'을 할 수 있는 권한을 지닌 '외국 정부 관료'에게 이익이 되는 것이라면 어떤 것이든 줄 수 없다. 이 법은 또한 기업들이 그들의 국제적 활동과 자산을 반영하는 회계 기록을 보관할 것을 요구한다.

해외부패방지법
미국 회사들이 정부 관리들이나 다른 나라의 정치적 인물들에게 뇌물을 주는 것을 금지하는 법

국제 관계

지금까지 이 책은 국가들 사이의 관계가 정치경제와 경제발전의 속도에 영향을 미칠 수 있다는 것을 보여 주었다. 비록 기업이 아니라 정부가 직접적으로 국제적 관계를 관리하는 데 책임이 있다고 하더라도 기업 활동들이 이러한 관계들을 개선하거나 악화시키는 데 원인이 될 수 있다. 이런 의미에서, 경영자들은 국제 관계를 관리하는 데 도움을 주는 역할을 해야 한다.

우호적이고 강한 정치적 관계는 안정적인 사업 환경을 조성한다. 그리고 안정성은 국제교류와 유통 인프라 같은 분야에 국제적인 협력관계를 강화한다. 분쟁이 신속하게 해결되는 강력한 법적 시스템은 안정성과 협력을 더욱 촉진한다. 간단히 말해서, 국가들 간의 우호적인 정치 관계는 사업 기회를 확장하고, 위험을 낮추고, 경제발전을 촉진한다. 안정적인 비즈니스 환경을 조성하기 위해 일부 국가는 여러 국가들 사이에 체결된 조약들로서 각각의 조약들은 긴장이 고조되더라도 조약 조건들에 따르는 것에 동의하는 내용의 **다자 간 협정**을 체결하고 있다. 유럽 연합의 설립 조약에 따르면 회원국의 재화, 서비스 및 시민들은 회원국의 국경을 자유롭게 이동할 수 있다. 모든 국가는 다른 회원국과 갈등이 있다 하더라도 그러한 조항을 계속 준수해야 한다. 예를 들어 비록 영국과 프랑스가 많은 문제에 동의하지 않을지라도, 그들 두 나라 사이를 오가는 시

민들을 다른 회원국의 재화, 서비스, 시민들을 대하는 것에 대해서는 달리 다루지 않는다. 유럽 연합에 대한 상세한 설명은 제8장을 참조하면 된다.

국제연합(UN)

비록 개별 국가들 중 일부가 때때로 세계의 특정 지역에서 일어나는 사건의 과정에 영향을 미치는 힘을 가지고 있지만, 한 번에 모든 정치 활동을 감시할 수는 없다. 국제연합(UN; www.un.org)은 제2차 세계대전 이후에 세계 평화와 안정을 촉진하기 위한 리더십을 제공하기 위해 결성되었다. UN과 많은 기관들은 식량과 의약품, 교육 자재와 훈련, 그리고 재정적 자원을 가난한 회원국들에게 제공한다. UN은 주로 GNP에 근거한 회원국들의 기부금으로 재정 지원을 받고 있다. 실제로 전 세계의 모든 국가들은 일부 여러 작은 국가와 영토를 제외하고는 UN 회원국이다.

UN의 사무총장은 모든 회원국들의 참여하에 선출되고, 5년의 임기를 가지며 그들을 위해 봉사한다. UN 조직은 다음과 같은 6개의 중요한 체계로 운영된다.

- 모든 회원국들은 UN 헌장에 포함되는 사안에 대해 논의하고 조치를 권고하며 **UN 총회**에서 동등한 표를 갖고 있다. 그리고 UN 예산과 다른 기관들의 구성을 승인한다.
- **안전보장이사회**는 15개의 회원국으로 구성된다. 특히 중국, 프랑스, 영국, 러시아, 미국은 고정적 · 영속적으로 존재하며, 다른 10개 국가는 2년 임기로 의회에 의해 선출된다. 그리고 위 이사회는 국제 평화를 보장해야 하는 책임이 있다. UN 안보리는 국제적인 평화와 안전을 보장할 책임이 있으며, 모든 UN 회원국들은 그들 결정에 의해 구속받게 되어 있다.
- 경제, 인권, 사회적 문제를 담당하는 **경제사회이사회**는 다수의 소규모 기관과 전문 기관을 관리한다.
- **신탁통치이사회**는 안전보장이사회의 5개 상임이사국으로 구성되어 있으며, UN의 보호를 받는 모든 신탁 통치 지역을 관리한다.
- **국제사법재판소**는 총회 및 안전보장이사회에 의해 선출된 15명의 판사로 구성되어 있다. 이는 개인이나 기업을 상대로 제기되는 경우가 아닌 국가들 간의 분쟁만 다루고 있다. 또한 의무적인 사법권을 가지고 있지 않으며, 재판소 결정이 특정 국가들의 경우에는 무시되거나 무시되어 왔다.
- 사무총장을 중심으로 **사무국**은 UN의 운영을 관리한다.

UN 경제사회이사회 내에서 중요한 기구는 UN 무역개발회의(United Nations Conference on Trade and Development, UNCTAD; unctad.org)이다. 이 기관은 국제무역과 경제개발 분야에서 광범위한 권한을 가지고 있다. 또한 기업가 정신, 빈곤, 국가 부채를 포함한 긴급한 개발 문제에 관한 회의를 주최한다. 일부 회의는 개발 도상국에서 개인들의 사업 관리 기술을 개발하기 위한 것이다.

퀵 스터디 4

1. 기업은 어떻게 그들의 경영 활동 전략에 정치적 위험을 포함할 수 있는가?
2. 정치적 위험 예측을 정확하게 수행하는 데 도움이 되는 정보의 좋은 출처는 무엇인가?
3. 국가들 사이의 불리한 정치적 관계에서는 어떤 결과가 나올 수 있는가?

신흥시장과 경제체제 전환

이 절에서는 정치경제를 변화시키고 있는 두 신흥시장의 경험에 대해 더 자세히 알아보려고 한다. 중국과 러시아 모두 중앙 계획에서 벗어나 시장 중심의 경제로 계속해서 경제체제 전환을 경험하고 있다. 우선 중국의 과도기 역사와 오늘날 중국이 직면하고 있는 주요 이슈들에 대해 살펴보려고 한다. 그런 다음 러시아의 체제 전환 경험과 당면 과제를 탐구하고자 한다.

중국의 프로파일

중국은 공산주의자들이 길고 피비린내 나는 내전에서 민족주의자들을 물리쳤던 1949년에 중앙 계획(central planning)으로 시작했다. 전쟁 후 중국은 자본주의자들의 대부분을 투옥하거나 추방했다. 1949년부터 1970년대 말까지 중국은 독특한 경제체제를 지니고 있었다. 농업 생산은 '여단(brigades)'과 '부대(units)'를 형성한 사람들로 조직되었다. 코뮌(communes; 공동체)은 농업 생산 할당량과 산업 생산 일정을 계획하는 책임이 있는, 규모가 더 큰 단체였다. 농촌 가족들은 그들의 집과 특정한 작물을 생산할 수 있는 땅의 구획들을 소유했다. 잉여 생산물은 가족이 소비하거나 개방된 시장에서 이윤을 남기고 판매할 수 있었다.

1979년에 중국은 농업 개혁을 시작했고 이를 통해 농업 분야에서 노동 인센티브를 강화했다. 집단 단위(family unit)에서는 그들이 선택하는 어떤 작물이든 기를 수 있고 시장 가격으로 그 작물을 팔 수 있었다. 이와 비슷한 시기에 향진 기업(township and village enterprises, TVEs; 소규모 농촌기업)이 나타나기 시작했다. TVE는 개방된 시장에서 재료, 노동력, 자본에 의존했고 민간 유통 시스템을 이용했다. 또한 이익과 손실을 직접적으로 책임질 관리자를 고용했다. 정부는 초기에 TVE를 불법으로 간주했고, 공식적으로 허가된 코뮌(공동체)과는 무관한 것으로 간주했다. 하지만 이들은 1984년에 합법화되었고 시장 경제를 위한 추가적인 토대를 마련하는 데 도움을 주었다. 오늘날, 개인 사업가들은 심지어 중국 공산당에 입당하면, 노동자들이 그 공무원의 지역 대표를 선출할 수 있다.

중국은 지난 20년 동안 지구상의 다른 어떤 나라보다 경제적으로 많은 변화를 겪었다. 오늘날, 중국 지도자들은 그들의 경제 철학을 '중국적 특징을 지닌 사회주의'라고 묘사하고 있고, 반짝거리는 마천루들이 상하이와 베이징의 도시 경관을 지배하고 있다. 중국의 방대한 인구와 소득 증대, 그리고 기회 확장은 막대한 투자를 끌어들이고 있다.

중국의 인내와 꽌시

중국에서 모든 유한회사(private company)에게 필요한 한 가지 특성이 있다면 그것은 인내심이다. 분명한 이념적 차이에도 불구하고 중국과 민간 부문 간에 있어서 공산주의 정당은 이 나라를 운영하는 데 잘 맞는 것처럼 보이기 위해 열심히 노력하고 있다. 마르크스는 공산주의를 한때 '사유 재산의 폐지'로 치부한 적이 있으며 중국 공산당의 이름은 문자 그대로 '공동 재산'을 뜻하는 것으로 요약했다. 하지만 오늘날, 중국은 사유 재산이라는 개념을 받아들이고, 중국 기업들이 혁신에 투자하도록 장려하고 있다. 예를 들어 중국의 전기 통신 회사인 화웨이(www.huawei.com)는 현재 세계에서 네 번째로 많은 특허를 출원한 기업이기도 하다.[10]

중국에서 사업을 하는 데 있어 흥미로운 측면은, 중국어로 '꽌시(guanxi)'를 들 수 있다. 중국의 혁신을 위한 접근법은 '꽌시'의 역할을 탐구함으로써 알 수 있다. 첫째로, 꽌시에 의해 유연해

중국인 이주 노동자들이 중국 산동성의 한 철도역에서 나오고 있다. 중국은 2020년 이전에 9,000만 명의 농촌 주민들이 도시로 이주할 것을 권장하고 있다. 이 계획은 농촌 주민들을 도시로 이주할 수 있도록 더 높은 임금을 받는 일자리로 유혹하고, 14억 명의 인구가 사는 도시화를 7% 더 촉진하려는 것이다. 현재의 이주 물결은 중국 도시로 매일 43,000명 이상의 사람들을 데려오고 있다. 정부는 중국 수출 시장의 느린 성장을 만회하기 위해 내수 소비를 늘리고 싶어 한다.

출처 : © Imaginechina/Corbis

진 네트워크는 회사에 비용을 줄이고 유연성을 높이는 데 도움을 준다. 중국 기업들은 그들 생산 계약을 많은 부품업체에게 분산시켜 수요에 따라 주문을 늘리거나 줄일 수 있다. 둘째, 일부 기업들은 중국의 느슨한 지적재산권 집행을 악용하여 새롭고 값비싼 세계적인 제품들을 재빨리 복제하고 중국 소비자들이 더 저렴한 제품들을 사용할 수 있도록 한다. 이들 회사들은 원래 생산자의 지적재산권을 명백히 침해하고 있음에도 불구하고 더 저렴한 비용으로 제품을 생산하는 혁신적인 방법을 지속적으로 배우기 위해 도둑이나 게릴라 전술을 사용하고 있다.[11]

개인적인 접촉은 중국에서 성공을 거두기 위해서는 외국 기업에 필수적인 요소이다. 처음에는 공산주의 이념에 따라 중국 이외의 기업들은 중국 경제에 참여하는 것이 제한되었다. 그러나 오늘날 외부인들은 중국 파트너들과 합작투자회사를 설립할 수 있는 훨씬 더 좋은 기회를 누리고 있다. 중국에서 대인 관계에 대한 필요성에 대해 더 알고 싶다면, 글상자 '문화 이슈 : 좋은 꽌시를 위한 가이드라인'을 참조하라.

중국의 과제

중국의 리더십은 점점 더 빨라지는 경제적 · 사회적 변화에 대처해야 한다. 비록 중국의 경제가 세계적 불황에도 7~9% 사이의 비율로 성장했음에도 불구하고, 정치적 · 사회적인 문제들은 중국의 미래 경제성과에 위협을 가하고 있다. 중국의 지도부는 소수 민족들과 관계가 좋지 않으며, 서부 지방의 세속적인 중국인들과 무슬림 중국인들 사이의 충돌이 빈번하진 않지만 여전히 일어나고 있다. 한편 대부분의 정치 지도자들은 진보된 민주적 개혁을 제한한다. 정치적인 진보 문제로 인해 일반 중국 시민들은 이따금 시위를 일으킨다.

또 다른 잠재적인 문제는 실업인데, 이는 주로 국영 기업의 붕괴, 격화된 경쟁, 그리고 국제 기업들의 중국 진출 결과이다. 이러한 영향력들은 일부 산업에서 효율성에 더 큰 중점을 두고 인력을 감축하고 있다. 그러나 아직 중국의 사회 안전망은 수백만 명의 실업자들의 필요에 대처할 능

문화 이슈 좋은 꽌시를 위한 가이드라인

- **계약서보단 직접 대면하는 것의 중요성** 중국에서는 계약서 없이 직접 대면하여 의사소통하며 개인적 관계를 맺는 것을 서면 계약보다 우선한다. Mu Dan Ping of Ernst & Young(www.ey.com)은 이 도표를 통해 다양한 우선순위를 보여 주고 있다.

  미국 : 근거 → 법 → 관계
  중국 : 관계 → 근거 → 법

  미국의 경영자들은 먼저 이익 가능성이 있는 시장이 있는지를 궁금해하며 근거나 이유를 찾는다. 만약 그렇다면, 그들은 사업 관계를 위한 시간을 보내기 전에 합법적인 계약을 원한다. 하지만 중국은 우선 신뢰 관계를 정립하기를 원한다. 또한 사업을 하기 위한 이유로 공동의 목표를 찾으려고 한다. 이들에게는 법적 계약이 단지 상호 이해를 보장하는 형식적인 것에 불과하다.
- **비즈니스 전 관계 맺기** 기업 전문가들은 영업 전략을 뒷전으로 미루고 호스트인 중국 측의 지시를 따르라고 충고한다. 만약 중국에서 파트너십을 추구하고 싶다면, 개인적인 관계의 중요성을 간과해서는 안 된다. 중국 기업들에게 높은 판매실적으로 올리고 싶은 최고의 기량을 자랑하는 기업들도 빈손으로 돌아올 수 있다 – 중국에서는 비즈니스 사업 전에 우정이 먼저다.
- **비즈니스 파트너 또한 가족 구성원** 가족의 중요성은 방문하는 관리자가 중국 경영진의 가족 초대에 거절해서는 안 된다는 것을 의미한다. 콜러(www.kohler.com)의 시장 분석가인 Lauren Hsu는 중국에서 합작 투자 가능성이 있는 파트너들을 연구하고 확인하는 업무를 맡고 있다. 그녀는 파트너의 딸과 볼링을 하러 간 후에 온 가족과 함께 피아노 콘서트에 갔다. 2년간의 만남과 친분 방문은 결국 합작 투자로 귀결되었다.
- **문화적 민감성** 중국은 단일 시장이 아니라 다양한 문화와 언어를 가진 지역 시장이다. 맥도날드(www.mcdonalds.com)의 Bob Wilner는 중국인들이 어떻게 관리되는지를 공부하기 위해 중국으로 갔다. 그는 맥도날드가 전 세계적으로 햄버거를 조리하는 방식은 동일하지만, 맥도날드가 직원들을 다루고, 동기를 부여하고, 보상을 하고, 훈육하는 방법에 있어서는 현지 문화에 민감하게 반응한다고 설명했다. Wilner와 다른 맥도날드 매니저들은 중국을 반복적으로 방문하는 방법으로 이러한 감수성을 발전시켰다.

출처 : "The Panda Has Two Faces," *The Economist*, April 3, 2010, p. 70; Paul Maidment, "China's Legal Catch-22," *Forbes* (www.forbes.com), February 17, 2010; Frederik Balfour, "You Say *Guanxi*, I Say Schmoozing," *Bloomberg Businessweek* (www.businessweek.com), November 18, 2007.

력이 없다.

실업의 원인 제공자는 이주 노동자로 보인다. 수십만 명의 노동자들이 농장을 떠났고 더 나은 임금을 주는 공장이나 건설 현장을 찾아 이 도시에서 저 도시로 이동하고 있다. 농촌 지역 주변의 경제적 발전과 이주 노동자들의 불행은 중국 정부에게 심각한 사회적 불안의 잠재적 원인이 될 수 있다. 그리고 비록 공장 근로자들이 더 빈번하게 파업을 하고 있지만, 최근 부과된 강제 임금 동결로 인해 손실된 입지를 복구하려고 노력하고 있다.[12]

또 다른 주요 이슈는 '중화권 국가(greater China)'의 재통합이다. 중국은 영국으로부터 99년간 통치하에 있던 홍콩의 통치권을 1997년에 되찾았다. 대부분의 분야에서 중국은 '한 국가, 두 체제'에 대한 약속을 지켜 왔다. 비록 홍콩 사람들은 경제적 · 정치적 자유는 대체로 손상되지 않은 채로 남아 있겠지만, 중국의 국가들은 공산주의 지도자들이 이끄는 노선을 계속 따를 것이다. 게다가 중국은 1999년에 마카오의 남해안 지배권을 되찾았다. 홍콩에서 배로 불과 1시간 거리에 있는 마카오는 1557년에 설립된 이후 포르투갈의 관리하에 있었다. 마카오는 통상의 요충지였으나 지금은 주로 '아시아의 라스베이거스(Asia's Vegas)'라고 불리는 도박장으로 이용되고 있다.[13]

대만이 궁극적으로 중국 본토와 통일할 가능성은 중국이 홍콩과 마카오를 어떻게 관리하느냐에 달려 있다. 현재로서는 중국과 대만의 경제 관계가 꾸준히 성장하고 있기 때문에 통일이 될 가능성이 더 높아 보인다. 대만은 중국에 대한 투자 규모를 제한하고 대만 기업과 본토 사이의 직접적인 금융 흐름에 대한 규제를 완화하기 위해 50년간 유지해 왔던 금지 조치를 철회했다. 또한 중국과 대만의 세계무역기구(www.wto.org) 가입은 최근 몇 년간 이들 국가의 경제 통합을 더욱 촉진했다.

러시아의 프로파일

러시아의 공산주의 경험은 1917년에 시작되었다. 이후 75년 동안 노동, 자본, 제품의 가격을 포함한 공장, 유통 및 그 밖의 모든 운영 측면이 러시아 정부에 의해 통제되었다. 중국이 사유 농장 소유권과 제한된 시장 가격 제도를 실험하고 있는 동안 러시아를 포함한 소련의 다른 나라들은 완전한 정부 소유 체제하에서 확고한 공산주의 체제를 유지했다.

1980년대에 소비에트 연방은 사상의 자유, 표현의 자유, 그리고 경제 구조 조정의 새로운 시대로 들어섰다. 1917년 이후 처음으로, 사람들은 경제 사회주의하에서 그들의 삶에 대해 자유롭게 말할 수 있었고, 그들은 그렇게 했다. 사람들은 전반적인 소비재의 부족, 저품질 제품, 은행과 식료품점에서의 긴 줄로 인해 좌절감을 느꼈다.

정부 소유와 중앙 계획에서 벗어나는 것은 어려운 일이었다. 정치인, 관료, 그리고 부유한 사업가들(oligarchs; 독재체제의 집권층)을 제외하고는, 보통 사람들은 그들의 삶의 수준을 유지하고 많은 기본적인 품목들을 제공받는 데 어려움을 겪었다. 일부 러시아인들은 현재 경제적 부를 누리고 있는데, 이는 그들이 구 체제하에서 공장 관리자였고 새로운 체제하에서 그들의 일자리를 유지하고 있기 때문이다. 다른 사람들은 개인적인 부를 축적하기 위해 암시장으로 눈을 돌렸다. 여전히 다른 이들은 합법적인 회사를 세우기 위해 열심히 일하고 있지만 그들 자신이 조직범죄에 대한 '보호' 명목의 비용을 지급하도록 강요받고 있다.

불투명한 법 체계, 만연한 부패, 그리고 변화하는 기업 관련법은 러시아에서 비러시아 출신 사업가들에게 기업 운영을 어렵게 만들고 있다. 그러나 일부 야심적인 경영자들과 외국 기업가들은 그러한 장애물에 굴하지 않고 있다. 오늘날 러시아에서 비즈니스를 수행하는 방법에 대한 몇 가지 통찰력을 얻으려면 글상자 '경영자의 서류가방 : 러시아인의 게임 법칙'을 참조하라.

경영자의 서류가방 러시아인의 게임 법칙

러시아에서의 경영 활동은 험난할 수 있음에도 불구하고, 몇몇 기업가 정신을 가진 자와 용감한 경영자들은 러시아에서의 기업 활동을 시도하고 있다. 만약 당신이 그들 중 한 명이거나 관심 있는 관찰자라면 여기 러시아에서 사업을 하는 것에 대한 몇 가지 조언이 있다.

- **시작하기** 러시아에 있는 현지 상공회의소 방문 횟수를 높여야 한다. 가장 잘 조직되고 관리된 이들은 정기적으로 예정된 오찬을 개최하여 러시아인 및 사업을 하고자 하는 사람들과 접촉하고 있다. 또한 그들은 러시아의 사업 환경에 대해 알 수 있는 프로그램을 제공한다. 많은 기업들이 업종에 따라 모스크바, 상트페테르부르크 또는 블라디보스토크에서 시작한다.
- **모험을 즐겨라** 러시아에서 성공할 수 있는 사람은 모험을 즐기고 도전을 즐긴다. 또한 러시아가 결코 예측할 수 없는 활동에서 예측가능성을 요구해서도 안 된다. 처음에는 러시아어에 대한 지식이 필수적인 것은 아니지만 도움이 될 수 있으며 궁극적으로는 능력이 필요할 것이다. 동유럽에서 살고 일한 이전의 경험은 큰 이점이 될 것이다.
- **사무공간** 러시아에서 비즈니스를 하는 것은 개인적인 손길을 필요로 한다. 궁극적으로 당신의 사업에서 수입을 얻고 싶다면 러시아에서 사무실을 구하는 것이 중요하다. 당신의 사무실이 굳이 레드 스퀘어의 스위트룸일 필요는 없다. 거의 모든 지역이 다 괜찮으며, 처음에는 아파트 한 공간에서 시작하고 나중에는 그 2배의 규모가 될 수 있다. 기업 서비스를 위해서, 고급 호텔들은 보통 비즈니스 센터를 가지고 있다. 궁극적으로, 평균적인 러시아 스타일의 사무실을 임대하는 것이면 충분하다.
- **거래하라** 러시아에서 거래를 성사시키는 데는 시간과 인내가 필요하다. 러시아 협상 방식은 그 나라의 성격처럼 터프하고 변화가 많다. 협상하는 동안 러시아 측으로부터 받게 되는 감정의 폭발, 퇴장 또는 협박은 예상하고 있어야 할 것이다. 마지막으로, 러시아의 서명된 계약서는 항상 그 내용대로 따라가지는 않는데 이는 당신의 러시아 직원들이 새로운 상황을 약관 재협상의 기회로 간주할 수 있기 때문이다. 대체로 사업과 관련하여 개인의 성향이 러시아에서 거래할 때는 중요하다.

러시아의 과제들

다른 많은 과도기의 경제 국가들과 마찬가지로 러시아도 경영 능력을 지속적으로 키워 나가야 한다. 수년간의 중앙 계획은 시장을 기반으로 하는 경제에 필요한 관리기술의 개발을 지연시켰다. 러시아 경영자는 재무 관리, 연구 개발, 인사 관리 및 마케팅 전략을 포함한 경영 관행의 모든 면에서 기술을 향상시킬 수 있다.

러시아에서 **정치적 불안정**, 특히 강력한 민족주의적 정서의 형태는 진보에 대한 또 다른 잠재적인 위협이다. 그 지역에서 강한 민족주의와 민족주의적 정서는 통제할 수 없는 오해를 빠르게 초래할 수 있다. 러시아와 조지아는 2008년 여름에 러시아에 더 가까이 다가가고자 했던 조지아의 두 공화국을 놓고 군사 대결을 벌였다. 그 후, 2014년에 러시아는 크림 반도의 우크라이나 민족들이 우크라이나를 떠나 러시아의 일부가 되기 위해 투표했다고 주장하면서 우크라이나 반도를 크림 반도로 합병했다. 많은 국가들은 러시아의 행동을 즉각 비난했고, 미국을 포함한 일부 국가들은 정치적 · 경제적 제재를 가했다.

러시아의 **불안정한 투자 환경**은 국제기업들 사이의 또 다른 걱정거리이다. 러시아 정부와 재계 사이에 긴장감을 조성하고 있는 것은 정부가 공식적인 정책에 동의하지 않는 기업 소유주와 통제하고 싶은 기업에 대한 공격에서 비롯된다. 러시아 문제의 근본 원인은 **부패한 법 집행**이다. 러시아 내무부의 정부 관리들은 기업체들의 사무실을 급습하여 문서와 컴퓨터를 수색한 혐의를 받고 있다. 그런 다음 기록을 위조하고 위조 서명을 하여 정부 관료가 관리하는 다른 회사가 엄청나게 세금을 과다하게 지불하고 정부가 환불을 해 주는 것처럼 보이게 하였다. 한편 급습당한 기업의 소유자와 관리자는 감옥에 가 있다.[14]

러시아 정부는 거대 석유 회사인 유코스를 대상으로 압수하고 사기, 횡령, 탈세 혐의로 Mikhail Khodorkovsky를 감옥에 넣었다. 러시아 전문가들은 Khodorkovsky가 러시아 관료들에게 인사를 거부하고 마치 그가 개인 회사인 것처럼 유코스를 운영했기 때문이라고 지적했다. 또한 그는 고아원의 기숙학교, 학교 내 컴퓨터 교실, 언론인과 정치인을 위한 시민 사회 프로그램에 자금을 지원함으로써 언젠가 정치 개혁을 추진할 새로운 러시아인들을 만들어내려 했다고 지적했다. 그의 행동이 그를 국가 위협이 되게 했다.[15] 러시아가 진정으로 국제 기업들이 활동할 수 있는 장소로 선택받기를 원한다면, 기업에 대한 관여를 줄이고 재산권 보호를 시작해야 할 필요가 있다.

퀵 스터디 5

1. 중국은 중앙 계획을 통해서 얼마간 가장 엄격한 경험을 했는가?
2. 어떤 도전들이 중국의 미래 경제 실적에 위협이 될 수 있는가?
3. 러시아에서는 중앙 계획 경제의 어떤 측면들에 대해 계획자들이 통제권을 행사했는가?
4. 러시아의 미래 경제 전망에 도전이 될 것으로 보이는 것은 무엇인가?

경영을 위한 요점

이로써 국가적 기업 환경에 대한 세 개 장의 내용을 완성한다. 국가들은 그들의 경제발전을 증진하기 위해 불필요한 규제와 정부의 간섭을 줄이고 있다. 이전에 중앙 계획 경제는 국내 기업 활동을 유도하고 국제 투자자를 유치하기 위해 자유 시장 개혁을 계속하고 있다. 이러한 경향은 세계 자본주의의 면모를 바꾸고 있다. 중국과 인도의 경쟁과 미국과 유럽의 생산성 격차라는 두 가지 주제가 개발에 관한 주제를 좌우할 것으로 보인다.

인도 대 중국의 경제발전

중국과 인도의 경제발전과 두 나라의 성장 잠재력은 어마어마하며 각국의 경제 성장률이 미국 전체 인구를 초과하는 중산층을 갖게 되는 것은 시간문제일 뿐이다. 인도의 자생적으로 주도권을 쥐고 있는 방법과 중국의 투자 주도적인 방법 중 어느 것이 특정한 국가에게 최선인지는 그 나라의 상황에 달려 있다.

지금까지 전 세계 모든 국가들은 자국의 천연 자원이나 비교적 싼 노동력에 의존해서 개발하는 방법을 따라 왔는데 이는 중국이 따라가고 있는 모델이다. 중국의 상의하달식(top-down) 방식과 인도의 하의상달식(bottom-up) 방식은 그들의 정치 체제를 반영한다. 인도는 민주주의지만 중국은 그렇지 않다. 중국이 급속히 성장하고 있지만, 다음 수준의 세계적인 경쟁력으로 중국을 끌어올리기 위해서는 자국 내의 기업가들과 선진 경영 기술이 필요하다.

개발도상국 중 최초로 국민들의 지적능력에 의존하여 경제적으로 진보한 국가는 인도이다. 인도의 성장은 주로 최첨단 지식기반 산업 분야의 토착 경쟁 기업들로부터 이루어졌다. 인도는 높은 세금과 부담스러운 규제로 오랫동안 악명을 유지하고 있지만, 또한 민간 기업, 민주 정부, 서구의 회계 관행과 같은 시장 경제의 기초를 갖추고 있는 것도 사실이다. 인도는 또한 상대적으로 진보된 법적 시스템, 상당히 효율적인 자본 시장, 그리고 많은 재능 있는 기업가들을 가지고 있다.

미국 대 유럽의 생산성

생산성 증가는 모든 국가에서 생활수준의 핵심 동력이다. 유럽의 생산성 성장이 수십 년 동안 미국에서의 생산성 성장과 보조를 맞추었음에도 불구하고, 최근 몇 년 동안은 뒤처지고 있다. 하지만 왜 생산성 격차가 있는 것일까?

몇 가지 설명이 제시되어 왔다. 첫째, IT(정보 기술)의 이점에도 불구하고, 유럽은 IT에 대한 투자가 미국에 비해 뒤떨어져 있다. 유럽인들은 유럽에 규정된 비즈니스 법률 때문에 IT에 투자하는 것을 단념하게 된 것일지도 모른다. 둘째, 미국과 비교하여 유럽의 노동법이 강화되어 있어 노동자를 해고하는 것이 더 어렵고 비용이 많이 든다. 따라서 유럽 회사들이 노동 생산성을 높이기 위해 IT에 투자한다고 해도, 그들의 과잉 노동자들을 해고하지 못하기 때문에 전반적인 생산성 향상이 저해될 수 있다. 셋째, 미국의 기술 분야가 미국의 생산성 증가에 큰 영향을 미치는 반면, 유럽의 기술 분야는 미국에 비해 훨씬 작다. 넷째, 유럽은 연구 개발비가 생산성 성장에 크게 기여함에도 불구하고 연구 개발비를 훨씬 적게 지출하고 있다.

높은 생산성 증가는 더 높은 수준의 경제발전으로 이어질 것이다. 많은 유럽 관료들은 생산성을 높이기 위해 자유 시장 개혁으로의 더 큰 전환을 요구하고 있다. 유럽 관리들은 강력한 생산성 증가가 자국 시민들이 미국과 격차를 줄일 수 있는 유일한 방법이라는 것을 알고 있다.

이 장의 요약

LO1. 경제발전과 그 측정 방법을 설명하라.

- **경제개발**이란 한 국가의 경제적 복지, 삶의 질, 국민의 전반적인 복지를 증가시키는 것을 말한다.
- 경제개발을 설명하는 한 가지 척도는 **국민총생산**과 **국내총생산**을 포함한 **국가 생산**이다.
- 또 다른 방법은 **구매력 평가**인데, 이는 두 나라에서 동일한 '바구니'를 사기 위한 두 나라 통화의 상대적 능력이다.
- 세 번째 방법은 **인간개발지수** 또는 인구의 요구가 인구 전체에서 동일하게 충족되는 정도이다.

LO2. 경제체제 전환과 그것의 중요 장애물을 기술하라.

- **경제체제 전환**은 한 국가가 자국의 기본적인 경제 조직을 자유 시장 제도로 바꾸는 과정이다.
- 걸림돌 중 하나는 **관리 전문지식의 부족**인데 이는 중앙 기획자들이 거의 모든 기업 운영 결정을 내리기 때문이다.

- 커뮤니케이션, 인프라, 금융 기관 및 교육에 지불할 자본이 부족하다.
- 전환기 정세와 서방 국가 간의 문화적 차이는 현대 경영 관행을 도입하는 것을 어렵게 만들 수 있다.
- 그리고 지속 불가능한 관행은 환경 표준이 저조하고 의료가 열악하기 때문에 생산성을 저하시킨다.

LO3. 다양한 정치적 위험 요인들을 간략히 설명하라.

- 정치적 위험은 사회가 지역의 기업 활동에 부정적인 영향을 미치는 정치적 변화를 겪을 가능성이다. 엄청난 위험은 모든 회사를 위협하지만, 최소한의 위험은 한 기업이나 여러 기업 집단을 위협한다.
- 정치적 위험의 다섯 가지 주요 원인은 분쟁 및 폭력, 테러 및 납치, 재산 압류, 정책 변경 및 자국 생산품 요구 사항이다.
- 재산 압류는 몰수(보상 없음), 수용(보상 포함), 국유화(전체 산업의 인수)의 형태로 이루어진다.

LO4. 어떻게 정치적 위험에 대응할 수 있는지 설명하라.

- 관리자는 적응(사업 전략에 위험을 통합), 정보 수집(현지 정치적 사건 감시), 정치적 영향(예 : 지역 정치 지도자 로비)을 통해 정치적 위험의 영향을 줄일 수 있다.
- 또한 기업은 자신의 행동이 국제 관계에 해를 끼치지 않도록 함으로써 정치적 위험을 어느 정도 관리할 수 있다.
- 국제연합 등과 같은 국제기구의 경제 개발 노력을 지원하는 것도 정치적 위험을 완화하는 데 도움이 될 수 있다.

LO5. 중국과 러시아의 경제체제 전환 경험을 기술하라.

- 중국은 '중국적 특성을 지닌 사회주의'라고 불리는 경제 철학으로 20년 넘게 엄청난 경제적 성공을 거두어 왔다. 중국의 방대한 인구와 증가하는 소득, 그리고 기회 확대는 막대한 투자를 이끌어 내고 있다. 중국의 발전 속도에 대한 잠재적 위협은 정치적 · 사회적 문제, 높은 이민 실업률, 그리고 대만과의 통일이다.
- 1980년대에 경제 구조 조정을 시작하기 전까지 러시아는 1917년에 공산주의를 시작했다. 중앙 계획에서 벗어나는 것은 러시아인들에게 어려운 일이었고 부패가 일반화되었다. 러시아가 직면하고 있는 과제는 시장기반의 경제에 적합한 경영 능력을 육성할 필요성, 정치적으로 불안정한 국가주의의 형태, 불안정한 투자 환경이다.

핵심 용어

개발도상국(저개발 국가)
경제개발
경제체제 전환
구매력
구매력 평가 지수(PPP)
국산부품사용요건
국유화
기술 이원론
로비 활동
몰수
선진국
수용
신흥 공업국(NIC)
신흥시장
인간개발지수
정치적 위험
해외부패방지법

✪ 얘기해 보자 1

인터넷과 모바일 기술은 개발도상국과 달리 선진국의 경우 거의 모든 삶의 측면에 깊숙이 침투해 있다. 이는 기술력이 부유한 나라와 가난한 나라 사이의 개발 격차를 넓힌다고 일부는 말하고 있다.

4-1. 당신은 기술력이 부유한 나라와 가난한 나라 사이의 경제발전 격차를 확대한다는 의견에 대해서 동의하는가? 설명해 보라.

4-2. 가장 가난한 국가들이 경제발전을 위한 도구로 기술력을 사용할 수 있는 방법은 무엇인가?

✪ 얘기해 보자 2

당신이 회원국에서 자금을 조달하는 주요 국제 대출 기관의 새로운 이사라고 상상해 보라. 당신은 현재 당신의 대출 정책 및 우선순위를 평가하고 있다.

4-3. 개발도상국에 원조를 해 줄 경우 사람들의 삶의 한 측면을 우선시하겠는가?

4-4. 사회의 특정 측면에 대한 자금 지원이 단체나 회원국으로부터 반발을 야기할 수 있을 것인가? 설명하라.

윤리적 도전

당신은 남부 프랑스에 있는 미국 회사의 자회사 전무이사이다. 서구의 사회복지 국가는 제2차 세계대전 이후에 사회적 · 경제적 불평등을 줄이고, 가난한 사람들을 위한 생활수준을 향상시키고, 거의 무료에 가까운 건강관리를 제공하는 것을 염두에 두고 설립되었다. 서구의 많은 나라들은 사회복지 공급을 줄이고, 사업을 민영화하고, 시장의 힘에 대한 의존도를 늘렸다.

4-5. 당신은 서구 유럽의 문화들이 지난 몇 년 동안 변화해 왔다고 생각하는가? 그리고 그러한 윤리적 관심사는 과거의 유물에 불과하다고 생각하는가?

4-6. 자유 시장 개혁이 먼저 복지 국가를 일으킨 조건들을 단순히 다시 만들어 낼 것이라고 생각하는가?

4-7. 정부는 개방적이고 경쟁력 있는 경제에서 쫓겨나거나 해고되는 근로자들을 위해 무엇을 할 수 있겠는가?

팀 협력 활동

네 명의 학생으로 이루어진 두 그룹은, 외국에서 사업을 하는 회사에서 정치적 로비 활동의 윤리성에 대해서 논쟁할 것이다. 양측의 첫 번째 학생이 말을 한 후, 두 번째 학생은 허점과 모순을 찾으며 상대의 주장에 의문을 제기할 것이다. 세 번째 학생이 이러한 논쟁에 답하려 할 것이다. 네 번째 학생이 양측의 주장을 간략히 설명할 것이다. 마지막으로, 이 학급은 어떤 팀이 더 강력한 주장을 제시했는지에 대해 투표할 것이다.

시장진입전략 프로젝트(MESP)

몇몇 급우들과 함께 당신이 흥미를 갖는 국가를 하나 선정하라. MESP 보고서를 작성하기 위해 당신의 팀이 조사한 국가에 대해 다음 질문에 답하라.

4-8. 그 나라는 선진국, 신흥공업국, 신흥국 또는 개발도상국인가?

4-9. PPP에서 GDP, 1인당 국내총생산, GDP는 얼마인가?

4-10. 그 나라의 인간개발지수는 어떻게 되는가?

4-11. 지난 20년 동안 경제적인 변화를 겪었는가?

4-12. 어떤 형태의 정치적 위험이 국가의 경제발전에 위협을 가하는가?

4-13. 그 나라의 국제 관계를 어떻게 설명할 수 있는가?

스스로 연구하기

4-14. 두 학생이 경제발전의 여러 가지 조치에 대한 찬반양론 토론을 벌이고 있다. 첫 번째 학생은 "한 국가의 노동력의 생산성은 한 나라의 경제가 얼마나 발전해 왔는지에 대한 유일한 진정한 척도이다."라고 주장한다. 두 번째 학생은 이러한 내용에 대해 동의하지 않는다고 하면서 "경제발전의 유일한 진정한 척도는 1인당 GDP이다."라고 주장한다. 그들이 자신의 입장을 정리할 수 있게 하기 위해서 당신은 이 학생들에게 어떤 정보를 제공할 것인가?

4-15. 정치적 위험은 국가와 기업에 다양한 방식으로 영향을 미친다. 당신 회사의 최고경영자가 "우리가 세이프랜드에 들어감으로써 세계적으로 진출한 이유는 우선 우리 회사가 그곳의 모든 정치적 위험으로부터 영향을 받지 않기 때문이다."라고 당신에게 얘기하고 있다. 그때 당신은 CEO에게 뭐라고 대답할 것인가?

국제경영 실전 사례 쿠바! 설탕 값이 최고로 오르다

소비에트 연방이 존재할 때, 쿠바는 석유와 다른 상품을 받은 대가로 공산주의 동맹국들에게 설탕을 지급하여 교환했다. 그러나 1989년 소비에트 연방이 붕괴되자, 쿠바는 자국의 특혜였던 물물교환과 소비에트 연방의 보조금에 작별을 고해야 했다. 쿠바의 지도자 Fidel Castro에게 남겨진 유일한 선택은 공개 시장에서 쿠바의 설탕을 파는 것이었다. 그러나 쿠바는 설탕 수출로 1990년 50억 달러를 벌어들였으나 2006년에는 겨우 2,000만 달러를 벌었다. 1989년 생산량이 800만 톤 이상이었다면 2010년에는 약 100만 톤으로 줄었다. 세계 시장에서의 수입 감소, 생산량 감소로 인해서 값비싼 석유를 낭비하는 비효율적인 사탕수수 공장을 폐쇄하는 수밖에 없었다. 오늘날 쿠바는 *설탕 수입국*으로 남아 있으며 Fidel의 동생 Raul이 권력을 행사하고 있다.

잔존한 국영 소유의 산업용 공룡들이 사라지고 경제가 엄청난 압박을 받는 가운데, 정부는 주요 산업들을 비쿠바 투자에 개방했다. 결과적으로, 합작투자는 제한적인 경제 개혁을 통해 쿠바를 지탱하기 위한 노력의 주요한 항목이 되었다. 위 투자금은 주로 캐나다, 멕시코, 유럽 연합으로부터 들어왔는데, 이들 나라들은 모두 1906년 이래로 쿠바에 대한 무역 금지령을 내렸던 쿠바의 이웃 국가이자 적인 미국의 부재로 이득을 얻었다. 투자의 대부분은 쿠바가 세계적으로 공급하고 있는 니켈 상품에 이루어졌다. 쿠바는 스테인리스 철과 다른 합금으로 사용되는 세계 니켈 매장량의 30%를 보유하고 있으며, 니켈의 75%를 유럽으로 수출하고 있다. 오늘날 쿠바에서 활동하고 있는 가장 큰 광산 회사 중 하나는 캐나다의 셰리트 인터내셔널(www.sherritt.com)이다. 셰리트의 사업은 니켈 광산업무 이외의 영역까지 뻗어 나갔으며, 셰리트의 리그(rig, 해저유전의 굴착장치)들은 오래된 유전의 생산지를 되살려 내는 작업을 진행 중이다. 모아에 있는 니켈 광산이 쇠퇴하면서 셰리트는 해안 휴양지 개발과 통신 및 운송 네트워크 강화와 관련하여 정부로부터 승인을 받았다.

셰리트와 같은 회사들이 쿠바에 자유롭게 투자할 수 있음에도 불구하고 그들은 몇몇 가혹한 현실과 제한에 직면한다. 쿠바는 복잡하고 모순된 규칙과 규정으로 인해 부담이 되고 있다. 그리고 일단 외국인들이 이 규정을 이해하기 시작하면, 정부는 이 규정들을 또다시 바꾼다. 한 유럽인 사업가는 "쿠바인들이 스스로 장애물을 만들어 방해가 되고 있다."고 불평했다. "그들은 우리를 필요로 하고, 우리는 여기서 사업을 할 수 있다. 그래서 나는 무엇이 문제인지 이해할 수 없다." 그러나 쿠바 정부는 전혀 도움이 되지 않는 것처럼 보인다.

Ricardo Elizondo는 멕시코에서 쿠바로 와서 쿠바의 국영 전기 통신 회사인 ETECSA의 지분 관리를 도왔다. Elizondo는 쿠바에서 사업을 하고자 하는 사람은 누구나 사회주의 국가와의 파트너십에 대한 현실을 받아들여야 한다고 보고했다. 쿠바는 상업적 계약을 지탱해 줄 법적 제도가 부족하고, 신용을 제공할 은행 시스템도 부족하며, 사유 재산권도 없다. 정부는 많은 노동법을 보유하고 있다. 그리고 그것들은 부담스럽다. 쿠바 출신이 아닌 협력자들은 근로자들을 직접 고용하거나 해고하거나 임금을 지불할 수 없다. 그들은 정부에 노동력에 대한 대가를 지불해야 한다. 인권 단체인 프리덤하우스(www.freedomhouse.org)는 한 회사가 쿠바 정부에 연간 9,500달러를 지불했지만, 근로자들은 1년에 120~144달러만 받았다고 주장하고 있다. 한편 매일 하바나 중심부에서는 평균 1.2개의 건물이 붕괴되고 있다는 보도가 있다. 쿠바에 투자하는 기업들이 그러한 규제를 견디고 있는 이유는 무엇인가? 우선 첫째로, 그들은 투자에 있어 좋은 수익을 얻고 있다. 셰리트 회사 지분의 11%를 점유하고 있는 토론토의 알타미라 매니지먼트(www.altamira.com)의 Frank Mersch 부사장은 "쿠바의 부동산은 엄청나게 싸고 잠재적인 수익률도 매우 높다."라고 말한다. 분석가들은 쿠바가 매년 80%까지의 수익률을 내는 외부 거래를 제공하고 있다고 말한다. 게다가, 국제 투자자들은 Castro 형제의 정권이 영원히 지속될 수 없다는 것을 인식하고 있다. Castro 형제 이후 시대에 미국은 무역 금지를 종식시킬 수도 있으며 이 경우에는 부동산 가격이 치솟을 것이다. 먼저 발을 내디딘 셰리트와 ETECSA 같은 회사들은 활기찬 시장 경제가 될 수 있는 분야에서 귀중한 발판을 마련했을 것이다.

글로벌 사고 질문

4-16. 쿠바 정부는 왜 쿠바가 아닌 기업체들에게, 정부를 통해서만 근로자들을 고용하고 임금을 지불하도록 요구하는가?

4-17. 쿠바 정부가 붕괴되고 경제적 전환의 길로 들어섰다고 가정해 보자. 쿠바의 경험과 러시아와 중국의 경험은 어떻게 다를 수 있겠는가?

4-18. 미국의 한 법은 미국 기업들은 쿠바에 의해 국유화된 미국 자산을 거래하는 다른 국가들을 고소할 수 있도록 하고 있다. 또한 이 법은 미국 정부가 그러한 회사들의 경영진과 그들의 가족들의 입국 비자를 거부할 수 있게 했다. 미국은 쿠바와 거래하는 것에 대해 왜 그렇게 강경 노선을 유지하고 있는가?

출처 : Archibald Ritter, "Cuba in the 2010s : Creative Reform or Geriatric Paralysis?" *Focal Point,* April 2010, pp. 12-13; "U.S. Is $500 Million Supermarket to Cuba," CNBC website (www.cnbc.com), May 28, 2010; Steve LeVine and Geri Smith, "New Cuba Policy Is No Business Home Run," *Bloomberg Businessweek* (www.businessweek.com), April 15, 2009; Cuba Blog, Foreign Policy Association, (cuba.foreignpolicyblogs.com), various reports and data.

제5장

국제무역 이론

학습목표

이 장을 공부한 후에 다음을 할 수 있어야 한다.

1. 국제무역의 이익, 거래량과 패턴을 기술한다.
2. 중상주의가 어떻게 작동했는지와 그 안에 내재된 결점을 설명한다.
3. 절대우위 이론과 비교우위 이론을 상세히 설명한다.
4. 무역의 요소비율 이론을 요약한다.
5. 국제 제품수명주기 이론을 설명한다.
6. 신무역 이론과 선발자 우위의 개요를 기술한다.
7. 국가 경쟁우위 이론과 포터의 다이아몬드 이론을 기술한다.

돌아보기

제2, 3, 4장에서 국가 간의 문화적 · 정치적 · 법률적 · 경제적 차이점을 조사했다. 우리는 이러한 차이점을 국제적인 사업 활동에서 그들이 갖는 중요한 영향 때문에 이 책 초반에 다루었다.

이 장 잠깐 보기

이 장은 국제무역과 투자 환경에 대해 알아보는 것으로 시작한다. 우리는 국제경영 활동의 가장 오래된 형태인 국제무역을 탐구한다. 국제무역의 이익, 거래량과 패턴을 논의하고, 왜 무역이 일어나는지를 설명하려고 했던 주요 이론들을 탐구한다.

미리 보기

제6장은 국제무역의 정치 · 경제를 설명한다. 무역에서 정부가 간섭하는 동기와 수단에 대해 알아보고, 자유무역을 촉진하기 위해 어떻게 글로벌 거래 시스템이 작동하는지를 탐구한다.

벤턴빌에서 베이징까지

출처 : TPG Top Photo

아칸소 주 벤턴빌 — 월마트는 1991년 멕시코의 멕시코시티 인근에 새로운 점포를 열었을 때 비로소 국제 기업이 되었다. 미국 내 월마트 점포 수는 약 5,000개 이상이며 세계 26개국에 6,000개 이상의 점포를 보유하고 있다. 전 세계 매출액이 약 4,660억 달러인 월마트는 세계적으로 가장 큰 기업 중 하나지만, 이 기업은 닭이 사람보다 더 많은 주에 기반을 두고 있다.

월마트(와 유사한 기업들)의 야심 찬 글로벌 확장은 국제무역을 늘리는 데 도움이 되고 있다. 세계에서 가장 저렴한 가격으로 제품을 공급하겠다는 약속을 지키기 위해, 월마트는 중국과 같이 생산비용이 낮은 지역에서 생산된 저가의 상품을 조달하고 있다. 최근 수년간 할인 소매업체들은 중국의 대미 수출 증가에 큰 역할을 하고 있다. 사실상 월마트를 국가라고 한다면, 월마트는 중국의 여섯 번째 교역국가일 것이다. 월마트와 다른 글로벌 기업들의 활동은 상품과 서비스의 세계 수출을 기록적인 수준으로 끌어올리고 있다.

국제무역의 성장은 중국과 다른 국가들 간의 상호의존성을 증가시킨다. 중국 기업과 세계 각지의 기업들은 중국을 세계의 공장으로 빠르게 전환시켰다. 중국의 국제무역은 중국 외 지역의 무역성장률보다 두세 배 빠른 속도로 상승하고 있다. 일본은 수입 중 약 18%를 중국으로부터 수입하며, 미국이 수입하는 모든 상품의 약 12%가 중국에서 만들어진 것이다. 하지만 중국의 수입 역시 증가하고 있다. 중국은 건설업 활황에 필요한 철강에서부터 엑스레이와 기타 건강증진에 필요한 의료기기에 이르기까지 모든 것을 미국에서 수입하고 있다. 또한 중국은 월마트와 다른 서구 소비재 기업을 위한 큰 시장이 되어 간다. 이 장을 공부하면서 왜 국가들이 교역하며, 월마트 같은 기업들의 야망이 세계 무역을 어떻게 성장시키는지 생각해 보자.[1]

전세계 사람들은 다른 나라에서 생산되는 상품과 서비스를 구매하는 데 익숙하다. 사실상 많은 소비자들은 물품을 구매하면서 그 나라의 문화를 경험하게 된다. 샤넬 넘버5 향수(www.chanel.com)는 프랑스의 낭만주의를 떠올리게 한다. 이마리 도자기에 새겨진 멋진 삽화는 일본인들의 섬세함과 질적 우수함에 대한 관심을 전달해 준다. 그리고 아메리칸이글 청바지(www.ae.com)는 미국인들의 캐주얼한 생활방식을 보여 준다.

이 장에서는 상품과 서비스에 관한 국제무역을 탐구한다. 우리는 국제무역의 이익, 거래량과 패턴을 조사하는 것으로 시작한다. 그러고 나서 왜 국가 간에 무역을 하는지를 설명하는 여러 중요한 이론들을 탐구할 것이다.

국제무역의 이익, 거래량과 패턴

국제무역
국경을 넘어선 상품과 서비스의 구매, 판매 또는 교환

국경을 넘어선 상품과 서비스의 구매, 판매 또는 교환을 **국제무역**(international trade)이라고 부른다. 이것은 한 국가 내에서 다른 주들 간, 다른 지역들 간 또는 다른 도시들 간에 일어나는 국내무역과 대조되는 것이다.

최근 몇 년간, 세계화를 받아들이는 나라들은 그들의 경제에 대해 무역의 중요성이 증가하고 있음을 보고 있다. 한 국가에 있어 무역의 중요성을 측정하는 한 가지 방법은 그 국가 경제의 총생산에 대비하여 무역량을 분석하는 것이다. 〈지도 5.1〉은 GDP 대비 각 나라의 무역량을 보여 준다. GDP 대비 무역은 GDP로 나눈 (상품과 서비스의) 수출과 수입의 합계로 정의된다. GDP는 1년간 한 국내경제에 의해 생산된 모든 상품과 서비스의 가치임을 상기하자. 〈지도 5.1〉은 어떤 나라의 국경을 통과한 무역의 가치는 실제로 그들이 생산한 상품과 서비스의 합을 초과한다는 것을 보여 준다('100%를 넘는' 범주).

국제무역의 이익

국제무역은 한 국가의 사람들에게 상품과 서비스의 선택의 폭을 넓혀 준다. 예를 들어 핀란드는 차가운 기후로 면화를 재배할 수는 없지만 (그들이 풍부하게 가지고 있는) 목재로 만든 종이와 다른 제품은 미국에 팔 수 있다. 핀란드는 목재에서 파생된 제품을 판매한 대금으로 미국산 피마면을 살 수 있다. 그리하여 핀란드에 사는 사람들은 그렇지 않았으면 얻을 수 없었을 면을 얻을 수 있고, 마찬가지로 미국에 사는 사람들은 광활한 산림을 가지고 있음에도 핀란드의 목재를 재료로 하는 어느 정도 품질의 제품을 얻을 수 있는데, 이는 미국 시장에서 부족한 틈새를 채울 수 있다.

국제무역은 또한 많은 나라에서 고용을 창출하는 중요한 엔진이기도 하다. 미국 상무부(www.commerce.gov)는 10억 달러어치가 수출될 때마다 미국에서 22,800개의 고용이 창출된다고 추정한다. 또한 1,200만 명의 고용이 수출에 의존하고 있으며 이러한 수출관련 고용은 그렇지 않은 고용에 비해 급여가 평균 13~18% 높은 것으로 추정되고 있다.[2] 무역의 확장은 다른 나라에도 비슷하게 이익을 줄 것이다.

국제무역의 거래량

국제무역의 가치와 거래량은 계속해서 증가하고 있다. 오늘날 세계 상품 수출은 14조 달러 이상으로 추정되며, 서비스 수출은 4조 달러 이상의 가치를 지닌다.[3] 〈표 5.1〉은 상품과 서비스의 세

표 5.1 세계의 최상위 수출국

세계 최상위 상품 수출국				세계 최상위 서비스 수출국			
순위	수출국	수출액 (단위 : 십억 달러)	세계점유율 (%)	순위	수출국	수출액 (단위 : 십억 달러)	세계점유율 (%)
1	중국	2,049	11.1	1	미국	621	14.3
2	미국	1,546	8.4	2	영국	280	6.4
3	독일	1,407	7.6	3	독일	257	5.9
4	일본	799	4.3	4	프랑스	211	4.8
5	네덜란드	656	3.6	5	중국	190	4.4
6	프랑스	569	3.1	6	일본	142	3.3
7	한국	548	3.0	7	인도	141	3.2
8	러시아	529	2.9	8	스페인	136	3.1
9	이탈리아	501	2.7	9	네덜란드	131	3.0
10	홍콩	493	2.7	10	홍콩	123	2.8

출처 : Based on *International Trade Statistics 2013* (Geneva : World Trade Organization, November 2013), Tables I.7 and I.9, available at www.wto.org.

계 최대 수출국을 보여 준다. 미국이 상업적인 서비스 수출에서 1위이며, 상품 수출에서 2위(중국 다음으로)인 것은 놀랍지 않다.

대부분의 세계 상품 거래는 제조업 제품의 무역으로 구성되어 있다. 상품의 거래에 있어 제조업 제품의 지배적 위치는 시간에 걸쳐 지속되고 있고, 앞으로도 계속 그럴 것 같다. 이유는 다른 전통적인 상품인 광업과 농업보다 더 빠르게 성장하고 있기 때문이다. 서비스 무역은 전체 무역 거래의 약 20%가량이다. 서비스 무역의 중요성이 많은 국가에서 증가하고 있지만, 부유한 나라들에 대해 상대적으로 더 중요하게 여겨지는 경향이 있다.

무역과 세계 생산량 어떤 해의 세계 생산량 수준은 그해의 국제무역 수준에 영향을 미친다. 둔화된 세계 경제 생산은 국제무역 거래량을 둔화시키며, 더 많은 생산량은 더 많은 무역을 촉진한다. 경기침체기에는 무역도 둔화되는데 그 이유는 재무적인 측면에서 미래가 불확실하기 때문에 사람들이 국내 및 수입 제품을 덜 사기 때문이다. 생산량과 무역이 함께 움직이는 또 다른 이유는 경기가 침체한 나라는 종종 통화가치가 다른 나라에 비해 약세에 처하기 때문이다. 이러한 자국 통화가치 하락이 수입품을 국내 제품에 비해 더 비싸게 만들기 때문이다(통화가치와 무역과의 관계는 제10장에서 자세히 다룬다). 국제무역과 세계 생산량이 동일한 방향으로 움직이는 것에 더하여, 무역이 생산량보다 더 빨리 꾸준히 성장해 왔다.

국제무역의 패턴

국제무역 거래량과 세계 생산량을 분석하는 것이 국제무역 환경에 대한 유용한 통찰을 제공한다. 그러나 그것은 누가 누구와 교역을 하는지를 우리에게 말해 주지 않는다. 그것은 또한 무역이 주로 세계의 가장 부유한 나라들 간에 일어나는지, 또는 가난한 나라들 간에도 상당한 무역 활동이 있는지는 보여 주지 않는다.

대부분 국가의 세관 당국은 수출품의 목적지, 수입품의 원산지, 국경을 넘은 상품의 물리적 개수와 가치를 기록한다. 세관의 자료는 전반적인 국가들 간의 무역 패턴을 반영한다. 그러나 이런

지도 5.1
무역의 중요성

GREENLAND
ARC
ALASKA
ICELAND
CANADA
UNITED KINGDOM
IRELAND
PACIFIC OCEAN
UNITED STATES OF AMERICA
NORTH ATLANTIC OCEAN
SPAIN
PORTUGAL
MOROCCO
WESTERN SAHARA
HAWAII
MEXICO
CUBA
DOMINICAN REPUBLIC
JAMAICA
BELIZE
HAITI
PUERTO RICO
GUATEMALA
HONDURAS
EL SALVADOR
NICARAGUA
COSTA RICA
PANAMA
TRINIDAD & TOBAGO
VENEZUELA
GUYANA
FRENCH GUIANA
SURINAME
MAURITANIA
MALI
SENEGAL
GAMBIA
GUINEA-BISSAU
GUINEA
BURKINA FASO
SIERRA LEONE
IVORY COAST
GHANA
TOGO
BENIN
LIBERIA
GALAPAGOS ISLANDS
COLOMBIA
ECUADOR
BRAZIL
PERU
BOLIVIA
PARAGUAY
URUGUAY
ARGENTINA
CHILE
SOUTH ATLANTIC OCEAN
FALKLAND/MALVINAS ISLANDS
SWEDEN
LATVIA
DENMARK
LITHUANIA
RUSSIA
BELARUS
NETHERLANDS
POLAND
BELGIUM
GERMANY
LUXEMBOURG
CZECH REP.
UKRAINE
SLOVAKIA
FRANCE
MOLDOVA
LICHTENSTEIN
AUSTRIA
HUNGARY
SWITZERLAND
SLOVENIA
ROMANIA
CROATIA
SAN MARINO
BOSNIA-HERZEGOVINA
SERBIA AND MONTENEGRO
Black Sea
MONACO
ANDORRA
BULGARIA
ITALY
MACEDONIA
ALBANIA
GREECE
TURKEY
ALGERIA
TUNISIA
MALTA
CYPRUS
LIBYA

OCEAN
SWEDEN
FINLAND
RUSSIA
ESTONIA
LATVIA
LITHUANIA
RUSSIA
BELARUS
POLAND
CZECH REP.
SLOVAKIA
UKRAINE
MOLDOVA
HUNGARY
ROMANIA
SERBIA AND MONTENEGRO
BULGARIA
MACEDONIA
ALBANIA
GREECE
TURKEY
KAZAKHSTAN
MONGOLIA
GEORGIA
ARMENIA
AZERBAIJAN
UZBEKISTAN
KYRGYZSTAN
TURKMENISTAN
TAJIKISTAN
NORTH KOREA
SOUTH KOREA
JAPAN
SYRIA
CYPRUS
LEBANON
ISRAEL
JORDAN
IRAQ
IRAN
AFGHANISTAN
CHINA
KUWAIT
PAKISTAN
NEPAL
BHUTAN
LIBYA
EGYPT
QATAR
UNITED ARAB EMIRATES
SAUDI ARABIA
OMAN
BANGLADESH
TAIWAN
PACIFIC OCEAN
INDIA
MYANMAR (BURMA)
LAOS
HONG KONG
SUDAN
CHAD
SUDAN
ERITREA
YEMEN
THAILAND
VIETNAM
CAMBODIA
PHILIPPINES
SOUTH SUDAN
DJIBOUTI
SOMALIA
CENTRAL AFRICAN REPUBLIC
ETHIOPIA
SRI LANKA
BRUNEI
MALAYSIA
CONGO REPUBLIC
UGANDA
KENYA
INDIAN OCEAN
SINGAPORE
CONGO DEMOCRATIC REPUBLIC (ZAIRE)
RWANDA
BURUNDI
TANZANIA
INDONESIA
PAPUA NEW GUINEA
SOLOMON ISLANDS
ANGOLA
ZAMBIA
MALAWI
MOZAMBIQUE
VANUATU
FIJI
NAMIBIA
ZIMBABWE
MADAGASCAR
MAURITIUS
RÉUNION
BOTSWANA
NEW CALEDONIA
AUSTRALIA
SWAZILAND
SOUTH AFRICA
LESOTHO
NEW ZEALAND
국내총생산(GDP) 대비 무역의 비중(%)
100% 초과
75~100%
50~74%
25~49%
25% 미만
자료 없음

표 5.2 지역별 상품 거래(백분율)

	목적지							
원산지	세계	북미	중남미	유럽	독립국가연합	아프리카	중동	아시아
북미	13.2	37.9	27.6	5.8	3.3	6.5	10.5	9.2
중남미	4.2	6.2	25.6	1.9	1.5	3.6	2.4	3.2
유럽	35.6	16.2	15.7	66.8	44.6	36.3	29.2	12.0
독립국가연합	4.5	1.2	0.9	6.6	27.0	2.4	2.8	2.4
아프리카	3.5	2.4	3.9	3.7	0.3	13.9	2.4	3.0
중동	7.5	3.9	1.4	2.3	1.3	6.8	16.2	13.7
아시아	31.5	32.1	24.9	13.0	21.9	30.4	36.5	56.5

주 : 모든 열의 합은 100이 아닌데 이는 수학적으로 어림잡음과 데이터를 기록하는 국가적 차이 때문이다.
출처 : Based on *International Trade Statistics 2013* (Geneva : World Trade Organization, November 2013), Table I.4, available at www.wto.org.

유형의 자료는 때때로 오해를 일으키기도 한다. 예를 들어 정부는 때때로 군사 장비나 다른 민감한 상품의 무역에 관한 보고를 고의적으로 왜곡하곤 한다. 다른 경우로서, 비공식적인(지하) 경제 내의 광범위한 무역은 국가 간의 실질적인 무역 실체를 왜곡할 수 있다.

대형 해운선박들은 국제무역의 이러한 패턴을 지원하고 한 국가에서 다른 국가로 상품을 인도하는 데 필요하다. 사실상 그리스와 일본의 상선은 세계 총 상선 용적량의 30% 이상을 소유하고 있다(용적 톤수 기준). 하지만 글로벌 상선 회사들은 높은 유가 때문에 어려움을 느끼고 있다. 그리고 수입업체는 높은 해운 비용을 감안해야 하기 때문에, 그들은 아마도 자국과 가까운 곳에서 상품을 생산하기 시작해서 추가적인 상선 용적량에 대한 필요를 줄일 수 있다.[4]

누가 누구와 무역을 하나? 국가 간 상품 무역의 지속적인 패턴이 존재해 왔다. 세계 선진국 사이의 무역은 전 세계 상업 무역의 약 60% 정도를 차지하고 있다. 선진국과 중진국 및 후진국과의 무역은 전 세계 상업 무역의 34% 정도를 차지하지만, 중진국과 후진국 간의 무역은 전 세계 무역의 6% 정도를 차지할 뿐이다. 이 수치들은 가난한 국가들의 낮은 구매력과 경제개발의 보편적인 결여를 보여 준다.

〈표 5.2〉는 세계 경제에서 차지하는 주요 지역들의 무역 데이터(백분율)를 보여 준다. 가장 괄목할 만한 것은 유럽의 역내 수출을 나타내는 수치이다("유럽"이라고 되어 있는 행과 열의 교차점). 이 수치는 유럽 수출의 거의 67%의 종착지는 다른 유럽 국가라는 것을 보여 준다. 역내 수출은 아시아 내에서의 모든 수출의 56% 이상, 북미 내에서의 수출의 약 38%를 각각 설명한다. 이 데이터는 유럽연합 탄생의 이유를 잘 설명해 준다(제8장에서 논의).

〈표 5.2〉의 데이터는 또한 세계 총 상품 수출에 대한 각 지역의 기여도를 나타낸다. 유럽은 36%, 아시아는 32%, 북미는 13%가량을 설명한다. 상품 수출에 있어서 아시아의 역할은 증가하고 있는데, 이 지역 경제가 계속해서 확장되고 있기 때문이다. 어떤 경제학자들은 금세기를 "태평양 세기"라고 부르는데 이는 아시아 경제의 기대되는 성장과 이에 따라 주요 무역 흐름이 대서양에서 태평양으로 옮겨 가고 있음을 나타낸다. 경영자들이 아시아 내의 다양하고 풍부한 문화를 이해하는 것이 점점 더 중요해지고 있다. 환태평양국가들 내에서 사업을 하기 위한 지침으로서, 다음에 나오는 글상자 '문화 이슈 : 환태평양권 내의 사업 문화'를 참조하라.

문화 이슈 환태평양권 내의 사업 문화

아시아 고객은 그들의 문화만큼 다양하며, 공격적인 영업 전술이 작동하지 않는다. 이러한 나라들을 방문하기 전에, 경영자들이 몇몇 일반적인 규칙을 검토하는 것이 도움이 된다.

- **접촉선을 이용하라** 아시아인은 그들이 알고 있는 사람들과 사업을 하는 것을 선호한다. 사전 접촉이 없거나 다른 직접 접촉 방식은 거의 잘되지 않는다. 아시아 기업에서 근무하는 딱 맞는 사람과 만나는 것은 올바른 소개를 받는 것에 종종 좌우된다. 만약 당신이 하고 싶은 사업이 당신의 중개인을 존중한다면, 그 사람도 당신을 존중할 가능성이 높다.
- **두 나라 언어로 만들어진 명함을 준비하라** 첫인상을 좋게 만들기 위해, 비록 많은 아시아인들이 영어를 말할 줄 알지만, 두 나라 언어로 만들어진 명함을 인쇄하라. 이는 그 나라의 언어에 대한 존중과 그 나라에서 사업을 하겠다는 의지를 모두 보여 준다. 이는 또한 현지 언어로 당신 직위를 번역하는 것이다. 아시아인은 일반적으로 당신의 지위가 무엇이고 당신이 무엇을 대표하는지를 알아야 편하게 느낀다.
- **존중, 조화, 합의** 아시아 문화는 음악, 미술, 과학, 철학, 사업, 그리고 그 이상에 대한 그들의 성취에 대해 존중을 받는다. 아시아 사업가들은 어려운 협상가이지만 시비를 거는 거래는 싫어한다. 조화와 합의가 아시아에서는 전형적인 대명사이므로, 조급하게 굴지 않지만 확고해야 한다.
- **법률적 언어는 내려놓으라** 법률적 문서는 개인적인 관계에 대해 종속적인 것이다. 아시아인들은 상세한 계약을 싫어하는 경향이 있다. 협약은 종종 유연하게 되어 있어서, 변화하는 환경에 맞추기 위해 협약을 쉽게 조정할 수 있다. 상호 신뢰와 이익에 기반한 좋은 관계를 발전시키는 것이 중요하다. 많은 아시아 사회에서 계약의 중요성은 계약이 명시하는 것에 있지 않고 오히려 누가 거기에 서명을 했느냐에 있다.
- **개인적인 친밀 관계를 만들라** 사회적인 편안함과 우정은 많은 아시아 나라에서 사업을 하기 위한 선제조건이니, 많은 사업은 기업 안에서 이루어진 것 이상으로 비공식적인 만찬자리에서 거래되므로 초대에는 기꺼이 수락을 하며 반드시 화답하라.

무역의 상호의존성

대부분 국가들 간의 무역은 상호의존도에 의해 특징지어진다. 선진국 내의 기업들은 다른 선진국 내의 기업들과 대규모로 무역거래를 한다. 쌍방 국가 간의 상호의존도 수준은 종종 두 국가 내에 있는 한 기업의 현지 법인들 간에 발생하는 무역량을 반영한다. 선진국과 국경을 접한 신흥시장은 그들의 부유한 이웃에 자주 의존하게 된다.

무역 종속이 중동부 유럽의 많은 국가에게 하나의 축복이 되어 왔다. 최근에 독일은 헝가리에만 6,000개 이상 합작법인을 설립했다. 그리고 독일은 유럽연합에 속하는 중동부 유럽 국가에 대해 단일의 가장 중요한 무역 파트너가 되었다. 경쟁기업 대비 우위를 얻기 위해, 독일 기업은 자국의 기술과 중동부 유럽의 상대적으로 저렴한 노동력을 결합하고 있다. 예를 들어 오펠사(www.opel.com)는 GM사(www.gm.com)의 독일 지역 사업부로서 4억 4,000만 달러의 공장을 헝가리 센트고트하르드에 지었는데, 이는 수출 시장을 위해 아스트라 해치백 차종을 위한 부품도 만들고 차를 조립하기 위해서였다.

무역 의존도 무역 종속의 위험은 한 국가가 경기침체나 정치적 혼란을 겪고, 이로 인해 이 국가에 의존하는 국가들이 피해를 입게 될 때 명백해진다. 멕시코는 오랜 기간 미국 기업들의 냉장고, 휴대전화와 섬유 등 모든 종류의 제품을 생산하고 조립하는 데 있어 선호하는 입지였다. 그러나 몇몇 기업들이 멕시코를 포기하고 더 싼 생산입지인 아시아로 옮기게 되면서 텅 빈 공장과 실업자만 남게 되었다. 그러나 오늘날 중국에서 계속해서 노동비용이 상승함에 따라 일부 미국 기업들은 다시 멕시코로 공장을 되돌리고 있다. 멕시코가 미국에 대한 의존도를 다룰 수 있는 최상의 방법은 자신의 경쟁력을 올려서 신흥시장에서 최고의 선택을 받는 것이다.

퀵 스터디 1

1. 국제무역의 여러 이익을 열거하라.
2. 세계 상품 수출은 세계 서비스 수출 가치의 *몇 배*인가?
3. 전 세계 상품 수출 중 고소득 경제 국가 간에 일어나는 양방향 거래가 차지하는 비중은 얼마인가?
4. 개발도상국과 이웃 부유국 간 무역의 특성을 종종 기술하는 용어는 무엇인가?

중상주의

상이한 사람들이 모여 있는 그룹 간의 무역은 수천 년 동안 이루어져 왔다. 그러나 15세기가 돼서야 사람들은 왜 무역이 발생하고 어떻게 무역이 거래의 두 당사자에게 이익이 될 수 있는지를 설명하기 시작했다. 〈그림 5.1〉은 국제무역의 주요 이론이 제시되었던 연대표를 보여 준다.

중상주의
국가가 수출을 권장하고 수입을 지양하는 것에 의해 보통 금의 형태로 재정적 부를 축적해야 한다는 무역 이론

국가가 수출을 권장하고 수입을 지양하는 것에 의해 보통 금의 형태로 재정적 부를 축적해야 한다는 무역 이론을 **중상주의**(mercantilism)라고 한다. 이 이론은 한 나라의 삶의 표준 또는 인간 개발과 같은 복지의 다른 지표는 아무런 관련이 없다고 설명한다. 유럽 국가들은 약 1500년대부터 1700년대 후반까지 이러한 경제적 철학을 따랐다. 가장 유명한 중상주의 국가로는 영국, 프랑스, 네덜란드, 포르투갈과 스페인이 있다.

중상주의는 어떻게 작동하는가

항해가 상당히 새로운 과학이 되었을 때 유럽인들은 해상으로 세계를 탐험했고, 항해 자금을 지원했던 유럽 군주들의 이름으로 그들이 만난 새로운 땅을 차지했다. 초기 탐험가들은 아프리카, 아시아 및 아메리카 대륙에 상륙하여 그곳에 식민지를 세웠다. 식민지무역은 모국에 많은 이익을 가져다주었다. 그리고 식민지의 존재는 풍요의 원천이었다.

최근에는 과거 식민지 국가들이 과거의 식민지 제국에 대한 의존도를 줄이기 위해 노력해 왔다. 예를 들어 그들의 옛 식민지 제국에 대한 의존을 줄이기 위한 노력의 일환으로 아프리카 국가들은 아시아와 북미의 파트너 국가들과의 무역관계를 환영하고 있다. 그러나 지리적 근접성으로 인해 유럽연합이 여전히 무역 상대국으로 선호되고 있다.

그럼 국가들은 어떻게 중상주의를 실행하는가? 중상주의의 실행은 세 가지 필수적인 토대에 달려 있다. 즉 무역흑자, 정부개입과 식민주의이다.

무역흑자
한 국가의 수출 가치가 수입 가치보다 높을 때의 상황

무역흑자 국가는 무역흑자를 유지함으로써 부를 증가시킬 수 있다고 믿었는데, **무역흑자**(trade surplus)는 한 국가의 수출 가치가 수입 가치보다 높을 때의 상황을 말한다. 중상주의하에서 무

그림 5.1
무역 이론 연대표

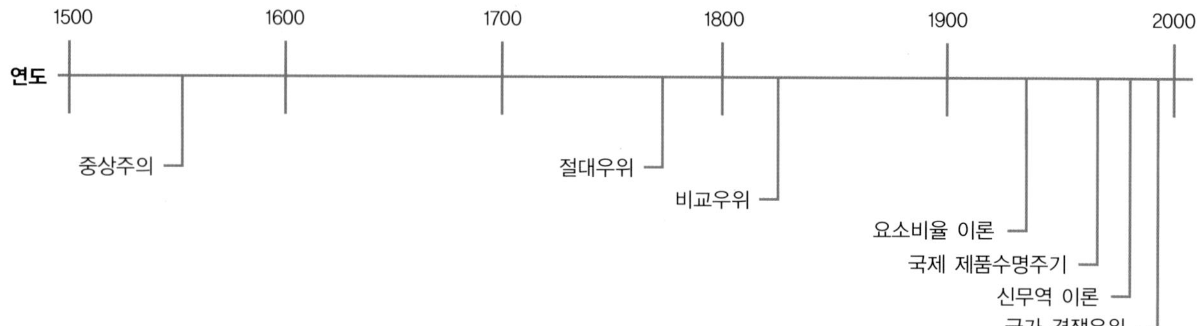

멕시코 근로자들이 미국으로 보낼 온갖 종류의 상품을 대량 생산하고 있다. 수십 년 동안 미국과의 교역은 멕시코 일반인들에게 보수가 좋은 일자리를 제공했다. 멕시코 푸에블라 주의 폭스바겐 제타 조립공장에서 일하는 이 남자처럼 말이다. 그러나 멕시코에 있는 몇몇 사업체들은 중국과 베트남같이 생산비용이 더 저렴한 지역으로 생산 시설을 이전하고 있다. 생산 시설이 다른 지역으로 이전될 때, 멕시코는 미국과의 무역에 대한 의존도에서 부정적인 영향을 경험하게 된다.

출처 : Susana Gonzalez/Newscom

역흑자는 수입을 위해 지불하는 것보다 수출로 인한 판매를 근거로 더 많은 금을 획득함을 의미한다. **무역적자**(trade deficit)는 반대 조건－한 국가의 수출 가치보다 수입 가치가 더 높을 때의 상황－에 놓이는 것이다. 중상주의하에서 무역적자는 무슨 수를 써서라도 회피되어야 한다(국가의 무역수지에 대해서는 제7장에서 자세히 다룬다).

무역적자
한 국가의 수출 가치보다 수입 가치가 더 높을 때의 상황

정부개입 정부는 무역흑자를 유지하기 위해 국제무역에 적극적으로 개입한다. 중상주의에 따르면, 부의 축적은 전체적인 가치나 무역거래량의 확대가 반드시 필요한 것이 아니며, 국가의 무역흑자 증가에 달려 있다. 중상주의 국가의 정부는 어떤 수입품을 금지하거나 관세, 쿼터제와 같은 다양한 규제를 부과함으로써 이를 이루었다. 동시에 수출을 확대하기 위해 자국의 산업에 보조금을 지급했다. 정부는 또한 그들의 금과 은을 다른 나라로 내보내는 것을 통상적으로 금했다.

식민주의 중상주의 국가는 저렴한 원자재를 구하고 고가의 완제품을 팔 수 있는 시장으로서 전 세계에 영토(식민지)를 획득했다. 이러한 식민지들은 차, 설탕, 담배, 고무와 면을 포함하는 필수 원자재의 원천이었다. 이러한 자원들은 중상주의 국가에 운송되었는데, 의류, 시가와 다른 완제품에 포함되었다. 그리고 이러한 완제품은 다시 식민지에 팔렸다. 중상주의 국가와 식민지 간의 무역은 중상주의 제국에게 거대한 이익의 원천이었다. 식민지들은 기본적인 원자재에 대해서는 낮은 가격을 받은 반면에 완제품에 대해서는 고가를 지급했다.

중상주의 그리고 식민지 정책은 해당 정책을 실행한 국가들의 부를 크게 확대시켰다. 이러한 부는 중상주의 국가들이 널리 퍼져 있는 식민지 제국을 지배하고 다른 나라로부터 그들의 해상 항로를 보호하기 위해 육군과 해군을 증강할 수 있게 했다. 이는 한 나라 경제력의 원천이었고, 이 경제력은 이어서 다른 나라에 비해 상대적으로 정치력을 증강시켜 주었다. 오늘날 다른 나라들을 희생시켜 무역흑자를 유지하고 그들의 국부를 확장하려고 보여지는 나라들은 **신중상주의**

또는 **경제적 국수주의**를 실행하고 있다고 비난받는다.

중상주의의 폐단

중상주의를 실행하는 국가에게 외견상의 많은 긍정적인 이익이 있어 보임에도 불구하고 중상주의는 본질적으로 단점을 내포하고 있다. 중상주의 국가들은 세계의 부는 한정되어 있으며 한 국가가 자신의 파이를 증가시키기 위해서는 이웃 국가들이 희생하는 것만이 유일한 방법이라고 믿고 있었다. 이를 **제로섬 게임**이라고 부른다. 중상주의가 당면한 주요 문제는, 만약 어떤 나라가 수입품으로부터 시장을 막고 다른 나라들에 수출을 밀어붙인다면, 국제무역은 심각하게 제한되게 될 것이라는 것이다. 사실상 모든 비생필품 무역은 완전히 중단될 가능성이 있다.

게다가 식민지들의 수출품에 대해서는 낮은 가격을 지급하면서 그들의 수입품에 대해서는 높은 가격을 부과하는 것은 그들의 경제개발을 악화시켰다. 그리하여 그들의 상품시장으로서의 매력은 그들이 더 많은 부를 축적했을 경우에 비해 떨어지게 되었다.

퀵 스터디 2

1. 중상주의의 성공적인 실행을 위해 무엇이 요구되었는가?
2. 중상주의 국가들이 전 세계에 식민지를 획득하려 한 것은 *어떤* 자원을 공급받기 위해서인가?
3. 한 국가가 오직 다른 국가들의 희생에 의해서만 자신의 부를 증가시킬 수 있다고 믿는 것을 무엇이라 하는가?

절대우위와 비교우위 이론

중상주의의 부정적인 측면들이 1700년대 후반에 **절대우위**라는 무역 이론에 의해 분명해졌다. 몇십 년 후에 이 이론은 **비교우위**라는 이론으로 확장되고 확립되었다. 이제 이 두 이론을 자세히 살펴보자.

절대우위

절대우위
한 나라가 다른 나라에 비해 어느 상품을 보다 효율적으로 생산하는 능력

스코틀랜드 경제학자 애덤 스미스가 먼저 1776년에 절대우위 무역 이론을 내놓았다.[5] 한 나라가 다른 나라에 비해 어느 상품을 보다 효율적으로 생산하는 능력을 **절대우위**(absolute advantage)라고 부른다. 다른 말로 표현하자면, 절대우위를 가진 한 나라는 다른 나라들에 비해 동일한 또는 더 적은 양의 자원을 사용하여 더 많은 양의 상품 또는 서비스를 생산할 수 있다.

여러 이유 가운데서도, 스미스는 국제무역은 관세나 쿼터제에 의해 금지되거나 제한되어서는 안 되며, 시장의 힘에 의해 흘러가는 대로 놔두어야 한다고 주장했다. 만약 다른 나라에 사는 사람들이 그들이 딱 맞게 생각하는 만큼 무역한다면 어느 나라도 자국이 소비하는 모든 상품을 생산할 필요가 없을 것이다. 대신에 한 나라가 절대우위를 가지고 있다면 절대우위를 가진 상품 생산에 집중할 것이다. 그러고 나서 다른 나라와의 무역으로 필요한 상품을 얻을 수 있으며, 생산은 하지 않아도 된다.

한 유능한 CEO가 자신의 집에 온수 욕조를 설치하려 한다고 가정해 보자. 그녀는 직접 그 일을 해야 할까 아니는 전문 기술자를 고용해야 할까? (한 번도 욕조를 직접 설치해 본 적이 없는) 그 CEO는 8만 달러의 월급을 포기하고 한 달 휴가를 내서 욕조 설치하는 일을 해야 할까? 다른 한편으로, (CEO 재능이 없는) 설치 기술자는 5,000달러를 받고 그 일을 2주 이내에 완수할

수 있다. 그 CEO는 회사를 운영하는 데 절대우위가 있는 반면에, 그 기술자는 욕조를 설치하는 데 절대우위가 있다. 그 CEO가 한 날에 할 일을 그 기술자는 2주 안에 완수할 수 있다. 따라서 CEO는 시간과 돈이라는 자원을 절약하기 위해 전문 기술자를 고용해야 할 것이다.

이제 절대우위 개념을 두 무역 상대국의 사례에 적용하여, 어떻게 양국에서 무역이 생산과 소비를 모두 증가시킬 수 있는지를 알아보자.

사례 : 쌀 나라와 차 나라 우리가 살고 있는 세상이 쌀 나라와 차 나라만 있고 두 나라 간 운반비용은 없다고 가정해 보자. 이 두 나라는 현재 쌀과 차를 자국에서 생산하고 소비하고 있다. 다음 표는 쌀과 차를 생산하는 자원(노동) 단위 수를 보여 준다. 쌀 나라에서는 1톤의 쌀을 생산하는 데 1단위의 자원이 필요하지만, 차 1톤을 생산하는 데는 5단위의 자원이 필요하다. 차 나라에서는 1톤의 쌀을 생산하기 위해 6단위의 자원이 필요한 반면에 차 1톤을 생산하는 데는 3단위의 자원이 필요하다.

	생산에 드는 단위 수	
	쌀	차
쌀 나라	1	5
차 나라	6	3

쌀과 차를 생산하는 데 효율성을 기술하는 또 하나의 방법은 다음과 같다.

- 쌀 나라에서 1단위의 자원 = 1톤의 쌀 또는 1/5톤의 차
- 차 나라에서 1단위의 자원 = 1/6톤의 쌀 또는 1/3톤의 차

이 수치는 두 나라에서의 쌀과 차 생산에 관하여 한 가지 다른 점을 말해 준다. 쌀 나라는 1톤의 쌀을 생산하는 데 1단위의 자원을 사용하는 데 비해, 차 나라는 1단위의 자원으로 쌀 1/6톤만을 생산하기 때문에 쌀 나라는 쌀을 생산하는 데 절대우위를 가지고 있다. 즉 더 효과적인 쌀 생산자이다. 그러나 차 나라는 자원 1단위로 1/3톤의 차를 생산하고, 쌀 나라는 자원 1단위로 1/5의 차를 생산하기 때문에 차 나라는 차를 생산하는 데 절대우위를 가지고 있다.

특화와 무역으로부터의 이득 두 나라의 가상적인 세계에서 쌀 생산을 최대화하기 위해 쌀 나라는 쌀 생산에 특화를 한다고 가정하자. 마찬가지로 차 나라는 차의 전 세계 생산을 최대화하기 위해 차 생산에 특화를 한다고 가정하자. 각 나라가 이제 특화를 하여 전 세계 생산량이 증가하지만, 양 국가는 하나의 문제에 봉착한다. 쌀 나라는 자신들이 생산하는 쌀만 소비할 수 있고, 차 나라는 자신들이 생산하는 차만 소비할 수 있다. 이 문제는 두 나라가 서로 무역을 하여 자신들이 필요로 하는 상품을 상대 국가로부터 얻는다면 해결될 수 있다.

쌀 나라와 차 나라가 쌀과 차를 일대일로—1톤의 쌀을 얻기 위해 1톤의 차라는 비용이 들고, 그 역도 성립—교역하기로 합의한다고 가정하자. 이에 따라 쌀 나라는 1단위의 추가적인 자원으로 1톤의 쌀을 추가 생산할 수 있고, 차 나라와 교역하여 1톤의 차를 얻을 수 있다. 이는 쌀 나라가 스스로 차를 생산하기 위해 추가적인 자원 1단위를 투자해서 얻을 수 있는 1/5톤의 차보다 훨씬 낫다. 이에 따라 쌀 나라는 무역으로부터 이득을 확실히 얻는다. 마찬가지로, 차 나라는 추가적인 자원 1단위로 1/3톤의 차를 추가 생산하고 1/3톤의 쌀을 얻기 위해 쌀 나라와 교역할 수

그림 5.2
특화와 무역으로부터의 이득 : 절대우위

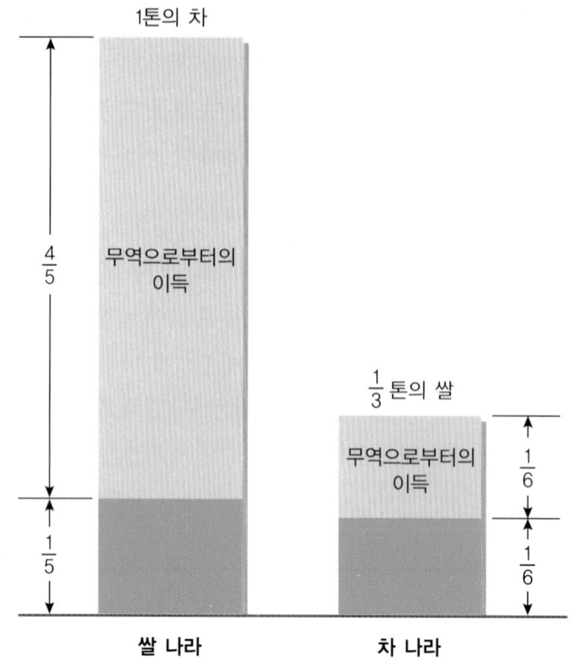

있다. 이는 스스로 쌀을 생산하기 위해 추가적인 자원 1단위를 사용하여 생산할 수 있는 1/6톤의 쌀보다 2배가 많은 것이다. 이에 따라 차 나라도 무역으로부터 이득을 얻는다. 이 단순한 무역으로부터의 이익이 〈그림 5.2〉에 나타나 있다.

차 나라가 무역으로부터 쌀 나라만큼 이익을 얻지 못함에도 불구하고 무역을 하지 않을 때보다 더 많은 쌀을 얻을 수 있다. 실제 국가들이 무역으로부터 얻는 이익은 각 나라가 가지고 있는 총 자원의 수와, 나라별 각 상품에 대한 수요에 의해 좌우된다. 이 예가 보여 주듯이, 절대우위 이론은 국제무역이 제로섬 게임이라는 중상주의자들의 생각을 무너뜨린다. 그 대신에, 양 국가는 교환을 통해 이익을 얻게 되기 때문에 국제무역은 포지티브섬 게임이 된다. 이 이론은 제한적인 무역 정책을 통해 부를 획득하고자 하는 국가 정부의 목적에 의문을 제기한다. 이 이론은 대신에 국가가 국민들이 더 많은 양의 상품을 더 싸게 살 수 있도록 문호를 개방해야 한다고 주장한다. 이 이론은 한 국가가 보유하고 있는 금이나 은으로 국부를 측정하는 것이 아니라 국민들의 생활 수준으로 측정한다.

무역으로부터의 이익을 보여 주는 데 있어 절대우위 이론의 힘에도 불구하고 잠재적인 한 가지 문제가 있다. 한 나라가 어떠한 상품의 생산에 있어서도 절대우위가 없을 때는 어떻게 되는가? 여전히 무역으로부터의 이익이 있는가? 심지어 무역이 일어날 수는 있을까? 이러한 질문에 답하기 위해 절대우위를 확장해 보자 : 비교우위 이론.

비교우위

영국의 경제학자 데이비드 리카도는 비교우위 이론을 1817년에 개발했다.[6] 그는 만약 (두 나라를 가정한 우리의 예에서) 한 나라가 두 상품 생산에 모두 절대우위를 가지고 있더라도, 특화와 무역이 여전히 두 나라에 이익이 될 수 있다고 제시했다. 한 나라가 한 상품을 다른 나라보다 더 효율적으로 생산할 수는 없으나, 어떤 다른 상품을 생산하는 것보다 그 상품을 더 효율적으로 생산할 때 그 나라는 **비교우위**(comparative advantage)를 가지게 된다. 달리 말하면, 한 나라가 두 상

비교우위
한 국가가 다른 국가보다 어떤 상품을 더 효율적으로 생산할 수 있는 능력은 없지만, 그 국가가 생산하는 다른 어떤 상품보다도 그 상품을 더 효율적으로 생산할 수 있는 능력

품의 생산에 있어서 덜 효율적이지만, 둘 중 하나의 상품의 생산에 있어 덜 비효율적인 한 무역은 여전히 이익이 된다.

우리의 온수 욕조의 예로 돌아가 보자. 유능한 CEO가 이전에 온수 욕조를 설치해 봤고 1주 안에 이 일을 마칠 수 있다고 가정해 보자. 이는 온수 욕조 설치 기사보다 2배나 빠른 것이다. 그리하여 그 CEO는 이제 회사를 경영하는 것과 온수 욕조를 설치하는 것 둘 다 절대우위를 가지고 있다. 전문 설치 기사가 회사를 경영하는 것과 온수 욕조를 설치하는 것에 둘 다 절대우위가 없음에도 불구하고, 그는 온수 욕조를 설치하는 것에 덜 비효율적이다. 그 CEO는 두 분야에서 절대우위를 갖지만 그 일을 마치기 위해 회사 경영을 쉬게 되어 일주일에 2만 달러를 여전히 포기해야만 한다. 이것이 현명한 결정일까? 아니다. 그 CEO는 5,000달러를 주고 그 일을 하게 전문 설치 기사를 고용해야 한다. 그 전문 설치 기사는 그 CEO가 스스로 그 일을 한다면 벌지 못했을 돈을 벌게 된다. 그리고 그 CEO는 설치를 직접 함으로써 돈을 절약하는 것보다 회사 경영에 집중함으로써 더 많은 돈을 빈다.

특화와 무역으로부터의 이득 국제무역에서 비교우위 이론이 어떻게 작동하는가를 보기 위해 쌀 나라와 차 나라의 예로 돌아가자. 우리의 앞선 논의에서는, 쌀 나라는 쌀 생산에 절대우위를, 차 나라는 차 생산에 절대우위를 가지고 있었다. 이제 쌀 나라가 쌀과 차를 생산하는 데 있어 둘 다 절대우위가 있다고 가정하자. 다음 표는 각 나라가 쌀과 차를 생산하기 위해 드는 자원 단위의 수를 보여 준다. 쌀 나라는 여전히 1톤의 쌀을 생산하는 데 1단위의 자원만이 필요하지만 차 1톤을 생산하는 데는 자원 2단위만(5단위 대신에) 투자하면 된다. 차 나라는 1톤의 쌀을 생산하기 위해서는 여전히 6단위의 자원이 필요하며, 차를 1톤 생산하는 데는 3단위의 자원이 필요하다.

	생산에 드는 단위 수	
	쌀	차
쌀 나라	1	2
차 나라	6	3

쌀과 차를 생산하는 각 나라의 효율성을 나타내는 또 다른 방법은 다음과 같다.

- 쌀 나라에서 1단위 자원 = 1톤의 쌀 또는 1/2톤의 차
- 차 나라에서 1단위 자원 = 1/6톤의 쌀 또는 1/3톤의 차

그리하여 사용되는 모든 자원 단위에 대해 쌀 나라는 차 나라보다 더 많은 쌀과 차를 생산할 수 있다. 쌀 나라는 두 제품의 생산에서 절대우위를 갖고 있다. 그러나 쌀 나라는 덜 효율적인 생산자와 무역을 함으로써 이익을 얻을 수 있다. 차 나라는 쌀과 차 생산에서 둘 다 절대열위에 있음에도 불구하고, 차 생산에 비교우위를 갖고 있다. 달리 말하면 차 나라는 쌀과 차에서 쌀 나라에 비해 더 효율적으로 생산할 수 없으나, 쌀보다 차를 더 효율적으로 생산한다.

쌀 나라와 차 나라가 일대일로 쌀과 차를 교역하기로 한다고 다시 가정하자. 차 나라는 자원 1단위로 1/6톤의 쌀을 생산할 수 있다. 그러나 이 자원 1단위로 1/3톤의 차를 생산하여 쌀 나라에서 1/3톤의 쌀을 교역으로 얻는 것이 나을 것이다. 특화와 무역을 통해 차 나라는 스스로 쌀을 생산하는 것보다 2배의 쌀을 더 얻을 수 있다. 또한 쌀 나라는 둘 다에 절대우위를 갖고 있음에

그림 5.3
특화와 무역으로부터의 이득 : 비교우위

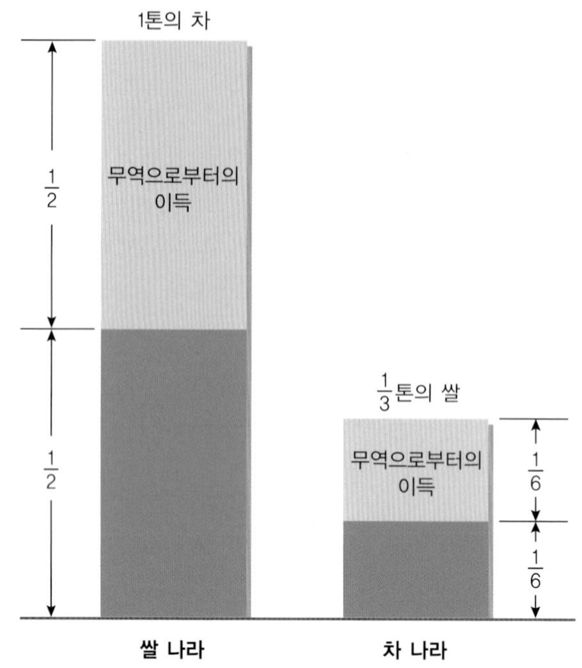

도 불구하고 무역을 통해 이익을 얻을 수 있다. 차 나라는 자원 1단위를 1/2톤의 차를 생산하는 데 투자할 수 있다. 그러나 자원 1단위로 1톤의 쌀을 생산하여 차 나라와 1톤의 차를 교환하는 교역을 하는 것이 더 좋을 것이다. 그리하여 쌀 나라는 무역을 통해 스스로 생산할 때보다 2배의 차를 얻을 수 있다. 쌀 나라가 차 나라보다 더 효율적인 생산자라는 사실에도 불구하고 말이다.

이런 간단한 무역 거래로부터의 각 나라의 이익을 〈그림 5.3〉에서 보여 준다. 다시, 실제 국가들이 무역으로부터 얻는 이익은 그들이 사용할 수 있는 자원의 양과, 각 상품에 대해 각 시장이 바라는 소비 수준에 달려 있다.

가정과 한계 절대우위와 비교우위에 관한 논의를 통해 우리는 이론을 실제 세계에 적용하는 것을 제한하는 몇 가지 중요한 가정을 만들었다. 첫째, 국가는 생산과 소비의 극대화만을 이루려 한다고 가정했다. 이는 종종 사실이 아니다. 정부는 노동자와 소비자를 고려하여 종종 국제무역에 간섭한다. (국제무역에 있어서 정부의 역할에 대해서는 제6장에서 논의한다.)

둘째, 이론은 단지 두 상품의 생산과 소비에 두 나라만이 관여한다고 가정한다. 이것은 명백히 실세계에 존재하는 상황이 아니다. 전 세계에는 현재 180개 이상의 국가가 있으며, 셀 수 없이 많은 상품이 전 세계에서 생산되고 교역되며 소비된다.

셋째, 국가 간에 교역되는 제품의 운송에 비용이 없다고 가정했다. 실제적으로는 운송비용이 어떤 상품에 대해서는 국제무역의 주요 비용이다. 만약 어떤 상품에 대한 운송비용이 특화를 통해 절감되는 것보다 높다면 무역은 일어나지 않을 것이다.

넷째, 이론은 단지 생산 과정에 사용되는 자원은 오직 노동력뿐이라고 간주한다. 왜냐하면 이 이론이 개발된 당시에는 상품의 총생산비용에서 노동비가 큰 비중을 차지했기 때문이다. 게다가 자원은 각 국가 내에서만 움직일 수 있으며 양국 간에는 이동하지 않는다고 가정한다. 그러나 이동이 어렵고 비용이 듦에도 불구하고, 노동력과 천연자원은 국가들 사이에서 이전될 수 있다.

마지막으로, 어느 특정한 상품 생산의 특화는 효율성의 증가를 가져오지는 않는다고 가정한다. 그러나 특화는 업무 지식의 증가와 함께, 아마도 심지어 그 업무가 수행되는 방식에 대한 미래의 개신을 가져올 수 있음을 우리는 인다. 그리하여 어떤 상품의 일정량을 생산히는 데 필요한 자원의 양이 시간이 지남에 따라 감소할 것이다.

비교우위 이론의 가정에도 불구하고, 연구는 상당한 양의 증거에 의해 이론이 지지되는 것을 보여 준다. 그럼에도 불구하고 경제학 연구자들은 국제무역을 설명하기 위한 새로운 이론들을 계속해서 개발하고 검증한다.

퀵 스터디 3

1. 다른 국가들보다 상품을 더 효율적으로 생산할 수 있는 나라는 무엇을 가지고 있다고 말하는가?
2. 어떤 나라가 다른 국가들보다 더 효율적으로 어떤 상품을 생산할 수는 없으나, 그 나라가 생산할 수 있는 다른 어떤 상품보다도 그 상품을 더 효율적으로 생산할 수 있을 때 그 나라는 무엇을 가지고 있는가?
3. 절대우위와 비교우위 이론은 국가는 무엇으로부터의 이익 때문에 무역으로부터 이익을 얻는다고 말하는가?

요소비율 이론

1990년대 초반, 한 나라의 자원의 비율(공급)에 관심을 집중한 국제무역 이론이 나타났다. 어떤 자원의 원가는 간단하게 수요와 공급의 결과이다. 즉 수요에 비해 공급이 많은 요소들은, 수요에 비해 공급이 적은 요소들보다 원가가 낮을 것이다. **요소비율 이론**(factor proportions theory)은 국가가 자국에 풍부한 자원(요소)을 필요로 하는 상품을 생산하여 수출하고, 공급이 부족한 자원을 필요로 하는 상품은 수입한다고 주장한다.[7] 이 이론은 엘리 헥셔와 베르틸 올린, 두 경제학자의 연구로부터 나왔으며, 그래서 이를 헥셔-올린 이론이라고 부른다.

요소비율 이론
국가가 자국에 풍부한 자원(요인)을 필요로 하는 상품은 생산하여 수출하고, 공급이 부족한 자원을 필요로 하는 상품은 수입한다는 무역 이론

요소비율 이론은 비교우위 이론과 상당히 다르다. 비교우위 이론이 한 나라가 다른 어떤 상품보다도 어느 한 상품을 더 효율적으로 생산할 수 있는 것에 특화한다고 주장한 것을 상기하자. 그리하여 이 이론(절대우위도 또한)은 특정 상품의 생산 과정의 **생산성**에 중점을 둔다. 대조적으로, 요소비율 이론은 국가가 — 가장 생산성이 높은 상품이 아니라 — 가장 **풍부하고** 따라서 **가장 값이 싼** 생산요소를 사용하는 상품을 생산하고 수출하는 것을 특화한다고 주장한다.

노동 대 토지와 자본설비

요소비율 이론은 한 나라의 자원을 두 범주로 나누는데, 즉 노동이 그 하나이고 토지와 자본설비가 다른 하나이다. 한 나라의 노동 원가가 토지와 자본설비의 원가에 비해 낮다면 노동을 필요로 하는 상품에 특화할 것이다. 그 대신에, 한 나라의 토지와 자본설비의 원가가 노동 원가보다 상대적으로 낮을 때 토지와 자본설비를 필요로 하는 상품에 특화할 것이다.

요소비율 이론은 개념적으로 매력적이다. 예를 들면 (약 60%가 목초지와 초원인) 호주는 광활한 토지를 가지고 있으며 그 규모에 비해 상대적으로 적은 인구를 가지고 있다. 호주의 수출품은 천연자원과 광활한 규모의 토지를 필요로 하는 상품들로서 대체로 광산물, 곡물, 쇠고기, 양고기와 낙농 제품으로 구성되어 있다. 한편 호주의 수입품은 자본집약형의 광업과 현대적인 농업에서 필요로 하는 것으로서 제조된 원자재, 자본설비와 소비재로 대부분 구성되어 있다. 그러나 검증되지 않은 증거를 살펴보는 대신에 요소비율 이론이 과학적인 검증을 얼마나 잘 거치는지를 보자.

요소비율 이론의 증거 : 레온티에프 역설

개념적으로 매력적인 이론임에도 불구하고, 요소비율 이론은 나라 간의 무역 흐름을 조사한 연구에서 지지를 받지 못한다. 그러한 증거를 기술한 가장 큰 규모의 첫 번째 연구는 1950년대 초에 바실리 레온티에프라는 연구자에 의해 수행되었다.[8] 레온티에프는 풍부한 자본설비를 사용하는 미국이 자본집약적 생산을 필요로 하는 상품을 수출하고, 노동집약적 생산을 필요로 하는 상품을 수입하는지를 검증했다. 요소비율 이론의 예측과는 반대로, 그의 연구는 미국의 수출품은 수입품보다 더 많은 노동집약적인 생산을 필요로 한다는 사실을 발견했다. 이론적 예측과 실제 무역 흐름 간에 명백한 이 역설을 레온티에프 역설이라고 부른다. 레온티에프의 발견은 여러 나라의 무역 흐름 자료를 근거로 한 보다 최근의 연구에 의해서도 지지를 받는다.

무엇이 레온티에프 역설을 설명할 수 있는가? 한 가지 가능한 설명은, 요소비율 이론은 한 국가의 생산요소—특히 노동—가 동질적이라고 간주한다는 것이다. 그러나 우리는 한 나라 안에서도 노동 숙련도는 매우 다양하다는 것을 안다. 더 고도로 숙련된 노동자들이 훈련과 개발 프로그램에 의해 출현한다. 노동의 숙련도를 개선하기 위한 지출을 고려할 때, 이 이론은 실제 무역 자료에 의해 지지되는 것처럼 보인다. 국제무역 자료를 조사하는 추가적인 연구는 어떤 이유가 레온티에프 역설을 실제로 설명하는지를 우리가 더 잘 이해하도록 도울 것이다.

지금까지 언급된 국제무역 이론들의 각각의 문제점 때문에, 연구자들은 계속해서 새로운 이론을 제안하고 있다. 이제 상품의 수명주기에 기반하여 국제무역을 설명하려고 하는 한 이론을 살펴보자.

퀵 스터디 4

1. 국가가 자국이 풍부한 자원을 필요로 하는 상품을 생산하여 수출하고, 공급이 부족한 자원을 필요로 하는 상품을 수입한다고 주장하는 이론은 무엇인가?
2. 요소비율 이론은 한 나라의 자원을 어떠한 두 범주로 나누는가?

국제 제품수명주기

국제 제품수명주기 이론
어느 기업이 자신의 제품을 수출하는 것으로 시작하여 나중에 그 제품이 수명주기를 따라 해외직접투자에 착수할 것이라는 이론

레이먼드 버논은 1960년대 중반에 제조업 제품에 대해 국제무역 이론을 내놓았다. 그의 **국제 제품수명주기 이론**(international product life cycle theory)은 어느 한 기업이 그것의 제품을 수출함으로 시작하여 제품이 수명주기를 지남에 따라 해외직접투자에 착수한다고 기술한다. 이 이론은, 또한 많은 이유 때문에 한 나라의 수출품은 마침내 그것의 수입품이 된다고 주장한다.[9]

버논이 미국을 대상으로 그의 모델을 개발했음에도 불구하고, 이것을 호주, 유럽연합과 일본과 같은 선진적이고 혁신적인 시장에 일반화하여 적용할 수 있다. 이 이론이 어떻게 국제무역 흐름을 설명하고자 하는지를 살펴보자.

제품수명주기의 단계

국제 제품수명주기 이론은 한 상품이 어디에서 생산될 것인지를 결정하기 위해 수명주기(신제품, 성숙기 제품, 표준화된 제품)에 따라 그 상품의 길을 따르는 것이다(그림 5.4 참조). 1단계 **신제품** 단계에서는, 어느 한 선진국의 구매자들의 높은 구매력과 수요가 한 기업으로 하여금 새로운 제품 개념을 설계하고 도입하도록 만든다. 이 시점에서는 국내 시장에서의 정확한 수요 수준

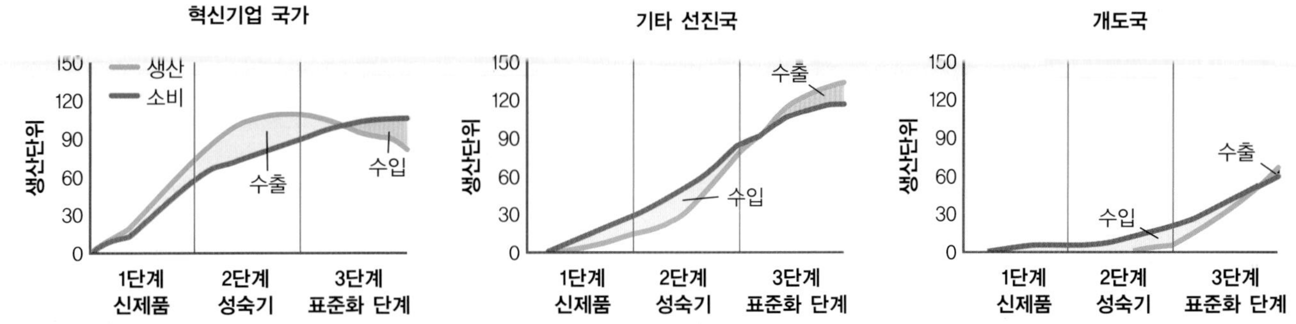

그림 5.4
국제 제품수명주기

출처 : Adapted from Raymond Vernon and Louis T. Wells Jr., *The Economic Environment of International Business*, 5th ed. (Upper Saddle River, NJ: Prentice Hall, 1991), p. 85.

이 매우 불확실하기 때문에 기업은 생산량을 낮게 유지하고 국내 시장을 기반으로 한다. 초기 연구와 개발이 발생한 곳에서 생산을 지속하고 고객과 접촉을 유지함으로써 기업은 구매자의 기호를 점검하고 필요시 제품을 개량하게 된다. 초기에는 사실상 수출 시장이 없지만, 신제품 단계의 후반에는 수출이 늘기 시작한다.

두 번째 단계인 **성숙기 제품** 단계에서는, 국내외 시장에서 제품의 존재와 유익성을 충분히 알게 된다. 수요는 증가하고 상당히 긴 기간 동안 유지된다. 수출이 총 제품 판매의 점차 큰 부분을 차지하기 시작함에 따라, 혁신적인 기업은 가장 높은 수요를 지닌 국가에 생산설비를 도입한다. 성숙 단계가 끝날 즈음에는, 제품은 개도국에서 매출을 창출하기 시작하며, 아마도 일부 제조 거점이 그곳에 설립된다.

세 번째 단계인 **표준화 제품** 단계에서는, 비슷한 제품을 판매하는 다른 기업들로부터의 경쟁으로 인해 매출 수준을 유지하기 위해 기업은 가격인하의 압력을 받는다. 시장이 가격에 더 민감할수록 기업은 성장하는 전 세계 시장에 공급하기 위해 공격적으로 개도국들의 저원가 생산 기지를 찾기 시작한다. 더 나아가 대부분의 생산이 이제 최초 혁신 국가 밖에서 발생함에 따라, 혁신 국가의 수요는 개도국들과 다른 선진국들로부터의 수입품으로 공급된다. 이 단계의 끝 무렵에는 국내 생산이 완전히 멈출 수도 있다.

이론의 한계

버논은 대부분의 새로운 제품들이 미국에서 처음으로 개발되고 판매되었을 때 그의 이론을 개발했다. 미국 기업들이 1960년대에 세계적으로 강력했던 한 가지 이유는, 제2차 세계대전 동안에 유럽의 경우처럼(일본은 어느 정도) 국내 생산기반이 파괴되지 않았기 때문이다. 게다가 전쟁 동안 미국에서 생산되는 자동차를 비롯한 많은 내구재의 생산이 군대의 수송이나 무기의 생산으로 옮겨 갔다. 이것이 자동차와 가전제품과 같은 새로운 자본집약형 소비재에 대한 엄청난 전후 수요의 기반이 되었다. 더 나아가, 처음에는 군사 목적으로 개발된 기술의 진보가 소비재 상품에 통합되었다. TV, 복사기와 컴퓨터 같은 다양한 새롭고 혁신적인 제품들은 미국 소비자들의 만족할 줄 모르는 욕구를 충족시켰다.

이 이론은 미국이 세계 무역을 지배하고 있을 때의 세계 무역 패턴을 잘 설명하는 것처럼 보였다. 그러나 오늘날 국가들의 무역 흐름을 정확하게 그리는 이 이론의 능력은 약하다. 미국은 더 이상 전 세계 유일한 제품 혁신국이 아니다. 기업이 그들의 R&D 활동을 계속하여 글로벌화하고 있기 때문에 새로운 제품은 어디서나 출현한다.

더욱이 기업은 오늘날 매우 빠른 속도로 새로운 제품을 디자인하고 제품을 개량한다. 그 결과

경영자의 서류가방 다섯 가지 이행 실수

온라인 판매 시에 완벽하게 실패할 염려가 없는 물류 방법은 없지만, 만약 다음의 다섯 가지 주요 실수를 피할 수 있다면 더 큰 고객만족을 향유할 것이다.

- **실수 1 : 공급사슬의 오해** 주문이행센터는 얼마나 많은 주문을 1시간에, 하루에, 일주일에 처리할 수 있는가? 긴급배송이 아닌 표준배송을 통해서는 수화물이 이행센터에서 고객에게 도착하기까지 얼마나 걸리는가? 그리고 이행센터는 얼마나 많은 재고를 주어진 날에 받을 수 있는가? 만약 회사가 답을 모른다면, 지킬 수 없는 배송 약속을 하는 심각한 위험에 처할 수도 있다.
- **실수 2 : 배송에 대한 지나친 약속** 기업가 소유주/경영자는 날씨와 같은 통제할 수 없는 요인에 대한 검증 없이 너무 과도한 배송 시간을 광고하지 않아야 한다. 고객은 비현실적으로 빠른 주문-회송 시간을 약속받지 못한다는 것을 확인하기 위해 또한 주의를 기울여야 한다. 유연성은 이행 운영 과정에 내재되어야 한다.
- **실수 3 : 반품에 대한 무계획** 고객 반품을 잘 처리하는 것은 반복적인 거래를 증가시킬 수 있다. 내부의 반환 과정이 조직화될 필요가 있으며, 반환은 제품이 이행센터로 돌아오기 시작할 때까지 기다려서 나가서는 안 된다. 고객에 대한 신속한 입금은 제품 자체와 함께 평판으로써 창업 기업에 보상을 줄 수 있다.
- **실수 4 : 고객 요구의 오해** 많은 인터넷 쇼핑 구매자들은 더 낮은 배송비와 교환으로 배송 속도를 기꺼이 희생한다. 이러한 비용과 서비스 간의 차이에 대해 균형을 유지하는 것은 온라인 마케터들이 주문이행비용을 줄이기 위한 기회이다.
- **실수 5 : 형편없는 내부 소통** 마케팅 부서는 물류 인력과 긴밀히 소통해야 한다. 만약 물류 전문가들이 듣지 못하고 대규모로 계획된 마케팅 강행이 회사 웹사이트를 마비시킨다면 회사 홍보관계의 악몽을 가져올 수 있다.

더 빨리 제품이 진부화되고, 기업은 그들의 기존 제품을 새로운 제품 도입으로 대체하고 있다. 이는 기업으로 하여금 매출이 하락하고 제품이 퇴출되기 전에 R&D 비용을 회수하기 위해 많은 시장에 동시에 제품을 도입하게 하고 있다. 이 이론은 이에 따른 무역 패턴을 설명하는 데 있어 어려움을 느낀다.

사실상 더 오래된 이론들이 오늘날의 글로벌 무역 패턴을 더 잘 설명할 수 있다. 오늘날 세계의 많은 생산은 비교우위 이론의 예측을 더 밀접히 닮아 간다. 워싱턴 주 에버렛에 있는 보잉사(www.boeing.com)의 조립 공장은 넓은 동체형인 보잉 787기 드림라이너를 조립한다. 그러나 787기의 부품을 생산하는 회사들은 세계 곳곳에 있다. 화물칸 문은 "메이드 인 스웨덴"이라고 각인되어 도착하는데 이는 사브사가 공급을 한다. 비행기 화장실은 일본 잠코사가 만든다. 비행기 조종석은 영국 아이페코사가 공급하며, 착륙기어는 프랑스의 메시에르-부가티-도우티사가 만든다.[10] 부품은 선택된 입지에서 이후 조립된다. 이런 패턴은 어느 한 제품의 부품은 높은 수준의 생산성으로 생산할 수 있는 나라에서 만든다는 점에서 비교우위 이론을 닮았다.

마지막으로, 이 이론은 더 많은 기업들이 시작부터 국제 시장에서 운영하고 있는 사실에 의해 도전받고 있다. 많은 소규모 기업들이 새로운 제품 또는 생산 기술을 개발하기 위해 다른 시장에 있는 기업들과 팀을 이루고 있다. 이 전략은 다른 방식으로는 국제적인 생산 또는 판매에 참여할 수 없는 작은 기업들에게 특히 유효한 전략이다. 프랑스 기업 인제니코(www.ingenico.com)는 터미널과 관련 소프트웨어를 포함한 안전거래 시스템의 글로벌 선도기업이다. 이 기업은 소규모로 시작하여 현지 대리인 역할을 하는 기업가들의 글로벌 네트워크와 일을 했으며 그것이 현지 시장을 정복하는 데 도움이 되었다. 인제니코의 글로벌 네트워크에 내재된 문화적 지식이 각 시장에 적절한 제품을 디자인하고 생산하는 데 도움이 되었다.[11]

인터넷 또한 모든 규모의 기업이 쉽게 글로벌 고객에게 다가갈 수 있도록 만든다. 기업이 인터넷상에서 받은 국제 주문을 이행하는 데 있어 피할 수 있는 몇 가지 함정에 대한 토의와 관련하여 글상자 '경영자의 서류가방 : 다섯 가지 이행 실수'를 참조하라.

퀵 스터디 5

1. 국제 제품수명주기 이론은 어느 한 기업이 제품을 수출하는 것으로 시작하여 그 제품이 수명주기를 거침에 따라 나중에 *무엇*에 착수하게 된다고 주장하는가?
2. 한 제품이 국제 제품수명주기 이론에 따라 거치게 되는 세 단계를 열거하라.
3. 생산성의 최적화가 한 제품의 부품이 제조되고 조립되는 곳을 결정할 때마다 그 결과로 생기는 활동의 패턴은 *어떤* 이론이 예측하는 것과 유사한가?

신무역 이론

1970년대와 1980년대에, 또 다른 이론이 무역 패턴을 설명하기 위해 등장했다.[12] 그 **신무역 이론**(new trade theory)은 다음과 같이 기술한다. (1) 특화와 규모의 경제 증가로부터 생긴 이익이 있으며, (2) 처음으로 시장에 진출한 기업들은 진입장벽을 만들 수 있으며, (3) 정부는 자국 기업을 돕는 역할을 할 수 있다. 이 이론은 한 나라의 자원보다 생산성을 강조하기 때문에 이것은 비교우위 이론과는 일치하지만 요소비율 이론과는 상충된다.

신무역 이론
(1) 특화와 규모의 경제로부터 창출된 이익이 있으며, (2) 시장에 최초로 진출한 기업은 진입장벽을 만들 수 있으며, (3) 정부는 자국 기업을 돕는 역할을 한다는 이론

선발자 우위

신무역 이론에 따르면, 한 기업이 특정 상품 생산의 특화 규모를 증가시킴에 따라 효율성이 증가하기 때문에 생산량은 늘게 된다. 생산량과는 관계없이 기업은 제품을 생산하기 위해 필요한 공장과 설비 R&D 비용과 같은 고정생산비용을 가지게 된다. 이 이론에 의하면, 특화와 생산량이 증가함에 따라 기업은 규모의 경제를 실현할 수 있게 되어 단위당 생산 원가를 더 낮출 수 있다. 이것이 많은 기업이 규모를 확장함에 따라 구매자들에게 가격을 낮추고, 잠재적 경쟁자들이 가격결정에서의 경쟁력을 위해 비슷한 수준으로 생산하도록 만드는 이유이다. 그리하여 큰 규모의 경제가 존재하므로 소수의 대기업들만을 지탱하게 하는 산업이 창출될 수 있다.

선발자 우위(first-mover advantage)는 한 산업에 처음으로 진입함으로써 얻는 경제적 · 전략적 우위이다. 이러한 선발자 우위는 잠재적 경쟁자들에게 엄청난 진입장벽을 만들 수 있다. 이 신무역 이론은 또한 한 나라는 선발자 우위를 획득한 자국 기반의 기업을 가지고 있기 때문에 어떤 제품의 수출을 지배할 수 있다고 주장한다.[13]

선발자 우위
어느 한 산업에 들어가는 첫 번째 기업이 됨으로써 얻게 되는 경제적 · 전략적 우위

한 산업에 진입하는 첫 번째 기업이 된다는 잠재적 이익 때문에 어떤 사업자들과 연구자들은 기업에 정부 지원이 필요하다는 주장을 한다. 그들은 잠재성 있는 새로운 산업을 목표로 함께 일함으로써 정부와 자국 기업은 한 산업에서 선발자가 되는 이익을 이용할 수 있다고 말한다. 정부 참여는 국가 안보 이유를 위한 우주탐사와 같은 것을 수행함에 있어서 항상 광범위하게 받아들여지는 반면에 순수한 상업적 사업에서는 덜 그렇다. 그러나 다른 나라 정부들이 선발자 우위를 얻기 위해 산업에 참여할지도 모른다는 두려움이 많은 정부로 하여금 행동에 옮기게 만든다.

퀵 스터디 6

1. 신무역 이론의 주요 요지는 무엇인가?
2. 한 산업에 처음으로 진입하게 됨으로써 얻게 되는 경제적 · 전략적 우위를 *무엇*이라 하는가?

국가 경쟁우위

한 국가의 어떠한 경제개발 측면이 그 국가에게 경쟁우위를 제공할 수 있는가? 극빈국들은 (기초 인프라와 같은) 생산성 향상의 토대가 되는 견인차에 투자하는 경향이 있다. 부유국들은 전형적으로 생산성을 향상시키기 위해 최신의 기술적 진보를 사용한다. 국가가 지속가능한 경제발전을 어떻게 달성하는지에 대한 연구는 (1) 문화, (2) 지리, (3) 혁신의 잠재적 역할을 분석했다. 이러한 요인들이 어떻게 경제성장을 견인하는지에 관해서는 글상자 '글로벌 지속가능성 : 개발의 기반'을 참조하라.

연구자들이 대답하려고 노력하는 하나의 관련 질문은, 어떤 나라에 있는 기업들이 특정 산업에서 경쟁우위를 어떻게 개발하는가이다. 1990년에 마이클 포터는 어떤 나라가 어떤 제품의 생산에서 왜 리더가 되는지를 설명하는 이론을 내놓았다.[14] 그의 **국가 경쟁우위 이론**(national competitive advantage theory)은 한 산업에서 한 나라의 경쟁력은 그 산업이 혁신하고 개선할 수 있는 능력에 달려 있다고 주장한다. 포터의 이론은 이전의 국제무역 이론들의 특정 요소를 포함하지만 또한 어떤 중요한 새로운 발견거리들을 만들었다.

국가 경쟁우위 이론
한 산업에 있어서 국가의 경쟁력은 그 산업이 혁신하고 개선할 수 있는 능력에 달려 있다는 무역 이론

포터는 국가의 수출과 수입을 설명하는 데 사로잡히지 않았으며 오히려 왜 어떤 나라들이 어떤 산업에서 더 경쟁적인가를 설명했다. 그는 국가마다 정도의 차이는 있지만 각국에 존재하는 국가 경쟁력의 근간을 이루는 네 가지 요소를 밝혀냈다. 포터의 다이아몬드 모형은 (1) 요소 조건, (2) 수요 조건, (3) 연관된 지지 산업, (4) 기업의 전략, 구조와 경쟁의식 등으로 구성되어 있다. 이러한 요소들을 살펴보고 어떻게 이들이 국가 경쟁력을 지지하기 위해 상호작용하는지를 보자.

요소 조건

요소비율 이론은 다른 무엇보다 한 나라가 어떤 제품을 생산하고 수출할 것인가에 있어 가장 중요한 요소로서 대규모 노동력, 천연자원, 기후 또는 표면 특징과 같은 국가 자원을 고려한다. 포터는 기본 요소로 불리는 그러한 자원들의 가치를 인정하지만, 또한 그가 선진 요소라고 부르는 것의 중요성을 이야기한다.

선진 요소 선진 요소는 한 국가의 노동력의 상이한 부분들의 숙련도 수준과 기술적 인프라의 질을 포함한다. 선진 요소는 노동자 훈련과 기술적인 R&D를 포함하는 교육과 혁신에 대한 투자의 결과이다. 기본 요소는 왜 한 경제가 어떤 제품을 생산하는 것을 시작하는가에 대한 초기의 불씨일 수 있는 반면에, 선진 요소는 한 나라가 그 제품에서 향유하는 지속가능한 경쟁우위를 설명한다.

예를 들어 오늘날 일본은 자동차 생산에서, 미국은 비행기 제조에서 우위를 가지고 있다. 컴퓨터 부품 제조에서 중국이 점점 더 중요한 경쟁자이지만 대만이 지배적인 위치에 있다. 이러한 나라들은 기본 요소 때문에 각각의 영역에서 현 위치를 얻지 않았다. 예를 들어 일본은 철광석이라는 천연자원 때문에 자동차에서 우위를 획득한 것이 아니다. 일본은 사실상 철광석이 없으며, 필요로 하는 대부분의 철은 수입에 의존해야 한다. 이 나라들은 그들의 계획적인 노력을 통해 이런 제품을 생산하는 데 생산성과 우위를 개발했다.

수요 조건

본국 시장에서의 세련된 구매자들은 어느 한 제품 영역에서 국가 경쟁우위에 또한 중요하다. 세

글로벌 지속가능성 개발의 기반

어느 국가의 어떠한 측면들이 지속가능한 경제개발을 향한 국가의 경로에 영향을 미치는가? 연구자들은 다음과 같은 여러 요소들을 지적한다.

- **문화** 일부 연구자들은 국가 간 문화의 차이가 개발, 물질적 행복과 사회 경제적인 형평성에서의 차이를 설명할 수 있다고 믿는다. 그들은 어떤 문화가 개발이 가져오는 이익에 가치를 둔다면 이 문화는 높은 생산성과 경제성장을 달성할 수 있다고 주장한다. 비평가들은 이러한 관점은 다른 문화를 불공평하게 판단한다고 말한다. 그들은 각각의 문화는 그것의 고유한 가치, 관행, 목표와 윤리를 정의한다고 주장하며, 서구 국가들이 그들의 '진보'에 대한 개념을 다른 문화에 부과해서는 안 된다고 주장한다.
- **지리** 다른 연구자들은 지리가 생산성과 경제개발의 중심이라고 주장한다. 개발을 방해한다고 생각되는 요소들은 해안가로부터 멀리 떨어신 내륙 국가, 시장에 대한 접근성이 나쁘거나, 천연자원이 거의 없고 열대기후를 가지는 것을 포함한다. 그러나 작은 규모나 광대한 천연자원의 부족에도 불구하고, 홍콩, 싱가포르, 한국과 대만은 경쟁력 있는 시장경제를 만들어 냈다. 이 국가들은 식민지국에 대한 의존을 벗어 버렸다.
- **혁신** 유럽연합에 가입하려는 국가들은 엄격하고 혁신적인 요건을 만족시켜야 한다. 이는 관습, 태도, 가치의 이동과 함께 동부유럽의 문화를 서부유럽의 문화에 더 가까이 가게 하고 있다. 오늘날 신흥시장에서, 자신의 운명을 개선하려는 야심과 훨씬 더 저렴한 생산 입지에 의해 대체될 수 있다는 두려움에 의해 혁신이 추진되고 있다. 신흥시장에서 자체적으로 성장한 기업들은 국내외 고객들에게 매력을 느끼게 하는 매우 저렴하지만 고도의 기능을 지닌 자동차, 컴퓨터와 휴대전화를 개발했다.
- **더 알고 싶다면?** 컬처링크 네트워크(www.culturelink.org), 아프리카 문화정책관측소(ocpa.irmo.hr)와 북-남 연구소(www.nsi-ins.ca)를 방문하라.

출처 : Mark Johnson, "Innovation in Emerging Markets," *Bloomberg Businessweek* (www.businessweek.com), May 28, 2010; "The World Turned Upside Down," *The Economist*, April 17, 2010, pp. 3-6; William Fischer, "Dealing with Innovation from Emerging Markets," IMD website (www.imd.org), November 2008.

련된 국내 시장이 기업으로 하여금 새로운 디자인 특징을 제품에 더하게 하고 완전히 새로운 제품과 기술을 개발하게 한다. 세련된 구매자와 함께하는 시장에 있는 기업들은 전체 그룹의 경쟁력이 향상되는 것을 보게 된다. 예를 들어 컴퓨터 소프트웨어에 있어 세련된 미국 시장은 새로운 소프트웨어 제품을 개발함에 있어서 미국 기업들에게 경쟁력을 제공하는 것을 도왔다.

연관된 지지 산업

한 국가의 국제적으로 경쟁력이 있는 산업에 속해 있는 기업들은 홀로 존재하지 않는다. 오히려 지지해 주는 산업들이 생겨나서 그 산업이 요구하는 투입물을 제공한다. 이것은 국제적으로 경쟁력이 있는 산업의 제품 또는 과정상 기술로부터 혜택을 얻는 기업들이 동일한 지리적 영역에서 연관된 경제적 활동의 클러스터를 형성하기 시작하기 때문에 발생한다. 그 클러스터에 있는 각 산업은 생산성을 강화하는 데 도움이 되며, 그러므로 클러스터 안에 있는 다른 산업의 경쟁력 강화에도 도움이 된다. 예를 들어 이탈리아는 신발 산업에 있어서 하나의 성공적인 클러스터인데, 이는 매우 밀접하게 연관된 가죽 무두질과 패션디자인 산업으로부터 혜택이 크기 때문이다. 그리고 미국에서 애리조나 주 피닉스 시는 반도체, 광학과 전자 테스팅에 특화한 기업들의 고향 같은 곳이며, 모든 기업이 이 지역에 상당한 존재감이 있는 보잉과 모토로라(www.motorola.com)의 활동에 매우 연관되어 있다.

상대적으로 적은 수의 클러스터는 대체로 지역의 경제적 활동에서 주요한 몫을 차지한다. 그들은 또한 다른 지역으로 수출되는 경제적 활동의 압도적인 몫을 종종 차지한다. **수출 클러스터**—제품을 수출하거나 현지 지역 밖에서 경쟁하기 위해 투자를 행하는 클러스터—는 어느 한 지역의 장기적인 번영의 중요한 원천이다. 현지 산업에 대한 수요가 본질적으로 현지 시장의 규모에 의해 제한되지만, 수출 클러스터는 그 한계를 한참 넘어서 성장할 수 있다.[15]

기업의 전략, 구조와 경쟁의식

기업의 전략과 경영자의 행동은 미래 경쟁력에 지속적인 영향을 미친다. 성공적인 기업에 필수적인 것은 기업의 시장점유율과 재무적 수익률을 극대화하는 가운데 구매자들에 의해 가치가 매겨진 품질 좋은 제품을 생산하는 데 매진하는 경영자들이다. 마찬가지로 한 나라의 기업 간 산업 구조와 경쟁도 중요하다. 한 나라의 국내 기업들 간에 살아남기 위한 투쟁이 더 극심할수록 그들의 경쟁력은 더 커질 것이다. 이렇게 향상된 경쟁력은 그들이 수입품과 국내 시장에서 생산 입지를 개발할 수도 있는 기업에 대항하여 경쟁하는 것을 돕는다.

정부와 우연성

다이아몬드의 일부로서 확인된 4개의 요소를 별도로 하고, 포터는 정부의 역할과 산업의 국가 경쟁력을 조성하는 가능성을 확인한다.

첫째, 정부는 그들의 행동에 의해 기업의 경쟁력과 심지어 전체 산업의 경쟁력을 종종 증가시킬 수 있다. 예를 들면 신흥시장의 정부는 국유기업의 민영화 속도를 증가시킴으로써 경제성장을 증가시킬 수 있었다. 민영화는 그러한 기업들이 생존할 수 있다면 세계 시장에서 더 경쟁력 있게 성장할 수 있도록 만든다.

둘째, 우연한 사건은 한 기업 또는 한 산업의 경쟁력을 도울 수 있지만, 또한 위협이 될 수도 있다. 맥도날드는 패스트푸드 산업에서 전 세계적인 확실한 경쟁우위를 가지고 있다. 그러나 그것의 압도적인 지배는 몇 년 전 광우병 발생으로 위협을 받게 되었다. 경쟁기업들의 쇠고기 대체 제품으로 고객들이 옮겨 가는 것을 막기 위해 맥도날드는 맥포크 샌드위치와 쇠고기가 아닌 다른 대체 제품들을 도입했다.

만약 포터의 이론이 정확하게 국가 경쟁력의 중요한 견인차를 확인한다면, 기업과 정부에 대해 중요한 시사점이 있다. 예를 들어 정부 정책은 국제적으로 경쟁력이 없는 국가 산업을 보호하기 위해 설계되어서는 안 되며, 경쟁력 향상에 기여하는 다이아몬드 요소를 발전시켜야 한다.

퀵 스터디 7

1. 국가 경쟁우위 이론은 한 나라의 한 산업에서의 경쟁력은 *무엇*을 할 수 있는 산업의 능력에 달려 있다고 주장하는가?
2. 포터의 다이아몬드의 네 가지 주요 요소는 (1) 요소 조건, (2) 수요 조건, (3) 기업 전략, 구조와 경쟁의식과 *그 밖의 다른 무엇*인가?
3. 한 국가가 국제적으로 경쟁력 있는 산업을 지원하기 위해 어느 한 지역에서 일어나는 연관 산업들의 그룹을 *무엇*이라 하는가?

경영을 위한 요점

무역은 기업가 정신을 자유롭게 하며 경제개발을 국가와 그 국민들에게 가져다줄 수 있다. 무역의 가치와 거래량이 전 세계로 계속해서 확장됨에 따라 왜 국가들이 무역을 하고, 어떤 제품을 생산하는 데 있어서 우위를 갖는가를 설명하기 위해 새로운 이론들이 나타날 것이다.

세계화와 무역

이 책의 기본적인 주제는 어떻게 기업이 세계화에 적응하고 있는가이다. 세계화와 그에 따른 증가된 경쟁은 기업으로 하여금 가장 효율적으로 수행할 수 있는 곳에서 특정한 운영 활동을 하도록 한다. 기업은 그들의 생산 시설을 다른 나라로 재배치하거나 또는 해외에 있는 기업에 특정 활동을 아웃소싱함으로써 이렇게 하고 있다. 기업은 경쟁력을 높이기 위해 그러한 활동에 착수한다.

기업 활동의 재배치와 아웃소싱은 상품과 서비스 모두에서 국제무역을 변화시키고 있다. 이 장의 도입 부분에서, 우리는 월마트가 저가의 상품을 인도하기 위해 중국과 같은 저원가 생산국으로부터 제품을 공급받는 것에 의존하는 것을 보았다. HP 또한 원가를 극소화하고 생산량을 극대화하기 위해 세계화와 국제무역을 이용한다. 이 기업은 갈수록 전문화되는 전자제조 시스템을 통해 도처에 새로운 컴퓨터 서버의 설계와 생산을 분산해 놓았다. HP는 싱가포르에서 컴퓨터를 개념화하고 설계했고, 대만에서 컴퓨터의 많은 부품을 설계 · 제조했으며, 호주, 중국, 인도와 싱가포르에서 이를 조립했다. 기업은 효율성을 극대화하기 위해 그러한 생산과 분배 기술을 사용하고 있다.

상품의 생산만 멀리 떨어진 입지로 보내지는 것이 아니라, 기업의 서비스 배송도 마찬가지인데 여기에는 재무회계, 데이터 처리, 신용카드와 보험 문의 처리가 포함된다. 심지어 높은 수준의 기술을 요하는 업무, 즉 엔지니어링, 컴퓨터 프로그래밍과 과학적 연구 등도 멀리 떨어진 위치로 이전하고 있다. 기업의 이러한 동기는 그들이 원가 측면에서 더 효과적인 입지로 제조업을 보낼 때와 동일한데, 즉 증가하고 있는 경쟁 압력에 직면하여 경쟁력을 유지하기 위해서이다.

자유무역의 지지

국제무역 이론은 기본적으로 상품의 생산과 비교하여 서비스 재배치의 경우에도 차이가 없다. 우리가 이 장에서 본 대로, 무역 이론은 만약 서구 시장을 향하는 냉장고가 있다면 이는 중국에서 더 싸게 만들 수 있으며 거기서 제조되어야 함을 말해 준다. 이와 동일한 논리는 만약 서구 시장으로부터 온 신용카드 문의 처리가 더 싸게(그러나 충분히) 인도에서 이뤄질 수 있다면 그렇게 해야 함을 말해 주고 있다. 이 두 사례에서, 수입국들은 덜 비싼 제품으로부터 이익을 얻고, 수출국들은 내부로 들어오는 투자와 더 많은 그리고 더 높은 임금을 주는 일자리로부터 이익을 얻는다.

마지막으로 정부에 대한 정책 시사점이 있다. 선진국에서의 고용이 총체적으로 부정적으로 영향을 받지 않지만, 일자리의 이전은 하나의 우려 사항이다. 많은 정부는 다른 국가들의 근로자에 비해 상대적으로 시장에서 요구되는 기술의 부족으로 한 근로자가 쓸모없게 되는 것을 막기 위해서 근로자의 평생교육을 장려하고 있다. 그리고 보호주의에 대한 아무리 시끄러운 요구가 서비스 업종에 있을지라도, 정부는 그러한 유혹에 잘 버틸 것이다. 경험적으로 경쟁에 대해 장벽을 쌓는 것은 자유무역하에서 보다 덜 경쟁력 있는 기업과 산업, 더 큰 일자리 상실, 더 낮은 생활 수준의 결과를 가져온다.

이 장의 요약

LO1. 국제무역의 이익, 거래량과 패턴을 기술하라.

- 무역은 한 국가의 사람들이 상품과 서비스에 있어서 더 큰 선택을 할 수 있도록 하며, 많은 나라에서 일자리 창출에 중요한 엔진 역할을 하고 있다.
- 국가는 매년 14조 달러 이상 상품을 수출하고, 4조 달러 이상의 서비스를 수출하는데, 무역의 흐름은 세계 경제의 생산량 속도를 따라간다.
- 부유한 나라들 간 무역이 전 세계 상품 무역의 60%가량을, 부유한 나라와 중저소득 나라들 간 무역이 약 34%를, 중간소득 국가와 저소득 국가 간 무역은 약 6%를 차지한다.

LO2. 중상주의가 어떻게 작동했는지와 그 안에 내재된 결점을 설명하라.

- **중상주의**는 국가가 수출을 장려하고 수입을 지양함으로써 금의 형태로 재무적 부를 축적한다고 주장한다.
- 정부는 무역흑자를 유지하기 위해 주로 값싼 원자재의 원천으로, 또한 높은 가격의 완성품의 시장으로서 식민지를 획득함으로써 국제무역에 적극적으로 간섭해야 한다고 믿었다.
- 중상주의는 결함이 있는데, 즉 한 국가가 오직 다른 나라의 희생으로만 국부를 증가시

킨다고(제로섬 게임) 가정하고, 식민지의 경제개발을 제한하고 이로 인해 그들이 부유국으로부터 구매하는 상품의 양을 제한한다.

LO3. 절대우위 이론과 비교우위 이론을 상세히 설명하라.

- 어떤 다른 국가보다 한 상품을 더 효율적으로 생산할 수 있는 한 국가의 능력을 **절대우위**라고 하며, 시장의 힘이 무역 흐름을 좌우한다고 주장한다.
- 절대우위는 한 국가가 절대우위를 가진 상품을 생산하고, 다른 나라로부터는 생산하지 않지만 필요한 상품을 교역하게 허용한다(포지티브섬 게임).
- 한 국가는 다른 국가보다 더 효율적으로 그 상품을 생산할 수는 없지만 그 국가가 생산하는 다른 어떤 상품 중에서 가장 효율적으로 그 상품을 생산할 수 있을 때 **비교우위**를 가진다.
- 그러므로 만약 한 국가가 두 개의 상품 생산에 있어서 덜 효율적이라도, 그 상품들 중 한 상품의 생산에 있어서 덜 비효율적인 한 무역은 여전히 이익을 가져다준다.

LO4. 무역의 요소비율 이론을 요약하라.

- **요소비율 이론**은 국가가 자국이 풍부한 자원(요소)을 필요로 하는 상품을 생산하여 수출하고, 자국이 부족한 자원을 필요로 하는 상품은 수입한다고 주장한다.
- 요소비율 이론은 한 국가가 토지와 자본 원가에 비해 상대적으로 낮은 원가의 노동력을 가지고 있다면(또는 그 반대) 노동을 필요로 하는 상품에 특화한다고 예측한다.
- 이론의 예측과 실제 무역 흐름 사이에 명백한 역설을 **레온티에프 역설**이라고 부른다.

LO5. 국제 제품수명주기 이론을 설명하라.

- **국제 제품수명주기 이론**은 한 기업이 한 제품을 수출하는 것으로 시작하여 그 제품이 수명주기를 따라 움직이고 나중에는 해외직접투자에 착수한다고 주장한다.
- **신제품 단계**에서는 생산이 자국 안에서 이뤄지며, **성숙기 제품 단계**에서는 높은 수요가 있는 다수의 나라에서 생산이 시작되며, **표준화 제품 단계**에서는 생산이 저원가 입지로 이동하여 글로벌 시장에 공급하게 된다.

LO6. 신무역 이론과 선발자 우위의 개요를 기술하라.

- **신무역 이론**은 특화와 생산량 증가에 따라 단위당 생산 원가를 더 낮추기 위해 기업은 규모의 경제를 실현하려 한다고 주장한다.
- 이것은 한 산업의 잠재적 신규 진입자들이 가격결정에 있어서 경쟁적이기를 원한다면 비슷한 수준의 산출량을 생산하도록 만든다.
- 생산에 있어서 규모의 경제는 기업이 **선발자 우위**를 획득하는 데 도움이 된다. 선발자 우위는 한 산업에서 선발 기업이 됨으로써 얻게 되는 경제적 · 전략적 우위이다.

LO7. 국가 경쟁우위 이론과 포터의 다이아몬드 이론을 기술하라.

- **국가 경쟁우위 이론**은 한 국가의 한 산업에서의 경쟁력은(그러므로 무역 흐름은) 혁신하고 개선하는 그 산업의 능력에 의하여 좌우된다고 이야기한다.
- **포터의 다이아몬드**는 국가 경쟁력의 토대를 이루는 4개의 요소를 확인하는데, (1) **요소 조건**(기본 요소와 선진 요소), (2) **수요 조건**, (3) **연관된 지지 산업**, (4) **기업의 전략, 구조와 경쟁의식** 등이다.
- **정부**의 행동과 **우연한 사건**의 발생 또한 한 국가 기업들의 경쟁력에 영향을 줄 수 있다.

핵심 용어

국가 경쟁우위 이론
국제무역
국제 제품수명주기 이론
무역적자
무역흑자
비교우위
선발자 우위
신무역 이론
요소비율 이론
절대우위
중상주의

✪ 얘기해 보자 1

전 세계 국가들이 상호 간에 모든 무역을 갑자기 중단하여, 각 국가에 있는 사람들은 단지 자국의 생산품만 소비할 수 있다고 가정해 보자.

5-1. 전에 수입되었던 어떤 제품들이 당신의 국가에서 더 이상 이용 가능할 수 없게 될까?

5-2. 당신의 국가가 아닌 다른 국가에 사는 사람들은 어떤 제품 없이 지내야 할까?

✪ 얘기해 보자 2

기업은 물리적 자원과 자본을 상대적으로 용이하게 국가 시장들 사이에 이동시킨다. 그들은 생산설비를 노동력이 더 싼 곳으로 이동할 수 있으나 일반적으로 노동자들은 임금이 더 높은 시장으로 이동할 수 없다.

5-3. 왜 노동자는 국제적인 이동성 측면에서 생산요소 중 가장 제한적인 요소로 남아 있는가?

5-4. 당신은 이것이 가난한 사람들을 그들의 가난한 지역에 묶이게 하고 그들에게 발전을 위한 희망을 거의 주지 않는다고 말하는 사람들의 주장에 동의하는가? 설명해 보라.

윤리적 도전

당신은 미국과 EU 간에 9년간 지속된 바나나 분쟁을 검토 중인 WTO(세계무역기구) 태스크 포스팀의 일원이다. EU는 아프리카, 카리브해, 태평양 지역 국가에서 바나나를 수입하는 업체들에게 특혜를 부여했다. 그러나 미국은 이러한 조치가 불공정한 무역관행이라며 WTO에 제소했다. 미국의 이러한 행동은 돌, 치키타와 델몬트 같은 세계적인 청과회사들의 지지를 얻었다. 이 기업들은 세계 과일 무역의 3분의 2 가까이를 차지하고 있다. EU는 이들이 바나나가 소득의 상당 부분을 차지하는 국가의 경제를 악화시킨다고 주장했다.

5-5. 국제무역은 민영기업들의 몫으로 남겨 두어야 하는가 아니면 정부가 가난한 국가에 혜택이 돌아가도록 관리해야 하는가?

5-6. 당신은 미국의 입장을 대변할 것인가? EU의 입장을 대변할 것인가? 설명하라.

5-7. 양측 주장의 장단점은 무엇인가?

팀 협력 활동

네 명의 학생으로 구성된 두 팀은 완전한 자유무역의 장점과 단점에 대해 토론하게 된다. 양측의 첫 번째 학생이 발표한 후, 두 번째 학생이 반대측에 질문하고, 허점과 모순점을 찾는다. 세 번째 학생은 이 논점에 답한다. 네 번째 학생은 각 팀의 주장을 요약하여 발표한다. 마지막으로, 학급에서는 어느 팀이 더 설득력 있는 주장을 펼쳤는지에 투표한다.

시장진입전략 프로젝트(MESP)

몇몇 급우들과 함께 당신이 흥미를 갖는 국가를 하나 선정하라. MESP 보고서를 작성하기 위해 당신의 팀이 조사한 국가에 대해 다음 질문에 답하라.

5-8. 그 국가에서 무역은 얼마나 중요한가(GDP 대비 무역 비중)?

5-9. 수출입되는 제품과 서비스는 어떤 것이 있는가?

5-10. 수출을 촉진하여 경제를 활성화하려는 결연한 노력을 하는가?

5-11. 어떤 국가와 교역하는가?

5-12. 어느 특정 국가와의 무역에서 독립적인가, 아니면 다른 국가에 의존하는가?

5-13. 소득 수준이 높은 국가와만 교역하는가, 아니면 소득 수준이 중간이거나 낮은 국가와도 교역하는가?

스스로 연구하기

5-14. 많은 경제학자들은 인구의 노동 윤리와 높은 교육 수준과 함께 경제 개혁 때문에 중국이 곧 '슈퍼파워' 지위를 갖게 될 것이라고 믿는다. 중국의 부상이 아시아, 유럽과 북미의 무역 패턴에 어떻게 영향을 미치는가?

5-15. 천연자원이 풍부함에도 불구하고, 브라질은 한때 경제가 마비된 국가로 간주되었다. 하지만 최근 몇 년간 브라질 경제는 좋은 성과를 나타냈다. 국가 경쟁우위 이론을 사용하여 브라질의 경제성장 뒤에는 어떤 요소들이 있었는지 설명하라.

국제경영 실전 사례 아시아와 세계 최초로

국제 특송 부문의 선두기업은 어디인가? 페더럴 익스프레스(www.fedex.com)나 UPS(www.ups.com)라고 대답했다면, 다시 한 번 생각해 보라. DHL인터내셔널(www.dhl.com)은 어떤가? 세 명의 사업가가 샌프란시스코에서 설립한 이 기업은 샌프란시스코에서 호놀룰루까지 선하증권과 다른 서류들의 운송을 시작한 1969년에 육상과 해상을 결합한 특급배송 서비스라는 틈새시장을 개척했다. 곧 일본과 다른 아시아 국가들에서 배송과 집하 요청을 받았고, 국제특급운송 사업이 시작되었다.

오늘날, 본사인 독일의 라이프치히 지역과 220개 이상의 국가 12만 개 지점에서 서비스하고 있다. 최근 연간 순이익은 29억 달러라는 믿기 어려운 수치이다. DHL은 전 세계적으로 약 29만 명을 고용하고 있는데, 이들은 대부분 이 기업의 최초이자 가장 중요한 국제 시장인 아시아에 기반을 두고 있다. DHL은 자사의 고객서비스와 책임감을 자랑스럽게 생각한다. 기업은 사업을 운영하는 국가의 국민을 채용하며 이러한 관행을 해외시장에서 고객 관계를 구축하는 중요한 요인으로 본다. DHL의 한 경영진은 다른 경쟁사들과 달리 DHL은 외부 대행사가 아닌 자사의 직원들이 배송과 집하서비스를 수행하며 이들 개개인은 현지 고객을 잘 아는 현지인들이라는 것을 보증한다고 설명했다. 이러한 관계는 서비스 사업에서 가장 중요한 점이다. 많은 국가에서 예전 방식을 청산하는 일은 빠른 국제배송에 있어 중요한 과제이기 때문에 DHL은 관세사와의 관계도 구축해 나가고 있다.

특급 항공 운송은 지금 아시아에서 거대한 사업이며, DHL의 발밑까지 추격해 오는 만만찮은 경쟁자들이 있다. 경쟁적인 요금을 제시하는 페덱스와 소규모로 유연하게 대응하는 홍콩 딜리버리 같은 현지 업체들이다. DHL은 단순히 최고 자리에 안주할 수 없거나 선두 자리에서 오랜 기간 쌓아 온 경험을 내세울 수만은 없다. DHL 일본이 가격급등에 대한 고객 저항에 직면했을 때 회사는 현실안주의 위험성을 절실히 느꼈다. DHL 직원들은 회사가 항상 일등일 것이라 생각했고 서비스에 해이해졌었다. 사실상 실제로 '수송 검사'에서 DHL 일본이 최고가격에 최악의 서비스를 제공했던 것으로 드러났다. 일본 고객들은 단지 DHL이 업계 최초이고 충성도를 중요하게 여겨 계속 이용해 왔던 것이다. 하지만 제시된 가격 인상은 이전부터 불만을 갖고 있던 고객들이 기업을 떠나게 만든 결정적인 요인이 되었을 것이다. 다행히도 DHL 일본은 적극적인 계획을 통해 다시 궤도에 돌아올 수 있었다.

오늘날, DHL의 고객 서비스 실적은 아시아와 세계 각지에서 성공의 영광을 재현하고 있다. 예를 들어 DHL 로지스틱스 사업부는 물류관리와 유통산업 보고서에서 선정한 18회 연간 품질 설문조사에서 2년 연속 최우수 등급에 해당하는 금메달을 획득했다. 또한 매년 실시되는 아시아 화물운송산업 어워즈에서 '최고 특송 서비스'에 종종 선발되곤 한다. 근래에는 특급운송산업의 경쟁이 점점 치열해지고 있다. 수년간 지속된 글로벌 경제의 저성장으로 인해 DHL과 산업 내 다른 기업들의 경쟁강도가 높아졌다. DHL은 고객의 의견을 듣고, 더 높은 수준의 배송서비스를 제공하기 위해 노력하고, 진보된 물류서비스 요구를 충족시키기는 노력을 지속할 것이다.

DHL은 2003년 에어본 익스프레스를 약 10억 달러에 인수했다. 사업을 재편성하고 과도한 비용을 대폭 줄이기 위해 결정한 이 합병으로 두 기업은 각자의 기반과 배달사원 네트워크를 통합했고 고객들에게는 더 촘촘한 글로벌 네트워크를 제공하게 되었다. 그러면 DHL은 자사의 미국 고객들에게 두 가지 분야에서 최고의 서비스를 제공할 수 있다는 것이 아이디어였다. DHL의 세계 수준의 국제 서비스와 에어본의 강력한 국내 서비스를 결합하는 것이다. DHL은 미국에서 손해를 봤지만 이제 미국 시장에서 두 기업 모두 철수하지는 않을 것이다. 대신에 미국 내 DHL 지점의 약 3분의 1을 폐쇄하고 지상 이동 네트워크를 18% 줄였으며 픽업 및 배달 경로를 17% 축소했다. DHL은 또한 북미 내 DHL 특급 발송물에 대해 UPS에 항공화물을 제공하는 계약을 추진 중이다.

글로벌 사고 질문

5-16. 1969년에 최초로 국제 특급 항공운송 사업을 시작한 DHL은 선두주자로서 다른 기업들에 비해 이점을 가지고 있다. DHL과 같은 서비스 기업에게 선점우위가 있는가? 보잉과 같은 제조업체에게 선점우위가 있는가? 설명하라.

5-17. 세계적인 성공을 거두기 위해 서비스 기업이 갖추어야 할 요소는 무엇인가?

5-18. 현지 대행사에 의존하는 대신, DHL은 전 세계 약 29만 명의 종업원을 두고 있는 것을 자랑스럽게 생각한다. 국제적인 직원 고용의 장점과 단점은 무엇인가?

5-19. 시장을 선점하는 데 따르는 위험이 있다면 무엇이라고 생각하는가?

출처 : Deutsche Welle, "Online Business Boom Boosts Profit at Deutsche Post DHL," (http://dw.de/p/1BNlm), March 12, 2014; Ellie Duncan, "DHL Receives Five Awards at AFSCA 2010," *Supply Chain Digital* (www.supplychaindigital.com), June 14, 2010; Eric Joiner Jr., "DHL Brussels Farewell Party—June 11, 2010," *Freight Dawg* Blog (www.freightdawg.com), April 20, 2010; DHL website (www.dhl.com), select reports and press releases.

제6장

무역의 정치경제

학습목표

이 장을 공부한 후에 다음을 할 수 있어야 한다.

1. 왜 정부가 때때로 무역에 개입하는지를 설명한다.
2. 정부가 무역을 촉진하는 수단을 서술한다.
3. 정부가 무역을 제한하는 수단을 기술한다.
4. 글로벌 거래 시스템의 주요 특징을 요약한다.

돌아보기

제5장에서는 국제무역이 발생하는 방식을 설명하기 위해 개발된 이론들을 살펴보았다. 비교우위라는 중요한 개념과 국제무역이 어떻게 국가에게 이익이 되는지에 관한 개념적 근거를 공부했다.

이 장 잠깐 보기

이 장은 국제무역에서 국가 정부의 적극적인 역할을 논의한다. 정부개입에 대한 동기를 조사하고 국가가 그들의 목표를 달성하기 위해 사용하는 도구를 알아본다. 그러고 나서 글로벌 거래 시스템을 탐구하고 그것이 어떻게 자유무역을 촉진하는지를 알아본다.

미리 보기

제7장은 국제경영 환경의 논의를 계속한다. 우리는 해외직접투자의 최근 패턴, 그것이 발생하는 이유를 설명하려는 이론들, 정부가 어떻게 투자 흐름에 영향을 미치는지를 탐구한다.

영화의 제왕

캘리포니아 주 할리우드 – 타임워너(www.timewarner.com)는 미디어와 엔터테인먼트 산업에서 글로벌 선도자이다. 이 기업의 사업은 텔레비전 네트워크(HBO, 터너방송), 출판(**타임**, **스포츠 일러스트레이티드**), 영화 엔터테인먼트(뉴라인 시네마, 워너 브라더스)를 포함한다. 지구 상 거의 모든 나라에 사는 사람들은 타임워너사가 전 세계에 진출해 있기 때문에 이들의 미디어 창작물을 보게 된다.

출처 : © Reimschuessel/Splash News/Corbis

뉴라인 시네마사의 **반지의 제왕** 3부작은 J.R.R. 톨킨의 책을 원작으로 영화제작자 피터 잭슨에 의해 연출되었으며, 이는 역사상 가장 성공한 영화 프랜차이즈이다. 3부작의 마지막 편, **왕의 귀환**은 전 세계 영화 박스오피스에서 10억 달러 이상을 벌어들였다. 3편의 영화는 거의 30억 달러가량을 벌어들였으며 17개의 아카데미 상을 수상했다. 뉴라인 시네마사는 또한 **호빗** 3부작에서 큰 성공을 거두었는데, 이 또한 피터 잭슨이 감독을 맡았다.

워너 브라더스사의 **해리포터** 시리즈는 전 영국 교사인 J.K. 롤링이 쓴 소설을 원작으로 마법처럼 성공을 이루었다. 전 세계 아이들은 스크린으로 어린 해리를 보기 위해 영화관으로 몰려들었으며, 모든 주요 언어로 발행된 책을 늘름 사 갔다. 또한 워너 브라더스사의 큰 히트작으로는 **베트맨 다크 나이트** – 역대 최고 수익을 올린 영화들 중 하나 – 와 더 최근에는 **레고 무비**가 있다. 영국 런던의 레스터 광장에서 열린 시사회에 실물 크기의 와일드스타일과 에밋이 참석했다. 워너 브라더스사는 또한 소형 영화와 게임을 웹사이트용으로만 제작한다.

그러나 타임워너사는 영역을 확장함에 따라 주의를 기울여 나아가야 한다. 일부 정부는 자국의 작가, 배우, 감독과 연출자들이 **반지의 제왕**, **해리포터**와 **배트맨** 같은 할리우드의 고예산 작품들에 의해 잠식될 것을 우려하고 있다. 다른 정부들은 수입된 엔터테인먼트 작품 속에 묘사되는 것들이 그들의 전통적인 가치를 대체할까 우려하고 있다. 이 장을 읽으면서 정부가 국제무역을 규제하는 문화적 · 정치적 · 경제적 이유를 고려해 보자.[1]

제5장은 국제무역의 패턴이 어떤 모습을 보이는지를 기술하는 이론들을 제시했다. 비교우위 이론은 어떤 상품의 생산에 있어서 비교우위를 가진 나라들은 무역장벽이 존재하지 않을 때 그 제품을 생산한다고 기술한다. 그러나 이 이상적인 이론은 오늘날 글로벌 시장에서의 무역을 정확하게 특징짓지 못한다. WTO(www.wto.org)와 같은 기구와 국가들로 구성된 소규모 그룹의 노력에도 불구하고, 국가들은 여전히 많은 무역장벽을 유지한다.

이 장에서는 무역의 정치경제를 조사한다. 먼저 문화적 · 정치적 · 경제적 동기를 탐구함으로써 왜 국가가 무역장벽을 두는지를 설명한다. 그러고 나서 국가가 수출과 수입을 제한하기 위해 사용하는 수단을 조사한다. 글로벌 거래 시스템의 맥락 안에서 장벽을 줄임으로써 무역을 촉진하는 노력들이 그다음에 제시된다. 제8장에서는 국가로 구성된 소규모 그룹들이 어떻게 무역과 투자에 대한 장벽을 제거하는지를 토론한다.

왜 정부는 무역에 간섭하는가?

자유무역
무역장벽이 없이 일어나는 수출과 수입의 패턴

무역장벽이 없이 일어나는 수출과 수입의 패턴을 **자유무역**(free trade)이라 부른다. 국가들 간의 개방적이고 자유로운 무역이 가진 이점에도 불구하고, 정부는 상품과 서비스의 무역에 오랫동안 간섭해 왔다. 정부는 정치적 · 경제적 또는 문화적 이유 때문에 자유무역에 제한을 가해 왔다. 예를 들어 국가는 자국 기업의 수출 활동을 강력하게 지원함으로써 종종 무역에 간섭한다. 그러나 보다 감정적으로 간섭을 하게 되는 것은 국가의 경제 성과가 낮을 때 일어난다. 힘든 경제적 시기에 기업과 노동자들은 국내 시장의 일자리를 빼앗는 수입품으로부터 보호를 받기 위해 종종 정부에 로비를 한다. 정부 간섭의 정치적 · 경제적 · 문화적 동기를 더 면밀히 살펴보자.

정치적 동기

정부 관료들은 정치인의 경력이 유권자의 마음에 들어 재선출되는 것에 의존하기 때문에 종종 정치적 동기에 의해 무역 관련 결정을 한다. 그러나 정치적인 동기에 순전히 기반한 무역 정책은 장기적으로는 좀처럼 현명한 것이 아니다. 정부의 무역 간섭 뒤에 있는 정치적 동기는 일자리를 보호하고 국가 안보를 지키며, 다른 국가들의 불공정한 무역 관행에 대응하고, 다른 국가들에 영향력을 행사하는 것을 포함한다.[2]

일자리 보호 인기 없는 전쟁이 일어나지 않는 한, 높은 실업률만큼 더 빠르게 정부를 몰아내는 것은 없을 것이다. 그리하여 실제적으로 모든 정부는 자유무역이 국내에서 일자리를 빼앗게 되면 휘말리게 된다. 예를 들어 오하이오 주는 최근 14년에 걸쳐 215,000개가량의 제조업 일자리를 잃었다. 대부분의 이런 일자리는 중국이나 중동부유럽으로 갔다. 실업자가 된 근로자들의 절망과 대통령 선거에서의 오하이오 주의 중심적인 역할이 정치인들을 그 주로 이끌게 해서, 그들은 오하이오 주에 대해 소득세를 낮추고 노동자 재교육을 확대하며 주의 인프라에 대한 대규모 투자를 약속하게 된다.

그러나 일자리 보호를 위한 정치적인 노력은 자유무역의 실질적인 이익으로부터 주의를 분산시킬 수 있다. GE는 분명히 많은 일자리를 미국에서 멕시코로 다년간에 걸쳐 옮겼다. GE는 이제 35개의 공장에 3만 명의 멕시코 직원이 고용되어 모든 종류의 가전과 다른 제품들을 생산하고 있다. 그러나 GE가 멕시코 기업에 3억 5,000만 달러 가치가 있는, 텍사스에서 만들어진 터빈,

글로벌 지속가능성 글로벌화 시대의 안보 관리

기다란 공급사슬과 유통 채널을 보호할 필요성과 함께, 기업들은 그들의 설비, 정보 시스템과 평판을 보호해야 한다.

- **설비 위험** 최고 등급의 자산 위험관리 프로그램을 가진 거대 기업들은 더 안정적인 이익을 창출해 낸다. 위험관리가 약한 기업들은 화재로 인해 자산을 잃을 위험이 55배 더 크며, 자연재해에 의한 자산손실 위험이 29배 더 높다. 계획과 설비 평가를 위한 비용(중간규모 기업은 약 12,000달러, 대기업은 100만 달러)은 충분히 지불할 가치가 있다.
- **정보 위험** 컴퓨터 바이러스, 소프트웨어 웜, 악성 코드와 사이버 범죄는 기업들에게 매년 수십억 달러의 비용이 들게 한다. 불만 많은 종업원, 부정직한 경쟁자와 해커들은 컴퓨터에 있는 개인적이고 재무적인 고객 데이터를 노둑질하여 높은 가격을 세시하는 사람에게 그것을 팔 수 있다. 퇴직 시에 종업원들은 때때로 디지털 저장 장치를 이용하여 비밀 메모와 경쟁 데이터와 사적 이메일 등을 저장해서 떠난다.
- **평판 위험** 오늘날 뉴스는 전 세계에 신속하게 알려진다. 평판 위험은 회사의 이미지를 해치는 것인데, 제품 리콜이나 노동자 권리 위반과 소송을 포함한다. 최근 금융위기 동안 그리고 그 이전의 행동들에 대한 골드만삭스사와 미 증권거래위원회 간 5억 5,000만 달러의 합의에 따른 골드만삭스의 평판 훼손은 1년 만에 40%(약 60억 달러)의 브랜드 가치 하락의 비용을 치르게 했다.
- **무엇을 해야 하나** 위험 그 자체처럼, 도전도 다양하다. 기업은 그들의 설비에 대한 모든 잠재적인 위험을 파악해야 하며, 그러고 나서 실행할 수 있는 가장 좋은 자산 위험 프로그램을 개발해야 한다. 이것은 간단하게 들리지만 종업원들은 패스워드를 수시로 바꿔야 하며, 그들의 컴퓨터와 모바일 기기를 공격으로부터 보호해야 하며, 퇴직할 때에는 기업 소유의 디지털 기기를 반납해야 한다. 마지막으로 계속적으로 증가하는 조사는 기업들이 도덕적으로 행동해야 하며, 그들의 평판을 지키기 위해 법 안에서 행동해야 함을 의미한다.
- **더 알고 싶다면?** 지속가능한 보안(sustainablesecurity.org), 환경 보안과 지속가능성 재단(www.fess-global.org), 크롤(www.krollworldwide.com), 체크 포인트 소프트웨어 테크놀로지스(www.checkpoint.com) 사이트를 방문하라.

펜실베이니아에서 만들어진 100대의 기관차, 미국에서 만들어진 수십 개의 비행기 엔진을 판다는 것은 덜 알려져 있다. 멕시코는 값싼 노동력이 요구되는 제품을 만드는 데 특화되어 있고, 미국은 선진 기술과 대규모 자본투자가 요구되는 제품을 생산하는 데 특화되어 있다.[3]

국가 안보 유지 인간 안보, 경제 안보 및 환경 안보는 국가 안보와 밀접하게 관련되어 있다. 시장과 생산의 글로벌화는 기업들에게 새로운 안보 위험을 발생시킨다. 이러한 위험에 대하여 알기 위해 글상자 '글로벌 지속가능성 : 글로벌화 시대의 안보 관리'를 참조하라.

국가 안보와 수입 어떤 수입품들은 국가 안보 유지라는 명목으로 제한될 수 있다. 전시에, 정부는 무기, 연료와 육해공 운송과 같은 품목의 이용가능성이 제한적일 경우에는 이들 품목의 국내 공급에 대해 접근할 수 있어야 한다. 많은 국가들은 그들의 국경 내에서 석유 탐사를 계속하는데, 이는 전쟁이 발생하면 외부로부터 석유 공급이 방해받기 때문이다. 특히 개입을 위한 합법적인 국가 안보상의 이유들이 대부분의 국민들로부터 지지를 받을 때에는 이들 이유에 대해 반대를 논하기가 어려울 수 있다.

어떤 국가들은 식량 안보가 전시에는 필수적이기 때문에 국가 안보가 농업 분야의 과도한 보호를 위한 이유라고 주장한다. 프랑스는 많은 나라들로부터 비판을 받는데 농업 분야를 열성적으로 보호하기 때문이다. 프랑스의 농업 보조금은, 전통적으로 작은 규모로 경작하기 때문에 생산원가가 높고 낮은 이윤율을 갖는 프랑스 농민들을 위해 공정한 재무적 수익률을 제공하기 위해 의도된 것이다. 그러나 많은 선진국들은 농업을 시장의 힘에 노출시키고 있으며, 농부들로 하여금 위험을 관리하고 효율성을 증가시키는 새로운 방법을 발견할 것을 촉구하고 있다. 혁신적인 농부들은 보다 집중적인 토지 관리, 하이테크 농업, 바이오기술의 더 많은 사용을 통해 실험을 하고 있다.

그러나 수입 경쟁으로부터의 보호는 문제점을 가지고 있다. 아마도 주요한 문제점은 해외에서 더 효율적으로 공급될 수 있는 제품이나 서비스를 국내에서 계속 생산하여 원가를 더 높이는 것이다. 또한 보호를 위한 정책은 일단 그것이 채택되면 필요 이상으로 더 오래 남아 있을 수 있다. 그리하여 정책 입안자는 무역에 간섭하기 전에 어느 이슈가 정말로 국가 안보에 관한 일인지를 고려해야 한다.

국가 안보와 수출 정부는 또한 특정 국방 관련 상품을 다른 국가에 수출하는 것을 금지하기 위한 국가 안보상의 동기도 가지고 있다. 대부분의 선진국들은 **이중 사용** 목적의—즉 산업용 및 군사용—기술과 제품을 수출하기 위한 요청을 검토하는 기관을 두고 있다. 이렇게 이중으로 사용될 수 있다고 분류된 제품들은 수출 전에 정부의 특별 허가가 있어야 한다.

대부분 국가들의 이중으로 사용 가능한 제품 리스트에는 핵 물질, 기술 장비, 특정한 화학제품과 유독제품, 몇 가지 센서와 레이저, 무기와 관련된 특정한 장치들, 내비게이션, 항공우주산업과 추진 장치 등이 있다. 이중으로 사용 가능한 제품의 수출에 대한 금지는 서방 세계와 구소련 사이의 냉전시대에 엄격하게 집행되었다. 많은 국가들이 최근 이런 통제들의 집행을 완화한 반면에, 계속되는 테러주의 위협과 대량 살상 무기의 공포는 그러한 금지에 대한 지지를 새롭게 하고 있다.

국가들은 또한 그들의 수출품이 제한되는 기관 리스트에 다른 국가들에 있는 특정한 기업과 조직을 올려놓는다. 예를 들어 한 전자회사의 소유주는 탄도미사일, 우주 발사체와 제트기에 사용될 수 있는 이중으로 사용 가능한 품목들을 미국에서 인도로 불법 수출한 것에 대해 유죄를 인정했다. 파타사라티 수다르샨은 그가 미 국무부의 '기관 리스트'에 포함되어 있는 두 기업을 포함하여 인도에 있는 정부 기관에 부품을 제공했다고 인정했다. 수다르샨은 35개월의 징역형과 6만 달러의 벌금이 부과되어 미 연방감옥에 수감되었다.[4]

불공정 무역에 대응 많은 관찰자들은 다른 국가들은 적극적으로 그들의 산업을 보호하려 하는데 한 국가가 자유무역을 허용하는 것은 논리에 맞지 않다고 주장한다. 만약 다른 국가가 불공정하다고 생각되는 어떤 무역 이슈에 대해 양보를 하지 않으면, 정부는 종종 다른 국가의 배가 그들의 항구에 들어오는 것을 막겠다고 또는 그 상품에 극단적으로 높은 관세를 부과하겠다고 위협한다. 바꿔 말하면, 만약 한 정부가 또 다른 국가가 공정하게 플레이하지 않는다고 생각하면, 특정한 양해가 이루어지지 않는 경우 종종 보복하겠다고 위협할 것이다.

영향력 획득 세계에서 가장 큰 국가들의 정부는 작은 나라들에 대해 영향력을 얻기 위해 무역에 관여할 수도 있다. 미국은 중미, 북미, 남미와 카리브해 연안의 사건들에 대한 통제권을 얻고 유지하기 위해 최선을 다한다.

미국은 공산주의 지도자들에 대해 정치적인 영향력을 행사하기 위한 바람에서 1962년 이래 쿠바와의 모든 무역과 투자를 금지했다. 쿠바 정부의 변화를 위한 압력으로 이루어진 이 정책은 쿠바 국민들 사이에 고통을 야기했다. 많은 쿠바인들은 손으로 만든 뗏목을 타고 미국으로 가려다 죽었다. 하지만 쿠바에서 변화가 일어나고 있고, 쿠바 국민들은 최근에 DVD를 살 수 있으며, 관광 호텔에 숙박도 하고 휴대전화도 사용할 수 있다. 심지어 성과에 따른 급여도 도입되었다. 그것들이 사소한 자유로 보일지라도 이제 차를 살 수 있고, 여행을 할 수 있으며, 재산을 사고팔 수 있는 희망을 가지게 된 평범한 쿠바인들에게는 기념비적인 변화를 의미한다.[5]

영국 런던에서 식물과 동물의 유전자를 변형하여 만든 유전자 변형 생물(GMOs)에 반대하는 시위가 열렸다. GMO는 그들의 DNA가 유전적으로 변형된 식물과 동물이다. 옥수수, 콩과 밀을 포함한 오늘날 모든 종류의 농작물은 곤충과 질병에 강하도록 유전적으로 진보된 종자 기술로 재배된다. 유럽에 있는 많은 사람들은 그들의 시장에 유전자 변형 농작물을 수출하려는 미국의 노력에 격렬하게 저항한다. 당신은 유럽인들이 유전자 변형 농작물 수입을 경계하는 것이 옳다고 믿는가?

출처 : ⓒ IK Aldama/Demotix/Corbis

경제적 동기

정부는 잔뜩 고조된 문화적 · 정치적 이유 때문에 무역에 간섭을 하지만, 그들은 또한 경제적 동기 때문에도 간섭을 하고 있다. 국제무역에 영향력을 행사하려는 국가의 시도에 대한 가장 흔한 경제적인 이유는 경쟁으로부터 유치 산업을 보호하고 전략적 무역 정책을 촉진한다는 것이다.

유치 산업 보호 **유치 산업 주장**에 따르면, 한 국가의 신흥 산업은 그들이 충분한 국제 경쟁력을 갖출 때까지 국제 경쟁으로부터 보호를 필요로 한다. 이 주장은 유치 산업은 급격한 학습곡선 때문에 보호가 필요하다는 아이디어에 기반한 것이다. 다른 말로는, 단지 한 산업이 자라고 성숙하게 됨에 따라 그 산업은 더 혁신적이고 효율적이고 경쟁적이기 위해 필요한 지식을 얻는다는 것이다.

이 주장은 개념적으로는 매력적으로 보이지만, 여기에는 몇 가지 문제점이 있다. 첫째, 이것은 정부가 보호할 가치가 있는 것과 그렇지 않은 산업을 구별하는 것이 요구된다. 불가능하지는 않지만, 이것은 어려운 일이다. 다년간에 일본은 유치 산업들을 목표로 보호하고 저금리 대출과 다른 혜택을 제공했다. 1980년대 초반, 이러한 산업들에 대한 지원 성과는 매우 좋았지만, 그 이후에는 덜 성공적이게 되었다. 정부가 산업을 발견하고 목표로 하여 미래 성공을 이룰 때까지 이런 유형의 정책을 지지하는 것은 의문이 간다.

둘째, 국제적인 경쟁으로부터의 보호는 국내 기업들이 혁신에 대해 안주하게 되는 원인이 될 수 있다. 이것은 기업이 보다 경쟁력 있기 위해 필요한 지식을 습득하려는 유인을 제한할 수 있다. 가장 극단적인 무사안일의 예로서 과거 공산주의 국가의 산업을 들 수 있다. 공산주의의 보호가 붕괴되었을 때, 국가에 의해 운영되었던 거의 모든 기업은 자본주의 국가의 경쟁기업들에 비해 수십 년 뒤처지게 되었다. 살아남기 위해, 많은 정부 소유의 기업들은 자본 투입이나 완전 매수 형태의 재정적 지원을 필요로 했다.

셋째, 보호는 선보다 더 큰 경제적인 해를 끼칠 수 있다. 소비자들은 경쟁의 결여가 통상적으로 생산 원가를 줄이고 품질을 개선하기 위한 유인을 거의 낳지 않기 때문에, 종종 제품에 대하여 더 많은 돈을 지불하게 된다. 이러는 동안에 기업들은 경쟁력이 줄어들며 보호에 더 의존하게 된다. 일본에서 보호는 두 계층의 경제를 만들었는데, 한 계층은 매우 경쟁력 있는 다국적기업으로서 해외 시장에서 경쟁기업들과 맞서면서 강한 경쟁자가 되는 것을 배웠다. 다른 계층은 국내 산업으로서 보호받는 시장, 높은 임금과 수입 장벽으로 인해 경쟁력이 없게 되었다.

넷째, 유치 산업 주장은 또한 작고 유망한 기업들은 자본시장에서 자본조달이 항상 가능한 것이 아니며, 이에 따라 그들은 정부로부터 재정적 지원이 필요하다고 한다. 그러나 오늘날 국제자본시장은 과거보다 훨씬 정교해져서, 유망한 벤처기업들은 민간자본 원천으로부터 통상적으로 자금을 조달할 수 있다.

전략적 무역 정책 추구 제5장에서의 토론을 상기해 보자. 신무역 이론가들은 정부 간섭이 기업들이 규모의 경제와 그들의 산업에서 선발자 우위를 갖는 데 도움이 된다고 믿는다. 생산에 있어서 규모의 경제가 한 산업이 지속가능하게 할 수 있는 기업의 수를 제한하기 때문에 선발자 우위가 발생한다.

전략적 무역 정책의 이점 전략적 무역 정책의 지지자들은 이 정책이 국가 소득의 증가를 가져온다고 주장한다. 기업들은 선발자 우위를 획득하고 전 세계 시장에서 지위를 확고히 하면 괜찮은 이익을 얻는다. 지지자들은 전략적 무역 정책이 한국으로 하여금 경쟁기업들을 왜소하게 만드는 글로벌 복합기업(재벌이라고 불리는)을 세우는 데 도움이 되었다고 주장한다. 수년 동안 한국의 조선 기업들은 저비용의 자금조달을 포함하는 다양한 정부 보조금을 받았다. 재벌들은 그들의 시장지배력과 그들이 경쟁하는 다양한 산업 때문에 최근의 글로벌 경제위기로부터 한국이 강하게 헤쳐 나오는 데 도움이 되었다. 그러한 정책들은 연관 산업에 파생 효과를 가져왔고, 재벌에 대한 국내 공급업체들은 이제 번영하고 있다.[6]

전략적 무역 정책의 폐단 전략적 무역 정책이 단지 이점만을 가지고 있는 것처럼 들릴지 모르지만, 또한 폐단도 있을 수 있다. 과거 국내 기업들에 대한 풍성한 정부 지원은 한국과 일본 기업에 대해 비효율성과 높은 원가를 야기했다. 국내 노동조합에 대한 정부의 대규모 양보는 임금을 인상시켰고, 한국의 재벌이 낮은 이익마진을 받아들이게 했다.[7]

게다가 정부가 특정 산업을 지원하려고 결정할 때, 그들의 선택은 종종 정부 지원을 추구하는 그룹에 의한 정치적 로비에 달려 있게 되어 있다. 특정 이해관계자 집단이 소비자에 대한 이익은 전혀 없이 지원으로부터의 모든 이익을 가져갈 수 있다. 이런 일이 발생하면 소비자들은 그들이 달리 획득할 수 있는 것보다 더 품질이 낮은 상품에 대해 더 높은 가격을 지불하게 된다.

문화적 동기

국가는 종종 문화적 목적, 가장 전형적인 것으로서 국가 정체성의 보호라는 목적을 달성하기 위해 상품과 서비스의 교역을 제한한다. 문화와 무역은 얽혀 있어 서로에게 많은 영향을 미친다. 국가의 문화는 다른 문화의 제품에 대한 국민들의 노출에 의해 서서히 변화한다. 한 국가에서 원치 않는 문화적 영향은 큰 재앙을 야기하고 정부로 하여금 해롭다고 믿는 수입품을 금지하도록 강제할 수 있다(제2장의 문화 제국주의 토의를 상기하라).

프랑스 법은 적어도 적절한 프랑스어 대안이 있을 때는 언제나, 사실상 모든 기업 및 정부의 커뮤니케이션, 라디오 및 TV 방송, 공표, 광고 문구에서 외국어 단어를 금지한다. 당신은 **베스트셀러**라고 광고할 수 없다. 그 광고는 *succés de librairie*여야 한다. 당신은 영화관에서 **팝콘**을 팔 수 없다. 프랑스 영화 관람객들은 *maïs soufflé*를 간식으로 먹어야 한다. 프랑스어 고등위원회는 *le marketing, le cash flow, le brainstorming* 등 소위 영어와 프랑스어의 혼용 어구들을 상업 및 프랑스 문화의 다른 분야에 넣는 것에 대해 반대한다. 이웃하고 있는 프랑스에 지지 않으려고, 독일 관료들은 정부에서 쓰는 영어 단어를 독일어 단어로 바꾸는 것을 계획한다. 예를 들면 **브레인스토밍**을 *ideensammlung*과 **미팅포인트**를 *treffpukte*로 대체하는 것이다.[8]

캐나다 또한 미국으로부터 수입되는 엔터테인먼트 제품의 문화적 영향을 줄이려고 노력한다. 캐나다는 캐나다 라디오에서 캐나다 아티스트들의 음악을 최소한 35% 방송하도록 요구하고 있다. 사실상 많은 국가들은 문화적 이유로 미디어 편성을 보호하려는 법을 고려하고 있는 중이다. 그러한 제한의 불리한 점은 그것이 소비자들이 이용 가능한 제품의 선택을 줄인다는 점이다.

미국의 문화적 영향 국제무역은 영어가 다른 국가 문화들에 신속히 침투하게 하는 수단이다. 모든 종류의 상품과 서비스에 있어서 국제무역은 전 세계 사람들을 새로운 언어, 아이디어, 제품과 생활방식에 노출시킨다. 그럼에도 불구하고 국제무역이 계속해서 확대됨에 따라, 많은 정부는 문화와 경제에 영향을 미치는 잠재적인 부정적인 영향들을 제한하려고 노력한다.

어떤 다른 나라보다도 미국은, 전 세계의 많은 사람들이 현지 문화에 대해 위협으로서 생각한다. 그 이유는 엔터테인먼트와 미디어(영화, 잡지와 음악 같은)와 소비재에 있어서 미국의 글로벌한 힘이다. 이러한 제품들은 모든 소비자의 눈에 잘 띄고, 다양한 종류의 그룹으로 하여금 그것의 문화적 영향으로부터 보호를 위해 정부 관료들에게 로비를 하게 한다. 보호주의라는 수사법이 종종 광범위한 공공의 지지를 받기 때문에, 국내 생산자들은 보호를 위한 요구에 쉽게 동참하게 된다.

이상하게도, 수출할 능력이 있는 많은 소기업들이 아직 수출을 시작하지 않았다. 어떤 추정치에 따르면, 100명 미만 종업원을 가진 기업의 10%만이 수출한다. 수출 활동을 더 적극적으로 장려하는 것은 미국 기업들로 하여금 사고방식에 있어서 문화적 변화를 겪도록 요구할 수 있다. 투자 자본의 부족이 소기업들에게 있어 수출에 대한 실질적인 장애물일 수 있지만, 기업 문화에 있는 어떤 흔한 근거 없는 신화가 인위적인 장애물이 되기도 한다. 이들 신화의 일부와 이것을 반박하는 사실을 탐구하기 위해 이어지는 글상자 '문화 이슈 : 소기업 수출의 근거 없는 신화'를 참조하라.

퀵 스터디 1

1. 자유무역은 무엇에서 발생하는 수출과 수입의 패턴인가?
2. 무역에서 정부가 간섭하는 주요 정치적인 이유는 무엇인가?
3. 정부가 무역에 간섭하는 경제적 이유는 무엇인가?
4. 일부 사람들이 보는 전 세계에 있는 현지 문화에 대한 가장 큰 위협은 어떤 국가의 제품들인가?

문화 이슈 소기업 수출의 근거 없는 신화

- **신화 1** : 대기업들만이 성공적으로 수출할 수 있다.
  사실 : 대부분의 수출업체들은 50명 미만의 종업원을 지닌 중소기업들이다. 수출은 소기업의 국내 시장에 대한 의존도를 낮추며 계절적인 매출 변동을 피하는 데 도움이 될 수 있다. 국내에서 인기 있는 하나의 제품은 또는 국내에서 성공적이지 못한 것일지라도, 글로벌 시장의 다른 곳에서는 원할 수도 있다.
- **신화 2** : 소기업들은 수출 조언을 거의 얻을 수 없다.
  사실 : 초보 및 경험 있는 수출업체들은 모두 포괄적인 수출 지원을 연방기관(www.export.gov)들로부터 받을 수 있다. 국제무역 전문가들이 소기업들이 연방, 주, 지역과 민간부문 프로그램을 찾아내고 사용하는 것을 도와줄 수 있다.
- **신화 3** : 수출에 필요한 라이선싱 요건은 너무 복잡하다.
  사실 : 대부분의 제품은 수출 라이선스를 필요로 하지 않는다. 수출업자들은 단지 수출신고서에 'NLR'(라이선스 불필요)만을 쓰면 된다. 라이선스는 일반적으로 단지 하이테크 또는 국방 관련 상품이나 또는 수입 국가가 미국의 통상 금지와 다른 제한 조치하에 있을 때만 필요하다.
- **신화 4** : 소기업들은 수출 자금 지원을 받을 수 없다.
  사실 : 미국 중소기업청(www.sba.gov)과 수출입은행(www.exim.gov)은 함께 소기업들에 대출을 한다. 중소기업청은 75만 달러 이하의 대출 요청을 책임지는 데 반해, 수출입은행은 75만 달러 이상의 거래를 취급한다. 무역개발공사(www.ustda.gov) 또한 중소기업들에게 국제 프로젝트를 위한 자금조달을 지원해 준다.

무역 증진의 도구

이전 논의는 다른 국가들과의 무역을 증진하거나 제한하기 위해 정부가 사용하는 여러 유형의 수단을 언급했다. 정부가 사용하는 가장 흔한 도구는 〈표 6.1〉에 나와 있다. 이 절에서는 무역 증진의 수단을 조사한다. 다음 절에서는 무역 제한의 수단을 다룬다.

보조금

보조금
국내 생산업체들에게 주는 현금 지급, 저금리 대출, 세금 감면, 제품 가격 지원, 또는 다른 형태의 금융 지원

국내 생산업체들에게 주는 현금 지급, 저금리 대출, 세금 감면, 제품 가격 지원, 또는 다른 형태의 금융 지원을 **보조금**(subsidy)이라고 부른다. 보조금의 형태와는 상관없이, 이는 국제적인 경쟁업체들을 막기 위해 국내 기업을 돕기 위한 의도이다. 이는 국내 시장에서 더 경쟁력을 갖추게 되거나 또는 수출을 통해 국제 시장에서의 경쟁력을 증가시키는 것을 의미한다. 한 나라가 생산자에게 지급하는 보조금의 형태가 많기 때문에 그 합계를 계산하는 것은 매우 어렵다. 이것이 보조금에 관한 분쟁을 해결해 달라고 요구받을 때 세계무역기구의 일을 어렵게 만든다(세계무역기구는 이 장의 뒤에서 다룬다).

보조금의 문제점 비평가들은 보조금이 정말로 경쟁력을 갖춘 산업들 스스로 흡수할 수 있어야 하는 원가를 커버해 줌으로써 비효율성과 안주를 장려한다고 말한다. 많은 사람들은 보조금이

표 6.1 무역 정책의 도구

무역 증진	무역 제한
보조금	관세
수출 금융	할당
자유무역지대	금수조치
특별 정부기관	국산부품사용요건
	행정적인 지연
	외환 통제

소득세나 매출세로 지급되는 경향이 있기 때문에 보조금은 이를 받는 기업과 산업에는 이익이 되지만 소비자들에게는 손해를 끼친다고 믿는다. 그리하여 보조금이 기업이나 산업에 단기적인 구제를 제공하지만, 장기적으로 국가의 시민들을 도울지는 의문시된다.

어떤 관찰자들은 개발도상국과 신흥 시장에 대한 보조금의 효과는 훨씬 더 충격적이라고 말한다. 우리는 이미 많은 부유한 국가들이 농민들에게 국민을 위한 충분한 식품 공급을 확보하기 위해 보조금을 지급하고 있음을 알고 있다. 이러한 보조금은 수십억 달러의 가치가 있는데, 가난한 나라의 농민들이 세계 시장에서 그들의 보조금 지원이 없는(즉 더 비싼) 식품을 파는 것을 불가능하지는 않지만 어렵게 만든다. 이 농민들의 곤경을 악화시키는 것은 그들의 국가가 국제기구에 의해 무역장벽을 없애도록 강제되고 있다는 사실이다. 아프리카, 아시아와 남미의 가난한 농민들에 대한 경제적 결과는 높은 실업과 빈곤이다.[9]

보조금은 자원의 남용, 부정적인 환경 효과와 1차 상품에 대한 높은 원가를 낳는다. 최근 연료 가격 상승은 연료 사용에 대한 보조금의 효과를 연구자들로 하여금 분석하게 했다. 보조금은 연료 가격을 끌어 올리고, 연료를 보존하려는 유인을 없애는 경향이 있다. 중국에서 연료 가격이 급등함에 따라 정부는 인플레이션과 거리 시위에 대한 두려움으로 에너지에 대한 대대적인 보조금을 증가시켰다. 중국의 한 해 연료 보조금은 엄청 큰 규모의 400억 달러로 추정된다. 이 연구는 보조금이 없는 나라는 수요가 일정하거나 또는 줄어드는 것을 본 반면에, 보조금을 지급하는 국가들은 글로벌 연료 공급의 성장을 앞지를 것으로 위협하는 수요 상승을 보았다.[10]

수출 금융

정부는 종종 기업의 수출 활동에 자금을 지원함으로써 수출을 촉진한다. 정부는 그렇지 않으면 얻을 수 없는 대출을 기업에게 종종 제공할 수 있거나 또는 시장이자율보다 낮은 이자율을 부과할 수 있다. 또 다른 선택은 만약 기업이 상환 채무를 이행하지 못할 경우에 정부가 기업의 대출을 상환할 것이라고 보증하는 것인데, 이를 **대출 보증**이라 한다.

많은 나라들은 국내 기업들이 수출 금융을 얻는 것을 돕기 위한 특별 정부기관을 가지고 있다. 예를 들면 매우 잘 알려진 기관은 **미국 수출입은행**이다. 수출입은행은 미국 내 기업들의 수출 활동에 금융을 지원하고, 해외 매출 채권에 대한 보험을 제공한다. 또 다른 미국 정부기관인 **해외민간투자공사**(www.opic.gov)는 투자자들을 위해 보험 서비스를 제공한다. 해외민간투자공사를 통해서 해외에 투자한 기업들은 (1) 몰수, (2) 통화의 태환 불능, (3) 전쟁, 혁명과 반란 사태로 인한 손실에 대비한 보험을 들 수 있다.

정부기관으로부터 금융을 지원받는 것은 수출을 막 시작한 소기업의 성공에 결정적인 경우가 종종 있다. 총합하여, 수출입은행에 의하여 취급되는 모든 거래의 80% 이상을 소기업들이 차지한다. 예를 들어 수출입은행은 가나의 수도 아크라에 있는 놀이공원의 개발을 위한 자금조달을 지원하기 위해 거의 400만 달러의 대출에 대한 지급 보증을 했다. 이 아프리카에 대한 투자는 서아프리카에 걸친 세계적 수준의 놀이공원에 대한 증가하는 수요에 대한 반응이다. 이 공원은 미국의 파견 경영자들의 관리하에 최소 175명의 가나인들을 고용할 것이다. 더 나아가 수출입은행은 어떻게 기업이 수출 금융을 얻도록 돕는지에 관해서는 글상자 '경영자의 서류가방 : 수출 금융 분야의 전문가'를 참조하라.

경영자의 서류가방 수출 금융 분야의 전문가

몇 가지 수출입은행 프로그램들은 미국 기업이 해외로 확장하는 것을 돕는다.

- **시/주 프로그램** 이 프로그램은 수출을 시작하는 중소기업에게 금융 서비스를 제공한다. 이 프로그램은 현재 38개 주와 지방 정부 사무소들과 민간 부문 조직들로 구성되어 있다.
- **운전자본 보증 프로그램** 이 프로그램은 상업은행들이 수출 잠재력이 있는 기업에 대출하는 것을 장려하기 위한 것이다. 이 보증은 대출의 원금 및 발생이자의 90%를 커버한다. 보증된 금융은 예를 들어 수출용 완제품을 구매하거나 또는 원자재 대금을 지급하는 것을 도울 수 있다.
- **신용정보 서비스** 수출입은행은 미국 수출업자와 상업적인 대출자에게 신용정보 서비스를 제공한다. 그것은 해외의 국가와 특정 기업에 대한 정보를 제공한다. 그러나 은행은 신용을 제공한 외국의 구매자들에 대한 기밀 재무자료나 또는 다른 국가들의 특정 상황에 대한 기밀정보를 밝히지는 않는다.
- **신용 보험** 이 프로그램은 정치적 또는 상업적 이유로 외국 구매자 또는 다른 외국 채무자가 채무불이행을 하게 되는 경우 이 손실에 대해 미국 수출업체를 보호하는 지원 프로그램이다. 이 정책의 자금은 담보로서 사용될 수 있으며, 그러므로 수출 금융을 얻는 것이 수월해질 수 있다.
- **보증 프로그램** 이 프로그램은 미국의 자본 설비, 프로젝트와 서비스의 신용 있는 구매자들에 대한 민간부문 대출에 대해 상환 보호를 제공한다. 만약 차입자가 채무불이행을 하면 은행은 대출의 원금과 이자를 보증한다. 대부분의 보증은 정치적이고 상업적인 위험에 대한 포괄적인 커버리지를 제공한다.
- **대출 프로그램** 은행은 미국 수출품의 외국 구매자들에게 직접 대출을 하고, 외국 구매자에게 대출을 제공하는 신용 있는 당사자들에게 중개기관 대출을 제공한다. 이 프로그램은 미국 자본 설비와 연관된 서비스의 수출 판매를 위해 고정금리 금융을 제공한다.

출처 : 미국 수출입은행 웹사이트(www.exim.gov)

자유무역지대

자유무역지대(FTZ)
상품이 낮은 관세나 더 적은 통관 절차로 통과되는 것이 허락되는 지리적으로 지정된 지역

대부분의 국가들은 **자유무역지대**(foreign trade zone, **FTZ**)라고 불리는 것을 만들어서 다른 국가들과의 무역을 증진하는데, 자유무역지대는 상품이 낮은 관세나 더 적은 통관 절차로 통과되는 것이 허락되는 지리적으로 지정된 지역이다. 고용의 증가가 종종 자유무역지대의 목적이 되곤 하는데, 그 부산물로서 무역 증가가 있게 된다. 자유무역지대의 한 가지 좋은 예는 터키의 에게해 자유무역지대로서, 터키 정부가 기업들에게 제조업을 운영하는 데 있어 세금 면제를 허용했다.

관세는 상품 생산 원가의 총액을 증가시키고 상품이 시장에 도달하는 데 필요한 시간을 증가시킨다. 기업은 자유무역지대에 설비를 세움으로써 그러한 원가와 시간을 줄일 수 있다. 그러한 지대에 많은 기업들이 설비를 세우는 흔한 목적은 최종 제품의 조립을 위해서다. 미 상무부는 미국 내 수십 개의 자유무역지대를 관리한다. 많은 지대에서 통상적인 관세에서 할인으로 부품이 수입되는 것을 허용한다. 일단 조립이 되면, 최종 제품은 추가 관세 부담 없이 미국 시장에서 판매를 할 수 있다. 주 정부는 조립 공정이 창출하는 일자리를 얻기 위하여 그러한 지대를 환영한다.

중국은 고용 이점을 얻기 위해 다수의 대규모 자유무역지대(FTZ)를 만들었다. 이 지대에 수입된 상품은 수입허가서나 기타 서류를 필요로 하지 않으며, 또한 수입 관세도 적용되지 않는다. 국제 기업들은 중국에서 세금을 발생시키지 않고 다른 국가로 상품을 선적하기 전에 이 지대에서 상품을 또한 저장할 수 있다. 더욱이 이 지대들 중 5개는 지방 정부가 국제 투자자들에게 추가적인 기회와 세금 감면을 제공할 수 있는 특별히 지정된 경제구역 내에 위치해 있다.

자유무역지대(FTZ)의 혜택을 누리고 있는 또 다른 나라는 멕시코이다. 수십 년 전 멕시코는 그러한 지대를 미국과 접한 북쪽 국경선에 만들었다. 이 지대의 창설은 멕시코 내부의 국경선을 따라서 마킬라도라라고 불리는 기업의 발전을 가져왔다. 마킬라도라는 재료와 부품을 미국으로

부터 면세로 수입하여 어느 정도 공정을 거친 다음 다시 미국으로 수출하는데, 미국은 단지 멕시코에서 더한 그 제품의 부가가치에 대해서만 세금을 부과한다. 이 프로그램은 시작 이래 50년 동안 급격히 확장되었으며, 일자리를 찾는 수십만 명의 사람이 북쪽으로 이동하여 고용되었다.

특별 정부기관

다른 국가들의 정부 규제를 배우는 것은 벅찬 일일 수 있다. 기업은 자기의 제품이 예를 들어 관세 또는 수출입 할당의 대상인지를 알아야 한다. 대부분의 국가의 정부는 그러므로 수출을 촉진시키기 위한 특별 정부기관을 가지고 있다. 그러한 기관은 제한적인 금융 자원을 갖고 있는 중소기업들에게 특히 도움이 될 수 있다.

정부의 무역 증진 기관은 종종 무역 관료들과 기업인들을 조직화하여 다른 나라에 출장을 가서 잠재적인 기업 파트너들을 만나고 새로운 사업을 위한 접점을 만든다. 그들은 또한 다른 나라에 무역 사무소를 통상 개설한다. 이러한 사무소는 자국의 수출을 진흥하고, 유치국의 잠재적 파트너들에게 기업을 소개하기 위해 고안되었다. 정부의 무역 진흥 기관은 통상적으로 다른 국가에서 수출을 진흥하기 위해 많은 광고를 한다. 예를 들어 칠레의 무역위원회 프로칠레는 40개국에 상업 사무소와 웹사이트(www.chileinfo.com)를 가지고 있다.

정부는 수출을 장려함으로써 무역을 진흥시킬 뿐만 아니라, 국가가 생산 불가하거나 생산하지 않는 수입품을 장려한다. 예를 들어 일본무역진흥공사(JETRO, www.jetro.go.jp)는 일본 정부의 무역 진흥 기관이다. 이 공사는 일본의 거래 규약에 대해 중소 해외 기업들을 지도하며, 적절한 일본의 유통업자들과 파트너들의 미팅을 주선하며, 심지어 임시 사무소 공간을 찾는 데도 도움을 준다.

퀵 스터디 2

1. 국내 생산자들에 대한 정부의 금융 지원을 무엇이라 부르는가?
2. 자유무역지대로 인한 기대되는 결과는 무엇인가?
3. 정부가 수출 금융을 제공하는 몇 가지 방법은 무엇인가?

무역 제한의 도구

앞에서 우리는 정부의 무역에 대한 간섭과 관련한 정치적 · 경제적 · 문화적 이유에 관해 읽었다. 이 절에서는 정부가 원하지 않는 무역을 제한하는 데 사용할 수 있는 수단에 대해 토의한다. 여기에는 정부가 이용가능한 무역장벽의 두 가지 일반적인 범주가 있다. 관세와 비관세 장벽이다. **관세**(tariff)는 제품이 국가를 들어오거나 떠날 때 제품에 부과되는 정부의 세금이다. 관세는 수입품의 가격을 **직접적으로** 증가시키고, 이 때문에 바이어들에게 매력을 감소시킨다. 비관세 장벽은 수입품의 이용가능성을 제한하는 것인데, **간접적으로** 수입품의 가격을 증가시키고, 그 때문에 바이어들에게 매력을 감소시킨다. 관세와 다양한 비관세 장벽의 유형을 더 면밀히 살펴보자.

관세
제품이 국가를 들어오거나 떠날 때 제품에 부과되는 정부의 세금

관세

관세는 세 가지 범주로 분류할 수 있다. **수출 관세**는 제품을 수출하는 국가의 정부에 의해 부과된다. 국가는 수출 관세를 수출가격이 공정가격보다 낮다고 믿을 때 사용할 수 있다. 개도국들은

수출이 대부분 저가의 천연자원으로 구성되어 있는데 종종 수출 관세를 부과한다. **통과화물 관세**는 제품이 최종 도착지로 가는 데 경유하는 국가의 정부에 의해 부과된다. 통과화물 관세는 국제무역 협정을 통해 거의 완전히 사라졌다. **수입 관세**는 제품을 수입하는 국가의 정부에 의해 부과된다. 오늘날 수입 관세는 정부에 의해 가장 흔히 사용되는 관세이다.

종가 관세
수입된 제품의 정해진 가격에 백분율로 부과되는 관세

종량 관세
수입된 제품의 각 단위(개수와 무게로 측정)에 추가 부과된 관세

복합 관세
부분적으로 정해진 가격에 대한 백분율로 또한 부분적으로 단위당 특정한 수수료로 계산되어 부과되는 관세

우리는 수입 관세를 세 가지 하위 범주로 더 상세히 나눌 수 있다. **종가 관세**(ad valorem tariff)는 수입된 제품의 정해진 가격에 대해 백분율로 부과된다. **종량 관세**(specific tariff)는 수입된 제품의 각 단위(개수와 무게 등으로 측정)에 대해 특정 수수료로 부과된다. **복합 관세**(compound tariff)는 수입된 제품에 부과되며, 정해진 가격의 백분율로 부분적으로 부과되고 또한 각 단위당 특정한 수수료로 부분적으로 부과된다. 국가가 관세를 부과하는 주요한 두 가지 이유를 논의하자.

국내 생산자 보호 국가는 국내 생산자들을 보호하기 위해 관세를 사용할 수 있다. 예를 들어 수입 관세는 수입 상품의 원가를 상승시키며 국내에서 생산되는 상품의 매력을 증가시킨다. 이런 방법으로, 수입에 대항하여 국내 생산자들은 보호장벽을 얻는다. 관세 보호를 받는 생산자들이 가격 우위를 얻음에도 불구하고, 장기적으로는 보호가 그들의 효율성을 증가시키는 것을 방해한다. 만약 보호가 무사안일과 비효율성을 장려하게 되면 보호된 산업은 황폐화될 수 있고, 나중에는 국제경쟁의 사자 굴에 던져질 수 있다. 멕시코는 1980년 중반에 관세 보호를 줄이기 시작했는데, 북미자유무역협정(NAFTA)의 전주로서, 더 효율적으로 되려는 시도에도 불구하고 많은 멕시코 생산자들은 파산했다.

세입 창출 관세는 또한 정부 세입의 한 원천인데 대부분 개발도상국에서 그렇다. 주요 이유로서 저개발국들은 국내 거래를 정확히 기록할 능력이 부족한, 덜 공식적인 국내 경제를 가지고 있는 경향이 있기 때문이다. 정확한 거래 기록의 결여는 국가 내에서 판매세를 걷는 것을 극히 어렵게 만든다. 국가는 수입과 수출 관세를 통해 간단히 그들이 필요한 세입을 올림으로써 그 문제를 해결한다. 그러나 국가가 발전함에 따라 소득세, 자본이득세 및 기타 경제활동에 대한 세금으로부터 보다 큰 비율의 세입을 창출하는 경향이 있다.

지금까지 토론은 누가 관세로부터 혜택을 보는가라는 질문을 하게 한다. 우리는 관세 장벽에 대한 이미 두 가지 주요 이유를 알았다. 국내 생산자 보호와 정부 세입 올리기이다. 표면적으로, 정부와 국내 생산자들에게 혜택이 있는 것처럼 보인다. 우리는 또한 수입자들이 이 추가적인 관세 비용을 회수하기 위해 더 높은 가격을 통상적으로 책정하기 때문에 관세가 제품 가격을 상승시키는 것으로 보았다. 그리하여 표면적으로는 소비자들에게 혜택이 없는 것처럼 보인다. 앞서 언급했듯이, 일단 보호적인 수입 관세가 제거되면 파산으로 갈지도 모르는 비효율적인 국내 생산자들을 만들 수도 있다는 위험이 있다. 국가에 대한 총비용 분석은 훨씬 더 복잡하여 우리의 토론 범위를 벗어난다. 관세는 국민들이 무역으로부터 얻는 이득을 줄이기 때문에 국가 전체에 대해 하나의 비용을 부과하는 경향이 있다고 말하는 것으로 충분하다.

수출입 할당

수출입 할당
어느 일정 기간 동안 국가에 유출입할 수 있는 제품의 총량(단위 또는 무게로 측정)에 대한 제한

어느 일정 기간 동안 국가에 유출입할 수 있는 제품의 총량(단위 또는 무게로 측정)에 대한 제한을 **수출입 할당**(quota)이라 한다. 수출입 할당은 관세 다음으로 두 번째로 흔한 무역장벽이다. 정부는 다른 국가의 기업이나 정부(수입 할당의 경우)와 국내 생산자들(수출 할당의 경우)에게 수

출입 할당 허가서를 승인함으로써 수출입 할당 시스템을 전형적으로 관리한다. 정부는 1년 기준으로 그러한 인가를 정상적으로 허락한다.

수입 할당의 이유 정부는 국가에 들어오는 상품의 총량을 제한함으로써 그들의 국내 생산자들을 보호하기 위한 **수입 할당**을 부과할 수 있다. 이는 경쟁의 힘이 제한되기 때문에 국내 생산자들로 하여금 시장점유율과 가격을 유지하는 데 도움이 된다. 이 경우에 국내 생산자들은 그들의 시장이 보호되기 때문에 이익을 본다. 소비자들은 더 높은 가격과 더 낮은 경쟁으로 인한 제한된 선택 때문에 손해를 본다. 다른 손해를 보는 자들은 할당의 대상이 되는 수입품을 필요로 하는 국내 생산자를 포함한다. 소위 중간재의 수입에 의존하는 기업들은 그들 제품의 최종 원가가 상승되는 것을 볼 것이다.

역사적으로, 국가는 다자간섬유협정(MFA)하에서 다른 국가들의 섬유와 의류에 대해 수입 할당을 부과한다. 이 협정은 한때 섬유와 의류의 세계 무역에서 80% 이상을 차지하는 국가들에 영향을 미쳤다. 2005년에 이 협정이 만료되었을 때, 가난한 국가에 있는 많은 섬유 생산자들은 중국에 그들의 일자리를 잃을까 봐 두려워했다. 그러나 방글라데시와 같은 대규모 섬유 산업을 가진 일부 국가들은 값싼 노동력과, 모든 공급을 중국에만 배타적으로 의존하는 것을 꺼리는 구매자들로부터 혜택을 얻고 있다.

수출 할당의 이유 왜 국가는 국내 생산자들에게 **수출 할당**을 하는지 적어도 두 가지 이유가 있다. 첫째, 국내 시장에서 제품의 적절한 공급을 유지하려는 바람일 수 있다. 이 동기는 국가의 장기적 생존 또는 국내 기업을 위해 필수적인 천연자원을 수출하는 국가들 사이에서 가장 흔하다.

둘째, 국가는 세계 시장에 공급을 제한하기 위해 상품의 수출을 제한할 수 있으며, 그리하여 상품의 국제 가격을 높일 수 있다. 이것은 석유수출국기구(OPEC; www.opec.org)의 활동과 형성의 동기이다. 중동과 남미로 구성된 이 국가들의 그룹은 더 큰 이익을 얻기 위해 세계의 원유 공급을 제한하고자 한다.

캄보디아 프놈펜 의류 공장에서 여성들이 일하고 있다. 캄보디아 전역과 많은 동남아시아 지역에 걸쳐, 소규모 의류 공장들은 다자간섬유협정하에서 허용된 전 세계 시스템의 제거 이후에 번창하고 있다. 이 협정하에서 부유국들은 할당 시스템하에서 빈국들로부터 섬유와 의류 수입을 보증했다. 당신은 어떤 조건하에서 국가가 수입 할당을 부과하는 것이 허용되어야 한다고 생각하는가?

출처 : ⓒ Denis Balibouse/Reuters/Corbis

자발적 수출 규제(VER)
보통 수입 국가의 요구로 한 국가가 수출품에 부과하는 수출 할당의 독특한 유형

자발적인 수출 규제 수출 할당의 독특한 유형은 **자발적 수출 규제**(voluntary export restraint, VER) — 국가가 통상 다른 국가의 요구에 따라 자체 수출품에 부과하는 할당 — 이다. 국가는 수입국에 의한 수입 할당에 대한 위협 또는 제품의 완전한 금지에 대한 대응으로서 통상 수출 규제를 자발적으로 부과한다. 자발적인 규제의 고전적인 예는 1980년대 일로서, 일본 자동차 회사들은 미국 시장에서 상당한 시장점유율을 올리는 중이었다. 미국 자동차 회사들의 국내 생산 시설의 폐쇄는 대중과 미국 의회 사이에 변덕스러운 반일본 정서를 만들어 냈다. 만약 일본이 미국에 대한 자동차 수출을 제한하지 않으면 있을 징벌적 입법행위를 두려워해서, 일본 정부와 자동차 회사들은 미국으로 향하는 자동차들에 대해 자발적인 수출 규제를 스스로 부과했다.

수출 할당을 부과하는 나라의 소비자들은 국내 생산자들이 생산을 줄이지 않는 한 (더 많은 공급으로 인한) 더 낮은 가격의 제품으로 인해 혜택을 누린다. 수입 국가 내에 있는 생산자들은 수출 국가가 제한을 받기 때문에 혜택을 가지게 되며, 이런 이유로 그들은 가격을 올릴 수 있다. 수출 할당은 줄어든 선택과 아마도 더 높은 가격 때문에 수입 국가 내에 있는 소비자들에게 손해를 입히게 된다. 그러나 수출 할당은 수입이 국내 생산자들을 위협하여 사업에서 퇴출되게 한다면 동일한 국내 소비자들에게 일자리를 유지하게 할 수도 있다. 다시, 특정한 수출 할당 사례에 있어서 얻는 자와 잃는 자를 결정하는 상세한 경제학적 연구가 필요하다.

관세 할당
일정한 수입량에 대해서는 더 낮은 관세율을, 할당을 초과하는 양에 대해서는 더 높은 관세율을 부과하는 것

관세 할당 무역 제한의 혼합된 형태를 **관세 할당**(tariff-quota)이라고 부른다. 이는 어느 일정한 수입량에 대해서는 더 낮은 관세와, 할당을 초과하는 양에 대해서는 더 높은 관세율을 부과하는 것이다. 할당 제한, 예컨대 1,000톤하에서 한 국가에 들어가는 수입품은 10%의 관세가 부과된다. 그러나 1,000톤의 할당 제한하에 있지 않은 차후 수입품들에 대해서는 80%의 관세가 부과된다. 〈그림 6.1〉은 어떻게 관세 할당이 실제적으로 작동하는지를 보여 준다. 관세 할당은 농산품의 무역에 있어서 광범위하게 사용된다. 많은 국가들은 국가 간 무역을 규제하는 기구인 세계무역기구(WTO)에 의해 사용이 허용된 후인 1995년에 관세 할당을 사용했다.

금수조치

금수조치
특정 국가와의 하나 또는 그 이상의 제품에 대한 무역(수출과 수입)의 완전한 금지

특정 국가와의 하나 또는 그 이상의 제품에 대한 무역(수출과 수입)에 대해 완전한 금지를 하는 것을 **금수조치**(embargo)라고 부른다. 금수조치는 하나 또는 몇 개의 상품에 대하여, 또는 모든

그림 6.1
관세 할당은 어떻게 작동하는가
출처 : 세계무역기구 웹사이트(www.wto.org)

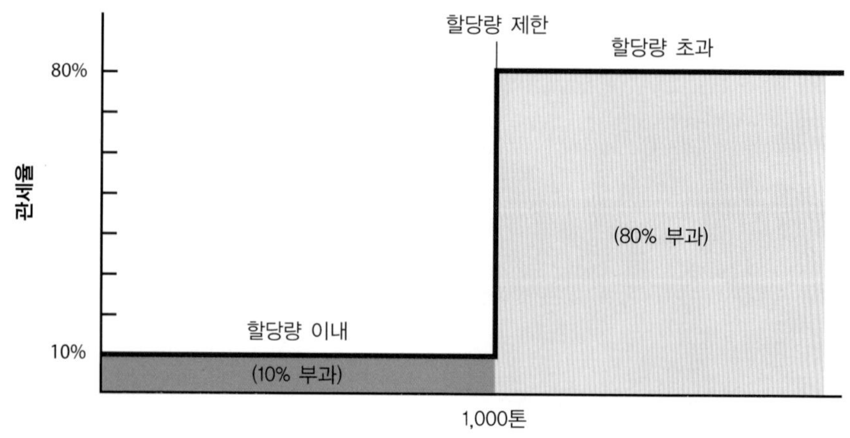

상품에 대한 완전한 무역 금지일 수도 있다. 이것은 이용가능한 가장 제한적인 비관세 무역장벽이며, 통상적으로 정치적인 목적을 달성하는 데 적용된다. 금수조치는 개별 국가의 법령에 의할 수 있으며 또는 초국가적인 UN에 의할 수도 있다. 조치를 강행하는 것이 어렵기 때문에 금수조치는 과거보다는 오늘날 덜 사용된다. 다른 나라와 무역하는 것을 완전히 금지하는 한 예는, 미국으로부터 일부 약품과 식료품이 현재 쿠바로 들어가는 것이 지금은 허용되지만, 미국이 쿠바와의 무역에 대해 금수조치를 한 것이다.

군 쿠데타가 아이티 대통령인 아리스티드를 1990년대 초에 축출한 후에, 군사정부가 아리스티드를 복권시키거나 또는 새로운 선거를 실시하게 강제하는 제한 조치들이 있었다. 한 제한 조치는 미주 기구에 의한 금수조치였다. 실제적으로 금수조치를 강제하기 어렵기 때문에 UN의 과실 없는 2년간의 외교 이후에 그 금수조치는 실패했다. 그러고 나서 UN은 원유와 무기 거래 금지를 가지고 개입했다. 아이티와 히스파니올라 섬을 공유하고 있는 도미니카공화국을 통한 약간의 밀수에도 불구하고, 금수조치는 전반적으로 효과적이었으며 아리스티드는 마침내 복권되었다.

국산부품사용요건

국산부품사용요건은 국내 시장에 있는 생산자들이 상품 또는 서비스의 일정량을 공급해야 하는 것을 규정한 법임을 제4장으로부터 상기해 보자. 이 요건은 최종 제품의 일정 비율은 국내에서 생산된 상품으로 구성되거나 또는 한 제품의 최종 원가의 일정 비율이 국내산이어야 함을 규정할 수 있다.

국산부품사용요건의 목적은 다른 국가의 기업들이 그들의 생산 과정에 있어서 국내산 자원—특히 노동력—을 사용하도록 강제하는 것이다. 수입품에 대한 다른 제한 조치와 유사하게, 그러한 요건은 다른 저임금 국가에 기반을 둔 기업들의 가격 우위로부터 국내 생산자들을 보호하는 데 도움이 된다. 오늘날 많은 개발도상국들은 산업화를 북돋기 위한 하나의 전략으로 국산부품사용요건을 사용한다. 기업들은 그러한 제한 조치를 규정하는 국가 내에 생산 시설을 둠으로써 국산부품사용요건에 흔히 대처한다.

예를 들어 많은 사람들은 음악을 보편적인 언어라고 생각하나, 모든 문화가 동등하게 세계의 다양한 음악적 영향에 열려 있는 것은 아니다. 앵글로색슨 음악이 프랑스 문화를 침범하지 못하도록 하기 위해 프랑스 법은 라디오 프로그램에서 최소한 40%는 프랑스 콘텐츠를 사용하도록 한다. 그러한 국산 콘텐츠 사용요건은 프랑스 문화의 정체성을 보호하고, 프랑스로 밀려들 수 있는 다른 나라들의 팝 문화로부터 프랑스 예술가들의 일자리를 보호하기 위해서 의도된 것이다.

행정적인 지연

한 국가로 들어오는 수입품의 흐름을 감쇄하기 위한 규제적인 통제 또는 관료주의적인 규정을 **행정적인 지연**(administrative delay)이라고 부른다. 이 비관세 장벽은 광범위한 정부의 행위를 포함하는데, 국제 항공운송기를 불편한 공항에 착륙하게 한다든지, 제품 자체에 손상을 줄 수 있는 검사를 한다든지, 세관 사무소에 의도적으로 인원을 부족하게 해서 흔치 않은 통관지연을 야기한다든지, 획득하는 데 시간이 많이 걸리는 특별한 허가서를 요구하는 것 등이다. 어느 국가에 있어 모든 이러한 행정적인 지연의 목적은 수입되는 제품에 대해 차별을 하기 위해서이며, 한마디로 보호주의이다.

행정적인 지연
한 국가로 들어오는 수입품의 흐름을 감쇄하기 위한 규제적인 통제 또는 관료주의적인 규정

외환 통제

외환 통제
한 통화를 다른 통화로 바꿀 수 있는 것을 제한하는 것

한 통화를 다른 통화로 바꿀 수 있는 것을 제한하는 것을 **외환 통제**(currency control)라고 부른다. 일반적으로 상품을 수입하고자 하는 기업은 보통 국제적으로 통용되는 미국 달러나 유로화 또는 일본 엔화로 수입품에 대해 지불해야만 한다. 일반적으로 기업은 또한 그 통화를 자국의 국내 은행 시스템으로부터 얻어야만 한다. 정부는 그 통화를 얻기 위한 허가서를 획득하도록 그 통화를 원하는 기업들에게 요구할 수 있다. 그리하여 한 국가의 정부는 그 국가의 통화를 국제적으로 통용되는 통화로 바꾸는 것을 제한함으로써 수입을 어렵게 할 수 있다.

정부가 수입을 줄이기 위해 외환 통제를 적용하는 또 다른 방법은, 잠재적 수입업자들에게 호의적이지 않은 환율을 적용하는 방법이다. 호의적이지 않은 환율은 수입 상품의 원가를 비현실적인 수준으로 만들어, 많은 잠재적인 수입업자들이 수입하려는 생각을 쉽게 포기하게 만든다. 이에 대해 국가는 수출업자들에게는 국내 통화를 국제 통화로 바꿀 때 호의적인 환율을 적용하여 수출을 장려할 것이다.

퀵 스터디 3

1. 왜 정부는 제품에 관세를 부과하는가?
2. 왜 정부는 제품에 할당을 부과하는가?
3. 제품의 일정 비율을 국내에서 조달하게 하는 규정을 무엇이라 부르는가?

글로벌 무역 시스템

글로벌 무역 시스템은 부침이 있어 왔다. 세계 무역량은 1800년대 후반에 정점에 이르렀으나, 미국이 스무트-할리 관세법을 1930년에 통과시켰을 때 엄청난 타격을 받았다. 이 법은 미국 무역 정책의 자유무역에서 보호주의 정책으로의 중대한 이동을 나타냈다. 이 법은 주요 무역 상대국들 간에 연이은 경쟁적인 관세 인상을 낳았다. 다른 국가들은 만약 미국이 그것의 수입품을 제한하려 한다면 그들도 자국 시장에 미국의 수출품이 자유롭게 들어오지 못하게 해야 한다고 생각했다. 스무트-할리 관세법과, 그것이 일조한 글로벌 무역 전쟁은 선진국들의 경제를 마비시켰고 대공황의 단초를 제공했다. 전 세계의 생활 수준은 1930년대 대부분에 걸쳐 황폐화되었다.

우리는 글로벌 무역 시스템—관세와 무역에 관한 일반 협정—을 발전시키려는 초기 시도들을 살펴봄으로써 이 절을 시작한다. 그러고 나서 그것의 계승자인 세계무역기구를 알아보자.

관세와 무역에 관한 일반 협정(GATT)

1940년대 후반에 현저하게 자유무역 쪽으로 태도가 바뀌었다. 지난 50년간 국가 간의 극심한 경제 경쟁과 그들의 생산을 위한 자원을 증가시키려는 국가적인 탐색은 두 번의 세계대전과 역사상 가장 최악의 글로벌 경제 침체를 낳는 데 일조했다. 그 결과 경제학자와 정책결정자들이 미래에 비슷한 재앙을 피하는 데 도움이 되는 무역 시스템에 관해 세계가 협력하여 합의할 것을 제안했다. 관세와 무역에 관한 일반 협정(GATT)이라고 알려지게 된 다자간 협정 시스템이 개발되었다. 이 협정은 국제무역에 대한 관세와 비관세 장벽을 줄임으로써 자유무역을 촉진하기 위한 조약이었다. GATT는 1947년에 23개국—12개의 선진국과 11개의 개발도상국—에 의해 형성되어서 1948년 1월에 효력이 발생했다.[11]

GATT는 초기 몇 년에 걸쳐서 매우 성공적이었다. 1947년과 1988년 사이에 평균 관세를 40%에서 5%까지 줄이고 국제무역량이 20배 증가하는 데 도움이 되었다. 그러나 1980년대 중반까지 전 세계적인 국수주의 증가와 무역 갈등은 비관세 장벽을 거의 50% 상승시켰다. 또한 서비스(원래의 GATT에서 다루지 않은)가 점진적으로 중요해졌으며 전 세계 무역의 훨씬 더 큰 비중을 차지할 정도로 성장했다. 조약의 개정이 필요했고 1986년에 새로운 무역 협상 라운드가 시작되었다.

우루과이 라운드 협상 GATT의 기본원칙은 회원국들 사이에 주기적인 협상 '라운드'로부터 생겨났다. 초기 몇 년간은 상대적으로 짧고 간단한 협상이었으나 나중에는 이슈들이 좀 더 복잡해짐에 따라 협상이 연장되었다. 〈표 6.2〉는 GATT의 후원하에서 일어난 8개의 완성된 협상 라운드를 보여 준다. 관세가 1라운드부터 5라운드까지 협상의 유일한 주제인 반면, 다른 주제들이 차후의 라운드에 더해졌음을 주목하라.

GATT의 우루과이 라운드 협상은 1986년에 우루과이(이런 이유로 우루과이 라운드라 명명됨)의 푼타델에스테에서 시작되었는데, 역사상 가장 큰 무역 협상이었다. 이것은 40년 기간 내에서 GATT의 8번째 라운드였는데, 완성하는 데 7년 이상이 걸렸다. 우루과이 라운드는 1947년 GATT를 개정하고 갱신함으로써 무역장벽을 줄이는 데 상당한 진전을 이루었다. 상품 무역에 대한 장벽을 더 줄이는 계획을 개발하는 것에 더하여, 이 협상은 원래의 GATT 조약을 몇 가지 중요한 방법으로 수정했다.

서비스에 관한 협정 세계 무역량에 있어 서비스의 끊임없이 증가하는 중요성 때문에, 국가들은 서비스 분야 무역에 대해 GATT 조항을 포함시키기를 원했다. 서비스 분야 무역에 관한 일반 협정(GATS)은 어떤 분야에 관한 협상이 다른 분야들보다 더 성공적이었지만, 모든 서비스 분야의 국제무역을 커버하기 위해 무차별의 원칙을 확장했다. 문제는 상품 무역은 간단한 개념이지만 —상품이 한 국가로부터 수출되고 또 다른 나라로 수입되는— 무엇이 서비스인지를 정확하게 정의하는 것이 어려울 수 있다는 것이다. 그럼에도 불구하고 GATT는 우루과이 라운드 동안에 서비스 분야의 국제무역이 취할 수 있는 네 가지 상이한 형태를 확인했다.

표 6.2 GATT의 완성된 협상 라운드

연도	장소	참가국 수	다뤄진 주제
1947	스위스 제네바	23	관세
1949	프랑스 안시	13	관세
1951	영국 토키	38	관세
1956	제네바	26	관세
1960~1961	제네바(딜론 라운드)	26	관세
1964~1967	제네바(케네디 라운드)	62	관세, 반덤핑 조치
1973~1979	제네바(도쿄 라운드)	102	관세, 비관세 조치, '협정 틀 만들기'
1986~1994	제네바(우루과이 라운드)	123	관세, 비관세 조치, 규칙, 서비스, 지식재산권, 분쟁 해결, 투자 조치, 농업, 섬유와 의류, 자연 자원, 세계무역기구 창설

출처 : Based on *About the WTO*, 세계무역기구(WTO) 웹사이트(www.wto.org)

1. 국경을 넘는 공급 : 한 국가로부터 또 다른 국가로 공급되는 서비스(예 : 국제 전화)
2. 해외에서의 소비 : 또 다른 나라에 있는 동안 서비스를 사용하는 기업이나 소비자(예 : 관광)
3. 상업적인 존재 : 서비스를 제공하기 위해 또 다른 나라에 현지 법인을 설립하는 기업(예 : 은행업 운영)
4. 자연인의 존재 : 서비스를 제공하기 위해 또 다른 나라로 여행하는 개인(예 : 경영 컨설턴트)

지식재산권 협정 서비스와 같이, 전부 또는 크게 지식재산으로 구성된 제품들이 국제무역에서 점점 더 비중이 증가하고 있다. 지식재산은 사람의 지적인 재능과 능력으로부터 결과된 재산이라고 한 제3장을 상기하자. 지식재산으로 분류된 제품은 저작권, 특허권과 상표권에 의해 법적으로 보호받기로 되어 있다.

국제적인 저작권 침해 행위가 계속되지만, 우루과이 라운드는 그것을 통제하에 놓는 쪽으로 중요한 진전을 이루었다. 전 세계에 걸쳐 지식재산 규칙을 표준화하는 것을 돕기 위해 우루과이 라운드는 지식재산 무역 관련 양상(TRIPS)에 관한 협정을 만들었다. TRIPS 협정은 지식재산권의 보호가 새로운 기술과 다른 창조적인 것의 개발을 장려하기 때문에 그것을 보호하는 것이 사회에 이익이 된다는 것을 인정한다. 이것은 파리 조약과 베른 조약(제3장 참조)의 전문을 지지하며, 특정한 사례에 있어서 지식재산 보호에 대해 더 강력한 자세를 취한다.

농업보조금 협정 농산물 분야 무역은 때때로 대부분의 세계 무역 상대국들 간에 논쟁의 핵심이 되어 왔다. 국가들이 그들의 농업 분야를 보호하는 데 몇 가지 널리 사용되는 장벽들이 있는데 수입 할당과 농민들에게 직접 지급되는 보조금을 포함한다. 우루과이 라운드는 농업 협정에서 농산물 관세와 비관세 장벽의 주요 이슈를 다루었다. 그 결과는 농산물 국제무역에 있어서의 증가된 예측력과, 국가별 농업 분야의 시장의 힘에 대한 노출 증가이다. 이 협정은 국가가 모든 비관세 장벽을 관세로 전환하게 했으며, 이 과정은 '관세화'라고 불린다. 그러고 나서 이 협정은 선진국들과 개발도상국들이 농산물 관세를 현저히 줄이도록 요청을 받았으나, 가장 저개발국에는 요건을 두지 않았다.

세계무역기구(WTO)

아마도 우루과이 라운드의 가장 큰 성과는 세계무역기구(WTO)―국가 간의 무역을 규제하는 국제적인 기구―의 설립이었다. WTO의 세 가지 주요 목표는 무역의 자유로운 흐름을 돕고, 시장의 추가적인 개방 협상을 도우며, 회원국 간의 무역 분쟁을 해결하는 것이다. GATT로부터 계승된 WTO의 한 가지 핵심 요소는 **정상적인 무역 관계**(normal trade relations, 공식적으로는 '최혜국 대우')라고 불리는 무차별의 원칙인데, 이는 WTO 회원국들이 어느 한 회원국에게 제공하는 호혜적인 무역 조건을 동일하게 모든 회원국에게 제공해야 하는 요건이다. 예를 들면 만약 일본이 독일산 자동차에 대해 수입관세를 5%로 줄이려면, 다른 WTO 회원국들로부터 수입하는 자동차에 대해서도 5%로 반드시 줄여야 한다.

정상적인 무역 관계(공식적으로는 '최혜국 대우')
WTO 회원국들이 어느 한 회원국에게 제공하는 호혜적인 무역 조건을 동일하게 모든 회원국에게 제공해야 하는 요건

WTO는 GATT 제도를 대체했지만, GATT 협정(서비스, 지식재산과 농업에 대한)을 그것의 자체 협정 안으로 흡수했다. 그리하여 GATT 제도는 더 이상 공식적으로 존재하지 않는다. WTO는 160개 회원국과 24개 옵서버국을 인정한다.

WTO 내 분쟁 해결 무역 분쟁을 해결하는 WTO의 힘은 GATT와 실제 차별된 것이다. GATT

하에서 국가들은 다른 회원국에 대하여 불만을 문서화하고 하나의 위원회가 그 사안을 조사할 수 있었다. 불만이 적절한 것이면 GATT는 불공정 무역 실체를 확인하고 회원국들은 위반국에게 그것의 방식을 바꾸도록 압력을 가한다. 그러나 실제적으로 대부분의 국가들은 때로는 몇 년씩 계속되는 긴 조사 국면 후에 보내진 GATT의 결정 통지를 단지 무시했다.

이와 대조적으로, 다양한 WTO 협정은 기본적으로 회원국들이 공정하고 개방적인 무역 정책을 준수하기로 약속한 회원국들 간의 계약이다. 한 WTO 회원국이 다른 회원국에 대하여 불만을 제기하면 WTO의 분쟁해결기구(DSB)는 행동에 들어간다. 결정은 1년 내에 이루어진다—다만 사안이 긴급하면 9개월 안에 그리고 사안이 상고되면 15개월 이내에 이루어진다. WTO 분쟁해결 시스템은 빠르고 자동적일 뿐만 아니라, 그 결정은 회원국이 무시하거나 거부할 수가 없다. 위반국가는 그들의 무역 정책을 WTO 가이드라인에 따라서 재조정해야 하거나 또는 금융적인 벌금이나 아마도 무역 제재의 고통을 받는다. 위반 회원국들을 처벌할 수 있는 WTO의 능력 때문에 WTO의 분쟁 해결 시스템은 글로벌 무역 시스템의 중추이다.

덤핑과 WTO WTO는 또한 '덤핑'과 보조금 지급 승인에 관련된 분쟁을 해결하는 데 관여한다. 한 기업이 한 제품을 그것의 국내 시장에서 정상적으로 거래되는 가격보다 낮거나 또는 생산원가보다 낮은 가격으로 수출할 때 **덤핑**(dumping)이라 한다. 덤핑 부과는 시시때때로 거의 모든 국가로부터 기업들에게 이루어지며(공정하게 또는 다르게), 어떤 종류의 산업에서도 일어날 수 있다. 예를 들면 서유럽의 플라스틱 생산자들은 본국보다 유럽 시장에서 상당히 낮은 가격을 책정한 아시아의 경쟁자들에 대한 보복을 고려했다. 더 최근에는, 미국 철강 생산자들과 그들의 강력한 노조가 미국 시장에서 브라질, 일본과 러시아의 철강업체가 낮은 가격으로 철강을 덤핑한다고 공격했다. 이 국가들이 철강을 포함한 모든 제품의 수출 증가를 통해 그들의 경제를 개선하려고 노력함에 따라 그 문제가 발생했다.

덤핑
한 제품을 그것의 국내 시장에서 정상적으로 거래되는 가격보다 낮거나 또는 생산 원가보다 낮은 가격으로 수출하는 것

WTO는 덤핑으로 제소된 기업의 본국을 처벌할 수는 없다. 왜냐하면 덤핑은 기업의 행위이지 국가가 행한 것은 아니기 때문이다. WTO는 다만 덤핑 기업에 대해 보복조치를 취한 국가에 대해서만 대응할 수 있다. WTO는 국가가 덤핑이 실제 발생했음을 증명할 수 있고, 자국 기업의 손실을 추정할 수 있으며, 손실이 심각함을 입증할 수 있을 때 덤핑에 대항 보복조치를 허용하고 있다. 일반적으로 **반덤핑 관세**(antidumping duty)—자국 시장에서 덤핑을 시행한 것으로 간주되는 국가의 수입품에 대해 부과하는 추가 관세—를 부과한다. 하지만 그러한 조치는 국가가 덤핑이 지속되고 있다는 사실을 제시하지 못한다면 조치를 취한 시점으로부터 5년 이내에 철회되어야 한다. 최근 수년간의 반덤핑 관세 조치는 WTO에 앞서 시행되었다.

반덤핑 관세
자국 시장에서 덤핑을 시행한 것으로 간주되는 국가의 수입품에 대해 부과하는 추가 관세

보조금과 WTO 정부는 그들 기업의 경쟁력이 또 다른 나라가 자국 생산자들에게 지급하는 보조금에 의해 위협을 받을 때 종종 보복한다. 반덤핑 조치와 같이, 국가는 불공정한 보조금을 받는 제품에 대하여 **상계 관세**(countervailing duty)—불공정한 보조금을 받았다고 믿는 국가들이 수입품에 붙이는 추가적인 관세—를 부과함으로써 보복한다. 덤핑과 달리, 보조금의 지급이 한 국가에 의한 행위이기 때문에 WTO는 당초 보조금을 지급한 정부의 행위뿐만 아니라, 보조금에 대응하는 정부의 행위도 규제한다.

상계 관세
불공정한 보조금을 받았다고 믿는 국가들이 수입품에 붙이는 추가적인 관세

도하 라운드 협상 WTO는 2001년 후반에 새로운 협상 라운드를 카타르 도하에서 시작했다. 새로 시작된 협상은 무역장벽을 좀 더 낮추고, 특히 가난한 국가들을 돕기 위해서 이루어졌다. 부

유한 국가들이 자국 농민들에게 지급하는 농업 보조금은 하루에 10억 달러 가치로서 가난한 나라들에 대한 그들의 총 원조 예산의 6배 이상이다. 가난한 나라들의 수출품의 70%가 농산품과 섬유이기 때문에, 부유한 국가들은 이들 산업과 기타 노동집약적인 산업을 더 개방하려는 의도를 가졌다. 가난한 국가들은 그들 사이에 관세를 줄이는 것이 장려되었고, 자신들을 글로벌 무역거래 시스템으로 통합시킴으로써 부유한 나라들로부터 도움을 받으려 했다.

도하 라운드가 2004년 말에 끝나기로 되어 있었지만, 협상은 절름거리며 지속되고 있다. 2013년 12월에 협상자들은 세관과 국제적인 상품 이동에 관한 표준을 정립하고 국경에서의 불필요한 요식행위를 줄임으로써 '무역 원활화'를 개선하는 데 합의했다. 오히려 신중한 합의가 도하 라운드에 있어 첫 번째 중요한 성취임을 기념한다. 그러나 농산물 무역 이슈, 관세 또는 할당에 대해서는 합의에 이르지 못했다.[12]

WTO와 환경 글로벌 무역의 꾸준한 증가와 많은 신흥국 및 개발도상국 경제의 급속한 산업화는 정부와 특별한 이익 집단들 사이에 환경적인 우려를 낳았다. 많은 사람들에게 우려되는 것은 이산화탄소 배출 수준으로서, 이는 주요 온실가스로서 지구 온난화에 기여한다고 믿어진다. 대부분의 이산화탄소 배출은 화석 연료의 연소와 시멘트 제조로부터 생긴다.

WTO는 환경 이슈를 다루는 별도 협정이 없다. WTO는 환경 표준을 정립할 책임이 있는 글로벌 환경 기관이 아님을 구체적으로 기술한다. 이러한 임무는 이미 국가 정부와 그러한 목적으로 존재하는 많은 국제적인 기구들에게 남기고 있다. WTO는 오존층 보호를 위한 몬트리올 의정서, 위험한 쓰레기의 국제무역 또는 운송에 관한 바젤 협정, 멸종위기에 처한 종들의 국제무역에 관한 협정을 포함하는 국제 협정과 함께 일한다.

그럼에도 불구하고 WTO를 확립했던 협정의 전문은 환경보호와 지속가능한 발전의 목적을 언급한다. WTO는 또한 무역과 환경에 관한 위원회라고 불리는 자체 위원회를 가지고 있다. 위원회의 책임은 무역과 환경 간의 관계를 연구하고, WTO 무역 협정 내에서 가능한 변화들을 권고하는 것이다.

게다가 WTO는 무역과 관련된 일부 환경적인 이슈에 관하여 분명한 입장을 취하고 있다. WTO는 '친환경적인' 제품의 표시에 있어서 국가적인 노력을 지지하지만, 제품 표시 요건과 정책은 다른 WTO 회원국들의 제품에 대해 차별할 수는 없음을 기술한다. 또한 WTO는 공중위생과 환경적인 훼손의 이유로 그들의 시장으로 유입되는 잠재적으로 위험한 제품들을 완전히 공개하는 것을 요구하는 최빈국들의 정책을 지지한다.

퀵 스터디 4

1. 자유무역을 촉진하기 위한 다자간 협정의 첫 번째 시스템을 무엇이라 하는가?
2. 세계무역기구(WTO)의 주요 목적은 무엇인가?
3. 국내에서 정상적으로 부과되는 것보다 낮거나 또는 제조 원가보다 더 낮은 가격으로 제품을 수출하는 것은 기업을 무엇의 부과에 노출되게 할 수 있는가?

경영을 위한 요점

이론적인 자유무역의 이득에도 불구하고, 국가들은 그들의 문호를 단순히 개방하지 않으며, 국내 기업들이 침몰하거나 허우적거리지 않게 한다. 이 장은 왜 정부가 그들의 산업을 보호하는지와 이를 위해 정부가 어떻게 하는지를 설명했다. WTO는 보호를 위한 국가적인 바람과 자유무역을 위한 국제적인 바람 사이에 균형을 유지하려고 노력한다.

무역 보호의 시사점

자유무역은 기업이 효율성을 극대화할 수 있는 입지로 생산을 이동하게 한다. 그러나 무역의 자유로운 흐름에 대한 정부 간섭은 생산 효율성과 기업 전략에 시사점을 가진다. 보조금은 경쟁 의욕을 꺾어서 보조금을 받는 기업들의 입장에서 종종 안주를 부추긴다. 보조금은 사회적 부의 재분배로 여겨질 수도 있어서 보조금을 받지 않는 국제 기업들은 불리한 입장에 놓인다. 보조금을 받지 않는 기업들은 생산과 유통 원가를 줄이거나 또는 더 높은 가격을 정당화할 수 있는 어떤 식으로 차별화를 해야만 한다.

*수입 관세*는 수입품에 대한 원가를 상승시켜서 국내에서 생산된 제품을 소비자에게 더 매력적으로 만든다. 그러나 관세는 비효율적인 국내 생산자를 만들어 내기 때문에, 경쟁력의 악화가 수입 관세의 이점을 상쇄할 수도 있다. 높은 수입 관세를 가진 시장에 들어가려는 기업들은 종종 그 시장 내에서 생산을 한다. *수입 할당*은 경쟁의 힘을 제한함으로써 국내 생산자들이 시장점유율과 가격을 유지하는 데 도움을 준다. 할당으로 보호받는 국내 생산자들은 시장이 보호되기 때문에 시장에서 이긴다. 할당의 제약하에서 수입을 해야만 하는 다른 생산자들은 그들의 중간재에 대해 더 많은 지불을 하거나 또는 할당을 부과하는 시장 밖에서 생산을 해야 할 것이기 때문에 시장을 잃는다.

*국산부품사용요건*은 국내 생산자들을 저원가 국가의 생산자들로부터 보호한다. 국산부품사용요건이 부과된 시장에 팔려고 하는 기업은 아마도 그 현지에서 생산해야 할 대안만 있을 수 있다. *행정적인 지연*의 목적은 수입품에 대해 차별하기 위한 것이나, 효율성을 꺾을 수 있다. *외환 통제*는 기업들이 국제적으로 통용되는 통화를 얻기 위한 허가서를 취득하게 요구할 수 있다. 그리하여 그 국가는 수입품에 대해 지불할 외환을 얻기 위한 허가를 받는 것을 제한함으로써 수입하려는 의욕을 꺾는다. 정부는 또한 잠재적인 수입업자들에게 비우호적인 환율을 규정함으로써 수입을 차단할 수도 있다. 비우호적인 환율은 수입품의 원가를 비현실적인 수준으로 올린다. 그러고 나서 그 국가는 수출업자들에게는 우호적인 환율을 종종 규정한다.

정부 보조금은 경제 전체에 걸쳐 세금을 부과함으로써 통상 지불되게 된다. 보조금이 한 국가의 국민들을 장기적으로 돕는 것인지는 의문이며, 실제 국가에 해를 끼칠 수도 있다. 수입 관세 또한 수입품의 가격을 높이고 가격을 높일 수 있는 국내 기업들을 보호하기 때문에 소비자들에게 피해를 준다. 수입 할당은 경쟁을 줄이고, 가격을 올리며 선택을 줄이기 때문에 소비자들에게 피해를 준다. 보호는 한 국민이 자유무역으로부터 얻을 수 있는 장기적인 이득을 줄이는 경향이 있다.

글로벌 거래 시스템의 시사점

글로벌 거래 시스템의 발전은 국제무역에 대한 관세와 비관세 장벽을 줄임으로써 자유무역을 촉진하게 되어 국제 기업들에게 이익을 준다. GATT 조약은 초기 몇 년간 성공적이었고 그것의 개정은 무역 환경을 현저하게 개선했다. 상품 무역에 대한 평균 관세는 줄었고 농산품을 위한 보조금은 낮아졌다. 기업들은 서비스 교역 분야에 무차별의 원칙을 확장시킨 협정으로부터 혜택을 입었다. GATT의 개정은 또한 지식재산권을 명확하게 정의하여, 판권, 상표권, 서비스 상표와 특허권을 보호하게 되었다. 이는 그들의 지식재산에 대한 권리가 보호될 것이라는 것을 알기 때문에 기업들이 새로운 제품과 공정을 개발하도록 장려한다.

WTO의 창설 또한 다양한 WTO 협정이 회원국들로 하여금 공정하고 개방적인 무역 정책을 유지하도록 약속하게 하기 때문에 국제 기업들에게 이롭다. 상대적으로 가난한 국가들에 기반을 둔 국내 및 국제 기업들은 미래의 무역 협상 라운드로부터 가장 많은 혜택을 입는다. 농산품과 섬유를 수출하는 가난한 국가들의 기업들은 부유한 국가들이 이 분야에 대한 수입 장벽을 줄인다면 혜택을 입을 것이다. 가난한 국가들 내에 기반을 둔 기업들은 가난한 국가들 사이에서 더 좋은 협력과, 그들의 글로벌 거래 시스템 속으로의 진일보한 통합으로부터 또한 혜택을 입는다.

이 장의 요약

LO1. 왜 정부가 때때로 무역에 개입하는지를 설명하라.

- 무역 간섭에 대한 **정치적** 이유는 다음을 포함한다 : (a) 일자리 보호, (b) 국가 안보 보호, (c) 다른 국가의 불공정한 무역 행위에 대한 대응, (d) 다른 국가들에 대한 영향력을 얻는 것.
- **경제적** 이유는 다음을 포함한다 : (a) 유치 산업을 충분히 경쟁력이 있게 되기까지 글로벌 경쟁으로부터 보호하는 것, (b) 규모의 경제 우위를 가지고 산업에 선발자가 되는 데 기업에 도움이 되도록 전략적 무역 정책을 촉진하는 것.
- 무역에 간섭하는 가장 흔한 **문화적** 이유는 국가 정체성의 보호이다. 한 국가 내에 바람직하지 않은 문화의 영향은 큰 곤경을 야기할 수 있으며, 정부로 하여금 유해하다고 판

단되는 수입품을 강제로 차단하게 할 수 있다.

LO2. 정부가 무역을 촉진하는 수단을 서술하라.

- **보조금**은 현금 지급, 저금리 대출, 감세, 제품 가격 지원과 기타 형태로 국내 생산자들에게 제공한 금융 지원이다. 비판자들은 보조금이 기업에 대한 복리에 해당한다고 하지만, 보조금은 국제적인 경쟁자들을 막을 수 있다.
- **수출 금융**은 시장금리 이하의 대출, 다른 방법으로 이용 불가능한 대출, 정부가 기업이 채무불이행을 하면 상환하는 대출 보증을 포함한다.
- **자유무역지대**(FTZ)는 낮은 관세와 적은 통관 절차를 가진 지리적인 지역을 통하여 상품이 통과하는 것을 허용한다.
- **특별 정부기관**은 무역 관료들과 사업가들을 위하여 국제적인 여행을 조직화하며, 자국의 수출을 촉진하기 위하여 해외에 사무소를 만든다.

LO3. 정부가 무역을 제한하는 수단을 기술하라.

- **관세**는 한 국가에 들어가거나, 경유하거나 또는 떠나는 제품에 부과되는 정부 세금이다. 수입 관세는 **종가 관세**, **종량 관세**, 또는 **복합 관세**일 수 있다.
- **할당**은 어느 특정 기간 동안에 한 국가를 떠나거나 들어올 수 있는 상품의 총량을 제한한다. **수입 할당**은 국내 생산자들을 보호한다. **수출 할당**은 국내에 적절한 공급을 유지하거나 제품의 국제 가격을 올린다.
- **금수 조치**는 한 국가와의 무역을 완전히 금지한다. **국산부품사용요건**은 국내 생산자들에 의해 공급되어야 하는 상품과 서비스를 규정한다. **행정 지연**과 **외환 통제**(통화 태환성에 대한 제한) 또한 수입 의욕을 떨어뜨리게 할 수 있다.

LO4. 글로벌 거래 시스템의 주요 특징을 요약하라.

- **관세와 무역에 관한 일반 협정**(GATT)은 관세와 비관세 장벽을 줄임으로써 자유무역을 촉진했다. GATT 협상의 우루과이 라운드는 (a) 서비스 교역 분야를 다루었고, (b) 지식재산권을 정의했고, (c) 농업 분야 무역 장벽을 줄였고, (d) **세계무역기구**(WTO)를 창설했다.
- WTO의 세 가지 목적은 무역의 자유로운 흐름을 돕는 것, 시장의 추가 개방에 대한 협상을 돕는 것, 그리고 회원국 간의 무역 분쟁을 해결하는 것이다.
- WTO의 핵심 요소는 **정상적인 무역 관계**라고 불리는 무차별의 원칙이며, 이는 WTO 회원국이 모든 회원국을 동등하게 대할 것을 요구한다.
- **덤핑**은 기업이 제품을 국내 시장에서 정상적으로 부과되는 가격보다 낮은 가격 또는 생산 원가보다 낮은 가격으로 수출하면 발생한다고 말해진다.

핵심 용어

관세	보조금	자발적 수출 규제(VER)	종량 관세
관세 할당	복합 관세	자유무역	행정적인 지연
금수조치	상계 관세	자유무역지대(FTZ)	
덤핑	수출입 할당	정상적인 무역 관계	
반덤핑 관세	외환 통제	종가 관세	

✪ 얘기해 보자 1

대부분의 국가들은 수출업자들에게 수출이 진행되기 전에 특별한 승인을 얻도록 요구하는 '적대적인' 국가들의 리스트를 만든다.

6-1. 어느 국가와 제품이 당신의 국가에 대해서 그러한 명단에 올라 있는가? 설명하라.
6-2. 당신의 국가가 어느 나라의 리스트에 올라갈 것으로 생각하는가? 설명하라.

✪ 얘기해 보자 2

두 명의 학생은 무역이 환경을 훼손한다는 환경보호론자들의 주장에 대해 토론하고 있다. 한 학생은 "틀림없이 오염 효과가 있을 수 있지만 그것은 더 높은 생활 수준을 위해 치러야 할 작은 대가"라고 말한다. 다른 학생이 그 말에 동의하며 "그래, 그들 '급진적인 환경보호 운동가들'은 여하튼 그 효과를 항상 과장하고 있어 아마존에 있는 두꺼비가 멸종된다면 누가 관심을 가질까?"라고 말한다.

6-3. 이 학생의 의견을 반박할 어떤 주장을 제시할 수 있는가?
6-4. 기업은 무역이 환경에 해를 끼치지 않는다는 것을 확신시키는 어떤 구체적인 행위를 행할 수 있을까?

윤리적 도전

워싱턴 DC에 위치한 비영리 무역산업단체인 무역협의회(NFTC)는 매사추세츠 주와의 법정 다툼에서 승리했다. 만장일치 표결에서 미국 대법원은 NFTC 편에 섰고, 미얀마에 진출한 기업들과의 계약을 거부한 매사추세츠 주법의 폐기를 결정했다. 대법원은 매사추세츠 주법이 연방정부의 권한을 침범하는 것이며 미얀마 관련 연방법을 선제한 것이라고 판시했다. 사실 미국 헌법은 "외교 정책은 전적으로 연방 정부에 권한이 있다"라고 규정하고 있다. NFTC는 이는 미얀마의 인권 문제에 대한 공동의 관심사를 반영한 것이지만 다국적 차원의 조율된 노력이 미얀마의 변화를 가져오는 가장 효율적인 방법일 것이라고 밝혔다.

6-5. 해외에 진출해 있는 기업은 해당 국가의 국내법에 따라 처벌을 받아야 하는가? 설명하라.
6-6. WTO가 정치 문제에 개입했을 때 어떤 문제가 발생할 수 있다고 예상하는가?
6-7. 각각의 주정부가 그들의 이상적인 외교 정책에 근거해 기업에 처분을 내린다면 기업은 어떻게 대응할 수 있는가?

팀 협력 활동

미국 시장에서 덤핑을 한 것으로 여겨지는 중국에서 수입된 항공기 부품에 대해 미국 정부가 30%의 반덤핑 관세를 부과했다고 가정해 보자. 그러자 중국이 미국의 수입 자동차에 대해 35%의 상계 관세를 부과했다고 하자. 이는 연방 정부가 미국 자동차업체에게 지급한 불공정 보조금에 상응하는 것이라고 밝혔다.

6-8. 미국이 중국의 항공기 부품에 대해 부과한 반덤핑 관세 뒤에는 어떠한 정치적, 경제적 또는 문화적 이유가 있다고 생각하는가?

6-9. 중국 정부가 미국 자동차에 부관한 상계 관세 뒤에는 어떤 이유가 있는가?

6-10. 경제적 어려움에 처한 국가들은 일시적인 관세 부과와 비관세 장벽을 세울 수 있도록 허용되어야 하는가? 설명하라.

시장진입전략 프로젝트(MESP)

몇몇 급우들과 함께 당신이 흥미를 갖는 국가를 하나 선정하라. MESP 보고서를 작성하기 위해 당신의 팀이 조사한 국가에 대해 다음 질문에 답하라.

6-11. 그 국가의 정부는 무역에 어느 정도 개입하는가?

6-12. 무역에 개입하는 정치적 · 경제적 · 문화적 이유는 무엇인가?

6-13. 수출을 장려하기 위해 어떤 정책을 쓰는가?

6-14. 수입을 규제하기 위해 어떤 정책을 펴는가?

6-15. 해당 국가는 국경 내에 자유무역지대를 두고 있는가?

6-16. 해당 국가는 다른 국가를 WTO에 제소한 적이 있는가?

스스로 연구하기

6-17. 당신이 남부 플로리다를 기반으로 한 설탕 회사의 사장이라고 가정하자. 캐리비안의 섬들의 미미한 설탕 수확은 당신 기업의 수요를 맞추기 위해 매우 노력하고 있고 가격은 상승 중이라는 것을 의미한다. 쿠바는 설탕 풍작 중이다. 그러나 당신은 헬름스-버튼법과 쿠바에 대한 미국의 금수조치 때문에 쿠바로부터 수입을 할 수 없다. 플로리다 출신 상원의원이 워싱턴 DC에서 위원으로 일하고 있으며, 금수조치를 재검토 중이다. 당신은 당신의 상원의원에게 금수조치를 없애기 위한 어떤 논거를 만들 수 있는가?

6-18. 당신 국가의 대부분의 사람들은 국제무역이 그들의 임금과 일자리에 해를 끼친다고 믿는다고 상상해 보자. 그리고 당신의 임무는 그들의 생각을 바꾸는 것이다. 당신은 무역의 이득에 대하여 가르치는 사람들에게 어떻게 시작하고 싶은가?

국제경영 실전 사례 덤핑 타도

"WTO 중국산 신발에 대한 EU의 관세 조사에 동의" … "캐나다, WTO에 미국 제소" … "멕시코 반덤핑 제재 수단 확대" … "미-중 무역 앞에 놓인 험난한 길" 등은 세계 각지에서 뉴스 헤드라인 몇 개를 추린 것이다.

국제무역 이론에 따르면 국가는 무역에 대한 자국의 문을 개방해야 한다고 주장한다. 전통적인 자유무역을 지지하는 학자들은 다른 국가와 교역함으로써 교역하지 않을 때보다 자국의 국민들에게 더 좋은 가격으로 더 많은 제품을 공급할 수 있다고 얘기한다. 그럼에도 국가 정부의 개입으로 인해 진정한 자유무역은 여전히 존재하지 않는다. WTO에 제소되는 반덤핑 사건은 매년 평균 234건이다. 전년도에 미국과 유럽연합이 WTO에 전체 사건의 절반을 제소한 데 반해, 올해는 전체 사건의 4분의 1 정도를 차지한다 — 절반 이상이 신흥시장에서 제소한 것이다.

중국은 일본, 한국과 러시아에서 수입한 합성고무가 덤핑인지 아닌지를 조사해 달라고 요구했다. 멕시코는 몇몇 지정된 국가의 수출업자들의 물품이 멕시코 도착 10일 전에 멕시코 당국에 수량과 가격을 통보하도록 하는 제도를 확대시켰다. 10일 전 통보 제도는 멕시코 국내 생산자들에게 수입품이 세관을 통과하거나 시장에 공급되기 이전에 덤핑을 보고할 수 있게 하는 저가 제품에 대한 사전 경고이다. 아르헨티나, 인도, 인도네시아, 남아프리카, 한국과 태국도 점점 일반적인 보호무역주의 수단의 사용을 늘리고 있다.

왜 덤핑이 그렇게 인기가 있는가? 이상하게도 WTO가 이를 허용하고 있다. WTO는 최근 관세 사용에 큰 진전을 보였으며, 거의 모든 제품 범주에 걸쳐 관세를 부과했다. 그러나 이는 기업을 처벌할 수 있는 권한이 아니라 정부에만 해당되는 것이다. 따라서 WTO는 다른 국가 시장에서 덤핑판매한 기업에 대해서는 판결을 내릴 수 없다. 이는 반덤핑 관세를 부과한 정부에 대해서만 규칙을 적용시킬 수 있다. 그러나 WTO는 덤핑판매한 것으로 의심되는 제품의 생산국에 대해 다음을 입증할 수 있을 때 보복조치를 허용한다. (1) 가해자가 국내 생산자에게 상당한 손실을 끼쳤을 때, 그리고 (2) 수출가격이 생산비용보다 낮거나 본국의 시장가격보다 낮을 때이다.

WTO가 개입하기 전에 반덤핑 사건을 다루는 다른 방법. 조지 W. 부시 미국 대통령은 철강 수입제품에 대해 30%까지 관세를 부과하는 미국 무역법에 따른 201조 또는 '글로벌 세이프가드'를 사용했다. 미국 철강 산업은 브라질, EU, 일본과 한국에서 수입한 철강제품의 맹공으로 어려움을 겪어 왔다. 그러나 수출국들은 WTO를 거치지 않은 조치에 대해 여전히 비난했다. 그리고 미국 정부는 중국과 베트남이 미국 시장에서 갑각류 상품을 덤핑했다고 여겼을 때, 이들 국가에서 수입한 새우에 대해 100%의 관세를 부과했다.

반덤핑 관세를 지지하는 사람들은 반덤핑 관세를 부과함으로써 덤핑업체가 목표시장의 생산자 가격보다 낮게 가격을 내리는 것을 방지하고 덤핑업체를 사업에서 철수하게 한다고 주장한다. 반덤핑 관세를 지지하는 또 다른 주장은 온전한 자유무역의 잠재적 위험에 대비해 어느 정도 보호할 수 있는 탁월한 방법이라는 것이다. 반덤핑 관세에 반대하는 이들은 그러한 관세가 일단 부과되면 잘 없어지지 않는다고 주장한다. 또한 이는 기업과 정부에게 사건을 제소하고 분쟁하는 데 많은 시간과 비용을 발생시킨다고 말한다. 덤핑에 따른 관세가 부과될 것을 두려워하여 해외 경쟁업체들이 목표시장에서 제품의 가격을 문제가 될 수 있는 가격보다 높게 유지할 것이라고도 주장한다. 이는 국내 기업들이 시장점유율을 지키기 위해 높은 가격을 매길 수 있게 하고 이는 소비자들이 상품에 더 많은 돈을 지급하도록 강요한다.

글로벌 사고 질문

6-19. 사람들은 쇼핑하는 동안 원하는 아이템을 싸게 사는 걸 좋아한다. 그러나 자국에서 생산된(일자리를 창출하는) 물건이 더 비싼 가격을 의미한다면 그 물건을 원하는 사람은 거의 없다. 이러한 정서에 동의하는가? 설명하라.

6-20. 다른 문화권 출신인 사람은 위 질문에 다르게 대답할까? 만약 그렇다면, 이유를 설명하라.

6-21. WTO는 개별 기업을 제재할 수는 없지만, 국가 정부를 겨냥해서는 제재를 가할 수 있다. 왜 덤핑과 관련해 WTO가 개별 기업을 제재할 수 있는 권한이 없다고 생각하는가?

출처 : Annie Lowrey and Keith Bradsher, "U.S. Gains in a Spat With China Over Tariffs," *New York Times* (www.nytimes.com), May 23, 2014; Jennifer M. Freedman, "WTO Agrees to Probe EU Duties on Chinese Footwear," *Bloomberg Businessweek* (www.businessweek.com), May 18, 2010; "Settling Trade Disputes: When Partners Attack," *The Economist* (www.economist.com), February 11, 2010; "Global Trade Disputes: Trading Blows," *The Economist* (www.economist.com), December 1, 2009; Frederik Balfour, "Rough Road Ahead for U.S.-China Trade," *Bloomberg Businessweek* (www.businessweek.com), April 4, 2007.

제7장

해외직접투자

학습목표

이 장을 공부한 후에 다음을 할 수 있어야 한다.

1. 해외직접투자(FDI)의 전 세계적인 패턴을 기술한다.
2. 왜 FDI가 일어나는지를 설명하는 각 이론을 요약한다.
3. FDI 결정에 있어서 중요한 경영 이슈를 요약한다.
4. 왜 정부가 FDI에 개입하는지를 설명한다.
5. FDI를 촉진하거나 제한하기 위해 정부가 사용하는 정책 수단을 기술한다.

돌아보기

제6장에서는 상품과 서비스 무역의 정치경제를 설명했다. 정부개입 동기와 수단도 살펴보았다. 또한 글로벌 무역제도와 이것이 어떻게 자유무역을 장려하는지 공부했다.

이 장 잠깐 보기

이 장에서는 국제 사업의 또 다른 중요한 형식인 해외직접투자(FDI)에 대해 알아본다. FDI 방식과 기초 이론에 대해 살펴본다. 또한 정부가 FDI 활동에 왜 그리고 어떻게 개입하는지를 공부한다.

미리 보기

제8장에서는 국가 경제의 더 큰 지역 통합을 향한 추세를 살펴본다. 긴밀한 경제협력의 이득과 세계의 중요한 지역별 무역연합에 대해 공부한다.

다스 아우토

출처 : © Imaginechina/Corbis

독일 프랑크푸르트 – 폭스바겐 그룹(www.vw.com)은 아우디, 벤틀리, 부가티, 람보르기니, 포르쉐, 폭스바겐 등 세계에서 가장 명망 높고 잘 알려진 10개의 브랜드를 소유하고 있다. 전 세계 48개 생산설비에서 이 기업은 매년 약 800만 대의 자동차를 생산해서 150개국 이상에 판매하고 있다. 폭스바겐은 남아메리카와 중국에서 가장 많은 매출을 올리는 제조기업이다. 이 기업은 1985년 이후로 중국에서 적극적으로 운영을 하고 있으며 중국은 폭스바겐 총매출액의 30%가량을 차지하고 있다. 폭스바겐사는 중국에 4개의 새로운 조립공장을 건설하고 있는데, 그중 하나는 서부 중국에 지어지는 최초의 자동차 공장이다. 사진은 중국 폭스바겐 공장의 조립라인에서 일하는 한 근로자의 모습이다.

폭스바겐사는 또한 미국에서의 확장과 관련한 야심적인 목표를 가지고 있다. 디자인을 내국인에 맞게 바꾸고, 가격을 낮추며, 비싸지 않은 생산설비를 추가하고 있다. 이 기업은 테네시 주 채터누가 시의 최신 조립공장에서 2,000명 이상을 고용하고 있다. 폭스바겐사는 이 공장에서 시간당 27달러에 상당하는 임금과 복지를 지불하는데, 이에 비해 미국의 일본 자동차 회사들은 시간당 50달러를 지불하고 GM사는 시간당 약 60달러를 지불한다. 이 기업은 생산에 있어서 **모듈러 전략**을 사용하여 16개의 상이한 자동차에 동일한 핵심 부품을 사용하며 브랜드를 통틀어 700만 개의 동일한 부품을 사용한다. 이 전략은 제품 개발 및 부품 비용을 20% 줄이고 생산 시간을 30% 줄임으로써 차 1대당 500달러의 비용을 절감시킨다.

폭스바겐사는 전 세계 다른 기업들과 마찬가지로 오늘날의 위치에 이르기까지 충분한 도움을 받았다. 최근까지 폭스바겐사는 VW법이라고 불리는 국내법으로부터 특별한 보호를 받았다. 이 법은 폭스바겐사 지분의 20.1%를 보유하고 있는 독일의 니더작센 주에게 국내 고용과 경제에 위협이 되는 어떠한 기업 인수 시도도 막을 수 있는 권한을 부여했다. 폭스바겐에 대한 특별한 대우는 독일 정부와 경영층 간의 밀접한 유대와 폭스바겐사가 독일 경제에서 차지하는 중요성에 따른 것이다. 폭스바겐사는 수만 명의 독일인을 고용하고 있다. 이 장을 읽으면서 기업의 해외투자 결정에 영향을 미치는 모든 이슈를 고려해 보자.[1]

초기 많은 무역 이론들이 대부분의 생산요소(노동, 금융자본, 자본설비, 토지 또는 천연자원 등)가 국경을 넘어 이동할 수 없거나 또는 용이하게 이동할 수 없을 시기에 탄생했다. 그러나 오늘날 토지를 제외하고 이러한 모든 생산요소는 필요로 하는 곳이면 어디든지 국제적으로 이동할 수 있고 국경을 넘어 움직인다. 금융자본은 기업의 확장을 위한 자금조달을 위해 국제적인 금융기관들로부터 쉽게 이용가능하며, 전체 공장이 해체되어 다른 국가로 이동될 수 있다. 심지어 노동도 많은 장벽이 노동의 완전한 이동성을 제한하지만 과거 몇 년 전보다 더 이동 가능하다.

해외직접투자(FDI)
경영 통제권을 획득하기 위해 실물자산을 매입하거나 또는 다른 국가 기업의 소유권(주식)의 상당 부분을 매입하는 것

포트폴리오 투자
기업에 대한 어느 정도의 통제권을 획득하는 것을 포함하지 않는 투자

자본의 국제적 흐름은 **해외직접투자**(foreign direct investment, **FDI**)의 핵심에 있다. FDI는 경영 통제권을 획득하기 위해 실물자산을 매입하거나 또는 다른 국가 기업의 소유권(주식)의 상당 부분을 매입하는 것이다. 그러나 FDI가 정확히 어떻게 구성되는지에 관해 상당한 의견 불일치가 있다. 국가는 그들이 국제 자본흐름을 FDI로 분류하는 데 있어 각기 상이한 한계 기준을 적용하고 있다. 미국 상무부는 해외 기업에 대한 주식 소유권의 10%를 최소 지분 기준으로 정하고 있지만, 대부분의 다른 국가 정부들은 10~25%까지 범위에서 그 기준을 정하고 있다. 이와 대조적으로 기업에 대한 어느 정도의 통제권을 획득하는 것을 포함하지 않는 투자는 **포트폴리오 투자**(portfolio investment)라고 불린다.

이 장에서는 국제 기업의 운영과 관련한 FDI의 중요성을 분석한다. 최근 몇 년 동안 FDI의 성장을 분석하고 FDI의 원천과 목적지를 조사함으로써 시작한다. 그리고 FDI 흐름을 설명하는 여러 이론을 찾아본다. 다음으로 기업이 FDI를 착수할지와 관련한 대부분의 결정에서 발생하는 여러 중요한 경영 이슈를 분석한다. 마지막으로 정부가 FDI를 권장하거나 제한하는 이유와 이러한 목표를 달성하기 위해 사용하는 정책 수단에 대해 토의한다.

해외직접투자의 패턴

국제무역이 특별한 패턴(제5장 참조)을 보이듯이, FDI도 그러하다. 이 절에서는 지난 10년간의 FDI의 성장을 견인한 요인들을 살펴본다. 다음으로 FDI의 원천과 목적지를 살펴본다.

FDI의 성장과 하락

FDI 유입액은 1990년대 전반기에 매년 약 20% 성장했고, 후반기에는 매년 약 40% 확대되었다. 〈그림 7.1〉에서 보듯이 글로벌 FDI 유입액은 1994~1999년 동안에 매년 평균 5,480억 달러를 기록했다. FDI 유입액은 2000년에 약 1조 4,000억 달러로 최고치를 나타낸 다음 둔화되었다. 많은 국가에서의 강력한 경제 성과와 높은 기업 이익으로 인해 2004, 2005, 2006년도에 FDI 유입액이 늘어났으며, 2007년에는 1조 9,000억 달러 이상의 사상 최고치에 이르렀다.

글로벌 금융위기와 둔화된 글로벌 경제성장은 2008년과 2009년 FDI 유입의 하락을 시사했다. FDI 유입액은 2010년과 2011년에 다시 반등했으나 2012년에는 취약한 글로벌 경제와 불확실한 정부 정책 때문에 다시 1조 3,500억 달러로 하락했다. FDI 유입액은 전 세계가 경기침체에서 벗어남에 따라 2014년에는 1조 6,000억 달러, 2015년에는 1조 8,000억 달러로 다시 상승할 것으로 기대된다. 상당한 불확실성이 중기 FDI 흐름을 둘러싸고 있지만, 장기 추세는 전 세계적으로 더 많은 FDI 유입을 나타내고 있다. FDI 흐름의 두 가지 주요 촉진제는 글로벌화와 국제적인 인수합병(M&A)이다.

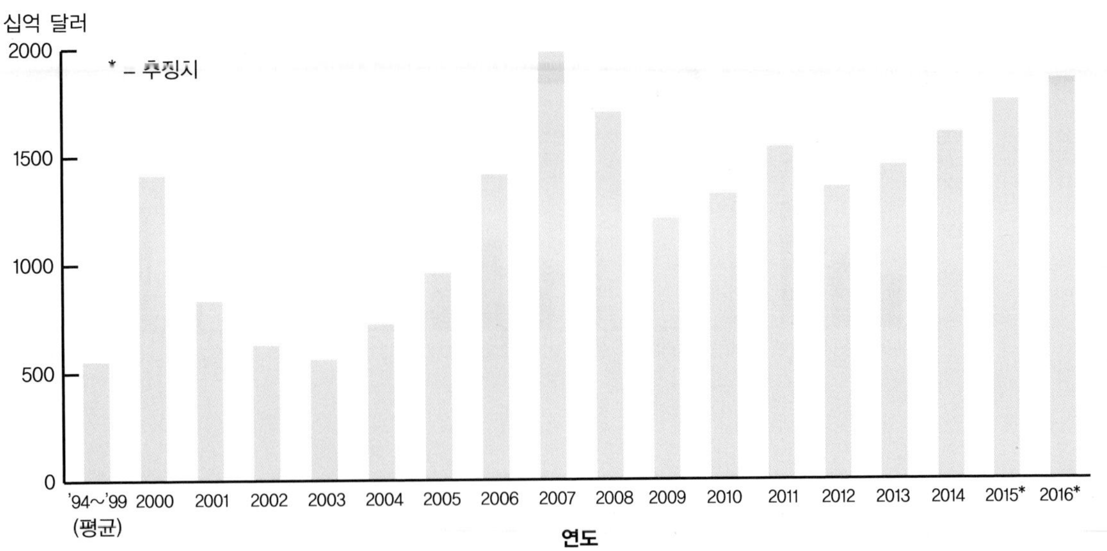

그림 7.1
연간 FDI 유입액
출처 : Based on *World Investment Report* (Geneva, Switzerland : UNCTAD), various years.

글로벌화 제6장에서 무역장벽은 수년 전에도 줄어들지 않고 있음을 상기하라. 새로운 창조적인 장벽들이 많은 국가에서 생기고 있는 것처럼 보인다. 이는 전 세계 시장에 그들의 제품을 수출하고자 하는 기업들에게 하나의 문제로 대두되었다. 많은 기업들이 증가하는 무역장벽을 우회하기 위해 유망한 시장에 진입함에 따라 FDI 파고는 시작되었다. 그러고 나서 GATT 협상의 우루과이 라운드가 무역장벽을 더 줄이기 위해 새로워진 결정을 낳았다. 국가가 무역장벽을 낮춤에 따라 기업은 그들이 이제 가장 효율적이고 생산성 높은 입지에서 생산하고 그들의 전 세계 시장에 단지 수출할 수 있을 것이라고 인식했다. 이는 저비용 신흥시장에 대한 FDI 흐름의 새로운 파고를 낳았다. 그러므로 글로벌화 이면의 힘은 FDI의 장기 성장 이유의 일부이다.

증가하는 글로벌화는 또한 신흥시장에서 그 수가 증가하고 있는 국제 기업들이 FDI에 착수하도록 야기하고 있다. 예를 들어 대만 기업들은 20년 전에 다른 국가에 많은 투자를 하기 시작했다. 대만에서 설립되었으나 싱가포르에 본사를 둔 에이서(www.acer.com)는 개인용 컴퓨터와 컴퓨터 부품을 제조한다. 사업 개시 후 20년이 막 흘렀으나 에이서사는 전 세계 10개의 현지 법인을 가지고 있으며 많은 신흥시장에서 주요 산업 참여자가 되었다.

인수합병(M&A) M&A 숫자와 시간이 지남에 따라 증가하는 M&A 가치 또한 FDI의 장기 성장의 이유이다. 사실상 국경 간 M&A는 기업이 FDI에 착수하는 주요 수단이다. 선진국에 소재한 기업들은 역사적으로 국경 간 M&A의 주요 참가자들이었다. 그러나 신흥시장의 기업들은 글로벌 M&A 활동에서 과거보다 더 높은 점유율을 차지하고 있다. 국경 간 M&A의 가치는 2000년에 1조 2,000억 달러가량으로 최고치를 기록했다. 이 수치는 전 세계 주식시장 시가총액의 약 3.7%를 차지한다. 또한 FDI 유입액의 상승과 하락에 대해 앞서 언급한 이유들이 국경 간 M&A 거래의 패턴을 야기한다(그림 7.2 참조). 2007년에는 국경 간 M&A의 가치는 약 1조 달러로 증가했다. 그러나 M&A 활동은 글로벌 금융위기와 글로벌 경제 둔화의 영향으로 인해 2008, 2009, 2010년에는 상당히 낮아졌다. 2011년에는 국경 간 M&A 활동의 가치가 5,260억 달러로 다시 상승했으나, 2012년에는 약 3,000억 달러로 다시 낮아졌다.

많은 국경 간 M&A 거래들이 다음과 같은 기업의 야심에서 비롯된다.

그림 7.2
국경 간 M&A의 가치
출처 : Based on *World Investment Report* (Geneva, Switzerland : UNCTAD), various years.

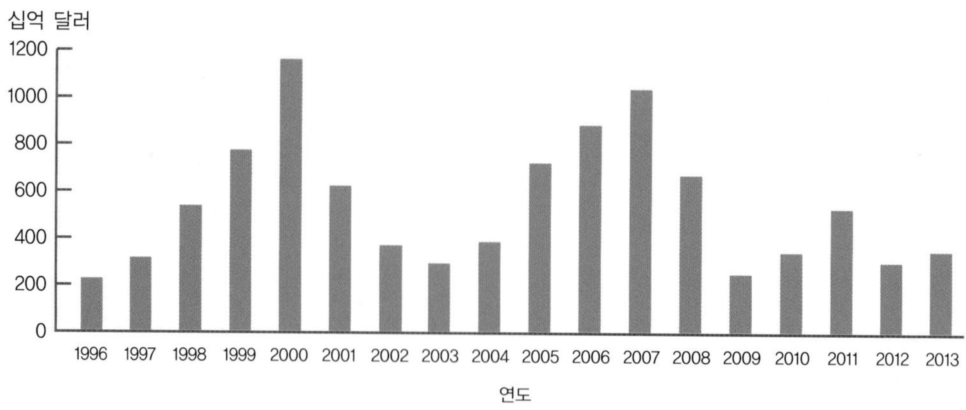

- 새로운 지역 시장에서 거점을 얻는다.
- 기업의 글로벌 경쟁력을 증가시킨다.
- 글로벌 산업에서 기업들 제품라인의 틈새를 메운다.
- R&D, 생산, 분배 등의 비용을 줄인다.

벤처기업가들과 소기업들 또한 FDI 유입의 확대에 역할을 하고 있다. 소기업들이 기여하는 FDI 비중에 대한 자료는 없지만, 우리는 일화적인 증거로부터 이들 기업이 FDI에 임하고 있는지를 알고 있다. 대기업의 많은 제약에 방해받지 않고 다른 시장에 투자하는 벤처기업가들이 종종 독창성과 허세와 엮인, 할 수 있다는 고무적인 정신을 보여 준다. 개인이 가질 수 있는 또 다른 우위는 진입하는 시장의 현지 언어와 문화를 이해하고 있다는 것이다. 중국에서 그의 꿈을 실현하고 있는 젊은 벤처사업가의 일상에 대해서는 글상자 '문화 이슈 : 만주의 카우보이'를 참조하라.

FDI의 전 세계적인 흐름

FDI 성장의 견인차는 90만 개의 해외 법인을 소유하고 그중 대략 절반은 개도국에 있는 10만 개 이상의 다국적기업들이다.[2] 2012년에는 사상 처음으로 개도국이 선진국보다 더 많은 FDI 유입액을 기록했다. 선진국들은 전 세계 총 FDI 유입액(2012년에 1조 3,500억 달러 이상)의 42%(5,610억 달러)를 차지한다. 이에 대해 개도국으로의 FDI 유입액은 전 세계 FDI 유입액의 약 52%(7,030억 달러)를 차지했다. 나머지 대략 6%의 글로벌 FDI 유입은 공산주의로부터 자본주의로의 여러 전환기에 있는 남동유럽에 걸친 국가들에 돌아갔다.

선진국 중에서는 유럽연합 국가들, 미국 및 일본이 전 세계 FDI 유입의 다수를 차지한다. EU의 FDI 수치가 큰 것은 경쟁관계의 큰 국가들 간의 결합 및 EU의 지역적 통합에 대한 노력에 기인한다.

개도국들은 2012년에 여러 다양한 경험을 했다. 아시아의 개도국들에 대한 FDI 유입액은 2012년에 4,070억 달러를 기록했는데 이 중 중국이 1,210억 달러를 유치했다. 아시아 아대륙에서 가장 큰 유치국인 인도는 260억 달러의 유입을 기록했다. 아시아의 개도국들로부터의 FDI 흐름 또한 증가세인데 이는 이들 국가의 글로벌 경쟁기업들이 증가한 것과 우연히 일치한다.

다른 곳에서 아프리카는 전체적으로 2012년에 500억 달러를 유치해서 전 세계 총액의 약 4%를 차지했다. 라틴아메리카와 카리브해 지역으로의 FDI 흐름은 2012년에 2,440억 달러로서 전

문화 이슈 만주의 카우보이

톰 커크우드는 그의 할아버지의 태피를 중국으로 소개하는 꿈을 빠르게 성장하는 사업으로 변화시켰다. 커크우드의 스토리 – 이러쿵저러쿵하기 – 는 글로벌 투자의 순수한 형태에 대한 몇 가지 교훈을 제공한다. 중국에 대한 소규모 투자자들이 따를 수 있는 기본적인 사항들은 아주 초보적인 것이다. 만들기 쉽고, 널리 인기 있고, 싸게 팔 수 있는 제품을 발견하고, 그런 다음 만드는 데 가장 안 비싸고 투자자에게 호의적인 곳을 선택하라.

커크우드의 가족은 펜실베이니아 주의 쇼니온델라웨어의 스키 및 골프 리조트인 쇼니 인을 경영하는데, 그는 중국에서 투지 있고 인구가 밀집되어 있는 북동부 산업지대인 만주에서 캔디를 만들기로 결정했다. 중국 사람들은 종종 낱개로 포장된 캔디를 선물로 주는데, 커크우드는 중국의 떠오르는, 점차 부유해지고 있는 도시인들이 단것을 좋아해서 수익성이 좋을 것이라고 생각했다. 커크우드는 M&M이나 리세스 피세스 제품은 이길 수 없다는 것을 깨달았다. 그러나 그는 상점에서 통째로 파는 이름 없는 캔디를 만드는 것은 원치 않았다. 그는 중국에서는 틈새시장이 다른 나라의 전체 시장만큼 값어치가 있을 수 있기 때문에 틈새시장을 발견하고 그것을 점유하고자 했다.

커크우드는 중국에서 사업을 하고 싶다고 초기에 결정했다. 1980년대 중반에 예비학교를 마친 후 그는 대만과 중국에서 1년을 보내면서 중국어를 배우고 상해 엔지니어링회사에서 일했다. 그 경험은 그에게 중국 경제개발의 개척지에서 모험 자본주의에 대한 맛을 보게 했다. 커크우드 가족의 40만 달러 자금을 사용하여, 커크우드와 그의 친구 피터 무스타커스키는 설비를 구매하고, 만주의 중심지에 있는 인구 600만의 도시인 심양에 공장을 임대했다. 도로 및 철도 운송은 편리했고 임금은 낮았다. 지방 정부는 100% 외국인 소유의 공장에 대해 호의적인 것 같았고, 이렇게 심양 쇼니카우보이 식품회사가 탄생했다.

이 회사는 조그만 운영 규모이지만 이제는 89명의 종업원을 두고 성장하고 있다. 커크우드는 그의 캔디를 롱혼 바와 같은 이름으로 파는 데 성공하겠다고 다심한다. 그는 최근에 한 유통업자와의 미팅을 위해 베이지행 비행기를 타면서 그의 가방이 캔디로 가득 차 있음을 깨달았다. 그는 하나를 승무원에게 주었다. 그는 점심이 끝날 때 "이 비행기의 모든 사람이 카우보이 캔디를 알 것"이라고 장담했다.

세계 총 FDI의 18%이다. 이러한 유입액의 대부분은 경제가 성장하고 소비자 기반이 확대되고 천연자원이 부존되어 있는 남아메리카 시장으로 향했다. 남동유럽과 독립국가연합(CIS) 국가들로의 FDI 유입액은 2012년에 870억 달러로서 전 세계 총 FDI의 약 6.4%를 나타냈다.

퀵 스터디 1

1. 경영권 통제 수단을 얻기 위해 해외 기업의 실물자산이나 상당한 소유권을 매입하는 것을 무엇이라 부르는가?
2. 해외직접투자 흐름의 주요 견인차는 무엇인가?
3. 왜 기업은 국경 간 인수합병에 착수하는가?

해외직접투자 이론

지금까지 우리는 FDI 흐름에 대해 살펴보았지만 왜 FDI가 일어나는지에 대한 설명은 조사하지 않았다. 이제 왜 기업들이 FDI에 착수하는지에 대한 이유를 설명하는 네 가지 주요 이론들을 살펴보자.

국제 제품수명주기

국제무역의 맥락에서 제5장에서 이 이론을 도입했지만 국제 제품수명주기는 FDI를 설명하는 데도 사용된다.[3] **국제 제품수명주기**(international product life cycle) 이론은 한 기업이 제품의 수출로 시작해서 다음으로 제품이 수명주기에 걸쳐 이동함에 따라 FDI에 착수한다고 얘기한다. **신제품 단계**에서는 불확실한 국내 수요 때문에 그리고 제품을 개발한 연구부서와 가까운 곳에서 생산하기 위해 제품이 자국에서 생산된다. **성숙기 제품 단계**에서는 기업은 생산설비를 정당화할 만하게 충분한 수요가 존재하는 국가에서 생산설비에 직접적으로 투자한다. 마지막으로 **표준화 제**

국제 제품수명주기
한 기업이 제품의 수출로 시작해서 다음으로 제품이 수명주기에 걸쳐 이동함에 따라 FDI에 착수한다고 이야기하는 이론품 단계에서는 경쟁이 증가하면서 생산비용을 줄여야 하는 압박이 나타난다. 이에 대응하여 기업은 전 세계 시장에 판매하기 위해 저비용 개도국에 생산능력을 건설한다.

개념적으로 매력이 있지만 국제 제품수명주기 이론은 기업들이 시장진입의 다른 형태에 비해 왜 FDI를 선택하는지 이유를 설명하는 힘에는 한계가 있다. 목표시장의 현지 기업은 특정 제품을 제조하기 위해 필요한 특별한 자산을 사용할 권리(라이선스)에 대해 지불할 수 있다. 이런 방식으로 기업은 시장에 대한 직접투자와 관련된 추가적인 위험을 회피할 수 있다. 또한 이 이론은 왜 기업들이 수출 활동에 비해 FDI를 선택하는지를 설명하지 못한다. 목표시장 내에 추가적인 생산능력을 건설하는 것보다 자국 공장에서 생산량을 증가시켜서 해외 시장에 판매하는 것이 덜 비쌀 수 있을 것이다.

이 이론은 왜 몇몇 기업의 FDI가 그들 제품의 국제 제품수명주기를 따르는지를 설명한다. 그러나 왜 다른 시장진입 형태가 열위의 또는 덜 우위가 있는 선택인지를 설명하지 못한다.

시장 불완전성(내부화)

최고조의 효율성(가격이 가능한 한 가장 낮은)에서 움직이고 상품이 쉽게 이용가능한 시장은 **완전시장**으로 불린다. 그러나 완전시장은 산업의 효율적 작동에 실패를 가져오는 요인들, 즉 **시장 불완전성** 때문에 현실적으로 드물다. **시장 불완전성**(market imperfection) 이론은 시장의 불완전성이 어느 거래를 덜 효율적으로 이루어지게 할 때 기업은 그 거래를 내부화해서 불완전성을 제거하기 위해 FDI에 착수한다고 설명한다. 이러한 토론에 적절한 두 가지 시장 불완전성, 즉 무역장벽과 특화된 지식이 존재한다.

시장 불완전성
시장의 불완전성이 어느 거래를 덜 효율적으로 이루어지게 할 때 기업은 그 거래를 내부화해서 불완전성을 제거하기 위해 FDI에 착수한다고 설명하는 이론

무역장벽 관세는 국제경영에 있어서 공통적인 형태의 시장 불완전성이다. 예를 들어 북미자유무역협정(NAFTA)은 어느 제품이 캐나다, 멕시코, 미국 등 세 국가 시장에 수입될 때 수입 관세를 회피하기 위해서는 제품의 내용물이 이 세 국가 내에서 생산되어야 함을 기술한다. 이는 왜 다수의 한국 제조업체들이 캘리포니아 주와 멕시코 국경의 바로 남쪽에 있는 티후아나에 생산설비 투자를 했는지를 설명한다. 멕시코에 생산설비를 투자함으로써 한국 기업들은 제품이 한국 공장으로부터 수출되었다면 부과될 북미 관세를 피할 수 있었다. 시장 불완전성(관세)의 존재는 이들 기업이 FDI를 착수하도록 했다.

특화된 지식 기업의 독특한 경쟁우위는 때로는 특화된 지식으로 구성된다. 이 지식은 엔지니어의 기술적 전문성일 수도 있고 경영자의 특별한 마케팅 능력일 수도 있다. 지식이 기술적 전문성일 때 기업은 동일한 또는 비슷한 제품을 생산하는 데 이 지식을 사용하는 데 대해 다른 국가들의 기업에게 수수료를 요구할 수 있다. 그러나 기업의 특화된 지식이 종업원에 내재되어 있을 때는 다른 국가에서 시장기회를 이용하기 위한 유일한 방법은 FDI에 착수하는 것일 수 있다.

기업이 지식 접근에 대한 대가로 수수료를 물림으로써 미래의 경쟁자를 낳을 가능성이 FDI를 촉진하는 또 다른 시장 불완전성이다. 장기적 손실(경쟁력 상실)에 대해 단기적 이익(다른 기업에 대한 수수료)을 취하는 것보다는 기업은 투자하는 것을 선호할 것이다. 예를 들어 제2차 세계대전 이후 일본이 산업을 재건함에 따라 많은 일본 기업들은 그들의 제품에 체화되어 있는 기술적 지식에 접근하기 위해 서구 기업들에게 대가를 지불했다. 이러한 일본 기업들은 많은 기술을 수정하고 개선하는 데 능숙하게 됨으로써 전자 및 자동차를 비롯한 산업에서 리더가 되었다.

한때 보잉사의 비행기들은 오직 미국에서만 제조되었다. 그러나 오늘날 보잉사는 랜딩기어 문은 북아일랜드에서, 바깥 날개 플랩은 이탈리아에서, 날개 끝(익단) 조립품은 한국에서, 방향타는 호주에서 조달할 수 있다. 여기 보여지는 것은 보잉사의 787기 드림라이너의 핵심 날개 부품이 워싱턴에서의 조립을 위해 일본 국제공항에서 화물기에 선적되고 있는 모습이다. 날개는 일본 미쓰비시 중공업사에 의해 제작되었다.

출처 : STR/AFP/Getty Images/Newscom

절충 이론

절충 이론(eclectic theory)은 투자 유치에 매력적인 입지가 되기 위해서는 특정 입지의 특성들이 소유권 및 내부화 우위와 결합될 때 기업이 FDI에 착수한다고 설명한다.[4] **입지 우위**는 그 입지의 특성(천연 또는 획득한) 때문에 특정 입지에서 경제적 활동을 영위하는 우위이다.[5] 이러한 우위는 역사적으로 천연자원으로서 중동의 석유, 캐나다의 목재, 칠레의 구리 등을 들 수 있다. 그러나 이 우위는 또한 생산성 높은 인력과 같이 획득되는 것일 수도 있다. **소유권 우위**는 브랜드 인지도, 기술적 지식, 경영 능력 등과 같은 특별한 자산을 기업이 소유하고 있다는 것을 의미한다. **내부화 우위**는 사업 활동을 비교적 비효율적인 시장에 맡기는 것보다는 내부화함으로써 발생하는 우위이다. 절충 이론은 이러한 모든 우위가 존재할 때 기업이 FDI에 착수한다고 설명한다.

절충 이론
투자 유치에 매력적인 입지가 되기 위해서는 특정 입지의 특성들이 소유권 및 내부화 우위와 결합될 때 기업이 FDI에 착수한다고 설명하는 이론

시장지배력

기업은 종종 그들의 산업에 경쟁기업에 비해 상대적으로 가능한 한 최대한의 지배력을 추구한다. **시장지배력**(market power) 이론은 기업이 FDI에 착수함으로써 해당 산업에서 시장지배적인 존재를 확립하고자 한다고 설명한다. 시장지배력의 이점은 기업이 투입요소 비용 또는 생산품 가격을 훨씬 더 통제할 수 있기 때문에 더 큰 이익이다.

시장지배력
기업이 FDI에 착수함으로써 해당 산업에서 시장지배적인 존재를 확립하고자 한다고 설명하는 이론

기업이 시장의 힘(또는 지배력)을 성취할 수 있는 한 가지 방법은 **수직적 통합**(vertical integration)을 통해서이다. 수직적 통합은 기업 활동이 기업의 투입요소를 공급하는 단계(**후방 통합**) 또는 생산품을 흡수하는(**전방 통합**) 단계 등 생산의 여러 단계로 확장되는 것이다. 때로는 기업이 투입요소를 공급하는 후방으로 통합하는 자원 또는 능력이 있으면, 해당 산업이 필요로 하는 투입요소의 전 세계적인 공급을 효과적으로 통제할 수 있다. 또한 기업은 생산품에 대한 통제를 증가시키기 위해 전방으로 통합할 수 있다면 상당한 시장지배력을 성취할 수 있을 것이다. 예를 들어 그들은 아마도 경쟁기업들이 꽉 통제하고 있는 유통경로를 뛰어넘기 위해 유통에 대한 투자를 할 수 있다.

수직적 통합
기업 활동이 기업의 투입요소를 공급하는 단계(후방 통합) 또는 생산품을 흡수하는(전방 통합) 단계 등 생산의 여러 단계로 확장되는 것

퀵 스터디 2

1. 어떠한 불완전성이 시장 불완전성 이론의 논의에 적절한가?
2. 입지, 소유권, 내부화 우위가 어떠한 FDI 이론으로 결합되는가?
3. 어떤 FDI 이론이 어느 산업에서 지배적인 시장 존재를 확립하기 위한 기업을 묘사하는가?

경영 이슈 및 해외직접투자

FDI를 착수할지에 관한 결정은 기업의 경영 및 시장에 관한 여러 중요한 이슈를 포함한다. 이러한 이슈들의 일부는 해외 운영에 대한 바람직한 통제 또는 기업의 생산비용 등과 같은 FDI를 착수하는 기업의 내부 작동방식에 근거한다. 다른 이슈들은 고객의 선호 또는 경쟁기업의 행동 등과 같이 기업이 경쟁하는 산업과 시장과 관련된다. 이제 이러한 중요한 이슈들을 살펴보자.

통제

해외에 투자하는 많은 기업들은 현지 시장에서 일어나는 활동을 통제하는 데 매우 관심이 많다. 기업은 제품이 자국 시장에서와 마찬가지로 현지 시장에서도 광고되고 있음을 확신하고 싶어 한다. 또는 판매 가격이 양 시장에서 동일한지를 확인하고 싶어 한다. 일부 기업들은 더 많은 소유권이 더 큰 통제권을 준다는 믿음에서 현지 운영의 많은 부분에 대한 소유권, 예컨대 100%까지를 유지하고자 한다.

그러나 여러 다양한 이유로 인해 심지어 완전한 소유권도 통제를 보장하지는 못한다. 예를 들어 현지 정부가 개입하여 본사에서 모든 경영자를 불러오는 것보다 일부 현지 경영자들을 고용하도록 요구할 수 있다. 기업은 정부가 모국에서 경영자들을 불러오게 하기 전에 능력 있는 현지 경영자가 부족하다는 것을 입증할 필요가 있을 수 있다. 또한 정부는 현지 설비에서 생산되는 모든 상품이 수출됨으로써 그 국가의 국내 기업들의 제품과 경쟁하지 못하도록 요구할 수도 있다.

파트너십 요건 많은 기업들은 경영 통제의 중요성 때문에 해외 기업에 대해 취하는 소유권에 관해 엄격한 정책을 갖고 있다. 과거에 IBM(www.ibm.com)은 모든 해외 현지 법인에 대해 100% 소유권을 본사가 가지도록 엄격히 요구했다. 때로 기업들은 어느 국가가 시장 접근성의 대가로 소유권 공유를 요구하면 그러한 정책을 포기해야 한다.

몇몇 정부는 그들의 근로자들을 착취로부터 보호하고, 그들의 산업이 대규모 국제 기업에 의해 지배되는 것을 막기 위한 방법으로 소유권 공유 요건을 생각했다. 때로 기업들은 시장기회를 추구하기 위해 통제권을 희생했지만 그들은 종종 그러지 않기도 했다. 오늘날 대부분의 나라는 강경한 자세를 취하지 않고 다국적기업에 대해 투자의 문호를 개방했다. 멕시코는 다국적기업의 투자에 대해 사안에 따라 결정을 달리 내리곤 했다. IBM사는 과달라하라의 설비에 대한 100% 소유권과 관련하여 멕시코 정부와 협상을 했고, 다른 분야에서 많은 양보를 한 후에야 승인 결정을 얻었다.

협력의 이익 많은 국가들이 최근 몇 년 동안 국제 기업들에 대해 보다 협력적으로 되었다. 개도국 및 신흥국 시장들의 정부는 실업 감소, 세입 증가, 매우 유능한 노동력을 창출하는 훈련, 기술 이전 등 다국적기업들의 투자에 따른 이익을 깨닫는다. 다국적기업의 운영을 과도하게 제한한 것으로 알려진 국가는 자국으로의 투자 흐름이 마르는 것을 본다. 사실상 인도 정부의 제한

경영자의 서류가방 해외 투자의 놀라움

해외 시장에서 설비를 새로 구축할 것인가 또는 현지 시장에서의 기존 운영 사업을 매입할 것인가의 결정은 어려운 것일 수 있다. 경영자들은 기업이 직면할 수 있는 다음의 여러 가지 놀라운 것들에 대비함으로써 위험을 최소화할 수 있다.

- **인적 자원 정책** 기업은 현지 법을 어기거나 현지 관습과 충돌하지 않고서는 모국의 정책을 항상 수입할 수 없다. 국가는 공장 운영에 대한 상이한 요구조건을 가지고 있으며, 기업 운영에 관한 자신들의 규제를 가지고 있다.
- **법에 규정된 혜택** 이러한 혜택은 기업이 공급하는 의류 및 식사, 이익 공유의 요구, 보증된 고용계약, 그리고 관대한 해고 정책을 포함한다. 이러한 비용은 종업원의 임금을 초과할 수 있고 통상 협상이 불가능하다.
- **노동비용** 멕시코는 시간당 약 5달러의 최소 임금을 가지고 있는 반면, 프랑스는 시간당 약 12달러의 최소 임금을 가지고 있다. 그러나 멕시코의 실질 최소 임금은 정부가 규정하는 혜택과 고용 관행 때문에 프랑스의 거의 2배이다. 그러한 차이점은 항상 명백하지는 않다.
- **노동조합** 일부 국가에서는 조직화된 노동이 거의 모든 산업과 거의 모든 기업에 존재한다. 경영자들은 단일 노조를 다루는 것보다는 각 노조가 특정한 기술이나 직업을 표방하는, 5개 또는 6개의 다른 노조들과 협상할 필요가 있을 수 있다.
- **정보** 때때로 노동의 이용가능성, 에너지 비용, 국가 인플레이션율과 같은 요인에 대해 신뢰할 만한 자료가 단순히 없을 수 있다. 이러한 자료는 선진국에서는 일반적으로 양질의 것이지만 신흥국이나 개도국에서는 의심스러운 것이다.
- **개인 및 정치적인 접촉점** 이러한 접촉점은 개도국과 신흥국에서는 극히 중요할 수 있으며, 기업 운영을 확립하기 위한 유일한 방법일 수 있다. 그러나 현지에서 받아들여지는 관행을 준수하는 것이 경영자들에게 윤리적 딜레마를 야기할 수 있다.

적 정책들은 수년 동안 FDI 흐름을 방해했다.

또한 협력은 기업이 투자유치국과 긍정적인 관계를 유지하는 데 도움이 되는 중요한 커뮤니케이션 통로를 종종 연다. 양 당사자는 줄타기를 하는 경향이 있어서, 대부분의 경우에는 협력을 하지만, 지분이 특히 높을 때에는 고수하기도 한다.

벨기에의 인터브루사는 이제 앤호이저-부시 인베브(www.ab-inbev.com)의 일부인데 헝가리의 보르소디 양조장(이전에는 국유기업)을 인수했을 때 중부유럽의 국가적인 자긍심에 대한 존중과 현지 파트너와의 협력으로부터 이익을 누렸다. 처음부터 인터브루사는 현지 경영층이 책임을 맡기만 하면 매입을 순조롭게 진행하겠다고 현명하게 주장했다. 그러고 나서 인터브루사는 현지 경영층에게 기술, 마케팅, 판매, 유통 및 일반 경영관리 훈련 등의 지원을 했다.

매입 또는 신설 결정

경영자들에게 또 다른 중요한 사안은 기존 기업을 매입하느냐 또는 **그린필드 투자**(greenfield investment)라고 불리는 해외 현지 법인을 신설하느냐이다. 인수는 일반적으로 투자자에게 기존 공장, 설비 및 인력을 제공한다. 인수기업은 또한 기존 기업이 수년간 쌓아 온 영업권과 아마도 기존 기업의 브랜드 인지도로부터 이익을 얻을 수 있다. 기존 기업의 매입은 또한 기업 간 주식 소유권의 교환과 같은 매입의 자금조달을 위한 대안적인 방법을 제공한다. 기존 설비를 매입하는 매력을 줄이는 요인은 진부화된 설비, 근로자와의 형편없는 관계, 부적합한 입지 등을 포함한다. 신설하거나 매입하는 결정과 관련하여 경영자가 고려해야 할 여러 이슈에 대한 통찰은 글상자 '경영자의 서류가방 : 해외 투자의 놀라움'을 참조하라.

멕시코의 세멕스 S.A.사(www.cemex.com)는 전 세계의 문제 있는 비효율적인 공장들을 매입해서 호전시킴으로써 자산을 늘리는 다국적기업이다. 로렌조 잠브라노 이사회 의장은 오랫동안 최우선적인 원칙으로서 "글로벌하게 크게 매입해라, 그렇지 않으면 매입된다"고 생각했다. FDI를 이용한 세멕스의 성공은 개도국들의 경쟁기업들을 당황시켰고 심지어 괴롭혔다. 예를 들어 세멕스사는 스페인의 2대 시멘트 회사인 발렌시아나 앤드 산손의 매입을 18억 달러에 단행함으로써 글로벌 시장에 충격을 주었다.

그러나 때로는 현지 시장에서 충분한 설비를 이용할 수 없어 기업은 신설 투자를 진행해야 한다. 예를 들어 폴란드는 유능하고 값이 비싸지 않은 노동력의 원천이기 때문에 자동차 제조업체에게 매력적인 입지이다. 그러나 이 나라는 제너럴모터스사가 투자를 고려했을 때 선진 자동차 생산설비를 거의 갖추지 못하고 있었다. 그래서 GM은 폴란드의 실레지안 지역에 3억 2,000만 달러의 설비를 건설했다. 그 공장은 연간 20만 대를 생산할 수 있는 능력을 갖추고 있으며 이 중 일부는 서부유럽의 수익성 있는 시장으로 수출하게 되어 있다. 그러나 신설 투자는 골칫거리도 갖고 있다. 필요한 허가를 획득하고, 자금을 조달하고, 현지 인력을 고용하는 것이 일부 시장에서는 실질적으로 문제가 될 수 있다.

생산비용

많은 요인들이 모든 국가의 시장에서 생산비용에 기여한다. 노동 규제는 전반적인 생산비용을 상당히 증가시킨다. 기업은 시간당 임금에 덧붙여 종업원들에게 복리후생제도를 제공해야 할 수도 있다. 용인할 만한 수준으로 생산성을 끌어올릴 때까지 충분히 근로자들을 훈련시키기 위해 계획보다 더 많은 시간이 필요할 수도 있다. 토지 비용 및 이익에 대한 세율이 현지 시장에서 더 낮을(또는 다국적기업을 유치하기 위해 의도적으로 낮출) 수 있지만, 그 조건들이 계속 남아 있을 것이란 사실은 가정할 수 없다. 중국을 생산기지로 사용하고 있는 전 세계 기업들은 중국이 산업화를 계속함에 따라 상승하는 임금이 그들의 이익을 잠식하는 것을 경험했다. 이에 따라 일부 기업들은 베트남이 이제는 선택할 만한 저비용 입지라는 것을 알게 된다.

생산 합리화
어느 제품의 부품들을 부품 생산비용이 가장 낮은 곳에서 각각 생산하는 시스템

생산 합리화 생산비용을 줄이기 위해 기업이 사용하는 하나의 방법은 **생산 합리화**(rationalized production)라고 불리는데, 어느 제품의 부품들을 부품 생산비용이 가장 낮은 곳에서 각각 생산하는 시스템이다. 그러고 나서 모든 부품은 최종 제품으로 조립되기 위해 하나의 중심 입지에 모아진다. 모든 부품이 중국으로 수입되어 중국에서 만들어지는 봉제동물완구를 고려해 보자(봉제에 필요한 폴리에스터 실은 예외로 하고). 봉제동물의 눈은 일본에서 본떠진다. 옷감은 프랑스에서 수입된다. 폴리에스터 섬유 속은 독일이나 미국에서 오며, 파일 직물 털은 한국에서 생산된다. 단지 이 부품들의 최종적인 조립만 중국에서 일어난다.

이러한 생산 모델이 매우 효율적이지만, 잠재적인 문제점은 어느 한 나라의 조업 중단이 모든 생산 과정을 멈추게 한다는 것이다. 예를 들어 자동차의 생산은 매우 합리화되어 있어서, 많은 나라에서 부품들이 조립을 위해 온다. 미국자동차노조(www.uaw.org)가 GM에 대해 몇 주간 파업을 벌였을 때, GM의 많은 해외 조립공장들이 위협을 받았다. UAW는 전략적으로 GM 공장에 대한 파업을 시작했는데, GM 공장은 북미 전체의 사실상 모든 조립공장에 브레이크패드를 공급했다.

멕시코의 마킬라도라 태평양에서 멕시코 만으로 2,000마일에 걸쳐 뻗어 있는 가운데 특별경제지역을 구성하는 미국과 멕시코 접경을 따라 130마일 폭의 좁고 긴 땅이 있다. 이 지역의 경제는 1,100만 명의 인구와 1,500억 달러의 생산을 포함한다. 번영하는 거대 국가가 바로 옆에 자리 잡고 있는 것과 저임금 경제의 결합은 이제 임금이나 기술 격차에 따라 분열된 다른 지역들에 대해 모델이 되고 있다. 일부 분석가는 미국과 멕시코 접경 지역과, 홍콩과 제조업 영역인 중국의 광

동성 간 지역을 비교한다. 독일과 폴란드 접경 지역 도시의 관료들은 그들의 독특한 상황에 적용할 수 있는 교훈을 찾기 위해 미국과 멕시코의 경험을 연구했다.

연구개발 비용 기술이 점점 더 강력한 경쟁 요인이 됨에 따라 다음 기술단계를 개발하는 비용이 폭증하고 이에 따라 다국적기업들은 국경 간 제휴와 인수에 착수하게 되었다. 예를 들어 대규모 다국적 제약회사들은 벤처기업가의 작은 신생기업들이 이룩한 선도적인 바이오텍 기술에 매우 관심을 가지고 있다. 뉴욕의 카두스 제약회사는 수용기 분자라고 불리는 것과 관련된 400개 유전자의 기능을 발견했다. 많은 무질서들이 이러한 수용기들의 부적합한 기능과 관련되어 있어, 그것은 신약 개발을 위한 좋은 목표가 되었다. 이에 따라 영국의 스미스클린비참사(www.gsk.com)는 연구 지식 접근에 대한 대가로 카두스사에 약 6,800만 달러를 투자했다.

FDI에 있어 기술의 중요성을 나타내는 한 지표는 다른 국가에서의 기업의 관계회사들이 수행하는 연구개발 금액이다. 혁신의 글로벌화와 R&D에 대한 해외 투자 현상은 반드시 현지 시장의 규모와 같은 수요 요인에 의해 이루어지는 것은 아니다. 대신에 양질의 과학기술을 갖춘 인적자본에 대한 접근을 포함하는 공급 요인에 의해 이루어지는 듯하다.

고객에 대한 지식

구매자의 행태는 종종 FDI에 착수할지에 관한 결정에서 중요한 이슈이다. 현지에 간다는 것은 기업에게 모국 시장에서는 획득될 수 없는 고객에 관한 가치 있는 지식을 얻는 데 도움을 줄 수 있다. 예를 들어 어떤 제품에 대한 고객의 선호도가 국가마다 매우 다를 때, 현지에 있다는 것은 기업으로 하여금 그러한 선호도를 보다 잘 이해하고 그들의 제품을 여기에 맞출 수 있게 도움을 줄 수 있다.

몇몇 국가들은 어느 특정한 제품 범주에서 품질에 대한 평판을 가지고 있다. 독일의 자동차 기술, 이탈리아의 구두, 프랑스의 향수, 스위스의 시계는 고객에게 우수한 품질로서 깊은 인상을 심어 준다. 이러한 인식 때문에 어느 기업이 다른 국가에 기반을 두더라도 제품은 품질의 평판을 지닌 국가에서 생산하는 것이 유익할 수 있다. 예를 들어 오드콜로뉴나 향수의 생산자는 프랑스에서 향기를 병에 담기를 원하고 프랑스어로 된 제품명을 쓸 수 있다. 이런 유형의 이미지 매력은 매우 강력해서 FDI의 동기를 부여할 수 있다.

고객 따르기

기업은 그들이 부품을 공급하는 기업들이 이미 해외 투자를 했을 때 흔히 FDI에 착수한다. 이러한 '고객 따르기' 관행은 생산자들이 그들이 밀접한 일 관계를 지닌 공급업자들로부터 부품을 조달하는 산업에서 흔하다. 이러한 관행은 기업으로 하여금 그들이 서로에게 투입요소를 공급하기 때문에 서로 지리적으로 가까운 곳에 군집하도록 한다(제5장 참조). 메르세데스사(www.mercedes.com)가 앨라배마 주의 터스컬루사 카운티에 첫 번째 해외 자동차 공장을 설립했을 때, 자동차 부품 공급업자들 또한 독일에서 이 지역으로 옮겨 와서 추가적으로 수백만 달러의 투자를 가져왔다.

기업들이 서로 밀접히 일해서 글로벌 관점에서 제품을 인도하면서 그들은 서로를 더 잘 알게 되었다. 그리고 기업의 경영 활동이 보다 더 환경적, 경제적, 사회적으로 지속가능하게 되어야 한다는 운동이 의미하는 바는, 기업이 때로 그들의 공급업자와 고객들에게 그들의 활동이 '녹

글로벌 지속가능성 공급사슬의 그린화

- 열대우림보존네트워크(RAN)는 제지 및 나무 제품 제조업체인 보이시캐스케이드사(www.bc.com)에 대해 위험에 처한 열대우림을 보호하기를 원했다. 이 기업을 직접적으로 접촉하는 대신에 RAN은 홈데포(www.homedepot.com)를 비롯한 이 기업의 400개의 고객사들을 접촉했다. RAN은 홈데포사에 대해 잘 관리되는 우림으로부터 나온 것으로 확증되지 않은 나무 제품을 사용하지 말도록 납득시켰다. 또한 페덱스 오피스(www.fedex.com/us/office)로 하여금 보이시캐스케이드사를 공급업자에서 탈락시키도록 설득했다. 이 전략은 보이시캐스케이드사로 하여금 환경친화 정책을 채택하도록 부추겨서, 정책의 일부는 더 이상 미국의 원시림을 개발하지 못하는 것을 포함했다.
- 가구 제조업체인 허먼밀러(www.hermanmiller.com)가 환경친화적인 의자인 미라(Mirra)를 만들기 시작했을 때, 잠재적 공급업체들에게 공급하는 부품에 들어가는 요소들의 리스트를 제공하도록 요청했다. 각 요소 안에 있는 모든 물질과 화학물질에는 초록색(환경친화적), 노란색(중립적), 또는 빨간색(PVC 플라스틱 같은)의 색깔코드가 할당되었다. 목표는 빨간색 코드의 물질을 피하고, 노란색을 최소화하고, 초록색을 최대화하는 것이었다. 허먼밀러사는 (1) 요소들의 리스트를 제공하고, (2) 경쟁업체보다 더 '녹색의' 요소를 가지고 있는 기업들로부터만 부품요소를 구매했다.
- 애플사가 전자제품환경평가툴(EPEAT)의 환경등록에서 자사의 제품을 끌어내기로 결정했을 때, 아무도 이를 주목하지 않을 것으로 기대했다. 그러나 교육기관과 정부와 같은 애플사의 주요 고객들은 그들의 기술 구매의 대부분 또는 모두를 EPEAT 인증 리스트에 있는 제품들로 구매해야 하는데, 이는 연간 650억 달러의 가치로 구성된다. 소비자, 기업 및 정부기관들로부터의 반발이 애플사로 하여금 이를 철회하도록 했다. 애플사는 자사의 제품들이 다시 인증을 위해 제출될 것이고, EPEAT와의 관계는 "이러한 경험의 결과 더욱 강력해지게 될 것"이라고 말했다.

출처 : Jon Fortt, "EPEAT CEO : Apple's Exit Spurred a Customer Backlash," CNBC website (www.cnbc.com), July 13, 2012; Peter Senge, *The Necessary Revolution* (New York : Broadway Books, 2010), pp. 107-108; Daniel C. Esty and Andrew S. Winston, *Green to Gold* (New Haven, CT : Yale University Press, 2006), pp. 84-85, 176-177.

색'이 되도록 압박해야 한다는 것이다. 기업이 이러한 일을 어떻게 하는지에 관한 몇몇 예로서 글상자 '글로벌 지속가능성 : 공급사슬의 그린화'를 참조하라.

경쟁기업 따르기

FDI 결정은 종종 제한된 숫자의 대기업들이 속한 산업에서 '선도기업 따르기'라는 시나리오를 닮아 있다. 다른 말로, 이러한 많은 기업들은 '선도적 기업'의 움직임과 유사한 움직임을 하지 않기로 선택하는 것이 잠재적으로 유익한 시장에 진입하지 못하는 결과를 가져올 수 있다고 믿는다. 선진국에 기반을 둔 기업들이 인종차별이 끝난 후 남아프리카로 다시 들어갔을 때 경쟁기업들도 이를 따랐다. 물론 각 시장에서 단지 일정 숫자의 경쟁기업들만이 존속할 수 있고, 경쟁을 할 수 없는 기업들은 종종 시장에서의 퇴출을 선택한다. 이는 펩시의 경우에 해당되는 듯한데, 펩시사는 1990년대에 남아프리카로 다시 들어갔다가 코카콜라에 의해 짓눌린 후 3년 뒤에 철수했다.

이 절에서는 해외에 투자할 때 경영자들이 고려해야 할 여러 주요 이슈들을 제시했다. 제15장에서 기업들이 어떻게 이러한 야심적인 목표를 추구하는지에 관해 배울 때 이 주제에 대해 더 이야기할 것이다.

퀵 스터디 3

1. 충분한 설비가 시장에 존재하지 않을 때, 기업은 무엇에 착수하기를 결정할 수 있을까?
2. 제품의 부품들이 부품을 생산하는 비용이 가장 낮은 곳에서 만들어지는 시스템을 무엇이라 부르는가?
3. 기업은 그들이 부품을 공급하는 기업들이 이미 해외 투자를 하고 있을 때 FDI에 착수하는 상황을 무엇이라 부르는가?

정부가 FDI에 개입하는 이유

국가는 그들의 문화적 유산, 자국 기업과 고용을 보호하기 위해 FDI 흐름에 종종 개입한다. 국가는 다른 국가의 기업들이 자국에 투자하기를 원할 때 극복해야만 하는 법을 제정하고, 규제를 만들고 또는 행정적인 장애물을 만들 수 있다. 그러나 증가하는 경쟁 압력은 국가들에게 다국적 기업을 유치하기 위해 서로 경쟁을 하게 만들고 있다. 투자 유치를 위한 증가된 국가 간의 경쟁은 정부로 하여금 투자를 촉진하는 규제적 변화를 만들도록 하고 있다. 최근 몇 년 동안 정부가 도입한 다수의 규제 변화는 FDI에 보다 호의적인 것이다.[6]

일반적인 의미에서 보호주의 또는 개방을 향한 편의는 어느 국가의 문화, 역사 및 정치에 기저를 두고 있다. 가치, 태도 및 신념이 FDI에 관한 정부 포지션의 많은 부분에 근간을 이룬다. 예를 들어 유럽의 유산과 강한 문화적 연대를 가진 남아메리카 국가들(아르헨티나 같은)은 일반적으로 유럽 국가들로부터 받는 투자에 관해 열성적이다. 더 강한 토착적 영향을 가진 남아메리카 국가들(에콰도르 같은)은 일반적으로 덜 열성적이다.

한 국가가 장려해야 할 적절한 FDI 금액에 대해서는 의견이 다양하다. 하나의 극단적인 의견은 경제적 자립을 선호하고 어떠한 형태의 FDI도 반대하는 자들이다. 또 다른 극단은 정부의 개입이 전혀 없는 것을 선호하고 대규모 FDI 유입을 선호하는 의견이다. 이러한 두 극단적인 의견 사이에 대부분의 국가들이 있으며 이들 국가는 어느 정도의 FDI가 국가의 생산을 증가시키고 국민의 생활 수준을 개선하기 위해 바람직하다고 믿는다.

철학적인 이상 외에 국가는 여러 매우 현실적인 이유로 인해 FDI에 개입한다. 그러나 이러한 이유를 충분히 평가하기 위해 먼저 국가의 **국제수지**가 의미하는 바를 이해해야 한다.

국제수지

한 국가의 **국제수지**(balance of payments)는 다른 국가들의 실체로부터 그 국가에 들어오는 모든 수취와 그 국가로부터 나가는 모든 지급을 기록한 국가의 회계 시스템이다. 다른 국가로부터의 유입을 가져오는 국제 거래는 국제수지 계정을 증가시킨다. 다른 국가로의 유출을 가져오는 국제 거래는 국제수지 계정을 감소시킨다. 〈표 7.1〉은 미국에 대한 국제수지 계정을 보여 주는데, 두 가지 주요 요소, 즉 **경상계정**과 **자본계정**이 있다.

국제수지
다른 국가들의 실체로부터 그 국가에 들어오는 모든 수취와 그 국가로부터 나가는 모든 지급을 기록한 국가의 회계 시스템

경상계정 **경상계정**(current account)은 상품과 서비스의 수출입을 포함하는 거래, 해외 자산에 대한 수익(소득) 수취, 자국 내의 외국 자산에 대한 수익 지급을 기록하는 국가 계정이다. 〈표 7.1〉의 **상품** 계정은 컴퓨터 소프트웨어, 전자 부품, 의류 등 유형의 상품을 포함한다. 상품의 '수출'은 수익이 수취되기 때문에 국제수지에 양(+)의 값이 주어진다. '수입'은 해외 기업에게 돈이 지급되기 때문에 음(−)의 값이 주어진다.

경상계정
상품과 서비스의 수출입을 포함하는 거래, 해외 자산에 대한 수익(소득) 수취, 자국 내의 외국 자산에 대한 수익 지급을 기록하는 국가 계정

서비스 계정은 관광, 경영 컨설팅, 은행업 및 기타 서비스를 포함한다. 미국의 어느 기업이 다른 나라의 기업에게 컨설팅 서비스를 제공한 대가로 지급을 수취한다고 가정하자. 이 수취는 서비스의 '수출'로 기록되고 양(+)의 가치가 주어진다. 서비스의 '수입'은 돈이 나라 밖으로 보내지는 것으로서 음(−)의 가치가 주어진다.

소득 수취 계정은 해외에 있는 미국의 자산에서 벌어들인 소득이다. 미국 기업의 해외 현지 법인이 미국에 있는 모회사에 이익을 송금할 때, 이는 '소득 수취'로 기록되고 양(+)의 가치가 부

표 7.1 미국의 국제수지 계정

경상수지			
상품 및 서비스의 수출과 소득 수취	+		
상품	+		
서비스	+		
해외 미국 자산으로부터의 소득 수취	+		
상품 및 서비스의 수입과 소득 지급			−
상품			−
서비스			−
미국 내 외국 자산에 대한 소득 지급			−
이전수지			−
경상수지 잔액		+/−	
자본수지			
해외 미국 자산의 증가(자본 유출)			−
미국의 공적 준비자산			−
기타 미국 정부자산			−
미국 민간자산			−
미국 내 외국 자산의 증가(자본 유입)	+		
외국의 공적 자산	+		
기타 외국 자산	+		
자본수지 잔액		+/−	

여된다.

마지막으로 **소득 지급** 계정은 미국에 있는 자산에서 벌어들인 다른 국가들의 실체들에게 지급된 돈이다. 예를 들어 프랑스 기업의 미국 현지 법인이 프랑스의 모회사에게 이익을 송금하면 그 거래는 '소득 지급'으로 기록되고 음(−)의 가치가 부여된다.

경상계정 흑자(current account surplus)는 어느 나라가 해외에 대해 수입하고 지급하는 것보다 더 많은 상품과 서비스를 수출하고 더 많은 소득을 수취할 때 발생한다. 역으로, **경상계정 적자**(current account deficit)는 어느 나라가 해외에 대해 수출하고 수취하는 것보다 더 많이 상품과 서비스를 수입하고 더 많이 지급할 때 발생한다.

경상계정 흑자
어느 나라가 해외에 대해 수입하고 지급하는 것보다 더 많은 상품과 서비스를 수출하고 더 많은 소득을 수취할 때

경상계정 적자
어느 나라가 해외에 대해 수출하고 수취하는 것보다 더 많이 상품과 서비스를 수입하고 더 많이 지급할 때

자본계정
자산의 매입과 매도를 포함하는 거래를 기록하는 국가 계정

자본계정 **자본계정**(capital account)은 자산의 매입과 매도를 포함하는 거래를 기록하는 국가 계정이다. 한 미국 시민이 멕시코 주식시장에서 멕시코 기업의 주식 몇 주를 매입한다고 가정하자. 이 거래는 '해외 미국 자산의 증가(자본 유출)'로 기록되고 음(−)의 가치가 주어진다. 멕시코 투자자가 미국의 부동산을 매입하면 이 거래는 '미국 내 외국 자산(자본 유입)'을 증가시키고 양(+)의 가치가 주어진다.

투자유치국의 개입 이유

정부가 FDI에 개입하는 다양한 이유가 있다. 두 가지 주요 이유로서 **국제수지 통제**와 **자원과 이익의 획득**을 살펴보자.

국제수지의 통제 많은 정부가 국제수지를 통제하기 위한 유일한 방법으로 개입을 생각한다. 첫째, FDI 유입은 국제수지의 증가로 기록되기 때문에 국가는 FDI의 초기 유입으로부터 국제수지의 증가를 얻는다. 둘째, 특정 국가는 현지 생산의 목적으로 다른 국가로부터의 투자자들에 대해 국산 부품 사용 요건을 부과한다. 이는 현지 기업들에게 생산 운영에 공급자가 될 수 있는 기회를 제공하고 국가에게는 수입을 줄이고 국제수지를 개선하는 데 도움을 줄 수 있다. 셋째, 새로운 생산 운영에 의해 창출되는 수출(적어도 있다면)은 투자유치국의 국제수지에 긍정적인 영향을 미칠 수 있다.

그러나 기업들이 본국으로 이익을 송금할 때 투자유치국의 외환보유고를 고갈시킨다. 이러한 자본유출은 투자유치국의 국제수지를 감소시킨다. 국제수지를 강화하기 위해 투자유치국은 외국 기업이 본국에 이익을 송금하는 것을 금지하거나 제한할 수 있다.

이에 대해 투자유치국은 국제 기업들이 이익을 재투자할 때 외환보유고를 보존할 수 있다. 현지 제조설비에 대한 재투자는 또한 현지 생산자들의 경쟁력을 개선하고 투자유치국의 수출을 증가시킬 수 있으며 이에 따라 국제수지 포지션을 개선시킨다.

자원과 이익의 획득 국제수지 이유 이외에 정부는 기술, 경영 능력, 고용 등 자원과 이익을 획득하기 위해 FDI 흐름에 개입할 수 있다.

기술에 대한 접근 제품이든지 과정이든지 기술에 대한 투자는 한 국가의 생산성과 경쟁력을 증가시키는 경향이 있다. 이는 왜 투자유치국들이 기술의 수입을 장려하는 강한 유인이 있는지를 설명한다. 수년 동안 아시아의 개도국들은 다국적기업들이 국경 내에 공장을 설립함에 따라 산업 과정에 대한 전문지식을 습득하기 시작했다. 그러나 오늘날 그중 일부 개도국들은 자신의 기술적 전문성을 획득하고 개발하기 위해 노력하고 있다. 독일의 산업 대기업인 지멘스사(www.siemens.com)가 싱가포르를 아시아-태평양 지역의 마이크로일렉트로닉스 디자인 센터로 선택했을 때, 싱가포르는 가치 있는 기술에 대한 접근을 획득했다. 싱가포르는 또한 미국의 텍사스인스트루먼트사(www.ti.com)와 다른 기업들과 함께 이 국가의 첫 번째 반도체 생산설비를 설립하면서 가치 있는 반도체 기술에 접근하게 되었다.

경영 능력과 고용 제4장에서 보았듯이 이전의 공산국가들은 글로벌 경제에서 성공하기 위해 필요한 일부 경영 능력이 부족하다. FDI를 장려함으로써 이들 국가는 능력 있는 경영자를 유치하고 현지 경영자들을 훈련함으로써 국내 기업의 국제경쟁력을 개선할 수 있다. 더욱이 현대 경영기법의 훈련을 받은 현지인들은 결국 그들의 현지 사업에 착수할 수 있어 추가적으로 고용기회를 확대하게 된다. 그러나 반대론자들은 FDI가 고용을 창출할 수 있지만 경쟁력이 덜한 현지 기업들이 사업에서 퇴출되면 또한 고용을 파괴할 수 있다고 주장한다.

본국의 개입 이유

본국(국제 기업들이 투자를 착수하게 되는)도 여러 이유로 인해 FDI의 유출을 장려하거나 막는 것을 시도할 수 있다. 그러나 본국은 그들이 종종 번영하는 선진국이기 때문에 더 적은 우려를 갖는 경향이 있다. 이러한 나라들에 있어서 밖으로의 투자는 FDI를 받아들이는 개도국 또는 신흥국에 대한 영향과는 달리 거의 국가적인 영향을 미치지 않는다. 그럼에도 불구하고 밖으로의 FDI를 막는 다음과 같은 이유가 있다.

사진은 중국의 클럽 메드 구이린(Guilin) 리조트이다. 구이린은 프랑스 리조트인 클럽 메드가 아시아에서 최초로 문화에 초점을 맞춘 리조트이다. 리조트는 14만 평 이상의 사유지와 스타일리시한 두 개의 호텔을 자랑한다. 클럽 메드는 야불리(Yabuli)라는 스키 리조트 빌리지로 중국에 처음 진출했다. 중국의 자유경제정책은 해외직접투자 유입을 급등하게 만들었다. 다국적기업의 투자는 1억 3,000만 이주 노동자의 일자리를 제공했다. 이와 같은 해외직접투자는 중국의 국제수지에 어떤 영향을 미칠 것인가?

출처 : © Imaginechina/Corbis

- 다른 국가에 투자하는 것은 본국으로부터 자원을 내보내는 것이다. 결과적으로 국내에서의 개발과 경제성장을 위한 자원이 덜 사용되게 된다. 반면에 국내로 들어오는 해외 자산에서 벌어들인 이익은 본국의 국제수지와 이용가능한 자원을 증가시킨다.
- 밖으로의 FDI는 결국 수출을 대체함으로써 한 국가의 국제수지를 훼손할 수 있다. 이는 어느 기업이 해외 시장에 생산설비를 설치할 때 발생하는데, 이 설비로부터의 생산품이 본국에서 그 시장으로 이루어지곤 했던 수출을 대체하게 된다. 예를 들어 폭스바겐사의 미국 공장이 미국 구매자들이 독일산 자동차를 구매하여 만족시킬 수 있었던 수요를 채운다면 독일의 국제수지는 이에 상응하여 감소한다. 그러나 독일의 국제수지는 폭스바겐사가 미국의 이익을 송금할 때 긍정적인 영향을 받을 것이다. 이러한 이익 송금은 투자에 따른 초기의 부정적인 국제수지 영향을 무효화하는 데 도움이 된다. 그러므로 국제 투자는 장기적으로 본국의 국제수지 포지션에 긍정적인 기여를 하며 초기의 부정적인 영향을 상쇄할 수 있다.
- 밖으로의 투자로부터 생기는 고용이 본국의 고용을 대체할 수 있다. 이는 종종 본국에 대해 매우 논쟁을 초래하는 이슈이다. 저임금 국가로의 생산 재배치는 현지 또는 지역에 강한 영향을 미칠 수 있다. 그러나 그 영향은 거의 국가적이지 않고 그 효과는 종종 그 나라 경제에서의 다른 고용기회에 의해 약화된다. 게다가 추가적인 수출이 밖으로의 FDI에 의해 대표되는 활동을 지원하는 데 필요하다면 본국의 고용에 있어 이를 상쇄하는 개선이 있을 수 있다. 예를 들어 한국의 현대자동차가 브라질에 자동차 제조공장을 짓는다면 한국의 고용은 브라질 공장에 부품을 공급하기 위해 증가할 수 있다.

FDI는 항상 본국에 부정적인 영향을 미치는 것은 아니다. 사실상 국가는 다음의 이유로 밖으로 나가는 FDI를 촉진한다.

- 밖으로의 FDI는 장기 경쟁력을 증가시킬 수 있다. 오늘날 기업들은 자주 글로벌 규모로 경쟁한

다. 가장 경쟁력 있는 기업은 세계에서 가장 유리한 입지에서 사업을 영위하고, 끊임없이 경쟁기업에 비해 성과를 개선하고, 다른 기업들과의 제휴로부터 기술적 우위를 이끌어 내는 기업인 경향이 있다. 일본 기업들은 FDI와 다른 국가 기업들과의 협력적인 협정으로부터 이득을 얻는 데 능숙하다. 일본 기업들의 성공 열쇠는 그들이 모든 협력적인 벤처를 하나의 학습 기회로 보는 것이다.

- **국가는 '해가 지는' 산업으로 확인된 산업에서 FDI를 장려할 수 있다.** 사양산업은 오래되고 진부한 기술을 사용하거나, 거의 기술이 없는 저임금 근로자들을 고용하는 산업이다. 이러한 직업은 기술 있는 근로자들에게 높은 임금을 지급하는 산업을 가진 국가에게 크게 매력적이지 않다. 이들 직업 중 일부를 해외로 보내고 높은 임금을 지급하는 기술 직업에 근로자들을 재훈련함으로써 그들은 '해가 뜨는' 산업으로 경제를 상향시킬 수 있다. 이는 단기적인 고용 손실과 근로자의 기술을 개발하는 장기적인 이익 사이에서 정부에게 상반관계를 나타낸다.

퀵 스터디 4

1. 한 국가로 들어오는 모든 수취와 다른 국가의 실체에 대한 모든 지급을 기록하는 국가 회계 시스템은 무엇이라 불리는가?
2. 왜 *투자유치국*은 FDI에 개입하는가?
3. 왜 *본국*은 FDI에 개입하는가?

정부의 정책 수단과 FDI

시간이 지남에 따라 투자유치국과 본국 모두 FDI를 촉진하거나 제한하는 여러 방법을 개발했다(표 7.2 참조). 정부는 국제수지 포지션의 개선, 자원의 획득, 밖으로의 투자의 경우 본국의 고용 유지를 포함하는 많은 이유로 인해 이러한 수단을 사용한다. 이러한 방법을 살펴보자.

투자유치국 : 촉진

투자유치국은 FDI 유입을 장려하기 위한 다양한 유인을 제공한다. 이는 두 가지 일반적인 형태를 띠는데, 재무적인 유인과 인프라 개선이다.

표 7.2 FDI 정책의 수단

	FDI 촉진	FDI 제한
투자유치국	조세 유인 저금리 대출 인프라 개선	소유권 제한 성과 요구
본국	보험 대출 조세 우대 조치 정치적 압력	차별적 세율 제재

재무적 유인 모든 투자유치국 정부는 기업들에게 그들의 국경 내에 투자하는 데 대해 재무적인 유인을 제공한다. 하나의 방법은 일정 기간 동안—5년 또는 그 이상까지 확장될 수 있는—현지 이익에 대한 세금 유예의 제공 또는 낮은 세율과 같은 조세 유인을 포함한다. 또한 국가는 투자자들에게 저금리 대출을 제공하기도 한다.

이러한 유형의 유인의 단점은 다국적기업들로 하여금 투자를 위해 다투는 입지들 간에 유치 경쟁을 낳게 할 수 있다는 것이다. 그러한 경우에 기업은 입지들 간에 지속적으로 유인책을 올린 후에 가장 매력적인 지역에 통상 투자한다. 기업은 심지어 이미 투자처로 선정된 입지에서 양보를 얻기 위해 다른 정부를 협상에 끌어들인다고 비난을 받았다. FDI를 유치하는 납세자들의 비용은 특히 국가가 투자를 유치하기 위해 서로 한 수 더 유인을 제공할 때 실제 고용이 지급하는 것의 몇 배에 달할 수 있다.

인프라 개선 재무적 유인과 관련한 문제 때문에 몇몇 정부는 투자를 유치하기 위해 대안적인 방식을 취한다. 투자 입지를 둘러싼 지역사회에 대해 지속적인 이익은 컨테이너 해운을 위해 적합한 보다 나은 항구, 도로 개선, 첨단 텔레콤 시스템 등 현지 **인프라 개선**으로부터 생길 수 있다. 예를 들어 말레이시아는 어느 지역의 숲으로 뒤덮인 환경으로 멀티미디어 슈퍼 회랑(MSC)을 조성하고 있다. MSC는 서류 없는 정부, 사이버자야라 불리는 인텔리전트 시티, 두 개의 텔레교외, 테크놀로지 파크, 멀티미디어 대학교, 지식재산권 보호 파크를 약속한다. MSC는 통신, 의학, 원격 학습 및 원거리 제조에서의 가장 첨단의 기술을 창출하는 데 기여한다.

투자유치국 : 제한

투자유치국은 또한 들어오는 FDI를 제한하는 다양한 방법을 가지고 있다. 이는 두 가지 일반적인 형태로서 소유권 제한과 성과 요구이다.

소유권 제한 정부는 외국 기업들에게 어느 특정 산업에 투자하거나 어떤 특정 유형의 기업을 소유하는 것을 금지하는 **소유권 제한**을 부과할 수 있다. 그러한 금지 조항들은 통상적으로 문화 산업 기업과 국가 안보에 중요한 기업에 대해 적용된다. 예를 들어 일부 문화는 전통적 가치를 보호하려 하므로 다국적기업에 의한 투자를 받아들이는 것은 보수파, 중도파, 진보파 사이에서 논란을 야기할 수 있다. 또한 대부분의 국가는 국내 무기 또는 국가 방위 기업에는 FDI를 허용하지 않는다. 또 다른 소유권 규제는, 외국인 투자자들은 그들이 FDI에 착수할 때 현지 기업에 50%보다 낮은 지분율을 가져야 한다는 조건이다.

그러나 국가는 어느 기업이 그러한 제한이 없는 다른 입지를 택할 수 있을 때 때때로 그러한 제한을 제거한다. GM이 인도네시아 자카르타에 노후된 자동차 공장에 투자를 할지 결정하고 있었을 때, 인도네시아 정부는 중국과 베트남 또한 동일한 재무적 투자를 GM에게 구애하고 있었기 때문에 인도네시아 기업에게 종국적으로 강제로 매각해야 하는 소유권 제한을 없앴다.

성과 요구 소유권 제한보다 더 흔한 것은 국제 기업이 투자유치국에서 운영하는 방식에 영향을 미치는 **성과 요구**이다. 통상 거슬리는 것처럼 보이지만 대부분의 국제 기업들은 그들이 본국의 규제를 감안하는 것처럼 이를 감안한다. 성과 요구는 제품의 내용물 일부가 현지에서 조달되는 것을 확인하거나, 생산의 일부가 수출되어야 하거나, 또는 특정 기술이 현지 기업에게 이전되어야 한다는 것을 포함한다.

본국 : 촉진

밖으로의 FDI를 장려하기 위해 본국 정부는 다음의 어느 하나를 행할 수 있다.

- 해외 투자의 위험을 커버하기 위한 **보험**을 제공하는데, 그중에서도 자산의 몰수, 무기 충돌, 납치, 테러 공격 등으로부터의 손실에 대한 보험이 포함된다.
- 해외 투자를 증가시키기 원하는 기업들에게 **대출**을 승인한다. 본국 정부는 또한 기업이 금융기관으로부터 받는 대출에 대해 보증할 수 있다.
- 해외에서 벌어들인 이익에 대해 **세금 감면**을 제공하거나 특별한 조세협약을 협상할 수 있다. 예를 들어 여러 다국적 협정은 이중과세의 관행—즉 본국 및 투자유치국 모두에서 해외에서 벌어들인 이익에 대해 과세하는 것—을 줄이거나 제거한다.
- 다른 국가들에 **정치적 압력**을 행사하여 그들로 하여금 안으로 들어오는 투자에 대한 제한을 완화하도록 한다. 비일본 기업들은 종종 일본 내에 투자하는 것이 매우 어려운 것을 발견한다. 예로서 미국은 일본 정부에 대해 FDI에 대해 문호를 더 개방하도록 반복적으로 압력을 넣는다. 그러나 그러한 압력이 성공을 거의 거두지 못하기 때문에 많은 미국 기업들은 일본 시장에 진입할 때 현지 일본 기업들과 협력한다.

본국 : 제한

다른 한편으로 국가 경제에 대해 미치는 밖으로의 FDI의 영향을 제한하기 위해 본국 정부는 다음의 두 가지 옵션을 행사할 수 있다.

- 국내에서 벌어들인 이익보다 해외에서 벌어들인 소득에 대해 더 높은 세율로 과세하는 **차별적 세율**을 부과한다.
- 국내 기업이 특정 국가에 투자하는 것을 금지하는 노골적인 **제재**를 부과한다.

퀵 스터디 5

1. 어떠한 정책 수단을 *투자유치국*이 FDI를 촉진하기 위해 사용할 수 있는가?
2. 어떠한 정책 수단을 *본국*이 FDI를 촉진하기 위해 사용할 수 있는가?
3. 소유권 제한과 성과 요구는 *누가 무엇*을 위해 사용하는 정책 수단인가?
4. 차별적 세율과 제재는 누가 무엇을 위해 사용하는 정책 수단인가?

경영을 위한 요점

대규모 글로벌 기업으로부터 모험적인 창업기업까지 기업은 모두 FDI 흐름에 기여하고 있고 FDI는 장기적으로 상승 추세이다. 여기서 우리는 간략히 국가 정부의 FDI 흐름에 대한 영향과, 아시아와 유럽의 FDI 흐름에 대해 토의한다.

국가 정부와 FDI

국가 정부의 행위는 기업에 대해 중요한 함의가 있다. 기업은 본국 및 투자유치국 정부의 철학에 따라서 그들의 노력이 좌절되거나 한 국가에 대한 투자가 장려받을 수 있다. 본국과 투자유치국 양자의 국제수지 포지션도 FDI 흐름이 국가의 경제적 건전성에 영향을 미치기 때문에 또한 중요하다. 투자를 유치하기 위해 국가는 기업 운영에 기여하는 환경을 조성해야 하는데 이를 일부 열거하면 친성장 경제 정책, 안정적인 규제 환경, 건전한 인프라 등이다.

다국적기업의 투자에 대한 경쟁의 증가는 국가로 하여금 규제 변화를

FDI에 보다 호의적이게 만들었다. 더욱이 전 세계 국가들이 자유무역협정(제8장에서 논의)을 만들고 있기 때문에 그들은 또한 양자 간 투자 조약을 포용하고 있다. 이러한 양자 간 투자 조약은 투자를 유치하기 위해 사용되는 중요한 수단이 되고 있다. 자유무역협정 내의 투자 조항도 또한 과거보다 더 큰 관심을 얻고 있다. 이러한 투자 유치 노력은 특히 다국적기업이 어느 곳에 생산, 로지스틱스, 후선부서 서비스 활동을 위치시킬지를 결정할 때 그들의 전략과 관련해 직접적인 함의를 가진다.

유럽의 FDI

남동유럽의 개도국(구 공산권)과 독립국가연합(CIS) 국가로의 FDI 유입액은 2008년에 사상 최고치를 기록했다. 유럽연합에 최근에 진입했던 국가들은 특히 유입이 늘어났다. 그들은 저임금, 기술이 필요 없는 직업을 지원하는 분야에 대해서는 더 적은 투자를, 잘 교육된 인력을 이용하는 부가가치가 더 높은 활동에 대해서는 더 많은 투자를 받았다.

FDI가 서부유럽에서 빠르게 일어나고 있는 주요 이유는 역내 경제 통합이다. 유럽연합이 보고하는 외국인투자의 일부는 새로운 중부 및 동부 유럽 회원국들의 상대적으로 덜 발달된 시장으로 분명히 향했다. 그러나 서부유럽 기업에서 일어나는 많은 활동은 시장개방과 자유무역 및 투자에 대한 장벽의 무너짐에 따른 산업 통합이다. 유럽 전역의 경제적 전망의 변화는 더 경쟁적인 기업 환경을 낳고 있다.

아시아의 FDI

중국은 아시아 FDI의 다수를 유치하고 있는데 더 낮은 임금의 노동력과 광활한 국내 시장에 대한 접근으로 기업을 유혹하고 있다. 중국에서 이미 활동적인 많은 기업들이 그들의 투자를 더 늘리고 있고 거기에 진출하지 않은 기업들은 미래 계획에 중국을 어떻게 포함시킬지에 대한 전략을 개발하고 있다. 서비스의 '역외화'는 다가올 수년 동안 지속적인 FDI를 촉진할 것이며, 인도가 중요한 목적지이다. 인도의 매력은 잘 교육되고 저비용의 영어를 할 줄 아는 노동력이다.

미래 기업 활동에 시사점을 주는 국가적 기업 환경의 한 측면은 자연환경이다. 국가의 행동에 따라 사업활동은 개도국 국민이 다국적기업의 FDI를 바라보는 사고방식의 바탕을 이룬다. 예를 들어 중국에서 초기 FDI 사례 일부는 중국 정치의 더 커진 탈중앙집권화와 지방 공산당 보스들과 관료들의 커진 권력으로 인해 국민의 행위에 대한 통제권이 부족한 것으로 특징지어졌다. 이러한 개인들은 종종 사회에 대한 전반적인 영향보다는 그들의 개인적인 재무적 이익에 의해 더 고무되었다. 그러나 중국 정부는 환경에 대한 지출을 증가시키고 있고 다국적기업은 환경을 청소하는 데 도움을 주고 있다.

이 장의 요약

LO1. 해외직접투자(FDI)의 전 세계적인 패턴을 기술하라.

- 사상 처음으로 개도국들은 글로벌 FDI 유입액(2012년에 1조 3,500억 달러 가치)의 52% 가량을 유치한 반면, 선진국들은 42%를 유치했다.
- 선진국 중에서는 EU, 미국, 일본이 FDI 유입의 다수를 차지했다.
- 아시아 개도국으로의 FDI는 2012년에 거의 4,070억 달러로서 중국이 1,210억 달러 이상을 유치하고, 인도는 거의 260억 달러를 유치했다. 라틴아메리카 및 카리브해 지역으로의 FDI는 전 세계 총합의 약 18%를 차지했다.
- **글로벌화**와 **인수합병**은 글로벌 FDI의 두 가지 주요 견인차였다.

LO2. 왜 FDI가 일어나는지를 설명하는 각 이론을 요약하라.

- **국제 제품수명주기 이론**은 기업이 먼저 제품을 수출하기 시작하고 그다음으로 제품이 수명주기를 지나면서 FDI에 착수하게 된다고 설명한다.
- **시장 불완전성 이론**은 기업이 거래를 내부화하기 위해 FDI에 착수하고 비효율성을 야기하는 시장의 불완전성을 제거한다고 설명한다.
- **절충 이론**은 기업이 매력적인 투자를 하기 위해 입지 특성이 소유권과 내부화 우위와 결합할 때 FDI에 착수한다고 설명한다.
- **시장지배력 이론**은 기업이 FDI에 착수함으로써 어느 산업에서 지배적인 시장 존재를 확립하고자 한다고 설명한다.

LO3. FDI 결정에 있어서 중요한 경영 이슈를 요약하라.

- 해외에 투자하는 기업들은 종종 현지 시장에서의 활동을 **통제**하기를 원하지만, 심지어 100% 소유권도 통제를 보증할 수는 없다.

- 기존 기업의 인수는 그 기업이 최신 설비, 종업원과의 좋은 관계, 적합한 입지를 갖고 있을 때 선호된다.
- 기업은 충분한 시설이 현지 시장에서 이용 불가능할 때 신설 투자를 할 필요가 있을 수 있다.
- 기업은 FDI가 그들에게 현지 구매자의 행태에 대한 가치 있는 지식을 줄 때, 또는 고객 기업과 경쟁 기업에 가까이 입지하고자 할 때 FDI에 종종 착수한다.

LO4. 왜 정부가 FDI에 개입하는지를 설명하라.

- 투자유치국은 최초 FDI와 FDI가 창출하는 수출로부터 국제수지의 증가를 얻지만, 그 기업이 이익을 본국에 송금할 때는 국제수지의 감소를 경험한다.
- 기술에 대한 FDI는 현지인을 훈련하고 그 국가의 생산성과 경쟁력을 제고할 수 있는 경영 능력을 갖춘 사람들을 데리고 온다.
- 본국은 FDI 유출이 국제수지를 낮추기 때문에 제한할 수 있지만, 해외 자산으로부터 벌어들인 이익을 송금받으면 국제수지가 증가한다.
- FDI 유출은 투자유치국에 대한 수출에 기반을 두었던 국내 고용을 대체할 수 있고, 이전의 수출을 감소시키면 본국의 국제수지를 훼손할 수 있다.

LO5. FDI를 촉진하거나 제한하기 위해 정부가 사용하는 정책 수단을 기술하라.

- 투자유치국은 기업에게 세금 유인을 제공하고, 저금리의 대출을 제공하고, 현지 인프라 개선을 제공함으로써 FDI 유입을 촉진한다.
- 투자유치국은 소유권 제한을 부과하고, 기업이 운영하는 방식에 영향을 미치는 성과 요구를 만듦으로써 FDI 유입을 제한한다.
- 본국은 투자 위험을 커버하는 보험을 제공하고, 해외 투자 기업에게 대출을 승인하고, 기업 대출의 보증을 하고, 해외에서 벌어들인 이익에 대한 세금 감면을 제공하고, 특별한 조세 협약을 협상하고, FDI를 받아들이라고 다른 국가들에게 정치적 압력을 행사함으로써 FDI 유출을 촉진한다.
- 본국은 국내 이익보다 해외 소득에 대해 더 높은 세율로 과세하고, 국내 기업이 특정 국가에 투자하는 것을 금지하는 제재를 가함으로써 FDI 유출을 제한한다.

핵심 용어

경상계정
경상계정 적자
경상계정 흑자
국제수지
국제 제품수명주기
생산 합리화
수직적 통합
시장 불완전성
시장지배력
자본계정
절충 이론
포트폴리오 투자
해외직접투자(FDI)

✪ 얘기해 보자 1

당신은 회사에서 우연히 당신의 상사가 다른 관리자에게 하는 얘기를 들었다. "나는 우리나라 기업들이 저임금 국가로 일자리를 옮기는 것에 진저리가 나네. 그들은 애국심도 없는가?" 다른 관리자가 답했다. "나는 자네 말에 동의하지 않아. 사장을 위해 가능한 한 많은 이익을 내는 것이 모든 기업의 의무야. 해외로 나가는 것이 비용을 줄이는 것이라면, 그렇게 해야지."

7-1. 당신은 두 관리자 중 누구의 의견에 동의하는가? 설명하라.

7-2. 각 관리자는 어떤 FDI 정책 수단을 지지할 것인가? 구체적으로 설명하라.

✪ 얘기해 보자 2

당신이 일하는 글로벌 자동차회사는 코스타리카에서 현지 파트너와 함께 한 번도 개발된 적 없는 새로운 자동차를 생산하기 위해 공장 설립에 투자하기로 결정했다.

7-3. 이 장에서 소개된 FDI 이론 중 어떤 이론으로 당신 회사의 의사결정을 설명할 수 있는가?

7-4. 어떤 분야에서 당신의 회사는 통제권을 행사하려고 하는가, 그리고 어떤 분야에서 파트너에게 통제권을 양도할까? 구체적으로 설명하라.

윤리적 도전

당신은 새로운 입법안에 찬성 혹은 반대 투표를 해야 하는 미국 상원의원이다. 새로운 법안은 저임금 국가에 일거리를 아웃소싱하던 관행을 규제하고 미국 근로자의 일자리를 보존하기 위한 것이다. 근래 들어 기업들은 해외 시장에 대한 접근권을 얻는 대가로 해외 공급자와 생산계약을 체결하는 게 점점 더 일반적인 일이 되어 가고 있다. 자국의 노동조합 대표는 이런 형태의 거래가 공장문을 닫게 하고 부품은 중국에서 저비용으로 만들어지면서 일자리를 잃게 된다고 주장한다. 또한 기술이전은 다른 국가에서 강력한 경쟁자를 양산하여 미래에는 자국의 더 많은 일자리를 위협하게 된다고 얘기한다. 그러나 또 다른 사람들은 시장접근이 자국에서 생산된 제품의 매출 상승으로 이어질 것이며 그러므로 자국에서 새로운 일자리가 창출될 것이라고 주장한다.

7-5. 해외 공장과 생산계약을 체결하고 자국의 일자리가 줄어들 때 기업들은 윤리적 비난을 감수해야 한다고 생각하는가?

7-6. 상원의원으로서 계류 중인 법안에 찬성할 것인가 혹은 반대할 것인가? 설명하라.

7-7. 당신의 투표에 따라, 정부가 도입해야 하는 어떠한 정책적 제안을 제시할 수 있는가?

팀 협력 활동

기업은 많은 이유로 해외직접투자를 수행하고 어떤 해외직접투자의 주요 요인들을 평가한다. 당신은 자동차 생산업체에 근무하며 당신의 팀은 멕시코에서 새로운 자동차 조립공장 설립의 실행 가능성을 평가하는 임무를 맡고 있다.

7-8. 당신의 팀이 평가 과정에서 고려해야 하는 경영진의 이슈는 무엇인가? 설명하라.

7-9. 이 장에서 소개된 해외직접투자 이론과 관련해 기업이 왜 멕시코에 투자해야 하는지를

각각의 이론에 근거하여 간략한 시나리오를 설명하라.

7-10. 멕시코가 해외직접투자 유입을 늘리기 위해 어떤 정책 수단을 사용할 수 있는가?

시장진입전략 프로젝트(MESP)

몇몇 급우들과 함께 당신이 흥미를 갖는 국가를 하나 선정하라. MESP 보고서를 작성하기 위해 당신의 팀이 조사한 국가에 대해 다음 질문에 답하라.

7-11. 이 국가는 많은 금액의 FDI를 유치하는가?

7-12. 이 국가는 다른 국가들에 대해 FDI의 주요 원천인가?

7-13. 이 국가의 대기업들 중 어느 기업이 다른 나라의 기업과 합병하거나 인수를 했는가?

7-14. 이 국가에서 노동조합은 약한가, 중간인가, 또는 강한가?

7-15. 이 국가는 국제수지 계정이 건전한가?

7-16. FDI를 촉진하거나 제한하기 위해 정부는 어떠한 정책 수단을 사용하는가?

스스로 연구하기

7-17. 때때로 기업은 그것이 만들어진 본국과 불가분의 관계에 있는 품질에 대한 평판을 가지고 있다. 기업은 해외에서 제품을 만들기 시작하면 품질에 대한 평판을 더럽히는 위험을 어떻게 줄일 수 있는가?

7-18. 개도국과 신흥시장은 글로벌 경제에 대해 상품 시장뿐만 아니라 FDI의 원천으로서 중요성이 점증하고 있다. 개도국 및 신흥시장의 성공은 전 세계 FDI 흐름의 패턴을 어떻게 변화시키고 있는가?

국제경영 실전 사례 미국 최남단의 월드 클래스

"냉담", "심각", "젊어 보이지 않음", "절대, 재미없음". 이 말들은 한 시장조사 업체가 제품 개성 평가에서 메르세데스-벤츠에 부여한 불행한 단어들이다. 미국 내 딜러들을 대상으로 한 조사에서도 소비자들이 전시장의 차에 앉아 보지도 않을 정도로 메르세데스에 겁을 낸다고 밝혔다.

보다 젊고, 가치를 소중하게 여기는 소비자들에게 판매를 늘리고 시장을 확대하기 위해, 메르세데스 벤츠 미국 법인(www.mbusi.com)은 몰려가는 코뿔소와 몸을 흔드는 외계인이 나오는 독창적이고, 자유로운 사고방식을 표현한 일련의 광고를 내놓았다. 새로운 광고로 판매는 늘었지만, 기업에게는 미래 성장을 보증할 보다 새로운 마케팅 메시지가 요구되었다. 기업에게 필요한 것은 전혀 새로운 메르세데스였다. 스포츠 유틸리티 차량(SUV)인 메르세데스 M 클래스를 살펴보자. 메르세데스는 포드 익스플로러와 지프의 그랜드 체로키에 당당히 맞서기 위해 M 클래스를 출시했다.

M 클래스는 메르세데스의 첫 번째 SUV일 뿐 아니라 독일 이외의 지역에서 처음으로 생산된 자동차였다. 앨라배마 주에 거친 지형을 가진 밴스(인구 400명) 터스컬루사 카운티에서는 지역 바비큐 파티를 개최했다. 그리고 이곳은 독일 슈투트가르트에서 온 버튼 다운 엔지니어를 볼 수 있는 마지막 장소이다. 하지만 이 작은 마을은 여러 가지 이유로 메르세데스에게 매력적이었다. 미국 남동부 지역의 인건비는 독일보다 50% 더 낮다. 또한 앨라배마 주는 2억 5,000만 달러의 매력적인 세금 환급과 메르세데스의 사업이 성공하는 데 필요한 다른 인센티브를 제안했다. 메르세데스 또한 중요한 미국 시장과 가까워지기를 원했고 앞으로의 해외 사업에서 모델이 되어 줄 공장 설립을 처음부터 시작하고자 했다.

일본 자동차업체들이 미국에 진출했을 때, 그들은 자동차 생산 철학, 문화, 생산 과정과 경영 스타일을 재정립했다. 반대로 메르세데스는 터스컬루사에서 속담처럼 백지 한 장에서 시작했다. 메르세데스는 미국 근로자에게 어필하기 위해서는 자사 생산라인의 전형적인 엄격한 계급제도를 금지해야 하며 보다 평등한 작업현장으로 만들어야 한다는 것을 알고 있었다. 공장 관리부는 희미한 빛을 보고 있었는데, E자 형태의 메르세데스 공장은 생산 지역의 한가운데를 관통하고, 관리자들은 작업현장의 팀원들에게 접근할 수 있다. 또한 공장은 근로자들이 생산 과정에서의 문제를 정정하기 위해 일방적으로 조립라인을 멈출 수 있도록 설계되었다.

지금까지 이 시스템은 터스컬루사 공장의 미국 근로자들과 독일 트레이너, 그리고 디트로이트와 일본 출신의 경영진으로 구성된 관리부서와의 의사소통을 촉진하는 촉매제가 되었다. 그렇기는 하나 모든 미국 종업원을 훈련시키는 데는 수많은 시간과 노력이 투입되었다. 진델핑엔 출신의 31세 트레이너인 스벤은 다음과 같이 설명한다. "독일에서는 자동차를 만든다고 하지 않습니다. 우리는 메르세데스를 만든다고 얘기합니다. 우리가 그것을 알렸습니다." 혁신적인 생산 시스템은 젊은 기업 문화 안에서 독일, 일본과 미국의 좋은 관행들이 결합된 것이다.

터스컬루사 공장은 생산라인의 재고는 약 2시간, 차체 공장의 재고는 약 3시간이 요구되는 "jit" 생산방식을 사용하고 있다. 프랑스 기업인 포레시아는 메르세데스 벤츠의 2012년식 모델에 들어가는 자동차 시트를 생산하기 위해 2011년에 새로운 생산공장을 터스컬루사에 설립했다. 메르세데스의 경험은 흔다, 토요타와 현대가 앨라배마에서, 폭스바겐도 곧 따를 정도로 매우 성공적이다.

메르세데스는 터스컬루사 공장을 원래 규모에서 3배 가까이 늘렸다. 현재는 M 클래스, R 클래스, GL 클래스를 수용할 정도로 유연한 생산기술을 가지고 있다. 각 차량 부품의 65%는 캐나다, 멕시코와 미국에서 조달하며, 엔진과 트랜스미션은 독일에서 수입된다. 터스컬루사 공장에서 생산되는 모든 차량은 전 세계 135개의 메르세데스 시장에서 주문한 것이다.

기업은 다른 국가에서 어떻게 생산공장을 세우고 운영해야 하는지에 대한 값진 경험을 얻는 중이다. "한때는 우리의 자동차는 '독일에서 생산'된다고 말하는 것이 매우 신성한 일이었습니다." 메르세데스의 모기업 CEO인 위르겐 슈렘프는 말했다. "우리는 이제 '메르세데스 제작'이라고 바꿔 말해야 하며 어디서 조립되었는지는 상관하지 말아야 합니다."

글로벌 사고 질문

7-19. 본국의 문화와 관행을 금지시킨 메르세데스의 결정의 장점과 단점은 무엇인가?

7-20. 메르세데스가 독일에서 M 클래스를 생산하는 대신 미국에 해외 직접투자를 결정한 주요 요인은 무엇이라고 생각하는가?

7-21. 메르세데스가 디트로이트에 있는 공장을 매입하기보다 앨라배마에서 공장을 처음부터 다시 설립하기로 결정한 이유가 무엇이라고 생각하는가? 설명하라.

출처 : Patrick Rupinski, "Riley Joins Officials to Welcome Auto Plant," *Tuscaloosa News* (www.tuscaloosanews.com), April 8, 2010; "Love Me, Love Me Not," *The Economist* (www.economist.com), July 10, 2008; Mercedes-Benz U.S. International website (www.mbusi.com), select reports.

제8장

지역 경제 통합

학습목표

이 장을 공부한 후에 다음을 할 수 있어야 한다.

1. 경제 통합의 단계와 이에 관한 논의를 요약한다.
2. 유럽의 통합과 확장에 대해 설명한다.
3. 미주 대륙에서의 통합과 그 전망을 설명한다.
4. 아시아와 그 밖의 지역의 통합을 요약한다.

돌아보기

제7장에서는 최근의 해외직접투자 방식을 살펴보았다. 해외직접투자가 왜 발생하는지를 설명하는 이론들을 살펴보았고 정부가 투자 흐름에 어떤 영향을 미치는가를 논의했다.

이 장 잠깐 보기

이 장에서는 국가 경제의 더 큰 통합을 향한 추세를 살펴본다. 우선 국가들이 지역 통합에 상당한 노력을 기울이는 이유에 대해 알아본다. 이후 오늘날 세계에서 가장 중요한 지역별 무역 연합에 대해 공부한다.

미리 보기

제9장에서는 국제금융제도에 대한 조사로 시작한다. 국제자본시장 구조에 대해 서술하고 외환시장이 어떻게 운영되는지를 설명한다.

네슬레의 글로벌 레시피

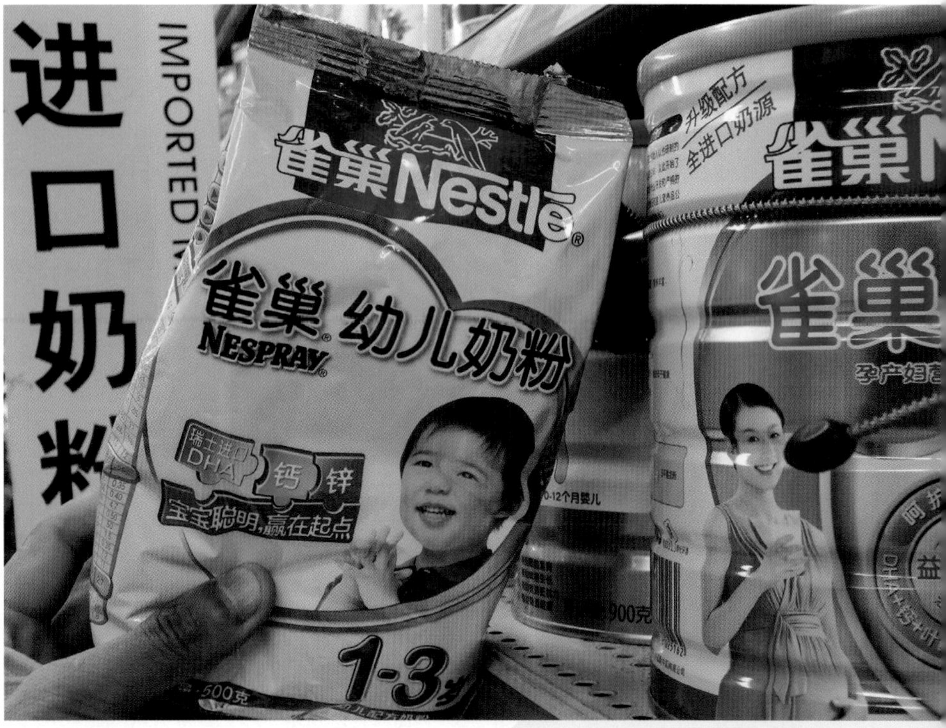

스위스 브베 — 네슬레(www.nestle.com)는 세계에서 가장 큰 식품회사이며 지구 상의 거의 모든 국가에 진출해 있다. 자국인 스위스에서는 매출액의 약 2%만 벌어들이며, 문화적 경계를 넘어 하루 24시간 운영되고 있다.

네슬레는 생수와 애완동물 사료같이 단조로운 상품을 유명한 글로벌 브랜드로 바꾸는 재주가 있다. 또한 기회가 있을 때 지역 생산품을 글로벌 시장에 출시한다. 예를 들어 네슬레는 누트렌 밸런스라는 브랜드로 아시아에서 당뇨환자용 시리얼바를 처음 출시한 이후 다른 세계 시장에 내놓았다.

음식은 모든 문화의 사회구조에 있어 필수적이다. 네슬레는 현지 식습관에 민감하게 대응하기 위해 다른 국가의 문화적 풍경을 조심스럽게 탐색한다. 네슬레는 과거의 실수로부터 알게 되었고, 예를 들어 요즘은 개발도상국의 엄마들이 자녀의 분유를 탈 때 정수된 물을 사용하게끔 노력하고 있다. 네슬레는 신흥시장으로 확장해 나가면서, 지역별 통합으로 인해 문화 간 더 많은 접촉이 가져올 소비자의 태도 변화를 기다리고 있다. 사진에서 중국 이창의 한 슈퍼마켓을 찾은 고객이 네슬레의 분유제품을 들여다보고 있다.

출처 : © Imaginechina/Corbis

네슬레는 또한 글로벌 지속가능성에 관한 한 신중을 기할 필요가 있다. 환경단체 그린피스는 네슬레와 다른 기업들이 파괴되기 쉬운 인도네시아의 우림과 이탄지대에서 자사 상품에 필요한 팜유를 공급받았다고 고발했다. 네슬레는 2015년 현재 그러한 팜유 구매를 중지할 것이며, 자사의 모든 팜유는 지속가능성이 증명된 것이라고 밝혔다. 또한 2020년까지 '산림 파괴 없는 제품 생산'을 약속했다.

네슬레와 코카콜라가 커피와 차 음료 등을 공동으로 개발한다고 밝혔을 때, 그들은 먼저 유럽연합 집행위원회에 그들이 지역 간 경쟁을 억압하지 않을 것이라는 의지를 보여야 했다. EU 내에서 운영되는 기업들 또한 EU의 환경보호법을 준수해야 한다. 네슬레는 자사 상품의 사용으로 발생되는 포장지 쓰레기를 최소화하기 위해 각국 정부들과 함께 폐기물 회수 프로그램의 개발과 운영에 참여하고 있다. 이 장을 공부하면서, 지역 무역 연합 내에 묶여 있는 국가들에 대한 모든 사업적 시사점을 생각해 보자.[1]

지역 간 무역 협정은 글로벌 시장으로 배경을 넓혀 가고 있다. 스위스의 네슬레 같은 기업들은 이들 협정이 무역관세를 낮추고 제품과 서비스를 공급할 새로운 시장을 열어 주고 있음을 알고 있다. 진출이 금지된 시장은 아니지만 관세가 부과되어 수입품의 가격을 비싸게 만드는 시장에서 일단 관세가 폐지된다면 매우 매력적인 시장이 될 수 있다. 지역 무역 협정은 역내 기업들이 새로운 해외 시장을 찾을 수 있게 할 뿐만 아니라, 외국의 경쟁기업들이 역내 시장에 진출하는 것도 가능하게 한다. 이러한 이동성은 협정에 참여한 모든 시장에서 경쟁을 가열시킨다.

이 책의 제3부는 특화와 무역으로 얻을 수 있는 이득을 논의하면서 시작했다. 이제 국가 그룹들이 그러한 잠재적 이득을 위협하는 장벽을 철폐하기 위해 어떻게 협력하는지를 설명하면서 제3부를 마치고자 한다. 이 장에서는 더 자유로운 무역과 투자를 촉진하는 지역단위의 노력에 초점을 맞춘다. 지역별 경제 통합의 정의와 다섯 단계의 통합에 대한 설명으로 시작한다. 이후 경제 통합에 대한 찬성과 반대 입장을 살펴본다. 이 장의 나머지 부분은 오래전에 체결된 무역 협정들과 개발 초기 단계에 있는 여러 협정에 대해 살펴본다.

통합 단계와 논의

지리적으로 같은 지역에 있는 국가들이 제품, 사람 또는 자본의 국제적인 이동을 막는 장벽을 줄이거나 제거하기 위해 협력하는 과정을 **지역 경제 통합(지역주의)**[regional economic integration (regionalism)]이라고 한다. 경제 통합을 함께하는 지리적 지역의 국가들 그룹을 **지역 무역 연합**이라고 부른다.

지역 경제 통합(지역주의)
지리적으로 같은 지역에 있는 국가들이 제품, 사람 또는 자본의 국제적인 이동을 막는 장벽을 줄이거나 제거하기 위해 협력하는 과정

국가는 다양한 방식으로 국제무역의 잠재적 이득을 얻기 위해 함께 단합한다. 〈그림 8.1〉은 지역 무역 연합의 경제적 그리고 정치적 통합의 다섯 단계(또는 정도)를 보여 주고 있다. **자유무역**

그림 8.1
지역 통합의 단계

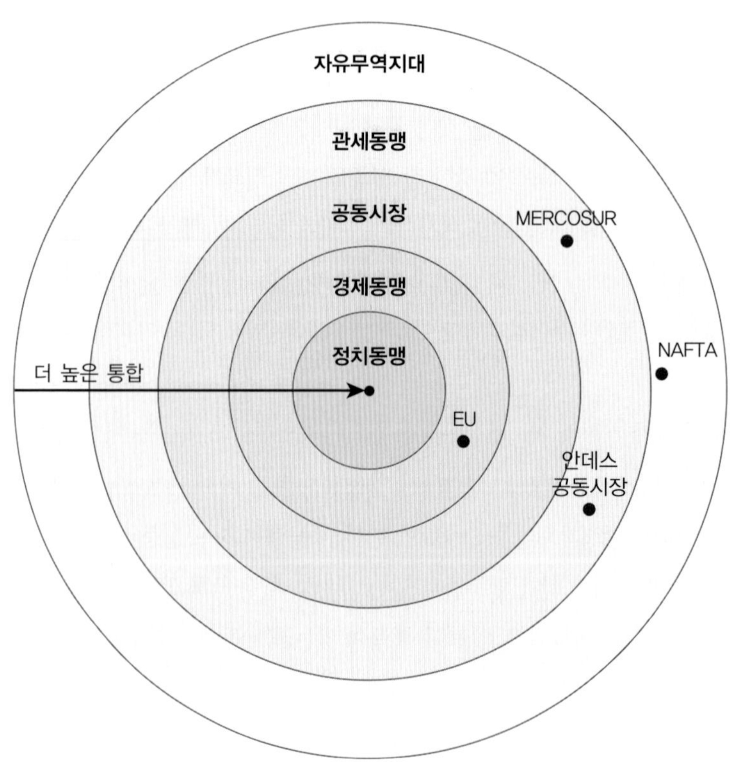

지대는 가장 낮은 수준의 국가 간 통합이며, 정치동맹은 가장 높은 수준이다. 통합의 각 단계에는 이전 통합 단계의 특성이 포함되어 있다.

자유무역지대

각 국가는 비회원국에 대항하는 고유의 무역장벽을 설정하지만 회원국 간의 무역에 대해서는 모든 장벽을 제거하고자 하는 국가들의 경제 통합을 **자유무역지대**(free trade area)라고 한다. 자유무역지대는 둘 이상의 국가 간에 가능한 가장 낮은 수준의 경제 통합이다. 자유무역지대에 속해 있는 국가들은 재화와 서비스의 국제무역에 대한 관세와 쿼터, 보조금 같은 비관세 장벽도 모두 제거하기 위해 노력한다. 그러나 각국은 비회원국에 대해 적절하다고 생각하는 어떤 정책도 유지할 수 있다. 이들 정책은 국가에 따라 폭넓게 달라질 수 있다. 자유무역지대의 국가들은 대개 무역분쟁 해결 절차를 수립하기도 한다.

자유무역지대
각 국가는 비회원국에 대항하는 고유의 무역장벽을 설정하지만 회원국 간의 무역에 대해서는 모든 장벽을 제거하고자 하는 국가들의 경제 통합

관세동맹

회원국들 간의 무역에 대해서는 모든 장벽을 제거하고 비회원국에 대해서는 공동의 무역 정책을 수립하는 경제 통합을 **관세동맹**(custom union)이라고 한다. 따라서 자유무역지대와 관세동맹 간의 중요한 차이점은 관세동맹 회원국들은 비회원국과의 무역에 대해 유사한 방식으로 대응한다는 점이다. 관세동맹에 속한 국가들은 또한 세계무역기구(WTO)와 같은 초국가적 단체에 대해 단일 주체로서 협상할 수도 있다.

관세동맹
회원국들 간의 무역에 대해서는 모든 장벽을 제거하고 비회원국에 대해서는 공동의 무역 정책을 수립하는 경제 통합

공동시장

회원국들 간의 노동 및 자본의 이동에 있어 모든 장벽을 제거하고 비회원국들에 대해 공동의 무역 정책을 수립하는 경제 통합을 **공동시장**(common market)이라고 한다. 따라서 공동시장은 자유무역지대와 관세동맹의 요소에 더해 생산의 주요 요소인 인력과 해외투자의 자유로운 이동이 추가되었다. 최소한 경제 정책과 노동 정책을 어느 정도 협력해야 하기 때문에 이 수준의 통합은 이루어지기 매우 힘들다. 더구나 숙련 노동자들은 임금이 더 높은 곳으로 이주할 수 있고, 투자자본은 수익률이 더 높은 곳으로 흐를 수 있기 때문에 개별 국가에게 돌아가는 이득은 동등하지 않을 수 있다.

공동시장
회원국들 간의 노동 및 자본의 이동에 있어 모든 장벽을 제거하고 비회원국들에 대해 공동의 무역 정책을 수립하는 경제 통합

경제동맹

회원국들 간의 노동 및 자본의 이동에 대한 모든 장벽을 제거하고, 비회원국들에 대한 공동의 무역 정책을 수립하며, 경제 정책을 조정하는 경제 통합을 **경제동맹**(economic union)이라고 한다. 경제동맹은 회원국들 간 조세정책, 통화정책 및 재정정책이 조화를 이루고 공동의 통화를 만들도록 요구하므로 공동시장 이상의 요건이 필요하다. 경제동맹은 회원국들이 속해 있는 초국가동맹에 대해 회원국들의 국가 자율성(또는 주권)의 일정 부분을 양보하도록 하고 있다.

경제동맹
회원국들 간의 노동 및 자본의 이동에 대한 모든 장벽을 제거하고, 비회원국들에 대한 공동의 무역 정책을 수립하며, 경제 정책을 조정하는 경제 통합

정치동맹

회원국들의 경제 그리고 정치 체제의 여러 측면을 함께 조정하도록 하는 경제 및 정치 통합을 **정치동맹**(political union)이라고 한다. 정치동맹은 회원국들이 비회원국들과 관련된 경제적 및 정치적 문제에 대해 공동의 입장을 취하도록 요구한다. 그러나 국경 안의 특정한 정치 · 경제 정책

정치동맹
회원국들의 경제 그리고 정치 체제의 여러 측면을 함께 조정하도록 하는 경제 및 정치 통합

표 8.1 전 세계의 주요 지역별 무역 연합

유럽연합(EU)	오스트리아, 벨기에, 영국, 불가리아, 크로아티아, 체코 공화국, 덴마크, 에스토니아, 핀란드, 프랑스, 독일, 그리스, 사이프러스(남쪽 일부), 헝가리, 아일랜드, 이탈리아, 라트비아, 리투아니아, 룩셈부르크, 몰타, 네덜란드, 폴란드, 포르투갈, 루마니아, 슬로바키아, 슬로베니아, 스페인, 스웨덴
유럽자유무역연합(EFTA)	아이슬란드, 리히텐슈타인, 노르웨이, 스위스
북미자유무역협정(NAFTA)	캐나다, 멕시코, 미국
중미자유무역협정(CAFTA-DR)	코스타리카, 엘살바도르, 과테말라, 온두라스, 니카라과, 도미니카 공화국, 미국
안데스공동시장(CAN)	볼리비아, 콜롬비아, 에콰도르, 페루
남미공동시장(MERCOSUR)	아르헨티나, 브라질, 파라과이, 우루과이, 베네수엘라(볼리비아, 칠레, 콜롬비아, 에콰도르, 페루는 준회원국이다)
카리브공동시장(CARICOM)	앤티가바부다, 바하마, 바베이도스, 벨리즈, 도미니카, 그레나다, 가이아나, 아이티, 자메이카, 몬트세라트, 세인트키츠, 세인트루시아, 세인트빈센트그레나딘, 수리남, 트리니다드토바고
중미공동시장(CACM)	코스타리카, 엘살바도르, 과테말라, 온두라스, 니카라과
미주자유무역지역(FTAA)	중미, 북미, 남미와 카리브해 연안의 34개국
동남아시아국가연합(ASEAN)	브루나이, 캄보디아, 인도네시아, 라오스, 말레이시아, 미얀마, 필리핀, 싱가포르, 태국, 베트남
아시아태평양경제협력기구(APEC)	호주, 브루나이, 캐나다, 칠레, 중국, 홍콩, 인도네시아, 일본, 한국, 말레이시아, 멕시코, 뉴질랜드, 파푸아뉴기니, 페루, 필리핀, 러시아, 싱가포르, 대만, 태국, 미국, 베트남
경제긴밀화 협정(CER)	호주, 뉴질랜드
걸프협력회의(GCC)	바레인, 쿠웨이트, 오만, 카타르, 사우디아라비아, 아랍에미리트연합
서아프리카경제협력체(ECOWAS)	베냉, 부르키나파소, 카보베르데, 잠비아, 가나, 기니, 기니비사우, 코트디부아르, 라이베리아, 말리, 니제르, 나이지리아, 토고
아프리카연합(AU)	아프리카 대륙의 전체 53개 국가

을 수립하는 데는 일정한 자유가 주어진다. 캐나다와 미국은 개별적으로 역사상 초기에 정치동맹의 사례를 보여 주고 있다. 이들 국가 모두 작은 주나 지방이 더 큰 실체로 통합되었다. 현재 이 방향으로 단계적으로 향해 가는 국가들의 그룹이 이 장 뒤에서 논의될 유럽연합이다.

〈표 8.1〉은 이 장에서 설명될 모든 지역 무역 연합의 회원국들을 나타내고 있다. 이 장을 공부하는 동안 각 연합의 회원국들을 요약한 이 표를 다시 참조하길 바란다.

지역별 통합 사례

국제경영에서 다뤄지는 주제들 중에서 사람, 직업, 기업, 문화와 생활 수준에 미치는 지역별 무역협정의 영향만큼이나 많은 그룹을 포함하고 치열하게 논의되는 주제는 거의 없다. 논의의 한편에서는 지역별 무역 협정의 긍정적인 효과를 바라보는 사람들이 있고, 다른 한편에서는 부정적인 효과를 바라보는 사람들이 있다.

경제 통합을 추구하는 국가들의 목표는 국가 간 무역과 투자를 늘리는 것뿐만 아니라 자국민의 생활 수준을 높이는 것이다. 예를 들어 우리는 제5장에서 특화와 무역이 더 나은 선택, 더 낮은 가격과 생산성 향상 측면에서 어떻게 실질적인 이익을 가져오는지를 살펴보았다. 지역별 무역 협정은 국가들이 이러한 목적을 성취하는 데 도움이 되도록 설계되었다. 지역별 경제 통합은 때로 지식재산권 또는 환경보호, 또는 궁극적인 정치동맹 같은 추가적인 목적을 갖기도 한다.

무역 창출 경제 통합은 무역 연합에 속해 있는 국가들의 무역 및 투자에 대한 장벽을 제거한다. 지역별 경제 통합으로 발생하는 국가 간 무역 수준의 증가를 **무역 창출**(trade creation)이라고 한다. 무역 창출의 결과 중 하나는 회원국의 소비자와 산업 바이어들이 이전에는 이용할 수 없었던 제품과 서비스를 선택할 수 있는 폭이 넓어진다는 것이다. 예를 들어 미국에는 유명한 생수 브랜드가 많이 있는데, 코카콜라의 다사니(www.dasani.com)와 펩시의 아쿠아피나 등이다. 하지만 미국 내의 식료품점과 편의점들은 캐나다의 스톤포인트같이 덜 알려진 수입 생수 브랜드를 다양하게 구비하고 있다. 분명히 캐나다, 멕시코와 미국 간 자유무역협정(뒤에서 논의)은 이 브랜드와 다른 캐나다 브랜드들의 수출 기회를 창출했다.

무역 창출
지역별 경제 통합으로 발생하는 국가 간 무역 수준의 증가

무역 창출은 또한 경제의 총수요를 증가시킬 수 있다. 무역 창출로 인해 더 넓어진 제품 선택의 폭은 가격을 떨어뜨릴 수 있다. 그러면 낮아진 제품 가격은 구매력을 증가시키고, 그다음으로 제품과 서비스에 대한 수요는 늘어나는 경향이 있다.

더 큰 합의 제6장에서 우리는 세계무역기구(WTO)가 전 세계적 차원에서 장벽을 낮추기 위해 어떤 일을 하는지 살펴보았다. 지역별 경제 통합의 노력은 그들이 몇몇 국가에서부터 많게는 30개 이상의 국가에 달하는 작은 그룹의 국가들로 구성된다는 점에서 다르다. 더 작은 그룹의 국가들에서 무역장벽을 제거하기 위한 노력의 장점은, 예컨대 159개국으로 구성된 WTO와는 대조적으로 더 적은 수의 회원국들로부터 합의를 얻는 것이 더 쉬울 수 있다는 점이다.

정치적 협력 지역별 경제 통합을 향한 노력으로부터 정치적 이점 또한 있을 수 있다. 한 그룹의 국가들은 각 국가가 개별적으로 차지하는 것보다 상당히 큰 정치적 비중을 가질 수 있다. 따라서 그룹은 전체로서 WTO 같은 포럼에서 다른 국가들과 협상할 때 더 많은 목소리를 낼 수 있다. 정치적 협력을 포함하는 통합은 또한 회원국들 간의 군사적 분쟁 가능성도 줄일 수 있다. 사실상 1950년대 유럽 통합을 위한 초기 노력들의 중심에는 평화가 있었다. 20세기 상반기에 두 번의 세계대전으로 인한 대대적인 파괴는 유럽이 앞으로의 무력분쟁을 예방하는 방법의 하나로 통합을 바라보는 계기가 되었다.

고용 기회 지역 통합은 사람들이 일자리를 찾아, 또는 단순히 더 높은 임금을 찾아 한 국가에서 다른 국가로의 이동을 가능하게 함으로써 고용 기회를 넓힐 수 있다. 지역 통합은 젊은이들에게 유럽의 문을 열어 주었다. 진취적인 젊은이들은 극단적인 민족주의를 포기했고 공동의 역사를 수용하는 '유럽인'으로서의 자세라고 묘사될 수 있는 것만을 받아들이고 있다. 이와 함께 언어 능력과 그 능력을 배우고자 하는 의지와 다른 EU 국가로의 이동은 생계를 유지하는 한편 삶에 대한 새로운 문화의 생활방식을 탐색하게 된다. 기업이 미래의 지도자를 유럽에서 찾으려고 하면서, 그들은 국경과 문화를 뛰어넘어 사고할 수 있는 인재를 채용할 것이다.

기업의 비용 절감 무역 협정은 때로는 기업의 전략을 근본적으로 바뀌게 할 수 있다. 예를 들어 아메리카 대륙의 국가들은 북단의 알래스카부터 남단의 남아메리카에 이르는 자유무역지대를 창설하고자 한다. 이들 지역에 걸쳐 사업을 영위하는 기업들은 최종 협정하에서 수입 관세가 폐지됨에 따라 연간 수백만 달러를 절약할 수 있다. 다국적기업 또한 각 국가에 공장을 두기보다는

몇몇 지역의 공장으로부터 전 지역에 공급함으로써 비용을 절감할 수 있다.

지역별 통합에 대한 반대 입장

지역별 경제 통합에 대해 반대하는 사람들은 실직 근로자들을 남겨 둔 채 짐을 싸서 해외로 나간 기업들을 주시한다. 이제는 지역별 경제 통합에 대해 반대 입장을 고수하는 주요 논의를 살펴보자.

무역 전환
무역 연합에 속하지 않은 국가와의 무역에서 탈피하여 회원국과의 무역으로 전환하는 것

무역 전환 무역 창출의 이면은 **무역 전환**(trade diversion)이다. 무역 연합에 속하지 않은 국가와의 무역에서 탈피하여 회원국과의 무역으로 전환하는 것을 말한다. 무역 전환은 회원국 간에 부과되는 더 낮은 관세로 인해 무역 연합의 창설 이후 발생할 수 있다. 이는 실제로 무역 연합 내의 효율성이 낮은 생산자와의 무역을 증가시키고 비회원국의 더 효율적인 생산자와의 무역을 감소시키는 결과를 가져올 수 있다. 그래서 경제 통합은 의도치 않게 무역 연합 내의 효율성이 낮은 생산자에게는 보상이 될 수 있다. 생산자의 재화 또는 서비스에 대한 다른 내부 경쟁이 없다면, 구매자들은 생산자의 비효율적인 생산 방식 때문에 무역 전환 이후 더 많은 돈을 지불할 가능성이 있다.

세계은행 보고서는 라틴아메리카의 대규모 국가들 간의 자유무역 연합인 MERCOSUR(뒤에서 논의)의 결과에 대해 충격을 자아냈다. 이 보고서는 연합의 형성이 저가의 지역 특산품의 자유무역만을 장려하고 있으며, 반면에 시장 밖에서 생산된 보다 정교한 상품에 대한 경쟁을 억제하고 있다고 밝혔다. 보다 자세한 분석에서 연구 기간 동안 회원국 간의 수입은 3배로 늘어난 한편, 비회원국으로부터의 수입량 또한 3배가 되었음을 보여 주었다. 따라서 무역 협정의 순 효과는 비평가들이 비난한 것처럼 무역 전환이 아닌 무역 창출이었다. 또한 호주의 외교통상부는 북미자유무역협정(NAFTA)이 북미와의 교역과 북미에 대한 투자에 미치는 영향을 조사한 연구 결과를 공개했다. 이 연구는 무역 협정의 체결 이후 무역 전환에 대한 어떠한 증거도 발견하지 못했다.[2]

고용의 이동 아마도 지역별 경제 통합에 대해 가장 논란의 소지가 많은 측면은 국민의 일자리에 미치는 영향이다. 무역 연합의 형성은 회원국 간 무역장벽을 상당 부분 줄이거나 제거함으로써 효율성을 촉진한다. 그리하여 특정 제품이나 서비스 분야에서 살아남은 생산자는 연합 내에서 가장 효율적인 생산자가 될 가능성이 있다. 예를 들어 주로 비숙련 노동자를 필요로 하는 산업은 연합 내에서 가장 임금 수준이 낮은 국가로 생산을 이전함으로써 무역 연합의 형성에 대응하려는 경향이 있다.

그러나 무역 연합 형성의 결과로 잃거나 얻은 일자리 수는 출처에 따라 다양하다. 미국 정부는 미국의 멕시코 및 캐나다에 대한 수출 증가로 최소한 90만 개의 일자리를 창출했다고 주장한다.[3] 그러나 미국의 노동총연맹인 AFL-CIO(www.aflcio.org)는 이 숫자에 이의를 제기하며, NAFTA로 인해 일자리가 없어지고 있다고 주장한다. 무역 협정은 분명 노동시장의 지각변동을 가져온다. 즉 일부 일자리를 잃는 반면, 다른 일자리를 얻게 된다.

일단 무역과 투자 장벽이 제거되고 나면, 경쟁으로부터 자국의 저임금 산업을 보호하고 있던 국가들은 이들 일자리가 임금이 더 낮은 국가로 이동하는 것을 보게 될 것이다. 이는 실직한 근로자들이 자신의 능력을 키우고 보다 진보된 직업훈련을 받는 기회일 수 있다. 이는 교육 수준이 더 높고 숙련된 노동 인구는 비숙련 노동력에 비해 고임금 일자리로 몰리기 때문에 국가가 자국

의 경쟁력을 높이는 데 도움이 될 수 있다.[4]

국가 자주성의 상실 그러한 협정에는 문화적 요소도 있다. 어떤 사람들은 자국이 다른 국가와 너무 많이 협력한다면 고유한 국가 정체성을 잃을 것이라고 주장한다. 이 장의 도입부에서 보았듯이, 네슬레는 시장 간 문화적 차이에 민감하게 대응하려고 노력한다. 하지만 그런 글로벌 대기업들은 종종 문화적 동질화를 경고하는 민족주의 세력과 사람들에게 집중적인 비난의 대상이다.

통합의 순차적인 단계들은 국가가 자국의 자주성을 점차 더 많이 포기할 것을 요구한다. 무역연합을 위해 포기해야 하는 자주성이 최소한인 경우는 자유무역지대이다. 반대로 정치동맹은 국가의 외교 정책에 있어 가장 높은 수준의 자주성 포기를 요구한다. 정치동맹을 이루기가 매우 어려운 이유가 이것이다. 국가 간 협력 또는 적대감의 긴 역사는 국가들이 동맹을 결성할 때 무관하지가 않다. 어느 한 회원국이, 또 다른 회원국이 긴밀한 유대관계를 맺고 있는 비회원국과 매우 연약한 유대관계를 가질 수 있기 때문에 공동의 외교 정책 수립은 매우 까다로운 일이다.

경제 통합은 지역 무역 협정의 문제점에도 불구하고 그 이점 때문에 전 세계에 걸쳐 일어나고 있다. 유럽, 아메리카, 아시아, 중동과 아프리카는 각기 다른 정도의 통합을 경험하고 있다(지도 8.1 참조). 이제 지금까지 가장 역사가 길고 가장 높은 단계의 통합에 이른 유럽을 살펴봄으로써 경제 통합을 향한 구체적인 노력들을 살펴보자.

퀵 스터디 1

1. 지역 내 국가들이 상품, 인력 또는 자본의 국제 이동에 대한 장벽을 줄이거나 제거하기 위해 협력하는 것을 무엇이라 하는가?
2. 가장 낮은 단계의 지역별 경제 통합과 가장 높은 단계의 지역별 경제 통합을 각각 무엇이라 하는가?
3. 지역별 경제 통합의 결과로 발생하는 국가간 무역 상승을 무엇이라 하는가?
4. 무역 연합에 속하지 않는 국가와의 무역에서 회원국과의 무역으로 전환하는 것을 무엇이라 하는가?

유럽의 통합

오늘날 우리가 지적할 수 있는 가장 정교하고 진보된 지역 통합의 사례는 유럽에서 일어나고 있다. 통합에 대한 유럽의 노력은 일부 소수 국가들 그룹과 소수의 엄선된 산업 간의 협력을 위한 시도로서 제2차 세계대전 직후에 시작되었다. 이제는 지역 통합이 사실상 서유럽 전체와 모든 산업을 포함한다.

유럽연합

20세기 중반에는 많은 사람들이 서로 전쟁하느라 긴 시간을 보낸 유럽 국가들이 50년 이후에는 비교적 통합된 전체가 될 수 있을 거라는 생각에 대해 비웃었을 것이다. 유럽이 비교적 짧은 시간 안에 어떻게 오늘날에 이르게 되었는지를 살펴보자.

초기 몇 년 1945년 제2차 세계대전으로부터 전쟁으로 피폐해진 유럽이 벗어나면서 두 가지 과제에 직면하게 되었다. (1) 유럽은 유럽을 재건해야 했고 차후의 무력분쟁을 막아야 했다. (2) 유럽은 점차 강해지는 미국과 경쟁력을 유지하기 위해 산업 역량을 키울 필요가 있었다. 협력만이 이들 과제에 직면하는 유일한 방법인 듯했다. 벨기에, 프랑스, 서독, 이탈리아, 룩셈부르크와 네덜란드는 1951년 **유럽석탄철강공동체**를 결성하는 파리조약에 서명했다. 이들 국가는 서로 간에 석탄과 철강 생산을 조정하기 위해 석탄, 금속, 철강과 고철 무역에 대한 장벽을 없애기로 결정했고, 이에 따라 전후 무기 산업을 통제했다.

유럽석탄철강공동체 회원국들은 1957년 **유럽경제공동체**를 설립하는 로마조약에 서명했다. 로마조약은 이들 국가가 앞으로 설립하게 될 공동시장의 윤곽을 보여 주는 것이었다. 또한 이는 회원국들 간 공동의 운송정책과 농업정책 수립을 목표로 했다. 1967년에 공동체의 영역은 특히 원자력 에너지 등 추가적인 산업을 포함하여 그 범위를 넓혔고, 공동체의 이름을 **유럽공동체**로 바꾸었다. 통합의 목표가 지속적으로 확대됨에 따라 공동체에 참여하는 국가들도 확대되었다. 확대의 물결은 1973년, 1981년, 1986년, 1995년, 2004년과 2007년에 일어났다. 1994년에 이 연합은 다시 한 번 이름을 **유럽연합**(EU)으로 바꾸었다. 오늘날 28개 국가가 속해 있는 EU(www.europa.eu)는 약 5억 명의 인구와 18조 달러의 국내총생산(GDP)을 가지고 있다(지도 8.2 참조).

최근 몇 년간 EU의 계속된 진보에 공헌한 두 가지 중대한 사건이 있었다. **단일유럽법**과 **마스트리히트 조약**이 그것이다.

단일유럽의정서 1980년대 중반까지 EU 회원국들은 여전히 남아 있는 무역장벽과 조세, 법과 규제를 포함하여 몇 가지 중요한 문제에 대한 진척이 없어 좌절하고 있었다. 법과 정책의 조화라는 중요한 목표는 도달하기 힘들 것 같아 보이기 시작했다. 1992년 말까지 공동시장의 잠재력을 분석하기 위해 구성된 위원회는 몇 가지 제안을 내놓았다. 목표는 남아 있는 무역장벽을 제거하고, 회원국 간 더욱 조화를 이루며, 그리하여 유럽 기업들의 경쟁력을 강화하는 것이었다. 이들 제안이 **단일유럽법**(SEA)이 되었고, 1987년에 발효되었다.

기업들은 SEA가 제공하는 기회를 활용해 이득을 얻게 되었으며 기업 간 인수합병 물결이 유럽 전역을 휩쓸었다. 대기업들은 유럽인들의 니즈, 능력과 문화에 대한 자신들의 특별한 이해에다가 그들의 장점인 규모의 경제를 결합시켰다. 중소기업들은 그들만의 경쟁력을 높이기 위해 상호 네트워크를 형성했다.

마스트리히트 조약 EU의 몇몇 국가들은 여전히 유럽의 통합이 정체되기를 원했다. 1991년 EU 회원국 정상회담이 네덜란드의 마스트리히트에서 개최되었다. 회담 결과 **마스트리히트 조약**이 체결되었고, 이는 1993년에 발효되었다.

마스트리히트 조약은 세 가지 목적을 가지고 있었다. 첫째, 1999년 1월 1일 이후 단일 공동 통화로 은행업을 하며, 2002년 1월 1일에는 동전과 지폐의 유통을 요구했다. 둘째, 조약은 통화동맹에 가입을 원하는 국가들에 대해 통화 및 재정상의 목표를 제시했다. 셋째, 공동의 외교 정책 및 국방 정책 수립과 공동의 시민권 도입을 포함하여 회원국들의 정치동맹을 요구했다. 회원국들은 경제 및 통화 동맹의 마지막 단계의 성공 여부를 판단할 때까지 정치적 통합을 연기할 것이다. 이제 유럽의 통화동맹을 더 자세히 살펴보자.

유럽통화동맹
자체 단일의 중앙은행과 통화를 만들었던 EU 플랜

유럽통화동맹 앞서 언급한 것처럼, EU 지도자들은 단일 공동 통화를 창출하기로 결정했다. **유럽통화동맹**(European monetary union)은 1999년 1월 자체 단일의 중앙은행과 통화를 만들었던 EU 플랜이다. 마스트리히트 조약은 회원국들이 단일 통화인 유로에 동참하기 위해 준수해야 하는 경제적 기준을 명시했다. 첫째, 소비자물가상승률은 3.2% 이하여야 하며, 물가상승률이 가장 낮은 세 국가의 상승률보다 1.5%p를 넘지 않아야 한다. 둘째, 국가부채는 GDP의 60% 이하여야 한다. 그 비율이 낮아지고 있고 60%에 가까워지고 있다면 예외가 적용된다.

셋째, 일반 정부부문 적자가 GDP의 3%를 초과하지 않아야 한다. 적자가 3.0%에 가깝거나 그 이탈이 일시적이고 이례적인 경우라면 예외가 적용된다. 넷째, 장기국채 금리는 물가상승률이 가장 낮은 세 국가의 국채 금리보다 2.0%p를 초과하지 않아야 한다. 이러한 기준을 충족시키면서 각국의 경제는 더 잘 수렴되었고 단일 유럽중앙은행하에서 더 순조로운 정책 결정을 위한 기초가 다져졌다. 단일 통화를 채택한 18개 EU 회원국은 오스트리아, 벨기에, 사이프러스, 에스토니아, 핀란드, 프랑스, 독일, 그리스, 아일랜드, 이탈리아, 라트비아, 룩셈부르크, 몰타, 네덜란드, 포르투갈, 슬로바키아, 슬로베니아와 스페인이었다.

EU 회원국들은 최근의 글로벌 금융위기와 경기침체의 영향을 피하지 못했다. 자국의 GDP 대비 많은 부채를 가지고 있던 국가들은 그리스, 아일랜드, 이탈리아, 포르투갈과 스페인이었다. 2012년, 그리스와 스페인이 은행과 금융부문의 신뢰 상실로 인해 위축되기 시작했을 때, EU는 그리스와 스페인 경제에 긴급자금을 지원했다. 이후 EU는 위기에 놓인 국가들에게 최종대출자 역할을 할 것이며, 취약한 경제의 금융기관을 지원하기 위해 은행동맹을 구성할 것이라고 약속했다. 이러한 움직임은 금융위기가 유럽으로 확대되는 것을 막을 수 있었다. 사실상 새롭게 공약한 은행동맹은 EU의 미래 재정동맹을 향한 디딤돌 역할을 하게 될 것이다.[5]

유로화의 경영에 대한 시사점 단일 통화를 향한 움직임은 EU 내에서 기업의 활동에 영향을 미친다. 첫째, 유로화는 다양한 통화 사용으로 인해 발생하는 금융거래상의 장애물을 제거한다. 이는 유로를 사용하는 회원국 간 기업 거래에서 환위험을 완전히 제거한다. 또한 유로화는 한 통화에서 다른 통화로 환전하는 비용을 제거하여 거래비용 또한 감소시킨다. 사실상 EU 지도자들은 유럽이 얻을 수 있는 금융상 이득은 최종적으로 GDP의 0.5%에 달할 것으로 추정하고 있다. 참가 회원국들 간 무역 효율성은 단일 통화로만 거래하기 때문에 미국의 각 주들 간의 거래 효율성과 유사하다.

둘째, 유로화는 인접해 있는 시장들에 서로 다른 가격을 부과하기 어렵게 만들면서 시장들 사이의 가격을 더욱 투명하게 만들었다. 결과적으로, 쇼핑객들은 고가 상품에 대한 지출을 절약하기 위해 다른 국가로 여행해야 할 필요성이 줄어들었다. 예를 들어 통화동맹 직전에 메르세데스 벤츠 S320 모델은 독일에서 72,614달러였지만, 이탈리아에서는 겨우 66,920달러였다. 프랑스에서 13,265달러인 르노 트윙고(www.renault.com)는 스페인에서 11,120달러였다. 심지어 유럽 소비자들이 그러한 가격 차이로 이익을 얻을 수 있게 전문적으로 도와주는 자동차 브로커와 쇼핑 대행사들도 생겨났다. 유로화는 이런 종류의 상황을 상당히 줄이거나 제거했다.

유럽연합의 확대 최근 유럽 전역에 걸쳐 가장 역사적인 사건 중 하나는 2007년 12개의 새로운 회원국이 EU에 가입하여 확대된 것이었다. 크로아티아는 2013년 EU에 가입하여 가장 최근에 참여한 국가이다. 아이슬란드, 몬테네그로, 세르비아, 터키와 유고 연방에서 독립한 마케도니아가 EU의 회원국 후보로 남아 있고 EU가 부과한 특정 요건을 충족시킨 후에 회원국이 될 것이다. 소위 코펜하겐 기준은 각국에 다음 사항을 입증하도록 요구하고 있다.

- 민주주의, 법의 지배, 인권과 소수집단에 대한 존중과 보호를 보장하는 안정적인 기관을 갖출 것
- EU 내에서 경쟁 압력과 시장의 힘에 대처할 능력이 있는, 기능이 잘 작동하고 있는 시장경

지도 8.1
가장 활동적인 경제 연합

IC OCEAN
NORWAY
SWEDEN
FINLAND
ESTONIA
LATVIA
LITHUANIA
RUSSIA
BELARUS
POLAND
GERMANY
CZECH REP.
SLOVAKIA
UKRAINE
AUSTRIA
MOLDOVA
HUNGARY
SLOVENIA
ROMANIA
CROATIA
BOSNIA-HERZEGOVINA
SERBIA AND MONTENEGRO
BULGARIA
ITALY
MACEDONIA
ALBANIA
GREECE
TURKEY
TUNISIA
CYPRUS
R U S S I A
KAZAKHSTAN
MONGOLIA
GEORGIA
ARMENIA
AZERBAIJAN
UZBEKISTAN
KYRGYZSTAN
TURKMENISTAN
TAJIKISTAN
NORTH KOREA
SOUTH KOREA
JAPAN
SYRIA
LEBANON
ISRAEL
JORDAN
IRAQ
IRAN
AFGHANISTAN
C H I N A
KUWAIT
PAKISTAN
NEPAL
BHUTAN
LIBYA
EGYPT
QATAR
UNITED ARAB EMIRATES
SAUDI ARABIA
OMAN
BANGLADESH
INDIA
MYANMAR (BURMA)
LAOS
TAIWAN
PACIFIC OCEAN
NIGER
CHAD
SUDAN
ERITREA
YEMEN
THAILAND
VIETNAM
CAMBODIA
PHILIPPINES
SOUTH SUDAN
DJIBOUTI
SOMALIA
GERIA
CENTRAL AFRICAN REPUBLIC
ETHIOPIA
CAMEROON
SRI LANKA
BRUNEI
MALAYSIA
SINGAPORE
CONGO REPUBLIC
UGANDA
KENYA
GABON
CONGO DEMOCRATIC REPUBLIC (ZAIRE)
RWANDA
BURUNDI
INDIAN OCEAN
INDONESIA
PAPUA NEW GUINEA
SOLOMON ISLANDS
TANZANIA
ANGOLA
ZAMBIA
MALAWI
MOZAMBIQUE
NAMIBIA
ZIMBABWE
MADAGASCAR
MAURITIUS
RÉUNION
BOTSWANA
VANUATU
FIJI
NEW CALEDONIA
AUSTRALIA
SWAZILAND
SOUTH AFRICA
LESOTHO
가장 활동적인 경제 연합
EU
MERCOSUR
ASEAN
EFTA
CARICOM
APEC
NAFTA
CAN
CER
NEW ZEALAND

지도 8.2
유럽의 경제 통합

문화 이슈 체코 리스트

EU에 속한 중부 및 동부 유럽의 국가들은 기회의 땅으로 대표된다. 그러나 어디든 사업을 하는 것과 같이 현지 문화를 이해하는 것이 큰 이점이 될 수 있다. 체코 공화국의 성공적인 사업가들은 다음의 조언을 제시한다.

- **격식** 체코 사회는 다소 격식을 차리며, 당신의 동료를 잘 알지 못하면 좀 더 격식을 차리는 것이 최선이다. 이는 '박사'나 '미스터'와 같이 칭호를 사용하는 것을 포함한다. 당신이 친한 친구가 아니라면 이름을 부르는 것은 거의 적절하지 않다.
- **사업 관계** 돈을 버는 것이 분명 중요하고 어떤 사업이든지 최종 목표이다. 그러나 개인적인 관계를 구축하고, 좋은 참고인을 사귀고, 다른 사람들에게 호의를 베푸는 것이 새로 들어온 사람들의 길을 순탄하게 만든다.
- **체코 파트너** 자본주의적 민주주의 체제가 되기 이전 40년 동안 공산주의 체제였던 것이 체코 국민과 문화에 자국을 남겼다. 필연적으로 발생하는 문화적 어려움을 다룰 수 있는 현지 파트너를 찾는 것이 중요하다.
- **현지 전문가** 체코 법, 조세 및 요식행위에 익숙한 체코 회계사 또는 사람을 고용하는 것이 좋은 생각이다. 두 언어를 할 줄 아는 변호사가 또한 체코와 미국 법 사이의 상이한 점을 설명할 수 있다.
- **제드나텔** 기업들은 사업의 모든 측면을 담당할 '책임 있는 사람'[또는 체코어로 제드나텔(jednatel)]을 필요로 한다. 몇몇 체코인들은 아직도 잘 모르는 외국인 기업 대표보다는 이러한 제드나텔과 일하는 것을 더 편안하게 생각한다.

제를 갖출 것

- 경제, 통화, 그리고 정치동맹의 목표를 견지함을 포함하여 회원국의 의무를 이행할 수 있을 것
- 공동체의 규칙과 규제, 유럽재판소의 결정과 조약을 채택할 수 있을 것

터키가 EU 가입을 신청했지만, 터키와의 협상은 쉽지 않을 것으로 예상된다. EU에서 터키를 지지하지 않는 이유 중 하나는 쿠르드 소수민족과 관련된 인권 문제에 대한 비난(공정하든 아니든)이다. 또 다른 이유는 터키의 오랜 앙숙인 그리스의 강력한 반대이다. 그러나 터키는 EU와 관세동맹을 맺고 있고, 터키와 EU 간의 무역은 계속해서 늘어나고 있다. 몇몇 EU 가입을 희망하는 국가들이 실망하기도 하고 확대 과정에서 간헐적으로 발생하는 차질에도 불구하고, 통합은 진행되고 있다. 하나의 국가인 EU에서 문화가 기업 활동에 어떤 영향을 미치는지 알고 싶다면, 글상자 '문화 이슈 : 체코 리스트'를 참조하라.

EU의 구성 5개의 EU 기관은 경제 및 정치 통합을 감독하고 집행하기 위해 각각 중요한 역할을 수행한다(그림 8.2 참조). 부수적인 지원 역할을 하는 다른 기관들은 여기에서 논의하지 않는다.

유럽의회 유럽의회는 각 회원국에서 5년마다 국민투표로 선출된 766명의 위원으로 구성된다. 그럼으로써 이들은 EU 의제에 대해 자신들의 정치적 견해를 표할 것으로 기대된다. 유럽의회는 유럽연합 집행위원회가 제안한 법안을 논의하고 수정함으로써 EU법을 채택하는 역할을 수행한다. 의회는 위원의 임명과 위원회를 견책할 권한을 가짐으로써 모든 EU 기관에 대해 정치적인 감독권을 행사한다. 의회는 또한 (EU의 연간 예산을 포함하여) 일부 법에 대한 거부권을 가지고 있다. EU가 더 민주화되어야 한다는 요구가 있으며, 일부는 의회의 권한을 강화하여 민주화를 이룰 수 있다고 믿는다. 의회 활동은 벨기에(브뤼셀), 프랑스(스트라스부르), 그리고 룩셈부르크에서 수행된다.

유럽연합 이사회 이사회는 EU의 입법기관이다. 이사회가 열릴 때, 회원국의 각료급 대표들이 모인다. 이사회의 구성은 논의 중인 주제가 무엇이냐에 따라 달라진다. 예를 들어 주제가 농업이

그림 8.2
유럽연합 기구

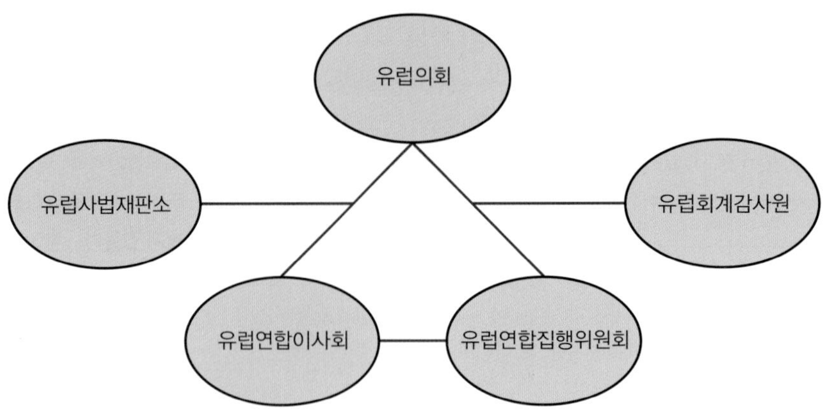

라면, 이사회는 각 회원국의 농산부 장관으로 구성된다. 제안된 법안은 이사회의 의결을 거치지 않고는 EU법이 될 수 없다. 이민과 과세와 같이 민감한 이슈들에 대한 법안의 통과는 여전히 만장일치를 요구하지만, 오늘날 일부 법률 제정은 단지 다수결만을 요구하기도 한다. 이사회는 또한 EU를 대표하여 다른 국가나 국제기구들과 국제협정을 맺기도 한다. 이사회는 벨기에 브뤼셀에 본부를 두고 있다.

유럽연합 집행위원회 집행위원회는 EU의 집행 기관이다. 집행위원회는 각 회원국이 임명한 28명의 위원으로 구성된다. 회원국은 유럽의회의 승인을 받아 집행위원장과 집행위원을 임명한다. 집행위원회는 법안의 초안을 작성할 권리가 있고, 정책을 관리 및 시행할 책임이 있으며, 회원국들이 EU법을 준수하여 시행하는지 감독할 권한이 있다. 각 집행위원들은 경쟁 정책 또는 농업 정책과 같은 특정한 정책 분야에 배치된다. 집행위원들이 자국 정부에서 임명되었다고 하더라도, 그들은 자국의 이익을 위해서가 아닌 EU 전체의 이익을 최우선으로 행동할 것으로 기대된다. 유럽연합 집행위원회는 벨기에의 브뤼셀에 본부를 두고 있다.

유럽사법재판소 유럽사법재판소는 EU의 상소법원이며 28명의 법관(각 회원국에서 한 명)과 9명의 법무관으로 구성된다. 법관과 법무관의 임기는 재임이 가능한 6년이다. 사법재판소에서 심리하는 사건 중 한 가지 종류는 회원국이 조약의 의무를 지키지 않아 기소된 사건이다. 또 다른 종류는 집행위원이나 의회가 조약의 요건에 따른 책임에 부응하지 않아 기소되는 사건이다. 집행위원들과 마찬가지로, 사법재판소는 자국의 이익이 아닌 유럽 전체의 이익을 위해 행동하도록 요구된다. 사법재판소는 룩셈부르크에 위치해 있다.

유럽회계감사원 회계감사원은 재임 가능한 6년 임기로 임명된 28명의 감사위원(각 회원국마다 1명)으로 구성된다. 감사위원은 EU의 계정을 감사하고 예산을 집행할 의무가 있다. 또한 EU의 재정 관리를 개선하고 회원국의 국민들에게 공적 자금의 사용 내역을 보고하는 것을 목표로 한다. 그런 의미에서 감사원은 EU 예산 집행에 관한 연간 보고서와 내역서를 발간한다. 감사원은 감사원 기능을 수행하기 위해 약 800명의 감사와 직원을 고용하고 있다. 회계감사원은 룩셈부르크에 위치해 있다.

유럽자유무역연합(EFTA)

유럽의 특정 국가들은 파괴적인 경쟁과 국가의 자주성 상실을 우려하여 EU의 야심 찬 목표에 참

불가리아의 바르나에서 소비자들이 신선한 빵을 사기 위해 지역 제과점에 들어서고 있다. 불가리아는 유럽연합 가입으로 혜택을 받고 있지만, 여전히 해결해야 할 일이 많다. 불가리아는 현재 총 28개 회원국으로 구성된 EU에 가장 최근 가입한 국가이다. 회원국들의 각기 다른 국가적 이해관계에서 균형을 이뤄야 할 필요성은 EU에 고유의 정부 체제가 요구됨을 의미한다. EU는 이렇게 미묘한 갈등 조정을 반영하기 위해 각 기관의 역할을 설정해 두고 있다.

출처 : FRANCIS DEAN/DEAN PICTURES/Newscom

여하기를 주저한다. 이들 국가 중 몇몇은 공동시장의 일부가 되기를 바라지 않았지만 대신 자유무역지대의 혜택을 얻고자 했다. 그래서 1960년에 여러 국가가 함께 모여 소비재 상품이 아닌 산업용 제품의 무역에 초점을 맞춘 **유럽자유무역연합(EFTA)**을 창설했다. 초기 회원국 중 일부는 EU에 가입했고 몇몇 새로운 회원국들이 EFTA(www.efta.int)에 가입했기 때문에, 오늘날 회원국 그룹은 아이슬란드, 리히텐슈타인, 노르웨이와 스위스뿐이다(지도 8.2 참조).

EFTA의 인구는 약 1,350만 명이고, 총 GDP는 약 8,950억 달러이다. 비교적 작은 규모에도 불구하고, 회원국들은 자유무역 원칙과 자국민의 생활 수준 향상에 힘쓰고 있다. EFTA와 EU는 회원국들 간에 재화, 인구, 서비스와 자본의 자유로운 이동과 같은 문제에 협력하기 위해 **유럽경제지역(EEA)**을 창설했다. 두 그룹은 또한 환경, 사회 정책, 교육과 같은 다른 분야에서도 협력하고 있다.

퀵 스터디 2

1. 유럽연합의 공식적인 단일 통화의 이름은 무엇인가?
2. 유럽연합의 회원국이 되기 위해 충족해야 하는 기준을 무엇이라 하는가?
3. 유럽자유무역연합 회원국들은 왜 유럽연합에 가입하지 않았는가?

아메리카 대륙의 통합

경제 통합에 있어 유럽의 성공은 다른 국가들도 그들의 지역적 무역 연합을 구성하여 얻게 될 이득을 고려하게 했다. 라틴아메리카 국가들은 1960년대 초반에 지역 무역 협정을 구성하기 시작했지만, 1980년대와 1990년대에 와서야 상당한 진척을 이루었다. 북아메리카는 경제 통합을 향한 걸음을 내딛는 데 있어 유럽보다 약 30년 정도 뒤처져 있었다. 이제 북미를 시작으로 북미, 남미, 그리고 중앙아메리카의 경제 통합을 향한 주요 노력들을 살펴보자.

북미자유무역협정(NAFTA)

캐나다와 미국 간에는 늘 많은 양의 교역이 있어 왔다. 캐나다와 미국은 자동차 제품을 포함하여 여러 산업 분야에서 과거에 무역 협정을 체결했었다. 1989년 1월에 **미국-캐나다 자유무역협정**이 발효되었다. 이 협정은 1998년까지 캐나다와 미국 간 양자 무역에 적용되는 모든 관세를 철폐하는 것이었다.

유럽 통합의 가속화는 멕시코를 포함한 북미 무역 연합의 창설이라는 과업에 새로운 긴박함을 야기했다. 멕시코는 1987년 지금의 세계무역기구에 가입했고 1988년 정부소유 기업을 민영화하기 시작했다. 1991년 캐나다, 멕시코와 미국의 회담은 결과적으로 **북미자유무역협정(NAFTA)**의 창설로 귀결되었다. NAFTA(www.nafta-sec-alena.org)는 1994년 1월에 발효되었고 미국-캐나다 자유무역협정을 대체했다. 오늘날 NAFTA는 4억 5,000만 소비자와 약 17조 달러 GDP 규모의 시장으로 구성되어 있다(지도 8.1 참조).

자유무역협정으로서 NAFTA는 북미에서 생산된 모든 제품에 대한 관세와 비관세 장벽을 모두 제거했다. 협정은 또한 정부조달관행, 보조금 지급, 상계 관세 부과와 관련된 규칙의 자유화를 요구하고 있다(제6장 참조). 다른 조항들은 서비스 교역, 지식재산권, 그리고 의료, 안전 및 환경 표준과 같은 이슈들을 다루고 있다.

국산 부품 사용 요건과 원산지 규정 NAFTA는 캐나다, 멕시코와 미국 간의 자유무역을 장려하는 한편, 제조업자와 유통업자들은 국산 부품 사용 요건과 원산지 규정을 준수해야 한다. 생산자와 유통업자들이 산업용 설비의 전체 혹은 일부 부품의 원산지를 정확히 아는 경우가 거의 없다 하더라도, 그들은 제품이 무관세 자격을 얻기에 충분할 만큼 북미산 부품이 포함되었는지를 결정할 책임이 있다. 생산자나 유통업자는 또한 관세 면제를 요구하는 수입업자에게 NAFTA '원산지 증명서'를 제공해야 한다. NAFTA의 원산지 규정을 충족하는 상품인지 아닌지를 결정하는 네 가지 기준은 다음과 같다.

- NAFTA 지역에서 전부 생산되거나 획득한 상품
- 비원산지 투입요소를 포함하고 있지만 Annex 401 원산지 규정(지역 생산투입요소를 다룸)을 충족하는 상품
- NAFTA 지역이 원산지인 원자재로만 생산된 상품
- Annex 401 규정을 충족시키지는 않지만 북미 지역의 가치 내용물을 충분히 가지고 있는 부품들과 동일한 분류체계에 속하는 것으로 구분된 상품과 조립되지 않은 상품

NAFTA의 효과 NAFTA가 발효된 이래 세 참가국 간의 무역은 현저히 증가했다. 특히 멕시코와 미국 간에 무역이 가장 많이 증가했다. 오늘날 미국은 영국, 프랑스, 독일과 이탈리아에 대한 수출량을 합한 것보다 더 많은 양을 멕시코에 수출한다. 사실상 멕시코는 미국의 세 번째로 큰 수입국(중국과 캐나다의 뒤를 이어)이며 미국에 대한 두 번째로 큰 수출국(캐나다 다음으로)이다.

결과적으로 NAFTA는 세 국가 간 교역량을 1993년 2,970억 달러에서 약 1조 6,000억 달러까지 증가시키는 데 도움이 되었다. NAFTA의 출범 이래 멕시코의 대미 수출은 약 2,800억 달러로

상승했고, 미국의 대멕시코 수출은 2,260억 달러 이상으로 증가했다.[6] 같은 기간, 캐나다의 대미 수출은 2배 이상 상승하여 약 3,320억 달러에 달했으며, 미국의 대캐나다 수출은 3,000억 달러로 증가했다. 이들 수치가 말해 주듯, 미국은 캐나다와 멕시코와의 교역에서 무역적자가 발생했다. NAFTA 이전에 캐나다와 멕시코, 양국 간 교역량은 거의 없었다. 그러나 불과 몇 년 만에 캐나다의 대멕시코 수출은 39억 달러로 증가했고, 멕시코의 대캐나다 수출은 15억 달러에서 52억 달러로 성장했다.[7]

이 무역 협정이 고용과 임금에 미친 영향은 결정하기가 어렵다. 미국 통상대표부는 대멕시코 수출과 대캐나다 수출이 미국 내 290만 개(1993년보다 90만 개 이상)의 일자리를 지원하며, 생산직 근로자의 국가 평균임금보다 13~18% 더 높은 임금을 지급한다고 주장한다.[8] 그러나 노동조합 총연맹인 AFL-CIO는 이러한 주장을 반박하고 있다. NAFTA 창설 이래로 미국은 100만 개 이상의 일자리와 취업 기회를 잃었다고 주장한다.[9]

일자리 상실에 대한 주장에 덧붙여, 빈대론자들은 NAFTA가 환경, 특히 미국과 멕시코의 국경선 인근을 오염시켰다고 주장한다. 무역 협정에는 환경보호에 관한 규정이 포함되어 있지만, 멕시코는 규모가 더 커진 경제활동이 환경에 미치는 영향을 다루는 데 다소 진전을 보이고 있다. 멕시코의 **국립환경연구소**는 폐기물 감소와 재활용을 독려하기 위한 인센티브 제도를 포함하여 산업용 폐기물 관리 프로그램을 개발했다. 미국과 멕시코의 연방정부는 NAFTA 창설 이후 환경보호 노력에 수십억 달러를 투자했다.[10]

NAFTA의 확장 NAFTA의 장기적인 효과에 대한 노동조합 지도자들과 환경감시단체 사이에 가치 양면성이 지속된 것이 부분적으로 NAFTA 확장의 지연에 책임이 있다. NAFTA가 확장되는 속도는 미 의회가 연이은 미국 대통령들에게 통상촉진권한(신속처리권한)을 승인할지에 크게 좌우된다. 통상촉진권한은 미국 행정부가 의회의 공식적인 개입 없이 무역과 관련된 모든 필요한 회담에 참여할 수 있게 허용한다. 협상의 세부사항이 정해진 이후에, 의회는 협상에 대한 찬반투표만 실시하며 조약의 조항을 변경할 수 없다.

그러나 통합이 언젠가 아메리카 대륙 전체로 퍼질 것이라고 하는 데는 거의 의심할 여지가 없다. 사실상 북아메리카 경제권들이 언젠가는 단일 통화를 채택할 것이라는 예측도 심지어 가능하다. 캐나다, 멕시코와 미국 간의 교역이 강화되면, 단일 통화(아마도 미국 달러와 같은)는 이들 국가 기업들에게 환율 변동에 대한 노출을 줄임으로써 이득이 될 것이다. 비록 캐나다와 멕시코가 정치적으로 이를 받아들이기 어렵다 하더라도, 장기적으로 우리는 북아메리카의 모든 국가에서 단일 통화를 볼 수 있을 것이다.

중미자유무역협정(CAFTA-DR)

더 자유로워진 무역으로부터 얻을 수 있는 잠재적인 이득은 미국과 6개의 훨씬 작은 경제권 간의 또 다른 무역 연합을 가져왔다. **중미자유무역협정**(CAFTA-DR)은 2006년 미국과 코스타리카, 엘살바도르, 과테말라, 온두라스, 니카라과 그리고 후에 도미니카 공화국 간에 체결되었다.

체결 이전에도, CAFTA-DR 국가들 간에는 이미 무역량이 많았다. 중앙아메리카 국가들과 도미니카 공화국은 멕시코의 뒤를 이어 라틴아메리카에서 두 번째로 큰 미국의 수출시장이었다. CAFTA-DR 국가들은 인도, 인도네시아와 러시아를 합한 것보다 더 큰 미국의 수출시장이 되었다. 마찬가지로 중앙아메리카 국가들과 도미니카 공화국의 수출의 약 80%는 무관세로 미국에

니카라과 자신이 엘크로세로의 농장에서 수확한 신선한 커피 콩을 보여주고 있다. 다른 자유무역협정처럼 CAFTA-DR은 지지자들뿐만 아니라 비난하는 사람들도 있다. 지지자들은 이 협정이 무역 효율성을 촉진하고 이 지역에 괜찮은 임금의 일자리를 가져올 투자를 증가시킬 것이라고 말한다. 다른 사람들은 이 협정이 미국의 대기업들에게 이득이 되고 중앙아메리카에 걸쳐 소기업들과 농부들에게 큰 손실을 끼칠 것이라고 우려한다.

출처 : ⓒ OSWALDO RIVAS/Reuters/Corbis

들어간다. 그리고 중앙아메리카 국가들도 1985년 평균 45%의 관세에서 현재는 약 7%로 낮추었다. 미국과 다른 6개의 CAFTA-DR 국가들 간에 교역되는 상품의 총가치는 약 390억 달러 정도이다.[11]

이 무역 협정은 여러 가지 면에서 미국에 이득이 된다. CAFTA-DR은 미국의 이 지역에 대한 수출에 대한 관세와 비관세 장벽 제거를 목표로 하고 있다. 또한 중앙아메리카 국가들이 멕시코, 캐나다와 다른 국가들과 맺은 무역 협정으로 인해 미국 기업들이 피해를 보지 않도록 보장하고 있다. 무역 협정은 또한 중앙아메리카 국가들과 도미니카 공화국이 경쟁과 투자를 장려하고, 지식재산권을 보호하며, 투명성과 법의 지배를 촉진하기 위해 각국이 법률 및 기업 환경을 개혁하도록 요구하고 있다. CAFTA-DR은 또한 지역적 통합, 평화와 안정성을 발전시킴으로써 미국의 국가 안보 이익을 지원하도록 설계되어 있다.

안데스공동시장(CAN)

라틴아메리카 국가들 간의 통합 시도는 시작부터 험난했다. 첫 번째 시도인 **라틴아메리카자유무역연합(LAFTA)**은 1961년에 결성되었다. 이 협정은 우선 1971년까지 자유무역지역의 창설을 요구했지만 이후 그 날짜가 1980년으로 연기되었다. 그러나 남미의 심각한 채무 위기와 보호주의를 포기해야 하는 회원국들의 거리낌으로 인해, 협정은 조기에 결말을 맞았다. LAFTA에 대한 실망감은 다른 두 개의 지역 무역 연합 — 안데스공동시장과 라틴아메리카통합연합 — 의 창설로 이어졌다.

1969년에 결성된 **안데스공동시장**(스페인어로 *Comunidad Andina de Naciones*, 또는 CAN)에는 안데스 산맥에 위치한 남미의 네 국가 — 볼리비아, 콜롬비아, 에콰도르와 페루 — 가 포함되어 있다(지도 8.1 참조). 오늘날 안데스공동시장(www.comunidadandina.org)은 약 9,700만 명의 소비자와 통합 GDP가 2,200억 달러에 달하는 시장이다. 이 단체의 주요 목표는 회원국 간 무역에 대한 관세 철폐, 공동의 역외 관세, 그리고 운송과 특정 산업에 대한 공동 정책을 포함한다. 안데스공동시장은 1995년까지 공동시장을 설립한다는 야심 찬 목표를 세웠지만, 연기되고 있다는 것은 다소 불완전한 관세동맹에 미물러 있다는 의미이다.

이의 진척을 방해하는 여러 요인이 있다. 회원국들 간 정치적 이념은 자유시장의 개념에 다소 적대적이며 기업 활동에 정부가 상당 부분 관여하는 것을 선호한다. 또한 회원국들 간 고유의 불신은 관세를 더 낮추고 교역을 확대하는 데 걸림돌이 된다. 안데스공동시장이라는 틀 안에서 공동시장을 실행하기는 어려울 것이다. 한 가지 이유는 각 국가가 비회원국과의 무역에 대해 적용하는 관세 체계에 상당한 예외를 두고 있다는 것이다. 또 다른 이유는 회원국들이 안데스공동시장 틀 바깥에서 한두 개의 국가들과 무역 협정을 계속 맺고 있다는 점이다. 독립적인 행동은 내부적으로 진척을 방해하며 안데스공동시장에 대한 세계 나머지 국가들의 신뢰를 손상시킨다.

남미공동시장(MERCOSUR)

남미공동시장(스페인어로 *El Mercado Comun del Sur*, 또는 MERCOSUR)은 1988년 아르헨티나와 브라질 간에 창설되었지만, 1991년에 파라과이와 우루과이가 참여했고, 2006년에 베네수엘라가 동참했다. MERCOSUR(www.mercosur.int)의 준회원국으로는 볼리비아, 칠레, 콜롬비아, 에콰도르와 페루가 포함된다(지도 8.1 참조). 멕시코는 연합의 참관국 지위를 부여받고 있다.

오늘날 MERCOSUR는 관세동맹으로 역할을 하고 있으며 2억 7,500만 명의 소비자(라틴아메리카 총인구의 절반에 가까운)와 GDP가 약 3조 5,000억 달러에 달하는 시장이다. 창설 초기 몇 년간은 회원국 간 교역량이 4배 가까이 성장할 정도로 매우 성공적이었다. 라틴아메리카의 탄탄한 소비자 기반과 전 세계로의 수출을 위한 저비용 생산 플랫폼으로서의 잠재력은 유럽연합과 미국 모두에게 매력적이다.

중앙아메리카와 카리브해 연안국

중미 국가들과 카리브해 연안 국가들의 경제 통합을 위한 시도는 아메리카 대륙의 다른 곳에서 시도된 노력들보다는 한층 더 평범한 것이었다. 그럼에도 불구하고 이들 두 지역—CARICOM과 CACM의 통합을 향한 노력들을 살펴보자.

카리브공동시장(CARICOM) 카리브공동시장(CARICOM) 무역 연합은 1973년에 창설되었다. 15개 정회원국과 5개의 준회원국, 8개의 참관국이 CARICOM(www.caricom.org)에서 활동 중이다. 바하마는 정회원국이기는 하나, 공동시장에는 속해 있지 않다. CARICOM 전체의 통합 GDP는 300억 달러에 달하며 약 1,600만 명의 인구가 속해 있는 시장이다.

CARICOM 협정의 핵심은 재화, 서비스, 자본과 노동력을 포함한 생산요소의 자유로운 이동을 보장하는 CARICOM 단일 시장의 설립을 요구하는 것이다. CARICOM이 지속적으로 직면하게 될 어려움은 대부분의 회원국들이 서로의 요구에 부응할 수입품을 공급하지 못하기 때문에 회원국 간의 교역보다는 비회원국과 더 많이 교역하게 된다는 점이다.

중미공동시장(CACM) 중미공동시장(CACM)은 코스타리카, 엘살바도르, 과테말라, 온두라스와 니카라과 간에 1961년 설립된 공동시장이다. CACM의 전체 소비자는 3,000만 명에 달하며, 통합 GDP는 2,000억 달러에 달하는 시장이다. 그러나 엘살바도르와 온두라스 간의 오랜 분쟁과 여러 국가에서 발생한 게릴라전으로 인해 공동시장은 실현되지 않았다. 그러나 회원국 간 교역량이 두 자리 수의 증가율을 보이는 가운데, 새롭게 찾아온 평화는 더 큰 기업의 신뢰와 낙관론을 키우고 있다.

더 나아가 이 그룹은 아직 관세동맹을 창설하지 않았다. 회원국들의 역외관세는 4~12% 정도이다. 온두라스와 니카라과가 최근 분쟁에서 서로의 상품에 대해 징벌적 관세를 부과하며 맞섰을 때 잠정적인 성격의 협력이라는 것이 분명해졌다. 그러나 그들의 궁극적인 목표는 유럽식의 통합, 보다 밀접한 정치적 유대, 단일 통화(아마도 미 달러화)의 채택이라 말하는 공식입장은 긍정적인 상태이다. 사실상 엘살바도르는 공식통화로 미 달러화를 채택하고 있으며, 과테말라는 이미 자국 통화인 케트살과 함께 달러화를 사용 중이다.

미주자유무역지역(FTAA)

실제로 위협적인 무역연합은 **미주자유무역지역(FTAA)**일 것이다. FTAA(www.alca-ftaa.org)의 목표는 북단인 알래스카에서 남미의 남단인 티에라 델 푸에고에 이르는 지구 상에 가장 큰 자유무역지역을 창설하는 것이다. FTAA는 34개국과 8억 3,000만 명의 소비자로 구성될 것이다. 쿠바는 서반구 국가들 중 유일하게 참여하지 않은 국가이다. FTAA는 현존하는 무역 연합들과 함께 이 지역 전체에 영향을 미칠 것이다.

첫 번째 공식회담인 1994년 미주정상회담에서 무역 협정에 대한 폭넓은 청사진을 마련했다. 협상이 재개된 4년 뒤인 2차 미주정상회담에서 국가들은 FTAA에 참여할 것을 다시 한 번 선언했다. 2001년 3차 미주정상회담은 격렬한 항의에 부딪혔다. FTAA의 야심 찬 계획은 그러한 협정이 실현되기까지 긴 시간이 걸릴 것임을 의미한다.

퀵 스터디 3

1. 캐나다, 멕시코와 미국이 속해 있는 지역 무역 연합을 무엇이라 하는가?
2. CAFTA-DR이라는 지역 무역 연합에는 어떤 국가들이 속해 있는가?
3. 라틴아메리카의 가장 강력한 지역 무역 연합의 이름은 무엇인가?

아시아와 그 외 지역에서의 통합

유럽과 아메리카 대륙 이외의 지역에서 진행되는 경제적 · 정치적 통합을 향한 노력은 더 느슨한 협정인 경향이 있다. 아시아, 중동과 아프리카의 중요한 연합체를 살펴보자.

동남아시아국가연합(ASEAN)

인도네시아, 말레이시아, 필리핀, 싱가포르와 태국은 1967년에 **동남아시아국가연합(ASEAN)**을 구성했다. 1984년에 브루나이가 가입했고, 1995년에는 베트남이, 1997년에는 라오스와 미얀마가, 1998년에는 캄보디아가 참여했다(지도 8.1 참조). ASEAN(www.asean.org) 10개국은 6억 명의 소비자와 통합 GDP가 2조 4,000억 달러에 달하는 시장이다. 이 연합의 세 가지 목표는 (1) 지역의 경제적 · 문화적 · 사회적 발전 촉진, (2) 지역의 경제적 · 정치적 안정성 수호, 그리고 (3) 공정하고 평화적으로 차이점들이 해결될 수 있는 토론의 장으로서 역할을 하는 것이다.

캄보디아, 라오스와 미얀마를 받아들이는 결정에 대해 몇몇 서방 국가들의 비난이 이어졌다. 라오스와 캄보디아가 받아들여지는 것에 대한 우려는 베트남 전쟁 중 그들이 공산주의자를 지원한 데서 비롯된 것이다. 미얀마에 대한 이의는 이 나라의 인권 유린에 대해 서방이 제시한 증거

경영자의 서류가방 ASEAN의 구석구석

ASEAN 국가들에서 영업하는 데 익숙하지 않은 기업들은 그들의 사업 거래에서 주의를 요해야 한다. 반드시 고려해야 하는 ASEAN에 관한 피할 수 없는 사실들은 다음과 같다.

- **다양한 문화와 정치** 필리핀은 대표적인 민주주의 국가, 브루나이는 석유가 풍부한 술탄 국가, 베트남은 국가가 통제하는 국가이다. 기업의 정책과 의전은 각 국가에 맞게 적용되어야 한다.
- **경제적 경쟁** 많은 ASEAN 국가들은 전 세계 다국적기업들로부터 투자를 유치하기 위해 중국의 힘이 미치는 영향을 느끼고 있다. ASEAN 회원국들은 아시아의 개도국들로의 해외직접투자의 약 30%를 유치하곤 했는데, 지금은 그 금액의 반만을 유치하고 있다.
- **부패와 그림자 시장** 뇌물과 그림자(비공식석) 시상이 인노네시아, 미얀마, 필리핀, 베트남을 포함하는 많은 ASEAN 국가에서 흔하다. 여러 연구들이 전형적으로 이러한 나라들을 부패에 대해 조사된 국가들 리스트의 상단에 놓고 있다.
- **정치적 변화 및 혼란** 이 지역의 여러 나라들이 최근에 새로운 리더를 선출했고, 일부 나라들은 여러 대통령을 재빨리 거치고 있다. 기업은 변화하는 정치적 기류와 무역과 투자에 관한 법에 대해 기민한 상태로 있어야 한다.
- **국경 분쟁** 태국과 캄보디아 및 라오스 간 국경의 일부는 자주 시험 대상이 된다. 태국과 미얀마 간에는 국경 조정과 국경을 따라 활동하는 샨족 반군들을 둘러싸고 간헐적으로 적대감이 표출된다.
- **공동 관세 및 기준의 결여** ASEAN 국가들에서 사업을 하는 것은 비용이 많이 들 수 있다. 조율된 관세, 품질 및 안전 기준, 통관 규제, 투자 규정이 거래비용을 상당히 늘릴 수 있다.

에 초점이 맞춰졌다. 그러나 ASEAN은 이들 국가를 연합에 추가하는 것이 커지는 중국 세력에 맞서고, 값싼 노동력과 풍부한 원자재 등 도움이 된다고 생각했다.

아시아의 개발도상국 기업들은 ASEAN 회원국들과 사업을 해 나갈 것이다. 이는 중국, 일본과 한국이 ASEAN에 가입하기 위한 노력에 박차를 가함에 따라 더욱 그럴듯한 전망이다. 저개발국과 선진국 간의 차이를 메우기 위해 중국의 가입이 허용될 것이다. 기업들이 고려해야 하는 ASEAN에 대한 몇 가지 중요한 사실은 글상자 '경영자의 서류가방 : ASEAN의 구석구석'을 참조하라.

아시아태평양경제협력체(APEC)

아시아태평양경제협력체(APEC)는 1989년에 창설되었다. 12개 교역 대상국 간의 비공식 포럼으로 시작하여, APEC(www.apec.org)은 현재 21개 회원국이 가입되어 있다(지도 8.1 참조). APEC 회원국들은 세계 무역의 40% 이상을 차지하고 있으며 통합 GDP는 약 32조 달러이다.

APEC의 공식 목표는 또 다른 무역 연합을 설립하지 않는 것이다. 대신 다자간 무역 시스템을 강화하고 회원국 간 무역과 투자 절차를 간소화 및 자유화하여 글로벌 경제를 확대시키는 것이다. 장기적으로 APEC은 2020년까지 이 지역 전체를 통해 자유무역과 투자를 정착시키기를 희망하고 있다.

APEC의 기록 APEC은 회원국들의 관세율을 평균 15%에서 7.5%로 반으로 줄이는 데 성공했다. 초기 몇 년간은 대단한 진척이 있었지만, 1990년대 후반 아시아 금융위기가 닥쳤을 때 자유화는 차질을 빚었다. 적어도 APEC은 더 자유로운 무역을 향한 움직임만큼이나 매우 정치적인 단체이다. 결국 APEC은 확실히 NAFTA나 EU가 달성한 것에 중점을 두지 않았거나 또는 기록하지도 못하고 있다. 그럼에도 협력을 향한 개방적인 대화와 시도는 진전을 이루기 위해 느리더라도 지속되어야 한다.

더 나은 진전은 APEC 국가들에서 사업하는 사람들에게 다소 긍정적인 이득을 가져올 수 있다. APEC은 사업가들이 여러 국가의 비자 없이도 전 지역을 이동할 수 있게 하는 비즈니스 비자 발급을 허용하는 것으로 변화하고 있다. 예를 들어 엔지니어가 국적에 관계없이 APEC 국가 어디서든 일할 수 있도록 전문가 자격에 대한 상호인정협정을 권고하고 있다. 그리고 APEC은 통관절차를 간소화하고 조율하기 위한 준비가 되어 있다. 궁극적으로 기업들은 모든 APEC 경제권에서 동일한 통관 서식과 화물적하 목록을 사용할 수 있다.

경제긴밀화(CER) 협정

호주와 뉴질랜드는 1966년 자유무역협정을 체결하고 1983년에는 더 나아가 자유무역지역을 더 발전시키고 두 나라 경제를 통합하는 **경제긴밀화(CER) 협정**을 맺었다(지도 8.1 참조). CER은 계획보다 5년 앞선 1990년에 호주와 뉴질랜드 간의 관세와 쿼터를 완전히 제거했다. 각국은 상대방 국가에서 합법적으로 판매될 수 있는 상품(그리고 대부분의 서비스)이 자국의 국경 내에서 판매될 수 있게 허용한다. 각국은 또한 상대방 국가에서 업무를 할 수 있게 등록된 대부분의 전문가들을 인정한다.

걸프협력회의(GCC)

중동의 여러 국가들이 1980년 **걸프협력회의**(GCC)를 구성했다. GCC의 회원국은 바레인, 쿠웨이트, 오만, 카타르, 사우디아라비아와 아랍에미리트연합이다. 창설 당시 기본적인 목적은 EU 그리고 EFTA와의 협력이었다. 그러나 경제적 실체만큼이나 점차 정치적인 실체로 발전했다. GCC의 협력적 취지는 회원국의 시민들이 GCC 지역을 비자 없이 자유롭게 여행할 수 있게 했다. 또한 한 회원국의 시민이 현지 스폰서나 파트너 없이도 다른 회원국에서 토지, 재산과 기업을 소유할 수 있도록 허가하고 있다.

서아프리카경제협력체(ECOWAS)

서아프리카경제협력체(ECOWAS)는 1975년에 창설되었으나 경제 통합을 향한 노력은 초기에 진전이 없었기 때문에 1992년 재개되었다. ECOWAS(www.ecowas.int)의 가장 중요한 목적에는 관세동맹 형성, 궁극적인 공동시장과 화폐동맹이 포함되어 있다. ECOWAS 회원국들은 사하라 사막 이남 아프리카의 경제 활동에서 큰 비중을 차지하지만 시장 통합에 대한 진전은 거의 없다. 사실상 ECOWAS 회원국들 간에 발생하는 교역 가치는 제3국가들과 교역하는 가치의 11%에 불과하다. 그러나 ECOWAS는 사람들의 자유로운 이동, 국제 도로의 건설과 국제통신 회선의 발전에서 진전을 이루었다. 주요 문제점 중 몇 가지는 정치적 불안정성, 열악한 통치제도, 취약한 국가 경제, 빈약한 인프라와 형편없는 경제 정책으로 인한 것이다.

아프리카연합(AU)

아프리카 대륙의 53개국 그룹은 2002년 **아프리카연합**(AU) 창설에 동참했다. 아프리카통일기구에 속한 국가들의 원수는 1999년 시르테 선언에 서명하며 아프리카연합(www.au.int)을 준비했다.

AU는 통합되고 강력한 아프리카에 대한 비전과 아프리카 대륙의 모든 이들의 화합을 강화하기 위해 각국 정부들과 시민사회의 모든 계층 간 동반자관계를 수립하고자 하는 요구에 기반을 두고 있다. AU의 야심 찬 목적은 아프리카 전역에 평화, 안보와 안정성을 촉진하고 글로벌화로

나이지리아 남서부의 라고스에 인접한 아고도 어촌에서 어선 옆에 지역민들이 서 있다. 나이지리아는 국민들의 생활을 개선하기 위해 ECOWAS라고 알려진 지역 무역 연합에 참여하고 있다. 아프리카를 휩쓴 최근의 식량위기로 인해 25개 아프리카 국가들의 참가자들이 국제기구와 아이디어를 교환하기 위해 라고스로 모였다. 아프리카는 어류 소비가 하락하고 있는 세계에서 유일한 지역인데, 이에 따라 양어장에 대한 대규모 투자를 요구하기에 이르렀다.

출처 : ONOME OGHENE/Newscom

악화된 문제들을 다루는 한편 경제적 · 정치적 통합을 가속화하는 것이다. 특히 AU의 공식적인 목표는 (1) 식민주의와 인종차별의 흔적을 아프리카 대륙에서 제거하고, (2) 아프리카 정부들 간 통합과 연대를 촉진하며, (3) 개발을 위한 협력을 조직화하고 강화하며, (4) 회원국들의 자주권과 영토의 온전성을 보호하고, (5) 국제연합이라는 체계 안에서 국제적인 협력을 강화하는 것이다. AU의 성공을 판단하기에 너무 이른 시점이라 하더라도, 그들의 역량을 입증할 기회는 충분하다.

퀵 스터디 4

1. ASEAN의 공식적인 목표는 무엇인가?
2. 공식적인 목표가 무역 연합의 창설보다는 다자간 무역 시스템 강화인 기구는 무엇인가?
3. 아프리카 대륙의 53개국을 연합한 그룹의 이름은 무엇인가?

경영을 위한 요점

지역 경제 통합은 구매자의 선택을 늘리고, 가격을 낮추고, 생산성을 증가시키고, 국가 경쟁력을 증대할 수 있다. 그러나 통합은 문제점도 가지고 있으며, 정부와 독립적인 기구들이 이러한 부정적 효과에 대응하기 위해 협력해야 한다. 여기에서는 지역 통합이 기업의 운영과 고용에 관계되기 때문에 이를 살펴본다.

통합과 기업 운영

지역 무역 협정은 글로벌 시장의 양상을 변모시키고 있다. 무역장벽을 낮추고 상품과 서비스의 새로운 시장을 열고 있다. 관세가 수입품을 매우 비싸게 만들기 때문에 그렇지 않았다면 진입하지 못했던 시장들이 관세가 철폐된 후에 매력적이게 될 수 있다. 그러나 무역 협정은 또한 기업에게는 양날의 칼이 될 수 있다. 국내 기업들에게 해외의 새로운 시장을 찾는 것을 허용할 뿐만 아니라, 또한 다른 나라들로부터 경쟁기업들이 국내 시장에 진입하게 한다. 그러한 이동성은 그러한 협정에 참여하는 모든 시장에서 경쟁을 증가시킨다.

지역 통합을 종종 수반하는 경쟁의 증가에도 불구하고 단일 통화에 의해 제공되는 것들과 같은 경제적 이점이 있을 수 있다. 유럽연합의 기업들은 분명히 공동의 통화인 유로화로부터 이득을 보고 있다. 첫째, 한 회원국의 통화에서 다른 회원국의 통화로 환전하는 데 있어 비용을 피할 수 있다. 둘째, 기업 소유주들은 국경 간 거래에 있어서 환율변동에 의한 잠재적 손실에 관해 우려할 필요가 없다. 그러한 비용과 위험을 커버할 필요가 없으므로 자본이 더 많은 투자를 위해 여유가 있게 된다. 셋째, 유로화는 시장 간의 가격을 더 투명하게 만들어서 다른 시장에서 다른 가격을 책정하는 것이 더 힘들게 된다. 이는 기업들이 원자재, 중간재, 또는 서비스의 공급자 사이에서 가격을 비교하는 데 도움이 된다.

또 다른 이점은 관세가 낮아지거나 전혀 없게 된다는 것이다. 이는 다국적기업으로 하여금 어느 한 지역에 공급하는 공장들의 숫자를 줄임으로써 규모의 경제 이점을 얻게 한다. 이는 한 기업이 한 지역에서 생산해서 추가적인 비용이 거의 없이 낮은 관세 지역을 통해 제품을 운송하기 때문에 가능하다. 이는 비용을 낮추고 생산성을 향상시킨다.

지역 통합의 한 가지 잠재적인 문제점은 회원국들 사이의 낮은 관세가 무역 전환을 가져온다는 것이다. 이는 무역 연합 내의 덜 효율적인 생산자들과의 무역을 증가시키고, 보다 효율적인 비회원국 생산자들과의 무역을 줄일 수 있다. 생산자의 상품 또는 서비스에 대해 다른 내부 경쟁이 없다면, 구매자들은 무역 전환 이후 더 많이 지불할 가능성이 있다.

통합과 고용

아마도 가장 논쟁이 될 수 있는 것은 지역 통합이 고용에 미치는 영향이다. 기업들은 노동시장의 혼란을 야기함으로써 고용 환경에 영향을 미칠 수 있다. 무역 연합 내에서 특정 상품이나 서비스를 공급하는 국가는 가장 효율적인 생산자일 가능성이 있다. 그 제품이 노동집약적인 것이라면 그 시장에서의 노동비용은 매우 낮을 것이다. 다른 국가들의 경쟁업체들은 경쟁력을 지속하려면 무역 연합 내 더 낮은 임금의 국가로 생산을 옮길 수 있다. 이는 상대적으로 높은 임금의 국가에서는 일자리를 잃는 것을 의미할 수 있다.

그러나 고용 혼란은 근로자들에게는 숙련도를 높이고 보다 선진적인 훈련을 받을 수 있는 기회가 될 수 있다. 이는 더 교육을 받고 숙련도가 높은 근로자들이 높은 임금의 일자리를 유인하기 때문에 국가의 경쟁력을 증가시키는 데 도움이 될 수 있다. 그러나 경쟁력을 개선하는 한 국가의 기회는 갑자기 일자리를 잃게 되는 사람들에게는 전혀 위안이 되지 않는다.

통합에 따른 문제점이 있지만, 생활 수준의 향상과 같은 무역의 증가로부터 잠재적 이득이 있다. 지역 경제 통합 노력은 잠재적 이점 때문에 국제무역과 투자에 대한 장벽을 지속적으로 물리칠 것으로 기대된다.

이 장의 요약

LO1. 경제 통합의 단계와 이에 관한 논의를 요약하라.

- 경제 통합에는 5가지 수준이 있으며 각 수준은 국가들 사이의 더 큰 협력을 의미한다 : **자유무역지대, 관세동맹, 공동시장, 경제동맹, 정치동맹.**
- 자유무역을 찬성하는 주장은 다음을 포함한다 : (1) 무역 창출은 구매자의 선택을 증가시키고, 가격을 하락시키며, 생산성을 증가시키고, 국가 경쟁력을 높인다, (2) 국가들의 작은 그룹 간에 장벽을 줄이려는 더 큰 합의, (3) 정치적인 협력이 협상력을 높이고 잠재적인 군사적 분쟁을 줄인다, (4) 기업의 비용절감이 전략을 수정하고 중복되는 공장을 제거함으로써 발생할 수 있다.
- 자유무역에 반대하는 주장은 다음을 포함한다 : (1) 무역 전환이 무역 연합 내의 덜 효율적인 생산자와의 무역 증가를 가져올 수 있다, (2) 공장이 폐쇄되고 일자리가 낮은 임금의 국가로 이전됨에 따라 일자리를 잃는다, (3) 문화적 정체성과 국가의 자주권이 다른 문화에 대한 노출이 증가함에 따라 줄어든다.

LO2. 유럽의 통합과 확장에 대해 설명하라.

- **유럽석탄철강공동체**가 1951년에 결성되어 회원국들 간의 석탄, 금속, 철강과 고철 무역의 장벽을 제거했다. 팽창, 범위의 확대, 명칭 변경의 파도를 넘어 공동체는 이제 유럽연합(EU)이라고 알려져 있으며 28개 회원국을 갖고 있다.
- EU의 5개 주요 기관은 유럽의회, 유럽연합집행위원회, 유럽연합이사회, 유럽사법재판소, 유럽회계감사원이다. EU의 단일 통화는 18개 회원국에 의해 채택되어, 유로존 내에서 환위험과 환전 비용이 없기 때문에 이득이 되고 있다.
- **유럽자유무역연합(EFTA)**은 4개 회원국을 갖고 있으며 산업재 무역에 중점을 두기 위해

창설되었다.

LO3. 미주 대륙에서의 통합과 그 전망을 설명하라.

- **북미자유무역협정(NAFTA)**은 캐나다, 멕시코 및 미국 사이에 1994년에 시작되었다. 이는 북미 내에서 생산되는 상품에 대한 모든 관세 및 비관세 장벽을 제거하고자 한다. **중미자유무역협정(CAFTA-DR)**은 2006년에 무역의 효율성을 증진시키기 위해 미국과 6개 중앙아메리카 국가들 간에 체결되었다.
- **안데스공동시장(CAN)**은 1969년에 창설되어 회원국들 간에 관세 축소, 공동의 대외관세 및 운송과 특정 산업에서의 공동의 정책을 요구하고 있다. **남미공동시장(MERCOSUR)**은 1988년에 창설되어 관세동맹의 역할을 한다.
- **카리브공동시장(CARICOM)** 무역 연합은 1973년에 결성되었고, **중미공동시장(CACM)**은 1961년에 결성되었다.

LO4. 아시아와 그 밖의 지역의 통합을 요약하라.

- **동남아시아국가연합(ASEAN)**은 1967년에 결성되어 다음을 추구한다 : (1) 경제적 · 문화적 · 사회적 발전을 증진한다, (2) 경제적 및 정치적 안정성을 수호한다, (3) 상호 차이점을 평화적으로 해결하기 위해 포럼의 역할을 한다.
- **아시아태평양경제협력체(APEC)**는 1989년에 결성되어 다자간 무역 시스템을 강화하고 글로벌 경제를 확대하기 위해 노력한다. **경제긴밀화(CER) 협정**은 호주와 뉴질랜드 간에 1983년에 체결되어 두 나라 경제 사이의 관세와 쿼터를 완전히 철폐했다.
- **걸프협력회의(GCC)**는 1980년에 결성되어 중동 국가들의 국민들이 비자 없이 자유로이 여행하고 다른 회원국들의 부동산을 소유하는 것을 허용한다. **아프리카연합(AU)**은 53개 회원국으로 평화, 안보, 안정성을 증진하고, 아프리카의 경제적 및 정치적 통합을 가속화하기 위해 2002년에 시작되었다.

핵심 용어

경제동맹
공동시장
관세동맹
무역 전환
무역 창출
유럽통화동맹
자유무역지대
정치동맹
지역 경제 통합(지역주의)

✪ 얘기해 보자 1

일부 사람들은 지역 무역 연합의 증가가 세계무역기구(WTO)에 의해 이루어진 자유무역 증진을 위협한다고 믿는다.

8-1. 이 견해를 반박하기 위해 당신은 어떤 주장을 제시할 수 있는가?

8-2. 당신은 지역 무역 연합이 지역적 또는 글로벌 안정성을 증진한다고 생각하는가 아니면 훼손한다고 생각하는가? 설명하라.

✪ 얘기해 보자 2

미주 대륙의 몇몇 정부는 미주자유무역지역(FTAA)을 강력하게 지지한다. 자국이 지역 무역 연합에 참여할 경우 중소업체들은 대개 다국적 대기업과 경쟁해야 하는 어려움에 처한다는 증거에도 불구하고 이는 사실이다.

8-3. FTAA가 에콰도르와 니콰라과 같은 작은 국가들의 생활 수준을 개선할 것이라고 생각하는가? 아니면 캐나다와 미국같이 큰 국가에게만 이익이 될 것이라고 생각하는가? 설명해 보라.

8-4. FTAA 같은 무역 연합에서 소기업들의 경쟁을 돕기 위해 국가 정부가 무엇을 할 수 있나?

윤리적 도전

캐리비안 연안의 국가들은 NAFTA와 CAFTA-DR에 참여하지 않는다. 미국 남부 주의 많은 사람들이 캐리비안 연안의 섬에 거주하는 대가족에게 NAFTA와 CAFTA-DR은 공정하지 않다고 항의한다. 몇몇 전문가들은 **자유무역협정**이라는 용어 자체에 오해의 소지가 있다고 주장한다. 그들은 회원국에게만 자유무역을 제안하고 비회원국에 대항해 상대적 보호를 제공하는 이들 협정이 진정한 "특혜 무역협정"이라고 얘기한다. 그들은 이들 무역협정에는 자메이카의 의류 공장에서 트리니다드의 사탕수수 분야로 일자리, 시장점유율과 소득이 이전되는 비용이 든다고 주장한다.

8-5. 비회원국에 대한 충격이 발생했을 때, 당신은 그러한 무역협정이 윤리적이라고 생각하는가?

8-6. 당신은 왜 캐리비안 연안의 섬들이 NAFTA 또는 CAFTA-DR에 참여하지 않는다고 생각하는가?

8-7. NAFTA 또는 CAFTA-DR의 확대에 캐리비안을 포함시키면 어떤 논의를 할 수 있는가?

팀 협력 활동

네 명의 학생으로 구성된 두 팀은 NAFTA가 더 높은 수준의 경제통합(정치적 통합까지도)으로 확장했을 때의 장점에 대해 토론하게 된다. 양측의 첫 번째 학생이 발표한 후, 두 번째 학생이 반대측에 질문하고, 허점과 모순을 찾는다. 세 번째 학생은 이 논점에 답한다. 네 번째 학생은 각 팀의 주장을 요약하여 발표한다. 마지막으로, 학급에서는 어느 팀이 더 설득력 있는 주장을 펼쳤는지에 투표한다.

시장진입전략 프로젝트(MESP)

몇몇 급우들과 함께 당신이 흥미를 갖는 국가를 하나 선정하라. MESP 보고서를 작성하기 위해 당신의 팀이 조사한 국가에 대해 다음 질문에 답하라.

8-8. 그 국가는 어떤 지역 통합에 참여하기 위한 노력을 기울이는가?

8-9. 그룹 내에 어떤 회원국들이 있는가?

8-10. 어떠한 경제적, 정치적 그리고 사회적 목표로 통합 노력을 추진하는가?

8-11. 지금까지 나타난 통합의 긍정적인 결과와 부정적인 결과가 있는가?

8-12. 국제 기업들은 어떻게 대처하고 있는가?

8-13. 기업들의 대처 전략은 성공적인가 혹은 그렇지 못한가?

스스로 연구하기

8-14. 자유무역협정의 주창자들은 국가가 다른 국가들과 양자 및 다자간 협정을 계속 체결함에 따라 토론에 이기고 있다. 당신은 지역 무역 연합의 확산과 통합 과정이, 설사 있다면 언제 중단될 것이라고 생각하는가? 설명하라.

8-15. 특히 아프리카에서 특정 국가들의 그룹이 유럽이나 북미와 같은 다른 지역들보다 훨씬 덜 경제적으로 발전되어 있다. 당신은 생활 수준을 개선하기 위해 선진국들이 저개발 국가들과 어떠한 종류의 통합 협정을 체결할 수 있다고 생각하는가?

국제경영 실전 사례 글로벌 무역의 식품 안전성 결여

오늘날, 미네소타의 추운 겨울을 견디고 있는 미국 시민들은 신선한 여름 바닷가재에 대한 열망을 채울 수 있다. 북미에서 수천 마일 떨어져 있는 유럽인들은 아침 시리얼에 멕시코 망고를 곁들일 수 있다. 일본 소비자들은 오리건에서 재배된 씨앗으로 키운 무를 구입할 수 있다. 무역 장벽을 허무는 식품 산업의 글로벌화와 지역 무역 연합 형성은 세계 각지에서 경작한 상품을 선택할 수 있게 했다. 유감스럽게도 이러한 영향력은 또한 음식을 통해 전염되는 병원균으로 인한 질병에 걸릴 가능성을 더욱 높인다.

최근 몇 년간, 급증하는 세계 무역과 관련된 몇 가지 사건의 발생이 헤드라인을 차지했다. 심각한 사건 중 하나는 과테말라에서 재배한 라즈베리에 들어 있던 원포자충속(*Cyclospora*)이라는 기생충에 2,300명이 감염된 일이었다. 오염된 딸기와 알팔파 싹에 각각 들어 있던 A형 간염과 살모넬라균 또한 소비자들을 병들게 했다. 중성 급성 호흡기 증후군(SARS)의 발생은 중국, 싱가포르와 캐나다에서 수백 명을 죽음으로 몰아갔고, 수백 명 이상이 감염되었다. 어떤 과학자들은 조류독감이라 불리는 H5N1의 경우도 실제로 비슷한 피해를 발생시켰다고 보고 있다. 조류독감은 특히 치명적이며 다른 종으로도 전염될 수 있다. 이는 가금류 취급과 열악한 위생환경에서 감염될 가능성이 높다.

검역관들은 수입식품이 더욱 위험하다는 증거가 없다고 하지만 우려에 대한 여러 가지 이유를 제시하고 있다. 하나는, 상품이 식품 위생과 위생시설의 중요한 측면이 부족한 저개발국에서 수입된다는 점이다. 또한 생산국가에서는 유해성이 없는 몇몇 미생물들이 다른 국가에 수입되었을 때는 치명적일 수 있다. 마지막으로 농장에서 식탁에 오르는 여정이 길면 길수록 감염 가능성도 커지게 된다. 이제 알팔파 싹에 들어 있던 살모넬라균의 이동 경로를 생각해 보자. 싹의 씨앗은 우간다와 파키스탄, 그 외 다른 국가에서 구입되어 네덜란드에서 선적되어 뉴욕으로 들어왔고, 소매업자의 트럭에 실려 미국 전역으로 퍼졌고, 이후 소비자들이 구매했다.

식품 감염의 발생정도는 약화될 조짐이 보이지 않는다. NAFTA의 시행 이후, 캐나다, 멕시코, 그리고 미국 국경을 넘는 식품 교역은 급증했다. 반면에 미국 식품의약국(FDA)이 미국 수입품에 대해 시행하는 연방정부 차원의 검역은 감소했다. 증가하는 수입식품은 미국 식품안전 제도를 압박하고 있다. 이 제도는 100년 전 국경 안의 식품만 관리하도록 설립되었다. 이제 미국 의회는 무역에 관한 식품 안전성 근거를 더욱 강화하려고 한다. FDA의 강제 회수 권한 부여, 식품 검역 빈도 증가, 그리고 식품시장에 대한 식품안전계획 요구를 포함한 변화들이 고려되고 있다.

미국의 FDA 검역관들을 모든 국가에 파견할 수는 없지만, 선택권은 있다. 앞으로 미국 의회는 더욱 강화된 미국 식품안전 기준을 충족하지 못한 국가에서 수입된 과일과 야채의 판매 금지를 강화할 것이다. 다른 국가에서도 재배방식과 정부의 안전제도에 대한 더 나은 검역이 이루어질 수 있다. 새로운 검역을 통과하지 못한 국가는 미국 시장에 과일과 야채 수출이 금지될 것이다. 세계보건기구(WHO) 또한 식품 방사선 처리와 다른 기술 등과 같은 식품 안전과 관련된 새로운 정책들을 제안하고 있다. WHO는 식품을 통해 발생할 수 있는 질병을 예방하기 위한 가장 중요한 개입은 훌륭한 생산방식을 장려하고 소매업자와 소비자에게 적절한 식품 취급방법을 교육하는 것이라 믿고 있다.

글로벌 사고 질문

8-16. 멕시코와 같이 대미 수출물량이 많은 국가들은 강화된 식품 안전 규칙을 준수할 것이라 생각하는가? 그러한 수단이 식품관련 질병의 발생을 예방하는 좋은 방법이라 생각하는가?

8-17. 어떤 이들은 자유무역협정이 소비자와 그들 가족의 건강과 안전이 자유롭게 거래되도록 강요한다고 믿고 있다. 식품안전 규제를 지역무역협정에 포함시키는 것의 장점과 문제점은 무엇인가?

8-18. 식품 안전에 관한 관행과 기준을 조율하지 못한 것은 식품산업이 더욱 글로벌화되기 위해 직면한 도전과제 중 하나이다. 경제 통합과 개방시장의 시대에 식품산업이 직면한 다른 과제에는 어떤 것이 있는가?

출처 : Christopher Doering and Roberta Rampton, "Delauro Sees U.S. Food Safety Law in 2010," *Reuters* (www.reuters.com), March 17, 2010; "A Game of Chicken," *The Economist* (www.economist.com), June 26, 2008; "Food Safety and Foodborne Illness," World Health Organization Fact Sheet No. 237, March 2007; "Preparing for a Pandemic," *Harvard Business Review*, Special Report, May 2006, pp. 20-40.

제9장

국제금융시장

학습목표

이 장을 공부한 후에 다음을 할 수 있어야 한다.

1. 국제자본시장의 중요성을 설명한다.
2. 국제자본시장의 주요 구성요소를 설명한다.
3. 외환시장의 기능을 설명한다.
4. 통화 호가와 환율의 종류를 설명한다.
5. 외환시장의 기구와 기관을 묘사한다.

돌아보기

제8장에서는 전 세계에서 일어나고 있는 지역별 경제 통합을 향한 중요한 노력들을 소개했다. 국제 기업이 진행 중인 지역별 통합에 대한 도전과 기회에 어떻게 대응하는지를 살펴보았다.

이 장 잠깐 보기

이 장에서는 국제금융시장의 구조에 대해 설명하면서 국제금융제도를 살펴본다. 우선 국제자본시장과 국제자본시장의 주요 요소에 대해 공부한다. 이후 외환시장이 어떻게 작동되는지와 외환시장의 구조를 설명한다.

미리 보기

제10장에서는 국제통화제도에 대해 공부한다. 환율에 영향을 미치는 요인들을 알아보고 정부나 다른 기관들이 환율을 왜 그리고 어떻게 관리하려고 하는지를 설명한다. 또한 최근에 발생한 신흥시장의 통화 문제도 살펴본다.

위(Wii)는 챔피언

출처 : © KEVORK DJANSEZIAN/Reuters/Corbis

일본 교토 – 닌텐도(www.nintendo.com)는 1989년 이후로 전 세계 비디오게임 팬들의 중독성을 충족시키고 있었다. 100년 전 1889년에 후사지로 야마우치 씨가 닌텐도를 창업했을 때 그는 일본 교토에서 하나후다(화투)라는 게임 카드를 제조하기 시작했다. 오늘날 닌텐도는 모바일 게임 기기와 위U, 위, 닌텐도DS, 게임큐브, 게임보이 어드밴스 등의 홈게임 시스템을 제조 · 판매하고 있다. 이 게임에는 마리오, 동키콩, 포켓몬 등의 글로벌 아이콘이 등장한다.

닌텐도는 위 게임콘솔을 도입했을 때 글로벌 게임 산업을 단번에 장악했다. 동작이 감지되는 무선 원격조정기, 와이파이 내장과 기타 특징을 가진 위는 소니(www.sony.com)의 플레이스테이션과 마이크로소프트의 엑스박스 게임콘솔을 능가한다. 닌텐도의 위 핏 게임은 요가, 근력운동, 심장강화운동과 훌라후프 등으로 구성된 40가지 운동을 통해 플레이어가 운동할 수밖에 없도록 한다. 사진은 캘리포니아 로스앤젤레스에서 열린 국제게임전시회(E3)에서 위U와 위 게임 "Just Dance 2015" 참가자들의 모습이다.

그렇지만 닌텐도의 마케팅과 게임 설계 역량이 닌텐도의 성과에 영향을 미치는 전부는 아니다 – 일본 엔(¥)화와 다른 통화들 간의 환율 역시 닌텐도의 성과에 영향을 미친다. 일본 밖에 있는 닌텐도의 계열사와 자회사들의 이익은 각 회계연도 말에 연결재무제표에 포함되어야 한다. 다른 통화로 벌어들인 자회사의 이익을 강세인 엔화로 전환하면 닌텐도의 엔화표시 이익은 감소한다.

닌텐도는 최근 연간 순이익으로 2,573억 엔(26억 달러)을 기록했다고 보고했다. 그러나 이 순이익에는 외환손실인 923억 엔(9억 2,350만 달러)이 포함되어 있었다. 해외법인들의 이익을 엔화로 환산하기 이전에 외국 통화에 대해 엔화 가치가 상승함에 따라 그 손실이 발생했다. 이 장을 읽으면서 통화가치의 변동이 재무적 성과에 어떻게 영향을 미치며 경영자들이 이러한 영향을 어떻게 감소시키는지를 고려해 보자.[1]

효율적인 금융시장은 국제경영환경에서 필수적인 요소이다. 금융시장은 초과 자금을 지닌 조직이나 경제로부터 자금 부족을 겪는 조직 및 경제로 자금을 공급해 준다. 국제금융시장은 또한 기업이 어느 한 통화를 다른 통화로 교환하는 것을 가능하게 한다. 통화의 거래와 통화가 교환되는 환율은 국제경영에 있어 중요하다.

필리핀에 본사를 둔 어느 기업으로부터 수입된 MP3 플레이어를 당신이 구입한다고 가정하자. 당신이 깨닫든 아니든 MP3 플레이어를 사기 위해 낸 가격은 당신 국가의 통화와 필리핀 **페소화** 간의 환율에 의해 영향을 받았다. 궁극적으로 당신에게 MP3 플레이어를 팔았던 필리핀 기업은 당신의 통화로 표시된 구입액을 필리핀 **페소화**로 바꾸어야 한다. 그러므로 필리핀 기업이 벌어들인 이익 또한 당신의 통화와 **페소화** 간 환율에 의해 영향을 받는다. 경영자들은 통화가치 내지 환율의 변화가 그들의 국제경영 활동의 수익성에 어떻게 영향을 미치는지를 이해해야 한다. 그 중에서도 이 가상의 필리핀 기업은 MP3 플레이어에 대해 당신에게 얼마의 값을 치르게 할지를 알아야 한다.

이 장에서는 국제금융시장의 구조를 알아봄으로써 국제금융제도에 관한 공부를 시작한다. 국제금융시장을 구성하는 상호연관된 두 시스템은 국제자본시장과 외환시장이다. 국제자본시장의 목적을 조사하고 최근의 발전을 추적함으로써 이 장을 시작한다. 그러고 나서 기업들이 국제적으로 자금을 차입하고 대출하는 데 도움이 되는 국제채권, 국제주식, 유로커런시 시장을 상세히 살펴본다. 나중에는 국제적인 기업 거래를 용이하게 하는 통화의 국제 시장으로서 외환시장의 기능을 살펴본다. 이 장 마지막에서는 통화의 교환성(태환성)이 어떻게 국제 거래에 영향을 미치는지를 조사한다.

국제자본시장의 중요성

자본시장
부채 및 자기자본 형태의 재무적 자원을 가장 효율적인 용도에 배분하는 시스템

자본시장(capital market)은 가장 효율적인 용도에 부채 및 자기자본 형태로 재무적 자원을 배분하는 시스템이다. 주요 목적은 자금을 차입하거나 투자하기를 원하는 주체들이 이를 매우 효율적으로 할 수 있게 하는 메커니즘을 제공하는 것이다. 개인, 기업, 정부, 뮤츄얼펀드, 연금기금 및 모든 형태의 비영리 조직은 자본시장에 참가한다. 예를 들어 개인은 그녀의 첫 번째 집을 사기를 원하고, 중간 규모의 기업은 생산능력을 늘리기를 원하고, 정부는 새로운 무선통신시스템의 개발을 지원하기를 원할 수 있다. 때로는 이러한 개인들이나 조직들이 대출을 위한 초과자금을 가지고 있거나 또 다른 때에는 자금을 필요로 한다.

국내자본시장의 목적

기업이 외부 금융을 획득하는 두 가지 주요 수단으로서 **부채**와 **자기자본**이 있다. 국내자본시장은 개인이나 기관이 다른 개인이나 기관이 대출해 주는 자금을 차입하는 것을 도와준다. 비록 이론적으로 차입자들이 대출이나 투자를 원하는 다양한 상대방을 개별적으로 탐색할 수 있지만, 이는 극도로 비효율적인 과정일 것이다.

부채
차입자가 차입한 금액(원금)과 미리 결정된 이자율을 상환하는 약속을 한 대출

채권
원금과 이자 지급의 시점을 명시한 부채 상품

부채의 역할 **부채**(debt)는 대출로서 차입자는 차입된 자금(**원금**)과 미리 결정된 **이자**를 상환하는 것을 약속하는 것이다. 기업 부채는 통상 채권의 형태를 띠며 원금과 이자 지급의 시점을 규정하고 있는 상품이다. **채권**(bond)의 소지자(대출자)는 차입자가 적시에 지급하지 않으면 차입자에게

사진에 한 고객이 필리핀 마닐라 시에 있는 환전소에서 필리핀 페소화와 미 달러화를 세고 있다. 외환시장은 외국에서 일하고 있는 필리핀 사람들에게 고국의 친척에게 돈을 송금하기 위한 안전한 방법을 제공한다. 또한 외환시장의 통화 가격은 수입품과 수출품의 가격을 결정하는 데 도움을 준다. 그리고 환율은 한 기업이 외국에서 벌어들인 수입을 모국 통화로 환산할 때 그 기업이 얻게 되는 이익의 양에 영향을 미친다.

출처 : © ROMEO RANOCO/Reuters/Corbis

파산을 강제할 수 있다. 투자의 자금조달을 위해 발행된 채권은 통상 민간부문의 기업과 지방, 지역 및 국가 정부에 의해 발행된다.

자기자본의 역할 **자기자본**(equity)은 주식 소유자가 기업의 재무적 손익에 대해 다른 부분적인 주식 소유자들과 같이 참여하는 부분적인 소유권이다. 자기자본은 통상 **주식**(stock)의 형태를 띠는데 주식은 **주주**에게 기업의 미래 현금흐름에 대한 청구권을 주며 기업 자산에 대한 소유권을 나타낸다. 주주는 배당 – 잉여 자금으로부터 지급되는 – 또는 주식 가치의 증가에 의해 보상받을 수 있다. 물론 주주는 또한 기업의 저조한 성과에 따라 손실을 볼 수도 있어 주식 가치의 하락을 경험할 수 있다. 배당 지급은 보장되지 않지만 기업의 이사회에 의해 결정되며 재무 성과를 토대로 결정된다. 자본시장에서 주주는 어느 한 기업의 주식을 팔고 다른 기업의 주식을 살 수 있으며, 또는 주식을 청산하여 현금으로 교환할 수 있다. **유동성**(liquidity)은 부채 및 주식 시장의 특성인데 채권 보유자와 주주가 그들의 투자를 현금으로 교환할 수 있는 용이성을 나타낸다.

자기자본
기업의 재무적 손익에 자기자본 소유자 내지 주주가 다른 부분적 소유자들과 함께 참여하는 기업에 대한 부분 소유권

주식
기업의 미래 현금흐름에 대한 청구권을 주주에게 부여하는 기업 자산에 대한 소유권을 나타내는 주식

유동성
채권 보유자와 주주가 그들의 투자를 현금화할 수 있는 용이성

국제자본시장의 목적

국제자본시장(international capital market)은 국경을 넘어서 투자하고 차입하는 개인, 기업, 금융기관, 정부의 네트워크이다. 공식적인 거래소(매수자와 매도자가 금융상품을 거래하기 위해 만나는)와 전자네트워크(거래가 익명으로 이루어지는)로 구성된다. 이 시장은 다른 국가에 거주하는 투자자와 차입자의 필요를 맞추기 위해 특별히 디자인된 독특하고 혁신적인 금융상품을 사용한다. 대형 국제은행들이 국제자본시장에서 중심적인 역할을 수행한다. 그들은 전 세계의 투자자들과 저축자들의 잉여 현금을 모아서 이 현금을 전 세계의 차입자들에게 전달한다.

국제자본시장
국경을 넘어서 투자하고 차입하는 개인, 기업, 금융기관, 정부의 네트워크

차입자에 대한 통화 공급의 증대 국제자본시장은 상이한 국내자본시장에 차입자와 대출자가 참여할 수 있게 하는 창구이다. 자국의 투자자들로부터 자금을 조달할 수 없는 기업은 다른 국가

글로벌 지속가능성 마이크로파이낸스로부터의 큰 결과

개도국들은 기업을 지속하기 위해 소규모 창업자본을 필요로 하는 신예 창업기업가들과 협력하고 있다. 마이크로파이낸스라고 불리는 실례는 여러 가지 주요 특징을 가지고 있다.

- **장애물의 극복** 개도국에 있는 누군가가 대출을 얻을 만큼 행운이 있다면, 그것은 아주 높은 금리로 창업가의 이익의 대부분을 가져가는 전형적인 고리대금업자로부터의 대출이다. 그리하여 마이크로파이낸스는 담보를 요구하지 않고 경쟁적인 금리(대략 10~20%)로 저소득 창업가에게 대출해 주는 점점 더 인기가 오르고 있는 대안이다. 지금 기관들은 '마이크로저축'이라는 아이디어에 흥미를 가지게 되어 사람들은 시간이 지나면서 그들의 작지만 매우 불규칙한 소득 흐름을 관리할 수 있다.
- **모든 사람에게 동일한, 하나에 대해 모든 사람이** 때때로 같이 침몰하거나 헤엄쳐 나가는 일단의 창업가들에게 대출이 이루어진다. 한 회원이 대출을 갚지 못하면 다른 회원들도 미래 신용을 잃을 수 있다. 그러나 동료의 압박과 지원이 종종 채무불이행에 대한 방어가 된다. 개도국에서 지원 네트워크는 종종 확장된 가족 유대를 포함한다. 방글라데시의 한 은행은 98%의 정시 상환율을 자랑한다.
- **유리 천장은 여기에 없음** 남성 차입자에 대한 지원은 증가하고 있지만 대부분의 마이크로파이낸스 차입자는 여성이다. 여성들은 이익을 기업 확장뿐만 아니라 가족의 영양, 의류, 교육으로 이동시키는 것에 익숙한 경향이 있다. 방글라데시에서의 마이크로파이낸스의 성공적인 사용은 임금, 지역사회 소득과 여성의 지위를 증대시켰다. 마이크로파이낸스 산업은 전 세계적으로 약 80억 달러에 달하는 것으로 추정된다.
- **선진국 의제** 마이크로파이낸스 개념은 개도국들이 시장경제의 토대를 구축하기 위한 방법으로 방글라데시에서 출범했다. 이는 이제 선진국의 퇴락하고 있는 도심지와 같은 빈곤지역의 경제성장을 부추기기 위한 방법이 될 수 있다. 그러나 개도국의 마이크로파이낸스 대출이 전형적으로 평균 약 350달러인 데 비해 선진국의 이러한 대출은 상당히 대규모일 필요가 있다.

출처 : "A Better Mattress," *The Economist*, March 13, 2010, pp. 75-76; Steve Hamm, "Setting Standards for Microfinance," *Bloomberg Businessweek* (www.businessweek.com), July 28, 2008; Jennifer L. Schenker, "Taking Microfinance to the Next Level," *Bloomberg Businessweek* (www.businessweek.com), February 26, 2008; Grameen Bank website (www.grameen-info.org), select reports.

의 투자자들로부터 자금조달을 추구할 수 있다. 자국 밖에서 자금조달을 하는 옵션은 소규모 내지 발달하고 있는 자본시장을 가진 국가의 기업들에게 특히 중요하다.

차입자에 대한 자본비용의 절감 통화 공급의 확대는 차입비용을 줄인다. 감자, 밀, 다른 1차상품의 가격과 유사하게 '통화'의 가격은 수요와 공급에 의해 결정된다. 통화의 공급이 증가하면 이자율 형태의 그 가격은 하락한다. 이는 통화의 초과공급이 차입자시장을 낳고 이에 따라 금리와 차입비용을 낮추게 되기 때문이다. 낮은 기대수익률 때문에 투자가 불가능하게 여겨졌던 프로젝트들이 낮은 자금조달비용으로 착수가 가능할 수 있다.

대출자에 대한 위험의 감소 국제자본시장은 이용가능한 대출 기회의 집합을 확대시킨다. 이에 따라 확대된 기회집합은 대출자들(투자자들)의 위험을 두 가지 방식으로 감소시킨다.

1. 투자자들은 선택할 기회집합이 더 확대됨을 향유한다. 이에 따라 그들은 더 많은 수의 부채 및 자기자본 상품에 그들의 자금을 분산함으로써 전반적인 포트폴리오 위험을 낮출 수 있다. 다른 말로 하나의 투자가 손실을 입을지라도 다른 투자에서의 이익으로 상쇄될 수 있다.
2. 국제증권에 투자하는 것은 다른 국가 경제가 하락하는 경우에도 일부 국가 경제는 성장하고 있기 때문에 투자자들에게 이로움을 준다. 예를 들어 태국의 채권 가격은 미국의 채권 가격 변동과는 다른 패턴을 보일 수 있다. 이에 따라 투자자들은 국제증권의 가격이 상호독립적으로 움직임에 따라 위험을 줄인다.

개도국의 차입자들은 대출을 확보하는 데 있어 자주 어려움에 직면한다. 금리는 종종 높고 차입자들은 통상 제공할 담보가 거의 없거나 전혀 없다. 개도국의 소규모 기업 소유주들에게 자본을 가져다주는 독특한 일부 방식에 대해 글상자 '글로벌 지속가능성 : 마이크로파이낸스로부터의 큰 결과'를 참조하라.

국제자본시장을 확대하는 힘

대략 40년 전에는 국내자본시장이 일반적으로 독립적인 시장의 기능을 했다. 그러나 그 이후로 국제적으로 거래되는 부채, 주식, 통화의 양이 극적으로 증가했다. 이러한 급성장은 세 가지 주요 요인에 따른 것이다.

- 정보기술 투자자들이 투자 기회와 그에 상응하는 위험 수준에 관한 정보를 필요로 하기 때문에 정보는 모든 국가 자본시장의 생명선이다. 지난 20년간에 걸친 정보기술에 대한 대규모 투자는 전 세계적으로 커뮤니케이션하는 데 드는 비용을 시간과 금액 측면에서 극적으로 감소시켰다. 투자자들과 차입자들은 이제 국제자본시장의 사건에 기록적으로 반응할 수 있다. 공식적인 거래소가 일일 장을 마감한 후에 일어날 수 있는 전자거래의 도입 또한 더 빠른 반응시간을 용이하게 한다.
- 규제 완화 국내자본시장의 규제 완화는 국제자본시장의 확대에 기여해 왔다. 1970년대 초반에 규모가 큰 국가에서의 매우 규제된 시장들이 규모가 작은 국가들의 덜 규제된 시장으로부터 치열한 경쟁에 직면함에 따라 규제 완화의 필요성은 명백해졌다. 규제 완화는 경쟁을 증가시키고, 금융거래의 비용을 낮추고, 많은 국가 시장을 글로벌 투자 및 차입에 개방했다. 그러나 2008~2009년 기간 글로벌 금융위기처럼 또 다른 위기를 예방하기 위해 입법기관이 보다 엄격한 규제를 요구함에 따라 그 추는 반대 방향으로 움직이고 있다.[2]
- 금융상품 금융 산업의 경쟁이 치열해짐에 따라 혁신적인 금융상품을 개발할 필요성이 대두되고 있다. 새로운 유형의 금융상품에 대한 필요성이 낳은 하나의 결과는 **증권화**(securitization)이다. 즉 거래가 어려운 금융자산을 보다 유동성이 있고 교섭 가능하고 시장성 있는 금융상품(또는 증권)으로 분리하거나 재조합하는 것이다. 예를 들어 은행의 모기지론은 은행과 차입자 간에 맞춤형 계약이기에 유동성이 있거나 협상 가능한 것이 아니다. 그러나 연방 국책 모기지업체(www.fanniemae.com) 같은 미 정부 기관들은 채무불이행에 대비해 모기지를 보증하고, 자산으로 보유하고 있다. 이들 모기지 풀에 의해 담보된 증권들은 이후 투자 자본을 모으기 위해 자본시장에 판매된다.

증권화
거래가 어려운 금융자산을 보다 유동성이 있고 교섭 가능하고 시장성 있는 금융상품(또는 증권)으로 분리하거나 재조합하는 것

증권화는 2007년 이전 호황기에 금융기관들이 떠안은 과도한 부채로 인해 비난을 받았다. 투자자들이 서브프라임 모기지 담보 증권에 대한 신뢰를 잃었을 때, 금융기관들은 자신들의 투자상품을 매각했고 2008~2009년 글로벌 신용위기를 촉발시키는 데 일조했다. 신용위기의 계기가 모기지 담보 증권의 가치하락이라 하더라도, 입법기관들은 곧 과도한 부채 수준에 대한 요구를 줄이기 위해 증권화에 대한 타당한 제한을 대신할 옵션을 검토하기 시작했다.[3]

세계금융센터

세계에서 가장 중요한 금융센터 세 곳은 런던, 뉴욕 그리고 도쿄에 위치해 있다. 그러나 전통적인 거래소들은 현대화하고, 비용을 줄이고, 새로운 고객 서비스를 제공하지 않는다면 쇠퇴할 것이다. 사실상 인터넷과 기타 시스템을 통한 거래가 역외금융센터의 인기를 높이고 있다.

역외금융센터

역외금융센터(offshore financial center)란 금융부문에 규제가 거의 없거나 있더라

역외금융센터
금융부문에 규제가 거의 없거나 있더라도 세금 정도인 국가 또는 지역

도 세금 정도인 국가 또는 지역을 말한다. 이들 센터는 경제 · 정치적으로 안정적인 경향이 있고, 월등한 통신 기반시설을 통한 국제자본시장의 접근성을 제공하려고 한다. 대부분의 정부는 자국 기업이 외화로 수행할 수 있는 활동의 규모를 규제함으로써 자국 통화를 보호한다. 따라서 외화 자금을 차입하는 데 어려움을 겪는 기업들은 역외센터로 눈을 돌린다. 역외센터는 다국적 기업들의 자금조달 원천(대개는 더 낮은 비용으로)이다.

역외금융센터는 두 가지로 구분된다.

- **운영센터**는 엄청난 규모의 금융 활동을 보여 준다. 유명한 운영센터로는 런던(대량의 통화 거래가 이루어진다)과 스위스(수많은 투자자본이 다른 국가에 제공된다)가 있다.
- **기장센터**는 대개 낮은 세율과 비밀보호 유지법이 잘 갖추어진 작은 섬나라 또는 지역에 위치해 있다. 여기에서 금융 활동은 거의 일어나지 않는다. 대신 자금은 단순히 더 큰 운영센터로 이전된다. 기장센터에서는 대개 자국에서 국내 은행의 역외 지점으로 이전되는데, 자국 은행들은 세금과 통화 환전 정보를 기록하는 용도로 기장시설을 활용한다. 중요한 기장센터는 카리브해의 케이맨제도와 바하마, 지브롤터 · 모나코와 유럽의 채널제도, 중동의 바레인과 두바이, 그리고 중동아시아의 싱가포르 등이 있다.

퀵 스터디 1

1. 국제자본시장의 목적은 무엇인가?
2. 거래가 어려운 금융자산을 더욱 시장성 높은 금융자산으로 분리하거나 재조합하는 것을 무엇이라 하는가?
3. 역외금융센터의 특징은 무엇인가?

국제자본시장의 구성요소

이제 국제자본시장의 기본적인 특징에 대해 살펴본다. 주요 구성요소인 국제채권, 국제주식과 유로커런시 시장에 대해 자세히 살펴본다.

국제채권시장

국제채권시장
기업, 정부, 그 외 기관들이 자국 밖에서 발행하여 판매되는 모든 채권으로 구성되는 시장

국제채권시장(international bond market)은 기업, 정부, 그 외 기관들이 자국 밖에서 발행하여 판매되는 모든 채권으로 구성된다. 해외에서 발행하는 채권은 필요한 자금을 얻는 방법으로 인기를 더하고 있다. 여유자금을 보유하고 있는 중대형 은행, 연기금, 뮤추얼 펀드와 정부 등이 대표적인 바이어들이다. 대형 국제은행들은 대개 기업과 정부 같은 고객을 위해 신규 발행되는 국제채권의 판매를 관리한다.

유로본드
표시된 통화의 국가 밖에서 발행되는 채권

국제채권의 종류 국제채권시장에 접근하려는 기업들이 사용하는 수단 중 하나는 **유로본드**(Eurobond)이다. 유로본드는 표시된 통화의 국가 밖에서 발행되는 채권이다. 다른 말로, 베네수엘라 기업이 미국 달러 표시 채권을 영국, 프랑스, 독일과 네덜란드(미국 내 판매 또는 자국민에게 판매는 불가능)에서 판매한 것이 유로본드이다. 이 유로본드는 미국 달러화로 표시되기 때문에 베네수엘라 차입자는 달러를 조달하고 이자 역시 달러로 지급하게 된다.

유로본드는 채권이 판매된 국가의 정부로부터 규제를 받지 않기 때문에 일반적인(전체 국제채권의 75~80%를 차지) 형태이다. 규제가 없으므로 채권 발행 비용을 상당히 줄일 수 있다. 불

행히도 이는 채권의 위험 수준을 증가시키는데, 이는 몇몇 잠재적인 투자자들을 단념시킬 수 있는 사실이다. 전통적인 유로본드 시장은 유럽과 북아메리카이다.

기업은 또한 **외국채**(foreign bond)를 발행하여 자금을 획득한다. 외국채는 차입자의 국가 이외의 지역에서 발행되고 판매되는 국가의 통화로 표시된다. 예를 들면 독일의 자동차 제조업체인 BMW가 일본 내 채권시장에서 발행한 엔화 표시 채권이 외국채이다. 외국채는 국제채권시장의 20~25% 정도를 차지한다.

외국채
차입자의 국가 이외의 지역에서 발행되고 판매되는 국가의 통화로 표시

외국채는 채권이 발행되는 국가의 국내채권으로서 동일한 규정과 규제를 적용받는다. 해당 국가들은 대개 발행자가 특정한 규제사항을 충족시키고, 기업 활동, 소유주, 고위 경영진에 대한 세부 정보를 공시하도록 요구한다. 따라서 BMW의 **사무라이 본드**(일본에서 발행되는 외국채의 이름)는 일본에서 토요타가 발행한 채권이 준수해야 하는 공시와 기타 규제사항들을 동일하게 충족시켜야 할 것이다. 미국에서 발행되는 외국채권은 **양키본드**, 영국에서 발행되는 외국채는 **불독본드**라 불린다. 일본을 제외한 아시아에서 발행되고 거래되는 외국채(대개 달러 표시)를 **드래곤본드**라 한다.

이자율 : 원동력 오늘날의 저금리(차입비용)는 국제채권시장의 성장을 촉진한다. 불행히도 선진국의 저금리는 투자자들이 선진국 채권시장의 채권에 대한 이자가 상대적으로 거의 없음을 의미한다. 따라서 은행, 연기금, 뮤추얼 펀드는 신흥시장에서 더 높은 수익을 추구한다. 신흥시장에서 지급되는 더 높은 금리는 채권의 위험이 더 커졌음을 반영한다. 동시에 신흥시장의 기업과 정부 같은 차입자들은 기업 확장 계획과 공공사업 프로젝트에 투자할 자본을 절실히 필요로 한다.

이러한 상황은 재미있는 질문을 야기한다. 더 높은 수익을 추구하는 투자자와 더 낮은 금리를 지급하려는 차입자는 어떻게 둘 다 이득을 얻을 수 있는가? 적어도 일부는 국제채권시장에 그 답이 있다.

- 국제채권시장에서 채권을 발행함으로써, 신흥시장의 차입자들은 자국보다 금리가 낮은 다른 국가에서 돈을 빌릴 수 있다.
- 같은 이유로, 선진국의 투자자들은 (비록 더 큰 위험을 감수하더라도) 자신들의 투자자산으로부터 더 높은 수익을 얻기 위해 신흥시장의 채권을 사들인다.

국제채권시장의 매력에도 불구하고, 많은 신흥시장들은 글로벌 통화시장의 변동성으로 인해 자국 금융시장의 발전 필요성을 주시한다. 가치가 급격히 하락 중인 통화, 즉 인도네시아 루피로 이익을 얻어 달러로 부채를 갚아야 하는 기업에는 막대한 손해를 입힐 수 있다. 왜냐하면 한 국가의 통화가치 하락은 차입자가 안정적인 통화 표시 채권에 대해 지급해야 하는 이자를 갚으려면 막대한 자국 통화를 지불하도록 강요하기 때문이다.

국제주식시장

국제주식시장(international equity market)은 발행자의 자국 밖에서 거래되는 모든 주식으로 구성되어 있다. 기업과 정부는 종종 국제주식시장에서 주식을 판매한다. 다른 기업, 은행, 뮤추얼 펀드, 연기금 그리고 개인 투자자들이 바이어에 포함된다. 국경 밖 기업들이 가장 많이 상장되어 있는 증권거래소는 프랑크푸르트, 런던, 그리고 뉴욕이다. 국제적인 대기업들은 종종 주식을 여러 국가의 거래소에 동시에 상장시키고 때로는 자국을 제외한 해외에서만 신주 발행을 제안하기

국제주식시장
발행자의 자국 밖에서 거래되는 모든 주식으로 구성되어 있는 시장

도 한다. 다음에 논의될 네 가지 요인이 과거 국제주식시장의 성장에 상당 부분 기여했다.

민영화의 확산 다수 국가들이 중앙계획경제와 사회주의경제 체제를 포기함에 따라 전 세계적으로 민영화가 가속되었다. 종종 단일 민영화에 수십억 달러의 신주가 주식시장에서 발행되었다. 페루 정부가 국영 통신 회사인 텔레포니카 페루(www.telefonica.com.pe)의 지분 26%를 매각했을 때는 12억 달러를 조달했다. 총판매금액 중 26%는 페루의 소액투자자와 기관투자자들에게 돌아갔지만, 48%는 미국 투자자들에게 판매되었고 나머지 26%는 국제 투자자들에게 판매되었다.

신흥시장의 경제성장 신흥시장의 지속적인 경제성장은 국제주식시장의 성장에도 기여하고 있다. 이들 경제권에 기반을 둔 기업들은 성공하고 성장함에 따라 더 많은 투자를 필요로 한다. 자국에서 이용할 수 있는 자금의 공급이 제한되어 있기 때문에 국제주식시장은 중요한 자금 조달원이 된다.

투자은행의 활약 글로벌 은행들은 판매자와 대규모 잠재 매수자를 연결함으로써 한 기업의 주식이 전 세계에 판매될 수 있도록 한다. 점차 투자은행들은 기업의 본사가 위치한 국가 시장이 아닌 외부 투자자들을 찾아나서고 있다. 사실상 이렇게 자금을 조달하는 방법은 외국의 증권거래소에 주식을 상장하는 것보다 더 일반적인 방법이 되어 가고 있다.

사이버마켓의 출현 증권거래소의 자동화 시스템은 국제주식시장의 성장을 촉진한다. **사이버마켓**이라는 용어는 지리적으로 중심 지역이 없는 주식시장을 의미한다. 오히려 이들은 인터넷상에서의 글로벌 거래 활동으로 이루어져 있다. 사이버마켓(슈퍼컴퓨터, 고속 데이터 라인, 위성 업링크, 개인 컴퓨터로 구성)은 나노초 단위로 매수자와 매도자를 연결해 준다. 이는 기업이 하루 24시간 거래가 이루어지는 전자매체를 통해 전 세계에 기업의 주식을 상장할 수 있도록 해 준다.

유로커런시 시장

유로커런시 시장
본국 이외의 국가에 예치된 세계의 모든 통화("유로커런시"라 불리는)로 구성된 시장

본국 이외에 예치되어 있는 세계의 모든 통화를 **유로커런시**라고 하며, 이는 **유로커런시 시장**(Eurocurrency market)에서 거래된다. 따라서 도쿄의 은행에 예치되어 있는 미국 달러를 **유로달러**라고 하며, 뉴욕에 예치된 영국 파운드는 **유로파운드**라고 하고, 프랑크푸르트에 예치되어 있는 일본 엔을 **유로엔** 등이라고 한다.

유로커런시 시장은 대규모 거래가 특징이기 때문에, 세계적 기업과 은행, 그리고 정부만이 참여한다. 이 예금은 주로 다음의 네 주체로부터 비롯된 것이다.

- 장기적인 무역수지 흑자로 초과 자금을 보유한 정부
- 과잉 통화로 표시된 대규모 예금을 보유한 상업은행
- 초과 자금을 많이 보유하고 있는 국제 기업
- 세계적인 부호들

유로커런시는 1950년대 유럽에서 시작되어 '유로'가 앞에 붙는다. 동유럽 정부들은 미국 시민들이 요구한다면 미국 내 은행에 예치되어 있는 달러 예금을 몰수당할 수 있다고 우려했다. 달러 예치금을 지키기 위해, 그들은 달러 예금을 유럽 전역에 있는 은행에 예금했다. 영국 은행들은 이들 달러를 국제무역 거래에 대출해 주기 시작했고, 캐나다와 일본을 포함한 다른 국가 은행들도 그대로 따랐다. 유로커런시 시장의 가치는 약 6조 달러 정도이며, 런던에는 전체 예금의 약

20%가 예치되어 있다. 다른 주요 시장으로는 캐나다, 카리브해 지역, 홍콩, 그리고 싱가포르가 포함된다.

유로커런시 시장의 매력 정부는 국경 내 상업은행들이 보유한 통화에 대해 엄격히 규제하려고 한다. 예를 들어 정부는 대개 은행들이 중앙은행의 예금 보험에 들도록 강요한다. 은행들은 전체 예금의 일정 비율을 무이자 계정에 '지급준비금'으로 유지해야 한다. 이러한 규제가 투자자들을 보호한다 하더라도, 은행 운영에는 추가 비용을 발생시킨다. 반대로 유로커런시 시장의 중요한 매력은 규제가 전혀 없다는 것이다. 이는 은행의 비용을 낮추어 준다. 이 시장에서 이루어지는 대부분의 거래는 나아가 거래비용도 감소시킨다. 따라서 은행들은 차입자에게는 덜 부과하고, 투자자에게는 더 지급하고도 건전한 이익을 얻을 수 있다.

은행간 금리(interbank interest rates)—세계은행들이 상대방 은행에 부과하는 대출이자율—는 자유시장에서 결정된다. 유로커런시 시장에서 이러한 종류의 이자율 중 가장 일반적인 것이 리보금리(London Interbank Offer Rate, LIBOR)이다. 런던 은행들이 다른 은행에 유로커런시를 대출해 주는 대가로 부과하는 이자율이다. 리비드금리(London Interbank Bid Rate, LIBID)는 런던 은행들이 유로커런시 예금에 대해 대형 투자자들에게 제시하는 이자율이다.

은행간 금리
세계은행들이 상대방 은행에 부과하는 대출이자율

유로커런시 시장의 특징 중 매력적이지 않은 점은 위험이 크다는 것이다. 국내금융시장의 예금자를 보호하는 정부 규제가 전혀 존재하지 않는다. 그러나 채무불이행 위험이 더 큼에도 불구하고 유로커런시 거래는 명성 있는 대형 은행들이 참여하기 때문에 상당히 안전하다.

퀵 스터디 2

1. 국제채권시장에서 거래되는 금융상품의 종류는 무엇인가?
2. 발행자의 자국 밖에서 매매되는 주식시장을 무엇이라 하는가?
3. 유로커런시 시장은 무엇으로 구성되어 있는가?

외환시장

국내 거래와 달리 국제 거래에는 둘 이상의 국가 통화가 수반된다. 국제 거래에서 한 통화를 다른 국가의 통화로 교환하기 위해 기업은 **외환시장**(foreign exchange market)이라 불리는 시스템에 의존하게 된다. 외환시장에서는 각국 통화를 사고팔며 통화의 가격이 결정된다. 금융기관들은 **환율**(exchange rate)—한 통화가 다른 통화로 교환되는 비율—을 이용해 통화를 환전한다. 환율은 거래의 규모, 트레이더, 통상적인 경제 조건과 때로는 정부의 지시에 따라 달라진다.

외환시장
각국 통화를 사고팔며 통화의 가격이 결정되는 시장

환율
한 통화가 다른 통화로 교환되는 비율

수요와 공급의 힘이 통화의 가격을 결정하며 거래는 매수-매도 호가의 과정을 통해 이루어진다. 만약 누군가 특정 통화에 대해 현재 환율로 거래하기를 요구한다면, 은행은 이것을 매수자의 입장에서 다루어야 할지 매도자의 입장에서 다루어야 할지 알 수 없어서 두 가지 환율을 제시한다. 매수 환율은 은행이 매수할 때의 가격이다. 매도 환율은 은행이 매도할 때의 가격이다. 예를 들어 영국 파운드가 1.5054 미국 달러에 호가되고 있다고 하자. 은행은 영국 파운드를 매수하기 위해 1.5052달러를 제시할 것이고, 팔 때는 1.5056달러를 제안할 것이다. 두 환율 간의 차이를 매수-매도 호가 간 금리차이(bid-ask spread)라고 한다. 자연스레 은행은 파운드를 파는 가격보다 더 낮은 가격으로 통화를 매수할 것이고, 매수-매도 호가 금리차이를 이용해 이익을 얻을 것이다.

외환시장의 기능

외환시장은 사실상 기업의 자금조달 원천이 아니다. 오히려 기업의 금융 활동과 국제 거래를 용이하게 해 준다. 투자자들은 다음에 논의되는 네 가지 중요한 이유 때문에 외환시장을 이용한다.

통화 전환 기업은 한 국가의 통화를 다른 통화로 교환하기 위해 외환시장을 이용한다. 한 말레이시아 기업이 프랑스에 있는 고객에게 컴퓨터를 대량 판매한다고 가정하자. 프랑스 고객은 컴퓨터 금액을 유럽연합의 통화인 유로로 지불하려고 하는 반면, 말레이시아 기업은 자국 통화인 링깃으로 받고 싶어 한다. 두 당사자가 이 딜레마를 어떻게 풀어야 하는가? 그들은 그들을 위해 통화를 교환해 줄 은행으로 향한다.

기업은 또한 해외직접투자를 수행할 때 해당 지역 통화로 전환해야 한다. 차후 한 기업의 해외지사가 이익을 얻어 자국으로 보내고자 할 때 이는 지역 통화에서 자국 통화로 전환되어야 한다.

통화 헷징 환율이 불리하게 변하여 발생할 수 있는 잠재적인 손실에 대비해 보험에 들어 두는 것을 **통화 헷징**(currency hedging)이라고 한다. 국제 기업은 일반적으로 다음 두 가지 목적 중 하나를 위해 헷징을 활용한다.

통화 헷징
환율이 불리하게 변하여 발생할 수 있는 잠재적인 손실에 대비해 보험에 들어 두는 것

1. 자금의 국제 이동과 관련된 위험을 줄이기 위해
2. 대금의 청구와 수령 사이에 시차가 있는 신용 거래에서 스스로를 보호하기 위해

한국의 자동차 제조사가 영국에 자회사를 두고 있다고 가정하자. 한국의 모회사는 30일 후인 2월 1일에 영국 자회사가 영국 파운드화로 자금을 보내올 거라고 알고 있다. 모회사는 앞으로 한 달 뒤 지급되는 금액의 원화 가치에 대해 우려하고 있기 때문에, 해당 기간 동안 파운드화 가치 하락(물론 더 적은 금액을 받을 것이다) 가능성에 대비해 보험을 들고 싶어 한다. 그래서 모회사는 은행 같은 금융기관과 1월 2일에 명시된 환율을 약정하고 대금을 교환하기로 하는 계약을 1월 2일에 체결한다. 이런 방식으로 1월 2일 현재, 한국 기업은 2월 1일에 받을 원화가 얼마인지 정확하게 알고 있다.

통화 차익거래
이익을 얻기 위해 서로 다른 시장에서 하나의 통화를 동시에 사고파는 것

통화 차익거래 **통화 차익거래**(currency arbitrage)는 이익을 얻기 위해 서로 다른 시장에서 하나의 통화를 동시에 사고파는 것이다. 뉴욕에 있는 통화 트레이더는 유럽연합의 유로화의 가치가 뉴욕보다 도쿄에서 더 낮은 것을 알고 있다고 가정하자. 이 트레이더는 도쿄에서 유로화를 매수할 수 있고 뉴욕에서 되팔아 그 차이만큼 이익을 얻을 수 있다. 첨단 통신기술과 거래 시스템으로 모든 거래는 불과 몇 초 만에 가능하다. 하지만 도쿄에서 거래되는 유로와 뉴욕에서 거래되는 유로의 가격 차이가 거래비용보다 크지 않다면 이 거래는 가치가 없다는 것을 기억해야 한다.

통화 차익거래는 외환시장의 숙련된 트레이더, 대형 투자자, 환거래 기업들에게는 일상적인 업무이다. 기본적으로 소매 또는 제조와 같은 경제 활동을 통해 이익을 창출하는 기업들은 대규모 현금을 많이 보유하고 있는 경우에만 통화 차익거래에 참여한다.

금리 차익거래
서로 다른 통화로 표시된 이자지급 증권을 매수, 매도하여 이익을 추구하는 것

금리 차익거래(interest arbitrage)는 서로 다른 통화로 표시된 이자지급 증권을 매수, 매도하여 이익을 추구한다. 기업은 자국에서 얻을 수 있는 이자율보다 더 나은 이자율을 해외에서 얻기 위해 금리 차익거래를 이용한다. 이러한 증권에는 단기 정부 재정채권, 기업과 정부 채권, 은행 예금 거래도 포함된다. 한 트레이더가 호주의 시드니에서 지급되는 이자율(환율로 조정한 이후)보

이 외환브로커 뒤로 모니터에 보이는 것은 중국 위안화와 일본 엔화 간의 환율이다. 두 통화는 2012년 일본 도쿄와 중국 상하이에서 직접 거래되기 시작했다. 도쿄 외환시장의 하루 평균 거래량은 약 2,400억 달러이다. 그러나 이는 영국 시장(1조 3,300억 달러)과 미국 시장(6,180억 달러)의 거래량에 비하면 상당히 낮은 수준이다. 매일 약 3조 2,000억 달러의 통화가 글로벌 외환시장에서 거래되고 있다.

출처 : © YURIKO NAKAO/Reuters/Corbis

다 멕시코의 은행 예금에 지급되는 이자율이 더 높다는 사실을 인지하고 있다고 가정하자. 그는 호주 달러를 멕시코 **페소**로 바꿀 수 있고 이를 멕시코 은행에 1년간 예금할 수 있다. 연말에 그는 페소를 호주 달러로 환전하고 호주 은행에 예금으로 남겨 두어 벌어들였을 이자보다 더 높은 이자를 얻게 된다.

환투기 **환투기**(currency speculation)는 통화의 가치가 변하여 이익을 가져올 것이라는 기대하에 통화를 사고파는 것이다. 가치의 이동은 갑자기 일어나거나 오랜 기간에 걸쳐 일어날 것으로 예상할 수 있다. 외환 트레이더는 미래에 어떤 통화의 가격이 상승하거나 하락할 것에 베팅할 수 있다. 런던의 한 트레이더가 앞으로 3개월 동안 일본 엔화 가치가 상승할 것으로 믿고 있다고 가정하자. 그는 90일 후에 엔화를 매도하기 위해 파운드화를 팔고 오늘 환율로 엔화를 매입한다. 엔화 가격이 그때 상승한다면 이익을 얻을 것이고, 만약 하락한다면 손실을 볼 것이다. 투기는 통화의 가치 또는 가격이 매우 변동적이고 수많은 요인의 영향을 받기 때문에 차익거래보다 위험이 더 크다. 차익거래와 마찬가지로, 환투기는 다른 시도로 고용된 기업의 관리자들보다 외환 전문가들에게 일상적인 영역이다.

환투기
통화의 가치가 변하여 이익을 가져올 것이라는 기대하에 통화를 사고파는 것

환투기의 전형적인 사례는 1997년 동남아시아에서 일어났다. 태국의 경기침체와 불안정한 정치에 대한 뉴스가 5월에 발표된 이후 통화 트레이더들은 일제히 행동에 나섰다. 그들은 낮은 경제성장 전망과 과대평가된 통화, 즉 태국 바트에 대해 외환시장에서 바트를 투매하는 것으로 반응했다. 시장에 공급이 넘쳐났을 때 **바트**의 가치는 급락했다. 그러는 동안에 트레이더들은 다른 아시아 경제권 또한 취약하다는 점에 투기하기 시작했다. 위기가 처음 시작된 시기부터 1997년 말까지, 인도네시아 **루피**는 87% 하락했고, 한국의 **원화**는 85% 하락했으며, 태국 **바트**는 63%, 필리핀 페소는 34%, 말레이시아 **링깃**은 32% 하락했다.[4] 많은 환투기꾼들이 수많은 거래를 했더라도, 이들 국가의 국민들은 힘든 시간을 보내야 하는 결과를 가져왔고 그런 규모의 환투기의 윤리에 대해 의문을 야기했다.

퀵 스터디 3

1. 통화의 사고파는 가격이 결정되는 시장을 무엇이라 하는가?
2. 환율이 불리하게 변동하여 발생할 수 있는 잠재적인 손실에 대비하여 보험에 들어 두는 것을 무엇이라 하는가?
3. 이익을 얻기 위해 서로 다른 시장에서 하나의 통화를 동시에 사고파는 것을 무엇이라 하는가?

통화 호가와 환율

무역과 투자에 있어 외환의 중요성으로 인해, 사업가들은 외환시장에서 통화가 어떻게 호가되는지를 이해해야 한다. 경영자들은 자사의 국제경영 활동으로 벌어들이는 이익을 보전하는 데 도움이 되는 금융상품이 무엇인지 알고 있어야 한다. 또한 그들은 통화 환전에 부과될 수 있는 정부 규제에 대해 인지해야 하고, 정부 규제와 다른 걸림돌들 가운데 어떻게 처리해야 하는지를 알아야 한다.

통화 호가

호가 통화
환율의 분자에 위치한 통화, 또는 다른 통화를 구입하는 데 지급하는 통화

기초 통화
환율의 분모에 위치한 통화, 또는 다른 통화를 지급하고 구입하고자 하는 통화

호가되는 모든 환율은 두 가지로 구성된다. 호가 통화와 기초 통화이다. 환율이 미국 달러 1달러를 사기 위해 필요한 엔화의 수(￥/$)를 나타낸다면, 엔은 **호가 통화**(quoted currency)이고 달러는 **기초 통화**(base currency)이다. 환율을 표기할 때, 호가 통화는 항상 분자이고 기초 통화는 분모에 위치한다. 예를 들어 엔/달러 환율이 90/1(1달러를 사는 데 90엔이 필요함을 의미)로 표시되어 있다면, 분자는 90이고 분모는 1이다. ￥90/$로 표기할 수 있다.

직접표시환율과 간접표시환율 〈표 9.1〉에는 미국 달러와 다수의 통화 간의 환율이 표시되어 있다. '미국 달러당 통화'라는 열 아래로 미국 달러 1달러를 구입하는 데 필요한 각각의 통화 단위를 보여 주고 있다. '일본(엔)'이라고 표시된 열에서 84.3770엔으로 미국 달러 1달러를 살 수 있음을 알 수 있다. 이는 ￥84.3770/$와 같은 환율로 표시된다. 엔화가 호가 통화이기 때문에, 이 경우 엔화에 대한 직접표시환율이며 달러에 대해서는 간접표시환율이라 한다. 단일 통화(유로)를 사용하는 유럽연합에 참여하는 국가의 환율은 표의 '유로 지역(유로)'이라고 표시된 줄에서 찾을 수 있다는 점에 주목하자.

어떤 통화에 대해 직접표시환율을 알고 있고 간접표시환율을 계산하고자 할 때는 간단히 숫자 1로 나누어 주면 된다. 다음 식은 간접표시환율로부터 직접표시환율을 구할 때 사용된다.

$$\text{직접표시환율} = \frac{1}{\text{간접표시환율}}$$

직접표시환율로부터 간접표시환율을 구할 때는 다음 식이 사용된다.

$$\text{간접표시환율} = \frac{1}{\text{직접표시환율}}$$

앞의 사례에서, ￥84.3770/$의 미국 달러에 대한 간접표시환율을 알고 있다. 달러에 대한 직접표시환율을 알아보기 위해서는 ￥84.3770을 $1로 나누어 주면 된다.

표 9.1 주요 통화의 환율

국가(통화)	미국 달러당 통화	국가(통화)	미국 달러당 통화
아르헨티나(페소)	3.9512	말레이시아(링깃)	3.1405
호주(달러)	1.1189	멕시코(페소)	13.2040
바레인(디나르)	0.3770	뉴질랜드(달러)	1.4286
브라질(레알)	1.7559	노르웨이(크로네)	6.3030
영국(파운드)	0.6515	파키스탄(루피)	85.470
캐나다(달러)	1.0645	페루(솔)	2.7970
칠레(페소)	502.75	필리핀(페소)	45.2250
중국(위안)	6.8090	폴란드(즐로티)	3.1551
콜롬비아(페소)	1,826.45	루마니아(레우)	3.3659
체코 공화국(코루나)	19.5210	러시아(루블)	30.8040
덴마크(크로네)	5.8684	사우디아라비아(리얄)	3.7509
에콰도르(미국 달러)	1	싱가포르(달러)	1.3546
이집트(파운드)	5.7055	슬로바키아 공화국(코루나)	23.7470
유로 지역(유로)	0.7883	남아프리카(랜드)	7.3872
홍콩(달러)	7.7788	한국(원)	1,191.55
헝가리(포린트)	226.3250	스웨덴(크로나)	7.3773
인도(루피)	47.0750	스위스(프랑)	1.0163
인도네시아(루피아)	9040.0	대만(달러)	32.0250
이스라엘(셰켈)	3.8147	태국(바트)	31.2170
일본(엔)	84.3770	터키(리라)	1.5266
요르단(디나르)	0.7057	아랍에미리트연합(다르함)	3.6724
케냐(실링)	81.0200	우루과이(페소)	20.83
쿠웨이트(디나르)	0.2885	베네수엘라(볼리바르)	4.2946
레바논(파운드)	1,507.39	베트남(동)	19,495

$$\$1 \div ¥84.3770 = \$0.011852/¥$$

이는 1엔을 사기 위해서는 0.011852달러가 소요됨을 의미한다. 이는 1센트가 조금 넘는다. 이 환율은 $0.011852/¥과 같이 표시된다. 이 경우 달러는 호가 통화이므로, 달러에 대해서는 **직접표시환율**이며 엔화에 대해서는 **간접표시환율**이다.

사업가와 외환 트레이더들은 시간 경과에 따른 통화가치를 추적하는데, 통화가치 변화는 국제거래에 이익이 될 수도 있고 손실이 될 수도 있기 때문이다. **환율위험(환위험)**[exchange-rate risk (foreign exchange risk)]은 환율이 불리한 방향으로 변동할 수 있는 위험이다. 관리자들은 환율이 변동할 확률을 추적하여 이 위험을 최소화하는 전략을 개발했다. 통화가치의 변동 확률을 어떻게 계산하는지는 이 장의 부록을 참조하면 된다.

환율위험(환위험)
환율이 불리한 방향으로 변동할 수 있는 위험

교차환율 미국 달러 이외의 두 통화 간의 국제 거래에서는 달러가 매개체로 사용된다. 예를 들어 네덜란드의 소매상은 자국의 유로(네덜란드는 유럽연합 통화를 사용한다)를 미국 달러로 환전한 후 일본의 공급업자에게 달러로 지급할 것이다. 일본 공급업자는 달러를 받아 일본 엔화로 환전할 것이다. 수년도 더 전에, 자유롭게 환전할 수 있는 통화가 많지 않고 미국이 세계 무역의

교차환율
두 개의 환율을 가지고 계산된 환율

대부분을 차지했던 때에는 이러한 과정이 일어났다. 오늘날 일본 공급업자는 유로로 지급받기를 원할 것이다. 이 경우, 일본 기업과 네덜란드 기업 모두 자국 통화의 환율을 인지할 필요가 있다. 각국 통화와 미 달러 간의 환율을 이용하여 이 비율을 알기 위해 **교차환율**(cross rate)—두 개의 환율을 가지고 계산된 환율—을 계산할 수 있다.

두 통화 간의 교차환율은 두 통화와 제3의 통화 간의 간접표시환율 또는 직접표시환율을 이용해 계산할 수 있다. 예를 들어 네덜란드와 일본 통화 간의 교차환율을 알고자 한다고 가정하자. 〈표 9.1〉을 다시 살펴보면, 유로화에 대한 직접표시환율 €0.7883/$을 찾을 수 있다. 엔화에 대한 직접표시환율은 ¥84.3770/$이다. 엔화를 기초 통화로 하는 유로화와 엔화 간의 교차환율을 알아보기 위해서는 간단히 €0.7883/$를 ¥84.3770/$로 나누어 주면 된다.

$$€0.7883/\$ \div ¥84.3770/\$ = €0.0093/¥$$

그러므로 1엔을 사기 위해서는 0.0093유로가 필요하다.

〈표 9.2〉는 세계 주요 통화의 교차환율을 보여 주고 있다. 직접표시환율을 이용해 교차환율을 찾고자 할 때는 왼편에 있는 통화가 호가 통화에 해당한다. 상단에 있는 통화들이 기초 통화에 해당한다. 반대로 간접표시환율을 이용해 교차환율을 구하고자 할 때는 왼편에 있는 통화가 기초통화에 해당하며, 상단의 통화가 호가 통화에 해당한다. '유로 지역'(사례의 호가 통화) 열과 '엔'(기초 통화) 행의 교차점을 살펴보자. 우리가 앞에서 계산한 유로와 엔화 간의 교차환율 풀이와 표에 나타난 엔화에 대한 0.0093유로 비율이 일치한다.

당연히 유로와 엔화 간의 환율은 앞서 언급한 네덜란드 소매상과 일본 공급업자 모두에게 매우 중요하다. 유로화 가치가 엔화에 대해 하락한다면, 네덜란드 기업은 일본 제품에 대해 더 많은 유로를 지불해야 한다. 이러한 상황은 네덜란드 기업이 두 단계 중 하나를 취하도록 하는 압력이 될 것이다. 일본 제품의 국내 판매 가격을 올리든지(매출이 줄어들 수 있다) 아니면 현재 가격 수준을 유지하든지(이익 마진이 줄어들 것이다) 하는 것이다.

아이러니하게도 일본의 공급업자도 엔화 가치가 많이 상승한다면 어려움을 겪을 것이다. 왜인가? 그러한 상황에서 일본 공급자는 다음 두 가지 중 하나를 취할 수 있다. 환율로 인해 제품의 유로 가격이 상승하도록 두든지(이렇게 하여 이익을 유지하며) 또는 유로화 가치 하락을 상쇄하기 위해 제품의 엔화 가격을 내리는(따라서 이익 마진은 감소한다) 것이다.

일본 공급업자와 네덜란드의 바이어 모두 어느 정도까지만 이익을 얻음으로써 환율 변화를 흡수할 수 있다. 그 지점을 지난 이후에는 그들은 더 이상 거래하지 않을 것이다. 네덜란드의 바이어는 유리한 환율을 적용할 수 있는 국가의 공급자나 자국의 공급자(또는 유로를 사용하는 다른

표 9.2 주요 통화 교차환율

	달러	유로	엔	파운드	스위스 프랑	캐나다 달러
캐나다	1.0646	1.3505	0.0126	1.6345	1.0476	…
스위스	1.0163	1.2892	0.0120	1.5603	…	0.9546
영국	0.6513	0.8262	0.0077	…	0.6409	0.6118
일본	84.454	107.13	…	129.66	83.102	79.330
유로 지역	0.7883	…	0.0093	1.2103	0.7757	0.7405
미국	…	1.2686	0.0118	1.5354	0.9840	0.9393

유럽 국가)를 탐색할 필요가 있을 것이다.

현물환율

우리가 지금까지 논의한 모든 환율은 **현물환율**(spot rate)—2영업일 이내의 인도를 요구하는 거래에 대해 적용되는 환율—이다. 두 통화의 교환이 '즉각' 일어나는 것을 말하며 **현물환시장**(spot market)은 현물환율로 통화 거래가 이루어지는 시장이다. 현물시장은 다음 세 가지 기능 중 하나를 수행하는 기업에 도움이 된다.

현물환율
2영업일 이내의 인도를 요구하는 거래에 대해 적용되는 환율

현물환시장
현물환율로 통화 거래가 이루어지는 시장

1. 해외 매출로 발생한 수입을 자국 통화로 전환할 때
2. 자금을 국제 공급업자의 통화로 전환할 때
3. 자금을 투자하고자 하는 국가의 통화로 전환할 때

매수환율과 매도환율 현물환율은 수백만 달러의 거래에 대해서만 적용 가능하다. 은행과 외환브로커들만 이용가능하기 때문이다. 다른 나라로 여행을 가기 위해 출국 전 지역 은행에서 환전하고자 한다면, 현물환율로 거래할 수 없을 것이다. 대신 당신의 거래은행이 이 거래를 수행했을 때 물게 될 비용을 커버할 만큼 가격이 상승한 환율을 제시받게 될 것이다.

스페인으로 출장을 갈 계획이며 어느 정도의 유로를 필요로 한다고 가정하자. 은행은 유로(€)당 $1.268/78와 같은 환율 조건을 제시할 것이다. 이는 은행이 미국 달러를 살 때는 $1.268/€의 환율을 적용하고 팔 때는 $1.278/€의 환율을 적용한다는 것을 의미한다.

선물환율

기업이 미래 특정한 날짜에 일정한 금액의 외화가 필요할 것이라는 사실을 알고 있을 때, **선물환율**(forward rate)—두 당사자가 미래 특정 시점에 통화를 교환하기로 동의한 환율—을 이용하여 환전할 수 있다. 선물환율은 어떤 통화의 미래 현물환율에 대한 외환 트레이더들과 은행가들의 기대를 나타낸다. 반영된 이러한 예상은 해당 국가의 현재와 미래의 경제 상황(물가상승률, 국가부채, 조세, 무역수지와 경제성장률 등)뿐만 아니라 사회적 · 정치적 상황까지 포함된다. **선물환시장**(forward market)은 통화 거래가 선물환율로 거래되는 시장이다.

선물환율
두 당사자가 미래 특정 시점에 통화를 교환하기로 동의한 환율

선물환시장
통화 거래가 선물환율로 거래되는 시장

불리한 환율 변동으로부터 자신을 보호하기 위해 기업은 대개 선물시장으로 눈을 돌린다. 신용 판매 또는 구입, 투자상품과 대출에 대한 이자 수취 또는 이자 지급, 타국의 주주들에게 지급되는 배당금을 포함하여 미래에 다른 통화로 지급해야 하는 모든 종류의 거래에서 이용할 수 있다. 하지만 물가상승률이 높은 국가나 국제금융시장에서 수요가 없는 통화들처럼 모든 국가의 통화가 선물시장에서 거래되는 것은 아니다.

선물환계약 브라질 자전거 제조업자가 일본으로부터 부품을 수입한다고 가정하자. 그들의 계약조건에 따르면, 브라질 수입업체는 90일 뒤에 1억 엔을 지급해야 한다. 브라질 기업은 지급일 하루, 이틀 전까지 기다렸다가 현물시장에서 엔화를 사서 일본 공급업체에 지급할 수 있다. 그러나 계약일과 지급일 사이인 90일 후에는 환율이 변동할 것이다. 브라질 레알의 가치가 하락한다면 어떻게 될까? 그 경우 브라질의 수입업체는 동일한 금액인 1억 엔을 얻기 위해 더 많은 레알을 지급해야 할 것이다. 그러므로 우리의 수입업체는 90일이라는 기간 이전에 부채를 갚고 싶어할 수 있다. 그러나 현재 현금이 없다면 어떻게 할까? 자사 고객들로부터 매출채권을 수취하는

데 90일이 소요된다면 어떻게 해야 할까?

선물환계약
약속된 날짜에 명시된 환율로 약속된 금액의 통화를 교환하기로 하는 계약

환위험을 감소시키기 위해, 우리의 브라질 수입업자는 **선물환계약**(forward contract) — 약속된 날짜에 명시된 환율로 약속된 금액의 통화를 교환하기로 하는 계약 — 에 착수할 수 있다. 선도계약은 대개 앞으로 30일, 90일 그리고 180일 후에 대해 계약하지만, 계약자의 요구에 따른(즉 76일과 같이) 계약도 가능하다. 선물환계약은 발생할 교환이 필요하다는 점을 기억하자. 은행은 엔화를 인도해야 하고, 브라질 수입업자는 사전에 약정된 가격으로 엔화를 매입해야 한다. 선물환계약은 **파생상품**(derivatives) — 다른 원자재 또는 금융상품으로부터 가치가 파생되는 금융상품 — 이라 불리는 금융상품의 일종이다. 파생상품에는 선물환계약뿐만 아니라 통화스왑, 통화옵션과 통화선물계약(뒤에서 다룬다)도 포함된다.

파생상품
다른 원자재 또는 금융상품으로부터 가치가 파생되는 금융상품

우리의 사례에서 브라질 수입업자는 90일 뒤에 일본 공급업자에게 엔화를 지급하는 선물환계약을 이용할 수 있다. 물론 언제나 가능한 일이지만, 90일 뒤에 레알의 가치는 현재 가치보다 더 낮아질 수도 있다. 하지만 선물환율로 묶어 둠으로써, 브라질 기업은 엔화를 매입할 90일 뒤에 덜 유리한 현물환율로부터 자신을 보호할 수 있게 되었다. 이 경우 브라질 기업은 90일 뒤에 현물환율로 지급해야 했던 것보다 90일이 지난 시점에 공급업자에게 더 많이 지급할 뻔한 것을 막을 수 있었다. 이렇게 해서 이는 다음 세 달 동안 현물환율이 더욱 불리하게 변한다면 발생했을 이익의 유출을 막았다. 그러한 계약은 90일 뒤 기업이 일본 공급업자에게 진 빚을 줄일 수 있는 레알화의 가치 상승이 브라질 수입업자에게 돌아갈 이득도 차단했다는 점 역시 기억해야 한다.

스왑, 옵션 그리고 선물

선물환계약과 더불어, 세 가지 다른 형태의 통화 금융상품도 선물환시장에서 이용되는데, 통화스왑, 통화옵션, 통화선물계약이 그것이다.

통화스왑
각기 다른 두 날짜에 외환을 동시에 사고파는 것

통화스왑 **통화스왑**(currency swap)은 각기 다른 두 날짜에 외환을 동시에 사고파는 것이다. 통화스왑은 외환시장에서 점점 더 중요한 요소가 되어 가고 있다. 스웨덴의 자동차 제조업체가 터키의 자회사로부터 부품을 수입한다고 가정하자. 스웨덴 기업은 오늘 인도받은 부품에 대해 터키의 자회사에게 터키 리라를 지급해야 한다. 기업은 또한 90일 뒤에 터키에서 판매된 자동차 대금을 터키 리라로 송금받을 거라고 예상하고 있다. 우리의 스웨덴 기업은 자회사에 대금을 지급하기 위해 오늘 현물시장에서 크로노를 리라로 교환한다. 동시에 리라의 90일 선물환율로 90일 후에 터키 리라를 매도(그리고 스웨덴 크로노를 매입)하는 선물환계약을 체결한다. 이러한 방식으로 스웨덴 기업은 환율 위험을 줄이고 미래 환율도 고정시키는 스왑계약을 이용한다. 이런 의미에서 통화스왑은 좀 더 복잡한 선물환계약이라고 볼 수 있다.

통화옵션
명시된 날짜에 명시된 환율로 약정된 금액의 통화를 교환할 권리 또는 옵션

통화옵션 선물환계약은 통화의 교환이 요구된다는 점을 상기하자. 반대로 **통화옵션**(currency option)은 명시된 날짜에 명시된 환율로 약정된 금액의 통화를 교환할 권리 또는 옵션이다.

한 기업이 30일 뒤에 SF 1.02/$의 환율로 스위스 프랑을 매입할 옵션을 산다고 가정하자. 30일이 지난 시점에 환율이 SF 1.05/$라면 기업은 통화 옵션을 행사하지 않을 것이다. 왜인가? 옵션에 명시된 환율보다 통화시장에서 현물환율로 교환하여 달러당 SF 0.03을 더 받을 수 있다. 기업은 종종 환위험을 헷지하거나 외화를 취득할 목적으로 통화옵션을 이용한다.

통화선물계약
명시된 날짜에 명시된 환율로 약정된 금액의 통화의 교환을 요구하는 계약이며, 모든 조건은 확정되어 있고 조정이 불가능하다.

통화선물계약 통화선물환계약과 **통화선물계약**(currency futures contract) — 명시된 날짜에 명시

된 환율로 약정된 금액의 통화의 교환을 요구하는 계약이며, 모든 조건은 확정되어 있고 조정이 불가능하다—은 유사하다.

퀵 스터디 4

1. 환율의 분자에 위치하며, 다른 통화를 구입하는 데 지급하는 통화를 무엇이라 하는가?
2. 환율이 불리하게 변화할 위험을 무엇이라 하는가?
3. 거래된 통화의 2영업일 이내에 인도를 요구하는 환율을 무엇이라 하는가?
4. 선물시장의 금융상품에는 어떤 것들이 있는가?

시장의 금융상품과 금융기관

외환시장은 실제로 세계의 주요 금융센터를 연결하는 전자 네트워크이다. 결국 이들 각 센터는 외환 트레이더, 통화 거래 은행과 투자회사의 네트워크인 셈이다. 외환시장의 일일 거래량(통화 스왑과 현물/선물계약으로 구성된)은 약 4조 달러에 달한다. 이는 여러 소국의 연간 국내총생산보다 큰 금액이다.[5] 여러 주요 트레이딩 센터와 몇몇 통화가 외환시장을 장악하고 있다.

트레이딩 센터

대부분의 세계 주요 도시들이 외환시장 거래에 참여하고 있다. 그러나 최근 몇 년간 영국과 미국 그리고 일본의 세 국가가 전체 글로벌 통화 거래의 절반 이상을 차지하게 되었다. 따라서 이 거래의 대부분은 런던, 뉴욕과 도쿄의 금융센터에서 이루어진다.

런던은 역사적인 이유와 지리적인 이유로 외환시장에서 지배적인 위치에 있다. 영국은 한때 세계에서 가장 큰 교역국가였다. 영국 무역상들은 타 국가의 통화로 통화를 교환할 요구가 있었고, 런던은 자연스럽게 금융거래 센터의 역할을 맡게 되었다. 런던은 북아메리카와 아시아 중간이라는 지리적 특징으로 인해 빠르게 시장을 장악하게 되었고 현재까지 유지되고 있다. 한 가지 중요한 요인은 런던의 시간대이다. 시차로 인해 런던은 아시아 시장의 하루 거래가 끝나 갈 무렵 시장을 열게 된다. 뉴욕이 아침 거래를 시작할 때, 런던의 거래는 점점 끝나 간다. 또한 대규모 은행들은 외환 부분에서 거래를 지속하기 위해 오버나이트 트레이더를 고용한다(그림 9.1 참조).

주요 통화

영국이 외환 거래에서 중요한 위치를 차지하고 있다 하더라도, 외환시장을 지배하는 통화는 미국 달러이다. 미국 달러의 지배는 미국 달러 자체를 **기축 통화**(vehicle currency)—두 통화 간 자금을 전환하기 위해 매개체로 사용되는 통화—로 만들었다. 통화 거래에 가장 많이 관여하는 통화는 미국 달러, 유럽연합의 유로, 일본 엔, 그리고 영국 파운드이다.

기축 통화
두 통화 간 자금을 전환하기 위해 매개체로 사용되는 통화

미국 달러가 기축 통화가 된 한 가지 이유는 미국이 세계에서 가장 큰 교역국이기 때문이다. 많은 기업과 은행들이 달러와 다른 통화와의 교환을 용이하게 하는 달러 예금을 유지하고 있다. 또 다른 이유는, 제2차 세계대전 이후 달러가 가장 안정적인 통화였기 때문에 세계 주요 통화 모두가 달러에 간접적으로 고정되어 있었기 때문이다. 결국 달러 가치는 일정한 금의 가치에 고정—통화가치 요동을 억제하기 위한 정책—되어 있었다. 세계의 통화가 더 이상 금의 가치와 연동되지 않더라도(제10장 참조), 물가상승에 대한 저항과 마찬가지로 달러의 안정성은 기관과 개

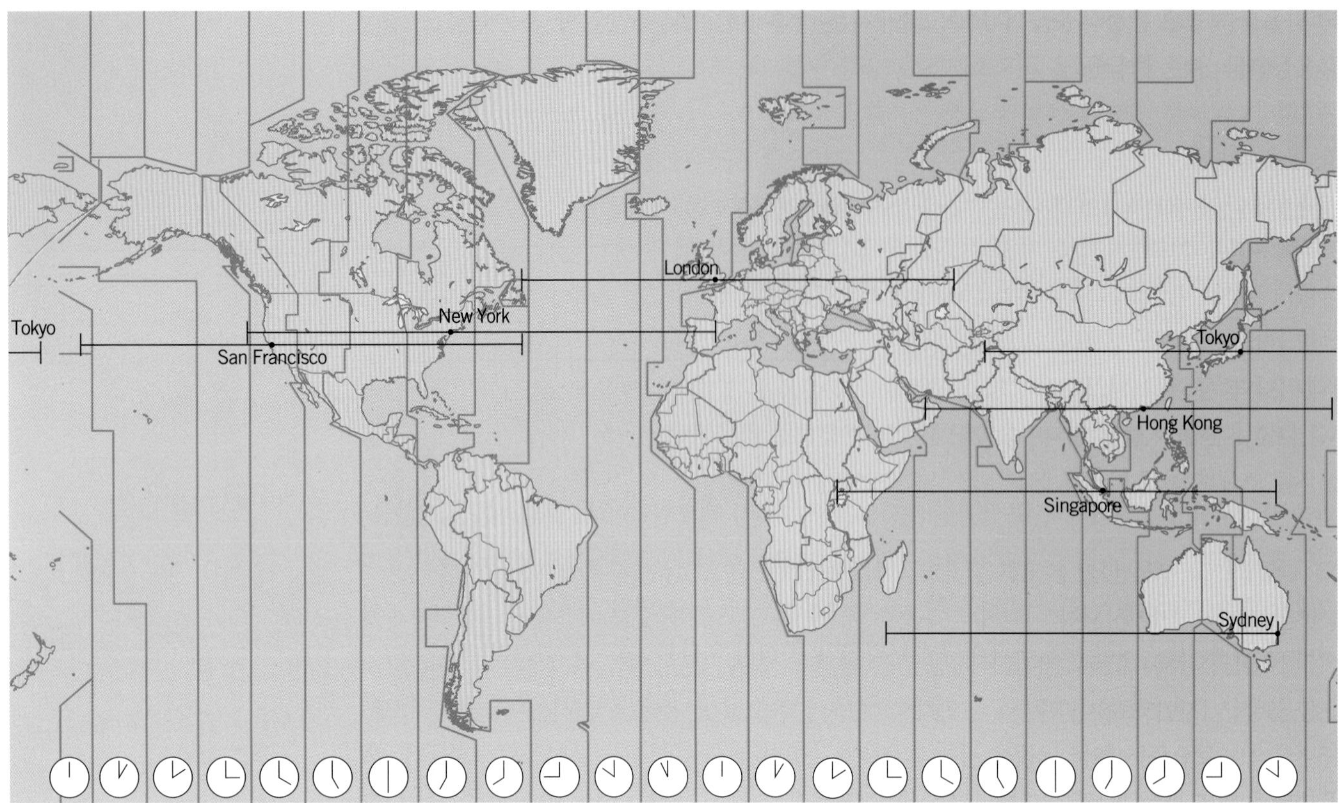

그림 9.1
시간대별 금융 트레이딩 센터

인이 구매력을 유지하는 데 있어 자국 통화를 보유하는 것보다 훨씬 도움이 된다.

은행간 시장

은행간 시장
세계적인 대형 은행들이 현물환율과 선물환율로 통화를 교환하는 시장

세계적인 대형 은행들은 **은행간 시장**(interbank market)에서 현물환율과 선물환율로 통화를 교환한다. 기업은 자사의 사업을 대부분 영위하는 지역의 은행에서 외환 서비스를 받으려고 한다. 은행은 은행간 시장에서 다른 은행들의 호가를 수용함으로써 고객의 요구을 충족시킨다. 일반적으로 교환되는 통화를 수반하는 거래에 대해 대형 은행들은 대개 수중에 충분한 통화를 보유하고 있다. 그렇지만 거의 거래되지 않는 통화는 은행이 보유하지 않는 것이 일반적이며 다른 은행으로부터도 얻기가 쉽지 않을 수 있다. 그런 경우에 은행들은 외환 브로커를 찾게 되는데, 외환 브로커들은 거대한 은행 네트워크를 유지하며 이를 통해 거의 거래되지 않는 통화도 입수할 수 있다.

그러니까 은행간 시장에서 은행은 고객인 기업들의 대리인으로 활동한다. 현지 통화나 외화로 교환해 주는 것과 더불어 은행은 일반적으로 거래 전략에 대한 조언을 제공하고, 다양한 통화 관련 금융상품을 공급하며 기타 위험관리 서비스를 제공한다. 은행은 또한 세계의 규칙과 규제에 대한 정보를 제공하여 고객이 환위험을 관리하는 데 도움을 준다.

은행간 시장에서 대형 은행들은 그들의 주요 고객에게 더 유리한 환율을 얻어 내기 위해 자신들이 통화시장에 미치는 영향력을 활용하기도 한다. 중소기업들은 대개 통화 거래량이 소액이고 자주 거래하지 않기 때문에 최상의 환율을 획득하기 힘들다. 소기업은 국제결제 서비스 할인을 통해 더 유리한 환율을 얻을 수 있을 것이다.

청산 메커니즘 청산 메커니즘은 은행간 시장에서 중요한 요소이다. 은행과 외환 브로커 간의 외환 거래는 지속적으로 일어난다. 각각의 개별적인 거래 후에 계정이 정산되는 것이 아니라 복잡한 수많은 거래가 이루어진 후에 정산되는 것이다. 한 은행이 보유한 통화를 취합하고 거래를 수행하는 과정을 **청산**(clearing)이라고 한다. 수년 전 은행들은 매일 혹은 이틀마다 청산하고, 타 은행들과 통화 실물을 교환했다. 최근에 청산은 보다 자주 진행되며 전산상으로 이루어진다. 전산상의 청산으로 통화 실물을 거래할 필요가 없어졌다.

청산
한 은행이 보유한 통화를 취합하고 거래를 수행하는 과정

증권거래소

증권거래소(securities exchanges)는 통화 선물과 옵션 거래를 전문적으로 다루고 있다. 이들 거래소에서 통화를 사고파는 데는 고객의 주문을 전송하고 수행하는 증권 브로커들이 수반된다. 증권거래소를 통한 거래는 은행간 시장보다 규모는 작고 각 통화에 대해 다양하게 거래된다. 선물과 옵션에 대한 주요 자산 종류의 대부분을 취급하는 선도적인 거래소는 CME그룹(www.cmegroup.com)이다. CME그룹은 시카고상품거래소, 시카고상업거래소와 뉴욕상업거래소의 선물과 옵션 운영을 통합 운영하고 있다. CME그룹의 외환시장은 하루 거래량이 800억 달러가 넘는, 세계에서 두 번째로 큰 전자 외환시장이다.[6]

증권거래소
통화선물 및 통화옵션 거래에 전문화된 거래소

또 다른 거래소는 런던국제금융선물거래소(www.euronext.com)인데, 주요 통화의 선물과 옵션이 거래되고 있다. 미국에서 통화옵션이 거래되는 곳은 필라델피아증권거래소(www.nasdaqtrader.com)가 유일하다. 여기서는 정형화된 옵션과 투자자가 융통성 있게 통화옵션을 계약할 수 있는 고객맞춤형 옵션 모두 취급한다.[7]

장외시장

장외시장(over-the-counter (OTC) market)은 외환 트레이더와 다른 시장 참여자들의 글로벌 네트워크를 아우르는 분산된 거래소이다. 모든 외환 거래는 OTC 시장에서 이루어질 수 있고, 이곳의 주요 참가자는 대형 금융기관들이다.

장외(OTC)시장
외환 트레이더와 다른 시장 참여자들의 글로벌 네트워크를 아우르는 분산된 거래소

장외시장은 기업에게 뚜렷한 혜택을 제공했기 때문에 급속하게 성장해 왔다. 장외시장에서 사업가들은 거래를 수행하는 데 최상의(최저의) 가격을 제시하는 금융기관을 자유롭게 탐색할 수 있다. 또한 그들의 요구에 맞춘 거래를 설계할 수 있는 기회를 제공한다. 추가적인 방법으로 기업은 외환시장 활동에 더욱 능숙해질 수 있다. 글상자 '경영자의 서류가방 : 외환관리'를 참조하라.

통화규제

경화(convertible (hard) currency)는 외환시장에서 자유롭게 거래되며, 수요와 공급에 의해 가격이 결정된다. 완전히 교환 가능한 국가들은 강력한 재정 포지션을 가지고 있고 적절한 외환보유고를 가지고 있는 국가들이다. 그러한 국가들은 사람들이 자국 통화를 매도할 것이라고 우려할 필요가 없다. 여전히 많은 신생 산업국가와 개발도상국은 자국 통화의 자유로운 태환성을 허용하지 않고 있다.

경화
외환시장에서 자유롭게 거래되며, 수요와 공급에 의해 가격이 결정되는 통화

정부는 몇 가지 목표를 달성하기 위해 통화에 대한 규제를 부과한다. 한 가지 목표는 다른 국가에서 빌려온 부채를 갚을 경화 보유고를 유지하기 위함이다. 천연자원을 수출하는 선진국, 신흥시장과 몇몇 국가들은 외환 보유를 최대화하려는 경향이 있다. 충분한 보유고(유동성)가 없으면, 국가는 부채에 대해 이자와 원금을 지급하지 못할 수 있고 따라서 미래의 투자 흐름을 위축

경영자의 서류가방 외환관리

- **공급자에 대한 요구 일치** 당신이 필요한 외환과 서비스 공급자가 제공 가능한 범위를 파악하라. 당신이 필요한 통화로 거래를 수행하는 공급자를 찾아 반복적으로 거래하라. 많은 사업가들이 자금을 해외로 송금할 때 자연스레 지역의 은행가들을 찾지만, 이는 비용이 가장 적게 발생하거나 최고의 선택이 아닐 수 있다. 서비스 제공자를 혼합하는 것이 때로는 최고의 해결책이다.
- **대형 은행과 거래** 외환시장에 직접 참여하는 금융센터은행(금융센터에 위치)은 지역 은행에 비해 비용과 서비스에서 장점을 가지고 있을 수 있다. 대형 거래기관과 직접적으로 거래하는 경우 지역 은행과 거래하는 경우에 비해 효율적인 비용으로 거래할 수 있다. 지역 은행이 서비스에 부과하는 추가적인 가격인상을 피할 수 있기 때문이다.
- **절약을 위한 통합** 다수의 송금을 하나의 큰 거래로 통합하기 위해 해외 결제의 시기를 일치시킴으로써 비용을 절약하라. 당신의 회사가 외국에서 해당 국가 통화로 다수의 소규모 결제를 한다면 수표를 발행할 경우에 대비해 해외에 지역통화 계좌를 개설하라. 서비스요금을 줄이기 위해 한 번에 본국으로 송환할 때까지 해외 매출채권에 이자가 붙어 누적되는 계좌가 허용되는지를 고려하라.
- **가능한 최고의 거래를 획득** 만약 당신의 외환 활동이 상당하다면, 최고의 환율을 적용받기 위해 둘 또는 그 이상의 금융센터은행과의 관계를 발전시켜라. 또한 시간이 흐르면서 당신의 회사가 받게 되는 환율을 모니터링하라. 왜냐하면 어떤 은행들은 당신이 환율을 알아보지 않는다면 환율을 올리기 때문이다. 로이터와 블룸버그 같은 기업들이 제공하는 실시간 시장 환율을 획득하라.
- **정보통신 기술 수용** 늘 종업원은 거래하는 데 전화, 이메일, 팩스를 사용하며, 사람의 실수는 당신의 회사가 자금이 필요한 곳과 시기에 자금 획득하는 것을 지연시킬 수 있다. 당신의 사업에서 해외 송신과 수표 발행에 정보통신 기술을 수용하라. 전문적인 서비스 공급자의 자동화된 소프트웨어 프로그램은 이체 실행의 속도는 높이는 반면 잠재적인 오류는 줄여 준다.

시킬 수 있다. 이것이 수년 전 아르헨티나가 해외 부채에 대해 이자와 원금을 지급하지 못했던 당시에 일어난 일과 정확히 일치한다.

통화에 대해 규제를 하는 두 번째 목표는 수입대금을 지급하고 무역수지 적자를 지원하기 위해서는 경화를 유지해야 한다. 제5장에서 수입액이 수출액을 초과하는 국가는 무역적자를 겪게 됨을 상기해 보자. 통화 규제는 정부가 그러한 무역 불균형을 지원할 수 있는 외국 통화 보유를 유지하는 데 도움이 된다. 또한 규제는 해당 국가 기업들이 수입품에 지급해야 하는 외화 취득을 어렵게 하므로 수입을 더욱 어렵게 만든다. 결과적으로 수입 감소는 국가의 무역수지를 직접적으로 개선한다.

세 번째 목표는 투기꾼들로부터 통화를 보호하기 위한 것이다. 예를 들어 아시아 금융위기 이후인 수년 전, 몇몇 동남아시아 국가들은 경기침체로 인한 피해를 제한하기 위해 자국 통화의 통제를 고려했었다. 말레이시아는 자국 투자자들이 보유하고 있는 말레이시아 자금을 타국 통화로 전환하는 것을 금지함으로써 외화의 유출을 제한했다. 그런 움직임이 통화 투기를 축소시키긴 하지만, 이는 세계 다른 곳의 투자자들로부터 말레이시아를 효과적으로 제외시켰다.

네 번째 목표(일반적이지는 않지만)는 거주하는 개인과 기업들의 해외 투자를 막기 위한 것이다. 이들 정책은 자국 내의 투자를 독려하고 유지하도록 함으로써 자국 경제의 빠른 성장을 가져올 수 있다. 유감스럽게 이런 현상이 단기간에 작동할 수 있더라도, 보통은 장기적인 경제성장을 둔화시킨다. 이유는 자국에 묶여 있는 자금이 자국에 투자될 것이라는 보장이 없기 때문이다. 대신 저축을 하거나 심지어 소비에 쓰일 수 있다. 아이러니하게도 소비의 증가는 무역적자를 악화시키는 미래의 수입 증가로 이어질 수 있다.

통화 규제 수단

특정 국가 정책들은 종종 통화의 태환성을 규제하는 데 사용된다. 정부는 모든 외환 거래가 해당 국가의 중앙은행을 통해 이루어지거나 승인을 받도록 요구할 수 있다. 또한 일부 또는 모든 수입 거래에 대해 수입 허가를 요구할 수도 있다. 이러한 허가증은 정부가 유출되는 외화 규모를 통제하는 데 도움이 된다.

몇몇 정부는 특정 상품의 수입에 대해 또는 특정 국가로부터의 수입품에 대해 높은 환율을 명시한 **복수환율제도**를 시행하고 있다. 따라서 정부는 주요 품목의 국내 반입을 허용하면서도 수입을 감소시킬 수 있다. 또한 이는 무역적자를 초래하는 국가의 상품을 대상으로 한 정책이 될 수 있다.

어떤 정부는 **수입담보**를 요구한다. 수입담보는 기업들이 수입허가증을 발행받기 전에 특정 계정에 외화자금의 일정 비율을 예치하도록 요구한다. 추가로 **수량제한**은 거주자들이 여행자, 학생, 또는 의료 환자로서 해외를 여행할 때 자국에서 가져갈 수 있는 외화금액을 제한한다.

통화 태환성에 대한 정부 규제를 피해 가는 한 가지 방법이 **연계무역**(countertrade)이다. 상품이나 서비스를 판매하고 전체 혹은 일부를 다른 상품 또는 서비스로 지급받는 방식을 말한다. 연계무역의 단순한 형태 한 가지는 상품을 동일한 금액의 다른 상품과 교환하는 바터 무역이다. 당사자들은 상품을 교환한 후 세계 시장에서 경화를 받고 판매한다. 예를 들어 쿠바는 6,000만 달러어치의 설탕을 이탈리아 기업인 이탈그라니의 시리얼, 파스타, 식물성 오일로 교환했다. 그리고 보잉은 사우디아라비아에게 석유를 받는 조건으로 비행기를 판매했다. 연계무역의 여러 다른 형태는 제13장에서 자세히 설명한다.

연계무역
상품이나 서비스를 판매하고 전체 혹은 일부를 다른 상품 또는 서비스로 지급받는 방식

퀵 스터디 5

1. 글로벌 통화 거래의 절반 이상이 이루어지는 곳은 어디인가?
2. 서로 다른 두 통화 간의 자금을 전환하는 데 매개체로 사용되는 통화를 무엇이라 하는가?
3. 자유롭게 전환 가능한 통화의 또 다른 이름은 무엇인가?
4. 왜 정부는 때때로 통화 규제에 나서는가?

경영을 위한 요점

잘 작동하는 금융시장은 해외 사업을 수행하는 데 필수적이다. 국제금융시장은 기업에게 그들이 요구하는 통화 교환과 그 이상을 제공한다. 여기서는 국제 기업에 대한 이들 시장의 주요 시사점에 초점을 맞춘다.

국제자본시장과 기업

국제자본시장에는 각 국가 자본시장의 대출자와 차입자가 참여한다. 자국에서 자금을 획득하지 못한 기업은 다른 곳에서 자금을 조달하기 위해 국제자본시장을 이용할 수 있고 불가능한 프로젝트와는 달리 착수하는 것이 허용된다. 이러한 선택권은 자본시장의 규모가 작거나 신흥자본시장의 기업들에게 특히 중요할 수 있다.

다른 상품의 가격과 마찬가지로, 돈의 '가격'은 수요와 공급에 의해 결정된다. 공급이 증가하면, 가격(금리의 형태)은 하락한다. 국제자본시장은 기업에게 추가적인 자금조달 원천을 이용할 수 있게 한다. 아마도 이전에는 실현 불가능한 것으로 간주되던 자금조달 계획이다. 국제자본시장은 또한 대출 기회를 확대시킨다. 이는 대출자가 자신의 자금을 다양한 부채와 주식과 같은 금융상품에 투자할 수 있도록 해 주고 증권시장은 동시에 상승하거나 하락하지 않는다는 사실에서 말해 주듯이 위험을 줄여 준다.

국제금융시장과 기업

기업은 해외직접투자를 수행할 때 현지 통화로 전환해야 한다. 이후 이 기업의 해외 자회사가 이익을 내서 자국으로 보내고자 할 때, 현지 통화는 자국 통화로 전환되어야 한다. 이익이 교환되는 시점의 지배적인 환율은 최종적인 이익 또는 손실의 크기에 영향을 미친다.

여기에서 국제금융시장의 중요한 측면인 변동성이 부각된다. 국제 기업은 자금의 국제이동과 관련된 위험을 줄이기 위해 그리고 청구와 자금수령 시점 간의 시차가 발생하는 신용거래에서 손실을 방지하기 위해 외환시장에서 헷징을 사용할 수 있다. 대규모 현금을 보유한 몇몇 기업은 통화 차익거래도 가능하다. 본국에서 얻을 수 있는 금리보다 해외의 더 높은 금리를 얻기 위해 금리 차익거래 또한 이용할 수 있다.

사업가들은 또한 통화가치의 변화가 자신의 국제 거래에 영향을 미치기 때문에 시간의 흐름에 따른 통화 가치 변화에 주목한다. 재판매하기 위해 상품을 수입한 기업이 벌어들인 이익은 자국 통화와 수입국 통화 간의 환율에 의해 영향을 받는다. 이러한 통화가치 변화가 기업의 국제경영 활동에 영향을 미친다는 점을 알고 있는 경영자는 위험을 최소화하기 위한 전략을 개발할 수 있다.

다음 장에서는, 시장의 영향력(금리와 물가상승 포함)이 환율에 어떻게 영향을 주는지 알아보기 위해 국제금융시장에 대해 폭넓게 알아본다. 또한 환율 움직임을 관리하는 정부와 국제 기관의 역할을 살펴보면서 국제금융제도에 대한 학습을 마무리한다.

이 장의 요약

LO1. 국제 자본시장의 중요성을 설명하라.

- 국제자본시장은 (1) 차입자에게 공급될 자본의 확대, (2) 차입자에 대한 더 낮은 이자율, 그리고 (3) 대출자에게는 더 낮은 위험을 의미한다.
- 국제자본시장이 성장하는 주된 이유는 (1) **정보통신 기술**의 발전, (2) 자본시장의 **규제 완화**, 그리고 (3) **금융상품**의 혁신이다.
- 런던, 뉴욕과 도쿄는 가장 중요한 세계금융센터이다. **역외금융센터**는 세계 주요 금융센터보다 처리하는 업무는 적지만 규제가 거의 없거나, 있더라도 세금 정도이다.

LO2. 국제자본시장의 주요 구성요소를 설명하라.

- **국제채권시장**은 발행자의 자국 이외의 지역에서 판매되는 모든 채권으로 구성된다. 선진국 금융시장의 투자자들은 더 높은 금리를 지급하는 신흥시장의 차입자들을 찾아나서고, 반대의 경우도 성립하기 때문에 국제채권시장은 성장하고 있다.
- **국제주식시장**은 발행기업의 본국 이외에서 매매되는 모든 주식으로 구성된다. 국제주식시장의 성장을 촉진하는 요인으로는 (1) 민영화, (2) 신흥국 기업들의 기업 활동 증가, (3) 투자은행의 글로벌 활동, 그리고 (4) 세계적인 전자 매매이다.
- **유로커런시 시장**은 본국 이외의 지역에 예치된 세계의 모든 통화로 구성되어 있다. 정부 규제의 부재와 낮은 차입비용이 유로커런시 시장의 매력이다.

LO3. 외환시장의 기능을 설명하라.

- 첫 번째 기능은 개인, 기업, 그리고 정부가 통화를 다른 통화로 **전환**할 수 있다.
- 두 번째, 환율의 불리한 변화에 **대비하여 보험을 들 수 있는** 헷징 도구로 사용된다.
- 세 번째, 외환시장에서는 통화 차익거래 또는 각기 다른 시장에서 상이한 이자를 지급하는 금융상품을 통해 **이익을 얻을 수 있다.**
- 네 번째, 통화가치의 변동에 **투기**하여 이익을 얻기 위해 외환시장이 이용된다.

LO4. 통화 호가와 환율의 종류를 설명하라.

- 환율은 A통화와 B통화(A/B)에 대해 호가되며 10/1은 B통화를 한 단위 사기 위해 A통화 10단위가 필요함을 의미한다(A통화에 대해서는 **직접호가**이며 B통화에 대해서는 **간접호가** 방식이다).
- 환율은 또한 공동 통화에 대한 두 개의 환율을 이용하여 구할 수도 있는데, 이를 **교차환율**이라고 한다.
- 매매된 통화의 2영업일 이내 인도를 요구하는 환율을 **현물환율**이라 한다.
- 거래당사자가 미래의 특정 날짜에 교환하기로 합의한 환율을 **선물환율**이라고 한다.

LO5. 외환시장의 기구와 기관을 묘사하라.

- 은행간 시장에는 세계 최고의 대형 은행들이 참여하며 기업들을 대신해 통화를 교환한다. 증권거래소는 통화선물과 옵션이 매매(은행간 시장에 비해 거래량은 더 작다)되는 물리적 실체이다.
- 통화 규제의 목적은 (1) 다른 국가에서 빌려온 차관을 갚는 데 지급될 경화 보유고 유지, (2) 수입대금을 지급하거나 무역적자에 필요한 자금을 조달하기 위한 경화 보유, (3) 통화 투기꾼으로부터 자국 통화 보호, 그리고 (4) 해외 투자에 사용될 통화 억제이다.
- 통화 규제에 사용되는 수단은 (1) 외환거래에 대한 정부 허가, (2) 수입허가증 부과, (3) 복수환율제도, 그리고 (4) 수량 제한 등이 있다.

핵심 용어

경화
교차환율
국제자본시장
국제주식시장
국제채권시장
금리 차익거래
기초 통화
기축 통화
부채
선물환계약
선물환시장
선물환율
역외금융센터
연계무역
외국채
외환시장
유동성
유로본드
유로커런시 시장
은행간 금리
은행간 시장
자기자본
자본시장
장외(OTC)시장
주식
증권거래소
증권화
채권
청산
통화선물계약
통화스왑
통화옵션
통화 차익거래
통화 헷징
파생상품
현물환시장
현물환율
호가 통화
환율
환율위험(환위험)
환투기

얘기해 보자 1

소액금융 개념은 개발도상국가의 많은 이들에게 혜택을 주었다. 이러한 성공에는 가난한 시청과 같이 선진국의 빈민지역 확대를 촉진할 수 있다면 어떻게 될지 의구심을 유도하는 사람들이 있다.

9-1. 개발도상국가에서 이러한 프로그램이 성공한 원인이 무엇이라고 생각하는가?

9-2. 선진국에서 이러한 개념이 통하지 않는 문화적 또는 상업적 장애물이 있다면 무엇이라고 예상하는가?

얘기해 보자 2

역외금융센터는 관리감독이 거의 없고, 규제도 거의 없으며 대개 세금도 거의 없다. 많은 정부가 종종 이러한 역외금융센터들이 자금을 세탁하는 데 이용된다고 비난한다.

9-3. 전자상거래가 자금세탁과 다른 불법행위 위장을 더 용이하게 했는가? 아니면 더 어렵게 만들었다고 생각하는가?

9-4. 역외금융센터는 지금까지 그래 왔던 것처럼 자유로운 운영이 허용되어야 하는가? 아니면 당신은 규제를 선호하는가? 설명해 보라.

윤리적 도전

금융 산업을 규제하는 정부의 목표는 금융제도의 건전성과 안정성 유지이며, 그럼으로써 예금자와 투자자 모두를 보호할 수 있다. 규제에는 내부자 거래 금지, 경영진과 특수관계인에 대한 대출('자기거래'라 불림) 금지, 이해관계 분쟁이 발생할 수 있는 거래 금지 등이 포함된다. 지난 20년 안 되는 기간 동안, 규제 완화는 세계 금융시장을 완전히 바꿔놓았다. 이는 금융분야를 경쟁과 성장으로 몰아갔고, 선진국과 신흥시장 경제를 모두 부양했으며, 국제금융제도를 완전한 붕괴 직전까지 몰고 갔다. 그러나 정부기관의 금융시장 개입이 결국은 터져 버릴 금융시장 거품에 기름을 붓는 것 또한 사실이다.

9-5. 기업 윤리라는 측면에서 규제 완화의 '어두운 면'은 무엇이라고 보는가?

9-6. 최근에 증가되는 규제가 또 다른 글로벌 금융 붕괴를 막는 데 효율적이라고 생각하는가?

9-7. 자본주의의 첫 번째 철학자인 아담 스미스가 '담합한 생산자'의 위험에 대비한 경고를 금융 산업에도 적용할 수 있다고 생각하는가?

팀 협력 활동

당신의 팀이 관리하는 기업이 투자를 위해 100만 달러의 초과현금을 한 달 동안 보유한다고 가정하자. 당신 팀의 업무는 이 돈을 외환시장에 투자하여 이익을 얻는 것이다. 달러 보유는 선택사항이 아니다. 오늘의 현물환율로 구입하고자 하는 통화를 고르되, 250만 이상의 단일 통화를 구입해야 한다. 다음 달 경제신문에서 각 통화의 현물환율을 추적하라. 마지막 날, 당신의 통화를 그날의 현물환율로 교환하라. 당신 팀이 한 달간 얻은 이익 또는 손실을 계산하라. (교수님이 한 달간 통화가 거래될 수 있는지, 그리고 몇 번 거래할 것인지를 결정할 것이다.)

시장진입전략 프로젝트(MESP)

몇몇 급우들과 함께 당신이 흥미를 갖는 국가를 하나 선정하라. MESP 보고서를 작성하기 위해 당신의 팀이 조사한 국가에 대해 다음 질문에 답하라.

9-8. 주요 금융센터가 있는 도시의 본국인가?

9-9. 해당 국가의 채권시장에서 거래되는 채권거래량은?

9-10. 지난 수년간 주식시장의 성과는 어떠한가?

9-11. 해당 국가 통화와 본인 국가 통화 간의 환율은 얼마인가?

9-12. 그 환율의 안정성 또는 변동성에 영향을 주는 요인들은 무엇인가?

9-13. 통화 교환에 대한 규제가 존재하는가?

스스로 연구하기

9-14. 국제자본시장의 과거 성장은 정보기술의 발전, 규제완화 및 증권화에 의해 촉진되었다. 당신은 어떤 요인들이 진정한 글로벌 자본시장의 탄생을 방해하고 있다고 생각하는가?

9-15. 상이한 국가 통화들의 사용은 전환 비용과 환율위험 때문에 국제경영 활동의 추가적인 성장에 걸림돌이 된다. 국가 통화를 지역 통화 또는 글로벌 통화로 대체하는 데 대해 기업과 정부 중에서 어느 쪽이 찬성하고 어느 쪽이 반대하는가?

국제경영 실전 사례 아르헨티나를 위해 울어야 하는가?

아르헨티나의 전 대통령 에두아르도 두알데는 완벽하게 묘사했다. "아르헨티나는 망했습니다. 지금 상황은 파산입니다. 기업은 멈추었고, 결제시스템도 마비되었습니다. 경제를 움직일 돈이 없으며 크리스마스 보너스, 월급, 또는 연금을 지급할 페소도 없습니다." 그가 아르헨티나 의회에서 한 말이다.

1990년대 아르헨티나는 라틴아메리카의 스타였지만, 아르헨티나는 2002년 초 유례없이 가장 큰 규모인 1,550억 달러의 공채에 대한 채무를 이행하지 못했다. 2002년 취임 후, 두알데 대통령은 4년의 경기침체 이후 취약해진 경제가 완전 붕괴되는 것을 막기 위해 많은 정책을 시행했다. 10년간, 아르헨티나 페소는 통화위원회를 통해 달러와 동등하게 고정되어 있었다. 대통령은 즉각 조건을 폐지했다. 그러나 통화시장에서 페소의 자유로운 거래가 허용되었을 때, 아르헨티나 페소 가치는 순식간에 3분의 2가 하락했고 달러 대비 3페소에 거래되었다. 그러자 궁핍한 정부는 시민들의 예금계좌를 동결시키고 한 번에 인출할 수 있는 금액을 규제했다. 거리의 시위대는 여러 정치인들을 공격하고 수십 개의 은행에 침입하는 등 폭력적으로 변했다.

국가 내 기업들 역시 어려움을 겪었다. 많은 기업들이 자신들의 채무불이행에 대한 책임을 해외 송금에 대해 중앙은행의 허가를 받아야 하는 요건 탓으로 돌렸다. 외환에 대한 극심한 규제는 정부가 달러 지급을 승인하기까지 수입업자들을 수개월 이상 기다리게 만들었다. 기업들은 또한 수출업자에게 세금을 부과하는 새로운 규칙으로 인해 고군분투했고, 현금을 쌓아 둔 다른 기업들은 정부의 사회복지사업 지출을 도왔다. 또한 아르헨티나 기업들은 해외 공급업자들에게 지급할 자금을 조달하기도 힘들어졌다. 그러나 비아르헨티나 기업들에게 잃어버린 신뢰는 측정하기도 힘들었다. 1990년대 자유시장으로의 전환과 민영화 시기에 많은 기업들이 아르헨티나에 진출했지만, 시간이 흘러 곤란해진 것이다. 외국인 사업가들은 정부가 사업계약을 독단적으로 자신들에게 맞게 수정하려고 한다면, 미래를 보장받을 수 없을 것이라고 믿었다.

페소화의 가치 하락은 미국 기업들의 문제를 악화시켰는데 급증하는 부채와 아르헨티나 사업으로부터 발생하는 손실을 관리하기 위해 고군분투했다. 미국 기업들의 아르헨티나 사업부는 대개 페소화로 수익을 벌어들이게 되는데, 페소화 가치가 하락함에 따라 달러 표시 부채를 갚는 데 점점 더 어려움을 겪게 되었다. 아르헨티나 정부는 전력회사와 가스업체의 계약을 달러에서 가치가 더 낮은 페소화로 바꾸도록 명령했고 이후 소비자 보호를 위해 공공요금을 동결했다. 그러나 모기업들은 부실해진 아르헨티나 조직들을 구제할 것 같지 않았다. 왜냐하면 모기업들은 대개 이들 독립적인 자회사의 현금흐름이나 채무를 지원할 의무가 없기 때문이다.

아르헨티나 정부는 정부의 부채를 줄이고 국제통화기금(www.imf.org)과의 신용을 재건하기 위해 500억 달러의 달러 표시 정부부채를 페소화로 교환해 줄 것을 요청했다. 스왑은 아르헨티나가 특정 경제 목표를 달성하지 못했을 때 중단된 100억 달러의 IMF 차관을 동결시키는 데 목적이 있었다. 미국과 유럽 투자자들이 460억 달러의 국채를 보유하고 있었는데, 이는 별도로 재구성하기로 되어 있었다. 아르헨티나 정부는 지난 10년간 달러 표시 부채와 다른 외화 표시 부채를 축적해 왔다. 그러나 2002년 1월 달러 대비 고정환율에서 벗어났을 때, 약세인 페소는 그 부채들을 상환하기에는 너무 큰 금액으로 만들었다.

아르헨티나의 경제 붕괴는 충격적이었다. 2001년부터 2002년까지 경제규모는 15%가 줄어들었고, 실업률은 21%에 달했으며, 국민의 56%가 빈곤에 휩싸였다. 임금 상승, 가격 통제, 페소화의 약세 유지, 그리고 공적 기금 지급을 통해 수요를 장려하려는 정부의 계획은 한동안 효과가 있었다. 그러나 물가상승률은 26%에 달했고 2012년에는 더 높은 수준까지 올라 소비자의 구매력은 줄어들고 빈곤은 증가했다. 이후 많은 언론사들이 정부가 실제 수치를 발표하지 않을 거라는 의구심으로 인해 다 같이 아르헨티나의 물가상승률을 보도하지 않았다.

글로벌 사고 질문

9-16. 아르헨티나의 페소는 환율이 달러가치에서 해제되기 이전에 10년간 통화위원회를 통해 미국 달러가치에 연동되어 있었다. 왜 아르헨티나는 자국의 통화를 달러에 우선 고정시켰는가?

9-17. 기업은 경제를 붕괴시키는 통화 위기 영향에 대한 대응전략을 채택할 때 많은 어려움에 직면한다. 국내 기업과 해외 기업은 아르헨티나의 위기가 최고조에 달했을 때 경영환경에 어떻게 적응했는가?

9-18. 일반 시민들의 예금과 구매력에 어떤 영향을 미쳤는가?

출처 : "Economic and Financial Indicators," *The Economist*, October 6, 2012, p. 108; Roben Farzad, "Don't Cry for Argentina," *Bloomberg Businessweek*, May 24-May 30, 2010, pp. 9-10; "Clouds Gather Again over the Pampas," *The Economist*, August 23, 2008, pp. 30-31; "Who Needs Credit?" *The Economist* (www.economist.com), May 8, 2008.

부록 환율의 퍼센트 변동 계산하기

사업가들과 외환 트레이더들은 통화가치의 변동이 현재 및 미래의 국제 거래에 이익 또는 손해를 줄 수 있기 때문에 시간이 지남에 따라 환율에 의해 측정된 통화가치를 추적한다. 경영자들은 환율의 퍼센트 변동을 추적함으로써 환율위험(환위험)을 최소화하려는 전략을 개발한다.

예를 들어 P_N이 어느 기간 말의 환율(통화의 새로운 가격), P_O를 어느 기간 초의 환율(통화의 오래된 가격)이라고 하자. 우리는 이제 다음 공식으로 통화가치의 퍼센트 변동을 계산할 수 있다.

$$\text{퍼센트 변동(\%)} = \frac{P_N - P_O}{P_O} \times 100$$

주 : 이 방정식은 호가된 통화가 아닌, 기초 통화의 퍼센트 변동을 낳는다.

이 계산의 유용성을 단순한 예로 증명해 보자. 이번 연도 2월 1일에 노르웨이 크로네화와 미 달러화 간의 환율은 NOK 5/$였다. 이번 연도 3월 1일에는 환율이 NOK 4/$였다. 이 기초통화, 달러화의 가치 변동은 얼마인가? 우리는 이 수치를 우리 공식에 대입하면 다음과 같은 달러화 가치 변동에 도달한다.

$$\text{퍼센트 변동(\%)} = \frac{4-5}{5} \times 100 = -20\%$$

이와 같이 달러화의 가치는 20% 하락했다. 다시 말해서, 1달러는 2월 1일에 비해 3월 1일에는 노르웨이 크로네화를 20% 덜 살 수 있게 된다.

노르웨이 크로네화의 가치 변동을 계산하기 위해 우리는 먼저 크로네화에 대한 간접환율을 계산해야 한다. 이 단계는 우리가 크로네화를 우리의 기초 통화로 만들고 싶기 때문에 필요하다. 앞서 제시된 공식을 사용하여, 우리는 2월 1일에 환율 $0.2/NOK(1÷NOK 5), 3월 1일에 환율 $0.25/NOK(1÷NOK 4)를 얻는다. 이 환율을 퍼센트 변동 식에 대입하면 다음을 얻는다.

$$\text{퍼센트 변동(\%)} = \frac{0.25-0.2}{0.2} \times 100 = 25\%$$

이와 같이 노르웨이 크로네화의 가치는 25% 증가했다. 1 노르웨이 크로네는 2월 1일에 비해 3월 1일에는 25% 더 많은 달러를 사게 된다.

이러한 차이가 사업가와 외환 트레이더들에게 얼마나 중요한가? 외환시장에서의 전형적인 거래 단위(*round lot*라고 불리는)가 500만 달러임을 고려하자. 그러므로 2월 1일에 크로네로 500만 달러를 매입하기 위해서는 2,500만 크로네가 필요하다. 그러나 3월 1일까지 달러화가 20%의 구매력을 잃었기 때문에 500만 달러를 매입하기 위해서 단지 2,000만 크로네만 필요하며, 한 달 전보다 500만 크로네가 덜 들 것이다.

제10장

국제통화제도

학습목표

이 장을 공부한 후에 다음을 할 수 있어야 한다.

1. 기업 활동에 있어 환율의 중요성을 설명한다.
2. 환율 결정을 돕는 요인들을 서술한다.
3. 고정환율제도를 채택하고자 하는 시도를 설명한다.
4. 변동환율제도를 창설하기 위한 노력을 설명한다.

돌아보기

제9장에서는 국제자본시장과 국제외환시장이 어떻게 운영되는지 알아보았다. 또한 환율을 어떻게 계산하는지와 서로 다른 환율이 국제 사업에서 어떻게 이용되는지 공부했다.

이 장 잠깐 보기

이 장에서는 더 나아가 환율과 국제통화제도에 알아본다. 환율 결정을 돕는 요인과 환율 예측 기법에 대해 알아본다. 국제적으로 행해지는 환율 관리 시도에 대해 논의하고 최근 여러 신흥시장에서 발생한 통화 문제에 대해 살펴본다.

미리 보기

제11장에서는 이 책의 마지막 파트인 국제경영관리라는 주제를 소개한다. 국제 사업 목표를 달성하는 데 사용되는 특정 전략과 조직 구조들을 살펴본다.

유로 롤러코스터

출처 : ROBERT GHEMENT/EPA/Newscom

벨기에 브뤼셀 – "유럽의 거대한 계획", "제자리에, 준비, 유로 출발!" 신문의 헤드라인들은 유럽의 새로운 통화인 유로의 도입을 환영하고 있었다. 로마제국 시절 이후로 하나의 통화가 유럽 전역에서 이렇게 널리 사용된 적은 없었다. 그리스조차도 3,000년 가까이 사용해 온 자국의 드라크마를 포기했다. 유로는 18개 유럽 국가의 공식 통화이며 많은 유럽 국가에서 법정통화로 채택되었다.

유로는 초기에 달러 대비 약 일대일로 거래되었다. 유로의 가치는 상당히 상승하기 시작했고, 곧 1유로로 약 1.57달러를 살 수 있게 되었다. 유로 가치 상승은 유로존 국가들의 미래 성장전망과 발전에 대한 자신감을 의미했다. 또한 미국 달러와 경쟁할 수 있는 글로벌 통화로서 유로의 위상을 높였다.

그러나 세계적인 신용위기와 그 이후의 경기침체는 유럽 경제권을 과도한 국가부채에 노출시켰다. 2014년 후반, 1유로는 약 1.36달러를 살 수 있었다. 그리스가 유로를 탈퇴하여 본래의 드라크마로 돌아갈 것이라는 초기의 추측은 그때까지만 해도 비현실적으로 보였다. 유로 롤러코스터는 상승했다가 포르투갈, 아일랜드, 그리스와 스페인과 같이 경제가 탄탄했던 국가들의 새로운 등장과 함께 하락했다. 그러나 금융시장은 곧 안정되었고 유로의 미래는 다시 안정을 되찾을 것처럼 보였다. 사진은 루마니아 부쿠레슈티에서 한 여자가 환전소 게시판의 소수점을 바꿔 다는 모습이다.

유로는 유럽 기업들에게 장기적인 혜택이 된다. 사업 거래상 일반 통화를 사용함으로써 유로존 기업들은 환율위험을 제거하고 재무계획을 개선시킨다. 시너지 효과로 경쟁을 촉진하고 M&A를 통해 규모의 경제 효과를 키운다. 유럽의 수출업자는 세계 시장에서 판매 가격을 낮출 수 있으므로 유로 약세로 인한 이득을 얻는다. 유로가 강세였을 때 해외 시장점유율을 잃었던 몇몇 유럽 기업들은 아마도 고객을 되찾아 승리할 수 있을 것이다. 이 장을 공부하면서, 국제통화제도가 경영자의 의사결정과 기업의 성과에 어떻게 영향을 미치는지 고려해 보자.[1]

제9장에서 우리는 환율이 어떻게 계산되고 서로 다른 종류의 환율이 어떻게 사용되는지에 대한 기본 원칙들을 살펴보았다. 이 장에서는 환율을 결정하는 요인들을 살펴보고 그들을 관리하기 위한 다양한 시도를 살펴봄으로써 국제금융제도에 대한 이해를 넓히고자 한다. 환율 움직임이 기업의 활동에 어떻게 영향을 미치는지 살펴보고 환율 예측의 중요성을 알아보는 것으로 이 장을 시작한다. 이후 통화가치, 즉 환율 결정에 도움이 되는 요인들을 알아본다. 다음으로 고정환율제도를 만들려고 하는 시도에 대해 공부한다. 이 장은 변동환율제도를 발전시키기 위한 노력과 최근의 여러 금융위기를 검토하며 끝맺는다.

환율의 중요성

환율은 세계 시장에서 기업 제품에 대한 수요에 영향을 미친다. 약세(다른 통화에 대해 상대적으로 가치가 낮은) 통화를 가진 국가는 수출 가격 하락과 수입 가격 상승을 목격하게 될 것이다. 세계 시장에서 수출 가격의 하락은 기업에게 제품 가격이 비교적 높은 기업들의 시장점유율을 차지할 수 있는 기회가 될 수 있다.

나아가 기업은 통화가 약세인 국가에서 자본을 조달하는 한편 통화가 강세(다른 통화에 대해 상대적으로 가치가 높은)인 국가에서 제품을 판매할 수 있다면 이익이 늘어난다. 예를 들어 한 기업이 근로자와 공급자에게는 가치가 하락 중인 현지 통화로 지급하고 가치가 상승 중인 통화 표시로 제품을 판매한다면, 그 기업은 약세통화로 비용을 지불하는 한편 강세통화로 수익을 창출하여 이익을 얻는다. 그러나 경영자들은 이러한 종류의 가격 이점을 고정적인 것으로 보지 않도록 주의를 기울여야 한다. 왜냐하면 그러한 활동은 기업의 장기적인 경쟁력을 위태롭게 할 수 있기 때문이다.

환율은 또한 기업이 해외 자회사로부터 벌어들인 이익의 크기에도 영향을 줄 수 있다. 해외 자회사의 이익은 대개 모회사의 재무제표에 모국 통화표시로 통합된다. 자회사 이익을 약세인 현지국 통화에서 강세인 자국 통화로의 전환은 자국 통화로 표시되었을 때 이들 이익의 규모가 줄어든다. 마찬가지로 약세인 자국 통화로의 이익 전환은 자국 통화로 표시된 이익을 증가시킨다. 〈그림 10.1〉은 미국 달러와 몇몇 주요 통화 간의 환율을 보여 주고 있다.

평가절하
국가 정부가 의도적으로(인위적으로) 통화가치를 내리는 것

평가절상
국가 정부가 의도적으로(인위적으로) 통화가치를 올리는 것

국가 정부가 의도적으로(인위적으로) 통화가치를 내리는 것을 **평가절하**(devaluation)라고 한다. 반대로 국가 정부가 의도적으로(인위적으로) 통화가치를 올리는 것을 **평가절상**(revaluation)이라고 한다. 이들 개념은 그 효과가 유사함에도 약세통화나 강세통화 같은 용어와 혼동되지 않는다.

평가절하는 세계 시장에서 한 국가의 수출 가격은 떨어트리고 수입 가격은 상승시킨다. 해당 국가의 통화가치가 세계 시장에서 낮아지기 때문이다. 정부는 외국 시장 경쟁에서 자국 기업들에 우위를 부여하기 위해 자국 통화가치를 떨어뜨릴 수 있다. 그러나 평가절하는 자국 소비자들의 구매력을 감소시킨다. 또한 자국 기업들의 생산비용 절감 압박이 줄어들기 때문에 비효율성을 지속하도록 내버려 두는 결과를 가져올 수 있다. 평가절상은 반대의 효과를 낸다. 이는 수출 가격을 상승시키고 수입 가격을 하락시킨다.

예측가능성과 안정성을 향한 바람

환율의 불리한 움직임은 기업에게 비용을 발생시킬 수 있다. 환율의 예측가능성이 떨어짐에 따

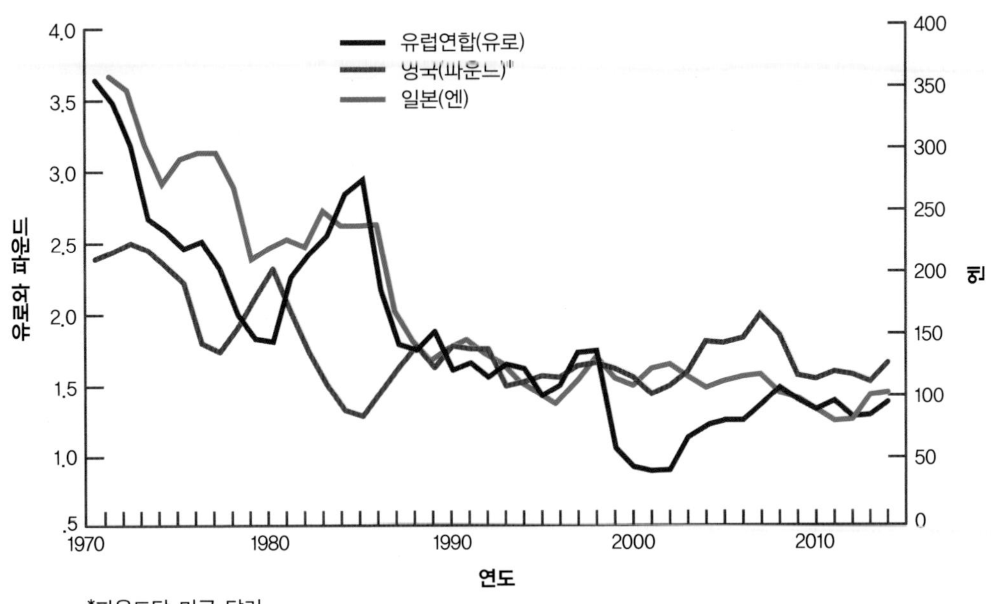

그림 10.1
세계 주요 통화의 환율

출처 : Based on *Economic Report of the President*, Table B110, multiple years.

*파운드당 미국 달러.
1999년 이전 유로화는 독일 마르크화의 가치

라 수반되는 위험에 대비해야 하는 비용이 많이 발생한다. 반대로 안정적인 환율은 재무계획의 정확성을 향상시키고 더욱 분명한 현금흐름 예측을 가능하게 한다.

경영자들 역시 예측가능한 환율 움직임을 선호한다. 예측가능한 환율은 기업이 갑작스럽고 예상치 못한 환율 변화로 타격을 입을 가능성을 줄여 준다. 또한 환율이 반대로 움직일 가능성에 대비해야 하는 값비싼 보험(대개 통화 헷징에 의한)의 필요도 감소시킨다. 기업은 새로운 제품을 개발한다든지 보다 효율적인 생산방식을 설계하는 등 보다 생산적인 활동에 비용을 잘 활용할 것이다.

〈그림 10.2〉는 미국 달러 가치가 시간에 따라 어떻게 변화했는지를 보여 준다. 그래프는 달러가 불안정했던 시기를 보여 주는데 국제 기업들의 재무관리 역량이 요구되었다. 국제경영 활동을 수행하기 전에, 경영자들은 미래 환율을 예측해야 하고 통화가치가 이익에 미치는 영향을 고

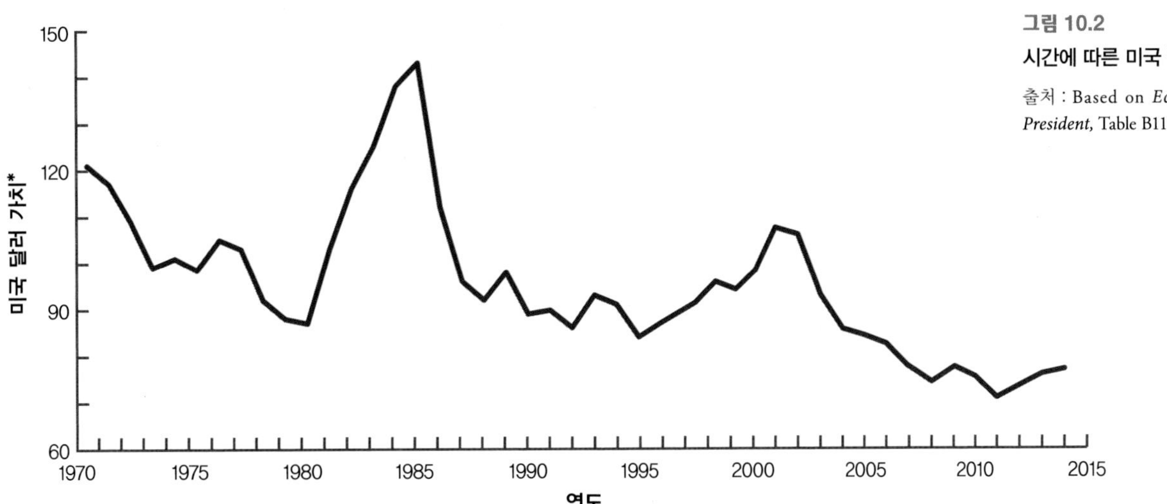

그림 10.2
시간에 따른 미국 달러의 가치

출처 : Based on *Economic Report of the President*, Table B110, multiple years.

* 미국 달러화의 다자간 무역 가중치(1973년 3월 = 100)

려해야 한다.

시장이 효율적이라는 견해와 비효율적이라는 견해

수많은 논의에서 환율을 예측하게 될 때 시장 자체가 효율적인지 아니면 비효율적인지를 중점적으로 다룬다. 트레이더들이 이용가능하고 새롭게 공개된 정보가 금융상품의 가격에 즉시 반영되는 경우 시장은 효율적이다. **효율적 시장 견해**(efficient market view)는 이용가능하고 공개된 모든 정보는 언제든 금융상품의 가격에 반영된다고 말한다. 환율에 적용해 보면, 이는 선물환율이 미래 환율의 정확한 예측치임을 의미한다.

효율적 시장 견해
이용가능하고 공개된 모든 정보는 언제든 금융상품의 가격에 반영된다고 보는 견해

제9장에서 선물환율은 두 통화의 미래 가치에 대한 시장의 기대를 반영한 것이라는 점을 상기해 보자. 효율적인 통화시장에서 선물환율은 언제든지 모든 공개적으로 이용가능한 관련 정보를 반영한다. 선물환율은 환율에 대한 가장 적절한 예측치로 간주된다. 이러한 견해를 지지하는 사람들은 선물환율이 제공하는 정보 이상으로 환율 예측치를 개선할 수 있는 이용가능한 공개 정보는 없다고 주장한다. 그러나 선물환율과 실제 환율 간에는 일정한 크기의 편차가 늘 발생하고, 그래서 기업들은 더욱 정확한 예측 기법을 찾으려고 애쓴다.

비효율적 시장 견해(inefficient market view)는 공개적으로 이용가능한 모든 정보가 금융상품에 반영되지 않는다고 얘기한다. 이 견해를 지지하는 사람은 기업이 예측치를 개선할 수 있는 새로운 정보를 발견할 수 있을 거라고 믿는다. 그러나 그 이상의 정보를 탐색하는 비용은 발견했을 때의 이득보다 크지 않아야 한다.

비효율적 시장 견해
공개적으로 이용가능한 모든 정보가 금융상품에 반영되지 않는다고 보는 견해

자연스럽게 시장이 비효율적이라는 견해는 사적 정보를 고려할 때 더욱 강요된다. 어느 한 통화 트레이더가 미래 국가 경제 정책 변화에 관한 기밀정보를 가지고 있다고 가정하자. 그가 믿고 있는 정보는 해당 국가 환율에 영향을 미친다. 시장은 이러한 정보를 인지하지 못하기 때문에 이는 선물환율에 반영되지 않는다. 우리의 트레이더는 그의 개인 정보에 따라 행동함으로써 이익을 얻을 것이라는 점을 의심하지 않을 것이다.

예측 기법

앞서 살펴본 것처럼, 몇몇 분석가들은 환율 예측치가 선물환율에 반영되지 않은 정보를 커버하지 못하기 때문에 개선될 수 있다고 생각한다. 실제로 정확히 이런 종류의 서비스를 제공하기 위한 기업들이 존재한다. 추가 정보의 가치에 대한 이러한 믿음에 근거한 두 가지 주요 예측 기법이 있다. 기본적 분석과 기술적 분석이다.

기본적 분석(fundamental analysis)은 환율 예측을 위한 기본적인 경제 지표에 기반한 통계 모형을 사용한다. 이들 모형은 대개 매우 복잡하고, 여러 가지 가능한 경제 상황을 반영하는 변형된 모형이 많다. 이들 모형에는 물가상승률, 금리, 통화 공급, 세율과 정부지출 같은 경제 변수들이 포함된다. 또한 이 분석에는 한 국가의 국제수지 상황(제7장 참조)과 자국 통화가치에 영향력을 행사하기 위해 시장에 개입하려는 국가의 경향이 종종 고려된다.

기본적 분석
환율 예측을 위한 기본적인 경제 지표에 기반한 통계 모형을 사용하는 기법

기술적 분석(technical analysis)은 과거 통화가격의 추세를 나타내는 차트와 환율 예측에 필요한 다른 요인들을 사용한다. 고도의 통계적 모형과 과거 추세를 보여 주는 차트를 사용하여 분석가들은 환율이 변화하는 동안 영향을 미친 조건들을 조사하고, 미래 변화의 시기, 정도와 방향을 추정하고자 한다. 많은 예측가들은 잠정적으로 더욱 정확한 예측치를 얻기 위해 기본적 분석과 기술적 분석 기법을 결합하여 사용한다.

기술적 분석
과거 통화가격의 추세를 나타내는 차트와 환율 예측에 필요한 다른 요인들을 사용하는 기법

문화 이슈 법의 권한

문화는 정부가 경영 환경에 대해 부과하는 감독의 정도에 영향을 미칠 수 있다. 경영 활동을 감독하는 몇몇 미국 기관은 다음과 같다.

- **미국특허상표국(USPTO)** USPTO는 미국 상무부 내에 있는 비상업적 연방부서이다. 특허권을 발행함으로써 이 기관은 전 세계적으로 새로운 기술을 발명하고, 거기에 투자하고, 공개할 유인을 제공한다. 상표권을 등록함으로써 기업 투자를 보호하고, 소비자들을 혼동과 사기로부터 보호한다. 특허 및 상표 정보를 확산시킴으로써 전 세계적으로 새로운 기술을 개발하고 공유하는 것을 용이하게 한다.
- **미국국제무역위원회(USITC)** USITC는 독립적이고 준사법권을 지닌 연방기구이다. 정부의 입법 및 행정 부서에 무역관련 전문성을 제공하고, 미국 산업에 대한 수입품의 영향을 결정하고, 특허, 상표 및 판권과 관련한 불공정 무역 관행에 대해 조치를 취한다. 무역의 여러 문제에 대해 광범위한 조사권을 가지고 있고, 무역 데이터를 수집하고 분석하는 국가 자원이다.
- **연방통상위원회(FTC)** FTC는 다양한 연방 반독점 및 소비자보호법을 집행한다. 이 위원회는 국가의 시장들이 경쟁적으로 기능하고 활동적이고 효율적이며 과도한 규제로부터 자유롭도록 보장하고자 한다. 또한 불공정하거나 기만적인 행위나 관행을 제거함으로써 시장의 원활한 작동을 증진시키고자 노력한다. 일반적으로 정보가 있는 선택을 하려는 소비자의 기회를 위협하는 행위를 중단시키기 위한 노력을 경주한다.
- **미국 소비자제품안전위원회(CPSC)** CPSC는 자동차 시트, 자전거, 자전거 헬멧, 잔디 깎는 기계, 장난감, 보행기를 포함하는 15,000여 종류의 소비자제품과 관련한 상해 및 사망으로부터 대중을 보호하기 위해 설립된 독립적인 연방 규제기구이다. 또한 불응성, 부정 상표 또는 금지된 제품의 수출에 관련된 기업들에 대한 정보를 제공한다.
- **더 알고 싶다면?** 정부 기구 USPTO(www.uspto.gov), USITC (www.usitc.gov), FTC(www.ftc.gov), CPSC(www.cpsc.gov)의 웹사이트를 방문하라.

출처 : Federal Trade Commission website (www.ftc.gov); U.S. Consumer Product Safety Commission website (www.cpsc.gov); U.S. Patent and Trademark Office website (www.uspto.gov); U.S. International Trade Commission website (www.usitc.gov).

예측의 어려움

환율 예측 사업은 빠르게 성장 중인 산업이다. 그러나 환율 예측은 숙련된 분석가들을 보유하고 매우 복잡한 통계 기법에도 불구하고 순수과학이 아니다. 만약 있다 하더라도 예측기간 동안 발생하는 예상치 못한 사건들로 인해 완벽히 정확했던 예측은 거의 없다.

이 기법에 사용된 자료들의 문제를 넘어, 실패는 예측에 포함된 인적 요인까지 추적할 수 있다. 예를 들어 사람은 어떤 요인에 대해 과도하게 강조하고 다른 요인은 무시함으로써 경제 뉴스의 중요성을 잘못 판단할 수 있다.

환율 예측의 어려움을 증가시키는 또 다른 요인은 기업에 대한 정부 규제의 변화이다. 규제 변화는 해당 국가 경제에 대한 전망을 개선하거나 손상시킬 수 있다. 예측이 경제 개선이나 악화를 예상함에 따라, 한 국가 통화와 다른 국가 통화 간의 환율 또한 변화한다. 더 나아가 한 국가의 문화는 민간 기업의 규제에 대해 그 국가의 국민들이 강조하는 바에 영향을 미치는 경향이 있다. 미국의 기업법 집행에 책임이 있는 몇몇 기관들에 대해 알아보려면 글상자 '문화 이슈 : 법의 권한'을 참조하라.

퀵 스터디 1

1. 약세통화(다른 통화에 대해 가치가 낮은)를 보유한 국가에서 수출가격과 수입가격은 어떻게 변화하는가?
2. 환율의 불리한 움직임은 기업에게 비용을 발생시킬 수 있다. 따라서 관리자들은 환율이 *어떻게* 되기를 바라는가?
3. 금융상품의 가격에는 공개적으로 이용가능한 모든 정보가 반영되어 있다고 보는 견해를 *무엇*이라 하는가?

어떤 요인들이 환율을 결정하는가?

환율 결정에 일조하는 요인들을 좀 더 알아보기 위해, 우선 일물일가의 법칙과 구매력평가설이라는 두 가지 중요한 개념을 이해해야 한다. 각 개념은 환율이 결정되어야 하는 수준을 알려 준다. 이들 개념을 논의하는 한편, 실제 환율 수준에 영향을 미치는 요인들을 살펴볼 것이다.

일물일가

환율은 얼마의 통화를 지불해야 일정량의 다른 통화를 얻을 수 있는지를 알려 준다. 그러나 환율은 특정한 국가에서 특정 상품을 구입하는 데 비용(자국의 통화로 측정)을 더 지불해야 하는지 또는 덜 지불해야 하는지는 알려 주지 않는다. 우리가 다른 국가를 여행할 때, 우리는 우리의 통화가 자국에서보다 더 구매하거나 덜 구매할 수 있다는 사실을 발견하게 된다. 다른 말로, 우리는 환율이 우리나라 통화의 구매력을 보증하지도 일정하지도 않다는 것을 금세 알게 된다. 따라서 우리는 어떤 나라에서는 구매력을 잃을 수 있는 반면 다른 나라에서는 구매력을 얻을 수도 있다. 예를 들어 당신과 친구가 한 식당에서 식사를 하는 데 드는 비용이 뉴욕에서는 60달러, 일본에서는 7,000엔(약 80달러), 멕시코에서는 400페소(약 30달러)가 소요된다. 뉴욕에서의 식사와 비교해, 일본에서는 구매력 상실을 겪었지만 멕시코에서는 구매력 상승으로 이익을 얻었다.

일물일가의 법칙
동일한 상품은 모든 국가에서 공동 통화로 가격을 표시했을 때 동일한 가격이어야 한다는 원칙

일물일가의 법칙(law of one price)은 동일한 상품은 모든 국가에서 공동 통화로 가격을 표시했을 때 동일한 가격이어야 한다고 규정한다. 이 법칙을 적용하기 위해 상품은 각 국가에서 품질과 내용물이 동일해야 하고 각 국가에서 전체 생산된 것이어야 한다.

예를 들어 미국과 독일에서 채취한 석탄의 품질이 비슷하다고 가정하자. 그러나 독일에서 석탄 1파운드의 가격은 1.5유로이고 미국에서는 1달러라고 가정하자. 그러므로 일물일가의 법칙에 따르면 유로와 달러 간의 기대환율은 €1.5/$가 될 것으로 계산된다. 그러나 통화시장에서 실제 유로/달러 환율은 €1.2/$라고 하자. 환율이 변동된 이후에 달러 표시로 독일 석탄 가격을 지급하기 위해서는 1달러만 유로로 환전해야 하는 것이 아니라 1.25달러(기대환율을 실제 환율로 나눈 값, 또는 €1.5÷$1.2)를 환전해야 한다. 따라서 가격이 공동 통화로 표시될 때, 독일 석탄은 1.25달러이고 미국 석탄은 1달러이며, 이 경우에는 달러가 공동 통화이다.

앞의 사례는 일물일가를 위반하기 때문에, 차익거래 기회, 즉 한 국가에서 상품을 사서 가격이 더 높은 국가에서 팔 수 있는 기회가 발생한다. 예를 들어 누군가는 미국에서 석탄을 1파운드당 1달러에 사서 독일에서 파운드당 1.25달러(1.5유로)에 팔아 이익을 얻을 수 있다. 그러나 거래자들이 미국에서는 매입하고 독일에서는 판매하기 시작함에 따라 미국에서 석탄 수요의 증가는 가격을 상승시키는 반면 독일에서 석탄 공급의 증가는 가격을 하락시킨다는 점을 기억해야 한다. 결과적으로 양 국가에서 석탄 가격은 이전 미국에서의 낮은 가격과 이전 독일의 높은 가격 사이 어딘가로 정해질 것이다.

맥통화 일물일가 법칙의 유용성은 한 통화가 과대평가되었는지 과소평가되었는지를 판단하는 데 도움이 된다는 것이다. 이코노미스트지는 환율에 대한 '빅맥지수'를 자체 발표한다. 이 지수는 미국 달러와 다른 주요 통화 간에 성립해야 하는 환율을 알아보기 위해 일물일가의 법칙을 사용한다. 맥도날드의 빅맥버거는 일물일가의 법칙을 검증하기에 적당하다. 왜냐하면 각각의 버거는 모든 국가 시장마다 품질과 재료가 상당히 비슷하고 대부분은 판매되는 국가에서 처음부터 끝까지 생산되기 때문이다. (일물일가의 법칙에서 동일한 상품은 모든 국가에서 공동 통화로 가격

을 표시했을 때 동일한 가격이어야 한다고 규정한다는 점을 상기하자.)

최근의 빅맥지수는 맥도날드 빅맥버거의 평균가격이 미국에서는 3.73달러이지만, 중국에서는 1.95달러라고 밝혔다. 빅맥지수에 따르면, 중국의 위안화는 과소평가되어 있다. 이와 반대로 노르웨이에서 빅맥 가격은 7.20달러이고 노르웨이 크로네는 과대평가되어 있다.[2]

이처럼 통화시장에서 한 통화의 환율과 빅맥지수가 예측한 환율 간의 큰 가격 차이는 놀라운 것이 아니다. 우선 한 가지 이유는 식품의 판매 가격은 대부분의 국가에서 농산품 보조금에 영향을 받는다는 것이다. 또한 빅맥은 누군가 가격이 낮은 국가에서 사서 가격이 높은 국가에 팔 수 없다는 점에서 '거래되는' 제품이 아니다. 또한 빅맥은 각 국가의 마케팅 전략에 따른 것이므로 가격도 영향을 받을 수 있다. 마지막으로 몇몇 국가는 음식점의 식사에 대해 각기 다른 판매세를 부과한다.

빅맥지수의 문제점은, 단일 상품에 대한 일물일가의 법칙 적용은 환율을 추정하는 데 있어 지나치게 단순화된 방법이라는 점을 반영한다. 그럼에도 학계의 연구들은 통화가치가 빅맥지수에서 제시한 방향대로 변화하는 경향이 있음을 발견했다.

구매력평가설

제4장의 경제발전이라는 맥락에서 구매력평가설(Purchasing Power Parity, PPP) 개념을 소개하려고 한다. 일물일가의 법칙이 단일 상품에 대해 성립하기는 하지만, PPP 이론은 장바구니 품목에 적용할 때만 의미가 있다.

PPP 이론에 따르면 경제 요인은 실제 시장 환율이 PPP로 결정된 환율을 향해 움직이도록 강요할 것이다. 만약 그렇지 않다면, 차익거래 기회가 발생할 것이다. PPP는 국제적으로 거래되는 상품에 대해 성립하며 이 상품들은 무역장벽에 의해 규제되지 않으며 거래비용이 거의 없거나 아예 없다. 이익을 얻기 위해, 차익거래자들은 가격이 낮은 국가에서 구입한 장바구니 품목이 운송비, 관세, 세금과 기타 비용을 더하고도 가격이 높은 국가의 가격보다 여전히 낮다는 것을 확신해야 한다.

예제 PPP 개념은 환율이 어느 수준이어야 하는지를 결정하는 데도 유용하다. 태국에서 식료품 한 봉투를 사는 데 650바트가 필요한데 미국에서는 30달러가 필요하다고 가정하자. 이 두 숫자가 미국 국민들에 비해 태국 국민들의 경제 상황에 대해 무엇을 얘기하는가? 우선, 미국 소비자의 구매력과 태국 소비자의 구매력을 비교할 수 있다. 그러나 궁금증은 여전히 남아 있다. 태국 소비자들은 미국 소비자들에 비해 구매력이 더 나은가 아니면 구매력이 더 낮은가? 이 질문을 다루기 위해, 각 국가의 1인당 국내총생산은 다음과 같다고 가정하자.

태국의 1인당 GNP = 122,277바트
미국의 1인당 GNP = 26,980달러

또한 두 통화 간 환율은 41.45바트 = 1달러라고 가정하자. 이 숫자들을 가지고 122,277바트를 달러로 전환할 수 있다 : 122,277 ÷ 41.45 = $2,950. 이제 질문은 다음과 같이 다시 쓸 수 있다. 태국 소비자는 태국에서 2,950달러를 가지고 26,980달러를 가진 미국 소비자보다 더 많이 살 수 있는가 혹은 적게 살 수 있는가?

우리는 이미 태국에서 650바트로 살 수 있는 것을 미국에서는 30달러로 살 수 있다는 것을 알고 있다. 따라서 650 ÷ 30 = 21.67바트(달러당)라고 계산했다. 현물시장의 환율은 41.45baht/$인 데 반해 바트의 PPP 환율은 21.67baht/$이다. 이제 이 숫자들을 두 통화 간 비교 환율을 계산하는 데 사용해 보자. 이제 태국의 1인당 GNP는 PPP를 기준으로 다음과 같다 : 122,277 ÷ 21.67 = 5,643. 태국 소비자들은 평균적으로 미국 소비자들만큼 풍요롭지는 않다. 그러나 그들이 바트를 가지고 구매할 수 있는 재화와 서비스를 고려할 때 — 그들이 살 수 있는 달러가 아닌 — PPP 기반의 1인당 국민총생산인 5,643달러보다 더 정확하게 태국 소비자들의 실질 구매력을 나타낼 수 있다.

이제는 두 통화 간 상대가치로 조정한 물가 수준을 고려해 보자. 환율이라는 맥락에서 **구매력평가설 법칙**은 각 국가의 물가 수준 비율을 같아지게 하는 두 통화 간 환율로 해석할 수 있다. 다른 말로 태국 소비자는 미국 소비자가 1달러로 살 수 있는 상품과 같은 양을 구매하려면 태국 통화 21.67 단위(41.45가 아닌)가 필요하다는 것을 PPP를 통해 알 수 있다. 이 사례에서 보다시피 PPP환율(21.67/$)은 금융시장에서 거래되는 실제 환율(41.45/$)과는 다르다.

물가상승의 역할 물가상승은 통화에 대한 수요와 공급의 결과이다. 한 국가 경제에 추가 자금이 투입되고 이것이 생산량 증가로 이어지지 않는다면, 사람들은 동일한 양의 상품을 소비하는 데 전보다 더 많은 화폐를 보유하고 있을 것이다. 정체된 공급을 초과하여 상품 수요가 증가함에 따라 가격은 상승할 것이고, 소비자들이 지불해야 하는 화폐의 증가분을 모두 집어삼킬 것이다. 따라서 물가상승은 사람들의 구매력을 약화시킨다.

통화 공급 결정의 효과 정부는 물가상승의 부작용 때문에 자국 화폐의 수요와 공급을 관리하려고 한다. 자국 통화 공급에 영향을 미치도록 설계된 두 종류의 정책을 사용하여 관리한다. **통화정책**이란 한 국가의 금리 또는 통화 공급에 직접적으로 영향을 미치는 활동을 말한다. 정부채권 매각은 한 국가의 통화 공급을 감소시킨다. 투자자들이 정부채권을 취득하기 위해 돈을 정부 재정부에 지급하기 때문이다. 반대로 정부가 공개시장에서 채권을 사들일 때, 경제에 현금이 흡수

짐바브웨 하라레 시의 거주자가 은행에서 인출한 1,000억 짐바브웨 달러(ZWD)를 가지고 있다. 그 당시 빵 1개의 값은 약 600만 ZWD였다. 짐바브웨의 인플레율은 2009년에 정부가 이 통화를 포기하기 전에 10만 % 이상으로 치솟았다. 짐바브웨 중앙은행은 대신에 남아프리카공화국의 랜드화, 보츠와나의 풀라화, 미 달러화를 포함한 외국 통화들을 합법적으로 거래에 사용할 수 있다고 공포했다. 짐바브웨는 서투른 경제 정책 때문에 국내총생산(GDP)의 하락, 인프라 붕괴, 많은 생필품의 부족에 직면해 있다.

출처 : DESMOND KWANDE/AFP/Getty Images/Newscom

되고 통화 공급이 늘어난다.

재성 정책에는 통화 공급에 간접적으로 영향을 미치는 세금과 정부지출이 포함된다. 예를 들어 소비자들의 수중에 있는 현금 보유량을 줄이기 위해 정부는 세금을 인상한다. 국민들은 정부 재원에 돈을 지불하도록 압력을 받는다. 반대로 세금 인하는 소비자들의 현금 보유량을 증가시킨다. 또한 정부는 경제를 둘러싼 통화량을 증가시키기 위해 재정지출을 강화하거나, 통화량을 줄이기 위해 재정지출을 중단할 수도 있다.

실업률과 이자율의 효과 물가상승 방정식의 중요한 요인은 실업률과 금리이다. 실업률이 낮을 때는 노동력 부족이 발생하고 고용주는 종업원을 끌어들이기 위해 높은 임금을 지급한다. 인건비 상승과 함께 타당한 이익 마진을 유지하기 위해 기업은 제품 가격을 올리고, 비용 상승을 소비자에게 전가하며 물가상승을 가져온다.

이자율(이 장 뒷부분에서 자세히 논의)은 차입비용에 영향을 미치므로 물가상승에 영향을 준다. 낮은 금리는 사람들이 대출을 받아 주택과 자동차를 구입하도록 부추기며 신용카드 사용을 장려한다. 높은 금리는 사람들이 부채에 대해 매달 지급해야 하는 이자가 늘어나기 때문에 즉각적으로 부채 규모를 줄이도록 유도한다. 따라서 물가가 상승 중인 경제를 진정시키는 한 가지 방법은 금리를 인상하는 것이다. 부채비용의 상승은 소비자들의 소비를 감소시키고 기업의 확장에 더 많은 비용을 발생시킨다.

환율은 어떻게 물가상승에 대해 조정되는가 PPP 개념 중에서 중요한 요소는 환율이 각 국가의 서로 다른 물가상승률에 대해 조정된다는 것이다. 국가 간 PPP를 유지하기 위해서는 그러한 조정이 필요하다. 연초에 멕시코 페소와 미국 달러 간 환율이 8pesos/$(또는 $0.125/peso)라고 가정하자. 또한 멕시코의 소비자물가상승률은 연간 20%에 달하는 반면, 미국의 물가는 연간 3% 상승한다고 가정하자. 연말의 새로운 환율(E_e)을 알아보기 위해 다음 식을 사용한다.

$$E_e = E_b(1 + i_1) \mid (1 + i_2)$$

여기서 E_b는 기간 초의 환율이고, i_1은 1번 국가의 인플레이션율, i_2는 2번 국가의 인플레이션율이다. 공식에 이번 사례의 숫자들을 대입하면 다음과 같다.

$$E_e = 8_{pesos/\$}[(1 + 0.20) \mid (1 + 0.03)] = 9.3_{pesos/\$}$$

환율의 분자에 페소가 놓이기 때문에, 멕시코의 물가상승률 역시 인플레이션 비율의 분자에 위치해야 한다는 걸 기억해야 한다. 따라서 멕시코의 물가상승률이 더 높고 통화가치도 이에 상응하여 변동했기 때문에 환율은 8pesos/$에서 9.3pesos/$로 조정되었음을 살펴보았다. 다시 말해, 연초에는 1달러를 사는 데 8페소만 들었지만, 이제는 9.3페소가 필요하다.

사례에서 멕시코에 기반을 둔 기업들은 미국으로부터 구입한 모든 공급에 대해 더 많은 페소를 지급해야 한다. 그러나 미국 기업들은 멕시코에서 구입한 공급에 대해 더 적은 달러를 지급할 것이다. 또한 미국 여행자들은 멕시코에서의 휴가 비용이 저렴해져 무척 기뻐할 것이고, 멕시코인들은 미국 여행 경비가 훨씬 늘어난 것을 발견하게 될 것이다.

이 논의는 높은 물가상승률을 직면한 국가가 겪는 어려움 중 겨우 하나를 보여 주는 것이다. 급격한 물가상승을 겪고 있는 국가의 소비자와 기업 모두 그들의 약화된 구매력을 목격하게 된다. 개발도상국과 과도기에 있는 국가들 대부분이 급격한 물가상승으로 괴로워한다.

이자율의 역할 이자율이 두 통화 간 환율에 어떤 영향을 미치는지 알아보기 위해서는 우선 단일 경제권 내에서 인플레이션과 금리 간의 연관성을 살펴보아야 한다. 두 종류의 금리로 구분한다 : **실질금리**와 **명목금리**. 당신의 지역 은행에서 신차 대출에 대한 금리를 제시한다고 해 보자. 그 이자율은 명목금리이다. 명목금리는 실질금리에다 인플레이션에 대한 추가 비용이 더해진 것이다. 이러한 원칙 이면의 이유는 간단하다. 대출기관은 대출기간 동안 인플레이션으로 인해 훼손된 구매력을 보상받아야 한다.

피셔효과 거래 은행으로부터 당신의 재택 사업에 필요한 배달용 트럭 구입자금을 대출받는다고 가정하자. 당신의 신용위험 등급에 따르면, 은행은 당신에게 연 5%의 이자를 부과한다고 하자. 그러나 내년 물가상승률이 2%일 것으로 기대된다면, 당신의 대출금리는 연 7%가 될 것이다. 5%의 실질금리 더하기 인플레이션을 커버할 2%가 더해진 금리이다. 물가상승과 이자율 관계를 나타낸 원칙을 **피셔효과**(Fisher effect)라고 한다 — 명목금리는 실질금리와 특정 기간 동안 예상되는 인플레이션율의 합계이다. 물가상승률과 금리의 관계는 다음과 같이 쓸 수 있다.

피셔효과
명목금리는 실질금리와 특정 기간 동안 예상되는 인플레이션율의 합계라는 원칙

명목금리 = 실질금리 + 인플레이션율

국제적인 자금의 이동이 모든 통제로부터 자유롭다면, 실질금리는 모든 국가에서 동일해야 한다. 왜 이것이 참인지 알아보기 위해, 캐나다와 미국의 실질금리가 각각 4%와 6%라고 가정하자. 이러한 상태는 차익거래 기회를 만들어 낸다. 투자자는 캐나다에서 4%의 금리로 차입하고, 미국에서 6%의 금리로 대출하여 2%의 금리 차이로 이익을 얻을 수 있다. 충분히 많은 사람들이 이 기회를 이용해 이득을 본다면, 자금 수요가 늘어나게 된 캐나다의 금리는 상승할 것이고, 자금의 공급이 늘어나는 미국의 금리는 내려간다. 다시 말해 차익거래 기회를 실현하는 반복된 행동으로 인해 차익거래 기회는 사라질 것이다. 이것이 실질금리가 이론적으로는 국가 간 동일하게 유지되어야 하는 이유이다.

우리는 앞에서 인플레이션과 환율 간의 관계를 살펴보았다. 피셔효과는 인플레이션과 이자율의 관계를 명확하게 규정한다. 이제 환율과 이자율의 관계를 알아보자. 이 관계를 설명하기 위해 **국제피셔효과**(international Fisher effect)를 언급하려고 한다 — 두 국가의 통화로 뒷받침되는 명목금리의 차이는 같아질 것이지만 **현물환율**의 변화는 반대일 것이다. 제9장에서 현물환율은 2영업일 이내에 거래한 통화의 인도를 요구하는 환율이라는 점을 상기하자.

국제피셔효과
두 국가의 통화로 뒷받침되는 명목금리의 차이는 같아질 것이지만 현물환율의 변화는 반대일 것이라는 원칙

실질금리는 이론적으로 국가마다 동일하므로, 두 통화 간의 어떤 금리 차이는 예상 인플레이션율의 차이 때문이어야 한다. 다른 국가보다 높은 물가상승을 겪는 국가는 자국 통화의 가치가 하락해야 한다. 만약에 그렇다면, 환율은 이러한 가치 변화를 반영하기 위해 조정되어야 한다. 예를 들어 호주의 명목금리가 5%이고 캐나다는 3%라고 가정하자. 호주의 예상 인플레이션율은 캐나다보다 높은 2%이다. 국제피셔효과에 따르면 호주 달러의 가치는 캐나다 달러에 대해 2% 하락할 것이다.

PPP 평가 PPP는 10년 이상의 장기 환율을 예측하는 데는 유용하지만, 국제경영자들에게는 정확한 단기 환율 예측치가 더 유익하다. 단기 계획이라 하더라도 각기 다른 국가에서 추가 비용, 무역장벽, 투자심리를 포함한 미래의 경제적 · 정치적 특정 상황을 추정해야 한다.

추가 비용의 영향 PPP가 정확한 환율 예측에 실패하는 여러 가지 가능한 이유가 있다. 예를 들

어 PPP는 운송비용이 없다고 가정한다. 동일한 장바구니 품목을 미국에서 구매할 때는 100달러이고 노르웨이에서는 950크로네(150달러)라고 가정하자. 겉보기에는 미국에서 이들 상품을 구입하여 노르웨이에서 판매하는 차익거래를 통해 이익을 얻을 수 있을 것 같다. 그러나 노르웨이로 상품을 운송하는 데 60달러의 비용이 따로 발생한다면, 노르웨이에 도착한 상품의 총비용은 160달러가 될 것이다. 따라서 운송되는 상품은 없을 것이다. 운송비용이 추가된 후 차익거래 기회는 사라지기 때문에, 두 시장 간의 가격 조정은 없을 것이고 가격 차이는 유지될 것이다. 그래서 PPP에 따르면 노르웨이의 크로네가 과대평가되어 있을지라도, 운송비용의 영향으로 달러/크로네 환율은 조정되지 않을 것이다. 운송비용이 존재하는 세계에서 PPP가 항상 환율 변화를 정확하게 예측하지는 않는다.

무역장벽의 영향 PPP는 또한 국제무역의 장벽이 없다고 가정한다. 그러나 무역장벽은 분명히 존재한다. 정부는 국내 기업의 경쟁력을 유지하기 위해서나 자국민의 일자리를 보전하기 위한다는 등의 이유로 무역장벽을 만들어 낸다. 이전 사례에서 노르웨이 정부가 100달러의 수입물품마다 60%의 관세를 부과하거나 수입을 불법으로 간주한다고 가정하자. 가격조정이나 환율조정은 일어나지 않을 것이므로 PPP는 정확한 환율 예측에 실패할 것이다.

기업 신뢰도와 심리의 영향 마지막으로 PPP는 환율에 대한 인간적인 측면을 간과하고 있다—한 국가 경제와 통화가치에 대한 사람들의 신뢰와 믿음의 역할이다. 많은 국가가 **기업신뢰도조사**를 시행하여 자국 경제에 대한 신뢰도를 측정한다. 일본에서 이런 종류의 가장 큰 설문조사가 **탄칸 조사**이다. 매년 1만 개 기업을 대상으로 1년에 네 번 기업 신뢰도를 측정한다.

통화가치에 대한 투자자의 신뢰도는 환율을 결정하는 데 중요한 역할을 한다. 여러 통화 거래자가 인도의 루피화 가치 상승을 믿고 있다고 가정하자. 그들은 현물가격으로 루피를 매입할 것이고, 가격이 상승한 후에 매도하여 이익을 얻을 것이다. 그러나 모든 트레이더가 동일한 믿음을 가지고 있고 같은 과정의 행위를 따른다고 가정하자. 트레이더 자신의 행동은 루피 가치를 끌어올리기에 충분할 것이다. 트레이더들이 왜 가격이 상승할 것이라 믿고 있는지는 중요하지 않다. 미래 통화가치와 관련하여 동일한 믿음에 근거해 행동하는 참가자들이 충분히 있는 한 통화가치는 그 믿음에 따라 변동할 것이다.

이것이 국가가 투자자와 사업가 그리고 자국 소비자들의 신뢰를 유지하려고 하는 이유이다. 기업의 신뢰 상실은 새로운 제품과 기술 투자를 미루게 되고 추가 고용을 지연시키게 된다. 소비자들이 경제에 대한 신뢰를 잃는다면 저축을 늘리고 부채를 줄이려는 경향이 있다. 이런 종류의 행태는 한 국가의 통화를 약화시키는 작용을 한다.

퀵 스터디 2

1. 동일한 상품의 가격은 모든 국가에서 공동 통화로 표시했을 때 동일한 가격이어야 한다는 원칙을 *무엇*이라 하는가?
2. 환율이라는 맥락에서 구매력평가설은 이것에 대해 적용할 때에만 유용하다는 고유의 의미가 있다. 이것은 *무엇*인가?
3. 정체된 공급을 초과하여 상품에 대한 수요가 증가할 때 구매력에 미치는 영향은 무엇인가?
4. 환율을 정확하게 예측하는 데 있어 구매력평가설의 어떤 요인들이 영향을 미치는가?

고정환율제도

이 장에서 지금까지는, 예측 가능하고 안정적인 환율의 이점에 대해 알아보았다. 또한 물가상승률과 금리가 환율에 미치는 영향을 차례로 살펴보았다. 이들과 또 다른 이유들로 인해 정부는 환율을 통제하기 위한 공식적이고 비공식적인 협정을 만들었다. 최근의 **국제통화제도**(international monetary system)는 환율을 지배하는 협정과 기관의 모음이다. 이 절에서 고정환율제도를 건설하려는 시도들을 간략히 살펴본다.

국제통화제도
환율을 지배하는 협정과 기관의 모음

금본위제

국제무역의 초기에 금은 상품과 서비스에 대해 국제적으로 용인된 지급수단이었다. 국제무역에서 교환의 매개체로 금을 사용하는 것은 여러 이점이 있다. 첫째, 금의 공급이 제한적이기 때문에 금은 수요가 높은 상품이었다. 둘째, 금은 부식에 매우 강하기 때문에 수백 년 동안 거래되고 저장할 수 있었다. 셋째, 금은 작은 동전이나 금괴로 변형이 가능하기 때문에 금은 작은 거래와 대량 구입 모두에서 좋은 매개체였다.

그러나 금 역시 단점을 가지고 있다. 우선, 금의 무게로 인해 운송비용이 많이 발생한다. 둘째, 운송선이 바다에 침몰하게 되면 금 역시 바닷속 깊은 곳으로 가라앉아 잃게 된다. 그래서 상인들은 전 세계 엄청난 규모의 금을 가져올 필요가 없는 새로운 국제 결제 방식을 만들고자 했다. 해법은 **금본위제**(gold standard)의 설립이었는데, 이는 일정한 가치의 금과 자국의 지폐가치를 연동시킨 국제통화제도이다. 영국은 1700년대 초반 금본위제를 처음 시행한 국가이다.

금본위제
일정한 가치의 금과 자국의 지폐가치를 연동시킨 국제통화제도

액면가 금본위제는 1온스의 금에 자국 통화가치(가격)를 고정시키도록 했다. 금을 기준으로 표시된 통화가치를 액면가라고 한다. 각 국가는 누구라도 요청하면 자국 통화를 액면가 기준에서 금으로 교환해 줄 것을 보증했다. 각 국가 통화의 액면가는 구매력평가설 개념에 기초하여 계산되었다. 이 규정은 모든 곳에서 금의 구매력을 동일하게 만들었고 국가 간 통화의 구매력을 유지시켰다.

자국 통화가치를 금에 고정시킨 모든 국가는 다른 국가의 통화에도 간접적으로 연동되었다. 금본위제는 각 국가의 통화를 금 가치에 고정시켰기 때문에 **고정환율제도**(fixed exchange-rate system)－한 통화를 다른 통화로 전환하는 환율은 국제협정에 의해 정해져 있다－라고 한다. 이 제도와 액면가를 사용하면 두 통화 간 환율 계산은 매우 간단한 작업이 된다. 예를 들어 금본위제하에서 미국 달러는 금에 대해 $20.67/oz로 고정되었고 영국 파운드화는 £4.2474/oz로 고정되었다. 달러와 파운드화 간의 환율은 $4.87/£($20.67÷£4.2474)가 된다.

고정환율제도
국제협정에 의해 정해진, 한 통화를 다른 통화로 전환하는 환율제도

금본위제의 장점 시행 초기에 금본위제는 매우 성공적이었다. 사실상 초기의 성공에 대한 기록은 오늘날 경제학자와 정책입안자들의 금본위제 재도입 요구를 야기하고 있다. 금본위제의 세 가지 주요 장점이 초기의 성공을 이루는 밑바탕이 되었다.

첫째, 금본위제는 통화 간 확실하게 고정된 환율을 유지하므로 환위험을 철저히 제거했다. 발생하는 편차는 자유변동통화제도하에서 발생하는 편차보다 훨씬 작다. 환율이 안정화되어 갈수록 기업은 환율의 실제 또는 잠재적으로 불리한 변화에 영향을 덜 받게 되었다. 금본위제가 환율위험과 무역의 위험 및 비용 또한 상당히 제거했기 때문에 국제무역은 금본위제 도입 이후 급격하게 성장했다.

둘째, 금본위제는 금본위제에 참여하는 모든 국가에 강력한 통화 정책을 부과했다. 금본위제하에서 정부는 통화 보유자가 요구하면 지폐를 금으로 교환해 줘야 함을 상기하자. 어떤 국가의 지폐를 보유한 모두가 금으로 교환하기로 결정했다면 정부는 동일한 양의 금 보유고를 가지고 있어야 한다. 그것이 정부가 금 보유고의 확대보다 더 빠르게 증가하는 지폐의 발행량을 허용하지 못하는 이유이다. 한 국가의 통화 공급을 제한함으로써 금본위제는 물가상승을 통제하는 데에도 효율적이었다.

셋째, 금본위제는 국가의 무역수지를 바로잡는 데 도움이 된다. 호주가 수출보다 더 많은 수입(무역적자를 경험)을 했다고 가정하자. 수입품의 대금 지급을 위해 호주에서 금이 빠져나감에 따라, 호주 정부는 금 보유고를 초과하는 지폐를 보유할 수 없으므로 국내 경제에서 지폐 공급을 줄여야 한다. 화폐 공급이 줄어들게 되면, 수요가 줄어들기 때문에(소비자들은 소비를 줄여야만 한다) 호주 상품과 서비스 가격 역시 하락하게 된다. 반면 상품의 공급은 변하지 않는다. 한편 호주에서 생산된 제품의 가격 하락은 세계 시장에서 호주 수출품의 가격 하락을 가져온다. 수출은 호주의 국제무역이 다시 균형에 달할 때까지 증가한다. 무역흑자의 경우에는 정확히 반대의 과정이 발생한다. 금의 유입은 지폐 공급을 증가시키고, 이는 제품과 서비스에 대한 수요를 증가시키고, 따라서 비용도 상승시킨다. 그러므로 가격 상승에 반응하여 수출은 무역수지가 다시 균형이 될 때까지 줄어든다.

금본위제의 몰락 제1차 세계대전 참전국들은 엄청난 전쟁비용을 충당해야 했고, 더 많은 지폐를 찍어 냄으로써 이를 감당해 냈다. 이는 분명 금본위제의 기본 원칙을 위반하는 것이며 국가들은 기준을 포기하도록 압박받았다. 이들 국가에서 공격적인 지폐 발행은 급격한 물가상승을 야기했다. 미국이 1934년에 금본위제로 복귀했을 때, 물가상승으로 인한 달러 가치 하락을 반영하여 금의 액면가는 $20.67/oz에서 $35.00/oz로 조정되었다. 이와 같이 달러는 평가절하를 경험했다. 그러나 영국은 수년 먼저 전과 같은 수준으로 금본위제에 복귀했다. 자국 통화에 물가상승의 영향을 반영하지 않은 채로였다.

금본위제하에서 통화들은 다른 통화와 연동되어 있기 때문에, 금을 기준으로 한 통화의 평가절하는 다른 통화들과의 환율에도 영향을 주게 된다. 미국이 달러 가치를 평가절하하고 영국은 그렇게 하지 않은 이 결정은 세계 시장에서 미국 수출품 가격을 하락시켰고 미국으로 수입되는 영국 제품의 가격을 상승시켰다. 예를 들어 이전에는 1파운드를 사는 데 4.87달러가 필요했던 반면, 이제는 8.24달러($35.00÷£4.2474)가 요구된다. 이는 영국이 미국에 수출한 10파운드짜리 차 세트의 가격을 평가절하 이전에는 48.70달러에서 평가절하 이후 82.40달러가 되게 만들었다. 이는 영국(과 다른 국가들로부터)에서 수입해 온 수입품의 가격을 극단적으로 상승시켰고, 영국의 수출 이익은 줄어들었다. 다른 국가들이 보복성으로 자국 통화를 평가절하함에 따라 '경쟁적인 평가절하' 시기로 이어졌다. 국가들은 무역수지를 개선하기 위해, 자국 통화의 가치를 떨어뜨리는 액면가를 멋대로 선택했다. 금본위제가 더 이상 통화의 진짜 가치를 나타내는 정확한 지표 역할을 하지 못했기 때문에 금본위제는 사람들의 신뢰를 빠르게 잃어 갔다. 1939년에 금본위제는 사실상 사라졌다.

브레튼우즈 협정

1944년에 44개국 대표는 새로운 국제통화제도의 제정을 다루기 위해 뉴햄프셔 주의 브레튼우즈

브레튼우즈 협정
미국 달러 가치에 근거한 새로운 국제통화제도를 제정하는 국가들 간의 합의(1944)

에 모였다. 결과적으로 **브레튼우즈 협정**(Bretton Woods Agreement)은 미국 달러 가치에 근거한 새로운 국제통화제도를 제정하는 국가들 간의 합의였다. 새로운 제도는 일시적인 국내 재정 문제를 다루기 위해 유연성이 필요한 국가들과 엄격한 원칙의 금본위제도의 균형을 맞출 수 있도록 설계되었다. 이 제도에서 가장 중요한 특징들을 간략히 살펴보자.

고정환율 브레튼우즈 협정은 달러 가치를 금에 고정시키고 다른 통화가치를 달러에 고정시킴으로써 고정환율제도를 채택했다. 미국 달러의 액면가는 금에 대해 $35/oz로 고정되었다. 그리고 다른 통화들은 금 대신 달러 대비 액면가가 정해졌다. 예를 들어 영국 파운드화는 $2.40/£로 정해졌다. 참여국들은 액면가치에서 상하 1% 이상 벗어나지 않도록 유지하기로 했다. 또한 브레튼우즈 협정은 금을 달러로 교환할 수 있는 권리를 요구하는 모든 사람이 아닌 국가 정부에게만 한정함으로써 금본위제를 개선시켰다.

기초적 불균형
무역적자가 한 국가의 국제수지에 지속적으로 부정적인 변화를 야기하는 경제 상황

유연성 부여 새로운 제도는 또한 어느 정도의 유연성을 확보했다. 예를 들어 경쟁적인 평가절하가 규칙에 어긋난다고 하더라도, **기초적 불균형**(fundamental disequilibrium) — 무역적자가 한 국가의 국제수지에 지속적으로 부정적인 변화를 야기하는 경제 상황 — 이라 불리는 극단적인 상황하에서는 대규모 평가절하가 허용되었다. 이런 상황이라면, 해당 국가는 자국 통화가치를 10% 이상 절하할 수 있다. 그러나 이런 경우의 평가절하는 일시적인 불일치가 아닌 문제의 지속적인 경제 변화를 정확하게 반영해야 한다.

세계은행 경제발전에 노력을 기울이는 국가들에 자금을 지원하기 위해, 브레튼우즈 협정은 세계은행을 창설했다. 세계은행의 공식이름은 국제부흥개발은행(IBRD)이다. 세계은행(www.worldbank.org)의 당면 목표는 제2차 세계대전 이후의 유럽을 재건하는 데 자금을 지원하는 것이었다. 이후에는 개발도상국가의 금융 요구에 초점을 맞추었다. 세계은행은 아프리카, 남아프리카, 동남아시아에서 여러 종류의 경제개발 프로젝트를 지원했다. 세계은행은 또한 위험이 큰 것으로 간주되어 상업적 시장에서는 자본을 조달하지 못하는 국가들에게도 자금을 제공했다. 세계은행은 종종 교통 네트워크, 전력 시설과 농업 및 교육 프로그램 개발 프로젝트를 수행한다.

국제통화기금 추가로 브레튼우즈 협정은 고정환율제도를 규제하고 국제통화제도의 규칙을 집행하는 기관으로서 국제통화기금(IMF)을 설립했다. 설립 당시에 IMF(www.imf.org) 참여국은 29개국이었지만 현재는 188개국에 이른다. IMF의 주요 목적에는 다음과 같은 것이 포함되어 있다.[3]

- 국제 통화 협력 촉진
- 국제무역의 확장과 균형 발전의 활성화
- 환율 안정성 촉진, 질서 있는 외환 협정 유지, 경쟁적인 평가절하 자제
- 회원국들의 기금 자원 이용을 일시적으로 허용
- 참가국의 국제수지 불균형 완화와 지속기간 단축

특별인출권(SDR)
네 가지 통화를 포함하여 가중된 '바구니'에 기초하여 가치가 달라지는 IMF의 자산

특별인출권(SDR) 1960년대 달러와 금의 세계 금융 보유고의 부족분이 커졌는데, 이때 IMF의 활동에는 더 많은 달러와 금이 요구되었다. IMF는 소위 말하는 **특별인출권**(special drawing right, SDR) — 미국 달러, 유럽연합 유로, 일본 엔 그리고 영국 파운드의 네 가지 통화를 포함하여 가중된 '바구니'에 기초하여 가치가 달라지는 IMF의 자산 — 이라 불리는 것을 만들어 대응했

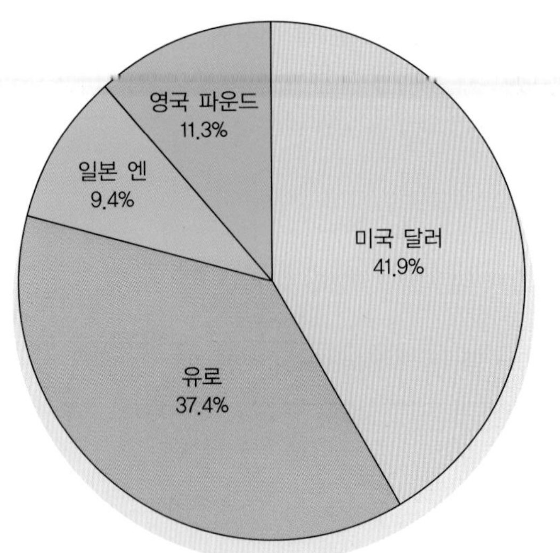

그림 10.3
특별인출권(SDR)의 가치 평가
출처 : Based on IMF website (www.imf.org), Special Drawing Rights data section.

다. 〈그림 10.3〉은 SDR의 전체 가치에 각 통화가 기여하는 '비중'을 보여 준다. SDR의 가치는 매일 결정되고 기초 통화의 가치 상승과 하락에 따라 변화한다. 오늘날 SDR의 규모는 3,000억 달러에 조금 못 미치는 2,040억 SDR(1SDR은 약 1.47달러) 정도이다.[4] SDR의 중요한 의의는 이것이 IMF의 계정 단위라는 것이다. 각 국가는 IMF에 가입할 때 경제 규모에 따라 분담금을 부여받는다. 각 국가가 지급한 이 분담금은 IMF가 회원국에 단기 차관을 제공할 자금을 공급한다.

브레튼우즈 협정의 몰락 브레튼우즈에서 개발된 제도는 약 20년－자랑스럽게도 전례 없이 환율이 안정적이었던 시대－간 잘 작동되었다. 그러나 1960년대, 브레튼우즈체제는 흔들리기 시작했다. 주된 문제는 미국이 무역적자(수입이 수출을 초과)와 재정적자(지출이 세입을 능가)를 겪고 있는 것이었다. 달러를 보유 중인 국가들은 미국 정부가 미국 이외의 국가들에서 보유 중인 지폐를 모두 교환할 수 있을 정도의 금 보유고를 가지고 있는지 의심하기 시작했다. 그들이 달러의 금 태환을 요구하기 시작했을 때 세계금융시장에서는 달러의 대규모 투매가 뒤따랐다.

스미소니언 협정 1971년 8월, 미국 정부는 현재 유통 중인 전체 미국 달러를 교환하는 데 필요한 금의 4분의 1에 약간 못 미치는 금을 가지고 있었다. 1971년 후반, 미국과 다른 국가들은 국제통화제도를 재건하고 강화하기 위해 소위 **스미소니언 협정**(Smithsonian Agreement)을 도출했다. 스미소니언 협정의 주요 세 가지 이행사항은 (1) 금에 대한 달러의 가치를 $38/oz까지 낮춘다, (2) 달러에 대한 다른 통화의 가치를 상승시킨다, (3) 통화가치 변동이 허용되는 범위를 1%에서 2.25%까지 늘린다는 것이었다.

스미소니언 협정
브레튼우즈에서 창설된 국제통화제도를 재건하고 강화하기 위해 1971년 IMF 회원국 간에 체결된 협정

마지막 날 브레튼우즈체제의 성공은 강력한 보유고 통화로 남아 있는 미국 달러에 달려 있었다. 미국의 높은 물가상승과 지속적인 무역적자로 달러는 약세통화가 되었지만 제도의 근본적인 결함을 나타내고 있었다. 미국 달러의 약세는 일본의 중앙은행과 유럽 대부분의 국가들이 달러 환율을 유지하는 데 부담으로 작용했다. 이들 국가의 통화는 미국 달러에 고정되어 있기 때문에, 달러가 하락을 지속함에 따라 자국 통화도 계속 하락했다. 영국은 1972년 중반까지 제도를 유지하며 파운드 가치가 달러에 대해 자유롭게 변동하도록 용인했다. 스위스는 1973년 초에 제도를 폐지시켰다. 1973년 1월, 달러는 다시 한 번 평가절하되었고, 이번에는 금에 대해 약 $42/oz가 되었다. 그러나 이러한 변화마저도 충분치 못했다. 국가들이 엄청난 규모의 달러 보유고를 덤핑

으로 내다 팔기 시작함에 따라, 통화시장은 그 이상의 달러 매도를 금지하며 일시적으로 폐쇄되었다. 시장이 다시 개장했을 때, 대부분의 주요 통화의 가치는 미국 달러에 대해 유동적이었다. 고정환율제도에 기반한 국제통화제도의 시대는 저물었다.

퀵 스터디 3

1. 금본위제는 국제통화제도 중 어떠한 형태에 해당하는가?
2. 금본위제의 주요 이점은 무엇인가?
3. 1944년 금본위제의 몰락 이후 창설된 국제통화제도는 무엇인가?

변동환율제도

브레튼우즈체제는 달러 안정성에 과도하게 의존했기 때문에 붕괴되었다. 달러가 강세를 유지하는 한은 잘 작동되었다. 그러나 달러가 약세로 돌아서자 적절하게 운영되지 못했다. 본래 새로운 제도인 **변동환율제도**는 브레튼우즈체제와 스미소니언 협정의 결점에 대한 일시적인 해결책으로 비춰졌다. 그러나 새롭게 조정된 국제통화제도는 마련되지 않았다. 오히려 환율을 관리하기 위한 몇 가지 독립적인 노력들이 드러났다.

자메이카 협정
IMF 회원국들 간에 현재 체제인 변동환율제도를 새로운 국제통화제도로 공식화하는 합의(1976)

관리변동환율제도
통화는 다른 통화에 대해 변동하고 정부는 자국 통화를 특정한 목표환율로 안정시키기 위해 개입하는 제도

자유변동환율제도
정부의 통화시장 개입 없이 통화가치가 다른 통화에 대해 변동하는 제도

자메이카 협정 1976년 1월, 고정환율제도로의 복귀는 불가능해 보였다. 그래서 세계 지도자들은 소위 말하는 **자메이카 협정**(Jamaica Agreement)—IMF 회원국들 간에 현재 체제인 변동환율제도를 새로운 국제통화제도로 공식화하는 합의—의 초안에 도달했다. 자메이카 협정에는 몇 가지 주요 규정들이 포함되었다. 첫째, **관리변동환율제도**(managed float system)를 지지한다. 즉 통화는 다른 통화에 대해 변동하고 정부는 자국 통화를 특정한 목표환율로 안정시키기 위해 개입하는 제도이다. 이는 **자유변동환율제도**(free float system)와는 반대이다. 정부의 통화시장 개입 없이 통화가치가 다른 통화에 대해 변동하는 제도이다.

둘째, 금은 더 이상 IMF의 1차 준비금이 아니다. 회원국들은 원한다면 IMF로부터 금을 되찾아올 수 있었다. 셋째, IMF의 임무는 확대되었다. 고정환율제도의 유일한 관리자가 되기보다는, 지금도 그렇지만 국제수지에 문제가 있는 국가들에게 '최종 대출자'가 되었다. 새롭게 확대된 IMF의 활동을 지원하기 위해 회원국의 분담금도 늘어났다.

이후의 합의들 1980년과 1985년 사이에 미국 달러는 다른 통화들에 대해 극적으로 상승했고, 이는 미국의 수출품 가격을 끌어올리며 또 다시 미국은 무역적자에 빠지게 되었다. 'G5'(영국, 프랑스, 독일, 일본, 미국)로 알려진 세계의 5개 선진국들은 해법을 고안해 냈다. 1985년 **플라자 합의**에서 G5 국가들은 함께 달러 가치를 하락시키는 데 동의했다. 플라자 합의는 트레이더들의 달러 매도를 초래했고, 달러 가치는 하락했다.

1987년 2월 선진국들은 달러 가치가 과도하게 하락할 위험에 대해 우려했다. 파리에서 만난 'G7' 국가(G5에 이탈리아와 캐나다가 추가) 지도자들은 또 다른 협정을 작성했다. 1987년의 **루브르 합의**에서 G7 국가들은 미국 달러 가치가 적정한 수준이라 단언했고 현재 시장가치를 유지하기 위해 통화시장에 개입할 것을 합의했다. 또 다시 통화시장은 반응했고, 달러는 안정되었다.

오늘날의 환율 협정

오늘날의 국제통화제도는 상당 부분 관리변동환율제도에 남아 있다. 여기서 대부분 국가의 통화는 다른 통화에 대해 변동하고 정부는 환율을 조정하기 위해 제한적으로 관여한다. 그러나 더 커진 통화제도 안에서, 특정 국가들은 자국 통화를 다른 통화에 고정시킴으로써 더 안정적인 환율을 유지하고자 한다. 국가가 이러한 시도를 하는 두 가지 방법을 간략하게 살펴보자.

연계환율협정 파도가 일렁이는 통화의 물결을 항해하는 커다란 크루즈 선에 묶인 작은 구명정으로서의 한 국가를 생각해 보자. 많은 경제전문가들은 개발도상국 경제는 글로벌 통화시장의 흐름을 홀로 맞서게 내버려 두는 것보다는 더 안정적인 다른 통화에 연결되어 있어야 한다고 주장한다. 연계환율협정은 한 국가의 통화를 더 안정적이고 국제무역에서 널리 사용되는 통화에 '고정'시킨다. 그러면 국가들은 환율이 중심환율에서 정해진 범위(대개 1%) 내에서 변동하도록 허용한다.

여러 소규모 국가들은 그들의 통화를 미국 달러, EU의 유로, IMF의 특별인출권, 또는 기타 개별 통화에 연계시킨다. 여기에 해당되는 첫 번째 범주는 바하마, 엘살바도르, 이란, 말레이시아, 네덜란드령 앤틸리스 제도와 사우디아라비아가 포함된다. 다른 국가들은 자국 통화를 그룹의 통화 또는 통화 '바구니'와 연계시킨다. 예를 들어 방글라데시와 부룬디는 자국 통화(각각 타카와 부룬디 프랑)를 주요 무역 상대국 통화에 연계시킨다. 이 두 번째 그룹의 또 다른 멤버로는 보츠와나, 피지, 쿠웨이트, 라트비아, 몰타와 모로코가 있다.

통화위원회 **통화위원회**(currency board)는 자국 통화를 특정 외화로 정해진 환율에 교환하기로 하는 명시적인 약속에 근거한 화폐제도이다. 통화위원회를 설치한 정부는 법적으로 국내 통화량과 최소한 동일한 양의 외화를 보유해야 한다. 통화위원회는 정부가 외화 보유고에 대응하지 않는 자국 통화의 추가 발행을 규제하기 때문에 이는 물가상승을 억누르는 데 도움이 된다. 따라서 통화위원회의 존폐는 현명한 예산 정책에 달려 있다.

통화위원회
자국 통화를 특정 외화로 정해진 환율에 교환하기로 하는 명시적인 약속에 근거한 화폐제도

통화위원회 덕분에, 보스니아 헤르체고비나라는 국가는 그들의 강력하고 안정적인 통화를 만들었다. 아르헨티나는 1991년부터 통화위원회가 폐지된 2002년 초까지 통화위원회를 유지했다. 2002년에 페소는 통화시장에서 자유롭게 변동하도록 허용되었다. 통화위원회를 가지고 있는 다른 국가들에는 브루나이 다루살람, 불가리아, 지부티, 그리고 리투아니아가 포함된다.

관리변동환율제도의 시대에 사업을 한다는 것은 기업이 통화가치를 주시해야 함을 의미한다. 기업이 강세통화와 약세통화의 영향에 대응하는 데 사용할 수 있는 몇 가지 접근법을 살펴보려면, 글상자 '경영자의 서류가방 : 통화 변동성에 대한 적응'을 참조하라.

유럽통화제도

브레튼우즈체제의 붕괴 이후, 많은 유럽 국가의 지도자들은 통화를 안정시키고 환위험을 제거할 수 있는 체제에 대한 염원을 버리지 않았다. 그들의 노력은 EU 국가 간 교역이 지속적으로 확대됨에 따라 점점 중요해졌다. 1979년에 이들 국가는 유럽통화제도(EMS)를 창설했다. EMS는 환율을 안정시키고, 국가 간 교역을 촉진하고, 통화 규율을 통해 낮은 물가상승을 유지할 목적으로 설립되었다. 이 제도는 EU가 단일 통화를 채택했을 때 단계적으로 폐지되었다.

제도의 작동방법 EU 참가국들의 통화가 명시된 거래 범위(또는 **목표환율권**) 내에서만 변동하도

경영자의 서류가방 통화 변동성에 대한 적응

*강세통화 및 가치가 상승하는 통화*는 한 국가의 수출품을 더 비싸게 만든다. 기업이 강세통화에도 불구하고 어떻게 성공적으로 수출할 수 있는지 다음을 살펴보자.

- **삭감 작업** 수출 수익이 하락할 때, 직원 규모를 줄이고 생산 수준을 유지하기 위해 국내의 공장을 재조정함으로써 비용을 줄이고 효율성을 개선하고, 해외 고객을 추구하라.
- **제품 적응** 당신의 제품을 글로벌 고객들의 니즈에 맞춤으로써 고객과의 거래와 충성심을 확보하라. 그러면 당신의 회사는 높은 가격에도 불구하고 사업을 유지할 수 있다.
- **해외 조달** 생산 과정에의 원자재 및 기타 투입요소들을 해외에서 조달하라. 당신의 공급업자는 추가 이익을 얻을 것이고, 당신은 국내에서 이용가능한 것보다 더 나은 거래를 갖게 될 것이다.
- **가격 동결** 해외 시장에서 상품 가격을 동결하는 것이 마지막 수단일 수 있다. 이는 매출이 개선되면 전반적인 이익을 늘릴 수 있다.

*약세통화 및 가치가 하락하는 통화*는 한 국가의 수입품을 보다 비싸게 만들 수 있다. 기업은 약세통화에 어떻게 적응할지 다음을 참조할 수 있다.

- **국내 조달** 생산 투입요소의 원가를 낮추고, 환위험을 회피하고, 공급사슬을 단축시키기 위해 원자재 및 요소들을 국내에서 조달하라.
- **국내 성장** 외국 경쟁기업들의 수입 제품이 그들 국가의 통화가 상대적으로 강세인 관계로 가격이 높게 매겨지기 때문에 국내 고객들과의 거래 확보를 위해 싸워라.
- **수출 촉진** 해외로의 사업 범위와 깊이를 확대함으로써 당신 국가의 통화 약세로부터 얻는 가격 이점을 활용하라. 사람들은 모든 국가에서 질 좋고 값싼 제품을 좋아한다.
- **비용 절감** 항공 여행을 줄이고, 공공요금을 절감하고, 운송비용을 삭감하기 위해 최신 커뮤니케이션 및 운송 기술을 사용함으로써 수입 에너지 원가의 상승에 대응하라.

록 제한한 메커니즘을 **유럽환율체제(ERM)**라고 한다. 회원국들은 자국 통화가치를 상하 2.25% 이내에서 유지할 것을 요구받았다. 이를 설명하기 위해, 약세인 프랑스 프랑이 독일 마르크에 대해 2.25% 벗어났다고 가정하자—제한 변동폭인 2.25%를 벗어나려고 하는. 그러면 어떻게 해야 하는가? 통화시장에서 프랑스 프랑을 매입함으로써 프랑에 대한 수요가 늘어나고 가치는 상승압력을 받게 된다.

EMS는 초기 몇 년간 굉장히 성공적이었다. 통화 재조정은 드물었으며 인플레이션도 상당히 잘 통제되었다. 그러나 1992년 후반 영국 파운드와 이탈리아 리라가 독일 마르크에 대해 허용된 변동폭인 2.25%보다 낮은 수준에 얼마간 머물렀다. 통화 투기자들은 보유하고 있던 파운드와 리라를 처분하기 시작했다. 영국과 이탈리아를 제외한 중앙은행들은 공개시장에서 이들 매물을 사들일 충분한 여력이 있었다. 그들의 통화가치가 급락함에 따라, ERM 탈퇴 압력을 받게 되었다. 1993년 후반 EMS는 목표환율권의 중앙에서 상하 15%까지 변동할 수 있도록 수정되었다. 1996년 11월 이탈리아 리라는 ERM으로 복귀했지만, 영국 파운드는 ERM에 진입하지 못했다. 많은 유럽 국가들이 자국 통화로서 유로를 채택했고(제8장 참조), 이로 인해 ERM의 필요성이 없어졌다.

유로를 사용할 수 있지만 참여하지 않기로 결정한 3개국(영국, 덴마크, 스웨덴) 중 덴마크만이 **유럽환율체제 II(ERM II)**에 가입했다. ERM II는 1999년 1월 도입되어 현재까지 유지되어 오고 있다. ERM II의 목표는 자국 통화를 유로와 연동시켜 미래에 유럽통화동맹(제8장 참조)에 참여하려는 국가들을 지원하는 것이다. 그렇게 리투아니아 또한 현재 ERM II에 참여하고 있다. 유로는 **허브 앤 스포크** 모델의 중심축 역할을 하며, 각 통화는 양쪽의 기준에 연결되어 있다. 참여국 통화는 유로 대비 기준환율이 정해져 있고 15% 범위 내에서 변동 가능하다. 더 좁은 변동폭을 설정할 수도 있다. 앞으로 EU에 가입하는 국가들은 마스트리히트 조약을 충족한다면 의무적으로 단일 통화를 사용해야 할 의무가 있다.

최근의 금융위기

국제통화제도 내 국가들의 금융위기를 차단하기 위한 최선의 노력에도 불구하고, 세계는 최근 수년간 뼈아픈 여러 위기를 경험했다. 이들 중 중요한 몇 가지를 살펴보자.

개발도상국의 국가부채 위기 1980년대 초반, 특정 개발도상국들(특히 라틴아메리카에 있는)은 국제 대형 상업은행뿐만 아니라 IMF와 세계은행에 갚아야 할 엄청난 부채를 쌓아 두고 있었다. 1982년에 멕시코, 브라질과 아르헨티나는 부채에 대한 이자를 지급할 수 없다고 선언했다. 동시에 이들 국가 중 대부분은 치솟는 물가상승을 겪고 있었다. 많은 아프리카 국가들도 비슷한 문제에 직면해 있었다.

금융체제 전체의 붕괴를 막기 위해, 국제기관들은 위기에 대해 임시적인 해법을 가지고 개입했다. 차후의 상환 일정을 연기하기 위해 상환 일정을 변경했다. 이후 1989년에 미국 재무장관 니콜라스 브래디는 브래디 플랜을 발표했다. 브래디 플랜은 개발도상국들의 대규모 부채 탕감과 이전 부채를 저금리 부채로 교환해 줄 것, 그리고 이들 부채가 국제금융시장에서 거래될 수 있도록 금융상품(이들 대출에 기초한)화할 것을 공식적으로 요구했다. 마지막 요구사항은 채무국이 금융기관으로부터 대출을 받아 금융시장에서 '브래디 본드'라 불리는 특정 증권을 구입할 수 있도록 허용했다. 새로운 대출에 필요한 자금은 민간 상업은행으로부터 조달되었고 IMF와 세계은행이 보증했다.

멕시코의 페소 위기 치아파스라는 멕시코의 가난한 주의 무장한 반란군과 대통령 후보 암살사건은 1993년과 1994년 멕시코 금융체제에 대한 투자자들의 신뢰에 엄청난 충격을 줬다. 멕시코로 흘러 들어가는 자본은 주식과 채권(포트폴리오 투자)의 형태가 아닌 대부분 공장과 설비(해외직접투자) 분야였다. 멕시코 페소의 약세가 강화됨에 따라 포트폴리오 투자는 멕시코를 벗어나 미국으로 향했고 미국의 금리는 상승했다. 멕시코 은행들의 대출 남발은 느슨한 은행 규제와 더불어 정부의 위기 대응을 지연시키는 역할을 했다. 1994년 후반 멕시코 페소는 평가절하되었고, 멕시코 국민들은 구매력 상실 압박을 받았다.

위기에 대한 대응으로, IMF와 미국의 민간 상업은행들은 멕시코 경제를 뒷받침하기 위해 약 500억 달러의 대출을 시행하며 개입에 나섰다. 따라서 멕시코의 페소 위기는 IMF 차관 수준의 추가 부양책에 기여했다. 멕시코는 일정보다 앞서 대출금을 갚았고 다시 규모 있는 외환보유고를 보유하게 되었다.

동남아시아의 통화 위기 네 마리 용이라 불리는 경제권의 포효와 높은 경제성장을 보이던 다른 아시아 국가들은 1997년 여름 갑작스레 침묵 속으로 가라앉았다. 25년간, 동남아시아의 5개국 —인도네시아, 말레이시아, 필리핀, 싱가포르와 태국—경제는 세계 다른 국가들의 성장률의 2배에 달하는 성장을 기록하며 대성공을 이루었다. 많은 분석가들이 이 지역의 성장률이 지속될 것이라 예상하고, 서양에서 수십억 달러의 자금이 흘러들었음에도 불구하고, 요령 있는 투기꾼들은 비관적이었다.

1997년 7월 11일, 투기꾼들은 세계 통화시장에 태국 바트를 내다 팔며 공격하기 시작했다. 매도세는 투기꾼들이 필리핀과 말레이시아로 옮겨 가기 전, 바트 가치가 18% 하락하도록 압박했다. 11월까지 바트는 추가로 22% 더 급락했고, 이 지역의 모든 경제가 침체에 들어갔다. 아시아 위기의 충격 여파는 세계 경제 전체에서 체감할 수 있었다.

갑작스레, 강력한 신흥시장 경제권으로 간주되던 국가들—다른 개발도상국가들이 그 뒤를 따르던 '호랑이들'—은 경제가 산산조각 나는 것을 막기 위해 수십억 달러를 필요로 했다. 사태가 진정되었을 때, 인도네시아, 한국과 태국은 모두 IMF와 세계은행의 자금이 필요했다. 이들 국가들이 장기적으로 경제 재건을 시작할 수 있는 동기부여로서, IMF 차관에는 수많은 조건이 달려 있었다. 예를 들어 인도네시아 차관에는 강력한 경제기반을 다지기 위해 세 가지 장기목표가 포함되었다. (1) 국제금융시장의 신뢰 회복, (2) 국내 금융 부문의 재건, (3) 국내 규제 철폐와 무역 구조조정 지원 등이다.

첫째로 무엇이 위기를 야기했는가? 이 질문에 대한 답은 누구에게 물어보느냐에 달려 있다. 어떤 사람들은 아시아 스타일의 자본주의가 위기를 야기했다고 믿는다. 그들은 허술한 규제, 신용위험이 형편없는 친구와 친지들에게 대출을 확장시키는 관행, 그리고 은행과 기업들의 재무 건전성에 대한 투명성 결여 등에 비난의 책임이 있다고 얘기한다. 또 다른 사람들은 이들 국가의 단기 부채에 대한 의무 관리가 허술했다고 지적한다. 누군가는 여전히 이들 국가의 지속적인 경상수지 적자가 이들 국가 통화의 대규모 덤핑을 야기했다고 주장한다. 아마도 위기를 가져온 진짜 이유는 이 모든 요인의 결합일 것이다.[5]

러시아의 루블 위기 러시아는 1990년대 내내 모든 문제의 주인공이었다. 몇 가지는 지속적으로 발생했고, 일부는 간헐적인 것이었다. 우선 첫째로 러시아는 1990년대 후반 동남아시아에서 펼쳐지던 사건의 영향을 받지 않았다. 투자자들이 다른 신흥시장의 잠재적인 문제에 대해 경계하기 시작하면서 러시아의 주식시장 가격도 폭락했다. 러시아 이슈에 공헌하는 또 다른 문제는 석유 가격의 침체였다. 러시아는 국내총생산(GDP)의 상당 부분을 석유 생산이 차지하고 있었기 때문에, 세계 시장에서 낮아진 석유 가격은 정부의 경화 보유고를 감소시켰다. 또한 정부의 재원이 감소하는 것은 실행 불가능한 세금징수 체제와 대규모 지하경제 때문이었다. 이는 세금을 거의 거둬들일 수 없었음을 의미한다.

또한 인플레이션 문제도 있었다. 우리는 이 장 앞부분에서 동일한 양의 상품에 대한 통화량 확대가 어떻게 가격 상승을 압박하는지 살펴보았다. 이것이 1992년 러시아 물가를 풀었을 때 발생한 일과 정확히 일치한다. 가격이 하늘로 치솟으면서, 사람들은 구입할 물건이 없는 기간 동안 매트리스 아래에 숨겨 두었던 루블을 다시 파냈다. 앞서 우리는 인플레이션이 한 국가의 통화가치를 어떻게 먹어치우는지도 살펴보았다. 러시아는 인플레이션으로 인해 1992년 초반 달러 대비 200루블 이하였던 환율이 1995년에 달러당 5,000루블 이상으로 상승하는 것을 목격했다.

이후 1996년 초반, 통화 트레이더들이 루블을 투매함에 따라 러시아 정부는 통화시장에서 루블 방어를 시도할 방법을 고안해 냈다. 자국의 외환보유고가 가망 없는 노력에 줄어들면서, 정부는 IMF로부터 100억 달러의 구제금융을 요청하여 지원받았다. 차례로 러시아는 국가부채(GDP의 평균 7%에 달하는)를 감소시키고, 징수하지 못한 세금을 거둬들이고, 물가상승을 부추기는 통화량 증가를 중단하며, 자국 통화를 달러에 연계시킬 것을 약속했다.

여건들은 한동안 개선되는 것처럼 보였지만, 1998년 중반 정부는 통화시장에서 루블에 대한 투기 세력 방어를 시도하고 있었다. 단 하루 동안, 정부는 루블의 가치를 지탱하기 위해 10억 달러를 쏟아부었고, 경화 보유고는 140억 달러로 줄어들었다. 러시아 정부가 곧 파산할 것이 명확해지자 IMF는 개입에 나섰고, 러시아에 추가로 110억 달러 지원을 약속했다. 그러나 IMF의 차관 중 일부가 역외은행의 계좌로 흘러들었다는 의혹이 제기되었을 때도 IMF는 자금 분배를 지속했다. 1998년 8월 17일, 재정난이 극심한 정부는 연말까지 루블의 가치를 34% 평가절하할 것이라고 선언했다. 또한 90일 만기 해외 부채에 모라토리엄을 공표했고 정부의 국내 채권에 대한 의무를 이행할 수 없다는 사실상의 채무불이행을 선언했다. 8월 26일에 러시아 중앙은행은 통화시장에서 더 이상 루블을 지원할 수 없다고 밝혔다. 이후 한 달도 채 지나지 않아 루블의 가치는 300% 하락했다. 인플레이션은 7월 0.2%였던 것이 8월 한 달 15%로 타격을 주었고 9월의 첫째 주에는 30%에 달했다. 1998년 후반 이 모든 것이 끝날 때까지, IMF는 러시아에게 220억 달러 이상을 더 지원했다.

아르헨티나의 페소 위기 아르헨티나는 1990년대 초 · 중반 라틴아메리카의 스타였다. 그러나 2001년 후반, 아르헨티나는 4년 가까이 지속되었던 경기침체에 빠졌는데, 중요한 이유는 1999년 브라질 통화의 평가절하 — 세계 시장에서 브라질 수출품의 가격을 더 저렴하게 만들었다 — 때문이었다. 반면에 아르헨티나 제품의 가격은 상대적으로 높게 유지되었다. 아르헨티나 통화는 통화위원회를 통해 초강세통화인 미국 달러와 연동되어 있었기 때문이다. 결과적으로 아르헨티나는 수출 사업의 상당수가 위축되는 것을 목격했고 경제는 크게 침체되었다. 2001년 후반에 IMF는 에르헨티나 구제를 위해 480억 달러의 지원을 약속했다.

국가가 부채에 대한 이자와 원금을 지급할 돈이 고갈되기 시작했을 때 사태는 정점에 이르렀다. 국가는 결국 2002년 초반 1,550억 달러의 공공부채에 대해 채무를 불이행했고, 이는 이전 어떤 국가의 채무불이행보다 큰 규모였다. 국가는 미국 달러에 대해 페소를 연동한 통화위원회를 폐지했고, 페소는 순식간에 통화시장에서 약 70% 정도 가치가 하락했다. 재정난을 겪고 있는 정부는 시민들의 저축계좌를 몰수했고 한 번에 인출할 수 있는 금액을 규제했다.

아르헨티나 경제는 2001~2002년 사이 붕괴라는 롤러코스터를 타고 있는 것처럼 보였다. 2001년부터 2002년까지 경제규모는 15% 감소했고, 실업률은 21%까지 치솟았으며, 국민의 56%가 빈곤층으로 전락했다. 임금을 상승시켜 수요를 활성화하고, 가격을 통제하고, 페소 가치를

중부 아테네에서 24시간 총파업을 다지는 시위 행진 동안 시위자들이 슬로건을 외치고 있다. 사람들은 유럽연합으로부터 긴급 대출을 얻기 위해 그리스 정부가 부과한 가혹한 재정 대책에 대해 분노했다. 이 재정 계획은 유로화를 사용하는 국가들 그룹에 속한다는 것이 재정 규율을 요구하는 안정성장협약의 규정을 준수하는 것을 의미한다는 것을 그리스에 뼈아프게 상기시키는 것이었다. 시위자들이 들고 있는 현수막에는 "안정협약? 감사하지 않음"이라고 쓰여 있다.

출처 : SIMELA PANTZARTZI/EPA/Newscom

낮게 유지하며 공적 자금을 지출하는 정부의 계획이 잠시 시행되었다. 그러나 2012년 물가상승률은 26%에 달해, 소비자의 구매력을 훼손하고 빈곤은 늘어 갔다.

국제통화제도의 미래

국제통화제도하에서 위기의 재발은 글로벌 경제의 도전을 충족시킬 수 있게 설계된 새로운 제도에 대한 요구를 불러일으킨다. 많은 사람들이 브레트튼우즈에서 창설된 IMF의 자취는 더 이상 세계 경제를 단일 국가 또는 몇몇 국가 그룹의 혼란으로부터 보호하는 데 적절하지 않다고 믿고 있다.

반면에 많은 개발도상국과 선진화된 국가의 지도자들은 글로벌 자본이 자국 경제에 어떤 도움을 줬냐고 개탄한다. IMF의 해체와 이를 대체할 기관에 대한 요구가 아직은 분명하게 정의되지 않았지만, IMF의 개편과 정책적 처방의 가능성은 커질 것이다. 국가의 재정과 화폐적 관행을 비교할 수 있게 하는 국제적으로 용인된 선례를 발전시키고자 하는 노력은 이미 이루어지고 있다. 국가들 또한 더 개방하려고 하며 자국의 금융정책을 분명히 하고자 한다. IMF의 투명성 또한 지도층의 회계역량에 스며들도록 확대되고 있다. IMF는 회원국들의 거시경제 정책에 대한 감시 노력을 늘리고 있으며 금융 부문 분석의 역량도 강화하고 있다.

그러나 위험을 잘 관리하기 위한 질서정연한 방법은 여전히 국제금융시장을 통합하는 데서 찾아야만 한다. 더구나 민간부문이 금융위기의 예방과 해법에 포함되어야 한다. 정책입안자들은 성장세가 강한 개발도상국가로의 자금 흐름 방식에 관심을 가지고 문제가 되는 첫 번째 신호가 나타났을 때 빠르게 이탈하는 방향으로 나가야 한다. 더 나아가 어떤 사람들은 IMF가 채무국에 구제금융을 지원하기 때문에, 민간은행들이 위험이 높은 상황에서 대출을 시행할 때 적절한 주의를 기울이는 연습을 할 수 없다고 주장한다. 결국 채무국가의 대출을 상환하기 위해 IMF가 존재할 것이다. IMF, 민간 은행과 채무국 간의 더 많은 협력과 이해가 요구된다.

퀵 스터디 4

1. 통화는 다른 통화에 대해 변동하고 정부는 자국 통화를 목표 환율로 안정시키기 위해 개입하는 환율제도를 무엇이라 하는가?
2. 한 국가의 통화가 안정적인 다른 통화 가치의 범위 내에서 변동하도록 허용하는 협정을 무엇이라 하는가?
3. 통화위원회는 자국통화를 *이것*에 대해 교환하기로 하는 명시적인 약속에 근거한 화폐제도이다. 이것은 무엇인가?

경영을 위한 요점

최근 금융위기들은 경영자들이 국제금융제도의 복잡성을 완전히 이해해야 할 필요성을 강조한다. 그러나 이러한 지식은 기업을 효과적으로 경영하기 위해 금융시장 상황에 대한 경계심과 짝을 이루어야 한다. 여기서는 경영 전략에 대한 주요 함의, 그리고 이익과 현금 흐름의 예측에 초점을 맞춘다.

경영 전략에 대한 함의

환율은 국내 및 국제 기업의 모든 종류의 활동에 영향을 미친다. 약세통화(다른 통화에 대해 상대적으로 가치가 낮은)는 세계 시장에서 한 국가의 수출품 가격을 낮추고 수입품 가격은 올린다. 더 낮은 가격은 그 국가의 수출품을 세계 시장에서 매력적으로 만든다. 이는 기업에게 상대적으로 제품 가격이 높은 기업으로부터 시장점유율을 가져올 수 있는 기회를 제공한다.

어느 한 정부가 다른 국가들로부터 경쟁우위를 자국 기업에게 주기 위해 자국 통화를 평가절하할 수 있지만, 평가절하는 국내 소비자들의 구매력을 줄인다. 또한 평가절하는 생산비용에 대한 우려를 줄일 수 있기 때문에 국내 기업에 있어 비효율성을 지속시킬 수 있다. 기업은 약세통화로 해당 국가의 근로자들에게 지급하면서, 강세통화(다른 통화에 비해 가치가 높은 통화) 국가에서 판매한다면 이익을 개선하게 된다. 그러나 환율에 의해 생긴 일시적인 가격 우위로부터 이익을 얻은 기업들은 자신들의 장기적인 경쟁력에 대해 안주하면 안 된다.

이익과 현금 흐름의 예측

환율은 또한 기업이 해외 현지 법인들로부터 얻는 이익의 양에 영향을 미친다. 해외 현지 법인들의 이익은 통상 국내 통화로 모회사의 재무제표에 통합된다. 현지 법인의 이익을 투자유치국의 약세통화로부터 자국의 강세통화로 환산하면 국내 통화로 표시될 때 이익의 양을 줄이게 된다. 이와 마찬가지로, 약세 국내 통화로 이익을 환산하는 것은 국내 통화로 표시된 이익을 증가시킨다.

갑작스럽고 불리한 환율의 움직임은 국내 및 국제 기업 모두에게 대가가 클 수 있다. 다른 한편으로 안정적인 환율은 현금 흐름 예측치를 포함한 재무계획의 정확성을 높인다. 기업이 환율의 잠재적으로 불리한 움직임에 대해 보험을 들 수 있지만(통상 통화 헤징에 의해), 대부분의 이용가능한 방법은 중소기업에게는 비용이 너무 비싸다. 더욱이 환율의 예측 불가능성이 증가함에 따라 수반하는 환위험에 대해 보험을 드는 비용 또한 증가한다.

경영자들은 또한 환율 움직임이 예측 가능한 것을 선호한다. 예측 가능한 환율은 기업이 갑작스럽고 기대치 않은 환율 변동에 의해 허를 찔릴 가능성을 줄인다. 이는 또한 환율의 가능한 불리한 움직임에 대한 값비싼 보험의 필요성을 줄인다. 보험을 구매하는 것보다는 오히려 기업들은 신제품 개발 또는 보다 효율적인 생산방식의 디자인과 같은 보다 생산적인 활동에 자금을 지출하는 것이 더 나을 것이다.

우리가 이 장에서 보았듯이 기업의 재무적인 결정뿐만 아니라 생산 및 마케팅 결정도 국제금융시장의 사건에 의해 영향을 받는다. 다음 장은 국제 기업을 경영하는 것의 주요 측면에 대해 깊이 살펴보는 것으로 시작한다. 국가경영환경, 국제무역 및 투자, 국제금융제도를 이해함으로써 우리가 국제경영관리에 대한 여정을 시작하는 데 도움이 될 것이다.

이 장의 요약

LO1. 기업 활동에 있어 환율의 중요성을 설명하라.

- 한 국가의 통화가 약세(다른 통화에 비해 가치가 낮은)일 때, 세계 시장에 수출하는 가격은 떨어지고(세계 시장에서 수출품이 더 매력적임) 수입가격은 상승한다. 강세 통화는 반대의 효과가 있다.
- 국가 정부가 세계 시장에서 자국 통화의 가치를 떨어트리는 것을 **평가절하**라고 한다. 국가 정부가 세계 시장에서 자국 통화의 가치를 올리는 것을 **평가절상**이라고 한다.
- **효율적 시장 견해**에 따르면 금융상품의 가격에는 공개적으로 이용가능한 모든 정보가 즉각 반영되는 반면, **비효율적 시장 견해**는 그렇지 않다고 본다.
- **기본적 분석**은 환율을 예측하기 위해 기본적인 경제지표에 기반한 통계 모형을 사용한다. **기술적 분석**은 환율을 예측하기 위해 과거 통화가격의 추세를 나타내는 차트와 다른 요인들을 사용한다.

LO2. 환율 결정을 돕는 요인들을 서술하라.

- **일물일가의 법칙**에 따르면 동일한 상품은 모든 국가에서 공통의 통화로 가격을 표시했을 때 동일한 가격이어야 한다. **구매력평가설(PPP)** 이론은 두 국가 통화 간 물가 수준이 같

아지게 만드는 환율로 해석할 수 있다.

- 물가상승은 구매력을 훼손하며 통화 간 환율에 영향을 미친다. 저금리는 차입비용을 낮추고 더 많은 부채 소비를 장려한다. 고금리는 반대의 효과가 있다.
- 실질금리는 이론적으로 모든 국가 간에 동일하기 때문에, 두 국가 간에 금리 차이가 있다면 이는 예상인플레이션 차이로 인한 것이다.
- 다른 국가보다 높은 물가상승을 경험한 국가는 자국 통화의 가치 하락을 목격하게 된다.

LO3. 고정환율제도를 채택하고자 하는 시도를 설명하라.

- **금본위제**는 1온스당 자국 통화가치를 고정시키도록 하며, 또한 다른 통화와는 간접적으로 연결되어 있다. 국가들 간 경쟁적인 평가절하는 금본위제의 종말을 가져왔다.
- **브레튼우즈 협정**(1944)은 미국 달러 가치에 기초한 국제통화제도를 창설했고 특정한 금 가격과 지폐 가치를 연동시키는 **금본위제**였다.
- 브레튼우즈체제의 가장 중요한 특징은 고정환율제도, 일정한 유연성, 경제개발 기금과 체계 강화 등이다.
- **국제통화기금**(IMF)은 고정환율제도를 규제하고 국제통화제도의 규칙을 강화했다.

LO4. 변동환율제도를 창설하기 위한 노력을 설명하라.

- **자메이카 협정**(1976)은 목표환율로 통화를 안정시키기 위한 정부의 개입을 제한하는 **관리변동환율제도**를 지지했다. 이후 플라자 합의와 루브르 합의는 환율을 목표치로 재조정하고자 하는 시도였다.
- 오늘날 한 국가는 자국 통화의 가치를 보다 안정적이고 세계적으로 널리 통용되는 다른 국가 통화에 '고정'시킬 수 있다. 또 다른 선택은 화폐 발행과 물가상승을 통제할 통화위원회를 두는 것이다.
- 유럽연합의 유럽환율체제(ERM)는 EU 단일 통화인 유로 채택을 위해 회원국들의 통화가치를 목표 범위 이내로 제한했다. ERM II는 유로를 채택하지 않았지만 최종적으로 채택을 준비하고 있거나 과도한 통화가치 변동을 줄이기 위해 유로와 연결시키고자 하는 국가에 도움을 준다.

핵심 용어

고정환율제도
관리변동환율제도
국제통화제도
국제피셔효과
금본위제
기본적 분석
기술적 분석
기초적 불균형
브레튼우즈 협정
비효율적 시장 견해
스미소니언 협정
일물일가의 법칙
자메이카 협정
자유변동환율제도
통화위원회
특별인출권(SDR)
평가절상
평가절하
피셔효과
효율적 시장 견해

애기해 보자 1

최근 수년 동안 일어난 금융시장의 호황과 몰락으로 몇몇 사람들은 금본위제도로의 회귀를 주장했다. 그들은 금본위제도가 외환 위험을 감소시키며, 국가 차원의 강력한 통화 정책을 시행하고, 무역수지를 바로잡는 데 도움이 된다는 점을 지적했다.

10-1. 오늘날 새로운 금본위제가 성공할 수 있을까? 설명하라.

10-2. 유럽통화제도의 세계 버전이 현재에도 작동할까? 설명하라.

애기해 보자 2

통화 투기자들이 어떤 통화를 대량으로 내다 팔 때, 정부는 개입을 강요받으며 공개시장에서 통화가치를 지키기 위해 수십억 달러를 소비한다. 일부는 통화 투기자들이 '비도덕적'이고 통화 거래는 국가 간 거래를 활성화시키는 목적으로만 허용되어야 한다고 주장한다.

10-3. 투기자들이 한 통화에 베팅하여 커다란 이익을 챙기고, 아마도 경제 전체를 급락하게 만드는 것이 윤리적인가?

10-4. 그러한 통화 투기꾼들이 과대평가 혹은 과소평가된 통화의 가치를 바로잡는 가치 있는 서비스를 제공한다고 생각하는가?

윤리적 도전

당신은 IMF 태스크포스팀의 팀장이다. 자국 통화가치 보호라는 명목하에 민간영역의 막대한 손실로 고통받는 국가 정부의 구제금융 정책을 재평가하는 것이 당신의 업무이다. 대개 산업국가의 세금납세자들이 IMF 활동의 비용을 부담하며, 차관의 합계는 수십억 달러에 달한다. 어떤 비평가들은 금융기관과 투자자가 세금으로 본인들의 실수를 만회하는 이러한 종류의 제도를 "사회주의 유물"이라고 얘기한다. 금융위기는 종종 민간영역의 문제에서 촉발되지만 이후 중앙은행이 개입하고 통화가치를 떠받치기 위해 외환보유고를 강화한다.

10-5. 이익은 민영화하고 정부가 구제금융으로 개입하여 손실을 사회화시키는 현 제도의 개념에 동의하는가?

10-6. IMF의 구제금융이 종종 개입되는 현 제도를 대체할 다른 대안으로는 어떤 것을 생각해 볼 수 있는가?

팀 협력 활동

당신과 학급친구들 몇 명이 당신의 브라질 기업이 새로 개발한 제품의 미국 시장 수요를 평가하기 위해 팀을 구성했다고 가정하자. 당신이 의뢰한 시장조사업체는 전체 조사를 수행하는 데 15만 달러를 요구하고 있다. 그러나 그룹 차원에서는 당신 회사의 연간 리서치 예산이 300만 브라질 레알이며 단일 프로젝트에 예산의 20% 이상을 배정할 수 없다고 알려 왔다.

10-7. 현재 환율이 5레알/$라면, 그룹에서는 시장조사를 요청할 것인가? 설명하라.

10-8. 환율이 3레알/$라면, 그룹에서는 시장조사를 요청할 것인가? 설명하라.

10-9. 그룹이 시장조사 프로젝트 기각에서 수용으로 입장을 바꿀 환율은 얼마인가?

시장진입전략 프로젝트(MESP)

몇몇 급우들과 함께 당신이 흥미를 갖는 국가를 하나 선정하라. MESP 보고서를 작성하기 위해 당신의 팀이 조사한 국가에 대해 다음 질문에 답하라.

10-10. 조사한 국가는 IMF 회원국인가?

10-11. 해당 국가는 환율 관리를 위해 지역통화제도에 가입해 있는가?

10-12. 물가상승과 금리는 외화 대비 환율에 어떤 영향을 미치는가?

10-13. 환율이 수입과 수출에 미친 영향은 무엇인가?

10-14. 최근 해당 국가의 기업 활동과 소비자의 구매력에 환율이 미친 영향은 무엇인가?

10-15. 올해 예상 환율은 얼마인가?

스스로 연구하기

10-16. 이 장에서는 고정환율제도와 변동환율제도의 개요와 각 제도의 장단점을 열거했다. 앞으로 국제통화제도는 변동환율제도 또는 고정환율제도 중 어느 쪽을 향해 움직일 것인가? 설명하라.

10-17. 어떤 전문가들은 몇몇 국가의 부채 수준이 너무 높아서 일부가 아닌 전체 외국 차관을 상각시켜야 한다고 주장한다. 부채 상각에 대한 이러한 접근법의 장단점은 무엇이라고 생각하는가?

국제경영 실전 사례 채무 면제에의 의존

제임스 울펀슨이 세계은행의 수장이 되었을 때, 그는 세계은행이 아프리카에서 "일을 망쳤다"는 것을 무뚝뚝하게 인정했다. 수십 년간의 대출이 아프리카의 빈민층을 위해 거대한 현대적 인프라(댐, 도로, 발전소)를 세웠지만, 부자와 가난한 자의 갭은 좁혀지지 않았다. 사실상 세계은행과 글로벌 금융당국들의 정책은 사하라 사막 이남의 아프리카에 하나의 위기를 낳았다. 즉 이 국가들은 이제 그들이 상환할 수 없는 부채의 수렁에 빠졌다. 이 당시 아프리카의 총부채는 전체 대륙의 국내총생산(GNP)과 거의 같았다. 예를 들어 모든 어린이의 25%가 5세 이전에 전염병으로 사망하는 모잠비크에서는 정부가 보건과 교육에 지출하는 것의 2배를 부채 상환에 지출하고 있었다.

그러나 많은 국가들이 부채 탕감을 받고 있었을 때, 원조 대 대출에 관한 논의가 다시 일어났다. 그룹들은 개도국 세계에서의 경제 붕괴와 부채 문제를 어떻게 예방할 수 있을지, 그리고 어떻게 줄어드는 원조를 더 효율적으로 사용할 수 있을지에 관해 논의했다. 일부 국가들은 더 많은 해외 원조를 주장했지만 그 자금이 재정적으로, 정치적으로 안정적인 국가들에게 보조금으로 주어지기를 원했다. 그들은 또한 세계은행 자금이 가난한 국가들에게 보조금으로 주어지기를 원했고 국가가 상환해야 할 대출로 주어지는 것은 원치 않았다.

다른 국가들은 보조금으로 주는 것이 그들 자신뿐만 아니라 세계은행의 금고를 비게 할 것이라고 우려했다. 그들은 저개발국가에 대해 많은 것을 해 줄 수 없지만 세계은행의 역할이 결국 기부자로서가 아니라 은행으로서의 역할을 해야 함을 인정했다. 이러한 견해에 대한 지지를 세계은행 자료를 통해 알 수 있는데, 모든 대출의 95% 이상이 상환되고 있으며, 가난한 나라들은 원조보다 대출에 대해 보다 주의하는 것을 보여 주었다.

수년 동안 국제구호단체인 옥스팜과 같은 비정부기구(NGO)는 세계은행과 국제통화기금(IMF)에 대해 최빈국들에 대한 대출을 탕감하도록 로비하면서 '채무 면제' 또는 '채무 탕감'을 요구했다. 아프리카 국민들과 그들의 지지자들에게는 다행히도 신임 세계은행 총재는 그의 의제에서 채무 면제를 가장 우선시했다. 1996년 가을에 세계은행과 IMF는 세계에서 가장 가난하고 가장 채무가 많은 국가들의 외채를 줄여 주는 계획을 공표했다. '가장 채무가 많은 빈국(HIPC)의 채무 계획'으로 불린 이 계획의 목적은 전체 *채무잔액*을 50% 줄이고, 빈국의 *채무상환액*(debt service)을 낮추고, 빈국에서의 사회적 지출을 늘리는 것이다. HIPC 계획은 채무 삭감의 대상이 될 수 있는 아프리카, 라틴아메리카, 아시아 및 중동의 국가들을 확인했다. 그러나 채무 탕감은 자동적이지 않다. 국제은행업계는 채무를 당근과 채찍으로 사용하고 있다. 즉 좋은 개혁 기록을 가지고 있는 국가들은 탕감을 받을 것인 반면, 개혁이 없는 국가들은 그렇지 못할 것이다.

그리고 나서 2006년에는 세계에서 가장 큰 규모의 국제 대출기관들이 HIPC 계획과 함께 다자간채무탕감계획(MDRI)을 착수하여 그들의 채무탕감 목표에 도달하도록 도왔다. 2014년 말 현재 HIPC 지원 대상 또는 잠재적 자격이 있는 39개국 가운데 35개국이 IMF와 기타 채권자들로부터 완전한 채무 탕감을 받고 있다. 그리고 39개국 모두 그들의 채무잔액이 80% 삭감되었고 채무상환액이 GDP의 114%에서 35% 비중으로 줄었다.

하나의 성공 스토리는 우간다이다. 우간다는 1997년에 지원 대상으로 선언된 첫 번째 국가였고, 1998년에 HIPC 계획하에서 채무 탕감을 받은 첫 번째 국가였다. 우간다와 이 프로그램을 시작한 결정은 자의적인 것이 아니었다. 이디 아민의 야반석인 독재권력 아래에 있는 동안, 우간다는 채권자들에 의해 버림받은 국가로 취급받았다. 그러나 당시 요웨리 무세베니 대통령은 10년간에 걸친 경제개혁 과정을 통해 국가를 이끌었다. 우간다는 모델 국가가 되었고, 커피를 주요 수출품으로 해서 약 5%의 지속적인 경제성장률을 보였다. 우간다에 대해 채무 탕감을 제공함으로써 세계은행과 IMF는 우간다의 모범적인 실적에 대한 보상으로 채무를 가장 낮은 수준 – 수출액의 2배가량 – 으로 줄여 주었다. 채무 탕감 프로그램으로부터의 절감액은 의료 서비스를 개선하고 모든 우간다 가정에게 초등교육이 이용가능하도록 지원되고 있다.

글로벌 사고 질문

10-18. 세계은행과 IMF는 채무 면제의 관대함이 그들 자신이 세계자본시장에서 값싸게 차입하는 것을 보다 어렵게 한다고 한때 주장했다. 당신이 세계은행 기부자라면 HIPC 채무 계획을 지지할 것인가 아니면 반대할 것인가? 설명하라.

10-19. HIPC 채무 계획에 대해 협력하는 동안에 IMF가 우간다의 커피 수출에 대해 세계은행보다 더 낙관적인 예측치를 주고 그럼으로써 채무 탕감의 필요성에 대해 반대 주장을 했을 때 교착상태에 빠졌다. 당신은 어느 기구가 경제개발 원조를 하는 데 더 큰 역할을 해야 한다고 생각하는가? 설명하라.

출처 : "Debt Relief Under the Heavily Indebted Poor Countries (HIPC) Initiative," *Factsheet*, International Monetary Fund website (www.imf.org), March 24, 2014; *Heavily Indebted Poor Countries (HIPC) Initiative and Multilateral Debt Relief Initiative (MDRI) – Status of Implementation*, World Bank website (www.worldbank.org), May 19, 2010; *HIPC at-a-Glance*, World Bank website (www.worldbank.org), Fall 2007.

제11장

국제 전략과 국제 기업

학습목표

이 장을 공부한 후에 다음을 할 수 있어야 한다.

1. 전략 선정에 선행하는 기업 분석 방법을 설명한다.
2. 기업 목표 달성을 위한 다양한 전략을 설명한다.
3. 기업 구조 선정과 관련한 중요한 사안을 간략히 서술한다.
4. 다양한 국제 기업 구조와 사업부 유형에 대해 설명한다.

돌아보기

제10장에서 국제통화제도에 대해 공부했다. 환율에 영향을 미치는 요인들에 대해 공부했으며, 예측 가능하고 안정적인 환율을 만들 수 있는 시스템을 개발하기 위한 국제적 시도에 대해서 토론했다.

이 장 잠깐 보기

이 장에서는 국제 기업들의 전략에 대해 소개한다. 이 장을 통해 우리는 국제 기업의 다양한 전략 유형과 전략 선택에 있어서 중요한 사안들에 대해 알아본다. 나아가 기업이 해외 현지 경영에 최적화하기 위해 창안한 조직 구조에 대해 공부한다.

미리 보기

제12장에서는 어떻게 경영자들이 잠재적 시장을 조사하고 평가하는가에 대해 설명한다. 또한 잠재 시장 평가 및 심사 과정에서 필요한 정보가 무엇인지, 어떻게 그러한 정보를 얻을 수 있는지 알아본다.

낮은 가격으로 높이 비행하다

출처 : ⓒ JULIEN WARNAND/epa/Corbis

아일랜드 더블린 – 서비스라곤 일절 없는 대신 싼 가격으로 고객을 끌고 있는 '노서비스' 항공사로서 연간 유럽 전역의 8,100만 명 이상을 운송하는 라이언 항공(www.ryanair.com)보다 성공적인 기업은 없을 것이다. 라이언 항공은 유럽의 기타 대형 국제 항공사들에 비해서 50% 정도 낮은 운임을 자랑하고, 때로는 10분의 1 가격을 제공하기도 한다. 30년간 라이언 항공은 아일랜드에서 영국으로 가는 하루 1대의 비행편을 제공하는 것에서 시작하여 현재 29개국 180개 지역에 1,600노선 이상을 제공하는 데까지 성장했다.

라이언 항공사는 비행기 시장의 니치 마켓을 성공적으로 개척해 왔다. CEO인 마이클 오리어리는 말한다. "굉장히 간단한 이유다. 우리는 미국의 월마트인 셈이다. 대량 생산하고 싸게 파는 것과 같은 이치다." 라이언 항공의 전략은 유럽의 대도시 밖에 있는 부차적인, 덜 붐비는 공항을 이용하는 것이었다. 런던의 큰 공항인 히드로나 개트윅 공항을 이용하기보다는 라이언 항공사는 스탠스테드 공항을 이용했다. 또한 독일의 프랑크푸르트 공항을 이용하기보다는 프랑크푸르트에서 60마일가량 떨어진 곳에 있는, 예전 미군 기지였었던 한(Hahn) 공항을 노선으로 설정했다. 국제적 대공황 상황에서 절약을 위한 방법으로 사용된 라이언 항공사의 저가 전략은 국제 항공 이용 고객의 시장점유율을 높이는 데 커다란 도움이 되었다.

라이언 항공의 전략은 유럽 주요 공항에서는 15~22달러가량 하는 공항세(공항 반입 및 서류작업비)를 승객당 1.5달러 정도까지로 낮추어 주었다. 라이언 항공사는 또한 자신들의 사명을 달성하기 위해 음료수에 얼음을 제공하지 않는 등의 방법을 통하여 연간 5만 달러 정도의 기타 부대 비용들도 없애 나갔다. 위탁 수하물에 대한 요금 지불을 통해 수하물의 수를 줄였고, 이를 통해 연료를 절약하고 지상에서의 서비스 비용을 줄여 나갔으며, 기내에서 무료로 제공될 수 있는 물을 제공하기보다는 물 한 병에도 몇 달러씩을 부과하는 전략을 사용했다.

라이언 항공사는 유럽 주요 항공사인 영국항공, 루프트한자, 알리탈리아의 뒤를 바짝 쫓고 있다. 한번은 라이언 항공사 항공기에 "잘 가, 알리탈리아(Arrivederci Alitalia)"라는 문구를 적용하여 경쟁사의 분노를 사기도 했다. CEO 오리어리의 전략에 대한 자신감은 라이언 항공사를 유럽에서 괴물 항공사로 불리도록 성장시켰다. 이 장을 공부하는 동안 고객을 유치하면서 경쟁기업들을 이겨 나갈 수 있는 창의적인 전략에 대해 생각해 보자.[1]

계획
기업의 목표를 선정하고 그 목표를 어떻게 이루어 나갈 것인지를 규명하는 과정

전략
계획된 것들의 집합으로 경영자들이 기업의 목표를 달성하기 위해 수행하는 것

계**획**(planning)이란 기업의 목표를 선정하고 그 목표를 어떻게 이루어 나갈 것인지를 규명하는 과정이다. **전략**(strategy)이란 결국 이렇게 계획된 것들의 집합으로 경영자들이 기업의 목표를 달성하기 위해 수행하는 것을 말한다. 효과적인 전략의 핵심은, 기업의 목표를 명확히 정의하는 것과 어떻게 그 목표를 이룰 것인지를 면밀히 계획하는 것에 있다. 따라서 경쟁에 있어 무엇을 더 잘할 수 있는가를 알아내기 위해 기업은 기업 스스로의 역량과 강점을 분석할 필요성이 있다. 또한 이것은 기업이 처한 경쟁환경과 국가, 국제경영환경에 대해 면밀히 평가해야 함을 의미한다.

잘 짜여진 전략은 기업으로 하여금 경쟁이 심화되어 가고 있는 국제 시장에서 효과적으로 경쟁할 수 있도록 해 준다. 또한 기업의 다양한 사업부 및 조직이 가장 효과적이고 효율적인 방법으로 기업의 목표를 달성할 수 있도록 조정해 주기도 한다. 명확하게 이야기해서, 적절한 전략은 기업이 그 산업군에서 최고의 성과를 낼 수 있는 활동에 집중되어 있어야 한다. 이것은 기업을 좋지 못한 성과를 창출하거나 최악의 실패를 경험하는 것으로부터 지켜 준다. 부적절한 전략은 경영자로 하여금 잘 알지 못하는 산업으로 진출하게 하거나 기업이 나아가야 할 반대 방향으로 이끄는 활동을 하도록 한다.

경영자들은 국내 전략을 수립하든 국제 전략을 수립하든 비슷한 고민을 하게 된다. 국내든 국제든 기업은 어떠한 제품을 생산할 것인지, 어디에서 생산할 것인지, 어느 시장을 어떻게 공략할 것인지 결정해야 한다. 가장 큰 차이는 그 복잡성에 있다. 국제 생산을 고려하고 있는 기업은 다양한 후보 국가를 선정해야 한다. 생산라인에 따라서 국제 기업은 더 큰 시장을 고려해야 할 것이다. 기업 활동을 위한 하나의 입지든 잠재적 시장이든 각 국제 지역은 각 지역의 문화, 정치, 법, 경제 등 고려해야 할 것이 많다. 이러한 다양한 요소가 전략을 수립하는 국제 기업의 경영인들에게 복잡성을 가져오는 것이다.

경영인들이 그 기업의 강점과 약점을 분석할 때 필요한 중요한 요소들을 알아봄으로써 이 장을 시작하고자 한다. 우리는 서로 다른 국제 전략과 기업, 사업 그리고 사업부 수준의 전략에 대해 공부할 것이다. 그리고 기업 구조를 결정하는 데 중요한 열쇠가 되는 중앙집권화와 분권화, 조직화와 자율화에 대하여 알아볼 것이다. 마지막으로 국제 활동을 지원하기 위한 각 기업의 서로 다른 기업 구조에 대하여 알아볼 것이다.

기업 분석

전략을 수립하는 과정은 경영인으로 하여금 하루하루의 경영 활동을 뒤돌아보고, 기업의 현재와 미래 방향에 대한 새로운 시각을 가질 수 있도록 해 준다. 〈그림 11.1〉에서는 전략 수립을 세 가지 단계를 통해 소개하고 있다. 우리가 여기서 이야기하는 기업 분석은 세 단계 중 1단계와 2단계에 해당하는 내용이다. 3단계는 실제 전략을 수립하고 선정하는 과정으로서 이어지는 "전략 수립" 절에서 알아볼 수 있다.

기업의 미션과 목표

사명선언문
글로 된 선언문으로 왜 이 기업이 존재하는지 그리고 어떻게 목표를 달성할 것인지에 대해 기술되어 있는 것

대부분의 기업은 **사명선언문**(mission statement)을 통해 그들이 왜 존재하는지를 표명하고 있다. 사명선언문이란 글로 된 선언문으로 왜 이 기업이 존재하는지 그리고 어떻게 목표를 달성할 것인지에 대해 기술되어 있다. 예를 들어 어떤 기업은 시장에서 가장 높은 수준의 서비스를 제공

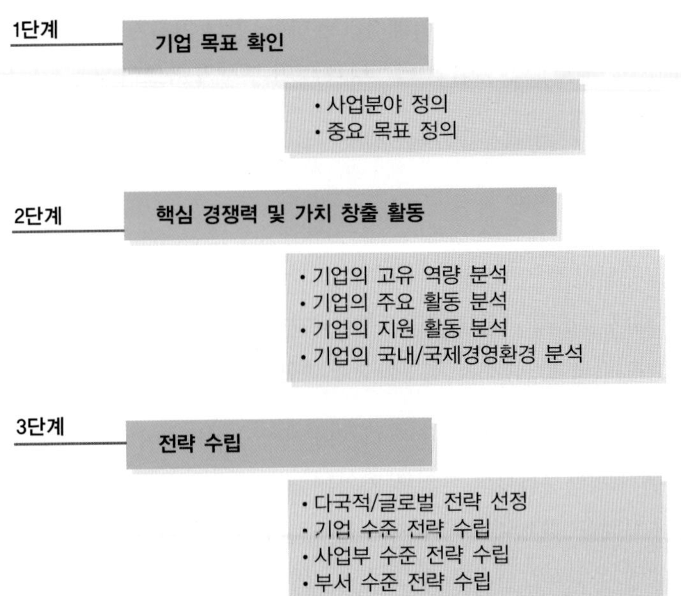

그림 11.1
전략 수립 과정

하겠다고 사명선언문을 작성할 수 있을 것이다. 다른 예로는 가장 적은 비용을 추구하겠다 등이 될 수 있겠다. 이 사명선언문은 기업이 어떤 산업에 진입하고 퇴출할 것인지, 선정된 시장에서 어떻게 경쟁할 것인지에 대한 가이드라인이 되곤 한다.

사명선언문의 종류 사명선언문은 종종 기업의 경영이 그 **이해당사자**(stakeholder)들에게 어떻게 영향을 미치는지를 간결하게 설명하기도 한다. 공급자와 직원에서부터 주주와 고객에 이르기까지 모든 집단은 기업의 경영 활동에 의해 영향을 받게 되어 있다. 어떤 기업들은 기업 브랜드를 중간 단계에 배치시키고, 사람들이 좋아할 브랜드를 창출해 내는 것을 무엇보다 윗단계에 배치시키기도 한다. 다른 사업들의 사명선언문은 주주들의 높은 배당과 수익률, 시장점유율, 그리고 기업의 사회적 책임 등의 이슈에 대해 집중하기도 한다. 예를 들어 국제적 눈 관리 기업인 바슈롬(www.bausch.com)은 고객에 집중하고 있으며 이들의 사명선언문은 다음과 같다.

이해당사자
공급자와 직원에서부터 주주와 고객에 이르기까지 기업의 경영 활동에 의해 영향을 받는 모든 집단

바슈롬은 눈 건강 회사로서, 세계 고객들의 삶을 증진시키는 데 최선을 다하겠다.[2]

국제 기업의 사명선언문은 어떤 사업에 있는지, 가장 만족시켜야 하는 주주, 목표를 달성하기 위해 가장 중요한 사업의 양상에 달려 있다. 기업은 여러 국가의 여러 주주에 대해 세심해져야만 한다. 기업은 주주의 니즈(주주에게 돌아오는 수익)와 고객의 니즈(소비자 가치) 그리고 생산시설이 있는 공공의 가치 사이의 균형을 맞출 수 있어야 한다.

경영자들은 반드시 국제 시장에서 본인들이 달성하고자 하는 **목표**를 정의해야만 한다. 최고 수준의 기업에서의 목표는 대체로 일반적인 말로 규명되어 있다. 예시는 다음과 같다.

우리가 경쟁하고 있는 산업에서 가장 큰 국제적 기업이 되겠다.

사업 내에 있는 사업부 단위의 목표는 더욱 세부적이다. 그들의 목표는 때때로 정량적인 숫자를 표현하는 등 대체로 더욱 구체적으로 규명되어 있다. 예를 들어 다음과 같은 사명선언문이 있다.

2020년까지 유해 가스 배출 0%의 자동차를 대량 생산하겠다.

목표는 종종 부서 수준에서 더욱 명확해지기도 하고, 항상 기업 활동에 대한 정량적 수준의 목표를 수반하곤 한다. 예를 들어 다음은 마케팅과 영업 부서의 목표이다.

다음 3년 이내에 세계 시장점유율 5%를 신장시킨다.

핵심 역량 및 가치 창조

경영자는 전략을 수립하기 전에 기업, 속해 있는 산업 등 관련된 시장 환경에 대한 분석을 해야 한다. 그들은 미래의 잠정적 기업 진출을 위한 국가와 산업 또한 분석해야 한다. 이번에는 기업과 산업에 대한 이야기를 할 것이다. 경영환경에 대한 이야기는 다음 절에서 다루도록 한다.

핵심 역량
경쟁사들이 보았을 때 따라가기가 거의 불가능에 가까운 한 기업의 특별한 역량

기업의 핵심 역량 대형 다국적기업이 종종 다수의 사업에 연관되어 있는 경우는 있지만, 보통 한 가지 사업 활동에서 경쟁자들보다 우위를 가지는 것이 일반적이다. **핵심 역량**(core competency)이란 경쟁사들이 보았을 때 따라가기가 거의 불가능에 가까운 한 기업의 특별한 역량을 말한다. 개인은 기술을 가지고 있지만 우리는 이 역량을 기업의 특별한 기술이라고 부르지 않는다. 예를 들어 건축가가 빅토리아 양식으로 사무실을 디자인하는 것은 기술이라고 부를 수 있다. 핵심 역량이란 하나의 기술적인 결과물을 가져올 수 있는 다양한 기술의 집합을 나타낸다.

트레이닝과 개인의 경험에 의해서 기술은 익힐 수 있지만, 핵심 역량은 가르쳐서 얻어 내기가 어렵고 굉장히 오랜 시간에 걸쳐 형성되게 된다. 일본 기업인 캐논은 광학 기술을 구매했지만 한참 후가 되어서야 카메라, 복사기, 반도체기기 등 광학기술을 사용한 제품들을 개발해 낼 수 있었다. 이와 같이 소니 역시 전자기기의 소형화라는 핵심 역량으로 세계 전자기기 시장에서 인정받기까지는 수십 년이 걸렸던 것이다. 위에 언급한 기업들은 자신들의 핵심 역량을 개발하여 훨씬 우월한 제품을 생산할 수 있는 특별한 역량을 가졌다고 하겠다.

그렇다면 경영자들은 어떻게 자신의 회사가 가지고 있는 특별한 역량을 분석해 낼 수 있을까? 지금부터 경영자들이 그들의 회사를 분석하는 데 사용하는 방법 ─ 가치사슬분석 ─ 을 알아보자.

가치사슬분석
기업의 활동을 주요한 것과 보조적인 것으로 나눈 후 어떤 부분이 소비자를 위한 가치를 창출하는가를 분석하는 방법

가치사슬분석 경영자는 반드시 그들의 기업이 처한 상황과 그들 기업의 특별한 강점을 바탕으로 일관성 있는 전략을 선정해야 한다. 경영자는 또한 소비자가 가치 있다고 생각하는 것을 제공하기 위해 기업이 어떠한 활동을 해야 하는가에 중점을 두고 전략을 선정해야 한다. 이것이 경영자들이 **가치사슬분석**(value-chain analysis)을 하는 이유이다. 가치사슬분석이란 기업의 활동을 주요한 것과 보조적인 것으로 나눈 후 어떤 부분이 소비자를 위한 가치를 창출하는가를 분석하는 방법이다.[3]

〈그림 11.2〉에서 볼 수 있듯이, 가치사슬분석은 소비자에게 가치를 창출하는 것을 중심으로 기업의 활동을 주요 활동과 지원 활동으로 나누게 된다. **주요 활동**이란 구매 및 출하 물류, 제품과 서비스의 생산, 마케팅과 영업, 고객 서비스 등을 포함한다. 주요 활동은 제품을 생산하는 것과, 생산된 제품을 마케팅하고 소비자에게 배달하며, 구매 후 AS 등의 서비스 활동을 말한다. **지원 활동**은 경영 인프라와 인적 자원 관리, 기술 개발, 자재 조달(소싱) 등을 포함한다. 각각의 지원 활동은 주요 활동을 하기 위해 필요한 기반시설 및 활동이다.

각각의 주요 활동과 지원 활동은 기업의 강점 혹은 약점의 근원이 된다. 경영자는 각각의 활동이 소비자의 가치를 증진시키는지 감소시키는지를 결정하고 이러한 지식을 전략 수립 과정에 포

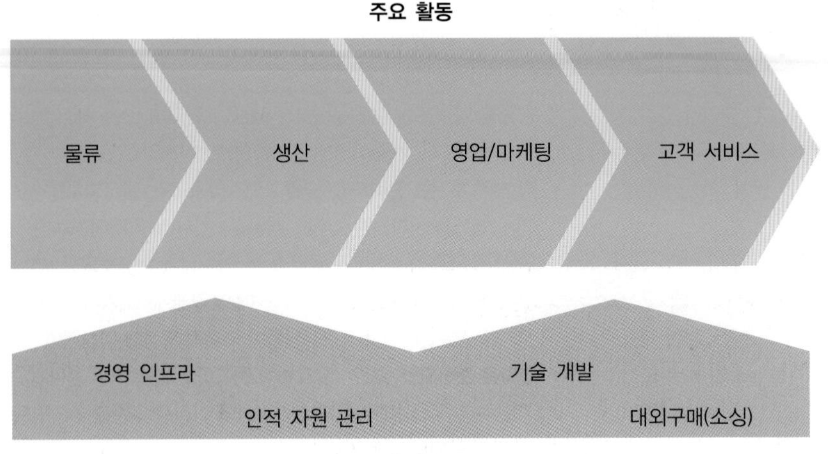

그림 11.2
기업의 가치사슬

함시킨다. 주요 활동과 지원 활동에 대한 분석은 종종 어떠한 활동이 더욱 큰 이익과 발전을 가져올 수 있는지를 찾아내는 것을 포함하기도 한다.

주요 활동 주요 활동에 대해 분석할 때, 경영자는 종종 고객에게 더 가치를 창출해 줄 수 있는 분야를 찾곤 한다. 예를 들어 경영자는 생산 과정을 면밀히 분석하여 생산비용을 낮추고, 제품의 질을 향상시킬 수 있는 더욱 효과적인 제조 방법을 발견해 내기도 한다. 고객 만족도란 때론 제품이 배송되는 시간을 단축하기 위해 물류 유통 관리를 개선하는 것이나 보다 나은 고객 서비스를 제공하는 것으로부터 증진되기도 한다.

기업은 또한 생산 공정의 자동화를 도입함으로써 비용을 낮추기도 한다. 컴퓨터 기업인 에이서는 컴퓨터 제조공정에 패스트푸드 생산에 사용되는 모델을 적용시키기도 했다. 아시아에서 컴퓨터 완제품을 제조한 후 세계로 배송하기보다는, 에이서는 부품을 생산하는 공장을 여러 곳에 설립하기도 했다. 이러한 부품들은 조립 공장으로 이동하여 고객 세부사항에 따라 조립된다. 에이서는 단순히 컴퓨터를 조립하는 것에서 소비자의 가치가 추가되지 않는다는 것을 알고는 이러한 시도를 한 것이다. 그들의 생산과 물류 공정에 변화를 줌으로써 에이서는 소비자 가치를 창출할 수 있는 사업 모델을 개발하게 된 것이다.

지원 활동 지원 활동은 기업의 주요 활동을 보조하는 활동이다. 예를 들어 직원의 업무, 활동은 기업의 목표 달성을 위한 중요한 요소이다. 생산, 물류, 마케팅, 영업, 고객 서비스 활동은 기업의 직원이 해당 업무를 하기 위한 기술과 지식이 잘 훈련되어 있을 때 도움이 된다. 국제 기업은 때때로 직원들의 교육과 일반 경영관리에 투자함으로써 그들의 제품의 질을 향상시키기도 한다. 결과적으로, 품질을 확실하게 하는 것은 기업의 제조, 마케팅, 영업, 고객 서비스의 효율을 증진시키게 된다. 효과적인 구매 활동은 저렴하면서 양질의 원재료나 중간재를 제시간에 맞추어 생산 시설에 공급할 수 있도록 도와준다. 마지막으로, 정교한 인프라는 단순히 기업 내부의 커뮤니케이션을 향상시킬 뿐 아니라 기업 문화와 각각의 주요 활동 또한 지원할 수 있게 한다.

전략 수립 과정에 포함되어 있는 기업 심화 분석은 경영자들로 하여금 그들의 핵심 역량과 능력을 발견할 수 있도록 해 주며, 고객 가치를 창출할 수 있는 활동을 알 수 있도록 해 준다. 기업이 글로벌화될 준비가 되었는지 자가진단을 할 때 확인해야 할 체크리스트가 글상자 '경영자의 서류가방 : 글로벌화하기 전 물어봐야 할 것들'을 참조하라.

경영자의 서류가방 글로벌화하기 전 물어봐야 할 것들

'글로벌화'는 현재 어느 사업에서나 흔히 볼 수 있는 현상이다. 그러나 기업이 글로벌 시장에서 성공하기 위해서는 기업 역량에 대한 확실한 이해와 그 제품에 대한 이해가 필수적이다. 여기 간단히 체크해야 할 사항들에 대해 적어 놓았다.

- **당신은 준비되었는가?** 당신이나 회사의 주요 인사는 타국의 언어를 구사할 수 있는가? 다른 문화에서 장시간 체류해 본 경험이 있는가? 당신 회사 제품에 대한 시장 수요는 있는가? 당신의 사업은 척박한 글로벌 무역 환경을 견뎌 낼 수 있는가? 예상되는 매출은 어떠한가? 글로벌 전략에 대하여 계획할 수 있는가?
- **제품이 준비되었는가?** 당신의 사업 강점을 활용할 수 있는가? 제품의 수정 혹은 마케팅 전략의 수정이 필요한가? 이러한 수정/현지화 등이 사업의 강점을 약화시킬 수도 있는가? 제품이 현지의 안전 기준 및 각종 규정을 만족시키는가? 제품이 경쟁우위를 확보할 수 있겠는가?
- **각 세부 부서는 준비되었는가?** 인프라 구조는 글로벌화를 진행할 역량이 되는가? 물류, 마케팅, 영업, 서비스, 인사 등 각각의 부서는 국제적 책임을 다할 역량이 되는가? 글로벌 확장을 위한 자금조달 전략은 어떠한가? 국내에서의 매출규모가 해외 시장에서 겪게 될 초기 투자 및 손실을 상쇄하기에 충분한가? 사내 구성원들이 국제적 확장에 열성적인가?
- **전략은 준비되었는가?** 글로벌화 전략이 기업의 다른 전략과 마찰을 일으키는 부분은 없는가? 현지에서 기업의 이질성이 방해요소가 될 것인가 혹은 유익한 요소로 활용될 수 있는가? 세계화 과정이 장기화되더라도 견뎌 낼 수 있는가? 현지에 이미 존재하는 네트워크와 사업 관계 속으로 어떻게 진입할 것인가?

기업은 활동하는 외부적 환경을 고려하지 않고는, 고유의 장점을 발견할 수 없다. 외부 경영환경이란 문화, 정, 법 그리고 금융기관 고객 노동자조합과 같은 경제 주체 등과 같이 기업의 성과에 영향을 끼칠 수 있는 외부적 요소를 말한다. 전략 수립에 영향을 주는 몇 가지 외부 환경 요소들에 대하여 살펴보자.

국가 및 국제경영환경 국가 간의 언어, 종교, 신념, 문화, 전통 그리고 기후의 다름은 전략 수립을 복잡하게 한다. 언어의 차이는 경영과 행정상 발생하는 비용을 증가시킬 수 있다. 때때로 제조 과정은 현지의 직원들과 현지 고객들의 전통과 문화 등에 맞추어져 있어야 한다. 마케팅 활동은 만약 문화적 차이를 극복하지 못한다면 때로는 엄청난 비용 손실을 가져오기도 한다. 예를 들어 어떤 기업이 세제를 일본에 팔기로 결정했지만 일본 현지에서 사용되고 있는 세제 박스 사이즈에 맞추지 못했다고 하자. 기업은 수백만 달러의 비용을 세부적인 마케팅 캠페인을 수립하는 데 사용했음에도 불구하고 실망스러운 매출에 당황하게 될 것이다. 결론적으로 기업은 일본에서 사용될 수 있는 작은 세제 용기를 만들어야 되는 것이다. 일본 고객들은 대체적으로 소매점에서 집까지 걸어가는 경향이 있으며 또 작은 생활공간에 작은 면적의 보관소를 가지고 있기 때문에 적은 양의 세제를 사기를 원한다.

정치적 · 법적 체제의 차이에서 오는 것도 국제 전략을 복잡하게 만든다. 법적 · 정치적 차이는 심지어 기업으로 하여금 외부 컨설턴트를 고용하여 현지의 사정에 대해 가르치게 할 정도로 크게 다르기도 하다. 이러한 지식은 국제 기업에게 있어 상대국 정부의 승인이 직접투자를 하기 위해서는 필수이기 때문에 매우 중요하다고 할 수 있다. 기업은 정부의 어떤 부서가 대규모 사업거래를 승인해 주는 권한을 부여할 수 있는지를 알 필요가 있다. 그 과정은 굉장히 길고 복잡해질 수 있기 때문이다. 예를 들어 중국에 있는 타 국적 기업은 기업 활동을 위해서 중국 정부의 각기 다른 여러 부서에서 승인을 받아야 한다. 각 지역에 있는 정부 인사들은 베이징에 있는 정부 관료가 법을 해석하는 것과는 다르게 해석하는 경향이 있기에 이러한 과정은 더욱더 복잡해지기도 한다.

국가 간 경제 체제의 차이는 기업의 전략 수립을 더욱 복잡하게 한다. 해외직접투자에 대한 현지인들의 부정적인 태도는 종종 정치적인 대립과 불안을 야기하기도 한다. 경제 철학은 정부가 부과하는 세율에 영향을 미친다. 사회주의경제 체제는 기업 이윤에 관련한 세금을 높게 부과하는 편이고, 자유시장경제 체제에서는 이에 대해 적은 세금을 부과하는 편이다. 하나 이상의 환율을 고려해야 하는 것도 국제 전략을 복잡하게 만든다. 환율 변동에 따른 손실을 최소화하기 위해서 기업들은 환위험에 대응할 수 있는 전략을 개발해야 한다.

마지막으로 국제 전략을 복잡하게 하는 것 말고도, 자국의 시장 환경 역시 기업이 어느 곳으로 진출하여 활동할 것인지를 결정하는 데 영향을 끼친다. 예를 들어 연구 및 개발 활동에 많은 투자를 하는 나라는 기술집약적인 산업과 고임금의 일자리를 창출하거나 끌어들이곤 한다. 한편 상대적으로 연구 및 개발 활동(R&D)에 적게 투자하는 국가는 그 번영의 수준이 낮다.

퀵 스터디 1

1. 기업이 왜 존재하는지와 그 목표를 어떻게 이룰 것인가에 대하여 서면으로 작성된 성명서를 *무엇*이라 하는가?
2. 다른 경쟁사들에게서는 찾아볼 수 없고, 모방이 불가능한 한 기업의 고유 역량을 *무엇*이라 하는가?
3. 가치사슬분석은 기업의 활동을 *어떠한 두 가지 범주*로 나누는가?

전략 수립

앞서 우리가 공부했듯이, 한 국제 기업의 강점과 핵심 경쟁력은 환경적인 요소와 함께 전략을 수립하는 데 큰 영향을 끼친다. 이제 세 번째 단계인 계획과 전략 수립 과정에 대해 알아보자.

두 가지 국제 전략

국제 기업 활동에 연관되어 있는 기업은 다국적 전략이나 글로벌 전략을 사용할 수 있다. 이 두 가지 전략은 수출업자들을 포함하지 않는다는 것을 알아 두기를 바란다. 수출업자들은 다른 나라에 직접투자를 할 수 없기 때문에 적합한 수출 전략(제13장에서 설명)을 적용할 필요가 있다. 이제 다국적 전략이나 글로벌 전략을 따르는 것이 기업에 어떤 의미가 있는지에 대해 알아보자.

다국적 전략 어떤 국제 기업들은 자국에서 팔고 있는 제품과 사용하는 마케팅 전략을 다른 나라의 기호에 맞추어 판매하는 **다국적 전략**(multinational (multidomestic) strategy)을 따르곤 한다. 다른 말로 하자면, 다국적 전략이란 그 이름에서 말하고 있듯이, 진출하는 각각의 국가에 맞게 기업의 전략을 다르게 하는 것을 말한다. 다국적 전략을 사용하기 위해서 기업은 각각의 국가에 독립적이고 독자적인 자회사를 설립하기도 한다. 각각의 자회사들은 진출한 국가 현지에 맞는 그들만의 제품 연구 및 개발, 생산, 마케팅 활동을 하게 된다. 다양한 방법으로, 현지 설립된 각각의 자회사들은 독립적 기업으로서의 역할을 하게 된다. 다국적 전략은 주로 식품이나 일부 인쇄 매체와 같이 소비자들의 선호도가 한 가지로 집중되지 않는 제품을 판매하는 기업에게 적합하기도 하다.

다국적 전략
자국에서 팔고 있는 제품과 사용하는 마케팅 전략을 다른 나라의 기호에 맞추는 것

다국적 전략의 주된 장점은 기업으로 하여금 진출한 각각의 현지 시장의 소비자들에 대하여 모니터링할 수 있는 것과 실시간으로 소비자의 선호 변화에 효과적으로 대응할 수 있다는 것이다. 기업은 소비자 맞춤형 제품들이 소비자들에게 경쟁사 제품보다 더 많은 가치를 전달해 주기를 바란다. 그러므로 다국적 전략이란, 한 제품에 가격을 더 높게 책정하고, 더 높은 시장점유율

을 가질 수 있게 한다.

다국적 전략의 주요 단점은 제품 개발, 제조, 마케팅에 있어서 규모의 경제를 달성할 수 없다는 것이다. 다국적 전략은 국제 기업으로 하여금 주로 비용 구조를 늘리게 되어 있고, 이에 따라 제품당 가격을 높게 책정하게 되어 있다. 따라서 다국적 전략은 제품의 가격이 성공의 주요 요소인 산업에서는 잘 맞지 않는다. 각각의 자회사들의 높은 독립성이 때로는 자회사들 간의 지식 공유 등의 기회를 줄이기도 한다.

글로벌 전략
자국에서 판매하는 제품을 자국에서 마케팅하는 그대로 다른 시장에 적용시키는 것

글로벌 전략 기업은 자국에서 판매하는 제품을 자국에서 마케팅하는 그대로 다른 시장에 적용시키는 **글로벌 전략**(global strategy)을 사용할 수도 있다. 글로벌 전략을 따르는 기업들은 몇몇밖에 되지 않는 최적의 장소에서만 제품과 구성요소 등을 생산하기에 규모의 경제와 입지의 유리함 등의 이득을 볼 수 있다. 또한 그들은 제품 연구 개발을 한 장소 혹은 제한된 곳에서만 수행하며 주로 본사에서만 프로모션 캠페인이나 광고 전략을 수립한다. 따라서 글로벌 제품이라고 불리는 것들은 주로 가격 경쟁력이 중요한(또한 가격을 계속해서 눌러야 하는) 산업에서 일반적이다. 철강 등과 같은 산업용 제품 생산재, 종이와 필기구 같은 소비재도 글로벌 제품이라 할 수 있다.

글로벌 전략의 주요 이점은 마케팅과 제품의 규격화에 따른 비용 절감이다. 이 비용 절감은 소비자로 하여금 지출한 세부 시장에서 기업이 시장점유율을 얻을 수 있게 돕기도 한다. 글로벌 전략은 또한 경영자로 하여금 하나의 시장에서 얻은 지식을 다른 시장에 있는 경영자에게 전달하고 공유할 수 있도록 한다.

글로벌 전략의 주되 단점은 서로 다른 시장에서의 소비자 선호의 차이를 간과하게 한다는 것이다. 글로벌 전략은 기업의 제품을 페인트 색깔이나 작은 부속물과 같은 외관적인 변화 이외에는 한 특별한 시장만을 위해 제품을 수정하는 것을 허용하지 않고 있다. 이것은 경쟁사로 하여금 같은 시장에 진출하여 자사의 제품으로 만족하지 못하는 고객들의 니즈를 발견하고 니치마켓을 개발할 수 있는 기회를 열어 준다.

다국적 전략 혹은 글로벌 전략을 결정하는 것 이외에도 경영자들은 기업, 각 본부, 각 부서의 전략을 수립해야 한다. 이제 기업, 사업부, 부서 등 다른 수준의 전략 수립에 대해 알아보자.

기업 차원의 전략

하나 이상의 사업 라인을 가진 기업은 반드시 먼저 기업 차원의 전략을 수립해야 한다. 이것은 어떤 산업과 어떤 시장에 진출할 것인지를 규명하는 것이기도 하다. 이것은 또한 서로 다른 사업부에서 오는 전체적인 목표를 개발해 내고, 각각의 사업부가 전체의 목표 달성을 위해 어떤 역할을 해야 하는지를 규명하는 일을 포함한다. 성장, 경비절감, 안정성, 조합, 이 네 가지가 전략 수립의 핵심 요소이다.

성장 전략
기업 활동의 스케일이나 범위를 증가시키는 것

성장 전략 **성장 전략**(growth strategy)이란 기업 활동의 스케일이나 범위를 증가시키는 것을 말한다. 규모란 기업 활동의 크기를 말하는 것이며, 범위란 몇 가지의 기업 활동을 하는가에 대한 것이다. 척도는 일반적으로 지리적 면적, 사업부의 수, 시장점유율, 영업 이익, 직원 수 등을 측정하는 데 사용된다. 자체 성장이란 내부에서 발생하는 성장 전략을 말한다. 예를 들어 3M의 경우, 사업가적 활동을 굉장히 중시하며, 때때로 최고의 아이디어를 완성하기 위해서 사업부 단위를 바꾸어 버릴 정도이다.

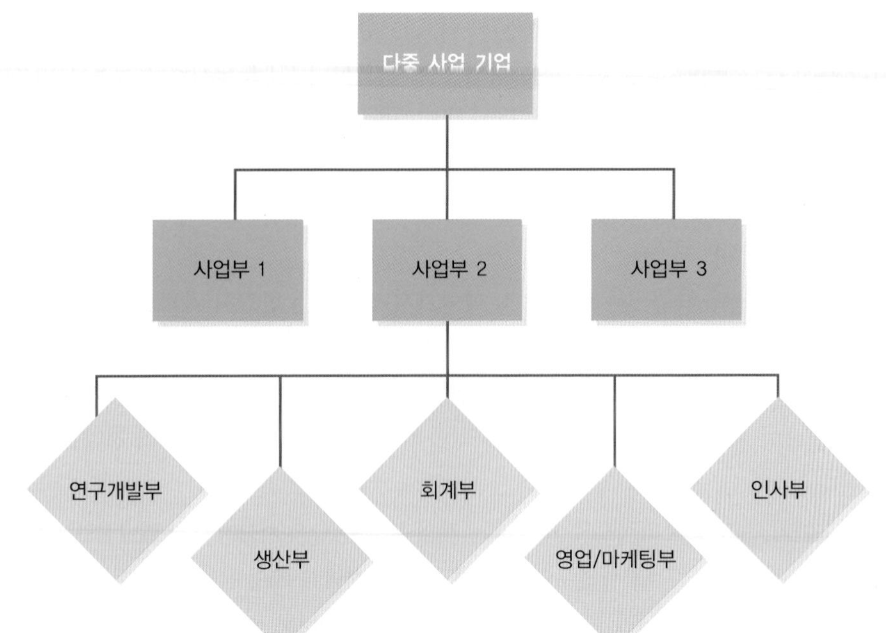

그림 11.3
기업 전략의 세 가지 수준

성장 전략의 다른 방법으로는 M&A(인수 합병), 조인트 벤처, 전략적 제휴 등이 있다(제13장 참조). 기업은 내부적으로 특정한 기술을 개발하는 데 투자하고 싶지 않거나, 경영자가 달성하고자 하는 부분을 이미 경쟁사에서 하고 있을 때 이러한 전술을 사용하곤 한다. 이러한 전략을 실행하는 데는 경쟁사, 공급자, 소비자가 일반적으로 파트너가 된다. 기업은 경쟁사와 함께 함으로써 경쟁의 정도를 줄일 수 있고, 생산라인을 확장하거나 면적을 확대시킬 수 있다. 이렇게 합쳐진 품질, 비용, 그리고 개발 · 투자 시점에 대한 관리를 더욱 향상시키는 것이다.

경비절감 전략 성장 전략과 정확히 반대에 있는 전략이 바로 **경비절감 전략**(retrenchment strategy)이다. 이 전략은 기업의 사업 규모와 범위를 절감하기 위해 디자인되었다. 경제 상황이 악화되거나 경쟁이 심화되었을 때 기업은 그 사업 규모를 축소시키기도 한다. 그들은 사용하지 않는 공장을 닫거나 직원을 해고하기도 한다. 또한 기업은 내수 시장에서 적절한 영업 이익을 내지 못하는 영업사원이나 경영자들을 해고함으로써 그 사업 규모를 축소시킬 수도 있다. 기업은 수익성이 나지 않는 사업부나 그들의 총체적 목표에 맞지 않는 사업부를 매각함으로써 기업의 범위를 축소시키기도 한다. 내수 사업 경쟁 환경이 심화될 때 경쟁력 없는 기업들은 경비를 절감하는 데 의존하기도 한다.

경비절감 전략
기업의 사업 규모와 범위를 절감하기 위해 디자인된 전략

안정화 전략 **안정화 전략**(stability strategy)은 변화에 대한 위험을 보호하기 위해 디자인되었다. 기업은 종종 성장이나 경비절감을 피하려고 할 때 안정화 전략을 사용한다. 이러한 기업은 보통 그들의 목표를 이미 달성하고 있거나, 이미 달성된 결과에 만족하고 있는 기업들이다. 그러한 기업들은 그들의 강점을 가장 잘 활용하고 있으며 약점을 잘 보호하고 있다고 생각하고 있다. 또한 그들은 경영환경을 수익의 기회나 어떠한 위협으로 여기지 않는다. 그들은 매출을 확장하거나 이윤을 증가시키는 것, 시장점유율을 높이는 것 또는 고객 기반을 확장시키는 것에는 관심이 없으며 단순히 현재의 위치를 유지하고자 한다.

안정화 전략
변화에 대한 위험을 보호하기 위해 디자인된 전략으로 확장이나 경비절감을 피하려고 할 때 사용한다.

조합 전략
성장, 경비절감, 안정화 전략을 조합하는 것

조합 전략 **조합 전략**(combination strategy)의 목표는 성장, 경비절감, 안정화 전략을 조합하는 것이다. 예를 들어 기업이 성장성이 높은 사업에 투자를 하며, 덜 노출시키고 싶은 사업을 축소하며, 다른 부분들은 안정화시키는 것이다. 사실 이러한 조합 전략은 굉장히 일반적인데 이는 국제 기업은 사업부에서 한 가지 전략만을 따르는 경우는 드물기 때문이다.

사업부 수준의 전략

기업 전체 차원의 전략을 규명하는 것에 더 나아가서 경영자는 반드시 각각의 사업부마다 개별적인 **사업부 수준의 전략**을 수립해야 한다. 어떤 기업에게는 하나의 전략만을 창출하는 것을 의미하기도 한다. 이러한 기업은 주로 단일 사업부만을 가지고 있기 때문에 사업부 수준의 전략과 기업 수준의 전략이 동일하다. 따라서 보다 큰 기업은 여러 가지 사업부 수준의 전략을 창출해야 하기도 한다.

사업부 수준의 전략을 효과적으로 개발하는 것의 핵심은 **표적 시장에 대한 일반적인 경쟁우위 전략**을 결정하는 것이다. 각각의 사업부에서는 원가 우위 전략을 사용할 것인지 제품 차별화 전략을 사용할 것인지를 결정해야만 한다. 사업부 수준에서는 **저비용 전략**, **차별화 전략**, **집중화 전략**, 이렇게 세 가지 일반적인 전략 중 하나를 사용할 수 있다.[4] 이 세 가지 전략은 전 세계적으로 거의 모든 기업이 사용하기에 실용적이다. 각각의 전략에 대해 살펴보자.

저비용 전략
기업이 규모의 경제를 실현시켜 시장 내 다른 경쟁사들과 비교하여 가장 낮은 비용 구조를 가지고 있는 전략

저비용 전략 기업이 규모의 경제를 실현시켜 시장 내 다른 경쟁사들과 비교하여 가장 낮은 비용 구조를 가지고 있다면 이것을 **저비용 전략**(low-cost leadership strategy)이라고 부른다. 저비용 전략을 추구하는 기업은 그들의 경영비용 및 마케팅, 광고, 유통비용을 포함한 다양한 주요 활동에서 오는 비용을 절감하기 위해 노력한다. 우리는 이 장의 도입부 사례에서 라이언 항공사가 유럽 저가 항공사로서 시장을 선도하기 위해 어떻게 비용을 절감해 나갔는지를 볼 수 있었다. 비용을 줄여 나가는 것이 기업이 저비용 전략을 통해 시장을 선도하는 데 필수적이지만, 품질이나 고객 서비스와 같은 다른 중요한 경쟁력들을 간과할 수는 없다. 저비용 전략(대량 생산을 통한 효율화)을 통하여 시장을 선도하면 높은 초기 착수 비용, 즉 진입장벽을 세움으로써 경쟁자로 하여금 시장에 진입하는 것을 방어할 수 있다. 이러한 저비용 전략은 대량 생산을 통한 규모의 경제를 통해 비용을 절감하는 것에 달려 있기 때문에 일반적으로 이 전략을 사용하기 위해서 기업에게는 높은 시장점유율이 요구된다. 저비용 전략의 부정적인 측면은 고객 충성도가 낮다는 점이다. 제품의 다른 조건이 모두 같다면 구매자들은 단순히 더 낮은 가격의 제품을 구매할 것이기 때문이다.

저비용 전략은 주로 가격 민감도가 높은 구매자들의 대량 판매 시장 제품과 가장 잘 어울린다. 이 전략은 표준화 및 획일화된 제품과 마케팅을 가진 기업과 잘 어울리기도 한다. 저비용 전략으로 시장을 선도하려는 대표적인 기업에는 스포츠 시계 회사 카시오(www.casio.com)와 전자기기 및 계산기 업계의 텍사스 인스트루먼트가 있다.

차별화 전략
기업이 그 제품을 시장 혹은 산업 내에서 독특하고 유일하도록 디자인하는 전략

차별화 전략 **차별화 전략**(differentiation strategy)이란 기업이 판매하고자 하는 제품을 시장 혹은 산업 내에서 독특하고 유일하도록 디자인하는 전략을 말한다. 독특하다는 소비자들의 인식은 기업으로 하여금 저가 제품보다 훨씬 더 높은 가격을 책정하게 하고 고객 충성도를 높일 수 있다. 그러나 독특함, 특별함이라는 인식, 혹은 소수의 특별한 고객들의 니즈를 충족시키는 것은 때론 기업의 시장점유율을 낮추기도 한다. 차별화 전략을 사용하는 기업은 반드시 이러한 작은

신흥시장에 기반을 둔 기업들은 그 산업과 자산을 분석함으로써 자신들의 경쟁우위가 현지 시장과 밀접하게 연결이 되어 있는지 혹은 다른 시장으로 이동 가능한지를 판단할 수 있다. 중국의 가전제품 제조업체 하이얼에서는 산업화된 국가들에서의 시장점유율을 차지하기 위한 노력을 했고 현재는 세계에서 가장 큰 가전제품 제조업체로 자리매김할 수 있었다. 하이얼은 최근 효율성을 높이기 위해 그들 공장에 새로운 로봇들을 도입하면서 수만 명의 직원을 해고했다.

출처 : ⓒ Imaginechina/Corbis

시장점유율과 특별한 제품에 대한 높은 마케팅 및 생산비용을 보상받을 수 있을 정도의 충성도 높은 고객 기반을 개발해야 한다.

제품을 차별화시킬 수 있는 한 가지 방법은 **품질**을 향상시킴에 따라 제품의 평판을 올리는 것이다. 식탁용 식기의 경우 거의 모든 나라의 백화점에서 쉽게 찾아볼 수 있다. 그러나 일본의 노리타케(www.noritake.com)는 자신들의 식기 제품을 그들의 탁월한 품질을 강조함으로써 차별화시킨 바 있다. 높은 품질이라는 인식은 제조업자들로 하여금 세계로 나아가는 그들의 제품에 높은 가격을 책정할 수 있도록 해 주었다.

독특한 **브랜드 이미지**를 통해 차별화 전략을 적용한 다른 제품에는 젊고 감각적인 고객층을 공략한 아르마니(www.armani.com), DKNY(www.dkny.com)가 있다. 이 기업들은 지속적으로 스타일리시하고 기능적인 원단과 색감을 시장에 소개했다. 다른 예로는 이탈리아 자동차 업체인 알파로메오(www.alfaromeo.com)가 있는데, 이 기업은 세계 자동차 산업의 경쟁이 심화된 대량 판매 시장에 뛰어들지 않았다. 만약 대량 판매 시장에 진입했다면 이 기업은 가격 경쟁력을 중심으로 여러 종류의 차량을 판매했어야 했을 것이다. 그러는 대신에 알파로메오에서는 고품질의 제품과 고급적인 알파로메오 브랜드 이미지를 바탕으로 시장을 공략했다.

다른 차별화 요소는 소비자에게 보여지는 제품의 기능과 **디자인**이다. 제품의 특별한 특징은 소비자의 마음속에 차별화된 제품과 서비스로 각인된다. 생산자는 제품 차별화 전략을 수립하기 위해 여러 가지 차별화 요소들을 혼합할 수 있다. 예를 들어 스포츠 시계 브랜드인 카시오나 다른 스포츠 대량 판매 시장의 시계 제조업자들은 시계의 기능을 강조하는 반면, 스위스의 스포츠 시계 브랜드인 태그호이어(www.tagheuer.com)는 기능과 함께 스타일과 높은 격을 강조하기도 한다.

집중화 전략

아주 작게 세분화된 시장에 집중하여 저비용, 차별화 혹은 복합적 전략을 통해 세분화된 시장 내의 니즈를 충족시키는 것에 집중하는 전략

집중화 전략 아주 작게 세분화된 시장에 집중하여 저비용, 차별화 혹은 복합적 전략을 통해 세분화된 시장 내의 니즈를 충족시키는 것에 집중하는 것을 **집중화 전략**(focus strategy)이라 한다.

경쟁이 심화되고 있다는 것은 시장 내에 더 많은 제품들이 품질, 디자인 등의 차별화 전략 또는 저비용 전략을 통해 진입했다는 것을 의미하기도 한다. 그 결과로 더 넓은 제품의 범위가 시장의 지속적인 세분화를 이끌게 된다. 오늘날의 많은 산업들은 여러 개의 세부 시장과 그보다 더 작은 세부 시장들로 이루어져 있다. 예를 들어 어떤 기업은 하나의 인종, 민족 그룹을 공략하고 있는 한편, 기업보다 작은 사업가나 소기업들은 하나의 작은 지역에 집중하기도 한다.

존슨앤존슨(www.jnj.com)은 주로 하나의 소비재 기업으로 생각되곤 한다. 그러나 사실 존슨앤존슨은 다양한 제품으로 세계의 광범위한 시장을 공략하고 있는 250개 이상 업체의 집합체이다. 존슨앤존슨을 구성하는 개별 기업들은 각기 특별한 제품과 서비스를 생산하여 자신들이 진입한 세부 시장을 점령하려 노력하고 있다. 그들은 저비용 전략이나 차별화 전략을 이용하여 작게 세분화된 시장에 집중한다.[5]

집중화 전략은 때때로 기존 제품에 불만족하거나 새로운 제품을 원하는 고객을 충족시키기 위한 제품을 디자인하는 것을 말하기도 한다. 아주 작게 세분화된 커피 시장을 살펴보자. 루왁이라는 커피 1파운드를 300달러에 판매하는 아주 특별한 기업이 있다. 자바라는 섬에 사는 사향고양이들이 커피 콩이 포함된 커피베리(식물)를 먹는다고 한다. 이렇게 자연적으로 발효된 콩은 사향고양이 배설물을 통해 나오고 나중에 그것을 씻는다. 이렇게 씻겨지고, 정제된 커피가 세계에 아주 특별한 커피로서 판매된다.[6]

부서 차원의 전략

기업 및 사업부 차원의 목표를 달성하는 것은 자원을 활용하여 제품을 만들어 내는 세부적인 활동에 집중하는 효과적인 부서 차원의 전략에 달려 있다. **부서 차원의 전략**을 수립하는 것은 우리가 전에 공부했던 기업의 전략을 보조할 수 있는 기업의 역량을 말한다. 고객을 위한 가치 창출에 필요한 주요 활동과 지원 활동 말이다. 경영자는 이러한 활동에 대한 분석을 마친 후에 그들의 가치사슬을 강화시킬 수 있는 전략을 개발해야 한다.

주요 활동과 지원 활동 각 사업부는 저비용 혹은 제품 차별화를 통한 고객 가치 창출에 중요한 역할을 맡는다. 이것은 특히 **주요 활동**을 하는 부서에 적용된다. 제품 표준화, 차별화 모두 생산 전략을 통해 비용을 절감시키는 것은 중요하다. 또한 생산 전략은 제품의 질을 향상시키는 데도 중요하다. 효과적인 마케팅 전략은 기업으로 하여금 자신의 제품이 차별화되었음을 잘 홍보할 수 있도록 해 준다. 강력한 영업 부서와 훌륭한 고객 서비스는 개인 소비자들이나 고객들에게 선호되는 이미지를 형성하는 데 일조하며 충성도 높은 고객을 만든다. 원자재와 부품을 공장에 효율적으로 공급하고 완제품을 출하하는 물류 시스템은 비용을 절감하는 데 엄청난 도움이 된다.

지원 활동 역시 고객 가치를 창출한다. 예를 들어 연구 개발 활동은 세부 시장 내 만족시키지 못한 고객의 니즈를 발견하고 그것을 만족시키기 위한 제품을 디자인해 낸다. HRM(인적 자원 관리) 활동은 잘 훈련된 직원을 고용하고 직무 및 경영 개발 프로그램을 수행함으로써 기업의 효율성을 높이고 비용을 절감하기도 한다. 조달(공급) 활동은 기업 활동에 필요한 자원을 합리적인 가격으로 공급해 준다. 재무 회계 활동은 기업 전반적인 비용과 품질에 대한 영향을 분석하고 있으면서 경영진으로 하여금 재무 관리의 유지와 의사결정을 도울 수 있는 효과적인 정보 시스템을 개발해야 한다.

세계적 기업이 전략을 수립함에 있어서 고려해야 할 몇 가지 중요한 요소들이 있다. 예를 들어 생산 시설을 몇 개 가져갈 것이며 어떻게 분산시킬 것인가, 모든 시장에 표준화된 제품 공정을 적용시킬 것인가와 같은 생산 이슈이다. 모든 시장에 대하여 제품의 물리적 특성을 표준화시킬 것인지, 마케팅 전략을 표준화시킬지를 결정하는 것은 중요한 마케팅 이슈이다. 생산과 마케팅 활동에 관련된 전략에 대해서는 나중에 알아볼 것이다.

퀵 스터디 2

1. 현지 시장의 기호에 맞추기 위하여 기업의 제품과 마케팅 전략을 수정하는 것을 *어떤* 전략이라 부르는가?
2. 글로벌 전략의 이점은 무엇인가?
3. 일반적으로 경쟁우위 전략을 결정하는 것은 *무엇*을 개발하는 데 핵심적인 요소인가?

기업 구조 이슈

기업 구조(organizational structure)란 기업의 활동을 나누고 이를 각 부서에 조화롭게 배치한 것을 말한다. 기업의 조직 구조가 기업의 전략에 적합하다면 목표를 달성하는 데 훨씬 효율적일 것이다. 이번 절에서는 기업 구조와 관련된 주요 사항들을 살펴보고 몇 가지 조직 구조 형태에 대해 공부하겠다.

기업 구조
기업의 활동을 나누고 이를 각 부서에 조화롭게 배치한 것

중앙집권화와 분권화

최고경영자가 고려해야 하는 필수적인 이슈는 조직을 중앙집권화시키느냐 분권화시키느냐를 결정하는 일이다. **중앙집권화**시킨다는 것은 본사와 같이 한 장소에 상위 부서를 배치하는 것이다. 반대로 **분권화**라는 것은 해외 자회사와 같은 하위 부서에까지 의사결정권을 분산시킨다는 이야기이다.

지주회사(모회사)의 경영자가 해외 자회사의 의사결정에 적극적으로 참여해야 할까? 아니면 그는 이와 같은 결정에는 적게 관여하고 회사 전체의 중요한 의사결정에만 참여해야 할까? 물론 어떤 결정들은 분권화되어야 한다. 최고경영자가 만일 매일매일 모든 자회사에서 일어나는 의사결정에 관여한다면 최고경영자는 그 업무량에 압도되고 말 것이다. 예를 들어 최고경영자는 모든 생산 시설의 직원들에게 어떠한 일을 지시하거나, 채용을 하는 한 사람 한 사람의 결정에 직접적으로 모두 관여할 수는 없는 것이다. 다른 한편으로는 기업 전사 차원의 전략은 전략 수립에 필요한 적절한 시각을 가진 최고경영자만이 할 수 있고, 자회사의 경영자가 이를 수립할 수는 없다.

의사결정에 있어 중앙집권화를 하느냐 분권화를 하느냐 하는 문제에서 우리는 두 가지 핵심적인 포인트를 알아볼 수 있다.

1. 기업은 모든 의사결정을 중앙집권화시키거나 분권화시키지는 않는다. 대신에 기업은 의사결정이 효율적, 효과적으로 결과를 내는지에 관심이 있다.
2. 국제 기업은 특정 지역 시장의 의사결정은 중앙집권화시키고, 기타 지역에 대해서는 분권화시키기도 한다. 제품 수정이 필요한지, 지역 경영자의 역량이 어떠한지 등, 수많은 요소가 이러한 결정에 영향을 미친다.

이러한 두 가지 핵심을 생각하면서 중앙집권화를 해야 하는지 분권화를 해야 하는지에 대한 결정에 영향을 미치는 주요한 요소들을 알아보자.

언제 중앙집권화시켜야 하는가 의사결정의 중앙집권화는 해외 자회사들의 활동을 원활히 한다. 다양한 사업부를 운영하는 것과 다양한 시장에서 활동하는 것은 기업에게 매우 중요하다. 또한 하나의 자회사에서 나온 결과를 다른 자회사에 투입하는 것은 중요하다. 이러한 상황에서 각 자회사 간의 활동을 원활하게 하는 것은 하나의 상위 부서에서 담당하는 것이 더욱 효율적이다. 모든 자회사가 제품 생산에 있어 같은 원재료를 사용하는 경우 구매(부서)는 중앙집권화되곤 한다. 예를 들어 철강 캐비닛을 제조하는 기업의 경우는 철강을 구매해야 할 것이다. 이때 각 자회사의 구매 부서들이 각자 필요한 철강을 구매하는 것보다 하나의 중앙집권화된 구매 부서가 더 낮은 비용에 대량 구매를 할 수 있다. 각각의 자회사들은 그들이 스스로 철강을 구매하는 것보다 모기업의 중앙 구매 부서로부터 더 낮은 가격에 철강을 구매할 수 있는 것이다.

어떤 기업은 기업의 필요에 따른 재정 자원 재분배를 위해 모든 자회사에서의 수익을 모회사로 보내는 방법으로 재무 자원에 관련한 중앙집권화를 유지하기도 한다. 이러한 활동은 특정 자회사에서 투자를 받아 프로젝트를 진행하게 됨에 따라 다른 어떤 자회사는 더욱 수익을 낼 수 있는 프로젝트가 있음에도 재정 지원을 받지 못한 채 프로젝트를 수행하게 되는 경우를 줄일 수 있다. 어떤 기업들은 국제적인 기업 문화를 권장하기 위해서 그들의 정책, 생산 공정, 표준 등을 중앙집권화시키기도 한다. 이러한 정책은 모든 자회사로 하여금 기업의 제도와 문화를 한결같이 따르도록 한다. 또한 이것은 기업이 경영자를 한 지역에서 다른 지역으로 인사 이동시키는 데 도움을 주기도 한다. 모든 지역의 자회사가 모회사의 동일한 정책을 따르기 때문이다.

언제 분권화시켜야 하는가 의사결정의 분권화는 급속도로 변화하는 국가경영환경에 맞추어 현지 반응에 발 빠르게 대응할 수 있도록 한다. 분권화된 의사결정은 현지 고객들의 니즈와 선호를 반영한 제품을 생산하는 데 일조하는데 이는 각 지역의 경영자들이 현지 경영환경에 더 가까이 노출되어 있기 때문이다. 지역 경영자들은 본사의 경영자들이 느낄 수 없는 현지 경영환경에 대하여 더 민감하게 인식하고 있다. 대조적으로, 본사의 경영자들은 현지 경영환경 변화를 인지하고 있지 못하거나 현지 경영 활동에 대해 간접적으로밖에 알고 있지 못하다. 지연된 응답이나 잘못 해석된 경영 이슈로 인해 주문이 끊기고, 생산이 정지되며, 궁극적으로 경쟁력을 잃는다.

적극적 관리와 책임 분권화는 적극적 관리 참여와 책임제 문화를 조성하는 데 도움을 준다. 직원들의 사기는 현지 자회사들의 경영자들이 의사결정에 참여할 때 더욱 높아지는 경향이 있다. 현지 경영자들과 직원들은 그들이 생산, 프로모션, 유통, 가격 등의 전략에 직접 참여했을 때 기업에 더욱 헌신하게 된다.

분권화는 또한 경영 의사결정에 관련한 개인의 책임감을 향상시킨다. 현지 경영자가 그들의 의사결정에 의해 포상/징계를 받게 되었을 때 경영자들은 더욱더 의사결정을 수립하고 실행하는 데 노력을 기울인다. 반대로 지역 경영자들이 의사결정에 참여하지 않고 본사에서 내려오는 지침을 그대로 따를 때, 그들은 현지 사정에 부적합한 의사결정을 따르면서 부진한 성과를 보이게 된다. 현지 경영자들이 그들의 결정과 시행에 대해 더욱 책임감을 느낄 때 그들은 더욱더 시장에 대해 조사하게 되고 실현 가능한 모든 대안을 연구하게 된다. 그 결과 더 좋은 의사결정을 하게 되고 성과를 창출하게 된다.

조화와 유연성

기업 구조를 설계할 때 경영자는 다음과 같은 주요한 질문에 대답할 수 있어야 한다. 각 사업부를 서로 연결시키기 위한 가장 효율적인 방법은 무엇인가? 누가 전체 전략을 달성하기 위해 서로 나른 사업부의 업무를 원활히 할 것인가? 어떻게 정보가 생성되고 경영자에게 전달되어야 하는가? 어떤 모니터링 체제와 보상 구조가 설립되어야 하는가? 어떻게 기업이 조치사항을 만들어야 하며 누가 이것을 시행하는 데 책임이 있는가? 이런 질문들에 답하기 위해서 조화와 유연성에 대해 알아보자.

구조와 구조 간의 조화 우리가 보았듯 어떤 기업들은 다수의 나라에 진출하기도 하고 거의 모든 곳에서 제품 제조 및 판매를 하기도 한다. 또 어떤 기업은 한 지역에서 경영 활동을 하되, 수출 수입 업무를 하기도 한다. 각각의 기업은 모두 그들 사정에 맞는 기업 구조를 설계해야 한다. 기업은 각 부서의 책임과 **명령체계**(chains of command)를 명확히 할 수 있는 구조를 필요로 한다(명령체계란 최고경영진에서 개개인의 직원에 이르기까지의 권한 및 보고 체계를 의미한다). 마지막으로 모든 기업은 각 부서 간의 유기적인 소통을 위한 구조를 필요로 한다. 예를 들어 필요 이상으로 어렵고 비용이 많이 드는 제품 디자인을 생산하는 것을 피하기 위해서 대부분의 기업들은 R&D 부서와 제조 부서를 서로 가까이 두기도 한다.

명령체계
최고경영진에서 개개인의 직원에 이르기까지의 권한 및 보고 체계

구조와 유연성 기업 구조는 영원한 것이 아니라 기업 내·외부 환경의 변화에 따라 변경 및 수정 가능한 것이다. 기업은 종종 기업 전략에 맞추어 그 구조를 정하기 때문에 전략의 수정은 조직 구조의 변화를 필요로 하게 된다. 비슷하게, 국가경영환경의 변화는 기업 전략의 수정을 필요로 하고 이 전략의 수정이 곧 기업 구조의 변화를 가져오기도 한다. 특히 정치적·경제적·문화적 환경이 빠르게 변화하는 국가의 환경을 면밀히 모니터링하는 것은 매우 중요하다. 이제 국제 기업 활동을 효율적으로 수행하기 위해 개발된 네 가지 기업 구조에 대해 살펴보자.

퀵 스터디 3

1. 기업에서 여러 사업부별 활동을 나누고 분배하는 것을 무엇이라 하는가?
2. 어떤 종류의 의사결정이 국제적 자회사의 경영 활동을 조정하는 것을 돕는가?
3. 기업 의사결정의 분권화의 장점은 무엇인가?

기업 구조의 유형

국제경영 활동을 위해 기업이 스스로의 구조를 설정하는 데는 여러 가지 방법이 있다. 그러나 앞으로 소개할 네 가지 조직 구조가 대부분의 국제경영 활동을 하는 기업으로부터 일반적이다. 사업부 구조, 지역 구조, 제품 구조 그리고 매트릭스 구조가 그것이다.

국제 사업부 구조

국제 사업부 구조(international division structure)는 국내 사업 활동과는 별도로 국제 사업 활동을 분리시킨다(그림 11.4 참조). 그 결과로 국제 사업부는 기업이 진출하여 경영 활동을 하고 있는 나라에 따라서 나뉘게 된다(브라질, 중국, 프랑스 같은 식으로). 각각의 나라마다 경영자가 기업 제품의 생산과 마케팅을 담당하게 된다. 각 나라 사업부는 독자적으로 나뉜 사업부로서 마케팅 및 판매, 재무, 프로모션 활동을 하게 된다.

국제 사업부 구조
국내 사업 활동과는 별도로 국제 사업 활동을 분리시키는 조직 구조

국제 사업부 구조는 특정 국가에 대한 전문성을 집중시키므로 해당 사업부 경영자는 해당 국

그림 11.4
국제 사업부 구조

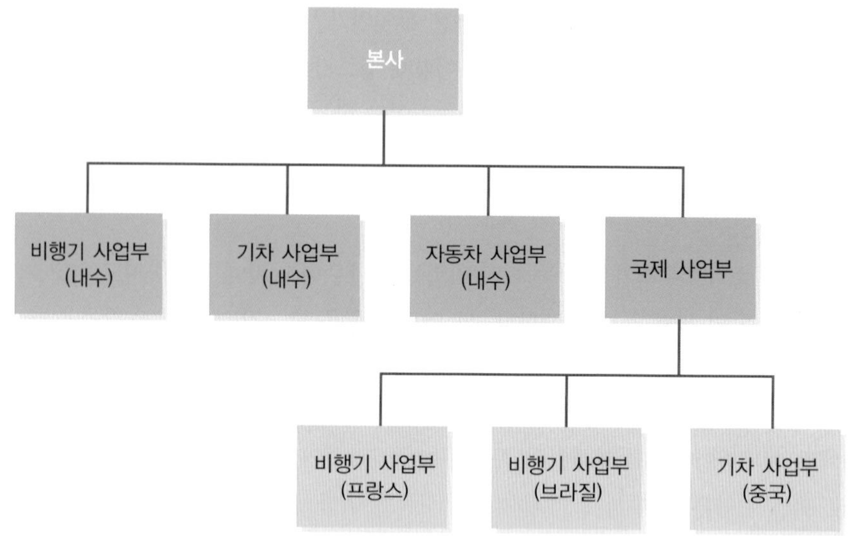

가의 환율, 수출입 서류 업무, 정부와의 관계 등 다양한 활동에 대해서 전문가가 된다. 국제 사업 활동을 단일 사업부에 할당함으로써 기업은 국제 사업부의 효율을 높이고 비용을 줄이며 국내 사업부로부터 불필요한 참견을 막을 수 있다. 이러한 것들은 국제 사업에 처음인 기업이나 국제 사업의 비중이 높지 않은 기업에게는 중요한 기준이 되기도 한다.

국제 사업부 구조는 그러나 두 가지 문제점을 야기할 수 있다. 첫 번째로 국제 사업부 경영자들은 해외 경쟁력의 근원인 자국의 재무적 지원과 기술적 노하우에 의존해야만 한다. 자국과 국제 사업부 간의 유기적 협력이 이루어지지 않으면 국제 사업부의 성과가 낮아질 뿐 아니라 기업 전체에 악영향을 끼친다. 두 번째로 국제 사업부의 본부장은 보통 진출해 있는 모든 국가에 대해 책임이 있다. 이러한 정책이 국가 간의 유기적 협력을 조장하기는 하지만, 이것은 각각 현지에 있는 경영자의 권한을 줄이기도 한다. 해외 사업 본부장/현지 경영인과 본사 경영자 간의 경쟁 및 원활하지 못한 소통은 기업 전체적인 성과에 부정적인 영향을 끼칠 수 있다.

국제 지리학적 지역 구조

국제 지리학적 지역 구조
기업이 해외 사업 전체를 지리학적 지역 및 국가별로 구별한 구조

국제 지리학적 지역 구조(international area structure)라는 것은 기업이 해외 사업 전체를 지리학적 지역 및 국가별로 구별한 구조를 말한다(그림 11.5 참조). 진출해 있는 국가가 많을수록 지역별로 구분하여 정리했을 가능성이 높다(예를 들어 국가 단위가 아니라 아시아, 유럽, 미주와 같은 방식으로). 일반적으로 본부장은 각 국가나 각 지역에 배치되게 된다. 이러한 구조 밑에서 각 지역별 사업부는 의사결정권이 국가 혹은 지역 경영자로 분권화된 독자적인 경영 활동을 수행하게 된다. 각 사업부는 독자적인 구매, 생산, 마케팅, 영업, R&D, 회계와 같은 부서를 운영하게 된다. 각 사업부는 또한 그들의 독립적인 전략 계획을 수립하는 경향이 있다. 모기업 본사의 경영진들은 전사적 관점에서 각 사업부의 활동을 조율하는 의사결정을 내리게 된다. 국제 지리학적 지역 구조는 진출해 있는 각 국가와 지역 시장을 특별하게 생각하는 기업에게 적절하다. 특히 이 구조는 국가 혹은 지역별로 문화적 · 정치적 · 경제적 환경이 상이할 때 유용하다. 사업부별로 해당 국가 혹은 지역의 경영환경을 통제해 가면서 본부장은 그 지역 소비자들의 니즈에 대해 전문가가 되어 간다. 한편 각 사업부가 독립적으로 활동하기 때문에 사업부 간의 자원 및 지식의 분배가 어려울 수 있다.

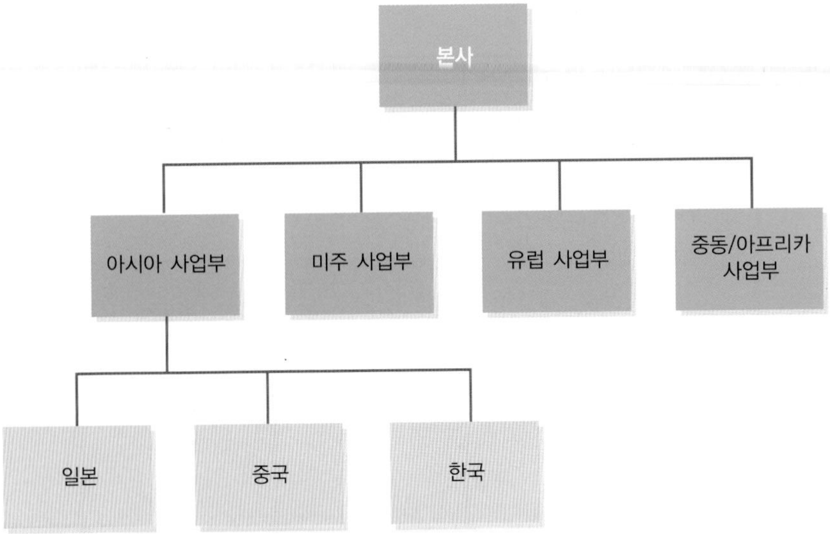

그림 11.5
국제 지리학적 지역 구조

본사

아시아 사업부
미주 사업부
유럽 사업부
중동/아프리카 사업부

일본
중국
한국

글로벌 제품 구조

글로벌 제품 구조(global product structure)는 기업의 세계 시장에서의 활동을 제품군별로 나눈 것이다. 〈그림 11.6〉에서 가상의 운송 기업이 비행기, 기차, 자동차 사업부로 간단히 그 활동을 나눈 것이 나와 있다. 컴퓨터 생산 기업의 경우에는 인터넷 및 커뮤니케이션 사업부, 소프트웨어 개발 사업부, 신기술 사업부 등으로 나뉠 수 있을 것이다. R&D, 마케팅과 같은 각각의 기능은 제품 사업부마다 내수 시장, 해외 시장에서 중복될 수 있다.

글로벌 제품 구조
기업의 세계 시장에서의 활동을 제품군별로 나눈 것

글로벌 제품 구조는 다양한 제품과 서비스를 제공하는 기업에 적절한데, 이는 국제 사업 구조에서 오는 문제점을 극복할 수 있기 때문이다. 제품 집중을 통해서 국내/해외 시장의 경영자들이 서로 원활히 소통할 수 있도록 해 준다.

글로벌 매트릭스 구조

글로벌 매트릭스 구조(global matrix structure)는 제품과 지역 사업부의 두 축으로 구조를 나누는 것이다(그림 11.7 참조). 경영자는 두 명의 상사에게 보고를 해야 한다(제품 사업부의 본부장과

글로벌 매트릭스 구조
제품과 지역 사업부의 두 축으로 구조를 나누는 것

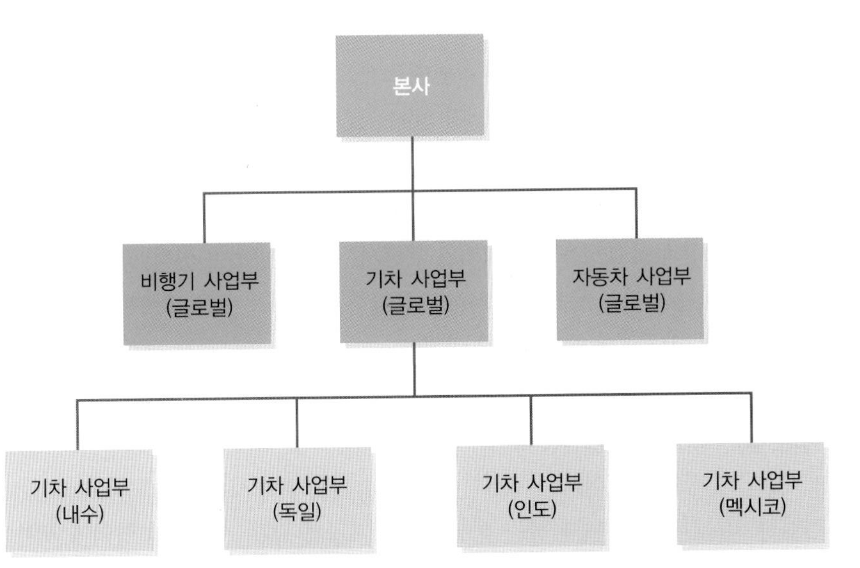

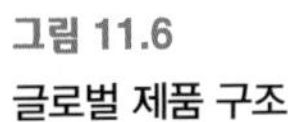
그림 11.6
글로벌 제품 구조

그림 11.7
글로벌 매트릭스 구조

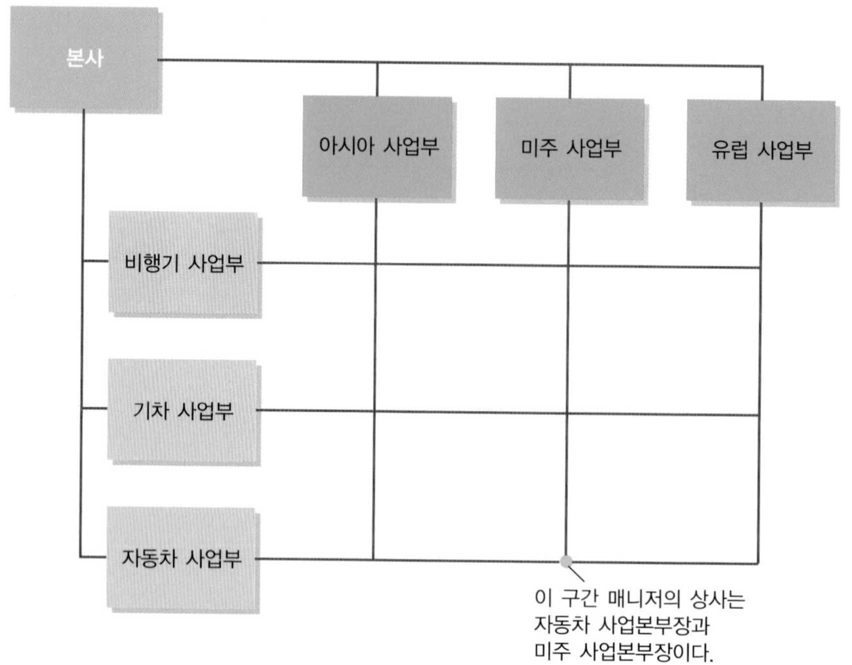

지역 사업부의 본부장). 매트릭스 구조의 주요 목표는 제품 사업부의 경영자와 지역 사업부의 경영자로 하여금 의사결정 과정에 함께 참여하게 하는 것이다. 사실 두 분야의 전문가를 협력하게 하는 것은 팀을 형성하게 만드는 효과가 있다. 매트릭스 구조의 명성은 지역에 대한 기업의 신속한 반응을 이끌어 내고 비용을 절감하며 세계에 산재해 있는 조직들을 유기적으로 화합하는 시도를 통하여 성장했다.

매트릭스 구조는 특히 사업부 간의 커뮤니케이션을 활성화시킴에 따른 특화된 전문가 인재들의 효율성을 제고함으로써 다른 기업 구조의 단점을 해결하고 있다. 무엇보다 매트릭스 구조의 가장 큰 강점은 현지에 대한 대응을 추구하면서도 사업부 간의 유기적인 화합을 이끌어 낼 수 있다는 것이다.

그러나 글로벌 매트릭스 구조 역시 두 가지 큰 결점을 안고 있다. 첫 번째로 매트릭스 구조는 꽤나 번거롭다. 단지 서로 다른 유관부서의 활동 간의 화합을 이끌어 내기 위한 회의가 너무나 잦다. 그 결과, 이러한 복잡함은 의사결정에 소요되는 시간을 장기화시키는 경향이 있으며 각 사업부의 반응 시간을 더디게 하기도 한다. 두 번째로 매트릭스 구조 안에서는 개인의 책임감 등이 흐려지게 된다. 책임 구분이 공유가 되고, 경영자는 낮은 성과에 대한 책임을 다른 경영자에게 전가시킬 수 있기 때문이다. 더욱이 매트릭스 구조 내 문제의 근원은 찾아내기가 매우 어렵고 찾아낸다 해도 그에 따른 시정 조치를 내리기가 어려운 실정이다.

국제 기업이 대응성과 효율성을 증진시키기 위해서는 여러 방법이 있다. 국제 기업들 사이에서 점차 대두되고 있는 방법은 목표를 달성하고 문제를 해결하기 위한 프로젝트 팀을 만드는 것이다. 프로젝트 팀에 대해서 더 알아보도록 하자.

프로젝트 팀

국제화는 기업으로 하여금 변화하는 경영환경에 따라 더욱 빠르게 대응하도록 하고 있다. 팀의 구성은 기업의 의사결정을 더디게 하는 생산이나 마케팅과 같은 기능적인 영역에 제한을 두지 않음으로써 더 빠른 대응을 하는 데 유용하다. 매트릭스 사업부에서 이를 교차 시스템을 통해서 해결한 바 있지만, 기업은 단순히 부서 간 교차기능적 기업이 가져다주는 장점을 실현하기 위해 기업의 전체 구조를 바꾸고 싶어 하지는 않는다. 이런 경우에 기업은 전체적인 조직 구조를 변화시킬 필요 없이 여러 개의 다른 팀을 형성하여 시행할 수 있다.

프로젝트 팀은 시정 조치를 수행하고 해결책을 찾아내는 업무를 할당받게 된다. 오늘날 국제 기업들은 유례없이 서로 다른 사업부 간의 직접적인 소통을 위해서 프로젝트 팀 체제로 그 구조를 변환시키고 있다. 또한 경쟁우위 전략을 설계하고 실행하기 위해서도 기업은 더 많은 프로젝트 팀을 만들고 있다. 이제 서로 다른 프로젝트 팀의 종류에 대해 알아보자. 자율 경영 팀, 부서 간 교차 기능 팀, 글로벌 팀이 그것이다.

자율 경영 팀 한 사업부의 직원이 관리자급의 책임을 지는 형태가 **자율 경영 팀**(self-managed team)이다. 생산 활동에 적용했을 때, 자율 경영 팀은 생산 과정과 방법을 재정비하기도 한다. 왜냐하면 그들은 '자율 경영' 팀이기에 관리자로 하여금 그들의 모든 활동에 대해 관리하는 업무를 없앨 수 있기 때문이다. 자율 경영 팀의 장점은 주로 생산성 증가, 품질 향상, 고객 만족도, 직원 사기, 회사에 대한 충성도 등을 향상시켜 주는 것이다. 가장 일반적인 자율 경영 팀의 예로는 '품질 향상 팀'이 있는데, 이러한 팀은 생산 과정에 있는 불필요한 과정을 없앰으로써 비용 절감에 도움을 준다.

> **자율 경영 팀**
> 한 사업부의 직원이 관리자급의 책임을 지는 형태

조직을 더욱 유연하고 생산적이게 만들기 위한 내부 경영 조직 축소에 대한 세계적인 트렌드는 팀 조직의 성황을 가져왔다. 세계 각국의 기업에서는 점차 그들의 해외 사업에 자율 경영 팀 체제를 도입하고 있다. 하지만 연구 결과에 따르면, 아직은 문화적 차이가 자율 경영 팀의 콘셉트를 받아들이고 실행하는 데 방해가 될 수 있음을 암시한다. 전문가들은 경영자가 다음의 기본 지침을 따르도록 제시한다.[7]

- 팀 체제 환경에서 가장 성과를 발휘할 것 같은 직원을 구별하기 위해 테스트를 한다.
- 각각의 자회사 현지의 문화에 맞는 자율 경영 팀 체제 콘셉트를 적용시킨다.
- 자율 경영 팀 통합 과정을 각 자회사 현지 문화에 맞추어 적용시킨다.
- 현지 경영자를 모회사에서 교육 · 훈련시키고 그들이 생각하기에 팀 체제를 적용시키기에 가장 적합한 시점에 도입할 수 있도록 한다.

이와 같이 제2장에서 공부했던 문화의 차이는 해외 사업에 팀 체제를 적용시키고자 하는 경영자에게 중요한 요소이다. 예를 들어 어떤 문화는 집산주의적일 수 있으며, 다른 어떤 문화는 지위의 차이를 더 존중하기도 한다. 또한 미래는 개인이 통제할 수 없다고 믿는 문화도 있으며, 살기 위해 일한다는 관념을 가지고 있는 문화도 있다. 연구자들은 이러한 경우에는 관습적인 경영 체제를 유지해야 한다고 말한다. 그러나 팀 체제는 자율성이 높아질수록 더욱 생산적인 경향이 있기도 하다.[8]

부서 간 교차 기능 팀 **부서 간 교차 기능 팀**(cross-functional team)은 각기 다른 기능의 사업부에서 온 비슷한 수준의 직원들의 조합으로 구성되어 있다. 이러한 팀은 사업에 있어 변화를 꾀하기 위해 일하며, 아이디어 개발 단계에서 시장 유통 단계에 이르기까지 걸리는 시간을 줄이는 것과 같이 다양한 부서의 기능을 조화롭게 해야 하는 프로젝트에 잘 어울린다. 국제 기업은 구매, 제조, 유통 등에서 일하는 직원들을 한데 모아서 특정 제품 품질 이슈에 대해 함께 연구하게 하

> **부서 간 교차 기능 팀**
> 각기 다른 기능의 사업부에서 온 비슷한 수준의 직원들의 조합으로 구성된 팀

는 방법을 통해 품질을 향상시키는 데 부서 간 교차 기능 팀 체제를 적용하기도 한다. 같은 방법으로 부서 간 교차 기능 팀은 사업부 사이의 장벽을 없애고, 사업 방향 및 방법을 재정립하기도 한다.

글로벌 팀
회사 전반에 걸친 문제를 해결하는, 본사의 경영자와 해외 자회사 현지의 경영자를 한데 모은 팀

글로벌 팀 마지막으로 대규모 국제 기업에서는 본사의 경영자와 해외 자회사 현지의 경영자를 한데 모은 **글로벌 팀**(global team)을 조직하여 회사 전반에 걸친 문제를 해결하기도 한다. 예를 들어 캐나다 기업 노텔네트웍스(www.nortel-us.com)에서는 영국, 캐나다, 프랑스, 미국 지사의 최고경영자들로 구성한 글로벌 팀을 조직하여 아시아, 유럽, 북아메리카를 돌며 제품 개발 방법을 연구하도록 하기도 했다.

현안 이슈에 따라서 팀 구성원들은 하나의 사업부에서 뽑을 수도 있고, 다양한 사업부에서 뽑아 온 인원으로 구성할 수도 있다. 어떤 팀은 특정 이슈를 해결한 후 다시 흩어지기도 하고, 또 다른 어떤 팀은 다른 문제를 해결하는 데 재배치되기도 한다. 글로벌 팀의 성과는 각 팀 구성원 사이의 물리적인 거리나 회의를 하기 위해 이동해야 하는 거리가 길거나, 시차에 의해 함께 일하기 어렵거나 하는 문제가 있을 때 성과가 저하되게 된다. 기업은 이러한 문제를 해결하는 데 비용이 많이 들어감에도 불구하고 이 문제를 극복하기 위해 노력한다.

퀵 스터디 4

1. 어떠한 기업 구조가 모든 국제적인 전문 분야를 한 사업부에 집중시키는 경향이 있는가?
2. 제품 및 지역을 기준으로 세계적 경영 활동을 나누는 기업 구조는 무엇인가?
3. 서로 다른 사업부이지만 동등한 위치에서 일하는 직원들의 그룹을 무엇이라고 하는가?

맺는말

경영자는 기업, 사업부, 개별 부서 차원의 국제 전략을 수립하는 중요한 업무를 수행한다. 경영자는 종종 그들 기업의 활동을 하나의 고객 가치를 창출하기 위한 가치사슬(활동 사슬)로 생각하고 분석하기도 한다. 이러한 과정을 통해서만 경영자는 기업의 역량에 가장 잘 맞는 전략을 개발하고 시행할 수 있다. 기업 전략을 결정하고 난 후에 경영자는 조직 구조를 결정하게 된다. 국가경영환경 역시 경영자의 제품을 표준화시킬 것인지 현지에 맞게 바꿀 것인지, 어디에 생산 시설을 배치할 것인지, 의사결정권을 어떻게 배치시킬 것인지(중앙집권화와 분권화) 등의 다양한 전략 선택과 기업 구조에 영향을 미친다.

경영자가 전략을 수입하고 기업 구조를 결정하는 업무는 간과될 수 없다. 기업이 어떤 세부 시장에 들어가는지를 결정하는 것과 해당 시장에서 비용 절감을 통해 시장을 선도할 것인지 혹은 제품을 차별화하고 높은 가격을 책정할 것인지를 결정하는 것은 매우 중요하다. 이러한 결정은 해외 사업에 진출하고 있는 기업의 모든 추후 활동에 막대한 영향을 끼치게 된다. 또한 이 결정은 기업의 (1) 해외 시장 진출, (2) 인적 자원 관리, (3) 하루하루 생산, 마케팅 등의 활동에 영향을 끼친다.

이 장의 요약

LO1. 전략 선정에 선행하는 기업 분석 방법을 설명하라

- 전략 수립에 앞서 경영자는 기업의 목표를 설립하고 기업이 이루기를 원하는 목표를 정확히 해야 한다.
- 경영자는 기업 활동을 주요 활동 및 지원 활동으로 구분해 주는 **가치사슬분석**을 수행함으로써 고객 가치를 창출할 수 있는 역량을 확립해야 한다.
- 경영자는 또한 전략 수립을 복잡하게 만드는 요소인 정치, 문화, 경제 등의 환경 요인을 분석해야 한다.

LO2. 기업 목표 달성을 위한 다양한 전략을 설명하라.

- **다국적 전략**은 기업의 제품 및 마케팅 전략을 한 국가의 기호에 맞추어 수정할 때 가장 좋은 전략이며 **글로벌 전략**은 모든 표적시장에 대하여 동일한 제품과 마케팅 전략을 사용할 때 효과적이다.
- **기업 차원의 전략**은 (1) **성장**－규모를 확장시키거나 사업을 확장하는 것, (2) **경비절감**－사업 규모를 축소시키는 것, (3) **안정화**－변화에 대비하는 것, (4) **조합**－성장, 경비절감, 안정화 전략을 조금씩 섞어 놓은 것이 있다.
- **사업부 수준의 전략**은 (1) **저비용**－규모의 경제를 통한 원가 절감, (2) **차별화**－시장 내에서 특별한 제품으로 인식되도록 제품을 차별화시키는 것, (3) **집중화**－특정 세부 시장을 저비용 전략 및 차별화 전략 등을 사용하여 집중적으로 공략하는 것이 있다.
- 기업의 목표를 달성하는 것은 **주요 활동** 또는 **지원 활동**을 통하여 고객 가치를 창출하는 **부서 차원의 전략**에 달려 있다.

LO3. 기업 구조 선정과 관련한 중요한 사안을 간략히 서술하라.

- **기업 구조**란 기업이 그 경영 활동을 조직에 따라 나누거나 통합시키는 방법을 말한다.
- **의사결정의 중앙집권화**는 세계에 산재하는 자회사들을 운영하는 것을 효과적으로 도와준다. 반대로 **의사결정의 분권화**는 자회사들이 각 현지의 시장 반응에 더 중점을 둘 때 일어나게 된다.
- 조직 구조를 설계할 때, 경영자는 다양한 부서의 기업 내 상호작용 및 **협동**의 정도를 고려해야 하고 또한 기업 구조에 어느 정도의 **유연성**을 부여할 것인지를 결정해야 한다.
- 조직 구조는 반드시 각 부서의 권한 및 내부 보고 관계와 같은 부서의 책임과 **명령체계**를 명확히 정의해야 한다.

LO4. 다양한 국제 기업 구조와 사업부 유형에 대해 설명하라.

- **국제 사업부 구조**는 국제 활동을 위한 경영자를 자체적으로 둔 분리된 사업부를 만들어낸다.
- **국제 지리학적 지역 구조**는 기업의 글로벌 사업 운영을 각 나라 혹은 지역으로 구분해 준다.
- **글로벌 제품 구조**는 전 세계적 영업 활동을 내수와 해외로 나뉘는 제품 단위 사업부로서 나누어 준다.
- **글로벌 매트릭스 구조**에서는 지역 최고경영자와 제품 최고경영자, 두 경영자(상사)에게 보고가 필요하다.
- **프로젝트 팀**은 잘못된 것을 바로잡거나 어떠한 문제에 대한 해결책을 제시하기 위한 노력을 한다. 프로젝트 팀 종류에는 **자율 경영 팀**, **부서 간 교차 기능 팀**, **글로벌 팀**이 있다.

핵심 용어

가치사슬분석
경비절감 전략
계획
국제 사업부 구조
국제 지리학적 지역 구조
글로벌 매트릭스 구조
글로벌 전략
글로벌 제품 구조
글로벌 팀
기업 구조
다국적 전략
명령체계
부서 간 교차 기능 팀
사명선언문
성장 전략
안정화 전략
이해당사자
자율 경영 팀
저비용 전략
전략
조합 전략
집중화 전략
차별화 전략
핵심 역량

얘기해 보자 1

다음에 대해 생각해 보자. 세계의 문화가 점차 비슷해지고 있는 추세이기 때문에 기업에서는 그들의 제품과 글로벌 마케팅을 모두 표준화시켜야 한다.

11-1. 위 문장에 대하여 동의하는가 혹은 동의하지 않는가? 설명해 보라.

11-2. 위 문장이 좀 더 혹은 조금 덜 사실로 적용되는 특정 산업이 있는가?

얘기해 보자 2

당신이 24시간 내에 섭취한(빵, 껌 등) 혹은 사용한(인터넷 서비스, 휴대전화 앱 등) 제품 5개를 나열해 보라.

11-3. 각 제품이 저비용, 차별화, 집중화 전략 중 어떤 전략을 사용하는지에 대해 이야기해 보라.

11-4. 각각의 기업에 대하여 어떤 정보가 위 문제를 답하는 데 도움이 되었는지 이야기해 보라.

윤리적 도전

당신이 100개 이상 국가에 사업체를 가지고 있는 글로벌 CEO라고 가정해 보자. 최근 세계 경제의 변화는 기존에 있던 지역적 · 정치적 경계선을 재설정하고 있다. 성장하고 있는 다양한 국가의 사회적 · 정치적 · 경제적 · 법적 독립성의 발달은 기업으로 하여금 해당 국가에서의 사업에 대한 경영 전략과 방침을 수정하도록 하고 있다. 당신은 현재 CEO로서 최근의 법적 · 윤리적 환경을 반영하는 윤리경영방침을 개발하려 한다. 당신은 이 윤리경영방침이 세계 어디에서든 표준화되어 효과적으로 사용되기를 바란다.

11-5. 여러 가지 이슈가 얽혀 있는 이 상황에서 어떤 윤리적 방침을 만드는 것이 문화적으로 다른 국가에까지 표준화되어 사용되기에 적절한가?

11-6. 당신이 생각하기에 어느 국가, 어느 문화에서도 동일하게 적용 가능한 한 가지의 통일된 윤리경영방침을 만드는 것이 가능한가?

팀 협력 활동

네 명의 학생으로 구성된 두 팀은 다국적 전략을 도입할 것인가, 글로벌 전략을 도입할 것인가에 대하여 토론하게 된다. 양측의 첫 번째 학생이 발표한 후, 두 번째 학생이 반대측에 질문하고, 허점과 모순점을 찾는다. 세 번째 학생은 이 논점에 답한다. 네 번째 학생은 각 팀의 주장을 요약하여 발표한다. 마지막으로, 학급에서는 어느 팀이 더 설득력 있는 주장을 펼쳤는지에 투표한다.

스스로 연구하기

11-7. 전략 수립에 영향을 끼치는 요소는 기업의 주된 활동이 내수인지 해외 시장에 있는지에 따라 다르다. 또 어떤 요소들이 있는가?

11-8. 지속되는 기술 발전이 세계적 경영 운영방식을 변화시키고 있다. 기술이 기업의 기본적인 전략과 국제 기업의 구조를 바꾸어 놓는 것인지, 혹은 기업이 단순히 기술 변화에 따라 기존에 있던 전략 위에 다른 전략과 조직 구조를 추가하는 것인지 생각해 보자.

국제경영 실전 사례 이케아의 글로벌 전략

이케아(www.ikea.com)는 300억 달러 정도 규모의 세계적인 가구회사로, 스웨덴에 본사가 있다. 42개국 345개 이상의 매장을 보유한 이 기업의 성공에는 다양한 스타일 및 홈 데코레이션 기능을 가진 세간들을 대부분의 고객들이 부담 없이 구매할 수 있도록 저가에 판매하고자 했던 설립자 잉그바르 캄프라드의 '사회적 야망'이 반영되어 있다. 그의 성공 이야기는 그의 책 *IKEA : The Entrepreneur, the Business Concept, the Culture*에 자세하게 설명되어 있다. 이케아 매장의 외관은 스웨덴 국가를 상징하는 색깔인 밝은 파랑과 노랑으로 칠해져 있으며 소비자들은 이러한 매장의 쇼룸에서 실제 인테리어에 가깝게 배치되어 있는 가구들을 볼 수 있다.

이케아는 각 가구에 'Ivan', 'Stan'과 같은 이름과 모델 번호를 넣으며 사업을 시작했다. 이케아 매장에서의 쇼핑은 굉장히 셀프서비스식이었는데 고객이 매장에서 가구를 둘러보고, 쇼룸에서 마음에 드는 가구를 선택한 후 그 가구의 이름과 품번을 적어서 직원에게 주면 그 직원이 조립식 가구가 들어 있는 상자를 찾아주는 형식이었다. 이케아의 성공 초석이 된 전략 중 하나는 고객으로 하여금 선택한 가구를 집으로 가져가서 직접 조립하게 하는 시스템에 있다. 또한 일반적인 이케아의 매장 구성은, 가구 매장 이외에도 스웨덴식 식당, 식료품점, 관리감독되는 어린이 놀이터 그리고 유아보호소 등을 포함한다.

이케아의 가구 사업에 대한 이 접근 방식으로 인해 항상 일정 수준의 매출을 기록하던 가구 산업 자체가 큰 성장을 거두게 되었다. 50개국 이상 1,500개 업체 이상의 가구 공급업자들은 이케아로 하여금 저비용 정책을 유지할 수 있게 해 주었다. 이케아는 점차 중앙/동유럽 신흥국가에도 진출하기 시작했다. 해당 지역 고객들의 구매력이 상대적으로 낮았기 때문에 매장에서도 제품의 다양성을 줄이고, 어떤 가구들은 소비에트 연합에서 분리된 국가들의 라이프스타일에 특별히 맞추어 제작되기도 했다. 유럽을 통틀어서 이케아의 장점 중 하나는 스웨덴 국가 자체가 양질의 제품을 만든다는 전반적 인식이 깔려 있던 것이었다. 실제로도 이케아의 큰 장점(셀링 포인트)은 '스웨덴 제품'이라는 것이었다. 이케아는 그들의 핵심 전략과 부패추방 정책이 효과적으로 받아들여지는 러시아와 같은 신흥국가에도 진입했다.

산업을 유심히 보던 사람들은 미국이 결국 이케아의 가장 큰 시장이 될 것임을 예측했다. 1985년 이케아는 필라델피아에 첫 미국 내 매장을 오픈했고, 현재는 10개가 넘는 아웃렛 매장을 바탕으로 연간 10억 달러 이상의 매출을 올리고 있다. 이케아의 경쟁업체들은 이를 굉장히 심각하게 받아들이며 가구업계의 월마트 격인 이케아가 그들의 심각한 문제가 될 것이라고 이야기했다.

그러나 일부 미국 고객들은 이케아에서 유명한 제품들은 가끔 품절이 되어서 짜증 난다고 말하기도 한다. 또 다른 문제는 이케아의 서비스 최소 정책에 따라 매장에서 대기해야 하는 줄이 너무 길다는 것이다. 대부분의 고객들이 낮은 가격으로 양질의 제품을 받는 것에 대해 만족하고는 있지만 일부 고객들은 이케아의 이러한 서비스 콘셉트의 약점을 상쇄할 정도인지에 대해 의문을 품고 있기도 하다.

북아메리카의 이케아 최고 경영자인 예란 칼스테트는 기업의 목표를 강조함으로써 이러한 불만에 대해 대응하고 있다. 그는 특히 저가 정책을 계속 유지하기 위해서는 서비스를 최소화할 필요가 있다고 강조한다. 고객들은 낮은 가격의 이케아 제품을 (서비스에 대한) 아주 작은 희생으로 얻을 수 있기에 다시 이케아를 찾을 수밖에 없다고 이야기한다. 그들의 재구매를 촉진하기 위해서 이케아에서는 이케아의 메시지를 전달하기 위한 광고를 하는 데 수백만 달러를 투자하고 있다. 특히 대부분 가구 사업에서의 광고는 거의 신문 및 라디오 광고에 집중하는 것이 일반적인 반면 이케아에서는 북미 광고 비용의 3분의 2 이상을 TV에 할당하고 있다.

놀랍게도, 이케아에서는 현재 그 사업을 아파트 빌딩으로까지 확장하고 있다. 이 가구업계의 거인은 스웨덴, 노르웨이, 핀란드, 영국 등지에 3,500여 가구 이상의 조립식 건물을 가지고 있다. 이케아의 'BoKlok'(스웨덴어로 '스마트한 삶') 아파트는 이케아의 최신 가구들을 닮았다. 이케아의 아파트는 건물 내부가 벽으로 나뉘지 않은 오픈 플랜식의 거주 공간과 높은 천장, 모든 벽면에 창문 설치, 또한 미리 맞추어진 이케아식 주방으로 디자인되어 있다.

글로벌 사고 질문

11-9. 이케아의 설립자 캄프라드가 중국으로 사업 확장을 결정했을 때, 그의 결정은 시장조사를 통해 나온 것이 아닌 본인의 직감을 따른 결정이었다. 이케아의 현재 중국 시장 내에서의 성과를 보았을 때 그의 결정은 옳은 것이었을까?

11.10. 이번 장에서 다룬 주제들에 비추어 봤을 때, 이케아의 전략적 접근 방식은 제품 표준화인가 혹은 시장 기호에 맞추는 전략인가? 설명하라.

출처 : Jennifer Karmon, "IKEA's First Cultural Collaboration Is A Sharp Turn To The East: Sweden Meets China," Yahoo website (https://homes.yahoo.com/blogs/spaces), January 21, 2014; "The Corruption Eruption," *The Economist*, May 1, 2010, p. 73; Dianna Dilworth, "Ikea Enters UK's Housing Market," *Bloomberg Businessweek* (www.businessweek.com), April 20, 2007; Kerry Capell, "Ikea's New Plan for Japan," *Bloomberg Businessweek* (www.businessweek.com), April 26, 2006; Ikea website (www.ikea.com), selected reports.

제12장

해외 시장 기회 분석

학습목표

이 장을 공부한 후에 다음을 할 수 있어야 한다.

1. 기본적 매력 요소와 국가 요소의 중요성을 설명한다.
2. 기업이 어떻게 시장 또는 입지를 측정하고 선정하는지를 기술한다.
3. 이차시장조사 자료의 출처를 확인한다.
4. 일차시장조사를 수행하기 위한 일반적인 방법을 기술한다.

돌아보기

제11장에서는 국제적인 경영 활동을 위해서 기업이 어떻게 계획하고 준비하는지에 대해 알아보았다. 국제 기업이 전략적 목표를 달성하기 위해 이용하는 여러 종류의 전략과 기업 구조에 대해서 공부했다.

이 장 잠깐 보기

이 장은 기업이 새로운 시장의 가능성을 가늠함에 있어 기본적인 매력 요소와 국가 요인이 왜 중요한지를 먼저 설명한다. 그 후에 어떻게 기업이 세부적인 진출 지역을 선정하는지에 대해 설명한다. 마지막으로 이차시장조사 자료의 주요 원천과 일차시장조사 방법에 대해 공부한다.

미리 보기

제13장에서는 기업이 해외에 진출할 때 가능한 다양한 방법을 둘러싼 경영 이슈에 대해 설명한다. 수출 전략의 중요성과 각각의 진출 방법에 따른 찬성/반대 의견에 대해 공부한다.

글로벌화를 촉진하는 스타벅스

워싱턴 시애틀 – 스타벅스는 1996년 일본 도쿄에 지점을 내면서 첫 해외 시장에 진출했다. 오늘날 스타벅스는 북미지역 밖의 65개국에 2만 개가 넘는 매장을 운영하고 있다. 사진에서 두 고객이 베트남 하노이에 있는 스타벅스 매장에서 커피를 즐기고 있다. 성과가 부진한 점포 몇 개를 닫아야 했지만, 스타벅스는 여전히 국제적으로 고객과 경쟁사들에게 가장 유명한 브랜드이다.

출처 : © Yan Jianhua/Xinhua Press/Corbis

스타벅스는 유럽 스타일의 커피를 미국에 들여왔고, 미국 스타일의 매장을 유럽에 진출시켰다. 스타벅스의 종이컵에 담긴 라떼와 금연 매장 정책으로 유럽 시장에 진출할 것이라는 생각은 적중했다. 영국에 입점한 것은 1990년대 후반이었지만, 스타벅스는 2001년 스위스 취리히, 2004년 프랑스 파리에 진출할 때까지 오랜 시간을 끈기 있게 기다렸다. 스타벅스는 첫 유럽 매장인 취리히에 매장을 낼 때까지 면밀히 유럽 시장을 조사했고, 이를 바탕으로 유럽 전역으로 뻗어 나갔다. 다양한 문화와 언어가 혼재되어 있는 스위스 시장은 스타벅스에게 유럽 시장에 어떻게 진출할 것인지에 대해 공부하는 기회를 주었다고 유럽, 중동, 아프리카 지부장 마크 맥컨은 말한다.

한편 스타벅스는 커피 문화를 중국에 있는 차 마니아층에게 소개하기도 했다. 스타벅스는 중국 가정의 3분의 1이 인스턴트 커피 통을 보유하고 있다는 사실에 용기를 얻었다. 스타벅스는 18~45세 중국인들이 커피를 음료로 생각할 수 있게 하기 위해 노력했다. 일반적인 중국인들이 커피를 많이 마시는 편은 아니지만, 14억 인구의 중국은 커피 사업이 성장하기에 매우 큰 가능성을 열어 주었다고 스타벅스 해외 사업본부장 하워드 베하는 말했다.

최근 스타벅스는 고전하고 있지만, 그 스스로의 학습자로서의 모습으로 되돌아왔다. 핵심 제품인 커피에 다시금 집중하기 시작했고 "함께 나누는 지구(Shared Planet)" 활동을 통해서 사회적으로 책임을 다하는 다국가 기업으로서의 이미지에 집중했다. 이 장을 읽으면서, 진출하고자 하는 해외 시장을 어떻게 조사하고 분석하고 선정하는지 고찰해 보자.[1]

전통적으로 기업은 해외 시장에 진출할 때 친숙하고 익숙한 근처 국가에 먼저 진입해 왔다. 경영자들은 근처에 위치한 국가에 진입할 때 보다 편안함을 느꼈는데 그 이유는 이미 전에 가까운 나라 문화권의 사람들과 교류했던 경험이 있기 때문이다. 예를 들면 캐나다와 멕시코, 그리고 미국에 있는 기업들의 경우에 해외 진출할 때, 북아메리카를 벗어난 지역에 진입하기 전에 이미 서로의 국가에 진입해 보곤 한다. 이와 마찬가지로, 아시아권의 국가들도 아시아를 벗어난 곳에 진출하기에 앞서 아시아 내 국가에서 사업을 진행해 보기도 한다.

오늘날 기업은 생산, 마케팅, 그리고 다른 전략을 통합한 전략을 수립하곤 한다. 예를 들어 생산 과정에 지속적이고 시기적절한 정보를 공급하기 위해서 많은 기업들은 R&D 시설을 해외 생산 시설 근처에 배치해야 할 것이다. 뿐만 아니라 경영자는 잠재 가능성 있는 시장과 입지를 조사 · 분석해야 한다. 메르세데스가 스포츠 기능을 탑재한 M 클래스 차량을 미국에 선보였을 때, 그들은 단순히 잠재 시장의 크기만을 추정한 것이 아니라 동시에 생산을 하기 위해 적합한 입지를 선정하기도 했다.

경쟁이 심화되고 있는 글로벌 시장에서 기업은 해외 시장에 진출하기에 앞서 양질의 연구와 분석을 선행해야 한다. 그리하여 기업은 진출할 해외 현지의 경영환경과 소비자 행동에 대하여 더 나은 이해를 얻을 수 있다. **시장조사**(market research)란 경영자가 의사결정을 내리는 데 중요한 정보를 수집하고 분석하는 일이다. 이러한 시장조사를 통해 진출하고자 하는 시장과 입지 가능성을 평가할 수 있다.

시장조사
경영자가 의사결정을 내리는 데 중요한 정보를 수집하고 분석하는 일

새로운 시장에 대한 조사 자료는 경영자가 소비자들의 선호와 태도를 이해하고 마케팅 전략을 설계할 수 있도록 도와준다. 예를 들어 프랑스에서 성공했던 전략이 싱가포르에서 성공을 거두리란 보장은 없는 것이다. 시장조사란 또한 현지의 직원 수준, 임금 수준, 인프라 등과 같은 경영환경의 단면을 나타내 주기도 한다. 시장조사는 경영자들에게 관련된 정보를 적절한 시간에 공급해 줌으로써 시장의 변화, 제도의 변화, 신규 경쟁자들에 대해 인지할 수 있도록 해 준다.

이번 장에서는 시장과 입지에 대한 체계적인 조사 과정에 대하여 공부할 것이다. 먼저 조사 과정에 영향을 미치는 주요한 문화적 · 정치적 · 법적 · 경제적 요인에 대하여 공부할 것이다. 그 후 기업이 어느 시장에 들어가야 하며 어떤 입지를 선정해야 하는지를 결정하는 데 도움을 주는 다양한 정보와 분석 유형에 대하여 알아볼 것이다. 그리고 마지막으로 이차시장조사 자료의 원천을 알아볼 것이고, 일차시장조사를 수행하기 위한 일반적인 방법을 공부할 것이다.

시장의 기본적 매력 요소 및 국가 요소

경영자가 시장 및 입지를 검토함에 있어 고려해야 할 두 가지 사항이 있다. 첫째, 조사 비용을 최소화하는 것이다. 둘째, 가능한 모든 시장을 검토하고 가능한 모든 입지를 조사하는 것이다. 이 두 가지 목표를 달성하기 위해서는 다음과 같은 네 가지 과정을 통해 시장과 입지를 검토해야 한다.

1. 기본적인 매력 요소를 확립할 것
2. 현지 사업 환경을 평가할 것
3. 시장 혹은 입지의 잠재력을 측정할 것
4. 시장 혹은 입지를 선정할 것

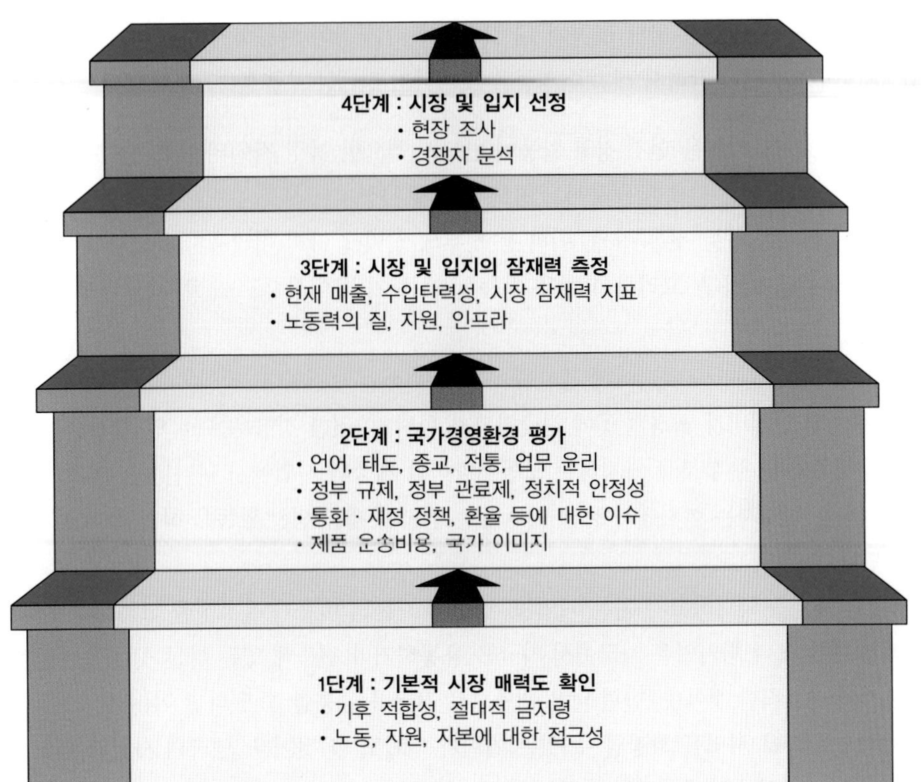

그림 12.1
잠재적 시장과 입지를 위한 선별 과정

이러한 검토 과정은 많은 시간과 비용과 노력을 필요로 한다. 시장 타당성 조사는 비용이 매우 많이 들어가서 전망이 확실하게 밝은 소수의 시장이나 입지를 평가할 때만 사용되기도 한다. 이러한 접근법은 검토 단계를 좀 더 비용 대비 효율적으로 만들어 주지만, 다양한 시장의 잠재력을 간과해서는 안 된다. 이번 절에서는 앞의 두 가지 과정에 대해서 공부하고, 나머지 두 과정은 다음 절에서 설명하겠다.

1단계 : 기본적 시장 매력도 확인

우리는 이미 기업이 매출을 증가시키거나 자원에 접근하기 위해서 해외로 진출하는 것을 공부했다. 잠재력 있는 시장을 규명하는 데 있어 가장 첫 번째로 해야 할 일은 제품에 대한 기본적인 수요가 있는가를 판단하는 일이다. 비슷하게도, 생산, R&D, 혹은 다른 어떤 활동을 할 시설을 설립할 입지를 선정하는 것은 필요한 자원이 유용한가를 조사하는 것으로부터 시작한다.

기본 수요 결정 잠재 시장을 찾으면서 첫 번째로 해야 할 것은 기업 제품에 대한 기본적인 수요가 있는지 확인하는 것이다. 이러한 기본적 매력 요소를 결정하는 중요한 한 가지는 기후이다. 예를 들면 스리랑카, 인도네시아, 중앙아메리카 지역은 눈이 내리지 않는 지역으로 이러한 지역에 스노보드를 판매할 기업은 없을 것이다. 한편 이러한 제품은 캐나다 로키 산맥, 일본 북쪽 지역에 더 잘 어울릴 것이다. 이 단계가 쉬워 보이지만, 가볍게 해서는 안 된다. 해외 사업 진출 초기의 대표적인 예를 들자면, 월마트가 푸에르토리코 지점 창고목록에는 얼음낚시집이 있고, 캐나다 온타리오 지점에는 스노 슈즈가 입고되지 않은 실수를 범한 일이 있다.

어떤 나라에서는 특정 상품을 금지하고 있기도 하다. 이슬람 국가를 예로 들면 주류 제품의 수입을 금지하고 있으며, 밀반입한 물품에 대한 불이익이 완고하다. 영국항공(www.ba.com)이나

KLM(www.klm.com) 같은 국제 항공기 내에서는 주류 제품이 가능하지만 비행기 밖으로 반출할 수 없고 이슬람 법에 따라서 해당국 영공을 벗어나기 전에는 주류를 마실 수 없다.

자원의 유효성 결정 기업은 현지 경영 활동에 반드시 필요한 특정 자원의 유효성 여부를 고려해야 한다. 제조 과정에서 필요한 원자재는 반드시 현지 시장에서 찾을 수 있거나 혹은 수입해야만 한다. 원자재를 수입하는 것은 관세, 쿼터 등 정부의 장벽에 막혀 어려울지도 모른다. 경영자는 또한 수입에 따른 비용을 고려하여 허용 가능한 제품 가격 이상으로 오르지 못하게 조치해야 한다.

노동력의 유효성은 어느 나라에서 생산을 하건 필수적인 요건이다. 기업은 자국의 인건비보다 더 낮은 수준의 인건비가 책정된 곳에 진출하고자 한다. 이러한 경향은 주로 인건비에 들어가는 비용이 총비용의 많은 부분을 차지하는 노동집약적인 제품의 사업에서 나타나곤 한다. 현지 생산을 고려하는 경영자는 현지에서 조달할 수 있는 인력이 제품 생산 활동을 하는 데 부족하지 않은지 판단해야 한다.

현지에서 자본을 확보하고자 하는 기업들은, 현지 자본의 비용과 유효성을 고려해야 한다. 현지 금리가 매우 높다면 기업은 자국에서 자금을 융통하거나 진출해 있는 다른 곳에서 자금을 융통하는 것이 바람직할 것이다. 한편 낮은 비용으로 자금을 융통할 수 있다면 이는 기업으로 하여금 세계적으로 더욱 사업을 확장할 수 있는 기회가 되기도 할 것이다. 영국의 사업가 리처드 크랜슨은 공략이 어렵다는 악명에도 불구하고 일본에 몇몇 점포를 오픈했다. 일본에 끌린 최초의 이유는 일본 내에서의 자금을 융통하는 비용이 자국(영국)의 3분의 1 수준밖에 되지 않았기 때문이다.

기업에 대한 기본적 수요나 자원의 융통을 받쳐 주지 못하는 시장 혹은 입지는 추후 고려 대상에서 제외해야 한다.

2단계 : 국가경영환경 평가

모든 국가의 경영환경이 동일하다면 어느 시장에 진출할 것인지를 결정하는 일은 간단할 것이다. 경영자는 해당 지역의 경제 상황, 투자에 대한 예상 수익에 대한 분석과 같은 자료에 완전 의존할 수 있을 것이다. 그러나 우리가 앞서 알아보았듯, 각 국가는 정치, 문화, 경제, 법 등에서 굉장한 차이를 보인다. 국제경영자는 이러한 차이점을 이해하기 위해 노력해야 하며 이러한 이해를 시장 및 입지 선정 의사결정에 반영해야 한다. 국내 시장 환경이 시장 및 입지 선정 과정에 어떻게 영향을 끼치는지 알아보자.

문화적 요인 국가 간에 문화적 동질성을 보이기도 하지만 언어, 사업에 대한 태도, 종교, 전통, 관습 및 다른 수없이 많은 분야에서 차이를 보인다. 어떠한 제품들은 제품의 수정 없이 국제 시장에서 판매되기도 한다. 이러한 제품들은 패키징 장비와 같은 기계 장비나 치약과 음료수 같은 소비재를 포함하기까지 다양한 제품과 서비스이다. 한편 책, 잡지, 인스턴트 식품 등과 같이 현지의 기호에 맞추어 수정해야 하는 제품도 있다.

문화적 요인은 어떠한 제품이 어떻게 판매되는지에 영향을 미친다. 기업은 선정 후보 시장의 문화가 기업 제품의 판매 가능성에 어떠한 영향을 미치는지를 항상 분석 · 평가해야 한다. 코카콜라가 중국에 진출할 때의 예를 살펴보자. 많은 중국인이 감기 증상을 보일 때 전통적 약을 먹고 있었다. 대부분의 사람들은 좋아하지 않는 이 전통적 약의 맛이 콜라의 맛과 비슷하다는 것을 알아내게 되었다. 코카콜라는 한 가지 맛으로 세계 시장을 공략하겠다는 마케팅 원칙을 가지고 있었기 때문에, 중국 소비자들의 고기콜라 맛에 대한 비호감을 극복해야 했다. 코카콜라는 콜라를 마시는 것이 미국의 문화를 경험하는 것이라는 이미지와 캠페인을 진행하여 이를 극복했다. 콜라 진출에 있어서 별로 매력적이지 않던 중국 시장이 잘 만들어진 마케팅 캠페인으로 인해 매우 성공적인 시장이 되었던 사례이다.

경영환경에서 문화적 요소란 입지 선정 결정을 내리는 데도 사용될 수 있다. 문화적 요인 때문에 제품에 많은 수정을 가해야 할 경우에, 기업은 진출하고자 하는 시장 안에 생산 시설을 설립하는 것을 선택할 수 있다. 물론 한 곳의 생산 시설에서 대량 생산을 하지 못하고 여러 지역에서 생산해야 해서 규모의 경제를 이룰 수 없기 때문에 현지 고객들의 특정한 니즈를 맞추는 것은 반드시 이러한 단점을 상쇄할 정도여야 한다. 오늘날 기업들은 위와 같은 단점을 유연한 제조공정 방법을 통해 최소화시키고 있다. 예를 들어 여러 곳에 분산되어 있는 스마트폰 제조 공장들은 어느 곳에 있는 생산 시설이라도 24시간 내에 제조를 시작할 수 있도록 되어 있다.

특정 지역에서 어떠한 활동을 하든지 간에 자격을 갖춘 인력들은 기업에 굉장히 중요한 요소이다. 또한 현지 인력들의 올바른 노동관(노동윤리)은 생산적인 경영 활동을 하는 데 필수적이다. 경영자는 보다 나은 생산, 서비스 등 여러 기업 활동을 위해서 진출 후보국의 인력들이 적합한 노동관을 가지고 있는지 평가해야 한다. 현지 인력들이 기업에서 계획한 경영 활동을 수행하기에 적합한 교육 수준을 갖추었는지 역시 기업에게 굉장히 중요하다. 단순 제품 조립 정도의 활동이야 높은 수준의 교육을 요구하지 않지만, R&D, 하이테크 생산 또는 특정 서비스 등은 더 높은 수준의 교육이 반드시 필요한 것이다. 만약 후보 진출국의 인력이 적절한 노동관이나 교육 수준을 보유하고 있지 않다면 해당 입지는 고려 대상에서 지워야 한다.

정치 및 법 요인 정치적 · 법적 요인도 시장 및 입지 선정에 영향을 끼치게 된다. 정부 규제, 정부 관료체제, 정치적 안정성 등이 주요 요소에 포함된다. 이러한 요인들에 대해 간단히 정리해 보자.

정부 규제 우리가 이전 장에서 보았듯, 다양한 국가의 문화, 역사 그리고 현재 이슈들이 교역 및 투자에 관련한 서로 다른 태도를 낳게 된다. 어떠한 정부는 굉장히 국수주의적인 태도를 보이기도 하는 반면 다른 정부는 국제적 교역과 투자를 수용하는 태도를 보이기도 한다. 교역 및 투자에 대한 정부의 태도는 수입, 수출, 투자에 대한 규제의 종류를 보면 판단할 수 있다.

정부 규제는 해당 국가에 진출하는 것을 고려 대상에서 빠르게 없앨 정도로 큰 영향을 미친다. 첫 번째로 정부 규제는 산업 혹은 기업을 국가 내부의 손안에 두기 위해 투자 장벽을 설치하기도 한다. 해외 기업들은 합작 투자 형태로만 진출하게 하는 등 경영 소유권과 같은 일에 투자 규제를 설정하는 방법을 통해 투자 장벽을 설치하는 것이다. 또한 투자 규제를 확장하여 내수 경제의 일부에서는 아예 해외 기업이 국내 기업과 경쟁할 수 없도록 해 버리는 경우도 있다. 이러한 시행을 국가 안보를 이유로 보호하기도 한다. 경제부는 공공연히 TV 및 라디오 방송, 자동차 제조, 항공기 제조, 에너지 탐사, 군수 장비 제조 그리고 철강 생산 등의 산업을 진출 금지 산업으로 선언하기도 한다. 이러한 산업은 국가로부터 보호받게 되는데 그 이유는 문화적으로 중요하거나, 국가의 경제성장 동력이거나, 일어날 가능성이 있는 전쟁에 관련된 산업이기 때문이다. 국가는 때로 이러한 산업에 있어서 주도권을 빼앗긴다는 것은 다른 나라에게 본인들의 생존권을 맡기게 되는 것을 의미하기 때문에 이를 매우 두려워한다.

두 번째로 정부에서는 해외 기업이 이윤을 그들 본국으로 자유롭게 가져가는 것을 제한하기도 한다. 이 정책은 진출 기업의 현금을 해당국에 묶어 놓기도 하고 해당국의 다른 프로젝트에 재투자하도록 하기도 한다. 이러한 정책은 주로 해당국이 수입하는 데 필요한 외화를 조달하지 못하는 상황에 기인한다. 다국적기업의 중국 자회사에서는 이윤을 본국의 모회사로 이동할 때 반드시 현지 환율에서 본국 환율로 변환해야만 한다. 다국적기업은 중국 정부가 그 국가의 통화가 필요하여 이에 동의할 때만 위 조항을 만족시킬 수 있다.

세 번째로 정부는 강력한 환경 규제를 부과할 수 있다. 대부분의 산업국가에서 최종 완성품을 만드는 데 화학물질을 생성시키는 공장들은 환경 규제 기준을 따라야 한다. 이러한 제약은 기업에게 비싼 오염방지 장치를 설치하게 하거나 수질, 토양, 대기 등의 오염도를 면밀히 모니터링하게 만든다. 이러한 규제는 환경을 보호하는 한편 기업의 단기 생산비용을 증가시킨다. 많은 개발도상국가나 이제 막 떠오르고 있는 시장들은 환경 규제에 대해 관대한 편이다. 유감스럽게도, 어떤 기업들은 유해물질을 수반한 생산 시설을, 환경 규제를 피하고 생산비용 절감을 위해 이러한 신흥시장으로 옮기기도 한다. 물론 이러한 행위가 윤리적이지 못하다고 비난받지만, 국가에서 환경보호 정책을 수립해 갈수록 이러한 현상은 줄어든다.

마지막으로 정부는 기업의 주요 기밀 정보를 알려 주도록 요구할 수도 있다. 코카콜라의 경우 인도 정부에서 인도 내에서 사업을 하는 대가로 코카콜라 제품의 제조 방법을 요구하여 인도에서 사업을 철수하기도 했다. 코카콜라는 인도 정부에서 이러한 요구를 철회한 후에야 다시 인도 사업을 재개했다.

정부 관료체제 매끄럽게 진행되는 정부 관료체제는 그 시장을 더욱 매력적으로 보이게 한다. 한편 부패하고, 승인 및 허가 시스템이 아주 복잡한 국가는 덜 매력적이다. 대부분의 개발도상국에서는 상대적으로 사업 허가를 받기 쉽게 보이지만 이것은 다양한 기관으로부터 수많은 문서를 취득해야 하는 것을 의미하기도 한다. 승인 및 허가를 맡고 있는 관료들은 일반적으로 높은 서비스의 사업을 제공하는 것에 대해 별 관심이 없다. 경영자는 행정적인 지연과 여러 규칙에 대응하여 준비해야 한다. 예를 들어 밀리콤(www.millicom.com)이란 기업의 탄자니아 지부 경영자는 100만 달러 정도의 휴대전화 기기를 달마다 수입하는 통관수속에 90일을 기다려야 하기도 했다. 밀리콤은 이러한 관료제를 현지 시장의 잠재 가능성을 생각하여 견딜 수 있었다.

기업은 복잡한 관료제에서 오는 지연과 비용을 상쇄해 줄 수 있을 정도의 시장 잠재력이 있을 때 이를 견딜 수 있다. 중국에 진출하는 기업은 때로는 중국 내에서도 서로 다를 때가 있는, 알 수 없는 정부 규제와 다른 여러 기관에서 승인받아야 할 것들이 너무 많아 불평하기도 한다. 이러한 문제들에 중국 정부는 그들의 경제가 좋아질수록 사업 시스템 관련 법규들을 계속해서 수정하고 발전시키고 있다. 그러나 이러한 불명확하고 비효율적인 중국의 관료제가 중국으로 가는 투자를 저해할 수 없는 것은, 중국이 제조업자나 마케팅 기업들이 보았을 때 엄청난 가능성을 가지고 있기 때문이다.

정치적 안정성 모든 국가의 사업 환경은 정치적 위험 정도에 의해 영향을 받게 된다. 우리가 제4장에서 공부했듯이, 정치적 위험성이란 정치적 문제가 현지 사업 활동에 악영향을 주게 되는 가능성을 의미한다. 정치적 위험이란 수출업자, 제조업자의 생산 시설 혹은 현지에서 창출한 이익을 본국으로 옮기는 데 위협이 될 수 있다.

정치적 위험의 주요 요소는 예측하지 못한 정치적 변화이다. 기업이 어느 정도 정확한 미래 정

안정성은 국제적 경영 기업들에게 매력적인 요소이지만, 사회적으로 불안정 한 것은 사업 운영을 방해하고 국제적 기업들을 퇴출시킬 수 있다. 사진에서 필리핀 수도 마닐라 파라니크 시의 폭동 중에 한 남성이 경찰을 향해 돌을 집어 던지고 있다. 폭동은 본인들이 법적으로 토지를 소유할 권리를 가졌음을 외치는 수백 가구에 의해 터져 나왔다. 불법적인 폭동은 노동자층이 거주하는 가난한 지역에서는 빈번한 일이다.

출처 : imago stock & people/Newscom

치 환경에 대한 예측을 할 수 없다면 정치적 위험도는 올라가는 경향이 있다. 미래에 일어날 것으로 예측되는 악영향을 가져오는 사건은 그 사건 자체로는 기업에 해가 되지 않는다. 왜냐하면 미리 알았을 경우 예방조치를 할 수 있기 때문이다.

시장에서의 정치적 위험에 대한 경영자들의 인식은 해당 국가의 과거 정치적으로 불안했던 경험에 영향을 받게 된다. 그러나 경영자는 과거의 좋지 못한 사건들로 인해서 미래의 기회를 놓쳐서는 안 된다. 적극적으로 해당국의 정치적 환경을 조사하면서 정치적 위험에 대해 분석하고 그것에 대응할 수 있는 방법을 계획해야 한다.

그러나 그러한 답변을 경영자들은 어디에서 얻어야 하는 것일까? 경영자는 인력을 고용하여 정치적 위험 정도에 대해서 조사하게 시킬 수도 있고, 정치적 위험 관련 서비스에 특화되어 있는 개별 기관으로부터 정보를 얻을 수도 있다. 해당 지역의 정치 환경에 대해 많이 알고 있는 지역 전문가로부터 조언을 받는 것은 매우 도움이 될 수 있다. 이러한 전문가들은 국제은행, 국제학학자, 정치계 인사, 대사관 혹은 현재 사업을 진행하고 있는 해당국 현지 사업가 등을 포함한다.

경제 및 금융 요소 경영자는 진출할 국가를 선정하기에 앞서 해당 나라의 경제 정책에 대해 면밀히 분석해야 할 필요가 있다. 국가 은행의 열악한 국가 재정과 통화 제도는 예산 부족, 화폐가치 저하, 생산성 감소, 혁신 감소 등을 야기하는 높은 인플레이션을 가져올 수 있다. 이러한 연쇄적인 결과는 기업의 투자 심리를 위축시켜 계획했던 투자를 취소하거나 진행 중인 사업을 축소하게 만든다. 예를 들면 인도 정부는 결국 제한적인 교역 및 투자 규제를 축소하고 더 오픈된 정책을 소개하게 되었다. 이러한 정책은 특히 컴퓨터 소프트웨어 산업의 다국적기업들로 하여금 생산 시설과 R&D 센터를 인도에 설립하도록 촉진했다.

통화와 유동성 문제는 국제 기업에게 특별한 어려움을 안겨 준다. 변동이 심한 통화가치는 기업으로 하여금 자국의 환율을 생각했을 때 정확한 미래 수익을 예측하기 어렵게 만든다. 변동이 심한 통화가치는 기업이 계획한 투자를 위해서는 얼마만큼의 자본을 투자해야 하는지 측정하기 어렵게 만들기도 한다. 예측 불가능한 통화가치의 변화는 또한 자금의 유동성을 어렵게 만드는데 이는 불확실성이 올라갈수록 자본시장에서의 유동성은 줄어들기 때문이다. 이러한 현상은 방글라데시나 슬로바키아와 같이 상대적으로 작은 자본시장에서 나타난다.

경영자는 경제 및 재무 상태에 대한 정보를 자국 말고도, 국제은행이나 국제통화기구, 아시아개발은행(www.abd.org) 등의 기관으로부터 얻을 수도 있다. 정보를 얻을 수 있는 다른 방법으로는 사업이나 경제 관련 출판물, 인터넷 정보 등이 있다.

기타 요소 운송비와 국가의 이미지 또한 경영환경을 평가하는 데 중요한 역할을 한다. 각각의 요소에 대하여 간단히 알아보자.

재료와 제품의 운송비용 완제품과 원재료의 운송비용은 어디에 생산 시설을 설립하는지 결정하는 데 많은 영향을 미친다. 생산과 유통 과정에서 많은 비용이 발생하는 제품도 있고 그렇지 않은 제품도 있다. **물류**(logistics)라는 것은 원재료 상태의 시점에서 완제품 형태로 고객에게 배달될 때까지 발생되는 물리적인 과정을 말한다. 물류는 생산활동과 고객에게 전달되는 활동을 연결해 준다. 즉 물류란 모든 종류의 운송, 저장, 유통을 포함하는 것이다.

물류
원재료 상태의 시점에서 완제품 형태로 고객에게 배달될 때까지 발생되는 물리적인 과정

물류 산업의 규모가 4,000억 달러라는 것을 생각해 보면 효율적인 물류의 중요성을 알 수 있다. 우리는 흔히 생각했을 때 서부에서 동부까지 이어지는 미국 내에 도로 및 철도 시스템 때문에 미국의 물류 시장이 효율적이라고 생각한다. 하지만 너무 붐비는 고속도로 사정으로 인해, 연간 20억 인 · 시간(people-hour) 교통 정체 상태에 빠진다고 한다. 운송 및 화물업체는 비효율적인 물류 시장의 높은 비용으로 인해 서비스의 정확한 배달시간을 활발하게 광고하고 있다.

국가 이미지 국가의 이미지는 국가 내 경영환경의 양상을 반영하고 있기 때문에 생산 시설, R&D 등 다양한 활동의 입지를 선정하는 데 많은 영향을 끼친다. 예를 들어 제품은 "Made in China", "Assembled in Brazil"과 같이 어디에서 생산되고 조립되었는지가 제품에 명시되어 붙기 때문에 기업으로 하여금 어느 곳에서 제조 혹은 조립할 것인지를 결정하는 데 영향을 끼치는 것이다. 이러한 라벨(어디서 만들고 조립되었는지 적혀 있는)이 모든 종류의 제품에 동일하게 적용되지는 않지만 이것은 판매의 부진 혹은 신장 및 긍정적 혹은 부정적 이미지 형성에 영향을 미치게 된다.

개발도상국에서 만들어진 제품보다 선진국에서 만들어진 제품이 더 긍정적인 평가를 받게 되는 경향이 있다.[2] 이러한 상관관계는 소비자들이 선진국이 해당 제품을 만들 때 더 우월한 기술을 가지고 있다는 인식을 가지고 있는 것에서 기인한다. 예를 들어 소비재 대기업 P&G와 유니레버는 제조시설을 베트남에 가지고 있었다. 그러나 베트남 소비자들은 이들 기업이 현지에서 생산한 치약과 세제를 구매하기보다는 태국과 같은 주변국에서 생산한 제품을 선호했다. 베트남 소비자들에 의하면 태국에서 생산된 세제가 단순히 더 냄새가 좋다고 했다. 베트남 소비자들은 일본이나 싱가포르 혹은 태국에서 생산된 제품이 최고의 제품이라고 생각하는 인식이 있었다. 안타깝게도 다른 국가에서 만든 P&G와 유니레버의 제품들이 베트남으로 밀수되어 들어와 암시장에 판매되는 바람에 베트남 지사의 매출과 이익은 악화되어 갔다.

국가의 이미지는 어떤 제품에는 긍정적인 영향을 끼치지만 또 다른 제품에는 부정적 영향을 끼치기도 한다. 예를 들어 폭스바겐이 멕시코에서 생산하여 미국에 판매되는 비틀 자동차는 매출에 악영향을 끼치지 않는다. 그러나 수공으로 만들어진 롤스로이스(www.rolls-roycemotorcars.

경영자의 서류가방 | 국제적인 e-비즈니스 수행하기

인터넷을 통해서 새로운 시장에서 매출을 창출하는 것은 많은 사업가들이 사업을 확장할 때 사용하는 널리 알려진 방법이다. 경영자가 인터넷을 통하여 신흥시장에 진입할 때 고려해야 하는 요소들에 대해 알아보자.

시장 평가

- **인프라** e-비즈니스에 투자하기 전에, 우선 목표시장에 있는 고객들이 인터넷 사용이 용이한지 알아보아야 한다. 해당 정부에서 새로운 디지털 네트워크를 개발 중인지 또한 알아보아야 한다.
- **컨텐츠** 기업은 법적인 책임 등을 회피하기 위해, 각각 다른 국가에 어떤 규정이 존재하는지 알고 있어야 한다. 주요 주제는 광고의 진실성, 사기 방지, 폭력/선정적 인쇄물 등이다.
- **기준** 기업이 항상 e-비즈니스를 운영하기에 명확한 기준을 설립하는 것은 아니다. 기준이란 것은 국제적 기업을 국내 시장에 진입하지 못하게 하는 무역장벽으로서 설립할 수도 있는 것이다.

법적 이슈

- **개인정보** e-비즈니스의 장점은 고객정보를 손쉽게 수집하여 매출 증진에 사용할 수 있다는 점이다. 그러나 어떠한 나라의 소비자 그룹은 이러한 정보를 수집하는 것을 개인정보도용이라고 생각하기도 한다. 특히 고객들은 자신들의 이러한 개인정보가 어떻게 수집되었고 사용되었는지 본인이 모르고 있었을 때 더욱 분노하는 경향을 보인다.
- **보안** 기업은 반드시 이러한 데이터 커뮤니케이션을 허가되지 않은 접속 및 정보가 수정되는 것으로부터 보호해야 한다. 보안기술, 암호화, 비밀번호 설정, 방화벽 등에 대한 글로벌한 인프라의 도움이 필요하다.
- **지식재산권** 국제적 협약에 의해 저작권 보호, 데이터베이스, 특허, 상표권이 통제되고 보호된다. 하지만 이러한 이슈들은 아직 세계적으로 e-비즈니스에 있어서 문제가 되고 있다.

재무/금융상 이슈

- **전자거래** 신용카드로 온라인 거래를 하는 것은 많은 소비자들로 하여금 보안상 문제를 남기게 된다. 선불카드(SVC), 스마트 카드 등 여러 가지 새로운 시스템들이 이러한 보안상 문제를 완화하기 위해 개발되고 있다.
- **관세 및 세금** 국제적 e-비즈니스에 있어 어느 쪽이 세금 부담을 져야 하고, 어느 나라에 세금을 내야 하는가 등에 대한 국제적 정책은 아직 완전히 설립되지 못했다. 이러한 문제들이 어떻게 처리되어야 하는가에 대해서 여러 나라가 다양하고 서로 다른 정책을 가지고 있다.

---

com)와 같은 경우에 이 차량이 볼리비아에서 생산되었다고 하면 어떤 효과를 가져올까? 롤스로이스의 소비자들은 그 수제 차량의 럭셔리한 이미지를 구매하는 것이기 때문에 롤스로이스가 볼리비아에서 생산되었다면 그 럭셔리한 이미지를 유지할 수 없을 것이다.

마지막으로 국가의 이미지는 시간이 지남에 따라 변화될 수 있다. 예를 들어 "Made in India"라는 것은 과거에는 기술력이 별로 필요하지 않은 축구공이나 의류(직물) 같은 제품 이미지와 연결되어 있었다. 그러나 오늘날 많은 컴퓨터 소프트웨어 기업들이 서인도의 마다라스, 방갈로르에서 개발되는 소프트웨어 개발 기술에 의지하면서 이러한 이미지는 변화했다.

선별 과정(국가경영환경 분석)에 대해 다룬 2단계를 통하여 우리는 전통적 경영 활동에 중심이 되는 다양한 요소를 공부했다. 인터넷을 통해서 국제적 시장에 진입하는 이슈에 대해 알아보려면 글상자 '경영자의 서류가방 : 국제적인 e-비즈니스 수행하기'를 참조하라.

퀵 스터디 1

1. 잠재적 시장과 입지를 선정하는 선별 과정에서의 첫 번째 단계는 무엇인가?
2. 한 국가의 경영환경을 평가할 때, 기업은 어떠한 것을 조사해야 하는가?
3. 다른 국가의 비슷한 제품보다 뛰어나다고 생각하는 한 국가의 제품을 평가하는 것은 무엇의 사례인가?

시장 및 입지 선정

두 단계에 걸친 선별 과정을 통과한 후보 시장 및 입지는 더 매력적인 잠재 시장 및 입지로 거듭나기 위해 분석 과정을 거쳐야 한다. 이번 절에서는 경영 활동을 위한 시장과 입지의 추가적인 적합성에 영향을 끼치는 요소들에 대해 알아보자.

3단계 : 시장 및 입지의 잠재력 측정

제품에 대한 기본 수요와 적절한 국가경영환경이 만족되었음에도 불구하고 때때로 소비자들은 다양한 이유로 인해 제품을 구매하지 않을 때가 많다. 자원이 유용하다 할지라도 기업이 원하는 수준의 자원을 맞춰 주지 못할 수도 있다. 그러므로 경영자가 입지의 잠재 시장 규모나 경영 활동에 적합한 입지인지를 결정하는 주요 요소에 대해 수치적인 추정을 해 보는 것은 매우 중요하다.

시장 잠재력 측정 세계적으로 교역 장벽이 많이 줄어듦에 따라 기업은 매출을 올리기 위해 선진 공업국과 신흥시장을 찾고 있다. 그러나 기업은 모든 시장에 적용되는 단일 마케팅 계획을 만들기는 어려울 것이다. 기업은 어떠한 제품이 잘 팔리는가, 어떻게 팔리는가, 어떠한 특성을 갖는가에 영향을 미치는 서로 다른 다양한 경제개발 수준에 관심이 있다. 이와 같이 서로 다른 경제개발 수준은 시장 잠재력을 연구하는 다양한 접근법을 요구한다. 그러나 어떻게 경영자는 특정 제품에 대한 잠재적 수요를 예측해야 할까? 선진 공업국 시장을 조사하는 데 필요한 요소와 신흥시장을 분석하는 데 필요한 방법을 알아보자.

선진 공업국 선진 공업국에서의 시장 잠재력을 측정하기 위해 필요한 정보는 신흥시장을 측정하기 위한 정보보다 훨씬 잘되어 있다. 선진국에 연구 기관이 존재하는 것은 단지 시장 자료를 기업에게 공급하기 위해서다. 유로모니터(www.euromonitor.com)라는 기업이 바로 세계적으로 소비재 관련 조사를 해 주는 기관이다. 이 기업은 세계 여러 곳의 국제 기업과 사업가들을 위해 명확한 연구 및 조사 활동을 하며 그 보고서를 판매한다. 일반적인 산업 분석에는 다음과 같은 것들이 포함되어 있다.

- 이름, 제품 크기(볼륨), 동종 업계 경쟁자의 시장점유율
- 제품의 수출 및 수입량
- 도매상과 유통 네트워크 구조
- 사회적 트렌드, 인구수 등을 포함한 시장 배경 자료
- 제품(혹은 유사제품)에 들어가는 총비용
- 소매시장 규모 및 제품의 시장가격
- 시장의 미래성 및 잠재 가능성

전문가 기관에서 공급한 위와 같은 정보의 가치는 매우 명확하다. 이러한 보고서들은 제품의 내수 시장에 대한 규모 및 구조에 대한 개요를 한눈에 알아볼 수 있게 되어 있다. 시장과 제품에 따라 보고서의 가격은 다르지만, 대략 750~1,500달러 수준이다. 기업은 또한 온라인을 통해 이러한 보고서의 일부를 20달러 정도에 구매할 수도 있다. 이러한 시장조사 자료에 대해서는 추후에 더 이야기하겠다.

따라서 선진 공업국에 들어가고자 하는 기업들은 이미 해당 시장에 대한 자료를 보유하고 있기도 한다. 그럴 경우 중요한 것은 해당 시장이 확장할지 축소될지에 대한 예측이다. 미래 시장의 수요를 예측하는 한 가지 방법은 바로 제품의 **소득 탄력성**(income elasticity)을 결정하는 것이다. 소득 탄력성이란 소득 변화에 따라서 제품의 수요 변화가 어떻게 민감하게 반응하는가를 나타내는 수치이다. 소득 탄력성의 **결정계수**는 소득 변화의 비율로 수요량 변화의 비율을 나눈 몫이 된다. 이러한 결정계수가 1.0이 넘는 것들은 **소득 탄력적** 제품임을 암시하며 소득이 늘어날수록 수요가 늘어난다는 것을 의미한다. 이러한 제품들은 컴퓨터, 비디오 게임, 보석, 럭셔리 가구와 같이 주로 생활에 필수인 제품이 아닌, 자율재량적으로 구매하는 경향이 있다. 결정계수가 1.0 이하인 제품들은 **소득 비탄력적인** 제품임을 암시하며 소득의 변화에 따라서 수요가 크게 변화하지 않는 제품임을 의미한다. 이러한 제품들은 식음료와 같이 생활에 필수적인 제품으로 인식된다. 설명하자면, 탄산음료의 결정계수가 0.7이라는 것은 소득이 1.0%씩 증가할 때마다 탄산음료에 대한 수요는 0.7%씩 늘어난다는 이야기이다. 반대로 이야기하여 소득 탄력적인 스마트폰의 결정계수가 1.3이라는 것은 소득이 1.0% 증가한다면 스마트폰에 대한 수요는 1.3%트씩 증가한다는 것을 말한다.

소득 탄력성
소득 변화에 따라서 제품의 수요가 반응하는 민감도

신흥시장 가장 크게 신흥하고 있는 시장은 오늘날 정말 중요하다. 국제적 활동에 연관된 거의 모든 기업은 이미 존재하고 있는 시장에서 활동하거나 혹은 인도와 중국과 같이 크게 성장하고 있는 신흥시장에서 사업하는 것을 생각한다. 많은 고객과 빠른 성장률이 국제 기업들의 입맛을 돋우는 것이다. 이러한 신흥시장들은 그들의 경제가 발전할수록 과속방지턱과 같은 문제점을 경험하겠지만 장기적으로 보았을 때 엄청난 이익이 있을 것이다.

신흥시장에 진입하고자 하는 기업들은 정보 부족으로 인해 많은 어려움을 겪을 것이다. 이러한 시장에서의 자료를 수집하는 방법이 개발되어 있지 않아 시장 규모 및 잠재력에 관련한 자료가 없는 문제가 있을 수 있다. 이를 해결할 수 있는 한 가지 방법은 **시장 잠재력 지수**라는 기준을 개발하여 각각 다양한 입지(시장)에 순위를 매기는 것이다. 그러나 이러한 방법은 기업이 수출을 고려할 때만 적용 가능하다. 신흥시장에 투자를 하고 싶은 기업들은 반드시 우리가 다음에 공부하게 될 입지 잠재성을 평가하는 방법 및 여러 요소를 고려해야 한다. 시장 잠재력 분석에 사용되는 주요 변수는 다음과 같다.[3]

- **시장 규모** : 이 변수는 어느 한 시점에서의 시장 규모의 단면을 제공해 준다. 이는 특정한 하나의 제품에 대한 시장 규모를 추정한 것이 아니라 전체적 경제에 관련된 규모를 나타내고 있는 것이다. 시장 규모 데이터는 경영자로 하여금 규모가 큰 시장부터 작은 시장까지 제품에 상관없이 나열해 볼 수 있게 해 준다. 시장 규모는 일반적으로 해당 국가의 총인구수나 생산 및 소비에서 발생하는 에너지를 보고 추정하게 된다.
- **시장 성장률** : 이 변수는 물론 시장 규모가 매우 중요하기는 하지만, 그에 따른 성장률 역시 중요함을 반영한다. 이 자료는 경영자로 하여금 규모는 크지만 점차 축소 트렌드에 있는 시장을 피하고 시장 규모는 작으나 급격히 성장하고 있는 시장을 타깃팅할 수 있도록 해 준다. 이는 주로 GDP 성장률이나 에너지 소비 등을 바탕으로 추정하여 얻을 수 있다.
- **시장 강도** : 이 변수는 개인과 기업에서 사용하는 비용으로부터 측정한 것으로 부의 정도나 구매력을 의미한다. 1인당 소비 혹은 1인당 평균 국내총생산 등을 바탕으로 추정된다.
- **시장 소비 수용력** : 이 변수의 목적은 소비의 수용력을 추정하는 것이다. 일반적으로 구매력

의 핵심에 집중하여 중산층 가운데 시장인구 비율로 추정할 수 있다.

- **상업적 인프라** : 이 요소는 유통 채널과 커뮤니케이션을 평가하기 위해 사용되었다. 이 변수는 주로 1인당 전화 · TV· 팩스 · 개인용 컴퓨터 수, 포장도로 비율, 1인당 승용차 보유 수, 인구당 아웃렛 개수 등을 포함한다. 최근 특히 전자상거래 관련 기업들은 1인당 인터넷 호스트 수를 중요한 변수로 생각하기도 한다. 하지만 데이터는 항상 사용 불가능한 구식 데이터가 되어 버리기 쉽기 때문에 항상 최신 데이터로 유지하기 위한 노력을 기울여야 한다.
- **경제적 자유** : 이 변수는 자유시장주의가 얼마만큼 퍼져 있는지를 가늠하기 위해 사용된다. 이것은 일반적으로 정부의 무역 정책이나 사업에 있어 정부의 개입 정도, 재산권에 관련된 법, 암시장의 발달 정도 등을 포함한다. 프리덤하우스(www.freedomhouse.org)에서 발간되는 *Freedom in the World* 연간 보고서에서 정보를 얻을 수 있다.
- **시장 수용성** : 이 요소는 시장이 얼마만큼 열려 있는가를 판단하기 위해 사용된다. 이를 측정하는 방법은 해당 국가의 국제무역 규모가 어떠한지를 결정하는 것이다. 만약 기업이 자사 국가에서 생산하는 제품에 대해 얼마나 수용적인지를 알고 싶다면, 해당 국가의 제품을 얼마만큼 수입하고 있는지를 알아보면 될 것이다. 경영자는 또한 이렇게 수입하는 제품들의 성장률을 조사해 볼 수도 있다.
- **국가 위험** : 이 변수는 정치, 경제, 금융을 포함한 사업 전반에 있어서의 위험을 추정하기 위해 사용된다. 시장 잠재력을 평가하는 어떤 방법은 앞서 이야기한 시장 수용성 분석 시 사용했던 변수들을 이용한다. 이러한 요소는 정치위기관리그룹(www.prsgroup.com)과 같이 주로 다양한 나라의 위험을 순위로 매겨 놓은 기업으로부터 얻을 수 있다.

각각의 요소는 분석되고, 특정 제품의 수요에 대한 중요도에 따라서 각기 점수가 매겨지게 된다. 그리고 진입하기에 매력적인 순서에 따라 순위가 매겨진다. 우리는 이미 국내/국제경영환경에 대해 이전 장에서 공부하면서 이러한 요소들에 대해 공부했었다. 예를 들어 **경제적 자유**는 〈지도 3.1〉에서, **국가 위험도**는 〈지도 4.2〉에서, **시장 수용성**은 〈지도 5.1〉에서 각각 찾아볼 수 있다. 〈지도 12.1〉에서는 **상업적 인프라**에 대하여 인구 1,000명당 유선 · 무선 전화 보유 대수를 보여준다. 이 변수는 한 국가의 전체적인 경제발전의 중요한 지표가 된다. 포장도로의 비율, 1인당 컴퓨터 · 팩스 기기 · 인터넷 호스트 수 등도 상업적 인프라를 설명하기에 좋은 요소이다. 그러나 주의해야 할 것은 신흥시장의 경우에는 이러한 전반적인 통계 자료가 없거나, 포장도로의 비율 등은 국제적으로 비교 분석하기가 매우 어렵다는 것이다.

입지 잠재력 측정 입지 선별 과정에서 경영자는 지역에서 가능한 자원의 질에 대하여 면밀히 평가해야 한다. 많은 기업에게 가장 중요한 자원은 경영과 노동을 포함한 인적 자원일 것이다. 노동력이 풍부하고, 덜 교육된 나라에서는 임금이 낮을 것이다. 직원들은 기업의 제품을 제조하기에, 혹은 R&D 업무를 하기에 잘 훈련되었을 수도 아닐 수도 있다. 만약 직원들이 적절하게 훈련되지 않았을 경우 이 입지 선정 과정에서는 반드시 추가적으로 이들을 교육하는 데 들어가는 비용과 시간을 생각해야 할 것이다.

현지 경영자들을 교육하는 것 또한 상당한 시간과 금전적 투자를 필요로 한다. 적절하게 준비된 현지 경영자들이 부족할 경우 기업은 자국 본사에서 해당국 현지 시장으로 경영자를 파견해야 한다. 이것은 더욱 비용이 발생하는 부분인데 그 이유는 본국 경영자들은 현지로 파견될 때 상당한 수준의 보너스가 지급되기 때문이다. 기업은 현지 인력과 경영자들의 생산성에 대해서도 평가해야 한다. 결국 낮은 임금 수준은 낮은 생산성을 반영하는 경향이 있다.

경영자는 입지의 잠재력을 평가할 때 도로, 다리, 공항, 항구, 통신 시스템 등 현지의 인프라를 평가해야 한다. 이러한 시스템들 각각은 기업이 제품과 자재를 운송할 때의 효율성에 영향을 끼친다. 오늘날 이러한 인프라 중에 참 중요한 것이 바로 통신 시스템 인프라이다. 많은 사업이 이제는 전자우편을 통해 사업을 수행하게 되고, 상품 주문, 인벤토리 관리, 생산 전략 등을 전자상으로 처리하기 때문이다. 그러므로 경영자는 해당 입지가 얼마나 현대적인 커뮤니케이션 인프라를 갖추었는지에 대해 조사할 필요가 있다.

4단계 : 시장 및 입지 선정

이 선별 과정의 마지막 단계는 이제 남은 잠재 시장과 입지를 평가하기 위해 노력을 기울이는 것이다. 일반적으로 이 과정까지 왔을 때 남아 있는 시장 및 입지는 12개 이하이고 때로는 한두 개의 후보 시장만이 남게 된다. 이 단계에서 경영자들은 일반적으로 해당 지역을 방문하여 지난 기대들을 확인하고, 경쟁자 분석을 수행하고 싶어 한다. 이 마지막 분석에서 경영자들은 일반적으로 계획된 투자에 대해 경제 및 재무를 평가함으로써 각 입지 및 시장이 어떤 현금 흐름을 가져다줄 것인지 평가한다. 이러한 특별하고 기술적인 분석에 대해서는 대부분의 기업 재무 교과서를 통해 알아볼 수 있다.

현장 조사 남은 후보 시장 및 입지를 직접 방문하는 것의 중요성을 간과할 수 없다. 보통 이러한 출장은 어려운 협상 및 여러 회의에 참여하는 것을 포함하게 된다. 이러한 출장은 경영자로 하여금 그들이 문서상으로만 보았던 것의 현장을 실제 느껴 보는 첫 번째 경험이 된다. 현지의 문화를 경험할 수 있고, 곧 고용할 인력에 대해 미리 관찰할 수 있으며, 신규 고객 혹은 유통업자들을 만나 볼 수도 있다. 해결되지 못하고 남아 있던 모든 이슈는 이 현장 조사를 통해 완전히 조사되며, 타결 조건은 매우 정확하게 해당 입지 및 시장이 선정되는지 알 수 있다. 그리하면 경영자들은 선정된 입지 및 시장으로 돌아가 최종 계약서를 쓰게 된다.

경쟁자 분석 경쟁자 분석은 제11장에서 다루었기 때문에 여기서는 몇몇 첨언들만을 남기고자 한다. 경쟁이 심화되어 있는 시장은 보통 기업으로 하여금 그들이 소비자에게 부과하는 가격을 낮추어야 하는 압박을 주기도 한다. 추가적으로 생산 및 R&D 활동에 있어 경쟁 심화적인 입지는 기업의 전체적인 비용을 올리기도 한다. 일반적으로, 경쟁 심화로 인한 낮은 가격과 높은 비용은 각 시장의 잠재적 가능성으로 인해 상쇄되어야 한다. 최소한 경쟁자 분석은 아래와 같은 요소들을 고려해야 한다.

- 시장에서의 경쟁자 수
- 각 경쟁자의 시장점유율
- 각 경쟁자의 제품이 작은 시장을 목표로 하는지 대중적 시장을 목표로 하는지
- 각 경쟁자가 높은 품질을 목표로 하는지 낮은 가격을 목표로 하는지
- 경쟁사들이 유통 채널을 조정하고 있는지
- 경쟁사별 고객 충성도
- 대체재에 대한 잠재적 위협
- 새로운 경쟁자에 대한 진입장벽

지도 12.1

인구 1,000명당 유선 · 무선 전화 보유 대수

C OCEAN
NORWAY
SWEDEN
FINLAND
RUSSIA
ESTONIA
LATVIA
LITHUANIA
NMARK
RUSSIA
BELARUS
NDS
POLAND
ERMANY
UKRAINE
CZECH REP.
SLOVAKIA
URG
AUSTRIA
MOLDOVA
HUNGARY
SLOVENIA
ROMANIA
CROATIA
BOSNIA-HERZEGOVINA
SERBIA AND MONTENEGRO
BULGARIA
ITALY
MACEDONIA
ALBANIA
GREECE
TURKEY
NISIA
CYPRUS
KAZAKHSTAN
MONGOLIA
GEORGIA
ARMENIA
AZERBAIJAN
UZBEKISTAN
KYRGYZSTAN
TURKMENISTAN
TAJIKISTAN
NORTH KOREA
SOUTH KOREA
JAPAN
SYRIA
LEBANON
ISRAEL
JORDAN
IRAQ
IRAN
AFGHANISTAN
C H I N A
KUWAIT
PAKISTAN
NEPAL
BHUTAN
LIBYA
EGYPT
QATAR
UNITED ARAB EMIRATES
SAUDI ARABIA
OMAN
BANGLADESH
INDIA
MYANMAR (BURMA)
LAOS
TAIWAN
HONG KONG
PACIFIC OCEAN
SUDAN
GER
CHAD
ERITREA
YEMEN
THAILAND
VIETNAM
CAMBODIA
PHILIPPINES
ERIA
SOUTH SUDAN
DJIBOUTI
SOMALIA
CENTRAL AFRICAN REPUBLIC
ETHIOPIA
SRI LANKA
AMEROON
BRUNEI
MALAYSIA
SINGAPORE
CONGO REPUBLIC
UGANDA
KENYA
ABON
CONGO DEMOCRATIC REPUBLIC (ZAIRE)
RWANDA
BURUNDI
INDIAN OCEAN
INDONESIA
PAPUA NEW GUINEA
TANZANIA
SOLOMON ISLANDS
ANGOLA
ZAMBIA
MALAWI
MOZAMBIQUE
MAURITIUS
VANUATU
FIJI
NAMIBIA
ZIMBABWE
MADAGASCAR
RÉUNION
BOTSWANA
SWAZILAND
AUSTRALIA
NEW CALEDONIA
SOUTH AFRICA
LESOTHO
NEW ZEALAND
인구 1,000명당 유선 · 무선 전화 보유 대수
1,500 이상
1,000~1,499
500~999
300~499
100~299
100 미만
자료 없음

- 노동, 자본, 원자재와 같은 생산 투입요소에 대한 경쟁사의 지배력

지금까지 우리는 새로운 시장과 입지를 선정하는 데 기업이 사용하는 모델에 대해 공부했다. 우리는 선별 과정에서 기업이 어떠한 절차를 밟는지를 공부했으나, 어떻게 이러한 절차를 수행해야 하는지는 공부하지 않았다. 지금부터 기업이 국제적으로 그들의 조사 활동을 하는 데 필요한 것들과 도구의 종류에 대해 공부해 보자.

퀵 스터디 2

1. 소득 변화에 따라 제품을 원하는 민감도가 달라지는 것을 무엇이라 하는가?
2. 시장 잠재력에는 일반적으로 어떤 지표가 사용되는가?
3. 최고경영자가 최종 의사결정 전 시장 및 입지를 직접 방문하는 것은 얼마나 중요한가?

이차시장조사

특정 인구 부분을 타깃팅할 때, 경영자는 매우 세부적인 정보가 필요하다. 기업은 종종 자료가 이미 다 모아졌다고 생각하는 단순한 이유로 직접적인 일차 자료의 수집을 위한 시간적 · 금전적 노력을 하지 않을 때가 있다. 기업은 해당 국가의 경영환경 및 시장에 대한 정보를 구하기 위해 다양한 정보 원천과 이야기할 수 있다. 경영자가 이야기해 보아야 할 특정한 요소들은 기업의 산업, 생각하고 있는 진출 대상국, 입지 선별 과정을 얼마나 오래 할 것인지에 달려 있다.

이차시장조사
이미 기업 내에 존재하거나 외부에서 구할 수 있는 정보를 구하는 과정

이미 기업 내에 존재하거나 외부에서 구할 수 있는 정보를 구하는 과정을 **이차시장조사**(secondary market research)라고 한다. 경영자는 종종 이차시장조사를 통해 얻은 정보를 대략적으로 제품에 대한 시장 수요나 해당 국가의 경영환경에 대한 일반적인 인식을 추정하기 위해 사용한다. 이차 자료는 상대적으로 값이 싼데 이유는 이미 다른 기관에 의해 모아지고, 분석되고, 요약을 마친 자료이기 때문이다. 이제 경영자가 입지 선정을 내리도록 도와주는 이차 자료의 원천을 알아보자.

국제기구

특정 국가의 제품 수요에 대한 무료 혹은 비싸지 않은 자료를 구할 수 있는 좋은 출처가 있다. 예를 들어 UN에서 발간한 국제무역통계 연감(*International Trade Statistics Yearbook*)에는 각 나라에서 수출되고 수입된 규모가 나와 있다. 또한 이 자료에는 연 단위 최근 5년치까지 수출되고 수입된 항목의 가치와 관련한 내용도 나와 있다. 제네바에 있는 국제무역센터(www.intracen.org) 역시 100여 개국에서 최근 수출 및 수입되고 있는 자료를 제공하고 있다.

세계은행, IMF, 아시아개발은행과 같은 국제개발 기구에서도 유용한 이차 자료를 제공한다. 예를 들어 세계은행에서는 가입국의 인구와 경제성장률에 대한 연간 자료를 제공한다. 오늘날 대부분의 이차 자료들은 인터넷에서 다운로드받거나 인쇄 매체 등에서 제공받을 수 있게 되어 있다.

정부 기관

대부분의 국가의 상업 부서나 국제무역 기구 같은 경우 일반적으로 수입과 수출에 관련된 법규,

해외 시장조사 초기에는 연구원들을 직접 해외 시장으로 파견하거나 하지는 않는다. 대신에 기업들은 이차 자료를 사용하여 시장을 조사한다. 이차 자료를 수집하는 것은 잠재적 시장을 알아 가기에 비용 대비 효율적인 방법이다. 이것을 기반으로 하여 기업은 진입하고자 하는 시장의 구매자들이 어떻게 반응하는지에 대해 감을 잡아 볼 수 있다. 사진은 남아프리카 공화국 요하네스버그에 있는 쇼핑몰에 스페인 의류기업인 자라가 신상품을 진열해 놓은 모습이다. 이 스페인 기업은 남아프리카 공화국의 다양한 중산층들을 목표 고객으로 설정했다.

출처 : ALEXANDER JOE/AFP/Getty Images/Newscom

품질 기준, 다양한 시장의 규모 등에 대한 정보를 제공한다. 이러한 자료들은 대체적으로 이러한 부서들에게서 직접, 각 기관에서 혹은 국가의 대사관으로부터 얻을 수 있다. 사실 대사관을 방문하고, 그들의 사회적 기능에 참여해 보는 것은 새로운 잠정적 미래 사업 파트너와 연결될 수 있는 좋은 방법이기도 하다.

상대국에서 제공하는 매력적으로 보이도록 포장된 정보들은 때때로 국가의 상업적 환경에 대한 위험성을 빠뜨리기도 한다. 정부는 일반적으로 최대한 긍정적으로 보이는 정보를 제공하기 때문이다. 같은 이유로 이러한 출처들은 해당 국가의 환경에 대해 불완전하거나 편파적인 정보를 제공하기도 한다. 따라서 경영자는 해당 잠재 입지에 대해 더 객관적인 시각을 가지고 있는 추가적인 정보 출처를 구하는 것이 중요하다.

시장에 대해 넓은 시각을 제공하는 정보 출처 중 하나는 중앙정보국(www.cia.gov)의 **월드 팩트북**(*World Factbook*)이다. 이 출처는 전체적인 시장이나 입지에 대한 선별 과정에 아주 유용할 수 있는데 그 이유는 해당 시장 환경에 대하여 풍부한 사실을 보유하고 있기 때문이다. 이는 각 나라의 지리, 기후, 영토, 천연자원 등 다양하고 중요한 환경적 요소들을 규명하고 있다. 또한 각 나라의 문화, 정부 체제, 국가 부채 및 환율 등의 국가 경제에 대한 정보를 포함하고 있다. 또한 각 나라의 운송 및 커뮤니케이션의 질에 관련되어서도 나와 있다.

미국 상무부에서 운영하는 무역정보센터(www.export.gov)는 수출업자 및 수입업자가 첫 번째로 거치는 곳이다. 무역정보센터는 다른 나라의 제품 기준에 대한 세부사항을 포함하고 있고, 각각의 시장에서 미국 기업의 전망을 제공하고 있다. 또한 처음 수출하는 수출업자들에게 필수 정보일 수 있는 정부 수출 보조 프로그램에 대한 정보도 제공하고 있다. 무역정보센터가 제공하는 다른 정보는 다음을 포함한다.

- 국가의 무역 법 및 규제

- 상품 전시회, 무역 사절단, 특별 이벤트
- 특정 국가에 대한 수출 상담
- 수입 관세 및 고객 절차
- 다른 국가로의 수출의 중요성

칠레 외무부 내의 칠레 무역 위원회는 특별히 칠레의 홍보에 강력하게 힘을 쏟고 있다. 칠레무역진흥청(www.chileinfo.com)에서는 세계에 35개의 상업 사무실을 가지고 있을 정도이다. 이 기관은 수출 과정을 개발하고 국제 사업 관계를 설립하고, 국제무역을 양성하며, 투자를 유치하고 전략적 제휴를 추진하는 데 도움을 주고 있다. 또한 칠레의 주요 산업 및 무역 규제와 수출입 등 투자자들이 알아야 하는 세부적인 요소들을 제공한다.[4]

여러 나라의 지역 상업 사무소는 일반적으로 다른 나라에 무역과 투자를 진흥시키기 위해 진출해 있다. 이러한 사무소들은 주로 다른 나라 기업의 투자를 촉진하고 때로는 타국의 기업이 자국으로 수출하는 것을 돕기도 한다. 예를 들어 애틀랜타에 있는 로렌 개발 기업은 프랑스 로렌 지역의 투자 촉진 사무소이다. 이 기업은 미국 기업이 프랑스 로렌(산업 투자로 유명한) 지역의 기회를 평가할 수 있도록 도와준다. 입지, 건물, 금융 관련 옵션, 프랑스 및 유럽연합 경영환경 등에 대한 정보를 제공하고 연간 10~20개의 입지 선정 연구를 수행한다.

마지막으로, 많은 정부가 그들의 연구 도서관을 기업인들에게 열어 주고 있다. 예를 들어 일본무역진흥기구(www.jetro.go.jp)는 이미 일본에 진출해 있는 국제 기업들이 열람 가능한 모든 무역 자료를 공시해 놓은 큰 도서관을 가지고 있다. 또한 향후 경영 활동을 위해 일본 시장을 검토하고 있는 여러 기업에게 매우 유용한 정보를 제공한다. 이 기관은 해외에 진출하는 일본 기업들을 돕는 역할뿐 아니라 일본에 수출 및 투자하고자 하는 기업들을 돕는 데 최선을 다하고 있다.

산업 및 무역 협회

기업은 종종 무역 및 그들 산업군 내의 여러 기업으로 구성되어 있는 협회에 가입하기도 한다. 특히 새로운 시장을 개척하고자 하는 기업들은 다른 분야에 있는 기업들과 연결고리를 만들기 위해 협회에 가입하기도 한다. 이러한 기관의 출간물은 가입한 기업들에게 최근 이슈에 대해서 알려 주며, 경영자들로 하여금 중요한 이슈 및 기회에 대해 알도록 해 준다. 많은 협회가 내수 시장에서의 수출 및 수입 규모 자료들을 출간한다. 그들은 빈번하게 각 회원의 CEO, 사업 범위, 개인 연락처 및 주소와 같은 정보를 모아 안내책자를 만들곤 한다. 최근에는 대부분의 협회들이 웹사이트 또한 운영하고 있다. 두 가지 흥미로운 웹사이트는 파스타 협회(www.ilovepasta.org)와 양파 협회(www.onions-usa.org)이다.

때때로 산업 및 무역 협회에서는 그들의 산업에 연관된 연구를 하여 그 회원들에게 판매하기도 한다. 이러한 종류의 연구는 일반적으로 특별히 중요한 이슈나 국제적 성장을 위한 새로운 기회에 관련된 것이 많다. 미국제과협회(www.candyusa.com)에서는 워싱턴의 사과협회(www.bestapples.com)와 함께 중국 소비자들의 단것에 대한 기호 조사를 위해 리서치 회사를 고용하기도 했다. 연구 결과물은 각 협회의 회원 기업들이 그들과 맞다면 사업 활동을 할 수 있도록 도와주었다.

서비스 기관

은행, 보험, 경영 컨설팅, 회계 등의 국제적 서비스 기관에서 그들의 고객에게 문화, 규제, 경제, 금융 환경에 대한 시장 현황을 제공해 주기도 한다. 예를 들어 회계 회사인 언스트앤영에서는 시리즈로 "Doing Business In"이라는 국가별 발행물을 출간하기도 했다. 각각의 소책자가 해외 투자와 법적인 사업 양식, 노동력, 세금, 문화와 관련한 국가의 경영환경과 규제에 대해 이야기하고 있다. 다른 기업들도 세계 시장에 대한 세부적 · 전체적 정보에 대해 제공하고 있다. 경영자들은 이러한 기관들과 시장의 인구, 라이프스타일, 고객 자료, 소비자 행동 및 광고와 관련한 특정 보고서에 대해 이야기할 수 있다.

인터넷

국제경영 활동에 연루된 기업들은 금세 인터넷을 통해 풍부한 이차 자료를 구할 수 있다는 사실을 알고 있다. 이러한 선자 자료는 아주 손쉽게 구할 수 있으며 그 양도 엄청나다.

렉시스-넥시스(www.lexisnexis.com)는 시장 자료를 공급하는 선도적인 온라인 제공자이다. 세계 여러 곳의 뉴스 기사들을 총망라해 놓은 이 데이터는 지속적으로 업데이트되고 있다. 이 기업은 또한 다양한 다국적기업들의 최고경영자들의 프로파일, 제품 및 재무 환경, 마케팅 전략, 사회적 공헌 등의 정보를 제공하는 특별한 서비스를 제공하기도 한다. 또 다른 세계 시장에 대한 온라인 정보를 제공하는 곳으로는 다이얼로그(www.dialog.com)나 다우존스(www.dowjones.com) 등이 있다. 구글이나 야후(www.yahoo.com)와 같은 인터넷 검색 엔진들도 온라인으로 접근 가능한 정보의 범위를 좁혀 주는 데 많은 도움을 준다.

특히 인터넷은 생산 입지에 대한 정보를 찾는 데 매우 유용하다. 실제 현장 조사는 비용이 많이 들기 때문에 온라인으로 정보를 얻는 것은 시간과 비용을 굉장히 절약해 준다. 예를 들어 특정 나라와 지역에 대한 정보를 온라인 정보 공급자들로부터 쉽게 얻어 낼 수 있다. 조사 범위를 관리 가능한 범위(예 : 문화 · 경제적 상황 혹은 특정 산업)로 좁혀 나가면 해당 지역이 사업을 하기에 적절한지 적절하지 않은지에 대한 해답을 얻을 수 있다.

이차시장조사의 문제점

이차 자료에 있어 가장 큰 장점은 기업의 시간과 비용과 일차 자료를 얻기 위한 노력을 단지 이미 자료가 존재한다는 이유만으로 절약시켜 주는 것이다. 그러나 잠재적 시장과 입지를 조사하는 데 이차 자료를 사용했을 경우 크게 두 가지 문제점이 생긴다.

자료의 유용성 선진 공업국의 경우 이차 자료를 얻을 만한 충분히 많은 출처가 있다. 특히 이런 경향은 정부 기관과 사설 연구기관에서 정보를 제공해 주는 호주, 캐나다, 일본, 서유럽, 미국과 같은 곳에서 일어난다. 이런 정보 제공 기관 중 유명한 곳은 AC 닐슨(www.nielsen.com), 심포니 IRI 그룹(ww.symphonyiri.com), 서베이리서치그룹(www.surveyresearchgroup.com)이 있다. 〈표 12.1〉에 이러한 시장조사 기업들이 나와 있다.

개발도상국, 신흥국의 경우에는 전에 모아 놓은 데이터가 없는 경우가 많다. 또한 그러한 데이터가 있다고 할지라도 그 자료의 신뢰성이 떨어진다. 예를 들어 애널리스트들은 때로 해외 투자자들을 유혹하기 위해 수익과 소비 수준을 과장한 정부에 대해 소송을 걸기도 한다. 고의적으로 자료를 잘못 해석하는 것 말고도, 왜곡된 정보는 현지에서의 부적합한 정보 수집 방법 및 부적절

표 12.1 유명 시장조사 기업

순위	기업명	국가
1	닐슨 홀딩스 N.V.	미국/네덜란드
2	칸타	영국/미국
3	IMS 헬스	미국
4	입소스-시노베이트	프랑스/영국
5	웨스탯	미국
6	인포메이션 리소스	미국
7	GfK 그룹	독일
8	컴스코어	미국
9	NPD 그룹	미국
10	심포니 헬스 솔루션	미국

출처 : Based on "The 2014 AMA Gold Top 50 Report," *Marketing News*, June, 2014, p. 39.

한 정보 분석에서 비롯되기도 한다. 그러나 산업 선진국의 고객을 위해 신흥시장 및 개발도상국에서 정보를 모으는 데 특화된 기관들은 더 높은 수준의 자료 수집 및 분석 방법을 개발하고 있다. 예를 들어 갤럽(www.gallup.com)이라는 기관은 서부 기업들의 정확한 시장조사 요구에 따라 동남아시아 지역으로 그 영역을 확장시키고 있다.

자료의 비교 가능성 한 나라에서 수집된 데이터는 조심해서 해석해야 한다. 가난, 소비, 문맹률 등이 나라마다 다르게 사용되기 때문에 이러한 데이터들은 단어에 대한 정확한 정의가 수반되어야 한다. 예를 들면 미국에서는 4인 가족의 연간 소득이 23,850달러면 가난(빈민)한 축에 속하게 된다.[5] 그러나 베트남 4인 가족의 동일한 소득이 있다면 이는 굉장히 상위계층에 속하게 된다.

서로 다른 나라에서 데이터를 측정한 방법의 차이가 이 자료가 서로 비교 가능한지를 말해 준다. 예를 들어 어떤 나라에서는 해외직접투자의 총량을 금전적 가치의 관점에서 기입할 수 있다. 다른 나라에서는 이를 연간 수행되고 있는 투자 프로젝트의 개수로 나타낼 수도 있는 것이다. 그러나 산업화된 나라에 들어가는 한 번의 해외직접투자는 개발도상국에서 진행되고 있는 여러 개의 투자 프로젝트를 합친 것보다 몇 배의 가치를 가지고 있다. 투자에 대한 완전한 그림을 모으기 위해서 연구자들은 종종 두 관점 모두에서 자료를 수집하기도 한다. 보고된 통계 수치는 해외직접투자와 포트폴리오 투자를 구분하지 않을 수도 있다. 어떻게 측정되었는지, 통합되었는지 잘 알지 못해서 생기는 자료에 대한 잘못된 해석은 최고의 마케팅 계획과 생산 전략을 가지고 있어도 이것이 방해받을 수 있다.

퀵 스터디 3

1. 기업 내 · 외부적으로 이미 기존에 존재하는 정보를 수집하는 것을 무엇이라 부르는가?
2. 이차 조사에 있어 가능한 방법은 어떤 것이 있는가?
3. 이차 자료를 사용함에 있어 생길 수 있는 문제에는 어떤 것들이 있는가?

일차시장조사

선별 과정의 초기 단계에서 이차 자료가 매우 유용하기는 하지만, 때로는 입지에 관련한 더 세부적이고 정확한 자료가 필요하다. 이러한 환경 속에서 일차시장조사를 수행하는 것은 필수적이다. **일차시장조사**(primary market research)란 현재 연구하고 있는 필요에 맞추어서 데이터를 직접 수집하고 분석하는 과정을 말한다. 이러한 자료는 이차 자료로 채울 수 없는 부분을 완성시키는 데 큰 도움이 된다. 그러나 이차 자료를 얻는 것보다 많은 비용이 들어가게 되는데 이는 일차 자료 조사를 기업에서 전부 수행해야 하기 때문이다. 기업에서 입지 선별 과정에 있어 일차 자료를 얻는 데 필요한 방법을 알아보자.

일차시장조사
현재 연구하고 있는 필요에 맞추어서 데이터를 직접 수집하고 분석하는 과정

상품 전시회 및 무역 사절단

산업 협회 등의 회원들이 그들의 최신 제품과 경쟁자들에 대한 분석, 최신 트렌드와 시장 기회 등을 전시해 놓은 공개 행사를 **상품 전시회**(trade show)라고 부른다. 상품 전시회는 거의 모든 시장에 대해 지속적인 주기로 개최되며 세계 다양한 곳의 기업들을 불러들인다. 일반적으로 국가 혹은 세계 무역 협회 혹은 정부 기관에 의해 개최된다. 상품 전시회와 관련하여 정보를 제공하는 곳으로는 엑스포 센트럴(www.expocentral.com)이 있다.

상품 전시회
산업 협회 등의 회원들이 그들의 최신 제품과 경쟁자들에 대한 분석, 최신 트렌드와 시장 기회 등을 전시해 놓은 공개 행사

당연하게도, 상품 전시회의 형식과 범위는 국가마다 상이하다. 예를 들어 굉장히 큰 내수 시장 때문에 미국의 전시회의 경우 미국 내의 사업 기회에 초점이 맞추어져 있다. 미국의 문화에 맞추어 미국의 전시회는 격식에 얽매이지 않는 편안한 분위기인 경향이 있다. 대조적으로 독일의 시장은 상대적으로 작고 독일은 EU 소속이기 때문에 독일에서 개최되는 전시회의 경우 유럽 전역에 걸친 사업 기회에 초점이 맞추어져 있으며 또한 격식을 갖춘 분위기를 따르는 경향이 있다.

국가의 문화는 상품 전시회에서 어떤 기업이 이득을 챙기느냐, 어떠한 방법이 성공적이냐 하는 문제에 영향을 미친다. 사업가적 문화를 갖춘 미국은 소규모 사업도 해외 시장의 기회를 쫓도록 장려한다. 어떻게 미국의 소규모 기업들이 해외 시장의 기회를 찾는지를 알아보기 위해서는 글상자 '문화 이슈 : 세상은 이제 당신의 것인가?'를 참조하라.

무역 사절단(trade mission)은 해당 국가 혹은 지역 정부로부터 사업 기회를 찾을 목적으로 기획된 정부 인사 및 사업가들의 해외 출장이다. 무역 사절단에 참여하는 사업가들은 일반적으로 주요한 사업 연락처와 신뢰할 만한 정부 인사들을 소개받게 된다.

무역 사절단
해당 국가 혹은 지역 정부로부터 사업 기회를 찾을 목적으로 기획된 정부 인사 및 사업가들의 해외 출장

중소기업들에게 무역 사절단은 때때로 굉장히 매력적이다. 첫 번째로 정부 인사의 지원이 중소기업으로서는 얻기 힘든, 진입하고자 하는 국가의 인사들과 최고경영자들에게 닿을 수 있어 그들에게 추가적인 힘을 실어 주기 때문이다. 두 번째로는, 때론 이러한 사절단에 참가하는 것이 중소기업으로서는 많은 비용을 요하는 일일 수 있으나, 비용 대비 효과적인 보상을 받을 수 있기에 굉장히 매력적이다. 먼 곳으로의 무역사절단은 때때로 시간과 비용 투자 대비 최고의 효과를 내기 위해 여러 국가를 들르기도 한다. 예를 들어 유럽 사업가들의 라틴아메리카로의 무역 사절단 활동은 아마 아르헨티나, 브라질, 칠레, 멕시코 등의 국가를 방문하는 것을 포함한다. 이와 같이 아시아로의 무역 사절단은 중국, 홍콩, 일본, 한국 및 태국을 거치게 된다.

인터뷰 및 포커스 그룹

잠재 시장을 선별하는 과정에서 산업 자료가 유용하기는 하지만, 그다음 단계에서는 반드시 구

문화 이슈 세상은 이제 당신의 것인가?

오늘날 거의 많은 나라에서는 사업의 국제적 확장을 지원해 주고 있다. 그러나 어떠한 전략과 정보가 기업에 유용한 정보일까? 여기 두 기업의 사례가 중요한 요점을 이야기하고 있다.

- 중소기업은 글로벌 시장에 진입하기 전에 해야 할 일이 많다. 기업의 세계화는 장기적인 투자가 될 것이고 그 준비 정도는 매우 중요한 성공요소이다. 기업은 자본을 어떻게 투자할 것인지 계획이 되어 있어야만 한다. 일반적인 소규모 기업은 1만~2만 달러 정도를 상품 전시회나 한두 국가를 방문하는 시장조사에 쓰곤 한다.
- 뉴저지에 있는 루실팜사는 치즈 제품을 생산하고 판매하는 기업이다. 루실의 회장인 알폰소 팔리벤은 사업을 세계로 확장시키는 것을 매우 조심스럽게 진행하고 있다. 그는 최근에 해외 출장을 통해 시장 기회와 경쟁을 조사할 수 있는 미국유제품수출협회에 가입했다. 이 협회는 또한 그 회원들에게 국제 시장에 대한 정보를 무료로 제공한다. 팔리벤은 자체적으로 조사했다면 발생했을 수천 달러의 비용을 이 협회를 통하여 절감할 수 있었다고 말한다.
- 미네소타 시에 있는 미터맨사는 농산물 측정기구를 생산하는 업체이다. 이 기업이 국제 시장으로의 진출을 결정했을 때 그들은 상품 전시회가 새로운 시장에 대한 접근 아이디어를 얻을 수 있고, 또한 타 업체와의 계약을 성사시킬 좋은 기회라고 생각했다. 파리에서 열린 5일간의 농작물 회담에서 회사 경영진은 잠재적 구매자들과 여러 번 회의를 가졌고 중요한 공급자들과 제품 계약을 맺을 수 있었다. 이 기업의 영업 및 마케팅 책임자는 바르셀로나 등의 상품 전시회에 참여하여 함께한 타사 임원들과 대화를 나누는 방법을 사용했다. 영업 마케팅 책임자는 이러한 방법으로 20만 달러 이상의 제품 계약을 맺을 수 있었고, 현재 남아메리카 최고의 공급업자가 되었다.

매자의 감정, 태도 혹은 문화 등에 대해 평가해야 한다. 산업 자료는 소비자 개개인이 기업의 제품에 대해서 느끼는 것을 알려 주지 못한다. 이러한 구매자 정보는 해당 시장에 진입하기로 결정된 후 효과적인 마케팅 계획을 개발할 때 필요하다. 따라서 기업은 시장 전체적인 대규모 데이터를 보충하기 위해 장래의 고객들을 조사한 자료를 추가하게 된다. 신뢰성 있고, 편향되지 않은 정보를 추출하기 위해 인터뷰는 조심스럽게 이루어져야 한다. 어떤 문화의 응답자는 특정 질문에 답하고 싶어 하지 않을 수도 있고, 너무 개인적인 답변을 하지 않기 위해 의도적으로 답변을 모호하게 하기도 한다. 예를 들어 미국에 거주하는 사람들이 대체로 그들의 쇼핑 습관 및 개인적 삶에 대해서도 모두 알려 주는 편이라 할지라도 이는 다른 나라에서는 매우 드문 경우이다.

포커스 그룹
기업의 제품에 대한 태도를 공부하기 위한 목적으로 구조화되지 않았으나 8~12명 정도의 작은 그룹에 대한 심층적인 인터뷰

기업의 제품에 대한 태도를 공부하기 위한 목적으로 구조화되지 않았으나 8~12명 정도의 작은 그룹에 대한 심층적인 인터뷰를 **포커스 그룹**(focus group)이라고 한다. 사회자는 개입을 최소한으로 유지하면서 아이디어 회의 및 토론을 진행한다. 인터뷰는 참여자들 사이에 반복되거나 두드러진 테마를 찾아내기 위한 목적으로 녹화된다. 이런 종류의 조사는 마케터들로 하여금 소비자들의 부정적인 인식을 밝혀내고 이에 알맞은 방법의 마케팅 전략을 수립하도록 해 준다. 언어 혹은 보디랭귀지에 있어서의 차이를 간과하면 안 되기 때문에 포커스 그룹 진행자들은 포커스 그룹 인터뷰가 이루어지는 곳의 현지인이 하는 것이 가장 좋다. 아이러니하게도, 때때로 집단주의 문화권(제2장 참조)에서 포커스 그룹을 진행하기 어려울 때가 있는데 이는 그 문화권 사람들은 다른 사람의 의견에 그저 동의하는 경향이 있기 때문이다. 이런 상황에서는 소비자 그룹의 구매 습관, 제품에 대한 행동, 소비자 행동 등에 대해 조사하는 것인 **소비자 패널**(consumer panel)을 이용하는 것이 도움이 된다.

소비자 패널
소비자 그룹의 구매 습관, 제품에 대한 행동, 소비자 행동 등에 대해 조사하는 것

설문조사

설문조사
현재 혹은 잠재적 구매자들에 대하여 사실, 의견, 태도 등을 얻기 위해 구두의 혹은 글로 씌어진 질문지를 통한 연구 방법

현재 혹은 잠재적 구매자들에 대하여 사실, 의견, 태도 등을 얻기 위해 구두의 혹은 글로 씌어진 질문지를 통한 연구 방법을 **설문조사**(survey)라고 한다. 예를 들어 써코니(www.saucony.com)가 최근 여성 운동화에 대한 소비자 태도를 알고 싶다면 여성 소비자들 중 표본을 뽑아서 그들의 운

동화에 대한 태도를 질문할 것이다. 구두로 질문하는 것은 전화를 통하여 이루어질 수 있고, 글로 씌어진 실문조사는 직접 방문, 우편 혹은 웹사이트를 통해 이루어진다. 결과는 도표화되고 분석되며 마케팅 전략을 개발하는 데 적용된다.

설문조사의 가장 큰 장점은 방대한 자료를 한 번에 수집할 수 있다는 점이다. 그러나 설문조사 방법은 반드시 현지 시장에 적당하고 알맞아야 한다. 예를 들어 산업화된 시장에서 설문조사 방법은 전화나 인터넷 등 다양한 기술적인 방법을 통해 이루어질 수 있다. 그러나 방글라데시와 같이 전화기가 많이 보급되어 있지 않은 국가에서 전화를 통해 설문조사를 하는 것은 좋은 결과를 낳기 어렵다. 또한 인터넷을 기반으로 한 설문조사 방법이 자료를 수집하는 데 쉬운 방법이지만 산업화된 국가에서도 인터넷은 때때로 중산층 및 상위 계층에만 보급되어 있을 수 있다는 것을 기억해야 할 것이다.

씌어진 설문조사 방법은 다른 문제에 휘말릴 수 있다. 어떤 나라의 우편 시스템은 도착하는 데에 몇 주, 몇 개월이 길리거나 중긴에 도난당히기나 혹은 분실하여 아예 배달이 안 될 정도로 신뢰 불가능한 시스템을 보유하고 있기도 하다. 일반적으로 글로 씌어진 설문지는 위에 말한 문제가 모두 해결되었다고 해도 문맹률이 높은 나라에서는 실용적이지 못하다.

환경 스캐닝

전략적 목표에 따라 정보를 모으고 분석하고 나누어 주는 진행 과정을 **환경 스캐닝**(environmental scanning)이라고 한다. 환경 스캐닝 과정은 기업이 진출하고자 하는 입지의 경영환경에 대한 사실에 기반을 둔 정보와 주관적인 정보를 수반한다. 다른 지역에 대해 지속적으로 모니터링하는 것은 경영자로 하여금 다른 지역의 시장 기회 및 위험 요소에 대해 잘 알게 해 준다. 환경 스캐닝은 효과적인 전략 개발 및 의사결정에 도움을 준다. 또한 환경 스캐닝은 변동이 심한 시장 환경에 대해 비상 대책을 마련해 주기도 한다.

환경 스캐닝
전략적 목표에 따라 정보를 모으고 분석하고 나누어 주는 진행 과정

일차시장조사의 문제점

시장조사는 모든 국가에 걸쳐서 필수적인 기능을 한다. 하지만 시장의 특수한 환경은 조사가 수행된 방향으로 수정해야 하는 어려움을 가져오기도 한다. 기업은 조사 결과가 신뢰 가능한지와 가능한 장애물이 어떤 것들이 있는지에 대해 충분히 인지하고 있어야 한다.

친숙하지 않은 시장에서 조사를 수행한 마케터들은 문화적 변수에 특히 주목해야 한다. 아마 가장 중요한 변수는 언어일 수 있다. 예를 들어 생소한 언어를 사용하는 시장을 조사하는 마케터들은 통역에 완전 의존해야 할지도 모른다. 통역은 자기도 모르게 누군가 언급한 것에 대해 잘못 해석할 수 있으며 문장 속에 들어 있는 미묘한 정서를 잡아내지 못할 수도 있다.

조사자들은 또한 현지의 언어로 만들어진 설문지를 통해 소비자를 조사해야 한다. 질문이나 결과에 대한 잘못된 해석을 야기하지 않기 위해서, 설문지는 반드시 해당 국가 언어로 번역되어야 하며 응답지는 조사자 국가의 언어로 다시 번역되어야 한다. 설문지에 적힌 문장 표현은 매우 정확해야 의미 없는 결과값이나 잘못된 해석을 방지할 수 있다. 설문조사 방법을 사용할 수 있는가는 해당 국가의 문맹률과도 높은 관련이 있다. 문맹률이 높은 나라에서 설문지는 의미가 없을 수 있기 때문이다. 이 경우 조사자들은 개인 인터뷰나 소매점 구매 관찰 등 다른 조사 방법을 사용해야 한다.

잘 모르는 시장에 대해 제한적인 경험만을 가지고 있는 기업은 때때로 시장조사를 위한 현지

기관을 고용할 수도 있다. 현지 기관은 문화에 대해 알고 있다. 그들은 어떠한 방법이 가능한지, 또한 어떤 형식의 질문을 해야 하는지 잘 이해하고 있다. 또한 일반적으로 현지 기관은 특정한 정보를 얻기 위해서 누구에게 연락해야 하는지 알고 있다. 무엇보다 중요하게, 그들은 그들이 모은 정보를 어떻게 해석해야 하는지 알고 있으며, 그 정보의 신뢰 가능성에 대해서 알고 있다. 그러나 스스로 시장조사를 수행하기로 결정한 기업은 그들의 시장조사 기술을 해당 현지 시장에 맞추어야 한다. 본국에서는 그냥 알 수 있었던 다양한 문화적 요소들이 타국의 시장 환경을 조사함에 있어서 재평가받아야만 한다.

퀵 스터디 4

1. 실제 데이터를 수집하고 분석하여 그 결과를 현재 연구에 적용시키는 것을 무엇이라고 하는가?
2. 상품 전시회 무엇과 같은가?
3. 친숙하지 않지만 추후에 굉장히 수익성 높은 잠재 시장에 대해 연구하는 기업은 무엇을 하기에 최적합한가?

맺는말

쉴 새 없이 복잡해지고 경쟁이 심화되는 국제경영환경과 발맞추기 위해서 기업은 양질의 조사 방법을 수반한 체계적인 선별 과정을 따라야 한다. 이번 장에서는 경영 활동을 하기 위한 신규 시장 및 입지를 선별하기 위한 체계적인 방법을 알아보았다. 그러나 이러한 이슈들은 기업이 해외 진출을 결정했을 때 생각할 것들이다. 다음 단계는 기업이 실제로 선정된 시장 및 입지에 진출하여 사업을 설립하는 것이다. 이어지는 장에서는 기업에 가능한 모든 진입 유형, 경영 활동을 위한 자원을 어떻게 조달하는지, 멀리 떨어진 나라에서 어떻게 사업을 경영하는지에 관해서 알아본다.

이 장의 요약

LO1. 기본적 매력 요소와 국가 요소의 중요성을 설명하라.

- 잠재 시장을 조사하는 데 있어 가장 첫 번째로 해야 하는 것은 제품에 대한 기본 수요를 확인하는 것이다. 기본적 수요 없이는 시장이 성립될 수 없다.
- 새로운 사업의 무대가 될 지역을 평가하는 단계는 생산에 필요한 원재료, 노동, 자본 등에 접근 가능한가를 판단하는 것을 수반한다.
- 두 번째 단계는 현지 정치, 문화, 경제 변수에 대하여 조사하는 것을 포함한다. 질 높은 정부 관료체제, 정치적 안정성, 올바른 통화 정책을 가지고 있는 국가의 시장과 지역이야말로 기업이 찾는 곳이다.

LO2. 기업이 어떻게 시장 또는 입지를 측정하고 선정하는지를 기술하라.

- 세 번째 단계는 시장 규모와 성장률 그리고 **시장 잠재력 지수**를 조사하여 각 시장의 잠재력을 측정하는 것이다.
- 영업하기에 적합한 지역인지를 평가하는 단계는 노동자, 관리자, 원자재, 적합한 인프라가 갖추어져 있는 곳인지를 판단하는 것을 수반한다.
- 네 번째 단계는 남아 있는 각각의 시장과 지역을 방문하여 최종 결정을 내리는 것을 포함한다. 이 단계에서 경영자는 경쟁자 분석 혹은 재무 분석 등을 수행하여야 한다.

LO3. 이차시장조사 자료의 출처를 확인하라.

- 제품에 대한 정보는 세계은행 혹은 국제통화기구와 같은 국제기구를 통하여 값싸게 혹은 무료로 얻을 수 있다.
- 상무부, 국제무역부와 같은 **정부 기관들**은 수입-수출, 품질 기준, 시장 규모 등에 대한 정보를 가지고 있다.
- **산업 및 무역 협회**는 때때로 경영자들이 중요한 정보와 기회를 놓치지 않도록 출간물을 발행하기도 한다.
- 은행, 보험, 컨설팅, 회계 등의 분야에 존재하는 **국제 서비스 기관**에서는 시장 내 문화, 규제, 자금 상황 등에 대한 고객의 정보를 제공하기도 한다.

LO4. 일차시장조사를 수행하기 위한 일반적인 방법을 기술하라.

- **상품 전시회**는 그 산업 구성원이 현재 최신 상품은 무엇인지, 경쟁자들은 어떤 동향을 보이고 있는지 등 최근의 트렌드와 기회를 접하는 데 도움을 준다.
- **무역 사절단**은 정부 인사와 사업자들이 국제적 사업 기회를 조사할 수 있는 해외 시장조사를 도와준다.
- **인터뷰**는 잠재적 구매자의 감정과 제품에 대한 태도, 그리고 문화적인 부분을 평가할 수 있도록 도와준다. **포커스 그룹**은 기업 제품에 대해 밝혀지지 않은 소비자들의 태도를 더욱 심층적으로 인터뷰할 때 사용하는 방법이다.
- **설문조사**는 잠재적 고객의 사실, 의견, 태도 등을 설문지를 통해, 혹은 직접 물어보는 것을 통해 알아내는 것을 말한다.
- 전략적 목표를 위해 자료를 취합, 분석, 분류하는 것을 **환경 스캐닝**이라고 한다.

핵심 용어

무역 사절단
물류
상품 전시회
설문조사
소득 탄력성
소비자 패널
시장조사
이차시장조사
일차시장조사
포커스 그룹
환경 스캐닝

✪ 얘기해 보자 1

중국이 시장을 개방하고 모든 중국 산업에 대해 다국적기업이 그 안에서 경쟁하고 시장점유율을 높이는 것을 허락했을 때 많은 서구의 기업들이 중국으로 진입했다. 하지만 몇 년이 지나고 어떤 기업들은 그들의 중국 시장에서의 영업 규모를 축소하거나 중국 시장을 아예 떠나 버리기도 했다.

12-1. 그들이 중국 시장에 대하여 분석했을 때 무엇을 잘못했을까? 설명하라.

12-2. 국가의 투자 환경 설립을 위해 미디어 산업에서는 어떤 역할을 했을까?

얘기해 보자 2

소니의 미니디스크 레코더/플레이어는 일본에서는 엄청난 성공을 거두었으나 미국에서의 인기는 미비했다. 소니가 미국 시장 내에서 세 번째 미니디스크를 출시했을 때 소니는 고객들의 마음에 무엇이 들어 있는지를 파악했기에 정확한 전략을 사용했다고 생각했었다.

12-3. '고객 마음속으로 들어가기'를 수행하기 위해서 어떠한 종류의 시장조사를 했다고 생각하는가?

12-4. 특정한 문화에 있는 기업은 특정한 종류의 시장조사를 하기 원한다고 생각하는가? 설명하라.

윤리적 도전

당신은 기업의 시장조사 수행을 디자인해 주고 도와주는 QRCA(정량적 조사 컨설팅 협회)의 회장이다. 모든 QRCA의 구성원들은 시장조사 응답자 선정에 있어서 차별, 불법적인 사례금, 혹은 사업에 이익이 되는 불법적 교환 등을 금지하는 윤리강령에 반드시 동의해야 한다. 이 윤리강령은 또한 시장조사가 제품의 홍보가 아닌 정당한 연구 목적으로만 사용되어야 한다고 말하고 있다.

12-5. 왜 QRCA 및 타 시장조사기관들이 이러한 윤리강령을 만드는 것일까?

12-6. 이러한 윤리강령들이 비윤리적인 시장조사 등을 줄이는 데 도움이 된다고 생각하는가? 설명하라.

12-7. QRCA의 책임자로서, 시장조사의 어떤 다른 부분들이 윤리강령 등에 의해 보호받아야 한다고 생각하는가?

팀 협력 활동

팀을 꾸려 관심 있는 신흥시장을 하나를 선택하라. 국가에 대한 기본적인 자료를 편집하고 이번 장에서 배운 여러 가지 시장조사 방법을 통해 조사하는 것으로 시작해 보자. 해당 국가에서 주어지는 시장 기회와 접합성 위에 더하여 조사해 보자. 다음으로는 해당 국가에서 기회를 모색하고 있는 기업을 하나 선정해 보자. 기업의 경영 활동이 본인 팀에서 조사한 시장 및 입지의 잠재력과 일치하는지 판단해 보자.

스스로 연구하기

12-8. 이 장에서는 2013년 베트남에 첫 매장을 오픈한 스타벅스의 이야기로 이 장을 시작하였다. 스타벅스를 이 나라로 끌어들이는 데 도움이 되었다고 생각하는 베트남의 커피 및 차 시장의 특성은 무엇인가?

12-9. 일부 시장조사 기업은 포커스 그룹 및 관찰과 같은 기술을 사용하여 수집한 '소프트'시장조사 자료의 이점을 강조한다. 다른 사람들은 소비자의 구매 습관 및 시장 규모에 대한 통계와 같은 '딱딱한' 자료 사용의 이점을 주장한다. 각각의 자료 유형은 언제 더 선호하는가? 설명하라.

국제경영 실전 사례 베트남 신흥시장 잠재력

25년 전쯤에 베트남 정부는 처음으로 도이모이(doi moi)를 소개했다. 이 '리뉴얼' 정책은 기존에 있던 공산주의 시스템을 유지하면서 자유시장을 개정하는 것이었다. 1990년대에 베트남의 공산주의 정부는 베트남인 이외의 제조업자들이 동남아시아 국가에 매장을 여는 것을 허가함을 밝혔다. 한국 기업 대우(www.dm.co.kr)는 재빠르게 베트남 최고의 투자자로서의 관계를 수립했다. 또한 도시바(www.toshiba.co.jp), 푸조(www.peugeot.com), 브리티시 페트롤륨(www.bp.com) 등을 포함한 유명 기업들이 베트남 하노이를 방문하기 시작했다.

그러나 무역 및 외교 관계가 없었던 미국은 이러한 투자에서 옆으로 밀려나게 되었다. 약 4년 정도 후에 미국 정부에서는 미국 기업들이 베트남에 진입하여 기회를 찾을 수 있도록 무역 금지령을 해제하게 되었다. 베트남은 지리적으로 아시아의 중심에 위치해 있고 문명이 발달해 있으며 노동자의 임금이 저렴하여 국제적 기업 입장에서는 매력적인 국가였다.

오늘날 베트남 투자자들에게는 많은 해결해야 할 것들이 있다. 베트남의 8,200만 인구가 1인당 국민소득이 2,900달러밖에 되지 않을 정도로 매우 가난한 국가이며 인프라가 전혀 개발되어 있지 않다. 단지 25% 정도의 도로만이 포장되어 있으며 전력 공급 또한 불안정하고 은행 시스템 자체가 개발되어 있지 않다. 베트남은 장기적으로 보기에는 엄청난 잠재력을 가지고 있기는 하지만 오늘날 태국 정도의 경제성장을 이루기 위해서는 20년은 뒤처져 있는 상태이다.

또한 베트남의 공산당은 시장경제를 받아들이는 데 많은 어려움을 겪고 있으며 공산주의 체제에서 발달한 관료제들이 이러한 변화를 받아들이는 것을 더디게 하고 있는 실정이다. 국가 위원회에서 협력과 투자 등에 쏟고 있는 노력에도 불구하고 베트남 정부는 여전히 국제적 투자자들을 골칫거리로 생각하고 있기도 하다. 한번은 베트남 하노이에서 베트남어로 써 있지 않은 전광판과 표지판을 모두 없애 버리는 등의 '사회악 단속' 운동이 벌어지기도 했을 정도이다. 그리고 세금과 외화 환전 등의 법규마저 끊임없이 변화하고 있는 상태이다.

베트남 신흥 사업가 계층이 니콘(www.nikon.co.jp) 카메라, 레이밴(www.ray-ban.com) 선글라스 등(두 브랜드 모두 오프라인 상점에서 구매 가능하다)에 취미를 붙이고 있다. 경제 통계는 아직 대부분의 베트남 사람들이 너무 가난하다고 발표하고 있는데, 그러한 럭셔리한 제품을 구매할 돈은 어디에서 생겨나는 것일까? 그 해답은 베트남의 비공식적인 경제에서 찾을 수 있다. 베트남에서 그들의 월급으로는 한 달의 5~10일 정도밖에 살 수 없으며, 그들의 실제 구매력은 밤에 은밀히 이루어지는 비공식적인 부업으로부터 나오는 것은 굉장히 일반적이다.

2001년 후반 베트남과 미국은 베트남이 미국에 수출하는 물품에 가장 낮은 관세를 매기는 무역 협정을 맺었다. 그러면서 많은 미국 기업들이 점차 베트남 진출권을 획득하게 되었다. 그 결과로 베트남의 수출 활동은 값싼 노동력과 늘어나는 외국 투자에 힘입어 2014년에는 1,000억 달러 규모로 급성장하게 되었다. 특히 베트남의 대미 수출은 해마다 2배 이상씩 확장되어 갔다. 생필품, 농산품 그리고 제조품을 포함한 국가 수출 품목의 다각화는 수출 가격을 크게 올리는 것에 대해 어느 정도 면역이 되고 있다는 것을 의미한다. 베트남은 이제 후추 품목에서는 세계 최고의 수출국가이며, 곧 쌀에 있어서도 태국을 넘어설 것이고, 인도에까지 차를 수출하고 있다.

베트남은 지난 10년간 아시아에서 가장 성장하고 있는 국가로 연 성장률이 8%에 달하고 있다. 사실 1990년대 후반에 동남아시아를 지배한 외환위기를 통틀어서도 베트남은 연 성장률이 4.8% 이하로 떨어진 적이 없을 정도이다. 그러나 최근 세계적 저성장세가 베트남의 고성장세를 주춤하게 하고는 있다. 그러나 아직 베트남의 무역 중심 경제는 베트남의 빈곤층을 구제해 주고 있다. 세계 은행에서는, 1980년대 베트남 인구의 70%가량이 빈곤층이었다면 2014년에는 빈곤층이 18% 정도로 줄었다고 보고하고 있다.

글로벌 사고 질문

12-10. 서구의 국가들이 베트남의 경영환경을 바꾸기 위해 어떤 것들을 할 수 있었다고 생각하는가?

12-11. 베트남에서 시장조사를 함에 있어 어떠한 문제들이 발생할 수 있겠는가?

12-12. 제품에 적혀 있는 '메이드 인 베트남'에 대한 당신의 인식을 반영했을 때, 제품에 따라 당신의 인식에 다른 영향을 끼치는가? 설명하라.

출처 : "Touchable After All," *The Economist*, August 25, 2012, p. 32; "V Not Yet for Victory," *The Economist* (www.economist.com), September 24, 2009; "Half-Way from Rags to Riches," *The Economist*, Special Report, April 26, 2008, pp. 1-16; "Good Morning at Last," *The Economist*, August 5, 2006, pp. 37-38; "Vietnam's Export Worth $22.3 Billion," Vietnam Ministry of Trade press release, July 25, 2006.

제13장

진입 방법 선정 및 관리

학습목표

이 장을 공부한 후에 다음을 할 수 있어야 한다.

1. 기업이 수출, 수입, 대응 무역을 어떻게 활용하는지 설명한다.
2. 수출 및 수입 자금을 조달하는 다양한 방법을 설명한다.
3. 계약을 통한 진입 방식의 다양한 유형을 설명한다.
4. 투자를 통한 진입 방식의 다양한 종류를 설명한다.
5. 진입 방식을 선정하는 데 필요한 주요 전략적 요소를 개략적으로 서술한다.

돌아보기

제12장에서는 기업이 어떻게 국제적 사업 기회를 분석하는지를 알아보았다. 경영자들이 어떻게 경영 활동을 위한 잠재 시장을 조사하는지에 대해 공부했다.

이 장 잠깐 보기

이번 장에서는 해외에 진출하는 기업들의 다양한 진입 방식에 대해 공부할 것이다. (1) 수출, 수입, 대응 무역, (2) 계약 진입 방식, (3) 투자 진입 방식을 선정하는 데 관련된 주요 이슈에 대해 논의할 것이다.

미리 보기

제14장에서는 기업의 국제 마케팅 노력에 대해 공부하고자 한다. 우리는 기업이 제품을 홍보하고, 가격 정책을 수립하고, 유통시키는 방법에 영향을 미치는 주요 요소들을 확인할 것이다.

열광 면허

영국 런던 – 마블 엔터테인먼트사(www.marvel.com)는 70년 이상 5,000개 이상의 캐릭터를 개발해 온, 글로벌 캐릭터들을 기반으로 한 엔터테인먼트 라이선싱 회사이다. 아래 사진에 있는 캐릭터들은 마블사의 만화책 작가이자 편집자, 연기자, 프로듀서, 출판자 그리고 마블 코믹스의 이전 사장이자 최고경영자인 창의적인 상상의 귀재, 스탠 리의 가장 대표적인 캐릭터들을 모아 놓은 것이다.

출처 : © KEITH BEDFORD/Reuters/Corbis

마블은 초기에 단순한 만화책과 장난감 회사에서 벗어나 보고자 라이선싱을 추구해 나갔고, 기존에 있던 만화책 캐릭터들인 아이언맨, 스파이더맨, 블레이드, 엑스맨 그리고 헐크 등의 캐릭터를 대형 스크린으로 이동시키는 큰 성공을 거두었다. 영화는 마블사에 수익을 창출해 주기도 했지만, 영화의 가장 큰 기능은 마블사의 만화책 캐릭터들을 유명하게 만든 것이었다.

최근 마블사에 가장 큰 수익을 가져다주는 것은 캐릭터에 기반한 제품들, 예를 들어 도시락가방, 장난감, 비디오게임 등에 라이선싱을 주는 것이다. 마블사의 라이선싱 사업은 2017년 하스브로사(www.hasbro.com)와 움직이는 마블사 캐릭터 완구를 생산 · 유통시키는 것을 포함한다. 마블사는 하스브로사가 세계적으로 판매하는(일본 제외) 장난감에 대하여 로열티 수익을 올리고 있다. 또한 마블사에서는 최근 그 캐릭터들을 전 세계에 있는 디즈니사의 영화, 어드벤처, 테마공원, 상점 등에 사용할 수 있게 하는 대가로 43억 달러의 수익을 올렸다.

소니와의 50 : 50 조인트 벤처는 소니사의 애니메이션 TV 시리즈인 "스파이더맨"과 영화 "스파이더맨" 캐릭터 상품 판촉 행사 등을 감독하기도 했다. 그리고 마블사는 "아이언맨"에 대한 영화 등은 단독으로 진행하기도 했다.

그러나 마블사는 과거의 성공을 즐기며 쉽게 안심할 수는 없었다. 영국에 기반하고 있는 마블 인터내셔널은 영화 라이선싱 사업을 전략적 국제 시장에까지 확장 · 발전시켰다. 마블사의 CEO인 앨런 립슨은 "이것은 중대한 전략적인 출발점이다. 마블의 국제적 성장은 아직 손대지 않은 미개발 자원이다."라고 말한다. 이번 장을 읽으면서 왜 기업이 세계적으로 나아가는지, 어떤 시장 진입 방식이 존재하는지, 어떤 상황에서 각각의 진입 방식이 적절한지에 대해 생각해 보자.[1]

진입 방식

기업이 어떻게 제품, 기술, 인적 자원 혹은 다른 요소를 시장에 진출시킬 것인가에 대한 기관의 협약

어떻게 새로운 시장에 진입할 것인가를 결정하는 것은 현지 사업 환경 및 기업의 핵심 역량을 포함하여 여러 가지 요소를 고려해야 하는 일이다. **진입 방식**(entry mode)이란 기업이 어떻게 제품, 기술, 인적 자원 혹은 다른 요소를 시장에 진출시킬 것인가에 대한 기관의 협약이다. 제조, 마케팅 등을 하기 위해 새로운 시장으로의 진입 방식을 찾고 있는 기업은 여러 가지 진입 방식을 가지고 있다. 진입 방식을 결정하는 것은 시장에서의 경험, 잠재적 시장 규모, 경영자의 목표 등을 포함한 다양한 요소이다. 이번 장에서는 다음 세 가지 진입 방식 범주에 대하여 알아볼 것이다.

1. 수출, 수입 그리고 대응 무역을 통한 진입 방식
2. 계약을 통한 진입 방식
3. 투자를 통한 진입 방식

수출, 수입, 대응 무역

국제적으로 제품을 사고파는 가장 흔한 방식은 수출과 수입이다. 기업은 때때로 더 값싼 제품을 얻기 위해, 혹은 단순히 국내 시장에서는 얻을 수 없는 제품을 얻기 위해 수입을 한다. 또한 기업은 세계 시장에서 매출을 올리고 이윤을 증가시키는 기회가 있을 때 수출을 하기도 한다. 선진국 및 개발도상국 내의 기업 모두가 종종 미국을 수출하기에 좋은 시장으로 인식하는데, 이는 미국 시장의 규모가 굉장히 크고 미국 소비자들의 구매력이 높기 때문이다. 〈그림 13.1〉에서는 미국으로 수출하는 상위 10개 국가가 명시되어 있다.

이번 장은 어떻게 기업이 자신들의 제품과 서비스를 해외로 진출시키는가에 대한 것이기 때문에, 우선 수출에 대해서 알아보겠다. 그 후 현금 거래가 불가능할 때 어떻게 기업이 대응 무역을 진행하는지 그리고 수출/수입을 위한 자금 융통을 어떻게 하는지에 대하여 논의할 것이다. 수입에 관련해서는 제15장에서 공부할 것이다.

수출을 왜 하는가

글로벌 경제 속에서 기업은 제품과 서비스를 다른 나라의 도매상, 소매상, 산업 구매자, 소비자에게 판매한다. 일반적으로 기업이 수출을 하는 이유는 세 가지가 있다. 첫 번째로, 많은 대기업

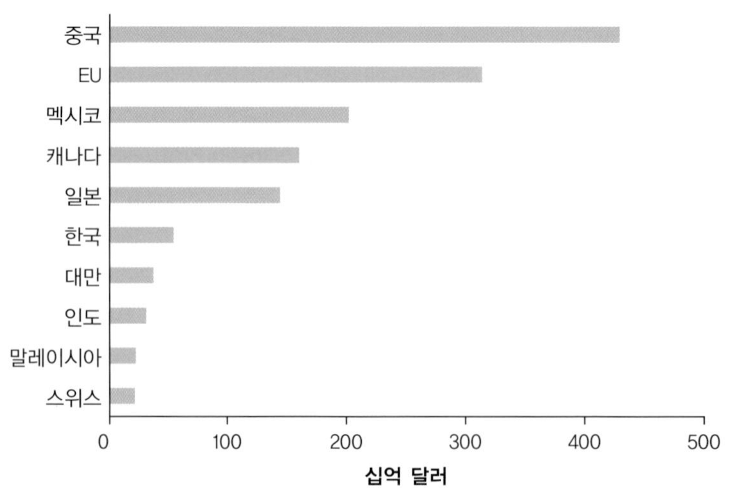

그림 13.1
미국으로 수출하는 상위 10개 국가

출처 : *International Trade Statistics 2013* (Geneva, Switzerland: World Trade Organization, November 2013), Table II.30, p. 82-83.

들이 내수 시장이 포화상태에 이르렀을 때 총매출을 확장시키기 위해서 수출을 한다. 높은 매출 규모는 제품을 많이 생산하게 하고 이에 따라 제품 생산의 고정비용을 낮추게 되어, 결국 제품당 생산비용을 낮춘다. 정리하자면 규모의 경제를 이루는 것이다.

두 번째로, 수출은 기업으로 하여금 제품의 판매를 다각화시키게 된다. 다른 말로는, 내수 시장에서의 더딘 매출을 다른 곳에서의 매출로 상쇄시킬 수 있는 것이다. 다각화된 매출은 기업의 현금 흐름을 원활히 해 주고, 고객을 통해 창출한 매출로 기업의 부채를 상쇄하기 쉽게 도와준다.

마지막으로, 기업은 적은 비용과 적은 리스크로 국제경영 경험을 얻기 위해서 수출을 한다. 소기업의 경영자들은 다른 문화권 나라에서 어떻게 사업을 운영하는지 잘 모르기 때문에 이러한 수출을 통하여 국제 경험을 얻고자 하는 경향이 있다.

수출 전략 개발 : 4단계 모델

기업은 종종 그들의 제품을 홍보하기 위해 수출을 하기도 한다. 이러한 방법에서 기업은 그들 제품의 국제적인 잠재력에 대해 알 수 있고 해외 사업에 첫발을 들일 수 있다.

그러나 기업은 무작정 해외 시장 어느 곳에 제품에 대한 수요가 있다고 해서 이에 대응하기 위해 수출을 해서는 안 된다. 해외 시장에 대해 조사하고 분석한 후 일관성 있는 수출 전략을 개발하는 것이 더욱 논리적인 접근 방법이다. 이러한 전략을 가지고 사업을 하는 것이 그저 뒤에서 아무것도 하지 않고 해외 시장 진출 기회가 오는 것을 기다리는 것보다 훨씬 적극적인 자세이다. 성공적인 수출 전략을 개발하기 위한 네 단계에 대해 알아보자.

1단계 : 잠재 시장 규명하기 특정 표적시장에 제품에 대한 수요가 있는지 알아보기 위해서 기업은 시장조사를 수행하고 그 결과를 분석해야 한다. 초보 수준의 수출업자는 하나 혹은 작은 규모의 시장에 집중해야 할 것이다. 예를 들어 브라질에 처음 수출하는 업체는 아르헨티나, 영국, 그리스에까지 동시에 수출을 진행하고 싶지는 않을 것이다. 더 나은 전략은 이런 경우에 브라질 문화와 공통점이 있는 아르헨티나 정도에만 같이 수출을 진행하는 것이다. 그렇게 기업은 근처에 있는 국가에 진입해 봄으로써 해외 진출 경험을 쌓게 되고 그때서야 다른 다양한 국가들로 사업을 확장해 볼 수 있는 것이다. 수출업자가 되려 하는 기업은 반드시 일반적 수출 과정 및 규제 그리고 해당 현지 시장에서의 이슈 등에 대한 전문적인 조언을 찾아야 한다.

2단계 : 역량과 니즈 일치시키기 그다음 단계는 기업이 해당 시장의 수요를 맞추어 줄 수 있는 역량이 되는지를 결정하는 것이다. 진출하고자 하는 시장이 덥고 습한 곳에 위치해서 가정용 에어컨에 대한 수요가 있는 곳이라 가정하자. 그러나 만약 기업이 이러한 수요를 알고 있다고 한들, 생산할 수 있는 제품이 산업용 사이즈의 에어컨밖에 없다면 현재 제품으로는 시장의 수요를 충족시키지 못할 것이다. 그러나 기업이 가장 작은 사이즈의 산업용 에어컨을 가지고 해당 시장 가구들의 에어컨 수요를 만족시킬 수 있다면 이것은 시장 기회가 될 수도 있는 것이다. 가능한 다른 선택지가 없거나 고객들이 오직 가정용 에어컨만을 고집한다면 기업에서는 더 작은 에어컨을 디자인하거나 그것이 아니라면 시장에서 퇴출해야 한다.

3단계 : 회의 시작하기 현지의 유통업자, 고객, 또는 관련 기업들과 회의를 하는 것은 필수적이다. 최초 접촉은 모든 유관업체들의 협력적인 분위기 조성 및 신뢰를 쌓는 것에 집중해야 한다. 유관업체 사이의 문화적 차이가 이때부터 이미 작용하기 시작한다. 신뢰관계를 구축하는 것을 넘어서 연속적인, 이어지는 회의들은 각 유관업체들이 공통적으로 이득이 될 것 같아 관심을 보이면, 잠재적 성공 가능성을 추정하기 위해 수립되어야 한다. 마지막으로 최종 협약의 세부사항을 결정하기 위해 협상 절차를 거쳐야 한다.

예를 들어 미국 애리조나의 환경 기술 기업이 시장을 찾고 있다고 하자. 그러면 대만의 사절단이 애리조나를 방문하여 기업의 제품을 조사하기 시작한다. 낮에는 기업을 방문하거나, 정식 회의를 하거나 협상을 하기에 바쁠지 모르지만, 저녁에는 서로 간의 관계를 쌓는 데 시간을 보내게 된다. 바비큐, 헤이라이드(건초 더미 타기), 라인댄스 등 현지의 문화와 역사를 느낄 수 있도록 할 것이다. 대만에서 온 사절단들과 밤 시간에는 노래방을 가거나 중국 식당에 감으로써 그들이 편안해하도록 할 것이다.

4단계 : 자원 투입 시작하기 회의와 협상 그리고 계약서까지 완료된 이후라면 이제 기업은 인적 · 금융적 · 물리적 자원을 투입해야 한다. 첫 번째로 수출의 목적이 뚜렷하게 설명되어 있어야 하며 최소 3년에서 5년간 지속되어야 한다. 소기업들에게는 목표를 창출하고 필요한 자원을 추정하는 책임을 한 사람에게 부과해도 충분할 것이다. 그러나 그들의 사업을 여러 제품 분야, 여러 시장으로 확장하려는 기업은 수출 부서 등을 만들어야 할 것이다. 이러한 수출 부문의 부문장이 일반적으로 기업의 수출 전략을 계획하고 시행하고 평가하는 역할을 맡게 된다. 조직 설계에 대한 세부적인 내용은 제11장에서 다시 살펴볼 수 있다.

수출 개입의 정도

기업 크기에 관계없이 모두 수출을 하지만 모든 기업이 같은 정도로 수출에 개입하고 있는 것은 아니다. 벤처 기업이나 중소기업이 수출을 할 때는 해외 시장에 제품을 공급하기 위한 활동이 적다. 대신 그들은 제품을 한 나라에서 다른 나라로 옮기는 데 특화되어 있는 중개업체를 매개한다. 대기업의 경우에는 수출할 때 충분한 인프라를 가지고 직접 모든 수출 활동을 수행한다. 기본적인 두 가지 수출 방법에 대해 알아보자.

직접수출 어떠한 기업은 제품을 수출하는 데 깊게 관여한다. 기업이 중개업체를 통하지 않고 제품을 소비자까지 전달할 때 **직접수출**(direct exporting)이 발생한다. 직접수출은 특히 항공기 산업(보잉), 사업 기기(존디어), 의류(랜즈엔드), 음료(에비앙) 사업에서 주로 이루어진다. '직접수출'이라는 것이 최종 소비자까지 직접 판매하는 것을 의미하지는 않는다. 직접수출은 단지 중개업체를 거치지 않고 해당 시장의 도매상에게까지 전달되는 과정에 기업이 모든 책임을 진다는 의미이다. 일반적으로 그들은 현지의 유통업자나 판매 대리인에게 의존하게 된다.

직접수출
기업이 중개업체를 통하지 않고 제품을 소비자까지 전달할 때

판매 대리인 개인 혹은 기업일 수 있는 판매 대리인은 다른 기업의 제품이 아닌 오직 해당 기업의 제품만을 취급한다. 판매 대리인은 직접 현지 소매상이나 도매상과 접촉하여 상품 전시회에 참석하는 등 다양한 방법을 통하여 제품을 홍보한다. 그들은 직접 상호를 걸고 영업 활동을 하기보다는 다른 기업에 소속되어 일반적으로 고정 수입에 그들의 판매량에 따른 수수료를 통하여 보상받게 된다.

유통업자 대안으로, 직접수출업자들은 그들 현지 국가 내에서 상품 소유권을 가지고 있는 유통업자들을 통해서 목표한 시장에 진출할 수 있다. 제품 소유권이 유통업자에게 있기 때문에, 그들은 현지에서의 매출을 발생시키는 데 관련된 모든 위험을 안게 된다. 그들은 그들이 가지고 있

는 유통 채널을 통해서 제품을 현지의 도매상/소매상 혹은 최종 소비자에게 전달한다. 일반적으로 유통업사들이 버는 수익은 그들이 수출입자들에게서 제품을 사 올 때의 가격과 받이 온 제품을 판매하는 가격의 차이만큼의 마진이 된다. 유통업자를 통하는 방법은 수출업자의 위험을 줄여 주기도 하지만, 이는 수출업자가 본인들의 제품이 최종 소비자에게 판매되는 가격에 대한 통제권을 약화시키는 것을 의미하기도 한다. 판매가를 매우 높게 설정하는 유통업자들은 수출업자의 시장점유율 성장을 더디게 할 수도 있다.

간접수출 수출 활동을 하기에 필요한 자원이 별로 없는 기업도 있다. 또한 경험이 부족하기에 수출을 벅찬 업무의 일종으로 생각하는 기업도 있을 것이다. 다행히 이러한 기업들에게도 선택할 수 있는 방법이 있다. **간접수출**(indirect exporting)이란 기업이 목표한 현지 시장에 다시 판매해 주는 중개상에게 제품을 판매했을 때 일어난다. 중개상을 선택하는 것은 총매출 대비 해외 매출의 비중, 기업의 가용자원 수준, 표적시장의 성장률 등을 포함한 다양한 요소에 따라 다르다. 다양한 중개상의 유형에 대해 알아보자.

간접수출
기업이 목표한 현지 시장에 다시 판매해 주는 중개상에게 제품을 판매할 때

에이전트 표적시장에서 하나 혹은 여러 간접수출업자들을 대신하는 개인이나 기업을 말한다. **에이전트**(agent)는 일반적으로 판매한 제품의 정도에 따라서 수수료 형태로 보상받는다. 에이전트와 관계를 맺는 것은 비교적 쉽고, 적은 비용이 들어가는 일이기 때문에 간접수출 방법으로 자주 사용되곤 한다. 문제가 생겼을 시, 기존 에이전트들과 관계를 끝내는 것은 비용이 매우 많이 들어가고 쉽지 않은 일이기 때문에 처음부터 조심해서 에이전트를 선정해야 한다. 또한 에이전트들은 종종 여러 수출업자들을 동시에 대변하는 경우도 있기에, 에이전트를 선정할 때는 항상 주의해야 한다. 에이전트들은 더 좋은 제품을 홍보하기보다는 본인들에게 높은 수수료를 주는 제품을 중점으로 판매 및 홍보할 수도 있다.

에이전트
표적시장에서 하나 혹은 여러 간접수출업자들을 대신하는 개인이나 기업

수출관리회사 수출업자를 대표해서 제품을 수출해 주는 회사를 **수출관리회사**(export management company, **EMC**)라고 한다. EMC는 계약에 따라 에이전트(매출에 대한 수수료를 받는 형태) 혹은 유통업자(제품에 대한 소유권이 있고, 그것을 재판매해서 수익을 얻는 형태)로 운영된다.

수출관리회사(EMC)
수출업자를 대표해서 제품을 수출해 주는 회사

EMC는 일반적으로 시장 정보를 수집하거나 상품 전시회에 참여하고, 프로모션 전략을 수립하며, 고객 신용도를 조사하고, 수출 서류를 작성하는 등의 추가적인 서비스를 수수료의 일환으로 수행하게 된다. EMC는 일반적으로 대부분 한 산업군(예 : 농산품 혹은 소비재 등)이나 한 지역(예 : 라틴아메리카, 동아시아 등)을 최대한 잘 활용한다. EMC를 활용하는 것의 가장 큰 강점은, EMC에서 표적시장에 대한 문화, 정치, 법, 경제 상황을 잘 이해하고 있다는 점이다. EMC의 직원들은 수출업자와 표적시장 양측의 문화권에서 수월하게 일하곤 한다. EMC는 표적시장에서 자신들의 고용주인 기업을 대신하여 영업 활동을 원활히 하기 위해 다양한 상업적 · 정치적 연락책을 활용하는 경향이 있다.

EMC를 통하여 수출을 하는 것의 문제점은 EMC의 서비스를 통하는 것에 익숙해지다 보면 기업 스스로의 수출 역량을 개발하는 것을 저해한다는 것이다. 그러나 보통 EMC와 수출업자는 긴밀한 관계를 유지하고 있고, 수출업자는 EMC를 거의 본인들의 수출 부서로서 생각하고 있다. 이러한 상황이기에, 수출업자들은 EMC를 통하여 수출을 하면서 여러 가지 수출의 복잡한 업무에 대해 배워 나갈 수 있는 것이다. EMC 계약이 만료된 경우에는 기업 스스로 제품을 수출하는 것이 일반적이다.

수출 상사(ETC)
간접수출업자를 위해 수출에 직접적으로 관련된 활동 이외의 서비스까지도 제공해 주는 기업

수출 상사 간접수출업자를 위해 수출에 직접적으로 관련된 활동 이외의 서비스까지도 제공해 주는 기업을 **수출 상사**(export trading company, **ETC**)라고 한다. EMC의 업무가 수출과 직접 관련된 활동에 제한되어 있었다면, ETC는 수입, 수출, 대응 무역 등의 서비스까지도 제공한다. 이들은 유통 채널을 확장 · 개발하며, 보관 시설을 제공하기도 하고, 무역 및 투자 프로젝트에 필요한 자금을 융통하고, 심지어는 제품을 제조하는 업무까지도 맡곤 한다.

유럽에서는 ETC의 개념을 수십 년 전부터 개발해 왔다. 최근 일본에서 ETC의 개념을 다듬어 '종합상사'라는 것을 만들었다. 일본의 ETC들은 작은 가족 경영 규모부터 미츠비시(www.mitsubishi.com), 미츠이(www.mitsui.com), 이토추(www.itochu.co.jp)와 같은 대기업에 이르기까지 다양하다. 한국에 있는 '재벌'이라고 불리는 ETC 형태의 기업에는 삼성(www.samsung.com), 현대(www.hyundaigroup.com) 등이 있다.

일본과 한국의 ETC들은 세계 시장에서의 점유율을 높여 가면서 거대한 경쟁자로 성장했다. 미국의 다국적기업들이 미국 입법자들의 도움을 받아 아시아권 ETC의 해외 진출을 어렵게 하면서까지 주도하고 있던 곳에 이러한 아시아권 기업들이 이젠 라이벌이 된 것이다. ETC 개념은 미국의 기업들에게서는 인기를 얻지 못했고, 미국의 ETC 기업들은 아시아 기업들에 의해 더욱 수축 · 축소되고 말았다. 미국에서 ETC 개념이 발달하지 않았던 하나의 이유는, 아시아권에서처럼 정부와 금융기관과 기업들이 긴밀한 관계를 가지고 있지 않기 때문이었다. 아시아권 대기업들은 자본을 융통하는 것에서 유통하는 것까지를 수월하게 할 수 있다. 반면에 미국의 경우 기업 및 산업, 정부의 경계가 확실해서 여러 규제를 받게 되었던 것이다.

수출 및 수입에서의 실수 피하기

새롭게 수출을 시작하는 기업이 실수를 하는 것은 당연한 일이다. 첫 번째로, 많은 기업들이 수출 전에 충분하고 적절한 시장조사에 실패한다. 사실 많은 기업들이 제품에 대한 수요에 대응하기 위해 수출을 시작하게 된다. 이런 식으로 기업이 시장에 진입하게 된다면, 기업은 수출 활동을 효과적으로 수행할 수 있는 수출 전략을 수립해야 한다.

두 번째로, 많은 기업들이 수출에 대한 적절한 조언을 얻는 것을 실패한다. 국가 혹은 지역 정부는 때때로 경영자들과 소규모 사업자들이 다양한 국가의 수입 및 수출 법에 따라 요구되는 엄청난 문서 업무를 도와주곤 한다. 일반적으로 더 경험이 많은 수출업자는 큰 도움이 된다. 그들은 신규 수출업자들에게 친숙하지 않은 문화, 정치, 경제 환경에 대해 알려 주어 신규 수출업자들의 실수를 최소화할 수 있도록 돕는다.

운송 주선인
선적 및 보험료 관련 업무, 관세 관련 업무 등 수출 업무에 특화되어 있다.

실수를 최소화하기 위해서 신규 수출업자들은 **운송 주선인**(freight forwarder) 서비스를 이용하기를 희망할 것이다. 운송 주선인은 선적 및 보험료 관련 업무, 관세 관련 업무 등 수출 업무에 특화되어 있다. 운송 주선인은 수출을 위한 제품 포장과 같은 업무도 할 수 있으며 수출항에서 수입항으로 오는 선적에 대해 책임을 지기도 한다.

대응 무역

때때로 기업은 대금을 지불하지 못해 상품을 수입하지 못하는 경우가 있다. 그 이유는 수입업자 국가 정부의 경화(국제적으로 널리 통용되는 통화)가 상품을 수입하기에 부족하거나, 통화의 교환성을 규제하고 있기 때문이다. 다행히도, 기업이 경화가 부족하거나 아예 없다고 할지라도 무역을 할 수 있는 방법이 있다. 대금의 일부 혹은 전부를 물품 또는 서비스와 같은 현물로 제공하

물물교환은 아르헨티나 경제가 수렁에 빠지고 끝없는 침체기로 접어들었을 때, 아르헨티나 사람들에게 삶의 방식이 되었다. 아르헨티나 부에노스아이레스에 살고 있는 거주민들이 '물물교환 상품권', '교환 티켓' 등을 통하여 물건을 교환하고 있다. 부에노스아이레스 시장에서는 CD, DVD, 의류, 배관기구, 과일, 채소 등 모든 물건이 교환되고 있다. 지역 신문은 아파트, 자동차, 세탁기 등 물물교환에 기반한 모든 것에 대한 광고를 싣는다. 사진에서는 한 남자가 신선한 채소를 '물물교환 티켓'을 통하여 구매하고 있다.

출처 : Agencia el Universal/El Universal de Mexico/Newscom

는 것을 **대응 무역**(countertrade)이라고 한다. 대응 무역을 하기 위해서 때로는 광범위한 세계적 네트워크가 요구될 때도 있지만, 작은 기업이라 할지라도 대응 무역의 장점을 누릴 수 있다.

대응 무역
대금의 일부 혹은 전부를 물품 또는 서비스와 같은 현물로 제공하는 것

대응 무역을 오랫동안 익숙하게 진행했던 국가는 주로 아프리카, 아시아, 동유럽, 중동 지역에 있다. 적절한 경화가 없었던 위 나라들은 종종 항공기나 군수장비를 들여오는 데 화폐가 아닌 기름과 같은 자원을 사용해 왔다. 오늘날 개발도상국 혹은 신흥국들은 경화가 부족하기 때문에 빈번히 대응 무역을 통해 필요한 상품들을 수입하고 있다. 산업 선진국 내 기업들의 이러한 국가에 대한 깊은 관심은 대응 무역을 점차 확장시키는 추세이다.

대응 무역의 유형 대응 무역에는 다양한 유형이 있다. 물물교환, 대응 구매, 상쇄무역, 스위치 무역, 환매 거래인데, 이러한 대응 무역의 종류에 대해 알아보자.

- **물물교환**(barter) : 화폐를 사용하지 않고 제품과 서비스를 직접 맞교환하는 것을 말한다. 이는 가장 오래된 형태의 대응 무역이다.
- **대응 구매**(counterpurchase) : 제품과 서비스의 수출에 대한 대가로 상대방 국가의 상품을 미래에 구매하겠다고 약속하는 것이다.
- **상쇄무역**(offset) : 기업이 미래에 특정되지 않은 제품을 수입국으로부터 구매할 것을 약속함으로써, (경화로 세일한) 수출제품과 서비스에 대한 대가를 상쇄하는 계약이다. 이것은 원 거래의 수출자가 대응 의무를 진다는 점에서 대응 구매와 유사하지만, 그 대응 의무의 내용이 특정 재화 및 제품에 국한되지 않는다는 점에서 다르다. 이러한 계약은 대응 무역의 자유도를 높여 준다.
- **스위치 무역**(switch trading) : 스위치 무역은 대응 무역으로서 한 기업이 다른 기업에게 정해진 국가에서 일정 제품을 반드시 구매해야 하는 의무를 판매하는 것을 말한다. 예를 들어 시장에 접근하게 해 주는 대가로 해당 시장에 진입하기를 원했던 기업은 해당 시장에서 필요 없는 물품일지라도 일정량 구매를 하겠다고 약속하기를 원할 수 있다. 그 후 기업에서는

물물교환
화폐를 사용하지 않고 제품과 서비스를 직접 맞교환하는 것

대응 구매
제품과 서비스의 수출에 대한 대가로 상대방 국가의 상품을 미래에 구매하겠다고 약속하는 것

상쇄무역
기업이 미래에 특정되지 않은 제품을 수입국으로부터 구매할 것을 약속함으로써, (경화로 세일한) 수출제품과 서비스에 대한 대가를 상쇄하는 계약

스위치 무역
한 기업이 다른 기업에게 정해진 국가에서 일정 제품을 반드시 구매해야 하는 의무를 판매하는 것

이 매입의무를 실제 그 제품이 필요한 대형 무역회사에 판매한다(대형 무역회사는 이러한 제품을 다른 기업에 판매할 수도 있기 때문). 만약 이러한 대형 무역회사가 해당 제품에 대해 사용 용도가 없다면 다른 구매자를 구하여 판매할 수 있다.

환매 거래
수출자가 산업 설비를 수출하고, 그 설비로부터 생산된 제품 중 일정량을 구매할 것을 약속하는 형태

- **환매 거래**(buyback) : 수출자가 산업 설비를 수출하고, 그 설비로부터 생산된 제품 중 일정량을 구매할 것을 약속하는 형태의 대응 무역이다. 환매 거래는 주로 관련된 기업 간에 장기간 관계를 수반하는 것이 일반적이다.

대응 무역은 경화(외화)의 부족에서 오는 한계점을 극복할 수 있는 방법을 제공해 주지만 한편으로는 문제를 일으키기도 한다. 많은 대응 무역이 원자재나 기름, 밀, 옥수수와 같은 농산품의 교환을 수반하는데, 이러한 품목은 세계 시장에서 그 가격의 변동이 심하기 때문이다. 이러한 문제는 주로 계약이 발생한 시점과 제품을 판매하려고 하는 시점 사이의 차이 등에 따라 일어난다. 가격의 잦은 변동은 통화시장에서의 위험을 생성하게 된다. 이러한 문제는 마치 금융시장에서 일어나는 통화가치의 변동에서 오는 위험과 비슷하기에, 경영자들은 금융시장의 위험을 대비하는 것과 마찬가지로 대비해야 한다.

퀵 스터디 1

1. 수출 전략을 수립하는 데 포함되어 있는 4단계는 무엇인가?
2. 기업이 그 제품을 다른 표적시장에 재판매할 수 있는 중개상에게 판매하는 것을 무엇이라고 하는가?
3. 대응 무역의 구체적인 유형의 이름은 무엇인가?

수출 및 수입 자금

수입 및 수출에 사용되는 자금 관련된 이슈는 수출업자와 수입업자 모두에게 위험을 부과한다. 수출업자는 제품을 수출한 후에 대금을 받지 못하는 위험이 있다. 수입업자는 대금을 지불한 후에도 제품이 도착하지 않는 위험이 있을 수 있다. 이러한 위험을 감소시키기 위한 **선지급, 추심어음, 신용장, 청산결제 방식** 등에 대해 알아보자(그림 13.2 참조).

그림 13.2
수출/수입 자금 조달 대안의 리스크

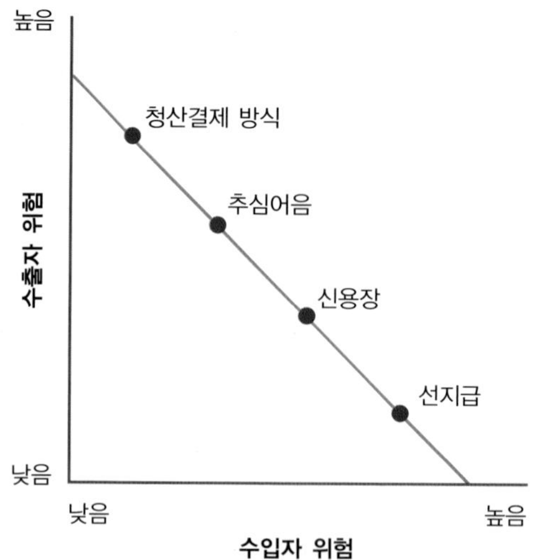

선지급

상품 배송이 완료되기 전에 수입업자가 수출업자에게 대금을 미리 지급하는 것을 **선지급**(advance payment)이라고 한다. 이러한 방법은 수출/수입업자가 서로를 잘 모를 때 일반적으로 사용되며, 적은 양을 거래하거나 수입업자의 신용이 좋지 못할 때 일어난다. 대금 지불은 주로 수입업자의 계좌에서 수출업자 계좌로 직접 송금되는 방식을 사용한다. 미리 대금을 지불하는 것이 수출업자의 위험도를 감소시켜 주지만 수입업자에게는 지불한 대금에 대한 상품을 받지 못하는 위험이 발생하게 된다. 그렇기 때문에 선지금은 수출업자들이 가장 선호하는 방법이나 수입업자들로서는 가장 꺼려지는 방법이다.

신지급
상품 배송이 완료되기 전에 수입업자가 수출업자에게 대금을 미리 지급하는 것

추심어음

수출 · 수입을 함에 있어서 은행이 금융적인 위험을 부담하지 않는 중계를 맡아 수출 · 수입을 진행하는 것을 **추심어음**(documentary collection)이라고 한다. 이 지불 방법은 수출/수입업자들이 서로 알고 있는 경우에 주로 사용된다. 추심어음 방법은 세 가지 단계와 세부적인 9개의 단계로 나뉘어 있다.

추심어음
은행이 금융적인 위험을 부담하지 않는 중계를 맡아 수출 · 수입을 진행하는 것

1. 제품을 선적(출하)하기 전에 수출업자가 은행의 도움을 받아 환어음을 발행한다. **환어음**[draft(bill of exchange)]은 수입업자가 수출업자에게 기재된 날짜에 금액을 지불하도록 하는 어음을 말한다. 일람불 어음은 수입업자가 제품을 받았을 때 대금을 지불해야 하는 것을 말한다. 일람 후 정기불 어음은 어음 일람 후 일정한 일자에 지급이 이루어지는 어음을 말한다 : 예를 들어 일반적으로 30/60/90일 후. 수입업자가 '승인'했을 때부터 일람 후 정기불 어음은 금융권에서 거래 가능한 것이 된다. 이 단계는 〈그림 13.3〉의 ①단계와 ②단계를 포함한다.
2. 수출업자는 상품을 수입업자에게 배송하기 위해 운송업자에게 인도한다. 그 후 수출업자는 어떠한 아이템이 적재되었는지를 나타내는 패킹 리스트, **선화증권**(bill of landing, 수출업자와 운송업체 간에 어떤 상품이 적재되었다는 것과 운송지, 운송비 등이 적혀 있는 서류) 등을 포함한 서류를 은행에 제출한다. 선화증권은 수출업자가 상품을 수입업자에게 보냈다는 것의 증명이다. 국제적인 해양 수송에서는 수출업자의 영해를 넘기 위해서 내국수로 선화증권이 필요하고, 수입국 영해로 들어가기 위한 해양 선화증권이 필요하다. 국제적인 항공 수송에는 항공 화물 운송장이 필요하다. 이 단계는 〈그림 13.3〉의 ③단계와 ④단계를 포함한다.
3. 수입업자는 적절한 서류를 수출업자에게서 받은 후에, 수출업자의 은행이 수입업자의 은행으로 어음을 보내 주게 된다. 수입업자가 어음에 적혀 있는 모든 세부사항을 만족시키고 은행에 대금을 지불한 후에, 은행은 선화증권을 수입업자에게 발행해 준다. 이 단계는 〈그림 13.3〉의 ⑤~⑨단계를 포함한다.

환어음
수입업자가 수출업자에게 기재된 날짜에 금액을 지불하도록 하는 어음

선화증권
수출업자와 운송업체 간에 어떤 상품이 적재되었다는 것과 운송지, 운송비 등이 적혀 있는 서류

추심어음은 패킹 리스트가 어떤 제품이 선적했는지를 증명해 주고, 선화증권이 상품이 출하되었음을 증명해 주기 때문에 수입업자가 대금을 지급하고도 상품을 받지 못하는 위험을 감소시켜 준다. 그러나 수출업자의 대금을 지불받지 못하는 위험은 증가하게 되는데, 이는 수입업자는 필요한 서류가 모두 도착할 때까지 대금을 지불하지 않기 때문이다. 수입업자들이 어음을 거부할 수도 있지만, 이렇게 될 경우 수입업자와 거래하는 은행이 다시는 수입업자와 거래를 하지 않을 것이기 때문에 거의 일어나지 않는다.

그림 13.3
추심어음 과정

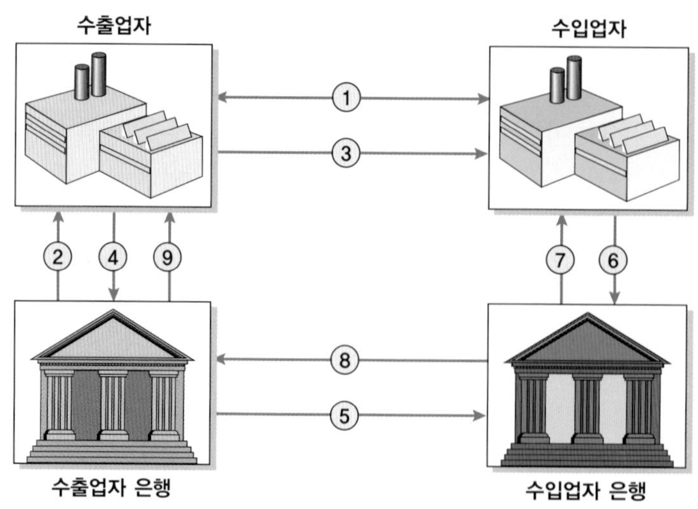

신용장

신용장
수출업자가 계약서에 있는 조건을 모두 완료했을 때 은행에서 수출업자에게 금액을 지불하겠다는 문서

수출업자가 계약서에 있는 조건을 모두 완료했을 때 은행에서 수출업자에게 금액을 지불하겠다는 문서를 발행하는데 이를 **신용장**(letter of credit)이라고 한다. 신용장은 일반적으로 수입업자의 신용이 미덥지 않아서 수출업자가 대금을 받을 수 있다는 문서화된 자료가 필요하거나 시장의 규정이 그러할 때 사용된다. 은행에서 신용장을 발행하기 전에 은행은 수입업자의 재무상태를 확인하게 된다. 이것은 〈그림 13.4〉의 ①단계와 ②단계를 포함한다.

은행에서는 수입업자 측에서 수입한 상품의 가치에 상응하는 금액을 예금했을 경우에만 신용장을 발행하게 된다. 은행은 수출업자에게 이 금액을 지불해야 하는데, 이 예금된 금액이 은행을 수입업자가 상품 대금 지불을 하지 않는 것으로부터 보호해 준다. 은행은 때때로 평판이 매우 좋은 기업을 위해서는 이러한 조건을 면제해 주기도 한다.

신용장에는 몇 가지 유형이 있다.

- **취소불능 신용장**의 경우 수출업자와 수입업자 모두의 동의를 구했을 경우에만 그 세부사항을 변경할 수 있다.
- **취소가능 신용장**은 발행한 은행에서 수출업자나 수입업자의 동의 없이 수정이 가능하다.
- **확인신용장**은 수출업자 국가의 은행과 수입업자 국가의 은행 양측에 의해 보장받게 된다.

신용장을 발행한 후에 수입업자의 은행은 수출업자에게 신용장이 발행되었으니 상품을 선적하라고 알려 주게 된다. 그리하면 수출업자는 신용장의 세부사항에 나와 있는 문서를 준비하여 은행에 제출하게 된다. 이러한 문서들은 일반적으로 인보이스, 패킹 리스트, 선화증권을 포함한다. 수출업자의 은행은 이러한 문서들이 적절히 구비되었는가를 확인하고 수출업자에게 대금을

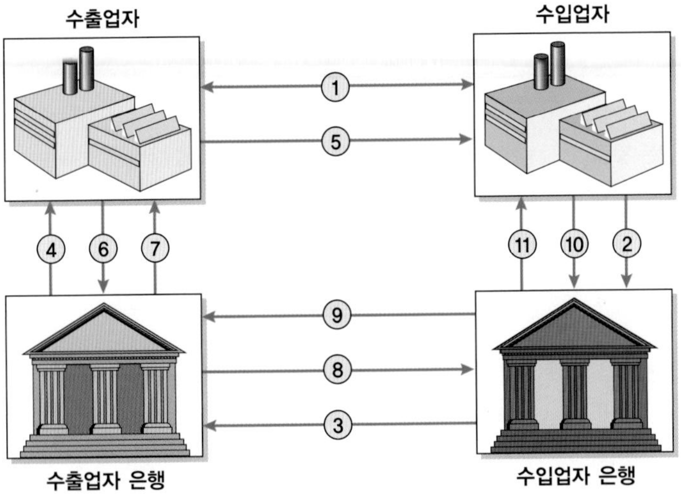

수출업자

수입업자

수출업자 은행

수입업자 은행

① 수출/수입업자가 제품 판매/매입을 위해 연락

② 수입업자가 신용장 요청

③ 수입업자 측 은행이 수입업자를 대신하여 수출업자 측 은행에 신용장 발행

④ 수출업자 측 은행이 수출업자에 신용장에 대해 알림

⑤ 수출업자가 수입업자에게 제품 배송

⑥ 수출업자가 수출업자 측 은행에 서류 발송

⑦ 수출업자 측 은행이 서류 검토 및 수출업자에게 대금 결제

⑧ 수출업자 측 은행이 수입업자 측 은행에 서류 발송

⑨ 수입업자 측 은행이 수출업자 측 은행에 대금 결제

⑩ 수입업자가 수입업자 측 은행에 대금 결제

⑪ 수입업자 측 은행이 수입업자에 서류 전달

그림 13.4
신용장 과정

지불하게 된다. 이것이 〈그림 13.4〉의 ③~⑦단계이다.

신용장에 기재된 세부사항이 모두 충족되었을 때, 수입업자의 은행에서 수출업자 은행으로 대금을 보내 주게 된다. 이 시점에서 수입업자의 은행은 수입업자로부터 대금을 받아 내는 것에 책임을 지게 된다. 무역업자들 사이에서 신용장은 매우 대중적인데, 이는 은행에서 많은 부분의 위험을 가져가기 때문이다. 이 단계는 〈그림 13.4〉의 ⑧~⑪단계에 나타나 있다.

신용장은 상품이 수송되지 않을 수 있는 수입업자의 위험을 감소시켜 주는데 이는 수입업자가 대금을 지불하기 전 선적이 되었다는 증명서를 받기 때문이다. 수입업자가 대금을 지불하지 않을 수 있다는 것에 대한 수출업자의 위험은 약간 증가하지만 수출업자에게는 더 안전한 방법인데 이는 수입업자의 은행에서 수출업자의 은행으로 금액을 보낼 때 이미 대금을 수입업자 은행이 수입업자로부터 받아 내기 때문이다.

청산결제 방식

수출업자가 먼저 상품을 선적하고 나중에 수입업자에게 금액을 청구하는 방법을 **청산결제 방식**(open account)이라고 한다. 수입업자 측에서 매출채권 등이 아직 회수되지 않았을 경우가 있을 수 있기 때문에 수출업자들은 신뢰 가능한 고객들에게는 청산결제 방식을 사용하기도 한다. 이 지불 방식은 두 기업이 매우 잘 알고 있을 때 주로 사용된다. 수출업자는 수입업자에게 국내 거래하듯 지불 금액과 기한이 나와 있는 청구서를 보낸다. 이 방법은 수입업자가 먼저 금액을 지불했을 때 상품을 받지 못하는 위험을 감소시켜 준다.

청산결제 방식
수출업자가 먼저 상품을 선적하고 나중에 수입업자에게 금액을 청구하는 방법

같은 원리로, 청산결제 방식은 수출업자에게 수입업자가 대금을 지불하지 않는 위험을 안겨

경영자의 서류가방 국제적 채무 받아 내기

만약 구매자가 대금을 지불하지 않는다면 매출을 증진시키기 위해 열심히 일할 이유가 무엇이겠는가? 수출업자가 대금을 받지 못해 문제가 생기는 것을 빠져나갈 쉬운 답은 없다. 여기에 대금을 받지 못하게 될 확률을 줄이기 위해 할 수 있는 여러 방법이 나와 있다.

- 수출하고 있는 시장에 대하여 알고 있는 것이 가장 큰 방어책이다. 그 나라의 문화와 언어 그리고 법적 체제를 알고 있다면 이상적이다. 또한 매출 채무를 상환하는 데 일반적으로 들어가는 시간이 있는지, 이러한 매출 채무를 찾아오는 데 특정 절차가 있는지를 이해하고 있어야 한다.
- 채무를 상환받는 데 문제를 일으키는 나라들에 대해 알고 있어야 한다. 일반적으로 인터넷을 통해 어떤 나라가 문제를 일으키는지 공짜로 알아낼 수 있다. 이러한 나라들과 거래하는 것을 피하고 다른 시장을 물색해 보아야 한다.
- 수입/수출 양측 모두가 대금 지불 규정에 대하여 이해하고 있는 것이 나중에 대금을 지급받는 데 생길 수 있는 문제를 예방해 준다. 또한 구매자가 확실히 언제까지 상환해야 하는지를 알고 있다는 것을 확인하는 것은 매우 중요하다.
- 기간이 지난 미지급금을 수금하는 것을 너무 오래 기다려서는 안 된다. 이런 것을 미루는 수출업자는 대금 지급을 받지 못할 확률이 높다. 전화, 팩스, 이메일, 편지 등 확실한 방법으로 커뮤니케이션을 시작해야 한다.
- 국제무역 대변인들에게 조언을 받거나 국제적 채무관계 해결 기관을 필요가 있다면 고용하라. 어떠한 이슈에 대하여 중재를 받아들여야 한다고 권장받았다면 중재를 받아들여야 한다. 때로는 이렇게 최소한 부분적인 대금 상환을 받을 수 있는 최고의 기회이기도 하다.

준다. 그렇기 때문에 청산결제 방식은 수출업자에게는 가장 꺼려지고, 수입업자에게는 가장 선호되는 방식인 것이다. 수출업자들이 어떻게 제품 판매에 대해서 제대로 금액을 지불받는 확률을 높이기 위해서 어떻게 하는지를 알아보기 위해 글상자 '경영자의 서류가방 : 국제적 채무 받아 내기'를 참조하라.

퀵 스터디 2

1. 수출/수입자들의 자금 조달 방법 중 수출업자에게 가장 위험한 것을 무엇이라 부르는가?
2. 여러 가지 자금 조달 방법 중 은행이 재무적 리스크를 떠안지 않고 중개상으로서의 역할을 하는 방법을 무엇이라고 부르는가?
3. 여러 가지 자금 조달 방법 중 수입업자 측 은행이 서류에 있는 내용이 만족된다면 수출업자는 대금을 받게 될 것이다라고 씌어 있는 서류를 발행하는 방법을 무엇이라고 부르는가?

계약을 통한 진입 방식

때로는 기업의 제품이 무형적이어서 시장에서 바로 무역할 수 없는 경우가 있다. 따라서 기업에서는 수출이나 수입이나 대응 무역을 할 수가 없다. 다행히도 이러한 무형자산을 가진 기업을 위한 무역 방법이 있다. 기업은 라이선싱, 프랜차이징, 관리 계약, 턴키 등의 계약을 통하여 국제 시장에서 특별한 자산과 기술을 교환할 수 있다.

라이선싱

라이선싱
무형자산을 가진 기업(라이선서)이 타 기업(라이선시)에게 그 자산을 일정 기간 사용할 수 있는 권한을 주는 것

기업은 때때로 타 기업에게 완제품을 생산하는 데 필수적인 자산을 사용할 수 있는 권한을 주기도 한다. **라이선싱**(licensing)이란 계약을 통한 시장 진입 방법으로, 무형자산을 가진 기업(라이선서)이 타 기업(라이선시)에게 그 자산을 일정 기간 사용할 수 있는 권한을 주는 것이다. 라이선싱을 통해 진입한 기업은 보통 해당 무형자산을 통하여 창출된 매출의 일부를 지불받게 된다. 또는 라이선스를 넘겨주면서 한 번에 지불받을 수도 있다. 라이선싱은 주로 특허, 저작권, 특별한 공

식 및 디자인, 트레이드마크 혹은 브랜드 이름과 같이 무형자산에 대해 이루어진다. 따라서 라이선싱은 때로는 특정 제품을 생산하기 위한 공정 기술을 사용할 권한을 주는 것을 포함하기도 한다. 예를 들어 일본 기업 히타치에서는 플라스틱을 재활용하는 기술을 독일의 듀얼시스템도이칠란트에서 받아 오기도 했다.

독점적 라이선스(전용 실시권)는 기업에게 특정 지역에서 자산 및 제품을 생산하고 판매할 수 있는 독점적 권한을 부여하기도 한다. 그 지역은 라이선싱을 받은 기업의 국가일 수도 있으며, 혹은 전 세계 시장으로 확장해 나갈 수도 있다. **비독점적 라이선스**(비전용 실시권)의 경우 기업에게 자산을 사용할 권한을 주지만 시장에 대한 독점적 진출권을 보장해 주지 않는다. 라이선스를 소유하고 있는 기업에서 여러 기업이 한 지역에서 본인들의 무형자산을 사용하는 것을 허락하는 것이다.

크로스 라이선싱(cross licensing)은 두 기업이 서로의 무형자산을 교환할 때 발생하게 된다. 예를 들어 일본의 후지츠(www.fujitsu.com)는 미국의 텍사스 인스트루먼트사와 5년간의 크로스 라이선싱 계약을 맺은 바 있다. 계약에 따라 각 기업은 R&D 비용을 낮추면서, 본인들의 제품을 생산하는 데 서로의 기술을 사용할 수 있게 되었다. 자산의 가치라는 것은 정확히 같을 수가 없기 때문에 크로스 라이선싱은 일반적으로 한 기업이 다른 기업에게 대금을 지불하는 형태로 이루어진다.

크로스 라이선싱
두 기업이 서로의 무형자산을 교환할 때 발생

라이선싱의 장점 라이선싱을 통한 진입이 가지고 있는 여러 가지 장점에 대해 알아보자. 첫 번째로 라이선스를 제공하는 기업은 세계 무대로 그들의 시장 확장을 위해 라이선싱을 이용할 수 있다. 대부분의 라이선싱 계약은 라이선스를 도입하는 기업으로부터 특정 생산 시설을 설립해 주는 등의 방법을 통하여 기술과 투자 자금 조달을 요구한다. 이러한 것을 지원받는 것은 사업을 확장하고 싶으나 자본이 부족한 기업들에게는 안성맞춤인 계약이다. 또한 시설을 짓거나 새로운 생산 시설을 가동하는 데 걸리는 시간이 없기 때문에 다른 방법에 비해서 가장 빨리 수익을 창출할 수 있다.

두 번째로는 다른 진입 방식보다 위험도가 낮은 시장 진입 방법이다. 사회 혹은 정치적 위험으로 인해 기타 시장에 진입하는 것은 정확한 시장조사를 필요로 한다. 그러나 라이선싱의 경우에는 안정적이지 못하고 확실하게 알아볼 수 없는 타 시장에서 직접 생산 시설을 가동할 필요가 없기 때문에 다른 진입 방식보다 안전하다.

세 번째로 라인선싱은 라이선싱 제공 기업의 제품이 암시장에 나올 가능성을 낮추어 준다. 생산자들은 암시장에 상품을 공급하는 밀매업자들을, 현지의 기업을 라이선싱하여 현지 시장에서 경쟁력 있는 가격에 제품을 판매하게 함으로써 막을 수 있다. 로열티 수수료를 받는 것은 상품에 국제적으로 높은 가격을 부과하여 창출하는 이익보다 낮을 수 있지만, 그 낮은 이익도 수익이 없는 것보다는 낫다.

마지막으로 라이선싱을 도입하는 기업들은 라이선스를 제공하는 기업이 가진 기술과 제품을 업그레이드시키는 용도로 사용할 수 있다. 예를 들어 필리핀의 한 플라스틱 제조업체에서는 일본 시장에서 일본 전자제품 업체와 일본 오피스 기기 생산업체의 높은 기준을 맞추기 위해 노력하고 있었다. 일본의 니폰 피그먼트사와 라이선싱을 함으로써 필리핀 기업은 그들의 제조 공정을 업그레이드시킬 수 있었다.

라이선싱의 단점 라이선싱을 통한 진입에 있어 중요한 단점도 있다. 첫 번째로 라이선싱은 기업의 미래 활동을 제한할 수 있다. 라이선싱을 통하여 독점적인 무형자산 사용권을 주었지만, 라이선싱 기업이 기대했던 성과가 창출되지 않았다고 생각해 보자. 라이선스 계약은 독점적이기 때문에 다른 시장에 직접 진입할 수도, 다른 기업에 라이선스를 다시 팔 수도 없게 된다. 따라서 라이선싱을 통한 진입은 항상 기업의 성공을 보장해 주지 못한다.

두 번째로, 라이선싱은 라이선싱 기업의 서로 다른 국가의 시장에서 제품 및 마케팅의 일관성을 떨어뜨린다. 라이선스 허가를 받은 기업이 본인들이 원하는 방식대로 제품 및 마케팅을 하여 시장에 진입한다면 라이선스를 허가한 기업에서는 세계적으로 브랜드 이미지가 일관되도록 개발해야 한다. 세계적으로 일관된 브랜드 이미지를 개발하고 홍보하는 것은 많은 라이선스 허가를 받은 다양한 국가 및 시장에서 브랜드에 대한 잘못된 인식 등을 모두 바꾸어야 하기 때문에 많은 비용과 시간이 들어가게 된다.

세 번째로, 라이선싱은 전략적으로 중요한 자산을 미래의 경쟁자가 될 수도 있는 기업에게 빌려 주는 위험을 감수하게 된다. 특히 해당 라이선스가 기업의 핵심 역량인 경우에는 더욱 위험해진다. 라이선싱 계약은 종종 7~8년, 혹은 10년도 더 걸릴 수 있다. 이러한 시간 동안에 라이선스를 허가받은 기업은 라이선싱 기업의 제품을 생산하고 마케팅하여 경쟁력을 키울 수 있는 것이다. 계약이 만료될 즈음에는, 라이선스를 사용한 기업이 라인선스를 빌려 준 기업의 제품보다 더 양질의 제품을 생산하고 마케팅할 수도 있다. 라이선스 계약은 라이선스 사용을 허가받은 기업이 미래에 라이선스를 이용한 제품으로 직접 경쟁할 수 없도록 제약할 수 있지만, 이러한 제약은 완전히 똑같은 제품에 한해서만 되는 것이고, 업그레이드된 제품에 대해서는 효력이 없다.

프랜차이징

한 기업(프랜차이저)이 다른 기업(프랜차이지)에게 무형자산을 활용할 권리 및 마케팅 지원 등의 다른 도움을 주는 것

프랜차이징

프랜차이징(franchising)이란 계약 방식을 통한 진입 방식의 일환으로 한 기업(프랜차이저)이 다른

테스코는 영국에 본사를 둔 일반적 유통 체인 및 국제적 식료품점을 운영하는 기업이다. 원래 테스코는 식품과 음료에서 출발하여 그 사업분야를 전자, 금융서비스, 음악, 인터넷, 건강보험 상품으로까지 다각화시킨 기업이다. 테스코는 프랜차이징을 통하여 개별 독립 매장이 테스코의 기업 정책, 제품, 서비스 등에 대한 가이드라인을 따르도록 숙지시킬 수 있었다. 프랜차이징을 주로 사용하고 있는 다른 산업에는 또 어떤 것들이 있는가?

출처 : ⓒ Imaginechina/Corbis

기업(프랜차이지)에게 무형자산을 활용할 권리 및 마케팅 지원 등의 다른 도움을 주는 것을 말한다. 프랜차이징 제공 기업에서는 일반적으로 고정 수수료를 받거나 로열티를 받게 된다. 유명한 프랜차이징 기업으로는 그 브랜드 이름이 널리 알려져 있는 메르세데스나 맥도날드, 스타벅스 등이 있다. 프랜차이징을 제공받는 기업의 입장에서는 바로 이러한 널리 알려진 브랜드 이름이나 트레이드 마크 등이 가장 중요하다. 또한 이러한 이유로 브랜드 인지도가 낮은 소규모 기업들이 프랜차이징을 통한 시장 진입을 하는 데 어려움을 겪는다.

프랜차이징은 라이선스와는 약간 다르다. 첫 번째로, 프랜차이징은 표적시장에 대한 제품 영업 활동에 있어 더욱 큰 관리 권한이 있다. 프랜차이징을 제공받은 기업은 품질, 하루하루의 매장 관리, 마케팅 홍보 활동 등에 대한 엄격한 기준을 지켜야만 한다. 두 번째로, 라이선싱은 주로 제조업 시장에서 이용된다면, 프랜차이징은 주로 음식업, 소매업, 렌터카업, 서비스업 등에서 발생하게 된다. 세 번재로 라이선싱은 무형자산의 이동이 한 번뿐인 경우가 많지만, 프랜차이징의 경우에는 지속적으로 프랜차이징 제공 기업의 도움을 받게 된다. 프랜차이징 제공 기업은 일반적으로 초기 자본, 직원 교육, 시장 입지 선정에 대한 조언, 광고 등의 도움을 제공한다.

미국의 기업들이 국내에서의 균등한 상품과 서비스를 바탕으로 세계 프랜차이징 시장을 선도하고 있다. 유럽에서도 EU를 바탕으로 한 단일 통화가 생기고, 프랜차이징 체계가 통일되면서 프랜차이징을 통한 진출이 점차 발생하고 있다. 유럽의 많은 경영자들이 프랜차이징을 조기 퇴직 후의 제2의 커리어의 시작으로 생각하고 있기도 하다.

성장세에 있음에도 불구하고, 유럽의 프랜차이즈 경영자들은 때때로 프랜차이징의 개념을 잘못 생각하곤 한다. 홀리데이 인이 스페인 시장에서 기대했던 것보다 천천히 성장하고 있는 것이 하나의 예이다. 홀리데이 인 스페인 지사 담당자에 의하면 홀리데이 인이 그들의 호텔 운영을 지배하는 것을 바라는 것이 아니라는 것을 설득시킬 필요가 있다고 한다.[2] 또한 동유럽 국가에서는 현지 경영자들이 왜 브랜드와 트레이드 마크에 로열티를 지불해야 하는지 이해하지 못하기도 한다. 또한 동유럽 시장에서 프랜차이징을 통해 사업을 확장하는 것은 현지 자본의 부족, 높은 이자율, 세율, 정부 관료적 장벽, 제한적인 법, 그리고 부패로 인해서 굉장히 어렵다.[3]

프랜차이징의 장점 프랜차이징에는 몇 가지 장점이 있다. 첫 번째로, 프랜차이징 도입 기업은 적은 비용과 위험으로 시장에 진출할 수 있다. 전 세계에서 동일하게 유지되는 품질 및 서비스, 테마를 따르기만 하면 되는 것이다. 프랜차이징의 경우 각 표적시장에 같은 생산 과정을 적용하여 표준화된 제품을 생산함으로써 전 세계에 걸쳐 제품이 동일할 수 있도록 해 준다. 그러나 많은 프랜차이즈 제공업체들은 현지 기업들에게 제품, 홍보 방법, 마케팅 활동 등에 대하여 수정을 불허한다.

두 번째로 프랜차이징은 기업이 그 사업 영역을 빠르게 확장할 수 있도록 해 준다. 기업은 종종 프랜차이징을 통하여 시장 기회를 선점하곤 한다. 예를 들어 조지아 애틀랜타의 마이크로텔 인 앤드 스위트(www.microtelinn.com)는 세계 시장으로의 사업 확장을 위해 프랜차이징을 사용했다. 아르헨티나와 우루과이에 진출한 마이크로텔은 브라질과 서유럽 쪽의 시장 기회를 볼 수 있었다. 하루에 200달러를 방값으로 지불할 의사가 없는 고객들을 목표로 하여 75달러 정도의 가격을 책정함으로써 사업을 넓혀 나갔다.[4]

마지막으로, 프랜차이즈는 문화적 지식과 노하우를 알고 있는 현지 경영자로부터 그 장점이 있다. 이는 친숙하지 않은 시장에서 경영 실패 위험을 줄이고 경쟁우위를 취하는 데 도움이 된다.

프랜차이징의 단점 첫 번째로 프랜차이징을 제공한 기업은 다양한 국가에 퍼져 있는 수많은 프랜차이징 도입 기업들을 관리하는 것이 매우 어렵다. 중요한 것은 품질 혹은 홍보 메시지 등이 전 세계 시장에서 모두 일관성을 유지해야 하는데, 이것이 매우 어렵다는 것이다. 이러한 문제점을 해결할 수 있는 한 방법이 각 시장마다 마스터 프랜차이즈라고 하는 것을 설립하여 각각의 프랜차이징 기업들을 모니터링하는 것이다.

두 번째로 프랜차이징을 도입한 기업은 계약에 따라서 조직적 유연성을 잃을 수 있다. 프랜차이징 계약은 현지 기업의 전략이나 전술을 선택하거나 결정할 수 없고, 프랜차이징 제공업체의 기준을 따르게 되어 있다. 펩시콜라는 피자헛, 타코벨, KFC와 같은 여러 외식업체를 가지고 있었다. 이 외식업체들은 펩시콜라와의 프랜차이징 계약에 따라서 오직 펩시만 팔 수 있도록 되어 있었다. 많은 프랜차이징 도입업체들이 이러한 규제에 불만을 가지고 있었고, 추후 펩시콜라가 결국 외식업체들과 분리된 것을 다행으로 생각했다.

관리 계약

관리 계약
한 기업이 특정 기간 동안 경영관리 전문지식을 제공해 주는 것

관리 계약(management contract)의 약정에 의해서 한 기업은 특정 기간 동안 경영관리 전문지식을 제공해 준다. 전문지식을 제공해 주는 기업은 일반적으로 한 번에 비용을 지급받거나 매출에 따라서 지속적으로 수수료를 받는다. 이러한 계약은 개발도상국이나 신흥시장에서의 공공시설의 경우에 주로 찾아볼 수 있다. 두 종류의 지식이 관리 계약에 의해서 전달될 수 있다. 기술관리와 경영관리가 그것이다.

관리 계약의 장점 첫 번째로 기업은 해외 시장 진출 기회를 물질적인 자산을 많이 투자하지 않고 얻을 수 있다. 금전적 자본이 이곳에서 절약되고, 이 자본을 다른 가능성 높은 프로젝트에 투자할 수 있다.

두 번째로 정부도 국가에서 투자비가 부족한 경우에 공공시설을 업그레이드하고 관리하는 데 기업과 관리 계약을 체결할 수 있다. 이것이 카자흐스탄 정부가 전기 시설망을 관리하는 데 25년 동안 ABB 파워 그리드 컨소시엄이라는 기업과 계약했던 이유이다. 계약의 세부사항에 따라 정부는 기업의 직원들에게 첫 3년간 2억 달러를 지급했다. 카자흐스탄 정부에서는 노동자에게 지급할 현금 유동성도 없었고, 반드시 필요한 개선을 위해 사용되어야 하는 자금 또한 없었다.

세 번째로 정부는 현지 노동자 및 경영자들의 기술을 발전시키기 위해 관리 계약을 사용할 수 있다. 아일랜드의 ESB 인터내셔널(www.esb.ie)은 가나에서 발전소를 관리 · 운영하는 것뿐 아니라 현지 직원들을 교육하는 것까지를 포함한 3년 계약을 맺기도 했다.

관리 계약의 단점 불행히도, 관리 계약은 전문지식을 제공해 주는 기업에게 두 가지 큰 단점이 존재한다. 첫 번째로 관리 계약이 타국에게 기업의 자산이 노출되는 것을 줄여 주지만, 전문지식 제공 기업의 경영자들은 때때로 정치적 · 사회적 이슈에 의해서 위협받을 수 있다.

두 번째로, 전문지식을 제공하는 기업은 현지 시장에서 잠재력 있는 경쟁자를 키우고 있는 것일지도 모른다. 어떠한 기술을 어떻게 다루는지 알게 되면, 원래는 기술에 관련하여 도움이 필요했던 기업 혹은 국가가 스스로의 경쟁력을 갖추게 될 수도 있는 일이다. 기업에서는 관리 계약에서 오는 금전적 이득과 미래에 경쟁자가 되어 기업에게 줄 수 있는 위험을 잘 따져 보아야 한다.

턴키 프로젝트는 한 기업이 다른 기업을 위해 공장을 설계, 건설 그리고 테스트까지 마친 후, 마치 '키만 넘겨주는' 방식의 벤처 사업이다. 이러한 프로젝트는 주로 항구나 공항, 또는 제조업 시설을 설립하는 데 많이 사용된다. 사진을 보면 컨테이너를 실은 배가 캄보디아의 한 항구로 들어오고 있다. 턴키 프로젝트를 사용하여 건설되는 다른 프로젝트는 어떤 것이 있을까?

출처 : ⓒ Richard Cummins/Corbis

턴키 프로젝트

한 기업이 설계, 건설, 생산 등의 프로젝트 일체를 맡는 계약 방식을 **턴키 프로젝트**[turnkey (build-operate-transfer) project]라고 한다. 턴키라고 하는 것은 고객사에서는 공장을 가동하기 위해서는 아무것도 하지 않고, 완성된 건설물의 키를 받기만 하면 된다는 뜻에서 나온 명칭이다.

턴키 프로젝트
한 기업이 설계, 건설, 생산 등의 프로젝트 일체를 맡는 계약 방식

관리 계약과 비슷하게 턴키 프로젝트는 보통 정부 기관의 개입이 잦은 대형 프로젝트에서 사용된다. 그러나 관리 계약과는 다르게 턴키 프로젝트에서는 특별한 기술이나 생산 시설 설계까지 모두 고객에게 전수해 주고 있다. 일반적으로 발전소, 공항, 항구, 텔레커뮤니케이션 시스템, 그리고 석유화학시설을 모두 건설한 후에 고객에게 넘겨주는 것이다. 관리 계약에 있어 서비스 제공자는 경영 전문성이라고 할 수 있는 자산을 그대로 유지할 수 있는 것과 대조적이다. 예를 들어 인도에 있는 텔레커뮤니케이션 컨설턴트는 2,800만 달러 정도의 턴키 프로젝트 형식으로 가나와 아프리카 마다가스카르에 텔레콤 네트워크를 건설하기도 했다.

턴키 프로젝트의 장점 첫 번째로, 한 기업의 핵심 역량을 특화시키면서 그들 스스로는 수행할 수 없는 업무를 턴키 프로젝트를 통해 수행할 수 있다. 엑슨모빌이란 기업은 인도네시아의 맥더못(www.mcdermott.com)과 일본의 도요엔지니어링(www.toyo-eng.com/jp)에 턴키 프로젝트를 맡겨 인도네시아 섬에 천연가스 플랜트를 건설하게 하기도 했다. 프로젝트에 참여한 기업은 해외 생산 플랫폼을 건설하고, 해저에 100km짜리 파이프라인을 설치하며, 지상에 천연가스 정제 공장을 만들어야 했다. 각각의 기업들이 설계, 건설, 시설 점검 등 본인들의 특별한 전문성을 발휘했기 때문에 총 3억 1,600만 달러짜리 프로젝트가 실현 가능할 수 있었다.

두 번째로 턴키 프로젝트는 정부로 하여금 세계를 선도하는 기업으로부터 인프라를 위한 디자인을 받을 수 있도록 해 준다. 예를 들어 터키 정부는 그들의 초루강에 수력 전기 댐을 건설 하기 위해 국제 기업들로 이루어진 둘 이상의 컨소시엄을 요청하기도 했다. 또한 터키 정부는 스웨덴의 에릭슨(www.ericsson.com)에게 국가의 텔레커뮤니케이션 시스템을 확장시키는 턴키 프로젝

트를 의뢰하기도 했다.

턴키 프로젝트의 단점 턴키 프로젝트의 단점은 기업의 기술적 노하우를 빌리고자 함이 아닌, 정치적인 이유로 프로젝트를 맡는 경우가 있다는 것이다. 턴키 프로젝트는 주로 정부에 의해서 의뢰되고, 그 금액 또한 엄청난 만큼 이것을 특정 기업에게 의뢰하는 것은 굉장히 정치적인 경향이 있다. 특히 기업 선정 과정이 공개되지 않았을 때, 주로 정치적으로 연관이 있는 기업이 프로젝트를 부풀려진 금액에 수주하게 되는 경우가 빈번하다.

두 번째로, 관리 계약과 같이 턴키 프로젝트는 미래의 잠재적 경쟁자들을 양성하는 것일 수 있다. 새롭게 생겨나는 현지 경쟁자가 언젠가는 내수 시장 등을 지배하고 있는 경쟁자로 성장할 수 있는 것이다. 그렇기 때문에 기업은 그들의 핵심 역량을 다른 기업에게 전달해 주어야 하는 부분이 있는 프로젝트는 조심하여 피하는 것이 바람직하다.

퀵 스터디 3

1. 계약 방식의 진입 방법에는 어떤 것들이 있는가?
2. 기업들 간에 무형자산을 교환하기 위해 협약을 맺는 것을 무엇이라고 하는가?
3. 관리 계약과 턴키 프로젝트의 공통된 단점은 무엇인가?

투자를 통한 진입 방식

투자를 통한 진입 방식은 현재 진행 중인 현지 사업과 함께 공장 및 시설에 직접 투자하는 것을 수반한다. 이러한 진입 방식은 시장 내 기업의 개입 정도를 더 높은 수준으로 해 준다. 세 가지 일반적인 투자 방법에 대해 알아보자.

완전자회사

완전자회사
하나의 모기업에서 소유하고 관리하는 시설

그 명칭에서 알 수 있듯 **완전자회사**(wholly owned subsidiary)는 하나의 모기업에서 소유하고 관리하는 시설을 말한다. 기업은 새로운 기업을 형성하거나 아예 새로운 시설을 건설, 혹은 이미 존재하고 있는 기업을 사서 완전자회사를 설립할 수 있다. 모기업에서 최신 기술을 사용한 제품을 제조하기 위한 자회사를 설립할 때는 일반적으로 새로운 시설을 건설한다. 이것의 가장 큰 단점은 새로운 시설을 건설하는 데, 인적 자원을 고용하는 데, 훈련시키는 데 들어가는 시간이다.

반대로, 현존하는 기업 중에서 마케팅 및 영업 활동이 가능한 기업을 발굴하는 것이 훨씬 쉬운 방법인데, 그 이유는 일반적인 경우에 신기술이 필요할 정도까지는 아니기 때문이다. 표적시장 내에서 마케팅 및 영업 활동을 할 수 있는 기존 기업을 구매함으로써, 모기업은 상대적으로 빠르게 자회사를 운영할 수 있다. 이것은 특히 구매하는 기업이 가치 있는 트레이드 마크, 브랜드 이름, 그리고 기술력을 보유하고 있을 때 유리한 전략이다.

완전자회사의 장점 완전자회사를 이용하여 시장에 진입하는 것은 두 가지 장점을 가진다. 첫 번째로, 관리자들이 표적시장에서 이루어지는 활동에 대해 완전한 지배력을 행사할 수 있고, 모든 기술, 공정, 무형자산에까지 접근이 가능하다는 점이다. 완전한 지배를 행사하는 것은 경쟁자들이 기업의 경쟁우위(기술력에 기반한 사업에 있어서는 가장 중요한)에 대하여 접근할 수 있는 기회를 떨어뜨릴 수 있다. 관리자들은 또한 자회사에서의 결과물(제품)과 그 가격까지도 결정할 수 있다. 라이선싱, 프랜차이즈와는 다르게 모기업에서는 자회사에서 창출되는 모든 수익을 받게 된다.

두 번째로 완전자회사는 기업이 모든 자회사의 활동을 조직적으로 수행할 필요가 있을 때 그 장점이 있다. 기업은 글로벌 전략적 시점으로서 그들의 내수 시장을 서로 연결되어 있는 거대한 하나의 글로벌 시장의 한 부분으로 바라본다. 그렇기 때문에 완전자회사 전략을 통해 시장에 진입하는 것은 글로벌 전략을 쓰고자 하는 기업에게 유리하다.

완전자회사의 단점 완전자회사는 크게 두 가지 문제점을 안고 있다. 첫 번째로는 기업이 내부적으로 투자를 하거나 자본시장에서 자본금을 모아야 하기에 비용이 많이 들어간다는 것이다. 필요한 만큼의 자본을 모으는 것은 중소기업 입장에서는 어려울 것이고, 대기업에게는 쉬운 일일 것이다.

두 번째로, 위험에 노출되는 정도가 높은데 이는 완전자회사는 모기업에서의 많은 양의 자원 투자가 필요하기 때문이다. 위험의 종류에는 정치적 · 사회적 불확실성이나 표적시장의 불안정성 등이 있다. 이러한 리스크는 물리적인 자산 및 개인 모두를 굉장히 위험하게 만들 수 있다. 완전자회사를 소유한 오너는 구매자들이 기업 제품의 구매를 거절하는 위험 또한 받아들여야 한다. 모기업에서는 표적시장에 진입하기 전 해당 시장의 고객에 대한 이해를 높임으로써 이러한 리스크를 줄여 나갈 수 있다.

조인트 벤처

불확실한 시장 환경 속에서 기업은 완전한 소유권을 얻기보다는 다른 기업들과 소유권을 나누기를 바란다. 각각 다른 둘 혹은 그 이상의 독립적인 기업이 공동의 사업 목표를 가지고 함께하는 것을 **조인트 벤처**(joint venture)라고 부른다. 조인트 벤처에 있어서의 파트너들은 사기업일 수도, 정부 기관일 수도, 국영 기업일 수도 있다. 각각의 기업은 관리적인 부분, 마케팅, 시장 접근, 생산 기술, 자본, 사업 노하우, R&D 경험 등의 여러 분야에서 서로의 파트너가 가치 있다고 생각하는 기업 활동을 함으로써 조인트 벤처에 기여한다.

조인트 벤처
각각 다른 둘 혹은 그 이상의 독립적인 기업이 공동의 사업 목표를 가지고 함께하는 것

조인트 벤처의 형태 〈그림 13.5〉에서 볼 수 있듯이 조인트 벤처의 형태에는 네 가지 정도가 있다.[5] 그림에는 단지 두 기업만으로 표현되어 있지만, 각각의 조인트 벤처 형태는 둘 이상의 파트너 기업이 모인다고 해도 적용 가능하다.

전방통합 조인트 벤처 〈그림 13.5(a)〉에서는 조인트 벤처의 전방통합에 대해 설명하고 있다. 이러한 형태의 조인트 벤처의 경우에는, 각 구성원들이 기업의 다운스트림(하향) 활동(가치 시스템에 있는 활동 중 보통 다른 기업에 의해 수행되는 활동)에 합작 투자를 하게 된다. 예를 들어 두 가전기기 제조업체가 리테일 아웃렛을 개발도상국에 설립할 경우 조인트 벤처의 전방통합이라고 할 수 있겠다. 두 제조업체가 수행하는 활동, 즉 아웃렛 설립 활동은 보통 유통업자들에 의해서 수행되는 일이기 때문이다.

후방통합 조인트 벤처 〈그림 13.5(b)〉에서는 후방통합에 대해 설명하고 있다. 후방통합 전략에서는 각 기업이 업스트림(상향) 활동(다른 기업에 의해서 수행되는 가치 시스템의 앞부분에 있는 활동)으로 이동하는 신호이다. 예를 들면 두 제철 제조 회사가 철광석을 채굴하기 위한 조인트 벤처를 형성하는 것과 같은 것이다. 철광석을 채굴하는 것은 보통 다른 채굴 회사들에 의해 수행

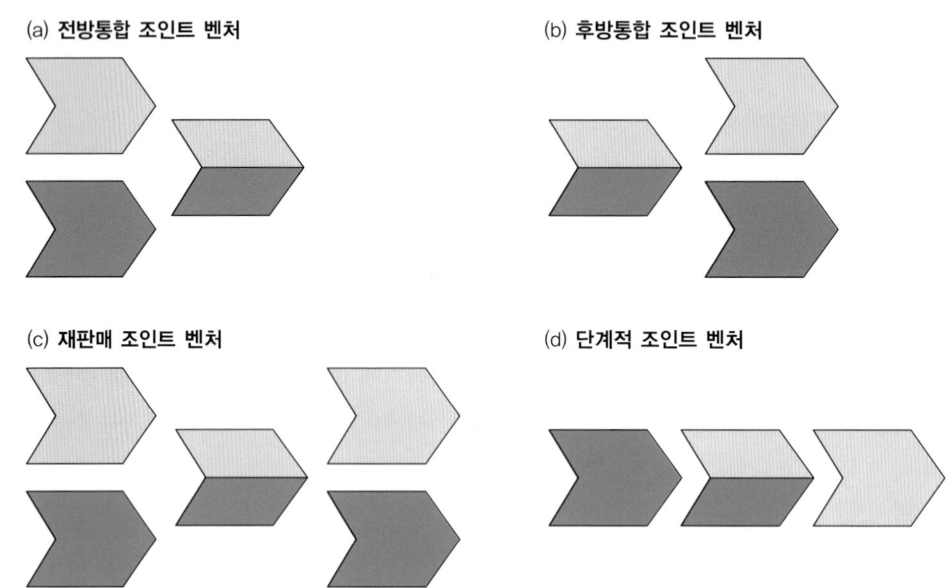

그림 13.5
조인트 벤처의 형태

출처 : Based on Peter Buckley and Mark Casson, "A Theory of Cooperation in International Business," in Farok J. Contractor and Peter Lorange (eds.), *Cooperative Strategies in International Business* (Lexington, MA: Lexington Books, 1988), pp. 31-53.

되는 업무이지만, 이 두 제철회사가 이러한 업무를 수행하게 되는 것이다.

재판매 조인트 벤처 〈그림 13.5(c)〉에서는 재판매 조인트 벤처에 대해 설명하고 있다. 재판매 조인트 벤처는 각각의 파트너사가 생산 공정에서 같은 구성요소를 필요로 할 때 형성되게 된다. 이러한 형태는 규모의 경제를 이루기 위해 필요한 최소 사이즈의 어떤 생산 시설이 필요한 상황이지만 어떠한 파트너 기업도 그 시설을 홀로 설립할 만큼 수요가 충분하지 않을 때 형성되게 된다. 자원을 결합함으로써 규모의 경제를 이룰 수 있는 생산 시설을 만드는 데 들어가는 비용을 절약할 수 있다. BMW와 크라이슬러(www.chrysler.com)가 5억 달러 규모의 소형차 엔진 사업의 조인트 벤처를 라틴아메리카에서 형성한 배경이기도 하다. 엔진 40만 개 이상의 연간 생산량(한 기업만 투자해서는 이룰 수 없을 규모의 생산량)을 보유한 공장으로부터 각각의 파트너사 모두 많은 이득을 보았다.

단계적 조인트 벤처 〈그림 13.5(d)〉에서는 한 파트너사에 의한 하향통합 및 다른 파트너사에 의한 상향통합을 포함하는 여러 단계의 조인트 벤처에 대하여 설명하고 있다. 단계적 조인트 벤처는 종종 한 회사가 다른 파트너사에 필요한 재화 및 서비스를 생산할 때 형성된다. 예를 들어 스포츠 제품을 제조하는 기업은 유통 채널을 확보하기 위해 스포츠 제품을 판매하는 소매상과 함께 사업을 하고 싶을 것이다.

조인트 벤처의 장점 조인트 벤처는 국제 시장으로 진출하는 기업에게 몇 가지 장점이 있다. 다른 무엇보다, 기업은 리스크를 줄이기 위해서 조인트 벤처를 진행하는 경우가 많다. 일반적으로 조인트 벤처는 완전자회사에 비해 적은 리스크를 안고 있는 편인데 이는 각각의 기업이 투자한 자본에 대해서만 리스크가 있기 때문이다. 이것이 바로 시장진입 시의 투자비용이 많이 요구되는 상황이거나, 표적시장 내에 정치적 · 사회적 환경이 안정적이지 않을 때 조인트 벤처가 현명한 이유이다. 비슷한 이유로, 기업은 실제 표적시장에 완전자회사를 설립하기에 앞서서 현지의 사업 환경을 알아보기 위해 조인트 벤처를 사용할 수도 있다. 사실 많은 조인트 벤처가 결국은 파트너사 중 하나의 기업에 의해 현지에서 충분한 경험을 쌓은 뒤 구매되곤 한다.

두 번째로, 기업은 조인트 벤처가 아니면 진출이 어려운 국제 시장에 진입하기 위해 조인트 벤처 형태를 사용하기도 한다. 어떤 국가의 정부에서는 해외 기업에게 내수 기업과의 지분 공유를 요구하거나, 혹은 그렇게 할 경우 인센티브를 주는 경우 등이 있기 때문이다. 이러한 요구 조건은 개발도상국에서 특히 일반적이다. 이러한 제도의 목표는 내수 기업이 해외 파트너와 팀을 이루어 활동하면서 얻을 수 있는 경쟁력을 증진시키는 것이다.

세 번째로, 기업은 조인트 벤처를 통하여 다른 국제 기업의 국제적인 유통 네트워크에 접근할 수 있게 된다. 미국 캐터필러(www.caterpillar.com)와 일본 미츠비시 중공업(www.mitsubishi.com)의 조인트 벤처의 목표는 양 기업의 공동 경쟁자인 일본 고마쓰(www.komatsu.com)에 대응하는 경쟁력을 증진시키기 위해서였다. 캐터필러는 일본 미츠비시의 일본 내 유통 시스템에 접근할 수 있었고, 미츠비시는 캐터필러의 글로벌 네트워크에 접근할 수 있게 되면서 보다 효율적으로 경쟁력을 갖출 수 있게 되었다.

마지막으로, 기업은 방어적인 이유로 국제적인 조인트 벤처를 형성하곤 한다. 현지 국가 혹은 정부에서 통제하는 기업과 조인트 벤처를 하는 것은 조인트 벤처의 성공에 직접적인 영향을 미친다. 그 결과로, 해당 정부에서는 벤처의 성과를 저해할 수 있는 일에는 적게 관여하는 경향이 있다. 이러한 전략은 표적 국가에서 국수주의 성향이 강하게 있을 때보다 '현지' 색채를 창출하기 위해 사용된다.

조인트 벤처의 단점 여러 가지 조인트 벤처의 단점 중에서도 조인트 벤처의 오너십에 대한 부분은 파트너들 사이에서 문제가 될 수 있는 영역이다. 특히 이러한 문제는 조인트 벤처의 형태가 50 : 50 형태로 이루어졌을 때 빈번히 발생하곤 한다. 이러한 경우에 어떤 한 기업의 매니저도 최종결정에 대한 확실한 권한을 가지지 못하기 때문에 변화하는 시장 환경에 대하여 즉각 대응을 할 수 없어 문제를 일으키곤 한다. 문제점은 향후 투자 및 수익을 어떻게 배분할 것인가에 대한 의견 불일치에서 오기도 한다. 기업은 동등하지 않은 오너십 형태를 취함으로써(51 : 49 형태에서는 51 쪽이 최종 의사결정권을 가지므로) 이러한 문제를 방지하곤 한다. 컨소시엄이라고 불리는 다수가 참여한 조인트 벤처의 경우에도 이렇게 동등하지 않은 오너십 형태를 취한다. 예를 들어 4개 기업이 합작하여 만든 조인트 벤처의 경우 20 : 20 : 20 : 40으로 오너십을 가져가서 40%의 지분을 가지고 있는 기업이 최종 의사결정을 할 수 있도록 한다.

두 번째로 조인트 벤처 활동에서 통제력을 잃는 경우가 발생할 수 있는데, 이는 주로 현지 정부가 조인트 벤처의 한 파트너일 때 나타난다. 이러한 경우는 주로 방송, 인프라, 방어시설과 같이 문화적으로 민감하거나 국가안보에 중요한 산업에서 나타나게 된다. 그렇기 때문에 조인트 벤처의 수익성은 문화적 혹은 안보와 같은 것에 영향받는 현지 정부에 의해서 악화될 수 있다.

전략적 제휴

때때로 다른 기업과 협력하고 싶은 기업은 조인트 벤처 형태의 기업을 만들고 싶어 하지 않기도 한다. 둘 이상의 기업이 모여 전략적인 목표를 함께 달성하기 위해 (조인트 형태의 다른 기업을 만들지 않으면서) 협력하는 것을 **전략적 제휴**(strategic alliance)라고 한다. 조인트 벤처와 비슷하게 전략적 제휴는 그 구성원들의 전략적 목표에 따라서 짧은 기간 함께할 수도, 혹은 여러 해를 함께할 수도 있다. 전략적 제휴란 기업, 공급자, 소비자 혹은 그 경쟁자들 사이에서도 형성될 수 있다. 이러한 제휴를 형성할 때 때때로 기업들은 다른 협력 기업의 주식 일부를 사들이기도 한

전략적 제휴
둘 이상의 기업이 모여 전략적인 목표를 함께 달성하기 위해 (조인트 형태의 다른 기업을 만들지 않으면서) 협력하는 것

다. 이러한 방법을 통해 각 파트너사의 성과에 직접적으로 연관될 수 있다. 이러한 것은 전략적 제휴에서 한 기업만 이득을 보는 경우를 줄여 준다.

전략적 제휴의 장점 첫 번째로 국제적인 투자 프로젝트를 진행하는 비용을 분담하기 위해 전략적 제휴를 이용할 수 있다. 예를 들어 많은 기업들이 단지 최신 기술이 통합된 신제품뿐 아니라 존재하는 제품의 수명주기를 줄이는 신제품을 개발하고 있다. 특히 제품수명주기가 줄어드는 것은 기업이 투자한 비용을 되찾는 데 걸리는 시간을 부족하게 만든다. 그렇기 때문에 많은 기업들이 신제품을 개발하는 데 들어가는 비용을 나누어 분담하기 위해 협력하곤 한다. 예를 들어 일본 나고야 지방 근처에 소형이면서 효율적인 메모리 칩을 생산하는 설비를 개발하는 데 들어가는 비용인 10억 달러 정도를 일본의 도시바, 미국의 IBM, 독일의 지멘스에서 전략적 제휴를 통해 나누어 지불했다.

두 번째로 기업은 경쟁자의 특정 강점을 이용하기 위해서 전략적 제휴를 맺기도 한다. 어떠한 전략적 제휴는 인터넷 포털과 기술 기업 사이에서 일어나기도 한다. 예를 들어 인터넷 포털들이 웹사이트를 통해 많은 글로벌 청중에게 다가가는 길을 제공해 주고, 기술 기업은 인터넷을 통한 유통, 음악 등과 같은 웹사이트를 통한 마케팅에 대한 노하우를 제공하는 것이다.

마지막으로 기업은 조인트 벤처를 하는 것과 같은 이유로 전략적 제휴를 맺기도 한다. 어떠한 사업은 파트너사의 표적시장에 대한 유통 채널에의 접근권을 얻기 위해서 전략적 제휴를 이용하기도 한다.

전략적 제휴의 단점 전략적 제휴의 가장 중요한 단점은 바로 미래의 현지 혹은 세계적인 경쟁자를 만들 수 있다는 점이다. 예를 들어 한 파트너가 전략적 제휴를 통하여 시장을 테스트해 본 후 완전자회사를 출범시킬 수 있는 것이다. 기업의 핵심 역량이 있는 분야에 있어서는 타 기업과 협력하는 것을 줄임으로써 기업은 그 주된 사업 영역에서 경쟁자를 만드는 위협을 방지할 수 있다. 이와 비슷하게 기업은 전략적 제휴 시 특정 제품 및 특정 지역에서 향후 경쟁을 제한하는 계약적 조항을 부과할 수도 있다. 기업은 또한 특정 연구 프로그램, 생산 기술, 마케팅 기법을 전략적 제휴에 이용되지 않도록 조심하여 보호해야 한다. 자연적으로 관리자들은 국제적 협력에 있어 새로운 경쟁을 조장하는 것을 생각하게 된다.

조인트 벤처의 경우에는 갈등이 일어나 기업을 약화시킬 수 있었다. 전략적 제휴는 다양한 만일의 사태에 대비하고 있지만, 커뮤니케이션과 문화적 차이와 같은 문제점이 계속해서 일어나고 있다. 심각한 문제가 나왔을 때는 전략적 제휴를 해제하는 것이 유일한 선택지가 되기도 한다.

퀵 스터디 4

1. 진입 방식 중 특정 방식의 투자를 통하는 것을 무엇이라고 하는가?
2. 완전자회사는 누구에게 소유되고 관리되는가?
3. 조인트 벤처의 구체적인 유형의 이름은 무엇인가?
4. 전략적 제휴는 조인트 벤처와 비슷하지만 무엇을 포함하지 않는가?

진입 방식 선정 시 전략적 요소

진입 방식을 결정하는 것은 기업의 미래 경영 활동에 굉장히 중요한 영향을 끼치게 된다.[6] 진입 방식을 선정하는 데는 시간적 · 금전적 투자가 엄청나게 들어가기 때문에, 그 선정은 굉장히 중요하고 조심스럽게 이루어져야 한다. 진입 방식에 영향을 끼치는 중요한 요소들에 대해 알아보자.

협력 기업 선정

모든 기업의 목표와 전략은 핵심 경쟁력과 시장 내에서의 도전에 의해 영향을 받게 되어 있다. 두 기업의 목표와 전략은 절대로 완전히 똑같지 않기 때문에 협력이란 어려운 과제이다. 더욱이 벤처 및 제휴는 몇 년씩 혹은 반영구적으로 지속되는 경우도 있어 파트너 기업을 선정하는 것은 성공에 있어 아주 중요한 요소이다.

각각의 파트너사들은 벤처 혹은 계약상의 목표를 이루기 위해 최선을 다해야 한다. 많은 기업이 비즈니스에 있어 협력 관계를 형성하지만 그 협력 뒤편의 각각의 사정과 이유는 결코 일치할 수 없다. 때때로 어떤 기업은 당사의 목적이 달성되는 순간 벤처를 위한 투자를 중단하기도 한다. 각 기업의 정확한 의무와 헌신에 대하여 미리 확실하게 해 놓는 것은 벤처 및 제휴의 유지를 위해 중요하다.

신뢰 가능한 파트너사와 함께하는 것은 굉장히 중요하지만 파트너사는 반드시 신중하게 결정해야 한다. 기업이란 밝혀지지 않은 이슈가 있게 마련이다. 때로 그들은 그들 파트너사에서 생각했던 것보다 더 많은 이득을 취하려 하기도 한다. 숨겨졌던 이슈가 밝혀졌을 때, 신뢰는 부수어질 수 있고 계약을 파기하게 될 수도 있다. 신뢰란 굉장히 중요하며 기업은 이전에 함께 협력했던 경험이 있는 기업을 파트너사로 정하길 선호한다. 그러나 이러한 형태의 구성은 세계적인 대기업들에게 훨씬 쉽게 일어나고, 상대적으로 적은 국제 경험과 국제 계약을 경험한 중소기업에게는 그렇지 못하다.

국제적 계약에 있어서 각 기업의 관리자들은 다른 문화권과 함께 일하고, 다른 문화를 탐방하는 것에 어려움이 없어야만 한다. 그렇게 함으로써 협력 관계가 더욱 부드러워지며, 개인의 삶과 업무가 조화를 이룬다. 예를 들어 어떤 기업에서는 하급자들도 의사결정에 참여하게 하는 경우가 있는데, 이러한 차이는 한 국가의 문화적 차이를 반영하는 것이며 관리자가 이러한 문화적 이해를 가지고 있고, 이러한 차이를 반영하여 업무에 임한다면 협력 관계는 더욱 유연하고 원활할 것이다.

결론적으로, 적절한 파트너는 가치 있는 무엇인가를 제공할 수 있어야 한다. 기업은 단순하게 타 기업이 접촉해 왔기 때문에 협력하는 형태를 피해야 한다. 관리자들은 협력 관계에 있어 자신의 회사가 노력에 대한 정당한 이득을 취할 수 있는가에 대해 확실해야 한다. 또한 그들은 국제적 계약의 잠재적인 이득을 평가해야 한다. 성공적인 국제적 협상을 위해 고려해야 할 핵심이 글상자 '문화 이슈 : 시장진입 협상하기'에 소개되어 있다.

문화적 환경

제2장에서 공부했듯, 문화의 척도란 한 국가에서 다른 국가에 이르기까지 굉장히 다를 수 있다. 이러한 경우에 관리자들은 다른 나라에 들어가 활동하는 것에 대하여 자신감이 떨어질 수 있다. 단순히 커뮤니케이션 문제 말고도 개인적 문제 등에 대하여 고려할 수 있다는 것이다. 그 결과 관리자들은 수출 혹은 계약 방식을 선호하며 투자를 통한 진입 방식을 피하려 하기도 한다. 반면에 문화적인 동질감 등은 자신감을 불러오고 따라서 투자를 통한 진입 방식을 택하는 경향을

문화 이슈 시장진입 협상하기

글로벌 경영자들은 여러 가지 거래에 있어서 많은 협상을 한다. 잠재적인 파트너 기업과의 협력적인 분위기는 양 기업이 거래 협상을 성공적으로 바라보는지에 달려 있다. 경영자는 협상 과정과 문화 등 영향을 끼치는 요소들이 어떤 역할을 하는지를 알고 있어야 한다.

- **1단계 '준비'** : 협상가들은 반드시 기업이 이루고자 하는 명확한 목표에 대해서 인지하고 있어야 한다. 협상은 이 비즈니스적 협력이 일회성인지 혹은 긴 협력 관계로 들어서는지에 따라 굉장히 다양하다.
- **2단계 '오픈 포지션'** : 각 기업에게 가장 유리한 조건을 이야기하면서 현재의 상황에 대해서 토론한다. 이러한 협상은 점차 협상가로 하여금 작전을 짤 수 있는 여지를 남긴다.
- **3단계 '일방적으로 유리한 흥정'** : 각 기업의 관련된 힘이 협상 결과에 가장 중요한 영향을 끼친다. 이 단계에서는 직접적 충돌이 일어나며, 문화적 요소가 영향을 끼친다. 예를 들어 중국의 협상가들은 이러한 충돌을 피하려고 하는 경향이 있으며, 충돌이 일어났을 시 협상을 중단하는 경향이 있다.
- **4단계 '동의 및 후속 조치'** : 이 단계에 들어선 협상은 성공적이라고 볼 수 있다. 서구의 협상가들은 협상의 종료단계에서 계약서에 서명을 하는 반면 대부분의 아시아계 협상가들은 계약서를 유연한 관계의 시작이라고 본다.

국제적 사업 협상에 영향을 끼치는 두 가지 요소에 대하여 알아보자.

- **문화적 요소** : 협상을 하는 스타일이 문화마다 각기 다르다. 아시아에서 성공적인 협상이란 다른 기업의 체면을 세워 주면서 그들과 타협이 된 것을 의미한다. 그러나 서구에서의 협상은 주로 다른 기업의 체면을 세워 주는 것보다는 최대한 많은 양보를 받아 내기를 바란다.
- **정치 및 경제적 요소** : 협상가들은 정치적 동기가 있을 수 있다. 또한 소비자 그룹, 노동조합 등이 정부로부터 그들에게 이익이 되는 협약을 보장받기 위해 로비하는 경우도 있다.

늘려 주기도 한다. 이와 같이 관리자가 표적시장의 문화에 대해서 알고 있는 것은 큰 차이를 일으킬 정도로 영향이 있다.

정치적 · 법적 환경

표적시장 내의 정치적 불안정성은 투자의 리스크를 증가시킨다. 심각한 정치적인 차이 및 불안정성의 정도는 기업으로 하여금 대규모 투자를 피하고 작은 자산만 투자하는 경향을 야기하게 된다.

표적시장의 법적 체제 또한 진입 방식을 결정하는 데 영향을 끼친다. 몇몇 중요한 규제, 예를 들어 높은 관세, 낮은 쿼터 제한 등은 투자를 불러일으킨다. 현지에서 생산하는 기업은 제품의 가격을 높이는 관세를 피하고 싶어 한다. 그러나 낮은 관세와 높은 쿼터 제한은 투자를 통한 진입 방식을 어렵게 한다. 또한 정부에서 특정한 종류의 투자를 금지하는 법을 제정하기도 한다. 많은 시간 동안 중국은 중국 기업이 아닌 다른 기업의 완전자회사를 금지했었고, 현지 파트너를 통해서만 조인트 벤처를 가능하게 했다. 마지막으로 시장 내 저작권 등에 대한 법이 느슨할 경우에도 기업은 자신들의 자산과 마케팅에 대한 통제권이 있는 투자를 통한 진입 방식을 선호하게 된다.

시장 규모

잠재적 시장의 규모 역시 진입 방식을 결정하는 데 영향을 끼친다. 시장 내 소득이 높아지는 것은 투자를 통해 시장의 수요를 확장시킬 수 있고 표적시장에 대한 이해를 높일 수 있기에 투자를 통한 진입 방식을 활성화시킨다. 중국의 높은 내수 수요는 조인트 벤처 및 전략적 제휴, 완전자회사에 투자하기에 매력적인 요소이다. 다른 한편, 투자자들이 판단하기에 시장의 규모가 작으면 수출 혹은 계약을 통한 진입이 더욱 좋은 진입 방식이다.

생산 및 선적비용

총비용을 통제하기 위해서, 생산비용 및 선적비용을 줄이는 것은 기업에 유리함을 준다. 따라서 내수 시장보다 생산비용이 더 적게 들어가는 곳에 생산 시설을 확립하는 것은 매우 중요하다. 현지에서 적은 비용으로 생산을 하는 것은 라이선싱 혹은 프랜차이징을 통한 계약 진입 방식을 활성화한다. 생산비용이 현저하게 낮다면, 해당 국제 생산 시설은 다른 시장에 공급할 물량도 생산할 수 있다. 낮은 생산비용이 가져다주는 또 다른 이점은 바로 관리자가 구매자들의 행동을 관찰하고 그들의 현지 시장에 대한 필요에 맞게 제품을 수정해 줄 수 있다는 점이다. 본국에서의 낮은 생산비용은 국제 시장으로 수출하는 데 더욱 매력적인 요소로 작용한다.

높은 운송비용을 가지고 제품을 생산하는 기업은 해당 현지에서 생산하는 것을 선호할 것이다. 이러한 경우에 투자 및 계약을 통한 진입 방식이 고려해 볼 만한 선택지이다. 반대로 수출은 제품이 낮은 운송비용을 가지고 있을 때 가능하다. 마지막으로 대체재가 적은 품목이거나 가격 경쟁에 민감하지 않은 제품의 경우에는 높은 운송 혹은 생산 비용을 가능하게 한다. 이러한 경우 수출이 적절한 진입 방식이다.

국제적 경험

대부분의 기업이 수출을 통해 국제 시장에 진출한다. 기업이 국제적인 경험을 쌓아 갈수록 그들은 더욱더 깊게 연관할 수 있는 진입 방식을 선택하는 경향이 있다. 그러나 이것은, 사업이 활동 및 전략에 대한 더욱 높은 통제권을 얻게 될수록 더욱 높은 리스크를 인정해야 한다는 것을 의미한다. 그렇게 기업은 라이선싱, 프랜차이징, 관리 계약, 턴키 프로젝트의 장점을 검토하게 된다. 특정 시장에서의 기업 활동이 수월해진 후에야 조인트 벤처, 전략적 제휴, 완전자회사 등이 가능한 선택지가 된다.

점차 높은 리스크를 받아들이고 높은 통제권을 얻어 가는 발전적인 과정이 모든 기업에서 똑같지는 않다. 어떠한 기업은 한곳에 고정적으로 머물 수도 있으며, 어떠한 기업은 여러 단계를 뛰어넘을 때도 있는 것이다. 기술과 운송시설의 발전은 기업으로 하여금 여러 가지 단계를 한 번에 뛰어넘을 수 있도록 해 주었다. 결국 이러한 협력 관계는 각 기업의 제품과 내수 시장 및 표적 시장의 특성에 따라 다양해진다.

퀵 스터디 5

1. 협력을 위한 파트너사를 선정함에 있어 중요하게 기억해야 할 것은 무엇인가?
2. 투자 진입 모드를 좌절시키는 요소에는 어떤 것들이 있는가?
3. 투자 진입 모드를 촉진시키는 요소에는 어떤 것들이 있는가?

맺는말

이번 장에서는 진입 방식을 선정하는 데 필요한 중요한 요소들에 대해서 알아보았다. 우리는 어떠한 진입 방식이 적절한지를 결정하는 환경에 대하여 알아보았으며 각각의 방식이 가지고 있는 장점과 단점에 대하여 알아보았다. 어떠한 진입 방식을 선정하는 것은 기업의 국제 전략의 방향성과 일치해야 한다. 어떠한 기업은 글로벌 전략을 추구하기에 모든 국제 활동에 대하여 강한 통제력을 가질 수 있는 방식을 원할 것이며, 다른 기업은 다국적 전략을 추구하기 때문에 중앙 통제를 제공하는 진입 방식이 필요 없을 수도 있다. 이러한 진입 방식은 또한 조직의 구조와도 일맥상통해야 한다.

이 장의 요약

LO1. 기업이 수출, 수입, 대응 무역을 어떻게 활용하는지 설명하라.

- 수출은 낮은 비용과 낮은 위험도를 가지고 매출을 성장시키고 다양화시키거나 국제 경험을 얻을 수 있는 방법이다.
- 성공적인 수출 전략은 (1) 잠재 시장 규명하기, (2) 수요와 니즈 일치시키기, (3) 회의 시작하기, (4) 자원 투입 시작하기가 있다.
- **직접수출**은 기업이 그 제품을 표적시장의 구매자에게 직접 파는 것을 의미한다. **간접수출**은 기업이 제품을 표적시장에 존재하는 구매자에게 판매할 중개상에게 팔 때 발생한다.
- **대응 무역**은 제품 및 서비스를 다른 제품 및 서비스와의 교환으로써 판매하는 것을 말한다. 그 방법으로는 (1) **물물교환**, (2) **대응 구매**, (3) **상쇄무역**, (4) **스위치 무역**, (5) **환매 거래**가 있다.

LO2. 수출 및 수입 자금을 조달하는 다양한 방법을 설명하라.

- **선지급**을 통하여 수입업자는 수출업자에게 상품이 운송되기 전에 대금을 지불할 수 있다.
- **추심어음**이란 은행을 재무적인 위험성 없이 중개상으로 사용하는 것을 말한다.
- **신용장**을 이용할 때는 수입업체 측 은행이 수출업자가 서류를 만족시키는 시점에서 수출업자에게 대금을 지불한다는 것이 적힌 서류를 발행한다.
- **청산결제 방식**에서 수출업자는 상품을 배송시키고 추후 수입업자에게 대금을 청구한다.

LO3. 계약을 통한 진입 방식의 다양한 유형을 설명하라.

- **라이선싱**은 무형자산을 가진 기업(**라이선서**)이 타 기업(**라이선시**)에게 그 자산을 일정 기간 사용할 수 있는 권한을 주는 것이다.
- **프랜차이징**은 한 기업(**프랜차이저**)의 무형자산을 다른 기업(**프랜차이지**)에게 일정 기간 활용할 권리 및 마케팅 지원 등의 다른 도움을 주는 것을 말한다.
- **관리 계약**이란 약정에 의해서 한 기업은 특정 기간 동안 경영관리 전문지식을 제공해 준다. 두 종류의 지식이 관리계약에 의해서 전달될 수 있다. 기술관리와 경영관리가 그것이다.
- 한 기업이 설계, 건설, 생산 등의 프로젝트 일체를 맡는 계약 방식이 **턴키 프로젝트**이다.

LO4. 투자를 통한 진입 방식의 다양한 종류를 설명하라.

- **완전자회사**는 하나의 모기업에서 소유하고 관리하는 시설을 말한다.
- 각각 다른 두 개 혹은 그 이상의 독립적인 기업이 공동의 사업 목표를 가지고 함께하는 것을 **조인트 벤처**라고 부른다.
- 조인트 벤처는 **전방통합** 전략(기업의 하향 활동에 투자), **후방통합** 전략(기업의 상향 활동에 투자), **재판매 조인트 벤처**(각 파트너사가 투입물을 제공하고, 산출물을 흡수하는 것), **단계적 조인트 벤처**(한 파트너사에서는 하향 활동에 투자, 다른 파트너사에서는 상향 활동에 투자)를 포함한다.
- 두 개 이상의 기업이 모여 전략적인 목표를 함께 달성하기 위해(조인트 형태의 다른 기업을 만들지 않으면서) 협력하는 것을 **전략적 제휴**라고 한다.

LO5. 진입 방식을 선정하는 데 필요한 주요 전략적 요소를 개략적으로 서술하라.

- 신뢰할 수 있고, 소중한 투자를 할 수 있는 파트너사를 선정하는 것이 성공의 매우 중요한 요인이다.
- 친숙하지 않은 문화에 대하여 자신 없어 하는 경영진들은 투자 진입 방식보다는 계약진입 혹은 수출을 통한 진입 방식을 선호한다.
- 정치적인 차이나 불안정성 등은 기업으로 하여금 투자를 줄이고 자산을 보호하게 한다.
- 국내에서보다 현지에서 생산하는 것이 더 적은 비용이 들고, 운송비용이 높을 때는 현지에서 제품을 생산하는 것이 유리하다.
- 기업은 초기에 우선 수출로 해외에 진출한 후 나중에 가서 더 깊은 관계를 형성하는 진입 방식을 선정하고자 하는 경향이 있다.

핵심 용어

간접수출
관리 계약
대응 구매
대응 무역
라이선싱
물물교환
상쇄무역
선지급
선화증권
수출 상사(ETC)
수출관리회사(EMC)
스위치 무역
신용장
에이전트
완전자회사
운송 주선인
전략적 제휴
조인트 벤처
직접수출
진입 방식
청산결제 방식
추심어음
크로스 라이선싱
턴키 프로젝트
프랜차이징
환매 거래
환어음

✪ 얘기해 보자 1

모든 기업이 처음엔 수출, 그 후엔 계약 진입, 그러곤 투자 진입을 사용하여 국제적 경험을 쌓아 가는 것은 아니다.

13-1. 기업의 제품이 세계로 진출하는 과정에 영향을 끼친다고 생각하는가?

13-2. 기술의 발전이 세계로 진출하는 과정에 영향을 끼친다고 생각하는가?

✪ 얘기해 보자 2

당신의 동료가 이야기하는 것을 우연히 듣게 되었다. “가능하다면 기업은 투자 진입을 이용하여 진출해야 한다. 왜냐하면 영업 활동에 대한 가장 높은 수준의 통제가 가능하기 때문이다.”

13-3. 위의 이야기에 동의하는가 혹은 동의하지 않는가?

13-4. 다른 시장진입 방식이 투자 진입보다 높은 수준의 통제를 제공한 때가 있었는가?

윤리적 도전

당신은 중국 기업과 조인트 벤처를 생각하고 있는 미국계 텔레콤 회사의 영업책임자이다. 당신이 협상을 통해 고용한 컨설턴트는 당신에게 국제적 기업들이 현지의 기업과 조인트 벤처와 같은 협력의 형태로 진출하게 될 때는 윤리적 고려사항들이 있다고 조언한다. 각 기업에서 조인트 벤처를 위한 인력을 파견하게 될 것이고 특히 윤리적 문제점을 보는 문화적 시각이 다를 때 이러한 문제가 야기될 것은 확실하다. 이것은 당신에게는 특별히 중요한 문제인데 그 이유는 조인트 벤처 설립 시 미국과 중국에서 각각 사원을 파견하기로 계획했기 때문이다. 이러한 최근 정보를 가지고 당신은 진입 방식에 대하여 재검토를 하고 있는 상황이다.

13-5. 두 기업이 조인트 벤처를 시작하기 전에 이 벤처를 이끌어 줄 공통적인 윤리적 원칙을 설립할 수 있을 것인가?

13-6. 이번 장에서 다룬 여러 진입 방식들은 어떠한 윤리적 문제점을 야기할 것인가?

13-7. 당신의 회사와 비슷한 상황에 처했던 기업 중 이를 성공적으로 해결한 기업이 있는가?

팀 협력 활동

이 프로젝트의 목적은 협상의 복잡성을 소개하고 당신의 협상력을 증진시키는 데 있다.

배경 : 서유럽의 자동차 제조업체가 동남아시아 시장으로의 진입을 계획하고 있다. 이 회사는 낮은 비용으로 차를 조립하기 위해서 베트남의 호치민에 조립 공장을 만들고 싶어 한다. 차를 조립하는 데 가장 중요한 부품들은 브라질, 폴란드 그리고 중국 소재의 제조 공장으로부터 온다. 이렇게 완성된 차는 동남아시아 및 인도 대륙의 신흥시장으로 팔려 나간다. 경영진은 베트남 정부와 1억 달러 규모의 조인트 벤처를 시작하고 싶어 한다. 기업 측에서 벤처 사업에 필요한 기술과 관리 노하우를 제공하고 정부는 소수 주주로서 이 벤처에 자금을 융통하는 방향을 생각하고 있다. 기업에서는 정부의 주된 공헌은 세금 인하 및 다른 금융적인 이익을 통하여 사업을 운영하기에 안정적인 환경을 만들어 주는 것이라고 생각하고 있다. 금융 자본이 베트남으로 적당한 속도로 유입되고 있다. 환율은 강하고 인플레이션은 낮은 수준으로 유지되고 있다. 지역 내 존재하는 다른 국가들과 함께 투자자들은 국가의 안정성을 일반적으로 걱정하고 있다. 새롭게 설립된 두 곳의 조립 공장은 현지의 경제를 증진시켜 주었고, 실업률을 낮추어 주었으며, 현지의 임금 수준을 올려 주었다. 그러나 현지의 일부 정치인들은 혹시 기업에서 오직 현지의 값싼 노동력만을 이용하고 있는 것은 아닌지 걱정하고 있다.

활동 : 3~4명의 같은 숫자의 협상 팀을 구성하라. 팀의 반은 회사 측을 대변하고 나머지 반은 정부를 대변하도록 한다. 팀별로 15분 정도 시간을 가지고 팀이 제시할 수 있는 방안과 협상 전략에 대해 토론하라. 다른 팀과 만나 20분 정도 협상을 진행하라. 협상을 마친 후에는 15분 동안 다른 팀과의 협상이 어떻게 진행되었는지 비교 분석하라.

스스로 연구하기

13-8. 정부는 세계적 무역 흐름과 해외직접투자에 다양한 방법(예를 들어 지역 경제 그룹을 형성)으로 영향을 끼치고 있다. 두 가지 시장진입 방식을 말하고 어떻게 두 시장진입 방식이 정부의 행동에 의해 영향을 받게 되는지 답하라.

13-9. 서구 기업들이 중국의 엄청난 인구를 타깃으로 하여 중국으로의 유입 후 본인들의 프랜차이즈 시스템을 출범시키고 있다. 당신이 만약 당신의 패스트푸드 업체를 중국에 진출시키고자 한다면 어떤 요소들에 대하여 특별히 고민해야 하겠는가? 설명하라.

국제경영 실전 사례 텔레콤 벤처가 세계를 하나로 묶다

텔레콤 산업이 변화하고 있다. 브로드밴드, 무선 인터넷 등의 기술 발달이 영상 통화 및 고속 데이터 전송을 가능하게 하면서 글로벌 전자상거래의 시대가 열리고 있다. 텔레콤 서비스의 수익은 연간 약 6,000억 달러에 이르며 국제 기업의 20% 정도를 이 산업이 차지하고 있다.

우편, 전화, 전신 등의 독점기업들이 이제 민영화되기 시작하면서 엄청난 시장 기회들이 나오고 있다. 1998년부터 텔레콤 규제 완화는 유럽에서 그 징조를 보이고 있었다. 한편 개발도상국가의 정부에서는 가능한 전화 라인을 늘리기 위해 엄청난 투자를 하고 있었다. 전화서비스에 대한 수요는 엄청난 속도로 향상되고 있다. 국제전화의 양은 최근 6년간 매년 2배 이상 증가하고 있는 수준이다. 이러한 변화의 결과는 텔레커뮤니케이션 산업의 글로벌화이다. 씨랜드 서비스사의 부회장 윌리엄 도노반은 "나는 세계에 있는 여러 PTT와 이야기하는 것을 원치 않는다. 나는 한 나라에서 한 통신사를 들렀다가 다른 나라에 갔을 때 또 다른 통신사에 들르고 싶지 않다. 왜냐하면 그 통신사는 다른 나라에 존재하지 않기 때문이다."라고 말한다.

변화한 시장과 경영환경을 활용하길 바라면서 여러 조인트 벤처 및 제휴가 형성되었다. 프랑스 텔레콤, 도이치 텔레콤, 그리고 스프린트사가 여러 국가에서 세계적인 텔레커뮤니케이션을 가능케 한 조인트 벤처 글로벌 원을 창출했다. 조인트 벤처의 일환으로 스프린트사는 10%의 지분을 프랑스와 독일의 협력사에 판매했다. 이들에게 한 가지 문제점은 어떻게 3개 파트너사의 네트워크를 하나의 거대한 네트워크로 통일시키는가 하는 점이었다. 또한 초기 투자비용이 높았던 것과 3개의 다른 언어로 소통해야 하는 어려움은 이 연합 내의 마찰을 가져오게 되었다. 초창기에는 각자 이 조인트 벤처를 위해 어떤 가치를 가져올 것인가를 결정하는 데 굉장히 긴 협상 시간이 요구되었다. 전 글로벌 사장은 "우리 사이에는 신뢰가 있지 않았다."라고 말했다. 다른 문제들은 각 국가에서 단말기에 대한 독점권 및 유통 협약을 맺음으로써 발생된 단말기 관련 문제 그리고 요금 청구에 있어 불편함 등이다. 또한 스프린트사의 회장 윌리엄 에스레이로 하여금 그 당시 조인트 벤처 글로벌 원의 대표이자 스프린트사의 임원이었던 게리 포시를 스프린트사의 CEO로 임명하게 된 재정적 손실 사건이 있었다.

AT&T 역시 시장진입 방식으로 다양한 파트너십 전략에 의존하고 있었다. 월드파트너스라는 제휴기업은 AT&T와 일본의 KDD 그리고 싱가포르 텔레콤의 제휴로 인해 생겨났다. 월드파트너스의 목표는 향상된 품질의 텔레커뮤니케이션 서비스를 세계적으로 사업을 하는 기업들을 위해 구축하는 것이었다. 오늘날 월드파트너스는 뉴질랜드 텔레콤, 텔레스트라(호주), 홍콩 텔레콤 그리고 유니소스를 포함한 10개 기업으로 구성된 기업이 되었다.

유니소스사는 그 자체로 조인트 벤처 회사이며 원래 스웨덴, 스위스, 네덜란드의 통신사들이 합쳐져서 만들어진 것이다. 추후에 스페인의 통신사도 유니소스의 제휴사로 가입하게 되었다. 유니소스와 AT&T는 60 : 40으로 협약한 조인트 벤처인 AT&T-유니소스를 탄생시켜 음성, 데이터, 메시지 등의 서비스를 유럽 기업들을 대상으로 제공했다. AT&T는 또한 프랑스와 독일 텔레콤 회사와의 조인트 벤처를 선호했다. 그러나 유럽의 규제기관에서는 AT&T의 강력한 브랜드 이름과 엄청난 규모를 고려하여 조인트 벤처를 맺는 것을 거부했다.

이러한 거래에는 강한 논리가 있었다. AT&T-유니소스의 CEO인 제임스 코스그로브는 경쟁력 있는 통신업체가 되기 위해서는 글로벌 솔루션이 필요하다고 암스테르담 근처의 본사에서 설명했다. 5개의 모기업이 있었음에도 불구하고 동등하고 서로 의견이 일치하는 조인트 벤처가 개발되었다.

CEO 코스그로브는 2년 동안 함께 일한 후에 모기업들은 그들 자신의 성공은 결국 이 조인트 벤처의 성공에 달려 있음을 깨달을 것이라고 설명했다. 스페인계 통신사가 제휴사로서 참가하는 것은 AT&T에게는 매우 중요했는데 이는 스페인계 기업이 라틴아메리카에 끼치는 영향력이 어마어마했기 때문이다. 불행히도, 스페인계 기업이 곧 콘서트 커뮤니케이션이라는 곳과 연맹을 맺게 되면서 이 제휴는 약해지게 되었다. 이 빈자리를 메우기 위해서 AT&T와 이탈리아 스테트사가 새로운 제휴를 맺었고 유럽뿐 아니라 라틴아메리카에서도 통신 사업을 확장하게 되었음을 발표했다.

세 번째로 큰 통신업체 연맹인 콘서트 커뮤니케이션은 영국 통신사 PLC가 MCI 커뮤니케이션의 지분을 20% 사들이면서 형성되게 되었다. 이 연맹의 목표는 국제 기업들을 대상으로 글로벌 통화와 데이터 네트워크를 제공하는 것이었다.

글로벌 사고 질문

13-10. AT&T가 유니소스와의 조인트 벤처에 어떠한 강점을 가져왔는가?

13-11. AT&T-유니소스 조인트 벤처 관계에서 나타날 수 있는 잠재적인 문제점은 어떤 것이 있을까?

13-12. 글로벌 원, 유니소스 그리고 다른 파트터십의 형성을 평가해 보라. 어떠한 전략적 요소가 진입 방식 선택에 영향을 끼쳤는가?

출처 : Barbara Martinez, "Sprint Names Its Long-distance Chief to Run Loss-Beset Global One Venture," *Wall Street Journal,* February 17, 1998, p. B20; Jennifer L. Schenker and James Pressley, "European Telecom Venture with Sprint Hasn't Become the Bully Some Feared," *Wall Street Journal,* December 23, 1997, p. A11; Alan Cane, "Unisource Partners to Strengthen Ties," *Financial Times,* June 4, 1997, p. 13; Gautam Naik, "Unisource Expected to Merge Operations," *Wall Street Journal,* June 4, 1997, p. B6.

제14장

제품 개발 및 마케팅

학습목표

이 장을 공부한 후에 다음을 할 수 있어야 한다.

1. 국제적 제품 전략을 개발하는 데 필요한 요소를 설명한다.
2. 국제적 프로모션 전략 및 기업에 가능한 방법을 개략적으로 서술한다.
3. 국제적 유통망 전략을 디자인할 때 필요한 요소를 설명한다.
4. 두 가지 국제적 가격 전략과 여기에 필요한 요소를 설명한다.

돌아보기

제13장에서는 국제적 진입 방식에 대한 장점과 단점에 대하여 알아보고, 어떤 때 각 진입 방식이 적절한지에 대해 논의했다. 또한 각 진입 방식별 경영관리 입장에서의 이슈와 진입 방식을 결정하는 데 중요한 전략적 요소들에 대하여 설명했다.

이 장 잠깐 보기

이 장에서는 국가경영환경의 차이와 세계화가 어떻게 제품의 개발 및 마케팅에 영향을 끼치는가를 다룬다. 제품을 생산할 때, 프로모션할 때, 유통할 때, 그리고 가격 전략을 책정할 때 고려해야 하는 변수에 대하여 알아본다.

미리 보기

제15장에서는 어떻게 기업이 국제적으로 제품을 출시하고 관리하는지 공부할 것이다. 환경적 요소들이 어떻게 생산 전략에 영향을 미치는지에 주안점을 둔다.

삶에 날개를 달다

출처 : © Anna Volkova/Demotix/Corbis

오스트리아 비엔나 – 디트리히 마테쉬츠가 아시아로 해외 출장을 갔을 때, 그는 몇몇 유명한 에너지 드링크를 맛보았다. 시장 기회를 느끼면서 그는 에너지 드링크 샘플 몇 개를 오스트리아로 가져와 1987년 레드불(www.redbull.com)을 시작했다. 에너지 드링크 레드불은 현재 166개국을 통틀어 연간 53억 캔씩 팔리는 기업으로 성장했다.

레드불은 판매되는 모든 시장에서 그 제품이 동일하다. 옅은 빨강, 파랑, 은색이 섞인 캔에 카페인과 비타민, 아미노산 타우린이 담긴 그 제품이다. 레드불은 이 음료의 힘을 빌려 새벽까지 춤을 추고 놀 수 있는 클럽 마니아들의 귓속에 들리는 음악 같은 존재이다. 충성도 높은 고객의 입에서 입으로 광고되어 레드불은 파티를 즐기는 사람들에게 알려졌고 매출은 급성장하게 되었다. 전 세계적으로 레드불은 이벤트에서 무료로 샘플을 나누어 주는 '브랜드 대사'를 채용하고, 또한 대학가에서 레드불에 대한 이야기를 퍼뜨리고 레드불을 마시는 '학생 홍보 대사'를 채용한다.

레드불은 또한 창의적인 TV 광고를 통해 두 자리 숫자의 수익을 올리기도 했다. 이 TV 광고는 "레드불은 당신에게 날개를 달아 줍니다"라는 문구와 함께 만화 캐릭터들이 레드불을 마신 후 하늘로 떠 날아가는 모습을 보여 주었다. 레드불은 또한 스노보딩, 행글라이딩, 스케이트 보딩 등 여러 스턴트 스포츠 및 레이싱 선수들을 스폰서하기도 했다. 위 사진에서는 스웨덴의 프리스타일 스노모바일 선수 다이엘 보딘이 러시아 상트페테르부르크에서 열린 국제 동계 익스트림 축제에서 묘기 점프를 선보이고 있다.

레드불은 그것의 지나친 단맛에 대해 불평하는 고객에 대해서는 전혀 신경 쓰지 않는 듯하다. "음료의 맛에 대한 것이 아니다. 고객은 우리를 사랑하거나, 우리를 증오하거나 둘 중 하나다."라고 레드불의 대표는 말한다. 덴마크, 노르웨이, 우루과이 등지에서 음료에 포함된 성분 때문에 판매를 금지당했으나, 아직도 많은 사람들이 레드불과 함께 행복하게 달리고 있는 듯하다. 이번 장을 읽으면서 제품이 시장에 판매되는 여러 가지 방법에 대하여 생각해 보자.[1]

지금까지 우리는 세계화가 산업과 제품에 어떤 영향을 어느 정도로 미치는지에 대해 알아보았다. 어떤 기업은 세계화의 영향을 잘 이용하여 단일 제품으로 세계 시장을 공략할 수 있는 제품을 생산하기도 한다. 앞서 보았듯이, 레드불은 에너지 드링크라는 동일한 제품을 160개가 넘는 국가에 마케팅하고 있다. 그러나 기업의 제품은 물리적(외형적)으로는 세계에 있는 고객들의 입맛을 맞추기 위해 변화한다. 다른 기업의 제품은 각각 특수한 현지 환경을 반영하기 위해 다른 마케팅 캠페인을 펼치곤 한다.

본국에서 판매하는 그대로의 제품을 세계에 팔 수 없는 기업들은 신제품을 만들거나, 프로모션을 수정하거나, 마케팅 전략을 수정하는 등의 방법을 사용해야 한다. 하지만 마케팅 전략을 그대로 수행할지, 혹은 다른 수정을 가해야 할지를 관리자들은 어떻게 판단할 수 있을까? 이러한 딜레마를 일반화–맞춤형이라고 부른다.

미국의 연구원인 시어도어 레빗은 세계가 점차 일반화되고 동질성을 띠어 가기 때문에 같은 제품을 같은 방법으로 마케팅해야 한다고 말한다.[2] 또한 그는 기술로 인해서 전 세계 사람들의 니즈와 선호가 점차 한곳으로 수렴하고 있다고 말한다. 그는 기업이 제품의 물리적인 외형과 마케팅 전략을 일반화시키는 것을 통해 생산 및 마케팅 비용을 절감해야 한다고 말한다. 그러나 일반화라는 것은 기업이 국제적으로 나아가는 데 사용할 수 있는 수많은 전략 중 하나일 뿐이며, 항상 적합한 전략은 아니다. 기업은 현지화 전략을 통하여 제품 및 마케팅을 현지 기호에 맞게 수정함으로써 더 나은 결과를 얻을 수도 있는 것이다.

서로 다른 국가에 존재하는 소비자들은 때때로 그들만의 특별한 기호와 선호를 반영하는 제품을 바라기도 한다. 문화, 정치, 법 그리고 경제적 요소가 이러한 소비자 및 산업 구매자들의 기호에 영향을 미치게 된다. 제2장에서 공부한 것과 같이, 문화적 요소는 특정한 색깔, 미적 감각에 대한 선호와 연관이 있다. 러버메이드사(www.rubbermaid.com)에서 가정제품을 국제적으로 출시할 때 이러한 미적 요소들에 대해 고려했다고 한다. 러버메이드사에서는 제품 소재(플라스틱에서 금속까지)에 따라, 색상(흰색에서 밝은 하늘색까지)에 따라, 외형(뚜껑이 있는 것부터 막혀 있는 것까지)에 따라 시장을 살피며 출시했다.

어떠한 제품은 모든 문화권에 매력적으로 다가갈 수 있었다. 예를 들어 레드와인의 경우 아시아권 국가의 전통적 음료는 아니다. 이러한 수요는 레드와인이 건강에 좋다는 의학적 연구 결과가 보고되면서 많은 아시아 문화에 퍼져 나갔다. 현재 많은 아시아 사람들은 식당에서 세련되게 보이고 성공의 이미지를 담은 와인을 종종 시키곤 한다. 현재 베이징에서 트렌디한 젊은 사람들은 그들의 부모나 조부모 시대의 전통적인 선물이 아닌, 레드와인을 선물로 주고받는다.

이러한 간단한 소개를 바탕으로 국제적 마케팅 전략에 얽힌 이슈에 대해 깊이 있게 공부해 보자. 이번 장에서는 기업이 그들의 제품, 프로모션, 광고, 가격, 디자인 유통 채널 전략을 창출하는 것에 따라 국제적 마케팅 전략이 어떻게 다른지에 대해 공부한다. 이번 장을 통하여 세계화와 국가 간의 차이점이 어떻게 국제적 마케팅 활동에 영향을 미치는지에 대해 공부할 것이다.

제품 전략 개발

다양한 문화 및 시간대에 걸친 마케팅 활동은 마케팅 관리자의 노련함과 경험을 시험해 볼 수 있다. 기업이 국제적으로 나아가기로 결정했을 때, 관리자는 기업의 제품을 일반화시킬 것인지 시장에 현지화시킬 것인지에 대하여 여러 선택지가 있다. 이러한 국제적 제품 전략 이슈에 따라 어떤 결정을 해야 하는가에 영향을 미치는 요소들에 대하여 공부해 보자.

법과 규제

기업은 때때로 표적시장의 법과 규제에 맞게 제품을 수정해야 하기도 한다. 사람들의 기호는 다양하지만 이 또한 규제의 테두리 안에서 이루어지는 것이다. 예를 들어 초콜릿 전쟁이라는 것이 유럽에서 발발했는데 이는 초콜릿 제품 안에 들어가는 구성물에 대한 규제를 일반화시키려 하면서 생기게 되었다. 벨기에, 프랑스, 독일 등의 나라가 포함된 한쪽에서는 순수하게 코코아만을 함유해야 한다고 했고, 반대편인 영국, 덴마크, 오스트리아, 핀란드 등에서는 코코아에 식물성 지방을 함유하여 제품을 만드는 것을 허락하고 있었다. 특히 코코아 순수주의자들은 광고에서 **초콜릿**이라는 단어를 사용하기 위해서는 100% 코코아만을 함유할 경우로만 한정해야 한다고 주장할 뿐 아니라 **밀크 초콜릿**이란 단어도 금지시켜야 한다고 말했다. 그들은 코코아 이외의 성분이 들어간 제품에 대해서는 '우유와 식물성 지방이 함유된 초콜릿'이라고 표기하기를 원했다.

개발도상국의 경우 소비자 보호에 관련된 법이 적기 때문에 기업의 윤리적인 문제를 야기하곤 한다. 아이러니하게도, 낮은 교육 수준과 적은 구매 경험은 개발도상국의 소비자들이 더욱 보호가 필요하다는 것을 의미하곤 한다. 그러나 많은 정부에서 제품 생산비용과 소비자가격을 낮게 유지하기 위해 적은 규제를 부과하는 편이다.

문화적 차이

기업에서는 현지 시장의 구매자 문화에 기반한 선호도에 맞추기 위하여 제품을 수정하곤 한다. 하겐다즈(www.haagendazs.co.kr)는 표적시장 소비자들의 맛 선호도를 알아내는 데 굉장한 자신감이 있는 국제적 기업이다. 선호를 발견한 후에는 그들의 제품이 고객의 니즈를 충족시킬 수 있도록 맛을 바꾸는 것이다. 수년간의 시도와 맛 테스트를 거쳐 하겐다즈에서는 녹차 맛 아이스크림을 일본에 출시할 수 있었다. 녹차 맛 아이스크림은 기존 하겐다즈의 가장 사랑받던 맛인 바닐라 맛을 앞지르고 유행을 타기까지 했다.

모든 기업이 표적시장 문화에 제품을 맞추어 수정해야 하는 것은 아니다. 대신 다른 문화권에 대해서 잘 알아 두어야 하는 것은 공통적이다. 알토이즈(www.altoids.com)를 예로 들면, 영국에서 200년 넘게 소화제로 활약한 기업이지만, 미국에서 이 제품의 다른 용도에 대한 수요를 찾게 된다. 강한 향 때문에 미국에서는 입 냄새 제거제로 사용되기도 했다.

브랜드와 제품 이름

브랜드 이름과 관련된 몇몇 이슈들이 매일매일 경영 활동을 해 나가는 국제 관리자들에게는 중요한 문제이다. **브랜드 이름**(brand name)이란, 하나 혹은 다수의 상품의 이름으로서 그 상품의 특징을 알아보게 하는 이름이다. 우리가 어떠한 제품의 표기된 이름을 볼 때, 우리는 해당 브랜드와의 과거 경험에 기반하여 어떠한 가치를 매기게 된다. 이것이 바로 브랜드 이름이 제품의 특징과 이미지를 소비자와 구매자에게 알리는 데 중심에 있는 이유를 설명해 준다. 이것은 제품에 대해 소비자에게 알려 주고, 모방된 제품으로부터 소비자와 생산자 모두를 보호해 준다. 브랜드 이름은 소비자들로 하여금 제품을 선택하고 추천하고 거절할 수 있도록 도와준다. 또한 브랜드 이름은 기업으로 하여금 경쟁사들이 침범할 수 없는 법적인 보호막으로 작용하기도 한다.

브랜드 이름
하나 혹은 다수의 상품의 이름으로서 그 상품의 특징을 알아보게 하는 이름

강력한 브랜드 이름은 경쟁우위에 설 수 있는 기업의 가장 소중한 자산이 되기도 한다. 보다

많은 소비자들과 사업가들이 세계를 더 많이 돌아다니게 되면서, 전 세계에 걸쳐서 동일함을 유지하는 브랜드 이미지가 점점 중요해지고 있다. 브랜드 이름이 일관성을 이루지 못한다면 존재하는 혹은 미래의 소비자들에게 혼란을 야기할 수 있다. 기업이 여러 시장에 걸쳐서 그들의 브랜드 이름의 일관성을 추구할 수 있고, 또한 그들은 새로운 제품 이름을 출시하거나 현존하는 것들을 표적시장 현지 기호에 맞추어 수정할 수도 있다.

기업은 또한 그들의 브랜드 이미지에 대해서 재검토해야 하며 만일 구식이라면 업데이트시켜야 한다. 립톤(www.lipton.com)의 예에서 이러한 것을 알 수 있다. 립톤은 소비자들이 자신들을 코카콜라의 대체재로 생각해 주기를 바랐다. 1890년대부터 립톤은 회사 창립자인 토머스 립톤을 마스코트로 사용했다. 대대적인 브랜드 점검을 거치면서 립톤에서는 그와 연관된 이미지를 모두 지워 버렸는데 이는 토머스 립톤이 너무 구시대의 이미지를 가지고 있어서 립톤의 타깃층이 되어야 할 젊은 소비자들이 립톤 제품을 부모님 시대에 마시는 차 정도로 생각했기 때문이다. 브랜드에 새로운 활력을 불어넣기 위해서 립톤은 이러한 결정을 내린 것이다.

국제적인 브랜드와 제품 이름 선정 제품을 국제적으로 일반화시키든, 현지화시키든 제품의 이름을 선정할 때는 주의해야 한다. 거의 대부분 기업의 제품 이름은 **형태소**(의미를 갖는 작은 단어)로 이루어져 있다. 네임랩(www.namelab.com)은 6,000개의 형태소를 사용해서 제품 이름을 개발해 주는 기업이다. 대부분의 서양 언어가 비슷한 언어에 근원을 두기 때문에 기업은 비슷한 의미를 담고 있는 기업 이름을 생성하기도 한다고 네임랩은 지적한다. 예를 들어 *Accu*는 서부와 일본 문화 모두에서 '정확도'를 의미한다. 혼다(www.honda.com)는 어큐라의 한 단계 업그레이드된 버전의 차이다. 컴팩(www.compaq.com), 코닥(www.kodak.com), 소니 등 다른 이름들 역시 여러 언어 안에서 비슷한 의미를 함축시키기 위해서 혹은 문화적 편견을 없애는 노력을 통해 만들어졌다.[3] 이름을 고른 후에 기업은 현지인들에게 그들의 반응을 설문조사할 수 있다. 이러한 방법이 기업으로 하여금 있을 수 있는 마케팅 실수를 미연에 방지할 수 있도록 한다.

때때로 국제 시장에서 제품 및 브랜드 이름은 신중하게 조사하고 선택된 것이 아니면 현지 고객들에게 좋지 못한 이미지를 주기도 한다. 영국 기업인 클락스 슈즈(www.clarks.com)는 한 신

브랜드 이름은 제품 성격과 어떻게 구매자들이 브랜드를 인식하느냐의 중심에 있다. 글로벌 기업의 어떤 브랜드든 각 나라의 도시를 둘러싼 환경에 섞여 들어가 있다. 사진에서는 한국의 제주도에서 한 젊은 남자가 오토바이를 타고 맥도날드 배송을 하고 있다. 강력한 브랜드력은 그 산업이 패스트 푸드든, 배송 서비스든, 휴대전화든, 금융 서비스든, 혹은 컴퓨터 소프트웨어 업체든 간에 글로벌 기업에 있어 필수적이다. 글로벌 브랜드 이미지가 오늘날 너무나 중요한 이유에는 어떤 것이 있을까?

출처 : © Daniel Kalker/dpa/Corbis

발 라인에 이름을 잘못 부여하여 영국 내에 있는 힌두 종교 집단의 공분을 사기도 했다. 결과적으로 클락스사는 신발 이름으로 힌두교의 신인 비슈누와 크리슈나를 선정함으로써 힌두교인들의 공분을 산 것에 대하여 영국 언론에 공개적으로 사과문을 내기도 했다. 또한 클락스 슈즈는 신발 제품의 이름을 결정하기 전에 더 마케팅 조사를 할 것을 약속하기에까지 이르렀다.

때로는 제품 이름이 고객들의 오해를 살 수 있기 때문에 변경되는 경우도 있다. 영국의 음료 및 초콜릿 생산자인 캐드버리 슈웹스(www.cadbury.co.za)의 경우를 생각해 보자. 이들은 제품 이름 때문에 진짜 스위스 초콜릿을 판매한다는 고객들의 오해를 사게 되어 실제 스위스 초콜릿 기업들에게 소송을 당했고, 그 결과로 캐드버리사는 해당 제품을 시장에서 퇴출시키게 되었다. 영국 법원에서는 제품 패키지에 사용된 '스위스' 부분과 알프스와 연관하여 눈의 이미지를 형성한 부분이 고객들에게 오해를 불러일으켰다고 판결했다.

국가 이미지

고객이 제품으로부터 얻을 수 있는 가치는 많은 부분이 해당 제품이 디자인되고, 생산되고, 조립된 국가의 이미지에 따라 영향을 받는다. 이탈리아 신발, 독일 고급차, 일본 전자제품 등을 생각했을 때 우리는 국가의 이름이 미치는 영향을 생각해 볼 수 있다. 이러한 이미지는 어떤 제품에는 긍정적인 영향을 주기도 하고, 다른 제품에는 부정적인 영향을 주기도 한다. 예를 들어 러시아산 캐비어와 보드카는 세계적으로 최고 품질의 명성을 가질 것이다. 그러나 러시아 자동차 혹은 컴퓨터의 경우에는 어떠할까? '러시아'라는 국가 이름을 특정 제품에 가져다 붙이는 것은 때론 유리할 수 있지만, 어떠한 제품의 경우에는 해로울 수도 있는 것이다.

국가 이름은 품질 및 신뢰도에 관한 고객의 인식에 영향을 미치기 때문에 국가 이미지는 제품 전략에서 중요한 요소를 차지한다. 하지만 국가의 이미지란 긴 시간에 걸쳐 서서히 변화하기도 한다. 수십 년 전에 일본의 제품은 신뢰할 수 없는 낮은 품질로 알려졌었다. 국가적 차원에서의 품질 향상을 위한 노력과 회사 차원에서 품질 관리 시스템을 도입한 것은 점차 일본이라는 국가의 이미지를 정확하고 품질 좋은 제품의 생산국이라는 이미지를 쌓아 갈 수 있도록 했다. 가격에 합리적인 고객들에게 일본 차는 세계에서 최고의 차를 포함하고 있다.

이것과 비슷하게, 대만 역시 산업 제품 및 장난감 등의 가장 기본적이고 꼭 필요한 요소만 구비하고 있는 국가로 알려져 있었다. 그러나 오늘날 대만의 산업은 수십 년 동안 이루어진 연구 및 공업 기술의 투자를 반영하여 가장 혁신적인 제품을 생산하는 것으로 유명하다. 열정적인 R&D(연구개발)를 통해 엄청난 이윤을 남긴 기업 중에 자전거 제조 기업인 자이언트(www.giant-bicycles.com)가 있다. 이 기업은 대만의 타이중이란 지역에서 거의 30년 전부터 다른 회사 이름의 자전거를 생산하기 시작했다. 그러나 이들이 자체 브랜드 이름으로 자전거를 생산하기 시작했을 때, 그들은 작은 시장인 산악 자전거 시장을 공략했다. 경량 소재를 사용하는 자이언트사의 혁신은 스페인 자전거 레이싱 세계 챔피언 팀의 후원을 받을 정도로 혁신적인 디자인을 창조해 냈다. 오늘날 "Made in Taiwan" 태그가 달린 제품들은 하이테크 제품으로서 명성을 떨치고 있다.

위조품과 암시장

제3장에서 우리는 기업이 그들의 지적 자산과 상표를 위조품으로부터 보호하려 한다는 것을 공부했다. 위조품이란 상표, 특허 혹은 저작권 등을 위조하여 만든 법적 보호를 받는 본제품을 모

방한 제품을 말한다. 개발도상국에서는 때때로 이러한 무형자산에 대한 법적 보호가 약한 부분이기 때문에 이러한 나라들이 위조품 시장이 아주 활발한 곳이다. 위조품이 많은 국가는 중국, 인도, 러시아, 태국 그리고 터키 등이다.

위조는 시계, 향수, 의류, 영화, 음악, 컴퓨터 소프트웨어를 포함한 브랜드 이름이 중요한 소비재 등에서 아주 쉽게 나타나는 현상이다. 위조품은 주로 암시장이라고 불리는 경로를 통해 소비자들에게 판매된다. 암시장이란 위조품이 불법이거나 심하게 규제되기 때문에 암거래가 이루어지는 곳을 말한다. 세계의 주요 대도시 뒷골목에서 활동하는 판매업자들이 소매 암시장의 가장 큰 부분을 차지하고 있다. 이를테면 불가리아의 수도 소피아에서는 CD 한 장에 50개 정도의 소프트웨어가 들어 있는 것을 10달러면 구매가 가능하다. 이 소프트웨어들을 모두 정품으로 구매한다면 그 가치는 5,000달러에 달한다. 에스토니아의 카다카 시장에 가면 마이크로소프트 오피스를 정가의 15분의 1 정도의 가격인 18달러에 구매할 수 있다. 비행기 부품, 의료 혹은 제약 제품과 같은 공산품 요소들이 점차 위조품의 떠오르는 표적이 되어 가고 있다.

위조된 제품이 낮은 품질을 가지고 있을 경우에 위조품은 브랜드 이미지에 해를 입힐 수 있다. 기업의 브랜드 이름을 보고 구매를 할 때 소비자들은 특정 품질에 대하여 만족하기를 기대하고 있는 것이다. 그러나 제품이 해당 기대를 져버렸을 경우에 소비자는 불만족하게 되고 기업의 명성은 타격을 받는 것이다. 최근 일본의 오토바이 제조업체의 중국 매출이 급격히 감소하고 있는데 이것은 복제품에 가까운 제품을 원제품의 40% 가격으로 할인받아 구매한 소비자들 때문이다. 특히 중국 생산자들이 이러한 위조품들을 기타 아시아 국가로 수출하기 시작하면서 위조품에 대한 문제가 오늘날 더욱 심각해지고 있다. 일본에서 두 번째로 큰 오토바이 생산자인 야마하(www.yamaha-motor.com)는 중국 기업들에 대한 법적 대응을 고려하고 있을 정도이다. 야마하는 공식적으로 중국 기업에서 생산한 제품이 야마하 제품을 따라 만든 후 야마하 상표만 다른 곳에 찍어 내고 있다고 발표한 바 있다.

제품수명주기의 감소

전통적으로 기업은 제품을 다른 시장에 끊임없이 소개해 감으로써 그 제품수명을 연장시켜 왔다. 그들은 처음에 산업화된 선진국들에 제품을 소개하고 신흥시장 혹은 개발도상 시장에 나중에 출시하는 방법을 사용해 왔다. 따라서 한 시장에서 제품의 매출이 감소할 때 다른 시장에서는 증가할 수 있었던 것이다.

그러나 정보 통신의 발달로 인해 세계의 고객들이 최신 제품에 대해 모두 알 수 있게 되었다. 결과적으로 신흥시장 및 개발도상 시장에 있는 고객 역시 최신 제품을 원하게 되었고, 선진국에 이미 소개된 구식 제품을 원하지 않게 되었다. 또한 기술 혁신 발달의 가속화도 제품수명주기를 단축시키고 있다. 국제 기업의 활동 자체가 이러한 현상을 불러온 것이다. 기업은 신제품의 개발을 더욱 가속화하고 있으며 각 제품의 수명주기가 줄어들고 있는 실정이다.

퀵 스터디 1

1. 세계적으로 같은 마케팅 전략을 사용하느냐 아니면 국가에 맞추어 수정하느냐 하는 것을 결정하는 것을 무엇이라고 하는가?
2. 기업의 국제적 생산 전략에 영향을 끼치는 요소는 무엇인가?
3. 제품의 특성 중 어떤 것이 특히 다른 문화의 사람들을 기분 나쁘게 할 수 있는가?

프로모션 전략 창출

프로모션 믹스(promotion mix)는 기업이 개인 판매, 광고, PR, 직접 마케팅 등을 통하여 유통 채널과 표적 고객에게 다가가는 모든 활동의 집합이다. 프로모션 활동은 마케터들 사이에서 가장 관심을 받는 분야인데, 이는 전문가들이라 할지라도 일반적으로 마케팅과 프로모션을 동일시하기 때문이다. 두 가지 일반적인 프로모션 전략에 대해 공부한 후에, 국제 시장에서의 광고 및 커뮤니케이션에서 일어날 수 있는 문제점들에 대하여 살펴보자.

프로모션 믹스
기업이 개인 판매, 광고, PR, 직접 마케팅 등을 통하여 유통 채널과 표적 고객에게 다가가는 모든 활동의 집합

풀 전략과 푸시 전략

기업이 소비자들에게 마케팅 메시지를 전달하기 위한 프로모션 전략에는 일반적으로 두 가지가 있다. 기업은 이 두 가지 중 한 가지 전략에 집중할 수도 있고 혹은 두 가지를 혼합하여 사용할 수도 있다. 유통 채널 관계자들이 기업의 제품을 보유하도록 촉진하여 소비자의 수요를 창출하는 전략을 **풀 전략**(pull strategy)이라고 한다. 다른 말로 이야기하면, 소비자들의 요구가 유통 채널을 통하여 최종 소비자에게 이르기까지 제품을 '당겨'오도록 하는 것이다. 직접 마케팅 기술을 통하여 소비자들의 수요를 창출하는 것이 일반적인 풀 전략의 예이다. 예를 들어 P&G가 아시아 시장에 리조이스 미용 제품을 출시하려 했을 때, 유통 채널과 관련하여 문제를 겪고 있었고, 이에 P&G에서는 기본적인 고객 수요를 창출하기로 결정했다. 이에 따라 P&G에서는 트럭을 이용하여 이들로 하여금 각 마을을 돌며 무료 시험 패키지 등을 잠재적 소비자들에게 배포했다.

풀 전략
유통 채널 관계자들이 기업의 제품을 보유하도록 촉진하여 소비자의 수요를 창출하는 전략

이와 대조적으로 **푸시 전략**(push strategy)은 유통 채널 관계자들에게 압박을 주어 제품을 최종 소비자에게 전달하고 프로모션하도록 하는 전략이다. 제품의 생산업체는 일반적으로 그들의 제품을 백화점 혹은 할인점에 판매하는 푸시 전략을 사용하곤 한다. 예를 들어 생산업체의 영업 사원이 지속적으로 유통업체인 월마트에 전화하여 생산업체 제품의 좋은 비전을 설명하며 구매하도록 유도하는 것이 좋은 예이다. 푸시 전략은 컴퓨터 및 사무용 가구 등을 포함한 오피스 제품에도 종종 사용되곤 한다. 국제 시장에서 푸시 전략을 적절히 사용하기 위해 가장 중요한 것은 기업의 해외영업 부서이다. 어떻게 기업의 영업 부서가 다른 문화권에서도 사원들을 잘 관리할 수 있는가를 보려면 글상자 '경영자의 서류가방 : 국제적 영업조직 관리하기'를 참조하라.

푸시 전략
유통 채널 관계자들에게 압박을 주어 제품을 최종 소비자에게 전달하고 프로모션하도록 하는 전략

주어진 마케팅 환경 속에서 풀 혹은 푸시 전략을 어떻게 사용해야 하는가를 판단하기 위해서는 여러 가지 요소를 고려해야 한다.

- 유통 시스템 : 유통 채널 구성원들이 제품 생산자와 비교하여 더 많은 힘을 행사할 수 있는 구조에서 푸시 전략을 사용하는 것은 어려운 일이다. 또한 유통 채널 구조가 길 때에도 푸시 전략은 적절하지 않다. 유통 구조를 차지하고 있는 중간단계가 많아질수록 제품을 유통하도록 설득해야 하는 구성원들이 많아지기 때문이다. 이러한 경우에는 소비자의 수요를 창출하고, 풀 전략을 사용하는 것이 훨씬 현명한 방법이다.
- 대중매체와의 접근성 : 개발도상국 혹은 신흥시장일수록 풀 전략을 사용하기에 적절한 대중매체에 접근하기가 어렵다. 이러한 경우에는 소비자들에게 제품에 대한 인지도를 올려 제품에 대한 수요를 창출하기 매우 어렵다. 이러한 시장 내의 고객 대부분이 인터넷이나 위성 TV를, 혹은 잡지를 구매할 여력이 되질 않는다. 이러한 경우에 광고는 주로 게시판과 라디오를 통해야 한다. 게다가 존재하고 있는 매체는 오직 현지 한 부분에만 국한되기 때문에

경영자의 서류가방 국제적 영업조직 관리하기

오늘날 기업은 해외 시장 매출에서 더 큰 수익을 올리고 있다. 당신이 더 좋은 국제적 영업조직 관리자가 되기 위해서는 어떻게 해야 할까? 여기에 몇몇 기업의 해외 대표로서 효율성을 올릴 수 있는 몇 가지 힌트가 있다.

- **영업 현장에 대하여 알고 있어라** 당신의 기업은 국제적 영업조직을 고용하고 운영하기 전 연구를 실시해야 하며 그 후에 영업 전략을 수립하고 당신의 영업조직인 표적시장에서 목표를 달성할 수 있도록 힘을 실어 주어야 한다. 보상을 어떻게 얼마나 해 주는지는 국가별로 다양하고 상이하다. 예를 들어 미국의 유럽에 비해 수수료가 연봉의 대부분을 차지하고 있다. 현지의 비슷한 사업에 있는 영업사원들의 연봉 구조와 인센티브 등에 대하여 알고 있어야 한다.
- **고객을 연구해라** 해외에 있는 고객이 국내에 있는 고객과 같은 기호와 니즈를 가지고 있다고 가정하지 말라. 잠재적 고객이 무엇을 원하는지 얼마의 돈을 쓸 수 있는지를 조사하라. ECA 상사(시장 정보 등을 판매함)가 아시아로의 확장을 시도했을 때 몇 번이고 계속해서 실패한 사례가 있다. ECA는 그 영업조직을 통하여 잠재적 고객들은 시장조사 데이터 멤버십에 들고 싶어 하기보다는 필요할 때마다 조금씩 시장 정보를 구매하기 원한다는 것을 배웠다. ECA는 이 현지 고객들에게 맞는 방법을 적용하여 그들의 멤버십을 판매할 수 있게 되었다.
- **문화와 함께 일해라** IOR 기업의 영업 마케팅 담당자인 존 와다는 영업사원들에게 동기를 부여하는 것은 현지 문화에 맞추어 달성 가능한 목표를 주는 것이라고 설명한다. 당신의 기업은 다음과 같은 질문에 대한 답을 찾아가야 한다. 현지 문화의 사람들은 팀 단위로 일하는 것과 경쟁에 대하여 어떻게 다르게 느끼는가? 어떻게 납기를 설정하고 계획해야 하는가? 당신은 시간관념이 매우 중요한 문화로 진입하는가 혹은 시간이 덜 중요한 문화권으로 진입하는가? 당신과 당신의 현지 영업팀은 이러한 것들에 대하여 반드시 이해하고 있어야 한다.
- **당신의 현지 대표인으로부터 배워라** 만약 당신의 현지 영업사원들이 현지의 시장과는 전혀 관련 없는 제품을 그들이 판매하고 있다고 생각한다면 그들의 성과는 굉장히 낮을 것이다. "나는 열심히 일했으나, 그러나 이 제품은 이곳에서는 팔리지 않는 것이다." 이와 같이 영업사원들은 제품을 판매하는 것보다 제품에 대해 불평하는 것에 집중하기 시작할 것이다. 당신의 영업사원들을 R&D 과정에 참여시켜 제품에 대해 이해도를 높이는 것이 중요하다. 또한 현지의 영업사원들을 국내 본사로 불러와 당신의 사업에 대해 배우게 하면 그들의 사업과 영업 활동에 대한 이해도가 올라가게 될 것이다. 마지막으로, 최고경영자는 꼭 현지 사무실에 들러 현지의 고객들에 대해 이해할 필요가 있다.

이러한 경우에는 높은 수준의 노출 효과를 거두기가 매우 어렵다. 예를 들어 인도네시아는 1994년이 되어서야 처음으로 전국적인 방송을 출범했을 정도다. 또한 문제가 되는 것은, 때로는 특정 상품을 특정 매체에 광고하는 것이 불법인 경우도 있다. 예를 들어 캐나다 및 미국에 진출하는 기업은 담배 상품을 TV나 라디오를 통해 광고할 수 없도록 되어 있다.

- **제품의 종류** : 풀 전략은 소비자들이 한 브랜드 이름에 대한 굉장한 브랜드 충성도를 보일 때 가장 적합하다. 다르게 표현하자면, 브랜드 충성도가 높은 소비자들은 그들이 쇼핑을 하기 전에 어떤 브랜드를 구매하고 싶은지 이미 알고 있다. 한편 푸시 전략은 브랜드 충성도가 없고, 싼 가격의 소비재를 구매하는 소비자들에게 적합하다. 낮은 브랜드 충성도란, 소비자들이 쇼핑을 할 때 어떤 브랜드가 좋은가를 알지 못하고, 단순히 유통업자 혹은 도매업자가 가지고 있는 제품을 구매한다는 것을 의미한다. 푸시 전략은 또한 산업재 시장에서도 자주 사용되곤 하는데, 이는 잠재적 구매자들이 제품의 특별한 특성 혹은 이점에 대해 잘 알아야 하기 때문이다.

국제적 광고

국제적으로 광고를 하는 것은 내수 시장에서 광고를 하는 것과는 차원이 다른 문제이다. 관리자는 해당 광고가 기업의 국제적인 프로모션 전략과 잘 맞아떨어지는 시장인지에 대해 연구한 지식을 활용하여 광고를 진행해야 한다. 문화적인 동질감이 있는 곳에서는 한 광고에 약간만 수정을 하여 내보낼 수도 있지만, 문화적 차이가 큰 곳에서는 광고 자체를 모두 새롭게 바꾸어야 할 경우도 있는 것이다.

코카콜라가 중국 시장에 진출할 때, 광고를 만든 사례는 해외 시장에서 광고를 개발하는 과정에서 생길 수 있는 힘든 부분들을 보여 준다. 코카콜라는 그들의 중국 광고를 현지에 맞추어 개발하고자 광고팀을 중국 북동쪽에 있는 하얼빈으로 보내게 되었다. 그러나 하얼빈으로 가는 길에서 팀과 촬영장비들을 수송하던 버스가 멈춰 버렸다. 버스 기사가 연료를 넣기 위해 가스탱크 밑에 불을 붙였을 때, 광고팀들은 버스가 폭발할까 무서워 모두 버스 밖으로 뛰어나가게 되었다. 광고팀은 혹독한 영하의 날씨에서 버스가 다시 움직일 때까지 기다려야만 했다. 광고 감독은 코가 동상에 걸릴 정도였다. 게다가 광고에 출연하게 된 중국 현지의 나이 든 노인이 귀머거리여서 광고 감독의 지시를 잘 알아듣지 못하기까지 했다. 광고팀은 붉은색 바람개비(광고에 나오는 소품)를 돌리기 위해 무릎 높이 이상의 눈길을 걸어야 할 때도 있었고, 바람이 엉뚱한 방향으로 부는 바람에 광고 세트장을 모두 재설치해야 하기도 했다. 그러나 결국 중국의 신년을 축하하고 있는 사람들을 묘사하는 광고를 만들어 냈고, 이 코카콜라 광고는 중국 소비자들의 마음을 움직일 수 있었다. 이러한 현지화된 광고가 코카콜라사의 "현지 입장에서 생각하고, 현지 입장에서 행동하는" 코카콜라 회장 더글라스 대프트의 현명한 생각을 나타내 준다.[4]

광고를 일반화시킬 것인지 현지화시킬 것인지를 결정하는 데 필요한 몇몇 요소에 대하여 알아보자.

광고의 일반화 혹은 현지화 한 국가의 시장에서만 이루어지는 광고의 대부분은 해당 현지의 청중들에게 온전히 그 중요함이 있다. 하지만 다양한 여러 시장에서 광고해야 하는 기업은 해당 광고 캠페인을 여러 국가에서 일반적으로 사용할 수 있는지, 아닌지를 결정해야 한다. 국가의 경계를 넘어 그들의 제품을 시장에 출시하는 기업들은 그들의 광고 캠페인을 가능한 일반화시켜 그 비용을 줄이고자 한다. 그러나 국가 간 상이한 문화와 법 등 다양한 이유 때문에 광고를 완전히 일반화시켜 세계 시장에 내놓는 것은 좀처럼 없는 일이다.

광고를 일반화시키는 기업에서는 자국의 사무실에서 캠페인을 컨트롤하는 경우가 많다. 이러한 정책은 광고 프로젝트가 일관성 있는 브랜드 이미지와 광고 메시지를 세계에 동일하게 전달할 수 있도록 한다 – 글로벌 전략의 목표(제11장 참조). 그들의 기본적인 프로모션 메시지, 광고 콘셉트, 그래픽, 정보 콘텐츠를 통일하고 일반화시킴으로써 기업은 광고의 일관성을 얻을 수 있다. 기업이 글로벌 마케팅 전략을 추진하기로 결정한다면, 자연적으로 광고 지출에 있어서 가장 많은 이득을 볼 수 있다.

기업이 글로벌 청중에게 다가갈 수 있는 한 방법은, 올림픽, 월드컵, F-1과 같은 세계적인 스포츠 이벤트의 스폰서가 되는 것이다. 이러한 종류의 이벤트는 여러 매체로부터 관심을 받고, 다양한 국가에 동시에 방송되기 때문이다. 이런 이벤트 근처에 광고 배너를 거는 것만으로도 수백만의 사람들에게 기업의 브랜드 이름이 노출될 수 있고, 그 인지도를 확연히 높일 수 있다. 102개의 서로 다른 국가의 시청자들이 F-1 레이싱 경기를 후원한 기업들의 배너를 보았다고 한다.

사례 : 어려운 유럽 고객들 EU 연합으로의 유럽 국가들의 통합은 경영자들로 하여금 유로 – 컨슈머라고 불리는 고객을 대상으로 표준화된 하나의 광고를 만들어 홍보할 수 있는 꿈을 꾸게 해주었다. 그러나 유로 – 컨슈머라는 이 콘셉트는 매우 드물고 실제 존재하는 것이 아닌 것 같아 세계에서 가장 영리한 광고주들조차도 그들을 정확히 규명할 수 없다.

유명한 세계적 광고 기업들 또한 범유럽적인 광고를 만들어 보려 했으나 각 국가의 차이 때문에 번번히 실패하기만 했다. 여기에 광고 회사 레오버넷(www.leoburnett.com)이 미국의 위스키

브라질 월드컵에서 클린트 뎀프시가 미국의 두 번째 골을 넣은 것에 대하여 포르투갈의 골키퍼가 이에 반응하고 있다. 4년마다 열리는 월드컵 중계방송은 기업들로 하여금 누적 300억 시청자들에게 자신들의 브랜드 메시지를 보여 줄 수 있는 기회를 제공한다. 글로벌 기업의 브랜드는 축구장 라인 바깥쪽의 전광판에 진열되어 경기가 진행되는 도중 전 세계의 사람들이 볼 수 있도록 한다. 월드컵 시즌 동안에 개인 스포츠 용품을 판매하는 기업들의 광고는 수천만 개가 넘는다.

출처 : ⓒ Martin Mejia/AP/Corbis

회사 조니 워커(www.johnniewalker.com)의 마케팅 캠페인을 할 때, 유럽 전체를 대상으로 하나의 표준화된 마케팅 캠페인을 벌였던 성공적인 사례를 알아보자. 이 사례는 광고 및 캠페인이 실제 런칭되기 전 수많은 테스트와 수정을 겪었음을 보여 준다. 원래 광고에서는 태그라인인 "The Water of Life"와 한 남자가 스페인의 유명 축제인 '황소들의 질주'에 참여하는 모습을 보여 주었다. 황소에게 밟히는 것을 가까스로 피한 한 남성이 그 승리를 축하하며 조니워커 레드라벨 한 잔을 마시는 모습을 담았다. 그러나 여러 나라에서 이 스페인 축제가 담긴 광고를 보며 격분했다. 왜냐하면 대부분 스페인에서는 좋은 위스키를 만들지 않는다고 인식하고 있기 때문이었다. 이 광고를 독일에서 테스트해 보았더니 역시 독일에서도 반응이 좋지 않았다. 독일인들에게 이 위스키 광고는 무엇인가 따라 하고 싶은 것이 아닌 단순히 무모하고 난폭하다고만 느껴졌던 것이다. 조니워커의 브랜드 관리자인 제니 본은 독일에서 황소의 질주를 광고에 담는 것은 의논해 보아야 소용없는 것이라고 설명했다. 태그라인인 "The Water of Life"는 여러 나라의 언어로 바꾸었을 때 이해할 수 없는 의미로 전달되기에 "Taste Life"로 교체했다. 또한 광고 내의 내레이션이 "당신의 삶이 당신 앞에서 반짝일 때, 반드시 그 반짝임을 바라보는 것이 가치 있게 하라"로 잘못 번역이 되었다. 이와 같이 거의 모든 시장에서 언어적 차이로 인해 슬로건이 잘못 해석되거나 그 뜻을 잃어버린 경우가 많았다. 이탈리아에서는 아예 슬로건을 빼먹었고, 독일에서는 슬로건을 번역하자 "하루하루를 마지막 날인 것처럼 살아라"와 같이 번역되어 그 번역이 거의 불가능한 것임을 증명하는 꼴이 되었다.

유럽의 다양한 언어는 마케터들로 하여금 캠페인을 번역하는 작업을 매우 어렵게 했다. 그렇기 때문에 성공적인 범유럽 광고들은 글로 적힌 언어나 광고 내 대사가 거의 없고, 영상미를 강조하고 제품과 고객에 집중한 사례가 많다. 태그호이어 시계 광고는 제품을 굉장히 차별화되고, 승리자의 이미지로 포지셔닝하여 성공적이었던 예가 있다. 이 광고에서는 상어와 경주를 벌이는 수영선수와, 거대한 레이저 날을 뛰어넘는 운동선수를 보여 주었다. 이렇게 영상미를 강조한 이 광고를 통해 승리자라는 메시지를 고객들에게 전달할 수 있었다.

혼합 제품과 프로모션 전략

기업이 마케팅 활동을 국제적으로 수행할 때는 제품의 커뮤니케이션 전략 및 프로모션 전략을 개발한다.[5] 특정 시장에 대한 기업의 커뮤니케이션 전략은 제품이 해당 시장에 출시될 제품의 본질과 마케팅될 프로모션 믹스를 고려하게 된다. 이 마케팅 커뮤니케이션 과정에 대하여 이야기한 후에 기업이 사용하는 5가지의 제품 프로모션 방법과 각각의 방법에 가장 적절한 상황에 대하여 알아볼 것이다.

프로모션 메시지 커뮤니케이션 제품이 가진 프로모션의 메시지를 표적시장에 전달하는 것을 **마케팅 커뮤니케이션**(marketing communication)이라고 한다. 제품이 가진 효용을 커뮤니케이션하는 것은 내수 시장에서보다 국제 시장에서가 훨씬 어렵다. 그 이유는, 국제적으로 마케팅을 한다는 것은 프로모션 메시지를 여러 언어로 변환해야 함을 의미하기 때문이다. 마케터들은 소비자들이 프로모션 메시지를 해석하는 데 영향을 끼칠 여러 문화의 언어와 느낌에 대하여 잘 알고 있어야 한다. 다른 나라 제품의 프로모션을 규제하고 관리하는 국가의 법 또한 마케팅 커뮤니케이션에서의 변화를 요구할지도 모른다.

마케팅 커뮤니케이션
제품이 가진 프로모션의 메시지를 표적시장에 전달하는 것

마케팅 커뮤니케이션은 일반적으로 〈그림 14.1〉에 나오듯 순환하는 과정이라고 생각된다. 기업이 고객과 소통하고 싶은 어떠한 아이디어가 커뮤니케이션의 원천이 된다. 이 아이디어가 이미지든, 언어든, 상징으로든 변환되어 **프로모션 메시지**를 형성(**암호화**)해 나가게 된다. 이러한 프로모션 메시지는 **청중**(잠재적 고객)들에게 다양한 **매체**를 통해 전달되게 된다. 기업이 커뮤니케이션 메시지를 전달하기 위해 사용하는 주요 매체로는 라디오, TV, 신문, 잡지, 게시판, 직접 메일 등이 있다. 청중이 메시지를 받은 후에는, 들은 메시지의 의미를 풀이(**해독**)하게 된다. **피드백**(결국 구매하느냐 하지 않느냐)의 형태로 된 정보가 그리고 다시 메시지의 원천으로 돌아가게 되는 것이다. 청중들의 해독 과정은 **노이즈**(프로모션 메시지를 받아서 해독하는 청중을 방해하는 모든 것)에 의해서 방해받을 수 있다. 중요한 문화적 차이를 무시함으로써 기업은 부주의하게 잠재적 노이즈를 증가시켜 프로모션 메시지에 대한 청중의 이해를 방해할 수 있다. 예를 들어 기업과 잠재적 소비자 사이의 언어적 장벽은 만약 기업이 프로모션 메시지를 현지 언어로 제대로 번역하지 못한다면 심각한 노이즈를 만들 수도 있는 것이다.

제품/커뮤니케이션 확장(이중 확장) 이 방법은 내수 시장에서의 제품과 마케팅 프로모션을 표적 시장에 동일하게 적용시키는 것이다. 특정한 환경 아래에서 이러한 전략은 가장 간단하고 수익성 있는 전략일 수 있다. 예를 들어 같은 언어를 사용하고 있는 것과 문화적 동질성으로 인해 영어 사용권인 캐나다의 기업들은 자국에서 판매하는 것과 같은 제품과 광고 전략을 미국 시장에서 사용할 수 있다. 즉 캐나다의 기업들은 두 시장에 적용할 하나의 제품과 하나의 프로모션 캠페인에 대해서만 비용을 들이면 된다. 그렇다고 캐나다 기업들이 프로모션 메시지를 전달하고 고객들이 해석하는 데 혼돈을 가져올 수 있는 중요한 문화적 차이 등을 무시할 수 있다는 말은 아니다.

정보의 시대가 가속화되어 세계를 더욱 하나로 모으게 되면서 이러한 확장 전략은 점점 더 유망한 전략으로 알려지고 있다. 오늘날 세계에서 떨어져 있어 보이는 고객이라 할지라도 전 세계의 최신 유행과 패션에 대해서 잘 알고 있다. 그러나 이 확장 전략은 특정 소비자 그룹(브랜드를 자각하는 10대, 부유층, 회사 임원)에 더 잘 어울리는 편이다. 또한 이러한 전략은 롤렉스, 에르메스, 샤넬 등과 같이 브랜드 이름을 이용하여 럭셔리한 아이템을 세계에 공급하는 글로벌 전략을 사용하는 기업과 잘 어울린다. 또한 이러한 전략은 캐논, 마스, 삼성과 같이 모든 연령대나

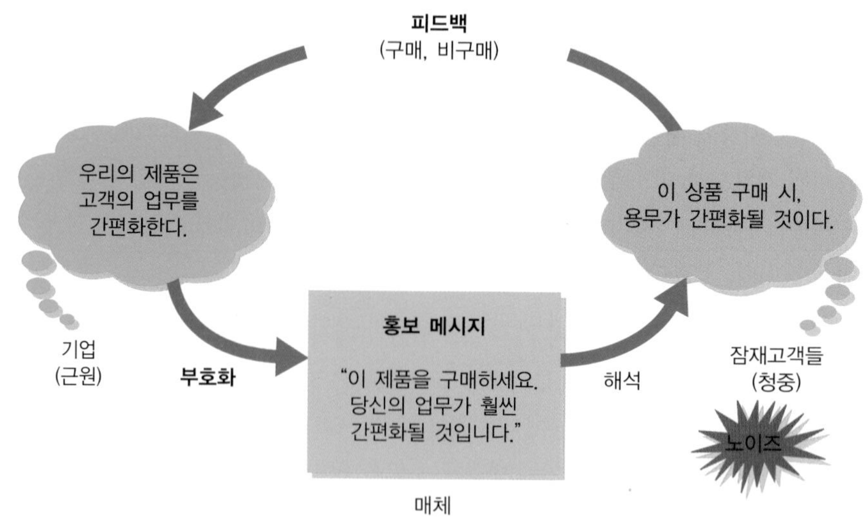

그림 14.1
마케팅 커뮤니케이션 과정

출처 : Based on Courtland L. Bovee, John V. Thill, George P. Dovel, and Marian Burk Wood, *Advertising Excellence* (New York, NY: McGraw-Hill, 1995), p. 14.

사회적 그룹에게 한꺼번에 대중적으로 어필하는 글로벌 브랜드 그룹에도 적절하다. 마지막으로 이 전략은 가격 경쟁력을 강점으로 산업을 선도하는 기업에게도 적절하다. 하나의 제품과 하나의 프로모션 전략만 만들어도 되는 것은 굉장한 비용을 절약할 수 있기 때문이다.

제품 확장/커뮤니케이션 수정 이 전략에서 기업은 내수 시장에서 판매하는 동일 제품을 표적시장에 적용시키지만, 프로모션에는 변화를 주게 된다. 그러나 커뮤니케이션 전략은 변화를 필요로 하게 되는데 이는 제품이 서로 다른 필요를, 서로 다른 기능을 혹은 서로 다른 종류의 고객을 만족시키게 되기 때문이다. 기업은 특별한 기능을 수행하며 잠재적 고객들의 니즈를 만족시키는 제품을 알리기 위해 마케팅 커뮤니케이션 전략을 수정할 수 있다. 이러한 방법으로 기업은 비용을 절약할 수 있는데 이는 제품은 수정하지 않아도 되기 때문이다. 하지만 커뮤니케이션 전략을 수정하는 것은 특히 내수 시장과 표적시장 간의 문화적 차이가 클 때는 비용이 많이 들기도 한다. 현지 배우와 현지에서 촬영하여 수정한 광고는 엄청난 프로모션 비용을 야기하기도 한다.

이렇게 프로모션 메시지를 국제 시장에 내보낼 때 수정을 가했던 기업 중 대표적인 기업은 일본의 무지(www.muji.net)라는 기업이다. 무지는 문구류, 의류, 인테리어 가구 등 굉장히 다양한 제품을 일본 문화의 일종인 일상 삶에서의 간결함이라는 영감과 테마를 담아 판매하는 기업이다. 무지의 철학은 브랜드에 관계없이 품질이 좋은 제품을 판매하는 것이고 이것은 일본의 기능 좋은 제품을 대중을 위해 생산하고자 하는 기업의 목표를 반영하고 있다. 일본 내에서 이 기업의 표적 고객은 학교를 다니는 아이들과 젊은 층이었다. 그러나 무지의 유럽 시장 점포에서는 다른 프로모션 메시지를 담고 있다. 무지의 유럽 고객들은 약간 더 나이가 있고, 무지의 제품을 구매하는 그들 스스로를 화려하고 스타일리시한 고객으로 생각하고 있다. 유럽에서 무지의 프로모션 메시지는 무지가 가지고 있는 브랜드 이름에 집중하고 있다(일본에서의 이미지와는 아주 다르다). 또한 유럽의 고객들은 일본의 고객들처럼 단순히 제품을 사는 것을 넘어서서, '단순함'이라는 일본 전통을 사는 것이기도 하다.[6]

경제의 저성장이 현지 사정에 맞추어 커뮤니케이션 전략을 수정하는 것을 필요로 할 수도 있다. 인도와 중국 같은 개발도상국에서는 TV 및 라디오의 방송 범위가 제한적이고, 선진국에 대비하여 인터넷 보급률 등이 수년은 뒤처져 있다. 이러한 개발도상국들에서는 영업사원이 직접 돌아다니면서 제품을 판매하거나 박람회 등에 제품을 전시하는 등 기술적으로 커뮤니케이션 전

문화 이슈 웹사이트 현지화하기

인터넷이 존재하는 이 시대에서 가장 좋은 전략 중 하나는 가능한 현지화를 하는 것일 것이다. 온라인 고객들은 종종 자신들의 문화와 일치하는 환경을 경험하고 싶어 한다. 온라인의 현지화를 완벽히 하는 몇 가지 팁을 알아보자.

- **색깔 선택하기** 흑백 컬러로 웹사이트를 꾸미는 것이 여러 나라에서 무난하다. 그러나 아시아 방문자들은 이를 장례식에 온 것으로 생각할 수 있다. 일본과 유럽 문화권에서는 파스텔톤으로 웹사이트를 만드는 것이 종종 가장 나은 선택일 수 있다.
- **숫자 선택하기** 중국어를 사용하는 국가에서는 4는 불행을 뜻하고 8과 9가 번영을 뜻한다. 당신의 웹사이트 주소와 전화번호를 정할 때 다른 의미를 전달하지 않도록 조심해야 한다.
- **시계에 주의하기** 24시를 사용하는 국가들을 대상으로 마케팅을 할 때는 "9AM~5PM 사이에 전화 주세요" 대신 "09:00~17:00 사이에 전화 주세요"를 사용한다.
- **슬랭 피하기** 영국 영어는 미국 영어와 다르고 스페인의 스페인어는 멕시코의 스페인어와 다르며 프랑스의 프랑스어는 퀘벡의 프랑스어와 다르다. 이러한 차이에서 오는 영향을 피하기 위해서 슬랭을 사용하는 것을 최소화해야 한다.
- **국기 사용에 주의하기** 다른 언어 버전을 보기 위한 버튼으로 국기를 사용하는 것은 조심스럽게 해야 한다. 멕시코 방문자들이 스페인어 버전의 웹사이트를 보기 위해 (자국 국기가 아닌) 스페인 국기를 클릭해야 할 수도 있는 일이다.
- **숫자 계산하기** 구매자의 편의를 위해 환율을 계산해 주는 칸을 만들라. 온라인으로 주문을 할 때 당신의 웹사이트가 배송비, 세금율, 관세 등등을 계산해 주도록 해야 한다. 또한 배송지를 적는 칸을 아주 긴 주소도 적을 수 있도록 넓게 만들어 주어야 한다.
- **피드백 받기** 마지막으로 고객들이 웹사이트에게 바라는 점을 들어라. 그 후에 웹사이트의 모든 기능이 제대로 작동하는지 완전히 확실히 해야 한다.

략에 수정을 가해야 한다.

한편 유럽, 북아메리카 그리고 몇몇 아시아 국가들은 수백만의 고객과 커뮤니케이션을 사용하기 위해서 TV, 라디오, 인터넷에 의존할 수 있다. 이러한 시장에 있는 기업들에게는 그들의 웹사이트를 각 국가에 맞게 수정해 주는 것이 일반적인 일이다. 어떻게 기업이 그 홈페이지를 현지에 맞추어 적용시킬 수 있는지를 알아보려면 글상자 '문화 이슈 : 웹사이트 현지화하기'를 참조하라.

제품 수정/커뮤니케이션 확장 이 전략은 기업이 제품을 국제 시장의 요구에 맞게 수정하면서 제품의 원래 프로모션 전략은 유지시키는 것이다. 기업이 그들의 제품을 수정해야 하는 데는 많은 이유가 있다. 한 가지는, 현지 시장에서의 법적 요구사항을 맞추기 위해서이다. 나아가 정부에서는 기업에게 현지 생산 과정에 있어서 일정 이상의 현지 자재, 노동력 등을 사용하도록 요구할 수 있다. 원래 사용하던 자재 및 부품이 현지에서 완벽하게 똑같이 제공되지 않는다면 결국 제품을 수정하는 수밖에 없다.

이 방법은 현지 구매자의 요구를 들어주기 위해서 제품에 수정을 가해야 하기 때문에 비용이 많이 들어갈 수 있으며 또한 때로는 기업이 현지 시장에 생산 시설을 만들기 위해 투자를 해야만 한다는 의미이기도 하다. 만약 각각의 국가 시장이 스스로의 생산 시설을 필요로 한다면 규모의 경제를 통해 생산비용을 낮추는 것이 불가능해진다. 하지만 여전히 기업들은 차별화된 제품을 통해 생산비용을 상쇄할 정도의 높은 수익률을 가져다주는 제품을 팔 수 있을 경우에 이 전략을 성공적으로 수행하곤 한다.

제품/커뮤니케이션 수정(이중 수정) 이 방법에서는 제품과 마케팅 커뮤니케이션 모두 표적시장에 맞추어 수정하게 된다. 제품은 현지 구매자들의 기호나 니즈를 맞추기 위해 수정되며 프로모션 메시지는 이러한 기호 및 니즈를 어떻게 제품이 충족시켜 주는지 설명하기 위해 변경된다. 제품 및 마케팅 커뮤니케이션 모두 수정을 해야 하기 때문에 이 전략을 사용하는 것은 굉장히 값비싸다. 따라서 많이 흔한 전략은 아니다. 그러나 만약 기업이 충분히 크고 수익성 높은 시장을 보유하고 있다면 성공적으로 수행될 수 있다.

제품 발명 이 방법은 표적시장에 들어갈 완전한 신제품의 개발을 필요로 한다. 제품 발명은 국내 시장과 표적시장 사이에 중요한 차이점이 많을 때 필요하다. 신제품 개발이 필요한 하나의 이유는 현지의 구매자들이 구매력이 낮아 현재 기업의 제품을 구매할 수 없는 경우가 있기 때문이다. 예를 들어 자동차 회사인 혼다에서는 가격에 민감한 동남아시아와 유럽의 고객을 위해 새로운 자동차를 개발하기도 했다.

제품 개발은 또한 특정한 제품을 생산하기 위한 인프라가 부족할 때 필요하기도 하다. 런던의 트레버 베일리스는 어느 날 TV 다큐멘터리에서 아프리카 대륙에는 라디오를 가동시키기 위한 배터리나 전기 인프라가 부족하기에 아프리카 사람들에게 에이즈에 대하여 교육하는 것은 어렵다는 내용을 보게 되었다. 이것을 보고 베일리스는 태엽을 30초 동안 돌리면 40분 정도 작동할 수 있는 라디오를 개발하기도 했다. 그렇게 베일리스와 서아프리카의 사업가들이 모여 케이프타운에 제조회사를 설립하게 되었다. 초기에 이 라디오 제품들은 개발도상국의 국제기구들에게만 팔렸었다. 그러나 소문이 나면서 현재는 환경운동가, 등산가 등에게 세계적으로 유명한 친환경 제품으로 각광받게 되었다.

퀵 스터디 2

1. 유통 채널 구성원들을 압박하여 제품을 촉진 홍보하게 하는 전략을 *무엇*이라 하는가?
2. 국제적으로 표준화된 광고를 만드는 기업은 *어디서*부터 그 캠페인을 컨트롤하는가?
3. 표적시장에 제품에 대한 홍보 메시지를 담아 보내는 과정을 *무엇*이라고 하는가?

유통 전략 계획

유통
제품이 생산된 곳으로부터 소비되는 곳에 이르기까지의 계획, 실행 등 제품의 물리적인 흐름을 관리하는 것

제품이 생산된 곳으로부터 소비되는 곳에 이르기까지의 계획, 실행 등 제품의 물리적인 흐름을 관리하는 것을 **유통**(distribution)이라고 부른다. 제품이 소비자에게 전달되기까지의 물리적인 경로를 **유통 채널**이라고 부른다. 이러한 채널을 따라서 제품을 고객에게 전달하는 일을 함께하는 기업들을 **채널 멤버** 혹은 **중간상**이라고 부른다. 제조업자만이 유통 채널을 필요로 하는 생산자가 아님을 기억해 두길 바란다. 컨설팅 기업, 헬스 케어 기관 그리고 뉴스 서비스 등과 같은 서비스 공급자들도 그들의 고객에게 닿기 위해 유통 채널을 필요로 한다. 예를 들어 월드 와이드 웹을 통하여 뉴스를 전달하는 사업에서는, 뉴스룸에서 고객에게 뉴스가 전달되기까지 연관되어 있는, 인터넷 서비스 공급자, 검색 엔진 공급자 등도 모두 채널 멤버가 되는 것이다.

기업은 크게 두 가지 요소에 의거하여 국제 유통 전략을 개발한다. (1) 어떻게 해당 국가로 제품을 들일 것인가와 (2) 어떻게 한 국가 내에서 제품을 유통할 것인가이다. 우리는 기업이 제품을 국가로 들이는 여러 방법에 대하여 제13장에서 알아보았다. 여기에서는 어떻게 제품을 유통할 것인가에 대한 유통 전략에 대하여 공부한다.

유통 채널 디자인

관리자는 유통 채널을 설립하는 데 크게 두 가지를 생각한다. (1) 제품이 얼마만큼 **시장에 노출**되어야 하는가와 (2) 제품 **유통비용**이다. 각각의 요소에 대해 알아보자.

제품 노출 정도 수많은 잠재 고객들에게 제품을 홍보하기 위해서 마케터는 어느 정도 제품을 노출시켜야 할지 결정해야 한다. **독점적 채널**(exclusive channel)은 제조업자가 하나의 혹은 제한된 수의 재판매업자에게만 제조업자의 제품을 판매할 수 있는 권리를 부여하는 것이다. 독점적 채널은 생산자에게 판매업자, 도매업자들에 의해서 판매되는 자신들의 제품에 대한 높은 수준의 통제력을 가질 수 있게 해 준다. 또한 이는 유통업자로 하여금 경쟁사의 제품을 팔 수 없게 함으로써 제품 생산자를 도와준다. 이러한 방법을 통하여 독점 채널은 다른 경쟁자들이 유통 채널 안으로 진입하는 것을 어렵게, 때론 불가능하게 만드는 장벽을 구축하게 된다. 예를 들어 대부분의 국가에서 신차에 대한 대리점은 독점적 유통을 반영하는 것이다. 일반적으로 미츠비시 대리점은 토요타 차량을 판매할 수 없고, 제너럴 모터스 대리점은 포드 차량을 판매하는 것이 금지되어 있다.

독점적 채널
제조업자가 하나의 혹은 제한된 수의 재판매업자에게만 제조업자의 제품을 판매할 수 있는 권리를 부여하는 것

생산자가 자신들의 제품을 최대한 많은 유통 경로를 통해 판매하고 싶은 상황에서는 집중적 채널을 이용해야 한다. **집중적 채널**(intensive channel)이란 생산자가 자신의 제품의 판매 권리를 여러 재판매업자에게 부여하는 것을 말한다. 집중적 채널은 많은 경로로 제품을 판매하기 때문에 소비자 입장에서는 제품에 접근하기가 편리하다. 그러나 이러한 방법으로는 경쟁사가 진입하는 것을 방어할 강한 장벽을 만들 수 없게 된다. 또한 재판매업자들이 타사 제품을 판매하는 것을 금지할 수 없는 등, 자신의 제품에 대한 통솔력이 낮아지게 된다.

집중적 채널
생산자가 자신의 제품의 판매 권리를 여러 재판매업자에게 부여하는 것

백화점 혹은 대형마트 등을 이용하여 제품을 판매하는 대기업들의 경우 주로 집중적 채널을 이용한다. 중소기업이 집중적 채널을 사용하기에 어려운 점은, 상품이 진열되는 곳을 선점할 수 없다는 것이다(특히 브랜드 이름이 알려지지 않은 기업 같은 경우). 소매업자들의 세계적 트렌드는 그들 스스로의 자가상표를 개발함으로써 이러한 문제에 대응하는 것이다. 이러한 경우, 소매업자들은 자가상표가 붙은 상품을 노출이 잘되는 곳에 전면배치하고, 브랜드 이름이 아직 알려지지 않은 상품을 높거나 구석에 있는 잘 보이지 않는 자리에 진열하게 된다.

유통 경로의 길이 및 비용 유통 경로의 길이는 생산자와 구매자 사이의 몇 단계의 중개상이 있는가를 말하는 것이다. 경로의 길이가 없는(zero-level) 경로를 직접 마케팅이라 부른다(생산자가 최종 구매자에게 직접 판매하는 형태). 1단계(one-level) 경로란 단 하나의 중개상이 존재하는 것을 말한다. 두 단계의 중개상이 있다면 2단계(two-level) 경로라고 말할 수 있다. 일반적으로 중개상의 단계가 유통 경로에 많이 존재할수록 유통비용이 많이 들게 된다. 이러한 이유는 각각의 중개상이 그들의 서비스 관련 비용을 제품의 최종 가격에 부과하기 때문이다. 이러한 사실은 가격 경쟁력을 바탕으로 하는, 소형 가정용품, 음식, 과자 등과 같은 가격 민감도가 높은 상품군에 매우 중요하게 작용한다. 제11장에서 보았듯이, 고성능으로 차별화된 제품을 판매하는 기업의 경우에는 제품 차별화를 통하여 가격을 높게 책정할 수 있기 때문에 여러 단계의 유통 경로를 설정하는 것에 문제가 적은 편이다.

제품 특징의 영향

무게, 부피에 상품 가치가 비례하는 것을 **가치 밀도**(value density)라고 하며, 유통 전략을 수립하는 데 매우 중요한 변수가 된다. 상품의 가치 밀도가 낮을수록 현지화된 유통 시스템을 사용해야 하는 경향이 있다. 시멘트, 철강, 원유 등을 포함하는 원자재는 대부분의 경우 낮은 가치 밀도 비율을 가지고 있다. 원자재는 무겁지만 부피당 무게를 따졌을 때에는 "특별히 가치 있다"라고 하기 어

가치 밀도
무게, 부피에 상품 가치가 비례하는 것

렵기 때문이다. 즉 원자재의 가치 대비 운송비용이 상대적으로 높다는 것이다. 그 결과로, 원자재가 제조 공정에 필요한 상품들의 경우에는 원자재가 나오는 원래의 지역 근처에 가깝게 생산 지점을 잡게 되는 것이다. 가치 밀도가 높은 상품에는 에메랄드, 반도체 그리고 프리미엄 향수 등이 있다. 이런 상품들의 높은 가치에 비하여 이들의 운송비용은 상대적으로 낮다고 할 수 있기 때문에, 그들의 생산 공장은 시장에 진입하기에 최적화된 장소로 설정되어 있는 것이다. 한 예로, 존슨앤존슨의 콘택트렌즈의 경우 높은 가치 밀도를 가지고 있기 때문에 미국 내에서 생산을 한 후 세계 시장으로 운송한다.

상품을 현지화시키기 위해 수정이 필요한 경우 기업에서는 이에 맞추어 유통 시스템을 설정할 수 있다. 한 예로 캐터필러사에서는 유통 시스템을 재설정하여 기업 생산 시스템 내의 최종 부품을 2배가량 증가시킬 수 있었다. 각각의 국가 시장에서 캐터필러사의 트럭에 들어갈 부속 부품에 대한 다양한 범위를 가지고 있었고, 캐터필러사에서는 부분적으로 트럭과 부속 부품을 부분적으로 함께 표적 국가 시장으로 유통했다. 구매자 측에서 어떤 부속 부품을 원하는지 결정하게 된 후에 제품을 최종적으로 조립할 수 있도록 했다. 캐터필러사의 유통 창고는 현재 기업의 조립 라인으로 그 범위를 확장해 나가면서 적은 비용으로 서비스의 질을 향상시키고 있다.

특별한 유통 문제

국가의 유통 시스템은 여러 세월에 걸쳐 개발되었고, 독특한 문화적 · 정치적 · 법적 · 경제적 전통을 반영하고 있다. 각 나라의 유통 시스템이 그들만의 찬성과 반대 입장을 가지고 있지만, 그것은 국제 기업에 있어서는 굉장한 위협이 될 수 있는 유통망의 부정적인 면이다. 어떠한 국가에서는 도난이나 제품에 손상에 가해지는 부분에서 위협이 올 수도 있다. 또 다른 국가에서는 불확실성과 위협에 대하여 정확히 이해하지 못하기도 한다. 기업의 국제 유통 활동에 영향을 줄 수 있는 두 가지 문제에 대하여 알아보자.

시장 이해도의 부족 기업은 단지 자신들이 운영하고 있는 현지 시장을 완전히 이해하지 못하는 것만으로도 엄청난 금전적 손해와 위협을 경험할 수 있다. 고전적인 하나의 예는 암웨이사(www.amway.com)가 신흥시장에 있는 유통업자의 지식을 과대평가하는 것이 얼마나 위험한지를 비싼 대가를 치르고 배운 사례이다. 암웨이사에서는 세계 전역에 걸쳐서 고객이 비누, 화장품 등의 제품에 불만족할 때 100% 환불을 해 주는 정책을 가지고 있었다. 반품된 컨테이너가 빈 컨테이너일지라도 말이다. 그러나 이 정책은 암웨이사가 중국에 진입하고 얼마 되지 않아 이상한 결과를 내게 된다. 어떠한 유통 중개업자가, 제품을 다른 컨테이너에 담아 판매하고, 원래의 빈 컨테이너를 암웨이에 보내 환불을 요청하는 일이 발생했다. 암웨이의 상하이 지사장은 암웨이 본사의 정책을 너무나 안일하게 받아들였던 것이다. 암웨이에서는 곧 환불 규정을 변경했다.[7]

절도 및 부패 절도 및 부패가 자주 일어나는 것은 유통에 있어서 큰 장애가 될 수 있다. 러시아의 유통 시스템은 거의 75년간 쌓여 온 공산주의를 반영한다. 에이서 컴퓨터 회사가 러시아에 진입했을 때, 그들은 러시아에 직접 투자하는 것이 꺼려졌기 때문에 러시아의 안정적 이웃인 핀란드에 생산 공장을 설립했다. 또한 에이서사에서는 러시아 자체에 가지고 있는 비밀스러운 유통 시스템을 조사하는 것은 크게 위험한 일이라 생각했다. 3년 정도 후에 핀란드에서 러시아로 가는 주요 루트에서 50대의 핀란드 트럭이 절도를 당하여, 2명의 운전수가 사망하고 2명이 실종되는 사건이 일어나게 된다. 에이서는 컴퓨터를 핀란드 공장 밖의 러시아 유통업자에게 판매하는 것으로 이러한 유통 문제를 해결했다. 어떻게 러시아 유통 시스템과 협상해야 하는지 알고 있었던 러시아 유통업자는 러시아 내의 어떤 유통 관련 문제도 해결할 수 있는 역량이 있었던 것이다.[8]

퀵 스터디 3

1. 어떤 채널 유형이 많은 재판매업자들로 하여금 제품을 판매할 권리를 주는가?
2. 채널 길이를 고려했을 때, 직접 마케팅은 *무엇*이라고 알려져 있는가?
3. 제품 가치가 낮은 제품들은 *주로 어떤* 유통 채널을 더 가지게 되는가?

가격 전략 개발

기업이 적용시킬 가격 전략은 그들의 국제 전략과 맞아야 한다. 가격 우위 전략을 사용하고 있는 기업의 제품에는 대부분의 경우 특별한 특징이나 차별화된 성능이 없기 때문에 높은 가격으로 판매하는 것이 어렵다. 한편, 차별화 전략을 사용하는 기업의 경우에는 구매자들이 제품의 특별한 기능에 가치를 두기 때문에 높은 가격을 책정하는 것이 가능하다. 국제 시장에 진입함에 있어 사용되는 위와 같은 두 가지 가격 전략에 대하여 알아보고, 가격 전략 결정에 영향을 미치는 요소에 대하여 공부해 보자.

국제적 가격 전략

모든 세계 시장에 동일한 판매 가격을 적용하기 위해 만들어진 가격 정책을 **국제적 가격 전략**(worldwide pricing)이라 한다. 그러나 현실적으로 국제적 가격 전략은 실행하기 매우 어렵다. 첫 번째로, 생산에 들어가는 비용이 국가마다 다르기 때문이다. 진입하고자 하는 모든 국가의 시장에 대하여 같은 생산비용을 유지한다는 것은 거의 불가능에 가깝다. 그 결과로, 판매 가격은 종종 서로 다른 생산비용을 반영하기도 한다.

국제적 가격 전략
모든 세계 시장에 동일한 판매 가격을 적용하기 위해 만들어진 가격 정책

두 번째로, 제품 생산비용을 같게 유지하기 위해 오직 한곳에서만 제품을 생산한다는 것이 모든 표적시장에 대하여 똑같은 판매 가격을 적용하는 것을 보장해 주지는 못한다. 어떤 국가에 수출하는 비용이 다른 국가에 수출하는 비용보다 비쌀 수도 있는 것이다. 추가적으로 유통비용 또한 국가별, 시장별로 상이한 문제도 있다.

세 번째로, 현지 구매자들의 구매력 또한 결정 변수로 고려해야 한다. 기업은 시장점유율을 늘리기 위해서 구매자들의 구매력이 낮은 시장에서는 그들이 제품을 구매할 수 있도록 낮은 가격을 책정해야 한다.

마지막으로, 변동하는 환율 또한 가격 정책 수립에 영향을 주는 요소로 고려되어야 한다. 제품이 생산되는 곳의 환율이 진입하고자 하는 표적시장의 환율보다 높을 경우에는 제품 가격이 표적시장에서 더 높게 책정된다.

이중 가격 정책

국제적 가격 정책이 여러 문제점을 안고 있기에, 국제적 시장에서는 다른 가격 정책이 사용되곤 한다. 수출하는 나라의 시장에서의 가격과 제품 생산국에서의 가격을 서로 상이하게 책정하는 것을 **이중 가격 정책**(dual pricing)이라 부른다. 표적시장에서의 제품 가격이 내수 시장(제품 생산국 시장)에서보다 높을 때를 가격 상승이라고 부른다. 위에서 설명한 환율 변동, 수출비용 등이

이중 가격 정책
수출하는 나라의 시장에서의 가격과 제품 생산국에서의 가격을 서로 상이하게 책정하는 것

반영된 흔한 경우이다.

그러나 때로 표적시장에서의 가격이 내수 시장에서의 가격보다 낮은 경우가 있다. 어떠한 경우에 이런 현상이 발생할 수 있을까? 어떠한 기업은 내수 시장에서의 매출이 모든 생산비용(예를 들어 R&D 비용, 관리비용 등)을 커버한다고 판단하면 그들은 수출하는 데 수출비용, 그리고 관세와 같은 표적시장에서 판매에 사용되는 비용과 같은 추가적인 비용만 들이면 된다. 이런 의미에서 그들에게 수출은 일종의 '보너스' 개념이다.

이중 가격을 세계 시장에서 성공적으로 적용하기 위해서 기업은 내수 시장 구매자와 세계 시장 구매자를 각각 별도로 유지 및 관리할 수 있어야 한다. 한 시장에서 구매자들이 다른 시장에서는 제품 가격이 더 낮은 것을 알게 되면 구매를 취소할 것이기 때문이다. 기업이 이중 가격을 책정하면서 각 시장의 구매자들을 별로도 관리하는 데 실패하게 되면, 구매자들이 가격이 낮은 시장에서 제품을 구매한 후 가격이 높은 시장에 되파는 방법으로 가격 정책을 악용할 수 있게 된다. 그러나 이러한 방법은 그들이 수출할 때(되팔 때), 가격에 현지로의 운송비, 표적시장의 무역장벽, 관세 등의 추가적 비용이 최종 판매가에 반영되곤 한다. 따라서 이러한 방법을 성공적으로 수행하기 위해서는 그들이 벌어들이는 금액이 이러한 추가적 비용을 넘어서기에 충분해야 한다.

가격 결정에 영향을 미치는 요소

많은 요소들이 기업의 가격 결정에 중요한 영향을 미치곤 한다. 네 가지 가장 중요한 요소에 대해서 이야기해 보자.

이전 가격 기업이 해외에 있는 자회사나 지점과 원재료 또는 제품을 거래할 때 적용하는 가격을 **이전 가격**(transfer prices)이라 한다. 이것은 모회사와 자회사 사이에 거래가 일어나는 경우에 일반적인 형태이다. 예를 들어 모회사에서 로열티, 라이선스 비용 등을 받고 기술 사용권을 주는 경우가 있다. 자회사에서는 기술 사용권을 구매하는 데 이러한 방법을 사용하는 것을 오픈 마켓에서 구매하는 것보다 선호하는데 그 이유는 주로 비용이 덜 들기 때문이다. 그 후 모회사에서는 자회사로부터 정해진 '이전 가격으로' 최종 완제품을 구매하게 된다. 기업은 이러한 '이전 가격'을 자유롭게 결정할 수 있다. 높은 세금을 부과시키는 국가에 있는 자회사에서는 그들의 최종 완제품을 낮은 가격으로 판매함으로써 세금 부담을 줄일 수 있다. 세금을 많이 내야 하는 국가에서 그들의 수입을 줄이는 방법으로 모기업이 지불해야 하는 세금을 줄일 수 있는 것이다. 같은 방법으로 낮은 세금이 부과되는 국가에서는 그들의 최종 완제품에 상대적으로 높은 가격을 부과하게 된다.

이전 가격
기업이 해외에 있는 자회사나 지점과 원재료 또는 제품을 거래할 때 적용하는 가격

이전 가격은 서로 다른 국가의 관세에 관련해서도 비슷한 패턴을 보인다. 상대적으로 높은 관세를 내야 하는 국가에 있는 자회사에서는 제품 가격을 낮추어서 현지 시장에 들어가는 비용을 낮추는 것이다. 이러한 이전 가격의 패턴은 여러 자회사를 소유하고 있는 대기업이 국제적으로 세금을 어떻게 관리해야 하는지를 알 수 있게 하며, 특정 시장에서 더욱 경쟁력을 가지기 위한 방법을 찾아가게 해 준다.

제3자 거래 오늘날 이전 가격에 관련된 규제가 늘어나게 되면서 이전 가격을 마음대로 조종하는 것이 점차 어려워지게 되었다. 많은 국가의 정부에서는 오늘날 자유시장 가격에 기반한 상품의 예상 이전 가격을 부과하는 방법으로 기업의 가격 정책을 규제하고 있다. 따라서 대부분의 자회사들 사이에서 일어나는 국제적인 상품 이동은 제3자 거래라고 하는 가격 정책을 따르고 있

다. **제3자 거래 가격**(arm's length price)이란 독립된 제3자가 자유시장에서 특정 제품에 대하여 거래하는 가격을 말한다.

제3자 거래 가격
독립된 제3자가 자유시장에서 특정 제품에 대하여 거래하는 가격

제3자 거래 가격이 많이 통용되는 이유 중 하나는 각각의 표적시장에서 협력적인 모습을 보여야 하는 압박 때문이기도 하다. 개발도상국 및 신흥시장은 주로 국제적 기업이 관세를 피하기 위해서 혹은 세금을 피하기 위해서 가격을 조작할 때 가장 많은 수익을 잃게 된다. 이러한 국가들은 학교, 병원, 통신 시스템, 항구 등의 인프라를 구축하기 위한 자금을 대부분 이러한 수익에 의존하고 있고 이러한 시설은 국제 기업이 그들의 생산성 및 효율성을 올리는 데 이점을 주는 시설들이다. 이에 따라 어떠한 국제 기업에서는 제3자 거래 가격을 따르는 기업 윤리 강령을 개발하기도 할 정도이다.

가격 규제 가격 전략은 정부의 **가격 규제**(price controls)(한 제품이 한 국가에서 판매되는 상한가 및 하한가) 역시 고려해야 한다. 상한 가격은 인플레이션(가격이 올라가는) 경제일 때 가격을 안정적으로 하기 위해 고안되었다. 가격이 통제된 경제 상황에서 가격을 올리기를 원하는 기업은 정부 관료를 통하여 허가를 받으려 시도하기도 한다. 표적시장의 정부와 좋은 관계를 유지하고 있는 기업은 가격 규제로부터 면제받을 가능성이 높다. 가격 규제로부터 면제받지 못한 기업에서는 주로 제품에 들어가는 비용을 낮춤으로써 상한 가격의 영향을 줄이고자 노력한다.

가격 규제
한 제품이 한 국가에서 판매되는 상한가 및 하한가

대조적으로, 가격 하한가는 일정 수준 이하로 가격을 낮추는 것을 금지한다. 정부는 때때로 이러한 가격 하한가를 설정하는데 이는 현지 기업들이 국제 기업들로부터 수입된 저가의 수입품들과 경쟁할 수 있도록 도와주기 위함이다. 한때는 하한 가격을 설정하는 것이 가격 경쟁을 규제하고 따라서 한 기업이 내수 시장을 독점하는 경우를 막기 위해 사용되기도 했다.

덤핑 우리는 제6장에서 국제무역에 있어 정부의 개입에 관련하여 공부하며 덤핑에 대해 이야기한 바 있다. 덤핑이라는 것은 수출 시장에서의 상품 가격이 내수 시장에서의 가격보다 낮을 때 발생한다는 것을 기억해 보자. 덤핑에 대한 비난은 종종 가격 경쟁력을 앞세워 저가의 상품을 들여와 내수 시장에 타격을 주는 타국의 경쟁기업을 향한다. 내수 시장의 경쟁기업들의 상품 가격보다 낮은 가격으로 진입하려는 노력이 덤핑의 주된 이유이지만, 때로는 환율 변동에 따라서 의도적이지 않게 일어나기도 한다. 한 국가의 정부가 다른 나라의 생산자로부터 제품이 덤핑되어 들어오는 것을 막기 위해서 덤핑을 막기 위한 관세를 부여하기도 한다. 이러한 관세는 낮은 가격을 앞세워 국가를 위협하려 하는 외국의 생산자들이 들여오는 제품 가격을 공평한 수준까지 높이기 위해 만들어졌다.

퀵 스터디 4

1. 무엇이 세계적인 가격 정책을 만드는 것을 현실적으로 어렵게 하는가?
2. 이중 가격 정책을 성공적으로 적용하기 위해서 기업은 국내와 해외 구매자들을 어떻게 다루어야 하는가?
3. 모기업과 자회사 사이에 어떤 가격으로 제품을 이동시키는 것을 무엇이라고 하는가?

맺는말

세계화 및 과연 기업이 어느 수준까지 그들의 국제적 마케팅 활동을 표준화시켜야 하는가에 대한 학술적인 논의를 하고 있음에도, 많은 기업들이 표적시장 현지의 환경에 맞추려 한다. 때로

이러한 환경에 맞추는 것은 단순히 프로모션 캠페인을 약간 수정하는 정도이기도 하고, 때로는 아예 새로운 제품을 만들어야 하기도 한다. 마케팅 전략의 프로모션 부분을 수정해야 하는 것은 언어의 차이에서 오는 문화적 차이 때문일 수 있다. 현지 상황에 맞춘 마케팅을 해야 하는 것은 표적시장 현지의 취업 상황을 개선하거나 현지 산업 시설을 업그레이드하기 위해 필요한 법적인 요구사항을 맞추기 위해 필요할 때도 있다. 어떤 기업들은 표준화와 중앙 생산을 잘 이용하여 하나의 제품을 생산하여 세계에 유통시킬 수 있는 역량을 보이기도 했다. 다음 장에서는 제품 전략 개발에 영향을 줄 수 있는 요소들과 이에 따라 기업이 어떠한 결정을 내려야 하는가에 대하여 깊이 공부한다.

이 장의 요약

LO1. 국제적 제품 전략을 개발하는 데 필요한 요소를 설명하라.

- 기업은 때론 어떤 카테고리로서 제품을 표준화시켜야 하지만, 문화와 규제에 따른 특정한 기호에 따라서 제품을 수정해야 하기도 한다.
- 기업이 여러 시장을 걸쳐서 그들의 브랜드 이름의 일관성을 추구할 수 있고, 또한 그들은 새로운 브랜드 이름을 출시하거나 현존하는 것들을 표적시장 현지 기호에 맞추어 수정할 수도 있다.
- 제품의 품질과 신뢰성에 대한 고객들의 인식은 많은 부분이 해당 제품이 디자인되고, 생산되고, 조립된 국가의 이미지에 따라 영향을 받는다.
- 위조된 제품과 낮은 품질의 제품은 브랜드 이미지에 손해를 입힐 수 있다. 짧아진 제품 수명주기는 어느 시기에 해외 시장으로 나갈 것인지에 대한 결정에 영향을 미친다.

LO2. 국제적 프로모션 전략 및 기업에 가능한 방법을 개략적으로 서술하라.

- **풀 전략**은 유통 채널 관계자들이 기업의 제품을 보유하도록 촉진하여 소비자들의 수요를 창출한다. 이와 대조적으로 **푸시 전략**은 유통 채널 관계자들에게 압박을 주어 제품을 최종 소비자에게 전달하고 프로모션하도록 하는 전략이다.
- **제품/커뮤니케이션 확장(이중 확장)** : 동일 제품 및 프로모션으로 해외 시장에 진출
- **제품 확장/커뮤니케이션 수정** : 동일 제품 그러나 수정된 프로모션으로 해외 시장 진출
- **제품 수정/커뮤니케이션 확장** : 제품 수정, 동일 프로모션으로 해외 시장 진출
- **제품/커뮤니케이션 수정(이중 수정)** : 수정된 제품과 프로모션으로 해외 시장 진출
- **제품 발명** : 완전히 새로운 제품과 새로운 프로모션으로 해외 시장 진출

LO3. 국제적 유통망 전략을 디자인할 때 필요한 요소를 설명하라.

- **독점적 채널**은 제조업자가 하나 혹은 제한된 수의 재판매업자에게만 제조업자의 제품을 판매할 수 있는 권리를 부여하는 것이다. 이 전략은 생산자에게 판매업자, 도매업자에 의해서 판매되는 자신들의 제품에 대한 높은 수준의 통제력을 가질 수 있게 해 준다.
- **집중적 채널**은 많은 재판매업자에게 제품을 팔 수 있는 권리를 부여하지만 재판매업자들의 의사결정에 대한 통제력이 약하다.
- **유통 경로의 길이**란 생산자와 구매자 사이에 있는 중계상의 숫자를 의미한다. 긴 유통 채널은 일반적으로 높은 유통비용을 의미하기에 가격에 민감한 제품에는 부적절하다.
- 불확실성을 조장하고 성공적인 유통에 위협이 되는 특별한 유통 문제는 주로 시장에 대한 이해 부족과 잠재적인 부정 부패이다.

LO4. 두 가지 국제적 가격 전략과 여기에 필요한 요소를 설명하라.

- 세계 시장에 동일한 판매 가격을 적용하기 위해 만들어진 가격 정책을 **국제적 가격 전략**이라 한다. 그러나 현실적으로 국제적 가격 전략은 실행하기 매우 어렵다.
- 수출하는 나라의 시장에서의 가격과 제품 생산국에서의 가격을 서로 상이하게 책정하는 것을 **이중 가격 정책**이라 부른다.
- 수출비용, 환율 변동은 제품이 생산된 지역보다 판매되는 지역에서의 제품 가격 상승을 일으킨다.
- 제품의 **이전 가격**, **제3자 거래 가격** 그리고 **가격 규제**는 해외 시장에서의 제품 가격을 낮추거나 올릴 수 있다.

핵심 용어

가격 규제
가치 밀도
국제적 가격 전략
독점적 채널
마케팅 커뮤니케이션
브랜드 이름
유통
이전 가격
이중 가격 정책
제3자 거래 가격
집중적 채널
푸시 전략
풀 전략
프로모션 믹스

얘기해 보자 1

지금까지 이 책에서 우리는 많은 제품이 글로벌화가 진행되고 있는 것을 보았다. 그러나 한편으로는 많은 제품 시장들이 국가별 특성을 남긴 채 균질화되기를 거부하는 것을 보았다.

14-1. 점차 하나로 통일되어 가는 제품을 생각해 보자. 이렇게 통일되어 가는 제품은 경영자의 업무에 어떻게 영향을 주는가?

14-2. 균질화되는 것을 거부하는 제품들을 생각해 보자. 무엇이 이를 거부하게 만드는가?

얘기해 보자 2

담배 회사를 비평하는 이들은 담배 생산업자들이 개발도상국에서 담배를 생산할 때는 중독성이 더 높은 물질을 넣는다고 말한다. 이것이 사실이라면 "표준화시키는가? vs 시장의 기호에 맞추는가?"에 대한 질문을 조금 다른 관점에서 바라볼 수 있다.

14-3. 만약 담배 회사에서 제품 수정을 위에 나온 바와 같이 한다면, 이것은 윤리적인가?

14-4. 고객에게 더 어필하기 위해서 함유되어 있는 성분을 바꾼 기업으로는 어떤 기업이 있는가?

윤리적 도전

당신은 네덜란드 헤이그에서 국제 변호사로 일하고 있다. 당신의 업무는 최근 치외법권에 관련한 미국 판사의 결정을 검토하는 것이다. 이번 사례는 홀로코스트에서 살아남은 프랑스 사람이 최근 야후 웹사이트를 통해 나치의 수집품을 구매하는 프랑스 시민들이 있다며 미국 야후를 고소한 케이스이다. 이 소송은 반유대주의 그룹을 인정한 죄까지 미국 야후에 추가되어 기소되었다. 이 두 가지는 모두 프랑스 법에서는 불법이지만, 미국에서는 언론의 자유법에 의거하여 합법이었다. 야후의 프랑스 웹사이트는 프랑스 법을 전혀 어기지 않았기 때문에 이 사례를 듣고 기각시킨 미국의 판사는 프랑스 법은 미국 내에서 일어나고 있는 미국 기업의 행위에 대하여 이래라 저래라 할 권리가 없다고 이야기했다. 오늘날 인터넷은 관할구역이 어디에서 시작되고 어디에서 끝나는지를 알 수 없게 만들고 있다.

14-5. 당신이 이 사례를 맡은 미국 판사라면, 당신은 어떻게 이야기 했겠는가? 설명하라.

14-6. 어떤 요소들이 당신의 결정에 영향을 끼쳤는가?

14-7. 정부나 기업이 이러한 사례가 미래에 생겨나는 것을 방지하기 위해서 사용할 수 있는 인터넷 규제 방법에 대해 알고 있는가?

팀 협력 활동

제품은 각기 다른 니즈를 충족시키며, 서로 다른 구매자들에게 어필하며, 다양한 시장에서 각기 다르게 인식되기도 한다. 당신의 국가에서 판매되고 있는 한 제품/서비스에 대하여 생각해 보고 다른 나라에서는 다른 마케팅 전략을 가진 제품/서비스에 대하여 생각해 보자. 둘 중 한 국가는 반드시 제품이 만들어진 국가여야 한다.

14-8. 국내 시장에서 제품의 초기 도입은 완전 신제품이었는가 혹은 기존 제품을 약간 확장시킨 것이었는가?

14-9. 국내 시장으로부터 어떠한 제품 및 프로모션 전략이 해외 시장에 사용되었는가?

14-10. 왜 기업이 위와 같은 방법을 도입했는지를 어떤 요소들이 설명해 주는가?

스스로 연구하기

14-11. 가격 상승은 세계 시장에 동일한 가격을 적용시키며 수출을 하는 기업에게 치명적일 수 있다. 이는 제품의 가격을 해외 시장에서 경쟁력이 없을 정도로 올려 놓을 수 있다. 이러한 가격 상승에 맞서기 위해 기업은 어떻게 해야 하는가?

14-12. 어떤 기관들은 프로모션 방법이 잘못되었다거나, 그 광고가 소비자의 니즈를 충족시키는 것이 아닌 소비자의 욕구를 자극하고 있다며 광고사를 기소하는 등 끊임없이 광고사를 괴롭히고 있다. 광고 회사들이 이러한 비난으로부터 벗어나려면 어떻게 해야 하는가? 설명하라.

국제경영 실전 사례 글로벌 마케팅의 심리학

마케터들이 프로모션 캠페인을 디자인하고 실행할 때 심리학을 사용한다는 것은 공공연한 사실이다. 그러나 워싱턴에 기반을 둔 커머셜얼럿(www.commercialalert.org)의 게리 러시킨을 포함한 어떤 사람들은 부모들이 속임을 당하고 있다고 주장하고 있다. 그는 부모님 세대들은 마케터가 소비자들을 꼬시기 위하여 사용하는 정교한 기법을 깨닫지 못하고 있다고 말한다. 러시킨의 단체는 광고 방법들이 아이들을 겨냥하고 있다고 비판하는 편지를 미국심리학회(www.apa.org)에 보낸 60명의 심리학자들을 지원하는 단체였다.

무엇이 그들 분노의 원인이었을까? 그것은 마케팅 잡지에 제임스 맥닐 박사라고 하는 사람이 기재한 심리학적 투사기법이란 무엇인가를 설명하는 기사로부터였다. 어떤 어린이 TV 프로그램이 인기를 얻게 되고, 남자아이들은 TV 프로그램에 나온 회사 제품을 구매하고 여자아이들은 구매하지 않았다고 가정한다. 이 현상의 이유를 밝히기 위해서 회사는 여자아이들을 모아 조사에 나섰다. 그 여자아이들에게 프로그램을 시청하고 있는 남자아이와 여자아이의 그림이 주어졌고, "이 프로그램을 왜 좋아하니?"라고 여자아이들에게 물었을 때 여자아이들이 답하는 내용들이 기업이 어떻게 여자아이들에게 어필하는 마케팅 전략을 만들 수 있을까에 실마리를 던져 준다고 했다. 맥닐 박사는 이 방법이 상식적이며 음향과학적이라고 이야기했다. 비판가들은 그 반대로 이야기하며 인간의 심리학에 대한 통찰은 그 마음을 치유하는 데 사용되어야지 아이들을 향한 광고를 만드는 데 사용되면 안 된다고 주장했다. 미국심리학회는 심리학자들이 광고 업계에서 일하는 데 대한 가이드라인이 없다고 인정했다.

광고회사 경영진들은 단순히 TV 광고를 만드는 것뿐만이 아니다. 최근 1년이 넘게, 광고가 들어가 있지 않은 아이들의 웹사이트가 10%에서 2%로 떨어지게 되었다. 프로모션이 어떤 형태로 어필해야 하는가? 하나의 도구는 *게임*이다. 대략 55% 정도의 아이들과 10대들의 웹사이트는 게임을 포함하고 있다. 엘렌 뉴본은 그녀의 6살 난 아이가 슈퍼마켓 계산대에서 캔디를 고를 수 있다고 이야기했다. 웡카 스윗 타르트 한 뭉치를 손에 들고, 그는 캔디 노래와 춤을 따라 하기 시작한다. 그 춤과 노래가 TV에서 본 것이냐고 묻자 그는 그것을 스윗 타르트의 인터넷 게임에서 배웠다고 말한다. 기업은 TV 광고를 통한 것보다 이러한 게임을 통하여 훨씬 더 많은 아이들과 더 긴 시간을 보낼 수 있었다.

또 다른 방법은 *이메일*이다. 미국아동온라인사생활법은 기업으로 하여금 13살이 안 된 어린이들에게 부모의 허락 없이 제품을 판매하는 것을 금지하고 있다. 그러나 기업에서는 아이들의 이메일을 가지고 있음으로써 이러한 규제를 피해 가고 있다. 예를 들어 아이들은 웹사이트(www.sesameworkshop.org)에 가서 친구들에게 세서미 스트리트 캐릭터와 함께 인사하는 이메일을 보낼 수 있다. 그리고 그곳에는 *채팅방*이 있다. 브라이언 루바시는 타이거 전자(www.tigertoys.com)의 장난감 생산본부 기술 마케팅 관리자이다. 그는 야후에서 찾은 뉴스 그룹에 정기적으로 로그인하여 제품 뉴스를 올리고 회사에서 만든 로봇 애완견 아이 싸이비에 대한 질문에 답한다고 밝혔다.

유럽 국가들은 아이들에게 마케팅 활동을 하는 것에 대하여 가장 엄격한 규정을 가지고 있다. 그러나 EU에 속한 국가들은 서로 굉장히 다른 규정을 가지고 있다. 예를 들면 그리스에서는 전쟁 관련 장난감에 대한 광고와 밤 7시부터 10시까지의 모든 TV 광고를 금지하고 있다. 네덜란드어를 구사하는 벨기에 지방에서는 TV 어린이 프로그램 전후로 5분 동안 TV 광고를 금지하고 있다. 스웨덴은 12세 이하 어린이들을 타깃으로 하는 모든 광고를 금지하고 있다. 이것은 스웨덴에서 만화 포켓몬을 시청하는 어린이들은, 포켓몬 주제가 마지막 부분인 "Gotta catch'em all(포켓몬을 모두 모아라)"라는 부분을 들을 수 없다는 것이기도 하다.

그러나 스웨덴에서의 (그리고 더욱 엄격한 규정을 가진 나라들에서의) 문제점은 그들은 단지 자국에서 발생하는 프로그램들에 국한해서만 제재를 가할 수 있다는 점이다. 그들은 위성을 이용한 방송이라든지, 다른 나라의 방송들에 대해서는 법적 제재를 가할 수 없다. 이것이 바로 스웨덴이 모든 나라에 공통되게 어린이를 향한 광고를 못하게 하는 표준화 규정을 만들자고 주장하는 이유이다. 스웨덴같이 이렇게 엄격한 규정을 추구하는 국가는 많지 않지만, 벨기에에서도 부분적으로 이러한 금지 규정을 시행했다. EU 전체에 이런 규정이 정해지는 것을 방지하기 위해 광고 회사들은 자발적으로 광고를 자제하는 움직임을 시작했다.

그러나 마케터들은 그들의 활동을 지속해야 한다. 캐나다 토론토의 광고 경영자인 제프리 로슈는 심리학자들이 구매자의 마음을 조종하고 해로운 영향을 끼칠 수 있다는 의견을 무시해 버렸다. 소비자심리학회의 회장 커티스 호그트베트 박사는 광고가 미칠 수 있는 부정적인 영향도 있지만, 아이들에게 긍정적인 영향도 가져다 준다고 말했다. 그는 또한 아이들을 책임감 있는 소비자가 될 수 있도록 부모의 지도 역할을 강조했다.

글로벌 사고 질문

14-13. 당신이 세계광고주연맹의 회장 슈테판 뢰르케라면, EU가 더 엄격한 광고법을 시행하지 못하도록 어떻게 주장할 것인가?

14-14. 당신은 개인적으로 위에서 답한 당신의 답변에 동의하는가?

14-15. 산업화된 국가에서 판매되고 있는 제품을 하나 골라 보라. 당신은 그 제품이 개발도상국에서 판매될 때, 소비자의 니즈를 충족시키기보다는 소비자의 욕구를 발생시킨다고 생각하는가?

출처 : Ellen Neuborne, "For Kids on the Web, It's an Ad, Ad, Ad, Ad World," *Bloomberg Businessweek* (www.businessweek.com), August 12, 2001; Brandon Mitchener, "Banning Ads on Kids' TV," *Wall Street Journal Europe*, May 22, 2001, p. 25; James MacKinnon, "Psychologists Act against Ad Doctors," Adbusters website (www.adbusters.org).

제15장

국제경영관리

학습목표

이 장을 공부한 후에 다음을 할 수 있어야 한다.

1. 생산 전략을 수립할 때 고려해야 할 요소를 설명한다.
2. 물적 자원을 확보할 때 고려해야 할 요소를 요약한다.
3. 경영자와 관련된 주요 생산 문제들을 식별한다.
4. 회사 운영에 필요한 자금을 조달하는 방법을 설명한다.

돌아보기

제14장은 국제적 마케팅 활동을 하는 데 있어 글로벌화가 미치는 영향을 탐구했다. 또한 국가경영환경의 차이가 마케팅 전략 개발에 어떻게 영향을 미치는지도 확인했다.

이 장 잠깐 보기

이 장에서는 기업들이 그들의 국제적 생산 활동을 어떻게 시작하고 관리하는지를 검토한다. 우리는 기업이 필요로 하는 자재와 제품을 어떻게 획득하고, 기업 환경의 측면이 생산 전략에 어떠한 영향을 미치는지 분석한다. 또한 기업들이 어떻게 그들의 활동에 재정적인 지원을 하는지에 대해서도 간략하게 살펴본다.

미리 보기

제16장은 국제 기업들의 인적자원 관리 방법에 대해 검토한다. 이 항목에는 국제적 인력 정책, 채용, 교육, 보상, 노사 관계, 문화적 충격 등이 포함된다.

토요타! 레이스에서 앞서나가다!

체코 공화국 콜린–자동차 회사인 토요타(www.toyota-global.com)는 세계 자동차 시장의 약 12%를 점유하고 있다. 토요타는 세계에서 아홉 번째로 큰 회사로 연간 약 2,560억 달러의 매출과 339,000명의 직원을 보유하고 있다.

토요타는 27개국 52개 생산 공장을 운영하고, 160개 이상의 국가에서 제품을 판매하며 전 세계적으로 자사의 활동을 넓혀 왔다. 토요타는 전 세계적으로 호주, 벨기에, 일본, 태국, 미국과 같은 나라에 19개의 디자인 및 연구개발센터(R&D)를 두고 있으며 고급승용차 라인인 렉서스, 히노(보급형 자동차), 다이하츠(소형차)를 소유하고 있다.

출처 : © STAFF/Reuters/Corbis

사진에서 보이는 것과 같이, 한 노동자가 공장에서 토요타 하이브리드에 범퍼를 부착하고 있다. 카네가사키에 있는 토요타의 전 세계적인 생산 공장의 대부분은 완전 지분소유의 공장이지만, 일부는 합작투자의 형태이다. 예를 들어 토요타는 체코 공화국의 푸조-시트로엥과 합작투자 형태로 자동차 30만 대를 생산하는 회사인 TPCA를 설립하였다. TPCA의 생산 활동은 토요타 아이고, 푸조 107, 시트로엥 C1 등 세 종류의 차종에 동일하게 투입되고 있다.

그리고 토요타는 생산 능력을 위한 계획에 착수하여 어디에 위치할 것인지, 생산에 사용되는 기술과 설비의 배치를 계획한다.

자동차 공장을 설립하기 위해서는 많은 자본이 필요하다. 토요타는 자금 지원의 일환으로 일본과 해외의 자본 시장을 주시하고 있다. 미국 주식시장인 자본시장에서 투자자에 접근하기 위해서, 비미국 기업인 토요타는 미국예탁증권(American Depository Receipts, ADRs)을 발행해야 한다. ADRs는 미국의 은행이 발행하는 증서로 토요타의 특정 몫의 주식의 수를 대표한다. 물론 토요타는 자동차 판매로 얻은 수익으로 활동비를 조달하기도 한다. 이 장을 읽으면서, 기업들이 그들의 세계적 생산 시설을 어떻게 건설하고 모든 사업 활동에 어떻게 자금을 제공하는지를 확인해 보자.[1]

국제 기업의 생산 활동은 제품을 생산하는 것이든, 서비스를 제공하는 것이든, 우선 생산 활동을 하기 전에 많은 자원을 확보해야만 한다. 생산 활동을 수행함에 있어 필요한 원자재나 부품을 어디서 구할 수 있는지, 생산 능력이 얼마나 필요한지, 새로운 시설을 건설할 것인지 아니면 설비들을 구매할지, 어느 정도 규모의 서비스 센터가 필요한지, 필요한 금융 자본은 어디서 얻어야 하는지 등 이러한 질문에 대한 대답은 복잡하고 상호 연관적이다.

이 장은 국제 생산 전략을 수립할 때 고려해야 할 중요한 사항들을 검토하는 것으로 시작된다. 이 장의 주제는 제품 생산을 중앙 집중화할 것인지 분산화할 것인지에 대한 것과, 생산을 표준화할지 또는 그 나라의 시장에 변화에 맞추어 현지화해야 할 것인지에 대해 결정한다. 이 과정에서 앞서 언급한 것처럼 전반적인 경영 전략과 마케팅 전략이 다루어질 것이다. 그런 다음, 기업이 생산 목표를 달성하는 데 필요한 자원을 어떻게 확보하는지, 생산시설, 사무실, 장비 및 자재를 포함하여 고정(또는 유형)자산을 어떻게 획득하는지에 대해 설명한다. 또한 국제 물류나 전사적 품질관리(total quality management) 등과 같은 주요 생산에 관련된 문제들에 대해서도 고려한다. 그런 다음 해외 사업을 확장할 것인지 축소할 것인지에 대한 경영진의 결정에 영향을 미치는 중요한 요인들에 대해 설명한다. 우리는 기업들이 그들의 국제적인 생산 활동과 다른 활동들에 어떻게 자금을 사용하고 있는지를 살펴보는 것으로 이 장을 마무리한다.

생산 전략

생산운영은 회사의 전략 목적을 달성하기 위해 중요한 부분이다. 모든 생산 측면을 신중하게 고려해 계획을 실행하게 되면 기업이 비용을 절감하거나(저원가 전략), 차별화 전략에 필요한 신제품과 제품 기능을 설계하는 데 도움이 된다. 경영자들이 고려해야 할 중요한 전략적 이슈로는 생산 능력, 설비의 위치, 사용될 생산 공정 및 설비 배치 등을 들 수 있다.

부품조달(용량)계획

부품조달(용량)계획
시장 수요를 충족시키기에 충분한 생산 능력을 평가하는 과정

시장 수요를 충족시키기에 충분한 한 기업의 생산 능력을 평가하는 과정을 **부품조달계획**(capacity planning)이라고 한다. 기업들은 그들의 제품에 대한 전 세계적인 수요를 가능한 한 정확하게 추정해야 한다. 생산이 시장 수요보다 많을 경우 회사는 직원 수를 줄이거나 일부 시설의 근무 교대를 줄여서 생산 규모를 줄여야 할 수도 있다. 하지만 국가마다 고용주들이 일자리를 없애려는 능력을 규제하는 법을 갖고 있다. 따라서 국가에 따라, 기업은 해고나 공장 폐업을 해당인에게 사전에 통보할 수도 있고 그렇지 않을 수도 있다. 반면 시장 수요가 증가하고 있는 경우, 경영자들은 어떤 설비에 생산을 확대할 것인지 또는 용량을 확대하기 위해 어떤 추가 시설이 필요한지를 결정해야 한다. 기업은 잠재적인 매출을 놓치지 않기 위해, 새로운 설비가 가동될 때까지 초과수요를 충족시키기 위해 다른 생산 업체와 계약을 맺을 수도 있다.

부품조달(용량)계획은 서비스업계에서 매우 중요한 부분으로 예를 들어 새로운 지역에 호텔지사를 지을 경우, 호텔 시설이 수용해야 하는 객실 수와 컨벤션 등에 사용할 시설을 비롯해 구축해야 하는 회의실 수를 결정해야 한다. 지역적으로 분산되어 있는 사업체들과 지속적 연락을 위해서는 화상회의 시설들이 추가될 수도 있다.

기업들은 국제적인 경영 활동에 착수할 때 거대한 양의 운영계획을 수립한다. 사업이 전 세계적으로 성장함에 따라, 공급망은 더 길어지고 더 복잡해지고 있다. 그림에서 보듯이, 트럭들은 세계 6위의 경제 대국인 브라질이 리우데자네이루 항구에서 짐을 싣고 있다. 해외에서 부품을 조달하고 완제품을 다른 국가로 보내는 것은 제품이 유통되는 항구를 조사하는 것을 의미한다.

출처 : ⓒ Paulo Fridman/Corbis

시설입지계획

시설입지계획
생산 시설의 위치를 선정하는 것

생산 시설들의 위치를 선정하는 것을 **시설입지계획**(facilities location planning)이라고 한다. 기업은 전 세계적으로 생산, R&D, 또는 다른 활동들을 위해 최적의 생산지역을 선정하기 위해서 사용될 가능성이 높은 곳(후보지)들을 확보하고 있다. 시설입지계획에서 중요한 경영 활동 환경의 측면은 인건비, 관리비용, 원자재, 구성부품, 동력자원 등의 비용과 가용성이 포함된다. 또 다른 주요 요인으로는 정치적 안정, 규제의 범위, 관료주의, 경제발전, 일과 중요한 전통에 대한 믿음을 포함한 지역 문화가 포함된다.

다른 국가에서 저임금 근로자를 고용해 제품을 생산함으로써 생산비용을 줄이는 것은 종종 기업의 제품을 경쟁력 있는 가격으로 유지하는 데 필수적이다. 특히 인건비가 총 생산비에 크게 기여할 때 더욱 중요하다. 그러나 한 국가의 낮은 노동력은 잠재적으로 낮은 생산성과 균형을 이룬다. 대부분의 개발도상국과 일부 신흥시장에서의 노동 생산성은 선진국에 비해 낮은 경향이 있다.

대부분의 서비스 기업은 생산 시설 위치를 선정할 때 고객 인근에 위치해야 하지만, 시설물의 위치를 고려할 때는 고객의 다양한 니즈를 고려해야 한다. 편리성과 교통편이 좋은 지역에 위치하는 것이 고객들에게 중요한가? 식당, 은행, 영화관 등의 입지는 매우 중요하지만 컨설팅 회사, 공공시설과 같은 서비스 기업에게는 편리한 장소가 덜 중요할 수 있다.

시설입지계획에 있어 공급 문제 역시 중요하다. 한 가지 운송 수단의 경우, 생산 시설과 목표시장과의 거리가 멀수록 고객이 화물을 수령하는 데 오랜 시간이 걸린다. 결국 기업은 목표시장에서 더 많은 재고를 유지함으로써 고객에게 지연에 대한 보상을 해 줘야 하며, 이는 보관비와 보험료에 대한 추가 비용을 발생시킨다. 배송료 또한 생산이 목표시장에서 벗어날수록 더 높아진다. 운송비용은 철강산업의 글로벌화 이면에 있는 원동력 중 하나로 철강이 톤당 400달러에서 500달러로 팔릴 때 철강의 선적 비용은 톤당 40달러에서 50달러로 올라 상당한 비용이 든다. 고객이 있는 국가에 제철소를 건설함으로써 철강생산업자들은 운송비용을 현저히 줄일 수 있다.

일본과 독일의 자동차 제조업체들은 미국 내 생산 시설을 확충하고 있다. 예를 들어 토요타와 다른 일본 자동차 제조업체들은 미국에 환율변동의 위험을 상쇄하고, 일본과 미국의 무역 적자에 대한 정치적 우려를 완화하며, 고객들과 더 가까워지기 위해 미국 내 자동차 생산 시설을 확충하고 있다. 독일의 BMW(www.bmw.com) 자동차 제조업체도 일본과 비슷한 이유로 미국으로 생산 시설을 전환하고 있다. 한 예로, 과거 독일 통화의 강세로 독일 제품이 세계시장에서 비싸게 거래되며, 독일은 시간당 소득이 약 32달러로 세계시장에서 근로자에게 높은 임금을 지불하고 있다. 그래서 독일기업들은 산업 유치를 위한 주 정부가 제시한 낮은 땅값과 세금 우대 혜택 때문에 미국 내에 생산 시설을 확충하게 되는 이유가 됐다.

입지우위의 경제
최적의 위치에서 생산 활동을 배치함으로써 얻는 경제적 이득

입지우위의 경제 가장 선호되는 입지를 선정하는 것은 기업이 최적의 장소에 생산 활동들을 배치하게 함으로써 얻을 수 있는 경제적 이점이다. **입지우위의 경제**(location economies)는 앞서 기술한 요소들의 올바른 조합의 결과이다. 입지우위의 경제를 활용하기 위해, 기업은 특정 지역에서 사업 활동을 착수하거나 해당 지역의 다른 기업으로부터 제품과 서비스를 획득한다. 입지우위의 경제는 R&D나 광고 서비스와 같은 모든 경영 활동을 포함한다.

다음의 예시들은 서비스 및 제조 회사가 입지우위의 경제를 얼마나 잘 활용하고 있는지를 보여 준다. 한 회사는 스웨덴에서 아이스하키 장비를 설계하고, 캐나다에서 자금을 조달받아 클리블랜드와 덴마크에서 조립하여 북미와 유럽에 판매했다. 이 장비는 분자구조가 연구되고 델라웨어에서 특허를 받은 합금으로 일본에서 제조되었다. 항공기 제작업체인 미국 보잉(www.boeing.com)의 경우 디자인은 워싱턴 주와 일본에서, 테일콘은 캐나다에서, 특수한 기체 꼬리 부분은 중국과 이탈리아에서, 그리고 영국에서 만들어진 엔진을 가지고 시애틀에서 조립을 담당한다. 마지막 예로, 한 회사의 광고 캠페인은 영국에서 고안하여 더빙이 이루어지고, 캐나다에서 촬영되었으며, 뉴욕에서 편집되었다.[2]

기억해야 할 중요한 사실은 각각의 생산 활동이 그 밖의 다른 장소에서 창출하는 것보다 특정한 장소에서 더 많은 가치를 창출한다는 것이다. 생산성은 입지가 특정 경제 활동에 기여하는 가치를 결정하는 데 있어 매우 중요한 요소이다. 노동력과 자본이라는 두 가지 자원은 입지 생산성에 매우 큰 영향을 미친다.

또한 입지우위의 경제를 이용하기 위해서, 경영자들은 광범위한 다른 관습들과 전통에 친숙해질 필요가 있다. 정치 및 법률적 차이는 기업들로 하여금 외부 고문을 고용하거나 지역 전통에 익숙해지도록 기업 변호사들을 훈련시키게 만드는 요소가 된다. 언어 차이는 중요한 문서를 지속적으로 번역하는 것을 의미한다. 이러한 이유로 때때로 기업들은 그 지역에 있는 다른 회사를 고용하여 이 활동을 수행한다.

중앙집중화 vs 분산화 생산 관리자들에게 중요한 고려 사항은 생산시설을 중앙집중화할 것인가 분산화할 것인가이다. 중앙집중화된 생산(centralized production)은 한곳에 생산설비를 집중화하는 것을 말한다. 분산화된 생산(decentralized production)을 통해 시설은 여러 지역에 분산되며, 다국적 전략을 수행하는 기업들에게는 공통적인 정책으로 회사가 자사 제품을 판매하는 각 국가 비즈니스 환경에 맞춰 국가별로 한 개의 설비를 보유하는 것을 의미할 수도 있다. 기업들은 종종 저원가 전략을 추구하고 규모의 경제를 활용하기 위해 생산 시설을 중앙집중화하는데 이는 글로벌 전략을 따르는 기업들의 전형적인 정책이다. 한 곳에서 동일한 제품을 대량으로 생산함으로

써 회사는 생산 단가를 줄여 비용을 절감한다.

교통비와 물리적 환경 또한 중앙집중화 대 분산화 결정에 영향을 미친다. 이것들은 일반적으로 모든 시장에서 차별화되지 않은 제품을 판매하기 때문에 저비용 경쟁 업체는 일반적으로 구매자 선호도의 변화를 따라잡기 위해 시장 근처에 위치할 필요가 없다. 그렇기 때문에 저원가 전략을 추구하는 생산업자들은 생산비와 운송비가 가장 저렴한 곳을 선택한다. 그러나 이러한 기업들도 생산 공정 과정에 투입되는 비용과 시장에 제품을 공급하는 비용 사이에서 균형을 맞추어야 한다. 화물 운송에 영향을 미치는 물리적 환경의 주요 요인은 항구, 공항 또는 기타 운송 허브의 가용성이다.

이와는 반대로, 차별화된 제품 전략을 추구하는 기업들은 분산화된 생산이 더 좋은 대안이 될 수 있다. 다른 시장 근처에 별도의 시설을 배치함으로써, 그들은 여전히 고객과 긴밀한 관계를 유지하고 변화하는 구매자 선호도에 빠르게 대응할 수 있다. 또한 고객과 긴밀하게 접촉하는 것은 기업들이 지역 문화에서 구매자의 행동을 더 깊이 이해하는 데 도움이 된다.

효과적인 차별화를 위해 R&D와 제조업 간의 긴밀한 협력이 필수적인 경우 두 활동은 대개 동일한 장소에서 이루어진다. 하지만 새로운 기술들은 기업들에게 이러한 활동들을 분리할 수 있는 더 많은 자유를 주고 있다. 오늘날 통신 속도가 빨라지게 되면서 자회사와 본사는 서로 멀리 떨어져 있어도 문제가 없게 되었다.

공정계획

공정계획
회사가 제품을 만드는 데 사용하는 과정을 결정하는 것

기업이 자사의 제품을 만들기 위해 사용할 공정에 대하여 결정하는 과정을 **공정계획**(process planning)이라고 한다. 사용되는 특정 프로세스는 기업의 경영전략에 따라 결정된다. 예를 들어 생산자들은 규모의 경제로 인한 비용 절감을 위해 대개 저원가 전략으로 대량 생산을 선택한다. 일반 스키어들을 위해 스노보드를 대량 생산하는 회사는 고급 컴퓨터 기술이 통합된 고도로 자동화된 생산 공정을 사용한다. 그러나 차별화 전략은 생산자가 고객들에게 우수한 품질, 부가 기능, 특별한 브랜드 이미지와 같은 특별한 것을 제공하여 부가 가치를 제공하도록 요구한다. 전문가용 스노보드 제품을 제작하는 회사들은 자동화된 생산품보다는 숙련된 공예가들에게 스노보드 제품 생산을 맡길 것이다. 기업은 스노보더들 개개인의 취향과 습관을 고려해 제품을 디자인하고 생산할 것이다. 이러한 기업에게 서비스는 생산 과정에서 매우 중요한 구성 요소이다.

현지 시장에서 노동력의 가용성과 비용은 공정계획에 있어서 매우 중요하다. 만약 현지국의 노동력이 상대적으로 저렴할 경우, 국제 기업은 특정 제품 및 전략에 따라 생산 공정에서 더 적은 기술과 더 많은 노동 집약적인 방법을 선택할 가능성이 높다. 그러나 노동의 가용성과 현지 시장에서의 임금 수준은 현지 노동력의 생산성과 균형을 이루어야 한다.

표준화 vs 현지화 생산 전략의 또 다른 중요한 문제는 생산 과정이 모든 시장에 표준화를 할 것인지 아니면 다양한 시장에 맞게 현지화된 제품을 생산할 것인지에 대한 여부를 결정하는 것이다. 예를 들어 저원가 전략은 종종 대규모로 일괄적으로 자동화되고 표준화된 생산을 지시한다. 대량 생산은 각 단위 생산 비용을 줄여 초기 자동화에 투입된 높은 투자 비용을 상쇄할 수 있다. 그리고 직원들이 자신의 활동을 반복하고 오류와 낭비를 최소화하는 등의 새로운 절차를 학습하여 업무성과를 향상시킴에 따라 생산 비용은 추가로 절감된다.

그러나 차별화는 종종 현지대응 능력을 향상시키기 위해 설계된 분산된 시설을 요구한다. 분산화된 생산설비는 한 국가의 시장이나 지역시장을 위해 생산되기 때문에 생산량이 더 작아지는 경향이 있다. 이는 규모의 경제를 활용할 가능성을 없애고 단위 생산 비용을 증가시킨다. 마찬가지로 차별화 전략이 요구되는 소규모 시장은 시장 점유율이 낮을수록 상대적으로 소규모 생산을 필요로 한다. 고객이 원하는 특정 기능을 통합하여 제품을 차별화하려면 비용이 많이 드는 제조 프로세스가 필요하다. 특수 제품 디자인, 스타일 및 기능을 갖춘 제품의 경우 R&D 비용이 더 많이 드는 경향이 있다.

설비배치계획

설비배치계획
생산 시설 내에서 생산 공정의 공간 배치를 결정하는 것

생산 시설 내에서 생산 공정의 공간 배치를 결정하는 것을 **설비배치계획**(facilities layout planning)이라고 한다. 일본, 싱가포르, 홍콩에서는 토지 공급이 제한적이고 비용이 비싸다는 점을 고려해 보자. 이러한 시장에 위치한 기업들은 소형 시설을 설계함으로써 사용가능한 공간을 현명하게 활용해야 한다. 이와는 반대로, 캐나다, 중국 그리고 미국과 같은 국가에서는 많은 지역에서 건축 설비 비용을 절감할 수 있다. 토지가 저렴하기 때문에 기업은 시설을 설계하는 데 더 유연하다.

더 중요한 것은 설비배치는 기업이 사용하는 생산 공정의 유형에 따라 달라지며, 이는 다시 회사의 경영전략에 따라 달라진다는 점이다. 예를 들어 미국의 컴퓨터 회사인 컴팩(www.compaq.com)은 컴퓨터를 대량으로 생산해 재고를 쌓아두기보다는 고객 개개인에게 주문을 받아 컴퓨터를 제조해 경쟁한다. 이러한 경영전략을 구현하기 위해 컴팩 임원진은 대량 조립라인을 3인 체제로 구성된 작업공간으로 교체하기로 결정했다. 스코틀랜드의 공장의 생산 실험에서 이전의 최적 생산 라인과 비교한 결과 생산량은 23% 증가한 것으로 나타났다. 또한 제곱피트당 생산량도 16% 증가하여 설비 내 효율성이 크게 향상되었다.

퀵 스터디 1

1. 수요를 충족시킬 만큼 충분한 생산량을 생산하는 기업의 능력을 평가하는 것을 무엇이라고 하는가?
2. 입지우위의 경제를 최적으로 실행할 수 있는 것은 무엇인가?
3. 일반적으로 기업이 제품을 생산하는 데 사용하는 프로세스를 결정하는 것은 무엇인가?

물적 자원 확보

국제 기업은 사업운영을 시작하기 전에 여러 물적 자원을 확보해야만 한다. 예를 들어 경영자는 "생산 과정에서 필요한 구성부품을 제작할 것인가 아니면 구입할 것인가? 필요한 원자재의 원천은 무엇인가? 기업은 설비 및 생산 장비를 매입하거나 자체 건설할 것인가?"와 같은 질문에 답해야 한다. 이 장에서는 관리자가 이러한 유형의 질문에 답변할 때 고려해야 할 주요 요소를 제시한다.

생산 또는 구매 의사결정

전형적인 제조 회사는 생산 과정에서 다양한 종류의 투입물을 필요로 한다. 일반적으로 가공이 필요한 원자재 또는 조립만 필요한 부품으로 생산 라인에 유입된다. 또한 구성요소는 생산에 앞서 약간의 조정과 가공 작업이 필요할 수 있음을 명심해야 한다. 하나의 구성요소를 직접 만들

델 컴퓨터는 아웃소싱 기술을 완성했다. 델은 소비자와 회사를 위해 컴퓨터 시스템을 설계하고 구축하지만, 컴퓨터 부품 자체를 만들지는 않는다. 이러한 생산 전략은 델을 PC산업의 효율성 모델로 만들었다. 델은 주문 제작한 컴퓨터를 3일 만에 배달할 수 있지만, 경쟁사들은 대부분 몇 주나 소요된다. 당신은 아웃소싱이 미래에도 계속해서 추진될 수 있는 전략이라고 생각하는가?

출처 : ⓒ Qilai Shen/In Pictures/Corbis

것인지 아니면 다른 회사에서 구매할 것인지를 결정하는 것을 **생산 또는 구매 의사결정**(make-or-buy decision)이라고 한다. 각각은 고유한 장점과 단점이 있다.

생산 또는 구매 의사결정
구성요소를 제작함에 필요한 특정 부품을 직접 생산할 것인지 아니면 외부에서 구매할 것인지의 의사결정

수직적 통합
기업활동을 생산단계별로 투입물(후방통합)이나 대리점에서 판매까지의 산출물(전방통합)로 확장하는 것

직접생산의 이유 **수직적 통합**(vertical integration)은 기업이 생산단계에 있어 원재료 투입에서 최종생산물의 산출까지의 통제권을 확대하는 과정으로 생산영역을 넓히는 것을 말한다. 기업이 제품을 구매하기보다는 직접 생산하기로 결정했을 때, 그 기업은 그 제품을 매입하는 대신, 사업 운영 전의 생산 활동인 '상류(upstream)' 활동에 종사하게 된다. 예를 들어 자체 유리창을 제조하기로 결정한 자동차 제조업체는 새로운 상류 활동에 참여하고 있다.

저비용 무엇보다도, 기업들은 총 비용을 줄이기 위해서 제품을 구매하지 않고 직접 만든다. 일반적으로 말해서, 제조업체의 이익은 제품의 판매 가격과 생산비의 차이이다. 한 기업이 제품을 구매하면 제조업체는 이익을 창출한다. 그러나 이 회사가 구매하기 위해 지불해야 하는 비용보다 더 적은 비용으로 제품을 생산할 수 있는 경우 자체 생산에 착수한다. 따라서 사내 생산은 기업의 자체 생산비를 낮출 수 있게 한다.

예를 들어 컴퓨터 마더보드는 마이크로 프로세서, 메모리 칩 및 기타 구성요소가 부착된 컴퓨터의 물리적 기반이다. 이 중요한 구성요소는 컴퓨터의 총 비용의 약 40%를 차지한다. 컴팩은 아시아 공급 업체보다 25달러 더 저렴하게 마더보드 자체를 생산할 수 있으며 이 과정에서 2주일의 선적시간을 절약할 수 있다는 것을 발견했다.

소규모 기업은 제품을 생산하기보다는 제품을 구매하는 경우가 더 많은데, 특히 제품 및 장비에 대규모 재정 투자가 필요한 경우에 더더욱 그러하다. 그러나 이러한 경험 법칙은 만약 회사가 소유하고 있는 기술이나 쉽게 복제할 수 없는 다른 경쟁우위를 확보하고 있다면 적용되지 않을 수도 있다.

강한 통제권 주요 성분이나 구성요소에 의존하는 기업들은 어느 정도의 통제력은 포기한다. 구매하는 대신 제품을 직접 생산하는 것은 경영자에게 제품 품질의 중요한 요소인 원자재, 제품 디자인, 그리고 생산 과정 자체에 더 큰 통제권을 줄 수 있다. 결과적으로, 품질관리(quality control)는 제품의 품질이 경미하게 떨어지거나 회사 명성에 고객들이 민감하게 반응할 때 특히 중요하다.

또한 품질이나 기능을 크게 변경하기 위해 외부 공급 업체를 설득하는 것이 어려울 수 있다. 특히 고가 장비에 대한 투자를 수반하거나 시간이 많이 소요될 것을 약속하는 경우에 그렇다. 단 구매자가 소수일 경우 고가의 제품 개조를 요구하거나 다른 곳에서 제품을 구입할 것으로 의심이 들면 공급업체는 고가의 투자를 꺼릴지도 모른다. 구매자가 대량으로 제품을 구매하지 않는 한, 변경비용은 공급 업체가 처리하기에는 너무 클 수 있다. 이런 경우에 구매자는 자체적으로 생산하지 않고는 원하는 제품을 구할 수 없을지도 모른다. 따라서 기업은 그들 스스로 부품을 생산하는 경우에 제품 디자인과 제품 특징에 대한 더 큰 통제권을 갖게 된다.

마지막으로, 제품을 만드는 것은 공급업자로부터 구매할 때 좋은 아이디어가 될 수 있다. 이는 회사의 핵심 기술을 공급 업체에 제공한다는 의미한다. 라이선스 계약(제13장 참조)을 통해 기업들은 저임금 국가의 공급 업체에게 자사 제품을 제조하는 데 필요한 기술을 제공하는 경우가 많다. 그러나 기업의 경쟁우위가 그 기술에 달려 있다면 라이선스 업체는 무심코 미래의 경쟁자를 만들고 있을 수 있다. 핵심기술을 통제하는 것이 무엇보다 중요한 경우에는 사내에서 자체 생산하는 것이 더 나을 수가 있다.

아웃소싱
한 회사의 가치를 높이는 부분 중 하나인 서비스나 상품을 외부회사로부터 구매하는 행동

구매 이유 다른 기업으로부터 재화나 서비스를 구매하는 행위, 즉 기업의 부가가치 활동의 일부를 **아웃소싱**(outsourcing)이라고 한다. 아웃소싱은 지속적인 전문화와 기술 발전으로 인한 결과이다. 운영 과정을 연속적으로 전문화할 때마다 제조업체는 이전에 비해 더 뛰어난 기술과 지식을 필요로 한다. 아웃소싱을 통해 기업은 수직적으로 통합되는 정도를 줄일 수 있고, 기업이 소유해야 할 전문 기술 및 지식의 전체적인 양을 줄일 수 있다.

아웃소싱은 컴퓨터 제조업 분야에서 엄청난 인기를 끌고 있다. 마이크로프로세서를 포함한 인텔(www.intel.com), 씨게이트(www.seagate.com)의 하드드라이브, U.S. 로보틱스(www.usr.com)의 모뎀, 미쓰미(www.mitsumi.com)의 DVD 드라이브 등 전 세계적으로 크고 작은 제조업체들로 구성된다. 컴퓨터 회사들은 이러한 제조업자들로부터 부품을 구입하고, 자체 시설에서 조립하고 완성된 시스템을 소비자와 기업에 판매한다. 컴퓨터 업계의 관행은 '비밀 제조(stealth manufacturing)'로 알려져 있는데, 이는 컴퓨터 자체의 실제 조립품을 외주화하고 이들을 배급업체나 다른 중개 업체로 보내는 일을 요구한다.

새롭고 흥미로운 종류의 아웃소싱이 점점 더 인기를 끌고 있는 듯하다. 이노센티브(www.innocentive.com)라는 온라인 포럼은 145,000명이 넘는 창의적인 사상가들의 국제적인 네트워크를 사용하여 어려운 문제에 대한 해결책을 모색하는 기업과 기관들을 연결한다. 생명과학, 공학, 화학, 수학, 컴퓨터 과학 및 기업가에 대한 전문지식을 갖춘 엔지니어, 과학자, 발명가 및 사업가들은 상당한 재정적 보상에 대한 대가로 세계에서 가장 어려운 문제 중 일부를 해결하기 위해 경쟁한다. 이노센티브는 누구에게나 열려 있고, 7개 언어로 이용가능하며, 2,000달러에서 최대 100만 달러에 이르는 상금을 지급한다.[3]

많은 기업들은 물건을 구입할 때 더 저렴한 가격 조건의 옵션을 구매한다. 만약 기업이 공급업

자보다 더 적은 비용으로 제품을 생산하여 수직적 통합을 할 수 없다면, 기업은 아웃소싱을 선택하게 될 것이다. 일부 기업들이 제품을 생산하기보다는 구매를 선호하는 몇 가지 이유에 대해 살펴보자.

낮은 위험 앞 장에서는 다른 나라에서 시설을 구축하고 직원을 고용하는 기업이 직면한 다양한 유형의 위험에 대해 기술했다. 예를 들어 특정 시장에서 정치적 위험이 상당히 높다는 것을 기억하라. 사회적 불안이나 갈등이 생기면 물적 시설과 장비, 직원들의 안전을 위협할 수 있다.

기업이 다른 나라에서 정치적 위험에 노출되는 것을 막을 수 있는 한 가지 방법은 해외에 있는 공장이나 장비에 대한 투자를 거부하는 것이다. 대신에 국제적인 공급 업자로부터 제품을 구매하는 것이다. 또한 이 정책은 기업이 불안정한 국가에서 생산을 할 때 필요한 값비싼 보험을 들 필요가 없도록 한다. 그러나 이 정책은 구매자가 모든 잠재적 혼란을 막을 수는 없으며, 정치적 불안정으로 인해 필요한 부품을 적시에 수령할 때 지연이 발생할 수 있다. 실제로 일상적인 상황에서도 국제적 아웃소싱과 관련된 배송 시간이 길어지면 구매자가 자체 생산 일정을 맞추지 못할 위험이 증가할 수 있다.

유연성 향상 시장 상황에 대응하기 위해 충분한 유연성을 유지하는 것이 모든 기업에게 있어 점점 더 중요해지고 있다. 장비나 건물에 막대한 투자를 필요로 하는 사내 제품을 만드는 것은 종종 유연성을 떨어뜨린다. 이와는 대조적으로, 하나 이상의 외부 공급 업체에게 제품을 아웃소싱하는 기업은 유연성을 확보하게 된다. 실제로, 추가된 유연성은 현재 많은 관리자들이 당면한 문제를 해결하기 위한 제한적인 전술적 도구라기보다는 변화를 위한 전면적인 전략으로 간주하는 아웃소싱에 대한 근본적인 변화의 핵심 요소이다.

공급업자의 국가 비즈니스 환경이 불안정할 때 유연성을 유지하는 것은 중요하다. 여러 공급업자로부터 구매하거나 하나 이상의 국가에서 생산 시설을 설립함으로 인해 불안정성이 발생할 경우, 한 지역에서 제품을 아웃소싱할 수 있다. 환율변동이 심한 시기에도 마찬가지다. 환율 변동은 특정 국가에서 제품을 수입하는 비용을 증가시키거나 감소시킬 수 있다. 여러 나라에 위치한 여러 공급업자로부터 구매함으로써, 기업은 공급원을 변경하는 데 필요한 유연성을 유지하고 환율의 급격한 변동과 관련된 위험을 줄일 수 있다.

기업들은 또한 생산 설비에 투자하지 않아도 됨으로써 운영상의 유연성을 유지한다. 값비싼 생산 장비나 설비에 투자하는 것에 얽매이지 않고, 회사는 제품 라인을 매우 빨리 바꿀 수 있다. 이 기능은 특히 소량 생산으로 출고되는 제품이나 잠재력이 불확실한 제품일 때 중요하다. 게다가 기업의 입장에서 자본이 공장과 설비에 묶여 있지 않다면 재정적 유연성을 얻을 수 있다. 그렇게 되면 잉여 금융 자본을 사용하여 다른 국내적 또는 국제적 기회를 얻을 수 있다. 또한 기업이 아웃소싱을 통해 R&D에 투자하지 않고도 투자 수익을 얻을 수 있다.

시장지배력 기업들은 공급자들과의 관계에 있어서 중요한 고객이 됨으로써 그들 관계에서 상당한 힘을 얻을 수 있다. 사실, 때때로 공급업자는 한 특정한 고객에게 일종의 인질이 될 수 있다. 이런 상황은 공급업자가 거의 모든 생산 능력을 제공해야 하는 기업에 크게 의존하게 될 때 발생한다. 주요 구매자가 갑자기 다른 곳으로 아웃소싱을 시작하면, 공급업자는 전환할 수 있는 다른 고객을 확보하지 못할 것이다. 이러한 상황은 구매자가 품질개선을 지시하고, 비용 절감을 강요하며, 특별한 수정이나 개선을 하는 데 중요한 통제력을 부여한다.

구매 장벽 여러 가지 이유로, 기업들은 때때로 국제적인 공급업자들로부터 제품을 구매할 때 장애물에 직면한다. 첫째, 구매자 국가의 정부는 국가의 무역수지 개선을 위해 수입 관세를 부과할 수도 있다. 관세는 제조업자가 해외에서 필요로 하는 부품 가격에 15~50%를 추가할 수 있다.

둘째로, 중개인에 의해 제공되는 서비스는 해외 구매 비용을 증가시킨다. 신용장 작성, 물적 운송수단의 선택, 그리고 보험에 가입하는 것은 모두 해외에서 공급된 제품에 대해 지불하는 최종 비용에 추가된다. 비록 이 비용들이 현재 그 어느 때보다 낮은 상태라고 하더라도, 제품 비용을 상당히 증가시킬 수 있다. 만약 비용이 충분히 높다면 그들은 국제 공급업자로부터 구매할 이점이 사라지게 된다.

원자재

원자재 선택 및 획득에 관한 결정은 여러 유형의 제조업체에게 중요한 부분을 차지한다. 양과 질이라는 두 가지 쟁점이 이러한 많은 결정을 이끌어 낸다. 첫째, 일부 산업과 기업들은 국내에서 이용할 수 있는 원자재의 양에 거의 전적으로 의존하고 있다. 이는 광업, 임업 및 어업과 관련된 기업들에게 적용된다고 할 수 있다. 철광석, 석유, 목재 또는 어류를 적절히 공급하여 처리 시설을 짓는 데 필요한 대규모 금융 투자를 필요로 한다.

둘째, 원자재의 품질은 기업의 최종산물 품질에 큰 영향을 미친다. 예를 들어 식품 가공업체들은 국내에서 경작한 과일, 야채, 곡물, 그 외의 다른 성분들의 품질을 검사해야 한다. 반면, 음료 회사들은 지역 급수의 질을 평가해야 한다. 일부 시장에서는 방수 설비를 구축하기 위해 막대한 재정 투자를 필요로 할 수 있다. 특정 지역(중동 지역의 상당 지역에서)에서는 해수담수화 시설을 설치해야만 한다.

고정자산

고정(유형)자산
생산시설, 재고 창고, 소매점, 생산 및 사무기기와 같은 회사의 자산

대부분의 기업은 현지국에서 생산 설비, 재고창고, 소매점, 생산 및 사무기기와 같은 **고정(유형) 자산**[fixed (tangible) assets]을 필요로 한다. 많은 기업들이 (1) 기존 공장을 인수 또는 변경하거나 (2) **그린필드형 투자**(greenfield investment)라고 불리는 완전히 새로운 설비를 건설하거나 하는 등의 선택권을 가지고 있다. 어느 쪽을 고려하든, 회사 내 많은 부서들과 관련되어 있다. 예를 들어 프로덕션 관리자는 기존 시설(또는 빈 부지)이 충분히 크고 회사의 설비 배치 니즈에 적합한지 확인해야 한다.

부지 매입 관련 전문가들과 법무부 직원들은 제안된 사업 활동에 있어서 현지법을 따라야 한다. 홍보부 직원들은 그 회사가 그 지역 사람들의 권리, 가치, 그리고 관습을 위태롭게 하지 않도록 확실히 하기 위해 공동체 지도자들과 함께 일해야만 한다.

마지막으로, 관리자들은 현지 인프라가 회사가 제안한 현장 사업 운영을 지원할 수 있는지 확인해야 한다. 또한 신흥 산업 시장 및 선진국 시장에서는 공장 및 사무용 장비가 현지에서 조달될 수 있지만, 개발도상국에서는 그렇지 않을 수 있다. 따라서 경영자들은 수입된 장비에 부과될 관세 비용과 이를 수입하는 데 필요한 시간과 노력 측면을 모두 평가해야 한다.

퀵 스터디 2

1. 수직적 통합이란 기업이 무엇에 대한 통제권을 확장하는 과정인가?
2. 왜 기업은 제품을 구매하지 않고 사내에서 직접 생산하는 것인가?
3. 왜 기업은 사내에서 제품을 직접 생산하지 않고 제품을 구매하는 것인가?

주요 생산 관련 사항

제11장에서는 제조 설비의 수와 입지요소가 경영전략과 조직 구조에 어떻게 영향을 미칠 수 있는지 설명하였다. 이 시점에서 제조 운영과 관련하여 논의해야 할 문제가 몇 가지 남아 있다. 이 절에서는 먼저 기업들이 어떻게 품질을 극대화하고 선적 및 재고 비용을 최소화하는지 살펴볼 것이다. 그런 다음 중요한 재투자(reinvestment) 대 투자철회(divestment) 결정에 대해 간략하게 살펴보려고 한다.

품질 향상 노력

기업들은 비용과 고객 가치라는 두 가지 이유로 품질 향상을 위해 노력한다. 첫째, 고품질 제품은 투입물의 낭비를 줄이고 구매자로부터 결함 있는 제품 회수 비용을 절감하며, 결함이 있는 제품으로 인한 폐기 비용을 줄여 생산 비용을 낮추는 데 도움이 된다. 둘째, 품질의 최소 허용 수준은 오늘날 거의 모든 제품에 해당한다. 저비용 제품을 생산하는 기업조차도 일반적으로 가격 경쟁 시장이나 시장 부문에서의 입지를 약화시키지 않는 한 품질 유지 또는 개선을 위해 노력한다. 저비용과 고품질 제품을 결합하는 데 성공하는 회사는 시장에서 엄청난 경쟁우위를 확보할 수 있다.

또한 품질 향상은 서비스를 제공하는 회사에게 있어서 또는 제조하고 판매하는 제품과 관련하여 중요하다. 서비스 품질 관리는 서비스가 생성되고 동시에 소비된다는 점에서 복잡하다. 이러한 이유로, 서비스를 제공하는 직원과 구매자 사이의 인적 교류는 서비스 품질에 있어서 중요하다. 하지만 서비스를 실제로 제공하기 전에 수행해야 하는 활동 또한 중요하다. 예를 들어 식당은 청결해야 하고, 메뉴에 따른 음식을 준비하는 데 필요한 재료를 준비하는 것이 필요하다. 마찬가지로 은행은 직원이 정시에 출근하여 전문적으로 고객과 상호작용할 경우에만 고품질의 서비스를 제공할 수 있다.

전사적 품질관리(total quality management)와 ISO(International Standards Organization) 9000 인증에 대한 두 가지 전략을 간략하게 살펴보겠다.

전사적 품질관리 지속적인 품질 개선 노력과 프로세스를 통해 고객 기대치를 충족시키거나 초과 달성을 위한 기업 전반적 차원의 약속을 **전사적 품질관리**(total quality management, **TQM**)라고 한다. 또한 TQM은 직원 개개인의 활동이 공장업무, 행정처리 또는 경영 활동에 기반을 두고 있는지와 관계없이, 각 개인이 자신의 산출물에 대한 품질에 집중할 수 있도록 많은 책임을 부여한다.

전사적 품질관리
지속적인 품질 개선 노력 및 프로세스를 통해 고객 만족을 충족시키거나 초과 달성하기 위한 회사 전반의 노력

지속적으로 제품의 품질을 향상시킴으로써, 기업은 경쟁 업체와 차별화하고 충성고객을 끌어들일 수 있다. TQM 철학은 일본에서 처음 대두되었는데, 즉 전자 및 자동차 회사가 TQM 기법을 적용하여 품질에 대한 평판과 가격 경쟁력을 통해 비용을 줄이고 전 세계적으로 높은 시장점

경영자의 서류가방 세계 수준의 표준

오늘날의 경쟁 환경에서는 많은 기업들이 TQM 원칙을 적용하고 있다. 국제적인 경영 활동을 하는 기업의 경우 ISO 9000 인증은 점차 중요해지고 있다. 그러나 ISO 9000 표준은 기업이 품질관리 프로세스를 어떻게 개발해야 하는지를 명시하고 있지 않다. 오히려 ISO는 각 회사가 자체 품질 프로세스를 정의하고 문서화하며 이를 구현할 증거를 보여 줄 것을 요구한다. 다음은 TQM 및 ISO 9000 표준을 연결하여 품질 좋은 제품이나 서비스를 제공하는 회사의 역량을 강화하는 방법을 설명하는 체제이다.

TQM의 주요 원칙은 다음과 같다.

- **고객을 기쁘게 하라** 기업은 고객이 가장 중요하게 여기는 것에 최선을 다해 노력해야 한다. 이는 시간이 지나면서 변할 수 있으므로 사업주들은 고객들과 긴밀한 연락을 취해야 한다.
- **사람에 기초한 관리법을 사용하라** 시스템, 표준 및 기술 자체는 품질을 보증할 수 없다. 핵심은 직원들에게 무엇을 할 것이며 어떻게 할 것인가에 대한 지식을 제공하고 성과에 대한 피드백을 제공하는 것이다.
- **지속적으로 개선을 꾀하라** TQM은 단기간의 해결책이 아니라 지속적인 과정이다. 중요한 혁신을 달성하는 것은 작고 점진적인 개선보다 덜 중요하다.
- **사실에 의거한 관리법을 개발하라** 품질관리 및 개선을 위해 경영자로 하여금 소비자가 기업의 제품 및 서비스의 성과를 어떻게 인식하는지 명확히 이해할 필요가 있다. '직감'을 믿는 대신 '사실적 정보'를 얻어 이를 직원들과 공유하라.

회사는 다음과 같은 세 가지 방법으로 이러한 TQM 원칙을 ISO 9000 표준에 연결할 수 있다.

- **과정 정의** 기존 비즈니스 프로세스를 정의해야 한다. 일단 정의되면 핵심 이해 관계자를 만족시켜야 하며, 그것은 고객을 기쁘게 하는 일임이 틀림없다.
- **과정 향상** 긍정적인 결과를 얻으려면 조직 내 모든 사람들이 정의된 프로세스를 적절하게 사용해야 한다. 그렇지 않으면 회사는 정책을 조정해야 할 수도 있다.
- **과정 관리** 경영진과 직원은 프로세스 세부 정보를 적절하게 관리하기 위해 프로세스 세부 정보에 대한 지식을 보유하고 있어야 한다.

출처 : Based on G. K. Kanji, "An Innovative Approach to Make ISO 9000 Standards More Effective," *Total Quality Management*, February 1998, pp. 67-79.

유율을 확보할 수 있었다. 미국과 유럽 기업들은 일본의 경쟁기업들에게 막대한 시장 점유율을 빼앗기고 나서야 비로소 TQM 원칙을 받아들였다.

ISO 9000 ISO 9000은 기업이 업계 최고 수준의 품질 기준을 충족할 때 얻을 수 있는 국제 인증제도이다. EU의 기업들은 품질 인증 분야에서 선두를 달리고 있다. 그러나 유럽 및 비유럽 기업 모두 유럽 시장에의 접근을 위한 보장책으로 이 인증을 얻으려고 노력하고 있다. 인증을 받으려면 기업은 제품 품질에 영향을 미치는 모든 경영 활동 프로세스의 신뢰성과 건전성을 입증해야 한다. 많은 기업들은 ISO 9000 인증을 추구하는데, 그 이유는 이 인증이 잠재적 고객에게 보내는 품질을 보증하는 메시지이기 때문이다. 기업들이 TQM 기법과 ISO 9000 인증을 어떻게 조화시킬 수 있는지에 대한 정보는 글상자 '경영자의 서류가방 : 세계 수준의 표준'을 참조하라.

운송 및 재고 비용

운송 비용은 재료 및 부품을 생산 시설의 위치로 옮기기 위해 들어가는 비용에 큰 영향을 미칠 수 있다. 생산 과정에 투입되는 비용이 제품의 총 비용에서 차지하는 비중이 크다면, 생산자들은 그러한 투입물의 원천에 근접한 곳에 위치하려 할 것이다. 운송 비용은 항구, 공항, 도로 및 철도망 조건을 포함한 일반적 수준의 경제개발과 같은 국가 비즈니스 환경의 여러 요소에 영향을 받는다.

예전에는 생산자가 엄청난 양의 재료나 부품을 구입하여 생산 현장에서 필요로 할 때까지 대형 창고에 보관했다. 그러나 대량의 재고를 저장하는 것은 창고 손상이나 도난, 창고 보관료등과 같은 비용이 많이 든다.

기업들은 이러한 재고 목록에 묶여 있는 돈을 효과적으로 사용하기 위해 더 좋은 재고 관리 기술을 개발했다. 재고 관리를 최소화하고, 필요할 때 (또는 제시간에) 생산 공정에 정확히 투입하는 생산기술을 **적기공급생산**[JIT(just-in-time) manufacturing]이라고 한다. 이 기술은 원래 일본에서 개발되었지만 전 세계적으로 제조 작업 전반에 걸쳐 빠르게 확산되었다. JIT생산은 대용량 재고와 관련한 비용을 대폭 절감하게 한다. 또한 생산 과정에서 결함이 있는 자재와 구성품이 신속하게 발견되므로 낭비되는 비용을 줄일 수 있다. 기존의 시스템에서는 결함이 있는 재료나 구성요소가 완제품으로 제작된 후에야 발견되었다.

적기공급(JIT)생산
재고를 최소한으로 유지하고 생산 공정의 투입물이 필요한 시점에 정확히 도달되는 생산기술

재투자 대 투자철회

기업은 새로운 기회가 창출되지 않을 때 현재 운영 수준을 유지하려고 한다. 그럼에도 불구하고 경쟁이 치열한 글로벌 시장에서 상황이 변하는 것은 경영자로 하여금 운영함에 있어 재투자(reinvesting)를 하거나 투자철회(divesting)를 하도록 강요한다.

기업은 종종 장기적인 전망이 좋다면 긴 투자 회수 기간을 요하는 시장에 이익을 재투자한다. 이것은 개발도상국과 대규모 신흥시장에서 종종 적용 · 발생한다. 예를 들어 부패, 관료주의, 유통 문제, 그리고 모호한 법 제도는 중국 외 다른 국가 기업들에게 어려움을 안겨 주고 있다. 그러나 이들의 투자에 대한 장기적인 수익이 예상되기 때문에 때로는 단기적으로 불확실한 것임에도 불구하고 서구 기업들은 중국에 크게 재투자하고 있다. 이들 기업들의 대부분은 저비용 노동력 및 저비용 에너지를 이용하기 위해 생산 시설에 투자한다.[4]

기업들은 수익성 있는 운영을 하는 데 예상보다 시간이 더 걸릴 것으로 예상되면 국제적인 운영 규모를 축소한다. 다시, 중국이 좋은 예가 될 것이다. 12억 소비자들에 의해 제공되는 성장가능성 때문에 일부 기업들은 중국으로 유치되었다. 하지만 일부 기업들은 지나치게 낙관적인 마케팅 계획으로 인해 그들의 야심을 축소해야만 했다.

기업들은 대개 시장이 급속한 성장을 경험할 때 재투자하기로 결정한다. 재투자는 그 자체로 시장을 확장하거나 성장하는 시장에 제공하는 적합한 위치에서 확장하는 것을 의미할 수 있다. 확장되는 시장에 투자하는 것은 종종 매력적인 선택이 될 수 있는데, 이는 잠재적인 신규 고객들이 대개 아직 한 회사나 브랜드의 제품에 충성도를 보이지 않기 때문이다. 정체되거나 위축되어 있는 시장점유율을 확보하는 것보다 이러한 시장에서 고객을 끌어들이는 것이 더 쉽고 비용이 덜 들 수 있다.

그러나 정치적, 사회적, 경제적 분야에서 발생하는 문제들은 기업으로 하여금 운영을 줄이거나 아예 상장폐지가 될 수 있게 만들기도 한다. 이런 문제들은 대개 서로 얽혀 있다. 예를 들어 최근 몇 년 동안 일부 서구 기업들은 정치적인 문제, 경제적인 어려움, 그리고 테러리스트들의 공격에 직접적으로 기인하는 심각한 사회적 불안 때문에 그들의 인력을 인도네시아에서 철수시킨 바 있다.

마지막으로, 기업들은 그들의 투자에 있어 최고의 수익을 제공하는 사업에 투자한다. 그러한 정책은 종종 어떤 시장에서는 수익성이 있을 수 있으나, 다른 곳에 더 많은 수익성 있는 기회에 투자하기 위해 운영을 축소하거나 분산시키는 것을 의미한다.

퀵 스터디 3

1. 왜 기업은 품질 향상을 위해 노력해야 하는가?
2. 기업이 속한 한 산업에서 가장 높은 품질 기준을 충족할 때 받는 국제적인 인증을 무엇이라고 하는가?
3. 기업은 어떤 조건에서 영업 활동에 이익을 재투자할 수 있는가?

재무관리 운영

기업들은 다양한 운영비와 새로운 사업에 돈을 지불하기 위해 재정적 자원을 필요로 한다. 기업은 제조와 조립 활동을 위해 원자재와 부품 제품을 사야 한다. 어떤 때는 생산 능력을 늘리거나 새로운 지리적 시장에 진출하기 위해서도 막대한 자금이 필요하다. 그러나 기업들은 또한 이러한 생산과 관련된 활동에 추가하여 모든 종류의 활동에 대한 비용을 지불하기 위해 자금을 조달할 필요가 있다. 그들은 훈련과 개발 프로그램에 대한 비용을 지불하고 직원들과 관리자들에게 보상을 해야 한다. 기업들은 그 회사가 상품과 서비스를 홍보하는 것을 돕는 광고 대행사에 돈을 지불해야 한다. 또한 대출기관에 주기적인 이자를 지불해야 하고, 주주들에게 배당금도 줘야 한다.

그러나 모든 기업은 현재의 운영이나 새로운 노력에 투자할 수 있는 자원이 제한적이다. 그렇다면 기업들은 어디서 필요한 자금을 확보할까? 일반적으로 조직은 다음 세 가지 출처 중 하나를 통해 재정적 자원을 확보한다.

1. 대출(부채)
2. 주식 발생(주식 소유)
3. 내부자금 조달

대출

국제 기업들은(국내 기업들과 마찬가지로) 대출금에 대해 최저 이자율을 적용하려고 노력한다. 그러나 이 목표는 전 세계적 차원에서는 좀 더 복잡해진다. 이는 환율 변동의 위험, 통화태환성에 대한 제한, 국제 자본의 흐름에 대한 제한 등의 어려움이 있기 때문이다.

특히 자국 통화의 가치가 하락한 경우 현지에서 차입하는 것이 보다 유리할 수 있다. 한 일본 회사가 미국에 투자하기 위해서 미국 은행에서 돈을 빌린다고 가정해 보자. 1년 후 미국 달러가 일본 엔화에 비해 떨어졌다고 가정해 보자. 즉 1달러를 사는 데 더 적은 엔화가 필요하다는 것이다. 이 경우 일본 기업은 달러 가치가 하락하기 전보다 더 적은 엔화로 부채를 상환할 수 있다.

하지만 기업들이 항상 현지국 내에서 자금을 빌릴 수 있는 것은 아니다. 종종 그들은 국제적인 자금원을 찾도록 강요받는다. 이는 자회사가 시장에 처음 진출해서 아직 지역 은행에 평판을 쌓지 못한 경우이다. 이런 경우 모회사는 소위 **백투백 대출**(back-to-back loan)을 통해 자회사로 하여금 자금을 조달하도록 도울 수 있는데, 이는 모회사가 현지국 은행에 돈을 예치한 후 현지국에 있는 자회사에 돈을 빌려 주는 대출을 말한다.

백투백 대출
모기업이 현지국 은행에 위치한 자회사에 돈을 예치하여 현지국에 있는 자회사에 대출해 주는 시스템

예를 들어 멕시코 회사가 미국에서 새로운 자회사를 진출시켰으나 이 자회사가 미국 은행 대출을 받을 수 없다고 가정하자. 멕시코의 모회사는 멕시코에 있는 미국 은행의 한 지점에 멕시코 페소를 예치할 수 있다(그림 15.1 참조). 그러고 나서 미국 은행의 본사는 미국 내 자회사에 달러를 대출해 준다. 달러로 빌려 준 돈의 액수는 이 미국 은행의 멕시코 지사에 예치된 페소 금액과 같다. 미국 자회사가 대출금을 전액 상환하면 모기업은 미국 은행의 멕시코 지점에 예치한 예금과 이자를 인출한다.

주식 발생

제9장에서 살펴보았듯이 국제 주식 시장은 발행 회사의 본국 밖에서 매매되는 모든 주식들로 구

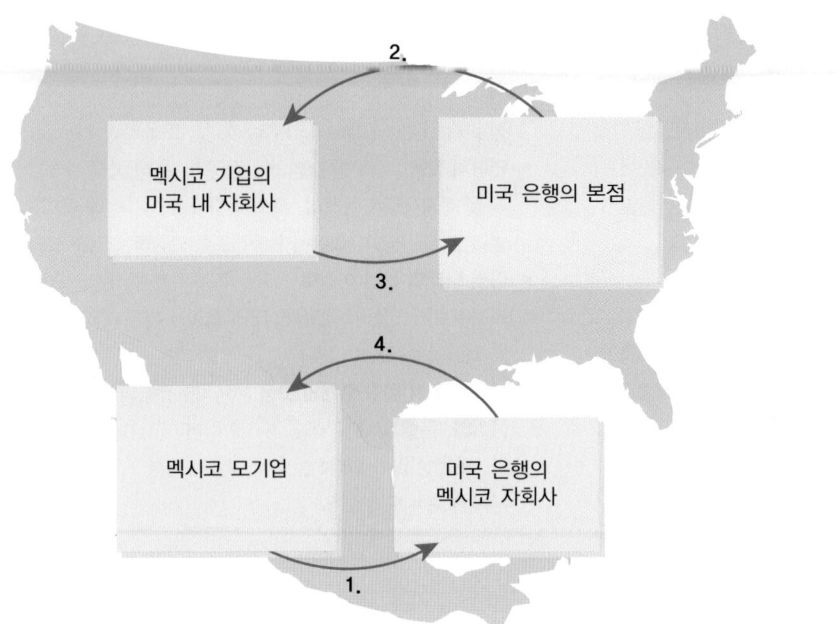

1. 멕시코 모회사는 멕시코의 미국 은행 지점에 페소를 예치한다.
2. 미국 은행의 본사는 미국에 있는 멕시코 회사의 자회사에 달러를 대출한다.
3. 멕시코 자회사가 달러 대출을 상환한다.
4. 멕시코 모기업은 페소 예금과 이자를 인출한다.

그림 15.1
멕시코-미국 연계 대출

성된다. 기업은 주로 국내에서 이용할 수 없는 자금으로 투자자 풀(pool)에 접근하기 위해서 주식을 발행한다. 그러나 다른 나라의 증권 거래소에 상장된 주식을 얻는 것은 복잡한 과정이 될 수 있다. 우선 특정 증권 거래소 운영에 적용되는 모든 규칙 및 규정을 준수하는 데 많은 시간과 돈이 소요된다. 따라서 대기업만 여러 거래소에 주식을 상장하는 경향이 있다.

미국예탁증권 발행 국제적인 노출을 극대화하기 위해서(그리고 자금에 접근하기 위해서), 미국 이외 기업들은 그들 자신을 미국 증권 거래소에 상장한다. 비미국 기업들은 미국에서 거래되는 **미국예탁증권**(American Depository Receipts, **ADRs**)을 발행함으로써 미국에서 직접 주식을 상장할 수 있다. 씨티뱅크(www.citibank.com)와 같은 대형 미국 은행에서 ADR을 발행한 후 뉴욕 증권거래소(www.nyse.com), 전산화된 증권거래업자 자동견적시스템협회(www.nasdaq.com) 및 장외시장(OTC)에 정보를 제공한다. 이 장의 시작 부분에서 살펴보았듯이 일본의 토요타(www.toyota.co.jp)는 ADR 발행을 통해 미국 투자자에게 접근했다.

미국예탁증권(ADR)
미국 내에서 거래되고 있으며, 비미국 기업을 위해 특정 수의 주식을 대표하는 인증서

국제 기업들도 해외주식예탁증서(Global Depository Receipts, GDRs)를 사용한다. 이것은 원칙적으로 ADR과 유사하지만, 런던과 룩셈부르크에서 거래되고 있다. 인도 기업들은 자국 내의 엄격한 상장 요건을 회피하기 위해 GDR을 공격적으로 상장하고 있다.[5]

미국예탁증권의 장점 기업들은 ADR을 통해 몇 가지 중요한 이점을 얻는다. 첫째로, ADR을 구입하는 투자자는 통화전환 수수료를 지불하지 않는다. 이와는 대조적으로, 만약 미국 투자자가 미국이 아닌 다른 국가의 주식을 산다면 다른 나라의 증권 거래소에 있는 회사들은 통화 환산 비용을 부담할 것이다. 이런 비용을 피하고 더불어 달러로 지불할 수 있는 편의성을 추가로 확보하면 미국 투자자는 ADR을 구입할 것이다. 둘째로, ADR에 대한 최소 구매 요건은 없으며 때로는

문화 이슈 해외에서의 재무관리

중소기업 금융은 국가 경제가 서로 연계되고 기술이 커뮤니케이션을 용이하게 함에 따라 점점 더 글로벌화되어 가고 있다. 예를 들어 상대적으로 안전한 미국 시장에서 선점하기 위해, 국제 투자가들은 낮은 수익률을 받아들일 수 있다. 다음은 국제 자본을 얻은 기업가들이 제시한 몇 가지 조언이다.

- **비즈니스 스쿨 국제 프로그램** 국제 비즈니스 수업의 강사는 종종 해외 교육 및 산업 분야의 모든 사람들과 연락을 취한다. 네트워크에 접촉하려면 현지 대학을 방문하여 경영 교육 과정을 수강하거나 기업가 고문과 긴밀히 협력할 수 있는 프로그램에 참여하라.
- **자국의 상무부** 당신의 제품을 어필할 수 있는 잠재적인 국제시장에 대해 물어보라. 개발도상국, 신흥국, 선진국 모두가 실질적으로 모든 경제 분야에서 필요한 것을 갖고 있다. 당신의 국가 대사관이 하는 것처럼 자국의 상무부는 당신의 예비 스카우트 기회를 도울 수 있다.
- **연락처 활용** 업무를 수행하는 전문가, 특히 국제 관계를 맺고 있는 변호사 및 회계사를 활용하라. 해외 투자자를 찾기 전에 국제 경험을 가진 존경받는 임원에게 이사회에서 활동하도록 요청하는 것을 고려하라.
- **다른 나라의 산업 이벤트** 다른 국가의 업계 이벤트 연락처 및 노출을 늘리려면 이 작업을 수행하라. 무역 협회는 다른 나라에서 열리는 행사 일정을 제공할 수 있어야 한다.
- **자본을 찾기 위한 중개인 고용** 이러한 유형의 중개인은 국제적인 벤처자금기업, 은행 및 기타 대출 기관으로부터 자금을 확보하는 것을 도울 수 있다. 또한 기업을 확장하는 사업체들은 다른 지역의 금융 기관으로부터 자본을 얻도록 도울 수 있다.

회사 주식을 공유하기도 한다.

셋째, 기업은 뮤추얼 펀드에 어필하기 위해 미국에서 ADR을 제시한다. 미국의 투자법은 뮤추얼 펀드가 미국 거래소에 등록되지 않은 회사의 주식에 투자할 수 있는 금액을 제한하고 있다. 미국 뮤추얼 펀드 매니저들은 가격이 책정되면 독일 소프트웨어 생산 업체인 SAP(www.sap.com)의 주식을 매각해야 했다. 일부 펀드 매니저들은 SAP 아메리카에 ADR을 도입해 줄 것을 간청했고, SAP는 이를 받아들였다. ADR을 등록한 덕분에 회사 주식을 할인받아 직원들에게 보상할 수 있도록 했다. 이는 회사들이 미등록 기업들에 대한 주식을 수여하는 것이 금지되어 있었기 때문이다.[6]

벤처 자금
대출업자가 급속한 성장을 경험하고 그 대가로 주식(부분 소유)을 받을 것이라고 믿는 투자자로부터 얻는 자금 조달

벤처 자금 기업가적 신생 기업과 중소기업을 위한 주식 자금 조달의 또 다른 출처는 **벤처 자금**(venture capital)이다. 이는 급속한 성장을 경험할 것으로 믿고 투자자로부터 얻는 자금을 말하며 투자자는 그 대가로 지분(부분 소유)을 얻게 된다. 벤처 기업에 필요한 자본을 공급하는 사람을 **벤처 투자가**라고 한다. 빠르게 확장하는 새로운 기업과 관련하여 상당한 위험이 존재하는 경우도 있지만, 벤처 투자가들은 이에 투자하여 막대한 투자 수익을 올릴 수도 있다.

자금력이 풍부한 벤처 투자가들은 전 세계적으로 손을 뻗고 있다. 그럼에도 불구하고, 전 세계 많은 중소기업들은 여전히 자금을 마련하려고 할 때 어려움에 직면한다. 그러나 미국의 기업가는 기업가 정신을 중시하는 문화이기 때문에 상대적으로 자금 조달 활동과 확장을 하는 데 있어 쉬운 편이다. 미국 문화는 개인주의적이며 재무적 보상으로 개인의 사업 위험 부담을 보상한다. 기업가들이 국제 투자자를 찾기 위해 사용하는 몇 가지 주요 전략에 대해서는 글상자 '문화 이슈 : 해외에서의 재무관리'를 참조하라.

신흥주식시장 증시가 급부상하면서 증시가 활기를 띠고 있는 국가의 기업들도 일부 문제에 직면하고 있다. 첫째로, 신흥주식시장은 대개 극심한 주가 변동성을 경험한다. 한 가지 중요한 요인은 신흥주식시장에 대한 투자가 소위 '핫머니(hot money)'로 불리며, 이는 위기 시기에 자금이 재빨리 철회될 수 있는 자금의 유동성을 의미한다. 이와는 반대로 '인내의 돈(patient money)', 즉 공장, 장비 및 토지에 대한 외국인 직접투자는 쉽게 회수될 수 없다는 것이 핫머니와 인내의 돈

이 다른 점이다. 대량의 갑작스러운 주식 매도는 많은 신흥주식시장을 특징짓는 시장 변동성의 징후이다. 이러한 대규모 매각은 국가의 미래 경제 성장에 대한 불확실성으로 인해 발생한다.

둘째, 신흥주식시장에서 주식을 발행하는 기업은 열악한 시장 규제로 인해 어려움을 겪는다. 이는 규모가 큰 현지 기업들이 자국의 주식시장에 큰 영향력을 행사할 수 있게 한다. 강력한 자국의 주주들이 그러한 교류를 지배하는 한, 국제 투자가들은 그런 거래에 참여하는 것을 주저하게 될 것이다. 근본 원인은 해외 투자자들보다는 내부자들을 선호하는 규제에 있다.

내부 자금 조달

지속적인 국제 비즈니스 활동과 신규투자는 본사나 자회사에게 제공하는 자금을 사용하는 데 있어 내부적으로 자금을 조달할 수 있다.

기업과 자회사들의 내부 주식, 부채 및 수수료 모기업에서 파생된 기업들(spin-off companies)은 일반적으로 그들이 재정적으로 독립하기 위해 일정 기간을 필요로 한다. 이 기간 동안 그들은 종종 모기업으로부터 내부 자금을 조달받는다.

많은 국제적인 자회사는 일반적으로 공개적으로 거래되지 않는 지분 발행을 통해 금융 자본을 확보한다. 실제로 주식은 모기업에만 구매되는 경우가 많지만, 자회사의 의사결정에도 큰 영향력을 미친다. 자회사의 실적이 좋으면 모기업은 회사의 가치 상승으로 주가 수익을 얻게 된다. 자회사가 주식 배당을 지급하기로 결정하게 되면, 모기업도 같은 방식으로 수익을 올릴 수 있다. 모기업은 일반적으로 시작 단계 및 자회사가 대규모 신규 투자를 할 때 국제 자회사에 자금을 빌려 준다. 이와는 반대로, 현금이 충분한 자회사는 종종 자금이 필요한 자회사나 자매 회사에게 돈을 빌려 주는 경우가 많다.

운영 수익 재화 및 용역 판매로 벌어들인 돈을 **수익**(revenue)이라고 한다. 이 자본의 원천은 국제 기업들과 그들의 자회사들의 생명선과도 같다. 한 기업이 장기적으로 성공하려면, 어느 시점에서 일상적인 운영을 유지하기 위한 충분한 내부 수익을 창출해야 한다. 이 시점에서 외부자금 조달은 계절적 판매 변동이 있는 동안 사업을 확장하거나 수익률이 낮은 기간 동안 살아남기 위해 필요하다.

수익
재화와 용역 판매로 벌어들인 돈

앞 장에서 보았듯이, 국제 기업과 자회사는 기업과 그 자회사들 간에 이전되는 재화나 용역에 대해 부과되는 소위 이전 가격(transfer prices)을 통해 내부적으로 수익을 창출한다. 기업들은 자회사의 이전 가격을 그들 자체 목표에 따라 높거나 낮게 책정한다. 예를 들어 기업들은 높은 과세 국가에서 세금을 최소화하고자 할 때 이전 가격을 적극적으로 추구하는 경우가 많다. 외환의 사용이나 본국으로의 이익을 송금함에 있어 국가 규제가 없다면 이전 가격을 사용할 수 있다. 〈그림 15.2〉는 국제 기업 및 자회사의 내부 자본 출처를 요약한 것이다.

자본 구조

기업의 **자본 구조**(capital structure)는 기업의 활동을 위해 사용되는 주식, 부채 및 내부에서 생성된 자금이 합쳐진 것이다. 기업은 위험과 자본 비용을 최소화하기 위해 자금 조달 방법 사이에서 적절한 균형을 맞추려고 노력한다.

자본 구조
기업 활동에 자금을 조달하기 위해 사용되는 주식, 부채 및 내부적으로 발생한 자금의 혼합물

부채는 은행이나 채권 소유자와 같은 채권자들에게 정기적으로 이자 지급이 요구된다. 만약 기업이 이자 지급을 이행하지 않을 경우, 채권자는 회사를 법원에 데리고 가 강제로 채무를 지불

그림 15.2
국제 기업 자금의 내부 조달 원천

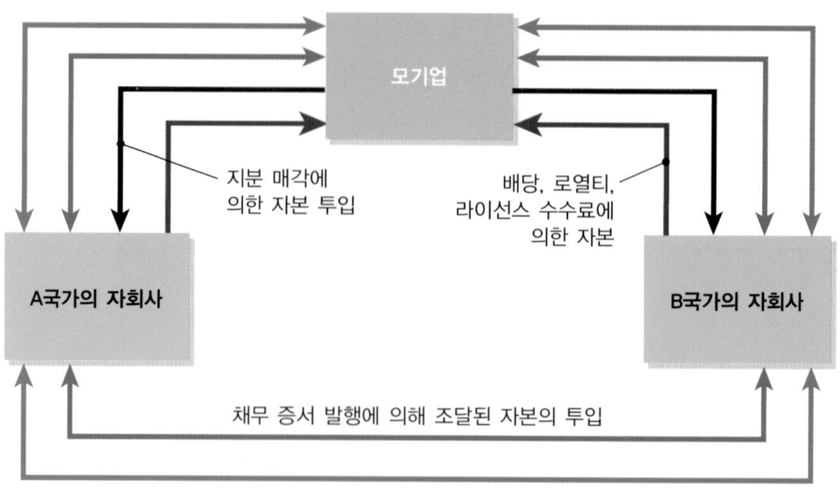

하도록 할 수 있고, 강제로 파산시킬 수도 있다. 반면, 주식의 경우(기업들이 조금씩 발행하는), 특정 유형의 우선주를 보유한 사람들만 채무 불이행으로 인한 파산을 강요할 수 있다. 따라서 기업들은 파산 위험을 높일 수 있는 주식과 관련하여 너무 많은 부채를 떠안고 싶어 하지 않는다. 하지만 이자 지급(interest payment)은 과세 대상 소득에서 공제될 수 있기 때문에 기업이 지불해야 하는 세금을 줄일 수 있다.

자본 구조의 기본 원칙은 내수 기업과 국제 기업에 따라 달라지지 않는다. 그러나 한 조사 결과에 따르면, 다국적 기업은 내수 기업에 비해 부채 비율이 낮은 것으로 나타났다. 왜 그런 것일까? 일부 관측자들은 정치적 위험, 환율 위험, 그리고 다국적기업들이 이용할 수 있는 기회의 수 등으로 인해 차이가 난다고 언급했다. 또 다른 관측자는 부채에 대한 선택권이 기업의 국가 문화에 달려 있다고 주장한다. 하지만 이 제안은 모든 문화권의 기업들이 그들의 자본 비용을 절감하기 원한다는 점에서 비난을 받고 있다. 게다가 많은 거대한 국제 기업들이 많은 나라에서 수익을 창출하고 있다. 이들 기업의 '국가 문화'는 어떻게 설명할 수 있는가?

국가 규제(national restrictions)는 자본 구조 선택에 영향을 줄 수 있다. 이러한 규제는 자본의 국제흐름에 대한 규제, 지역 자금 조달 비용 대 국제 자금 조달 비용, 국제적인 금융 시장으로의 접근 및 통화를 교환할 때 부과되는 통제를 포함한다. 기업의 자체적인 자본 구조의 선택은 매우 복잡한 결정이다.

퀵 스터디 4

1. 일반적으로 기업은 어떤 자원을 통해 재무자원을 확보하는가?
2. 미국 이외의 기업이 미국의 자본 시장에 접근하는 일반적인 방법은 무엇을 발행하는 것인가?
3. 기업이 자사의 활동 자금 조달을 위해 사용하는 주식, 부채 및 내부적으로 창출한 자금의 조합을 무엇이라고 하는가?

맺는말

국제 기업의 생산 활동이 제품 제조 또는 서비스를 제공하는 것과 관련이 있더라도 운영을 시작하기 전에 많은 자원을 확보해야 한다. 원자재나 부품을 어디서 구할 것인지, 필요한 생산용량은 어느 정도의 규모인지, 새로운 시설을 직접 제조할 것인지 구매할 것인지, 서비스센터의 규모 및 자금 조달처 등과 같은 문제를 해결해야 한다. 이 질문에 대한 대답은 복잡하고 상호 연관적이다.

이 장에서는 생산 용량 계획, 시설 입지, 사용할 생산 공정 및 설비 배치를 포함하여 국제 생산 전략을 수립할 때 고려해야 할 중요한 쟁점에 대해 논의했다. 또한 우리는 기업들이 생산을 중앙 집중화할지 또는 분산화할지에 대한 결정과 생산이 표준화되거나 국가 시장에 현지화할 것인지에 대해 논의했다. 이 과정에서 우리는 생산 문제가 전반적인 기업 전략 및 마케팅 전략에 대한 이전 논의와 어떻게 연관되어 있는지를 살펴보았다. 우리는 기업이 국제적 생산 운영 및 기타 활동에 어떻게 자금을 투입하는지에 대한 논의로 이 장을 마무리했다.

이 장의 요약

LO1. 생산 진략을 수립할 때 고려해야 할 요소를 설명하라.

- **부품조달계획**은 기업이 시장 수요를 충족시키기에 충분한 생산량을 공급하는 데 도움을 준다.
- **시설입지계획**은 생산물이 최적의 위치에 배치되어 입지우위의 경제를 달성할 수 있을 때 최적의 상태가 된다. 또한 여기서 중요한 것은 생산을 중앙집중화하느냐 분산화하느냐이다.
- 기업이 자사의 제품을 어떻게 만들 것인지를 결정하는 것을 **공정계획**이라고 한다. 이는 일반적으로 기업이 표준화 대 현지화와 관련된 저비용 전략이나 차별화 전략을 사용하는지 여부에 따라 결정된다.
- **설비배치계획**이라고 하는 것은, 설비 내 생산 공정의 공간 배치를 결정하는 것으로 회사가 고용하는 생산 공정의 유형에 따라 달라진다.

LO2. 물적 자원을 확보할 때 고려해야 할 요소를 요약하라.

- **생산 또는 구매 의사결정**은 더 큰 수직적 통합을 위한 확대하거나 축소하는 등에 대한 선택이며, 추가 생산 단계로 통제력을 확장하는 과정이다.
- 특정 제품 또는 구성요소를 선택하는 회사는 종종 비용을 낮추거나 더 큰 통제를 달성하기 위해 노력한다.
- **아웃소싱**은 환율 변동 및 기타 위험에 대한 노출을 줄이는 동시에 유연성을 높일 수 있다.
- 현지에서 생산하는 회사들이 직면하고 있는 주요 이슈들은 현지에서 이용할 수 있는 원재료의 **양**과 **품질**이다.
- 기업은 (1) 기존 공장을 인수 또는 변경하거나 (2) 완전히 새로운 설비로 건설할 수 있다.

LO3. 경영자와 관련된 주요 생산 문제들을 식별하라.

- **전사적 품질관리(TQM)**는 지속적인 품질 개선 노력과 프로세스를 통해 고객 기대치를 충족하거나 초과 달성하기 위한 기업 차원의 약속이다.
- ISO 9000 인증은 업계에서 가장 높은 품질의 표준을 충족하는 기업에 수여된다.
- **적시공급(JIT)생산**은 재고와 비용이 최소화되고 생산 공정에 대한 투입물이 필요한 시기에 정확하게 도착하는 기술이다.
- 기업들은 종종 시장이 큰 수익이 낼 것으로 예상되거나 시장이 빠르게 성장하고 있을 때 재투자한다.

- 기업들은 종종 (1) 이윤이 지연될 때, (2) 정치적, 사회적, 경제적 영역에서 문제가 발생하거나, (3) 기타 더 수익성 있는 기회가 발생할 경우에 **투자를 철회**한다.

LO4. 회사 운영에 필요한 자금을 조달하는 방법을 설명하라.

- **백투백 대출**을 통해 모회사는 현지국 은행에 돈을 입금하여 자회사에게 돈을 대출해 준다.
- 외국 기업들은 **미국예탁증권**(ADRs)을 발급하여 미국 자본시장에 접근할 수 있다. ADR은 미국 내에서 거래되고 있는 비미국 기업의 특정한 수의 주식을 나타내는 증서를 말한다.
- **벤처 자본**은 기업가적 신생 기업과 중소기업을 위한 주식의 근원이다.
- 모회사와 그 자회사는 (1) 부채나 자본금의 교환을 통해 내부 자금을 조달할 수 있으며, (2) 상호 간에 로열티와 라이선싱 수수료에 대한 위탁을 통해 내부 자금 조달을 얻을 수 있다.
- 지속적인 운영 수익은 회사 확장에 도움이 될 수 있다.

핵심 용어

고정(유형)자산	벤처 자금	수익	입지우위의 경제
공정계획	부품조달계획	수직적 통합	자본 구조
미국예탁증권(ADR)	생산 또는 구매 의사결정	시설입지계획	적기공급(JIT)생산
백투백대출	설비배치계획	아웃소싱	전사적 품질관리(TQM)

얘기해 보자 1

전 세계 기업들은 품질 및 공해 최소화와 같은 다양한 영역에서 ISO 인증을 획득하기 위해 노력하고 있다.

15-1. 이것이 제품 및 프로세스 기준의 글로벌 표준화에 대한 장기 추세의 시작이라고 생각하는가? 설명하라.

15-2. 언젠가 모든 기업과 제품이 국제 비즈니스를 수행하기 위해 인증을 필요로 할 것이라고 생각하는가?

얘기해 보자 2

미국은 세계 유수의 컴퓨터 소프트웨어 회사의 본거지이며, 이들 대부분이 이집트, 인도, 아일랜드, 이스라엘, 말레이시아, 헝가리 및 필리핀을 비롯한 다른 국가에 소프트웨어 개발을 아웃소싱한다.

15-3. 왜 이들 국가가 소프트웨어 산업의 공급업체가 되었다고 생각하는가?

15-4. 이들 국가에서의 산업 발전은 미국 기업에 대한 위협이라고 생각하는가? 설명하라.

윤리적 도전

당신은 실업률이 국가 평균을 훨씬 상회하는 미국 남동부 지역(시골) 주지사의 특별 보좌관이다. 주지사는 임기가 거의 3년이 지나간 무렵이고, 일자리를 창출하겠다는 공약으로 선출되어 현재 상황을 우려하고 있다. 아시아의 한 자동차 제조업체는 주지사에게 자신의 기업이 새로운 생산 설비를 배치하기 위한 잠재적 장소가 바로 여기에 있다고 말한다. 이 공장은 1,500여명의 직원을 고용할 것으로 예상되고 있는데 이는 경제에 막대한 파급 효과를 가져다줄 것으로 보인다. 주지사는 이 아시아 자동차 회사가 상당한 인센티브와 혜택을 기대하고 있다고 당신에게 알려 준다. 주지사는 이 새로운 공장을 주에 가져오기 위해 약 3억 달러의 세금감면 및 보조금을 제공하기를 원한다.

15-5. 주지사에게 어떤 조치를 취하라고 충고하겠는가?

15-6. 그 지출액이 납세자의 돈을 적절하게 사용하는 것이 될 것인지를 설명하라.

15-7. 만약 주민들에게 알려지게 된다면, 당신의 의견을 받아들여지길 원하는지, 이에 대해서 설명하라.

팀 협력 활동

당신과 몇몇 학급 친구들은 멕시코에 본사를 둔 소비재 기업의 최고재무관리자(CFO)에 의해서 모인 팀이라고 가정하자. 당신의 회사는 국제적인 확장을 원하지만 필요한 금융 자본이 부족하다. 당신 팀의 일은 그 선택 사항들을 조사하는 것이다.

15-8. 당신 회사에서는 어떤 금융 옵션을 이용할 수 있다고 생각하는가?

15-9. 멕시코 및 국제 자본 시장의 지배적인 상황을 고려할 때 왜 각 옵션이 실현가능한가?

15-10. 특정 옵션이 시장 상황에 따라 꺼려지는 이유는 무엇인가?

스스로 연구하기

15-11. 2000년대 초 IT 기업들이 파산했을 때, 많은 전문가들은 e-비즈니스 사업은 이제 죽었다고 선언했다. 하지만 10년 이상이 지났지만 e-비즈니스 사업은 여전히 생존해 있다. 당신은 인터넷 소매 업체가 기존의 전통적 소매 업체보다 물리적, 재정적, 인적 자원이 더 적게 필요하다고 생각하는가? 이에 대해서 설명하라.

15-12. 많은 기업들이 적기공급(JIT)생산 및 품질관리 서클(quality circles)과 같은 기술들을 도입하여 비용을 줄이고 품질을 향상시키기 위해 노력하고 있다. 그러나 그 결과는 토요타와 같은 명성이 높은 최고 기업들에 못 미치는 경우가 많다. 왜 그런가?

국제경영 실전 사례 토요타의 생산 효율을 위한 전략

토요타 자동차는 세계에서 가장 존경받는 기업들의 순위에서 흔하게 등장한다. 토요타가 이런 순위에서 좋은 성적을 거둔 한 가지 이유는, 토요타가 경기 침체와 저조한 수요에 직면하더라도 항상 수익성을 유지하기 때문이다. 또 다른 이유는 폭넓은 산업 분야의 지도자들이 토요타의 경영과 생산 관행을 높이 평가하고 있기 때문이다.

토요타는 1937년에 처음 자동차를 생산하기 시작했다. 1950년대 중반에, Taiichi Ohno라는 이름의 기계제작 기술자가 자동차 생산의 새로운 개념을 개발했다. 오늘날, 토요타 생산 시스템(Toyota Production System, TPS)으로 알려진 접근법은 이후 집중적으로 연구되어 왔고 자동차 산업 전반에 걸쳐 널리 모방되고 있다.

동료 직원들로부터 sensei(선생님 겸 마스터)라고 불리는 Ohno는 회사원들에 대한 높은 존경심을 드러내며 도요타를 세운 가족의 일원이 되었다. 또한 Ohno는 자동차의 대량 생산은 시대에 뒤떨어진 것이며, 고객의 요구에 따라 자동차를 생산하는 유연 생산 시스템(flexible production system)이 더 좋은 것이라고 믿었다.

재고 관리와 관련하여 널리 알려진 적기공급(JIT)생산의 개발도 바로 토요타에서 시작되었다. 적기공급생산은 조립 라인을 따라 내려갈 때 부품과 함께 이동하는 색깔이 있는 종이카드인 칸반(kanban)을 실행하는 것이다. 칸반은 생산 담당자에게 사용 중인 부품과 사용하지 않는 부품을 신속하게 알려줌으로써 재고 누적을 없애 준다. TPS의 세 번째 중요한 핵심은 작업 공정을 개선하고 더 나은 자동차를 만드는 방법에 대해 논의한 근로자 그룹인 품질관리 서클이다. 마지막으로, 전체 시스템은 문자 그대로 '자동화'를 뜻하는 *jidoka*(자동화의 일본어)를 기반으로 했다. 하지만 토요타에서 사용되는 용어는 인간으로서 노동자에 대한 경영진의 신념과 생각을 표현한 것이다.

토요타 시스템의 장점을 보여 주는 간단한 예가 있다. 토요타 대리점들은 고객들이 냉각장치 호스에 누수가 발생하여 차량을 반환하고 있다는 사실을 알게 되었다. 차량이 제작된 미국 공장의 근무자들 중 한 팀은 해결책을 찾으라는 요청을 받고, 냉각기 호스의 클램프에 문제가 생겼다는 사실을 발견해 냈다. 조립 시 클램프를 호스 위에 올려놓고 측면의 핀을 당겨 호스를 고정한다. 그러나 때로는 운전자가 핀을 빼는 것을 잊을 수도 있다. 호스가 느슨하게 남아 있다가 누출이 발생할 수 있다. 그래서 그 팀은 깔때기와 자동 조리개가 들어 있는 선 옆에 장치를 설치했다. 60초마다 한 개의 핀을 깔때기(자동 조리개를 통과함)에 넣지 않으면 장치는 작업자가 핀을 당기는 것을 잊어서 라인을 정지해야 한다는 것을 감지하고 선을 멈춘다. 그 결과 대리점의 보증문제가 해결되고 고객 불만이 줄어들었으며 생산성이 향상되었다.

TPS의 기초를 다진 지 거의 50년이 지난 지금도 그 결과는 눈부시다. 토요타의 탁월한 제조 방식은 생산 효율성이 향상되고 결함이 적을수록 보증 수리 작업량이 줄어들어, 차량당 600~700달러의 비용 절감 효과를 가져오는 것으로 추산되고 있다.

오노의 유연생산에 대한 믿음은 토요타의 시에나 미니밴이 이 회사의 캠리 모델과 같은 생산 라인에서 생산되고 있다는 사실에서도 알 수 있다. 조립 라인에 있는 300개의 다른 스테이션 중에서 시에나 모델은 단지 26개의 스테이션에서만 서로 다른 부품을 필요로 한다. 토요타는 조립 라인에서 벗어난 3대의 캠리마다 1대의 시에나를 제작할 것으로 예상하고 있다.

글로벌 사고 질문

15-13. 엔지니어들은 토요타가 시에나 미니밴을 개발하는 것을 도왔다. 그 대가로, 토요타는 크라이슬러에게 자동차 생산 기술에 대한 입력 정보를 제공했다. 크라이슬러가 왜 자신의 미니밴을 주요 경쟁사와 기꺼이 공동 경영하려 했다고 생각하는가?

15-14. 재무적, 마케팅적, 인적 자원 관리 문제를 고려해 볼 때, 토요타가 생산 시스템에서 얻는 다른 혜택에는 어떤 것들이 있다고 생각하는가?

출처 : Hirotaka Takeuchi, Emi Osono, and Norihiko Shimizu, "The Contradictions That Drive Toyota's Success," *Harvard Business Review*, June 2008, pp. 96-104; David Welch, "What Could Dull Toyota's Edge," *Bloomberg Businessweek*, April 28, 2008, p. 38; "Q&A: Pushing Carmakers to Rev Up Factories," *Bloomberg Businessweek* (www.businessweek.com), February 17, 2002.

제16장

직원 고용과 관리

학습목표

이 장을 공부한 후에 다음을 할 수 있어야 한다.

1. 회사에서 사용하는 세 가지 유형의 직원채용정책을 설명한다.
2. 인적자원 모집 및 선발과 관련된 핵심 이슈를 설명한다.
3. 기업이 사용하는 주요 교육 및 개발 프로그램을 요약한다.
4. 기업들이 어떻게 관리자와 근로자에게 보상하는지 설명한다.
5. 노사관계의 중요성에 대해 기술한다.

돌아보기

제15장에서는 기업들이 그들의 국제생산활동을 어떻게 시작하고 관리하는지를 조사했다. 또한 기업들이 그들의 다양한 국제적인 사업 운영에 어떻게 자금을 조달하는지에 대해서도 간략하게 조사했다.

이 장 잠깐 보기

이 마지막 장에서는 기업들이 가장 중요한 자원(그들의 직원들)을 얻고 관리하는 방법을 조사한다. 우리가 다루는 주제는 국제적인 직원 채용 및 선발, 교육 및 개발, 보상 및 노사 관계를 포함하고 있다. 또한 문화적 충격에 대해서, 그리고 직원들이 그것의 영향을 어떻게 다룰 수 있는지 배운다.

도약하는 문화

베트남 호치민 시 – 인텔(www.intel.com)은 1971년에 세계 최초의 마이크로프로세서를 만들었다. 오늘날 연간 수입은 530억 달러이며, 이 중 75%는 미국 이외의 지역에서 벌어들인 것이다. 인텔은 세계에서 가장 큰 컴퓨터 칩 제조업체이자 컴퓨터, 네트워킹, 통신 제품의 선두적인 제조업체이다. 이 사진은 인텔 직원들이 베트남 호치민 시에 있는 SHTP 산업단지에서 진행된 인텔의 조립 및 테스트 시설들의 대규모 개통식에서 사진을 찍으려고 포즈를 취하고 있는 모습이다.

출처 : LiPo Ching/MCT/Newscom

전 세계적으로 거의 108,000명의 직원을 보유한 인텔은 사람들을 관리할 때 많은 문제들을 고려해야 한다. 이 회사는 62개국의 각 지역 시설을 관리할 사람들을 선정할 때 몇 가지 중요한 질문에 답해야 한다. 자격이 있는 관리자를 현지에서 찾을 수 있는가? 그렇다면, 인텔이 그 지역 관리자에게 얼마의 임금을 지불해야 하는가? 아니면 미국이나 다른 나라 시설에서 관리자를 보내 주어야 하는가? 만약 그렇다면, 인텔이 그 개인에게 얼마의 임금을 지불해야 하는가? 인텔의 보상과 혜택은 전 세계적으로 다양한 관례 때문에 나라마다 매우 다양하다.

또한 문화의 문제도 있다. 다양한 직원들이 필요로 하는 문화적 지식의 깊이가 다름에도 불구하고, 인텔은 모든 직원들이 문화적으로 현명하게 대처하기를 원한다. 인텔의 특정 문화 훈련과정은 직원들에게 문화 전반에서 사업이 어떻게 다른지를 가르쳐 준다. 인텔 측은 그 훈련이 효율성과 생산성을 보장하기 위해 직원들의 지식, 의식, 기술을 개발하기 위한 것이라고 말한다. 또한 다른 나라에서 온 사람들과 함께 이국에서 성공적으로 사업을 하기 위한 전략을 식별하도록 도울 것이다.

고객들과 먼 거리에서 근무하는 기술 지원부 직원들부터 해외의 중역들까지, 많은 인텔 직원들은 보통 그들의 비교 문화적 의사소통 기술(cross-cultural communication skill)에 의존하고 있다. 이 장을 읽어 보면서, 국제 기업들이 전 세계의 직원들을 관리할 때 발생하는 모든 인적자원 문제를 고려해 보자.[1]

인적자원 관리(HRM)
기업에 직원을 두고, 그 직원들이 가능한 한 생산적으로 일할 수 있도록 책임지는 방법

주재원
다른 나라에서 살면서 일하는 한 국가의 시민들

아마도 성공적 사업의 가장 중요한 자원은 이를 구성하는 사람들일 것이다. 만약 기업이 인사부에 그들이 마땅히 누려야 할 중요성에 대해 알려준다면, 업무 수행에 지대한 영향을 미칠 것이다. 업무에 능숙한 고도로 훈련되고 생산성 높은 직원들은 회사가 국내외적으로 사업 목표를 달성할 수 있도록 한다. **인적자원 관리**(human resource management, **HRM**)는 직원을 채용하고 그 직원들이 가능한 한 생산적으로 일할 수 있도록 책임지는 과정이다. 이를 위해서는 관리자들이 직원을 채용, 선발, 교육, 개발, 평가 및 보상하고 그들과 좋은 관계를 형성하는 데 효과적이어야 할 것을 요구한다.

국제적인 HRM은 국가의 사업 환경 차이 때문에 국내의 HRM과는 상당히 다르다. **주재원**(expatriates, 해외파견인), 즉 다른 나라에서 살면서 일하는 한 국가의 시민들에 대한 우려가 있다. 기업들은 외국인 근로자들을 고용할 때 수년간 지속될 수도 있는 여러 가지 문제를 다루어야 한다. 이러한 문제들 중 일부는 낯선 문화에서 사는 불편함과 스트레스와 관련이 있다. 이 장의 시작부분 기업 측면에서, 우리는 인텔이 국제적 사업을 준비하기 위해 어떻게 특정 문화 훈련과정에 직원들을 끌어들이는지 살펴보았다.

훈련 및 개발 프로그램은 흔히 현지 관행에 맞춰 조정되어야 한다. 독일, 일본과 같은 일부 국가들은 직무를 능숙하게 수행할 준비가 되어 있는 학생들을 배출하는 다양한 직업 훈련 학교를 두고 있다. 이들 시장에서 좋은 자격을 갖춘 일반 근로자를 찾는 것은 비교적 쉽다. 이와는 대조적으로, 많은 신흥시장에서 생산 시설을 개발하는 것은 근로자들에게 훨씬 더 기초적인 훈련을 필요로 한다. 예를 들어 중국에서 일하는 사람들은 열심히 일하려 하고 잘 교육받기를 원하는 경향이 있다. 그러나 중국은 독일, 일본 등과 같은 선진 직업 훈련 제도가 없어, 중국인 근로자들은 더욱 강도 높은 직장 내 훈련(on-the-job training, OJT)을 필요로 하는 경향이 있다. 채용 및 선발 관행도 주최국의 고용법에 따라 조정되어야 한다. 기업이 그러한 법을 위반하지 않도록 입사 지원자를 차별하지 않는 것에 관해 채용 관행을 감시해야 한다. 그리고 노동 비용을 낮추기 위해서 해외로 가는 회사들은 임금 수준과 승진 기준을 현지 관행에 맞게 조정해야 한다.

문화는 국제경영 활동을 함에 있어 매우 중요하기 때문에, 문화를 앞에서 공부했고(제2장) 이 책 전반에 걸쳐 반복적으로 되풀이했다. 또한 문화는 국제기업들이 그들의 직원들을 어떻게 관리하는지에 대한 마지막 장에서도 토론의 중심이 된다. 우리는 국제 기업들이 사용하는 다양한 종류의 인적자원 직원채용정책에 대한 토의와 함께 시작한다. 또한 우리는 국제적으로 채용과 선발 관행에 영향을 미치는 중요한 요인들에 대해서 배운다. 우리는 기업들이 직원들의 업무 효율성을 향상시키기 위해 사용할 수 있는 다양한 유형의 훈련 및 개발 프로그램을 탐색한다. 우리는 또한 국제적인 기업들의 보상 정책을 검토한다. 우리는 전 세계적으로 노사 관계의 중요성에 대한 논의로 이 장을 마감한다.

국제적인 직원채용정책

직원채용정책
회사가 사무실에 직원을 배치하는 일반적인 수단

기업이 사무실 직원을 고용하는 일반적인 방법을 **직원채용정책**(staffing policy)이라고 한다. 직원채용정책은 기업의 국제적인 관련 정도에 따라 크게 영향을 받는다. 국제경영 활동을 위한 인력을 확보하는 데는 본국(ethnocentric)중심주의, 현지국(다국, polycentric)중심주의, 그리고 세계(geocentric)중심주의로 세 가지 주요한 접근법이 있다. 비록 우리가 이러한 접근법들 각각을 서

로 다른 접근법으로 논의하지만, 기업들은 종종 실제로 각 직원 관리 정책의 서로 다른 측면을 혼합하기도 한다. 국제적인 기업들 사이에서 국제적인 인력 정책은 거의 무한대로 다양하다고 할 수 있다.

본국중심주의 인력배치

본국중심주의 인력배치(ethnocentric staffing)에서는 본사 국가에서 온 개인들의 해외에서의 활동을 관리한다. 이 정책은 해외 지사의 의사결정에 대한 철저한 통제를 유지하고자 하는 기업들이 추구하려는 경향이 있다. 이에 따라, 이들 기업은 그들이 운영하는 모든 국가에서 운용할 수 있도록 고안된 정책을 입안하려 하고 있다. 그러나 기업들이 일반적으로 최고경영진에 대한 운영방식에서 이 정책이 추구되고 있다는 사실에 주목하라. 이는 종종 비현실적인 방법으로 나타난다.

본국중심주의 인력배치
고국에서 온 개인들의 해외 활동을 관리하는 인력배치

본국중심주의 인력배치의 이점 기업들은 여러 가지 이유로 이 정책을 따른다. 첫째, 현지국에 자격을 갖춘 사람들이 항상 대기 중인 것은 아니다. 개발도상국과 신흥공업국의 현지 노동시장에서 자격을 갖춘 인력은 부족하다.

둘째, 기업들은 본사 국내에서의 운영과 비슷하게 현지국 운영을 재창조하기 위해 본국중심의 인력을 활용한다. 해외파견인은 특히 그들이 본사에서 승진단계를 올라갔다면, 지사에 본사의 기업 문화를 주입하려는 경향이 있다. 이 정책은 글로벌 전략을 구현하는 기업으로서, 각 국제 사무국 사람들 사이에 강력한 공동 가치관이 필요한 기업에게 중요하다. 예를 들어 Mihir Doshi는 뭄바이에서 태어났지만 그의 가족은 1978년에 미국으로 이주했다. Doshi는 뉴욕대학을 졸업하고 1988년에 귀화하여 미국 시민이 되었다. 1995년에 그는 모건스탠리(www.morganstanley.com)의 인도 지사 전무이사가 되었다. 그는 비록 자신이 전형적인 미국인이지만 인도에서는 인도인이 되는 것에 적응할 수 있다고 말한다. 그동안 모건스탠리는 인도에서 회사의 문화를 고취시킬 수 있는 누군가를 찾았다.[2]

마찬가지로, 공동의 가치 체계는 기업의 국제적인 구성들이 매우 상호 의존적일 경우에 중요하다. 예를 들어 본사의 운영과 꼭 빼닮은 지점 운영 방식 또한 특별한 노하우의 전수를 용이하게 할 수 있다. 이러한 이점은 노하우가 본사국의 경영자들의 전문지식과 경험에 뿌리를 두고 있을 때 특히 가치가 있다.

마지막으로, 일부 기업들은 고국에서 파견된 관리자들이 현지인들보다는 회사의 이익에 대해 좀 더 진지하게 살펴볼 것이라고 느끼고 있다. 일본 기업들은 비일본인 관리자들을 국제 영업소의 책임자로 두는 것을 꺼리는 것으로 악명 높다. 그리고 그들이 외국인을 임명할 때, 중요한 결정사항을 모니터하고 본사에 보고하기 위해서 일본인 관리자를 사무실에 둔다. 고도로 국수주의적인 시장에서 사업을 하고 있는 회사들과 산업 스파이에 관해 걱정하는 사람들도 대개 본국중심적인 접근법이 매력적이라고 생각한다.

본국중심주의 인력배치의 단점 본국중심주의 인력배치는 여러 장점들이 있음에도 불구하고 부정적인 측면이 있다. 우선, 본사 국가에서 이주해 온 관리자들은 비용이 많이 든다. 전 가족의 이사 비용을 더한 것으로 이주를 위해 관리자들이 종종 받게 되는 보너스는 관리자의 비용을 몇 배 더 증가시킬 수 있다. 마찬가지로, 문화적 차이에서 오는 압박과 친척과 친구들로부터 떨어져 있는 오랜 기간은 국제적인 임무에서 관리자들의 실패에 기여할 수 있다.

둘째로, 본국중심주의 정책은 현지국 사무실에 장벽을 만들 수 있다. 현지국에서 본국 관리자

주재원(해외파견인)을 다른 나라로 파견해 관리하는 것은 현지 직원들에게 잘못된 메시지를 전달할 수 있다. 여기에 보면, 이베이(www.ebay.com)는 Muralikrishnan을 인도의 지방 관리자로 고용했다. 이베이는 플립카트(www.flipkart.com)와 같은 내수업체들이 지배하고 있는 인도 시장에서의 시장점유율을 높이기 위해 애쓰고 있다. 이베이는 Muralikrishnan이 이 회사의 목표를 달성하기 위한 현지의 문화적 지식과 사업적 통찰력을 가지고 있다고 믿었다.

출처 : VIVEK PRAKASH/REUTERS/Newscom

들의 존재는 그 사업에 대한 '외국' 이미지를 조장할지도 모른다. 일반 직원들은, 경영자들이 다른 문화에서 왔기 때문에 그들의 요구를 진정으로 이해하지 못한다고 느낄 수도 있다. 때때로 그들이 옳을 때도 있다. 외국인 관리자들은 때때로 그들 자신을 현지 문화에 흡수시키지 못한다. 그리고 그들이 문화 장벽을 극복하지 못한다면, 본국중심주의 정책은 현지 직원들과 현지 고객들의 요구를 이해하지 못할 것이다.

현지국(다국)중심주의 인력배치

현지국(다국)중심주의 인력배치
주최국의 개개인들이 해외에서의 업무를 관리하는 인력배치 정책

현지국(다국)중심주의 인력배치(polycentric staffing)의 경우, 자사 현지국의 개개인들이 해외에서의 경영을 관리한다. 기업은 상위 관리자와 중간 관리자, 하위직 또는 일반에 대해 현지국(다국)중심의 접근 방식을 구현할 수 있다. 이는 국가 단위에 의사결정의 자율성을 주기를 원하는 기업들에게 잘 맞는다. 이 정책은 자사 현지국 관리자들이 그들 스스로 적합하다고 판단되는 방식으로 운영을 할 수 있도록 허용하는 것을 의미하지는 않는다. 규모가 큰 국제 기업들은 보통 자사 현지국의 관리자들이 장기간 본사를 방문하여 다방면에 걸친 훈련 프로그램을 실시한다. 이는 그들을 기업 문화와 특정 영업 관행에 적응시킨다. 중소기업은 이 정책이 비용이 많이 든다는 것을 알지만, 그들이 기대하는 것을 완벽히 이해하는 자사 현지국 관리자들에게 의존할 수 있는 것은 어떤 비용이 들더라도 훨씬 더 중요할 수 있다.

현지국(다국)중심주의 인력배치의 장단점 현지국(다국)중심주의 인력배치는 현지 사업 환경에 친숙한 사람들에게 관리 책임을 두는 것이다. 지역시장에 대한 깊은 문화적 이해가 있는 관리자들은 엄청난 이점을 누릴 수 있다. 그들은 자사 현지국의 사업 관행에 친숙하고 언어적 · 비언어적 말의 미묘한 신호를 읽을 수 있다. 그들은 외부인이라는 이미지로 만들어진 어떠한 문화 장벽도 극복할 필요가 없으며, 직원, 고객, 공급 업체의 요구를 더 잘 이해하는 경향이 있다.

현지국(다국)중심주의 인력배치의 또 다른 중요한 이점은 해외파견 관리자 및 가족의 이주에 대한 높은 비용을 없앤다는 것이다. 이 혜택은 해외파견 근로자들과 관련된 비용을 감당할 수 없

는 중소기업들에게 아주 유용할 수 있다.

현지국중심주의 직원배치의 주요 단점은 자사 현지국 운영에 대한 통제력을 상실할 가능성이다. 기업이 각 나라의 현지인을 고용하여 현지국 경영을 한다면, 그것은 개별적인 국가적 사업체들을 하나로 모으는 데 있어서 어려움으로 작용할 수 있다. 기업의 전략이 각 국가 시장을 다르게 다룰 것을 요구할 때는 이 상황이 문제가 되지 않을 수 있다. 하지만 이것은 세계적인 전략을 따르고 있는 기업들에게는 좋은 정책이 아니다. 만약 이러한 회사들이 통합, 지식 공유, 그리고 공통적인 이미지가 부족하다면 성과는 확실히 악화될 것이다.

세계중심주의 인력배치

세계중심주의 인력배치(geocentric staffing)는 국적에 관계없이 가장 좋은 자격을 갖춘 사람들이 해외 업무를 관리한다. 자사 현지국에서는 현지국, 본국 또는 제3국의 관리자를 모두 선택할 수 있다. 그 선택은 그 운영의 특별한 요구에 달려 있다. 이 정책은 대개 최상위 경영자를 위해 마련된 것이다.

세계중심주의 인력배치
국적에 관계없이 가장 좋은 자격을 갖춘 사람들이 해외에서의 업무를 관리하는 인력배치 정책

세계중심주의 인력배치의 장단점 세계중심주의 인력배치는 기업이 어떤 사업 환경(특히 문화적 차이)에도 쉽게 적응할 수 있는 글로벌 관리자를 만드는 데 도움이 된다. 이러한 이점은 특히 전 세계 기업들이 단일 사무실의 관리자들 사이에서든 다른 사무실 사이에서든 국수주의적 장벽을 제거하는 데 유용하다. 기업들이 이 정책을 사용하는 한 가지 희망은 관리자들 사이에서 세계적인 시각이 그들이 놓칠 수 있는 기회를 잡는 데 도움을 줄 것이라는 점이다.

세계중심주의 인력배치의 단점은 비용이다. 당연하게도, 서로 다른 문화에 적응할 수 있고 그들의 일을 효과적으로 할 수 있는 최고경영자들은 국제적인 기업들 사이에서 높이 평가받는다. 그들의 기술에 대한 높은 수요와 부족한 공급의 결합은 그들의 몸값을 올리는 데 한몫한다. 게다가 때때로 매년 또는 격년으로 관리자들과 그 가족들의 이주하는 비용이 든다.

퀵 스터디 1

1. 해외에서 본국 직원과 함께 사업을 운영하는 기업이 사용하는 인력배치 정책은 무엇인가?
2. 현지국(다국)중심주의 인력배치는 기업이 누구와 함께 업무를 수행한다는 것을 말하는가?
3. 세계중심주의 인력배치는 대개 누구를 위해 마련된 것인가?

인적자원 모집과 선발

보통 기업들은 그들의 과업과 책임의식에 적합한 자격 있는 경영자와 일반 근로자를 모집하고 선발하려고 노력한다. 하지만 기업이 필요로 하는 관리자와 직원의 수를 어떻게 알 것인가? 어떻게 하면 가장 유능한 인재를 뽑을 수 있을까? 인력풀에서 선택하는 방법은 무엇인가? 이 단원에서는 직원을 모집하고 선발하는 것과 관련된 몇 가지 중요한 질문에 대한 답을 찾아본다.

인적자원 계획

관리자와 직원을 채용하고 선택하려면 **인적자원 계획**[human resource(HR) planning], 즉 기업의 인적자원 수요와 공급을 예측하는 과정이 필요하다. 인적자원 계획의 첫 번째 단계는 회사의 현

인적자원 계획
기업의 인적자원 수요와 공급을 예측하는 과정

경영자의 서류가방 글로벌 성장

세계화로 가기 위해서는 경험과 비즈니스 감각이 필요하다. 그것은 또한 한 기업의 시간, 돈, 사람이라는 자원에 대한 압박을 준다. 다음은 국제적으로 확장할 때 고려해야 할 인적자원 문제에 대한 몇 가지 조언이다.

- **본국의 해외파견들에게만 의존하지 말라** 그랜트손튼(www.grantthornton.com)의 파트너인 Joseph Monti는 해당 현지국의 기업 운영을 관리하기 위해 본국에서 직원을 파견하는 것이 항상 최선은 아니라고 말한다. 비록 그들이 그 회사와 그 회사의 제품을 알고 있지만, 본국의 직원들은 종종 경험이 부족하고 현지국 문화와 유대관계가 부족하다. Monti는 필요에 따라 현지국 관리인을 고용하고 지원 인력을 미국에서 데려오는 것이 더 나은 전략이라고 말한다.
- **유대관계가 계약을 보증하지 않는다** 캄스키 경영자문회사(www.kamsky.com)의 CEO인 Virginia Kamsky는 관계가 계약보다 더 중요하다고 말한다. 그러나 그녀는 기업에서 정부 관계자들의 아들을 고용한다는 이유만으로 기업체들이 운영될 것이라고 생각해서는 안 된다고 경고했다. Kamsky는 기업이 올바른 태도와 탁월한 대인관계 기술을 가진 사람을 고용하는 것이 더 낫다고 말했다.
- **해외에 있는 직원들에게 당신이 대접받고 싶은 것처럼 대우하라** 사람들은 전 세계 어디서나 꽤 많이 비슷하다고 페리스 공업(www.polymen.com)의 국제 판매 국장인 Jeff Dzuira는 말한다. 직원들에게 공정하게 대우하고 현지 문화를 존중하는 것은 정직함을 보여 주는 것이며 호의를 쌓게 하는 것이다. 이것은 수익성 있는 관계로 성장할 수 있는 신뢰 관계를 만들 것이다.
- **웹을 통해 고용하라** 가장 큰 취업 웹사이트 중 하나는 몬스터(www.monster.com)이다. 이 회사는 22개국에 지사를 가지고 있고 문자 그대로 수백만 개의 이력서를 가지고 있으며, 핫잡스와 합병한 이후로 그 어느 때보다 규모가 커졌다. 고용주들은 또한 해외 취업 알선 사이트의 웹사이트(www.overseasjobs.com)에도 채용 공고를 올릴 수 있다. 물론 거기에는 더 많은 웹사이트가 있으며 공격적으로 구직활동을 하거나 인터넷에서 채용 전략을 실행하는 것이 점차 일반화되고 있다.

재 인적자원의 리스트를 작성하는 것으로 학력, 특별한 직무기술, 이전 직장, 언어 능력 및 해외 경험을 포함한 모든 직원에 대한 데이터를 수집하는 것을 포함한다.

인적자원 계획의 두 번째 단계는 회사의 미래 인적자원 수요를 예측하는 것이다. 예를 들어 해외의 새로운 시장에서 구매자들에게 제품을 직접 판매할 계획인 기업이 있다고 가정해 보자. 해외에서 새로운 사업을 창출하고 본사의 관리자와 함께 직원을 파견할 것인가, 아니면 현지 관리자를 양성할 것인가? 자체적으로 판매직원(sales force)을 구축할 것인가 아니면 대리점 계약(distributor)을 할 것인가? 마찬가지로, 국제 시장에서 제품을 제조하거나 조립하려면 공장 노동자가 필요하다. 기업은 이러한 사람들을 직접 고용할 것인지 아니면 직접 고용을 하지 않고 다른 생산업자에게 생산을 하청할지를 결정해야 한다. 기업이 국제적으로 직원을 채용할 때 고려해야 할 추가적인 이슈가 있다면 글상자 '경영자의 서류가방 : 글로벌 성장'을 참조하라.

앞 장에서 지적했듯이, 이 결정은 종종 윤리적 문제를 야기한다. 세계적인 기업들이 저임금 국가에서 하청 업체들을 광범위하게 활용하고 있다는 사실에 대해서 일반 대중들도 잘 알고 있다. 특히 우려되는 것은 하도급 업체가 '노동 착취(sweatshop)'로 공장을 이용하고 있는지 여부이다. 그러나 직장 내 노동착취 혐의로 보도된 많은 기업들은 행동강령(codes of conduct)을 수립하고 이의 준수를 보장하기 위한 노력을 강화했다. 예를 들어 애플(www.apple.com)은 중국의 애플 아이팟을 제조하는 회사에서 노동력 착취와 같은 혐의가 있는지 여부를 조사하기 위해 조사단을 보냈다. 애플이 조사한 회사는 세계에서 가장 큰 전자제품 제조업체인 폭스콘이었다.[3]

이 주제에 대한 또 다른 예로는 리바이 스트라우스(www.levistrauss.com)이다. 방글라데시에 있는 한 의류 계약자가 미성년자를 고용했다는 점을 시인했을 때 리바이 스트라우스(리바이스)는 그들이 현지 규정을 준수해야 할 것을 요구했다. 불행히도 많은 미성년 노동자들이 가족들의 유일한 생계수단이었다. 그래서 리바이 스트라우스는 계약을 맺었다. 계약 업체는 아이들이 학교에 다니는 동안 임금을 계속 지불하기로 합의했고, 14살이 되면 그들을 다시 고용하기로 했다.

리바이 스트리우스는 그들이 성인이 될 때까지 학비를 지불했다.

인적자원 계획의 세 번째 단계는 경영자가 관리직 및 일반 직원의 모든 분야에서 공석과 새로운 직책을 보충하기 위해 인력을 모집하고 채용하는 계획을 수립한다. 때로는 기업도 현재 HR 수준이 예상한 것보다 높은 경우 **인력감축**(decruitment)을 위한 계획을 세워야 한다. 보통 기업이 시장에서 생산이나 판매를 중단하기로 결정할 때, 일반적으로 인력감축이 발생한다. 불행하게도 글로벌 기업들이 생산입지를 한 국가에서 다른 국가로 옮기려는 결정은 일자리를 잃을 수도 있다. 이제 모집 및 채용과정을 면밀히 살펴보자.

인적자원 모집

공석에 있는 직위에 대한 지원자들의 자격 여부를 식별하고 유치하는 과정을 **모집**(recruitment)이라고 한다. 기업은 현직원들 중에서 내부적으로 채용하거나 외부에서 채용할 수 있다.

모집
공석에 대한 자격을 갖춘 신청자를 확인하고 유치하는 프로세스

현직원 현직원들 중에서 국제적인 경영자를 찾는 것은 관리자 인력이 풍부한 대기업들에게는 가장 쉬운 일이다. 회사 내에서 유력한 후보자는 새로운 생산 현장이나 잠재적 시장을 파악하는 등 국제 프로젝트의 이전 단계에 참여했던 관리자들이다. 이들 개인들은 이미 주최국 내에서 중요한 접촉을 해 왔고 그들의 문화에 이미 적응되어 있을 가능성이 있다.

최근 대학 졸업생 기업들은 다른 나라 출신의 대학 졸업자 중 기업 본국의 대학을 최근에 졸업한 졸업생들도 모집한다. 이것은 특히 미국 기업들 사이에서 흔한 관행이다. 1년이 넘는 기간 동안, 이러한 신입사원들은 일반적이고 전문적인 훈련을 받고, 그러고 나서 그들의 나라에서 자리가 주어진다. 대체로 그들은 조직의 문화와 그 조직이 사업을 운영하는 방식에 대해 배운다. 아마도 가장 중요한 것은 그들이 목표 시장의 문화에 친숙하다는 것이며 그 시장의 관습, 전통, 언어를 포함한다.

현지 경영 인재 기업들은 현지 경영 인재들을 채용할 수 있다. 문화적 이해가 핵심 업무 요건인 경우 현지 관리자를 고용하는 것이 일반적이다. 정부 담당자와 함께 현지 관리자를 고용하면 현지 운영 승인 절차가 빨라질 수 있다. 경우에 따라서 정부는 기업에 지역 관리자를 고용하도록 강요하는데, 이는 내부적으로 관리 능력을 발전시킬 수 있기 때문이다. 정부는 또한 때때로 주최국에서 일할 수 있는 국제적인 관리자들의 수를 제한하기도 한다.

일반 근로자 기업은 전형적으로 일반 근로자의 경우 현지 인재를 고용한다. 그 이유는 고도의 전문기술이나 훈련이 거의 필요하지 않기 때문이다. 하지만 까다로운 직책을 위해 선택된 사람들을 훈련시키기 위해 본국 출신의 전문가를 데려오기도 한다.

또한 각국 정부가 일자리 창출을 위해 규제를 가할 경우, 기업은 현지 노동시장으로 눈을 돌린다. 그러한 노력은 대개 현지 주민들의 실업률을 줄이기 위해 고안된 것들이다. 반면에, 국가들은 일반 노동자들의 유입을 허용하기도 한다. 중동의 부유한 석유 산유국인 쿠웨이트는 사무직 및 기술직을 위해 일반 노동자들을 대거 고용했다. 이러한 노동자들 중 많은 사람들은 일자리를 찾거나 더 높은 임금을 받기 위해 이집트, 인도, 레바논, 파키스탄, 필리핀에서 온 사람들이다.

인적자원 선발

최고의 잠재력을 지닌 가장 자격 있는 지원자를 심사하고 고용하는 과정을 **선발**(selection)이라고

선발
잠재성이 있는 우수한 업무수행 능력을 갖춘 적격자를 심사하고 고용하는 절차

한다. 국제적인 임무를 위한 과정에는 문화적 차이를 좁히는 사람의 능력을 측정하는 것이 포함된다. 해외파견 관리자는 현지국의 새로운 생활방식에 적응할 수 있어야 한다. 반대로, 현지국의 관리자들은 다양한 문화적 배경을 지닌 상급자들과 효과적으로 일할 수 있어야 한다.

해외파견 관리자들의 경우, 본국과 현지국 간의 문화적 차이는 그들의 잠재적인 성공에 있어서 중요한 요인이다. 문화적으로 민감한 관리자들은 기업이 국제적인 사업 목표를 달성할 가능성을 증가시킨다. 선발 담당자는 후보자에게 문화수용 가능성에 대한 질문과 인종과 민족 문제에 대한 질문을 통해 문화적 민감성(cultural sensitivity)을 평가할 수 있다. 그들은 또한 국제적 적성 검사를 통해 직원이 국제 업무를 수행할 준비가 되었는지 평가할 수도 있다.

또한 현지국으로 이주하는 가족 구성원의 문화적 민감도를 조사하는 것도 중요하다. 가족 구성원(특히 배우자)이 새로운 문화에 적응하는 능력은 해외파견인의 성공 또는 실패의 핵심 요소가 될 수 있다.

문화 충격

성공적인 국제경영인은 일반적으로 모국 밖에서 생활하고 있는 것에 대해서 신경 쓰지 않으며 종종 즐기기도 한다. 극단적인 경우에 그들은 매년 한두 번 정도 옮겨 가야 할 수도 있다. 이러한 개인은 현지 조건과 비즈니스 관행에 신속하게 적응할 수 있어야 한다. 그러한 경영자들은 아시아, 중부와 동유럽 및 라틴아메리카 시장의 출현으로 점점 더 가치가 높아지고 있다. 그들은 또한 단기간에 실질적으로 어디든지 갈 준비가 되어 있고 기꺼이 갈 의지가 있는 전 세계적인 경영자 리스트를 만드는 데 도움을 준다. 하지만 이 집단의 크기는, 많은 사람들이 낯선 문화로 옮겨가는 과정에서 경험하는 어려움 때문에 제한적이다.

다른 문화에서 사는 것은 스트레스를 유발할 수 있다. 따라서 친숙하지 않은 문화생활을 편안하게 하는 관리자를 선택하는 것은 국제적인 업무를 수행하기 위해 채용할 때 극히 중요한 요소이다. 새로운 문화의 중심에 서서, 많은 외국인들은 향수병, 민감성, 혼란, 악화, 우울증으로 특징지어지는 해외에 사는 사람들에게 영향을 미치는 **문화 충격**(culture shock)을 경험한다. 다시 말해서, 그들은 자신의 새로운 환경에 적응하는 데 어려움을 겪고 있다. 해외파견인이 부적절한 직무 수행 능력으로 인해 일찍 귀국하는 경우는 문화적 스트레스로 인해 발생한다. 해외파견인의 실패로 인해 발생한 손실은 문화적응 훈련 프로그램에 투자하도록 만든다. 문화 충격 과정과 그 효과를 줄이는 방법에 대한 자세한 내용은 다음 쪽에 나오는 글상자 '문화 이슈 : 충격적인 시련'을 참조하라.

문화 충격
향수병, 과민성, 혼란, 악화, 우울증으로 특징지어지는 해외에 사는 사람들에게 영향을 미치는 심리작용

역문화 충격

역설적이게도, 새로운 문화에 성공적으로 적응하는 외국인들은 종종 자신의 본국 문화에 재적응하는 심리적 과정인 **역문화 충격**(reverse culture shock)이라는 경험을 겪는다. 이는 한때는 자연스럽게 보였던 가치와 행동들이 이제는 이상하게 보이기 때문에, 역문화 충격은 오히려 문화 충격보다 훨씬 더 혼란스러울 수 있다. 귀국한 관리자들은 종종 자신들의 본국 사무실에 자리가 없거나 대기 발령이 그들을 기다리고 있다는 것을 알게 된다. 기업들은 종종 해외에서 몇 년간 가치 있는 시간을 보낸 관리자들이 개발한 다문화 역량을 최대한 활용하는 방법을 모른다. 해외파견인들이 혼재된 기업문화 사이에서 어려움을 겪고 난 뒤 1년이 안 되어 퇴사하는 것은 드문 일이 아니다.

역문화 충격
자신의 본국 문화에 대한 재학습의 심리적 과정

문화 이슈 충격적인 시련

문화 충격은 대개 낯선 문화에서 몇 달 혹은 더 오래 머무는 동안 일어난다. 이는 도착 시 시작되고 대개 4단계로 발생한다. (모든 사람이 전 단계를 거치는 것은 아님)

- **1단계** : '허니문'은 보통 며칠에서 몇 주간 지속된다. 새로 온 사람들은 지역의 경치, 기분 좋은 환대, 흥미로운 습관에 매료된다. 그들은 그들의 기회에 대해 흥분하고, 성공을 기대하며 낙관한다. 그러나 이런 안전의식은 잘못 인식된 것인데 그 이유는 지금까지 지역 사람들과의 상호작용은 관광객처럼 생각하고 대우했기 때문이다.
- **2단계** : 이 단계는 몇 주에서 몇 개월까지 지속된다. 사실, 일부 사람들은 절대 3단계로 넘어가지 않는다. 예측할 수 없는 문화의 소용돌이는 성가시고 심지어 미치게 만든다. 방문객(파견인)들은 현시인들을 조롱하며 자국의 토착 문화방식을 우월한 것으로 여기기 시작한다. 배우자와 아이들과의 관계는 고통을 겪고, 우울증, 어쩌면 절망감까지도 퍼진다.
- **3단계** : 감정이 바닥을 치면 회복이 시작된다. 방문객들이 현지문화에 대해 더 알기 시작하고, 현지인들과 더 많은 교류를 하고, 우정을 형성하면서 냉소적인 말들은 중단된다.
- **4단계** : 방문객들은 현지 관습과 행동을 더 잘 이해할 뿐만 아니라 실제로 그것들을 더 많이 인식하고 있다. 그들은 이제 다른 문화적 환경의 흔한 문제들에 대해 '독특한' 해결책으로 다툼을 처리한다. 이 단계에 도달하는 것은 해외파견인들이 잘 적응했고 그들의 국제적인 임무에서 성공할 가능성이 있다는 신호이다.

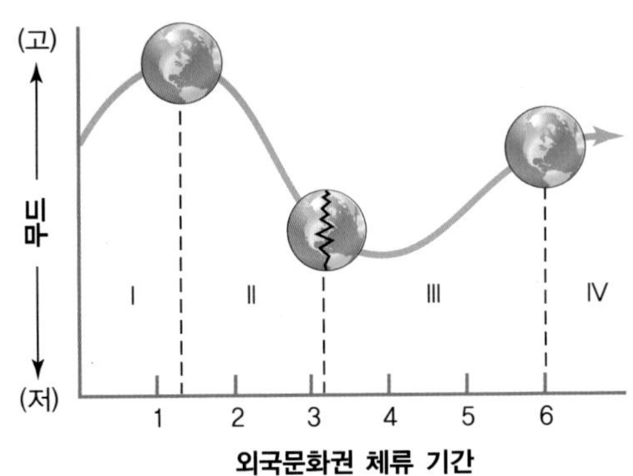

여기 잠재적인 해외파견인이 국제임무 수행 중 받게 되는 문화적 충격의 부담을 줄이기 위해 취할 수 있는 몇 가지 조치가 있다.

- 당신과 가족들이 그 임무를 정서적으로 다룰 수 있게 하기 위한 광범위한 심리평가를 받아 보라.
- 현지 문화에 대한 지식(특히 현지 언어)을 습득하고, 고국을 떠나기 전에 당신 자신의 문화적 편견을 정밀하게 살펴보라.
- 가능하다면, 해당 국가를 방문하여 현지인과 어울리고 미래의 임무에 대해 생각해 보라. 지역 교육, 금융, 건강관리 서비스에 대해 문의하라.
- 한 문화 속으로 들어간 후에는 자신의 부정적이고 긍정적인 경험에 대해 이야기할 수 있는 현지인과 해외파견인들을 만나라.
- 가장 중요한 것 : 긴장을 풀고, 모험을 즐기며, 세계관을 가지고, 유머 감각을 유지하라.

게다가 배우자와 자녀들은 현지에 적응했던 문화를 떠나 집으로 돌아왔을 때 어려움을 겪는다. 많은 일본인 근로자들과 그들의 가족들에게 있어서 미국에서의 업무 배정 후에 일본 문화로 다시 들어가는 것은 특히나 더 어려울 수 있다. 빠르게 변화하는 경영 환경과 사회생활 그리고 여성의 자유와 독립성이 높은 미국에서의 삶은 일본의 삶과 대조된다. 수년간 미국에서 살다가 돌아온 일본인들은 일본 생활에 적응하기 어려울 수 있다.

역문화 충격을 해결하다 역문화 충격의 영향은 줄일 수 있다. 귀국한 관리자와 그 가족들을 위한 가정-문화 재교육 프로그램과 경력 상담 시간이 매우 효과적일 수 있다. 예를 들어 고용주는 공식적으로 귀국하기 몇 주 전에 잠깐 동안 가족 전체를 집으로 데리고 올 수도 있다. 이런 종류의 여행은 귀국자들이 적어도 그들을 기다리고 있을지도 모르는 역문화 충격에 대비할 수 있게 해준다.

좋은 경력개발 프로그램은 기업들에게 중요한 경영자들을 지키는 데 도움을 줄 수 있다. 이상적으로는, 직원이 해외로 가기 전에 경력개발계획이 마련되어 있고, 귀국하기 전에 수정되어야 한다. 몇몇 회사들은 직원이 해외로 나가기 전에 직원과 협력하여 회사와 함께 최대 20년의 경력 경로를 계획한다. 예전에 해외로 나가서 귀국하는 것에 적응해야만 했던 멘토들 또한 귀국하는 관리자들에게 배정될 수 있다. 멘토는 해외파견인이 직장, 가족, 그리고 모국 문화에 다시 적응하는 것과 관련된 특수한 문제들에 대해 논의할 수 있는 친구가 된다.

퀵 스터디 2

1. 회사의 인적자원의 수요와 공급을 예측하는 과정을 무엇이라고 하는가?
2. 직원을 뽑을 때, 회사는 자격 있는 지원자들을 어디에서 유치할 수 있는가?
3. 문화 충격은 어디에 거주하는 사람들에게 영향을 미치는 심리적 과정인가?

훈련과 개발

기업이 경영자와 다른 직원을 모집하고 선발한 후에는 직원이 보유하고 있는 기술 및 지식과 그들이 직무수행에 필요한 지식을 식별한다. 기업에게 필요한 기술이나 지식이 부족한 직원들은 특정한 훈련이나 개발 프로그램에 참여하도록 지시받을 수 있다.

약 30만 명의 미국 시민들이 국제적인 임무를 띠고 미국 밖에 살고 있으며, 게다가 최대 몇 주간 체류하기 위해 해외로 출장을 가는 사람들도 수십만 명이다. 장기적인 국제 업무를 위해 직원들을 배치 전환하는 데 드는 많은 비용 중 일부는 이사 비용과 주택공급, 교육 및 생계비 같은 항목들에 대한 지속적인 비용이 포함된다. 그것이 많은 기업들이 해외에 배치되어 있는 관리자들로부터 최대의 생산을 얻어내려면 심도 깊은 훈련과 개발 프로그램들이 필요하다는 것을 깨닫는 이유이다.

기업들은 점점 더 전 세계에 서비스를 구축하기 위해서 직원들의 업무와 관련된 기술을 즉각적으로 가르치는 온라인 교육(eTraining) 프로그램으로 눈을 돌리고 있다. 이러한 프로그램에는 관리 교육, 인적자원 교육, 법률준수(compliance) 교육, 신제품의 소비자 이익과 같은 주요 현안에 대한 교육이 포함된다. 국제 기업에게 있어 eTraining의 유인은 일관성(consistency)에 있다. eTraining은 무한대의 직원과 동일한 방식으로 일관된 메시지를 전달한다. 대조적으로, 전 세계의 다양한 환경에서 다른 유형의 교육을 받는 직원들은 여러 가지 인식이나 편견에서 벗어날 수 있다. 직장에서의 eTraining은 완벽하지 않다. 사람들을 온라인으로 만나서 적절한 표정과 목소리톤 같은 부드러운 기술을 가르치는 일은 어려울 수 있다. 그러나 비용 측면에서 효율적으로 대규모 그룹을 유연하게 교육할 수 있는 eTraining의 능력은 전통적인 교육 방법에 대한 실용적인 대안이 될 수 있다.[4]

문화교육의 방법

이상적으로는, 사업에 종사하는 모든 사람들은 문화적으로 소양이 있어야 하고, 즉석에서 세계 곳곳으로 갈 준비가 되어 있어야 한다. 현실적으로는, 많은 직원들과 기업들은 다른 문화에 대해 완벽히 이해할 필요가 없거나 그럴 수 없다. 기업의 국제적 참여 정도는 직원들로부터 그에 상응하는 수준의 문화적 지식을 요구한다. 국제적으로 활동이 활발한 기업은 유창한 언어실력과 해외에서 깊이 있는 경험을 한 직원들을 필요로 한다. 한편, 소규모이거나 국제경영 활동에 익숙하지 않은 기업들은 기본적 문화교육을 시작한다. 기업이 국제적인 참여와 다른 문화 간의 접촉을 늘려감에 따라 직원들의 문화적 지식도 보조를 맞추어야 한다.

〈그림 16.1〉에서 볼 수 있듯이, 기업은 국제적인 임무를 수행하는 경영자를 준비시키는 데 많

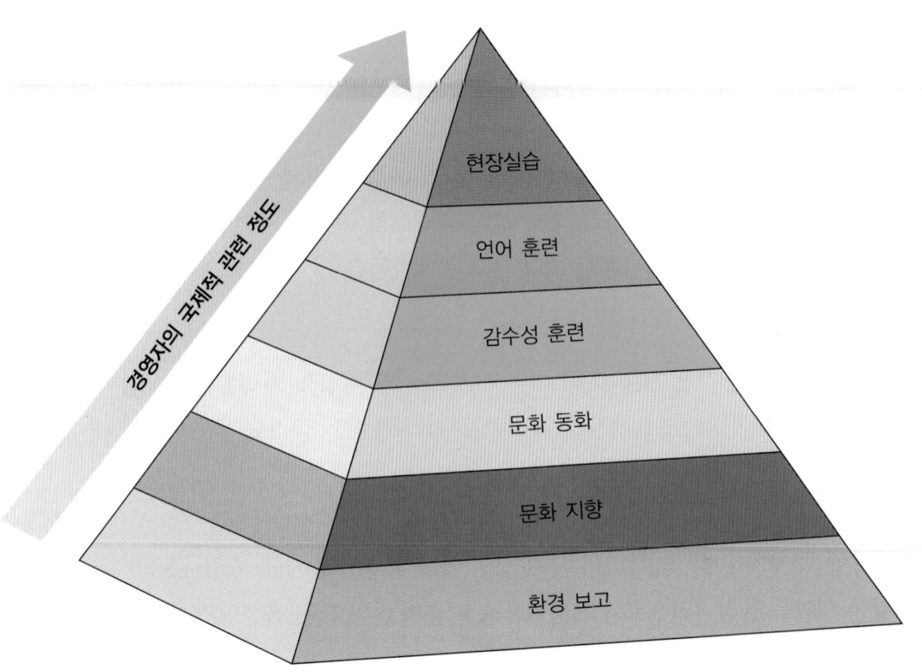

그림 16.1
국제 과제 준비 방법

은 방법을 사용한다. 이러한 방법은 경영자의 국제 참여 수준을 반영하는 경향이 있다. 그 목표는 필요한 업무에 적합한 수준의 문화교육을 받은, 정보에 정통하고 열린 마음을 가진, 유연한 관리자를 만드는 것이다.

환경 보고와 문화 지향 환경(지역) 보고는 다른 문화를 공부하기 위한 시작점에서부터 가장 기본적인 훈련 수준으로 구성되어 있다. 보고는 지역 주택, 건강관리, 교통, 학교, 그리고 기후에 대한 정보를 포함한다. 그러한 지식은 대개 책, 영화, 강의에서 얻는다. 문화 지향은 사회적, 정치적, 법률적, 경제적 제도에 대한 통찰력을 제공한다. 그들의 목적은 환경 보고의 깊이와 실질을 더하는 것이다.

문화 동화와 감수성 훈련 문화 동화는 문화의 가치, 태도, 매너 및 관습을 가르친다. 현지 언어의 몇몇 어구를 학습하는 것과 관련된 이른바 게릴라 언어학(guerrilla linguistic)이 이 단계에 해당한다. 또한 일반적으로 역할놀이 연습도 포함되어 있다. 교육생은 특정한 상황에 대응하고 심사팀에 의해 평가받는다. 이 방법은 누군가가 해외에 단기 체류로 큰 신경을 쓰지 않고 사회적, 비즈니스 에티켓, 의사소통에 있어서 속성으로 교육을 받고 싶어 할 때 사용된다. 감수성 훈련은 사람들에게 다른 사람들의 기분과 감정을 잘 생각해 주고 이해하는 법을 가르쳐 준다. 이는 그 지역 사람들의 '본심(under the skin)'을 알게 한다.

언어 훈련 좀 더 철저한 문화적 준비에 대한 필요성은 우리를 집중적인 언어 훈련으로 이끌어 준다. 이런 훈련 수준은 저녁식사를 주문하거나 길을 묻는 문장을 암기하는 것 이상을 필요로 한다. 그것은 교육생이 지역 사람들의 '마음속(into the mind)'을 알게 한다. 그 교육생들은 왜 그들이 그렇게 행동하는지에 대해 더 많이 배운다. 이것은 아마도 장기적인 임무를 위한 문화적 훈련의 가장 중요한 부분일 것이다.

최고경영자들을 대상으로 한 한 조사에서, 외국어 능력이 경쟁력을 유지하는 데 필요한 능력 순위에서 1위를 차지한 것으로 나타났다. 이 조사에 따르면, 남자 직원의 31%와 여자 직원의

27%가 외국어 능력이 부족하다고 한다. 이런 상황을 개선하기 위해서, 많은 회사들이 어학연수를 전문으로 하는 외부 기관을 고용하거나 그들 자신만의 프로그램을 개발한다. 3M(www.3m.com)의 직원들은 세 번째 방법을 개발했다. 그들은 현직에 있는 직원들과 퇴직한 직원들, 그리고 가족들로 구성된 자발적인 '언어 단체'를 만들었다. 약 1,000명이 회원이며, 그 그룹은 70명의 자원봉사자 선생님들에 의해 교육되는 17개의 언어로 수업을 제공한다. 그 단체는 주마다 45분간 모임을 갖고 5달러의 회비를 걷는다. 3M 관계자들은 그 단체가 그 회사의 정규 언어 교육 프로그램을 훌륭하게 보완하고 있다고 말한다.[5]

현장실습 **현장실습**은 직접 그 문화에 머무르고, 도시와 마을의 거리를 걷고, 잠시 동안 그곳에 흡수되는 것을 의미한다. 교육생들은 독특한 문화적 특징을 즐기고 문화생활에 내재된 긴장을 느끼게 된다.

마지막으로, 배우자와 아이들도 문화적인 훈련을 필요로 한다는 것을 기억하라. 그들을 위한 훈련은 좋은 투자가 된다. 왜냐하면 국제적인 '별거 결혼(commuter marriage)'이나 해외파견 실패와 같은 대안들은 심리적으로나 재정적으로 비용이 많이 드는 옵션이기 때문이다.

문화 프로파일 구축

문화 프로파일을 구축하는 것은 국제적인 임무를 받아들일 것인지를 결정하는 데 꽤 도움이 될 수 있다. 다음은 문화 프로파일 구축을 위한 몇 가지 우수한 자료들이다.

- **컬처그램** : ProQuest에서 발행된 이 설명서는 많은 도서관들의 참고섹션에서 찾을 수 있다. 빈번한 업데이트가 컬처그램(www.culturegrams.com)을 시기적절한 정보원천이 되게 한다. 각각의 섹션은 각 문화의 배경과 사람들, 관습, 예의, 그리고 사회를 설명한다. '여행자를 위한(For the Traveler)'이라는 제목의 섹션은 필수 입국 비자와 예방 접종 같은 세부 사항을 다루고 있다.
- **국가 연구 분야 안내서** : 이 시리즈는 정치, 경제, 사회 및 국가 안보 문제가 서로 어떻게 관련되어 있고 또 어떻게 70개국이 넘는 문화에 의해 형성되는지를 설명한다. 안내서는 미국 군인들을 위해 설계되었기 때문에 정치지향의 경향이 있다. 국가 연구 분야 안내서는 미 의회 도서관 웹사이트(http://lcweb2.loc.gov/frd/cs/cshome.html)에서 웹으로 이용가능하다.
- **참고자료** : 이러한 참고자료들은 다양한 국가의 관련 이슈와 인권에 관한 많은 관련 사실적 정보를 담고 있다. 그러나 그들이 미 국무부(www.state.gov)에 의해 출판되기 때문에 그들은 미국의 정치적 관점을 취한다.

정보는 또한 당신의 고국에 있는 다른 나라의 대사관에 연락하여 얻을 수도 있다. 직접 경험한 지식과 특정한 책과 영화를 접한 사람들도 좋은 정보의 원천이다. 실제로 다른 나라에 갔을 때, 고국의 대사관이 더 많은 문화적 조언을 해 줄 수 있는 좋은 원천이라는 것을 알게 될 것이다. 대사관들은 현지 문화에 종사하는 본국 내 전문직 종사자들의 조직을 유지하고 있는데, 그중 일부는 당신이 얻을 수 있는 다년간의 경험이 있다.

일반 근로자 훈련

일반 근로자(비관리직)들 또한 훈련과 개발의 필요성이 있다. 이것은 특히 초등학교도 마치지 못한 사람들이 있는 개발도상국과 신흥공업국에서 더욱 그렇다. 잘 교육된 노동인구가 상당히 많다고 하더라도, 근로자들은 산업 분야에서 일하는 경험이 부족할 수 있다. 이런 경우, 해외에서 사업을 하는 기업은 현지 근로자들에게 조립 라인에서 일하거나 영업을 촉진하는 방법을 훈련할 수 있다. 신흥시장에서 기회를 탐색하는 기업들이 늘어나면서, 그러한 기본 기술 교육의 필요성은 계속 증가하고 있다.

많은 나라에서, 국가 정부는 일반 근로자들을 훈련시키기 위해 기업과 협력한다. 일본과 독일은 일반 근로자들을 위한 직업 훈련과 실습제도에서 세계를 선도하고 있다. 대학에 들어갈 수 없거나 들어가고 싶지 않은 학생들은 정부와 민간 산업에서 지원하는 프로그램에 참여할 수 있다. 그들은 현지 주요 기업들이 사용하고 있는 최첨단 기술을 익히기 위해 광범위한 실무 교육을 받고 있다. 예를 들어 독일의 미텔슈탄트는 독일의 일자리 3분의 2를 차지하고 있는 중소기업 300만 개의 네트워크이다. 미텔슈탄트는 독일의 실습제도 중 80%를 제공한다. 비록 그들이 대개 100명 이하의 사람들을 고용하지만, 많은 미텔슈탄트 회사들은 수출 대국들이다.

퀵 스터디 3

1. 문화 훈련의 가장 기본적인 수준은 무엇인가?
2. 어떤 종류의 훈련이 그 지역 사람들의 '마음속'에 들어간다고 하는가?

직원 보상

뛰어난 국제 HRM에 필수적인 요소는 공정하고 효과적인 보상 시스템이다. 이 제도는 아주 유능한 직원들을 끌어들여 고용하고 그들의 업무 수행에 대한 보상을 제공하기 위해 고안되었다. 한 나라의 보상 관행은 그 나라의 문화와 법 그리고 경제체제에 뿌리를 두고 있기 때문에, 보상을 결정하는 것은 복잡한 일일 수 있다. 예를 들어 몇몇 나라에서는 기본급이 거의 모든 직원들의 보수를 차지한다. 다른 경우에는, 상여금과 부가혜택이 한 사람의 보수의 절반 이상을 차지한다.

관리직

보통 관리자들에 대한 보상 정책은 회사와 국가마다 다르다. 좋은 정책은 여러 가지 이유로 설계가 상당히 복잡하다. 식료품, 외식, 의류, 주택, 학교 교육, 건강관리, 교통 및 공익 시설의 비용과 같은 요인들을 포함하는 **생활비**의 영향을 고려한다. 간단히 말해서, 어떤 나라에서 사는 것은 다른 나라에서 사는 것보다 비용이 더 많이 든다. 게다가 특정한 한 국가 내에서, 생활비는 대개 큰 도시에서 시골 마을까지 다양하다. 대부분의 기업들은 더 많은 생활비를 감당해야 하는 해외파견 경영자에게 급여뿐 아니라 일정 금액을 추가 지불한다. 반면에, 생활비가 적게 드는 국가로 이전하는 관리자들은 대개 그들이 모국 회사에서 받는 것과 같은 수준의 급여를 받게 되며, 만약 그렇지 않으면 그들은 국제적인 일자리 배정을 받아들인 것 때문에 재정적으로 불리하게 될 것이다.

기업들은 해외에서의 생활비가 국내에서의 비용보다 더 낮을 때에도 외국인 관리자들에 의해 발생하는 다른 비용들을 감당해야 한다. 이주한 관리자들의 중요한 한 가지 관심사는 현지 교육의 질이다. 많은 경우에, 해외파견인의 아이들은 현지 언어를 말할 수 없기 때문에 즉시 지역 수업에 들어갈 수 없다. 이런 경우에, 대부분의 회사들은 사교육에 비용을 지불한다.

보너스와 세제 혜택 기업은 흔히 경영자들에게 해외업무 배치를 받아들일 수 있는 동기를 제공한다. 가장 흔한 것은 재정적인 보너스이다. 이 보너스는 일회성 급여 또는 일반 급여의 15~20%를 추가 지급하는 형태로 지급될 수 있다. 특별히 불안정한 국가에 들어가거나 생활수준이 매우 낮은 관리자들을 위한 보너스는 종종 고난(위험)수당의 형태로 받게 된다.

경영자들은 또한 다른 소득 관련 요인에 의해서도 매력적으로 받아들여질 수 있다. 예를 들어 미국 정부는 해외에서 일하는 시민들에게 비록 소득세가 없는 나라에서 번 것이라 할지라도 '외국에서 번 소득' 95,100달러까지는 미국의 과세 소득에서 배제하도록 허용한다. 그러나 그 액수를 넘는 소득은 소득세의 대상이 되며, 이는 무료 주택과 같은 직원 혜택에서도 마찬가지이다.[6]

문화적 · 사회적 후원 비용 문화는 해외파견 관리자들의 보상에 중요한 역할을 한다. 일부 국가들은 다른 국가들보다 더 많은 유급 휴가를 제공한다. 많은 국가들이 그곳에 살고 일하는 모든 사람들에게 무료 의료 서비스를 제공한다. 물론 지역 의료의 질이 항상 좋은 것은 아니다. 따라서 많은 기업들은 심각한 질병을 앓고 있는 해외파견인이나 가족을 집이나 의료 서비스가 자국과 동일한 인근 국가로 데려갈 계획을 가지고 있다.

현지 시장에서 관리자를 고용하는 기업들은 사회적 태도에 의해 발생하는 추가 비용에 직면할 수도 있다. 예를 들어 일부 국가에서는 고용주들이 무료 또는 보조금을 받는 주택을 제공할 것으로 예상된다. 또 다른 이유로 정부는 고용주들에게 최고 1년 6개월의 유급 출산 휴가를 제공하도록 의무화하고 있다. 정부가 요구하는 출산 휴가는 유럽 국가들마다 상당히 다르다. 그런 모든 비용이 기업들에 의해 부담되어야 할 필요는 없지만, 그들은 한 나라의 사업비용을 올리는 경향이 있다.

현지국 내에서 고용된 경영자들은 대개 현지 회사에서 근무하는 관리자들과 동일한 급여를 받는다. 그러나 그들은 종종 현지 기업들이 제공하지 않은 임직원 특혜를 받는다. 그리고 일부 경영자들은 최소 1년에 여러 번 모국 사무실을 방문하도록 요구받는다. 시간이 허락된다면, 많은 관리자들은 그 방문들에 여행 기간에 며칠을 더 추가하여 가족과 함께하는 단기 휴가로 만들 것이다.

일반(비관리직) 근로자들

두 가지 주요 요인이 일반 근로자들의 임금에 영향을 미친다. 첫째, 그들의 보수는 국경을 초월한 사업투자에 많은 영향을 받는다. 고용주들은 임금이 낮은 국가로 쉽게 이전할 수 있다. 한편 본국에서는, 근로자들은 고용주가 그들에게 임금삭감을 받아들이는 것과 그들의 일터를 해외로 옮기는 것을 지켜보는 것 중 선택권을 주었을 때, 종종 낮은 임금을 선택할 수밖에 없다. 이런 상황은 전 세계 근로자들의 임금이 균등하게 가는 추세를 야기한다. 균등화 효과(equalizing effect)는 다른 나라 근로자들의 희생으로 일부 나라의 근로자 생활의 개선과 경제발전을 촉진할 수 있다.

하지만 고용주가 이전할 수 있는 자유는 나라마다 다르다. 몇몇 국가의 기업들은 사전고지 없이 이동하는 것이 허용되지만, 다른 국가의 기업들은 매우 제한된다. 일부 국가들은 기업에게 해외이전으로 인해 직장을 잃는 근로자들에게 보상을 하도록 강요한다. 이 정책은 실업자들을 위한 광범위한 사회적 안전망을 구축하고 있는 유럽 국가들에서 흔하게 나타난다.

둘째, 오늘날 노동력의 유동성(mobility of labor)이 증가하면서 임금에 영향을 미쳤다. 비록 유럽의 노동법이 미국보다 여전히 더 엄격하지만, 유럽 연합 국가들은 한 유럽 연합 국가에서 온 근로자들이 다른 나라에서 일하기 위해서는 비자를 취득해야 한다는 필요조건을 폐지하고 있다. 만약 스페인의 근로자들이 고국에서 일자리를 찾을 수 없거나, 그들의 현재 급여가 부적당하다고 느낀다면, 그들은 실업률이 낮은 다른 유럽 연합 국가로 자유롭게 이동할 수 있다. 오늘날 유럽 국가들을 괴롭히는 문제는 그들이 영구적인 실업자 집단을 만들어 내는 것처럼 보인다는 것이다.

퀵 스터디 4

1. 불안정한 나라에서 일하는 관리자는 어떤 보너스를 받는가?
2. 해외파견 관리자들의 보상에 기여하는 몇 가지 요인은 무엇인가?

노사관계

기업의 경영진과 근로자 사이의 긍정적 또는 부정적 관계를 **노사관계**(labor-management relations)라고 한다. 노사 간의 협력 관계가 기업에 엄청난 경쟁우위를 창출할 수 있다. 경영진과 직원들이 서로 의지하고 있음을 알게 되면, 이 기업은 목표를 달성하거나 예기치 못한 장애를 극복하기 위한 준비를 더 잘할 것이다. 이익 공유를 통해 직원들에게 회사의 더 많은 지분을 제공하는 것은 사기를 높이고 품질과 고객 서비스 향상에 대한 약속을 이끌어 내는 한 방법이다.

노사관계
기업의 경영진과 근로자 사이의 긍정적 또는 부정적 관계

노사관계는 인간관계이기 때문에 그들은 문화에 뿌리를 두고 있고 종종 시장에서의 정치적 움직임에 영향을 받는다. 큰 국제 기업들은 전 세계적으로 그들의 생산 네트워크에 대한 더 큰 통제권을 그들에게 주기 때문에 내무부에서 높은 수준의 노동 결정을 내리는 경향이 있다. 사실상, 이 정책은 노동자들의 삶에 직접적인 영향을 미치는 결정을 지역 시장 전문가들의 손에 맡긴다는 것이다. 그러한 결정에는 연차, 출산 휴가 기간 및 탁아 시설의 제공이 포함될 수 있다. 이러한 경영 결정을 현지화하게 되면 지역 실정에 친숙한 경영자들이 근로자들에게 개인적으로 영향을 미치는 문제를 더 잘 처리할 수 있기 때문에 노사관계 개선에 기여하는 경향이 있다.

노동조합의 중요성

기업이 영업 활동을 하는 나라에서의 노조의 힘은 기업성과를 위해 중요하며 심지어 지역 선정에도 영향을 미칠 수 있다. 아시아의 개발도상국과 신흥시장은 국제적인 기업들에게 인기 있는 장소이다. 일부 아시아 국가들은 노조를 견제하겠다고 약속하며 국제 기업들에 자국 내에 시설을 두도록 호소하고 있다. 그러나 어떤 이유에서든 기업 경영진과 노조 사이에 협조적 분위기가 존재한다면 선진국들도 매력적이라고 생각한다. 일부 아시아 국가들, 특히 일본에서는 조화와 균형 잡힌 이해관계에 대한 문화로 인해 노사 간의 대립을 억제하고 있다.

아일랜드는 유럽 연합에서 가장 인기 있는 곳이 되었다. 생산적인 노동력, 낮은 임금, 그리고 파업가능성의 감소가 매력을 더한다. 노동조합은 특히 프랑스와 독일이 강하다. 그럼에도 불구하고, 독일은 노조 구성원의 감소 추세에 영향을 받았다. 독일에서 노조원 수는 지난 10년 동안 1,200만 명에서 약 800만 명까지 줄어들었다. 감소의 주된 원인은 과거 동독 지역에서의 노조 가입에 대한 관심의 부족 때문이다. 게다가 50년 전 36%였던 것과 비교하여, 노동조합은 현재 미국 노동력의 약 9%만을 차지하고 있다.

노조원의 감소에도 불구하고, 독일의 노동자들은 경영진의 결정에 상당한 권력을 행사한다.

독일과 프랑스의 근로자들은 대개 매우 강력한 노동조합들에 의해 보호받고 있다. 사실, 독일 근로자들은 공동결정이라는 계획을 통해 기업의 결정에 직접적인 영향을 미친다. 여기 독일의 쇠네펠트 공항에서 이지젯의 직원들이 파업을 하고 있다. 당신은 왜 전 세계의 국가들이 노동조합에 주는 영향력의 양이 다르다고 생각하는가?

출처 : Z1015/_Bernd Settnik/dpa/picture-alliance/Newscom

실제로 독일 근로자들은 **공동결정**(codetermination)이라는 계획하에 고용주의 전략과 정책에 대해 직접적인 발언권을 누리고 있다. 이 계획은 실제로 제안된 행동에 대한 투표를 통해 노조 대표들이 고위급 회사 회의에 참여할 수 있게 해 준다.

국제 노동 운동 노조의 세계적인 활동은 근로자들의 처우를 개선하고 미성년자 노동과 관련된 분쟁을 줄이는 것과 같은 분야에서 발전하고 있다. 그러나 개별 국가 노조들의 협력증진을 위한 노력은 다소 성공적이지 못하다. 한 국가의 노조가 다른 나라의 노조를 지원하고 싶어 할지라도, 민중의 지지를 만들어 내는 것은 두 가지 이유 때문에 어렵다. 첫째로, 다른 나라에서 일어나는 사건들은 많은 사람들이 이해하기 어렵다. 거리와 문화적 차이는 사람들이 다른 곳에서 일하고 사는 다른 사람들을 이해하는 것을 어렵게 만든다.

둘째로, 그들이 그것을 알고 있건 아니건, 때때로 다른 나라의 근로자들은 서로 경쟁한다. 예를 들어 오늘날 기업들은 오히려 더 쉽게 국제적으로 경영 활동을 이전할 수 있다. 따라서 한 국가의 노조들은 새로운 생산 시설에 의해 창출될 일자리를 끌어들이기 위해 양보를 할 수도 있다. 이런 식으로, 다른 나라의 노조들은 결국 서로 경쟁하게 될 수도 있다. 일부 전문가들은 이런 현상이 전 세계적으로 임금과 노조의 힘에 대한 하향 압력을 야기하고 있다고 주장한다.

퀵 스터디 5

1. 노사관계는 인간관계이기 때문에 무엇에 뿌리를 두고 있는가?
2. 독일 근로자들은 그들의 고용주들의 전략과 정책에 대한 직접적인 발언권을 가지고 있는데, 그것을 무엇이라고 하는가?

맺는말

이 장에서는 국제경영 활동에 대한 우리의 조사를 마무리한다. 우리는 중소기업에서 대기업에 이르기까지 기업들이 그들의 가장 중요한 자원-근로자들을 고용하고 관리하는 방법을 연구했다. 우리는 많은 나라에서 해외 영업 활동을 한다. 우리는 국제 시장과 모든 종류의 국제 기업들의 활동에 대해 당신의 관심을 불러일으켰기를 바란다. 그러나 우리의 학습은 여기서 끝나지 않는다. 우리들 각자는 소비자로서, 혹은 현재 또는 미래의 사업 관리자로서, 우리의 일상생활에서 국제적인 사업에 끊임없이 노출될 것이다. 우리는 다른 국가 문화와 국제 사업 환경, 그리고 기업들의 국제적인 경영 방식에 대한 지식을 계속해서 확대할 것이다. 우리는 이 흥미롭고 역동적인 주제를 통해 당신이 계속해서 여행하기를 바란다!

이 장의 요약

LO1. 회사에서 사용하는 세 가지 유형의 직원채용정책을 설명하라.

- **본국중심주의 인력배치**는 기업이 자국 밖에서 자국 국적을 가진 사람들을 고용하는 경우이다. 그것은 회사가 자회사의 결정에 대해 엄격히 통제하도록 할 수 있다.
- **현지국중심주의 인력배치**는 회사가 그 현지 국가의 사람들을 채용하여 업무를 수행하는 경우이다. 그것은 자회사들이 결정을 하는 데 있어 어느 정도 자율성을 줄 수 있다.
- **세계중심주의 인력배치**는 국적과 관계없이 최고의 능력을 갖춘 직원과 함께 일하는 것을 말한다. 이것은 전형적으로 최고경영자들이 결정할 부분이다.

LO2. 인적자원 모집 및 선발과 관련된 핵심 이슈를 설명하라.

- 대기업은 흔히 기존 직원의 직위 내에서 국제적인 관리자를 고용하지만, 중소기업은 외부 관리자를 고용해야 할 수도 있다.
- 해외에서 대학을 졸업한 유학생은 고용되어 현지에서 훈련을 받고, 자신의 고국에서 게시될 수 있다.
- 현지 문화와 정치 체제를 이해하는 사람을 고용하기 위해 현지 관리 인재를 채용할 수 있다. 이는 기업이 해외에서 제조와 마케팅 분야와 관련된 기업 활동을 하는 경우에 종종 필요하다.
- **문화 충격**은 해외에 살고 있는 사람들에게 영향을 미치는 심리적인 과정이며 향수병, 민감도, 혼란, 악화, 우울증이 특징이다. **역문화 충격**은 자신의 본국 문화에 대한 재학습에 있어서의 심리적 과정이다.

LO3. 기업이 사용하는 주요 교육 및 개발 프로그램을 요약하라.

- 문화 교육은 문화 충격과 역문화 충격의 영향을 줄일 수 있다.
- **문화 지향**과 **환경 보고**는 지역 주택, 보건, 정치, 경제 및 사회 기관에 대한 통찰력을 제공해 준다.
- **감수성 훈련**과 **문화 동화**는 현지의 가치, 태도, 관습을 설명하고 현지인의 정서를 이해하는 데 도움을 준다.
- **언어 훈련**은 직원들이 현지 언어로 의사소통하도록 가르치는 구체적이고 실용적인 기술을 제공한다.
- **현장실습**은 그것에 익숙해지도록 하는 문화 방문을 포함한다.

LO4. 기업들이 어떻게 관리자와 근로자에게 보상하는지 설명하라.

- 효과적인 보상 정책은 지역 문화, 법률 및 관행을 고려한다. 주요 이슈로는 기본급, 상여금, 부가 급부 등이 포함된다.

- 관리 보상 패키지는 현지의 생활비 및 교육비를 반영하기 위해 조정이 필요할 수 있다.
- **보너스 지급** 또는 어려운 업무에 대한 보상은 관리자가 국제적인 임무를 잘 수행하도록 유도하기 위해서 필요할 수 있다.
- 비영업 보상 수준은 현지 시장의 지배적인 임금률과 다른 나라의 임금 수준에 영향을 받을 수 있다.

LO5. 노사관계의 중요성에 대해 기술하라.

- **노사관계**는 회사 경영진과 근로자 사이의 긍정적 또는 부정적인 관계의 상태이다.
- 좋은 노사관계는 기업이 목표를 달성하고 예기치 못한 장애를 극복하는 데 도움이 될 수 있다.
- 노사관계는 문화에 뿌리를 두고 있으며 종종 현지 시장의 정치적 움직임에 영향을 받는다.
- 기업에서 활동하는 노동조합의 힘은 기업의 실적에 영향을 미칠 수 있고, 현장 선택 결정에 영향을 미칠 수 있다.

핵심 용어

노사관계
모집
문화 충격
본국중심주의 인력배치
선발
세계중심주의 인력배치
역문화 충격
인적자원 계획
인적자원 관리(HRM)
주재원
직원채용정책
현지국(다국)중심주의 인력배치

얘기해 보자 1

많은 일본 기업들은 본국중심주의 인력배치 정책의 어려움에도 불구하고 국제적인 운영에 있어 본국중심주의 정책을 사용하고 있다.

16-1. 일본 기업들은 왜 최고경영진의 자리에 일본인을 두는 것을 선호한다고 생각하는가?

16-2. 당신이 일본 회사에서 컨설턴트로 일하고 있다면, 이러한 정책을 바꾸는 것에 대해서 추천하겠는가? 설명하라.

얘기해 보자 2

문화 충격은 친숙하지 않은 문화에서 지낼 때 경험하는 심리적인 어려움이며 향수병, 민감도, 혼란, 악화, 우울증으로 특징지어진다.

16-3. 만약 당신이 문화 충격을 경험한 적이 있다면, 어느 나라에서 경험한 것인가?

16-4. 충격을 극복하거나 충격의 영향을 줄이기 위해 무엇을 했는가? 설명하라.

윤리적 도전

당신은 첫 번째 임무는 아시아에 있는 제조 시설의 해외파견 근로자로 활약하는 것이다. 당신은 해외에서 직원들(대부분 젊은 여성) 사이에서 현재 받고 있는 임금이 간신히 최저 생활수준만을 유지할 정도로 우려가 커지는 상황임을 알고 있다. 이 공장은 노조가 형성되지 않았으며, 당신의 고국에 있는 상급자들 역시 노동자들을 위한 노력을 특별히 지원하고 있지 않다는 것을 알고 있다. 만약 실제로 노조가 형성된다면, 노조원들이 파업에 돌입함으로 인해 자국의 고위 경영진들이 심각하게 대응을 할 수 있다. 어쩌면 본사는 생산품을 다른 곳으로 옮기고 공장을 폐쇄하고 당신을 다른 곳으로 인사이동 시킬지도 모른다.

16-5. 당신은 고위 경영진의 승인을 받을 수 있는 직원들의 근무조건 개선방안을 제안해 줄 수 있는가?

16-6. 만약 당신이 위에서 제안한 것을 시도했는데 실패한다면, 당신은 노동자들이 노조를 결성하도록 격려할 것인가? 설명하라.

팀 협력 활동

모든 직원의 인성검사를 시작해야 할지 여부를 결정하기 위해 당신의 고용주에 의해서 당신과 당신 학급 친구들이 모였다고 가정해 보자. 한 영국 회사는 직원들이 일을 그만두거나 능력이 부족한 가장 큰 세 가지 이유는 기술, 지식, 자격을 갖추는 것이 아니라 성격에 있다는 것을 발견했다. 직장에서의 인성검사는 호주, 유럽, 미국에는 널리 퍼져 있지만, 아시아에서는 이제 유행하고 있다.

16-7. 어떤 성격적 특징이 빈약한 성과를 내는 데 도움을 주는 것인가? 설명하라.

16-8. 과거에 아시아 사회가 그러한 시험을 이용하지 않았던 이유는 문화에 뿌리를 둔 것인가? 설명하라.

16-9. 세계적으로 통용되는 적성검사가 기업들이 세계적으로 사업을 하는 데 있어서 어떠한 이점을 제공하는 것인가?

스스로 연구하기

16-10. 해외파견인은 본국중심주의 인력으로 해외에서 운영 · 관리하며, 어느 곳에서나 자격을 갖춘 최고의 후보자는 세계중심주의 인력배치 작업을 관리한다. 외국인 관리자들을 고위직에 두는 주요한 이유는 무엇인가?

16-11. 한 회사가 주요 아시아 국가에서 현지인을 고용함으로써 실수를 저질렀다고 가정해 보자. 이 위치에 외국인 관리자를 두거나 복직시키기로 결정할 경우 직면하게 될 잠재적 문제는 무엇인가?

국제경영 실전 사례 국적 상실 또는 차별대우?

국제적 운영을 하는 기업이 직면한 한 가지 문제는 해외파견 근무자들을 고국으로 데려오거나 송환할 적절한 시기를 결정하는 것이다. 현지국의 인력을 핵심 경영진으로 승진시키면 사기가 증진되고 평등한 기회가 제공될 수 있다. 또한 지역 관리자들은 종종 현지의 사업 환경에 대한 예리한 통찰력을 지니고 있기 때문에, 의사결정에 관한 한 잠재적인 이점을 얻을 수 있다. 게다가 해외파견 관리자들을 고국으로 데려옴으로써 기업들은 종종 상당한 액수의 돈을 절약할 수 있다. 예를 들어 중국에서는 국외 이주자에 대한 보상비용이 연간 20~30만 달러가 들 수 있다. 총 패키지에는 생계비와 빈곤 수당이 각각 15~20% 포함된다. 이에 비해 최고 수준의 중국인 관리자에 대한 총 보상액은 연간 약 5만 달러에 불과하다.

일부 업계 전문가들은 현지 경영자에게 통제 업무를 넘기는 것에 대한 이점에도 불구하고 일부 기업들의 '현지화'가 너무 빠른 것은 위험하다고 경고하고 있다. 예를 들어 중국에 있는 한 해외 주재 관리자는 중국에서 사업을 하는 것이 문서화되어 있지 않고, 재정적 통제를 포기할 경우 위험할 수 있다고 말했다. 또 다른 문제는 많은 해외파견인이 현지 관리자를 훈련시키려는 노력보다는 경영성과에만 신경 쓴다는 것이다.

해외파견 문제는 중국과 같은 신흥시장에만 국한되지 않는다. 선진국에서 직원을 해고하거나 국내에서 온 사람들로 현지 관리자를 교체하는 것은 논란의 여지가 있을 수 있다. 예를 들어 일본 소유의 리코(www.ricoh.com)는 캘리포니아의 컴퓨터 파일 제품 담당 부서(FPD)의 광 컴퓨터 디스크 판매 담당자를 미국 매니저에서 일본 매니저로 교체했다. 이런 조치의 결과로 해고된 후, Chet Mackentire는 1964년 연방 민권법(Title VII)을 근거로 하여 차별을 받았다는 이유로 그의 전 고용주를 고소했다. 하지만 리코는 Mackentire가 사업상 해고된 것이지 그가 백인이었기 때문에 해고된 것이 아니라고 주장했다. Mackentire는 이 소송에서 패소했다. 법원은 Mackentire의 주장이 해고가 차별적이라는 주장을 뒷받침하는 어떠한 증거도 발견하지 못했으며, 사업상 이유로 해고되었다는 증거가 있다는 판결을 내렸다. Mackentire는 그 판정에 항소했으나 또 패소했다. 항소법원은 리코가 FPD 부서에서 매년 수백만 달러의 손실을 입힌 사실과 관련된 진술서를 제출했다고 밝혔다. 또 Mackentire에게 가장 큰 책임이 있는 제품 생산과 관련된 내용을 숨기기 위해 부서를 재편했다는 증거도 제시했다.

글로벌 사고 질문

16-12. 이 사례에서 언급된 것들 외에, 신흥시장에서 현지 관리자를 고용하는 것과 관련된 다른 이점에는 어떤 것이 있는가?

16-13. 기업이 만약 법정에 서게 된다면 직원 감축이 차별적이지 않았음을 보여 줄 수 있도록 어떤 조치를 취해야 하는가?

출처 : "Staffing Globalization," *The Economist* (www.economist.com), June 24, 2006, pp. 77-80; James Harding, "When Expats Should Pack Their Bags," *Financial Times*, September 1, 1998, p. 10; C. K. Prahalad and Kenneth Lieberthal, "The End of Corporate Imperialism," *Harvard Business Review*, July-August 1998, pp. 68-79.

용어해설

가격 규제(price controls) : 한 제품이 한 국가에서 판매되는 상한가 및 하한가

가치 밀도(value density) : 무게, 부피에 상품 가치가 비례하는 것

가치(value) : 사람들이 감정적으로 연결된 생각, 믿음, 그리고 관습

가치사슬분석(value-chain analysis) : 기업의 활동을 주요한 것과 보조적인 것으로 나눈 후 어떤 부분이 소비자를 위한 가치를 창출하는가를 분석하는 방법

간접수출(indirect exporting) : 기업이 목표한 현지 시장에 다시 판매해 주는 중개상에게 제품을 판매할 때

개발도상국(developing country) : 기반 시설이 빈약하고 개인 소득이 극히 낮은 국가, 저개발 국가라고도 함

경비절감 전략(retrenchment strategy) : 기업의 사업 규모와 범위를 절감하기 위해 디자인된 전략

경상계정(current account) : 상품과 서비스의 수출입을 포함하는 거래, 해외 자산에 대한 수익(소득) 수취, 자국 내의 외국 자산에 대한 수익 지급을 기록하는 국가 계정

경상계정 적자(current account deficit) : 어느 나라가 해외에 대해 수출하고 수취하는 것보다 더 많이 상품과 서비스를 수입하고 더 많이 지급할 때

경상계정 흑자(current account surplus) : 어느 나라가 해외에 대해 수입하고 지급하는 것보다 더 많은 상품과 서비스를 수출하고 더 많은 소득을 수취할 때

경제 제도(economic system) : 자원을 분배하고 상업 활동에 사용되는 구조와 과정

경제개발(economic development) : 한 국가 국민들의 경제적 후생, 삶의 질, 그리고 일반적인 복지 등이 증가하는 것을 의미

경제동맹(economic union) : 회원국들 간의 노동 및 자본의 이동에 대한 모든 장벽을 제거하고, 비회원국들에 대한 공동의 무역 정책을 수립하며, 경제 정책을 조정하는 경제 통합

경제체제 전환(economic transition) : 국가가 기본적인 경제 조직을 바꾸고 새로운 자유 시장 제도를 만드는 과정

경화[convertible (hard) currency] : 외환시장에서 자유롭게 거래되며, 수요와 공급에 의해 가격이 결정되는 통화

계급 제도(class system) : 개인의 능력과 행동이 사회적 지위와 유동성을 결정하는 사회적 계층화 제도

계획(planning) : 기업의 목표를 선정하고 그 목표를 어떻게 이루어 나갈 것인지를 규명하는 과정

고정(유형)자산[fixed (tangible) assets] : 생산시설, 재고 창고, 소매점, 생산 및 사무기기와 같은 회사의 자산

고정환율제도(fixed exchange-rate system) : 국제협정에 의해 정해진, 한 통화를 다른 통화로 전환하는 환율제도

공급(supply) : 생산자가 특정한 가격에 제공하길 원하는 상품과 서비스의 양

공동시장(common market) : 회원국들 간의 노동 및 자본의 이동에 있어 모든 장벽을 제거하고 비회원국들에 대해 공동의 무역 정책을 수립하는 경제 통합

공산주의(communism) : 하나의 강력한 공산당을 설립하고 사회주의를 실시함으로써 사회와 경제적 평등을 얻을 수 있다는 믿음

공정계획(process planning) : 회사가 제품을 만드는 데 사용하는 과정을 결정하는 것

관리 계약(management contract) : 한 기업이 특정 기간 동안 경영관리 전문지식을 제공해 주는 것

관리변동환율제도(managed float system) : 통화는 다른 통화에 대해 변동하고 정부는 자국 통화를 특정한 목표환율로 안정시키기 위해 개입하는 제도

관세(tariff) : 제품이 국가를 들어오거나 떠날 때 제품에 부과되는 정부의 세금

관세동맹(custom union) : 회원국들 간의 무역에 대해서는 모든 장벽을 제거하고 비회원국에 대해서는 공동의 무역 정책을 수립하는 경제 통합

관세 할당(tariff-quota) : 일정한 수입량에 대해서는 더 낮은 관세율을, 할당을 초과하는 양에 대해서는 더 높은 관세율을 부과하는 것

관습(custom) : 한 문화 안에서 세대 간에 전해져 온 특정한 상황에서의 행동 방식이나 습관

관습법(common law) : 국가의 법률 역사(전통), 법원에서 있었던 과거 사례(판례), 법률이 특정한 상황에 적용되는 방법(용례 또는 관행)에 기초한 법률 제도

교차환율(cross rate) : 두 개의 환율을 가지고 계산된 환율

구매력(purchasing power) : 한 나라의 통화 단위로 구매할 수 있는 재화와 서비스의 가치

구매력 평가 지수(purchasing power parity, PPP) : 두 나라의 통화로 동일한 상품을 살 수 있는 상대적인 능력

국가 경쟁우위 이론(national competitive advantage theory) : 한 산업에 있어서 국가의 경쟁력은 그 산업이 혁신하고 개선할 수 있는 능력에 달려 있다는 무역 이론

국가총생산(Gross National Product, GNP) : 1년간 한 국가의 국내 및 국제 활동에 의해 산출된 제품과 서비스의 가치

국내총생산(Gross Domestic Product, GDP) : 1년간 국내경제에 의해 생산된 제품과 서비스의 가치

국산부품사용요건(local content requirements) : 특정한 양의 재화나 용역이 현지국 시장의 생산자들에 의해 제공되어야 한다는 내용으로 규정한 법률

국수주의(nationalism) : 국가의 관심과 발전에 대한 국민의 헌신

국유화(nationalization) : 정부가 한 분야의 산업 전체를 장악하는 것

국제 사업부 구조(international division structure) : 국내 사업 활동과는 별도로 국제 사업 활동을 분리시키는 조직 구조

국제 연합(United Nations, UN) : 제2차 세계대전 이후 세계에 평화와 안정을 증진시키는 리더십을 위해 형성된 국제 기구

국제 제품수명주기(international product life cycle) : 한 기업이 제품의 수출로 시작해서 다음으로 제품이 수명주기에 걸쳐 이동함에 따라 FDI에 착수한다고 이야기하는 이론

국제 제품수명주기 이론(international product life cycle theory) : 어느 기업이 자신의 제품을 수출하는 것으로 시작하여 나중에 그 제품이 수명주기를 따라 해외직접투자에 착수할 것이라는 이론

국제 지리학적 지역 구조(international area structure) : 기업이 해외 사업 전체를 지리학적 지역 및 국가별로 구별한 구조

국제경영(international business) : 두 개 이상의 국경을 넘어 이루어지는 상업적 거래

국제무역(international trade) : 국경을 넘어선 상품과 서비스의 구매, 판매 또는 교환

국제수지(balance of payments) : 다른 국가들의 실체로부터 그 국가에 들어오는 모든 수취와 그 국가로부터 나가는 모든 지급을 기록한 국가의 회계 시스템

국제자본시장(international capital market) : 국경을 넘어서 투자하고 차입하는 개인, 기업, 금융기관, 정부의 네트워크

국제적 가격 전략(worldwide pricing) : 모든 세계 시장에 동일한 판매 가격을 적용하기 위해 만들어진 가격 정책

국제주식시장(international equity market) : 발행자의 자국 밖에서 거래되는 모든 주식으로 구성되어 있는 시장

국제채권시장(international bond market) : 기업, 정부, 그 외 기관들이 자국 밖에서 발행하여 판매되는 모든 채권으로 구성되는 시장

국제통화기금(International Monetary Fund, IMF) : 환율을 규제하고 국제통화체제의 규칙을 이행하기 위해 만들어진 단체

국제통화제도(international monetary system) : 환율을 지배하는 협정과 기관의 모음

국제피셔효과(international Fisher effect) : 두 국가의 통화로 뒷받침되는 명목금리의 차이는 같아질 것이지만 현물환율의 변화는 반대일 것이라는 원칙

글로벌 매트릭스 구조(global matrix structure) : 제품과 지역 사업부의 두 축으로 구조를 나누는 것

글로벌 전략(global strategy) : 자국에서 판매하는 제품을 자국에서 마케팅하는 그대로 다른 시장에 적용시키는 것

글로벌 제품 구조(global product structure) : 기업의 세계 시장에서의 활동을 제품군별로 나눈 것

글로벌 팀(global team) : 회사 전반에 걸친 문제를 해결하는, 본사의 경영자와 해외 자회사 현지의 경영자를 한데 모은 팀

글로벌화(globalization) : 국가기관과 경제 간의 경제적, 문화적, 정치적, 기술적 상호의존의 확대를 향한 경향

금리 차익거래(interest arbitrage) : 서로 다른 통화로 표시된 이자지급 증권을 매수, 매도하여 이익을 추구하는 것

금본위제(gold standard) : 일정한 가치의 금과 자국의 지폐가치를 연동시킨 국제통화제도

금수조치(embargo) : 특정 국가와의 하나 또는 그 이상의 제품에 대한 무역(수출과 수입)의 완전한 금지

기본적 분석(fundamental analysis) : 환율 예측을 위한 기본적인 경제 지표에 기반한 통계 모형을 사용하는 기법

기술 이원론(technological dualism) : 다른 분야에서 사용되는 구식 기술을 결합하여 일부 경제 분야에서 최신 기술을 사용하는 것

기술적 분석(technical analysis) : 과거 통화가격의 추세를 나타내는 차트와 환율 예측에 필요한 다른 요인들을 사용하는 기법

기업 구조(organizational structure) : 기업의 활동을 나누고 이를 각 부서에 조화롭게 배치한 것

기업의 사회적 책임(corporate social responsibility) : 회사가 투자자, 고객, 타 기업, 그리고 사회에 대한 헌신을 균형 있게 이행하기 위해 법적 의무 이상의 것을 행하는 관행

기초적 불균형(fundamental disequilibrium) : 무역적자가 한 국가의 국제수지에 지속적으로 부정적인 변화를 야기하는 경제 상황

기초 통화(base currency) : 환율의 분모에 위치한 통화, 또는 다른 통화를 지급하고 구입하고자 하는 통화

기축 통화(vehicle currency) : 두 통화 간 자금을 전환하기 위해 매개체로

사용되는 통화

노사관계(labor-management relations) : 기업의 경영진과 근로자 사이의 긍정적 또는 부정적 관계

다국적기업(multinational corporation, MNC) : 여러 국가에 해외직접투자를 하는 기업

다국적 전략[multinational (multidomestic) strategy] : 자국에서 팔고 있는 제품과 사용하는 마케팅 전략을 다른 나라의 기호에 맞추는 것

대응 구매(counterpurchase) : 제품과 서비스의 수출에 대한 대가로 상대방 국가의 상품을 미래에 구매하겠다고 약속하는 것

대응 무역(countertrade) : 대금의 일부 혹은 전부를 물품 또는 서비스와 같은 현물로 제공하는 것

대의제 민주주의(representative democracy) : 시민들이 정치적 관점을 표현하기 위해 집단으로부터 한 개인을 선발하는 민주주의

덤핑(dumping) : 한 제품을 그것의 국내 시장에서 정상적으로 거래되는 가격보다 낮거나 또는 생산 원가보다 낮은 가격으로 수출하는 것

독점 금지법(antitrust laws) : 기업이 가격을 고정하고 시장을 공유하며 불공정한 독점 이익을 얻지 못하게 방지하기 위해 고안된 법

독점적 채널(exclusive channel) : 제조업자가 하나의 혹은 제한된 수의 재판매업자에게만 제조업자의 제품을 판매할 수 있는 권리를 부여하는 것

두뇌 유출(brain drain) : 한 전문 분야, 지리적 영역, 혹은 국가에서 다른 곳으로 향하는 고학력자들의 유출

라이선싱(licensing) : 무형자산을 가진 기업(라이선서)이 타 기업(라이선시)에게 그 자산을 일정 기간 사용할 수 있는 권한을 주는 것

로비 활동(lobbying) : 정치적 문제에 대한 회사의 견해를 나타내기 위해 사람들을 포섭하는 정책

링구아 프랑카(lingua franca) : 서로 다른 언어를 사용하는 두 그룹이 이해하는 세 번째 혹은 '연결' 언어

마케팅 커뮤니케이션(marketing communication) : 제품이 가진 프로모션의 메시지를 표적시장에 전달하는 것

매너(manner) : 문화에 맞는 올바른 행동, 말하기, 옷차림

명령체계(chains of command) : 최고경영진에서 개개인의 직원에 이르기까지의 권한 및 보고 체계

모집(recruitment) : 공석에 대한 자격을 갖춘 신청자를 확인하고 유치하는 프로세스

몰수(confiscation) : 보상 없이 회사에서 정부로 자산을 강제 이전하는 것

무역 사절단(trade mission) : 해당 국가 혹은 지역 정부로부터 사업 기회를 찾을 목적으로 기획된 정부 인사 및 사업가들의 해외 출장

무역적자(trade deficit) : 한 국가의 수출 가치보다 수입 가치가 더 높을 때의 상황

무역 전환(trade diversion) : 무역 연합에 속하지 않은 국가와의 무역에서 탈피하여 회원국과의 무역으로 전환하는 것

무역 창출(trade creation) : 지역별 경제 통합으로 발생하는 국가 간 무역 수준의 증가

무역흑자(trade surplus) : 한 국가의 수출 가치가 수입 가치보다 높을 때의 상황

문화(culture) : 특정 집단에 의한 가치, 신념, 규칙, 그리고 제도의 집합

문화 보급(cultural diffusion) : 문화적 특색이 한 문화권에서 다른 문화권으로 전파되는 과정

문화적 교양(cultural literacy) : 사람이 그 문화 안에서 행복하고 효과적으로 일할 수 있게 하는 문화에 대한 구체적 지식

문화적 특색(cultural trait) : 손짓, 사물, 전통, 개념을 포함한 삶의 문화적 방법을 나타내는 모든 것

문화 제국주의(cultural imperialism) : 그 문화의 전통, 민중의 영웅, 가공품들을 타지에서 온 대용품으로 대체

문화 충격(culture shock) : 향수병, 과민성, 혼란, 악화, 우울증으로 특징지어지는 해외에 사는 사람들에게 영향을 미치는 심리작용

물류(logistics) : 원재료 상태의 시점에서 완제품 형태로 고객에게 배달될 때까지 발생되는 물리적인 과정

물물교환(barter) : 화폐를 사용하지 않고 제품과 서비스를 직접 맞교환하는 것

물질 문화(material culture) : 물건을 생산하고 서비스를 제공하기 위해 문화에서 사용되는 모든 기술

미국예탁증권(American Depository Receipts, ADRs) : 미국 내에서 거래되고 있으며, 비미국 기업을 위해 특정 수의 주식을 대표하는 인증서

미학(aesthetics) : 술에서 '좋은 취향'으로 고려되는 것, 특정 표현으로 인해 떠오른 형상, 그리고 특정 색깔의 상징성

민간 부문(private sector) : 수익을 추구하는 사기업으로 구성된 경제 환경 부문

민법(civil law) : 법전을 구성하는 일단의 자세한 규칙과 법령을 기반으로 하는 법률 제도

민속 관습(folk custom) : 주로 몇 세대 이상까지 거슬러 올라가며 동족 집단에 의해 행해져 내려오는 행동

민영화(privatization) : 정부 소유 경제 자원을 개인 운영자에게 파는 정책

민족중심주의(ethnocentricity) : 자신의 민족이나 문화가 타자보다 우월하다는 믿음

민주주의(democracy) : 정부 지도자가 국민 혹은 대표자의 많은 참여로 직접 선발되는 정치 제도

반덤핑 관세(antidumping duty) : 자국 시장에서 덤핑을 시행한 것으로 간주되는 국가의 수입품에 대해 부과하는 추가 관세

백투백 대출(back-to-back loan) : 모기업이 현지국 은행에 위치한 자회사에 돈을 예치하여 현지국에 있는 자회사에 대출해 주는 시스템

법률 제도(legal system) : 법률이 제정되고 시행되는 과정과 법원이 행동

에 대한 책임이 있는 관계자들을 판결하는 방식을 포함한 일련의 법과 규제

베른 조약(Berne Convention) : 저작권을 보호하는 국제 조약

벤처 자금(venture capital) : 대출업자가 급속한 성장을 경험하고 그 대가로 주식(부분 소유)을 받을 것이라고 믿는 투자자로부터 얻는 자금 조달

보디랭귀지(body language) : 손짓이나 표정, 신체적 인사, 눈 맞춤, 개인 공간의 조작을 포함한 말 없는 신호를 통해 의사소통하는 언어

보조금(subsidy) : 국내 생산업체들에게 주는 현금 지급, 저금리 대출, 세금 감면, 제품 가격 지원, 또는 다른 형태의 금융 지원

복합 관세(compound tariff) : 부분적으로 정해진 가격에 대한 백분율로 또한 부분적으로 단위당 특정한 수수료로 계산되어 부과되는 관세

본국중심주의 인력배치(ethnocentric staffing) : 고국에서 온 개인들의 해외 활동을 관리하는 인력배치

본-글로벌 기업(born global firm) : 창업 초기부터 글로벌 관점을 채택하고 국제경영 활동에 참여하는 기업

부가가치세(value added tax, VAT) : 상품의 생산과 유통 과정에서 가치를 더하는 모든 관계자들에게 부과되는 세금

부서 간 교차 기능 팀(cross-functional team) : 각기 다른 기능의 사업부에서 온 비슷한 수준의 직원들의 조합으로 구성된 팀

부채(debt) : 차입자가 차입한 금액(원금)과 미리 결정된 이자율을 상환하는 약속을 한 대출

부품조달(용량)계획(capacity planning) : 시장 수요를 충족시키기에 충분한 생산 능력을 평가하는 과정

브랜드 이름(brand name) : 하나 혹은 다수의 상품의 이름으로서 그 상품의 특징을 알아보게 하는 이름

브레튼우즈 협정(Bretton Woods Agreement) : 미국 달러 가치에 근거한 새로운 국제통화제도를 제정하는 국가들 간의 합의(1944년)

비교우위(comparative advantage) : 한 국가가 다른 국가보다 어떤 상품을 더 효율적으로 생산할 수 있는 능력은 없지만, 그 국가가 생산하는 다른 어떤 상품보다도 그 상품을 더 효율적으로 생산할 수 있는 능력

비효율적 시장 견해(inefficient market view) : 공개적으로 이용가능한 모든 정보가 금융상품에 반영되지 않는다고 보는 견해

사명선언문(mission statement) : 글로 된 선언문으로 왜 이 기업이 존재하는지 그리고 어떻게 목표를 달성할 것인지에 대해 기술되어 있는 것

사회 계층화(social stratification) : 사회 계층이나 등급으로 사람들을 분류하는 과정

사회 구조(social structure) : 그 집단과 기관, 그들의 사회적 위치와 그들 간의 관계에 대한 시스템, 그리고 집단의 자원이 유통되는 과정을 포함한 문화의 근본 조직

사회 유동성(social mobility) : 개인이 문화의 '사회적 사다리'를 타고 오르내릴 수 있는 용이성

사회주의(socialism) : 사회와 경제적 평등이 정부의 지배권과 생산 수단 통제를 통해 얻어질 수 있다는 믿음

사회 집단(social group) : 서로 동일시하고 소통하는 둘 혹은 그 이상의 사람들의 집단

산업재산권(industrial property) : 특허와 상표

상계 관세(countervailing duty) : 불공정한 보조금을 받았다고 믿는 국가들이 수입품에 붙이는 추가적인 관세

상쇄무역(offset) : 기업이 미래에 특정되지 않은 제품을 수입국으로부터 구매할 것을 약속함으로써, (경화로 세일한) 수출제품과 서비스에 대한 대가를 상쇄하는 계약

상표(trademark) : 상품이나 제조사를 구분하는 단어나 상징 형태의 재산권

상품 전시회(trade show) : 산업 협회 등의 회원들이 그들의 최신 제품과 경쟁자들에 대한 분석, 최신 트렌드와 시장 기회 등을 전시해 놓은 공개 행사

생산 또는 구매 의사결정(make-or-buy decision) : 구성요소를 제작함에 필요한 특정 부품을 직접 생산할 것인지 아니면 외부에서 구매할 것인지의 의사결정

생산 합리화(rationalized production) : 어느 제품의 부품들을 부품 생산비용이 가장 낮은 곳에서 각각 생산하는 시스템

선물환계약(forward contract) : 약속된 날짜에 명시된 환율로 약속된 금액의 통화를 교환하기로 하는 계약

선물환시장(forward market) : 통화 거래가 선물환율로 거래되는 시장

선물환율(forward rate) : 두 당사자가 미래 특정 시점에 통화를 교환하기로 동의한 환율

선발(selection) : 잠재성이 있는 우수한 업무수행 능력을 갖춘 적격자를 심사하고 고용하는 절차

선발자 우위(first-mover advantage) : 어느 한 산업에 들어가는 첫 번째 기업이 됨으로써 얻게 되는 경제적 · 전략적 우위

선지급(advance payment) : 상품 배송이 완료되기 전에 수입업자가 수출업자에게 대금을 미리 지급하는 것

선진국(developed country) : 고도로 산업화되고 효율적이며 사람들이 삶의 질을 누리는 나라

선화증권(bill of landing) : 수출업자와 운송업체 간에 어떤 상품이 적재되었다는 것과 운송지, 운송비 등이 적혀 있는 서류

설문조사(survey) : 현재 혹은 잠재적 구매자들에 대하여 사실, 의견, 태도 등을 얻기 위해 구두의 혹은 글로 씌어진 질문지를 통한 연구 방법

성장 전략(growth strategy) : 기업 활동의 스케일이나 범위를 증가시키는 것

세계무역기구(World Trade Organization, WTO) : 국제무역 규칙을 집행하는 국제기구

세계은행(World Bank) : 국가 경제발전 노력을 위한 재정을 제공하기 위해 만들어진 단체

세계중심주의 인력배치(geocentric staffing) : 국적에 관계없이 가장 좋은 자격을 갖춘 사람들이 해외에서의 업무를 관리하는 인력배치 정책

세속적 전체주의(secular totalitarianism) : 지도자가 군대와 관료의 힘에 의지하는 정치 제도

소득 탄력성(income elasticity) : 소득 변화에 따라서 제품의 수요가 반응하는 민감도

소비자 패널(consumer panel) : 소비자 그룹의 구매 습관, 제품에 대한 행동, 소비자 행동 등에 대해 조사하는 것

수요(demand) : 구매자가 특정한 가격에 구매하길 원하는 상품과 서비스의 양

수용(expropriation) : 보상금을 받고 회사에서 정부로 자산을 강제 이전하는 것

수익(revenue) : 재화와 용역 판매로 벌어들인 돈

수입품(imports) : 해외에서 구매하거나 한 국가로 이동된 제품과 서비스

수직적 통합(vertical integration) : 기업활동을 생산단계별로 투입물(후방통합)이나 대리점에서 판매까지의 산출물(전방통합)로 확장하는 것

수출관리회사(export management company, EMC) : 수출업자를 대표해서 제품을 수출해 주는 회사

수출 상사(export trading company, ETC) : 간접수출업자를 위해 수출에 직접적으로 관련된 활동 이외의 서비스까지도 제공해 주는 기업

수출입 할당(quota) : 어느 일정 기간 동안 국가에 유출입할 수 있는 제품의 총량(단위 또는 무게로 측정)에 대한 제한

수출품(exports) : 해외로 판매되거나 한 국가 밖으로 이동된 제품과 서비스

스미소니언 협정(Smithsonian Agreement) : 브레튼우즈에서 창설된 국제통화제도를 재건하고 강화하기 위해 1971년 IMF 회원국 간에 체결된 협정

스위치 무역(switch trading) : 한 기업이 다른 기업에게 정해진 국가에서 일정 제품을 반드시 구매해야 하는 의무를 판매하는 것

시설입지계획(facilities location planning) : 생산 시설의 위치를 선정하는 것

시장 경제(market economy) : 대부분의 국가 토지, 공장, 그리고 그 외 다른 경제적 자원들이 개인 혹은 기업에 의해 민간 소유인 경제 제도

시장 불완전성(market imperfection) : 시장의 불완전성이 어느 거래를 덜 효율적으로 이루어지게 할 때 기업은 그 거래를 내부화해서 불완전성을 제거하기 위해 FDI에 착수한다고 설명하는 이론

시장조사(market research) : 경영자가 의사결정을 내리는 데 중요한 정보를 수집하고 분석하는 일

시장지배력(market power) : 기업이 FDI에 착수함으로써 해당 산업에서 시장지배적인 존재를 확립하고자 한다고 설명하는 이론

신무역 이론(new trade theory) : (1) 특화와 규모의 경제로부터 창출된 이익이 있으며, (2) 시장에 최초로 진출한 기업은 진입장벽을 만들 수 있으며, (3) 정부는 자국 기업을 돕는 역할을 한다는 이론

신용장(letter of credit) : 수출업자가 계약서에 있는 조건을 모두 완료했을 때 은행에서 수출업자에게 금액을 지불하겠다는 문서

신정법(theocratic law) : 종교적 가르침에 기반을 둔 법률 제도

신정 전체주의(theocratic totalitarianism) : 전체주의 종교적 지도자에 의해 통제되는 정치 제도

신정 정치(theocracy) : 국가의 종교적 지도자가 정치적 지도자인 정치 제도

신흥 공업국(newly industrialized country, NIC) : 최근 산업 활동에서 파생된 국가의 생산과 수출 비율이 증가한 국가

신흥시장(emerging markets) : 새롭게 산업화될 잠재력이 있는 나라들이 부가된 신흥 공업국

아웃소싱(outsourcing) : 한 회사의 가치를 높이는 부분 중 하나인 서비스나 상품을 외부회사로부터 구매하는 행동

안정화 전략(stability strategy) : 변화에 대한 위험을 보호하기 위해 디자인된 전략으로 확장이나 경비절감을 피하려고 할 때 사용함

에이전트(agent) : 표적시장에서 하나 혹은 여러 간접수출업자들을 대신하는 개인이나 기업

역문화 충격(reverse culture shock) : 자신의 본국 문화에 대한 재학습의 심리적 과정

역외금융센터(offshore financial center) : 금융부문에 규제가 거의 없거나 있더라도 세금 정도인 국가 또는 지역

연계무역(countertrade) : 상품이나 서비스를 판매하고 전체 혹은 일부를 다른 상품 또는 서비스로 지급받는 방식

완전자회사(wholly owned subsidiary) : 하나의 모기업에서 소유하고 관리하는 시설

외국채(foreign bond) : 차입자의 국가 이외의 지역에서 발행되고 판매되는 국가의 통화로 표시

외환시장(foreign exchange market) : 각국 통화를 사고팔며 통화의 가격이 결정되는 시장

외환 통제(currency control) : 한 통화를 다른 통화로 바꿀 수 있는 것을 제한하는 것

요소비율 이론(factor proportions theory) : 국가가 자국에 풍부한 자원(요인)을 필요로 하는 상품은 생산하여 수출하고, 공급이 부족한 자원을 필요로 하는 상품은 수입한다는 무역 이론

운송 주선인(freight forwarder) : 선적 및 보험료 관련 업무, 관세 관련 업무 등 수출 업무에 특화되어 있음

유동성(liquidity) : 채권 보유자와 주주가 그들의 투자를 현금화할 수 있는 용이성

유럽통화동맹(European monetary union) : 자체 단일의 중앙은행과 통화를 만들었던 EU 플랜

유로본드(Eurobond) : 표시된 통화의 국가 밖에서 발행되는 채권

유로커런시 시장(Eurocurrency market) : 본국 이외의 국가에 예치된 세계의 모든 통화('유로커런시'라 불리는)로 구성된 시장

유명한 관습(popular custom) : 한 외래 집단이나 여러 집단에 의해 공유되는 행동

유통(distribution) : 제품이 생산된 곳으로부터 소비되는 곳에 이르기까지의 계획, 실행 등 제품의 물리적인 흐름을 관리하는 것

윤리적 행동(ethical behavior) : 올바른 태도와 도덕성에 관한 지침에 따른 개인적 행동

은행간 금리(interbank interest rates) : 세계은행들이 상대방 은행에 부과하는 대출이자율

은행간 시장(interbank market) : 세계적인 대형 은행들이 현물환율과 선물환율로 통화를 교환하는 시장

의사소통(communication) : 말과 글, 행동을 통해 생각과 감정, 지식, 그리고 정보를 전달하기 위한 체제

이전 가격(transfer prices) : 기업이 해외에 있는 자회사나 지점과 원재료 또는 제품을 거래할 때 적용하는 가격

이중 가격 정책(dual pricing) : 수출하는 나라의 시장에서의 가격과 제품 생산국에서의 가격을 서로 상이하게 책정하는 것

이차시장조사(secondary market research) : 이미 기업 내에 존재하거나 외부에서 구할 수 있는 정보를 구하는 과정

이해당사자(stakeholder) : 공급자와 직원에서부터 주주와 고객에 이르기까지 기업의 경영 활동에 의해 영향을 받는 모든 집단

인간개발지수(human development index, HDI) : 정부가 국민에게 수명과 건강한 삶, 교육, 그리고 적절한 생활수준을 공평하게 제공하는 범위의 척도

인적자원 관리(human resource management, HRM) : 기업에 직원을 두고, 그 직원들이 가능한 한 생산적으로 일할 수 있도록 책임지는 방법

인적자원 계획[human resource(HR) planning] : 기업의 인적자원 수요와 공급을 예측하는 과정

일물일가의 법칙(law of one price) : 동일한 상품은 모든 국가에서 공동 통화로 가격을 표시했을 때 동일한 가격이어야 한다는 원칙

일차시장조사(primary market research) : 현재 연구하고 있는 필요에 맞추어서 데이터를 직접 수집하고 분석하는 과정

입지우위의 경제(location economies) : 최적의 위치에서 생산 활동을 배치함으로써 얻는 경제적 이득

자기자본(equity) : 기업의 재무적 손익에 자기자본 소유자 내지 주주가 다른 부분적 소유자들과 함께 참여하는 기업에 대한 부분 소유권

자메이카 협정(Jamaica Agreement) : IMF 회원국들 간에 현재 체제인 변동환율제도를 새로운 국제통화제도로 공식화하는 합의(1976년)

자발적 수출 규제(voluntary export restraint, VER) : 보통 수입 국가의 요구로 한 국가가 수출품에 부과하는 수출 할당의 독특한 유형

자본계정(capital account) : 자산의 매입과 매도를 포함하는 거래를 기록하는 국가 계정

자본 구조(capital structure) : 기업 활동에 자금을 조달하기 위해 사용되는 주식, 부채 및 내부적으로 발생한 자금의 혼합물

자본시장(capital market) : 부채 및 자기자본 형태의 재무적 자원을 가장 효율적인 용도에 배분하는 시스템

자본주의(capitalism) : 생산수단의 재산권이 개인과 사기업의 것이라는 믿음

자유무역(free trade) : 무역장벽이 없이 일어나는 수출과 수입의 패턴

자유무역지대(free trade area) : 각 국가는 비회원국에 대항하는 고유의 무역장벽을 설정하지만 회원국 간의 무역에 대해서는 모든 장벽을 제거하고자 하는 국가들의 경제 통합

자유변동환율제도(free float system) : 정부의 통화시장 개입 없이 통화가치가 다른 통화에 대해 변동하는 제도

자율 경영 팀(self-managed team) : 한 사업부의 직원이 관리자급의 책임을 지는 형태

장외시장[over-the-counter(OTC) market] : 외환 트레이더와 다른 시장 참여자들의 글로벌 네트워크를 아우르는 분산된 거래소

재산권(property rights) : 자신이 생산해내는 자원과 수입에 대한 법적 권리

저비용 전략(low-cost leadership strategy) : 기업이 규모의 경제를 실현시켜 시장 내 다른 경쟁사들과 비교하여 가장 낮은 비용 구조를 가지고 있는 전략

저작권(copyright) : 원저작물의 창작자에게 출판이나 처분의 자유를 주는 재산권

적기공급(JIT)생산[JIT(just-in-time) manufacturing] : 재고를 최소한으로 유지하고 생산 공정의 투입물이 필요한 시점에 정확히 도달되는 생산기술

전략(strategy) : 계획된 것들의 집합으로 경영자들이 기업의 목표를 달성하기 위해 수행하는 것

전략적 제휴(strategic alliance) : 둘 이상의 기업이 모여 전략적인 목표를 함께 달성하기 위해 (조인트 형태의 다른 기업을 만들지 않으면서) 협력하는 것

전사적 품질관리(total quality management, TQM) : 지속적인 품질 개선 노력 및 프로세스를 통해 고객 만족을 충족시키거나 초과 달성하기 위한 회사 전반의 노력

전체주의(totalitarian system) : 국민의 지지 없이 개인이 통치하고 사람들의 생활을 엄격히 통제하며 반대시각을 허용치 않는 정치 제도

절대우위(absolute advantage) : 한 나라가 다른 나라에 비해 어느 상품을 보다 효율적으로 생산하는 능력

절충 이론(eclectic theory) : 투자 유치에 매력적인 입지가 되기 위해서는 특정 입지의 특성들이 소유권 및 내부화 우위와 결합될 때 기업이 FDI에 착수한다고 설명하는 이론

정상적인 무역 관계(normal trade relations, 공식적으로는 '최혜국 대우') : WTO 회원국들이 어느 한 회원국에게 제공하는 호혜적인 무역 조

건을 동일하게 모든 회원국에게 제공해야 하는 요건

정치경제학(political ecomony) : 어떻게 국가가 정치적, 경제적, 법적 제도를 사용하여 국가의 일을 처리하는지에 관한 학문

정치동맹(political union) : 회원국들의 경제 그리고 정치 체제의 여러 측면을 함께 조정하도록 하는 경제 및 정치 통합

정치적 위험(political risk) : 한 사회가 지역 사업 활동에 부정적인 영향을 미치는 정치적 변화를 겪을 가능성

정치 제도(political system) : 국가가 통치하는 구조, 과정, 활동

제3자 거래 가격(arm's length price) : 독립된 제3자가 자유시장에서 특정 제품에 대하여 거래하는 가격

제조물책임(product liability) : 결함 있는 제품으로 인한 손상, 부상, 죽음에 대한 제조사, 판매자, 개인, 그리고 그 외 사람들의 책임

조인트 벤처(joint venture) : 각각 다른 둘 혹은 그 이상의 독립적인 기업이 공동의 사업 목표를 가지고 함께하는 것

조합 전략(combination strategy) : 성장, 경비절감, 안정화 전략을 조합하는 것

종가 관세(ad valorem tariff) : 수입된 제품의 정해진 가격에 백분율로 부과되는 관세

종량 관세(specific tariff) : 수입된 제품의 각 단위(개수와 무게로 측정)에 추가 부과된 관세

주식(stock) : 기업의 미래 현금흐름에 대한 청구권을 주주에게 부여하는 기업 자산에 대한 소유권을 나타내는 주식

주재원(expatriates, 해외파견인) : 다른 나라에서 살면서 일하는 한 국가의 시민들

중상주의(mercantilism) : 국가가 수출을 권장하고 수입을 지양하는 것에 의해 보통 금의 형태로 재정적 부를 축적해야 한다는 무역 이론

중앙 계획 경제(centrally planned economy) : 국가의 영지, 공장, 그 외 경제 자원을 국가가 소유하는 제도이며 거의 대부분의 경제 활동을 계획함

증권거래소(securities exchanges) : 통화선물 및 통화옵션 거래에 전문화된 거래소

증권화(securitization) : 거래가 어려운 금융자산을 보다 유동성이 있고 교섭 가능하고 시장성 있는 금융상품(또는 증권)으로 분리하거나 재조합하는 것

지속가능성(sustainability) : 자신의 니즈에 상응하면서 미래 세대의 능력을 위협하지 않고 현재의 니즈를 충족시키는 개발

지역 경제 통합[지역주의, regional economic integration(regionalism)] : 지리적으로 같은 지역에 있는 국가들이 제품, 사람 또는 자본의 국제적인 이동을 막는 장벽을 줄이거나 제거하기 위해 협력하는 과정

지적재산(intellectual property) : 사람들의 지적 재능과 능력에서 비롯된 재산

직원채용정책(staffing policy) : 회사가 사무실에 직원을 배치하는 일반적인 수단

직접수출(direct exporting) : 기업이 중개업체를 통하지 않고 제품을 소비자까지 전달할 때

진입 방식(entry mode) : 기업이 어떻게 제품, 기술, 인적 자원 혹은 다른 요소를 시장에 진출시킬 것인가에 대한 기관의 협약

집중적 채널(intensive channel) : 생산자가 자신의 제품의 판매 권리를 여러 재판매업자에게 부여하는 것

집중화 전략(focus strategy) : 아주 작게 세분화된 시장에 집중하여 저비용, 차별화 혹은 복합적 전략을 통해 세분화된 시장 내의 니즈를 충족시키는 것에 집중하는 전략

차별화 전략(differentiation strategy) : 기업이 그 제품을 시장 혹은 산업 내에서 독특하고 유일하도록 디자인하는 전략

채권(bond) : 원금과 이자 지급의 시점을 명시한 부채 상품

청산(clearing) : 한 은행이 보유한 통화를 취합하고 거래를 수행하는 과정

청산결제 방식(open account) : 수출업자가 먼저 상품을 선적하고 나중에 수입업자에게 금액을 청구하는 방법

추심어음(documentary collection) : 은행이 금융적인 위험을 부담하지 않는 중계를 맡아 수출 · 수입을 진행하는 것

카스트 제도(caste system) : 사회적 이동의 기회 없이 사람들이 사회 계층이나 혹은 카스트 안에서 타고나는 사회 계층화 시스템

크로스 라이선싱(cross licensing) : 두 기업이 서로의 무형자산을 교환할 때 발생

탄소 발자국(carbon footprint) : 인간 활동으로 인한 (이산화탄소 단위로 측정된) 온실 가스에 따른 환경적 영향

태도(attitude) : 개인이 물체나 개념에 대해 품는 긍정적이거나 부정적인 평가, 느낌, 경향

턴키 프로젝트[turnkey (build-operate-transfer) project] : 한 기업이 설계, 건설, 생산 등의 프로젝트 일체를 맡는 계약 방식

통화 차익거래(currency arbitrage) : 이익을 얻기 위해 서로 다른 시장에서 하나의 통화를 동시에 사고파는 것

통화 헷징(currency hedging) : 환율이 불리하게 변하여 발생할 수 있는 잠재적인 손실에 대비해 보험에 들어 두는 것

통화선물계약(currency futures contract) : 명시된 날짜에 명시된 환율로 약정된 금액의 통화의 교환을 요구하는 계약이며, 모든 조건은 확정되어 있고 조정이 불가능함

통화스왑(currency swap) : 각기 다른 두 날짜에 외환을 동시에 사고파는 것

통화옵션(currency option) : 명시된 날짜에 명시된 환율로 약정된 금액의 통화를 교환할 권리 또는 옵션

통화위원회(currency board) : 자국 통화를 특정 외화로 정해진 환율에 교환하기로 하는 명시적인 약속에 근거한 화폐제도

특별인출권(special drawing right, SDR) : 네 가지 통화를 포함하여 가중

된 '바구니'에 기초하여 가치가 달라지는 IMF의 자산

특허(patent) : 발명품을 만들고, 사용하고, 혹은 판매하는 일에 있어서 다른 사람들을 배제할 수 있도록 제품 혹은 과정의 발명가에게 부여된 재산권

파생상품(derivatives) : 다른 원자재 또는 금융상품으로부터 가치가 파생되는 금융상품

평가절상(revaluation) : 국가 정부가 의도적으로(인위적으로) 통화가치를 올리는 것

평가절하(devaluation) : 국가 정부가 의도적으로(인위적으로) 통화가치를 내리는 것

포커스 그룹(focus group) : 기업의 제품에 대한 태도를 공부하기 위한 목적으로 구조화되지 않았으나 8~12명 정도의 작은 그룹에 대한 심층적인 인터뷰

포트폴리오 투자(portfolio investment) : 기업에 대한 어느 정도의 통제권을 획득하는 것을 포함하지 않는 투자

푸시 전략(push strategy) : 유통 채널 관계자들에게 압박을 주어 제품을 최종 소비자에게 전달하고 프로모션하도록 하는 전략

풀 전략(pull strategy) : 유통 채널 관계자들이 기업의 제품을 보유하도록 촉진하여 소비자의 수요를 창출하는 전략

프랜차이징(franchising) : 한 기업(프랜차이저)이 다른 기업(프랜차이지)에게 무형자산을 활용할 권리 및 마케팅 지원 등의 다른 도움을 주는 것

프로모션 믹스(promotion mix) : 기업이 개인 판매, 광고, PR, 직접 마케팅 등을 통하여 유통 채널과 표적 고객에게 다가가는 모든 활동의 집합

피셔효과(Fisher effect) : 명목금리는 실질금리와 특정 기간 동안 예상되는 인플레이션율의 합계라는 원칙

하위 문화(subculture) : 더 넓고 지배적인 문화 안에서 특정한 방식의 삶을 공유하는 집단

해외부패방지법(Foreign Corrupt Practices Act) : 미국 회사들이 정부 관리들이나 다른 나라의 정치적 인물들에게 뇌물을 주는 것을 금지하는 법

해외직접투자(foreign direct investment, FDI) : 경영 통제권을 획득하기 위해 실물자산을 매입하거나 또는 다른 국가 기업의 소유권(주식)의 상당 부분을 매입하는 것

핵심 역량(core competency) : 경쟁사들이 보았을 때 따라가기가 거의 불가능에 가까운 한 기업의 특별한 역량

행정적인 지연(administrative delay) : 한 국가로 들어오는 수입품의 흐름을 감쇄하기 위한 규제적인 통제 또는 관료주의적인 규정

현물환시장(spot market) : 현물환율로 통화 거래가 이루어지는 시장

현물환율(spot rate) : 2영업일 이내의 인도를 요구하는 거래에 대해 적용되는 환율

현지국(다국)중심주의 인력배치(polycentric staffing) : 주최국의 개개인들이 해외에서의 업무를 관리하는 인력배치 정책

호가 통화(quoted currency) : 환율의 분자에 위치한 통화, 또는 다른 통화를 구입하는 데 지급하는 통화

혼합 경제(mixed economy) : 토지, 공장 그리고 그 외 경제적 자원이 정부와 개인의 소유로 동일하게 나뉘는 제도

환경 스캐닝(environmental scanning) : 전략적 목표에 따라 정보를 모으고 분석하고 나누어 주는 진행 과정

환매 거래(buyback) : 수출자가 산업 설비를 수출하고, 그 설비로부터 생산된 제품 중 일정량을 구매할 것을 약속하는 형태

환어음[draft(bill of exchange)] : 수입업자가 수출업자에게 기재된 날짜에 금액을 지불하도록 하는 어음

환율(exchange rate) : 한 통화가 다른 통화로 교환되는 비율

환율위험[환위험, exchange-rate risk(foreign exchange risk)] : 환율이 불리한 방향으로 변동할 수 있는 위험

환투기(currency speculation) : 통화의 가치가 변하여 이익을 가져올 것이라는 기대하에 통화를 사고파는 것

효율적 시장 견해(efficient market view) : 이용가능하고 공개된 모든 정보는 언제든 금융상품의 가격에 반영된다고 보는 견해

e-비즈니스(e-commerce) : 제품을 구매하고 판매하거나 교환하는 데 그리고 파트너와 협력하는 데 컴퓨터 네트워크를 사용

GATT(General Agreement on Tariffs and Trade) : 국제무역에 대한 관세 및 비관세 장벽을 줄여 자유무역을 촉진하고자 고안된 조약

Hofstede 분석틀(Hofstede framework) : 개인주의 vs 집단주의와 평등 vs 불평등과 같은 다섯 개의 차원에 따라 문화의 차이를 연구한 체계

Kluckhohn-Strodtbeck 분석틀(Kluckhohn-Strodtbeck framework) : 과거나 미래 사건에 집중하거나 개인의 행복에 대한 개인 혹은 집단의 책임감에 관한 신념과 같은 여섯 개 차원에 따라 문화적 차이를 연구한 체계

1인당 GDP, 1인당 GNP(GDP or GNP per capita) : GDP와 GNP를 해당 국가 인구로 나눈 값

미주

제1장

1. "One Phone, Many Countries," *The Economist* (www.economist.com), March 8, 2014; Brent Schlender, "Apple's Not-so-Secret Weapon," *Fast Company*, September 2012, pp. 31–32; Peter Burrows, "The First Five Years of Mass Obsession," *Bloomberg Businessweek*, June 25–July 1, 2012, pp. 34, 36; "When the Jobs Inspector Calls," *The Economist* (www.economist.com), March 31, 2012.
2. Source: "Fortune Global 500: The 500 Largest Corporations in the World," (http://money.cnn.com/magazines/fortune/global500/), July 8, 2013; *International Trade Statistics 2013* (Geneva, Switzerland: World Trade Organization, October 2013), Tables I.7 and I.9 (www.wto.org).
3. "Fortune Global 500: The 500 Largest Corporations in the World," (http://money.cnn.com/magazines/fortune/global500/), July 8, 2013.
4. Vellus Products Company website (www.vellus.com).
5. Weekend in Italy website (en.firenze.waf.it), select articles.
6. This comparison between the first and second ages of globalization is drawn from Thomas L. Friedman, *The Lexus and the Olive Tree* (New York: Anchor Books, 2000), pp. xvi–xix.
7. "Economics A-Z," *The Economist* (www.economist.com).
8. Melanie Lee, "China's Internet Users Breach Half Billion Mark," *Reuters* (www.reuters.com), January 11, 2012.
9. Brundtland Commission, *Our Common Future* (New York: Oxford University Press, 1997).
10. Yvo de Boer et al., *Expect the Unexpected: Building Business Value in a Changing World* (Amstelveen, Netherlands: KPMG International Cooperative, 2012).
11. *The Simpsons* website (www.thesimpsons.com).
12. "A Limited Doha Round Trade Deal Is Agreed in Indonesia," *The Economist* (www.economist.com), March 19, 2014.
13. Peter Burrows, "A Videoconference on the Cheap," *Bloomberg Businessweek*, October 6, 2008, p. 56.
14. iMeet website (www.pgi.com/imeet).
15. Innocentive website (www.innocentive.com).
16. For a discussion of each item of data contained in this index, see the detailed explanation of the KOF Index (http://globalization.kof.ethz.ch).
17. Naomi Klein, "Outsourcing the Friedman," Naomi Klein's website (www.naomiklein.org).
18. "At the Front of the Back Office," *The Economist*, June 23, 2012, p. 68.
19. The results of these two studies are reported in Daniel W. Drezner, "Bottom Feeders," *Foreign Policy* (www.foreignpolicy.com), November 1, 2000.
20. M. Lundberg and L. Squire, *The Simultaneous Evolution of Growth and Inequality* (Washington, DC: World Bank, 1999).
21. David Dollar and Aart Kraay, *Growth Is Good for the Poor* (Washington, DC: World Bank, 2001), available at www.worldbank.org.
22. Studies cited in *Poverty in an Age of Globalization* (Washington, DC: World Bank, 2000).
23. As reported in "A Wealth of Data," *The Economist*, July 31, 2010, p. 62.
24. *World Economic Outlook* (Washington, DC: International Monetary Fund, April 2008), Figure in Box 5.1, "Financial Openness and GDP Growth," available at www.imf.org.
25. Xavier Sala-i-Martin, "The World Distribution of Income: Falling Poverty and … Convergence, Period," working paper, Columbia University website (www.columbia.edu), October 9, 2005.
26. Shaohua Chen and Martin Ravallion, "How Well Did the World's Poorest Fare in the 1990s?" *Review of Income and Wealth*, vol. 47, September 2003, pp. 283–300.
27. "Debt Relief under the Heavily Indebted Poor Countries (HIPC) Initiative," International Monetary Fund website (www.imf.org), March 2008.
28. "Undermining Sovereignty and Democracy," *The Ten Year Track Record of the North American Free Trade Agreement* (Washington, DC: Public Citizen's Global Trade Watch, 2004).
29. Stephen Krasner, "Sovereignty," *Foreign Policy*, January/February 2001, pp. 20–29.

제2장

1. Lorraine Mirabella, "German Gummi Bear Maker Aims for Bigger Share of U.S. Market," *Baltimore Sun* (www.baltimoresun.com), April 7, 2012; Hans Greimel, "Gummi Bears Solve a Sticky Problem," *International Herald Tribune*, April 17, 2001, p. 14; Haribo website (www.haribo.com).
2. Jack Ewing, "From Reality TV to Big-Screen Dreams," *Bloomberg Businessweek*, February 11, 2008, pp. 64–65.
3. "Lady Gaga's Indonesia Concert Permit Denied," ABC News (www.abc.go.com), May 16, 2012.
4. Alibaba website (www.alibaba.com), various company reports.
5. Adam Aston, "Reading, Writing, and Rankings: America and the World," *Bloomberg Businessweek*, March 24, 2008, p. 15.
6. Susan Fenton, "Wanted: Manager, Chinese-Speaking Only," *Yahoo News* (www.yahoo.com), April 28, 2008.
7. Greg Burke, "Catholics Push Hyundai to Cancel Commercial," Fox News *Liveshots* Blog (http://liveshots.blogs.foxnews.com), June 14, 2010.
8. Susan Fenton, "Wanted: Manager, Chinese-Speaking Only," *Yahoo News* (www.yahoo.com), April 28, 2008.
9. "Habbo's Second Global Youth Survey Reveals the Digital Profiles of Teens Online," Habbo Press Release (www.habbo.com), March 4, 2008.
10. "Top Spanish Translation Blunders," SDL Blog (http://blog.sdl.com), January 4, 2010.
11. "Rakuten to Make English Official In-House Language by the End of 2012," *Japan Today* (www.japantoday.com), July 1, 2010.
12. Florence Kluckhohn and F. L. Strodtbeck, *Variations in Value Orientations* (Evanston, IL: Harper & Row, 1961).

13. Hofstede's original study has been criticized as having a Western bias, ignoring subcultures, and being outdated, as it was conducted in the 1960s and 1970s. See R. Mead, *International Management: Cross-Cultural Dimensions* (Oxford: Basil Blackwell, 1994), pp. 73–75.
14. Geert Hofstede, "The Cultural Relativity of Organizational Practices and Theories," *Journal of International Business Studies*, Fall 1983, pp. 75–89; Geert Hofstede's website (www.geert-hofstede.com).
15. Discussion based on the discussion by Geert Hofstede at (http://geerthofstede.com/dimension-data-matrix); and Matthew Maclachlan, "Indulgence vs. Restraint–The 6th Dimension," (www.communicaid.com), January 11, 2013.

제3장

1. "PepsiCo, Clinton Foundation To Source Cashew From India," *Odisha Sun Times* (www.odishasuntimes.com), May 23, 2014; "Cola Wars, Continued: Good for You, Not for Shareholders," *The Economist* (www.economist.com), March 15, 2012; Nanette Byrnes, "Pepsi Brings in the Health Police," *Bloomberg Businessweek*, January 25, 2010, pp. 50–51; Bibhudatta Pradhan and Pooja Thakur, "PepsiCo to Invest $200 Million More in India," *Bloomberg Businessweek* (www.businessweek.com), January 9, 2010; PepsiCo website (www.pepsico.com), various reports.
2. Annette Weisbach, "Why Germans Want out of Google's Street View," CNBC website (www.cnbc.com), August 14, 2010.
3. Claire Miller and Kevin O'Brien, "Germany's Complicated Relationship with Google Street View," *New York Times* website (bits.blogs.nytimes.com), April 23, 2013.
4. "The PRI's Qualified Comeback," *The Economist*, July 7, 2012, pp. 36–37.
5. "Not Waving. Perhaps Drowning," *The Economist*, May 29, 2010, pp. 23–25.
6. Martin Fackler, "A Capitalist Enclave in North Korea Survives," *New York Times* (www.nytimes.com), July 6, 2010.
7. "Economic and Financial Indicators," *The Economist*, May 24, 2014, p. 84.
8. *Eighth Annual BSA and IDC Global Software Piracy Study*,Washington, DC: Business Software Alliance, (www.bsa.org/globalstudy) May 2012, pp. 8–9.
9. Peter Burrows, "Why China Is Finally Tackling Video Piracy," *Bloomberg Businessweek*, June 9, 2008, p. 73.
10. Ron Nurwisah, "Indonesian Smoking Toddler Cuts Back to 15 Cigarettes Daily," *National Post* (www.nationalpost.com), June 9, 2010.
11. Daniel Franklin, "Just Good Business," *The Economist*, Special Report on Corporate Social Responsibility, January 19, 2008, pp. 3–6.
12. Milton Friedman, "The Social Responsibility of Business Is to Increase Its Profits," *New York Times Magazine*, September 13, 1970, pp. 32–33, 122, 126.
13. Sarah Johnson, "You Complete My Audit," *CFO Magazine*, May 2010, p. 17; Nanette Byrnes, "Sarbanes-Oxley Lifts Some Directors' Pay Higher than $1 Million," *Bloomberg Businessweek* (www.businessweek.com), February 12, 2010.
14. Levi-Strauss website (www.levistrauss.com).
15. Daniel Franklin, "A Stitch in Time," *The Economist*, Special Report on Corporate Social Responsibility, January 19, 2008, pp. 12–14.
16. Starbucks website (www.starbucks.com).
17. Fair Trade USA website (www.fairtrade.org).
18. Carbon Footprint website (www.carbonfootprint.com).
19. Heather Green and Kerry Capell, "Carbon Confusion," *Bloomberg Businessweek* (www.businessweek.com), March 6, 2008.
20. Michelle Conlin, "Sorry, I Composted Your Memorandum," *Bloomberg Businessweek*, February 18, 2008, p. 60.
21. Alissa Walker, "Spin the Bottle," *Fast Company*, June 2008, pp. 54–55.
22. Jack Ewing, "The Wind at Germany's Back," *Bloomberg Businessweek*, February 11, 2008, p. 68.

제4장

1. "Grow, Grow, Grow," *The Economist*, April 17, 2010, pp. 10–12; Reena Jana, "India's Next Global Export: Innovation," *Bloomberg Businessweek* (www.businessweek.com), December 2, 2009; Steve Hamm, "Outsourcing the Offshore Operations," *Bloomberg Businessweek* (www.businessweek.com), July 16, 2008; Infosys website (www.infosys.com), select reports.
2. Daniel S. Levine, "Got a Spare Destroyer Lying Around? Make a Trade: Embracing Counter Trade as a Viable Option," *World Trade*, June 1997, pp. 34–35.
3. "Teachers Paid in Vodka," BBC website (www.bbc.co.uk).
4. Data obtained from Organisation for Cooperation and Development (OECD), "Statistics" section (www.oecd.org).
5. "Another BRIC in the Wall," *The Economist* (www.economist.com), April 21, 2008.
6. E. N. Hester, "Kidnap and Ransom Insurance to the Rescue," Insure.com website (www.insure.com), January 9, 2010.
7. "Corporate Stakes in Cuba," *Fortune*, May 5, 2008, p. 40.
8. "Argentina's Expropriation of Energy Company Only Isolates Country," *Globe and Mail* (www.theglobeandmail.com), April 18, 2012.
9. Shell website (www.shell.com).
10. "The World Turned Upside Down," *The Economist*, April 17, 2010, pp. 3–6.
11. "First Break All the Rules," *The Economist*, April 17, 2010, pp. 6–8.
12. "Economics Focus: Socialist Workers," *The Economist* (www.economist.com), June 10, 2010.
13. "Hong Kong: Democracy Denied," *The Economist* (www.economist.com), January 3, 2008.
14. "Deadly Business in Moscow," *Bloomberg Businessweek*, March 1, 2010, pp. 22–23.
15. "Another Great Leap Forward?" *The Economist*, March 13, 2010, pp. 27–28.

제5장

1. Stephanie Clifford and Stephanie Rosenbloom, "With Backdrop of Glamour, Wal-Mart Stresses Global Growth," *New York Times* (www.nytimes.com), June 4, 2010; Andrew Winston, "Wal-Mart's New Sustainability

Mandate in China," *Bloomberg Businessweek* (www.businessweek.com), October 28, 2008; Walmart website (www.walmart.com), select fact sheets.
2. "Getting on the Fast Track: Small Business and International Trade," Small Business Survival Committee website (www.sbsc.org).
3. *International Trade Statistics 2013* (Geneva: World Trade Organization, November 2013), Tables I.7 and I.9, available at www.wto.org.
4. "Business in China: High Seas, High Prices," *The Economist* (www.economist.com), August 7, 2008.
5. Adam Smith, *The Wealth of Nations*, first published in 1776.
6. David Ricardo, *The Principles of Political Economy and Taxation*, first published in 1817.
7. Bertil Ohlin, *Interregional and International Trade* (Cambridge, MA: Harvard University Press, 1933).
8. Wassily Leontief, "Domestic Production and Foreign Trade: The American Capital Position Re-Examined," *Economia Internationale*, February 1954, pp. 3–32.
9. Raymond Vernon and Louis T. Wells Jr., *Economic Environment of International Business*, 7th ed. (Upper Saddle River, NJ: Prentice Hall, 1991).
10. Sébastien Miroudot and Norihiko Yamano, "Towards Measuring Trade in Value-Added and Other Indicators of Global Value Chains," Presentation at the World Bank, June 9–10, 2011.
11. Ingenico website (www.ingenico.com), select reports and press releases.
12. Elhanan Helpman and Paul Krugman, *Market Structure and Foreign Trade* (Cambridge, MA: MIT Press, 1985).
13. For a detailed discussion of the first-mover advantage and its process, see Alfred D. Chandler, *Scale and Scope* (New York: Free Press, 1990).
14. Michael E. Porter, *The Competitive Advantage of Nations* (New York: Free Press, 1990).
15. Michael E. Porter, "Clusters and the New Economics of Competition," *Harvard Business Review* (November–December 1998), pp. 77–90.

제6장

1. Tom Lowry, "At Time Warner, Local Content, Global Profits," *Bloomberg Businessweek* (www.businessweek.com), February 3, 2010; Brooks Barnes, "Warner Shifts Web Course, Shouldering Video Costs," *New York Times* (www.nytimes.com), September 10, 2007; Time Warner website (www.timewarner.com), select reports.
2. David Leonhardt, "The Politics of Trade in Ohio," *New York Times* (www.nytimes.com), February 27, 2008.
3. "What You Don't Know About NAFTA," *Bloomberg Businessweek* (www.businessweek.com), March 18, 2008.
4. Arun Kumar, "Indian American Admits to Selling Dual-Use Items to India," *The Indian Star* (www.twocircles.net/node/55572), March 14, 2008.
5. "U.S. Is $500 Million Supermarket to Cuba," CNBC website (www.cnbc.com), May 28, 2010; "Big Brother's Shadow," *The Economist*, August 2, 2008, p. 42.
6. "The Chaebol Conundrum," *The Economist*, April 3, 2010, pp. 14–15.
7. Tariq Hussain, "What's a Chaebol to Do?" *Strategy & Business* (www.strategy-business.com), April 3, 2007.
8. "Signs of the Zeitgeist," *The Economist*, May 29, 2010, p. 52.
9. Julio Godoy, *Europe: Subsidies Feed Food Scarcity*, Global Policy Forum (www.globalpolicy.org), April 25, 2008.
10. Keith Bradsher, "Fuel Subsidies Overseas Take a Toll on U.S.," *New York Times* (www.nytimes.com), July 28, 2008.
11. These facts on the WTO are drawn from the WTO website (www.wto.org).
12. "A Limited Doha Round Trade Deal Is Agreed in Indonesia," *The Economist* (www.economist.com), March 19, 2014.

제7장

1. Karl Brauer, "All-New 2015 Golf Represents the Future of Volkswagen in the U.S.," *Forbes* (www.forbes.com), June 11, 2014; Alex Taylor III, "Das Auto Giant," *Fortune*, July 23, 2012, pp. 150–155; Mike Gavin, "Volkswagen Aims to Double China Capacity by 2013/14, CEO Says," *Bloomberg Businessweek* (www.businessweek.com), June 9, 2010; Volkswagen website (www.vw.com), select reports.
2. This section draws on information contained in the *World Investment Report 2013* (Geneva, Switzerland: UNCTAD, June 2013), Overview.
3. Raymond Vernon and Louis T. Wells Jr., *Economic Environment of International Business*, 7th ed. (Upper Saddle River, NJ: Prentice Hall, 1991).
4. John H. Dunning, "Toward an Eclectic Theory of International Production," *Journal of International Business Studies*, Spring–Summer 1980, pp. 9–31..
5. For an excellent discussion of the economic benefits provided by particular geographic locations, see Paul Krugman, "Increasing Returns and Economic Geography," *Journal of Political Economy*, June 1991, pp. 483–499.
6. *World Investment Report 2013* (Geneva, Switzerland: UNCTAD, June 2013), Overview.

제8장

1. Toby Webb, "Nestlé + Greenpeace: A Model for Sustainable Sourcing of Palm Oil?" Triple Pundit website (www.triplepundit.com), May 19, 2012; Tom Mulier, "Nestlé Targets Malnutrition to Fight Danone's Gains," *Bloomberg Businessweek* (www.businessweek.com), January 18, 2010; Thomas Mulier, "Nestlé Seeks Emerging Market Acquisitions, Spurning Cadbury," *Bloomberg Businessweek* (www.businessweek.com), January 7, 2010; Nestlé website (www.nestle.com), select reports and fact sheets.
2. *NAFTA after Five: The Impact of the North American Free Trade Agreement on Australia's Trade and Investment*, Australian Department of Foreign Affairs and Trade (www.dfat.gov.au/geo/americas/nafta).
3. Data obtained from the Office of the United States Trade Representative website (www.ustr.gov).
4. "The Dark Side of Globalization," *The Economist*, May 31, 2008, pp. 5–7.
5. "The ECB's Bond-Buying Plan," *The Economist*, September 15, 2012, p. 68.

6. Data obtained from United States–Mexico Chamber of Commerce website (www.usmcoc.org); *North American Free Trade Agreement (NAFTA)*, Office of the United States Trade Representative website (www.ustr.gov/trade-agreements/free-trade-agreements/north-american-free-trade-agreement-nafta).
7. Data obtained from Industry of Canada Strategis website (www.strategis.ic.gc.ca); *North American Free Trade Agreement (NAFTA)*, Office of the United States Trade Representative website (www.ustr.gov/trade-agreements/free-trade-agreements/north-american-free-trade-agreement-nafta).
8. Data obtained from Office of the United States Trade Representative website (www.ustr.gov).
9. Data obtained from the AFL-CIO website (www.aflcio.org).
10. *NAFTA: Myth vs. Facts*, Office of the United States Trade Representative (www.ustr.gov), March 2008.
11. Office of the United States Trade Representative (www.ustr.gov), select reports; U.S. Government Export Portal (www.export.gov), select reports.

제9장

1. Kyo Sasaki, "Analyst: Nintendo Will Ship 4 Million Wii U Consoles to Retail," Wii U Daily website (www.wiiudaily.com), July 26, 2012; Martyn Williams, "Nintendo Records a Loss as DS Sales Plummet," *Bloomberg Businessweek* (www.businessweek.com), July 29, 2010; Matt Vella, "Wii Fit Puts the Fun in Fitness," *Bloomberg Businessweek* (www.businessweek.com), May 21, 2008; Nintendo website (www.nintendo.com), various articles and annual reports.
2. "Maul Street," *The Economist*, May 15, 2010, pp. 84–85.
3. "Shine A Light," *The Economist*, March 27, 2010, pp. 16–18.
4. "Assessing the Damage," *Euromoney* (www.euromoney.com).
5. Bank for International Settlements website (www.bis.org), Foreign Exchange Statistics section.
6. CME Group website (www.cmegroup.com).
7. Philadelphia Securities Exchange website (www.phlx.com).

제10장

1. "The Euro: The Flight from Spain," *The Economist*, July 28, 2012, p. 10; Bradley Davis, "Euro Weakens as Debt Jitters Outweigh Data," *Wall Street Journal* (www.wsj.com), June 17, 2010; "Emergency Repairs," *The Economist*, May 15, 2010, pp. 77–79; "The Euro in the World," European Commission website (www.ec.europa.eu).
2. "The Big Mac Index: Calories and Currencies," *The Economist*, July 28, 2012, p. 66; "When the Chips Are Down," *The Economist*, July 24, 2010, p. 72.
3. International Monetary Fund website (www.imf.org), select reports.
4. *SDR Valuation*, International Monetary Fund website (www.imf.org).
5. Robert N. McCauley and Jens Zukunft, "The Asian Financial Crisis: International Liquidity Lessons," *BIS Quarterly Review* (www.bis.org), June 9, 2008.

제11장

1. Eoin Burke-Kennedy, "Ryanair Woos Families in Bid to Shed More Abrasive Image," *Irish Times* (www.irishtimes.com), June 17, 2014; "Malev Stops Flying: Survival of the Fittest," *The Economist* (www.economist.com), February 3, 2012; "Sackcloth and Ashes," *The Economist*, May 22, 2010, pp. 60–61; "Damp Squid," *The Economist* (www.economist.com), August 6, 2009; Phil Stewart, "Ryanair Gives Alitalia the Finger," *International Herald Tribune* (www.iht.com), July 25, 2008; Ryanair website (www.ryanair.com), select reports.
2. Bausch & Lomb website (www.bausch.com).
3. For an excellent discussion of this approach, see Michael E. Porter, *On Competition* (Boston: Harvard Business School Press, 2008).
4. The discussion of these strategies is based on Michael E. Porter, *Competitive Strategy* (New York: Free Press, 1980), pp. 34–46.
5. Johnson & Johnson website (www.jnj.com).
6. Norimitsu Onishi, "From Dung to Coffee Brew with No Aftertaste," *New York Times* (www.nytimes.com), April 17, 2010.
7. Bradley L. Kirkman and Debra L. Shapiro, "The Impact of Cultural Values on Employee Resistance to Teams," *Academy of Management Review*, vol. 22 (no. 3), 1997, pp. 730–757.
8. Ibid.

제12장

1. Alistair Dawber, "British Rebound Gave Starbucks a Lift," *Bloomberg Businessweek* (www.businessweek.com), January 22, 2010; "Starbucks Fact Sheet" (www.starbucks.com), February 2008; Maria Bartiromo, "Howard Schultz on Reinventing Starbucks," *Bloomberg Businessweek* (www.businessweek.com), April 8, 2008; Starbucks website (www.starbucks.com), select reports.
2. Johny K. Johansson, Ilkka A. Ronkainen, and Michael R. Czinkota, "Negative Country-of-Origin Effects: The Case of the New Russia," *Journal of International Business Studies*, vol. 25 (no. 1), pp. 157–176.
3. This discussion is based on S. Tamer Cavusgil, "Measuring the Potential of Emerging Markets: An Indexing Approach," *Business Horizons*, January–February 1997, pp. 87–91; "Market Potential Indicators for Emerging Markets," Michigan State University CIBER (http://ciber.bus.msu.edu).
4. Information obtained from the ProChile website (www.chileinfo.com).
5. "The Future of Medicaid: Run for Cover," *The Economist* (www.economist.com), July 7, 2012.

제13장

1. Erik Larson, "Marvel Sues over Copyright Claims by Artist's Heirs," *Bloomberg Businessweek* (www.businessweek.com), January 8, 2010; Ronald Grover, "Iron Man Spawns a Marvel of a Movie Studio," *Bloomberg Businessweek* (www.businessweek.com), April 29, 2008; Ronald Grover, "Spider-Man's Guardian Angels," *Bloomberg Businessweek* (www.businessweek.com), June 26, 2005; Marvel website (www.marvel.com), select reports.

2. David Ing, "Spain Proves Tough to Crack," *Hotel & Motel Management*, vol. 212 (no. 15), p. 8.
3. Laura Gatland, "Eastern Europe Eagerly Accepts U.S. Franchisors," *Franchise Times*, vol. 3 (no. 9), p. 17.
4. Frank H. Andorka Jr., "Microtel Introduces New-Construction Plan," *Hotel & Motel Management*, vol. 212 (no. 13), p. 1.
5. This classification is made in Peter Buckley and Mark Casson, "A Theory of Cooperation in International Business," in Farok J. Contractor and Peter Lorange (eds.), *Cooperative Strategies in International Business* (Lexington, MA: Lexington Books, 1988), pp. 31–53.
6. This section is based in part on Franklin R. Root, *Entry Strategies for International Markets* (Lexington, MA: Lexington Books, 1987), pp. 8–21.

제14장

1. Alex Duff, "Red Bull's Mark Webber Wins Spanish Formula One Race," *Bloomberg Businessweek* (www.businessweek.com), May 9, 2010; Rob Taylor, "Red Bull Drink Lifts Stroke Risk: Australian Study," *Reuters* (www.reuters.com), August 14, 2008; "Skydiver in Record Channel Flight," *BBC News* (www.bbc.co.uk), July 31, 2003; Red Bull website (www.redbull.com), select reports.
2. To read the original, classic article, see Theodore Levitt, "The Globalization of Markets," *Harvard Business Review*, May–June 1983, pp. 92–102.
3. NameLab, Inc., website (www.namelab.com).
4. Alessandra Galloni, "Coca-Cola Tests the Waters with Localized Ads in Europe," *Wall Street Journal* (www.wsj.com), July 18, 2001.
5. This section draws on the classic discussion of these strategies in Warren J. Keegan, *Global Marketing Management*, 5th ed. (Upper Saddle River, NJ: Prentice Hall, 1995), pp. 489–494.
6. Muji website (www.muji.com), select reports.
7. Craig S. Smith, "In China, Some Distributors Have Really Cleaned Up with Amway," *Wall Street Journal*, August 4, 1997, p. B1.
8. "Laptops from Lapland," *The Economist*, September 6, 1997, pp. 67–68.

제15장

1. "Auto Sales: Overview Charts," *Wall Street Journal* website (www.wsj.com), August 1, 2012; "Global 500," *Fortune*, July 21, 2008, pp. 156–182; Toyota Peugeot Citroën Automobile website (www.tpca.cz); Toyota Motor Corporation website (www.toyota.co.jp), select reports.
2. This classic example is found in Robert B. Reich, *The Work of Nations* (New York: Vintage Books, 1992), p. 112.
3. InnoCentive website (www.innocentive.com).
4. Stefanie Olsen, "Venture Money Flows in India and China," *Bloomberg Businessweek* (www.businessweek.com), August 22, 2008.
5. "Depositary Receipts Hit Record Trading Volume in First Half of 2008," *Reuters* (www.reuters.com), July 14, 2008.
6. Andy Serwer, "It's Big. It's German. It's SAP," *Fortune*, September 7, 1998, p. 191.

제16장

1. "Global 500," *Fortune*, July 21, 2008, pp. 156–182; Peter Burrows, "High-Tech's 'Sweatshop' Wakeup Call," *Bloomberg Businessweek* (www.businessweek.com), June 14, 2006; Intel website (www.intel.com), select reports.
2. Barry Newman, "Expat Archipelago: The New Yank Abroad Is the 'Can-Do' Player in the Global Village," *Wall Street Journal*, December 12, 1995, p. A12.
3. Arik Hesseldahl, "Fixing Apple's 'Sweatshop' Woes," *Bloomberg Businessweek* (www.businessweek.com), June 28, 2006.
4. Mathew Simond, "Can Online Learning Be Cost-Effective?" *EzineArticles* (www.ezinearticles.com), March 3, 2008; Nina Silberstein, "On-the-Job Training Goes Online," *Online Degrees*, Fall/Winter 2007, pp. 30–32.
5. Stephen Dolainski, "Are Expats Getting Lost in the Translation?" *Workforce*, February 1997, pp. 32–39.
6. "Taxing Americans Abroad: Costing More Over There," *The Economist* (www.economist.com), June 22, 2006, p. 78.

찾아보기

【기타】

저자 소개

이 책의 두 저자는 국제경영 교과서를 집필하는 데 굉장히 적합한 사람들이다. 그들은 연구 및 강의 분야에서의 수상뿐 아니라 전 세계 여러 문화에서 일한 경험을 토대로 한 국제경영에 대한 시각을 가지고 있다. 그들의 집필 활동은 국제경영이라는 주제를 실용적이고, 이해하기 쉬우며, 공부하기 즐겁게 만들어 주었다.

John J. Wild는 위스콘신대학교(매디슨)의 저명한 경영학 교수이다. 전에는 미시간주립대학교와 영국 맨체스터대학교에서 직책을 맡은 바 있다. 위스콘신대학교(매디슨)에서 학사·석사·박사 학위를 취득하였다. 학부생과 대학원생들을 대상으로 경영학 강의를 하는 동안 2003년 Mabel W. Chipman 우수강의상, 2005년 위스콘신대학교 우수강의상, 미시간주립대학교 우수강의상 등을 포함한 여러 교육/강의상을 수상하였다. 또한 미국 KPMG Peat Marwick과 언스트&영 재단으로부터 국가 연구 장학금을 받았다. 그는 여러 대학과 국제 컨퍼런스에서 발표자로서 활발히 활동하였다. 5편의 베스트셀러 교과서와 60편 이상의 학술자료 등을 저술한 그는 기업 관리 방식, 금융 시장, 재무 분석, 경영 예측 등 수많은 주제에 대해 연구하였다. 그는 국제경영학회(AIB) 등 여러 국제기관의 활발한 회원으로 활동하고 있으며, 여러 유명 저널의 부주필과 편집위원을 맡고 있다.

Kenneth L. Wild는 영국 런던대학교에 적을 두고 있다. 전에는 펜실베이니아주립대학교에서 강의를 하였다. 영국 맨체스터대학교(UMIST)에서 박사 학위를 받았으며, 위스콘신대학교에서 학사 및 석사 과정을 공부하였다. 또한 프랑스의 École des Affairs Internationale에서 연구 활동을 하였다. 학부생과 대학원생들을 대상으로 국제경영, 마케팅, 경영관리 등의 과목을 강의하면서 국제경영 교육에 헌신하였다. 국제경영학회(AIB)를 포함한 미국 내외 기관들의 회원으로서 활발히 활동하면서, 여러 대학과 국제 컨퍼런스에서 초청 발표자로서 활동해 왔다. 그의 연구는 시장진입 방식, 개발도상국에서의 국가별 위협, 국제 성장 전략, 세계 경제의 국제화 등을 포함하는 다양한 국제경영 분야의 주제를 아우른다.

역자 소개

김동순

중앙대학교 경영경제대학 경영학부 교수

중앙대학교 경영전문대학원 원장

한국국제경영학회 회장

한국외국어대학교 영어과 학사

서울대학교 대학원 경영학과 석사

미국 미시간대학교 경영대학원 경영학 박사

한국증권학회 회장 역임

한국금융연구원 연구위원 역임

김보영

한양대학교 경영대학 경영학부 교수

한양대학교 지속가능경제연구소 소장

앨버타대학교 이학사

미국 뉴욕대학교 경영전문대학원 MBA

미국 앨버타대학교 대학원 경제학 박사

변선영
동아대학교 경영대학 국제무역학과 조교수
일본 와세다대학교 Graduate School of Commerce 교환연구원
부산대학교 무역학과 경제학 박사

양오석
강원대학교 경영대학 경영회계학부 교수
영국 리즈대학교 MBA
영국 워릭대학교 PAIS(국제정치경제학) 박사
서울대학교 경영학 박사
삼성경제연구소 수석연구원 역임

박종민
러시아 Kazan 연방대학교 한국(경제)학 연구교수
연세대학교 경영학과 경영학사
단국대학교 MBA, 부동산학 박사
한양대학교 경영학(재무) 박사
감정평가사, 영연방 감정평가사
고려사이버대학교 부동산경제학과 교수 역임
한양대학교 지속가능경제연구소 연구교수 역임